基礎から学ぶ
刑事訴訟法演習

高田昭正 著

現代人文社

◎はじめに

　本書は、法学部および法科大学院の刑事訴訟法科目で使用される演習書として執筆しました。「です・ます」の口語体で執筆したのは、わたしが大阪市立大学法学部で刑事訴訟法演習を履修したころからご指導いただいた光藤景皎先生の教科書、『口述刑事訴訟法上、中、下』（成文堂、1987年、1992年、2005年。上と中は、2007年、2013年に『刑事訴訟法Ⅰ、Ⅱ』と書名を改め、あわせて全面改訂された）にならったものです。口語体のほうが、丁寧な説明ができることに気付かされ、本書でも、迷いなく口語体による執筆を選択しました。

　本書では、刑事訴訟法を学ぶうえで学生、院生諸君が迷ったり躓いたりしないよう、重要な論点や誤りがちな事項について、できる限り説明を尽くすことを心掛けました。そのため、基本的概念をいとわず定義し、具体例も挙げ、また、刑事訴訟法や最高裁判例についても、その内容をいとわず引用し、そのうえで、なにが問題か、なぜ問題かを明確に説明するように努めました。本書の書名に「基礎から学ぶ」と付けたのは、そのような執筆の姿勢を反映させたものです。

　説明を尽くすことを心掛けた本書では、論理の運びに飛躍や欠けたところがないよう、推敲を重ねました。しかし、そのため、叙述が複雑になった箇所もあります。論旨の順を追って、読み込んで下さればと思います。

　なお、本書はいわゆる演習本であり、刑事訴訟法の基本論点をカバーしてはいても、すべての論点を網羅的に叙述するものではありません。網羅的な叙述は、体系書というべき教科書にゆだねています。現在、優れた教科書が多く出版されており、それらの教科書とともに、本書を使用して下さればと思います。

　本書は、わたしを研究者の途にいざなって下さり、それから現在まで、つねに研究の方法、内容について手本を示して下さっている光藤景皎先生、遅筆のわたしを何年にもわたり激励しつづけて下さった成文堂の土子三男様（土子三男様は、昨年、ご逝去されました。その知らせを奥様からいただいたことが、本書の今年中の上梓を決意する大きな契機となりました）、紙幅にかまわず我が儘に書いた本書の出版を快諾して下さった現代人文社の成澤壽信社長、それらの方々に支えられ、ようやく上梓できたものです。心からの感謝を捧げさせていただきたいと存じます。

　また、わたしが奉職してきた岡山大学、大阪市立大学の 法学部生、法科大学院生、そして、現在奉職する立命館大学の法学部生、法科大学院生の諸君からも、授業の機会に多くの疑問や質問が出され、それに答えつづけてきたことが、本書の執筆にとても役立ちました。学生、院生諸君にも心からお礼申し上げたいと存じます。

　なお、ともに暮らす妻は、安逸に過ごしがちなわたしに対し、本書を書き続けるよういつも後押ししてくれました。この場をお借りして、妻に、ありがとう、と言いたいと思います。

2015年9月10日

高田　昭正

基礎から学ぶ
刑事訴訟法演習

目次

はじめに　iii
凡例　xi

任意捜査と強制捜査①
01 任意捜査の意義と限界……………3
　1　任意処分を手段とする捜査……………3
　2　捜査上の強制処分の定義……………9
　3　軽微な有形力の行使──判例の考え方……………12
　4　その後の最高裁判例の展開……………16
　5　【関連問題】の論述ポイント……………21

任意捜査と強制捜査②
02 捜査比例の原則……………22
　1　捜査比例の原則・その1──必要性の原則……………22
　2　捜査比例の原則・その2──相当性の原則……………24
　3　捜査比例の原則の具体的適用……………25
　4　逮捕行為のさいの有形力行使と捜査比例の原則……………29
　5　【関連問題】の論述ポイント……………34

逮捕・勾留①
03 逮捕・勾留の基本的知識とその原則……………36
　1　逮捕と令状の保障……………36
　2　無令状の現行犯逮捕……………40
　3　緊急逮捕の要件……………44
　4　被疑者の勾留……………47
　5　逮捕・勾留に関する原則……………48
　6　【関連問題】の論述ポイント……………53

逮捕・勾留②
04 別件逮捕・勾留の違法性……………57
　1 身体の自由と逮捕・勾留………………57
　2 捜査方法としての別件逮捕・勾留………………60
　3 別件逮捕・勾留の違法の実質と本件基準説………………63
　4 別件基準説の意義と問題点………………68
　5 実体喪失説の意義と問題点………………69
　6 身体拘束中の余罪取調べの適法性………………71
　7 【関連問題】の論述ポイント………………78
　8 別件逮捕・勾留に現れた刑事手続の歪み………………79

被疑者の権利と取調べ①
05 黙秘権の意義……………81
　1 憲法による自己負罪拒否特権の保障………………81
　2 被疑者・被告人の黙秘権が理解されない………………83
　3 自白義務か黙秘権か──拷問を許すか否か………………85
　4 黙秘権と近代的人間類型………………86
　5 ミランダの衝撃と黙秘権の積極的な意義・機能………………87

被疑者の権利と取調べ②
06 被疑者の取調べと取調べ受忍義務……………91
　1 被疑者の取調べと黙秘権………………91
　2 逮捕・勾留された被疑者の取調べ受忍義務………………98
　3 黙秘権の実効的保障………………105

被疑者の権利と取調べ③
07 接見交通権とその制限……………108
　1 被疑者と弁護人の接見交通権………………108
　2 接見交通権に対する制限………………113
　3 接見指定理由である「捜査のため必要」の解釈………………117
　4 初回接見と接見指定──【関連問題】の論述ポイント………………122

捜索・差押え①
08 令状による捜索・差押え……………129
　1 憲法35条とプライバシーの権利………………129
　2 令状による捜索・差押え──捜索・差押えの憲法的正当性………………136
　3 捜索・差押え許可状の記載事項、呈示、執行………………146
　4 捜索すべき場所の明示………………149
　5 差押え目的物の明示──【関連問題】の論述ポイント………………153

捜索・差押え②
09 逮捕現場における無令状の捜索・差押え………157
　　1 令状によらない捜索・差押えの現状……………157
　　2 令状によらない捜索・差押えが許される理由と範囲
　　　――緊急処分説と相当説……………159
　　3 令状によらない捜索・差押えと判例……………163
　　4 逮捕に伴う無令状捜索の「場所」の設定
　　　――【関連問題】の論述ポイント……………167

捜索・差押え③
10 ひとの身体と対物的強制処分……………172
　　1 覚せい剤事犯の捜査と採尿……………172
　　2 ひとの身体を対象とする捜索、検証、鑑定処分……………173
　　3 身体検査と直接強制の可否……………179
　　4 捜査上の手段としての強制採尿の可否……………181
　　5 【関連問題】の論述ポイント……………187

訴訟対象論①
11 刑事訴訟の対象――訴因と公訴事実……………189
　　1 訴訟対象の理論と問題の実質……………189
　　2 公訴事実と訴因――訴訟対象としての本質……………192

訴訟対象論②
12 訴因の明示……………198
　　1 幅のある事実を表示する起訴状の適法性……………198
　　2 白山丸事件の最高裁大法廷判決……………202
　　3 覚せい剤自己使用事犯と最高裁昭和56年決定……………204
　　4 覚せい剤自己使用事犯の主張形式――最低一行為説と最終行為説……211
　　5 被告人の防禦権保障のために……………214

訴訟対象論③
13 訴因変更の要否……………218
　　1 訴因変更の意義とその要否……………218
　　2 「訴因変更の要否」の判断方法……………221
　　3 最高裁平成13年決定の意義――修正された抽象的防禦説……………226

訴訟対象論④
14 訴因変更の可否、公訴事実の同一性……235
　1 起訴状に記載される訴因の変更……235
　2 訴因変更の2つのケース……235
　3 公訴事実の狭義の同一性とその判断基準……238
　4 最高裁判例の基準がもつ問題点……243
　5 訴因対象説と訴因変更の可否の判断基準……249

証拠法①（違法収集証拠）
15 違法収集証拠物の排除……251
　1 違法収集証拠物の証拠能力と判例……251
　2 違法判断の対象となる捜査機関の行為……260
　3 最高裁平成15年判決の違法収集証拠物排除……266
　4【関連問題】の論述ポイント……277

証拠法②（自白）
16 自白の証拠能力──自白の任意性……279
　1 自白の排除法則について……279
　2 任意性に疑いがある自白を排除する根拠……281
　3 自白の排除根拠と判例の立場……284
　4 違法排除説による自白の排除……288
　5 自白排除と違法収集証拠排除法則の関係……290
　6【関連問題】の論述ポイント──約束による自白の排除……294

証拠法③（自白）
17 自白の補強法則……301
　1 自白に補強証拠を必要とする根拠……301
　2 補強証拠が必要な範囲──罪体説……304
　3 補強証拠が必要な範囲──実質説……310

証拠法④（伝聞証拠）
18 伝聞証拠──定義、排除根拠、非伝聞……318
　1 伝聞証拠とはなにか……318
　2 伝聞証拠を排除する実質的根拠……323
　3 伝聞証拠を排除する形式的根拠──刑事訴訟法320条1項……326
　4 伝聞証拠排除法則とその憲法上の根拠……327
　5 非伝聞の供述証拠……330

証拠法⑤（伝聞証拠）
19 精神状態の供述を報告する書面・証言 ……336
　　1 現在の精神状態を表白する供述……………336
　　2 非伝聞説と伝聞説の対立………………338
　　3 非伝聞説か伝聞説か──判例の立場……………343
　　4【関連問題】の論述ポイント……………350

証拠法⑥（伝聞証拠）
20 刑事訴訟法321条1項の伝聞例外 ……352
　　1 伝聞証拠排除の例外則………………352
　　2 伝聞例外の手続的要件──供述録取書における署名・押印……354
　　3 刑事訴訟法321条1項1号の例外則……………356
　　4 刑事訴訟法321条1項2号の例外則……………362
　　5 刑事訴訟法321条1項3号の例外則……………374
　　6【関連問題】の論述ポイント……………379

証拠法⑦（伝聞証拠）
21 刑事訴訟法321条2項から4項の伝聞例外 ……381
　　1 刑事訴訟法321条2項の書面──証人尋問調書、公判調書、裁判所の検証調書……382
　　2 刑事訴訟法321条3項の書面──捜査機関の検証調書、実況見分調書など……384
　　3 刑事訴訟法321条4項の書面──鑑定書、医師の診断書など……392
　　4【関連問題】の論述ポイント……………396

証拠法⑧（伝聞証拠）
22 刑事訴訟法328条の弾劾証拠 ……398
　　1 弾劾証拠の証拠能力……………398
　　2 弾劾証拠の意義と範囲……………399
　　3 限定説をとる最高裁判例……………404

裁判と上訴①
23 間接事実による有罪認定と証明の水準 ……407
　　1 有罪の証明水準と最高裁昭和48年判決……………407
　　2 最高裁昭和48年判決の判示がもつ意義……………413
　　3 間接事実にもとづく有罪の証明……………417
　　4 最高裁平成22年判決における有罪の証明水準……………420

裁判と上訴②
24 控訴審における攻防対象論……………427
 1 刑事訴訟における控訴の意義………………427
 2 控訴審の当事者主義的あり方………………430
 3 最高裁新島ミサイル事件決定の攻防対象論…………433
 4 最高裁判例の攻防対象論の展開……………436
 5 攻防対象論と事実認定の不利益変更禁止…………440
 6 【関連問題】の論述ポイント………………442

参考文献……………444
事項索引……………447

凡例

1 引用の方法

(1) 引用の判例・裁判例や法令名は、慣用に従い略記した。判例・裁判例や法令の内容について、〔 〕の挿入やゴシック体の強調は引用者による。ただし、それらの挿入や強調をそのつど明記はしない。

(2) 法令や判例の内容を引用するさい、促音の「っ」であるべき箇所は、原文が大文字の「つ」であっても、小文字の「っ」で表記した。

(3) 引用した文献の内容についても、〔 〕の挿入やゴシック体の強調は引用者による。ただし、文献引用のさいは原文との違いを明らかにするため、引用者による強調や挿入であることをそのつど明記した。

(4) 数字は、原則として、洋数字に統一した。法令の条項、判例・裁判例の日時なども同様である。ただし、「第一審」「第一次」など、漢数字を用いた若干の例外がある。

(5) 〈 〉は、比較的長文の文章のうち、1つのまとまった趣旨をもつことを強調するために用いた。

2 本書の読み方

(1) 本文中の（ ）には、憲法、刑事訴訟法、刑事訴訟規則などの内容まで煩をいとわず引用した。法令の内容をつねに確認しながら、本文の叙述を読み、理解してほしいからである。

(2) 本文には、重要判例の規範に当たる部分だけでなく、具体的な事実関係や、規範の具体的当てはめも煩をいとわず引用した。事実・規範・当てはめの三位一体で判例を学び、理解してほしいからである。

(3) 本文には、随時、【展開支援ナビ】として点線（……）の囲みを挿入した。【展開支援ナビ】は設問によっては頻繁に挿入され、長文のものも少なくない。【展開支援ナビ】では、本文の趣旨を深く理解するため、関連する重要事項や発展的な事項を説明した。最初は本文だけ読み、【展開支援ナビ】は飛ばして読んでかまわない。

基礎から学ぶ刑事訴訟法演習

高田昭正 著

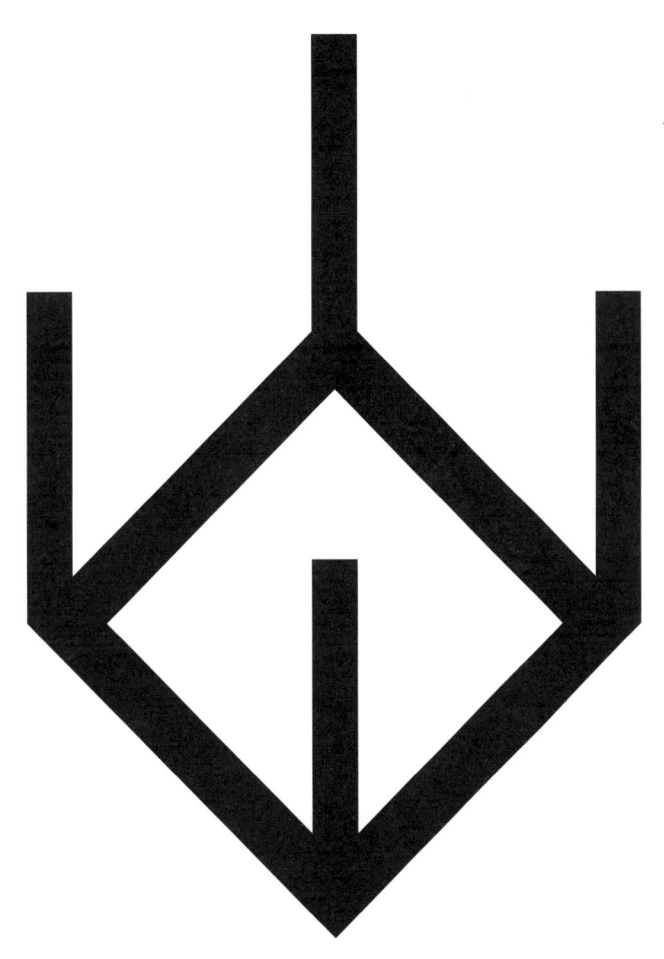

01　任意捜査の意義と限界

> **設問01**
> 　軽微な有形力が、ひとの身体に対し、行使された。その有形力の行使は、刑事訴訟法上の任意処分に当たるか、論じなさい。
>
> **関連問題**
> 　甲は、午前4時10分ころ、運転する自車を道路端のコンクリート製のごみ箱などに衝突させる物損事故を起こした。事故現場に到着した警察官2人が甲に対し、運転免許証の提示を求め、また、アルコール保有量を検査する風船に呼気を吹き込むよう求める。しかし、甲がこのいずれも拒否したため、警察官らは、甲の承諾を得て、パトカーでG警察署へ甲を連れて行った。
> 　警察署内の通信指令室で取調べを受けた甲は、まもなく運転免許証を提示する。しかし、呼気検査については、応じようとしなかった。午前5時30分ころ、甲の父親乙が警察の要請で来署する。乙の説得に対し、甲が、母親丙が来れば警察の要求に従う旨を答えたため、乙は丙を呼びにいったん自宅に戻った。
> 　午前6時頃、甲から煙草の火を貸してほしいと言われた警察官Aは、これを断る。断られた甲は、「〔警察署駐車場に移動された自車の中にある〕マッチを取ってくる」と言って、急に椅子から立ち上がり、通信指令室の出入口のほうへ向かった。そのため、Aは甲の左斜め前に立ちふさがり、「風船〔の呼気検査〕をやってからでいいではないか」と言って、両手で甲の左手首を掴む。甲は、このAの両手を振り払い、その左肩や制服の襟首を右手で掴んで引っ張り、左肩章を引きちぎったうえ、右手拳でAの顔面を1回殴打した。Aは、もう1人の警察官Bと2人で甲を、最初いた椅子に腰かけさせたうえ、公務執行妨害罪の現行犯人として逮捕した。
> 　この事案において、退去しようとする被疑者の前に警察官が立ちふさがり、両手で被疑者の左手首を掴む行為は、刑事訴訟法上の任意処分に当たるか、それとも、強制処分に当たるか、論じなさい。

1　任意処分を手段とする捜査

(1)　捜査の意義

　犯罪の捜査とは、犯人を発見・確保し、証拠を収集・保全する捜査機関の行為を意味します（平野龍一『刑事訴訟法』82頁は、「捜査とは、犯罪の嫌疑がある場合に、公訴の提起・追行のために、犯人を保全し、証拠を収集保全する行為をいう」とする）。もう少し詳しく定義すれば、犯罪の捜査とは、司法警察職員や検察官（刑訴189②「司法警察職員は、犯罪があると思料するときは、犯人及び証拠を捜査するものとする」、191①「検察官は、必要と認めるときは、自ら犯罪を捜査することができる」）などの捜査機関が、犯罪があると思料するとき、公訴を提起し訴訟の追行を準備するため、(A)被疑者を特定し、その将来の公判への出頭を確保する行為、および、(B)犯罪事実など証明を必要とする事実について、その存否を推認する根拠となる証拠を発見し、これを収集・保全する行為を意味します。

展開支援ナビ

被疑者死亡事件の捜査　被疑者が死亡した事件では、有効に公訴を提起できません（被疑者死亡事件では、起訴状謄本を送達できないため、刑訴271②・339①(1)により公訴は無効とされ、公訴棄却の決定が下される）。有効に公訴を提起できない以上、被疑者死亡事件で、そもそも捜査が許されないのではないか、問題となります。なぜなら、捜査活動はなんらかの法益侵害を伴うのに、有効に公訴を提起できないことが明らかな被疑者死亡事件では、その法益侵害に見合う公共の利益が得られない、すなわち、「刑罰法令を適正且つ迅速に適用実現すること」（刑訴1）ができないと考えられるからです。被疑者死亡事件の捜査は、その必要性・相当性を失い、許されないともいえるでしょう（田宮裕『刑事訴訟法〔新版〕』45頁は、「訴訟条件を具備する可能性がまったくなければ公訴提起の余地はないので、捜査の必要性は認められず、許されない」とする）。この考え方によれば、個人のプライバシーなどを著しく侵害する捜索・差押えなどの強制捜査は、明らかに必要性・相当性を欠き、およそ許されてはならないでしょう（ただし、この考え方によっても、共犯者がいる可能性があれば、共犯者を特定し、共犯者に関連する証拠を保全するため、死亡した被疑者の行為を理由に強制捜査も許されよう）。

これに対し、捜査の目的として、「事案の真相を明らかに」（刑訴1）することを強調し、被疑者死亡事件であっても捜査でき、かつ、捜査すべきだという考え方もあります。なぜなら、被疑者死亡事件の捜査により「事案の真相」（刑訴1）を明らかにすることは、被害者や社会に事件の原因や具体的経過などを知らせ、被害者じしんの「社会復帰」や一般的な「犯罪予防」という公共の利益を実現することになるため、捜査の必要性・相当性は失われないと考えるからです。この考え方では、被疑者死亡事件であっても、真相解明のための捜査権は消滅せず、必要かつ相当である限り捜索・差押えなどの強制捜査も許されることになります。実務の考え方であり、学説上も有力な考え方でしょう。

将来犯罪の捜査　近い将来に発生が見込まれる犯罪、すなわち、将来犯罪を理由に捜査できるでしょうか。将来犯罪を理由とする捜査については、その適法性に大きな疑問があります。なぜなら、そもそも将来犯罪の捜査は、刑事訴訟法・刑事訴訟規則の文言に反するといわねばならないからです（三井誠『刑事手続法(1)〔新版〕』74頁は、「将来の犯罪に対する捜査は現行法の予定するところではない」という）。たとえば、逮捕（刑訴199①「検察官、検察事務官又は司法警察職員は、被疑者が罪を犯したことを疑うに足りる相当な理由があるときは、裁判官のあらかじめ発する逮捕状により、これを逮捕することができる。〔以下、省略〕」）や、捜索・差押え・検証（刑訴規156①「前条第1項の〔差押、捜索又は検証のための令状の〕請求をするには、被疑者又は被告人が罪を犯したと思料されるべき資料を提供しなければならない」）などに関する規定は「罪を犯した」と定め、明らかに、過去に発生した犯罪を強制捜査の理由とします。刑事訴訟法189条2項も、「司法警察職員は、犯罪があると思料するときは、犯人及び証拠を捜査するものとする」と定めます。その「犯罪がある」とは、素直に解釈する限り、過去に犯罪が発生した趣旨でしょう。

また、警察法2条1項は、警察の責務について、「警察は、個人の生命、身体及び財産の保護に任じ、**犯罪の予防**、鎮圧及び捜査、被疑者の逮捕、交通の取締その他公共の安全と秩序の維持に当ることをもつてその責務とする」と定めます。将来犯罪を理由に行われる警察活動の目的は「犯罪の予防」であるはずです。この将来犯罪による法益の侵害・危殆化を未然に防止する警察活動を**行政警察活動**と呼びます。ちなみに、犯罪を捜査する警察活動を**司法警察活動**と呼びます。将来犯罪の捜査を肯定することは、将来犯罪を予防する行政警察活動を機能させないこととなります。逆に、犯罪を捜査する司法警察活動についても、将来犯罪までその対象とするとき、過剰な機能を負わせるものとなります。また、将来犯罪の捜査には、相当性を欠く恐れが拭えません。なぜなら、将来犯罪について、その発生を予測したとしても、その実行はひとの不確実で変わりうる将来の意思・意図にかかるため、結局発生しないということが必ず起きるからです。そのような性質をもつ将来犯罪について、具体的な法益侵害を伴う捜査の理由とすることは、相当性を欠く恐れが拭えず、許されるべきでないと思うのです。

これに対し、スリ事犯やおとり捜査などにおいて、〈実行すれば逮捕する態勢の下に、将来の犯罪実行に備え、警察官が一定の活動をすること〉は実務上少なくなく、その警察活動は、犯人の検挙・訴追・処罰を目的とした「司法警察活動ないしは犯罪捜査の範疇」に入れるべきとする考え方があります（井上正仁『捜査手段としての通信・会話の傍受』148頁）。なぜなら、過去に発生した犯罪を理由とする捜査についても、罪を犯したと疑う相当な理由、すなわち、過去の犯罪が存在する蓋然性を認めたものにすぎず、事後に、実はそのような犯罪はなかったと判明することもある以上、〈過去の犯罪が存在する蓋然性があって、捜査の理由にする場合〉と〈間近な将来に特定の犯罪が発生することについて、相当高度の蓋然性があって、捜査の理由にする場合〉とで「本質的な差異はない」、すなわち、過去の犯罪も将来犯罪もひとしく捜査の理由にできると考えるからです（井上・前掲書151頁）。また、将来犯罪を理由とする捜査に伴う法益侵害についても、「間近に重大な犯罪が行われることの

蓋然性が相当に高いうえ、それが発生するまで待っていたのでは、それに関連する証拠がなくなってしまうため、予めこれを保全しておく必要性・緊急性が極めて高いような場合などには、当の処分によって得られる利益は相当におおきいといえる」ため、「正当化」されると考えます（井上・前掲書154頁）。

ちなみに、将来犯罪の捜査を肯定する考え方は、かつては少数説でした。しかし、将来犯罪の関連通信を傍受する強制処分を許す「**犯罪捜査のための通信傍受に関する法律**」（以下、通信傍受法と略称する。将来犯罪関連通信の傍受について、通信傍受法3①(2),(3)などは「別表に掲げる罪が犯され、かつ、引き続き次に掲げる罪が犯されると疑うに足りる十分な理由がある場合」などに限定する）が、平成11年（1999年）に制定、施行された現在では、多数説になったとされます（上口裕『刑事訴訟法〔第4版〕』56頁など）。

このほか、**東京高判昭和63・4・1判時1278号152頁**も、被告人が警察署の派出所前の路上で警察車両の右側サイドミラーをもぎとり、これを損壊した器物損壊被告事件で、「犯罪捜査のための写真撮影」について、「当該現場において犯罪が発生する相当高度の蓋然性が認められる場合であり、あらかじめ証拠保全の手段、方法をとっておく必要性及び緊急性があり、かつ、その撮影、録画が社会通念に照らして相当と認められる方法でもって行われるときには、現に犯罪が行われる時点以前から犯罪の発生が予測される場所を継続的、自動的に撮影、録画することも許される」と判示し、将来犯罪の捜査として行われたビデオ撮影・録画を許容しました。

この捜査の手段に関する規定が刑事訴訟法197条です。197条1項本文は、「捜査については、その目的を達するため必要な取調をすることができる」と定めます。ちなみに、取調べとは、本来は、ひとを対象に供述を引き出す捜査機関の行為を意味します（**被疑者の取調べ**について、刑訴198①が「検察官、検察事務官又は司法警察職員は、犯罪の捜査をするについて必要があるときは、被疑者の出頭を求め、これを取り調べることができる。但し、被疑者は、逮捕又は勾留されている場合を除いては、出頭を拒み、又は出頭後、何時でも退去することができる」と定め、被疑者以外の者、すなわち、**参考人の取調べ**について、223①が「検察官、検察事務官又は司法警察職員は、犯罪の捜査をするについて必要があるときは、被疑者以外の者の出頭を求め、これを取り調べ、又はこれに鑑定、通訳若しくは翻訳を嘱託することができる」と定める）。しかし、197条1項の「取調」とは、それよりも広く、犯人の発見・確保や証拠の収集・保全という捜査の目的を果たすため必要とされる処分一般を意味します。

(2) 強制処分法定主義

捜査の手段は、**強制処分**とそうでない処分、すなわち、**任意処分**に区分されます。強制処分を手段として行われる捜査を**強制捜査**と呼び、任意処分を手段とする捜査を**任意捜査**と呼びます。

刑事訴訟法197条1項但書はとくに、「**強制の処分は、この法律〔刑事訴訟法〕に特別の定のある場合でなければ、これをすることができない**」と定めました。このルールを**強制処分法定主義**と呼びます。すなわち、強制処分を捜査の手段とすることは、刑事訴訟法に特別の根拠規定がない限り、許されません（なお、刑訴222の2は、「通信の当事者のいずれの同意も得ないで電気通信の傍受を行う強制の処分については、別に法律〔犯罪捜査のための通信傍受に関する法律〕で定めるところによる」とする。通信傍受に関する法律については、設問08「令状による捜索・差押え」1(1)の【展開支援ナビ】「通信傍受法の概要」参照）。処分を受ける者の立場からは、捜査上の強制処分に**法定の保障**が及ぶのだといえます。捜査機関の立場からは、強制処分に**法定の制約**があるわけです。

> **強制処分に対する法定の保障と令状の保障**　強制処分法定主義は、形式的には、「何人も、法律の定める手続によらなければ、その生命若しくは自由を奪われ、又はその他の刑罰を科せられない」と定める憲法31条にその憲法上の根拠を求めることができます。実質的には、実体刑法の分野における罪刑法定主義に匹敵する**固有の人権の要求**が、強制処分法定主義を根拠づけるものになります（田宮『注釈刑事訴訟法』216頁は、強制処分法定主義について、「刑法における罪刑法定主義にも匹敵すべき捜査法の根本原則である」という）。すなわち、(A)身体の自由や住居の平穏などを侵害する強制処分を捜査の手段として許すことは、国民の権利保障のあり方に

かかわる重要な決定だといわねばなりません。そのような重要な決定は、国民じしんを代表する立法機関によりつくられた法律にもとづき、その正当性が明らかにされるとともに、国民に知らされるべきものです。その意味で、強制処分法定主義は**民主主義**の思想に由来します。また(B)、強制処分法定主義は市民に対し、法律による事前の予告がない限り捜査機関によって権利・法益を侵害されないという法的安全性を保障します。すなわち、捜査機関の干渉や規制を懸念することなく、市民は自由にみずからの行動を決定できます。その意味で、強制処分法定主義は**自由主義**の要請するところでもあるのです。強制処分法定主義、すなわち、強制処分に対する法定の保障は、それら2つの重要な理念を具体化するものとして捉えられねばなりません。

　さらに、強制処分に要求される刑事訴訟法の「特別の定」とは、具体的には、**強制処分の内容**（身体の拘束、占有権の侵奪など）や、その**実体的要件**（理由や必要性など）、**手続的要件**（令状の請求、発付、呈示、緊急執行、逮捕の時機など）を定める諸規定を指します。強制処分は、刑事訴訟法に定められたそれら諸規定を根拠に、かつ、それら諸規定を厳格に遵守して行われねばなりません。たとえば、強制処分の**逮捕**を例に挙げましょう。憲法33条は、「何人も、現行犯として逮捕される場合を除いては、権限を有する司法官憲が発し、且つ理由となっている犯罪を明示する令状によらなければ、逮捕されない」と定めます。この規定を受け、令状による通常逮捕について、刑事訴訟法199条（通常逮捕の実体的、手続的要件）、200条（逮捕状の記載事項）、201条（逮捕状の呈示と緊急執行）、203条（被逮捕者に対する被疑事実、権利等の告知、司法警察員による留置の要否判断、留置の時間的限界）などの規定を置き、無令状の現行犯逮捕については、212条（現行犯人、準現行犯人の定義）、213条（無令状の現行犯逮捕）、216条（令状による通常逮捕に関する規定の準用）などの規定が置かれました。

　それら「特別の定」の具体的内容は、**令状主義の原則的保障とその合理的例外**を定めるものでした。すなわち、強制処分法定主義は、〈強制処分に関し、**令状の保障**を具体化するための法的枠組みをつくりなさい〉と要求する原則でもあるわけでした。その意味で、強制処分法定主義は令状の保障も内容とするものとして捉えられねばなりません。

　これに対し、捜査機関が任意処分を捜査の手段とするときは、そのような法定の保障ないし制約がありません。捜査上の任意処分については、それが捜査の目的を達成するため必要である限り（刑訴197①本文は「必要な」処分のみ許す。その意味で、任意処分にも比例原則の制約はかかる。比例原則について、設問02「比例原則と捜査」参照）、刑事訴訟法に特別な根拠規定がなくとも、捜査機関の裁量的判断により行うことができます。

展開支援ナビ

任意処分の具体的種類　刑事訴訟法198条1項や223条1項に定められた被疑者、参考人に対する捜査機関の出頭要求や取調べは、任意処分となります。任意処分であっても、例外的に根拠規定を置いたものです。被疑者の任意出頭や取調べに関し、『条解刑事訴訟法〔第4版〕』375頁は、「強制処分ではないが、一方ではこのような権限の存否に関する疑いを避けるために、他方では手続を厳格に規定することによって任意処分に藉口する濫用を防ぐために、特に規定を設けた」と説明します。この被疑者・参考人の出頭要求や取調べのほか、捜査上の任意処分にはどのような種類があるでしょうか。

　任意処分の具体的種類について、警察の内規である**犯罪捜査規範**（国家公安委員会規則2号）がいくつかのものを定めます。たとえば、犯罪捜査規範81条は「捜査を行うに当っては、犯罪に関する有形または無形の資料、内偵による資料その他諸般の情報等確実な資料を収集し、これに基いて捜査を進めなければならない。〔以下、省略〕」と定めます。この**内偵**とは、匿名の申告や風説などが捜査の端緒（たんしょ）、すなわち、捜査を開始する具体的理由となるケースで、その内容の真偽を検討することを意味します。捜査の初期段階における処分だといってよいでしょう。

　また、犯罪捜査規範101条は、「捜査を行うに当っては、聞込、尾行、密行、張込等により、できる限り多くの捜査資料を入手するように努めなければならない」と定めます。この**聞込み**（第三者から犯罪に関する知識や体験を直接・間接に聞き出すこと）は、情報を収集するため関係者に面接する任意処分です。**尾行**（犯人やその関係者を気付かれないように追随して看視すること）、**密行**（犯罪が多発する場合に、現行犯逮捕を目的として隠密に巡回、警邏〔けいら〕すること）、**張込み**（捜査目的で隠密に、ひとあるいは場所を看視すること）などの隠密の活動も、それぞれ任意処分の一種です。このほか、犯人や証拠物などを発見・確認するため行われる**検索**（犯行現場、逃走経路やその周辺で犯人の潜伏、証拠物の隠匿・遺留などを調べること）や、犯罪現場などにおける**実況見分**（犯捜規104①「犯

罪の現場その他の場所、身体又は物について事実発見のため必要があるときは、実況見分を行わなければならない」。犯罪の現場などについてその状況を正確に観察し、結果を調書に記載すること。実況見分場所を管理する者など、権利者の承諾を得て行う）なども、任意処分の一場合となります。

　このようにさまざまな種類がある任意処分について、どのように定義すべきか、そもそも一義的に定義できるのか、問題となるわけです。

(3) 任意処分の適法性の根拠

　任意処分の範疇に入る行為について、なぜ、刑事訴訟法に特別の根拠規定がなくとも、捜査機関の裁量的判断により行うことができるのでしょうか。その実質的理由が説明されねばなりません。

　①承諾にもとづく任意処分　　任意処分を手段とする捜査の典型的ケースは、取調べを受けて参考人が「任意の供述をした」（刑訴227①「第223条第1項〔参考人取調べ〕の規定による検察官、検察事務官又は司法警察職員の取調べに際して任意の供述をした者〔以下、省略〕」）と表現されるように、捜査に応じるかどうかを処分の相手方の意思に任せる場合です。言い換えれば、**処分の相手方の承諾にもとづいて捜査が行われる場合**です（犯捜規100も、「任意捜査を行うに当り相手方の承諾を求めるについては」、「承諾を強制し、またはその疑を受けるおそれのある態度もしくは方法をとらないこと」に注意しなければならないと定める）。

　では、相手方の承諾がある捜査機関の処分は、なぜ任意処分になるのでしょうか。その理由はこう説明されます。すなわち、捜査機関のある行為が捜査の相手方の行動の自由を制限したり、情報の秘密などを侵害するとします。しかし、その捜査機関の行為について相手方が承諾を与えたとき、具体的には、そのひとがみずから停止したり、みずから情報を提供したときは、行動の自由や情報の秘密など、そのひとじしんが享有する**権利を放棄した**といえます。みずから放棄した個人的権利について、その侵害を違法と評価する必要はありません。なぜなら、捜査機関に対し放棄された個人的権利は、その限りで**失われた権利**であり、もはや法的に保護すべき対象にならないからです。権利侵害の実質が存在しないともいえるでしょう（三井『刑事手続法(1)〔新版〕』81頁は、個人的権利・利益が問題になる場面で、承諾があれば「守るべき権利・利益の侵害がなくなる」ともいう）。

　そのため、相手方の承諾がある捜査機関の処分について、これを任意処分の範疇に入れ、捜査機関の裁量的判断で自由に行わせてかまいません。自由に行わせてかまわないため、特別の根拠規定は不要とされるわけです（なお、承諾捜索の問題について、設問09「逮捕現場における無令状の捜索・差押え」4(1)「承諾による捜索」参照）。

　②承諾にもとづかない任意処分　　しかし、捜査上の任意処分の中には、承諾を得ることができないものもあります。たとえば、公道上で行われる交通事故現場の実況見分（犯捜規104①）のように、承諾を求めるべき特定の相手方がいない場合があります。また、隠密裡の活動である尾行や張込み（犯捜規101）などのように、相手方の承諾を得ることが想定されない場合もあります。これらの場合も、それぞれ任意処分に分類されます。そのため、処分の相手方の承諾があることが任意処分に共通の特徴だとか、本質的特徴だとはいえません。

　ちなみに、公道上の実況見分については、〈公道で行われる限り、そもそも特定のひとの権利を侵害する捜査機関の行為ではない。だから、任意処分の範疇に入る〉と説明できるでしょう。すなわち、違法と評価すべき権利侵害がないという点で、処分の相手方の承諾がある場合と共通するものがあります。

　では、尾行や張込みについても、同じでしょうか。たとえば、〈尾行や張り込みは、相手方が気づかず、その行動の自由を制約してもいないため、違法と評価すべき権利侵害がない捜査機関の行為だ。だから、任意処分の範疇に入る〉と説明できるでしょうか。実は、そう説明はできません。なぜなら、隠密裡にひとや場所を看視しつづける尾行や張込みは、処分の相手方の私的行動を把握し、相手方のプライバシーという憲法13条の基本的人権（憲法13「すべて国民は、個人として尊重される。生命、自由及び幸福追求に対する国民の権利については、公共の福祉に反しない限り、立法その他の国政の上で、最大の尊重を必要とする」。憲

法 13 により、個人は自律する主体として尊重されねばならない。この自律性・主体性を実現するため不可欠な前提が、個人のプライバシー保障である）を侵害する捜査活動であるからです。また、相手方が尾行や張込みに気づいたときは、その行為を中止するよう求めるでしょうから、少なくとも黙示の意思に反する捜査活動だというほかありません。

　そうすると、違法と評価すべき権利侵害があり、黙示の意思にも反する尾行や張り込みについて、これを任意処分の範疇に入れる実質的理由はなんなのでしょうか。その理由については、〈捜査機関による尾行や張込みの行動は、外観からは、日常的にありふれた市民の行動と区別できない。その限りで、尾行、張り込みをされるひとも含め、だれもその行動を咎めない。すなわち、社会的相当性を肯定される。だから、そもそも違法と評価するまでもない。そのため、任意処分の範疇に入れ、捜査機関の裁量的判断でこれを自由に行わせてかまわない〉と説明するほかないように思います。

展開支援ナビ

社会的相当性を否定すべき尾行態様　　犯罪予防の行政警察活動として行われた尾行について、対象者に気づかれたため、警察官が敢えて数メートルの至近距離で尾行をつづけた事案で、**大阪高判昭和 51・8・30 判時 855 号 115 頁**は、警察比例の原則にかんがみ、「相当な尾行行為であるとは到底認め難く、違法である」と判示しました（大阪高裁昭和 51 年判決の詳細は、設問 02「比例原則と捜査」3(1)）。至近距離の密着尾行は、日常的な市民の行動でなく、社会的相当性を失うともいわねばなりません（このほか、長期間にわたって継続される尾行も、社会的相当性が否定される）。

　尾行の補助手段として、位置情報を取得できる衛星利用測位システム（GPS）端末を対象者の自動車に無断で設置することは許されるでしょうか。平成 18 年（2006 年）6 月 30 日付警察庁刑事局刑事企画課長名の「移動追跡装置運用要領」は、そのような態様の行動観察を行うため、内部的規範となる指針を各都道府県警に通達しました。しかし、高速走行する自動車の位置情報を取得するため GPS 端末を設置することは、自動車という私的領域に侵入する捜索にひとしく、任意処分の範疇に入る尾行態様とはいえません。また、GPS 端末を尾行のため使用することは、日常的な市民の行動からかけ離れており、その点でも社会的相当性を失うというほかありません。

　いずれにしても、取調べ、公道上の実況見分、尾行、張り込みなど、すべての任意処分に共通する本質的特徴を導き出すことはできませんでした。そのため、任意処分を一義的に定義することもできないといわねばなりません。結局のところ、捜査上の任意処分とは**非類型的、非限定的**なものであって（田宮『刑事訴訟法〔新版〕』65 頁は、任意処分の性質を「多様かつ非類型的」と述べた）、敢えて定義するとしても、強制処分ではないものが任意処分だというほかないとされます（田宮・前掲書 65 頁は、「任意捜査」とは「『強制捜査ではない』ことを意味するにとどまる」という）。

展開支援ナビ

任意捜査優先の原則　　犯罪捜査規範 99 条は、「捜査は、なるべく任意捜査の方法によって行わなければならない」と定めます。これを**任意捜査優先の原則**、または、たんに**任意捜査の原則**と呼びます。捜査の目的が任意処分によっても強制処分によっても達成されるとき、捜査機関はまず、原則的に許容されるべき任意処分を選択しなければなりません。すなわち、任意処分を選択することが非効率だとしても、捜査機関は、権利侵害がないか社会的相当性を肯定される任意処分を優先的に選択しなければなりません。その意味で、任意捜査優先の原則は、捜査の必要や効率よりも被処分者の権利保障を優位におく考え方にたちます。

　また、刑事訴訟法が定める要件、手続、法的効果などの厳格な制約の下でしか捜査上の強制処分を許さない**強制処分法定主義の反射的効果**として、任意処分を手段とする捜査が優先されねばならないともいえます。その意味で、任意捜査優先の原則は強制処分法定主義と相即不離の原則です。それゆえ、任意捜査優先の原則についても、その刑事訴訟法上の形式的根拠を 197 条 1 項に求めることができます。

2　捜査上の強制処分の定義

　捜査上の任意処分は非類型的、非限定的なものであるため、結局は、強制処分でないものが任意処分だというほかありませんでした。それゆえ、任意処分を実質的に定義するためにも、強制処分じたいの意義が検討されねばなりません。

展開支援ナビ

強制処分の具体的種類　刑事手続における捜査上の強制処分は、強制が向けられる対象によって**対人的強制処分**と**対物的強制処分**に分かれます。
　対人的強制処分の典型例は、被疑者・被告人の身体の自由を制限する**逮捕**（刑訴199の通常逮捕、210の緊急逮捕、213の現行犯逮捕）や**勾留**（刑訴207①、60①）です。ちなみに、**身体検査**（刑訴129、218①）も対人的強制処分に属します。ひとの身体の状態などを証拠資料とするため、まさにその身体に対し強制が加えられるからです。また、逮捕・勾留と程度の違いはあれ身体検査も**身体の拘束**を伴いますので、その点でも対人的強制処分と捉えられるべき実質をもちます。
　これに対し、対物的強制処分の典型例として、「書類及び所持品」（憲法35①）という有体物に化体されたプライバシー——厳密には、プライバシーの不可侵という法的な価値——を制限する**差押え**（刑訴99、218①、220①(2)）が挙げられます（差押えとは、刑訴99の「証拠物又は没収すべき物」について、それらを所持する者や保管する者から強制的に取りあげ、捜査機関などの所持に移し、これを強制的に保管・留置する処分を意味する。参照、218①、220①(2)、121①、123①）。この差押えのため、すなわち、証拠物など差し押さえるべき物を発見するため、**捜索**（刑訴102、106、218①、220①(2)）が行われます。この捜索も対物的強制処分の典型例の1つです。ただし、証拠物などを発見するため被疑者や第三者の身体じたいを捜索の対象とする場合には（刑訴102、218①、220①(2)）、対物的強制処分であるとともに対人的強制処分ともなります。このほか、被疑者やその他の者が遺留した物や、所有者や所持者、保管者が任意に提出した物について、これを**押収**することがあります。この処分を**領置**と呼びます（刑訴221、222①）。また、裁判所が行う裁判（刑訴429①(2)）の一種である**提出命令**（刑訴99②）も、対物的強制処分の一種です（領置と提出命令の詳細は、設問08「令状による捜索・差押え」1(2)の【展開支援ナビ】「領置と提出命令」参照）。

---

(1)　強制処分の伝統的定義

　捜査上の強制処分は、これまで、どのように定義されたでしょうか。
　①直接強制　伝統的な定義（高田卓爾『刑事訴訟法〔2訂版〕』333頁は、「強制処分についての古典的理解」と表現する）によれば、強制処分とは、特定の行為を強制するため、ひとの身体や物に対し直接的に**物理的な有形力**を行使することを意味します。この身体や物に対する直接的な有形力行使を**直接強制**と呼びます。
　たとえば、ひとの身体的特徴などを五官の作用で認識し、証拠化するため、衣服を脱がして検査することが必要な場合があります。この身体に対する検証、すなわち、身体検査を行うため、刑事訴訟法上、直接強制が許されます（刑訴139は、「裁判所は、身体の検査を拒む者を過料に処し、又はこれに刑を科しても、その効果がないと認めるときは、そのまま、身体の検査を行うことができる」と定める。この「そのまま、行うことができる」という文言が、直接強制を許す趣旨となる）。たとえば、必要な限り、抵抗する被処分者の身体を数人の警察官が押さえつけ、着衣を剥いで、強制的に全裸にし、身体検査を行います。外観からも明らかに強制力が加えられる場合です。
　②間接強制　強制処分のもう1つの意味は、こうです。特定の行為をとるように命令し、それに応ずる義務を課したうえで、その義務違反に対する制裁を予告するならば、強制力が働きます。すなわち、制裁を免れるには命令された特定の行為をとるほかないため、間接的なかたちであっても、強制力が働きます。これを**間接強制**と呼びます。たとえば、身体検査を拒否する者に対し、過料や費用賠償の金銭的負担を課すとか、刑罰を科す場合です（刑訴137①「被告人又は被告人以外の者が正当な理由がなく身体の

検査を拒んだときは、決定で、10万円以下の過料〔行政罰〕に処し、かつ、その拒絶により生じた費用の賠償を命ずることができる」、138①「正当な理由がなく身体の検査を拒んだ者は、10万円以下の罰金又は拘留〔いずれも刑事罰〕に処する」）。

> **展開支援ナビ**
>
> **法的義務のみ課す処分** 刑事訴訟法には、法的義務を課しながらその義務違反に対する制裁が定められない処分もあります。たとえば、**公務所照会**です（刑訴197②「捜査については、公務所又は公私の団体に照会して必要な事項の報告を求めることができる」。なお、公判準備として行われる公務所照会について、279「裁判所は、検察官、被告人若しくは弁護人の請求により又は職権で、公務所又は公私の団体に照会して必要な事項の報告を求めることができる」）。具体的には、**身上調査照会**（自治体の長に対し被疑者の本籍・出生地・住所・生年月日・破産等の有無・家族構成などの回答を求める）がその一例です。
>
> 刑事訴訟法が捜査機関に対し照会の権限を与えた以上、照会を受けた者は報告をする義務を負います（ただし、その報告が憲法上の権利を侵害したり憲法上の原則に反する結果になるなど、特別な理由があれば、報告を拒否できる）。なぜなら、権限と義務は楯の両面だからです。しかし、この公務所照会の処分について、報告を拒否した義務違反に対する制裁を刑事訴訟法は定めません。それゆえ、(A)制裁がないのでは強制力をもたないため、公務所照会は任意処分にとどまるという論者もあります。他方で、(B)制裁を定めなくとも、法的義務が課される以上、なんらかの強制力は働くため、強制処分と捉えるべきだという論者もあります。前者(A)の考え方、すなわち、任意処分説が多数説でしょう。

直接強制と間接強制こそが強制処分だとする伝統的定義は、明確な基準により強制処分を捉えることが特徴です。なぜなら、直接強制の範疇に入るかどうかは、ひとの身体や物に対し直接に有形力が行使されたかどうかという**処分の外観**じたいから容易に判別できるからであり、また、間接強制の範疇に入るかどうかは、刑事訴訟法の明文規定で法的義務が課され、義務違反に対する制裁を予告するという**処分の形式**じたいから容易に判別できるからです。

(2) 権利侵害説

しかし、強制処分の伝統的定義について、これを批判し、否定する考え方があります。すなわち、伝統的定義では「主として有形力ないし実力行使の有無がポイントになり、基準が形式化しすぎると同時に、強制処分の範囲が狭すぎるという難点がある」と批判します（田宮『注釈刑事訴訟法』217頁）。

具体的には、電子機器を用いた**電気通信の傍受**や、光学機器を用いた**写真・ビデオの撮影**など、科学技術の発展にともない可能となった、新たな捜査技術を用いた処分が問題とされました。それら処分は、有形力を行使することも法的義務を課すこともありません。そのため、強制処分の伝統的定義からは任意処分にとどまるというべきものです。しかし、電気通信傍受や写真・ビデオ撮影などの処分は、伝統的な強制処分と同程度か、あるいは、それ以上に通信の秘密（憲法21②）やプライバシー（憲法13）など個人の権利・法益を侵害するといわねばなりません。つまり、それらの処分について、任意処分と同様に〈原則的に許容され、例外的にしか禁止されない捜査手段だ〉とは到底いえないと考えられるわけです（ちなみに、電気通信傍受については、平成11年〔1999年〕の通信傍受法の制定により捜査上の強制処分とされた。参照、刑訴222の2「通信の当事者のいずれの同意も得ないで電気通信の傍受を行う強制の処分については、別に法律〔通信傍受法〕で定めるところによる」）。それゆえ、これらの捜査手段を強制処分の範疇にとりこむには、強制処分の伝統的定義そのものが否定されねばならないと考えられました。

こうして、強制処分について、新しい定義が提唱されます。それが**権利侵害説**です（法益侵害説ともいう）。それによれば、「個人の権利や法益の侵害をもたらすかどうか」が強制処分概念の基本的特徴、メルクマールだとされます（田宮「任意捜査において許容される有形力の行使の限度」警察研究51巻6号78頁）。すなわち、「隠密裡にではあっても、同意をえずに個人の法益を侵犯する場合は、強制捜査となる」とされました

（田宮編著『刑事訴訟法Ⅰ』129頁以下〔田宮執筆部分〕）。明示または黙示の意思に反して個人の権利・法益を侵害する処分を、強制処分と定義するわけです。「この基準によれば、有形力の行使じたいは重要でないので、一方で、有形力の行使がなくても強制処分たりうる」とされ、「たとえば盗聴」がそうだとされました（田宮『註釈刑事訴訟法』217頁）。

　この権利侵害説は、個人の権利・法益という**規範的なもの**に関係させた実質的定義を採用することにより、それまで任意処分とされたものを強制処分の範疇にとりこむ側面、すなわち、〈令状主義の精神に沿った手続的コントロールが及ぶ範囲を広げ、捜査活動に対する規制を強化する積極的側面〉をもちます（田宮『刑事訴訟法〔新版〕』72頁以下は、「写真撮影と盗聴」のような「新しいタイプの強制処分」に対する「規制の考え方としては、強制処分である以上、実質的な令状主義の精神は、197条1項但書の趣旨にてらし、妥当すべきである。そして、その〔処分の〕性質により、写真〔撮影〕の場合は既存の強制処分よりゆるやかな規制で足りるが、盗聴の場合はずっと厳格な規制を要求すべきであろう」という）。

> **展開支援ナビ**
>
> **重要利益侵害説と実質的権利・利益侵害説**　この権利侵害説のバリエーションというべき考え方もあります。
> 　たとえば、井上正仁教授は『強制捜査と任意捜査〔初版〕』10頁で、権利侵害説を基本としつつ、「相手方の明示又は黙示の意思に反する」とともに、「法定の厳格な要件・手続によって保護する必要のあるほど重要な権利・利益に対する実質的な侵害ないし制約を伴う場合にはじめて、強制処分ということになる」とされました。すなわち、強制処分法定主義・令状主義で規制する必要があるほど、質的に「重要な権利・利益」の「実質的な侵害ないし制約」があるときにはじめて、強制処分になると解されました。そのため、**重要利益侵害説**と呼ばれます（上口裕『刑事訴訟法〔第4版〕』64頁）。ただし、この考え方は権利侵害説よりもさらに「重要」や「実質的」という**評価的なもの**に関係させた定義を採用する点で、強制処分の概念ないし範囲を曖昧にする側面をもつことが否定できません（また、井上教授が「明示又は黙示の意思に反する」ことを挙げた点にも、疑問がある。たしかに、強制処分はすべて明示または黙示の意思に反する。しかし、意思に反する無承諾の任意処分もある。そのため、「意思に反する」ことじたいは、任意処分と強制処分を区別するメルクマールにならないであろう）。
> 　また、三井誠教授も『刑事手続法(1)〔新版〕』81頁で、権利侵害説を修正した**実質的権利・利益侵害説**にたち、「相手方の権利・利益を実質的に侵害・危殆化する処分であるか否かを〔強制処分の〕一般的なメルクマールとする」とされました（〔　〕は引用者。なお、この実質的権利・利益侵害説は、同意がないこと・意思に反することを独立の要件として挙げる必要はないともいう。なぜなら、「個人的な権利・利益が問題となる場面であるから、『同意があれば』『意に反していなければ』守るべき権利・利益の侵害がなくなる」からである。三井・同上）。「実質的」という点で、重要利益侵害説と共通します。
> 　重要利益侵害説や実質的権利・利益侵害説にはなお与しえない点がありますが、有力説として注目しなければなりません。

　ただし、この権利侵害説にも問題があります。権利侵害説が、「反対に、任意処分でも一切の有形力の行使が禁止されるわけではなくなる」（田宮『註釈刑事訴訟法』217頁）と結論した点です。すなわち、有形力を行使したという**事実的なもの**を強制処分のメルクマールとしないため、〈有形力を行使しても、軽微なものであれば、なお任意処分にとどまる〉ことを認める点です。それは、伝統的には強制処分とされた有形力行使のうち、軽微なものを任意処分にいわば格下げする考え方だといえます。

　しかし、軽微であっても、ひとの身体や物に対する直接的な有形力行使が生じさせる権利・法益侵害の実体については、これを否定できないはずでした。すなわち、軽微であっても、警察官による直接的な有形力行使が〈市民の具体的行動を規制する、強い権威的性格をもつ行為〉である実体はなんら変わらないはずでした（後述の3(4)参照）。そうである限り、軽微な有形力の行使について、〈原則的に許容され、例外的にしか禁止されない捜査手段だ〉と捉えなおすことには、どうしても疑問が生じます。

(3) 強制処分をどう定義すべきか

では、強制処分の定義に関し、そもそも、どのように考えるべきでしょうか。

もともと権利侵害説は、直接強制（有形力を行使して強制する）や間接強制（法的義務を課し、義務違反に制裁を加えることにより強制する）という強制処分の伝統的定義が、暗黙のうちにその内容としていた**個人の権利・法益の侵害**という本質的特徴をいわば表に引き出し、それを正面に据えるかたちで強制処分を新しく定義しなおそうというものでした。それにより、既存の類型に当たらない強制処分、すなわち、科学技術の発展に伴い可能となった新しい類型の強制処分について、令状主義の精神に沿った手続的コントロールを及ぼそうというのが権利侵害説の目的でした。

そうであれば、強制処分の伝統的定義を捨て去る必要はないというべきです。(A)明確であるけれども、それゆえに**閉ざされた伝統的な強制処分概念**に加え、(B)科学技術の発展とともに増えてくる新しい類型の強制処分をカバーする**開かれた強制処分概念**を肯定しておけば足りると思われるのです（権利侵害説の論者である田宮裕教授も、その教科書の『刑事訴訟法〔新版〕』71頁では「強制処分とは、従来は、①直接強制の行われる場合、または、②少なくとも間接強制を伴う場合（すなわち、197条2項も強制処分になる）とされてきたが、おそらくそればかりでなく、③相手方の権利侵害をきたす場合をも加えて考えるべきではないかと思われる」とされた。ゴシック体は引用者）。たしかに、そのような開かれた強制処分概念を肯定することは、強制処分概念を一定の類型に限定せず、不確かなものにすることを意味します。しかし、強制処分概念の非類型化は、強制処分の伝統的定義では任意処分の範疇に入ってしまい、厳格な手続的規制が及ばなかった捜査活動について、これを強制処分の範疇にとりこみ、その規制を強化しようとする**理論的工夫**として、かつ、その限りで肯定されてよいと思うのです。

3 軽微な有形力の行使——判例の考え方

権利侵害説の論者は、「判例は、基本的にこの立場〔権利侵害説〕に立つもの」と理解します（田宮『註釈刑事訴訟法』217頁。〔 〕は引用者。なお、上口『刑事訴訟法〔第4版〕』64頁は、井上正仁教授の重要利益侵害説が「判例の立場」だとする）。そのため、次に判例の立場を検討してみましょう。

(1) 取調べのさいの軽微な有形力の行使

リーディング・ケースは、**最決昭和51・3・16刑集30巻2号187頁**です。この最高裁昭和51年決定が扱った事件は、設問の【関連問題】が基礎とした事案でした。その事実の概要を、あらためて紹介しておきます。

> (1) 被告人Aは、昭和48年（1973年）8月31日午前4時10分ころ、岐阜市東栄町の路上で、酒酔い運転したうえ、道路端に置かれたコンクリート製のごみ箱などに自車を衝突させる物損事故を起こします。間もなくパトカーで警察官2人が事故現場に到着し、Aに対して運転免許証の提示を求めます。また、アルコール保有量を検査する風船に呼気を吹き込んでくれという要求も行います。しかし、Aはこのいずれも拒否しました。警察官らは、道路交通法違反の被疑者としてAの取調べを行う必要があると考え、Aをパトカーで岐阜中警察署へ「任意同行」します。警察署に到着したのは、午前4時30分ころでした。
>
> (2) Aは、警察署内の通信指令室で被疑者として取調べを受けることになります。あらためて行われた運転免許証の提示要求には、すぐ応じました。しかし、呼気検査については、道路交通法の規定にもとづくものだと告げられ警察官らから再三再四説得されるのですが、どうしても応じようとはしません。午前5時30分ころ、Aの父親が警察の要請で来署して、Aを説得します。しかし、Aはこれを聞き入れず、かえって反抗的態度に出ました。そのため、父親は説得をあきらめ、「母が来れば警察の要求に従う」とAが述べたので、妻（Aの母親）を呼びに自宅に戻ります。

(3)　警察官らは、Aの説得をつづけながら、Aの母の到着を待っていました。午前6時ころになって、Aから「タバコを吸うためにマッチを貸してほしい」と言われ、これを断わります。断られたAは、「〔警察署駐車場に移動された自車の中にある〕マッチを取ってくる」と言って、急に椅子から立ち上がり、通信指令室の出入口のほうへ小走りに行きかけます。
　そのため、警察官は、Aが逃げ去るのではないかと思い、Aの左斜め前に立ちふさがり、「風船〔の呼気検査〕をやってからでいいではないか」と言って、両手でAの左手首を掴みます。するとAは、警察官の両手を振り払って、その左肩や制服の襟首を右手で掴んで引っ張り、左肩章を引きちぎったうえ、右手拳で顔面を1回殴打しました。
　(4)　警察官は、この間、両手を前に出して止めようとしていたのですが、Aがなおも暴れるため、これを制止しながら、もう1人の警察官と2人でAを元いた椅子に腰かけさせ、その直後に、公務執行妨害罪の現行犯人として逮捕した、というものです。

　このケースで、最高裁昭和51年決定は、「法律上問題となるのは、出入口の方へ向った被告人の左斜め前に立ち、両手でその左手首を掴んだK巡査の行為が、任意捜査において許容されるものかどうか」だと述べ、次のように判示しました。
　「捜査において強制手段を用いることは、法律の根拠規定がある場合に限り許容されるものである。しかしながら、ここにいう強制手段とは、有形力の行使を伴う手段を意味するものではなく、個人の意思を制圧し、身体、住居、財産等に制約を加えて強制的に捜査目的を実現する行為など、特別の根拠規定がなければ許容することが相当でない手段を意味するものであって、右の程度に至らない有形力の行使は、任意捜査においても許容される場合があるといわなければならない。ただ、強制手段にあたらない有形力の行使であっても、何らかの法益を侵害し又は侵害するおそれがあるのであるから、状況のいかんを問わず常に許容されるものと解するのは相当でなく、必要性、緊急性なども考慮したうえ、具体的状況のもとで相当と認められる限度において許容されるものと解すべきである」、と。
　この最高裁昭和51年決定の文言からは、強制処分とは「特別の根拠規定がなければ許容することが相当でない手段」を意味すると定義され、その**例示**として「個人の意思を制圧し、身体、住居、財産等に制約を加えて強制的に捜査目的を実現する行為など」が挙げられたことが分かります。ちなみに、最高裁昭和51年決定が強制処分の定義として述べた「特別の根拠規定がなければ」以下の判示は、刑事訴訟法に根拠規定をもつ「既存の強制処分と同じ程度の『強度』のもの」に強制処分を限定する趣旨だという指摘（光藤景皎『刑事訴訟法Ⅰ』28頁）が正鵠を射たものでしょう。
　なお、「個人の意思を制圧し、身体、住居、財産等に制約を加えて強制的に捜査目的を実現する行為など」という最高裁昭和51年決定の判示は、あくまで、被処分者の身体（被疑者の左手首）に警察官が有形力（両手で掴む）を行使した具体的事案との関係で例示的に述べられたことが確認されるべきです。言い換えれば、最高裁昭和51年決定による〈個人の意思を制圧し、身体、住居、財産などに制約を加える行為〉という判示について、強制処分を一般的に定義したものと捉えるべきではありません（田宮『刑事訴訟法〔新版〕』73頁は、「個人の意思を制圧し」などの「判例の文言は、有形力を行使しても任意処分性を失うものではないという面を強調するためのもの」と指摘する）。なぜなら、意思の制圧を想定できない強制処分もあるからです（川出敏裕「任意捜査の限界」『小林充先生・佐藤文哉先生古稀祝賀刑事裁判論集〔下巻〕』28頁以下は、有形力の行使については、その「行為態様において相手方の意思を制圧する程度のものであったか否か」を問題にできるとしたうえで、「通信傍受のように対象者が気付かないうちに行われる〔強制〕処分」については、推定的意思に反するといえても、それ以上に意思を制圧する程度かどうかは問題にできないとした。〔　〕は引用者）。結局、最高裁昭和51年決定は、被疑者の左手首を警察官が両手で掴むという具体的事案との関係で、かつ、その関係でのみ、〈身体に対する有形力行使が強制処分の範疇に入るには「個人の意思を制圧」する程度にいたることが必要だ〉と判示したものであるわけです。

> **展開支援ナビ**
>
> **任意捜査の絶対的限界を超えた事案**　最高裁昭和51年決定は、任意処分として許容される有形力の行使について、「特別の根拠規定がなければ許容することが相当でない手段」の程度に至らないことを要求しました。すなわち、〈行使される有形力が、それじたいとして、逮捕や捜索などの程度に至らない〉という絶対的的限界を設定しました。
>
> この限界を超えた事例が、**最決平成6・9・16刑集48巻6号420頁**の事案でした。職務質問の現場で警察官が自動車のエンジンキーを取り上げ、6時間半以上留め置いた事案です。最高裁平成6年決定は、「被告人の身体に対する捜索差押許可状の執行が開始されるまでの間、警察官が被告人による運転を阻止し、約6時間半以上も被告人を本件現場に留め置いた措置は、当初は〔中略〕適法性を有しており、被告人の覚せい剤使用の嫌疑が濃厚になっていたことを考慮しても、被告人に対する任意同行を求めるための説得行為としてはその限度を超え、被告人の移動の自由を長時間にわたり奪った点において、任意捜査として許容される範囲を逸脱したものとして違法といわざるを得ない」と判示しました。長時間にわたり「移動の自由」を侵害し、逮捕の程度に至ったため、任意捜査の限界を超えて違法とされたわけです。

(2) 強制処分の実質的定義

このように最高裁昭和51年決定は、身体や物に対する直接的な有形力行使について、これをただちに直接強制と捉える伝統的定義から離れ、「個人の意思を制圧」したか、または、「身体、住居、財産等に制約を加え」たか、さらに、「強制的に捜査目的を実現」したかなど、**評価的なもの**に関係させて、これを強制処分と捉える実質的定義を採りました。

ちなみに、最高裁昭和51年決定がいう「身体、住居、財産等」はそれぞれ、身体の安全や住居の平穏、財産権の不可侵などの個人の権利・法益を化体するものとして挙げられたと解することができます。そのように解する限り最高裁昭和51年決定は、強制処分について、権利侵害説と同様の定義を採用したようにみえます（田宮『刑事訴訟法〔新版〕』73頁は、最高裁昭和51年決定の判示について、「要は、『相手方の不同意による権利制約行為』を意味する」ため、権利侵害説をベースにしたという）。したがって、この最高裁昭和51年決定が、権利侵害説と同様の積極的側面、すなわち、令状主義の精神に沿った手続的コントロールが及ぶ範囲を広げ、捜査活動に対する規制を強化する側面をもつことは否定されるべきでありません。

しかし、最高裁昭和51年決定がもつ主要な側面は、やはり、**身体や物に対する直接的な有形力行使を伴う任意処分**という範疇を認めたことでした。すなわち、それまでの考え方からは、〈身体や物に対する直接的な有形力行使を伴う以上、任意処分といえず、それゆえ、現場の捜査機関たる警察官の自由な判断に委ねてよい処分とすることもできなかった捜査機関の行為〉について、これを敢えて任意処分の範疇に格下げした点です。格下げする根拠は、行使される有形力が「特別の根拠規定がなければ許容することが相当でない」「強制手段」にひとしい「程度に至らない」こと、すなわち、行使される有形力の程度が軽微なものにとどまることでした。

ただし、軽微ではあっても有形力を、しかも、ひとの身体や物に対し直接的に行使するわけですので、最高裁昭和51年決定は、そのような処分を捜査機関の裁量的判断に全面的に委ねてしまう――まったく自由に行わせる――わけにはいきませんでした。そのため、最高裁昭和51年決定は、そのような処分は「具体的状況のもとで相当と認められる限度において許容される」と判示し、比例原則に違反してはならないことを強調し、同時に、この比例原則違反の判断にさいし、「必要性、緊急性など」の具体的な考慮事項を挙げました（比例原則について、設問02「比例原則と捜査」参照）。その点で、厳格な判断を求めたものといえるでしょう。

> **展開支援ナビ**
>
> **必要性、緊急性、相当性を考慮する**　最高裁昭和51年決定の「必要性、緊急性なども考慮したうえ、具体的状況のもとで相当と認められる限度において許容される」という文言からは、軽微な有形力の行使が**適**

法であるための要件は「具体的状況のもとで相当と認められる」ことであり、**その要件の存否を判断するための考慮要素が「必要性、緊急性」であることが分かります**。必要性を考慮要素とする点は、刑事訴訟法197条1項が明文で掲げる要件（「必要な取調」）の趣旨に沿うことでした。そのため、緊急性をとくに考慮要素として挙げた点こそ重要でしょう。最高裁昭和51年決定の事案において、その緊急性の実質的意義は、法益侵害などを伴わない他の任意処分では対応できない突然の事態の変化があった（「急に退室しようとした」）ことでした。

さらに、最高裁昭和51年決定は、「必要性、緊急性など」を考慮すべきだとします。この「など」の文言は、必要性、緊急性のほかに、第3の考慮要素もあることを示唆します。それは、具体的にはなんでしょうか。この点で、職務質問（警職法2①）の行政警察活動に付随する無承諾の所持品検査について、これを許容した**最判昭和53・6・20刑集32巻4号670頁が参考となります**（事実関係や判示内容の詳細は、設問15「違法収集証拠物の排除」1(2)の【展開支援ナビ】「無承諾の所持品検査の適法性」参照）。この最高裁昭和53年判決で、次のように判示されました。

「捜索に至らない程度の〔所持品検査の〕行為は、限定的な場合において、所持品検査の必要性、緊急性、これによって**害される個人の法益と保護されるべき公共の利益との権衡**などを考慮し、具体的状況のもとで相当と認められる限度においてのみ、許容される」、と。

上記の最高裁昭和51年決定とほぼ同様な言葉遣いですので、捜査上の任意処分として有形力を行使できるか判断するさいも援用すべき最高裁判例だといえます。この最高裁昭和53年判決が必要性、緊急性とともに考慮要素としたのが、**個人の法益と公共の利益との権衡**でした。個人の法益と公共の利益との権衡を考慮するとは、まさに、比例原則の内容である「相当性」の判断を行うことを意味します（比例原則のうち、相当性の原則の意義について、設問02「捜査比例の原則」2参照）。翻って、最高裁昭和51年決定についても、必要性、緊急性とならび相当性を実質的な考慮要素にするものと解してよいでしょう。なお、この相当性とは、必要性、緊急性と**異なる方向性**をもつ考慮要素であることに注目すべきです。すなわち、相当性を考慮要素にする実質的意義は、〈捜査上は必要な、かつ、緊急の処分であっても、被処分者が受ける権利・法益の侵害と比較衡量した結果、不当な行為として斥けねばならない場合がある〉ことを肯定する点にあります。それゆえ、相当性を考慮せよというのは、捜査上の処分に対し、〈被処分者の権利擁護・法益保護という視点にもとづく特別な制約を課す〉ことを意味します。

「具体的状況のもとで相当」　最高裁昭和51年決定は、軽微な有形力の行使について、「具体的状況のもとで相当と認められる」ことをその適法性の要件としました。この「具体的状況のもとで相当」という趣旨は、軽微な有形力行使が**全体として**比例原則にかなうことを要件にしたものといえます。すなわち、最高裁昭和51年決定は、必要性、緊急性を考慮要素とすることで比例原則のうち**必要性の原則**にかなうことを求め、また、相当性も実質的な考慮要素とすることで比例原則のうち**相当性の原則**にかなうことを求め、結局、軽微な有形力の行使が全体として比例原則にかなうことを要件としたものでした。

しかし、この最高裁昭和51年決定において、必要性、緊急性、相当性じたいは軽微な有形力の行使を適法とする要件でなく、考慮要素にとどめられたことに改めて留意すべきです（これに対し、田宮「任意捜査において許容される有形力の行使の限度」警察研究51巻6号79頁は「必要性、緊急性、相当性の3原則」と呼び、要件にひとしい基準として捉える。ただし、一方で、「この3原則はあまりにも抽象的にすぎ、具体的事案によって肉づけされなければ、ほとんど捕捉しがたく、したがって、それじたいではあまり意味はないともいえる」とされた）。要件でなく考慮要素にとどめられたとは、具体的事案によっては緊急性などが考慮されない場合もあることを意味します。その限りで、軽微な有形力の行使について、適法性の判断が弛緩化される問題があるといわねばなりません。

(3) 最高裁昭和51年決定の事案処理

最高裁昭和51年決定は、具体的な事案処理について、こう述べます。

「K巡査の前記行為は、呼気検査に応じるよう被告人を説得するために行われたものであり、その程度もさほど強いものではないというのであるから、これをもって**性質上当然に逮捕その他の強制手段にあたるものと判断することはできない**。また、右の行為は、酒酔い運転の罪の疑いが濃厚な被告人をその同意を得て警察署に任意同行して、被告人の父を呼び呼気検査に応じるよう説得をつづけるうちに、被告人の母が警察署に来ればこれに応じる旨を述べたのでその連絡を被告人の父に依頼して母の来署を待っていたところ、被告人が急に退室しようとしたため、さらに説得のためにとられた抑制の措置であって、その程度もさほど強いものではないというのであるから、これをもって**捜査活動として許容される**

範囲を超えた不相当な行為ということはできず、公務の適法性を否定することができない。したがって、原判決〔名古屋高判昭和49・12・19刑月6巻12号1255頁〕が、右の行為を含めてK巡査の公務の適法性を肯定し、被告人につき公務執行妨害罪の成立を認めたのは、正当というべきである」、と。

最高裁昭和51年決定は、まず、立ちふさがって両手で被疑者の左手首を掴む有形力の行使が、「説得のためにとられた抑制の措置であって、その程度も〔絶対的にみて〕さほど強いものではない」こと、すなわち、「性質上当然に逮捕その他の強制手段にあたるものと判断することはできない」ことを述べます。最高裁昭和51年決定が設定した〈行使された有形力が、それじたいとして、逮捕や捜索などの程度に至っていない〉という絶対的・一般的な限界との関係で、〈その限界を超えたものではない〉と確認したわけです。ついで、「被告人が急に退室しようとしたため、さらに説得のためにとられた抑制の措置であって、その程度もさほど強いものではない」と判示しました。すなわち、(A)急に退室しようとした被告人の行動を抑制しようとした点で「緊急性」が認められ、また、(B)在室をつづけるよう説得するためにとられた抑制の措置であり、目的（在室をつづけるよう説得する）と手段（在室を説得するため、退室を抑制する有形力を行使した）がつりあっている点で「必要性」が認められ、(C)現実にも、軽微な有形力しか行使されなかった点で「相当性」も認められるというわけでしょう。

このように認めた結果、最高裁昭和51年決定は、本件の警察官による有形力の行使について、全体として「適法な捜査活動として許容される範囲を超えた不相当な行為ということはできず、公務の適法性を否定することができない」と判示したわけでした。

展開支援ナビ

最高裁昭和51年決定に対する批判 この最高裁昭和51年決定は、いくつかの観点から批判されねばなりません。

第1の批判は、そもそも最高裁昭和51年決定がいうような任意処分の範疇が成り立つか、疑問だというものです。〈公権力の行使にあたっている警察官による有形力の行使は、軽微なものであってもすべて、個人の意思を制圧して強制的なものではないか〉という疑問でした（高田卓爾「任意捜査の限界」刑事訴訟法判例百選〔第4版〕11頁は、「官憲たる捜査機関の有形力の行使は、被疑者に対してすべて多かれ少なかれ『意思を制圧』するという性質をもつ、との認識に立つ」とする）。すなわち、ひとの身体や物に対する直接的な有形力行使は、**客観的**にみれば軽微なものであっても、**規範的**には、そして、**現実的**にも、けっして軽微なものでないというべきです。なぜなら、規範的には、**市民の行動の自由を具体的に制約する捜査機関の行為**であり、かつ、そのようなものとして現実的にも、**市民の具体的行動を規制する強い権威的性格をもつ行為**だというべきだからです。公権力の行使としてなされる捜査機関の直接的な有形力行使については、軽微なものであっても、その権利侵害的性格は重大であり、それゆえ厳格な法的規制に服すべきものだと思うのです。

第2の批判は、有形力行使という強い手段を認めることは**任意捜査の効率化**を強めるものであり、その点でも疑問だというものです。その意味は、こうです。有形力行使のうち軽微なものを任意処分に格下げする最高裁昭和51年決定の立場は、視点を変えると、捜査上の任意処分について、これに強制処分とほとんど同様な効果をもたせる、すなわち、有形力まで行使して捜査目的を実現できる処分に格上げするものとなります。捜査の効率化のためには、そのような強い手段による任意処分を優先的に活用すべきことになるでしょう。すなわち、〈捜査の効率化という観点から任意捜査を優先すべきだ〉というルールがつくられたことになります。言い換えれば、最高裁昭和51年決定の立場では、任意捜査優先の原則が、〈任意処分を効率的な手段として活用すべしという**捜査のための原則**〉に変質することになります。しかし、任意捜査優先の原則は、もともと、捜査はできる限り個人の権利・法益侵害を伴わない手段で行うべきだという**人権のための原則**でした（1(3)の【展開支援ナビ】「任意捜査優先の原則」参照）。そのため、最高裁昭和51年決定は、刑事訴訟法上のルールを不当に変質させるものとしても批判されねばなりません。

---

4 その後の最高裁判例の展開

最高裁昭和51年決定は、軽微な有形力の行使のような「法益を侵害し又は侵害するおそれがある」

捜査上の任意処分について、その適法性を判断するさいの考慮要素として「必要性、緊急性など」を挙げ、その適法性の要件として「具体的状況のもとで相当と認められる」ことを挙げました（行政警察活動の職務質問に付随して行われる無承諾の所持品検査について、これを任意処分として許容するさい、設問15「違法収集証拠物の排除」1(2)の**最判昭和53・9・7刑集32巻6号1672頁**、同1(2)【展開支援ナビ】「無承諾の所持品検査の適法性」の**最判昭和53・6・20刑集32巻4号670頁**が、最高裁昭和51年決定と同様の考慮要素と要件を挙げた）。しかし、そのような抽象的な判示の仕方は、軽微な有力を行使する以外の処分、すなわち、「法益を侵害し又は侵害するおそれがある」他の捜査上の任意処分について、その類型ごとに考慮要素や適法性の要件を具体的、個別的に設定しようとする――設定せざるをえない――ことを結果させるものでした。

(1) 監視付き宿泊を伴う取調べ、徹夜の取調べ

たとえば、**最判昭和59・2・29刑集38巻3号479頁**は、殺人被告事件で、被疑者に帰宅できない特段の事情がないのに、同人を4夜にわたり所轄警察署近辺のホテルなどに監視付きで宿泊させ、連日、同警察署で午前中から夜間に至るまで長時間の取調べをした事案について、「任意捜査においては、強制手段、すなわち、『個人の意思を制圧し、身体、住居、財産等に制約を加えて強制的に捜査目的を実現する行為など、特別の根拠規定がなければ許容することが相当でない手段』〔中略〕を用いることが許されないことはいうまでもないが、任意捜査の一環としての被疑者に対する取調べは、右のような強制手段によることができないというだけでなく、さらに、事案の性質、被疑者に対する容疑の程度、被疑者の態度等諸般の事情を勘案して、社会通念上相当と認められる方法ないし態様及び限度において、許容されるものと解すべきである」とします。すなわち、被疑者取調べが「強制手段によることができない」ことを確認したうえで、任意捜査として行われる被疑者取調べについて、比例原則に違反しないかどうかを判断するさいの**具体的な考慮要素**として、とくに「事案の性質、被疑者に対する容疑の程度、被疑者の態度等諸般の事情」を挙げたわけです。事案が複雑か、被疑者の供述や弁解が重要か、犯人と疑う程度が強まったか、被疑者が取調べを積極的に望んだか、などを考慮するというわけでしょう。

そのうえで、具体的な事案処理としては、「被告人の住居たる野尻荘はT警察署からさほど遠くはなく、深夜であっても帰宅できない特段の事情も見当たらない上、第1日目の夜は、捜査官が同宿し被告人の挙動を直接監視し、第2日目以降も、捜査官らが前記ホテルに同宿こそしなかったもののその周辺に張り込んで被告人の動静を監視しており、T警察署との往復には、警察の自動車が使用され、捜査官が同乗して送り迎えがなされているほか、最初の三晩については警察において宿泊費用を支払っており、しかもこの間午前中から深夜に至るまでの長時間、連日にわたって本件についての追及、取調べが続けられたものであって、これらの諸事情に徴すると、被告人は、捜査官の意向にそうように、右のような宿泊を伴う連日にわたる長時間の取調べに応じざるを得ない状況に置かれていたものとみられる一面もあり、その期間も長く、任意取調べの方法として必ずしも妥当なものであったとはいい難い。／しかしながら、他面、被告人は、右初日の宿泊については前記のような答申書〔今日は寮に帰るのは嫌なのでどこかの旅館に泊めてほしい旨を書いた答申書〕を差出しており、また、記録上、右の間に被告人が取調べや宿泊を拒否し、調べ室あるいは宿泊施設から退去し帰宅することを申し出たり、そのような行動に出た証跡はなく、捜査官らが、取調べを強行し、被告人の退去、帰宅を拒絶したり制止したというような事実も窺われないのであって、これらの諸事情を総合すると、右取調べにせよ宿泊にせよ、結局、被告人がその意思によりこれを容認し応じていたものと認められるのである。／被告人に対する右のような〔4夜にわたる監視付き宿泊を伴う長時間の〕取調べは、宿泊の点など任意捜査の方法として必ずしも妥当とはいい難いところがあるものの、被告人が任意に応じていたものと認められるばかりでなく、事案の性質上、速やかに被告人から詳細な事情及び弁解を聴取する必要性があったものと認められることなどの本件における具体的状況を総合すると、結局、社会通念上やむを得なかったものという

べく、任意捜査として許容される限界を越えた違法なものであったとまでは断じ難いというべきである」と判示しました。

　また、**最決平成元・7・4刑集43巻7号581頁**は、強盗致死、有印私文書偽造、同行使、詐欺被告事件（同棲していたA女を絞殺したうえ、Aの郵便貯金通帳等を強取し、さらにAの口座から預金を引き出してこれを騙取した）で、被告人を任意同行（午後11時過ぎ）してから逮捕（翌日午後9時25分）するまで20時間以上にわたって行われた徹夜の取調べについて、特段の事情があり適法だと判示しました。すなわち、「任意捜査の一環としての被疑者に対する取調べ」が比例原則に反しないか判断するさいの**具体的な考慮要素**として、「事案の性質、被疑者に対する容疑の程度、被疑者の態度など諸般の事情」を挙げたうえで、本件の徹夜で行われた長時間の被疑者取調べについて、「一般的に、このような長時間にわたる被疑者に対する取調べは、たとえ任意捜査としてなされるものであっても、被疑者の心身に多大の苦痛、疲労を与えるものであるから、特段の事情がない限り、容易にこれを是認できるものではな〔い〕」とします。ただし、本件取調べについて、「警察官は、被害者の生前の生活状況等をよく知る参考人として被告人から事情を聴取するため本件取調べを始めたものであり、冒頭被告人から進んで取調べを願う旨の承諾を得ていた。／また、被告人が被害者を殺害した旨の自白を始めたのは、翌朝午前9時半過ぎころであり、その後取調べが長時間に及んだのも、警察官において、逮捕に必要な資料を得る意図のもとに強盗の犯意について自白を強要するため取調べを続け、あるいは逮捕の際の時間制限を免れる意図のもとに任意取調べを装って取調べを続けた結果ではなく、それまでの捜査により既に逮捕に必要な資料はこれを得ていたものの、殺人と窃盗に及んだ旨の被告人の自白が客観的状況と照応せず、虚偽を含んでいると判断されたため、真相は強盗殺人ではないかとの容疑を抱いて取調べを続けた結果であると認められる。／さらに、本件の任意の取調べを通じて、被告人が取調べを拒否して帰宅しようとしたり、休息させてほしいと申し出た形跡はなく、本件の任意の取調べ及びその後の取調べにおいて、警察官の追及を受けながらなお前記郵便貯金の払戻時期など重要な点につき虚偽の供述や弁解を続けるなどの態度を示しており、所論がいうように当時被告人が風邪や眠気のため意識がもうろうとしていたなどの状態にあったものとは認め難い。／以上の事情に加え、本件事案の性質、重大性を総合勘案すると、本件取調べは、社会通念上任意捜査として許容される限度を逸脱したものであったとまでは断ずることができず、その際になされた被告人の自白の任意性に疑いを生じさせるようなものであったとも認められない」と判示しました。

　しかし、最高裁昭和59年決定や最高裁平成元年決定の事案のような、監視付きの宿泊を伴う長時間の取調べや徹夜に及ぶ長時間の取調べについては、たんに「任意捜査の方法として必ずしも妥当とはいい難い」とか「特段の事情がない限り、容易にこれを是認できるものではな〔い〕」というにとどめず、そもそも、ひとを監禁して供述を強要することにひとしく、取調べにいたるその手続過程を外形的にみても、違法な留置処分に服させたというべきです。しかし、最高裁の2決定は、任意捜査と捉えたうえ、「諸般の事情」の総合考慮により適法とするものでした。この点で、すでに疑問が拭えません。

　また、その総合考慮の具体的内容についても、疑問があります。たとえば、最高裁昭和59年決定の事案でも最高裁平成元年決定の事案でも、被告人が〈取調べの当初から4夜に及ぶ監視付きの宿泊を伴う取調べまで予期し、承諾していた〉とか、あるいは、〈20時間を超える徹夜の取調べまで予期し、承諾していた〉とは思われません。すなわち、承諾の真摯性に疑問があります。また、最高裁昭和59年決定じしんが、「被告人は、捜査官の意向にそうように、右のような宿泊を伴う連日にわたる長時間の取調べに応じざるを得ない状況に置かれていたものとみられる」と認めながら、宿泊を求める答申書を被告人じしんが差し出したことなどを理由に承諾の任意性を認めたことにも、齟齬があり、疑問だといわねばなりません。さらに、最高裁平成元年決定の事案で、20時間を超える徹夜の取調べの不当性を払拭させるような「特段の事情」が本当にあったのか、疑問もあります。なぜなら、〈冒頭に被告人から取調べを願う旨の承諾を得たこと〉、〈被告人が取調べを拒否した形跡はないこと〉、〈自白が客観的事

実と齟齬すること〉などは、一般的にありうることであり、通常の事情ともいえるからです。長時間の取調べを正当化する「特段の事情」とは、たとえば、誘拐された被害者の生命・身体に重大な危害が及ぶ恐れがあり、被害者の所在を明らかにするため取調べをつづけねばならなかった場合などに限定して、肯定されるべきでしょう。

(2) 無承諾のビデオ撮影

最決平成20・4・15刑集62巻5号1398頁は、無承諾のビデオ撮影が任意処分として適法とされる場合を認めました。最高裁平成20年決定は、捜査機関が公道上およびパチンコ店内にいる被告人の容貌・体型等をビデオ撮影した行為（「防犯ビデオに写っていた人物と被告人との同一性を判断するため〔中略〕、被告人宅近くに停車した捜査車両の中から、あるいは付近に借りたマンションの部屋から、公道上を歩いている被告人をビデオカメラで撮影した」、および、「防犯ビデオに写っていた人物がはめていた腕時計と被告人がはめていた腕時計との同一性を確認するため〔中略〕、被告人が遊技していたパチンコ店の店長に依頼し、店内の防犯カメラによって、あるいは警察官が小型カメラを用いて、店内の被告人をビデオ撮影した」）を適法とした事案において、次のように判示します。

「被告人本人の上告趣意のうち、判例違反をいう点は、所論引用の各判例〔中略〕は、所論のいうように、警察官による人の容ぼう等の撮影が、現に犯罪が行われ又は行われた後間がないと認められる場合のほかは許されないという趣旨まで判示したものではないから、前提を欠〔く。〕／〔中略〕捜査機関において被告人が犯人である疑いを持つ合理的な理由が存在していたものと認められ、かつ、前記各ビデオ撮影は、強盗殺人等事件の捜査に関し、防犯ビデオに写っていた人物の容ぼう、体型等と被告人の容ぼう、体型等との同一性の有無という犯人の特定のための重要な判断に必要な証拠資料を入手するため、これに必要な限度において、公道上を歩いている被告人の容ぼう等を撮影し、あるいは不特定多数の客が集まるパチンコ店内において被告人の容ぼう等を撮影したものであり、いずれも、通常、人が他人から容ぼう等を観察されること自体は受忍せざるを得ない場所におけるものである。以上からすれば、これらのビデオ撮影は、捜査目的を達成するため、必要な範囲において、かつ、相当な方法によって行われたものといえ、捜査活動として適法なものというべきである」、と。

この最高裁平成20年決定について、**第1の特徴**は、無承諾のビデオ撮影の適法性について、かつて**最大判昭和44・12・24刑集23巻12号1625頁**が判示した、**現行犯的状況**の存在をもはや要件としないことでした（最高裁昭和44年大法廷判決は、「現に犯罪が行なわれもしくは行なわれたのち間がないと認められる場合であつて、しかも証拠保全の必要性および緊急性があり、かつその撮影が一般的に許容される限度をこえない相当な方法をもつて行なわれるとき」、「撮影される本人の同意がなく、また裁判官の令状がなくても、警察官による個人の容ぼう等の撮影が許容される」と判示した）。そのため、無承諾のビデオ撮影について、〈現行犯逮捕が可能な現場における無令状検証の一種〉として正当化することもできません。その意味で、最高裁平成20年決定は、無承諾のビデオ撮影を任意処分として許容したものと解されました。

ただし、無承諾のビデオ撮影について、最高裁昭和44年大法廷判決のいう「みだりにその容ぼう・姿態を撮影されない自由」を侵害する以上、最高裁平成20年決定によって、必要性、相当性による絞（しぼ）りがかけられました（「捜査目的を達成するため、必要な範囲において、かつ、相当な方法によって行われた」かどうか考慮する）。最高裁平成20年決定の事案では、(A)犯人と疑う合理的理由があった、(B)重要な証拠資料を収集する目的があった、(C)必要な限度の撮影であった、(D)他人から容ぼう等を観察される場所での撮影であったことが考慮されました。しかし、最高裁平成20年決定の**第2の特徴**として、かつて最高裁昭和44年大法廷判決が考慮した**証拠保全の緊急性**に言及はないことが挙げられねばなりません。つねに緊急の状況で行われるわけではないビデオ撮影について、考慮要素を変えたといわねばならないでしょう。

(3) おとり捜査

　このほか、おとり捜査を任意捜査として許容した**最決平成16・7・12刑集58巻5号333頁**も挙げておかねばなりません。すなわち、大麻取締法違反等の前科があり、偽造パスポートを用いてわが国に不法入国した被告人（外国人）から、大麻樹脂の買い手の紹介を依頼された捜査協力者が、近畿地区麻薬取締官事務所の麻薬取締官と打ち合わせを行ったうえ、新大阪駅付近のホテルで、平成12年3月1日、被告人と買い手を装った麻薬取締官を引き合わせます。翌日、被告人が東京から大麻樹脂約2kgを運び役に持たせて上記室内にこれを運び入れたところ、あらかじめ捜索・差押え許可状の発付を受けていた麻薬取締官の捜索を受け、現行犯逮捕された事案でした。最高裁平成16年決定は、こう判示します。

　「おとり捜査は、捜査機関又はその依頼を受けた捜査協力者が、その身分や意図を相手方に秘して犯罪を実行するように働き掛け、相手方がこれに応じて犯罪の実行に出たところで現行犯逮捕等により検挙するものであるが、少なくとも、直接の被害者がいない薬物犯罪等の捜査において、通常の捜査方法のみでは当該犯罪の摘発が困難である場合に、機会があれば犯罪を行う意思があると疑われる者を対象におとり捜査を行うことは、刑訴法197条1項に基づく任意捜査として許容されるものと解すべきである。／これを本件についてみると、上記のとおり、麻薬取締官において、捜査協力者からの情報によっても、被告人の住居や大麻樹脂の隠匿場所等を把握することができず、他の捜査手法によって証拠を収集し、被告人を検挙することが困難な状況にあり、一方、被告人は既に大麻樹脂の有償譲渡を企図して買手を求めていたのであるから、麻薬取締官が、取引の場所を準備し、被告人に対し大麻樹脂2kgを買受ける意向を示し、被告人が取引の場に大麻樹脂を持参するよう仕向けたとしても、おとり捜査として適法というべきである」、と。

　最高裁平成16年決定は、おとり捜査について、「捜査機関又はその依頼を受けた捜査協力者が、その身分や意図を相手方に秘して犯罪を実行するように働き掛け、相手方がこれに応じて犯罪の実行に出たところで現行犯逮捕等により検挙するもの」と定義します。この定義じたいは、**機会提供型のおとり捜査と犯意誘発型のおとり捜査**の両方をカバーする趣旨でしょう。そのうえで、(A)「少なくとも、直接の被害者がいない薬物犯罪等の捜査において」、(B)「通常の捜査方法のみでは当該犯罪の摘発が困難である場合に」限定して、かつ、(C)「機会があれば犯罪を行う意思があると疑われる者を対象におとり捜査を行うこと」は、任意捜査として許容されるとしました。

　(A)の要件については、〔イ〕おとり捜査の対象犯罪を薬物犯罪などに限定した趣旨だというか、または、〔ロ〕薬物犯罪などは(B)の「犯罪の摘発が困難」な場合の例示として挙げられただけで、対象犯罪の限定はしない趣旨だという2つの解釈がありえます。(C)の要件については、〈機会提供型のおとり捜査は違法とすべき実質的根拠（犯意の誘発）がない以上、すべて適法である〉という考え方をとらなかったことが確認されるべきでしょう。なぜなら、機会提供型のおとり捜査について、(B)の補充性の要件により、適法となる場合の絞り込みが行われたからです。その意味で、最高裁平成16年決定は、**単純な主観説**にたつものではありません（単純な主観説は、機会提供型のおとり捜査であれば、ただちに、かつ、すべて適法とすべきものだという）。それゆえ、(C)の要件についても、機会提供型という事実を形式的要件にした（すなわち、機会提供型のおとり捜査は、違法とすべき実質的根拠となる犯意の誘発がない以上、すべて適法とした）というより、**おとり捜査の相当性**を実質的要件にした（「機会があれば犯罪を行う意思があると疑われる者を対象」に行われるときは、おとり捜査が実現しようとする公共の利益のほうが、欺罔され意思決定を阻害される相手方の不利益よりも大きいため適法とされた）と解することもできます。すなわち、相当性があるおとり捜査の一例として機会提供型のおとり捜査が挙げられたにすぎないと解することも可能です。そのように解する根拠の1つが、最高裁平成16年決定が、「少なくとも」と判示し、他にもおとり捜査が適法とされる場合があると示唆したことです。そう解するとき最高裁平成16年決定は、犯意誘発型のおとり捜査についても、そのような捜査方法をとくに必要とする特段の事情があれば、例外的にこれを適法とす

る余地を残すことになります（ただし、そのような解釈が可能だとしても、賛成はできない。なぜなら、捜査機関や捜査協力者の詐術的働きかけにより犯罪を成立させる捜査方法であるおとり捜査のうち、犯意まで誘発したものについては、捜査機関じしんが犯罪と犯人を創り出したといわねばならず、そのことだけで相当性を欠くというべきだからである。また、そのような犯意誘発型のおとり捜査について、任意捜査の範疇で捉えること、すなわち、〈原則的に許容され、例外的にしか禁止されない捜査方法〉だと捉えることは到底できないからである）。とまれ、最高裁平成 16 年決定が、おとり捜査について、任意捜査として許容する特別な要件を挙げたことに留意しなければなりません。

以上のように、最高裁昭和 51 年決定以後の判例の展開をみる限り、「法益を侵害し又は侵害するおそれがある」任意処分について、最高裁判例はその類型ごとに適法性に関する考慮要素や要件を個別に設定しています。類型ごとに設定された考慮要素や要件の内容が適切であるのか、恣意的な設定になっていないか、また、任意捜査に対する比例原則の適用を弛緩化するものになっていないか、批判的検討がつづけられねばなりません。

5 【関連問題】の論述ポイント

設問に挙げた【関連問題】のような事例問題については、まず、**事例の分析**が必要となります。事例の分析とは、事例の具体的な事実関係から問題点を引き出すことを意味します。**事例の論点化**の作業といえます。ただし、設問の【関連問題】では、問題とすべき**具体的な事実関係と論点**が問題文の中で明らかにされています。「退去しようとする被疑者の前に警察官が立ち塞がり、両手で被疑者の左手首を掴む行為は、刑事訴訟法上の任意処分に当たるか、それとも、強制処分に当たるか」の箇所です。

この具体的な事実関係と論点をさらに抽象化すれば、身体に対する軽微な有形力行使は任意処分として許されるかという設問のテーマになるわけです。設問ないし【関連問題】については、このテーマに関する**基本的知識**を敷衍することから論述を始めます。すなわち、任意処分の概念が非類型的・非限定的なものであるため、強制処分の概念をまず定義しなければならないことを述べます。そのため、直接強制や間接強制の伝統的定義について、その内容を敷衍できること、さらに、最高裁昭和 51 年決定が判示した新たな強制処分概念についても、言及できることが必要となります。そのうえで、身体に対する直接的な有形力行使について、軽微なものである限り、任意処分として許される場合があるという最高裁昭和 51 年決定の考え方――最高裁昭和 51 年決定が**現実の規範**としたもの――に言及し、最高裁昭和 51 年決定の強制処分概念について、その意義を検討の俎上にのせます。すなわち、最高裁昭和 51 年決定の考え方の当否を検討したうえで、**適用すべき規範**を明らかにします。

最高裁昭和 51 年決定の考え方に依拠するときは、設問の【関連問題】について、最高裁昭和 51 年決定が軽微な有形力の行使の適法性を判断するうえで、考慮要素としたもの（必要性、緊急性、相当性）や適法性の要件（具体的状況の下で相当か）に該当する事実関係があるか、それは具体的にはなにか、検討します。さらに、この検討により引き出される結論（最高裁昭和 51 年決定にもとづく適法性判断）が妥当かどうか評価を加え、必要な場合は、みずから**あるべき規範**を定立し、妥当というべき結論（みずからの適法性判断）を提示します。

なお、理論的に最高裁昭和 51 年決定の考え方に与するか、与さないのか、その立場の違いに拘泥する必要はありません。すなわち、最高裁昭和 51 年決定の考え方に反対だ、という立場をとって、まったく差し支えありません。ただし、最高裁昭和 51 年決定が、〈強制手段の意義について、こう解釈すべきだ〉、〈強制の程度に至らない有形力の行使は、こういう条件の下で許容されるべきだ〉と述べたことについて、それが**現実の規範**になっている以上、少なくとも、その内容を正確に敷衍したうえで、批判できねばなりません。この点は、つねに留意しておいて下さい。

02 捜査比例の原則

> **設問02**
> 捜査比例の原則とはなにか、その意義を説明しなさい。
>
> **関連問題**
> 不審火多発地区において特別警戒態勢をとって夜間の警戒を強めていた時期に、警察官らは、午前零時10分過ぎ、倉庫の柱の陰付近に立ちどまっていた挙動不審者甲を発見した。警察官Aから職務質問を受けた甲は、質問された住所・氏名を答えないまま、職務質問を避け、駆け出した。そのため、Aらは約40分以上にわたって甲を追尾し、その間、甲に対し職務質問を繰り返した。立ちどまった甲とAらとの間で、激しい言葉の応酬があり、結局、甲は、午前零時55分頃、警察官Bに勧められるままパトカーに乗り込み、最寄りの警察署におもむいた。
> 警察署1階事務室の1人掛けソファに座った甲に対し、Bは不審火警戒についても説明しながら、繰り返し甲じしんの住所・氏名を質問した。しかし、甲は、「根拠はなんだ」などと大声をあげ、質問には答えなかった。
> 午前1時8分過ぎ頃、帰宅しようと思った甲は、組んでいた足を解き、ソファーから立ち上がろうとした。しかし、Bは、立ち上がりかけた甲の右肩を押さえ、「まあまあ、まだ何も聞いていない」と言って、甲をふたたびソファーに腰掛けさせた。甲は、いったんはソファーに腰掛け、両足を組んだが、あらためて帰宅しようと決意し、「これは監禁じゃないか、帰るぞ」と言って、いきなり立ち上がろうとした。このとき、組んでいた足を大きく振りほどき、左足で、甲の左斜め前付近に立っていた警察官Cの右下腹部を蹴った。甲の暴行行為を現認したBとCは、甲を公務執行妨害の現行犯として逮捕するため、立ち上がりかけた甲の右腕をCが、左腕をBがそれぞれ押さえ、身体を拘束しようとした。
> 甲が身体の拘束に抵抗してもがき、なおも立ち上がろうとするため、BとCは甲の左右の腕をそれぞれ背中のほうで後ろ手にとり、甲をソファーに腰掛けさせようとして上から力を加えた。このとき、Cが、甲の左前腕を強く捩じりあげたので、甲の左上腕骨の肘関節側に、肩関節からみて右回り、肘関節からみて左回りの力が加わった。その結果、甲の左上腕骨は骨折するにいたった。この骨折は、左上腕骨の下3分の1の部分を中心に、骨折線が螺旋形となる螺旋状骨折（捻転骨折）であった。
> 警察官Cの逮捕行為は適法か。

1 捜査比例の原則・その1——必要性の原則

(1) 警察比例の原則

比例原則とは、**目的と手段のつりあいを求める原則**を意味します。もともとは、行政警察作用の領域において警察が行使する裁量の内在的限界を明らかにするための原則でした。これをとくに**警察比例の原則**と呼びます。その考え方の筋道は、こうです。

警察の権限行使が市民の権利・自由を制限するときは、どのような場合でも、法律の根拠が必要であるというべきです。しかし、警察が扱う事柄はあらかじめ予想がつかない、千差万別な具体的事象です。

それら事象をすべて予想し、警察が行使する権限の内容や要件、手続をいちいちあらかじめ法定しておくことはとてもできません。そのため、行使する権限の概括的な根拠規定をおいたうえで、具体的な権限行使については警察の裁量にまかせねばならないことがどうしても生じます。つまり、警察の権限行使について**「法定の要求」**と**「裁量の要求」**という矛盾するものが出てきます。この矛盾を破綻にいたらせず、警察の適正な権限行使を確保するため主張されたのが、警察比例の原則です。

　警察比例の原則とは、〈ある目的を達成するためには、それにふさわしい手段がおのずから定まっている〉として、警察の権限行使に**内在的限界**があることを認める考え方を意味します。たとえば、「警察は雀を撃つのに、バズーカ砲を使ってはならない」という言い方がなされます。国民の権利・自由を直接に規制する警察作用について、その手段の選択は、目的と厳密に権衡を保つものでなければならないわけです（比例原則については、兼子仁『行政法学』54頁のように、「目的に応じた最小限の手段・程度にとどめなければならないという」法理だと説明するのが一般的である。なお、塩野宏『行政法Ⅰ〔第6版〕』93頁は、「警察比例の原則は、警察作用が市民の自由を脅かす危険性のあることから、その発動を抑制するために構成された。それは2つに分かれる。1つは必要性の原則であって、警察違反の状態を排除するために必要な場合でなければならない。2つ目に、必要なものであっても、目的と手段が比例していなければならない。つまり、過剰規制の禁止である」と説明する。この区別に従えば、本文で述べた警察比例の原則は、後者の「過剰規制の禁止」に当たる）。

　ちなみに、警察官職務執行法1条2項は「この法律に規定する手段は、前項の〔個人の生命、身体、財産の保護や犯罪の予防、公安の維持などの〕**目的のため必要な最小の限度**において用いるべきものであって、いやしくもその濫用にわたるようなことがあってはならない」と定めます。警察比例の原則を注意的に規定したものとされました（田上穣治『警察法〔新版〕』136頁）。

(2) 捜査比例の原則――必要性の原則

　この警察比例の原則の考え方は、行政警察活動だけでなく司法警察活動の領域、すなわち、捜査活動にも適用されるようになります。これをとくに**捜査比例の原則**と呼びます。

　犯罪の捜査は、犯人を発見・確保し、証拠を収集・保全するために行われます。この捜査の目的を果たすため、司法警察職員など捜査機関が、捜査上の処分として、個人の権利・法益を侵害する手段を用いる場合、その手段は捜査の目的を達成するため必要な最小限度のものにとどまらねばなりません。この捜査上の手段は目的の達成に必要な最小限度のものにとどまらねばならないという意味で、目的と手段が厳格に「つりあっている」、「権衡を保っている」、「比例している」ことを要求するのが、捜査比例の原則です。この意味の捜査比例の原則は、**必要性の原則**と言い換えることもできます。**処分の必要性**を要求する原則となるからです。

　捜査比例の原則について、刑事訴訟法上の根拠となる規定は、「必要な取調」を許す197条1項です（刑訴197①本文「捜査については、その目的を達するため必要な取調をすることができる」。ちなみに、ここでいう「取調」とは、198①本文「検察官、検察事務官又は司法警察職員は、犯罪の捜査をするについて必要があるときは、被疑者の出頭を求め、これを取り調べることができる」や、223①「検察官、検察事務官又は司法警察職員は、犯罪の捜査をするについて必要があるときは、被疑者以外の者の出頭を求め、これを取り調べ、又はこれに鑑定、通訳若しくは翻訳を嘱託することができる」が定める「取り調べ」、すなわち、供述を求める捜査活動に限られない。捜査上の処分一般を指す広い意味で使われる）。すなわち、197条1項が「必要な取調をすることができる」と定めるのは、必要な捜査上の処分ができるという趣旨であり、その「必要な」という言葉遣いから捜査比例の原則を定めたものと解するわけです。なお、警察の内規（国家公安委員会規則2号）である犯罪捜査規範10条は、「捜査を行うに当っては、常に言動を慎み、関係者の利便を考慮し、必要な限度をこえて迷惑を及ぼさないように注意しなければならない」と定めます。これも、必要性の原則の意味の捜査比例の原則を確認したものといえます。

　ただし、捜査比例の原則の意味は必要性の原則にとどまってはなりません。なぜなら、かりに〈捜査

上の目的につりあう手段がとられるなら、それでよい〉というだけの意味で捜査比例の原則を理解してしまうと、設定される目的次第で、個人の権利・法益に対する侵害の程度が歯止めなく拡大してしまうからです。もともと警察など捜査機関の側には、犯罪の検挙というそれじたい正当な公共の利益・公益的な目的が存します。この公共の利益・公益的な目的に対置されると、個人の権利・法益はどうしても、たんなる個人的なもの・私的なものとみなされがちです。つまり、公共のもの・公益的なものより、個人的なもの・私的なもののほうが「価値が低い」、「序列が劣る」とみなされてしまうというのです。このことを論理的に突き詰めていくと、犯罪捜査の目的を達成するため必要であれば、その捜査活動の結果として、個人の権利・法益がすべて否定されることになっても、あるいは、重大な侵害を被ることになっても、やむを得ないとされることになります。

2　捜査比例の原則・その2――相当性の原則

　しかし、犯罪捜査のため必要であれば、個人にどれほど重大な犠牲を強いても、やむを得ないと言い切ってしまうのは、やはり、不当だというべきです。

　そのため、捜査上の目的と手段のつりあいだけでなく、捜査上の処分の必要性と、その処分によって個人が被る不利益（権利・法益侵害の程度）のつりあいをも、捜査比例の原則は要求するとされました。これが捜査比例の原則のもつ第2の意味です。この第2の意味の捜査比例の原則は、とくに**相当性の原則**と呼ばれます。**処分の相当性**を要求する原則となるからです。この相当性の原則の適用を認めてこそ、真の意味で、捜査上の処分に比例原則を適用することになります（鈴木茂嗣『刑事訴訟法〔改訂版〕』63頁は、「捜査処分は、その目的を達するための必要最小限において行われねばならない。そして、捜査の結果えられる利益と捜査による法益侵害とが不当に均衡を欠くときは、その捜査処分は控えられねばならない。これを、捜査比例の原則という」とする）。

　この相当性の原則において、必要性の原則では十分に考慮されなかった観点、すなわち、捜査上の処分を受ける個人の権利擁護・法益保護という観点が重視されます。言い換えれば、必要性の原則にかなう捜査上の処分であるとしても、その処分が侵害する個人の権利・法益との厳格な比較衡量によって、捜査上の処分の終局的な適否・当否が決定されねばなりません。つまり、相当性の原則は、捜査上いかに必要な処分であっても、個人の権利・法益を侵害する程度にかんがみ、場合によっては不当な捜査活動としてこれを斥けねばならない場合があることを認めるわけです。このような相当性の原則は、たんに事実上の原則にすぎないものではありません。刑事訴訟法197条1項が「必要な取調をすることができる」と定めるのは、必要性の原則の意味だけでなく、相当性の原則の意味の捜査比例の原則まで確認したものというべきです。また、捜査権限など公的権力の行使から個人の権利・法益を擁護しようとするのが相当性の原則ですので、その憲法上の根拠を憲法11条（基本的人権の享有）と同13条（個人の尊重と生命・自由・幸福追求の権利の尊重）に求めることができます。すなわち、相当性の原則は**法的効力をもつ原則**だというべきであり、これに違反する捜査上の処分は違法と評価されねばなりません。

展開支援ナビ

　用語の整理――逮捕の理由、必要性、相当性　捜査上の処分が適法であるには、捜査比例の原則に違反しないものでなければなりません。捜査比例の原則に違反しないことが、適法性の実体的要件の1つであるわけです。

　ちなみに、捜査上の強制処分、たとえば、令状による逮捕について、その実体的要件としては、**逮捕の理由**（刑訴199①「被疑者が罪を犯したことを疑うに足りる相当な理由」）と**必要性**（刑訴199②但書「明らかに逮捕の必要がないと認めるとき」、刑訴規143の3「逮捕状の請求を受けた裁判官は、逮捕の理由があると認める場合においても、被疑者の年齢及び境遇並びに犯罪の軽重及び態様その他諸般の事情に照らし、被疑者が逃亡する虞がなく、かつ、罪証を隠滅する虞がない等明らかに逮捕の必要がないと認めるときは、逮捕状の請求を却下しなければならない」）の2つが法定されました（刑訴規143も「逮捕状を請求するには、逮捕の理由（逮捕の必要を除く逮捕状発付の要件をいう。以下同じ。）及び逮捕の必要

があることを認めるべき資料を提供しなければならない」と定める)。

　この逮捕の実体的要件である必要性は、広い意味で捉えられねばなりません。すなわち、逃亡や罪証隠滅を疑うべき相当な理由などを実質的内容にする**狭義の逮捕の必要性**と、捜査比例の原則に違反しないことを意味する**逮捕の相当性**の2つを含む広い意味で捉えられねばなりません。

　また、捜査比例の原則は必要性の原則と相当性の原則の2つの内容をもちましたから、上述の逮捕の相当性とは、この2つの原則双方に違背しないこと、すなわち、逮捕の手段について、目的と手段の権衡を求める**処分の必要性**と、処分の必要性と被処分者の不利益の権衡を求める**処分の相当性**がともに充たされることを意味します。

　必要性、相当性という言葉を重層的に、しかも、異なった意味で使っていますので、混乱させたかもしれません。逮捕の実体的要件について、図示すればこうなります。

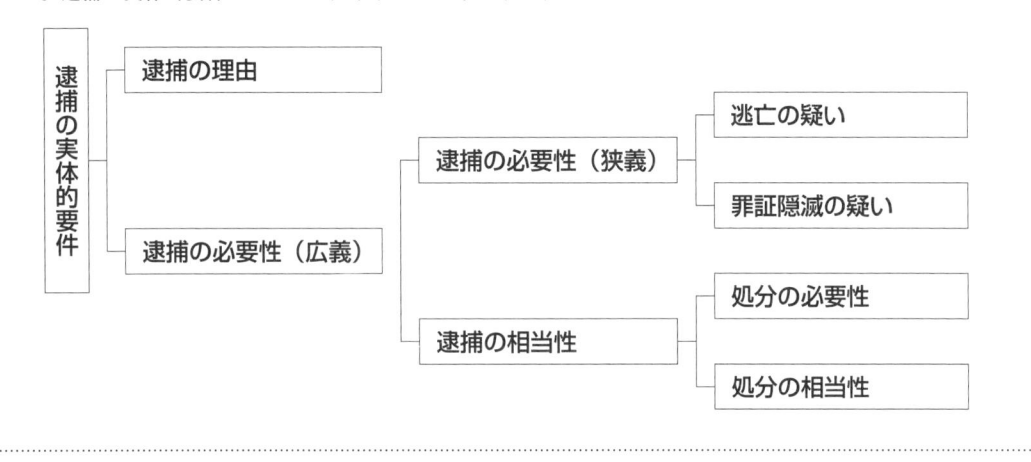

```
逮捕の実体的要件 ─┬─ 逮捕の理由
                  │
                  └─ 逮捕の必要性（広義）─┬─ 逮捕の必要性（狭義）─┬─ 逃亡の疑い
                                          │                        └─ 罪証隠滅の疑い
                                          │
                                          └─ 逮捕の相当性 ─┬─ 処分の必要性
                                                            └─ 処分の相当性
```

3　捜査比例の原則の具体的適用

　つぎに、捜査比例の原則が具体的な捜査上の処分について、どのように適用されるのか、みておきましょう。

(1)　密着尾行の必要性

　最初に、参考のため、**警察比例の原則と任意処分**について判示した判例を紹介しておきます。具体的な事案はこうでした。

> (1)　日雇い労働者による集団不法事犯が幾度も、とくに夏季に発生していた地域で、被告人は、警察の不当逮捕に対する抗議活動を群衆に対しマイクで煽動したり、過激な集団不法事犯を煽動するビラを配布するなどしていました。この被告人を警察官2人が尾行するのですが、途中、尾行に気付かれてしまいます。
>
> (2)　警察官らは、被告人に気付かれる前は、被告人と約15ないし20メートルの間隔を保って尾行していました。しかし、被告人に気付かれた後は、警察官らは被告人の後ろ僅か数メートルの至近範囲内（1、2メートル位から3、4メートル位）を一団となって尾行します。約15メートルを右の状態で尾行した警察官らに対し、被告人はバケツの水を浴びせました。
>
> (3)　そのため、被告人は暴行罪（刑法208「暴行を加えた者が人を傷害するに至らなかったときは、2年以下の懲役若しくは30万円以下の罰金又は拘留若しくは科料に処する」）で起訴されます。ちなみに、被告人側は、バケツの水を浴びせた行為は可罰的違法性を欠く、あるいは、正当防衛行為だと主張しました。

大阪高判昭和51・8・30判時855号115頁は、尾行の対象者について、「異常な挙動その他周囲の

事情から合理的に判断して何らかの犯罪を〔中略〕犯そうとしていると疑うに足りる相当な理由」（警職法2①）が認められる場合、その対象者が警察官の尾行に気づいた後も、警告・制止などによって犯罪を予防・鎮圧する目的ならば、「対象者の意思に反しても尾行行為を継続し得る」と解したうえで、本件では、公務執行妨害等の集団不法事犯を煽動、教唆していると疑うに足りる相当な理由が尾行対象者〔被告人〕には継続して存したため、対象者の抗議を受けた後も警察官が犯罪鎮圧の目的で「なお尾行行為を継続したこと自体は何ら違法とはいえない」、しかし、「如何なる態様、程度の尾行行為をも許されるわけではないことは〔中略〕明らかであり、どのような態様、程度の尾行行為が許されるかは、いわゆる警察比例の原則に従い、必要性、緊急性等をも考慮したうえ、具体的状況の下で相当と認められるかどうかによって判断すべきものと解すべきである」、本件で「X、Y両巡査らが〔尾行対象者の〕被告人に極端に接近して尾行しなければならない必要性は何ら認められないのにも拘らず、右両巡査らは、被告人らに気付かれる前には、被告人らと約15ないし20メートルの間隔を保って尾行していたのを、被告人らに気付かれた後は、被告人らの後方僅か数メートルの至近範囲内（1、2メートル位から3、4メートル位）を一団となって尾行し（以下密着尾行と略称する。）、被告人が〔バケツの水を両巡査にかぶせるという〕本件行為に及ぶまで約15メートルを右の状態で尾行したものと認められるのであって、被告人らに気付かれた後の右尾行行為は、実質的な強制手段とはいえないにしても、前記のような判断基準に照らし相当な尾行行為であるとは到底認め難く、違法であるといわなければならない」と判示しました。

尾行の対象者が警察官の追随と看視に気づいた後も、警察官がなお尾行を続行することは、一般的には、本来隠密裡の活動であるべき尾行の目的にかんがみ、もはや無意味だというべきです。さらに、軽犯罪法1条28号の「不安若しくは迷惑を覚えさせるような仕方で他人につきまとった者」に該当することにさえなるでしょう。**目的と手段の権衡が失われ、必要性を欠く**ことになり、その意味で警察比例の原則に違反するというほかありません。

ただし、上記の大阪高裁判決は、本件尾行の目的が犯罪の予防、鎮圧という行政警察目的であったことを捉えて、〈気づかれた後の尾行も、なお必要性を否定されない場合がある〉としたうえで、後方わずか数メートルを密着尾行することに限って必要性がないとしたものでした。

(2) 写真撮影の必要性

大阪高裁昭和51年判決は警察比例の原則に言及しました。これに対し、**必要性の原則**の意味の捜査比例の原則に言及した高裁判例もあります。それは、逮捕状呈示の状況を写真撮影した事案に関するものでした。

（1） 外国人登録法違反の被疑事実でAを逮捕するため、警察官らはA方居宅に行き、表戸を叩きます。たまたま前夜からA方に宿泊し、表三畳間に寝ていたXが起きてきて表戸を明け、警察官の来ていることを知りました。警察官甲はXに対し、Aを逮捕に来た旨を告げ、他の警察官とともに奥の間に通ずる板廊下にあがろうとします。しかし、Xは、Aはいないと答え、警察官らが立ち入るのを拒むような態度をとります。

（2） そのため、警察官甲だけが、逮捕状を示しながら、上記板廊下にあがります。そこへ、奥の間から開き戸をあけてAの妻Bが寝巻のまましどけない姿で出て来たので、甲は逮捕状をBに呈示し、「Aを逮捕するため、屋内を探させてほしい」と言います。ちょうどその頃、警察官乙は、甲がBに逮捕状を呈示している現場を写真に撮ります。Bは、逮捕状を見ても何のことか分からず、また、乙が写真を撮ろうとするのを認め、自分のふしだらな姿を撮られてはと思い、「こんなところを撮るんですか」と言いながら、奥の間に戻ってしまいます。

（3） 乙が写真撮影を終わろうとする頃、Xが、「なぜ写真を撮るのか」と言いながら、左足で乙

の右手背を蹴り上げ、乙に治療5日間を要する右手背打撲傷を与えました。その場でXは公務執行妨害の現行犯として逮捕されます。ちなみに、甲は、着物を着換えて出て来たBの承諾を得て、奥の部屋に入り、Aを見つけて逮捕しました。

この写真撮影行為について、**東京高判昭和29・10・7高裁刑事裁判特報1巻8号351頁**は、「紛争に具えて予め当該逮捕が正規のものであることを証拠づける意味合において逮捕状呈示の現場を写真に撮影して置くことは時宜に適した方法であって、それ自体は純粋の公務でないにしても逮捕状の執行という公務に附随しこれに包含される性質のものと解するのが相当である」としたうえで、「犯罪の捜査手続の段階において職務を執行する者は、これを受ける側の人権を尊重し必要の限度を越えて多くの人、多くの場所、多くの回数の撮影をすることは慎しまねばならないこと〔は〕敢えて刑事訴訟法第1条の規定を援用するまでもなく極めて当然なことである」と述べました。なお、東京高裁昭和29年判決は、具体的な事案処理として、警察官Bの「写真撮影行為は、正当なその職務の執行行為であつて、決してその権限を濫用し又はこれを超越した不当の行為とは解されない」と判示しました。

「必要の限度」という判示により、処分の必要性という意味の捜査比例の原則に言及したわけです。

(3) 捜索・差押えの相当性

他方、**相当性の原則**の意味の捜査比例の原則に言及した最高裁判例を挙げることができます。それは、捜索・差押えの必要性の判断権者について言及した**最決昭和44・3・18刑集23巻3号153頁**です。事案は、こうでした。

> (1) 昭和43年（1968年）11月7日に1人の被疑者が公務執行妨害で現行犯逮捕されます。この被疑者が、同年10月21日に起きた国鉄新宿駅での騒擾事件を「國學院大學映画研究会」の構成員が撮影したこと、その16ミリフィルムなどが國學院大学映画研究会室にあることを供述します。そのため、捜索・差押え許可状が請求され、東京簡易裁判所の裁判官によって令状が発付されました。
> (2) しかし、捜索・差押えの実施後に、映画研究会代表者より準抗告の申立がなされ、**東京地決昭和43・11・22刑集23巻3号175頁**の決定によって、差押え処分はすべて取り消されます。東京地裁昭和43年決定は、当該「16ミリフィルムについて考えると、これらの各フィルムは、10月21日の多数学生による本件事件の状況を撮影したものであり、共謀共同正犯として罪責を問われる被疑者について、その被疑事実の立証に供されるものであるから、被疑事実と16ミリフィルムの関連性を認めることが出来る。そして、第三者の所有する物についても、捜査の必要性が充分に認められる場合には、その押収が可能であると解するが（刑訴法105条などは制限列挙と解する）、押収される第三者のもつ利益との比較衡量が必要といわねばならない。そして、これを本件についてみるに、右フィルムは、本件被疑者の具体的な犯行状況を内容とするものではなく、他の共同者の行為を内容とするもので、その罪責に対する影響、被疑者の役割りの軽重の判定、その他被疑者の罪を立証すると思われる作用は極めて低いと思われ、本件被疑者の被疑事実との関係で考える限り、第三者が適法に撮影し所持している右フィルムを押収する必要性はさほど強いものとは言えず、右フィルムを押収されることの、その所持者たる映画研究会に与える不利益（その1つとして、彼らはこれを期日の迫った学園祭に上映する目的を有すること等）とを比較衡量してみた場合には、右フィルムの強制的な差押までは許されないものと解するのが相当である」と判示しました。
> (3) このため、検察側が特別抗告を最高裁判所に申し立てます。

検察側による特別抗告の理由は、「刑事訴訟法第218条第1項は、捜査機関が『犯罪の捜査をするについて必要があるときは、裁判官の発する令状により』差押、捜索をすることができる旨規定しているが、

その必要性の判断は一にかかって捜査機関の権限に属するものであり、一見明白な瑕疵がなく、あるいは著しく合理性を逸脱していないかぎり、裁判官は必要性につき立ち入って判断することはできないものと解される。いわんや捜査上その必要性が明らかな場合に第三者の利益との比較衡量をするごときは、明らかに裁判官としての権限を逸脱した判断であるといわざるを得〔ない〕」というものでした。すなわち、捜索・差押えの**処分の相当性**については、令状に媒介された司法的抑制の対象にならないと主張したわけです。

しかし、この主張を斥け、最高裁昭和44年決定は次のように判示します。

「刑訴法218条1項によると、検察官もしくは検察事務官または司法警察職員は『犯罪の捜査をするについて必要があるとき』に差押をすることができるのであるから、検察官等のした差押に関する処分に対して、同法430条の規定により不服の申立を受けた**裁判所は、差押の必要性の有無についても審査することができる**ものと解するのが相当である。そして、差押は『証拠物または没収すべき物と思料するもの』について行なわれることは、刑訴法222条1項により準用される同法99条1項に規定するところであり、差押物が証拠物または没収すべき物と思料されるものである場合においては、差押の必要性が認められることが多いであろう。しかし、差押物が右のようなものである場合であっても、犯罪の態様、軽重、差押物の証拠としての価値、重要性、差押物が隠滅毀損されるおそれの有無、**差押によって受ける被差押者の不利益の程度**その他諸般の事情に照らし明らかに差押の必要がないと認められるときにまで、差押を是認しなければならない理由はない。したがって、原裁判所が差押の必要性について審査できることを前提として差押処分の当否を判断したことは何ら違法でない」、と。

この最高裁昭和44年決定は、直接には、準抗告審裁判所の審査権限について判示したものです。しかし、同じ司法機関として、捜索・差押え許可状を発付する裁判官についても同様の判断権限があることを認めたといえます。そして、裁判官が「被差押者の不利益の程度」まで考慮に入れるのは、まさに、捜索・差押えについて**処分の相当性**という実体的要件の有無を判断できることを意味します（このほか、職務質問の行政警察活動に付随して行われた無承諾の所持品検査について、これを許容した**最判昭和53・6・20刑集32巻4号670頁**も参考となる。すなわち、捜索に至らない程度の所持品検査の「行為は、限定的な場合において、所持品検査の必要性、緊急性、これによって害される個人の法益と保護されるべき公共の利益との権衡などを考慮し、具体的状況のもとで相当と認められる限度においてのみ、許容される」と判示した。この〈所持品検査によって害される個人の法益と保護されるべき公共の利益との権衡〉を考慮するというのは、まさに、捜査比例の原則の第2の内容である処分の相当性の判断をすることであった）。

関連して、**東京地判平成8・11・22判タ965号106頁**も挙げておきましょう。捜索・差押え許可状の執行にさいし、捜査機関が立会人による電話の発受信を制限した措置について、それは刑事訴訟法111条にいう「必要な処分」には含まれず、違法だとしたものです。次のように判示しました。

「捜索差押の際には、捜査官はその執行について必要な処分をすることができ（刑事訴訟法222条、111条1項）、また、当該捜索場所の出入りを禁止したり、これに従わない者を退去させたり監守者を付することができる（同法222条、112条）。前者の規定は、捜索や差押えの執行に際し、円滑で実効的な執行を確保するために、現場の執行担当者に必要な限度での処分権限を与えたものであり、後者の規定は、捜索差押の現場において第三者による無用の混乱を避け、円滑な執行を行うと共に、現場での証拠隠滅等を防止するため、現場の執行担当者に一定の権限を与えたものと解される。／右『必要な処分』として電話の受発信の禁止ないし制限を行い得るかどうかを検討すると、立会人その他の者が捜索差押の際に電話の受発信を行うと、関係者を当該現場に呼び寄せて、捜索差押の妨害をしたり、一定の圧力をかけたりするおそれのあることが考えられるが、一般的に、捜索差押は相当数の執行担当者が当該現場で執行に当たるものであるから、立会人らがその際に積極的に証拠物の隠滅を行うことは事実上不可能であるし、同法112条により、立会人以外の者は執行担当者の判断で当該現場から退去させることもできるのであるから、電話により証拠物の隠滅が図られる可能性があるからといって、その受発信を禁止す

ることまで必要であるということはできない。」「また、当該場所における捜索差押は、あくまで同許可状に記載された場所について強制的な処分権を認めたものであって、それ以外の場所に対して何らかの強制的な捜査権限を認めたものではない以上、遠隔地の者と通謀して相手方所在地など当該令状記載の場所以外における証拠物件の隠滅の防止を当該令状に基づく必要な処分として行うことはできないというべきである。／そして、そもそも、当該現場の立会人その他の関係者は、捜索実施中、当該現場にいることを強制されるわけではなく、当該現場の外から右の趣旨の電話をかけることや携帯電話にかかってきた電話を直ちに当該現場から離れて受信することを当該捜索差押の必要な処分として禁止、制限することはできないのであるから、当該現場で電話の受発信を禁止ないし制限してもその実効性は乏しいといわざるを得ないのであって、これを認める必要があるということはできないというべきである。／さらに、右関係者の呼び寄せ行為などを理由として電話の受発信を禁止するとすれば、その性質上、いかなる電話の受発信も禁止しうることになるが、これは、右に検討した**受発信の禁止ないし制限の必要性に比べて被処分者の不利益が大きく、社会的に見て相当であるということはできない**（被処分者が弁護士に電話をしたいと申し出たにもかかわらず、これさえも禁止できるとするのはいかにも不相当である）」、と。

　このように述べて、発受信を禁止した措置を違法としたものでした。この東京地裁平成8年判決における〈受発信の禁止ないし制限の必要性に比べ、被処分者の不利益が大きい〉という判示は、相当性の原則を適用することを示したものでした。

4　逮捕行為のさいの有形力行使と捜査比例の原則

　対人的強制処分である逮捕（逮捕について、設問03「逮捕・勾留の基本知識とその原則」を参照）についても、捜査比例の原則が働きます。たとえば、逮捕行為のさいに物理的な有形力を行使する場面で、捜査比例の原則が働きます。具体的に考えてみましょう。

　刑事訴訟法199条の令状（犯捜規119①が「通常逮捕状」と呼ぶ）による逮捕、すなわち通常逮捕の場合、令状を発付するのは裁判官ですが、被疑者を実際に逮捕するのは司法警察職員や検察官、検察事務官です（刑訴199①「検察官、検察事務官又は司法警察職員は、被疑者が罪を犯したことを疑うに足りる相当な理由があるときは、裁判官のあらかじめ発する逮捕状により、これを逮捕することができる〔以下、省略〕」）。これらの捜査機関が逮捕状を執行するさい、被疑者は抵抗したり、逃走しようとするかもしれません。あるいは、被疑者の関係者が捜査機関の逮捕行為を妨害するかもしれません。これらの抵抗や妨害を制圧し排除して逮捕を完遂するため、有形力の行使がどの程度まで許されるでしょうか。また、その有形力行使の限界はどのような基準で決められるべきでしょうか。逮捕のさい、被疑者に対し有形力を行使できるか（その程度と限界）、逮捕のさい、被疑者じしんでなく第三者に対しても有形力を行使できるか（その程度と限界）という問題です。同じ問題が、緊急逮捕（刑訴210①）や現行犯逮捕（刑訴213）についても生じることはいうまでもありません。

(1)　逮捕における有形力行使の程度と限界

　逮捕行為にさいし、(A)手錠・捕縄などの警察用具の使用や、(B)有形力の行使がどの限度で可能なのか、明文で定めた規定は刑事訴訟法にありません。

　前者(A)について、逮捕すべき被疑者の身体の自由を制限すればよいわけですから、必要もないのに手錠のような警察用具を使用した物理的拘束手段をとることは許されないというべきです。犯罪捜査規範127条1項も、「逮捕した被疑者が逃亡し、自殺し、又は暴行する等のおそれがある場合において必要があるときは、確実に手錠を使用しなければならない」と定め、同2項で「手錠を使用する場合においても、苛酷にわたらないように注意するとともに、努めて衆目に触れないように努めなければならない」と定め、捜査比例の原則を確認しています。

　後者(B)の、逮捕行為にさいし有形力の行使がどの限度で可能なのかという問題については、必要であ

る限り、被疑者を追跡して停止させ、抵抗を排除するため腕力を行使し、兇器をとりあげることは許されてよいとされます（田宮裕『刑事訴訟法〔新版〕』75頁。なお、警職法7は、捜査機関は「犯人の逮捕若しくは逃走の防止〔中略〕のため必要であると認める相当な理由のある場合においては、その事態に応じ合理的に必要と判断される限度において、武器を使用すること」と定める）。

逮捕のさいの有形力の行使については、**最判昭和50・4・3刑集29巻4号132頁**が扱った事案が参考となります。具体的な事実関係はこうでした。

> （1）昭和45年（1970年）8月9日の午後8時30分頃、山田湾漁業協同組合の漁業監視船しおかぜ丸は、岩手県〔中略〕白崎北側約1海里（約1,850メートル）の海上で、白崎の南側にあるモイサシ崎の北側約200メートルに不審な船舶を発見します。約50メートルまで近付いて、ハンドライトで同船を照らしたところ、船中に潜水服を着た者がいたため、あわびの密漁にきた船であると判断しました。
>
> （2）密漁船は、ハンドライトに照らされると、灯火を消し、錨をロープとともに切捨てて逃走を始めたので、しおかぜ丸も追跡します。しかし、密漁船の船足のほうが早く、追跡が困難となったため、午後9時頃にしおかぜ丸は、付近にいた第一清福丸に事情を告げ、追跡を依頼します。依頼を受けた第一清福丸は、それから約3時間、密漁船を追跡しつづけます。
>
> （3）追跡後、宮古市宮古湾口付近の海上で密漁船と併航するようになった第一清福丸は、停船するよう呼びかけます。しかし、密漁船は応じません。それどころか、密漁船は3回にわたり第一清福丸の船腹に突っ込んで衝突させたり、ロープを流して第一清福丸のスクリューにからませ、追跡を妨害しようとします。
>
> そのため、第一清福丸の乗組員らは、密漁船に対し、瓶やボルトを投げつけるなどして逃走を防止しようとしました。第一清福丸の船員であったAも、3回目に衝突した後さらに逃走しようとする密漁船に対し、その逃走を防止するため、鮫突用の銛を投げつけます。さらに、Aは第一清福丸の船上から、密漁船を操舵中の男性（K）の手足を竹竿で叩き突くなどし、同人に対し全治約1週間を要する右足背部刺創の傷害を負わせました。
>
> （4）その後、密漁船は、第一清福丸に追突されて停船します。第一清福丸の船長が密漁船に乗り移ろうとするさい、密漁船はふたたび、突然全速力で逃走しようとしました。しかし、おりから海上保安庁の巡視船が付近に到着していたため、密漁船はついに逃走を断念しました。
>
> （5）このうち、Aの行為、すなわち〈Kを現行犯逮捕するため、竹竿で叩き突くなどして、右足背部刺創の傷害を負わせた行為〉が傷害罪に該当するかどうか、問題となりました（第一審判決の**宮古簡判昭和47・9・27刑集29巻4号142頁**は、傷害罪で有罪としたうえ、罰金3千円を科した）。

最高裁昭和50年判決は、まず、「現行犯逮捕をしようとする場合において、現行犯人から抵抗を受けたときは、逮捕をしようとする者は、警察官であると私人であるとをとわず、その際の状況からみて社会通念上逮捕のために必要かつ相当と認められる限度内の実力を行使することが許され、たとえその実力の行使が刑罰法令に触れることがあるとしても、刑法35条〔正当行為〕により罰せられない」という規範を定立します。そのうえで、具体的な事案にこの規範を当てはめ、「被告人は、Kらを現行犯逮捕しようとし、同人らから抵抗を受けたため、これを排除しようとして前記の行為に及んだことが明らかであり、かつ、右の行為は、社会通念上逮捕をするために必要かつ相当な限度内にとどまるものと認められるから、被告人の〔竹竿で叩き突くなどした〕行為は、刑法35条により罰せられないものというべきである」と判示したのでした。

この最高裁昭和50年判決は、逮捕を完遂するため合理的に必要とされる有形力の行使について、その限界は被疑者の抵抗の態様・程度などとの相関関係で決まることを認めました。そのような**相対的基**

準をたてる以上、許される有形力行使の限度について、捜査機関の裁量的判断にゆだねざるをえない部分がどうしても出てきます。そのため、最高裁昭和50年判決は、社会通念上、逮捕のため必要かつ相当と認められる限度内の有形力の行使であることを要求し、**捜査比例の原則（必要性の原則と相当性の原則）**が当てはまることを確認したわけです。

展開支援ナビ

私人による現行犯逮捕と有形力行使

なお、現行犯逮捕に限っては、捜査機関ではない私人も、これを行うことができます（刑訴213「現行犯人は、何人でも、逮捕状なくしてこれを逮捕することができる」、214「検察官、検察事務官及び司法警察職員以外の者は、現行犯人を逮捕したときは、直ちにこれを地方検察庁若しくは区検察庁の検察官又は司法警察職員に引き渡さなければならない」）。この私人も、やはり、逮捕のため必要かつ相当な限度内である限り、有形力を行使できます（4(1)の**最判昭和50・4・3刑集29巻4号132頁**が「警察官であると私人であるとをとわず」と判示する）。では、逮捕者が捜査機関である場合と私人である場合とで、行使できる有形力の限界に違いが生ずるでしょうか。

この点について、**東京高判昭和37・2・20下刑集4巻1＝2号31頁**は、「現行犯人を逮捕するためにある程度の実力〔すなわち、有形力〕を行使することは当然許さるべく、その限度は、逮捕者の身分、犯人の挙動その他その際における具体的情況に応じ社会通念に照らしてこれを定めなくてはならない」、「本件における逮捕者が一般人であることを考えれば、逮捕に際し、検察官、検察事務官、司法警察職員等逮捕の職責を有する者に要求される節度の期待できないことは当然である」と判示し、私人が窃盗の現行犯人を逮捕するため、機先を制して竹棒で頭を殴り、さらに逃走中に倒れた犯人を手で殴っても、社会通念上非難に値せず、不正の侵害とはいえないとしました。一般の私人も現行犯人を逮捕するためある程度の有形力を行使することができ、その限度は、逮捕の職責をもつ捜査機関に要求される限度よりも緩和される、としたわけです。

また、**札幌地判昭和47・3・9刑月4巻3号516頁**は、私人が窃盗の現行犯人を追跡して逮捕した事案において、〈私人である逮捕者が、逮捕と同時に窃盗犯人のネクタイをつかみ、警察官に引き渡すまでネクタイを話さず、窃盗犯人が「苦しいから緩めてくれ」と頼んだが、ネクタイをつかんだ手を緩めようとしなかった行為〉について、「右行為は私人の現行犯人逮捕の際に行なわれたもので、逮捕について特別な知識経験のない逮捕者にとっては犯人の逃走の見込の判断も困難で、どの程度の拘束で逃走を防ぐことができるかについても確たる自信もなく、高度の興奮と不安、緊張のうちに行なわれたであろうことは推認するに難くない」とし、私人である逮捕者の右行為（窃盗犯人のネクタイを引っ張りまわすなどの行為）は「多少の行過ぎの感は免れないとしても、未だ逮捕権の限界を超えてなされたものとまでは認められな〔い〕」としました。

警察官など捜査機関は、逮捕手続や逮捕術などについて専門的な教育・訓練を受けていますし、みずから逮捕した経験をもつ者も多いでしょう。また、捜査比例の原則についての知識もあるといえます。そのため、捜査機関が逮捕のため行使できる必要最小限度の有形力について、具体的事案との関係で、その限界を厳しく設定できるし、また、そうすべきです。これに対し、私人については、専門的教育・訓練や経験を欠くため、犯罪を現認して現行犯人を逮捕するという非常の場合について、捜査機関と同程度の知識や技術を要求したり、捜査比例の原則の厳格な遵守を要求することは、やはり無理だというべきです。つまり、私人の逮捕者は逮捕に関して特別な知識・経験などをもたないため、逮捕に必要な最小限度の有形力行使の限界についても、どうしても、捜査機関のそれより緩やかなものになるわけです。もっとも、現行犯人を逮捕する私人が行使する有形力の限界が捜査機関よりも緩やかなものになるというのは、あくまで、**事実の問題**として肯定されることにすぎません。すなわち、現実の具体的事案との関係で、逮捕のため私人が行使する有形力の程度は、捜査機関が逮捕するであろう場合より、相対的に重大なものになっても許される場合があるというにすぎません。**規範の問題**としては、最高裁昭和50年判決の判示（「現行犯人から抵抗を受けたときは、逮捕をしようとする者は、警察官であると私人であるとをとわず、その際の状況からみて社会通念上逮捕のために必要かつ相当と認められる限度内の実力を行使することが許され〔る〕」）が**つねに**当てはまること、そして、その限りで「警察官であると私人であるとをとわ〔ない〕」ことに留意しなければなりません。

なお、逮捕者が捜査機関か私人かを問わず、逮捕のさいに行使できる有形力には**絶対的な限界**があることにも留意すべきです。その限界を超えた有形力の行使は、たとえ私人によるものであっても、捜査比例の原則、すなわち、相当性の原則に違反して許されないといわねばなりません。ちなみに、**東京高判昭和55・10・7刑月12巻10号1101頁**は、X〔私人〕が、マンション3階の自宅押入れ内に潜んでいた住居侵入事犯のAを、

友人とともに現行犯逮捕したのち、Xじしんが外国人女性に売春行為等をさせていた事実を捜査機関に探知させないため、Aを警察官らに引き渡さないまま、過去の窃盗行為を追及してその被害を弁償させるために、Aの身体を紐で縛ったり、後ろ手に両手錠をかけたりして、約8時間も拘束しつづけた事案について（なお、監視の隙をみて、マンション3階のX宅窓から路上に飛び降りたAは、路面に転倒して受傷し、死亡した）、「その目的、動機及び態様等に照らして、被告人〔X〕らのかかる行為が『正当行為』ないしは『社会的相当行為』として違法性を阻却される余地のないこと」を認めました。私人の逮捕行為が絶対的な限界を超え、違法とされた事案だといえます。

(2) 逮捕のさいの第三者に対する有形力行使

逮捕行為のさいに、被疑者ではない第三者の身体や財産などに対し、有形力を行使することが許されるでしょうか。その程度と限界が問題となります。

刑事訴訟法220条1項2号は、逮捕行為に先だち、司法警察職員など捜査機関が第三者の住居に侵入して被疑者を捜索することを明文で許します（ちなみに、私人の逮捕者が第三者の住居に侵入して被疑者を捜索することは、刑事訴訟法に明文規定がなく、許されない。**名古屋高判昭和26・3・3高刑集4巻2号148頁**は、「通常人が現行犯人を逮捕し得ることは、憲法並に刑事訴訟法でもこれを認めているが、この逮捕のため、他人の住居に侵入し得る旨を規定した法律は存しない。従って通常人は、屋外若しくは自宅で現行犯を逮捕するか又は住居権者等の承諾ある場合に限り、住居内で現行犯人を逮捕し得るのである。若し〔中略〕、通常人でも現行犯人逮捕のためならば、自由に他人の住居に侵入し得るとするならば、われわれの住居は1日も平穏であることはできない。従って真に現行犯人逮捕の目的であっても、承諾なくして、他人の住居に侵入するときは、住居侵入罪が成立するものと解すべきものである」と述べた）。その限りで、第三者の住居に対する法的規制が明文化されたわけです。

これに対し、被疑者を逮捕する場合に、必要があれば被疑者以外の第三者について、その身体を一時的に拘束できるかどうか、刑事訴訟法に明文規定はありません。そのため、被疑者の逮捕に先だち、あるいは、逮捕を完遂するため、妨害の恐れがある第三者について、その身体を一時的に拘束する程度の有形力を行使できるかどうか、議論があります。

許されないとする否定説の理由は、こうです。

——令状による逮捕や緊急逮捕、現行犯逮捕は、被疑者じしんの身体を拘束することを正当化はしても、第三者に対する身体拘束の処分まで正当化しない。なぜなら、一時的とはいえ、それじたいが「独立した逮捕行為」にひとしいからである。第三者に対しては、その承諾をまず得るようにすべきであり、承諾が得られないときは、任意処分として許される限度で、身体の拘束に至らない軽微な有形力の行使が認められるだけである、と。

これに対し、**許されるという肯定説**は、特別な場合に、逮捕に付随して第三者の身体の自由を制限する有形力の行使、すなわち、第三者に対する身体拘束の処分も許されるとします。第三者の「身体の自由の拘束についても、明文の規定はないが」、「合理的に必要な実力行使は、逮捕の実効化に必要な限度では、むしろ逮捕が認められる当然の効果として、明文がなくてもできることになろう」というわけです（田宮『刑事訴訟法〔新版〕』76頁）。

この肯定説にたつ高等裁判所の判例もあります。**東京高判昭和53・5・31刑月10巻4＝5号883頁**は、爆発物取締罰則違反、殺人予備、凶器準備集合等被告事件で、〈逮捕状記載の被疑者ではない50数名の第三者を建物外に連行したうえ、その周囲を制服警察官が包囲し、両手を首の後ろに上げさせた〉という捜査機関の措置について、これを適法だとしました。具体的事案は、こうでした。

(1) 警視庁公安部は、昭和44年（1969年）10月末から11月初めにかけ、過激な武力闘争を主張するA派の動向を探っていました。同年11月3日夕刻、山梨県甲州市の大菩薩峠からやや離れた山小屋「福ちゃん荘」にA派学生らが相当数集合していることを探知し、視察を継続したところ、大菩薩峠周辺の山中でA派数10名が武装訓練をしているらしいことなどが判明し、また、視察員が

山中でA派幹部Xとすれちがい、内ゲバ事件で逮捕状が出ていたXに間違いないことを確認します。
　（2）警視庁公安部は、山中の地理や植物の状況、A派集団の動静などから、山中でX1人を逮捕することは困難だと判断し、Xの逮捕を完遂するには、Xが宿泊する「福ちゃん荘」に、同月5日早朝に多数の警察官を動員して踏み込むしかないと決定します。
　（3）A派集団の他の構成員に対する逮捕状約10通も取寄せたうえ、私服警察官約100名と制服警察官200余名が動員され、5日午前6時ころ、警察官らの部隊が「福ちゃん荘」を包囲し、午前6時5分ころ、警察官甲らが同荘管理人にXの逮捕状を示し、事情を説明します。その最中、同荘内から激しい物音がしたため、制服警察官らが、逃走を防止するため、同荘内にただちに踏み込み、宿泊中のA派集団の全員50数名について、ほとんど寝ていたままの姿で同荘外の庭に連行し、周囲を制服警察官が取り囲み、ほぼ全員に対し両手を首の後ろに上げさせたりしました。
　（4）午前6時15分ころまでに、Xのほか3名について逮捕状が執行され、その間、捜索担当の警察官らが、A派集団が使用していた部屋全部を捜索し、鉄パイプやピース缶などのほか、約40本の登山ナイフ、くり小刀、部隊編成を記載したらしいメモや救援対策メモなどを発見します。警察官甲らは、事前に入手した他の情報なども勘案したうえ、午前6時25分ころ、制服警察官による包囲を継続されていたA派集団の全員について、兇器準備集合の現行犯人と認め、逮捕しました。

　東京高裁昭和53年判決は、次のように述べます。
　「通常逮捕状を執行するに際し、同逮捕状の効力として、被疑者以外の者すなわち第三者の身柄拘束が許されることを法律上直接明示した規定は見当たらない。しかし、第三者によって被疑者に対する逮捕状の執行が妨害されるおそれがあり、とくに、逮捕状の執行に従事する捜査官の生命・身体に危害が加えられるおそれがあって、右の捜査官において右のおそれがあると判断するについて相当な理由がある場合には、緊急やむを得ない措置として、逮捕状の執行に必要かつ最小の限度において、相当と認める方法により一時的に右の第三者の自由を制限することができると解するのが相当である。けだし、刑事訴訟法が逮捕状の執行という強制措置を認めている以上、これに対する妨害の予防ないし排除のために、右の程度の緊急措置は刑事訴訟法ないし警察官等の職務執行に関する法によって当然に予定し、是認されているものと解すべきであり、このように解する以上、かかる強制手段の対象から第三者を除外すべきいわれはないからである」、と。
　このような一般的な規範をたてたうえで東京高裁昭和53年判決は、具体的事案について、次のような当てはめを行います。
　管理人に対する逮捕状呈示・事情説明のさい、「福ちゃん荘」内から激しい物音が起きた時点で、「集団の者が逮捕状の執行を妨害するため、警察官に危害を加えるおそれがあると判断するについては、相当な理由があったことは明らかである」、したがって、「Xの逮捕が完了し、かつ右のおそれが消滅するまでの間、集団全員の自由を一時的に制限」することも許される。A派集団の自由を一時的に制限するため現実にとられた措置に関しても、「福ちゃん荘」外に連行して包囲したことは同荘内の「兇器からA派集団を引き離す意味においても適切であった」し、また、A派集団と無関係の宿泊者である学生らは同人らの抗議によりすぐに警察官の包囲網の外に出された、さらに、A派集団の構成員についても1人1人同荘内に連れ戻して着替えなどをさせており、その「自由が制限された時間も現行犯逮捕されるまでのせいぜい20分間に過ぎなかった」ため、警察官らによる「自由制限措置は、逮捕状執行の妨害予防ないし排除の措置としてなされたとしても、必要かつ最小限度のものであり、手段としても相当と認められる」、と。
　しかし、この東京高裁昭和53年判決の事案については、「福ちゃん荘」からXが外出したさいに、Xの逮捕状を執行できたのではないかと思います。なぜなら、Xを逮捕する切っ掛けは、警察官が大菩薩峠山中においてXとすれちがったことだったからです。しかし、警察官らは「山中の地理や、植物の状況、

A派集団の動静等からみて、山中でＡ１人の逮捕を無事に完了することは困難である」と判断し、逮捕の場所をＡ派集団の合宿場所である「福ちゃん荘」と決定して、早朝に約300名の警察官を動員し、「福ちゃん荘」に踏み込みました。その結果、同宿中の50数名もの第三者について、その身体を一時的に拘束するにいたったわけです。それは、Ｘを逮捕するという目的を果たすうえで、必要な限度を超える過剰な規制を行うものであり、必要性の原則に反するというべきでしょう（このほか、警察官の動員数などにかんがみても、同宿したＡ派集団50数名の一時的身体拘束はあらかじめ予測ないし企図されたことではなかったか。そうであれば、本件の一時的身体拘束を、東京高裁昭和53年判決のいう「緊急やむを得ない措置」と捉えてよいのか、疑問が生ずる）。また、１人の被疑者を逮捕するため、50数名もの第三者の身体の自由を短時分とはいえ侵害することは、不当に均衡を欠いたものであり、そもそも相当性の原則に反するというべきです。第三者の身体に対し行使される有形力の行使として、その絶対的な限界を超えたものだとさえ思います。

　結局、必要性の原則と相当性の原則のそれぞれの点で、捜査比例の原則の厳格な遵守が求められるべき事案であったと思うのです。

5 【関連問題】の論述ポイント

　【関連問題】の論述として、まず、比例原則の趣旨を説明します。たとえば、こうです。

　――比例原則とは、目的と手段のつりあいを求める原則を意味する。行政警察活動に適用される比例原則を警察比例の原則という。警察比例の原則は、警察目的を達成するには、それにふさわしい手段がおのずから定まっているとして、警察の権限行使に内在的限界があることを認める。司法警察活動に適用される比例原則を捜査比例の原則という。捜査比例の原則は、必要性の原則と相当性の原則に区分される。必要性の原則とは、捜査上の処分は目的達成に必要な最小限度のものにとどまらねばならないことを意味する。相当性の原則とは、捜査上の処分の必要性と、その処分により個人が被る不利益がつりあっていることを意味する。相当性の原則は、捜査上いかに必要な処分であっても、個人の権利・法益を制限・侵害する程度にかんがみ、場合によって不当な捜査活動として斥けることを認める、と。

　そのうえで、【関連問題】の事案について、比例原則、とくに、捜査比例の原則を具体的に適用します。ちなみに、【関連問題】が基礎にしたのは、**東京高判昭和60・10・30判時1169号53頁**の事案（国家賠償請求控訴事件）でした。東京高裁昭和60年判決は、公務執行妨害を理由とする現行犯逮捕のさい、警察官が被疑者に傷害を負わせた事案において、次のように述べ、警察官による有形力行使を違法としました。すなわち、(A)本件では被疑者の公務執行妨害行為がごく軽微なものであったこと、(B)被疑者は兇器を所持しておらず、逮捕行為に対する抵抗の程度・態様もたんに警察官の手を振りほどこうとしてもがいたにすぎなかったこと、(C)犯行と逮捕の現場は多数の警察官がいる警察署内であり、しかも、被疑者の抵抗に助力する者はまったくいなかったことなどの状況に照らし、警察官が被疑者の「両腕を後手にとってその左上腕骨に螺旋上骨折が生じ、あるいはその危険のある結果が生ずる程の力を加えて押えつけた行為」について、社会通念上逮捕のため必要かつ相当な限度内の行為の限度内にとどまるものと認めることはできない、と判示したのです。

　なお、東京高裁昭和60年判決は、「警察官が犯人を逮捕しようとして実力を行使する場合には、往々にして、犯人がこれを逃れようと抵抗する力と相まって、犯人の生命身体に対し重大な傷害を招来する危険が存するから、右のような実力を行使するにあたっては、犯人の抵抗の態様程度、犯行の態様、周囲の状況、犯人の身体の状態等に十分注意をはらい、犯罪の内容に比し、重大な傷害を与えかねない事情の存する場合には、特別の事情のない限り、すべからく身体の損傷ないしはその危険が生ずるような力が加わることを加減し、更には実力行使を中止するかあるいは他の方法を用い、もって危険の発生を未然に防止すべき義務がある」としたうえで、本件逮捕時に被疑者は相当に酔いがまわっていたと推認でき、警察官らもそのことを認識していたのだから、被疑者が「後手にとられた両腕を振りほどくため

に通常以上の抵抗を試み、その結果傷害を負う危険の存することを予見しえたにもかかわらず」、警察官らは漫然と被疑者を取り押えるため強く両腕に上から力を加え続けて、傷害を生じさせたものであり、警察官は過失によって違法に被疑者に傷害を負わせたと認めました。

　この東京高裁昭和60年判決が「危険の発生を未然に防止すべき義務がある」と述べた部分は、実質的に、相当性の原則に言及したものとして注目されます。なぜなら、身体の自由を制限する逮捕のさいの有形力の行使について、それに伴う法益の侵害やその危険、すなわち、「身体の損傷ないしはその危険」にかんがみ「実力行使を中止する」ことを求めたわけですので、捜査上の処分よりも被逮捕者の身体の安全という法益を優先させたといえます。それは、まさに相当性の原則の現れであるわけです。【関連問題】についても、捜査比例の原則のうち、相当性の原則の適用が問題となることを的確に論点化し、論述を尽くさねばなりません。

03 逮捕・勾留の基本的知識とその原則

設問03
被疑者の逮捕・勾留について、基本的知識を整理するとともに、逮捕・勾留の諸原則について、説明しなさい。

関連問題
消火活動を妨害したという消火妨害罪（刑法114）の被疑事実で、Xが通常逮捕状により逮捕された。逮捕による留置中にXは、放火についてもみずからの犯行であることを自白した。検察官は、消火妨害罪は現住建造物等放火罪（刑法108）に吸収される関係にあるとして、ただちに現住建造物等放火の被疑事実でXを勾留するよう裁判官に請求する。
裁判官はどうすべきか、論じなさい。

1 逮捕と令状の保障

(1) 令状の保障と逮捕

逮捕は、被疑者の**身体の自由**を制限する捜査上の対人的強制処分です。すなわち、被疑者について、逃亡する疑いが拭えない、あるいは、自己に不利益な証拠を壊したり隠したりする疑いが拭えないときなどに、逃亡や罪証隠滅行為などを防止する目的で、その身体を拘束する最初の対人的強制処分が、逮捕です。

被疑者の逮捕について、刑事訴訟法は3つの類型を定めます。

第1の類型が**通常逮捕**であり、刑事訴訟法199条1項本文が、「検察官、検察事務官又は司法警察職員は、被疑者が罪を犯したことを疑うに足りる相当な理由があるときは、裁判官のあらかじめ発する逮捕状により、これを逮捕することができる」と定めます。この199条の逮捕状を、警察の内規（国家公安員会規則2号）である犯罪捜査規範119条1項は「**通常逮捕状**」と呼びます（司法統計年報によれば、平成25年に93,439通の通常逮捕状が発付された）。

第2の類型が**緊急逮捕**であり、刑事訴訟法210条1項が、「検察官、検察事務官又は司法警察職員は、死刑又は無期若しくは長期3年以上の懲役若しくは禁錮にあたる罪を犯したことを疑うに足りる充分な理由がある場合で、急速を要し、裁判官の逮捕状を求めることができないときは、その理由を告げて被疑者を逮捕することができる。この場合には、直ちに裁判官の逮捕状を求める手続をしなければならない。逮捕状が発せられないときは、直ちに被疑者を釈放しなければならない」と定めます。逮捕後に発付されるこの210条の逮捕状を、犯罪捜査規範120条1項は「**緊急逮捕状**」と呼びます（司法統計年報によれば、平成25年に8,637通の緊急逮捕状が発付された）。

そして、第3の類型が**現行犯逮捕**です。刑事訴訟法212条1項が、「現に罪を行い、又は現に罪を行い終つた者を現行犯人とする」と定め、213条は、「現行犯人は、何人でも、逮捕状なくしてこれを逮捕することができる」と定めます。

逮捕については、憲法33条が、「何人も、現行犯として逮捕される場合を除いては、権限を有する司法官憲が発し、且つ理由となつてゐる犯罪を明示する令状によらなければ、逮捕されない」と定め、現行犯逮捕の場合を除き、逮捕の理由となる被疑事実を明示した逮捕状が、逮捕行為に先立ち、裁判官に

より必ず発付されねばならないことを明らかにしました（憲法33を受け、刑訴200①が「逮捕状には、被疑者の氏名及び住居、罪名、被疑事実の要旨、引致すべき官公署その他の場所、有効期間及びその期間経過後は逮捕をすることができず令状はこれを返還しなければならない旨並びに発付の年月日その他裁判所の規則で定める事項を記載し、裁判官が、これに記名押印しなければならない」と定め、199①が「検察官、検察事務官又は司法警察職員は、被疑者が罪を犯したことを疑うに足りる相当な理由があるときは、裁判官のあらかじめ発する逮捕状により、これを逮捕することができる」と定める）。すなわち、第1の逮捕類型である通常逮捕が、**逮捕の原則型**とされたわけです。

展開支援ナビ

令状における被疑事実の記載　逮捕状に「被疑事実の要旨」（刑訴200①）を記載することは、憲法33条じしんの要求するところでした。その趣旨は、こうです。

逮捕とは、国家が真実の発見と正義の実現という公的な課題のため、被疑者と認められる市民の権利や利益を制限し、剥奪さえすることを、社会的に宣言する行為であり、いわば国家による「宣戦布告」であるといえます。そのような国家による「宣戦布告」の下で逮捕され、否応なしに応訴を強制される被疑者は、国家による非難の対象（疑われた犯罪事実の詳細）とその根拠（疑いをかける証拠的基礎）を明らかにさせる権利をもつといわねばなりません。なぜなら、それらを知らない限り、実質的に防禦の準備さえできないからです。被疑者に呈示すべき逮捕状に「被疑事実の要旨」を記載させるのは、被疑者に主体的立場から防禦活動を尽くさせるためであるわけです（ただし、逮捕の証拠的基礎を開示する制度は、なお未整備のままである）。

なお、刑事訴訟法200条1項は、逮捕状に記載するのは被疑事実の「要旨」でよいとします。その趣旨は、逮捕が、捜査の方向や結果がなお可変的な段階で行われるため、逮捕状請求者が被疑事実を細部まで特定できない場合があることに配慮したものでしょう。しかし、逮捕状に被疑事実が明示されることは、憲法33条が保障する被疑者の権利の内容そのものでした。この点を重視すれば、罪証隠滅の手掛りにさせないなど、捜査のため必要があるという理由で、捜査機関が逮捕状請求書に被疑事実（刑訴規142①(2)）を概括的に記載し、結局、逮捕状に記載される被疑事実も概括的なものとさせることは許されるべきでありません。「要旨」ではあっても、被疑者に主体的防禦活動を尽くさせるため必要な具体的事実を記載しなければなりません。

令状は、なぜ、逮捕行為に先立って発付されねばならないのでしょうか。令状を発付する裁判官は、捜査を主宰する立場になく、そもそも捜査の担い手でさえありません。しかし、だからこそ裁判官は、捜査機関による逮捕状の請求を受けても（刑訴199②「裁判官は、被疑者が罪を犯したことを疑うに足りる相当な理由があると認めるときは、検察官又は司法警察員〔中略〕の請求により、前項の逮捕状を発する。但し、明らかに逮捕の必要がないと認めるときは、この限りでない」）、独立の司法機関という公正・中立な立場から、審査を尽くすことができます。その審査を尽くし、被疑者を適法に逮捕できる実体的要件（逮捕の理由と必要性など）があると認めた場合にだけ、裁判官は逮捕状を発付します。令状を介して裁判官が関与する意義は、〈逮捕の理由や必要性の有無について、捜査機関の一方的判断に委ねない〉だけでなく、〈裁判官が、身体を拘束されようとする被疑者の不利益を事前に、かつ、公正に考慮し、不相当な逮捕について、これを未然に阻止する〉ことにあります。

展開支援ナビ

令状の保障と勾留　ちなみに、身体を拘束する第2の対人的強制処分である「被疑者の勾留」について（後述の1(5)参照）、令状発付を要求する規定が憲法にありません。しかし、逮捕より身体拘束期間が長く（通常の事件で、逮捕による身体拘束は最大72時間であるのに対し、勾留による身体拘束は最大20日間に及ぶ。刑訴205②、208）、それゆえ、逮捕より身体の自由を制限する度合いが大きい勾留について、憲法上の規制（令状の保障）の外にあるとするのは、いかにも不当です。そのため、憲法33条の趣旨を拡張し、被疑者の勾留も当然にその規制（令状の保障）の射程内に入ると解釈しなければなりません。

(2) 通常逮捕の実体的要件

逮捕の実体的要件のうち、通常逮捕の理由と必要性について、説明しておきます。

①**通常逮捕の理由**　通常逮捕の理由とは、罪となるべき具体的事実について、被疑者が犯人だという相当高度な蓋然性を肯定できる証拠的基礎があることを意味します。このことを、通常逮捕について定めた刑事訴訟法199条1項、同2項は「被疑者が罪を犯したことを疑うに足りる相当な理由」と表現しました。この逮捕理由の証明水準について、広島地呉支判昭和34・8・17下民集10巻8号1686頁は、「被疑者が罪を犯したことを疑うに足りる相当な理由」が認められるのは、「通常人の良識ある合理的な判断に従い被疑者が当該犯罪を犯したことを相当程度高度に肯認し得る場合に限られる」としたうえで（このほか、逮捕理由の証明水準について、高松高判昭和34・6・15下民集10巻6号1241頁は、「社会通念上犯罪者たる可能性が相当強い程度に認められ〔る〕」ことと述べた）、「被疑者が当該犯行を犯したことを積極的に肯認しうる資料が存する」ことが少なくとも必要だと判示し、さらに、被疑者の犯行を否定する消極的資料がある場合、たとえば、アリバイの間接事実が認められる場合は、この「否定的根拠を排斥しえない限り」、逮捕の相当な理由を肯定できないと判示しました。被疑者が犯人だと推認させる**積極証拠**と、犯人ではないと推認させる**消極証拠**とが拮抗するとき、逮捕の相当な理由は肯定できないわけです。

展開支援ナビ

逮捕の理由を認めるべき資料　刑事訴訟規則143条は、「逮捕状を請求するには、逮捕の理由（逮捕の必要を除く逮捕状発付の要件をいう。以下同じ。）及び逮捕の必要があることを**認めるべき資料**を提供しなければならない」と定めます。実務上、この逮捕の理由と必要性を認めるべき資料を**「疎明資料」**と呼びます。たとえば、警察の内規（国家公安委員会規則2号）である犯罪捜査規範122条1項本文は、「通常逮捕状を請求するときは、被疑者が罪を犯したことを疑うに足りる相当な理由があること及び逮捕の必要があることを疎明する被害届、参考人供述調書、捜査報告書等の資料を添えて行わなければならない」と定めます。

しかし、「〔狭義の〕証明が裁判所に確信を抱かせるに足る証明をいうのに対し、疎明は裁判官をして一応確からしいという推測を得させる程度の証明をいい」、この「疎明は訴訟手続上の事項に限られ且つ疎明によるべき場合は明文で定められています」（光藤景皎『刑事訴訟法II』100頁）。逮捕の理由については、広島地裁呉支部昭和34年判決が「相当程度高度に肯認」されるべきと判示し、刑事訴訟規則143条も「認める」べきと定めました。すなわち、逮捕の理由は疎明の対象でありません。それゆえ、「疎明資料」という呼称も不適切です。なお、「犯罪を犯したことを相当程度高度に肯認し得る」として逮捕された被疑者も、無罪と推定される権利をもつことはいうまでもありません。

②**通常逮捕の必要性**　通常逮捕の必要性とは、被疑者の身体をあえて拘束しなければならない具体的事情があることを意味します。

ちなみに、刑事訴訟規則143条の3は、「逮捕状の請求を受けた裁判官は、逮捕の理由があると認める場合においても、被疑者の年齢及び境遇並びに犯罪の軽重及び態様その他諸般の事情に照らし、被疑者が逃亡する虞〔おそれ〕がなく、かつ、罪証を隠滅する虞がない等明らかに逮捕の必要がないと認めるときは、逮捕状の請求を却下しなければならない」と定めます。この**逃亡を疑うべき理由**や**罪証隠滅を疑うべき理由**などが否定されないことが、逮捕の必要性の実質的内容となります（なお、逃亡を疑うべき理由や罪証隠滅を疑うべき理由などが否定されないことを、狭義の逮捕の必要性があるという。これに対し、広義の逮捕の必要性には逮捕の相当性も含まれる。逮捕の相当性の意義については、設問02「捜査比例の原則」2の【展開支援ナビ】「用語の整理——逮捕の理由、必要性、相当性」を参照）。

しかし、罪証隠滅を疑うべき理由が否定できないことまで、逮捕が必要となる場合に加える点には、疑問があります。なぜなら、事件に関連する資料や情報をみずから収集・保全するなど、被疑者じしんの、権利として認められるべき積極的な調査活動が、捜査機関の側からは罪証隠滅の行為と評価されやすいからです。また、被疑者の権利行使として行われる黙秘の行為も、罪証隠滅の意図をうかがわせる

とされ、それぞれが——本来は、適法な権利の行使であるのに——罪証隠滅を疑うべき理由になるとされ、身体拘束の根拠とされかねないからです。

　それゆえ、〈罪証隠滅を疑うべき理由が否定できない〉として逮捕状を発付することは、とくに慎重でなければなりません。少なくとも、罪証隠滅の行為を強く疑わせる具体的事実が認められない限り、逮捕の必要性の要件は充たされないというべきです。すなわち、たんに罪証隠滅の抽象的可能性があるだけでは不十分です。罪証隠滅の抽象的可能性でよいとしたとき、逮捕の必要性の要件は形骸化するといわねばなりません。

展開支援ナビ

逮捕の手続的要件——通常逮捕状の請求、発付、執行　逮捕の原則型は、逮捕行為に先立って令状が発付される通常逮捕でした。この通常逮捕について、令状が請求、発付、執行される過程をみていきましょう。通常逮捕の手続的要件を確認するものとなります。

　通常逮捕状の請求権者は、**検察官**、または、**指定された警部以上の司法警察員**に限られます（刑訴199②。ちなみに、緊急逮捕状の請求権者は、逮捕後に「直ちに」請求しなければならないため、**検察事務官**や**司法警察職員**にも広げられた。刑訴210①、犯捜規120①参照。なお、刑訴39③は、「司法警察員及び司法巡査」を「司法警察職員」と総称する）。それら捜査機関は、逮捕の実体的要件（逮捕の理由と必要性など）があると思料する場合に、通常逮捕状を請求します。捜査機関は、この請求にさいし、逮捕の実体的要件を認めるべき資料を裁判官に対し提供しなければなりません（刑訴規143「逮捕状を請求するには、逮捕の理由（逮捕の必要を除く逮捕状発付の要件をいう。以下同じ。）及び逮捕の必要があることを認めるべき資料を提供しなければならない」）。具体的には、被害届、参考人供述調書、捜査報告書などがその資料となります（犯捜規122①）。

　逮捕状の請求を受けた裁判官は、逮捕の実体的要件の有無、すなわち、「被疑者が罪を犯したことを疑うに足りる相当な理由がある」か（刑訴199②）、さらに、「明らかに逮捕の必要がない」場合でないか、を判断します（刑訴199②但書）。この判断を尽くし、裁判官が通常逮捕状を発付するとき、その通常逮捕状には、「被疑者の氏名及び住所、罪名、被疑事実の要旨、引致すべき官公署その他の場所、有効期間及びその期間経過後は逮捕をすることができず令状はこれを返還しなければならない旨並びに発付の年月日その他裁判所の規則で定める事項」が記載され、これに裁判官が記名押印します（刑訴200①）。刑事訴訟規則では、さらに、請求者の官公職、氏名も記載すべきものと定められました（刑訴規144）。

　この通常逮捕状を被疑者に呈示し（刑訴201①）、被疑者の身体を拘束します。なお、発付された令状を捜査機関が所持せず、呈示できないときはどうすべきでしょうか。この場合、捜査機関は、急速を要するときに限り、被疑事実の要旨および令状が発せられている旨を告げ、被疑者を逮捕できます。ただし、逮捕後、令状をできる限り速やかに被疑者に呈示しなければなりません（刑訴201②により、73③〔勾留状、勾引状の緊急執行〕を準用する）。この手続を、**逮捕状の緊急執行**と呼びます。

狭義の逮捕行為、引致、留置　通常逮捕状により被疑者を逮捕するのは、裁判官じしんではなく、**検察事務官**または**司法巡査**（刑訴202が「検察事務官又は司法巡査」による逮捕を定める）、**司法警察員**（刑訴203①が「司法警察員」による逮捕を定める。なお、39③は、「司法警察員及び司法巡査」を「司法警察職員」と総称する）、**検察官**（刑訴204①が「検察官」による逮捕を定める）、**検察事務官**（刑訴202）となります（誰が逮捕したかにより、許される身体拘束の時間など、逮捕後の手続に違いが生じる）。

　逮捕は、厳密にいうと、3つの処分に分かれます。狭義の逮捕行為、引致、留置の処分です。以下、もっとも一般的な、司法巡査が逮捕する場合を例にとって説明します。司法巡査は、まず、被疑者の身体を拘束します。これが狭義の逮捕行為です。ついで、一切の遅滞なく「直ちに」被疑者を司法警察員のもとに引致します（刑訴202。なお、199②は、「司法警察員」について、「警察官たる司法警察員については、国家公安委員会又は都道府県公安委員会が指定する警部以上の者に限る」と定める）。被疑者の引致を受けた司法警察員は、留置の要否、すなわち、被疑者の身体拘束を継続し、警察署附属の留置場などに収容する必要があるかどうか判断します（刑訴203①）。

　このうち、狭義の逮捕行為と引致は、逮捕状の法的効力にもとづき行われる処分です。すなわち、引致を終えたとき、逮捕状はその法的効力を使い切ったものとされます（そのため、引致中に被疑者が逃亡した場合、もとの逮捕状でふたたび身体を拘束できる。これに対し、引致後に逃亡した場合は、新たな逮捕状の発付が必要となる）。引致を終えた後の留置の処分は、刑事訴訟法203条1項じしんの法的効果として許されるものとなります（なぜなら、刑訴203①が、司法警察員は「留置の必要があると思料するときは」と定めるため。以下、勾留による留置処分と区別し、逮

捕留置とも呼ぶ)。
　逮捕留置の必要があると判断するとき、司法警察員は、狭義の逮捕行為の時点から48時間以内に、捜査上の書類や証拠物とともに被疑者の身体を検察官に送致する手続（送検の手続）をとらねばなりません。送致を受けた検察官は、なお留置をつづける必要があると判断するとき、被疑者の身体を受け取った時点から**24時間以内**に勾留を請求しなければなりません（刑訴205①）。
　刑事訴訟法は、これらすべての手続、すなわち、狭義の逮捕行為に着手した時点から勾留請求の時点までの手続が、**72時間以内**に終えられることを求めます（刑訴205②「前項の〔検察官が裁判官に被疑者の勾留を請求しなければならない〕時間の制限は、被疑者が身体を拘束された時から72時間を超えることができない」）。このことを、逮捕によって最大で72時間（3日間）の身体拘束が許される、というわけです（ちなみに、検察官または検察事務官が被疑者を逮捕〔狭義の逮捕行為〕したときは、48時間以内に勾留を請求しなければならない。刑訴204①）。

2　無令状の現行犯逮捕

(1)　現行犯逮捕の要件

　憲法33条は、例外として、令状によらない逮捕も認めます。それが現行犯逮捕です（憲法33「何人も、現行犯として逮捕される場合を除いては、権限を有する司法官憲が発し、且つ理由となつてゐる犯罪を明示する令状によらなければ、逮捕されない」）。この憲法33条を受け、刑事訴訟法212条1項は、「現に罪を行い、又は現に罪を行い終った者を現行犯人とする」と定め、213条が、「現行犯人は、何人でも、逮捕状なくしてこれを逮捕することができる」と定めました。
　現行犯逮捕の典型例は、犯罪行為の被害者や犯行をみずから目撃した者が、その犯行中または犯行の終了直後に、行為者を令状なしに逮捕する場合です。通常逮捕（刑訴199①）や緊急逮捕（刑訴210①）と異なり、現行犯逮捕については、逮捕行為に先立って裁判官の令状が発付される必要はなく、逮捕行為の後に確認的な令状が発付される必要もありません。また、現行犯逮捕の強制処分権限は、「検察官、検察事務官又は司法警察職員」（刑訴199①、210①）でない一般の私人にも肯定されます。いずれも、行為者を犯行中に逮捕するか、犯行終了直後に犯行現場において逮捕する限り（犯行と逮捕の時間的・場所的接着性）、逮捕する者にとって、なにが犯罪行為か、だれが犯人かが明白であり（犯行と犯人の明白性）、現行犯逮捕の権限が濫用される恐れや誤認逮捕の恐れがないからです（なお、田宮裕『刑事訴訟法〔新版〕』76頁は、犯行現場の「延長とみられる場所」でも現行犯逮捕ができるとする）。ちなみに、後者の「犯行と犯人の明白性」は、現行犯逮捕の理由にあたる要件であり、「何人でも、逮捕状なくして」逮捕できると定める刑事訴訟法213条に内在する現行犯逮捕の実体的要件だと解すべきでしょう。また、212条1項、213条の文言から導かれる前者の「犯行と逮捕の時間的・場所的接着性」は、現行犯逮捕の理由となる「犯行と犯人の明白性」要件を肯定させる重要事情（犯行の現行性とも呼ばれる。上口裕『刑事訴訟法〔第4版〕』99頁など参照）であるとともに、「犯行と犯人の明白性」要件がもたない機能、すなわち、現行犯逮捕の時機（犯行中または犯行直後）と場所（犯行現場）を限定する独立の機能をもつ要件でもあることに留意してください。
　なお、現行犯人が犯行現場から逃走する恐れや、犯行現場で罪証を隠滅する恐れがあるため、緊急に逮捕する必要が認められ、このことも1つの根拠となって令状なしに現行犯逮捕が許されるという考え方もあります。しかし、緊急性の要素は、現行犯逮捕の理由（犯行と犯人の明白性）と関係がなく、現行犯逮捕の必要性（逃亡や罪証隠滅などの恐れ）の内容とされるべきものです。また、緊急に逮捕する必要があるとしても、そのことじたいは、現行犯逮捕の後に確認的な令状も要求されないことを説明できません。そもそも、現行犯逮捕を令状なしで許す独立の根拠として緊急性の要素を援用することは、相対的に、「犯行と犯人の明白性」の程度を切り下げることにならないか、懸念されます。この点でも、緊急性の要素を強調すべきではありません。

> **展開支援ナビ**
>
> **現行犯逮捕の必要性**　東京高判平成20・5・15判時2050号103頁は、道路交通法違反罪（信号無視）の現行犯人として警察官に逮捕された被控訴人が、ただちに本件車両を停止させなかったこと、信号無視を強く否認したこと、繰り返し運転免許証の提示を求められたのに、提示を拒み続けたことなどの事情から、逮捕の必要性はあったと認められた事案で、次のように判示しました。
>
> 「現行犯逮捕については、刑事訴訟法213条にも『逮捕の必要性』について規定されておらず、さらに、現行犯逮捕は司法警察職員のみならず私人もなし得るものであって、これらによれば、現行犯逮捕については、被逮捕者が現行犯人である以上その者が真犯人であることは明白であり誤認逮捕のおそれも少ないことから、『逮捕の必要性』を要しないと解することもあながち理由がないわけではない。／しかしながら、現行犯逮捕は令状主義の例外であり、現行犯人性さえ認められれば無制限に逮捕できると解することは相当でなく、現行犯逮捕も逮捕の1類型である以上、『逮捕の必要性』すなわち『罪証隠滅のおそれ』又は『逃亡のおそれ』がある場合に限って現行犯逮捕することが許されるものと解すべきである（一定の軽微な事件については、刑事訴訟法217条が「犯人の住居若しくは氏名が明らかでない場合又は犯人が逃亡するおそれがある場合」に限って現行犯逮捕できる旨を規定している。）」、と。
>
> この東京高裁平成20年判決でも、「逮捕の必要性」じたいは現行犯逮捕の実体的要件とされました。たとえば、逮捕者じしんが、被疑者には逃亡を疑うべき理由も罪証隠滅を疑うべき理由もないと認めるときは、やはり、刑事訴訟規則143条の3（「被疑者が逃亡する虞〔おそれ〕がなく、かつ、罪証を隠滅する虞がない等明らかに逮捕の必要がないと認めるときは、逮捕状の請求を却下しなければならない」）に準じ、現行犯逮捕を許すべきではありません。なお、「一般私人による〔現行犯〕逮捕の場合、その点〔現行犯逮捕の「必要性」の有無〕につき厳格な判断を要求するのが困難なこともあります。そういうときは、私人から現行犯人を受けとったとき、捜査機関は『必要性』の有無を判断し、それがなければ直ちに釈放すべきです」（光藤景皎『刑事訴訟法Ⅰ』60頁。〔　〕は引用者）。

被疑者を現行犯人と認めるうえで、「犯行と犯人の明白性」の証明水準が、通常逮捕の理由の証明水準である、**犯人である相当高度な蓋然性**を上回るべきものであることは確かです。しかし、刑事訴訟法は、「現に罪を行い、又は現に罪を行い終った者を現行犯人とする」とだけ定め（刑訴212①）、現行犯逮捕の理由となる「犯行と犯人の明白性」について、その意義じたいは解釈に委ねました。

この点、こう解釈すべきでしょう。現行犯逮捕の理由となる「犯行と犯人の明白性」について、刑事訴訟法は、その趣旨を抽象的な文言で規定せず、逮捕者の面前で「現に罪を行い、又は現に罪を行い終った」という具体的な状況じたいに内在するものと捉えた、と（平野龍一『刑事訴訟法』98頁は、刑訴212の「現行犯の観念」について、「英米法の『逮捕者の面前で行われた犯罪』の観念を受けたもの」と述べた）。みずからの面前で行われる犯罪または面前で行い終わった犯罪（以下、「面前で行われた犯罪」という）に限って逮捕者が、その犯行中または犯行直後に被疑者を拘束するのであれば、その具体的な状況じたいが「犯行と犯人の明白性」を肯定するものとなって、裁判官の令状もおよそ必要としないことになるわけです。それゆえ、逮捕者の面前で行われた犯罪であること、すなわち、逮捕者が犯行を現認することは、本来、現行犯逮捕の不可欠の要件になると解すべきでした。

> **展開支援ナビ**
>
> **「面前で行われた犯罪」、「犯行を現認」の要件**　本文のように解釈する限り、犯行を現認した者と逮捕者が異なる場合、たとえば、面前の犯行を現認した者が逮捕せず、通報により駆けつけた警察官に情報を伝え、この警察官が犯人と認めた者を逮捕する場合について、現行犯逮捕の要件は否定されねばなりません。目撃者の通報を受け犯行現場に急行した警察官が被疑者を逮捕できるのは、212条2項の準現行犯逮捕の要件があるか、210条1項の緊急逮捕の要件がある場合に限られます。
>
> この点、**東京高判昭和60・4・30判タ555号330頁**は、被害者から犯人の特徴を聴取し、犯人の人相着衣等に酷似する被告人を発見した警察官が、路上で距離をおいて被害者と被告人を対面させたところ、犯人だと肯定したため、現行犯逮捕した事案において、「本件犯罪の存在及びその犯人が被告人であるという特定については、すべて被害者の記憶に基づくいわゆる面通しを含む供述に頼っていたのであるから、犯行を現認し

たのと同一視できるような明白性は存在しなかったといわなければならない」と判示しました。また、**青森地決昭和48・8・25刑月5巻8号1246頁**も、「被害者の報告以外に外見上その者が犯罪を行い、あるいは、行った者であることを直接知覚し得る状況の存しないときには現行犯人若しくは準現行犯人として逮捕することはできない」と判示したうえで、具体的な事案処理としては、恐喝、同未遂被疑事件の犯人と犯行を「認めるについての資料については、被疑者の逮捕者への申立ならびに被害者からの警察本部への申告に基づく警察署からの逮捕者への指令以外に逮捕現場における被疑者の態度、行動等から恐喝行為が継続中であることを覚知し得る状況にあったと認めるに足る資料はな〔かった〕」ため、警察官による現行犯逮捕、準現行犯逮捕は違法であると判示しました。東京高裁昭和60年判決や青森地裁昭和48年決定などは、実質的に、〈逮捕者の面前で行われた犯罪であることが、現行犯逮捕の不可欠の要件である〉と解釈したものといえます。

　なお、**最決昭和31・10・25刑集10巻10号1439頁**は、「いま酔っ払いがガラスを割って暴れている」という通報を受けて急行した警察官が「手を怪我して大声で叫びながらパンツ1つで足を洗っていた」被告人を逮捕した事案について、「被告人が逮捕されたのは暴行、器物毀棄の犯行後僅か3、40分位でありしかも犯行現場より20米の近距離に居たのであるから、被告人は刑事訴訟法第212条第1項後段の所謂現に罪を行い終った者として現行犯人と謂わねばならない」とした**福岡高判昭和30・12・27刑集10巻10号1444頁**の判示について、「是認することができる」と判示しました。この事案で、逮捕者の警察官は犯行を現認していません。しかし、最高裁昭和31年決定は、犯行直後の客観的・外部的状況を逮捕者が直接覚知したことを、犯行の現認と同一視できると捉え、被疑者を212条1項の「現行犯人」の範疇に入れたものでしょう。しかし、実体的には、準現行犯人（刑訴212②(3)「身体又は被服に犯罪の顕著な証跡があるとき」）として逮捕できる事案であり、212条2項の準現行犯逮捕として適法だとすべきであったと思います。

被害者に代わる第三者の現行犯逮捕

　被害者や犯行の目撃者から、自己に代わって特定の被疑者を現行犯逮捕するよう依頼を受けた第三者が、犯行をみずから現認していないのに、適法に現行犯逮捕できる場合があるでしょうか。

　最判昭和50・4・3刑集29巻4号132頁は、あわびの密漁犯人を現行犯逮捕するため、竹竿で叩き突くなどして傷害を負わせた私人に対し、傷害罪で公訴が提起された事案において、「漁業監視船甲は、〔密漁船〕Xの乗組員を現に右の罪を犯した現行犯人と認めて現行犯逮捕をするため追跡し、〔付近の船舶〕乙も、甲の依頼に応じ、これらの者を現行犯逮捕するため追跡を継続したものであるから、いずれも刑訴法213条に基づく適法な現行犯逮捕の行為であると認めることができる」と判示しました。この最高裁昭和50年判決は、〈あわびの密漁犯人を現認し、現行犯逮捕するため約30分間追跡した漁業監視船甲の依頼により、犯行を現認しない船舶乙が、さらに約3時間にわたり海上で追跡を継続した行為〉について、適法な現行犯逮捕の行為と認めたものです。第三者による継続追跡の行為について、212条1項の「現行犯人」を逮捕する行為と認めたものといえるでしょう。

　この事案で、海上で密漁船を追跡する監視船から現行犯逮捕の行為（追跡）を依頼された第三者は、犯行じたいを現認していないとしても、現行犯逮捕の権限を承継したとされます（光藤『刑事訴訟法I』61頁は、「犯行を現認した者により逮捕のための追跡が継続して行われている場合には、依頼を受けての継続追跡も亦、前者の逮捕権を承継したものとして一種の現行犯逮捕のカテゴリーに入れるのが妥当」とされた。このほか、田宮『刑事訴訟法〔新版〕』76頁も、現行犯「逮捕できるのは、犯罪を現認した者か、またはその代行とみなしうる者に限られる」とされた）。

　これに対し、**東京高判平成17・11・16東京高裁（刑事）判決時報56巻1～12号85頁**は、逮捕権限の承継でなく、「代行逮捕」を認めました。事案は、こうです。Xは、電車内で女子高生Aに強制わいせつ行為をしたうえ、駅改札口を出てからも執拗にAに追随してつきまとっていたところ、Aから携帯電話で連絡を受けた父親がXを強制わいせつ罪の現行犯人として逮捕した事案です。東京高裁平成17年判決は、次のように判示します。

　「被告人は、第1の犯行〔午後7時56分ころ〕に引き続いて前記のとおり第2の犯行〔午後8時14分ころ〕に出て、女子高校生につきまとっていたから、女子高校生にとっては、第1の犯行の犯人である被告人が終始身近にいる状態が前記逮捕の時点まで続いていたことになる。この点も併せて考えると、第1の犯行終了時から前記逮捕までの間に、前記のような〔18分間の〕時間的、〔ＪＲ東海道線川崎駅到着前の電車と横浜市鶴見区路上という〕場所的隔たりがあったにせよ、女子高校生との関係では、前記『現に罪を行い終わった』との要件は依然として存在しているものと解するのが相当である。／そうすると、女子高校生が直接本件現行犯逮捕を行っていれば、そのことを違法と解すべき余地はなかったといえる。〔中略〕父親自身、女子高校生から痴漢にあい、その犯人の特徴を知らされ、女子高校生を迎えに行って、前記改札口を出た後の当該犯人の特徴

に合致する被告人による女子高校生に対するつきまとい行為を現認し、その間も女子高校生と連絡を取り合ったりしていたから、女子高校生から聞いた痴漢行為が強制わいせつ行為であるまでの正確な認識や、犯行から前記逮捕までにどの程度の時間的、場所的隔たりがあったかまでは知り得ていないとはいえ、女子高校生に協力して強制わいせつの犯人を逮捕するに足りる認識を有していたことが認められる。／そして、女子高校生は、父親に被告人を逮捕してくれることを望んでいて、父親に被告人の人相、風体や自分が陥っている状況を認識してもらって、逮捕の機会を与えるべく前記のような行動に出ていたのである。／こうしてみると、本件現行犯逮捕は、手続上は父親のみによる逮捕とされているが、女子高校生と前記のとおり連絡を取り合い、犯人等に関して前記の程度の認識を持つに至っていた父親が、女子高校生に協力する形で女子高校生に代わって逮捕という実力行動に出たものといえ、実質的な逮捕者は、父親と女子高校生であると認めるのが相当である。／そして、女子高校生との関係では、本件逮捕は、〔中略〕『現に罪を行い終わった』との要件を満たしているから、現行犯逮捕としての適法性を備えていると解することができる」、と。
　東京高裁平成17年判決は、現行犯逮捕の権限の具体的な承継がないのに、犯人や犯行について一定の認識しかない第三者が被害者を代行し現行犯逮捕することを肯定しました（なお、東京高裁平成17年判決は、「実質的な逮捕者は、父親と女子高校生である」と判示した。ただし、本件で被害者の女子高生は逮捕行為に着手もしておらず、共同逮捕者といえない）。しかし、実質的には、現行犯逮捕の要件も準現行犯逮捕の要件もない事案で、私人による無令状逮捕を肯定したものといえ、賛成できません。

(2) 準現行犯逮捕の要件と合憲性

　刑事訴訟法212条2項は、さらに、**準現行犯人**の概念を認めます。すなわち、ある者が「犯人として追呼〔ついこ。追呼とは、「犯人だ」「泥棒だ」と叫んで追いかけること〕されているとき」、「贓物〔ぞうぶつ。盗品のこと〕又は明らかに犯罪の用に供したと思われる兇器その他の物を所持しているとき」、「身体又は被服に犯罪の顕著な証跡があるとき」、「誰何〔すいか。誰何とは、「誰だ」と呼びとがめること〕されて逃走しようとするとき」のうちの1つ以上に該当し、かつ、「罪を行い終ってから間がないと明らかに認められるときは、これを現行犯人とみなす」と規定しました。この**みなし現行犯人**、すなわち、**準現行犯人**に対しても、令状によらない逮捕が許されます（刑訴213）。これが**準現行犯逮捕**と呼ばれる類型です。
　この準現行犯逮捕では、現行犯逮捕の要件と対比したとき、(A)犯行と逮捕の時間的・場所的接着性が、「罪を行い終ってから間がない」という近接性に緩められ、また、(B)準現行犯人の逮捕者は犯行の目撃者や覚知者でさえない第三者でよいとされたため、その点で、「犯行と犯人の明白性」要件も緩められたといわねばなりません。しかし、刑事訴訟法212条2項が「要件を厳格にしぼっているので、〔準現行犯逮捕を認めることが〕令状主義の精神に反するとまでいうことはできない」とされます（田宮『刑事訴訟法〔新版〕』77頁）。その趣旨は、準現行犯逮捕について、212条2項本文が定める犯行と逮捕の時間的・場所的近接性と、同項の各号該当性の要件をともに充たすときは、その具合的な状況じたいから、「犯行と犯人の明白性」の存在が実質的に肯定されるというわけでしょう。それゆえ、準現行犯人として逮捕される者と犯行との結びつきが、やはり逮捕者じしんにとって、明白でなければなりません。とくに、212条2項各号に該当する客観的・外部的状況を、逮捕者はみずから認識しなければならないでしょう。なお、212条2項各号の要件が犯行と被逮捕者の結びつきを示す程度には、強弱があります。そのため、その程度が弱いほど、212条2項本文が定める「間がない」の程度、すなわち、犯行と逮捕の時間的・場所的近接性の程度は、逆に、厳格化されねばなりません（『条解刑事訴訟法〔第4版〕』406頁は、追呼しつつ追跡を継続する場合、途中犯人を見失うことがない限り、「時間的・場所的近接性はほとんど要求されない」とし、他方、2号の贓物などを所持する場合は「かなり厳しい時間的・場所的近接性が要求され」、4号の誰何され逃走しようとする場合は「さらに厳しく要求されるであろう」とする）。
　ただし、**東京高判昭和62・4・16判時1244号140頁**は、「Aが乱闘の目撃後直ちにした具体性のある届け出に基づき、本件車両を被疑車両として手配していたところ、同車両は右乱闘の約40分後に、乱闘場所から僅か約600メートル離れただけの地点で発見され、被告人らはこれに乗車していたのであ

り、しかも、そのうちの1人の着衣に血痕が付着していたというのであるから、被告人らに罪を行ったと明らかに認められる状況があったことは否定し難く、警察官らが被告人らについて〔暴力行為等処罰に関する法律違反の〕準現行犯逮捕の要件としての犯罪の明白性があると認めたことは、正当として是認することができる」と判示しました。しかし、行動をともにする共犯者の被服に血痕が認められるという外形的事実だけで212条2項3号にあたるとした東京高裁昭和62年判決については、疑問だといわねばなりません。なぜなら、共犯者の被服に犯行の顕著な証跡があるケースについてまで、212条2項3号該当性を肯定するとき、3号該当性が犯行と犯人の明白性を推認させる程度（犯行と被逮捕者の結びつきを示す程度）はいっそう弱いものになってしまうからです。それゆえ、犯行と逮捕の時間的・場所的近接性の要件をとくに厳格に適用すべきです。しかし、東京高裁昭和62年判決の事案では、犯行から準現行犯逮捕まで約40分経過しており、時間的近接性をとても肯定できません。それにもかかわらず準現行犯逮捕を適法とした東京高裁昭和62年判決は、準現行犯逮捕の要件を大きく緩めた判例として批判されねばなりません。

展開支援ナビ

準現行犯逮捕と最高裁判例　**最決平成8・1・29刑集50巻1号1頁**は、兇器準備集合、傷害の被疑事件で、「本件の発生等に関する無線情報を受けて逃走犯人を検索中の警察官らが、本件犯行終了後約1時間40分を経過したころ、犯行現場から直線距離で約4キロメートル離れた路上で着衣等が泥で汚れた右両被告人を発見し、職務質問のため停止するよう求めたところ、同被告人らが小走りに逃げ出したので、数10メートル追跡して追い付き、その際、同被告人らの髪がべっとりぬれて靴は泥まみれであり、被告人Aは顔面に新しい傷跡があって、血の混じったつばを吐いているなどの事情があったため、同被告人らを本件犯行の準現行犯人として逮捕した」という事実関係の下で、この身体拘束は、刑事訴訟法212条2項3号（身体・被服に犯罪の顕著な証跡がある）、4号（呼びとがめられて逃走した）に当たる者が「罪を行い終わってから間がないと明らかに認められるときにされたものということができる」と解して、適法な準現行犯逮捕であるとしました。

　しかし、そのように刑事訴訟法212条2項3、4号を適用すべき事例で、犯罪の終了から約1時間40分も経過し、また、犯行現場から約4キロメートルも離れた身体拘束を、準現行犯逮捕として適法とすることについては、令状主義の例外をあまりに広く認めるものといわねばならず、賛成できません。準現行犯逮捕という無令状逮捕の類型を認めた立法政策そのものの当否があらためて問われねばならない、と強く思います。

3　緊急逮捕の要件

(1) 緊急逮捕の合憲性

　緊急逮捕について定める刑事訴訟法210条1項は、通常逮捕と比較したとき、**(A)**対象犯罪を限定し（「死刑又は無期若しくは長期3年以上の懲役若しくは禁錮にあたる罪」）、**(B)**逮捕理由の程度を厳格化したほか（「罪を犯したことを疑うに足りる充分な理由」）、**(C)**特別な手続的要件を定めます（「急速を要し、裁判官の逮捕状を求めることができないときは、その理由を告げ」、「直ちに裁判官の逮捕状を求める手続をしなければならない」）。そのような絞り込みに加え、緊急逮捕については、逮捕行為の後に必ず令状が請求されねばなりません（そのため、捜査機関が緊急逮捕後に被疑者を釈放した場合にも、緊急逮捕状を請求しなければならない。犯捜規120③「被疑者を緊急逮捕した場合は、逮捕の理由となった犯罪事実がないこともしくはその事実が罪とならないことが明らかになり、または身柄を留置して取り調べる必要がないと認め、被疑者を釈放したときにおいても、緊急逮捕状の請求をしなければならない」）。

　緊急逮捕の典型例は、被疑者じしんが捜査機関の面前で自白をしたため、緊急逮捕する場合（たとえば、**東京高判平成14・12・25高裁刑事裁判速報集〔平14〕117頁**）や、所持品検査や捜索・差押えの結果、覚せい剤が発見されたため、覚せい剤所持罪や営利目的輸入罪などで緊急逮捕する場合（たとえば、**福岡高判平成23・2・23刑集65巻7号1128頁**）、採取した尿を予試験により検査した結果、陽性反応が出たため、

覚せい剤自己使用罪で緊急逮捕する場合（たとえば、**福岡高判平成 24・5・16**〔公刊判例集未搭載〕）です。

　緊急逮捕は、逮捕行為に先立ち令状を発付せよ、という憲法33条の要求を充たしません。また、刑事訴訟法210条1項第3文は、「〔緊急〕逮捕状が発せられないときは、直ちに被疑者を釈放しなければならない」と定め、緊急逮捕により被疑者の身体を拘束したにもかかわらず、令状が発付されない場合を予定します（なお、緊急逮捕状の請求を受けた裁判官は、①逮捕行為時における緊急逮捕の要件の有無だけでなく、②逮捕状請求時における通常逮捕の要件の有無まで判断する。「なぜなら、緊急逮捕状は、逮捕行為を追認するとともに、以後の身体拘束の継承を承認するものだから」である。光藤『刑事訴訟法I』63頁。それゆえ、①②の要件をともに充たさない限り、緊急逮捕状は発付されない。司法統計年報によれば、平成25年の緊急逮捕総数8、655件のうち、18件で緊急逮捕状の請求が却下された）。逮捕行為時に緊急逮捕の要件を充たさないため、令状が発付されないとき、被疑者の身体拘束は実体的に違法というほかありません。言い換えれば、そのような違法な身体拘束を伴わない限り、緊急逮捕の制度じたいが成り立ちません。このような問題を内在させた緊急逮捕について、その合憲性をめぐり議論があるところです。

　憲法33条は、身体の自由を侵害する逮捕の類型として、令状による逮捕と現行犯逮捕だけを許しました（憲法33「何人も、現行犯として逮捕される場合を除いては、権限を有する司法官憲が発し、且つ理由となってゐる犯罪を明示する令状によらなければ、逮捕されない」）。そのため、緊急逮捕がそのいずれにも当たらないとき、憲法違反の逮捕類型といわねばならないはずです。なぜなら、身体の自由を侵害する逮捕について、憲法33条の人権保障条項を拡大解釈し、明文にない第3の逮捕類型を許容することはおよそ許されないはずだからです。

　では、緊急逮捕は令状逮捕の一種でしょうか。たしかに、緊急逮捕について、逮捕行為の後に必ず令状が請求されます（刑訴210①）。この請求を受け、裁判官が事後的であれ令状を発付するわけですから、緊急逮捕は、通常逮捕（刑訴199①）と並ぶ令状逮捕の一種といえなくもありません。

　しかし、逮捕に対する令状の要求は、逮捕行為に先立って令状が発付され、裁判官が違法・不当な身体拘束を未然に阻止することにこそ、その本来の目的ないし機能があるというべきでした。それゆえ、逮捕行為後に令状が請求、発付される緊急逮捕は、〈身体拘束の対人的強制処分に対し、令状を介した裁判官の事前審査により、司法的抑制を貫徹する〉という憲法33条の実質的趣旨にかなうものではありません。その点で、緊急逮捕は令状逮捕の一種とはいえません。また、上述のように、緊急逮捕について刑事訴訟法は、裁判官による事後審査の結果、「逮捕状が発せられないとき」を予定しました（刑訴210①）。令状が発付されない緊急逮捕を肯定しない限り（上述のように、①の「逮捕行為時における緊急逮捕の要件」を欠くときは、実体的にも違法な身体拘束となる）、制度として機能しない以上、緊急逮捕について、令状逮捕の一種ということは到底できません。

　では、緊急逮捕は現行犯逮捕の一種でしょうか。たしかに、「死刑又は無期若しくは長期3年以上の懲役若しくは禁錮にあたる罪を犯したことを疑うに足りる充分な理由がある場合で、急速を要し、裁判官の逮捕状を求めることができないとき」に行われる緊急逮捕（刑訴210①）について、対象犯罪の限定と緊急性の限定がある点で、令状の保障の原則に対する合理的例外としての実質をもつと捉え、その意味で、現行犯逮捕と同列に並べられる逮捕類型だといえなくもありません。

　しかし、現行犯逮捕（刑訴213）を令状の保障の例外として正当化する実質的根拠、すなわち、犯行と犯人の明白性および犯行と逮捕の時間的・場所的接着性が、緊急逮捕については必要とされません。犯行から数年たった場合でさえ、緊急逮捕ができます。そのような緊急逮捕について、現行犯逮捕と同列に並べたり、まして現行犯逮捕の一種ということはできないというべきです。

(2)　最高裁大法廷昭和30年判決と緊急逮捕

　ただし、**最大判昭和 30・12・14 刑集 9 巻 13 号 2760 頁**は、緊急逮捕の合憲性を肯定しました。事案はこうです。山中の他人が所有する棕櫚（しゅろ）皮を摂取したという森林法違反の事実を理由に、

被告人を緊急逮捕しようとした警察官に対し、被告人が木の枝で殴打したり、組みつくなどの暴行を加えて、傷害を負わせたという森林法違反、公務執行妨害、傷害被告事件でした（なお、弁護人はその上告理由中で、「両巡査にも過誤があったのでありまして、被告人に緊急逮捕の理由を諭示せず、被告人が病気ですから１日間の猶予を求め必ず出頭します、逃げも隠れもしない身体でありますからと懇願するを斥けて逮捕を強行し」、「Ｐ巡査が被告人に組みついて被告人を咽喉締めせんとしたので、苦しさの余り手を突き出したのが運悪しく同巡査の口中に入った」ものであり、被告人が「何の故をもって逃亡するか、良識ある者の到底考えられないことであったのである。実にかかる場合に緊急逮捕の危険性、反憲法性がある」と主張した）。最高裁昭和30年大法廷判決は、つぎのように判示します。

「刑訴210条は、死刑又は無期若しくは長期３年以上の懲役若しくは禁錮にあたる罪を犯したことを疑うに足る充分な理由がある場合で、且つ急速を要し、裁判官の逮捕状を求めることができないときは、その理由を告げて被疑者を逮捕することができるとし、そしてこの場合捜査官憲は直ちに裁判官の逮捕状を求める手続を為し、若し逮捕状が発せられないときは直ちに被疑者を釈放すべきことを定めている。かような厳格な制約の下に、罪状の重い一定の犯罪のみについて、緊急已むを得ない場合に限り、逮捕後直ちに裁判官の審査を受けて逮捕状の発行を求めることを条件とし、被疑者の逮捕を認めることは、憲法33条規定の趣旨に反するものではない」、と。

しかし、実質的には、刑事訴訟法210条１項の文言をなぞった判示でしかなく、その判示だけでは、到底、「緊急逮捕の合憲性の根拠が明確になったとはいえません」（光藤『刑事訴訟法Ⅰ』62頁）。

結局、緊急逮捕の制度については、〈可動性が大きい現代社会において、捜査の効率を確保するためには──憲法違反の疑いがあっても──必要悪として認めるべき身体拘束だ〉という政策的な正当化しかできないでしょう。すなわち、〈可動性の高い現代社会において、厳格な司法的抑制の下にある令状による逮捕と厳格な時間的制約のある現行犯逮捕だけでは、機敏で効率的な警察の捜査活動を確保できない。そのため、どうしても緊急逮捕により警察の捜査力を強める現実的必要がある。そのような政策的理由から、緊急逮捕を肯定することも許されるだろう。すなわち、緊急逮捕直後の令状請求、迅速な令状審査、要件を欠くときの被疑者の即時釈放など、刑事訴訟法210条の要件が厳格に遵守される限り、緊急逮捕の制度は、身体の自由の剥奪について適正な手続を要求する憲法31条の趣旨には適合するといえ、合憲だといえよう〉、と。いずれにせよ、緊急逮捕の合憲性にはいまも疑問が拭えません。

展開支援ナビ

緊急逮捕を合憲とする現実的条件　緊急逮捕の合憲性を政策的に肯定するとき、少なくとも、最高裁昭和30年大法廷判決が述べた刑事訴訟法210条１項の「厳格な制限」について、現実に遵守され、機能する必要があるでしょう。とくに、緊急逮捕後の令状請求が「直ちに」なされることは、重要な要件になるというべきです。なぜなら、緊急逮捕にもとづく身体拘束は──結果として緊急逮捕状が発付されず──違法であるかもしれないため、そのような身体拘束の適法性が危うい状況を極小にしておく必要があるからです。言い換えれば、極小にする実務上の運用が行われてこそ、緊急逮捕の制度はかろうじて、〈身体の自由の剥奪について、適正な手続を要求する憲法31条の趣旨に適合する〉といえるわけです。

この点で、**大阪高判昭和50・11・29判タ335号353頁**は、「午後１時20分ごろ同司法巡査らは同警察署において被告人を非現住建造物放火の疑いで緊急逮捕した。右逮捕後、逮捕者たる両司法巡査は午後１時25分ごろ被告人を同警察署の司法警察員に引致し、被告人を受取った司法警察員において直ちに犯罪事実の要旨および弁護人を選任することができる旨を告げたうえ、被告人に弁解の機会を与えて弁解録取書を作成したが、直ちに裁判官の逮捕状を求める手続は行なわれず、同警察署の捜査係の警察官（司法警察員）は、同日午後２時から同２時30分までの間被告人を被疑者として立会わせて火災現場の実況見分を行い、さらに同警察署に連れ帰った被告人を同警察署で被疑者として取調べて供述調書を作成するなどし、この供述調書等を資料として明記した前記逮捕者たる司法巡査中の１名名義の逮捕状請求書により同市内にある竜野簡易裁判所宿直を窓口として同簡易裁判所の裁判官に緊急逮捕状の請求がなされたのは、同日午後８時零分のことであった」という事案において、緊急逮捕状の請求まで約６時間40分を経過した「時間的関係等においてすでにこの『直ちに』

の要件が欠けていることが明らかである」から、身体拘束の違法性は重大だとしました。

ただし、別の事案で、**広島高判昭和 58・2・1 判例時報 1093 号 151 頁**は、「本件においては、被告人 3 名はもとより、被害者も捜査に協力していないのであるから、被疑事実の内容、犯人特定のための前記目撃者らの供述証拠の作成など、裁判所が緊急逮捕の要件の存否を判断するのに必要な最少限度の疎明資料を収集し整理するために時間を要したとみられるのであって、これを考慮するときは、前記 6 時間の経過も本件においては必要かつやむを得ないものというべく、本件の令状請求が『直ちに』なされなかったとして違法とみることはできない」としました。しかし、「必要かつやむを得ないもの」である限り「6 時間の経過」であっても、「直ちに」と評価できるというのは、いかにも無理があります。

刑事訴訟法 210 条 1 項の「直ちに」の解釈・運用は、緊急逮捕の合憲性との関連で重要な意義をもちました。そのことにかんがみれば、〈緊急逮捕状請求の疎明資料を収集、整理するため時間を要したのはやむを得ない〉という**実務的配慮**から 6 時間もの遅延を許すことは、やはり不当だというべきです。広島高裁昭和 58 年判決は疑問だといわねばなりません。

4 被疑者の勾留

被疑者の勾留についても、以下、言及しておきます。被疑者勾留については、起訴後の被告人勾留の規定（刑訴 60 以下）が準用されます（刑訴 207 ①の「〔被疑者について〕勾留の請求を受けた裁判官は、その処分に関し裁判所又は裁判長と同一の権限を有する」の文言が、起訴後の被告人勾留の規定を準用する根拠となる）。ただし、保釈に関する規定は被疑者勾留には準用されません（刑訴 207 ①但書「但し、保釈については、この限りでない」）。また、被疑者勾留については、原則として 10 日間の身体拘束（勾留による留置）が許され（刑訴 208 ①「前条の規定により被疑者を勾留した事件につき、勾留の請求をした日から 10 日以内に公訴を提起しないときは、検察官は、直ちに被疑者を釈放しなければならない」）、必要があれば、さらに 10 日間を限度として、勾留による留置期間の延長が許されます（刑訴 208 ②「裁判官は、やむを得ない事由があると認めるときは、検察官の請求により、前項の期間を延長することができる。この期間の延長は、通じて 10 日を超えることができない」）。このことを、起訴前の勾留によって最大で 20 日間の身体拘束が許されるというわけです（刑法 77 の内乱罪、刑法 106 の騒乱罪など、一定の重大犯罪では、さらに 5 日間を限度とする勾留の再延長が認められる。刑訴 208 の 2）。

勾留の実体的要件は、(A)被疑者が「罪を犯したことを疑うに足りる相当な理由がある」ことと（**勾留の理由**。刑訴 207 ①、60 ①。なお、勾留の理由に関する言葉遣いは、199 ①が定める通常逮捕の理由と同じである。ただし、一般に、その証明水準は勾留の理由のほうが高いとされる。しかし、通常逮捕の理由の証明水準を〈犯人である相当高度な蓋然性〉と捉える限り、60 ①と 199 ①の同じ言葉遣いどおり、同一の証明水準と解してよい）、(B)被疑者が住居不定であるか、被疑者に罪証隠滅を疑うに足りる相当な理由があること、または、被疑者が逃亡したか、逃亡を疑うに足りる相当な理由があることです（**勾留の必要性**。刑訴 207 ①、60 ①。ちなみに、60 ①が、逃亡を疑うに足りる「相当な理由」と表現するため、勾留の必要性は「広義の勾留の理由」に分類されることもある。なお、一定の軽微事件について、207 ①、60 ③は、被疑者が住居不定である場合に限り、勾留できると定める）。なお、被疑者の勾留については、刑事訴訟法上、さらに、**相当性**の実体的要件まで明文で要求されます（なぜなら、刑訴 87 ①が「勾留の理由又は勾留の必要がなくなつたときは、裁判所は〔中略〕、決定を以て勾留を取り消さなければならない」と定め、「（必要性を含む広義の）勾留の理由」と「勾留の必要（すなわち、勾留の相当性）」を要件にしたと解されるため）。

逮捕と違い、(B)の勾留の必要性の要件は積極的に認定されねばなりません（刑訴 60 ①）。刑事訴訟法が、逃亡したことや逃亡を疑うに足りる相当な理由があること、また、住居不定であること（類型的に逃亡を疑わせる場合にあたる）を、勾留が必要になる場合として挙げる点はよいとしても、罪証隠滅を疑うに足りる相当な理由があることまで、勾留を必要とする場合に加える点については疑問があります。疑問とする理由は逮捕の場合と同様であり、説明は上述したところ（1(2)②参照）に譲ります。

> **展開支援ナビ**
>
> **具体的事実にもとづく「罪証隠滅の現実的可能性の程度」の判断** 最決平成26・11・17裁判所時報1616号17頁は、迷惑行為防止条例（痴漢）被疑事件において、勾留の必要性の要件は、罪証隠滅の抽象的可能性があるだけでは充たされず、具体的事実にもとづき罪証隠滅の高い現実的可能性が認定されねばならないことを明らかにしました。事案は、検察官の勾留請求を却下した決定が準抗告審で取り消され、特別抗告が申し立てられたというものです。最高裁平成26年決定は次のように判示しました。
>
> 「原々審は、勾留の必要性がないとして勾留請求を却下した。これに対し、原決定は、『被疑者と被害少女の供述が真っ向から対立しており、被害少女の被害状況についての供述内容が極めて重要であること、被害少女に対する現実的な働きかけの可能性もあることからすると、被疑者が被害少女に働きかけるなどして、罪体について罪証を隠滅すると疑うに足りる相当な理由があると認められる』とし、勾留の必要性を肯定した。／被疑者は、前科前歴がない会社員であり、原決定によっても逃亡のおそれが否定されていることなどに照らせば、本件において勾留の必要性の判断を左右する要素は、罪証隠滅の現実的可能性の程度と考えられ、原々審が、勾留の理由があることを前提に勾留の必要性を否定したのは、この可能性が低いと判断したものと考えられる。本件事案の性質に加え、本件が京都市内の中心部を走る朝の通勤通学時間帯の地下鉄車両内で発生したもので、被疑者が被害少女に接触する可能性が高いことを示すような具体的な事情がうかがわれないことからすると、原々審の上記判断が不合理であるとはいえないところ、原決定の説示をみても、被害少女に対する現実的な働きかけの可能性もあるというのみで、その可能性の程度について原々審と異なる判断をした理由が何ら示されていない。／そうすると、勾留の必要性を否定した原々審の裁判を取消して、勾留を認めた原決定には、刑訴法60条1項、426条の解釈適用を誤った違法があり、これが決定に影響を及ぼし、原決定を取り消さなければ著しく正義に反するものと認められる」、と。
>
> 罪証隠滅を疑うに足りる相当な理由まで勾留の要件とすることについて、厳格な判断を求めた重要な最高裁判例でした。

被疑者勾留については、検察官だけが請求できます（刑訴204①、205①、206①）。裁判官が職権で被疑者を勾留することは認められません。また、被疑者を勾留するには、裁判官により必ず令状、すなわち、勾留状が事前に発付されねばなりません（刑訴207④。司法統計年報によれば、平成25年に113,483通の被疑者勾留状が発付された）。令状によらない被疑者勾留は認められないわけです。

5　逮捕・勾留に関する原則

(1)　逮捕前置主義

被疑者の勾留については、重要なルールがあります。すなわち、刑事訴訟法が、逮捕された被疑者に対してのみ勾留を請求できると定めたことです（刑訴204①、205①、206①）。これを**逮捕前置主義**と呼びます。

この逮捕前置主義は、勾留に先立って必ず逮捕を要求するわけですから、一見、起訴前の身体拘束期間を長くするような観があります（ちなみに、大正11年制定の旧刑訴225は、「検察官捜査ヲ為スニ付強制ノ処分ヲ必要トスルトキハ公訴ノ提起前ト雖押収、捜索、検証及被疑者ノ勾留、被疑者若ハ証人ノ訊問又ハ鑑定ノ処分ヲ其ノ所属地方裁判所ノ予審判事又ハ所属区裁判所ノ判事ニ請求スルコトヲ得」と定め、身体不拘束の被疑者について、検察官はいきなり勾留を請求できた。ちなみに、令状による被疑者の逮捕は定められず、捜査機関には現行犯人の逮捕だけが許された。なお、旧刑訴130①は、「現ニ罪ヲ行ヒ又ハ現ニ罪ヲ行ヒ終リタル際ニ發覚シタルモノヲ現行犯トス」と定め、旧刑訴124が、「其ノ職務ヲ行フニ當リ現行犯アルコトヲ知リタル場合ニ於テ」、捜査機関は現行犯人を逮捕すべきものと定めた。旧刑訴では、「現行犯」は身分と捉えられたため、現行犯逮捕の時機も犯行中・犯行直後に限られなかった）。

しかし、この逮捕前置主義の趣旨について、(A)身体拘束による権利侵害の重大性にかんがみ、まず逮捕という比較的短期間の処分を行わせる、(B)その終了時にも、まだ身体拘束の要件がある場合に限って、勾留という長期の処分を認める、(C)そのように逮捕と勾留の2段階を踏むことにより、身体拘束処分の

運用について、できる限り慎重を期すことにあると説明されます。すなわち、〈逮捕と勾留の2段階に分け、適法性のチェックを二重にかける仕組みのほうが、全体として、要件を欠く身体拘束を避けることができ、市民の身体の自由をより厚く保障できる〉と考えられたわけです（松尾浩也『刑事訴訟法（上）新版』110頁、三井誠『刑事手続法(1)〔新版〕』20頁以下など。通常逮捕、緊急逮捕が先行するときは、令状審査が二重にかかる。これに対し、現行犯逮捕が先行するとき、逮捕前後の令状審査はない。ただし、「犯行と犯人の明白性」要件が令状審査に代替する適法性のチェックとなる。参照、光藤『刑事訴訟法Ⅰ』70頁）。

ただし、この逮捕前置主義について、別の理解もあるところです。すなわち、「逮捕では被疑者は一度も裁判官の前へ出頭することがなかった」のに対し、勾留については、裁判官の勾留質問（刑訴61。裁判官が勾留の決定を下すうえで、被疑者に対して必ず行わなければならない法的聴聞の手続）により「拘束という重大な処分に対する司法上の告知と聴聞が保障されたわけで、この段階ではじめて身柄拘束に対する手続的保障が近代化の水準に達しえた」ということができ、逮捕前置主義もこの勾留質問と逮捕とを結びつけて「拘束したら裁判官のところへつれてゆく」という近代法原理にそうべく、手続のかたちを整えたものだと理解する考え方です（田宮『刑事訴訟法〔新版〕』83頁以下）。逮捕の法的性格にも関わる、注目すべき考え方だといえるでしょう。

なお、「逮捕なければ勾留なし」という逮捕前置主義にかんがみ、〈勾留請求の段階で、先行する逮捕の違法も事後審査できる〉とされたことが重要です。すなわち、勾留請求の審査時に勾留の実体的要件がある場合であっても、先行する逮捕の違法だけを理由に勾留請求を却下できるとされます。つまり、勾留だけとれば適法に命令・執行できる場合であっても、裁判官は「違法な逮捕が行われた」、「違法逮捕が先行した」という理由だけで、検察官の勾留請求を却下できるわけです。

展開支援ナビ

違法逮捕にもとづく勾留請求の可否　かつて、最大判昭和23・12・1刑集2巻13号1679頁は、窃盗被告事件において、本件の逮捕行為が現行犯逮捕ないし準現行犯逮捕の要件を充たしていないとすれば、その「逮捕は違法違憲であると言わなければならない。しかし、よしや仮りにかかる違法があるとしても、本件では即日適法に勾留状が発せられているばかりでなく、逮捕の違法そのものは原判決に影響を及ぼさざることは、明白であるから、これを上告の理由となすことを得ない。ただ逮捕の違法に対しては、別の救済方法によるべきものである」と判示しました。「適法に勾留状が発せられている」ことを確認した点にかんがみれば、逮捕の違法は勾留請求の効力に関係しない趣旨を述べたようにも思えます。

しかし、その後、勾留の実体的要件を肯定でき、その限りで勾留請求を認容できる事案で、先行する逮捕の違法だけを根拠に勾留請求を却下する下級審裁判所の判例が多く出されました。実務上は、違法逮捕にもとづく勾留請求を却下する処理が定着したといえます。たとえば、大阪高判昭和50・11・19判時813号102頁は、「起訴前の被疑者の勾留は適法な逮捕状態を前提にしてはじめて許される（逮捕前置主義）。すなわち、捜査官憲は、違法な逮捕状態を前提にしては被疑者の勾留請求権がないのが原則であり、かかる勾留請求を受けた裁判官は、原則として勾留の請求を却下して被疑者の釈放を命じなければならず、その点の判断を誤って勾留状が発せられたとしても、起訴前の段階にある限り、原則として準抗告により取消される。本件は、現行犯人にはあたらない被告人を逮捕状によらずして逮捕拘禁していることになるのであるから、その違法性の程度は大きく、少なくともこれ〔違法逮捕〕を前提とする勾留の請求は却下されなければならなかったのであり、この点の判断を誤った勾留の裁判は、起訴前の段階にある限り準抗告によって取消を免れ得ない命運にあったものとみることができる」と判示しました。また、富山地決昭54・7・26判時946号137頁も、「本件においては逮捕状執行から勾留請求までの手続は速かになされており実質逮捕の時点から計算しても制限時間不遵守の問題は生じないけれども、約5時間にも及ぶ逮捕状によらない逮捕という令状主義違反の違法は、それ自体重大な瑕疵であって、制限時間遵守によりその違法性が治ゆされるものとは解されない、けだし、このようなことが容認されるとするならば、捜査側が令状なくして終日被疑者を事実上拘束状態におき、その罪証隠滅工作を防止しつつ、いわばフリーハンドで捜査を続行することが可能となり、令状主義の基本を害する結果となるからである」としたうえで、「以上の事実によれば、本件逮捕は違法であってその程度も重大であるから、これに基づく本件勾留請求も却下を免れないものというべきである」と結論しました（このほか、東京地決平12・4・28判

なお、大阪高裁昭和50年判決も、富山地裁昭和54年決定も、先行の逮捕に重大な違法があると認めました。逮捕に重大な違法があることを勾留請求却下の要件とした裁判例は少なくありません。この点で、2点、留意すべきことがあります。1つは、重大な違法を要件とするのは、政策的根拠によることです。上述のように、違法逮捕後の勾留請求を却下するのは、適法な逮捕が先行することを求める逮捕前置主義の趣旨や、逮捕に実質的な不服申立の機会を保障することがその根拠でした。その根拠からは、逮捕の違法が重大でなくとも、勾留請求を却下できるというべきです。しかし、上述の裁判例は、勾留じたいは実体的要件を充たしていることを考慮し、逮捕の違法を宣言する利益と要件を充たす被疑者勾留を命令する利益などを衡量して、重大な違法がある場合に限って勾留請求を却下するものとしたわけです。実質的に、〈違法逮捕後の勾留請求については、社会通念上相当な場合に限定して、これを却下する〉ため、重大な違法の要件を政策的に課したといえます。もう1つは、重大な違法の程度です。浦和地決平元・11・13判時1333号159頁は、「警察官は、未だ逮捕状の発付を得ていない段階であるにもかかわらず、被疑者方の無施錠の玄関引戸を開けた上、勝手に同人方に上がり込んで被疑者に同行を求めるという、本来逮捕状の執行としてでなければ許されない方法で被疑者を同署へ連行したものであって、かかる連行に引き続いてなされた同署における逮捕状の執行手続には重大な違法があるといわざるを得ない」と述べ、つづいて、「従って、本件勾留請求は、その前提となる逮捕手続に重大な違法があるので、これを却下すべきものである」と述べたうえで、違法収集証拠排除の「重大な違法」要件とは程度が異なると判示したことに留意すべきです。すなわち、「最判昭和61・4・25刑集40・3・215は、本件とやや類似の事実関係のもとに、被疑者を警察署に連行した上その同意を得て採尿した事案につき、採尿手続の違法はいまだ重大ではないとして右尿の鑑定書の証拠能力を肯定しているが、右は、鑑定書の証拠能力に関するものであって、勾留請求の適否に関するものではない上、右判例も、先行手続が後行手続の適法性に影響を及ぼすこと自体は、これを認めている。当裁判所は、本件のような事実関係のもとにおいて被疑者を警察署に連行した上逮捕状を執行したときは、右逮捕手続には、重大な違法があり、これを前提とする被疑者の勾留は許されないと解するものであって、右の結論は、警察官らが被疑者の連行の段階で間もなく逮捕状が発付されるであろうと予測しており、現に間もなくその発付がなされたこととか、警察官が、当初から被疑者方に無断で立ち入ることまで意図していたものではないこと、更には、被疑者が警察官の求めに異議を述べることなく警察車両に同乗していることなどの事情によっては、左右されないというべきである」と判示しました。

(2) 逮捕・勾留一回性の原則（一罪・一逮捕一勾留の原則と再逮捕・再勾留禁止の原則）

　逮捕・勾留に関する基本的ルールとして、**逮捕・勾留一回性の原則**も挙げることができます。この原則は、〈同一の犯罪事実を理由にして、複数回の逮捕・勾留が許されるか〉という問題に関わります。基本的な考え方は、こうです。

　刑事訴訟法は203条以下で、被疑者の逮捕・勾留について厳格な時間的制約を定めます（逮捕にもとづき最大72時間、勾留にもとづき最大20日間の身体拘束を認める）。もし同一の犯罪事実（刑訴199③、刑訴規142①(8)が「同一の犯罪事実」という。刑訴208①は「被疑者を勾留した事件」という言葉遣いもする）について逮捕・勾留を繰り返すことができるとすれば、起訴前の身体拘束期間を厳格に制限した刑事訴訟法の規定は無意味なものになるでしょう。そのため、逮捕・勾留は同一の犯罪事実ごとに一回しか許されないという原則、すなわち、逮捕・勾留一回性の原則が導かれるわけです。

　逮捕・勾留は同一の犯罪事実について一回しか許されないというのは、2つの意味をもちます。1つは、同一の犯罪事実を分割して逮捕・勾留の理由にしてしまうこと、つまり、小刻みな、細切れの逮捕・勾留を許さないということです。これを**一罪・一逮捕一勾留の原則**と呼びます。

　また、逮捕・勾留一回性の原則は、同一の犯罪事実について逮捕・勾留をむし返すことも許しません。これを**再逮捕・再勾留禁止の原則**と呼びます。ただし、再逮捕・再勾留については、例外的に許される場合があるとされます。なぜなら、逮捕については、刑事訴訟法199条3項（「同一の犯罪事実についてその被疑者に対し前に逮捕状の請求又はその発付があった」）などが再度の逮捕を予定するため（その他、刑訴規142①(8)）、これらの規定が、再逮捕を例外的に許す形式的根拠になるからです。

　これに対し、勾留については、例外としても再勾留をおよそ許すべきでないかもしれません。なぜな

ら、勾留については、そもそも再度の勾留を予定する明文規定が、刑事訴訟法にも刑事訴訟規則にもないからです。逮捕より身体拘束期間が長く、したがって、被疑者に与える苦痛・不利益の程度も大きい勾留について、再勾留を予定した規定がない以上、再勾留をおよそ認めるべきでないと解することもできます。再勾留を例外なく禁止すべき**形式的根拠**があるわけです。さらに、被疑者の身体拘束が勾留にまで至れば、刑事訴訟法上許された起訴前の身体拘束手段はすべて利用され尽くしたわけですから、この点でも、被疑者に与える苦痛・不利益の程度が甚だしい再勾留は禁止されるべきだといえます。その点が、再勾留を例外なく禁止すべき**実質的根拠**になるわけです。

ただし、再勾留についても、これを例外的に許す考え方が多数説です。その理由は、こうです。

すなわち、**第1**に、刑事訴訟法上は再逮捕が予定されている以上、前述の逮捕前置主義を媒介として、再逮捕を前置させる再勾留もおのずと——明文規定がなくとも——予定されることになる、だから、再勾留についてあえて特別な規定を設ける必要は認められなかった、というものです。再勾留の形式的根拠に関わる議論です。**第2**の理由は、こうです。たしかに、身体拘束が長期間にわたる再勾留によって被疑者側が受ける苦痛・不利益は甚だしいものになるだろう、だから、再勾留は一般的には相当性の要件を欠くというべきだ、しかし、現実に再勾留を許さざるをえない合理的場合もある、すなわち、例外的にせよ再勾留まで認めるべき実質的根拠もある、と。

では、再逮捕だけでなく再勾留まで認めるべき合理的場合とはどういう場合でしょうか。この点に関し、そもそも再逮捕・再勾留が許される基準、すなわち、再逮捕・再勾留に理由があるか、必要かどうかを判断する基準には、2つのものがあるとされます。1つは、(A)被疑者を釈放した後に、特別な事情の変更があったかどうかです。もう1つは、(B)先行の身体拘束が終結した理由と時期です。先行の身体拘束を終結させた理由は何であったか、先行の身体拘束はどこまで進んでいたかということです。この2つの事情ないし状況の兼ね合いによって、再逮捕だけでなく再勾留まで認めるべき合理的場合があるとされるわけです（光藤『刑事訴訟法Ⅰ』82頁以下）。

この点を厳密にいえば、再逮捕・再勾留については、身体拘束の理由（罪を犯したと疑うに足りる相当な理由）と必要性（逃亡、罪証隠滅を疑うに足りる相当な理由）の要件のほか、さらにプラス・アルファの要件、すなわち、(A)の「**事情の変更**」要件が加わるのであり、そして、(B)の「**終結理由と時期**」の如何によって、この(A)の事情の変更の程度はより厳格なものが要求される関係にあるわけです。

とまれ、もっとも問題が大きい〈勾留期間満了により釈放された場合の再逮捕・再勾留〉について、それが許されるべき合理的場合はこうだとされます。すなわち、〔イ〕殺人など、「犯罪として極めて重大な事件」について、〔ロ〕勾留期間の満了後に、たまたま発見された重要な新証拠によって身体拘束の理由（罪を犯したと疑うべき相当な理由）が復活した場合などのように、特別な「事情の変更」があった、かつ、〔ハ〕具体的事実にもとづいて、逃走の恐れが高いと認められる、しかも、〔ニ〕その再逮捕・再勾留は身体拘束の「不当なむし返し」ではないうえ、〔ホ〕犯罪の重大性などの事情から、被疑者の不利益を考慮してもなお再度の身体拘束がやむをえないという、これらの〔イ〕から〔ホ〕の要件すべてが充たされた場合に限定されるべきだ、と（光藤『刑事訴訟法Ⅰ』82頁以下）。

(3) 事件単位の原則

もう1つ、逮捕・勾留に関する重要なルールとして、**事件単位の原則**を挙げることができます。

事件単位の原則とは、逮捕状・勾留状に記載された被疑事実だけを基準にして、逮捕・勾留の身体拘束処分の効力（身体拘束の法的効果）が及ぶとするルールを意味します。すなわち、逮捕・勾留された被疑者について、令状記載の被疑事実のほかに他の犯罪事実が同時に捜査の対象になっていても、逮捕・勾留の効力はその犯罪事実に及ばないとするルールです。ちなみに、この同時捜査の対象となっている犯罪事実を**余罪**と呼びます。「通常逮捕」を例にとって、事件単位の原則について説明しましょう（逮捕・勾留の効力が及ぶ客観的範囲については、後述の**6**参照。なお、実務上、逮捕・勾留された被疑者には出頭義

務、対流義務の「取調べ受忍義務」が課される。設問 06「被疑者の取調べと取調べ受忍義務」2(1)(3)参照。この取調べ受忍義務じたいは、逮捕・勾留の効力として被疑者に課されるものでなく、刑訴 319 ①但書にもとづき課されるものとなる。しかし、実務上は、逮捕・勾留に付随する効果として扱われ、事件単位の原則の趣旨を及ぼし、取調べ受忍義務は逮捕・勾留の理由とされた被疑事実だけに認められ、余罪取調べにまで受忍義務は及ばないとされる。この点について、設問 04「別件逮捕・勾留の違法性」6 の【展開支援ナビ】「余罪取調べの任意処分性」参照）。

　憲法 33 条は、「何人も、現行犯として逮捕される場合を除いては、権限を有する司法官憲が発し、且つ理由となってゐる犯罪を明示する令状によらなければ、逮捕されない」と定めます。この規定を受けて、令状係裁判官が発付する通常逮捕状（刑訴 199 ①、犯捜規 119 ①）には、「被疑事実の要旨」が記載されます（刑訴 200 ①）。ちなみに、この通常逮捕状は、刑事訴訟法上は、「裁判書」（刑訴 46。実務では、「さいばんがき」と読む）の一種です。通常逮捕状が発付されない限り、逮捕という「身体拘束の裁判」も成立しません。通常逮捕状という裁判書に「被疑事実」を記載することは、その被疑事実だけを基準に、逮捕の実体的要件の有無が令状係裁判官により判断されたことを示すものなのです。言い換えるならば、逮捕の効力（身体拘束の法的効果）は、通常逮捕状に記載された被疑事実にしか及びません。すなわち、事件単位の原則が認められねばならないわけです。

　この事件単位の原則の下では、逮捕・勾留という身体拘束処分の効力が、令状係裁判官の審査を事前に経た犯罪事実だけに及ぶことになり、その点で令状主義の原則が貫かれます。言い換えれば、〈軽微な犯罪事実（たとえば、脅迫）について逮捕・勾留がなされているならば、同時に捜査されている重大な余罪（たとえば、殺人）について、司法審査を経なくても当然に逮捕・勾留の効力は及んでいる〉という取扱いを避けることが、事件単位の原則の具体的機能となります（光藤『刑事訴訟法Ⅰ』80 頁）。もしも同時捜査の対象である余罪にも身体拘束の実体的要件があるというとき、事件単位の原則は、その余罪について、〈まず逮捕状から請求する正規の手続を踏みなさい。令状を介して被疑者の身体拘束の法的関係を客観化しなさい〉というわけです。身体拘束の法的関係について、犯罪事実ごとに、すなわち、事件を単位に、手続上「顕在化」することを求めるといってよいでしょう。このため、事件単位の原則を貫くと、**二重逮捕・二重勾留**を認めることになります。二重逮捕・二重勾留とは、同時に複数の犯罪事実（A 事実と B 事実）を理由に被疑者の身体を拘束することを意味します。

展開支援ナビ

人（ひと）単位説　二重逮捕・二重勾留を認めることについて、技巧的にすぎる解釈だと批判されます。すなわち、〈すでに（A 事実で）現実に拘禁されており、したがって逃亡の防止などの目的は果たされている状態において、かまわず（B 事実でも）重ねて拘禁するというのは、訴訟行為一回性の原則に反する〉と批判されます（参照、平場安治『改訂刑事訴訟法講義』273 頁）。また、〈被疑者の身体は 1 つしかないのに、身体の拘束は同時に 2 個以上併存するというのは、常識からしても不自然だ〉とされます（横井大三「ある罪についての逮捕勾留と他の罪」警察研究 21 巻 9 号 18 頁）。

　このような批判にもとづき、人（ひと）単位説が主張されました。人単位説というのは、逮捕状・勾留状記載の犯罪事実（A 事実）のほかに同時に捜査が行われている余罪（B 事実）があるとき、その余罪にも逮捕・勾留の効力が当然に及ぶと考えるものです（なお、平場『改訂刑事訴訟法講義』274 頁は、起訴後の被告人勾留について、人単位説を主張し、被疑者勾留については、刑訴 208 ①が「被疑者を勾留した事件」と定める以上、事件単位の原則が妥当するとしたことに注意しなければならない。ただし、被疑者の二重勾留を認めず、「前勾留の消滅以後に他の事件についての勾留を行ういわゆる『勾留の切りかえ』によらなければならない」とした。平場・前掲書 274 頁）。

　この考え方では、逮捕・勾留の身体拘束関係は、事件ではなく、ひとたる被疑者について生ずるというので、人単位説と呼ばれたわけです。この人単位説のメリットは、A 事実の逮捕・勾留期間が余罪の B 事実についても上限となること、その限りで、身体拘束期間を全体として長期化させない効果をもつことでしょう。しかし、人単位説は、余罪の B 事実にも逮捕・勾留の効力が当然に及ぶとする結果、たとえば、令状記載の犯罪事実（軽微な A 事実）について勾留の要件がなくなっても、同時に捜査されている余罪（重大な B 事実）を考慮に入れて勾留延長の許容を判断してよいとします。しかし、それでは、同一の犯罪事実ごとに逮捕状ないし勾留状を介

し裁判官の事前審査に服させるという令状主義の原則を弱めることになるといわねばなりません。また、人単位説は、身体拘束の競合を——同時捜査の対象である余罪にも逮捕・勾留の効力が及ぶとして——認めながら、その競合を手続に表さず、「潜在化」させるものとなります（参照、田宮『刑事訴訟法〔新版〕』93頁）。人単位説は、身体拘束の法的関係を不明確にするものとしても、妥当ではありません（なお、事件単位の原則のデメリットとされる身体拘束長期化の可能性に対しては、A事実とB事実の同時捜査を尽くすことにより、運用上、回避できよう）。

6 【関連問題】の論述ポイント

(1) 身体拘束の理由となる被疑事実の切り替え

逮捕前置主義と事件単位の原則に関連する問題が、設問の【関連問題】であり、逮捕から勾留に移る段階で、身体拘束の理由をA事実（消火妨害）からB事実（現住建造物等放火）に切り替えることが許されるかという問題です。また、A事実（消火妨害）とB事実（現住建造物等放火）が実体法上は一罪の関係にある（すなわち、吸収関係の法条競合、ないし、吸収一罪に当たる）ことが、右問題の扱いにどう影響するか、という論点も含まれています。

逮捕から勾留に移るとき、身体拘束の理由となる被疑事実を切り替えることは、原則として、許されません。なぜなら、逮捕前置主義に反するからです。5(1)で述べたように、逮捕前置主義は、勾留の理由とすべき被疑事実について、逮捕段階においても身体拘束の適法性がすでにチェックされたことを前提に、このチェックに重ねて勾留状発付の段階でも裁判官の令状審査を行い、二重のチェックを保障しようとします。逮捕から勾留に移る段階で、被疑事実を切り替えることは、この二重のチェックを不可能とするわけです。

ただし、逮捕から勾留に移る段階で、被疑事実を切り替えることが例外的に許される場合もあります。たとえば、逮捕の理由とされた被疑事実と、切り替えられる新たな事実とが、「公訴事実の同一性を害しない」場合です（刑訴312①。公訴事実の同一性とは、もともとは、起訴状に記載された訴因の変更について、その客観的限界を画する概念を意味する。詳細は、設問14「訴因変更の可否、公訴事実の同一性」）。5(3)で述べたように、逮捕・勾留の効力が及ぶ客観的範囲は、事件単位の原則によって決められました。この逮捕の効力が及ぶべき「事件」（刑訴199③は「同一の犯罪事実」、208①は「被疑者を勾留した事件」という言葉遣いをした）の範囲は、公訴事実の同一性を害しない客観的範囲と一致するわけです。すなわち、複数の事実（A事実とB事実）であっても、公訴事実の同一性を害しない限り、逮捕の効力はそれら事実すべてに及ぶとされます。そのため、その複数の事実の範囲内であれば、勾留の理由とすべき被疑事実を（A事実からB事実に）切り替えることになっても、逮捕前置主義には反しないと考えられます。ちなみに、このように逮捕・勾留の効力が及ぶ客観的範囲について、公訴事実の同一性を基準に画する考え方を「**公訴事実単位説**」と呼んでおきましょう。

ちなみに、実体法上の一罪（単純一罪、〔吸収関係や特別関係などの〕法条競合、包括一罪の本来的一罪のほか、観念的競合、牽連犯の科刑上一罪も合わせて、「実体法上の一罪」と呼ぶ）の関係がある複数の事実についても、公訴事実の同一性が害されないとされます（公訴事実の同一性は「狭義の同一性」と「単一性」に区別され、後者の「公訴事実の単一性」の有無は刑法の罪数論によって決まる。すなわち、単純一罪、法条競合、包括一罪のほか、科刑上一罪も含めて実体法上の一罪の関係がある複数の事実について、公訴事実の単一性が肯定され、したがって、刑訴312①の公訴事実の同一性も肯定される。詳細は、設問14「訴因変更の可否、公訴事実の同一性」参照）。

複数の事実が公訴事実の同一性を害さないとき、すなわち、逮捕・勾留の効力が及ぶ客観的範囲内にともに入るとき、その一方の事実から他方の事実へ拘禁の理由を切り替えることも許される——、そのような考え方にたつ限り、上記【関連問題】の事例について、A事実（消火妨害）とB事実（現住建造物等放火）とで、公訴事実の同一性（正確には、公訴事実の単一性）は害されないため、被疑事実の切り

替えを伴う勾留請求も認められてよいことになります。

> **展開支援ナビ**
>
> **公訴事実の同一性がない別事実の追加** 逮捕から勾留に移るとき、たとえば、逮捕状に記載されたA事実でなく、新たな、しかも公訴事実の同一性がないC事実に身体拘束の理由を切り替えて、勾留を請求することが許されないのは、逮捕前置主義の趣旨にかんがみ、明らかだといえます。これに対し、逮捕状に記載されたA事実に、公訴事実の同一性がないC事実を追加し、A・Cの両事実を理由に勾留を請求することは、実務上、許されます。なぜなら、A事実を理由とする逮捕が先行する以上、勾留に移るとき、A事実にC事実を付随させても逮捕前置主義を潜脱するとまでいう必要はないこと、また、勾留段階でC事実を付随させても、A事実を理由に勾留されねばならない被疑者に不利益はなく、むしろ、C事実で敢えて逮捕しなくてもよい分、身体拘束の期間は短くなることが挙げられます。ただし、あくまでA事実が勾留理由の基本であるため、A事実について、理由や必要性など勾留の実体的要件がなくなれば、「被疑者の勾留は継続できず勾留は取り消され」ねばなりません（三井『刑事手続法(1)〔新版〕』20頁。ただし、『条解刑事訴訟法〔第4版〕』395頁は、C事実について、なお勾留を継続する実体的要件がある以上、「勾留取消の必要は〔な〕い」とする）。

(2) 行為単位説の問題点

なお、逮捕・勾留の効力が及ぶ客観的範囲を画する場合には、そもそも公訴事実の同一性を基準にすべきでないという考え方も根強くあります（安廣文夫「包括一罪の一部についての勾留の可否」判例タイムズ296号180頁など）。すなわち、こう考えます。

常習犯（常習賭博罪など）や営業犯（わいせつ文書頒布罪など）のような包括一罪を構成する複数の行為について、たとえ公訴事実の同一性を害しない場合であっても、事実の重なり合いがない場合は（たとえば、常習賭博罪を構成する複数の賭博行為などがその例になる）、自動的に逮捕・勾留の効力を及ぼすべきでない。やはり、それぞれの行為ごとに、逃亡や罪証隠滅を疑う相当な理由があるか否かを、独立してチェックすべきだ、と。この考え方を「**行為単位説**」と呼んでおきましょう。

> **展開支援ナビ**
>
> **行為単位説と判例** たとえば、福岡高決昭42・3・24高刑集20巻2号114頁も、複数の犯罪事実が常習傷害罪の一罪を構成する場合であっても、勾留の要件の存否はそれぞれの犯罪事実ごとに検討されるべきであり、「個々の事実自体の間に同一性が認められないときには」、実体法上の一罪の一部となる犯罪事実であっても、その事実それぞれについて、独立して勾留することが可能だとしました。行為単位説をとるものであり、こう判示します。
>
> 「勾留の対象は逮捕とともに現実に犯された個々の犯罪事実を対象とするものと解するのが相当である。したがって、被告人或いは被疑者が或る犯罪事実についてすでに勾留されていたとしても、さらに他の犯罪事実について同一被告人或いは被疑者を勾留することが可能であって、その場合に右各事実がそれぞれ事件の同一性を欠き刑法第45条前段の併合罪の関係にあることを要しない。それらの各事実が包括的に一罪を構成するに止まる場合であつても、個々の事実自体の間に同一性が認められない〔すなわち、包括一罪を構成する個々の行為について、具体的な事実の重なり合いが認められない〕ときには、刑事訴訟法第60条所定の〔勾留の〕理由があるかぎり**各事実毎に**〔すなわち、包括一罪を構成する個々の行為ごとに〕勾留することも許されると解するのが相当である。けだし、勾留は主として被告人或いは被疑者の逃亡、罪証隠滅を防止するために行われるものであって、その理由の存否は現実に犯された個々の犯罪事実毎に検討することが必要であるからである」、と。
>
> 理由づけについては、次のようにも敷衍されました。すなわち、「公訴の提起の効力及び既判力が一罪〔すなわち、公訴事実の同一性が認められる客観的範囲〕の全てに及ぶ（刑事訴訟法第256条、第312条、第337条第1号）とされるのは同一の犯罪について重ねて刑事上の責任を問われないいわゆる一事不再理の原則（憲法第39条）に基く法的安定性の強い要請によるものであるのに対し、他方勾留は主として被告人或いは被疑者の逃亡、罪証隠滅を防止するというきわめて現実的な要請によるものであり、それとこれとはそれぞれ制度本来の

> 趣旨を異にするものであって、必ずしも直接関連するものではなく、いわゆる常習一罪ないし包括一罪の関係で、既判力の及ぶ〔公訴事実の同一性が認められて、再訴が禁止される〕範囲と勾留の効力の及ぶ〔一罪・一逮捕一勾留の原則が適用され、再逮捕・再勾留も禁止される〕範囲とが時にその限界を異にするばあいがあっても、けだしやむをえないところである」、と。

　この行為単位説によれば、【関連問題】の事例についても、事実の重なり合いがない以上、B事実（現住建造物等放火）の勾留請求は認められず、別途、そのB事実であらためて逮捕状を請求すべきことになるでしょう。なぜなら、A事実（消火妨害）を理由とする逮捕・勾留の効力はB事実に及ばないと考えるからです。そのため、B事実を理由に逮捕・勾留しても再逮捕・再勾留にならず、したがって、再逮捕・再勾留禁止の原則にも違反しないと考えます。ただし、この場合にも、同時処理できない特別な事情があったか、実質的に細切れの逮捕・勾留にならないか、被疑者側に不当な負担を課さないかなどを考慮し、逮捕・勾留の相当性の存否については、厳格に判断されねばなりません。

　この行為単位説について、どのように評価すべきでしょうか。行為単位説は、実体法上の一罪の一部にとどまる行為であっても、その行為を単位に、令状審査などの適法性のチェックを細かく及ぼそうという点で、評価できる側面をもつように思われます。しかし、行為単位説は、〈実体法上の一罪の範囲で、例外的にせよ、複数回の逮捕・勾留を許す場合が生じてしまうことになっても、やむを得ない〉と結論するものです。そのため、「不当な勾留のむし返し現象を多発させはしないかが懸念され」る側面もあるといわねばなりません（三井「いわゆる一罪一勾留の原則」刑事訴訟法判例百選〔第3版〕51頁）。たとえば、こういう場合です。

　常習一罪を構成する「行為その1」が逮捕・勾留（起訴後の被告人勾留を含む）の理由とされたのち、起訴後の保釈中に被告人Aがふたたび同様な「行為その2」を行った、つまり、前の逮捕・勾留の理由とされた「行為その1」とともに常習一罪を構成する「行為その2」を新たに行ったとしましょう。この場合に、公訴事実単位説をとって、公訴事実の同一性ないし実体法上の一罪を基準に、逮捕・勾留の対象（身体拘束の効力が及ぶ客観的範囲）を画する場合、「行為その2」を理由にしてAを再逮捕することはできず、もちろん、再勾留もできないことになります。なぜなら、「行為その2」も常習一罪の一部を構成することになる以上、「行為その2」を理由とする逮捕・勾留は、一罪・一逮捕一勾留の原則に反する細切れの逮捕・勾留になってしまうからです。

　しかし、この結論に対し、実務上は疑問が出されました。たとえば、保釈後も常習として賭博行為を繰り返すYについて、組織的な背後関係があると疑われ、関係者との通謀を含め罪障隠滅の恐れが強いといわざるをえない場合があるのに、常習一罪など実体法上の一罪の範囲にある限りは、一罪・一逮捕一勾留の原則が障害となって、保釈後の賭博行為について、もはやYを逮捕・勾留できないというのは不当だとされるのです。そのため、行為を単位に逮捕・勾留の効力が及ぶ範囲を画そうとする行為単位説が主張されるわけです。すなわち、常習一罪などの包括一罪を構成する複数の行為について、事実の重なり合いがない以上、「行為その1」の逮捕・勾留の効力は「行為その2」には及んでいないとし、そのため、「行為その2」を理由に逮捕・勾留しても、不当な細切れの逮捕・勾留だと非難される謂れはないと主張されます。

　この行為単位説の結論に対しては、なにより、捜査の必要性や現実的可能性に対する配慮が強すぎる考え方だと批判できるでしょう。また、行為単位説は、〈刑罰権を実現ないし規制する刑事手続について、その客観的な対象を画する基準として、刑罰権の個数を決める刑法の罪数論を無視することになってしまい、不当だ〉と批判できるでしょう。すなわち、被疑者・被告人に対し、身体拘束など、刑事手続上の負担を強制することを正当化する実質的根拠は、やはり、〈刑事手続が、刑罰権の実現を目的としつつ、その実現のプロセスを厳格に規制するという実質をもつ〉ことに見出されます。この刑事手続と刑罰権の繋がりにかんがみる限り、1個の刑罰権が及ぶ範囲の事実を細切れにし、その細切れにしたそれぞれ

の事実について、独立して逮捕・勾留の理由にしてもよい場合があると結論することは、身体の自由に対する不当な制限になるというべきです。すなわち、刑事手続に被疑者として関与を強制される市民に対し、過剰な負担を課すものになってしまいます。その過剰負担を避けるため、捜査活動が制約を被ることになっても、やむを得ないというべきです。結局、行為単位説には賛成できないのです。

逮捕・勾留②

04 別件逮捕・勾留の違法性

> **設問04**
> 別件逮捕・勾留とはなにか、定義したのち、別件逮捕・勾留の違法性について、論じなさい。
>
> **関連問題**
> 昭和40年（1965年）7月5日の午後、小学5年生の学童が行方不明になった。翌日の7月6日の正午前に、学童の自宅に近い神社の拝殿床下から、撲り殺されたうえ漁業用ロープで縛られた無惨な姿の学童が発見される。捜査機関は、16歳の少年Aについて、学童殺人事件の犯人ではないかという疑いをもった。その根拠は、少年Aが盗癖や放浪癖をもつ、知人に借金がある、保護観察中である、アリバイがない、友人が少年Aから「警察が調べているので嫌になった。死にたくなった」と聞いたなどの事実であった。8月31日の早朝、少年Aは任意出頭の名目で甲警察署に連行され、警察官の取調べを受ける。長時間の取調べの後、同日の午後5時30分に少年Aは、前日の8月30日に発付ずみであった逮捕状によって逮捕された。逮捕の理由とされた被疑事実は「窃盗」と「住居侵入」であった。この逮捕とそれに引きつづく勾留による身体拘束中、少年Aに対する取調べ時間のほとんどが、学童殺人事件について追及するために費やされた。
> 少年Aの逮捕・勾留は適法か、論じなさい。

1 身体の自由と逮捕・勾留

最初に、市民の権利である**身体の自由**について、述べておきたいと思います。

(1) 普遍的権利としての身体の自由

憲法31条は、「何人も、法律の定める手続によらなければ、その生命若しくは自由を奪われ、又はその他の刑罰を科せられない」と定め、さらに、同33条は、「何人も、現行犯として逮捕される場合を除いては、権限を有する司法官憲が発し、且つ理由となつてゐる犯罪を明示する令状によらなければ、逮捕されない」と定めます。これらの規定により、市民に対し**身体の自由**（**人身の自由**とも呼ぶ）が保障されました。

身体の自由は、「近代憲法の萌芽」、「民主主義のバイブル」とも言われる1215年のマグナ・カルタ（イギリスの大憲章）でも、明文で保障された権利でした（マグナ・カルタ39条「いかなる自由人も、その同輩の合法的裁判によるか、又は国土の法によるのでなければ、逮捕され又は監禁されることはなく、土地保有権、自由もしくは免税特権を剥奪されることはなく、又は法外放置若しくは追放され、又は何らかの方法によって損傷を受けることはない」）。身体の自由は、現代では、すべてのひとに保障されるべき普遍的権利だといえます。

たとえば、昭和23年（1948年）12月10日に、国際連合第3回総会において、**世界人権宣言**が採択されました。世界人権宣言は、人権および自由を尊重し確保するため「すべての人民とすべての国とが達成すべき共通の基準」を宣言したものです。その1条で「すべての人間は、生まれながらにして自由であり、かつ尊厳と権利とについて平等である。人間は、理性と良心とを授けられており、互いに同胞の精神を持って行動しなければならない」、3条で「すべて人は、生命、自由及び身体の安全に対する権利を有する」と宣言したうえで、9条において「何人も、ほしいままに逮捕、拘禁、又は追放されるこ

とはない」と宣言しました。

　また、昭和41年（1966年）12月16日には、国際連合第21回総会において、**市民的および政治的権利に関する国際規約**（国際人権B規約とも略称される。以下では、国際人権（自由権）規約と略称する）が採択されました。この国際人権（自由権）規約も、その9条1項で「すべての者は、身体の自由および安全についての権利を有する。何人も、恣意的に逮捕され、または、抑留されない。何人も、法律で定める理由および手続によらない限り、その自由を奪われない」と定めます。さらに、逮捕に関する手続的保障として、同条2項「逮捕される者は、逮捕の時にその理由を告げられるものとし、自己に対する被疑事実を速やかに告げられる」、3項「刑事上の罪に問われて逮捕され、または抑留された者は、裁判官または司法権を行使することが法律によって認められている他の官憲の面前に速やかに連れて行かれるものとし、妥当な期間内に裁判を受ける権利または釈放される権利を有する。裁判に付される者を抑留することが原則であってはならず、釈放にあたっては、裁判その他の司法上の手続のすべての段階における出頭および必要な場合における判決の執行のための出頭が保証されることを条件とすることができる」、4項「逮捕または抑留によって自由を奪われた者は、裁判所がその抑留が合法的であるかどうかを遅滞なく決定すること、および、その抑留が合法的でない場合にはその釈放を命ずることができるように、裁判所において手続をとる権利を有する」、5項「違法に逮捕され、または抑留された者は、賠償を受ける権利を有する」と定められました（国際人権（自由権）規約9条の「抑留」について、わが国の刑事訴訟法上の「逮捕留置（逮捕後の施設収容処分）」と「勾留」の2つの身体拘束処分を含むという理解と、「勾留」だけを意味するという理解がある）。

　この国際人権（自由権）規約は、わが国の政府も昭和54年（1979年）に批准し、現在、国内法的効力をもつにいたっています。たとえば、**東京高判平成4・4・8判例時報1434号140頁**は、国際人権（自由権）規約について、「我国において国内法として自力執行権を有すると目されている」と述べました（外国人被疑者に対する取調べが、その母国語〔ペルシャ語〕ではなく、「その理解する言語」〔英語〕による通訳を介して行われ、供述調書が作成された事案であり、供述調書の証拠能力が肯定された）。

(2) 国際人権（自由権）規約の実施状況

　ただし、「批准以来17年を経た今日まで、国際人権（自由権）規約が法規範として、司法・行政等の場で機能しているとは言いがたく、国内の人権状況は、刑事手続、被拘禁者の処遇、女性の地位、在日外国人の人権を含む様々な分野において、国際人権（自由権）規約の求める国際人権保障の水準に達していない」という指摘が日本弁護士連合会によってなされています。ちなみに、「その原因は、第1に、国が国際人権（自由権）規約の周知徹底を怠るなど、同規約によって義務づけられた規約の国内的実施義務を果たしていないことにある。その結果、裁判官ですら、国際人権（自由権）規約の各条項やその適正な解釈についての理解を欠く場合が多いのが実情である。／第2に、わが国が、国際人権（自由権）規約に付帯する第1選択議定書を未だに批准していないことも、大きな原因の1つである。第1選択議定書は、人権を侵害された個人が国際人権（自由権）規約委員会に救済の申立をなし得る制度を定めたものであり、規約の実効性を確保する上で大きな役割を果たすものである」と説明されました（以上、平成8年〔1996年〕の日本弁護士連合会・人権擁護大会宣言「国際人権規約の活用と個人申立制度の実現を求める宣言」）。

　この国際人権（自由権）規約に関し、日本政府によるその実施状況が、国際連合の「市民的および政治的権利に関する委員会（規約人権委員会）」によって平成10年（1998年）に審査されました。規約人権委員会は、この審査の結果、日本政府に対し「勧告」を含む最終見解を提示します。この最終見解の中で規約人権委員会は、わが国の人権状況について、30以上の懸念事項を挙げました。そのうち、起訴前の逮捕・勾留について、次のように述べます。

　「委員会は、起訴前拘禁〔逮捕・勾留〕が、警察の管理下で23日間〔逮捕による留置で3日間、勾留

による留置で20日間〕もの長期間にわたり継続し得ること、司法の管理下に迅速かつ効果的に置かれず、また、被疑者がこの23日の間、保釈される権利を与えられていないこと、取調べの時刻と時間を規律する規則がないこと、拘禁されている被疑者に助言、支援する国選弁護人がないこと、刑事訴訟法第39条第3項にもとづき弁護人の接見には厳しい制限があること、取調べは被疑者によって選任された弁護人の立会いなしで行われることにおいて、第9条〔逮捕と抑留に対する人権〕、第10条〔拘禁処遇に対する人権〕及び第14条〔刑事裁判に関する人権〕に規定する保障が完全に満たされていないことに深く懸念を有する。委員会は、日本の起訴前拘禁制度が、規約第9条、第10条及び第14条の規定に従い、速やかに改革がされるべきことを、強く勧告する」、と（〔 〕内は引用者）。

このうち、被疑者国選弁護制度がないという懸念事項については、平成16年（2004年）の刑事訴訟法改正により一応の対応がなされました（同年に成立した「刑事訴訟法等の一部を改正する法律」は、被疑者に国選弁護人を付すほか、弁護人の選任要件およびその選任手続を整備するなど、公的弁護制度を拡充・整備した。なお、被疑者国選弁護制度の導入に伴い、少年の被疑者に国選弁護人が付された場合の規定を整備するため、少年法の改正も同年に行われた）。なぜなら、この刑事訴訟法改正により、一定の重大事件に限定されますが、勾留される被疑者に国選弁護人を付す制度が、平成18年（2006年）11月末に発足したからです（刑訴37の2①「死刑又は無期若しくは長期3年を超える懲役若しくは禁錮に当たる事件について被疑者に対して勾留状が発せられている場合において、被疑者が貧困その他の事由により弁護人を選任することができないときは、裁判官は、その請求により、被疑者のため弁護人を付さなければならない。ただし、被疑者以外の者が選任した弁護人がある場合又は被疑者が釈放された場合は、この限りでない」、同②「前項の請求は、同項に規定する事件について勾留を請求された被疑者も、これをすることができる」）。しかし、起訴前の身体拘束に関する、それ以外の懸念事項（逮捕・勾留中の被疑者は警察署附属の留置場に収容される、起訴前保釈がない、取調べに弁護人が立ち会えないなど）について、なお改善の兆しはないといわねばなりません。

そのため、わが国では、逮捕・勾留され、起訴前に身体を拘束された市民は、警察の管理する拘禁施設、すなわち、警察署附属の留置場（代用監獄とも呼ぶ）に収容されて家族・社会から隔離され、長期間、密室の取調べ室において捜査官とだけ向かい合う**特殊な状況**が日常化することになりました。別件逮捕・勾留の問題とは、この特殊な状況が生み出した刑事手続の歪みにほかなりません。

展開支援ナビ

刑事施設と留置施設への収容　逮捕・勾留された被疑者は、**特別な施設**に収容されます。警察署に附属する留置場や法務省が所轄する**拘置所**などです。以下、具体的に述べておきます。

刑事収容施設法3条は、「**刑事施設**は、次に掲げる者を収容し、これらの者に対し必要な処遇を行う施設とする。／1号〔省略〕／2号　刑事訴訟法の規定により、逮捕された者であって、留置されるもの／3号　刑事訴訟法の規定により勾留される者〔以下、省略〕」と定め、同14条1項は「都道府県警察に、留置施設を設置する」、同15条1項が「第3条各号に掲げる者は、次に掲げる者〔刑の執行のため拘置される者など〕を除き、刑事施設に収容することに代えて、**留置施設**に留置することができる。〔以下、省略〕」と定めます。この刑事施設のうちの未決拘禁施設である「拘置所」や「拘置支所」は、法務省が所轄する組織です。他方、都道府県警察に設置される留置施設は、実務上、「留置場」「警察留置場」とも呼ばれ、とくに刑事施設に代用される留置施設は「代用刑事施設」「代用監獄」とも呼ばれます。

留置場における拘禁　逮捕・勾留された被疑者の多くは、逮捕留置や勾留の身体拘束中、都道府県警察に設置される留置施設（刑事収容施設法14①）、すなわち、警察署附属の留置場に収容されます（刑事収容施設法15①）。

ちなみに、裁判官が発付する**逮捕状**には「引致すべき官公署その他の場所」を記載します（刑訴200①）。**警察署**も官公署の1つですので、被疑者の**引致場所**とされてかまいません。現実にも、実務上、ほとんどの逮捕状が警察署を引致場所とします。しかし、この逮捕状には被疑者を収容すべき場所、すなわち、逮捕留置すべき場所が記載されません。なぜなら、逮捕状の必要的記載事項（刑訴200①「逮捕状には、被疑者の氏名及び住居、罪名、被疑事実の要旨、引致すべき官公署その他の場所、有効期間及びその期間経過後は逮捕をすることができず令状はこれ

を返還しなければならない旨並びに発付の年月日その他裁判所の規則で定める事項を記載し、裁判官が、これに記名押印しなければならない」）ではないからです。そのため、引致場所がおのずと逮捕留置場所になると解されました。すなわち、引致先の警察署に設置された留置場が、本来の逮捕留置の場所になるとされました。そう解することで、逮捕留置中の被疑者のほとんどが留置場に収容される現状も、刑事訴訟法上、肯定されることになります。また、刑事収容施設法上も、その14条2項1号が、「警察法〔中略〕及び刑事訴訟法の規定により、都道府県警察の警察官が逮捕する者又は受け取る逮捕された者であって、留置されるもの」を都道府県の警察に設置される留置施設、すなわち、留置場に収容すると定めました。

これに対し、**勾留状**については、刑事訴訟法64条1項が「勾留すべき刑事施設」の記載を求めます。被疑者をこの「勾留すべき刑事施設」に収容する場合、その収容場所も、刑事収容施設法14条2項2号（「前号に掲げる者〔すなわち、逮捕留置された者〕で、次条第1項の規定の適用を受けて刑事訴訟法の規定により勾留されるもの」）により、法務省所轄の拘置所や拘置支所（刑事収容施設法3(3)）に代え、警察署附属の留置場とすることできると定められました。現実にも、勾留された被疑者の多くがこの留置場に収容されます。

留置場の拘禁がもつ問題　しかし、警察が管理・処遇の主体となる警察署附属の留置場に被疑者を拘禁しつづけることは、そのことじたいが被疑者に対し自白を強要する状況ないし手段になりかねません。そのような留置場での拘禁を積極的に肯定する解釈や実務には賛成できません。

ちなみに、逮捕後の手続について厳格な時間的制約を定めた刑事訴訟法203条ないし205条の趣旨は、逮捕した被疑者をできるだけ速やかに裁判官（すなわち、刑訴207①、61が定める勾留質問を主宰する裁判官）のもとへ連れていくよう求めたものと解すべきです。なぜなら、逮捕留置を取調べのための身体拘束（憲法38条1項違反の身体拘束）にしないためには、逮捕に伴って捜査機関じしんが被疑者の身体を管理・処遇する時間を極小（ミニマム）にする運用、とくに、勾留質問のため裁判官のもとに引致した後は、被疑者を捜査機関のもとに返さない運用がなされねばならないからです。そのように考える限り、裁判官の勾留質問があった後の勾留中の被疑者について、警察署附属の留置場に収容することは、〈裁判官のもとに引致された後は、捜査機関のもとに返されない〉という被疑者の権利を侵害するものであり、刑事訴訟法の基本的考え方に反するといわねばなりません。その限りで、刑事収容施設法の適用を刑事訴訟法が排除すると解すべきです。

勾留中の被疑者は、法務省所轄の未決拘禁施設である拘置所や拘置支所に収容されねばなりません。そうせず、警察署附属の留置場に収容する現状は、速やかに変革されるべきです。

2　捜査方法としての別件逮捕・勾留

別件逮捕・勾留とは、刑事訴訟法が定める逮捕・勾留の種類ではありません。別件逮捕・勾留とは、1つの**特殊な捜査方法**を指すことばです。

捜査の実務では、検挙（実質的には、自白の獲得）をねらっている**本命の重大な被疑事件**（これを**本件**と呼ぶ）について、被疑者の身体を拘束するだけの証拠資料がそろっていない場合に、別の、証拠資料のそろいやすい**軽微な被疑事件**（これを**別件**と呼ぶ）を理由に逮捕・勾留し、その身体拘束処分に伴う供述強制的状況を利用して、本件の取調べを行うという捜査方法をとることが少なくありません。このような捜査方法を、別件逮捕・勾留と呼ぶのです（松尾浩也『刑事訴訟法（上）新版』109頁は、別件逮捕・勾留について、「重大な被疑事実に対する捜査がむしろ先行していながら、その時点での逮捕・勾留が困難なため、別個の被疑事実を表に出して逮捕・勾留し、これを利用して本来の事件の捜査を進めるという方法」とした）。

ちなみに、別件逮捕・勾留の捜査方法について、**最決昭和52・8・9刑集31巻5号821頁**は、次のように定義しました。すなわち、別件逮捕・勾留の捜査方法とは、「専ら、いまだ証拠の揃っていない『本件』について被告人を取調べる目的で、証拠の揃っている『別件』の逮捕・勾留に名を借り、その身柄の拘束を利用して、『本件』について逮捕・勾留して取調べるのと同様な効果を得ることをねらいとしたもの」だ、と。最高裁昭和52年決定は、そのような「『別件』の逮捕・勾留及び『本件』の逮捕・勾留を含む一連の捜査手続が刑訴法の手続規定に違反した違法なもの」になることを示唆します。

ただし、最高裁昭和52年決定は、具体的な事案（強盗強姦殺人、死体遺棄事件の被疑者が、まず、恐喝未遂〔強盗強姦殺人事件の被害者宅に身代金を要求する脅迫状を差し入れた〕などで逮捕・勾留され、その後、強盗

強姦殺人事件などでも逮捕・勾留された事案。「狭山事件」と呼ばれる）の処理として、別件の恐喝未遂、窃盗などの「被疑事実について逮捕・勾留の理由と必要性があったことは明らかである」と述べ、そして、「『別件』中の恐喝未遂と『本件』〔の強盗強姦殺人、死体遺棄〕とは、社会的事実として**一連の密接な関連**があり、『別件』〔の恐喝未遂〕の捜査として事件当時の被告人の行動状況について被告人を取調べることは、他面においては『本件』〔の強盗強姦殺人、死体遺棄〕の捜査ともなるのであるから、第一次逮捕・勾留中〔すなわち、別件逮捕・勾留中〕に『別件』のみならず『本件』についても被告人を取調べているとしても、それは、専ら『本件』のためにする取調というべきではなく、**『別件』について当然しなければならない取調**をしたものにほかならない」などと判示し、結論として、「『別件』についての第一次逮捕・勾留と〔中略〕『本件』についての第二次逮捕・勾留は、いずれも適法であ〔る〕」と判示しました。

この最高裁昭和52年決定は、「証拠の揃っている『別件』の逮捕・勾留に名を借り、その身柄の拘束を利用して、『本件』について逮捕・勾留して取調べるのと同様な効果を得ること」（ちなみに、原審の**東京高判昭和49・10・31高刑集27巻5号474頁**は、「『別件』の勾留中に捜査の重点が専ら『本件』に向けられ、『本件』の被疑事実が当初から逮捕・勾留の基礎に掲げられていたのと実質的に差異がないような場合」と述べた）と判示したように、本件取調べのため積極的に利用する目的で、別件に藉口し、本件で逮捕・勾留したにひとしい客観的状況を作り出したことを根拠として、別件逮捕・勾留の身体拘束処分じたいが違法になることを肯定したわけです。

展開支援ナビ

捜査機関の目的や意図がもつ意義　別件逮捕・勾留の捜査方法について、最高裁昭和52年決定の定義では、別件の身体拘束処分を本件取調べに利用する「目的」や、本件により逮捕・勾留して取り調べるのと同様な効果を得る「ねらい」が強調されました。

この最高裁昭和52年決定の以前にも、たとえば、**東京地判昭和45・2・26判時591号30頁**は、身体拘束下の余罪取調べの可否という問題と異なり、「別件逮捕・勾留は許されるか」という「問題においては、当初より本命たる乙事実〔本件〕の捜査に〔別件の逮捕・勾留の身体拘束処分を〕積極的に利用する意図をもって行なわれるという**主観的面**がより強く出ている点に問題性が付加される」としたうえで、「ある重要犯罪について、証拠関係が不十分なため直ちに逮捕・勾留の令状の発付を求め得ないのに、捜査機関が当初より右の重要事件の捜査に利用する目的で、その事件とは直接関連性もなく事案も軽微で、それ自体では任意捜査でもこと足りるような被疑事実を捉えて、まず、これによって逮捕・勾留の令状を求めて身柄を拘束し、その拘束期間のほとんど全部を、本来のねらいとする事件についての取調べに流用するような捜査方法」と定義し、「別件による身柄拘束の継続を利用した違法、不当な捜査方法」としました。

この東京地裁昭和45年判決は、「主観的面」が問題性を付加するという判示から窺えるように、別件の身体拘束処分を本件の取調べに利用する「目的」や「意図」を、別件逮捕・勾留の捜査方法を違法とする**主観的要件**と捉え、その立証と認定を**必ず要求した**と解することができます（ちなみに、東京地裁昭和45年判決は、「捜査当局は、当初よりもっぱら本件放火・放火未遂事件の捜査に利用する目的のもとに、前記認定のような別件の住居侵入・窃盗被疑事実に名を藉りて被告人を勾留し、右両被疑事実による身柄拘束状態を利用して、これよりはるかに罪責の重い本件放火・放火未遂被疑事実を取調べ、これらの被疑事実で逮捕・勾留して取調べたと同様の効果を挙げようとの意図であったことが明白であり、そしてその意図のもとに第一次勾留を請求し、その目的に従って捜査を遂げた」と判示した）。

しかし、別件の身体拘束処分を本件取調べに利用する捜査機関の目的や意図などは、別件逮捕・勾留の捜査方法を違法とするうえで、それほど重要な意義をもちません。また、重要な意義をもたせるべきでもありません。なぜなら、別件逮捕・勾留の捜査方法に内在する違法の実質ないし違法の実質的根拠は、捜査機関の目的や意図という主観的側面にあるのではなく、別件に藉口して本件で逮捕・勾留したにひとしい客観的状況を作り出すという**客観的側面じたい**にあるはずだからです（この点について、後述の3(3)参照）。最高裁昭和52年判決も、具体的な事案処理では、本件取調べの経緯や内容という客観的要素をおもに考慮します。

もちろん、別件の逮捕状がはじめて請求された段階では、請求を受けた裁判官にとって、そのような**状況の作出**を推認する材料が乏しいため、捜査機関側の目的や意図のような主観的要素が別件逮捕の違法性を判断す

る決定的材料になることもあるでしょう（松尾『刑事訴訟法（上）新版』111頁は、「別件だけを見て判断すれば逮捕・勾留の理由と必要性が認められる場合であっても、裁判官は、その逮捕・勾留が、実質的には本件の捜査のために請求されたものであることを認識する限り、逮捕・勾留を拒むに違いない」とした）。しかし、別件を理由に勾留が請求される段階や、その勾留延長が請求される段階、また、ひきつづき本件逮捕状が請求され、本件勾留が請求される段階、そして、公訴が提起され、公判手続が開始される段階にすすんだときは、**被疑者取調べの具体的状況**（取調べの対象とされた被疑事実の内容、被疑事実ごとの取調べの時間、頻度など）や**取調べ以外の捜査活動の状況**（別件捜査と本件捜査の関連、本件の証拠収集の経過など）など、客観的な判断材料が増えてきます。そのため、捜査機関側の目的や意図などを明らかにしなくとも、上述した状況の作出を推認することが可能となり、被疑者や被告人に対し、具体的な救済（別件勾留の請求却下、別件勾留延長の請求却下、本件逮捕状の請求却下、本件自白の排除など）を与えることも可能となります。

　結局、別件の身体拘束処分を本件取調べに利用する捜査機関の目的や意図などの主観的要素は、本件で逮捕・勾留したにひとしい違法な状況が作出されたことを推認するうえで、1つの判断材料になるにすぎないと捉えておけばよいでしょう。

　なお、最高裁昭和52年決定が、〈専ら、本件について被告人を取り調べる〉と述べた趣旨について、別件を理由とする身体拘束期間のすべて、または、そのほとんど大部分を本件の取調べに利用することを意味したようにも思われます（たとえば、**大阪地裁昭46・5・15刑月3巻5号661頁**は、「捜査官が〔別件の〕甲事実についての逮捕勾留期間の全部、あるいはほとんど大部分を〔本件の〕乙事実の取調に利用した場合（甲事実についても形式的に取調をしたけれども、それが乙事実の取調を正当化するための偽装にすぎず、実質的には全期間を乙事実の取調に利用したものと判断される場合を含む）」に該当する別件逮捕・勾留について、「明らかに令状主義の法的制約を潜脱し捜査の便宜と必要性にのみ傾斜したものであって、憲法33条に違背し、その逮捕勾留自体が違法になるもの」と述べた）。

展開支援ナビ

「専ら」と「主として」　「専ら」ということばは、「ある1つのことを主とするさま」という意味も含みます。そのため、〈専ら本件について被告人を取調べる〉という最高裁昭和52年決定の文言について、**浦和地判平成2・10・12判時1376号24頁**も、「主として本件について」という意味を含む、または、そのように読み替えるべきだとしました。すなわち、「違法な別件逮捕・勾留として許されない」場合には、「『未だ重大な甲事件について被疑者を逮捕・勾留する理由と必要性が十分でないのに、主として右事件について取り調べる目的で、甲事件が存在しなければ通常立件されることがないと思われる軽微な乙事件につき被疑者を逮捕・勾留する場合』も含まれる」と判示しました（なお、浦和地裁平成2年判決における「別件」は出入国管理及び難民認定法違反事件〔不法残留〕であり、「本件」は現住建造物放火事件であった。浦和地裁平成2年判決は、具体的な事案処理として、「捜査当局が、本件たる放火の事案につき、未だ身柄を拘束するに足るだけの嫌疑が十分でないと考えたため、とりあえず嫌疑の十分な軽い不法残留罪により身柄を拘束し、右身柄拘束を利用して、主として本件たる放火につき被告人を取り調べようとする意図であったと認めるほかなく、このような意図による別件逮捕・勾留の適法性には問題がある」と述べ、「本件における被告人の身柄拘束には、そもそもの出発点において、令状主義を潜脱する重大な違法がある」と結論した）。

　しかし、最高裁昭和52年決定じたいは、上述のように、別件逮捕・勾留の適法性を判断するうえで、別件と本件の被疑事実が社会的事実として密接に関連することや、別件取調べと本件取調べが内容上重なり合うことなどを**重要な考慮事項**としました。この点を踏まえれば、別件の身体拘束期間のすべて、ないし、そのほとんど大部分で本件取調べが行われたかどうかという**量的側面**よりも、本件取調べにいたる理由（別件の被疑事実との関連性）やその内容（取調べ内容の共通性）などにかんがみ、本件取調べが別件の捜査と関連せず、あるいは、本件取調べが別件取調べに付随して行われず、独立した意義をもつものであったかどうかという**質的側面**のほうが重要視されたというべきです。それゆえ、別件の身体拘束期間のうち、少なくとも相当な部分で本件取調べが行われていたならば、捜査機関の目的やねらい、本件取調べにいたる経過やその内容なども考慮に入れ、別件に藉口し、本件で逮捕・勾留したにひとし

い客観的状況を作り出したことを認定できる、すなわち、別件逮捕・勾留の身体拘束処分そのものが全体として違法になることを肯定できるというべきです。

3　別件逮捕・勾留の違法の実質と本件基準説

⑴　ある刑事事件の逮捕・勾留——蛸島事件

別件逮捕・勾留の典型例が、「蛸島事件」と呼ばれる事件でした。設問の【関連問題】が基礎とした事案であり、事実関係の詳細は、こうでした。

(1)　昭和40年（1965年）7月5日の午後、石川県珠洲（すず）市蛸島町の小学5年生の学童が行方不明になりました。町内の人達が総出で探すのですが、見つかりません。ようやく翌6日の正午前になって、学童の自宅に近い高倉彦神社の拝殿床下から、撲り殺されたうえ漁業用ロープで縛られた無惨な姿の学童が発見されました。

(2)　地元の珠洲警察署に、ただちに蛸島学童殺人事件（以下、蛸島事件という）の捜査本部が設けられ、警察は戸数500戸の蛸島町一帯をローラー捜査し、一戸一戸シラミつぶしの厳重な捜査を展開しました。しかし、犯人に結びつく有力な手掛りは得られませんでした。

この蛸島事件の捜査について、その実質的な最高責任者だったのは珠洲警察署の刑事課長でした。この刑事課長は、起訴後の第10回の公判期日で裁判所に対し、〈自分は蛸島に入ってすぐ、当時16歳の少年Aをマークした〉旨を述べます。刑事課長が蛸島町に入ったのは、学童が発見された7月6日のことでした。しかし、少年Aと学童の殺害を結びつける具体的な事実は、7月6日の事件直後にはまだ何もなかったのです。その後、少年Aに「嫌疑」がかけられていくのですが、その根拠とされたのは、盗癖や放浪癖がある、知人に借金がある、保護観察中である、アリバイがない、友人が少年Aから「警察が調べているので嫌になった。死にたくなった」と聞いた、などでした。

(3)　少年Aの検挙に至る経緯は、こうです。8月31日の早朝に、少年Aは任意出頭の名目で珠洲警察署に連行されて、取調べを受けることになりました。長時間の取調べの後、同日の午後5時30分になって少年Aは、前日の30日に裁判官によって発付ずみであった逮捕状により逮捕されます。しかし、逮捕の理由とされた被疑事実は「学童の殺害」ではありませんでした。逮捕状記載の被疑事実は、「レコード盤4枚の窃盗」と「住居侵入」でした。

「レコード盤4枚の窃盗」とは、どういう事実だったでしょうか。レコード盤を盗まれたという被害者は、5月1日を作成日付とする被害届に〈昭和40年（1965年）3月10日から4月30日までの間に、歌手新川二郎の「東京の灯よ何時までも」、そのほか同人吹き込みのレコード盤3点を盗まれた〉と書いていました（ただし、被害届は警察官が代筆した）。ちなみに、この被害者は後になって少年Aの母親に対し、「レコード盤窃盗の被害など覚えがないのに、8月20日頃警察が来て、盗まれたはずだから〔被害届に〕判を押してくれと言うので、いわれるまま判を押した」と告白しています。

なお、少年Aを警察署に連行した直後に、Aの自宅が捜索の対象とされました。この捜索の結果、レコード盤4枚が発見され、差し押さえられます。しかし、差し押さえられたレコード盤とは、北島三郎の「兄弟仁義」、小林旭の「恋の山手線」、小宮恵子の「あなたが恋人わたしが恋人」、三橋三智也の「あばよ東京」でした。それらは、被害届に書かれたレコード盤とまったく違っていました。

「住居侵入」とは、どういう事実だったでしょうか。それは少年Aが逮捕される8月31日の半年以上も前の「事件」であり、遠縁にあたるひとの居宅へAが雑誌類を借りるため赴いたところ、家人が誰もおらず留守だったので、雑誌類を求めて、勝手に茶の間に入り込んだというものでした。帰宅した家人は、茶の間にいた少年Aにびっくりし、注意しています。しかし、告訴はもちろん、警察への通報もしませんでした。

(4)　このような窃盗と住居侵入を理由に少年Aは逮捕されたわけです。逮捕、そして引きつづく勾留による拘禁中、少年Aに対する取調べ時間のほとんどは、学童殺人事件について追及するために費やされました。

　(5)　9月6日の夕刻頃になって、少年Aは「自分が殺害した」という自白をするに至ります。その後、少年Aの自白は、9月6日から同月21日までに警察が作成した13通の自白調書と、同月22日に検察官が作成した1通の自白調書に録取されました。

(2)　別件逮捕・勾留の違法性

　この蛸島事件における少年Aの逮捕・勾留について、**金沢地七尾支判昭和44・6・3刑事裁判月報1巻6号657頁**（無罪、確定）は、違法だと断じます。

　金沢地裁七尾支部昭和44年判決は、別件逮捕・勾留の捜査方法について、「専ら適法に身柄を拘束するに足りるだけの証拠資料を収集し得ていない重大な本来の事件（本件）について被疑者を取調べ、被疑者自身から本件の証拠資料（自白）を得る目的で、たまたま証拠資料を収集し得た軽い別件に藉口して被疑者を逮捕・勾留し、結果的には別件を利用して本件で逮捕・勾留して取調べを行ったのと同様の実を挙げようとするが如き捜査方法は、いわゆる別件逮捕・勾留であって、見込捜査の典型的なものというべ〔きである〕」と定義したうえで（なお、この定義に、2で挙げた最高裁昭和52年決定も倣ったといえる）、次のように判示します。

　「かかる別件逮捕・勾留は、〔1〕逮捕・勾留手続を自白獲得の手段視する点において刑事訴訟法の精神に悖るものであり（同法60条1項、刑事訴訟規則143条の3参照。）また〔2〕別件による逮捕・勾留期間満了後に改めて本件によって逮捕・勾留することが予め見込まれている点において、公訴提起前の身柄拘束につき細心の注意を払い、厳しい時間的制約を定めた刑事訴訟法203条以下の規定を潜脱する違法・不当な捜査方法であるのみならず、〔3〕別件による逮捕・勾留が専ら本件の捜査に向けられているにもかかわらず、逮捕状あるいは勾留状の請求を受けた裁判官は、別件が法定の要件を具備する限り、本件についてはなんらの司法的な事前審査をなし得ないまま令状を発付することになり、従って、当該被疑者は本件につき実質的には裁判官が発しかつ逮捕・勾留の理由となっている犯罪事実を明示する令状によることなく身柄を拘束されるに至るものと言うべく、〔4〕結局、かかる別件逮捕・勾留は令状主義の原則を定める憲法33条並びに国民に拘禁に関する基本的人権の保障を定める憲法34条に違反するものであると言わなければならない」、と。

　金沢地裁七尾支部昭和44年判決は、そのように別件逮捕・勾留の捜査方法の問題点ないし違法性を捉え、具体的な事案処理については、次のように判示しました。

　「捜査当局は、被告人に対し本件殺人・死体遺棄事件の嫌疑を抱いたものの、右嫌疑は極めて薄弱なものであり、さりとて他に逮捕に踏み切るだけの証拠は到底収集し得なかったので別件である第一次逮捕の被疑事実〔窃盗、住居侵入〕の嫌疑が存したことを幸い、右被疑事実について逮捕状の発付を受けたうえ、本件殺人・死体遺棄事件につき、被告人に〔逮捕前日までに用意した〕ポリグラフ捜査を実施し、かつ、被告人のアリバイの存否について親族等を取調べ、本件殺人・死体遺棄事件についても被告人を取調べ得る手懸りと見込みを持ったうえで、右逮捕状を執行し、さらに勾留に及んだものと言うべきであって第一次逮捕被疑事実の捜査過程に極めて不自然な点があって、補強証拠の成立そのものに疑念が存する〔警察官が代筆した窃盗被害者の被害届は、その作成日付などにかんがみ、捏造された疑いがある〕こと、右被疑事実が軽微な事案〔警察じしんが事案軽微で保護処分が適当だとした窃盗、逮捕の6箇月以上前の遠縁宅への住居侵入〕であって第一次逮捕そのものの必要性に疑問があり、これに続く勾留も理由がなかったと認められること、同勾留期間中のほとんどが本件殺人・死体遺棄事件の取調べに費やされていること等の事実に照すと、第一次逮捕・勾留は、捜査当局が専ら本件殺人・死体遺棄

事件について被告人を取調べ、被告人から証拠資料（自白）を得ることを意図して行ったものと認めざるを得ないのであって、これが前述した違法かつ不当な別件逮捕・勾留に該当することは明らかであると言うべきである」、と。

この金沢地裁七尾支部昭和44年判決が、別件逮捕・勾留の捜査方法の適法性を判断するうえで定立したルールを、**本件基準説**と呼びます。

> **展開支援ナビ**
>
> **違法な別件逮捕・勾留中に獲得された自白の排除(1)**　金沢地裁七尾支部昭和44年判決は、さらに、この違法な別件逮捕・勾留中に得られた被告人の自白について、憲法33条、同34条の規定を実質的に保障し、刑事司法の理想を堅持するには、その**証拠能力**（証拠能力とは、「証拠資料を裁判所の事実認定の用に供することができる法的資格」を意味する）を否定すべきだとしました。すなわち、次のように判示します。
>
> 被告人の「自白は前述の如く憲法の規定する令状主義並びに国民の基本的人権の保障に違背する手続の下に得られたものであるところ、実体的真実の発見のみを強調すれば右手続的瑕疵は当該自白の証拠能力それ自体に影響を及ぼすものではなく、自白収集過程における瑕疵違法については違法行為者に対し刑事訴追、懲戒あるいは損害賠償を求める等別途の救済方法によるべきものであると解することになろうが、憲法それ自体が31条において適正手続の保障を規定し、刑事訴訟法がその第1条において実体的真実の発見は公正な手続に従つて遂行されるべき旨を宣明し、刑事司法による正義の実現と共に刑事司法における正義の実現を期する現行法制度の下にあっては、右の如き見解はこれを到底是認し得ないものと言うべきであつて、憲法33条及び34条の規定を実質的に保障し、刑事司法の理想を堅持せんがためには、憲法の右各規定に違背する重大な瑕疵を有する手続において収集された自白については、証拠収集の利益は適正手続の要請の前に一歩退きぞけられ、その証拠能力を否定されるべきものと解さなければならない。そして、別件逮捕・勾留は、第一義的には自白を取得するために行なわれ、正にその違法行為の結果である自白が断罪の用に供せられ、或いは第二次逮捕・勾留のための証拠資料として利用されるところに問題の核心が存するのであるから、右核心を直截に把握するならば、かく解することが至当であり最も実際的であると言うべきであろう」、と。
>
> このように、違法な別件逮捕・勾留中に得られた被告人の本件に関する自白（蛸島事件の自白）を、有罪認定のための証拠としては使用できない――すなわち、事実認定の用に供すべき証拠から排除する――とし、さらに、その本件の自白にもとづき行われた本件逮捕・勾留中に得られた（本件の反覆の）自白についても、これを排除します。その結果として、金沢地裁七尾支部昭和44年判決は被告人に対し無罪を言い渡しました。次のように判示します。
>
> 「本件公訴事実中各窃盗の点はいずれも被告人の自白を補強するに足る証拠がなく、殺人死体遺棄の点については被告人の捜査段階における自白のみが被告人と犯罪事実とを結びつける証拠であるが、その自白はすべて証拠能力を欠き採用し得ないものであるから、結局、本件公訴事実はいずれも犯罪の証明が無いこととなる。」「よって、刑事訴訟法336条により被告人に対し無罪の言渡をする」、と。

(3) 本件基準説が捉えた別件逮捕・勾留の違法の実質

本件基準説の趣旨は、次のように、まとめることができます。

別件逮捕・勾留とは、別件に藉口し、本件で逮捕・勾留したにひとしい客観的状況を作り出し、被疑者から本件の自白を引き出すため、その状況を積極的に利用する捜査方法でした。そのような別件逮捕・勾留の捜査方法については、第1に、**逮捕・勾留の身体拘束じたいを、自白――本件の自白――を獲得する手段に貶める違法**を認めることができます。

> **展開支援ナビ**
>
> **逮捕・勾留を自白獲得の手段に貶める**　この第1の違法について、さらに敷衍しておきましょう。
>
> 逮捕・勾留は、犯罪の疑いをかけられた市民の「身体の自由」を制限する捜査上の対人的強制処分です。犯罪の疑いをかけられた市民、すなわち、被疑者について、逃亡する疑いがある、あるいは、自己に不利益な証

拠を壊したり、隠したりする行動に出る疑いなどがあるため、その身体を拘束するのが逮捕・勾留の強制処分だといえます。

たとえば、刑事訴訟規則143条の3は、「逮捕状の請求を受けた裁判官は、逮捕の理由があると認める場合においても、被疑者の年齢及び境遇並びに犯罪の軽重及び態様その他諸般の事情に照らし、被疑者が逃亡する虞〔おそれ〕がなく、かつ、罪証を隠滅する虞がない等明らかに逮捕の必要がないと認めるときは、逮捕状の請求を却下しなければならない」と定めます。この逃亡の恐れや罪証隠滅の恐れなどがあることが、「逮捕の必要性」の実質的内容となります。すなわち、逮捕・勾留とは、本来、被疑者じしんの逃走や罪証隠滅行為を防止するための手段であるわけです。

これに対し、実務では、逮捕・勾留の目的は被疑者の取調べにあるという考え方が根強くあります。学説でも、かつて、「被疑者の逮捕・勾留は主として捜査のために被疑者の身体を確保することを目的とする」ため、逮捕・勾留された被疑者が取調べ室への出頭義務、取調べ室での滞留義務を負うことは、「当然に逮捕・勾留の趣旨の中に包含されている」（団藤重光『條解刑事訴訟法上』365頁）と述べられました。そこでいう「捜査のために」とは、積極的に被疑者の取調べを目的として、と同じ意味です。

この考え方は、「捜査は、本来、捜査機関が、被疑者を取り調べるための手続であって、強制が認められるのもそのためである」（平野龍一『刑事訴訟法』83頁）という**糾問的捜査観**を基礎におくと分析されました。この考え方では、被疑者を取り調べるための強制処分の1つが逮捕・勾留だというわけです。

しかし、逮捕・勾留の目的が取調べだという考え方は、被疑者にも黙秘権を保障する憲法38条1項に違反するといわねばなりません。なぜなら、黙秘権を放棄させ供述させるため身体を拘束するとか、黙秘権を放棄して供述しない限り身体拘束をつづけるという状況は、それじたいが供述の強要であり、黙秘権を侵害するというほかないからです。

それゆえ、別件逮捕・勾留の捜査方法を敢えて行い、被疑者の身体拘束処分を本件の自白を獲得する手段にしてしまうことは、逮捕・勾留を憲法38条1項に違反する捜査上の手段に貶めることになるわけです。

第2に、別件逮捕・勾留の捜査方法は、別件に藉口し、本件で逮捕・勾留したにひとしい客観的状況を作り出していながら、別件逮捕・勾留の後に、本件についても重ねて逮捕・勾留することを予定するものでした。そのため、**起訴前の身体拘束について、刑事訴訟法が定める厳格な時間的制約をかいくぐる違法**も認めることができます。

展開支援ナビ

起訴前の身体拘束に対する時間的制約をかいくぐる　第2の違法について、敷衍しておきましょう。

刑事訴訟法は203条以下で、被疑者の逮捕・勾留について厳格な時間的制約を定めます。すなわち、逮捕については、被疑者を逮捕して身体を拘束したときから検察官が勾留を請求するまでの手続が、72時間以内に終えられることを要求します（刑訴205②「前項の〔検察官が裁判官に被疑者の勾留を請求しなければならない〕時間の制限は、被疑者が身体を拘束された時から72時間を超えることができない」）。このことを、逮捕によって最大で72時間（3日間）の身体拘束が許されるというわけです（ちなみに、検察官または検察事務官が被疑者を逮捕したときは、48時間以内に勾留を請求しなければならない。刑訴204①）。

また、被疑者の勾留については、原則として10日間の身体拘束（勾留による留置）が許され（刑訴208①「前条の規定により被疑者を勾留した事件につき、勾留の請求をした日から10日以内に公訴を提起しないときは、検察官は、直ちに被疑者を釈放しなければならない」）、必要があれば、さらに10日間を限度として、勾留による留置期間の延長が許されます（刑訴208②「裁判官は、やむを得ない事由があると認めるときは、検察官の請求により、前項の期間を延長することができる。この期間の延長は、通じて10日を超えることができない」）。このことを、起訴前の勾留によって最大で20日間の身体拘束が許されるというわけです（刑法77の内乱罪、106の騒乱罪など、一定の重大犯罪では、さらに5日間を限度とする勾留の再延長が認められる。刑訴208の2）。

しかし、もしも同一の犯罪事実について（刑訴199③「検察官又は司法警察員は、第1項の逮捕状を請求する場合において、同一の犯罪事実についてその被疑者に対し前に逮捕状の請求又はその発付があったときは、その旨を裁判所に通知しなければならない」。なお、208①は「被疑者を勾留した事件」という言葉遣いもする）、逮捕・勾留を繰り返すことができるとすれば、起訴前の身体拘束期間を厳格に制限した刑事訴訟法の諸規定は、無意味なものになってしまいます。そのため、逮捕・勾留は「同一の犯罪事実」（刑訴199③）について、一回しか許されないという原則、

すなわち、**逮捕・勾留一回性の原則**が承認されました。なお、同一の犯罪事実について、逮捕・勾留を一回しか許さないというのは、2つの意味をもちます。1つは、「同一の犯罪事実」を分割して逮捕・勾留の理由にしてしまうこと、つまり、小刻みな、細切れの逮捕・勾留を許さないという意味です。これを**一罪一逮捕一勾留の原則**と呼びます。また、逮捕・勾留一回性の原則は、もう1つの意味として、同一の犯罪事実について逮捕・勾留をむし返すことを許しません。すなわち、再逮捕・再勾留を許さないわけです。これを**再逮捕・再勾留禁止の原則**と呼びます（逮捕・勾留に関する原則について、詳細は設問03「逮捕・勾留の基本的知識とその原則」5参照）。

別件逮捕・勾留の捜査方法は、別件に藉口し、本件で逮捕・勾留したにひとしい客観的状況を作り出すことを内容とするものでした。そのため、実質的には本件で逮捕・勾留したというべき別件逮捕・勾留のあとで、本件を理由に逮捕・勾留することは——たとえ、形式をととのえ、適式な手続を踏むものであっても——、この逮捕・勾留一回性の原則に反することになるわけです（ちなみに、2で述べた最高裁昭和52年決定も、「『別件』と『本件』とについて同時に逮捕・勾留して捜査することができるのに、専ら、逮捕・勾留の期間の制限を免れるため罪名を小出しにして逮捕・勾留を繰り返す意図のもとに、各別に請求したもの」、すなわち、「〔本件を理由とする〕第二次逮捕・勾留が〔別件を理由とする〕第一次逮捕・勾留の被疑事実と実質的に同一の被疑事実について再逮捕・再勾留をしたもの」かどうかを検討した。ただし、いずれも否定する）。

第3に、別件に藉口し本件で逮捕・勾留したにひとしい客観的状況を作り出した別件逮捕・勾留の捜査方法について、**本件に対する令状係裁判官のコントロールをかいくぐる違法**も認めねばなりません。

展開支援ナビ

令状係裁判官のコントロールをかいくぐる　第3の違法については、こう敷衍できます。

逮捕については憲法じしんが、原則として、裁判官による令状の発付を要求します。すなわち、「何人も、現行犯として逮捕される場合を除いては、権限を有する司法官憲が発し、且つ理由となってゐる犯罪を明示する令状によらなければ、逮捕されない」と定める憲法33条です。この「令状によらなければ、逮捕されない」というのは、逮捕行為に先立ってかならず令状、すなわち「逮捕状」が裁判官によって発付されねばならないことを意味します（刑訴199①「検察官、検察事務官又は司法警察職員は、被疑者が罪を犯したことを疑うに足りる相当な理由があるときは、裁判官のあらかじめ発する逮捕状により、これを逮捕することができる〔以下、省略〕」。なお、この199①の逮捕状を、警察の内規である犯捜規119①は「通常逮捕状」と呼ぶ）。

また、被疑者の勾留についても、令状によらなければ勾留されないというべきです。被疑者の勾留については、検察官だけがこれを請求できます（刑訴204①、205①、206①。たとえば、204①は、検察官は、「留置の必要があると思料するときは被疑者が身体を拘束された時から48時間以内に裁判官に被疑者の勾留を請求しなければならない。但し、その時間の制限内に公訴を提起したときは、勾留の請求をすることを要しない」と定める）。検察官の請求をまたず裁判官が職権で被疑者を勾留することは、認められません。また、裁判官が被疑者の勾留を命令するときは、かならず令状、すなわち、勾留状を発付しなければなりません（刑訴207④「裁判官は、第1項の勾留の請求を受けたときは、速やかに勾留状を発しなければならない。ただし、勾留の理由がないと認めるとき、及び前条第2項〔やむを得ない事由にもとづかない勾留請求の遅延〕の規定により勾留状を発することができないときは、勾留状を発しないで、直ちに被疑者の釈放を命じなければならない」）。令状によらない被疑者勾留という類型は認められていないわけです。

そのように、逮捕や勾留の身体拘束処分に先立ち、裁判官により令状が発付されねばならない実質的根拠について、逮捕を例に挙げて説明すれば、こうです。

——身体の自由を制限する重大な処分の逮捕については、捜査に責任を負わない裁判官が、中立の公正な立場から、逮捕行為に先立ち、逮捕の実体的要件（逮捕の理由と必要性など）があるかどうかをチェックする。適法に逮捕できる要件があると認めた場合に限って、裁判官は逮捕のため令状を発付する。この裁判官により事前に発付される令状にもとづき逮捕が行われてこそ、違法・不当な身体拘束を未然に防止することが可能になる、と。

すなわち、**令状を介して行われる司法的抑制**の意義は、逮捕が捜査機関の一方的裁量で行われることを許さない、すなわち、裁判官が、身体を拘束されようとする被疑者側の不利益を事前にかつ公正に考慮し、不相当な逮捕について、これを絶対に行わせず未然に阻止することにあるといえます。しかし、別件逮捕・勾留の捜査方法は、この令状係裁判官による厳格なコントロールをかいくぐることになる、すなわち、令状主義の保障

を潜脱することになるわけです。

　本件基準説は、これら3つの視点から別件逮捕・勾留の捜査方法に内在する**特殊な違法の実質**を捉えます。そのように捉えることによって、別件を理由とする身体拘束処分が、それじたいとしては実体的要件（別件について身体を拘束する理由と必要性など）を備えていたとしても、実質的にみて、すなわち、本件を基準にしてみれば、違法な身体拘束処分といわねばならない場合があることを肯定します（2で述べた最高裁昭和52年決定も、「証拠の揃っている『別件』の逮捕・勾留に名を借り」と述べ、別件の身体拘束処分に実体的要件が備わっていても違法となる場合があることを示唆した）。

　そのように、本件基準説は、別件逮捕・勾留の捜査方法に内在する特殊な違法の実質を捉えて、実体的要件を備えた別件逮捕・勾留であっても、違法な身体拘束処分となることを明らかにしたわけです。その意義の大きさは、繰り返し強調されるべきでしょう。

4　別件基準説の意義と問題点

　しかし、別件逮捕・勾留という捜査方法がもつ違法の実質について、この本件基準説と対立する考え方が、かつて、実務ではとられていました。現在もなお、有力な考え方だというべきかもしれません。それが、**別件基準説**です。

(1)　別件基準説の意義

　別件基準説の考え方は、こうです。
　——実体的要件（身体拘束の理由と必要性など）を備えているように見える別件の逮捕・勾留について、実は、その逮捕・勾留の身体拘束をもっぱら本件取調べのため利用する意図が捜査機関には隠されている場合がある。すなわち、被疑者に対し、なにがなんでも逮捕・勾留の身体拘束処分を行わせるため、敢えて別件に藉口したにすぎないような場合がある。そのような場合、別件の逮捕・勾留について、たしかに形式的には令状係裁判官の司法審査をくぐり抜けていても、実質的にはその身体拘束の実体的要件を欠くことが少なくない。すなわち、別件について、形式的には身体拘束の「理由」（刑訴199①の「被疑者が罪を犯したことを疑うに足りる相当な理由」などを参照）を備えているようにみえるけれども、実は、その証拠的基礎が極めて薄弱なものであったり、そもそも証拠が捏造されていたため、実質的には身体拘束の「理由」を否定すべき場合がある。あるいは、別件について、形式的には身体拘束の「必要」（刑訴207①、60①(2)「罪証を隠滅すると疑うに足りる相当な理由」、同(3)「逃亡し又は逃亡すると疑うに足りる相当な理由」を参照）を備えているようにみえるけれども、実は、犯罪事実が軽微すぎるとか、犯罪行為時より相当長期間を過ぎているとかの事情があって、厳格な令状審査が行われていれば、身体拘束の「必要」は否定されるべきであった場合がある。そのように、実質的には、実体的要件を欠く別件の逮捕・勾留が、身体拘束下で被疑者を本件について取り調べる目的のため、敢えて行われた点にこそ、別件逮捕・勾留という捜査方法の違法の実質がある、と。

　別件基準説と呼ばれるこの考え方では、別件逮捕・勾留の捜査方法をチェックするには、〈本件取調べを身体拘束下で行うため、実体的要件を欠く別件逮捕・勾留が、裁判官の令状審査をかいくぐるかたちで、あるいは、裁判官の緩やかな令状審査に助けられるかたちで、敢えて行われたのではないか〉という検討を行うべきものとなります。すなわち、別件の被疑事実を基準に、その身体拘束の適法性を厳密に判断するべきであり、かつ、それで足りることになります。形式的には身体拘束処分の実体的要件があるように見えても、実質的にはそうでないことを見抜こうというわけです。

(2) 別件基準説の問題点

しかし、この別件基準説には、2つの問題点があります。

第1の問題点は、こうです。実体的要件を欠いた逮捕・勾留は、どんな場合であっても違法であるのは当たり前のことです。そのように、逮捕・勾留が実体的要件を欠いて違法だという当たり前のことを、ことさら別件基準説と呼ぶ必要はないはずです。こう考えると、結局、別件基準説とは、別件逮捕・勾留の捜査方法に内在する特殊な違法の実質をなんら捉えていない考え方だといわねばなりません。

> **展開支援ナビ**
>
> **別件に関する逮捕の実体的要件** ちなみに、蛸島事件で別件とされた窃盗被疑事件について、逮捕の理由とされた証拠資料（警察官代筆の被害届）には捏造された疑いがありました。少年Aの自宅から押収されたレコード盤も、被害届に記載されたものとは違っており、そもそも窃盗行為があったのかどうか、疑問でした。また、住居侵入被疑事件についても、親戚の居宅に無断で上がり込んだという極めて軽微な事案であり、そのような少年Aの行為をそもそも刑事手続で取り上げる必要があったかどうか、やはり疑問でした。
>
> この点、金沢地裁七尾支部判決昭和44年も次のように述べます。
>
> 窃盗、住居侵入の「第一次逮捕被疑事実の捜査過程に極めて不自然な点があって、補強証拠の成立そのものに疑念が存する〔警察官が代筆した窃盗被害者の被害届は、その作成日付などにかんがみ、捏造された疑いがある〕」ほか、「右被疑事実が軽微な事案〔警察じしんが事案軽微で保護処分が適当だとした窃盗や、逮捕の6箇月以上前の遠縁宅への住居侵入〕であって第一次逮捕そのものの必要性に疑問があり、これに続く勾留も理由がなかったと認められる」、と。
>
> すなわち、蛸島事件の別件逮捕・勾留は、それじたいとしてみても、その実体的要件を欠いた違法なものだといえる事案でした。しかし、金沢地裁七尾支部昭和44年判決は、そのようにいうことをしませんでした。そうせずに、本件基準説にたって、起訴前の身体拘束じたいを違法な捜査方法に貶めるという、別件逮捕・勾留の捜査方法に内在する**特殊な違法の実質**に真正面から切り込み、その憲法上の問題点まで浮き彫りにしたのでした。

第2の問題点は、こうです。別件について、実質的には身体拘束の実体的要件が備わっている場合であっても、その別件の逮捕・勾留が本件取調べを確保するための手段に貶められてしまうことはあるでしょう。なぜなら、捜査機関としては、別件に関する実体的要件の如何に関わらず、被疑者の身体を拘束することさえできれば、それでよいからです。すなわち、身体の拘束さえできれば、被疑者に対し本件取調べを事実上強制できますし、身体拘束処分に伴う供述強制的状況も利用できるからです。別件基準説による限り、そのような、実体的要件を備えた別件逮捕・勾留の下で不当な本件取調べが行われるケースについて、チェックをかけ、違法だと断ずることができません。それでは、別件逮捕・勾留の捜査方法をチェックする範囲が狭すぎることになります。

これらの問題点を考慮し、別件じたいについて、身体拘束の実体的要件が備わっていたとしても、その逮捕・勾留が違法になる場合はあると考えられることになります。それが上述した**本件基準説**の考え方でした。

5 実体喪失説の意義と問題点

(1) 実体喪失説の意義——違法性判断の新たな枠組み

別件逮捕・勾留の違法性について、本件基準説とは異なる、新たな判断枠組みをつくるべきだという主張があります。

その主張は、起訴前の身体拘束期間の「実体」について、「逮捕・勾留の理由とされた被疑事実について、被疑者の逃亡および罪証湮滅を阻止した状態で、起訴・不起訴の決定に向けた捜査を行うための期間」（川出敏裕『別件逮捕・勾留の研究』282頁）であると捉えます。そのように捉えるのは、この「身柄拘束期間は、専らその理由とされた被疑事実のために、身柄拘束の目的に沿ったかたちで利用されねばならない」と

いう原則をたてるからです（川出・同上）。

　この原則の下で、論者は、「身柄拘束の理由とされた被疑事実（別件）について捜査が完了した場合には、その時点で身柄拘束の継続の必要性が失われ、それ以後の身柄拘束は違法となる」という一般的帰結を導き、とくに、「逮捕・勾留期間を通じて別件の捜査が終了していなかったとしても、余罪（本件）の取調べを行ったことにより、別件による身柄拘束期間が、本来必要であった期間よりも長期化している状況がある場合には、別件について起訴・不起訴の決定に向けた捜査を行うために合理的に必要と考えられる期間以降の身柄拘束は違法と評価される」と帰結すべきだと主張されました（川出・前掲書282頁以下）。また、上記の原則から、別件について逮捕・勾留の実体的、手続的な要件が備わっている場合であっても、別件の逮捕・勾留の身体拘束期間が別件の捜査のためにはあまり利用されず、むしろ「主として他の被疑事実（本件）のために利用されている場合には、その身柄拘束自体が本件によるものと評価され」、「身柄拘束は違法ということになる」とされます（川出・前掲書283頁以下）。そして、身体拘束が別件のために利用されたのか、本件のために利用されたのか、その身体拘束の「実体」を決定するために、〔１〕別件の捜査がいつ完了したか、〔２〕別件の捜査と本件取調べの状況や両者の取調べ時間の比率、〔３〕取調べの執拗さや取調べ官の人数など取調べの具体的内容、〔４〕別件と本件の関連性など、さまざまな要素を考慮に入れて、判断することになるとされます（川出・前掲書288頁以下）。そのような判断を尽くし、別件の身体拘束期間の一定部分だけが、主として本件取調べに費やされた事案や、別件捜査と本件取調べが混在して行われたため、身体拘束期間が長期化した事案などについて、別件のための身体拘束処分の「実体」を喪失すると認め、別件逮捕・勾留の身体拘束処分を部分的であっても違法とする考え方であるわけでした。この考え方は**実体喪失説**とも呼ばれ、別件逮捕・勾留の違法性に関し、新しい判断枠組みをつくろうとする主張として注目されます。

展開支援ナビ

実体喪失説にたつ裁判例　強盗致傷等被告事件で、**東京地決平成12・11・13判タ1067号283頁**は、実体喪失説の考え方を採用しました。次のように判示します。

　「ア　以上のとおり、〔別件の〕旅券不携帯事件による勾留期間の延長後は、〔外国人の〕被告人に対して〔中略〕、ほぼ連日、相当長時間に及ぶ取調べが続けられており、しかも、その大半が乙事件〔すなわち、本件の強盗致傷事件〕の取調べに費やされていたのに対し、〔別件、すなわち、旅券不携帯による〕不法入国事件に関しては、被告人を若干取り調べた点を除けば、捜査本部が積極的に捜査を行った形跡がなく、同月24日までに、不法入国による立件が絶望的となるような状況に陥っていたこと、さらに、被告人は、乙事件について、頑強に否認を続けて、自白した後も、取調べに抵抗を続けていたことがうかがわれるのである。／イ　そして、旅券不携帯事件による勾留期間延長から〔第２の別件である、外国人登録証明書に関する〕偽造公文書行使事件による逮捕までの間の右のような捜査のあり方からすると、右期間中における乙事件の取調べは、旅券不携帯事件による逮捕勾留期間中に許された限度を大きく超えているのに対し、本来主眼となるべき旅券不携帯事件ないし不法入国事件の捜査は、ほとんど行われない状況にあったというべきであるから、**右勾留期間延長後は、旅券不携帯事件による勾留としての実体を失い、実質上、乙事件を取り調べるための身柄拘束となったとみるほかはない**。したがって、その間の身柄拘束は、令状によらない違法な身柄拘束となったものであり、その間の被告人に対する取調べも、違法な身柄拘束状態を利用して行われたものとして違法というべきである。〔中略〕／エ　そして、前記イで指摘した旅券不携帯事件による勾留期間延長から偽造公文書行使事件による逮捕までの間の被告人取調べの違法は、憲法及び刑訴法の所期する令状主義の精神を没却するような重大なものであり、かつ、右取調べの結果得られた供述調書を証拠として許容することが、将来における違法な捜査の抑制の見地からも相当でないと認められる以上、右期間中に得られた被告人の供述調書、すなわち、7月24日付け（乙7）及び同月27日付け（乙8）各警察官調書並びにその間に被告人を同事件に関し現場に引き当たりをして得られた同月29日付け捜査報告書（甲50）の証拠能力はすべて否定されるべきものと解するのが相当である」、と。

(2) 実体喪失説の問題点

　しかし、実体喪失説のように、ひとつひとつが特殊で異なった事件ごとに、本来必要な、その意味で適法性の規準となる身体拘束期間を設定しようとすることには、無理があるというべきです。それが無理である以上、「本来必要であった期間」かどうかの判断は、結局、事件に関するさまざまな具体的事情を実質的かつ総合的に考慮するものにしかならず、よい意味での判断の形式性は失われ、判断の恣意性だけが際だつことになってしまいます。

　また、実体喪失説の特徴は、別件逮捕・勾留の違法性の問題にアプローチする方法として、別件の捜査の進展状況や別件取調べの内容などを必ず考慮に入れるべきだという点にあるでしょう。すなわち、別件に藉口し、本件で逮捕・勾留したにひとしい客観的状況を作り出したかどうかという判断について、本件に関する捜査の実質を問題にするだけでは不十分であり、別件捜査の進展状況や内容などと必ず比較対照しなければならないというものでした。しかし、この点にも疑問が拭えません。

　本件基準説はもともと、〈別件について、逮捕・勾留の実体的要件が備わっている場合であっても、本件を基準にする限り、違法な身体拘束だといわねばならない〉という考え方を内在させるものでした。言い換えれば、別件の捜査活動の実質や必要というものを敢えて考慮に入れず、身体拘束処分そのものを違法と断ずる点に本件基準説の本来的な意義ないし機能があったはずです。すなわち、本件基準説が、別件の身体拘束処分そのものを違法とするのは、身体拘束中の本件取調べが、それじたいとして独立した意義をもつものになっており、その結果として、別件に藉口し、本件で逮捕・勾留したにひとしい客観的状況が作り出されたといわねばならないからでした（なお、2で述べたように、別件の身体拘束期間のうち、少なくとも、相当な部分で本件取調べが行われていれば、本件で逮捕・勾留したにひとしい客観的状況を作り出したことを認定でき、かつ、別件の身体拘束そのものを全体として違法と評価できると考えるべきである）。そのような状況の作出じたいは、別件の捜査活動の実質や必要がどのようなものであっても、起こることだといわねばなりません。

　言い換えれば、実体喪失説の主張は、そのような状況が作出されたケースにおいて、別件捜査の進展状況や内容などとの比較対照という判断要素を持ち込むことにより、別件逮捕・勾留をなお適法と認めさせようというものになります。結局、実体喪失説には、本件基準説の意義ないし機能を後退させ、その結果、違法と断ずべき別件逮捕・勾留の範囲を狭めることになる問題があるといわねばなりません。

6　身体拘束中の余罪取調べの適法性

(1) 身体拘束中の余罪取調べの可否

　別件逮捕・勾留の問題と重なるところがあるため、事案の処理を複雑にしている問題があります。それが、身体拘束中の余罪取調べの可否とその限界という問題です（余罪とは、同時捜査の対象とされる他の犯罪事実を意味する）。

展開支援ナビ

事件単位の原則と新別件基準説　別件逮捕・勾留の捜査方法についても、専ら余罪取調べの可否とその限界の問題として論ずべきだという考え方があります。すなわち、以下のように考えるものでした。

　3で述べた本件基準説は、別件に藉口し、本件で逮捕・勾留したにひとしい客観的状況が作り出されたことを根拠に、別件を理由とする身体拘束処分そのものを違法とする考え方でした。しかし、この本件基準説の判断方法について、批判がなされました。すなわち、令状に記載され身体拘束の理由となった被疑事実（別件）を基準にしないで逮捕・勾留の効力を否定するものであって、事件単位の原則に反するという批判です。ちなみに、事件単位の原則とは、逮捕状・勾留状に記載された被疑事実だけを基準にして、逮捕・勾留の効力（身体拘束の法的効果）が及ぶとするルールを意味しました（詳細は、設問03「逮捕・勾留の基礎知識とその原則」5(3)参照）。すなわち、逮捕・勾留された被疑者について、令状記載の被疑事実のほかに余罪が同時に捜査の対象になっていても、逮捕・勾留の効力はその余罪には及ばないとするルールです。

本件基準説がこの事件単位の原則に反するという趣旨は、こうです。すなわち、〈逮捕状・勾留状に記載された被疑事実だけに、逮捕・勾留の効力が及ぶとするのが事件単位の原則の趣旨だ。この事件単位の原則の趣旨にかんがみれば、別件の逮捕・勾留がその実体的、手続的要件を充たしている限り、身体拘束は適法というほかない。令状に記載されない余罪、すなわち、本件を持ち出してきて、別件の身体拘束処分の効力そのものを問題にすること、すなわち、違法な身体拘束だと断ずることは許されない〉と批判するのです。この批判に与する限り、別件逮捕・勾留の捜査方法の不当をチェックするには、身体拘束中の余罪の取調べの可否と限界を問題にすれば足り、かつ、そうする以外にないこととなります（小林充「別件逮捕・勾留に関する諸問題」法曹時報27巻12号7頁以下）。以上のような考え方は、**新しい別件基準説**とも呼ばれます（以下、新別件基準説と呼ぶ）。
　しかし、この新別件基準説の考え方には首肯できません。なぜなら、事件単位の原則の意義ないし機能について、新別件基準説の捉え方じたいに疑問があるからです。
　事件単位の原則が果たすべき機能は、本来、令状係裁判官のコントロールに服さない被疑事実にまで逮捕・勾留の効力が及ぶことを許さない点にありました。事件単位の原則が果たすべきこの本来的機能からすれば、〈別件に藉口するが、実質は、本件で逮捕・勾留したにひとしいケース〉を規制することこそ、事件単位の原則に適うというべきです。むしろ、そのようなケースを許さないことにこそ、事件単位の原則の存在意義があります。そして、本件基準説はそのようなケースを直截に違法と断ずるわけですから、本件基準説は事件単位の原則に反する考え方ではなく、むしろ、事件単位の原則から導かれる考え方だというべきでしょう。結局、本件基準説を批判する新別件基準説に対しては、事件単位の原則の本来的機能を正しく捉えないまま、別件逮捕・勾留の捜査方法に内在する違法の実質（3(3)で述べた3つの違法）を覆い隠す議論になっているといわねばなりません。

　有力な考え方は、逮捕・勾留されて身体拘束中の被疑者について、〈原則として、余罪取調べが禁止される。ただし、例外的に、身体拘束下であっても余罪取調べが許される場合はある〉と主張します。この考え方によれば、例外が認められるのは、たとえば、〔1〕逮捕・勾留の基礎となった被疑事実と余罪事実とが、**包括一罪の関係**にあると思料される場合（常習賭博罪などの常習犯、わいせつ文書販売罪などの営業犯や、盗品を運搬、保管、有償譲渡するような刑法256②の段階犯など）とか、〔2〕逮捕・勾留の基礎となった被疑事実と余罪の事実とが、たとえば、放火して火災保険金を詐取した〔放火と詐欺〕、ひとを殺害して死体を遺棄した〔殺人と死体遺棄〕、監禁して被害者に傷害を負わせた〔監禁と傷害〕、窃取した預金通帳の名義人を装って銀行から現金を引き出した〔窃盗と詐欺〕、監禁を手段として恐喝した〔監禁と恐喝〕など、密接な関連性を肯定することができる場合です（手段と目的または原因と結果の関係にあるため、**密接な関連性**が肯定された。なお、犯罪としての性質にかんがみ、通常は手段とされないため、または、一方の犯罪から生ずる当然の結果ではないため、刑法54①の牽連犯関係にないときでも、密接な関連性が肯定される場合はある。その場合、2つの事実は刑法45条の併合罪の関係にある。参照、**最判昭和24・7・12刑集3巻8号1237頁**）。
　そのような包括一罪の関係にある余罪や、密接な関連性を肯定できる余罪に**限定**して取り調べるのであれば、「逮捕・勾留の〔身体拘束の〕基礎となった事実の取調べとしても重要な意味をもつ」（田宮裕『刑事訴訟法〔新版〕』136頁。〔　〕は引用者）ため、例外的に、許されてよいと主張するわけです。この考え方によれば、その限定された範囲から逸脱する余罪の取調べは、すべて違法なものとなります。そして、余罪取調べが違法かどうかは、逮捕・勾留の理由とされた被疑事実と余罪の事実のあいだの関連性の有無、意味、程度を客観的に捉えることにより判断でき、かつ、そう判断すべきものとなります。

展開支援ナビ

　余罪取調べの範囲を限定する　　この点に関連して、解説の2でも紹介した最高裁昭和52年決定が参考になるでしょう。次のように述べます。
　「『別件』中の恐喝未遂と『本件』〔の強盗強姦殺人等〕とは社会的事実として一連の密接な関連があり、『別件』の捜査として事件当時の被告人の行動状況について被告人を取調べることは、他面においては『本件』の捜査ともなるのであるから、第一次逮捕・勾留中に『別件』のみならず『本件』についても被告人を取調べて

いるとしても、それは、専ら『本件』のためにする取調というべきではなく、『別件』について当然しなければならない取調をしたものにほかならない」、と。

このほか、浦和地平成2・10・12判時1376号24頁も、身体拘束下の余罪取調べが「適法とされるのは、原則として右取調べを受けるか否かについての被疑者の自由が実質的に保障されている場合に限る」と解したうえで、「例外として、逮捕・勾留の基礎となる別件と余罪との間に密接な関係があって、余罪に関する取調べが別件に関する取調べにもなる場合は別論である」と判示しました。2の【展開支援ナビ】「『専ら』と『主として』」で述べたように、浦和地裁平成2年判決における「別件」は出入国管理及び難民認定法違反事件であり、「本件」は現住建造物放火事件でした。浦和地裁平成2年判決は、具体的な事案処理として、「本件における別件と本件との間には、そのような〔最高裁昭和52年決定のいう〕密接な関連性は認められない。なぜなら、その関連性は、本件たる放火罪は、別件たる不法残留の事実の継続中に犯されたもので、放火の動機に不法残留中の生活状況が関係し得るという程度のものに止まるのであって、逆に、放火の事実の取調べが、不法残留の事実の動機、態様等を解明するためにいささかでも役立ち得るとは到底考えられないからである」と述べました。浦和地裁平成2年判決は、余罪の取調べが身体拘束の理由とされた犯罪事実(本罪という)の動機、態様などを解明するため役立つ、というような密接な関連性がある限り、余罪についても、本罪の取調べとひとしく適法に——具体的には、取調べ受忍義務を課した——取調べができるとしたわけです。

(2) 実務における余罪取調べ

しかし、実務では、身体拘束中の被疑者に対する余罪取調べについて、〈身体拘束の理由となった被疑事実に関連して当然に取り調べるべき事実〉とか、〈身体拘束の理由となった被疑事実と密接な関係がある範囲の事実〉に限定されない、すなわち、余罪となる被疑者事実の範囲に限定はないという考え方が一般的です。

たとえば、**大阪高判昭和59・4・19高刑集37巻1号98頁**（次の(3)でも取り上げる）は、威力業務妨害等で逮捕・勾留された被疑者を警察官が殺人の被疑事実についても取り調べたことについて、「一般に甲事実について逮捕・勾留した被疑者に対し、捜査官が甲事実のみでなく余罪である乙事実についても取調べを行うことは、これを禁止する訴訟法上の明文もなく、また逮捕・勾留を被疑事実ごとに繰り返していたずらに被疑者の身柄拘束期間を長期化させる弊害を防止する利点もあり、一概にこれを禁止すべきでないことはいうまでもない」と判示しました（このほか、「逮捕の理由と必要を否定し得ない」暴行、脅迫被疑事件で逮捕・勾留中に、被害者を異にする殺人被疑事件で被疑者を取り調べた事案について、**仙台高判昭和55・8・29判時980号69頁**も、「逮捕・勾留中の被疑者を当該逮捕・勾留にかかる被疑事実以外の事実につき取調べることを禁止する法規は存しないから、かかる取調は原則として違法ではな〔い〕」と述べた）。

> **展開支援ナビ**
>
> **余罪取調べの任意処分性**　身体拘束中の被疑者に対する余罪取調べについて、取調べの対象となる犯罪事実の範囲に限定はないとしても、取調べ受忍義務を課した取調べは許されないとする考え方が、実務上も、有力です。なぜなら、身体拘束中の被疑者に対し、取調べ受忍義務を課す余罪取調べを行うことは、逮捕・勾留という身体拘束処分の効力を余罪にまで及ぼす結果となり、**事件単位の原則に反する**からです。この点で、余罪取調べの任意処分性を具体的に確保するため、手続的な手立てを要求し、その手続的手立てを欠くときは、違法な余罪取調べになるとする裁判例があり、注目されます。具体的には、(A)余罪取調べについて受忍義務はなく、いつでも退去できる権利があることを被疑者に告知したか、(B)余罪についても、黙秘権および弁護人選任権があることを被疑者に告知したか、を問題とします。
>
> たとえば、**福岡地判平成12・6・29判タ1085号308頁**（覚せい剤取締法違反、殺人被告事件。被告人が、法定の除外事由がないのに覚せい剤を所持し、使用した事案、および、被害者の胸部を所携の包丁で1回突き刺し、同人を死亡させて殺害した事案）は、覚せい剤使用および所持を理由とする逮捕・勾留中、および、その起訴後勾留中になされた、殺人被疑事件の余罪取調べについて、いずれも許される余罪捜査の限界を超えた違法なものであり、その違法の程度は重大であり、違法捜査抑制の見地からしても、その余罪取調で得られた供述調書は、憲法31条、

38条1項、2項などの規定に照らし、証拠能力を欠くと判示しました（ただし、〈本件の事実等を総合すると、被告人が殺意をもって被害者の胸部を突き刺したことが強く推認され、この推認を揺るがす証拠は見当たらず、被告人には優に殺人罪を認定することができる〉などを理由に、被告人を懲役10年に処した）。具体的には、次のように判示します。

「余罪についてもいわゆる取調受忍義務を課した取調べが許されるとする見解は、刑事訴訟法が、逮捕・勾留について、いわゆる事件単位の原則を貫くことにより、被疑者の防御権を手続的に保障しようとしていることに鑑み、採用できない。／別件逮捕・勾留中の余罪取調べについて限界を設ける見解には、〔1〕余罪について事実上取調受忍義務を伴う取調べがなされたときは、これを違法とするものと、〔2〕取調受忍義務に直接触れることなく、実質的な令状主義の潜脱があったときは、これを違法とするものがある。前者の見解によると、余罪について手続的な手当がなされたかどうか、すなわち、捜査機関が余罪の内容について被告人に明らかにした上で、その取調べには応じる義務がなく、いつでも退去する自由がある旨を被疑者に告知したかどうか（退去権の告知）、余罪についても黙秘権及び弁護人選任権があることを告知したかどうか（黙秘権等の告知）を審査し、これらの手続きが履践されていないときは、違法な取調べということになり、その取調べの結果作成された供述調書等は証拠能力を有しないとされる〔中略〕。後者の見解によると、本罪と余罪の罪質・態様の異同及び軽重、両罪の関連性の有無・程度、捜査の重点の置き方、捜査官の意図等の諸要素を総合的に判断して、令状主義の実質的な潜脱があったか否かが判断され、その程度によって、その取調べの結果作成された供述調書等の証拠能力の有無が決せられることになる」、と。

なお、福岡地裁平成12年判決は、事案の具体的処理について、前者〔1〕の考え方により、「本件の覚せい剤事件による逮捕勾留中に殺人事件に関する取調べも行われたこと、殺人事件の取調べに際し、乙〔司法警察職員〕らが被告人に退去権及び黙秘権を告知した事実はなく、A弁護士が、乙に対し、殺人事件での取調べを止めるよう二度にわたり申入れた後も、取調べに関する権利告知やその時間等に特段の変化がなかった」と認め、覚せい剤自己使用等を理由とする「第一次逮捕・勾留中に行われた殺人事件の取調べは、余罪取調べの適否に関する前者の見解によれば、余罪取調べとして許される範囲を超えていたとみることができる」と判示しました。

(3) 違法な余罪取調べ

ただし、身体拘束中の被疑者について、余罪取調べを一般的に許容する考え方をとったとしても、なお余罪取調べが例外的に違法になる場合はあるとされます。

上述した大阪高裁昭和59年判決も、「逮捕状・勾留状には、理由となつている犯罪が明示されなければならないこと」など、令状主義の原則を定めた憲法、刑事訴訟法の趣旨や、「外部から隔離され弁護人の立会もなく行われる逮捕・勾留中の被疑者の取調べが、紛れもなく事実上の強制処分性をもつこと」などにかんがみ、「逮捕・勾留中の被疑者に対する余罪の取調べには一定の制約があることを認めなければならない」と述べたうえで、さらに、次のように判示しました。

「とくに、もつぱらいまだ逮捕状・勾留状の発付を請求しうるだけの証拠の揃つていない乙事実（本件）について被疑者を取り調べる目的で、すでにこのような証拠の揃つている甲事実（別件）について逮捕状・勾留状の発付を受け、同事実に基づく逮捕・勾留に名を借りて、その身柄拘束を利用し、本件について逮捕・勾留して取り調べるのと同様の効果を得ることをねらいとして本件の取調べを行う、いわゆる別件逮捕・勾留の場合、別件による逮捕・勾留がその理由や必要性を欠いて違法であれば、本件についての取調べも違法で許容されないことはいうまでもないが、別件の逮捕・勾留についてその理由又は必要性が欠けているとまではいえないときでも〔すなわち、別件を理由とする身体拘束がその実体的要件を充たしているときでも〕、右のような本件の取調べが具体的状況のもとにおいて実質的に令状主義を潜脱するものであるときは、本件の取調べは違法であつて許容されないといわなければなら〔ず〕」、具体的には、「別件の逮捕・勾留についてその理由又は必要性が欠けているとまではいえないときでも、〔中略〕別件（甲事実）による逮捕・勾留中の本件（乙事実）についての取調べが、右のような〔別件（甲事実）にもとづく身体拘束を利用し、余罪となる本件（乙事実）本件について逮捕・勾留して取り調べるのと同様の効果を得るという〕目的のもとで、〔現実にも〕別件の逮捕・勾留に名を借りその身柄拘束を利

用して本件について取調べを行うものであって、実質的に令状主義の原則を潜脱するものである」と認められるときは、余罪となる「本件の取調べは違法であって許容されないといわなければならない」、と。

　この大阪高裁昭和59年決定は、別件逮捕・勾留の捜査方法に関し、「別件の逮捕・勾留についてその理由又は必要性が欠けているとまではいえないとき」は、「具体的状況のもとにおいて実質的に令状主義を潜脱する」「本件の取調べ」に限って、これを違法にしようというものでした（光藤『刑事訴訟法Ⅰ』89頁は、「令状主義潜脱説」と呼ぶ）。これに対し、3(3)で述べたように本件基準説は、別件を理由とする身体拘束処分について、それじたいとしては実体的要件（理由や必要性など）を備えていたとしても、なお違法といわねばならない場合があることを肯定しました。しかし、大阪高裁昭和59年決定は、別件逮捕・勾留が実体的要件を備える限り、取調べの具体的過程に令状主義の実質的潜脱があっても、別件の身体拘束処分は違法となりえず、余罪取調べに限って違法になる場合があるというわけでした。その意味で、別件基準説を前提としたものとなります。

　余罪取調べが「実質的に令状主義の原則を潜脱するものであるか否か」の判断について、大阪高裁昭和59年決定は、「具体的状況を総合して判断するという方法をとるほかはない」と判示し、その考慮要素として、「①甲事実〔別件〕と乙事実〔本件〕との罪質及び態様の相違、法定刑の軽重、並びに捜査当局の両事実に対する捜査上の重点の置き方の違いの程度、②乙事実〔本件〕についての証拠とくに客観的な証拠がどの程度揃っていたか、③甲事実〔別件〕についての身柄拘束の必要性の程度、④甲事実〔別件〕と乙事実〔本件〕との関連性の有無及び程度、ことに甲事実〔別件〕について取り調べることが他面において乙事実〔本件〕についても取り調べることとなるような密接な関連性が両事実の間にあるか否か、⑤乙事実〔本件〕に関する捜査の重点が被疑者の供述（自白）を追求する点にあったか、客観的物的資料や被疑者以外の者の供述を得る点にあったか、⑥取調担当者の主観的意図がどうであったか等」を挙げました。

　このような大阪高裁昭和59年判決の実質的な趣旨は、逮捕・勾留中の被疑者に対する、特定の身体拘束期間における余罪取調べが、身体拘束処分に付随する供述強制的状況を利用したものになっている場合、つまり、あたかもその余罪で被疑者を逮捕・勾留したかのような状況が部分的、個別的に作り出され、それによって余罪の取調べの実効性を確保しようとする——すなわち、余罪について自白を獲得しようとする——ものになった場合は、被疑者の身体拘束処分が自白獲得の手段に貶められたという意味で、違法な余罪取調べになるというものでしょう。

　ちなみに、大阪高裁昭和59年判決の具体的な事案処理は、こうでした。(A)「別件」の暴力行為等処罰に関する法律違反、威力業務妨害の事件は、「本件」となる殺人事件に比較して、相対的に軽微な犯罪であったこと、収集ずみの証拠にかんがみ別件で逮捕・勾留する理由と必要性はけっして高度のものではなかったこと、本件の殺人事件について客観的証拠は乏しく、いきおい被疑者の供述に頼らざるを得なかったこと、別件取調べが本件取調べにもつながるという密接な関連性はないことなどを挙げたうえで、(B)別件の逮捕・勾留期間中において、その取調べ時間の大半が費やされた「本件殺人の事実についての取調べは、これを実質的にみれば、もっぱらいまだ逮捕状・勾留状の発付を請求しうるだけの証拠の揃っていない本件殺人の事実について被告人両名を取り調べる目的で、すでにこのような証拠の揃っていた右各逮捕・勾留事実について逮捕状・勾留状の発付を受け、同事実に基づく逮捕・勾留に名を借りて、その身柄拘束を利用し、あたかも本件殺人の事実について司法審査を受け逮捕状・勾留状の発付を受けたと同様の状態のもとで、同事実ことにその殺意に関する不利益事実の供述を追求したものである」などと判示し、(C)結論として、別件の「逮捕・勾留期間中における被告人両名に対する本件殺人の事実に対する取調べは、具体的状況に照らし、実質的に憲法及び刑事訴訟法の保障する令状主義を潜脱するものであって、違法で許容されえないものといわなければならない」と判示しました。

> **展開支援ナビ**
>
> **大阪高裁昭和59年判決による自白排除**　大阪高裁昭和59年判決は、違法な余罪取調べにもとづき作成された被疑者の供述調書について、その証拠能力を否定しました。その理由として、次のように述べます。
>
> 　被告人の供述調書の証拠能力に関し、「捜査官が、被告人Tに対する第一次逮捕・勾留〔暴力行為等処罰に関する法律違反、威力業務妨害〕期間、被告人Fに対する逮捕・勾留期間中に、被告人両名を本件殺人の事実について取り調べて作成した各供述調書〔中略〕は、〔中略〕その取調べに存する違法性が令状主義の潜脱という重大なものであつて、司法の廉潔性の保持及び将来における同様の違法な取調方法の抑制という見地から、**違法収集証拠としてその証拠能力は否定されるべきである**」、と。
>
> 　さらに、「被告人Tの第一次逮捕・勾留〔暴力行為等処罰に関する法律違反、威力業務妨害〕及び被告人Fの逮捕・勾留中に同被告人らを本件殺人の事実について取り調べて各供述調書（第一次証拠）を作成した捜査官ないしこれと一体と認められる捜査機関が同様の捜査目的で同一事実につき同被告人らを取り調べて作成した供述調書（第二次証拠）」について、「第一次証拠が、前記のように憲法及び刑事訴訟法の保障する令状主義を実質的に潜脱して被告人両名を取り調べた結果得られたという重大な違法性を帯びるものである以上、右のような捜査機関が、第一次証拠の収集時から実質上継続して身柄を拘束されている被告人両名を取り調べて作成したこのような第二次証拠も、特段の事情のない限り、第一次証拠と同様の違法性を承継するものと解するのが、司法の廉潔性の保持と将来における違法捜査の抑制という目的にも合致し、正当であると考えられ、本件では右各供述調書を証拠として許容すべき特段の事情も認められないので、第二次証拠である右各供述調書の証拠能力も、すべて否定すべきものと解する」とも判示しました。

(4) 別件逮捕・勾留と身体拘束中の余罪取調べ

　結局、大阪高裁昭和59年判決は、別件逮捕・勾留じたいを違法とし、その効力を否定することまでは認められないケースにおいて、特定の身体拘束期間における余罪取調べに限定して、令状主義の原則に対する実質的潜脱を理由に、その違法（被疑者の身体拘束状況を不当に利用したことを理由とする違法）を認めようというものでした。

> **展開支援ナビ**
>
> **令状主義を潜脱する余罪取調べを違法とした裁判例**　6(2)の【展開支援ナビ】「余罪取調べの任意処分性」で挙げた福岡地裁平成12年判決は、殺人被疑事件の余罪取調べの任意処分性を否定し、違法としただけでなく、「警察段階における覚せい剤事件の供述調書作成が同年2月10日までにすべて終わっていることからすると、同月11日から14日までの間、及び同月16日午後の取調べは、もっぱら殺人事件の取調べに当てられたものと考えられ、これらがA弁護士の〔殺人事件の取調べの中止を求める〕前記申入れの後であること、5時間余りから7時間余りという比較的長時間の取調べが連日行われていることを併せ考慮すると、少なくとも右の期間は、実質的な強制捜査として行われたものであって、その間の殺人事件の取調べは、**令状主義を逸脱したものとして**〔中略〕、その違法性は明らかである」とも判示しました。大阪高裁昭和59年判決を先例として、具体的事案に適用した裁判例でもあったわけです。
>
> 　また、同様の裁判例として、**佐賀地決平成16・9・16判時1947号3頁**も注目されます。具体的事案は、捜査官が当初から別件勾留の意図をもち、長時間の取調を当然視しながら、取調べ受忍義務があると誤解している被疑者に対して、連日長時間・長期間にわたる自白追求的な取調べを行ったため、事件の重大性、特殊性などを考慮しても、任意の取調べとして社会通念上相当と認められる限度を超え、実質的に本件について逮捕・勾留して取調べたものであり、令状主義を潜脱する重大な違法があるとされたものです。次のように判示します。
>
> 　「本件〔殺人被疑事件〕取調べが〔覚せい剤取締法違反の〕起訴後勾留中における余罪の取調べであって、被告人はその取調べを受忍すべき義務を負わないところ、かかる余罪について取り調べる場合には、取調官において任意の取調べである旨の告知・説明が必要であり、被告人に対しては在宅被疑者の場合に準じた取扱いがなされるべきであった〔中略〕。そして、任意の取調べは、強制手段によることができないというだけでなく、事案の性質、被疑者に対する容疑の程度、被疑者の態度等諸般の事情を勘案して、社会通念上相当と認められる方法ないし態様及び限度において許容されるものと解すべきである。したがって、本件取調べにおいて、

> 任意の取調べの限界を超えた取調べが行われた場合、その取調べは違法といわざるを得ないし、さらに、実質的に余罪について逮捕・勾留して取り調べた場合と同視しうる状況があれば、令状主義を潜脱する違法があるということになる。」「起訴後勾留中の余罪取調べにおいては、被疑者（起訴後勾留中の被告人〔中略〕）に対して、在宅被疑者の場合に準じて、取調室への出頭を強制されることはなく、取調室からいつでも退去し居房に戻ることを妨げられないとの取扱いがなされるべきである。〔中略〕警察署の留置場において起訴後勾留中の被疑者は、移監されない限りその身柄拘束の状態に変化がないため、特に説明がなければ、〔警察署での〕余罪の取調べについてもこれに応ずべきものと思うのが一般であると考えられることから、取調官においては、そのような被疑者の誤解を解くために、余罪の嫌疑の内容を告知するとともに、これについて取調受忍義務がないことを明確に告知する必要があると解される。〔中略〕のような告知を欠いたまま取調べを行った場合、上記のとおり被疑者において取調受忍義務があると誤解している可能性が高いため、被疑者自らが取調べを求めてきたなどの事情がない限り、取調官は被疑者がその旨誤解していることを知りながら取調べを行ったものとの推定を受け、実際に行われた取調べの状況如何によっては取調受忍義務を課した取調べを行ったものと評価されかねないことになる。したがって、そのような事態を避けるためには、取調官において任意の取調べである旨の告知、具体的には、余罪について取調べを受けたくなければ、これを拒否し、取調室からいつでも退去できることを告知・説明しなければならないと解する。〔中略〕〔本件の被疑者は〕任意の取調べであることの告知・説明を受けていなかったことから、本件取調べにおいても取調べを受忍しなければならないと誤解する可能性が高かったと認められる」、と判示します。余罪取調べの任意処分性が確保されなかったというわけです。そのうえで、佐賀地裁平成16年決定は、「本件殺人を否認していた被告人に対し、自白を迫るような追及的な、時に威圧的な取調べが平均で約12時間35分もの長時間続けられたばかりか、そのような取調べが連続して17日間にわたって行われて被告人の自白に至り、その後も引き続き7日間にわたって取調べが行われ〔中略〕ている。以上の事情からすると、本件取調べは、もはや本件殺人の重大性、特殊性等の事情を踏まえても社会通念上相当と認められる限度を超えているばかりか、本件殺人に関し取調受忍義務を課した取調べであったと評価でき、実質的には余罪である本件殺人について逮捕・勾留して取り調べた場合と同視しうる状況にあったものといえ、憲法及び刑事訴訟法の所期する**令状主義を潜脱する違法**があったといわざるを得ない」と判示しました（なお、余罪取調べには令状主義を潜脱する違法が存在し、その影響のもとで作成された被告人の上申書、自白調書などは、捜査機関からの強制または誘導によるものである可能性が高く、任意性に疑いがあるため、証拠能力を認めることはできないと判示された）。

それゆえ、別件逮捕・勾留の身体拘束処分の適法性じたいに踏み込んで判断した最高裁昭和52年決定と、大阪高裁昭和59年判決とでは、その方法論が異なります。その点で、大阪高裁昭和59年判決は最高裁昭和52年決定を補完する役割を担いうるものかもしれません。なぜなら、被告人の立場からは、別件逮捕・勾留の身体拘束処分じたいの違法性を主張することと合わせ、被疑者の身体拘束状況を利用した余罪取調べの違法性も主張できることになるからです。

ただし、大阪高裁昭和59年判決の考え方については、別件逮捕・勾留の身体拘束処分じたいを違法とでき、かつ、違法とすべきケースで、裁判所が別件の身体拘束処分そのものを違憲・違法と断ずることをためらい、特定の身体拘束期間の本件取調べ、すなわち、余罪取調べに限定して違法にするという結果を導かないか、懸念されるところです。大阪高裁昭和59年判決じたいに関しても、威力業務妨害などを理由とする別件逮捕・勾留期間中に、「その各期間中の取調時間の大半」が本件である殺人の取調べに用いられた事実があったわけですから、別件逮捕・勾留の身体拘束処分じたいについて、「犯罪事実自体からただちに逮捕・勾留の理由又は必要性がないと断定しうるほど軽微な事件ではない」、「関係証拠を検討すると、被告人両名に対する右各逮捕・勾留は、その理由又は必要性が欠けているとまでは断定しえない」という形式的判断にとどめず、やはり本件基準説にもとづき、身体拘束処分じたいの適法性に踏み込んだ実質的判断がなされるべきであった、すなわち、別件逮捕・勾留じたいの適法性を違法と判断すべきであったと思うのです。

7 【関連問題】の論述ポイント

　設問の【関連問題】は、別件逮捕・勾留の**典型的事案**というべき蛸島事件を基礎にしたものでした（ちなみに、刑事訴訟法の具体的論点はそれぞれ必ず、典型的事案というものをもつ。問題とされた具体的事案が、どの論点のどの典型的事案にあてはまるか——、そのような視点をつねにもって、事例問題に臨んでほしい）。この【関連問題】の論述は、まず、別件逮捕・勾留の捜査方法を定義することから始めます。2で述べたように、最高裁昭和52年決定は、別件逮捕・勾留の捜査方法について、「専ら、いまだ証拠の揃っていない『本件』について被告人を取調べる目的で、証拠の揃っている『別件』の逮捕・勾留に名を借り、その身柄の拘束を利用して、『本件』について逮捕・勾留して取調べるのと同様な効果を得ることをねらいとしたもの」と定義しました。

　この別件逮捕・勾留の違法性を判断する基準について、4つの考え方があります。別件基準説、本件基準説、新しい別件基準説、実体喪失説です。論述のさい、少なくともこのうちどれか1つの考え方を選択し、具体的事案を処理することになります。

　ちなみに、**別件基準説**は、〈別件逮捕・勾留が実体的要件（理由と必要性）を備えて適法である限り、その身体拘束を本件取調べのため利用したとしても、別件逮捕・勾留じたいは違法にならない〉とする点が特徴です。この別件基準説は、実体的要件を欠いた別件の逮捕・勾留が、身体拘束下で被疑者を本件について取り調べる目的のため、敢えて行われた点に、別件逮捕・勾留の捜査方法の違法の実質があるとするものです。

　多数説といってよい**本件基準説**は、〈別件逮捕・勾留の下で、別件に藉口し、本件で逮捕・勾留したにひとしい客観的状況を作り出したことが認められるとき、別件について実体的要件を備えた逮捕・勾留であっても、違法になる〉とします。この本件基準説は、別件に藉口し、実質的には本件で逮捕・勾留したにひとしい客観的状況を作り出し、被疑者から本件の自白を引き出すため、その状況を積極的に利用する点に、別件逮捕・勾留の捜査方法の違法の実質があるとします。すなわち、本件基準説によれば、別件逮捕・勾留の捜査方法には、(A)逮捕・勾留の身体拘束じたいを、本件の自白を獲得する手段に貶める違法がある、(B)別件に藉口し、実質的には、本件で逮捕・勾留したにひとしい客観的状況を作り出しながら、別件逮捕・勾留の後に、本件についても重ねて逮捕・勾留することを予定するため、起訴前の身体拘束について、刑事訴訟法が定める厳格な時間的制約をかいくぐる違法がある、(C)別件に藉口し、実質的には、本件で逮捕・勾留したにひとしい客観的状況を作り出した別件逮捕・勾留の捜査方法について、本件に対する令状係裁判官のコントロールをかいくぐる違法がある、とします。本件基準説にたって論述するとき、この違法の具体的内容にも言及します。

　この本件基準説を批判するのが、**新別件基準説**であり、〈別件逮捕・勾留の捜査方法の不当をチェックするには、余罪取調べの許否と限度を問題にするほかない〉とします。

　近時の有力説である**実体喪失説**は、〈別件を理由とする逮捕・勾留が、主として本件捜査のため利用されるにいたったとき、別件による身体拘束の「実体」を喪失し、違法になる〉とします。この実体喪失説は、起訴前の身体拘束期間の実質について、〈逮捕・勾留の理由とされた被疑事実について、被疑者の逃亡および罪証湮滅を阻止した状態で、起訴・不起訴の決定に向けた捜査を行うための期間〉と捉えます。そう捉えることにより、〈身体拘束の期間は、もっぱらその理由とされた被疑事実のため、身体拘束の目的に沿ったかたちで利用されねばならない〉という原則をたて、その原則の下で、〈身体拘束の理由となった別件の捜査が完了した場合、その時点で、身体拘束を継続する必要性は失われ、それ以後の身体拘束が違法になる〉という一般的帰結を導きます。とくに、〈逮捕・勾留期間を通じて別件の捜査が終了しなかったとしても、本件取調べを行ったことにより、別件の身体拘束期間が合理的に必要と考えられる期間よりも長期化した場合、その長期化した部分の身体拘束は違法と評価される〉とします。別件逮捕・勾留の違法性に関する新しい主張であり、有力説といえるでしょう。

本件基準説や実体喪失説などのうち、いずれかの考え方をとり、具体的事案における別件逮捕・勾留の捜査方法が違法とされるかどうか、そして、逮捕・勾留の身体拘束そのものも違法となるかどうか、論述を尽くします。本件基準説にたつとき、具体的事案の事実関係から、たとえば、別件の重大性、本件捜査の状況、取調べ時間の割合などを考慮に入れ、捜査機関に本件取調べの**目的**があったかどうか判断する、あるいは、あたかも本件で逮捕・勾留したような**客観的状況**が作り出されたと判断することになるでしょう。

　なお、別件逮捕・勾留の捜査方法が違法とされる場合、別件の身体拘束じたいが違法となるだけでなく、その後の身体拘束（別件逮捕後の別件勾留、別件逮捕・勾留後の本件逮捕・勾留）の請求も無効とされることや、違法な別件逮捕・勾留および本件逮捕・勾留中に得られた自白は、証拠として使用されない（すなわち、自白の証拠能力が否定される）ことにも言及できればよいでしょう。

> **展開支援ナビ**
>
> **違法な別件逮捕・勾留中に獲得された自白の排除(2)**　別件逮捕・勾留の違法な身体拘束中に得られた自白について、その証拠能力を否定するには、たとえば、刑事訴訟法319条1項を援用し、「任意にされたものでない疑〔い〕」があると主張します。なぜなら、身体拘束の供述強制的状況を本件取調べに利用するため、すなわち、本件の自白を獲得するため、別件逮捕・勾留の身体拘束処分に服させるというその客観的状況じたいが、虚偽の自白を誘発する恐れのある状況下で自白した疑いを生じさせる（虚偽排除説による自白排除の判断基準）、または、自由な供述を妨げる恐れのある身体的・審理的圧迫の下で自白した疑いを生じさせる（人権擁護説による自白の判断基準）といえ、本件自白の任意性を疑わせる場合に該当するからです。あるいは、蛸島事件の金沢地裁七尾支部昭和44年判決のように、「憲法33条及び34条の規定を実質的に保障し、刑事司法の理想を堅持せんがためには、憲法の右各規定に違背する重大な瑕疵を有する〔別件逮捕・勾留の〕手続において収集された自白については、証拠収集の利益は適正手続の要請の前に一歩退りぞけられ、その証拠能力を否定される」と論述してもよいでしょう。すなわち、違法排除説ないし違法収集証拠排除法則を適用するものとなります（自白の排除について、設問16「自白の証拠能力——自白の任意性」参照）。

8　別件逮捕・勾留に現れた刑事手続の歪み

　最後に、別件逮捕・勾留の捜査方法がもつ問題の深みについて、ふれておきたいと思います。

　起訴前の身体拘束処分である逮捕・勾留は、刑事訴訟法上、被疑者の逃亡や罪証隠滅行為を防止するために行われるべきものでした。しかし、わが国では、被疑者を取り調べるための処分であるかのような現実があります。

　犯罪者の疑いをかけられ、警察署の附属施設に収容されて家族・社会から隔離され、密室の取調べ室で捜査機関とだけ向かい合う状況は、それじたいが被疑者に自白を強いるものになるといわねばなりません。そのような状況を避けるため、外国では、警察署の附属施設に被疑者を収容するのは短時間に限る、取調べ室を密室にしない、取調べに弁護人を立ち会わせるなど、様々な手立てが講じられています。しかし、わが国では、そのような手立てがなんら講じられませんでした。それどころか、黙秘権を行使して「供述は一切しない。取調べにも一切応じない」と述べた被疑者に対してさえ、逮捕・勾留中は、通常の事件で、最大23日間も取調べを受忍する義務が課されます。

　わが国では、逮捕・勾留の身体拘束処分に付随する供述強制的状況がとくに強いものになっています。捜査の実務では、この身体拘束処分に付随する供述強制的状況の下でこそ、取調べの成果も上がる、すなわち、被疑者は自白するという考え方があります。そのような考え方があるため、まさに取調べのため被疑者を逮捕・勾留しようとするわが国の現実が生まれてくるわけです。しかし、取調べのため被疑者の身体を拘束するというのは、刑事訴訟法が、本来、予定しないことであり、また、憲法と刑事訴訟法が保障する被疑者の黙秘権を侵害することでもあるといわねばなりません。そのような逮捕・勾留の

運用は刑事手続における歪みというほかないものです。この刑事手続の歪みのもっとも重大な現れが、重大な本件について取り調べるため、証拠のそろっている軽微な別件を理由に、被疑者の身体を拘束するという別件逮捕・勾留の捜査方法であったわけです。

　起訴前の被疑者の身体拘束が本来どのような処分であるべきか、逮捕・勾留に対し憲法や刑事訴訟法はどのような要件を課しているのか、そして、被疑者の身体拘束のあり方にかんがみ、被疑者を取り調べる目的で敢えて行われる別件逮捕・勾留の捜査方法がどれほど歪んだものなのか、あらためて理解を深めてほしいと思います。

被疑者の権利と取調べ①

05 黙秘権の意義

> **設問05**
> 黙秘権の意義について、論じなさい。
>
> **関連問題1**
> すべてのひとは、罪となるべき事実をみずから認める供述のような「自己に不利益な供述」を強要されない権利をもつ。なぜか。
>
> **関連問題2**
> 小学校で、「柿」と書いた黒板の前でお下げ髪の子どもに対し先生が、「この字がわからないなんて。間違ってもいいからリンゴとか梨とか何かお答えしらどうですかッ」と言う。しかし、子どもは黙ったまま、答えない。この子どもは答えを強要されない権利をもつか。

1 憲法による自己負罪拒否特権の保障

(1) 憲法と黙秘権

憲法38条1項は「何人も、自己に不利益な供述を強要されない」と定めます。この権利を**自己負罪拒否特権**、あるいは、**自己帰罪拒否特権**と呼びます。供述を拒否できる対象である**自己に不利益な事項**とは、**最大判昭和32・2・20刑集11巻2号802頁**によれば、「刑事上の責任を問われる虞ある事項」を意味します。最高裁昭和32年大法廷判決は、こう述べます。

「憲法38条1項の法文では、単に『何人も自己に不利益な供述を強要されない。』とあるに過ぎないけれど、その法意は、何人も**自己が刑事上の責任を問われる虞ある事項**について供述を強要されないことを保障したものと解すべきである」、と。ちなみに、大法廷判決はつづけて、「されば、氏名のごときは、原則としてここにいわゆる不利益な事項に該当するものではない」と判示し、憲法38条1項を根拠に氏名の開示を拒否することはできない旨を述べます（最高裁昭和32年大法廷判決は、具体的事案について、「氏名を黙秘してなされた弁護人選任届が却下せられたためその選任の必要上その氏名を開示するに至ったというに止まり、その開示が強要されたものであることを認むべき証跡は記録上存在しない」とも判示した。ちなみに、**最大判昭和24・2・9刑集3巻2号146頁**は、憲法38条1項が禁止する供述の強要とは、「威力その他特別の手段を用いて、供述する意思のない被告人に供述を余儀なくすること」を意味するとした。この最高裁昭和24年大法廷判決も踏まえ、最高裁昭和32年大法廷判決は、①氏名は不利益事項に該当せず、②弁護人選任届けの却下は威力などによる強要でもないと判示した）。

では、刑事上の罪責をみずからに帰す供述を、ひとはなぜ拒否できるのでしょうか。しかも、そのような供述を拒否することがなぜ「**権利**」として、しかも、「**何人**」にも保障されるのでしょうか。つまり、【関連問題1】で問うたように、**すべてのひとに保障される普遍的権利**である所以はなんなのでしょうか。その1つの説明は、こうです。

——わたしたちは1人1人、たとえ権力者といえども踏み入ることを許さない不可侵の領域を内心にもっている。そのような**不可侵の内心の領域**は、さまざまな法的制度によって社会的にまもられている。それだからこそ、わたしたちは自分じしんの**人格の尊厳**を肯定でき、また、自分が帰属する社会じたいに対し、**主体的な連帯感**をもつことができる。刑事上の罪責をみずからに帰す供述を行うことは、自己

犠牲のひとつのかたちであり、みずからの良心にしたがい決定すべき個人の内心の領域の問題である。そのような自己犠牲を捜査機関が脅したり小突いたり、あるいは、司法機関が法的に義務づけたりして、権力的に強要することは、個人の内心の領域を侵し、人格の尊厳に対する冒瀆となってしまう。社会に対する主体的な連帯感を権力的に踏みにじることにもなってしまう、と。

個人がもつ不可侵の内心の領域、人格の尊厳、主体的な連帯感をまもるためにあるのが、あるいは、それらに由来するのが自己負罪拒否特権なのです。そのようなものとして自己負罪拒否特権は、国家が個人を主体として取り扱う**近代法の基本原則**から由来する、個人の基本権の１つとされるわけです。

(2) 刑事訴訟法と黙秘権

冒頭に述べた憲法38条1項の規定を受け、刑事訴訟法も146条で「何人も、自己が刑事訴追を受け、又は有罪判決を受ける虞〔おそれ〕のある証言を拒むことができる」と定めます。この規定は**証人尋問**に関するものでした。すなわち、〈証人は供述する義務を負わねばならない。しかし、刑事上の不利益な事項については、供述義務を免れ、証言を拒絶できる〉という趣旨です。ただし、**発問に対し証言を拒絶する証人**は、少なくとも証言拒絶の理由について、これを裁判所に示さねばなりません（刑訴規122①「証言を拒む者は、これを拒む事由を示さなければならない」）。ただし、裁判所が証言拒絶の適否を判断できるだけの最小限の理由を示せばよいとされ、それ以上に疎明までする必要はないとされます（平場安治ほか『注解刑事訴訟法上巻〔全訂新版〕』449頁。疎明とは、裁判所に対し「真実だろう」という一応の推測を得させることを意味する）。手続的に幾分かの負担は課されるわけです。これに対し、拒絶の理由をまったく示さないで証言を拒んだときは、10万円以下の過料などの法的制裁が加えられることを覚悟しなければなりません（刑訴160①「証人が正当な理由がなく宣誓又は証言を拒んだときは、決定で、10万円以下の過料に処し、かつ、その拒絶により生じた費用の賠償を命ずることができる」、同②「前項の罪を犯した者には、情状により、罰金及び拘留を併科することができる」、刑訴規122②「証言を拒む者がこれを拒む事由を示さないときは、過料その他の制裁を受けることがある旨を告げて、証言を命じなければならない」）。

とまれ、刑事訴訟法上、**証人**については「不利益な供述」（憲法38①）、「刑事訴追を受け、又は有罪判決を受ける虞のある証言」（刑訴146）だけを拒絶させる手立てが講じられています。では、**被疑者・被告人**はどうでしょうか。

刑事訴訟法は、「取調に際しては、被疑者に対し、あらかじめ、自己の意思に反して供述をする必要がない旨を告げなければならない」と定めます（刑訴198②）。また、法廷において「被告人は、終始沈黙し、又は個々の質問に対し、供述を拒むことができる」とも定めます（刑訴311①。なお、冒頭手続において、「裁判長は、起訴状の朗読が終つた後、被告人に対し、終始沈黙し、又は個々の質問に対し陳述を拒むことができる旨」を告知しなければならない。291③）。発問があっても被疑者・被告人はたんに沈黙していればよく、「供述を拒否する」と敢えて申し出る必要も、また、「拒否する理由はこうだ」ととくに示す必要もありません。

これらの規定から刑事訴訟法は被疑者・被告人に対し、「不利益な供述」「刑事訴追を受け、又は有罪判決を受ける虞のある供述」だけでなく、およそ一切の供述について、これを強要されない権利を保障したものと解されました（それゆえ、刑事訴訟法上、被疑者・被告人は氏名についても権利として黙秘ないし開示拒否できる）。すなわち、**包括的供述拒否権**を保障したわけです。ちなみに、この被疑者・被告人がもつ包括的供述拒否権だけを指して、とくに**黙秘権**と呼びます。

被疑者・被告人の包括的供述拒否権、すなわち、黙秘権については、「憲法38条1項の保障を被告人・被疑者については〔刑事〕訴訟法上拡張したもの」と捉えるのが通説です（光藤景皎『刑事訴訟法Ⅰ』104頁）。すなわち、「証人と同じように、〔不利益な供述に限定して〕個々的に拒絶させると、被告人は、訴追を受けている心理的負担や防禦の拙劣さのため、不当に窮地に追い込まれるおそれがあり、また、利益・不利益が現実には区別しがたく、手続的に不利益を疎明させると（刑訴146条、刑訴規122条1項）、結局

は不利な供述まで強要することになりかねない」ため（田宮裕「被告人・被疑者の黙秘権」『刑事訴訟法講座〔1〕訴訟の主体・捜査』74頁。〔　〕は引用者）、刑事訴訟法は敢えて、一切の供述を拒否する権利を被告人に、そして、同じ趣旨で被疑者にも保障したのだと説明されます。

これに対し、「自己に不利益な供述を強要されない」（憲法38①）という憲法の文言について、それは自己の立場に反するような供述を強要されない、すなわち、対立する反対当事者のために供述を強要されることがないという趣旨であり、供述それじたいの有利・不利を意味するものではないと解釈する論者もあります（憲法的刑事手続研究会『憲法的刑事手続』412頁〔小坂井久執筆部分〕）。また、「被告人・被疑者については、手続きの俎上にのせられた以上、すべての証拠上の発目は不利益と推定されてしかるべきもの」であり、それゆえ「被告人は、証人となること自体を拒否でき」るのであって、被告人・被疑者は「自己にとって利益・不利益を問わず一切の供述を包括的に拒否できる」のが憲法38条1項の趣旨だとも解釈されます（田宮『刑事訴訟法〔新版〕』35頁）。注目すべき考え方であり、わたしもこの考え方に与し、以下、憲法38条1項は被疑者・被告人に包括的供述拒否権、すなわち、黙秘権を保障することを前提に、説明していきたいと思います。

展開支援ナビ

黙秘権保障の法的効果　黙秘権を保障することから3つの**法的効果**が生じます。

第1に、供述しないことを理由に、法律上のものであれ事実上のものであれ、制裁を課すことがあってはならない——すなわち、黙秘したことを理由に身体拘束や罰金などの法的制裁を課したり、黙秘を止めさせるため脅したり小突いたりしてはならない——という**強要禁止**の効果です。

第2に、黙秘権を侵害して得た供述を証拠として法廷で許容してはならない——すなわち、暴行や脅迫などを加えて強要した自白について、これを裁判所が被告事件を認定する証拠として使用することはできない——という**証拠禁止**の効果です。

黙秘権を侵害して自白を強要したと認めた判例として、**大阪高判昭和53・1・24判時895号122頁**が挙げられます。警察官の警部Tが、勾留中の被疑者の母親が持参した弁護費用を持ち帰らせ、それに不満で取調べに応じない被疑者に対し、取調べに応じれば母親に連絡して弁護費用を持参させると約束して取調べに応じさせた事案でした。大阪高裁昭和53年判決は、警部Tによる「右のような措置は、当然与えられるべき被告人の弁護人選任権を取引材料として、被告人に**心理的圧迫を加え黙秘権を侵害して自白を強要した不当な取調べ方法**であり、それ以後作成された被告人の司法警察員に対する〔中略〕各供述調書及び検察官に対する〔中略〕各供述調書は、取調官は警部Tとは違うとはいえ、同警部の不当な取調べにより被告人が余罪の取調べに応じることを約したことに基づく供述として、いずれも任意性に疑いがあり証拠能力がないものといわなければならない」と判示しました。刑事訴訟法319条1項の自白排除事由があると述べた判例ですが、黙秘権保障が証拠禁止の効果をもつことを確認した判例だと捉えることもできます。

第3の法的効果が、黙秘したことを不利益な推認を行う資料ないし根拠としてはならない——すなわち、〈弁解できず黙っているのは犯人だからだ〉という推認をしてはならない——という**不利益推認禁止**の効果です。

黙秘した事実を**刑の量定資料**として不利益に使用することや、黙秘した事実だけで**勾留の要件**（刑訴60①(2)「被告人が罪証を隠滅すると疑うに足りる相当な理由があるとき」）や**権利保釈の除外理由**（刑訴89(4)「被告人が罪証を隠滅すると疑うに足りる相当な理由があるとき」）を肯定することも、この第3の不利益推認禁止の効果に抵触し、許されないというべきです（黙秘と刑の量定に関し、**東京高判昭和28・12・14高裁刑判特報39号221頁**は「被告人等においていわゆる黙秘権を行使したからといって、量刑上被告人等のため不利益に考慮すべき資料たり得ない」と判示した。これに対し、**高松高判昭和25・5・3高裁刑判特報10号160頁**は、「犯罪事実を自白し改悛を誓う」被告人と、「犯行を否認し、しかもその否認は合理的理由がない」被告人とで「量刑上処遇を異にするのは刑の目的上当然のこと」であり、黙秘権侵害の違法はないと判示する）。

2　被疑者・被告人の黙秘権が理解されない

この被疑者・被告人の黙秘権は、市民には理解されにくい権利でしょう。昭和23年（1948年）に法務省が、

「国民の法律雑誌」という副題を付け、月刊誌「法律のひろば」を発刊しました。その2巻11号に色刷り頁で「黙秘権が若し社会に通用したら」という漫画が掲載されています。その漫画の内容は、こうでした。

「学校では」／「柿」と書いた黒板の前でお下げ髪の小学生に先生が「まァこの字がわからないなんて。間違ってもいいからリンゴとか梨とか何かお答えしらどうですかッ」、小学生は「…」。

「家庭では」／酔って深夜帰宅した旦那に奥さんが「何して今頃迄ウロツイているんですか。ボーナスは空ですよッ」、旦那は「ウーィ…」。

「坊やまで」／坊やを抱きかかえたお母さんが「あら！だまってしたわねッ」、お漏らしした坊やは「…」。

最初の「学校では」が、【関連問題2】で取り上げた事例です。

展開支援ナビ

子どもの自己決定権　【関連問題2】の子どもは、憲法38条1項の供述拒否権をもちません。なぜなら、教師の問いは、刑事上の責任を問われる恐れがある事項について、供述を強要するものでないからです。しかし、学校教育において子どもは幼くとも自己決定権をもつため、【関連問題2】の子どもが答えを拒否したことを非難すべきでないでしょう。ただ、子どもが間違った行為ないし結果をみずから選択したとき、その責任はみずから負うべきことを理解させればよいと思うのです。また、もしも子どもの不正行為や非行が問題となり、それらを認める供述を子どもがしたとき、教師は、勇気ある行動として、その自己決定を評価すべきであると思うのです。

これらの漫画には、自分に不都合な事実について黙っていること、黙秘することはモラルに反するという庶民の思いが描かれています。その思いじたいは――「悪いことをしたら、素直に認めなさい」と子どもたちに言う父親や母親たちも一般に共有するところでしょうから――、本質的に誤っている、などと決めつけるべきものではありません。ただし、これらの漫画には庶民の思いを描いただけに**とどまっている**という問題があります。

すなわち、個人のモラルに反するような行為（黙秘）を、憲法や刑事訴訟法が被疑者・被告人の権利（黙秘権）として保障したことについて、それはなぜかという**問いかけがない**のです。もちろん、その問いかけに対する答えもありません。

同じ「法律のひろば」の2巻5号には、石川芳雄「新刑事手続と検察官」という小論が掲載されており、戦後改正された新しい（わたしたちにとっては現行の）刑事訴訟法の下で「大きな捜査上の困難が現実に現れている」と述べ、真っ先に、「被疑者の供述拒否権の問題」を取り上げます。石川芳雄検事はこう言います（法律のひろば2巻5号16頁）。

「新刑事訴訟法によれば、被疑者に対し、必ずあらかじめまず供述を拒み得る旨を告げた上、これを取調べねばならぬ。」被疑者には「沈黙を守る権利があるばかりか、捜査当局が進んでかような権利を被疑者に教えてやらねばならぬとあっては、傍証蒐集に伴う捜査上の日数と労力とは昔日の比ではない。併し乍ら、『事案の真相』を明らかにするためには、被疑者として、否認するにしても、その主張を盡す義務があると解すべきではあるまいか。黙っていては話にならない。」「現に相当の知識階級や外国人で供述拒否権を濫用し、又、掏摸、詐欺等の被疑者で、供述拒否権を告げたばかりに俄然犯行を否認し、又は終始沈黙して語らない者など、段々にふえている有様である。新手続になって間もない頃、かねて某重大事件で否認を続けていた被疑者から、是非検事さんに申述べたいことがあるというので、さてこそ自白するものと、急ぎ刑務所に駆けつけて見ると、『外でもないが私は供述拒否権を行使して絶対に何も言わないからそのお積りで』と挨拶するためだったという嘘のような実例さえある。」

事件を処理するうえで被疑者の黙秘権行使が大きな障害になっているという検察官の憤りに近い思い

が述べられています。しかし、そのような黙秘権がなぜ憲法や刑事訴訟法で保障されるのか、法律家としての答えは述べられていません。むしろ、黙秘権は制限されるべきであり、そうしない法の現状には、「解釈や司法慣習によって補う」べき「法の瑕疵」（石川・前掲論文17頁）があると理解している向きさえ窺えます。

3　自白義務か黙秘権か——拷問を許すか否か

(1)　佐伯千仞博士の考え方

黙秘権が理解されないという問題に、わが国で戦後いち早く取り組まれたのは**佐伯千仞博士**でした。

佐伯博士は昭和26年（1951年）に「いわゆる黙秘権について」（公安思潮7号、佐伯千仞『刑事裁判と人権』147頁所収）という論稿を公にされました。この論稿で佐伯博士は、黙秘権の保障は新刑事訴訟法によって初めて認められたものでなく「被告人に自白の義務なしとすることは、すでに旧刑事訴訟法の下においても、わが刑事訴訟法学説の一致せるところであった」と指摘されたうえで（佐伯『刑事裁判と人権』148頁）、「右のような法の理論〔すなわち、被告人に自白義務はないとすること〕は従来単に理論として紙上の存在たるに止り、現実の生活を動かす力となり得なかったのである。実際には今次の敗戦まで被告人の黙秘権は大して尊重せられず、時によると自白を得るための拷問すら行われていたのである。かかる現実の事態を一新するには新憲法自体により黙秘権が宣言される必要があったのである」と述べられました（佐伯・前掲書149頁）。

このように憲法上の権利として被疑者・被告人の黙秘権が宣言された沿革上の理由を説明されたのち、佐伯博士は黙秘はモラルに反するという庶民の思いに対し、「それ自体としてはまことにもっともである」と受けとめたうえで（佐伯・同上）、しかし、その思いを論理的に貫くと拷問を肯定することになってしまうと批判されます。

すなわち、もしも「罪を犯した者はその罪を官憲に自白する義務があるとすれば、彼が自白しないで否認することは義務違反であり違法な態度である。そして人民の違法な義務違反に対しては、国家または国家を代表する官憲は強制的にこれを履行せしめ得るのが原則である。しからば自白義務の不履行の場合にも官憲はこれを強制執行することができねばならぬ。かくのごとき論理が右の黙秘権の否定の当然の結論としてでてくるであろう。だが自白義務の強制執行とは一体何であるか。いうまでもない。それは『拷問』である。」しかし、「拷問のごとき人権蹂躙を再びあらしめてはならぬ。そのためには、まづ何人も自己に不利益な供述を強制されないという原則が打ちたてられねばならない。このように考えるがゆえに、私は最近に見られるような黙秘権の否認論がやがて自白義務の肯定となり、ひいては拷問の導入となることなきやを憂うるのである。」「努力は、むしろ、科学的捜査を発達せしめて傍証を固めること〔に〕より、本人の自白の有無を問わず犯罪の立証ができるようにという方向に向けられるべきである。かかる本格的な努力を怠って、まづ被疑者の黙秘権の否認というような事実の中に解決を求めようとするところに、性急なわれわれ日本人のいつもの悪い癖が出ているのである」と述べられました（以上、佐伯・前掲書149頁ないし152頁。〔　〕は引用者）。

佐伯博士の問題提起は重要でした。ただし、自白義務と黙秘権の対抗だけに問題を絞り込んでしまったきらいがあると、いまは思います。その趣旨は、こうです。項をあらためて、説明します。

(2)　旧刑事訴訟法下の黙秘権

旧刑事訴訟法の下でも、たしかに、「被告人は実際に犯人たる場合に於ても、自白其の他自己に不利益なる証拠を提出する義務あることなし」（宮本英脩『刑事訴訟法大綱』117頁。原文のカタカナ書きをひらがな書きに直した。以下、同じ）とされていました。その理由を宮本英脩は「公訴主義」に求めます。公訴主義は「公的弾劾主義」（宮本・前掲書7頁）とも言い換えられており、現在の用語では弾劾主義と呼んでよいでしょう。この「公訴主義〔弾劾主義〕」の手続に於て、検事を以て被告人と対等なる

べき訴訟の当事者と見る以上は、其れが縦へ国家機関なりとするも、被告人は之に対して攻撃の武器を供するが如き其の欲せざる陳述の義務を課せらるべき理由なく、又裁判官に対しても原告としては兎に角、被告人としては動もすれば自己に不利なる裁判に付き其の欲せざる陳述に由りて一定の協力を為すべき義務ありと為すべきにあらず。要するに被告人に陳述の義務なしとする見解の法律上の根拠は国家が従来の糺問主義の形式より一転して公訴主義〔弾劾主義〕を認めたることに在りと謂ふべし」としています（宮本・前掲書12頁。〔 〕は引用者）。

　このように、旧刑事訴訟法の下でも規範的、理論的には黙秘権が保障されていました。そのことを佐伯博士が戦後あらためて指摘し、そのことによって黙秘権という権利がもつ普遍的性格を強調しようとされたことは正しい議論の仕方であったと思います。ただし、そのような指摘や議論の仕方は、〈黙秘権を保障するかどうかは被疑者・被告人に供述の負担・義務を課さないことを認めるかどうかであり、それに尽きる〉という理解を伴いがちです。しかし、そのような**黙秘権理解の狭隘さ**は、職権主義構造をとる旧刑事訴訟法に条件づけられたものであり、その意味で歴史的制約を受けたものだといわねばなりません。

　ちなみに、職権主義構造とは、〈刑事手続における実体審理の行為を司法機関である裁判所が独占する。それゆえ、当事者の被告人には主体的な防禦活動を行わせない、あるいは、裁判所の活動を補助する限りでしかこれを許さない〉という手続のあり方を意味します。このような職権主義構造を正当化するのは、〈裁判所だけが当事者の主張の背後にある真実、すなわち、実体的真実を発見できる〉という訴訟理念でした。そのように実体的真実の発見という訴訟理念によって正当化される職権主義構造にとって、真実発見を阻害する黙秘権は「異物」、「相反物」というべきものです。そのため、訴訟構造上は、黙秘権保障の内容や範囲を極小化するモメントが働き、実務的にもつねにその形骸化がすすむことになります。その極小化・形骸化の問題が看過されるとき、黙秘権の保障についても、狭く〈被疑者・被告人に供述の負担・義務を課さないことに尽きる〉と理解されるにとどまってしまうのです。

　しかし、戦後の憲法は、公務員に対し拷問による供述強制を絶対に禁止した36条に加え、黙秘権を保障する独立の規定として38条1項を設けました。また、現行刑事訴訟法は、職権主義構造を否定し、被疑者・被告人の尊厳と主体的地位を保障する当事者主義構造に変わることを明らかにしました。この憲法と現行刑事訴訟法の下では、黙秘権の保障について、上述のような理解では不十分になったといわねばなりません。すなわち、そのような理解では黙秘権という権利の意義ないし機能として、法律上・事実上の供述義務を課さないとか、黙秘権を侵害して獲得した供述を証拠として許容しない、黙秘の事実について不利益な推論を許さないという消極的なものだけを考えてしまいがちであり（田宮『刑事訴訟法〔新版〕』141頁は、被疑者の「消極的権利としての黙秘権」と位置づけた）、現在ではむしろ、克服されねばならない考え方だとさえ思います。なぜなら、その考え方は、黙秘権がもつ**積極的な意義**ないし**機能**を論じ、かつ、現実のものにするという営為を認めないものになりかねないからです。

4　黙秘権と近代的人間類型

　黙秘権について、それまでより踏み込んだ理解が、**平野龍一博士**により昭和27年（1952年）に公にされた「黙秘権」（刑法雑誌2巻4号。平野龍一『捜査と人権』83頁所収）の論稿において示されます。

　平野博士は黙秘権の本質について、こう述べられました。

　「黙秘権の本質は、個人の人格の尊厳に対する刑事訴訟の譲歩にある。人格は自律を生命とする。自己保存の本能を克服して、自己を進んで刑罰に服させるのは崇高な善であり、人はそのように行為する道徳的義務を持つ。それは極めて崇高な道徳的義務である。しかし正にその故に他からの強制を許さない。ただ各自の自発的行為にまつだけである。この故に、積極的に自己を有罪に導く行為をとることを法律的に強制しない。まして国家は、個人を擁護するためにのみ存在するものである。その目的達成のための手段として、他人の人格を侵害するというのは、自己矛盾である。黙秘権とは、このような人格

の尊厳に対して刑事訴訟が譲歩した『証拠禁止』である」、と（平野・前掲書94頁以下）。

平野博士は、「いまだ一度も真に黙秘権が確立されたことはなかった」わが国において「この黙秘権の確立こそ、現在わが国の、そうして、特に新憲法および新刑事訴訟法の課題だといわなければならない」とされます（平野・前掲書98頁）。

平野博士のこの問題意識には、経済史研究で著名な大塚久雄が昭和21年（1946年）に公にした小論「近代的人間類型の創出」（大塚久雄『近代化の人間的基礎』11頁所収）と共通するものがあるように思います。大塚久雄はこう述べていました。

戦後日本の社会の「近代的・民主的再建」は民衆の決定的な部分が「近代的人間類型に打ち出されつつ民主主義の人間的主体として立ち現われるにいたることが、なにはさておいても必要であろう」、「民衆は自らの人格的尊厳を内面的に自覚するに至らなければならない。そして近代『以前』的な自然法の如きを外側から与えられずとも、自ら自律的に前向きの社会の秩序を維持し、もって公共の福祉を促進してゆきうるような『自由な民衆』とならねばならない」（大塚・前掲書15頁）、「名も無き民衆を愛し尊敬し、また名も無き民衆自身が自己の人間的価値を意識しつつ自らの社会生活とその秩序を築き上げ、かつ維持しようとするような民主的人間類型」の創出が戦後の「現下の基本問題の1つではないかと思う」（大塚・前掲書19頁）、と。

この大塚久雄と同じ問題意識、すなわち、戦後の基本課題の共有が平野博士にもあると思うのです。だからこそ平野博士は、〈近代的・民主的人間類型の創出という戦後日本の基本課題について、憲法は、刑事訴訟の分野では黙秘権を確立することによって達成しようとする〉と考えられたと思うのです。

展開支援ナビ

黙秘権の政策的正当化に与しない　そのように考えられたため、平野博士は**黙秘権の政策的根拠づけ**には賛成されませんでした。ちなみに、黙秘権の政策的根拠づけとは、「ひとたび供述義務を認めるとその限界を逸脱する危険が大きい、また物的証拠の収集に怠慢になりやすい」（平野・前掲書96頁）ため、その不都合を避けるという政策的理由から黙秘権保障を正当化するものです。

この黙秘権の政策的根拠づけは、結局は〈黙秘権の保障について、治安維持の社会的要請と衡量してその内容が決められるという考え方〉、すなわち、〈近代化の後に現れる考え方であって、黙秘権の保障を絶対的なものとはしない考え方〉に展開していくものでした。そのために平野博士は賛成されなかったわけです。

しかし、昭和27年（1952年）に書かれた「黙秘権」の論文については、平野博士じしんが「この論文自体かなり古いものであり、アメリカでもわが国でも、黙秘権についての判決や論考がその後数多く出ている」とされました（平野・前掲書111頁）。すなわち、わが国において**積極的権利として黙秘権を捉える考え方**の実質的展開は、その後の判例・学説に委ねられたのでした。

5　ミランダの衝撃と黙秘権の積極的な意義・機能

(1)　合衆国連邦最高裁のミランダ判決

その展開を導くことになった重要なアメリカの判例が、昭和41年（1966年）に合衆国連邦最高裁判所が下した**ミランダ判決**（Miranda v. State of Arizona、384 U. S. 436）です（ミランダ判決の詳細について、小早川義則『ミランダと被疑者取調べ』参照）。ミランダの衝撃、として受けとめられました。

ちなみに、わが国の刑事訴訟法は戦後、アメリカ法の影響を受け、大きく改正されました。そのため刑事手続に関するアメリカの判例、とくに合衆国連邦最高裁の判例は、わが国の刑事手続のあり方を考えるうえで、大きな示唆を与えてくれるものなのです。

ミランダ判決は、身体拘束下の被疑者取調べについて、それじたいのうちに強制的雰囲気（供述を強制する状況）を内在させるため、そのままでは被疑者の黙秘権を侵害してしまうという考え方に立ちます。身体拘束下の取調べに内在するこの強制的雰囲気を払拭するため、国家ないし取調べ現場の捜査機関に

対し、手続上の保護措置 (safeguards) をとることを要求します。とられるべき手続上の保護措置として、ミランダ判決は特別な法的ルールを定立しました。

そのルールによれば、(A)**被疑者による黙秘権の行使はただちに取調べを終了させる**ことを前提にして（ミランダ判決では、「取調べを終了させる権利を認めないときは、身体を拘束したまま取り調べるという状況が――黙秘権は行使されていながら――、供述するかどうか選択する〔被疑者〕個人の自由を押し潰すものとなってしまう」と判示された〔Id. at 474〕）、(B)身体拘束下の取調べでは**最初に黙秘権を告知すべきこと**（身体拘束下の「取調べが本来もつ〔強制的〕雰囲気の圧力を押さえ込むには、黙秘権告知が必須条件となる」〔Id. at 468. なお、参照 at 471〕）、(C)被疑者が供述を望むときは、**取調べに先立ち弁護人と接見できるだけでなく、取調べに弁護人を立ち会わせることもできること**（取調べ前の接見で弁護人から助言を得ても、密室の取調べはその助言を無力化する。取調べに弁護人を立ち会わせる「目的は、沈黙か供述か選択する個人の〔主体的〕権利が、取調べのあいだ、なんの制限も受けず保障されることを確保するためである」〔Id. at 469〕）、(D)弁護人の接見や立会いがなされるまで**取調べは中断ないし延期**されなければならないこと、(E)被疑者が自己の費用で弁護人を依頼できないときは**公的費用で弁護人を付すこと**――、以上のことが必要であるとされました。

このようなミランダ判決は、被疑者に供述義務を課さないという消極的なかたちだけでなく、〈身体拘束下であっても、被疑者が自由に供述できる状況を確保することを、国家ないし現場の捜査機関に対し要求する〉という積極的なかたちで、黙秘権の意義（黙秘権は人格の尊厳と主体的地位を根拠とする権利である）と機能（黙秘権は取調べの具体的なあり方を決定する）を捉えたといえます。この点を看過したり過小評価することは、ミランダ判決がもつ意義の重要な部分を理解しないものとなるでしょう。

ちなみに、合衆国最高裁はミランダ判決を下す2年前の昭和39年（1964年）に、**マロイ判決 (Malloy v. Hogan、378 U.S. 1)** という先例を打ち立てていました。その判決では、黙秘権の意味について「何の制約も受けない〔被疑者・被告人の自由な〕意思の行使として供述する途を選択する場合を除いて、沈黙を守る」権利だと判示されました (Id. at 8)。つまり、黙秘権は沈黙の自由と供述の自由をともに内在させる権利だと判示されたわけです。この**供述の自由を内在させる**という点が、実は、とても重要です。供述の自由も確立しようとするからこそ合衆国最高裁は、マロイ判決から2年後のミランダ判決で、**弁護人による無償の援助、弁護人との自由な接見、弁護人の取調べへの立会い**など、さまざまな弁護権が保障される取調べのあり方を要求したわけです。

(2) 田宮裕博士のミランダ理解

このミランダ判決について、判決が出された同じ年の論稿（田宮「被疑者の尋問に関するエスコビード・ルールの発展」判時452号。同『捜査の構造』332頁に「被疑者の尋問に関するミランダ原則」と改題して所収）で**田宮裕博士**がコメントされました。

田宮博士は、「黙秘権を理由とするので、究極的には尋問じたいの禁止に近づくことができた。尋問じたいが強制的雰囲気をもち、したがって黙秘権を侵すものだという考えが明確に打ち出されえたのである。また、黙秘権は個人の絶対権であるので、捜査の有効・無効に関係なく自己を貫徹できる。弁護権が黙秘権を担保するためのものと構成されることによって、たとえば接見が、捜査の利益との比較的なものから、絶対的な優先的地歩をかちえたのである（弁護権であれば、訴追権の利益との比較衡量が必要である）」（田宮『捜査の構造』343頁以下）と総括されました。

田宮博士はまた、「自白偏重の捜査はいぜん跡を絶たず、肉体的拷問が禁止されれば精神的強制へと次第に尋問技術が巧妙となり、ために刑事司法を歪め個人の人格を犯している今日、この判決のもつ意義は重大だと思われる」とも述べられています（田宮・前掲書344頁以下）。それはアメリカの刑事司法について述べられたことでした。しかし、そのまま当時の日本の捜査にもあてはまる、いや、それどころか田宮博士の論稿から50年近くを経た現在の日本の捜査にもあてはまると思うのです。ミランダ判決については、現在もなお繰り返し振り返られ、その意義について理解が深められねばならないでしょう。

(3) ミランダの現代的意義

このミランダ判決がわが国の刑事司法に対しもちうる**現代的意義**について、看過されがちなことを2点、確認しておきたいと思います。

第1に、田宮博士も述べられた**黙秘権の絶対的性格**です。

ミランダ判決は、被疑者・被告人の黙秘権が他のなにものかによってその存在を条件づけられたり制約を受けたりするものでないこと（すなわち、刑事司法の効率化政策に服したり捜査権限・訴追権限との衡量を必要としたりするものでないこと）を明らかにしました。すなわち、個人がもつ不可侵の内心の領域や、人格の尊厳という**絶対的**な価値をもつものによって、黙秘権は正当化されるのです。黙秘権を確立しなさいという要求は、〈黙秘権を、内心の領域の不可侵性や人格の尊厳を根拠とする絶対的性格をもつ権利として、被疑者・被告人に対し保障しなさい〉と要求することを意味します。

わが国において、この黙秘権の絶対的性格を肯定することは、現代でもなお大きな意義をもちます。なぜなら、被疑者による黙秘権の行使をたんに弁護戦術の1方法としか理解しない傾向、さらに、そう理解したうえで黙秘権の行使を有害無益な弁護戦術として批判する傾向が、実務上、なおあるといわねばならないからです。

展開支援ナビ

黙秘権の行使や弁護人立会の要求と実務　東京地判平成6・12・16判時1562号141頁は、強姦致傷被告事件で無罪を言い渡したうえで、被告人が捜査段階で「弁護人の強い勧告に従い、捜査官に対しては終始黙秘権を行使し」た本件において、「黙秘の勧め〔や準抗告の申立〕を中心とするこのような弁護活動は、当時としては被告人に変な期待を持たせると共に、検察官による公訴提起を招き寄せる効果しか有しなかった、まさしく有害無益なものであった」と述べました（なお、村井敏邦「刑事弁護の有効性、相当性――3つの事例を素材にして」井戸田侃ほか編『誤判の防止と救済・竹沢哲夫先生古稀祝賀記念論文集』93頁）。

また、東京高判平成10・4・8判時1640号166頁は、暴行被告事件で、公訴提起の事態に至った理由に関し、「被告人〔被疑者〕が弁護人の立会いがなければ取調べに応じないとの態度を明らかにしたことから、捜査官において、特に本件に至る経緯ないし動機に関し被告人側からも事情を聴取し、事件の真相を吟味していくという作業がほとんどできなかった」、「被告人〔被疑者〕に対する取調べに弁護人の立会いを求めることを助言し続けた甲〔弁護人〕の活動のあり方にその原因があったことは否定できない」と述べ、「関係証拠からみて被告人〔被疑者〕が暴行の事実自体を認めている本件において何故に弁護人の取調べへの立会いを求めこれに固執しなくてはならなかったのか理解しがたい」とも述べました。弁護人を取調べに立ち会わせない捜査の現状を問題とせず、そのまま肯定したうえで、弁護人による立会い要求や取調べの拒絶について、その弁護戦術としての有益性だけを衡量するものになっています。

第2に、黙秘権は絶対的性格をもつゆえに、**身体拘束下の被疑者取調べのあり方そのものを条件づける**、すなわち、その具体的内容を決定するものになるということです。

ミランダ判決はそのことを、身体拘束下の取調べがもつ強制的雰囲気を払拭するための保護措置を公的にとらねばならない、と表現しました。その保護措置を事前にとらない限り、身体拘束下の被疑者取調べじたいが許されません。その保護措置とは、具体的には、(A)黙秘権の行使は取調べを終了させねばならない、(B)黙秘権を取調べ前に告知しなければならない、(C)弁護人と事前に接見して相談できねばならない、(D)弁護人を取調べに立ち会わせることができねばならない、(E)弁護人の接見や立会いを行わせるまで取調べを中断しておかねばならない、(F)これらのことをしないまま取り調べて獲得した自白は証拠として使用されてはならないこと（すなわち、証拠能力を否定されねばならないこと）などを意味します。

このミランダ判決の論理、すなわち、〈絶対的性格をもつ黙秘権は、そのような自己を貫徹するため、被疑者取調べのあり方を決定する〉こと、〈黙秘権によって条件づけられたものに被疑者取調べの現状を変革する〉ことが、わが国の捜査の現実に対してもちうる現代的意義はやはり大きいと思うのです。

(4) 今後の課題

わが国の刑事手続については今後も、黙秘権が要求する取調べのあり方、すなわち、弁護人による無償の援助、弁護人との自由な接見、弁護人の取調べへの立会いなど、さまざまな弁護権が保障される取調べのあり方を要求しつづけるとともに、黙秘権にもとづく要求の趣旨をさらに広げていくことが望まれます。

たとえば、捜査機関の手持ち証拠の積極的開示がなければ、被疑者の供述の自由は真の意味で確保されたことにはなりません。それゆえ、そのような証拠の不開示は黙秘権行使の正当な理由となるはずです。言い換えれば、被疑者の取調べに先だって捜査機関が手持ち証拠を開示することが、そもそも被疑者に対し取調べを要求できる前提条件になるはずです。ただし、この**取調べに先立つ捜査機関手持ち証拠の開示**という要求については、現在もまだ**実現への現実的手掛りがない**というべきでしょう。しかし、そのような証拠開示の可能性を含め、黙秘権が内在させる豊かな可能性について、刑事訴訟法研究者として、それを閉ざさないという解釈態度だけはもちつづけたいと思うのです。

そのためにも、黙秘権は、不可侵の内心の領域、人格の尊厳、主体的な連帯感という1人1人の人間がもつ**基本的な拠り所**というべきものに結びついて成立し、保障される権利であることを、繰り返し心に刻みたいと思うのです。

被疑者の権利と取調べ②

06　被疑者の取調べと取調べ受忍義務

> **設問 06**
> わが国の被疑者取調べについて、その特徴を説明したのち、逮捕・勾留されている被疑者の「取調べ受忍義務」を肯定する議論と否定する議論を整理し、みずからの考え方を述べなさい。
>
> **関連問題**
> 被疑者甲は逮捕されてから、連日、取調べを受けた。その取調べ時間は、当初の勾留10日間の満了日まで、ほぼ午前10時ごろから夕刻までに及び、もっとも長い日で約9時間半、平均すれば1日7時間半であった。勾留が延長されてから自白調書が作成される前日までの8日間は、ほぼ午前10時ごろから午後9時ないし10時すぎまで、平均11時間ないし12時間の取調べを甲は受けつづけた。結局、公訴の提起前に、甲は被疑者として約190時間にも及ぶ取調べを受けたことになった。
> この被疑者取調べは適法か。

1　被疑者の取調べと黙秘権

　前回の設問では、「黙秘権」を取り上げました。黙秘権の絶対的性格や、その保障のための法的枠組みを知ることが、演習の主な目的でした。しかし、そのさい、黙秘権によって条件づけられるべきだとした「被疑者取調べ」について、その法制や現状がどうなのか、具体的な説明は行いませんでした。この点で、分かりにくさを残したかと思います。そのため、今回の設問では、真正面から「被疑者取調べ」をテーマにして検討を深めたいと思います。

(1)　被疑者取調べの規定と黙秘権の告知

　起訴前の被疑者取調べに関する規定は、刑事訴訟法198条です。その第1項は、つぎのように定めます。捜査機関が被疑者を取り調べる権限をもつことなどを明らかにしたものです。

　刑事訴訟法 198条1項　検察官、検察事務官又は司法警察職員は、犯罪の捜査をするについて必要があるときは、被疑者の出頭を求め、これを取り調べることができる。但し、被疑者は、逮捕又は勾留されている場合を除いては、出頭を拒み、又は出頭後、何時でも退去することができる。」

　第2項以下は、捜査機関が被疑者に黙秘権を告知すべき義務を負うことや、供述調書を作成する権限をもつこと、供述調書を作成するさいに遵守すべきことなどを定めます。

　刑事訴訟法 198条2項　前項の取調に際しては、被疑者に対し、あらかじめ、自己の意思に反して供述をする必要がない旨を告げなければならない。
　3項　被疑者の供述は、これを調書に録取することができる。
　4項　前項の調書は、これを被疑者に閲覧させ、又は読み聞かせて、誤がないかどうかを問い、被疑者が増減変更の申立をしたときは、その供述を調書に記載しなければならない。
　5項　被疑者が、調書に誤のないことを申し立てたときは、これに署名押印することを求めることができる。但し、これを拒絶した場合は、この限りでない。」

展開支援ナビ

　被疑者取調べの手続　刑事訴訟法198条2項以下が定める被疑者取調べの手続について、幾つかの問題

点を敷衍しておきます。

(1) 被疑事実の告知　捜査機関は取調べの冒頭に、被疑者に対し**黙秘権を告知する義務**を負います（刑訴198②）。しかし、取調べの対象となる被疑事実やその罪名まで告知する義務はないとされました。たとえば、**東京高判昭和57・12・9判時1102号148頁**は、外国為替及び外国貿易管理法違反被疑事件において、業務上横領の被疑事実にまで取調べが及んだのに、捜査機関はそのことを告知しなかった事案について、刑事訴訟法198条2項の「告知は、被疑者に対し憲法上の自己負罪拒否の特権ないし刑訴法上の供述拒否権を理解させ、これを行使するうえで遺憾なからしめるための権利保障的意義を有するものであって、供述拒否権が各個の被疑事実ごとに存在するものではないから、その告知に際しては右刑訴法の規定に定める事項を理解させれば十分であって、**被疑事実若しくはその罪名までを告知する必要はないと解するのが相当である**」と判示します。

なお、逮捕・勾留された被疑者については、身体拘束後の手続として、「犯罪事実の要旨」が告知されねばなりません（たとえば、刑訴203①「司法警察員は、逮捕状により被疑者を逮捕したとき、又は逮捕状により逮捕された被疑者を受け取ったときは、直ちに犯罪事実の要旨及び弁護人を選任することができる旨を告げた上、弁解の機会を与え、留置の必要がないと思料するときは直ちにこれを釈放し、留置の必要があると思料するときは被疑者が身体を拘束された時から48時間以内に書類及び証拠物とともにこれを検察官に送致する手続をしなければならない」。このほか、204①、207①、61）。なぜなら、憲法34条前段が、「何人も、理由を直ちに告げられ、且つ、直ちに弁護人に依頼する権利を与えへれなければ、抑留〔すなわち、逮捕〕又は拘禁〔すなわち、勾留〕されない」と定めるからです。告知されるべき「理由」とは、「罪を犯したことを疑うに足りる相当な理由」（刑訴198①）を含みます。そのため、身体拘束のさい、「理由」の内容である被疑事実の概要が告知されねばならないわけです。

(2) 供述録取書を作成する権限と方法　刑事訴訟法198条3項は、捜査機関が聴取した被疑者の供述について、これを「調書に録取することができる」と定めます。「録取することができる」という文言ですので、取調べの結果、得られた被疑者の供述を録取して〈調書を作成するかどうか〉、また、〈どのような作成方法、方式をとるのか〉という点について、法的な制約はありません。実務上も、捜査機関の裁量に委ねられます（なお、警察の内規である犯捜規177は「取調べを行ったときは、特に必要がないと認められる場合を除き、被疑者供述調書又は参考人供述調書を作成しなければならない」と定める）。ただし、被疑者の供述があったのに、これを調書に録取しない自由、調書として証拠化しない自由は捜査機関にないとする考え方もあります（白取祐司『刑事訴訟法〔第7版〕』184頁。つねに調書に録取すべきだという見解として、熊谷弘ほか編『捜査法大系Ⅰ・第1編　逮捕・取調』251頁〔井戸田侃〕）。また、「被疑者〔が自己〕に有利な供述をした場合にまったく調書を取らないことになれば、これが公判の段階において被疑者に不測の不利益を生ぜしめるおそれなしとしない」という理由から、被疑者から記録化の申出があったとき、捜査機関は調書作成義務を負うという考え方もあります（平場安治ほか『注解刑事訴訟法中巻〔全訂新版〕』54頁以下〔高田卓爾〕）。

とまれ、調書作成の方式については、捜査機関の裁量に委ねられるという考え方にもとづき、実務上、捜査機関はみずからの発問と被疑者の答えを逐語的に調書に録取する必要はなく、聴取した被疑者の供述を整理・要約等して、調書に録取してかまわないとされます。**東京地判昭和58・10・12刑事裁判月報15巻10号521頁**は、「供述調書は、公判において証拠として使用されることを主たる目的として作成されるものであるから、供述者の述べることがすべてそのまま録取されなければならないものではなく、捜査官が犯罪の成否ないしは情状といった、公判において重要な意味をもつ点を中心に供述者の話を整理し、重要な点については詳細に深く掘り下げた質問をし詳しい供述を得てこれを録取し、関連性の乏しい事項に関する話は採り上げないなど、**録取すべき事項の取捨選択、各事項の取扱い方につき捜査官の調整判断を加えて作成すべきものであることは**改めていうまでもないところである」と述べました。

なお、取調べ中の被疑者に捜査機関が証拠物を示して、供述を求めることも少なくありません。その場合には、証拠物を提示した状況なども調書に記載します（犯捜規171が、「捜査上特に必要がある場合において、証拠物を被疑者に示すときは、その時期及び方法に適切を期するとともに、その際における被疑者の供述を調書に記載しておかなければならない」と定める）。

作成した調書については、これを被疑者に閲覧させるか、あるいは、読み聞かせて捜査機関による供述の録取が正確かどうか・録取に誤りがないかどうかを被疑者じしんに確認させねばなりません。被疑者が増減変更の申立をしたときは、その増減変更の申立にかかる供述を調書に記載しなければなりません（刑訴198④）。作成された調書に誤りがないと被疑者が述べた場合に限って、捜査機関は、調書に署名・押印するよう被疑者に対し求めることができます。ただし、署名・押印を拒絶する被疑者には、たとえ供述の録取が正確だとしても、もはや署名・押印の要求じたいができません（同⑤）。ちなみに、被疑者は署名・押印を拒絶する理由を明ら

かにする必要もありません。すなわち、**被疑者は署名・押印を拒絶する権利を無条件に保障される**わけです。

　この被疑者の取調べは、そもそも、なんのために行われるのでしょうか。実務上、被疑者取調べとは、「罪となるべき事実」（刑訴256③、335①）の存否を推認する根拠となる資料にするため、捜査機関の発問によって被疑者じしんから**供述**、とくに、**不利益な事実を承認する供述**（刑訴322①）を獲得しようとする捜査活動だとされます。この不利益な事実を承認する供述のうちもっとも重要なものが、被疑者じしんの自白であることはいうまでもありません。なぜなら、自白とは、自己の「罪となるべき事実」の全部または主要部分を承認する被疑者じしんの供述であるからです。被疑者の取調べの目的は、自白の獲得にあるとされるわけです（これに対し、井戸田侃『刑事訴訟理論と実務の交錯』51、53頁は、「被疑者取調べを証拠収集＝自白獲得の手段として考える」ことに反対し、「被疑者に対してnotice〔告知〕とhearing〔聴聞〕する機会を与えるために被疑者取調べがある」とされる。〔　〕は引用者。この考え方では、被疑者取調べは、捜査機関の発問を許すとしても、その本質は、弁解の聴取だといえる）。

　捜査機関は、この取調べによって獲得した被疑者の供述を調書に録取することができました（刑訴198③）。その調書は、被疑者じしんの署名または押印があることや、不利益な事実を承認する供述については、任意にされたものでない疑いがないことなどを要件として、起訴後の手続において「証拠とすることができる」ものとなります（刑訴322①）。

展開支援ナビ

弁解聴取と取調べ　取調べではなく、被疑者からの**弁解聴取**についても、説明しておきます。

　刑事訴訟法は、逮捕した被疑者について、「弁解の機会」を与えねばならないと定めます（刑訴203①、204①、205①）。逮捕した被疑者をさらに留置する必要があるかどうか、あらためて捜査機関に検討させる契機とするため、被疑者に対し、**弁解の機会**を認めたのです（その趣旨は、「弁解の機会を与え、留置の必要がないと思料するときは直ちにこれを釈放し」なければならないと定めた刑訴203①の文言から導かれる。また、**最判昭和27・3・27刑集6巻3号520頁**も、「専ら被疑者を留置する必要あるか否かを調査するための弁解録取」と述べる）。この弁解とは、**捜査機関の発問と無関係に、被疑事件について被疑者じしんの判断で供述する**ことを意味します。弁解の内容について、捜査機関が発問することは許されません。

　捜査機関の発問が許されないため、刑事訴訟法は、被疑者に弁解の機会を与えるさい、あらかじめ黙秘権を告知することを捜査機関に義務づけませんでした。その点で、被疑者の取調べと異なります。しかし、被疑者の取調べじたいが、もともとは「被疑者にとって直接的な弁解の機会」となる側面をもっています（松尾浩也『刑事訴訟法（上）新版』62頁）。それゆえ、逮捕後の手続として（留置の要否を判断するため）行われる**弁解の聴取**（刑訴203①、204①、205①）と、黙秘権を告知したうえで（証拠となる被疑者の供述を獲得するため）行われる**取調べ**（刑訴198①、同②）について、その**実質的な違い**を識別することは——とくに、被疑者がこれらを明確に区別することは——、実は、困難だといわねばなりません。

　また、捜査機関の発問が許されないという違いはあっても、被疑者の弁解はそれじたいが被疑事実の存否を推認する根拠になる「**証拠資料**」とされることに変わりはありません。上述の最高裁昭和27年判決でも、「刑訴203条に基く司法警察員の被疑者に対する弁解録取書、又は同204条若しくは同205条に基く検察官の被疑者に対する弁解録取書は、専ら被疑者を留置する必要あるか否かを調査するための弁解録取書であって、同198条所定の被疑者の取調調書ではないから、訴訟法上その弁解の機会を与えるには犯罪事実の要旨を告げるだけで充分であって、同198条2項所定のように被疑者に対し、あらかじめ、供述を拒むことができる旨を告げなければならないことは要請されていない。〔中略〕そして、弁解録取書であっても、被告人の供述を録取した書面と認められ且つ刑訴322条の〔署名・押印などの〕要件を具備するか又は同326条の同意がありさえすれば証拠とすることができること論を俟たない」と述べられました。

　そのことを踏まえ、実務上、弁解録取書を作成する手続は、被疑者の供述調書の作成手続（刑訴198④、⑤）に準ずるものとなっています。具体的には、こうです。弁解録取書の用紙に、「〔逮捕された被疑者である〕被告人の供述内容の書き入れを完了した後、その場でこれを被告人に読み聞かせ、記載に誤りがないと言えばそのままで、また、増減変更を申し立てたときはその旨を記載し、あるいはその述べた趣旨に従って書入れ済の

内容を加除、訂正したうえ、被告人に署名押印を求め、その後、右弁解録取書用紙の末尾に印刷された不動文字を利用して〔弁解を聴取した司法警察員が〕自己の所属する警察署名を書き入れたうえ、自ら署名押印して、その場で弁解録取書を完成する」というわけです（最判昭和52・7・14刑集31巻4号713頁）。弁解録取書に被疑者の署名・押印を求めるのは、その「証拠化」が目的であることは否定できません。

それゆえ、逮捕された被疑者に弁解の機会を与えるさい、少なくとも「弁解が証拠になることは告知するのが公正である」と指摘されます（平野龍一『刑事訴訟法』97頁）。また、被疑者にとって弁解聴取と取調べの区別が困難であることを考慮し、「実務上はこの〔逮捕後の弁解聴取の〕手続においても供述拒否権を告知するのが望ましい」ともされます（『条解刑事訴訟法〔第4版〕』389頁）。少なくとも、弁解を聴取したさい、捜査機関が発問しようとするときは、取調べの実質をもつことになる以上、発問に先だち被疑者に黙秘権を告知すべきでしょう。なお、警察の内規（国家公安委員会規則2号）である犯罪捜査規範は、「弁解録取上の注意」として、その134条で「被疑者の弁解を録取するに当って、その供述が犯罪事実の核心に触れる等弁解の範囲外にわたると認められるときは、弁解録取書に記載することなく、被疑者供述調書を作成しなければならない」と定めます。

(2) 黙秘権の保障と告知

「証拠とすることができる」供述の獲得を目指す捜査機関の取調べに対抗するため、被疑者は、「不利益な事実の承認」（刑訴322①）を内容とする供述、すなわち、「自己が刑事訴追を受け、又は有罪判決を受ける虞」（刑訴146）のある供述を拒否するだけでなく、**およそ一切の供述について、これを拒否する権利**、すなわち、**黙秘権**をもちます（刑訴198②）。

刑事訴訟法は、取調べにあたる捜査機関に対し、その取調べに先だって、「自己の意思に反して供述をする必要がない」こと、すなわち、黙秘権が保障されることを被疑者に対し告知するように義務づけました（刑訴198②。なお、犯捜規169②は、被疑者に対する黙秘権の告知について「取調べが相当期間中断した後再びこれを開始する場合又は取調べ警察官が交代した場合には、改めて行わなければならない」とも定める）。供述の獲得を目指す捜査機関に対し、〈取調べに先だって、供述を拒否することができると被疑者に告知せよ〉というのは、矛盾する行動を要求するものかもしれません。しかし、刑事訴訟法は敢えて、そのような要求をしました。それは、〈黙秘権をもつことを被疑者に理解させる〉だけでなく、〈取調べ手続の公正こそがもっとも重要であることを、捜査機関じしんに対しても、黙秘権の事前告知という具体的行為で示させた〉ものと解することができます。

なお、刑事訴訟法198条2項は、当初、「供述を拒むことができる旨」を告知せよと定めていました。この文言は、昭和28年（1953年）に改正され、「自己の意思に反して供述をする必要がない旨」を告知すると変えられました。表現がやわらげられたわけです。取調べにあたる警察官の心理的な抵抗——〈自分たちがする取調べには、正当性がないのか。被疑者から拒否されて当然のことを、押しつけているだけなのか〉というような思い——に配慮した改正でした。

展開支援ナビ

黙秘権の告知と憲法38条　刑事訴訟法198条2項が定める黙秘権の告知は、捜査機関じしんに対し、〈取調べ手続の公正こそがもっとも重要だということを、黙秘権の事前告知という具体的行為で示させる〉ものでした。そのような黙秘権の告知は、被疑者という地位がたんなる取調べの客体ではなく権利を享受する法的主体であることを捜査機関じしんが被疑者に告げ、刑事手続の構造（当事者主義的本質）を明らかにするという象徴的な意義をもつでしょう。

また、黙秘権の告知が果たすべき機能として、被疑者の取調べ、とくに身体拘束下の取調べがもってしまう強制的雰囲気を払拭することを挙げることができます。〈供述するか黙秘するかは、被疑者じしんがみずからの意思に従って決定すべきものである〉ことを、取調べにあたる捜査機関じしんが取調べに先立ち、被疑者に告知する——、その行為そのものによって、被疑者の取調べ、とくに身体拘束下の取調べがもつ強制的雰囲気を払拭しようとするわけです。ちなみに、昭和41年（1966年）の合衆国連邦最高裁の**ミランダ判決** (Miranda v.

State of Arizona、384 U. S. 436) は、身体拘束下の被疑者「取調べが本来もつ〔強制的〕雰囲気の圧力を押さえ込むには、黙秘権告知が必須条件となる」(Id. at 468. なお、参照 at 471) と判示しました。このように黙秘権の告知がもつ意義、ないし、その果たすべき機能は極めて重要だといわねばなりません。

しかし、**最大判昭和23・7・14刑集2巻8号846頁**は、黙秘権の告知について、憲法38条1項の要請ではなく、黙秘権を告知しなかったこともそれだけでは供述の強要とか自白排除の事由にならないという立場をとりました。被告人が上告を申し立てた事案であり、上告趣旨はつぎのようでした。「憲法第38条第1項は『何人も自己に不利益な供述を強要されない』と規定して居るが、此の条文に依って被告人は単に検察官吏に対して許りでなく裁判所に於ても『自己に不利益な供述』を強要される事が無かる可きものである。〔中略〕被告人は既に裁かれる身であり其の立つ場所は被告人台であり其の訊問を為すは法服に厳然威儀を正した裁判官である。被告人に於て縦令腰縄手錠を掛けられて居る事が無く裁判官に於て一切の形に現はれた強要の手段を用ふる事が無いとしても(之は勿論の事であるが)精神的心理的強要のあるのは決して否定する事が出来ないのである。〔中略〕真に憲法の期待する『公平な裁判所』として『公平な裁判』をするには、裁判官は須く被告人の訊問に当っては被告人が『自己に不利益な供述』であらうと判断し、若しくは何人に依っても『被告人に不利益であらう供述』であると判断せる、訊問に対しては答弁若しくは供述し無くても良い権利が被告人に存する事を事前に充分に被告人に対し告知理解せしめ置くべきであると云ふ点にあるのである。裁判所が此の手続を為さないで被告人に対し『不利益な質問』を発し使告人をして『不利益な供述』を為さしむるのは、前述の意味に於ける『強要』であって即ち憲法違反の処置に外ならない」、と。

しかし、この上告趣旨に対し最高裁昭和23年大法廷判決は、「憲法はその第38条第1項において『何人も自己に不利益な供述を強要されない』と規定して、被告人にいわゆる黙秘の権利あることを認めているが、所論のごとく裁判所に対し、訊問の事前にその権利あることを被告人に告知理解せしめ置かねばならぬ手続上の義務を命じていないのである。それ故かような手続を執らないで訊問したからと言つて所論のように被告人の供述を強要し又は裁判手続に違憲ありと言い得ない」と判示しました。

これに対し、学説では、黙秘権の「告知それ自体が憲法〔38条〕の要請だとはいえない」と述べ、最高裁昭和23年大法廷判決の立場に与したうえで、ただし、「自己に不利益な事実に関する限り、被疑者が〔黙秘権を〕知らなかったとき、および**権利の行使が困難な事情**があるときなどには、告知自体も憲法の要請だといわなければならない」という考え方もあります（平野『刑事訴訟法』108頁。〔 〕、ゴシック体は引用者）。なお、限定的であれ告知じたいが憲法の要請になる場合、不告知は「黙秘権の侵害」であり、「自白の使用を禁止する必要」がある「違法行為の1つ」にあたるとされました（平野・前掲書227頁以下）。その場合、刑事訴訟法の解釈としては、319条1項が定める「任意にされたものでない疑のある」場合に該当するというわけです（平野・前掲書229頁）。

ほぼ同じ考え方にたつ判例として、**浦和地判平成3・3・25判タ760号261頁**を挙げることができます。浦和地裁平成3年判決は、黙秘権や弁護人選任権の告知を欠いたうえ、違法・不当な言動もあった警察官の取調べについて、その取調べによって得た自白には**任意性**に疑いがあると結論しました。その理由中で、次のように述べます。

「黙秘権の告知がなかったからといって、そのことから直ちに、その後の被疑者の供述の全ての任意性が否定されることにはならないが、被疑者の黙秘権は、憲法38条1項に由来する刑事訴訟法上の基本的、かつ、重要な権利であるから（同法198条2項）、これを無視するような取調べが許されないことも当然である。そして、刑訴法は、捜査官による被疑者の取調べの必要と被疑者の右権利の保障の調和を図るため（すなわち、取調べによる心理的圧迫から被疑者を解放するとともに、取調官に対しても、これによって、取調べが行きすぎにならないよう自省・自戒させるため）、黙秘権告知を取調官に義務づけたのであって、一般に、右告知が取調べの機会を異にする毎に必要であると解されているのは、そのためである。従って、本件におけるように、警察官による黙秘権告知が、取調べ期間中一度もされなかったと疑われる事案においては、右黙秘権不告知の事実は、取調べにあたる警察官に、被疑者の黙秘権を尊重しようとする基本的態度がなかったことを象徴するものとして、また、黙秘権告知を受けることによる被疑者の心理的圧迫の解放がなかったことを推認させる事情として、供述の任意性判断に重大な影響を及ぼすものといわなければならず、右のような観点からすれば、本件において、被告人が、検察官や裁判官からは黙秘権の告知を受けていることとか、これまでに刑事裁判を受けた経験があり黙秘権の存在を知っていたと認められることなどは、右の結論にさして重大な影響を与えないというべきである」、と。

浦和地裁平成3年判決は、黙秘権の不告知が憲法38条1項に違反する場合があるとまでは明言しません。しかし、「警察官による黙秘権告知が、取調べ期間中一度もされなかったと疑われる事案」における黙秘権の

不告知は、上記の平野龍一博士のいう「権利の行使が困難な事情」に該当することになるでしょう。その意味で、浦和地裁平成3年判決の考え方は平野博士のそれとほぼ同じだといえます。ただし、浦和地裁平成3年判決は、黙秘権不告知の事情が〈自白の任意性を疑わせる重要な間接事実〉になる場合があるというものでした（間接事実とは、証拠法上の用語。間接事実は、推理・推論を加えることによって、初めて要証事実を推認する根拠となる）。その点で、なお疑問が残ります。なぜなら、自白の任意性を疑わせる間接事実とされた黙秘権の不告知は、他の間接事実、たとえば、①取調官に有形力の行使がなかったか、②病気・極度の睡眠不足・疲労・薬物中毒などを利用した取調べでなかったか、③家族・知人などに不必要な負担を及ぼすというような脅迫的言動がなかったか、④釈放や軽罪を示唆したり、接見禁止中に家族や共犯者に面会させるような利益の約束・供与がなかったかなど、被疑者・被告人の内心の状態に影響を及ぼすような様々な具体的事情と並ぶ1つの考慮事項とされ、結局、黙秘権不告知の事情がもつ重要性が相対的に小さなものになってしまうからです。

　上述したように、黙秘権の告知がもつ機能や意義の大きさにかんがみれば、やはり、黙秘権の不告知はそのことじたいが憲法38条1項に違反するというべきです。すなわち、間接的に〈不告知によって黙秘権の行使が困難になるから、あるいは、黙秘権行使の機会を逸するから黙秘権を侵害し、憲法38条1項に違反する〉というのではなく、直接的に〈黙秘権の不告知じたいが黙秘権を侵害し、憲法38条1項に違反する捜査機関の行為になる〉というべきです。また、憲法38条1項に違反する捜査機関の行為だと捉える以上、その違法行為の結果として獲得された自白については、刑事訴訟法319条1項を媒介にすることなく、憲法38条1項じたいにもとづきその証拠能力が否定されるべきです。

(3) 取調べの拒否か受忍か

　「証拠とすることができる」供述を獲得するため、捜査機関が被疑者を取り調べる権限（刑訴198①）を行使した場合、被疑者はこの捜査機関の取調べ要求をしりぞけることができるでしょうか。

　被疑者には、包括的に供述を拒否できる黙秘権が保障されます。この黙秘権を行使し、たとえば、「いまも、これからも、一切の供述を拒否する」と被疑者が述べた場合、供述の獲得を目指す捜査機関の取調べは、もはやなんの成果も見込めないことになります。それゆえ、〈取調べじたいを始められない〉、〈いったん始めた取調べは直ちに終了されねばならない〉はずです。現実にも、そうなっているでしょうか。もちろん、「黙秘する」、「供述は一切拒否する」、「質問に対し答えることは、なにもない」と述べる被疑者の意思が真摯なものか、もはや覆らないものなのか、捜査機関が2、3の質問を行って確認することは許されてよいでしょう。問題は、それを超えて、黙秘権を行使する被疑者の意思にかまわず捜査機関が取調べを始めたり、取調べをつづけることが許されるかどうかです。もし、「許される」というのであれば、〈被疑者は、捜査機関の取調べ要求に対し、これをしりぞけることができない〉といわねばなりません。

(4) 逮捕・勾留されない被疑者の取調べ

　わが国における1つの答えは、こうです。

　——もし被疑者が逮捕・勾留によりその身体を**拘束されていない**のであれば、捜査機関の取調べそのものを拒否できる。なぜなら、刑事訴訟法198条1項但書が、「被疑者は、逮捕又は勾留されている場合を除いては、〔捜査機関が求める〕出頭を拒み、又は出頭後、何時でも退去することができる」と定めるからだ、と。

　すなわち、被疑者が身体を**拘束されていない**場合、取調べの可否は、もっぱら〈取調べを受けることに対し、被疑者じしんが承諾を与えたかどうか〉にかかることになります。ただし、そのさい留意すべきことがあります。それは、〈黙秘権が保障されるため、被疑者は取調べ要求を拒否できる〉とか、〈黙秘権を行使する被疑者に対し、捜査機関は取調べの要求そのものができない〉とは**考えられていない**ことです。なぜなら、〈逮捕・勾留されていない被疑者の取調べの可否〉に関するルールを決定しているのは、「被疑者の黙秘権」ではなく、あくまで、後述する刑事訴訟法198条1項但書が定める「**取調べの任意**

処分性」という法的論理だからです。

(5) 逮捕・勾留された被疑者の取調べ

逮捕・勾留され、**身体を拘束される**被疑者については、どうでしょうか。その答えは、こうです。

──逮捕・勾留されている限り、被疑者は捜査機関の取調べ要求を拒否できない。なぜなら、身体を拘束されている被疑者には、刑事訴訟法198条1項但書の反対解釈によって、**取調べ受忍義務**が課されるからだ、と。

そのため、逮捕・勾留されている限り、被疑者が「取調べを受けない」「取調べを止めてくれ」と述べたとしても、捜査機関に対し、取調べを行わせないこと、止めさせることはできません。その限りで、捜査機関の取調べが被疑者に強制されることになります。

この強制される取調べについて、**被疑者の黙秘権**がなんの規制も及ぼさないわけではありません。なぜなら、身体を拘束された被疑者に対し行われる取調べについて、その**方法**を被疑者の黙秘権が規制することにはなるからです。「例えば勾留中連日午前午後から深夜にわたって取調べをする」（渡辺修『被疑者取調べの法的規制』211頁）という類の、供述の強要となる**不当な取調べ方法**を許さないという**消極的**なかたちで、被疑者の黙秘権が機能するでしょう。

しかし、逮捕・勾留された被疑者の取調べについて、その可否に関するルールじたいは黙秘権により決定されるものではありません。なぜなら、逮捕・勾留された被疑者に対し捜査機関は取り調べる権限をもち、取調べを受忍させることができる以上、黙秘権を行使した被疑者に対し取調べをつづけても、**それだけでは**供述の強要にはならず、差し支えはないと考えられたからです（黙秘権を行使した勾留中の被疑者に対し、その後も検察官が連日取調べを続行した事案について、高松地判昭和39・5・18下刑集6巻5＝6号681頁は、供述拒否権が定められた趣旨は供述の強要を禁止することにあり、「被疑者が黙否〔ママ〕権を行使したからといって捜査機関は直ちに爾後全く被疑者を取調べることができなくなるものではなく、いやしくも被疑者の供述を強要することとならない限り取調を続行し、或は日を改めて取調をなすことはなんらさしつかえないと考えられる」と述べた）。とまれ、以下では項をあらためて、身体を拘束された被疑者に課される取調べ受忍義務について、説明します。

展開支援ナビ

参考人に対する供述強制　**被疑者以外の第三者**、すなわち、**参考人**から供述を引き出そうとする取調べについては、刑事訴訟法223条が根拠規定となります（刑訴223①「検察官、検察事務官又は司法警察職員は、犯罪の捜査をするについて必要があるときは、被疑者以外の者の出頭を求め、これを取り調べ、又はこれに鑑定、通訳若しくは翻訳を嘱託することができる」）。

この参考人の取調べについても、刑事訴訟法198条1項但書が準用されます（刑訴223②）。すなわち、参考人も「逮捕又は勾留されている場合を除いては、出頭を拒み、又は出頭後、何時でも退去することができる」ものとなります。

ただし、この参考人に対しては、別途、**取調べを強制する方法**が刑事訴訟法に定められます。**起訴前**（第1回公判期日前）**の証人尋問**です。参考人のうち「犯罪の捜査に欠くことのできない知識を有すると明らかに認められる者」が、出頭を拒んだり、供述を拒むときは、「裁判官によるその者の証人尋問」を請求することが検察官に認められます（刑訴226。ちなみに、227①は、捜査機関の取調べに応じ、任意に供述した参考人についても、「公判期日においては前にした供述と異なる供述をするおそれがあり、かつ、その者の供述が犯罪の証明に欠くことができないと認められる場合」には、証人尋問の請求を検察官に認める）。

この**証人尋問の対象となる参考人**に対し、刑事訴訟法上、出頭や供述を強制する手段──間接強制の手段──が認められます（刑訴226、227により証人尋問の「請求を受けた裁判官は、証人の尋問に関し、裁判所又は裁判長と同一の権限を有する」ことになる〔刑訴228①〕。すなわち、起訴後の証人尋問に関する143以下の規定などが準用される。準用される規定には150〔正当な理由のない不出頭に対する**過料と費用賠償**〕、151〔正当な理由のない不出頭に対する**罰金と拘留**〕、160〔正当な理由のない宣誓拒否、証言拒否に対する**過料と費用賠償**〕、161〔正当な理由のない宣誓拒否、証言拒否に対

する罰金と拘留〕など、間接強制の手段を定めたものが含まれる）。証人尋問の方法じたいについては、裁判官の裁量に委ねられます（起訴後の証人尋問の方式を定めた刑訴304は準用されない）。

この裁判官による参考人の証人尋問に、検察官は立ち会うことができます（刑訴157）。しかし、被疑者や弁護人は立ち会う**権利**をもちません。被疑者や弁護人が立ち会うには、裁判官の**許可**を必要とします（刑訴228②「裁判官は、捜査に支障を生ずる虞がないと認めるときは、被告人、被疑者又は弁護人を前項の尋問に立ち会わせることができる」）。立ち会う権利をもたない被疑者・弁護人に対しては、証人尋問の日時・場所を事前に通知する必要もないとされました（**最決昭和28・3・18刑集7巻3号568頁**）。しかし、通知さえしないのは、被疑者側の防禦権に対する配慮をあまりに欠くものといわねばなりません。

共犯者である参考人の取調べ　参考人とは、被疑者以外の第三者を意味します。では、**共犯者の疑いがある他の被疑者**は、どうでしょうか。共犯者の疑いがある他の被疑者も〈被疑者以外の第三者〉ですので、たんなる参考人として扱ってよいでしょうか。たとえば、逮捕・勾留された被疑者Aが「共犯者はBだ」と供述した場合、捜査機関は、Bを被疑者として取り調べる（刑訴198）ことをしないで、参考人として取り調べる（刑訴223）ことができるでしょうか。さらに、このBが出頭を拒むときは、Bを裁判官による証人尋問の対象にし、強制的にその供述を引き出すことも許されるでしょうか。

生ずる問題は、こうです。Bを被疑者として扱う限り、そもそも証人尋問の対象にはならないはずでした。なぜなら、証人尋問の対象にして出頭や供述を強制することは、被疑者に保障される**黙秘権**を侵害するからです。それにもかかわらず、共犯者の疑いがある被疑者について、〈捜査機関が**一方的に参考人扱いするだけで**、証人尋問の対象とされ、出頭や供述を強制される〉のは不当ではないかという疑問が生じます。この点が問題となるわけです。しかし、**最判昭和36・2・23刑集15巻2号396頁**は、共犯者の疑いがある被疑者を証人尋問の対象とすることを認めました。こう判示します。

「刑訴223条1項にいわゆる被疑者とは、当該被疑者を指称し、これと必要的共犯関係にある他の者を含まないと解すべきであるから、〔中略〕共同被疑者であつても、当該被疑者以外の者は、すべて被疑者以外の者として、当該被疑者に対する関係において刑訴223条による取調べができ、同227条の証人尋問を許すべきである」、と。

ただし、最高裁昭和36年判決は具体的理由を述べません。その理由づけについては、**大阪高判昭和26・12・24高刑集4巻12号1674頁**の判示が参考となります。こう判示しました。

「たとえ同一内容の事件の被疑者もしくは共犯者であっても他の者に関する事項については右法条〔刑訴226〕による証人たるの適格を有することが明らかであ〔り〕」、共犯者の疑いがある他の被疑者が証人尋問の対象となっても、「証人としての尋問事項が自己もしくは親族等の刑事訴追又は有罪判決に至るおそれのある場合には刑事訴訟法第146条第147条によつて証言を拒むことができる」ために、共犯者の疑いがある他の被疑者じしんの黙秘権（刑訴311、憲法38①）を侵害するものではないと判示したのです。さらに、「被告人等と共犯者もしくは同一事件の被疑者としての関係があったとしても被告人等と併合審理されない限り、他の者に関する事項については別にこれを証人として尋問して差支ないものであって、この場合においては右両法条〔刑訴226、227〕適用の前提となる刑事訴訟法第223条にいわゆる被疑者以外の者と解すべきであるから、〔共犯者の疑いがある〕右両名が所論のように証人適格なしとすることはできない」とも判示しました。

最後の判示部分は、共犯者とされた共同被告人であっても、起訴後において審理（弁論）を分離すれば、証人として召喚し尋問することができる、すなわち、証人適格を肯定されるわけだから（参照、**最判昭和35・9・9刑集14巻11号1477頁**）、起訴前（第1回公判期日前）の証人尋問についても同じであり、共犯者の疑いがある被疑者に証人適格を肯定してよいという趣旨です。

しかし、このような実務上の扱いには賛成できません。なぜなら、証人尋問とは共犯者である被疑者に対し、被疑事実（共犯事件）に関連する供述を強制しようとする手続にほかならない以上、供述の具体的内容にかかわらず、そのような手続に服することじたいを拒否できるのが被疑者の黙秘権の保障内容であるはずだからです。再考されるべき実務だというべきです。

2　逮捕・勾留された被疑者の取調べ受忍義務

被疑者の取調べ受忍義務とは、逮捕・勾留された被疑者は捜査機関の要求があれば取調べ室に出頭しなければならず（**出頭義務**）、また、捜査機関が取調べを終えるまで取調べ室にとどまっていなければな

らない（**滞留義務**）ことを意味します。身体を拘束された被疑者に課される、この出頭義務・滞留義務をあわせて、**取調べ受忍義務**と呼びます。ちなみに、被疑者に対し、**供述義務**そのものを課すことは、包括的な供述拒否権、すなわち、黙秘権まで保障した憲法38条1項に違反することになるために、許されません。そのため、取調べ受忍義務の内容に**供述義務**までは含まれないことに留意してください。

　逮捕・勾留された被疑者は、取調べ受忍義務を負うため、捜査機関の取調べ要求があったときは、これを拒否できません。言い換えれば、捜査機関は、出頭義務と滞留義務を課すという限度で、被疑者に対し取調べを強制できます。逮捕・勾留された被疑者について、いつ、どれだけの時間、取調べを行うかどうかは、結局、取調べを強制する捜査機関の裁量的判断に委ねられることになります。

(1) 取調べ受忍義務肯定説

　逮捕・勾留された被疑者が取調べ受忍義務を負うことについて、これを肯定する考え方、すなわち、取調べ受忍義務肯定説は、形式的根拠と実質的根拠を挙げます。

　取調べ受忍義務の形式的根拠となるのは、刑事訴訟法198条1項の但書です。198条1項とその但書をあらためて、引用しておきましょう。こうです。

> **刑事訴訟法198条1項**　検察官、検察事務官又は司法警察職員は、犯罪の捜査をするについて必要があるときは、被疑者の出頭を求め、これを取り調べることができる。但し、被疑者は、逮捕又は勾留されている場合を除いては、出頭を拒み、又は出頭後、何時でも退去することができる。

　この規定が、身体を拘束されない被疑者、すなわち、在宅事件の被疑者に対し、捜査機関から出頭を要求されたとしても、捜査機関のもとに出頭することじたいを拒否する権利を認め、また、いったん要求に応じて出頭し、取調べが開始されたとしても、いつでも取調べ室から退出し、捜査機関のもとから退去する権利を認めたことについては、争いがありません。すなわち、在宅事件の被疑者には、無条件に取調べ拒否権が保障されます。

　争いとなるのは、刑事訴訟法198条1項但書の**除外規定**の趣旨です。但書において、「逮捕又は勾留されている場合を除いては」と定められました。実務では、この但書の除外規定を**反対解釈**し、被疑者が逮捕または勾留された場合には、捜査機関の取調べについて、被疑者はもはや出頭を拒むことも、また、出頭後は自由に退去することもできないと結論されました。身体拘束中の被疑者は取調べ室への出頭義務と取調べ室での滞留義務を負う、と解釈されたわけです。それは、198条1項の素直な文理解釈のようにも思われます。

　取調べ受忍義務の実質的根拠は、1つには、逮捕・勾留の目的は被疑者の取調べにあるという考え方をとることでした。「被疑者の逮捕・勾留は主として捜査のために被疑者の身体を確保することを目的とする」ため、逮捕・勾留された被疑者が取調べを受忍しなければならないこと、すなわち出頭義務・滞留義務を負うことは「当然に逮捕・勾留の趣旨の中に包含されている」（団藤重光『條解刑事訴訟法上』365頁）と説明されました。そこでいう「捜査のために」とは、〈積極的に被疑者の取調べを目的として〉と同じ意味です。

展開支援ナビ

　「糾問的捜査観」と被疑者取調べ　逮捕・勾留の目的が被疑者の取調べにあるという考え方は、「捜査は、本来、捜査機関が、被疑者を取り調べるための手続であって、強制が認められるのもそのためである」（平野『刑事訴訟法』83頁）という「糾問的捜査観」（平野・同上）を基礎におくものだと分析されました。

　たしかに、この糾問的捜査観を支える制度的根拠も、刑事訴訟法上、認められるところです。たとえば、わが国では、逮捕された被疑者を遅滞なく裁判官のもとに引致する制度（英米法では「予備出頭」という）がありません。逮捕された被疑者は、司法警察員など捜査機関のもとに引致されます。さらに、権利の告知、弁解の聴取、留置の要否の判断なども、すべて捜査機関が行います（刑訴203①、204①、205①）。そのさい、身体拘束時間を捜査機関が被疑者の取調べに使うことがないようにするとか、事実上あっても最小限度にとどめさせる

> という手立ては、まったく講じられません。そのため、わが国において逮捕・勾留中の留置期間は、実質的には、**被疑者取調べのための捜査機関の持ち時間**になっています。
> 　また、被疑者の取調べじたいも、取調べ権限をもつ捜査機関と被疑者だけが向かい合うものになっています。すなわち、被疑者には、自己の取調べに弁護人を立ち会わせる権利が保障されません。取調室で被疑者は、黙秘するか供述するか、供述するときは、なにをどのように供述するか、弁護人の助言や援助なしに１人で決定しなければなりません。実は、**犯罪捜査規範**には、被疑者取調べに弁護人が立ち会うことを予定した規定があります（犯捜規180②「取調べを行うに当たって弁護人その他適当と認められる者を立ち会わせたときは、その供述調書に立会人の署名押印を求めなければならない」）。しかし、犯罪捜査規範は警察の内規（国家公安委員会規則２号）でしかなく、法律ではありません。現実にも、弁護人が取調べに立ち会う事例はないでしょう。このように捜査機関だけが被疑者に対峙し、その供述を求めるため発問をつづける現在の被疑者取調べのあり様は、やはり、「糾問的」と形容するほかない実状ないし実質をもちます。
> 　このような逮捕・勾留の身体拘束を利用した被疑者取調べの糾問的な実状ないし実質は、昭和24年（1949年）に現行刑事訴訟法が施行され、60年以上を経過したいまも、基本的には変わっていないといわねばなりません。

　取調べ受忍義務の実質的根拠のもう１つは、被疑者の取調べが現実に担っている重要な意義ないし機能に求められます。その趣旨は、こうです。
　——被疑者に対する取調べは、被疑者から供述、とくに自白を獲得しようとする捜査機関の活動である。自白とは、罪となるべき事実の全部または主要部分を承認する被疑者じしんの供述であり、それだけで罪となるべき事実の認定を可能とする。この自白にいたった被疑者は、行為や生じた結果など「犯罪の客観的側面」だけでなく、故意、過失や目的、知情、不法領得の意思など——自白なしには認定が困難な——「犯罪の主観的側面」についても供述をするだろう。さらに、自白した被疑者がみずからの犯行を悔悟し、真摯に反省するときは、将来の改善更生も期待できる。そのような自白を獲得しようとする取調べは、おのずと重要な意義・機能を担うことになる。すなわち、「真実を発見し社会治安を維持するには取調べを通した自白採取の活動は不可欠である」（三井誠『刑事手続(1)〔新版〕』127頁）といえる。そのような重要な意義・機能を担う取調べを確実に行わせるため、逮捕・勾留された被疑者に限って、特別な法的義務、すなわち取調べ受忍義務を課すことになっても、それは相当なことというべきだ。なぜなら、逮捕・勾留された被疑者については、「罪を犯したと疑うに足りる相当な理由」（刑訴199①、207①、60①）が肯定されるからであり、また、限られた逮捕・勾留期間のあいだに起訴・不起訴などの処分を決定し、事件処理に区切りをつけねばならないからである、と。
　こう考えて、取調べ受忍義務を肯定することに実質的根拠があるとされました。

(2) 取調べ受忍義務否定説

　しかし、取調べ受忍義務の実質的根拠のうち、前者の身体拘束の目的は取調べだという考え方に対しては、被疑者にも黙秘権を保障する憲法38条１項に違反すると批判されねばなりません。なぜなら、〈黙秘権を放棄させ供述させるために、身体を拘束する〉、〈黙秘権を放棄して供述しない限り、身体拘束をつづける〉状況は、それじたいが供述の強要であり、黙秘権を侵害するというほかないからです。
　この批判に対し、受忍義務肯定説は、〈供述義務まで負わせるのであれば、供述の強要ということができ、黙秘権の侵害になる。しかし、出頭義務・滞留義務を課すだけであれば、黙秘権を侵害するものではない。したがって、憲法違反の問題も生じない〉と反論します。この反論に対し、受忍義務否定説は、「これでは、供述の義務はないといっても、実質的には供述を強いるのと異ならない」（平野・前掲書106頁）という**実質論**を対置します。すなわち、出頭義務・滞留義務を肯定することは、「出頭しない」「供述しない」と言う被疑者に対し、捜査機関が警察留置場など拘禁施設の居房から取調べ室へ出頭するように強制でき、「取調べを止めてほしい」、「取調べ室から退出したい」と言う被疑者に対して、捜査機関が取調べをつづけ、取調べ室での滞留を強制できることを意味します。それは、やはり、「実質的には供

述を強いるのと異ならない」といわねばなりません。この実質論は、〈刑事訴訟法198条1項但書の除外規定の趣旨について、逮捕・勾留された被疑者に出頭義務・滞留義務を課したと読むほかないのであれば、同条項は、実質的に供述義務を課すものとなって、憲法38条1項に違反することになる〉という考え方に立つものです。これが、取調べ受忍義務否定説の考え方です。

また、取調べ受忍義務の実質的根拠のうち、後者の〈取調べが自白獲得の活動として重要な意義・機能を担う以上、逮捕・勾留された被疑者に取調べを受忍させてよい〉という考え方に対しては、憲法・刑事訴訟法が目指す〈自白に依存しない・自白を偏重しない刑事手続のあり方〉に矛盾すると批判されねばなりません。その趣旨は、こうです。

——憲法・刑事訴訟法によって、被告人と同様に被疑者にも、防禦活動を尽くすべき権利主体としての法的地位が保障される。そのため、被疑者にも供述の自由が保障され、自白するか否認するか、あるいは黙秘するかどうかは、もっぱら被疑者の主体的な決定にかからしめられた（憲法36、38①、刑訴198②など参照）。それは、被疑者が「自白しない」という主体的な決定をしたとき、その決定は警察官や検察官、裁判官によっても尊重されねばならないことを意味する。そのように、「自白しない」という被疑者の主体的な決定を尊重し、被疑者に権利主体としての法的地位を保障するためには、〈被疑者の自白なしには遂行も運営も困難となるような刑事手続のあり方〉を克服し、**そうではないあり方**、すなわち、〈自白に依存しない・自白を偏重しない刑事手続のあり方〉が目指され、かつ、実現されねばならない。しかし、受忍義務肯定説は、「取調べを通した自白採取の活動は不可欠である」と考え、逮捕・勾留された被疑者に対して取調べ受忍義務を課そうとする。そのような立場は、〈自白に依存しない・自白を偏重しない刑事手続のあり方〉に矛盾するものとして、批判されねばならない、と。

また、受忍義務否定説は、肯定説の形式的根拠、すなわち、刑事訴訟法198条1項の文理解釈についても、次のように批判します（村井敏邦編著『現代刑事訴訟法第2版』143頁〔髙田昭正〕。表現を一部変更した）。

「取調べ受忍義務というものは、逮捕・勾留という身体拘束の処分に内在する義務だとか当然に付随する義務だとかいうものではない。逮捕・勾留という身体拘束処分は、被疑者の身体を拘束することによって、その逃走を防止し、被疑者に不利益な証拠資料が被疑者自身によって隠されたり、壊されたりすることを防止するために行われる。取調べのため、ではない。それゆえ、被疑者の取調べ受忍義務は、本来、身体拘束とはまったく異質な内容の法的義務というほかない。そのような異質な法的義務をとくに課す、というのであれば、その趣旨（新たな法的義務を課すこと）を積極的に明示する規定が、独立したかたちで、刑事訴訟法に設けられるべきものだ。」「なぜなら、憲法自身がその31条で、『何人も、法律の定める手続によらなければ、その生命若しくは自由を奪われ、又はその他の刑罰を科せられない』と定めて、自由の制限については、法律上の根拠を要求しているからである。被疑者に出頭義務・滞留義務を課すことが、この自由の制限であることはいうまでもない。また、憲法31条の趣旨を受けて、刑事訴訟法もその197条1項但書において、捜査について『強制の処分は、この法律〔刑事訴訟法〕に特別の定のある場合でなければ、これをすることができない』、と定める（「強制処分法定主義」と呼ぶ）。これらは、いずれも、刑事手続に関わる国民の法的義務の内容について、刑事訴訟法の明文規定によって積極的に明示すべきことを要請する。」「しかし、取調べ受忍義務を肯定する考え方は、この要請に背くことになる。なぜなら、受忍義務肯定説は、刑事訴訟法198条1項の『但書』の『除外規定』の文言から、しかもその『反対解釈』によって、〈逮捕・勾留された被疑者の取調べ受忍義務〉という重大な法的義務を引き出すほかないが、そのような複雑な解釈は刑事訴訟法の文理解釈としても無理があるだけでなく、憲法31条、刑事訴訟法197条1項但書にも反するといわなければならない」、と。

展開支援ナビ

「取調べという形の拘束」　受忍義務肯定説にたつ髙田卓爾『刑事訴訟法〔2訂版〕』336頁は、「逮捕も勾留も被疑者の取調べを目的として認められるものではないが〔中略〕、それらを利用して取調べをすること

を禁ずるものではなく、従って取調べの可能性を予定した強制処分だということができる。そうだとすれば、逮捕・勾留は単に一定の場所に被疑者を拘束しておくことだけを認める処分ではなく、被疑者の取調べという形で拘束することのあり得ることを承認していると解してよい。ただ、それが被疑者の**取調べを目的とした形になる**ことは許されない」、「例えば、食事もさせないで取調べを継続したり、深夜に及ぶまで取調べをするのは許されない」、しかし、「それに至らない限度での取調べは、出頭および滞留を義務的であるとしても」許されると解しました。

　この高田卓爾博士の解釈に対しては、「取調べという形で拘束する」ことを承認する考え方じたいが疑問だといわねばなりません。なぜなら、「取調べという形で拘束する」のは、たんに〈身体拘束の形式ないし態様が違うにすぎない〉ものでなく、〈取調べ受忍義務という**身体拘束とはまったく異質な内容**の法的義務を課すことになる〉ものだからです。留置施設の居房で拘束するとか接見室で拘束するというように、身体拘束の形式ないし態様が**事実として**異なることはあるでしょう。しかし、そのことを根拠に、身体拘束に必要でなく付随すべきでもない取調べについて、その受忍義務を課してよいと断ずることはできないはずです。その点で、高田卓爾博士の解釈に与することはできません。

　このほか、取調べ受忍義務を否定する立場から、逮捕・勾留された「被拘禁者は未決拘禁の制度目的と拘禁施設の秩序維持のためにその市民的自由に対して必要最小限度の制約を受けるとしても、それ以外の関係においては未決拘禁を受けていない一般市民と同じ行動の自由を保障されるのであり〔中略〕、被疑者の取調べが未決拘禁の制度目的とされない以上、取調室への出頭滞留義務を課すことは、未決拘禁者の行動の自由に対する不合理な制約であり、憲法13条に違反する」（高野隆「被疑者の取調べにどのように対処するか」竹澤哲夫ほか編『刑事弁護の技術（上）』98頁以下）という指摘もなされており、注目されます。

　なお、取調べ受忍義務を否定するとき、刑事訴訟法198条1項但書の除外規定について、その趣旨をどのように理解するか、という解釈論上の問題が残ります。この点では、この但書の除外規定がいう「逮捕又は勾留されている場合を除いて」の文言について、〈逮捕・勾留された被疑者にも取調べ室への出頭拒否権や取調べ室からの退去権があるからといって、そのことは逮捕・勾留による身体拘束の効力じたいを否定する趣旨ではない。すなわち、取調べについて出頭の拒否や退去の自由が保障されるからといって、無制約な身体の自由を回復したわけではない、たとえば、取調べ室から退出するだけでなく捜査機関のもとからも退去してしまうとか、拘禁施設から退去して自宅に帰ってしまってよいわけではない。そのことを念のため確認したものにすぎない〉と説明されました（平野・前掲書106頁が、「この規定は、出頭拒否・退去を認めることが、逮捕または勾留の効力自体を否定するものではない趣旨を、注意的に明らかにしたにとどまる」と説明した）。技巧的にすぎる説明かもしれません。しかし、黙秘権を保障する憲法に適合的に刑事訴訟法198条1項を解釈しようとすれば、そのような技巧的な説明をすることになるのもやむをえません（三井『刑事手続法(1)〔新版〕』132頁は、「刑訴法の規定を憲法に適合するように解釈することこそが重要であるから、〔除外規定の〕文言の解釈として不自然さが生じてもやむをえないということもできる」と述べる。ただし、文理解釈としては、「違憲の規定であるとするほうが明快である」とされた）。

展開支援ナビ

受忍義務否定説による除外規定の解釈　取調べ受忍義務を否定する論者は、刑事訴訟法198条1項但書の除外規定の趣旨、すなわち、「逮捕又は勾留されている場合を除いては」の文言の趣旨について、様々な解釈を試みます。

　たとえば、**田宮裕**博士は、刑事訴訟法198条1項について、「**在宅被疑者**の捜査機関のもとへ（執務場所であって、必ずしも取調室へではない）の出頭要求の規定である」、「捜査機関の呼び出しに対しては応諾義務を認めるわけにはいかないので、但書が必要となり、出頭義務・滞留義務のないことが明らかにされた」、しかし、「**逮捕・勾留のことではないので**、その旨が〔除外規定によって〕付言されている」と解されました（田宮裕『刑事訴訟法〔新版〕』132頁。ゴシック体は引用者）。また、**鈴木茂嗣**教授は、除外規定が「逮捕又は勾留されている場合を

除いては」と定めるのは、「法は、逮捕・勾留されている場合については〔出頭拒否権・退去権の有無に関して〕明文をおかず、解釈に委ねた趣旨に解すべきである」とされます（鈴木茂嗣『刑事訴訟法〔改訂版〕』83頁。〔　〕は引用者）。そのうえで、「逮捕・勾留は取調を目的とするものでなく、逮捕・勾留中の取調を特別に扱う根拠はないから、この場合にも、取調室への出頭や滞在の義務は存しない」と解されました（鈴木・同上）。

　田宮裕博士、鈴木茂嗣教授の解釈はいずれも、**平野龍一博士の解釈と同じ枠組み**に与したものというべきです。なぜなら、平野博士が除外規定について「逮捕または勾留の効力自体を否定するものではない」と解される**前提**として、刑事訴訟法198条1項但書の「出頭を拒み、又は出頭後、何時でも退去することができる」という文言の趣旨を、捜査機関のもとに——たんに「取調べ室に」ではなく——出頭することじたいを拒否でき、また——たんに「取調べ室から」退出するだけでなく——捜査機関のもとから退去できる被疑者の権利を定めたものと解釈されたはずだからです（そう解釈するため、逮捕・勾留の効力じたいが問題となる）。それゆえ、平野博士の解釈と田宮博士の解釈は、実質的には同じものになるでしょう。また、逮捕・勾留されている場合について、出頭拒否権・退去権の有無は解釈に委ねられた趣旨だとされる鈴木教授の解釈についても、平野博士の解釈論との違いは大きくありません。なぜなら、取調べ受忍義務を否定するため、平野博士のように〈刑事訴訟法198条但書の除外規定を形式的根拠として援用する〉のか、そうせず、鈴木教授のように〈逮捕・勾留の目的は取調べではないという実質的根拠を挙げる〉のかという違いにすぎないからです。しかも、平野博士の考え方でも逮捕・勾留の目的が取調べにないことは肯定されているため、実質的違いはないとさえいえます。

　平野博士の考え方について、田宮博士・鈴木教授の解釈も踏まえて敷衍すれば、次のようになるでしょう。
　——刑事訴訟法198条1項但書じたいは、取調べを求められた被疑者が、捜査機関のもとに出頭することじたいを拒否し、また、捜査機関のもとに出頭した後でも、いつでも退去することができる権利をもつことを確認したものであり、そのような権利は逮捕・勾留された場合には認められない。なぜなら、逮捕・勾留の効力じたいを否定してしまうことになるからである。これに対し、被疑者が逮捕・勾留されている場合は、少なくとも、取調べ室まで出頭することを拒否し、また、取調べ室からいつでも退室することができる。逮捕・勾留された被疑者について、たしかに、そのような意味の——取調べ室を想定した——出頭拒否権・退去権は、刑事訴訟法198条1項但書において明文で定められているわけではない。しかし、被疑者の黙秘権を実効的に保障するためには、身体を拘束された被疑者についても「強制的な取調を受けない権利」（平野『刑事訴訟法概説』70頁）が認められねばならない。ただし、逮捕・勾留の効力じたいは否定されないため、その権利は、具体的には、「検察官は、拘置所の居房から取調室へ来るように強制することはできないし、一度取調室へ来ても、被疑者が、取調をやめ居房へ帰ることを求めたときは、これを許さなければならない」（平野『刑事訴訟法』106頁）というかたちで保障されることになる。すなわち、逮捕・勾留された被疑者についても、取調べ受忍義務は否定されねばならない、と。

　これに対し、**三井誠教授**は、平野博士の解釈とは**枠組みじたいが違う**解釈を提唱されました。すなわち、刑事訴訟法は「原則として身柄が拘束された被疑者についても取調べ拒否権を肯定するが、例外的に、一定の根拠がある場合には拒否権まで認められないことがありうるとの態度をとったと理解すべきではないであろうか。例外的にでも生じうるから『除いては』と記されたわけである」と説明されました（三井『刑事手続(1)〔新版〕』133頁）。そのうえで、「例外は、事案の性質・重大性、嫌疑の程度、供述証拠の重要性等の総合的判断によって決せられよう。法は、嫌疑につき司法的審査を経た類型の一部につき、身柄が拘束されていない被疑者の場合とはやや取扱いを異にする途を選択したのである（立法論としての当否は別論である）」とされた。三井・同上）。「取調べ拒否権」を否定する例外的な場合を肯定される点で、実質的にも、新たな解釈が提唱されたといえます。

　ただし、「例外的に、一定の根拠がある場合」に限定されるとはいえ、その限定の理由や程度が明らかではありませんし、また、そもそも、例外的・限定的にせよ取調べ受忍義務じたいを肯定してしまうことについては、憲法38条1項に違反する疑いを払拭できません。三井教授の考え方には首肯できない点がなおある、と思うのです。

(3) 判例の立場——【関連問題】の論述ポイント

　ただし、判例は受忍義務否定説に与しませんでした。たとえば、**最大判平成11・3・24民集53巻3号514頁**は、上告を申し立てた被告人側の「所論は、憲法38条1項が何人も自己に不利益な供述を強要されない旨を定めていることを根拠に、逮捕、勾留中の被疑者には捜査機関による取調べを受忍す

る義務はなく、刑訴法198条1項ただし書の規定は、それが逮捕、勾留中の被疑者に対し取調べ受忍義務を定めているとすると違憲であって、被疑者が望むならいつでも取調べを中断しなければならないから、被疑者の取調べは接見交通権の行使を制限する理由にはおよそならないという。しかし、身体の拘束を受けている被疑者に取調べのために出頭し、滞留する義務があると解することが、直ちに被疑者からその意思に反して供述することを拒否する自由を奪うことを意味するものでないことは明らかである」と述べました。

　捜査機関の接見指定処分権限を認めた刑事訴訟法39条3項について、これを合憲であると判断するさい、傍論（すなわち、事件の処理に直接は関係しない論述）として述べられたことでした。傍論にすぎない以上、厳密にいえば、将来の裁判所の判断を拘束するものではありません。しかし、取調べ受忍義務を肯定する方向に大きく傾斜した最高裁判例であることは否定できないでしょう。

　とまれ、逮捕・勾留された被疑者に対し、取調べ受忍義務を課すことによって、連日・長時間に及ぶ「異常」というべき被疑者取調べが「日常」的なものとして肯定されてしまう現実があります。具体的な裁判例を1つだけ、紹介しておきます。それは、**東京地決昭和56・11・18判例時報1027号3頁**です。設問の【関連問題】の基礎にした事例であり、爆発物取締罰則違反、殺人、殺人未遂等被疑事件において、被疑者は逮捕されてから、連日、長時間の取調べを受けました。その取調べ時間（取調室在室時間）は、当初の勾留10日間の満了日まで、ほぼ午前10時ごろから夕刻まで（もっとも遅い日で午後8時に警察署留置場の居房に帰っている）、平均7時間半であり、もっとも長い日で約9時間半でした。勾留が延長されてから自白調書が作成される前日までの8日間は、ほぼ午前10時ごろから午後9時ないし10時すぎまで（もっとも早い帰房時刻は午後9時15分、もっとも遅い帰房時刻は午後10時30分）、平均11時間ないし12時間に及ぶ取調べを被疑者は受けつづけました。起訴前に、約190時間にも及ぶ取調べを受けたことになります。しかし、東京地裁昭和56年決定は、「夜間に至るまで長時間の取調べを連日行うことは、重大な事案や複雑困難な事案の場合などには、逮捕勾留期間が法律上最大限23日間に制限されている関係で取調べをする側からすればやむを得ない場合もあるが、そのために被疑者が肉体的、精神的に疲労し、いわば防禦力を喪失する結果、意に反し自白等自己に不利益な供述をするに至ることもあり得るから、捜査官は被疑者にそのような状態に陥らせないよう十分留意して捜査に当たらなければならない」としたうえで、本件において「〔昭和48年〕2月11日の自白調書作成に至るまでの期間における取調時間及取調終了時刻は前記認定のとおりであり、勾留延長後の取調終了後の帰房時刻がかなり遅くなっていたものの、深夜まで取り調べたものではなく、逮捕勾留による身柄拘束期間が20日程度の時点までのことであり、身柄拘束自体による疲労の程度もその後の取調期間に比べれば少ないことをも考慮すれば、この程度の取調時間被告人を連日取り調べたことが、それ自体、被告人の疲労を蓄積させ、いわば防禦力を著しく弱化させて、その結果、その供述に任意性がないとの疑いが生ずることの推定にまでつながるものということはできない」と判示しました。

　起訴前の逮捕・勾留中に、約190時間に及ぶ被疑者取調べが、連日行われたとしても、そのことじたいは被疑者の供述の任意性を疑わせるものでないとしました（自白の任意性については、設問16「自白の証拠能力――自白の任意性」参照）。実質的に、適法だと判断したわけです。ちなみに、もしもこのような取調べが、逮捕・勾留されず、取調べ受忍義務を負わない被疑者に対し敢行されたとすれば、任意な被疑者取調べの範囲を逸脱し、違法と判断されることになるでしょう。たとえば、**最判昭和59・2・29刑集38巻3号479頁**は、殺人被告事件で、被疑者に帰宅できない特段の事情がないのに、同人を4夜にわたり所轄警察署近辺のホテルなどに監視付きで宿泊させ、連日、同警察署で午前中から夜間に至るまで長時間の取調べをした事案について、「任意捜査の一環としての被疑者に対する取調べは〔中略〕、**事案の性質、被疑者に対する容疑の程度、被疑者の態度等諸般の事情を勘案して、社会通念上相当と認められる方法ないし態様及び限度において、許容されるものと解すべきである**」と判示しました（詳細は、設問01「任意捜査の意義と限界」4(1)参照。なお、具体的な事案処理としては、「被告人に対する右のような〔4夜

にわたる監視付き宿泊を伴う長時間の〕取調べは、宿泊の点など任意捜査の方法として必ずしも妥当とはいい難いところがあるものの、被告人が任意に応じていたものと認められるばかりでなく、事案の性質上、速やかに被告人から詳細な事情及び弁解を聴取する必要性があつたものと認められることなどの本件における具体的状況を総合すると、結局、社会通念上やむを得なかつたものというべく、任意捜査として許容される限界を越えた違法なものであつたとまでは断じ難い」と判示した）。この最高裁昭和 59 年判決の「規範」を、20 日間に及ぶ身体拘束下で連日、長時間の被疑者取調べを行った事案に適用したとき、やはり、任意捜査として許容される限界を超えた違法なものであったと断じることになるでしょう。しかし、東京地裁昭和 56 年決定はそのような取調べを、実質的に適法と判断しました。その判断の違いは、東京地裁昭和 56 年決定の事案では被疑者が逮捕・勾留されていたこと、すなわち、逮捕・勾留下で取調べ受忍義務を負っていたことによるというほかありません。結局、取調べ受忍義務の現実的機能は、そのような「異常」というべき連日、長時間の被疑者取調べを許容させることにあるといわねばなりません。

3 黙秘権の実効的保障

このような連日、長時間に及ぶ「異常」というべき被疑者取調べが、わが国では、逮捕・勾留された被疑者の**「取調べ受忍義務」という法的論理**により、**「日常」的なもの**として許容されています。しかも、そのような連日、長時間の取調べが被疑者に強制されるにもかかわらず、わが国では、取調べに弁護人が立ち会うことはできません。また、起訴前に勾留された被疑者に対してさえ、わが国では、保釈の機会が与えられません（刑事訴訟法は、起訴後の被告人勾留に関する規定を、起訴前の被疑者勾留について準用するというかたちをとった。しかし、そのさい、「但し、保釈については、この限りでない」と定める。刑訴 207 ①但書）。

そのように、逮捕・勾留された被疑者に対し、捜査機関の追及的取調べを連日・長時間強制することが可能になっていること、すなわち、取調べ受忍義務が課されることは、わが国の被疑者取調べにおけ**る法制度上の決定的問題点**であるといわねばなりません。そして、この法制度上の決定的問題点を根底から正すためには、やはり、被疑者の黙秘権について、その実効的保障を実現することが目指されねばならないと思うのです。

展開支援ナビ

警察による被疑者取調べ適正化の施策　平成 19 年（2007 年）に相次いだ重要事件の無罪判決（鹿児島地判平成 19・2・23 判タ 1313 号 285 頁〔鹿児島選挙違反事件、12 名の被告人全員に無罪〕、富山地高岡支判平成 19・10・10 公刊集未搭載〔氷見事件、再審無罪判決〕）を受けて、警察は、冤罪の温床となるような被疑者取調べのあり方について、反省しなければなりませんでした。

そのため、同年 11 月には国家公安委員会が「警察捜査における取調べの適正化について」を決定し、翌平成 20 年（2008 年）1 月に警察庁も「警察捜査における取調べ適正化指針」を取りまとめます（「取調べに対する監督の強化」、「取調べ時間の管理の厳格化」、「その他適正な取調べを担保するための措置」、「捜査に携わる者の意識向上」を柱とする）。この指針を実施するため同年 4 月に警察庁は、**「被疑者取調べ適正化のための監督に関する規則」**を制定しました（以下、取調べ適正化規則と呼ぶ）。この取調べ適正化規則は、犯罪捜査規範と同じ警察の内規（国家公安委員会規則 4 号）です。

この取調べ適正化規則によって、警察署に関しては、総務課または警務課（課のない警察署は警務係）の警察官の中から、警察署長が「取調べ監督官」を指名するものとされました（取調べ適正化規則 4 ①）。この取調べ監督官が取調べ状況を確認し、以下の「監督対象行為」を現認したときは、取調べの中止を要求するなど、必要な措置をとることができます（取調べ適正化規則 4 ②、6 ③。なお、取調べ適正化規則 7 は、「警察職員は、被疑者取調べについて苦情の申出を受けたときは、速やかに、当該被疑者取調べを担当する取調べ監督官にその旨及びその内容を通知しなければならない」と定める）。「監督対象行為」となるのは、「やむを得ない場合を除き、身体に接触すること」、「直接又は間接に有形力を行使すること」、「殊更に不安を覚えさせ、又は困惑させるような言動をすること」、「一定の姿勢又は動作をとるよう不当に要求すること」、「便宜を供与し、又は供与することを申し出、若しくは約束すること」、「人の尊厳を著しく害するような言動をすること」であり（取調べ適正化規則 3 ①(2)）、こ

のほか、警察署長などの事前の承認を受けないで、「午後10時から翌日の午前5時までの間に被疑者取調べを行うとき」や、「1日につき8時間を超えて被疑者取調べを行うとき」も、監督対象行為とみなされます（取調べ適正化規則3②）。

警察内部で被疑者取調べに対する監督を強化し、被疑者取調べを適正化しようという警察の努力には、敬意を表しなければなりません。しかし、〈取調べ受忍義務を肯定し、捜査機関が連日、長時間にわたり追及的取調べを行う〉という、わが国の被疑者取調べの**決定的問題点**に踏み込み、これを正そうとするものではありません。むしろ、そのような決定的問題点を維持したまま、警察内部で個別的な改善を行うものでしかありません。やはり、その決定的問題点を根底から正し、改革する努力がなされるべきです。

そう考えるため、前回の設問05「黙秘権」において、アメリカ合衆国連邦最高裁判所のミランダ判決を挙げて、その判決がわが国の刑事司法に対しもちうる「現代的な意義」を強調しました。つぎのように述べた箇所です。

「黙秘権は絶対的性格をもつゆえに、**身体拘束下の被疑者取調べのあり方そのものを条件づける**、すなわち、その具体的内容を決定するものになるということです。／ミランダ判決はそのことを、身体拘束下の取調べがもつ強制的雰囲気を払拭するための保護措置を公的にとらねばならない、と表現しました。その保護措置を事前にとらない限り、身体拘束下の被疑者取調べじたいが許されません。その保護措置とは、具体的には、(A)黙秘権の行使は取調べを終了させねばならない、(B)黙秘権を取調べ前に告知しなければならない、(C)弁護人と事前に接見して相談できねばならない、(D)弁護人を取調べに立ち会わせることができねばならない、(E)弁護人の接見や立会いを行わせるまで取調べを中断しておかねばならない、(F)これらのことをしないまま取り調べて獲得した自白は証拠として使用されてはならないこと（すなわち、証拠能力を否定されねばならないこと）などを意味します。／このミランダ判決の論理、すなわち、〈絶対的性格をもつ黙秘権は、そのような自己を貫徹するため、被疑者取調べのあり方を決定する〉こと、〈黙秘権によって条件づけられたものに被疑者取調べの現状を変革する〉ことが、わが国の捜査の現実に対してもちうる現代的意義はやはり大きいと思うのです」、と。

このほかにも、わが国の被疑者取調べについては、被疑者取調べの可視化（被疑者取調べの全過程のテープ録音・ビデオ録画）や、被疑者取調べに先だつ捜査機関手持ち証拠の開示など、多くの改革課題があります。それらの改革課題も、黙秘権の実効的保障という基本課題に収斂していくものです。わたしたちは、これらの改革課題、基本課題を果たすことになるような理論的・実践的営為を不断に積み重ねていかねばならない、とあらためて思います。

展開支援ナビ

司法改革と取調べ可視化

平成23年（2011年）5月、法務大臣は法制審議会に対し、諮問92号を発します。諮問内容は、「近年の刑事手続をめぐる諸事情に鑑み、時代に即した新たな刑事司法制度を構築するため、取調べ及び供述調書に過度に依存した捜査・公判の在り方の見直しや、被疑者の取調べ状況を録音・録画の方法により記録する制度の導入など、刑事の実体法及び手続法の整備の在り方について、御意見を承りたい」というものでした。この諮問第92号は、法制審議会に新設された「新時代の刑事司法制度特別部会」に付託されます。その後、多くの審議を経て、平成26年（2014年）7月に、特別部会の最終意見がまとめられました。この最終意見は、同年9月の法制審議会で採択され、法務大臣に答申されました。

最終意見における改革の重要な柱が、**被疑者取調べの可視化**でした。最終意見では、裁判員制度対象事件（死刑または無期の懲役・禁錮に当たる罪に係る事件や、故意の犯罪行為により被害者を死亡させた法定合議事件。たとえば、殺人、強盗致死傷、現住建造物等放火、身代金目的誘拐、危険運転致死など）および検察官独自捜査事件（検察官が直接告訴・告発などを受け、または、みずから認知して捜査する事件。検察庁の特別捜査部や特別刑事部が取り扱う事件）において、逮捕・勾留された被疑者を取り調べるときは、その取調べの開始から終了まで全過程を録音・録画しなければならないとされました（ただし、機器の故障、被疑者による録音・録画拒否、被疑者やその親族に対する加害行為の恐れ、指定暴力団構成員の事件などを理由に、例外的に、可視化が義務づけられない場合がある）。被疑者取調べの可視化が必要とされる裁判員制度対象事件および検察官独自捜査事件は、逮捕・勾留事件の2％程度だとされます。可視

化が必要とされる事件の範囲は極めて狭いといわねばなりません（最高裁事務総局の資料では、平成25年度の裁判員裁判対象事件の新受人員は1,465人。同年の通常第一審事件新受人員71,771人の2％となる）。しかし、裁判員裁判対象事件のような重大事件で、逮捕・勾留された被疑者の取調べが全過程録音・録画されることは、重要な改革といえます。可視化の範囲が、運用上、拡大されることを期待したいと思います（なお、最終意見の附帯事項として、可視化が必要的とされなかった事件でも、「可能な限り、幅広い範囲で録音・録画がなされ、かつ、その記録媒体によって供述の任意性・信用性が明らかにされていくことを強く期待する」と述べられた）。

被疑者の権利と取調べ③

07　接見交通権とその制限

> **設問07**
> 　身体を拘束された被疑者と弁護人の接見交通権がもつ意義を述べたうえで、接見指定制度の問題点を論じなさい。
>
> **関連問題**
> 　現住建造物等放火（甲事実）の罪で起訴され、勾留中（警察署附属留置場に収容中）のXは弁護人としてAを選任した。起訴の翌日、Xは殺人の被疑事実（乙事実）で逮捕された。この逮捕直後に弁護人Aと接見したXは、乙事実については、Aの助言に従い、別の弁護士Bを弁護人に選任することとした。
> 　Aから連絡を受けたBは、弁護人になろうとする者として、Xが乙事実について逮捕された日の翌日に警察署に行き、Xとの初めての接見を申し出た。検察官Pは、いま乙事実についてXを取調べ中であることを理由に、接見の日時、時間を「明日の午前10時から30分間」と指定した。
> 　この接見指定処分は適法か。

1　被疑者と弁護人の接見交通権

(1)　接見交通権の保障

　刑事訴訟法は、その39条1項において、「身体の拘束を受けている被告人又は被疑者は、弁護人又は弁護人を選任することができる者の依頼により弁護人となろうとする者〔中略〕と立会人なくして接見し、又は書類若しくは物の授受をすることができる」と定めます。

　被疑者が、弁護人（弁護人となろうとする者を含む。以下、同じ）と「立会人なくして」**秘密**に、かつ、拘禁施設の長などの許可なしに**自由**に、面会したり、書類などの授受をする権利、すなわち、**接見交通権**を保障するものです。

> **展開支援ナビ**
>
> **弁護人以外の第三者の接見**　刑事訴訟法は、**勾留留置中の被疑者**について、配偶者や同僚など、弁護人以外の第三者と「法令の範囲内で、接見し、又は書類若しくは物の授受をすることができる」と定めます（刑訴207①「前3条〔被疑者に対する勾留請求〕の規定による勾留の請求を受けた裁判官は、その処分に関し裁判所又は裁判長と同一の権限を有する。但し、保釈については、この限りでない」により、総則の起訴後勾留の規定が、被疑者の起訴前勾留にも準用される。207①の「裁判所又は裁判長と同一の権限を有する」とは、〈総則の起訴後勾留の規定を準用する〉ことを意味する。そのため、80「勾留されている被告人は、第39条第1項に規定する者以外の者と、法令の範囲内で、接見し、又は書類若しくは物の授受をすることができる。勾引状により刑事施設に留置されている被告人も、同様である」が準用され、勾留留置中の被疑者も弁護人以外の第三者と接見する権利をもつことが確認された）。しかし、**逮捕留置中の被疑者**については、第三者の接見を**権利**として認める規定がありません。刑事訴訟法80条は勾留される前の、逮捕留置中の被疑者には準用されないためです（なお、逮捕された被疑者に被告人勾留の総則規定を準用する刑訴209「第74条〔護送中の仮留置〕、第75条〔引致した被告人の留置〕及び第78条〔弁護人選任の申出〕の規定は、逮捕状による逮捕についてこれを準用する」も、80を準用しない）。
>
> 　もっとも実務上は、警察署長などがその裁量により、逮捕留置中の被疑者と第三者の面会を許します（ただし、

接見禁止処分を請求すべき場合や、留置場の保安上支障がある場合などは、第三者の面会を許さない。第三者の接見を逮捕留置中の被疑者の**権利**として保障すべきだという考え方について、高田昭正「逮捕留置中の被疑者の権利」村井敏邦ほか編著『現代令状実務25講』105頁以下）。

　上述した「法令の範囲内で」（刑訴80）とは、刑事訴訟法の制約（刑訴81〔裁判所の接見禁止決定〕）や、「刑事収容施設及び被収容者等の処遇に関する法律」（以下、「刑事収容施設法」と略称する）による制約を受けることを意味します。たとえば、被疑者と弁護人以外の第三者の面会は、**警察署長などの許可**の下でのみ許されます（刑事収容施設法216「留置業務管理者は、被留置受刑者以外の被留置者に対し、他の者から面会の申出があったときは、第228条第3項〔外国語による面会の制約。後述の148③と同旨〕の規定により禁止される場合を除き、これを許すものとする。ただし、その被留置者が未決拘禁者である場合において、刑事訴訟法の定めるところ〔刑訴81〕により面会が許されないときは、この限りでない」。なお、この「留置業務管理者」について、刑事収容施設法16①が「留置施設に係る留置業務を管理する者（以下「留置業務管理者」という。）は〔中略〕、警察署に置かれる留置施設にあっては警察署長とする」と定める。このほか、115「刑事施設の長は、未決拘禁者（受刑者又は死刑確定者としての地位を有するものを除く。以下この目において同じ。）に対し、他の者から面会の申出があったときは、第148条第3項〔外国語による面会の制約〕又は次節の規定により禁止される場合〔第12節「賞罰」において、「閉居罰」（151③（4））として面会が禁止される場合（152①（5））〕を除き、これを許すものとする。ただし、刑事訴訟法の定めるところ〔刑訴81〕により面会が許されない場合は、この限りでない」を参照）。その面会には司法警察職員などが**立ち会い**、面会の状況を**録音、録画**します（刑事収容施設法218①「留置業務管理者は、その指名する職員に、未決拘禁者の面会（弁護人等との面会を除く。）に立ち会わせ、又はその面会の状況を録音させ、若しくは録画させるものとする」、116①「刑事施設の長は、その指名する職員に、未決拘禁者の弁護人等以外の者との面会に立ち会わせ、又はその面会の状況を録音させ、若しくは録画させるものとする。ただし、刑事施設の規律及び秩序を害する結果並びに罪証の隠滅の結果を生ずるおそれがないと認める場合には、その立会い並びに録音及び録画（次項において「立会い等」という。）をさせないことができる」）。

　1日に1回という**面会回数の制限**もあります（刑事収容施設法220⑤「留置業務管理者は、被留置者と弁護人等以外の者との面会に関し、内閣府令で定めるところにより、面会の相手方の人数、面会の場所、日及び時間帯、面会の時間及び回数その他面会の態様について、留置施設の規律及び秩序の維持その他管理運営上必要な制限をすることができる」、同⑥「前項の規定により面会の回数について制限をするときは、その回数は、1日につき1回を下回ってはならない」、国家公安委員会関係刑事収容施設及び被収容者等の処遇に関する法律施行規則〔平成19年5月25日内閣府令第42号〕26②「法〔刑事収容施設法〕第220条第5項〔中略〕の規定により被留置者と弁護人等以外の者との面会に関し制限をするときは、次に掲げる措置を執るものとする。／(1)面会の相手方の人数を3人以内とすること。／(2)面会の場所を当該留置施設の面会室とすること。／(3)面会の日を当該留置施設の属する都道府県の休日以外の日とすること。／(4)面会の時間帯を当該留置施設の執務時間内とすること。／(5)面会の時間の上限を、15分（面会の申出の状況、面会室の数その他の事情により、やむを得ない事由があると認められる場合にあっては、5分）を下回らないものとすること。／(6)面会の回数の上限を、1日につき1回を下回らないものとすること」、刑事収容施設法118⑤「第114条〔受刑者の面会に関する制限〕の規定は、未決拘禁者と弁護人等以外の者との面会について準用する。この場合において、同条第2項中『1月につき2回』とあるのは、『1日につき1回』と読み替えるものとする」）。

　弁護人と秘密かつ自由に接見できる　これに対し弁護人の接見（刑訴39①）は、面会許可、立会い、録音・録画、面会回数などの法的制約を受けません（ただし、刑事収容施設法は、弁護人接見に関する制限として、同220①「被留置者の弁護人等との面会の日及び時間帯は、日曜日その他政令で定める日以外の日の留置施設の執務時間内とする」、同②「前項の面会の相手方の人数は、3人以内とする」、同③「留置業務管理者は、弁護人等から前2項の定めによらない面会の申出がある場合においても、留置施設の管理運営上支障があるときを除き、これを許すものとする」と定める。118も参照。なお、弁護人接見を原則として執務時間内に限定したことや、執務時間外の弁護人接見を施設の長の許可にかからしめたことは、弁護人に自由接見を保障する刑事訴訟法の趣旨に反する。その点に関して、刑事収容施設法の適用を刑事訴訟法が排除すると解すべきである）。また、弁護人とは「立会人なくして」接見できることが、刑事訴訟法の明文で定められました（刑訴39①）。

　弁護人以外の第三者の接見と弁護人の接見を比較することによっても、被疑者は警察署長などの許可なしに**自由**に、立会人を排して**秘密**に弁護人と面会することができねばならないわけです。

(2) 接見交通権と憲法34条

この接見交通権は憲法も保障する権利でしょうか。

憲法34条は、「何人も、理由を直ちに告げられ、且つ、直ちに弁護人に依頼する権利を与へられなけ

07　接見交通権とその制限　　109

れば、抑留又は拘禁されない。又、何人も、正当な理由がなければ、拘禁されず、要求があれば、その理由は、直ちに本人及びその弁護人の出席する公開の法廷で示されなければならない」と定めます。その前段にいう「弁護人に依頼する権利」の意義が問題となります。

昭和53年（1978年）のいわゆる**杉山判決**、すなわち、**最判昭和53・7・10民集32巻5号820頁**は、刑事訴訟法39条1項が定める「弁護人等との接見交通権は、身体を拘束された被疑者が弁護人の援助を受けることができるための刑事手続上最も重要な基本的権利に属するものであるとともに、弁護人からいえばその**固有権**の最も重要なものの1つであることはいうまでもない」と述べたうえで、「憲法〔34条前段〕の保障〔「直ちに弁護人に依頼する権利を与へられなければ、抑留又は拘禁されない」〕に由来する」ものと判示しました。

展開支援ナビ

弁護人がもつ権利の種類　刑事訴訟法39条3項は、接見交通権をもつ主体について「身体の拘束を受けている被告人又は被疑者」とのみ定め、弁護人を接見交通権の主体と定めてはいません。そのため、上述の最高裁昭和53年判決、すなわち、**杉山判決**は、接見交通権は「弁護人からいえばその**固有権**の最も重要なものの1つ」であると敢えて判示しました。この**固有権**の意味について、説明します。ただし、そのためには、まず、固有権と並ぶ弁護人の権利である**包括的代理権**と**独立代理権**について、説明しなければなりません。

(1) 弁護人の包括的代理権　刑事手続における弁護人は専門法曹として、**訴訟代理人**としての法的地位と、**主体的な支援者**としての法的地位をもちます。

前者の法的地位にもとづき、弁護人は**包括的代理権**をもたねばなりません。すなわち、被告人・被疑者（以下、被疑者も含む趣旨でたんに「被告人」という）から**個別の委任がなくとも**、訴訟代理人たる法的地位にもとづき、被告人の訴訟行為（刑訴326①にもとづき、証拠とすることに被告人が同意することや、465①にもとづき、略式命令を受けた被告人が正式裁判の請求をすることなど）を代理できます（被告人だけが権利主体と定められた場合でも、弁護人は代理権をもち、訴訟行為を代理できる）。

この場合、代理の性質上、弁護人の訴訟行為が被告人の明示または黙示の意思に反することは許されません。つまり、被告人が反対の意思を明示しているのに、あるいは、被告人の事前の同意を得ることなしに、弁護人だけの判断で訴訟行為をすることはできません。代理である以上、弁護人は依頼した被告人の意思に拘束されるのです。刑事裁判の結果を一身に担うのは被告人じしんですから、その被告人の自己決定に弁護人も――たとえ非合理な決定だと考えたとしても、弁護人として説得を尽くしたうえで、最終的にはその決定に――従わねばなりません。

(2) 弁護人の独立代理権　ただし、刑事訴訟法に特別規定がある場合に限って、弁護人は被告人の明示、黙示の意思から「独立して訴訟行為をすることができる」ものとされました（刑訴41「弁護人は、この法律に特別の定のある場合に限り、独立して訴訟行為をすることができる」）。

その「特別の定」とは、具体的には、刑事訴訟法が弁護人じしんを権利主体として定める規定です（たとえば、刑訴179①「被告人、被疑者又は**弁護人**は、あらかじめ証拠を保全しておかなければその証拠を使用することが困難な事情があるときは、第一回の公判期日前に限り、裁判官に押収、捜索、検証、証人の尋問又は鑑定の処分を請求することができる」、298①「検察官、被告人又は**弁護人**は、証拠調を請求することができる」など）。

それらの規定が定める弁護人の権利を**独立代理権**と呼びます。ただし、あくまで**代理権の範疇**にある権利ですから、明示の放棄や取下げなどによって被告人じしんが権利を消滅させたときは、対応する弁護人の独立代理権も消滅ないし失効することになります（なお、この点で、松尾浩也『刑事訴訟法（上）新版』232頁以下は、権利を喪失させた「被告人の訴訟上の『失敗』を弁護人がカヴァーできないと考えることは、むしろ弁護制度の本旨に反する」と批判する。この批判は、独立代理権の「観念」を否定し、「原則として〔後述の〕固有権と解すべきである」という田宮裕『注釈刑事訴訟法』52頁の主張につながる）。

なお、弁護人の独立代理権における**独立性**の度合いには強弱があって、刑事訴訟法上、〈被告人の明示した意思に反してまで、代理できない〉と規定される場合もあります（刑訴21②「弁護人は、被告人のため忌避の申立をすることができる。但し、被告人の明示した意思に反することはできない」、356「前3条の〔原審の弁護人などによる〕上訴は、被告人の明示した意思に反してこれをすることができない」など）。代理される訴訟行為について、被告人が受ける訴訟上の利害が大きいからでしょう（松尾・前掲書232頁は、「被告人の気持に対する具体的な配慮が必要な場合」であり、「被

告人に対する影響の著しく大きい行為である」からだという）。ただし、この場合にも、黙示の意思には反することができます。具体的には、〈被告人が反対の意思を明示しない限り、弁護人は訴訟行為を代理するうえで、とくに事前の同意を被告人に求める必要がない〉ことを意味します。

(3) 弁護人の固有権 さらに、刑事訴訟法が定める弁護人じしんの権利の中には、定められた権利の性格から独立代理権という捉え方には親しまない、あるいは、そう捉えるべきでないものがあります。たとえば、刑事訴訟法113条1項本文は、「検察官、被告人又は弁護人は、差押状又は捜索状の執行に立ち会うことができる」と定めます。この規定によって弁護人に与えられた立会権は独立代理権ではありません。なぜなら、同条1項但書で、「但し、身体の拘束を受けている被告人は、この限りでない」と定められたからです。すなわち、勾留中の被告人は立会権をもちません。それにもかかわらず、弁護人は立会権を保障されます。そのような弁護人の権利は**代理権の範疇を超える**といわねばなりません（検証の立会権〔刑訴142〕、証人尋問の立会権〔157①、228②〕なども同様に捉えられる）。実質的には、弁護人の立会権について、被告人の権利の消滅や喪失にともない消滅ないし失効するような従属的性格を付与すべきでないと説明できます。

このほか、刑事訴訟法が被告人には与えず、弁護人だけに付与した権利についても、やはり、代理権の範疇を超えるといわねばなりません。たとえば、訴訟書類・証拠物の閲覧・謄写権（刑訴40①、180①）、鑑定の立会権（刑訴170）などです。

そのように、**代理権の範疇では捉えられない弁護人じしんの権利**を、弁護人の**固有権**と呼びます。訴訟代理人というだけでなく、主体的な支援者としてみずからも弁護活動をすべき責務にかんがみ、とくに保障される権利が、弁護人の固有権であるわけです。

弁護人の接見交通権 最高裁の**杉山判決**は、弁護人の接見交通権について、「その**固有権**の最も重要なものの1つ」と判示しました。弁護人の接見交通権を固有権と捉えた理由は、刑事訴訟法に根拠規定がなくとも、弁護人の法的地位に**もともと内在する権利**だと解釈したからでしょう。実質的にみても弁護人の接見交通権は、その性格にかんがみ、代理権の範疇で捉えるべきものではありません。なぜなら、被疑者の面会拒否、すなわち、接見交通権の放棄によって弁護人じしんの接見交通権も消滅するような従属的性格をもつべきではないからです。その趣旨は、こうです。

弁護人の接見交通権は、身体拘束中の被疑者が弁護人との面会を明示的に拒否した場合であっても、その被疑者の意思から完全に**独立**して保障され、行使されねばなりません。なぜなら、被疑者が、身体の拘束という非日常的で強制的雰囲気をもつ状況を強いられながら、「いまは弁護人と会わない」と述べて、必要とするはずの弁護人の援助をみずから放棄するのは理解しがたいことだからです。接見交通権を放棄した被疑者の意思には瑕疵（かし）がある疑いさえあります。そのような被疑者の意思に弁護人が従属したり、拘束されるべきではありません。

被疑者の尊厳、権利、自由を実質的に擁護すべき弁護人としては、被疑者が接見を拒絶したとしても、弁護人じしんの接見交通権を行使して、被疑者と接見できねばなりません。むしろ、**接見しなければならない**というべきです。そのような性格の弁護人の接見交通権は、やはり、固有権として捉えるべきものであるわけです。

また、平成11年（1999年）には、**安藤・斉藤事件の最大判平成11・3・24民集53巻3号514頁**も、接見交通権の憲法的根拠をあらためて明確にします。最高裁平成11年大法廷判決は、身体を拘束された者に弁護人依頼権を保障する憲法34条について、こう述べました。

「憲法34条前段は、『何人も、理由を直ちに告げられ、且つ、直ちに弁護人に依頼する権利を与へられなければ、抑留又は拘禁されない。』と定める。この弁護人に依頼する権利は、身体の拘束を受けている被疑者が、拘束の原因となっている嫌疑を晴らしたり、人身の自由を回復するための手段を講じたりするなど自己の自由と権利を守るため弁護人から援助を受けられるようにすることを目的とするものである。したがって、右規定は、単に被疑者が弁護人を選任することを官憲が妨害してはならないというにとどまるものではなく、被疑者に対し、弁護人を選任した上で、弁護人に相談し、その助言を受けるなど弁護人から援助を受ける機会を持つことを実質的に保障しているものと解すべきである」、と。

憲法34条前段の「弁護人に依頼する権利」については、〈弁護人を円滑に選任することができる〉というその文言どおりの意味、つまり、**形式的な意味**だけでなく、〈被疑者がみずからの尊厳、権利、自由を守るために、専門法曹の資格をもつ弁護人に相談し、その助言を受けるなど、実効的な援助を受け

ることができる〉という**実質的な意味**でこそ捉えねばならないわけです。

　罪を犯したという疑いをかけられ、身体まで拘束された被疑者は、否応もなく応訴を強制されることになります。しかし、身体を拘束された被疑者は、その事実だけですでに自己の尊厳を損ない、主体的力量を制限されてしまっています。だからこそ、憲法 34 条前段は、とくに身体を拘束された被疑者について、その尊厳、権利、自由を擁護するために、専門法曹の資格をもつ弁護人から援助を受けることができねばならないと定めたわけです。すなわち、被疑者の尊厳を擁護し、その自己決定を支援するために、専門法曹である弁護人が被疑者に助言を与え、その訴訟行為を代理し、みずからも必要な弁護活動を行わねばならないわけです。

　最高裁平成 11 年大法廷判決は、結論として、こう判示します。

　「刑訴法 39 条 1 項が〔中略〕、被疑者と弁護人等との接見交通権を規定しているのは、憲法 34 条の右の趣旨にのっとり、身体の拘束を受けている被疑者が弁護人等と相談し、その助言を受けるなど弁護人等から援助を受ける機会を確保する目的で設けられたものであり、その意味で、刑訴法の右規定は、憲法の保障に由来するものであるということができる」、と。

　刑事訴訟法 39 条 1 項の規定が「憲法の保障に由来する」と判示した趣旨についても、〈たんに「由来する」とだけ述べたのは、接見交通権を憲法 34 条の保障そのものとしない趣旨だ〉と形式的に解釈するのではなく、〈身体を拘束された被疑者が弁護人の実効的援助を受けるための接見交通権は、憲法 34 条の保障そのもの、すなわち、憲法 34 条じたいが保障する権利とする趣旨だ〉と実質的に解釈すべきです（最高裁昭和 53 年判決、すなわち、杉山判決がすでに「憲法の保障に由来する」と述べており、最高裁平成 11 年大法廷判決の判示はそれと平仄をあわせたものにすぎない）。

　この点を、さらに敷衍しておきましょう。身体を拘束され、法務省が所轄する**拘置所**（刑事収容施設法 3「刑事施設は、次に掲げる者を収容し、これらの者に対し必要な処遇を行う施設とする。／ 1 号〔省略〕／ 2 号　刑事訴訟法の規定により、逮捕された者であって、留置されるもの／ 3 号　刑事訴訟法の規定により勾留される者〔以下、省略〕。刑事施設のうちの未決拘禁施設が「拘置所」、「拘置支所」である）や、警察署に附属する**留置場**（刑事収容施設法 14 ①「都道府県警察に、留置施設を設置する」、15 ①「第 3 条各号に掲げる者は、次に掲げる者を除き、刑事施設に収容することに代えて、留置施設に留置することができる。〔以下、省略〕」）などに収容された被疑者が、弁護人から〈情報を得る〉、〈助言を受ける〉とか、弁護人に対し〈情報を与える〉、〈主張や要求を行う〉、〈弁護の方針や方法を決定する〉など、弁護人の実効的な援助を受けることができるためには、**ある条件**が欠かせません。

　その条件をあらためて挙げれば、被疑者は、〔1〕弁護人と自由に、すなわち、司法機関（裁判官や裁判所）や捜査機関（司法警察職員や検察官）の**許可を必要としないで**自由に面会したり、書類を授受することができねばなりません。また、〔2〕弁護人と秘密に、すなわち、司法機関や捜査機関の**立会い**を排して秘密に面会したり、司法機関や捜査機関の**検閲**などなしに秘密に書類を授受することもできねばなりません。身体を拘束された被疑者と弁護人は、〈口頭や書面による交通を自由かつ秘密にできねばならない〉のです。

　その趣旨を、憲法 34 条前段は、「直ちに弁護人に依頼する権利を与へられなければ、抑留又は拘禁されない」という文言に託して規定しました。被疑者の身体を拘束し、施設に収容するには、その**実質的前提**として、〈弁護人の実効的な援助を受ける権利を、国家は**つねに**被疑者に保障しておかねばならないこと〉が必要とされ、そして、その保障のためには、〈被疑者と弁護人が口頭や書面による交通を**自由かつ秘密にできねばならないこと**〉が必要とされるのです。そのように定めた**憲法規範の重み**というものを、わたしたちはしっかりと受けとめねばなりません。最高裁平成 11 年大法廷判決も、この憲法規範の重みを受けとめ、刑事訴訟法 39 条 1 項の保障する**被疑者と弁護人の接見交通権**は憲法 34 条の保障そのものであることを明らかにしたのでした。

2　接見交通権に対する制限

(1)　即時接見を制約する制度

1(2)で述べたように、身体を拘束された被疑者と弁護人の接見交通は、憲法34条前段が保障する権利として捉えられねばなりません。

しかし、刑事訴訟法はこの接見交通権の保障に関して、ねじれた制度・制約となる制度を設けます。39条3項の**「接見指定制度」**です。こう定めます。

> **刑事訴訟法39条3項**　検察官、検察事務官又は司法警察職員（司法警察員及び司法巡査をいう。以下同じ。）は、捜査のため必要があるときは、公訴の提起前に限り、第1項の接見又は授受に関し、その日時、場所及び時間を指定することができる。但し、その指定は、被疑者が防禦の準備をする権利を不当に制限するようなものであってはならない。

刑事訴訟法は、39条1項で、身体を拘束された被疑者に対し、弁護人と自由かつ秘密に接見する権利、すなわち、接見交通権を保障する一方で、同3項では、捜査機関に対し、〈捜査のため必要があるときは、被疑者と弁護人の接見について、その日時、場所、時間を指定する権限〉、すなわち、**接見指定処分の権限**を付与するのです（起訴後の被告人に対する弁護人接見の日時等の指定は、刑訴法に明文規定がないため許されない）。

弁護人接見の「日時」を指定し、その「時間」を指定する捜査機関の処分は、即時の弁護人接見を求める被疑者に対し、接見の機会を先送りさせるものであり、また、被疑者が必要とする接見時間を認めないものとなります。捜査機関の接見指定処分は、〈即時の接見を認めない〉、〈希望する接見時間を認めない〉という意味で、自由であるべき**接見交通権に対する重大な制限**になるといわねばなりません。

そのため、刑事訴訟法39条3項の接見指定制度に対し強い批判があります。論者によっては、接見指定制度は憲法34条の趣旨に違反すると批判します（高田昭正『被疑者の自己決定と弁護』135頁）。

(2)　接見交通権と捜査権の「合理的な調整」

しかし、他方で、関連の証拠を発見、収集して適正な事件処理を行うという捜査の目的を果たすうえで、身体拘束下にある被疑者をあえて取り調べたり、逮捕・勾留中であっても犯行現場の検証に被疑者を立ち会わせるなど、捜査機関が被疑者の身体的関与を必要とする場合もあると考えられました。

また、起訴前の身体拘束には、**被疑者の逮捕**について最大72時間（たとえば、司法警察職員の資格をもつ司法巡査が被疑者を逮捕したときは、刑訴205①「前項の〔裁判官に被逮捕者の勾留を請求しなければならない〕時間の制限は、被疑者が身体を拘束された時から72時間を超えることができない」により、最大72時間の時間的制約がある。検察官または検察事務官が逮捕したときは、204①により、最大48時間の時間的制約がある）、**勾留**について最大20日間（刑訴208①「前条の規定により被疑者を勾留した事件につき、勾留の請求をした日から10日以内に公訴を提起しないときは、検察官は、直ちに被疑者を釈放しなければならない」、同②「裁判官は、やむを得ない事由があると認めるときは、検察官の請求により、前項の期間を延長することができる。この期間の延長は、通じて10日を超えることができない」）の厳格な時間的制約がありました（刑法77の内乱罪、106の騒乱罪など、一定の重大犯罪については、さらに5日間を限度とする勾留の再延長が認められる。刑訴208の2）。そのため、この時間的制約の中で上述した捜査の目的を果たさねばならない捜査機関側の立場に配慮すべきだとも考えられました。

そのように考えるならば、被疑者や弁護人が求める接見の日時・時間と競合する場合に、捜査活動をいっさい行わせない、すなわち、弁護人接見と競合する限り、被疑者の身体的関与を必要とする捜査活動について、これをいっさい否定するというのも極端な結論になるでしょう。

そのため、最高裁平成11年大法廷判決は、「接見交通権の行使と捜査権の行使との間に合理的な調整」を図らねばならないと判示します。こうです。

「被疑者と弁護人等との接見交通権が憲法の保障に由来するからといって、これが刑罰権ないし捜査権に絶対的に優先するような性質のものということはできない。そして、捜査権を行使するためには、身体を拘束して被疑者を取り調べる必要が生ずることもあるが、憲法はこのような取調べを否定するものではないから、**接見交通権の行使と捜査権の行使との間に合理的な調整を図らなければならない**。憲法 34 条は、身体の拘束を受けている被疑者に対して弁護人から援助を受ける機会を持つことを保障するという趣旨が実質的に損なわれない限りにおいて、法律に右の調整の規定を設けることを否定するものではないというべきである」、と。

刑事訴訟法 39 条 3 項の接見指定制度についても、それが「接見交通権の行使と捜査権の行使との間に合理的な調整」を図るものである限り、制度じたいに必要性はあるというわけでしょう。ただし、その具体的内容について、最高裁平成 11 年大法廷判決は、憲法 34 条による制約があると述べました。その制約とは、「身体の拘束を受けている被疑者に対して弁護人から援助を受ける機会を持つことを保障する」という憲法 34 条の趣旨を**実質的に損う**ものであってはならないことです。そのため、刑事訴訟法 39 条 3 項が定める接見指定制度の具体的内容について、〈身体を拘束される被疑者に対する弁護人の実効的援助〉を**形骸化する恐れ**がないかどうかという観点から、その意義ないし問題点が慎重に検討されねばなりません。

(3) 接見指定の司法的権限の主体

この点で問題となるのが、接見交通権の行使と捜査権の行使との間に合理的な調整を図るとしても、刑事訴訟法 39 条 3 項がその調整の権限を、一方の当事者にすぎない捜査機関、しかも、被疑者の身体をいわば取りあって、**いままさに対立する立場にある捜査機関**に委ねたことです。なぜなら、そのような調整の権限は、本来、中立の立場にあって公正な司法機関にだけ、すなわち、裁判官にだけ与えられるべきものと考えられるからです（田宮『捜査の構造』402 頁は、「捜査の担当官たる捜査機関が捜査と防御の調和をはかるといった高次の立場から〔訴追側と被疑者の〕両者の間の調整をするのはおかしい」、「一方当事者が公平な調整をすることは論理的に不可能でもある」、接見指定は「被疑者の身柄を利用した現実の捜査処分と接見との時期的調整を内容とした技術的なものにすぎず」、「このような調整は本来第三者にゆだねるべきである」、「司法的抑制の理念をここでも想起すべきである」と述べる）。

この点について、最高裁平成 11 年大法廷判決は、こう判示しました。

「刑訴法 39 条 3 項本文が被疑者側と対立する関係にある捜査機関に接見等の指定の権限を付与している点も、刑訴法 430 条 1 項及び 2 項が、捜査機関のした 39 条 3 項の処分に不服がある者は、裁判所にその処分の取消し又は変更を請求することができる旨を定め、捜査機関のする接見等の制限に対し、簡易迅速な司法審査の道を開いていることを考慮すると、そのことによって 39 条 3 項本文が違憲であるということはできない」、と。

この判示は、接見指定の権限について、その性質が〈本来は、司法的なもの〉であることを否定してはいません。むしろ、〈本来は、司法的なもの〉と認め、〈接見指定の**司法的権限を捜査機関に付与した**点で、刑事訴訟法 39 条 3 項には問題がある〉というものでしょう。しかし、430 条 1 項、2 項による「準抗告」の手続が、接見指定処分を受けた被疑者に対し、**簡易かつ迅速な司法審査**によって、捜査機関の不当な処分を取り消す、または、変更する機会を保障していることを捉えて（刑訴 430 ①「検察官又は検察事務官のした第 39 条第 3 項の処分又は押収若しくは押収物の還付に関する処分に不服がある者は、その検察官又は検察事務官が所属する検察庁の対応する裁判所にその処分の取消又は変更を請求することができる」、同②「司法警察職員のした前項の処分に不服がある者は、司法警察職員の職務執行地を管轄する地方裁判所又は簡易裁判所にその処分の取消又は変更を請求することができる」と定める。捜査機関の不当な接見指定処分に対する救済を裁判所に求めることも、「**準抗告**」と呼ぶ）、39 条 3 項も違憲の誹りをまぬがれると判示したわけです。この判示により、430 条 1 項、2 項による準抗告の手続が、接見指定処分を受けた被疑者・弁護人に対し、簡

易かつ迅速な司法審査、すなわち、裁判所による速やかな事後的チェックを**現実**に保障するものになっているかどうかが、厳しく問われねばならないことに留意すべきです。

展開支援ナビ

秘密接見の制約と面会接見　接見交通権に対する制限は、刑事訴訟法 39 条 3 項の接見指定制度だけではありません。収容施設上の理由から**秘密接見が制約される**場合があります。叙述の便宜上、ここで言及しておきます。

　たとえば、勾留後、取調べのため広島地方検察庁内で待機していた被疑者について、接見を申し出た弁護人に対し、検察官が広島地方検察庁内には「接見室」がないことを理由に接見を拒否した事案において、**最決平成 17・4・19 民集 59 巻 3 号 563 頁**は、「被疑者と弁護人等との接見には、被疑者の逃亡、罪証の隠滅及び戒護上の支障の発生の防止の観点からの制約があるから、検察庁の庁舎内において、弁護人等と被疑者との立会人なしの接見を認めても、被疑者の逃亡や罪証の隠滅を防止することができ、戒護上の支障が生じないような設備のある部屋等が存在しない場合には、上記の申出を拒否したとしても、これを違法ということはできない」と判示しました。最高裁平成 17 年決定は、捜査上の理由（刑訴 39 ③「捜査のため必要」）だけでなく、**収容施設の設備上の理由**（秘密接見に適切な設備のある部屋の不存在）から、弁護人の接見申出じたいを拒否できることを認めたのであり、新たなかたちで被疑者と弁護人の接見交通権の侵害（自由交通権の剥奪）を正当化したわけです。しかし、収容施設の設備上の理由による制限を認めるとき、秘密接見に適切な設備をもたない収容施設では、つねに、かつ、無条件に弁護人の接見申出を拒否できることになります。そのような接見拒否は、本来、処分の相当性を欠き違法だというべきものです。

　しかし、最高裁平成 17 年決定は、収容施設の設備上の理由による接見拒否を適法としたうえで、代替的な面会確保の措置、すなわち、「**面会接見**」の措置をとるよう捜査機関に求めます。すなわち、「弁護人等がなお検察庁の庁舎内における即時の接見を求め、即時に接見をする必要性が認められる場合には、検察官は、例えば立会人の居る部屋での短時間の『接見』などのように、いわゆる**秘密交通権が十分に保障されないような態様の短時間の『接見』**（以下、便宜「面会接見」という。）であってもよいかどうかという点につき、弁護人等の意向を確かめ、弁護人等がそのような面会接見であっても差し支えないとの意向を示したときは、面会接見ができるように特別の配慮をすべき義務があると解するのが相当である」と判示します。

　そのうえで、最高裁平成 17 年決定は、「即時に接見をする必要性の認められる接見の申出に対し、上記のような特別の配慮をすることを怠り、何らの措置を執らなかったときは、検察官の当該不作為は違法になる」と判示し、本件の接見申出に対し「何らの配慮もしなかった」検察官の不作為を違法と断じました。面会接見ができるよう特別の配慮をする捜査機関の義務を認めた点で、注目すべき最高裁判例です（最高裁平成 17 年決定がいう「特別の配慮」とは、防禦活動に対する配慮である以上、被疑者の捜査を担当する警察官、検察事務官などが面会接見に立ち会わないことも含むと解される）。ただし、即時に被疑者と弁護人を会わせるための面会接見であっても、それが秘密交通権を侵害する措置であることは変わりません。最高裁平成 17 年決定の事案については、面会接見の保障にとどめるのでなく、検察官の取調べじたいを中断し、弁護人が求めたように「裁判所の勾留質問室」を借りるなど、あくまで秘密交通権を保障する措置をとるべきであったと思います。

秘密接見の不当な制約　とまれ、この最高裁平成 17 年決定のほか、被疑者と弁護人の秘密交通権の保障が問題になった事案と地裁の裁判例や高裁判例について、管見しておきましょう。

(1) 弁護人親書の開披　被疑者・被告人と弁護人との信書を刑事施設職員が開披・確認したことが、秘密交通権を侵害して違法とされた事案として、**大阪地判平成 12・5・25 訟務月報 47 巻 4 号 775 頁**が挙げられます。拘置所に勾留されていた被疑者・被告人とその弁護人（国家賠償請求訴訟の原告）との間の信書が開披され、または未封緘のままで、拘置所職員によりその内容が確認され、要旨が記録化されたうえ、検察官からの照会に対して右信書の発受状況と内容が回答された事案です。大阪地裁平成 12 年判決は、まず、「刑訴法 39 条 1 項が被拘禁者が弁護人と立会人なくして接見することができるとしているのは、弁護人から有効かつ適切な援助を受ける機会をもつためには、被拘禁者とその弁護人との間において、相互に十分な意思の疎通と情報提供や法的助言等が何らの干渉なくされることが必要不可欠であり、特に、その意思の伝達や情報提供のやりとりの内容が捜査機関、訴追機関、更には収容施設側に知られないことが重要であるので、この点を明文で規定したものと考えられる。〔中略〕右の『立会人なくして接見し』とは、接見の内容を右の各機関等が窺い知ることができない状態で接見する権利、すなわち接見についての秘密交通権を保障することを意味するもので、例

ば、収容施設側の立会人がいなくても収容施設側が接見の内容を録音するというのでは、右規定に反することになるというべきである。〔中略〕被拘禁者と弁護人との間の信書の授受についても、刑訴法 39 条 1 項は、できる限り接見に準じ、その内容についての秘密保護を要請しているというべきである」と判示します。ただし、つづいて、「一切開封することなく封緘されたままで弁護人との信書の授受を認めるには、法令の規定で右の点をも考慮したそのための手続的措置を設ける必要があるといわざるを得ないのであって、そのような明文の規定が見当たらない現行法の下では、刑訴法 39 条 1 項は、弁護人との間の信書については開披しないままでの授受を認める扱いまでを要求しているものと解することはできない」と判示し、そして、「混入物の存否や実際に弁護人との間の信書であるか否か等の確認を許容する以上、**その目的の限度で信書を開披し、その内容を収容施設側が閲読することも、許容されているといわざるを得ない**」ために、「弁護人からの信書を開披し、あるいは弁護人宛に発信予定の信書を未封緘のまま受領し、その内容を施設側が右の限度で閲読することまでは、同項もこれを許容しているものというべきである」と判示しました。**収容施設の管理上の理由**により、被疑者と弁護人の書面による秘密交通権の制限を認めたわけです。やはり、そのような制限の相当性が疑問とされねばなりません。

(2)ビデオテープの事前検査 弁護人が拘置所の職員に対し、刑事事件の証拠物として採用されているビデオテープを再生しながら被告人と接見することを申し入れたところ、同職員がビデオテープの内容の事前検査を求め、その事前検査を経なければ同ビデオテープを再生しながらの接見は認められないと述べ、被告人との接見を拒否したため、秘密交通権の侵害を理由に損害賠償を求めた事案において、**大阪高判平成 17・1・25 訟務月報 52 巻 10 号 3069 頁**は、「刑訴法 39 条 1 項の『立会人なくして』とは、接見に際してその内容を上記各機関等が知ることができない状態とすること、すなわち、接見内容についての秘密を保障するものであり、具体的には、接見に第三者を立ち会わせることのみならず、接見内容等を録音等したり、接見内容等を事前に告知ないし検査等したり、接見内容等を事後に報告させることなどを許さないものである。」「刑訴法 39 条 1 項の『接見』とは、口頭での打合せに限られるものではなく、口頭での打合せに付随する証拠書類等の提示をも含む打合せと解すべきである。」「持ち込まれる書類等の内容にまで及ぶ〔収容施設側の〕検査については、秘密接見交通権が保障された趣旨を没却する不合理な制限として許されない」、すなわち、「弁護人が持ち込もうとする書類等の内容に及ぶ検査については、監獄法施行規則 127 条 2 項の『必要ナル戒護上ノ措置』には含まれない」と判示しました。

この大阪高裁平成 17 年判決については、(A)刑事訴訟法 39 条 1 項の「接見」の意義を、口頭での打合せに付随する証拠書類等の提示も含む打合せと解したこと、(B)弁護人が接見のさい持ち込もうとしている書類等の事前検査としては、罪証隠滅ないし逃走の用に直接供される物品や、収容施設内の規律ないし秩序を著しく乱す物品でないか、外形を視認することによって確認したり、書面または口頭で弁護人に説明させる程度の検査に限られること、(C)持ち込まれる書類等の内容にまで及ぶ検査は、秘密接見交通権が保障された趣旨を没却する不合理な制限として許されず、監獄法施行規則 127 条 2 項の「必要ナル戒護上ノ措置」にも含まれないことを明らかにした点で、注目されてよいでしょう。

(3)接見内容の聴取 このほか、殺人未遂事件の担当検察官が、被疑者から弁護人甲との接見内容を聴取し、これを調書化して被疑者に署名・指印させて供述調書を完成させたうえ、起訴後、裁判所にこの供述調書の証拠調べ請求をした事案において、**福岡高判平成 23・7・1 判時 2127 号 9 頁**は、本件の甲検事が「本件被疑者に対し、殺意を認めると罪が重くなることは弁護人から言われてわかったことか、もともと知っていたことかを確認した点、『死んだと思った』旨の供述が虚偽であることを弁護人に対して伝えているか否かを確認した点については、未だ秘密性が消失していない本件被疑者と弁護人との間の情報交換の内容を尋ねるものであり、本件被疑者と弁護人との意思疎通の過程を聴取したものにほかならず、被疑者等と弁護人等との自由な意思疎通ないし情報伝達に萎縮的効果を及ぼすおそれがあるというべきであるから、甲検事は、刑訴法 39 条 1 項の趣旨を損なうような聴取を控えるべき注意義務に違反したといわざるを得ず、本件聴取行為は、国賠法上違法となるというべきである」と判示し、また、「甲検事が、本件供述調書の証拠調べ請求をするに際し、あえて『弁護人にも嘘をついたこと』をまでも立証趣旨とする必要があったとは〔中略〕、到底認めることができず、かかる訴訟活動は、控訴人と本件被疑者との信頼関係を破壊するおそれのある行為であって、控訴人に対し、今後の公判における審理準備のため弁護活動をなす際においても、実質的弁護権としての秘密交通権を行使する機会を持つことについて、心理的な萎縮効果を生じさせたものと認めることができるから、聴取行為それ自体とは別個に、国賠法上違法と評価せざるを得ない」と判示しました。福岡高裁平成 23 年判決は、供述の変遷などの理由を被疑者から捜査機関が聴き出そうとするさい、被疑者が任意に弁護人との接見内容について供述

に及んだ場合に、「その限度において、捜査権の行使が秘密交通権の保障と抵触する」こともやむをえないとしつつ、「捜査権の行使と秘密交通権の保障とを調整するに際しては、秘密交通権の保障を最大限尊重すべき」であるため、弁護人との接見内容について供述を拒否できることを告知するなど、秘密交通権を実効的に保障するための積極的措置をとるべき義務を負うとしたものです。福岡高裁平成23年判決は、被疑者と弁護人の接見内容を聴取することについて、これを捜査機関は差し控えねばならないという**消極的義務**を課しただけでなく、具体的な告知など秘密交通権の実効的保障のための**積極的義務**も課した点で注目されました。

3　接見指定理由である「捜査のため必要」の解釈

さらに問題となるのは、接見の日時等を指定できる**理由**の意義です。すでに述べたように、刑事訴訟法39条3項は、「捜査のため必要があるとき」に、被疑者と弁護人の接見について、その日時、場所、時間を指定する権限、すなわち、接見指定処分権限を捜査機関に認めました。この接見指定理由とされた「捜査のため必要」の意味をめぐって、議論があります。

(1)　対立する3つの考え方

接見指定理由について、大きく3つの考え方が主張されました。

①物理的限定説　　1つは、**物理的限定説**です。物理的限定説とは、被疑者を現に取調べ中であるとか、実況見分や検証等の立会いのため捜査官が被疑者の身体を現実に必要としているときに限定して、接見の「日時」、「場所」などを指定する処分を行う理由があるとする考え方を指します（平野龍一『刑事訴訟法』105頁は、「少くとも現に取調中である場合に限らなければならない」と述べた）。被疑者の身体を現実に必要とする捜査上の処分と、被疑者と弁護人の接見の**物理的競合**という、弁護人も争わない客観的事実にもとづき形式的、機械的に接見指定理由の存否を判断させる――、というのが**物理的**限定説の考え方でした。

展開支援ナビ

物理的限定説の意義と目的　　刑事訴訟法39条3項の接見指定処分は「接見禁止」処分ではありません。ただし、弁護人による即時接見の申出を拒絶する点で、接見交通権を制限する処分であることは確かです。そのような処分権限の主体は、本来、裁判官であるべきです（ちなみに、「時期的調整」という指定処分の性格から、処分権限の本来的主体を裁判官とする考え方もある。2(3)参照。しかし、端的に、指定処分の権利侵害性から〈処分の権限主体は、本来、裁判官だ〉というべきである）。これに対し、刑事訴訟法は、一方当事者にすぎない捜査機関に接見指定の**司法的権限**を与えました（刑訴39③）。

この権限主体に関する**構造的矛盾**を解くためには、〈本来は裁判官がなすべき接見指定を、迅速な接見確保という**政策的目的**から、あえて捜査機関にまかせたのだ〉と説明するほかありません（田宮『捜査の構造』402頁以下は、「捜査の迅速性の要求によってとくに捜査機関に授権された」という。しかし、「捜査の迅速性」ではなく「接見の迅速性」が要求されたというべきである）。

ただし、〈裁判官による事前の抑制や事後の自動的審査の制度なしに、接見指定の**司法的権限**を捜査機関に委譲する〉ことが許されるためには、その権限行使が、捜査機関による「捜査の必要と防御の利益を総合的に勘案した実質的な判断をもとにしたものではなく」（田宮・前掲書402頁）、形式的、機械的な判断にもとづかねばならないというべきです。すなわち、権限行使の要件となる接見指定理由について、捜査機関による裁量を排したものになるような**厳格な絞り込み**が必要になるというのです。

たとえば、現に取調べ中であるとか、犯行現場での検証に立ち会わせているとか、被疑者の身体を必要とする捜査活動が現実に行われていれば、弁護人もその客観的事実じたいは争わないでしょう。そのように、被疑者の身体を現実に必要とする捜査上の処分と、被疑者と弁護人の接見の**物理的競合**という、弁護人も争わない客観的事実にもとづき形式的、機械的に接見指定処分の可否が判断されねばならない――。そう考える場合、おのずと物理的限定説が導かれることになります。言い換えれば、物理的限定説を主張する**本来の目的**は、〈接見指定処分権限を行使しようとする捜査機関の判断から、可能な限り裁量的要素を排除するため〉であるわけです。

07　接見交通権とその制限　　117

②接見交通権優位説　　もう1つが、**接見交通権優位説**です。この考え方も、接見の日時等を指定することができるのは、「捜査機関が取調べ、実況見分、検証等を実施して現実に被疑者を立ち会わせている場合など物理的に被疑者の身柄を必要とする場合」に限定されねばならないとする点で（村岡啓一「接見交通——弁護の立場から」『刑事手続・上〔旧版〕』336頁）、物理的限定説のバリエーションだと位置づけることができます。

ただし、物理的限定説とは違い、取調べや検証の立会いなどについて、即時接見を認めない理由には**ならない**と考えます。すなわち、接見の「日時」を指定して、被疑者と弁護人の接見の機会を先送りしてしまうことは**できない**というのです。なぜなら、先送りしてしまっては、〈捜査権を優位に置く〉ことになり、それは、〈捜査権を制約する原理として弁護人依頼権を保障し、その実質的内容として接見交通権を保障した憲法の趣旨に反する〉ことになると考えるからです（村岡・前掲論文331、335頁）。

「接見交通権の憲法上の権利性」（村岡・前掲論文335頁）を現実のものとするためには、接見交通権が捜査権に優位しなければならないというわけでした。たとえば、「取調べ中」であれば、「ただちに取調べを中断して接見させるべきである」と述べられました（村岡・前掲論文336頁）。また、「実況見分や検証の立会い中」であれば、「現場において弁護人との接見を認めるか、あるいは一時中断して最寄の接見用施設において接見できる機会を確保する」べきであるとも述べられました（村岡・前掲論文336頁）。

それゆえ、接見交通権優位説の考え方では、接見を「指定することができる」という刑事訴訟法39条3項の文言は、多くの場合、接見時間だけを指定することを意味するものとなります。すなわち、取調べなど被疑者の身体を必要とする捜査活動を捜査機関が中断して、即時の弁護人接見を認めるさいに、接見の——「日時」ではなく——「時間」に限って指定できるというわけです。

③捜査全般の必要説　　3つ目が、**捜査全般の必要説**です。この捜査全般の必要説によれば、「当該事件の内容、捜査の難易度、捜査の進展状況、弁護人等の弁護活動の態様等の諸般の事情を総合的に勘案し」（古江頼隆「接見交通——検察の立場から」『刑事手続・上〔旧版〕』325頁）、罪証隠滅の防止や共犯者との通謀の防止、自白の獲得などを含む**捜査全般の必要性**を根拠にして、捜査機関は接見指定処分権限を行使できるとします。弁護人接見により捜査の遂行に支障が生ずる顕著な恐れがあると思料するとき、捜査機関は接見の「日時」も「時間」も指定できるというわけです。

そのため、たとえば、いま被疑者は取調べを受けておらず、警察の留置場の居房に座っているにすぎないとしても、弁護人を介して被疑者による**罪証隠滅の指示**が共犯者に伝わる懸念があるときは、「事案の真相の解明」という捜査の目的を果たすために、弁護人と被疑者を接見させない——右のような懸念がなくなるまで、接見の日時を先送りする——ことも可能だということになります。また、被疑者が自白すれば罪証隠滅の恐れがなくなるか薄れるという関係にあるため、「事案の真相の解明」という捜査の目的を果たすためには、被疑者が自白するまでは弁護人と接見させない——被疑者が自白するまで、接見の日時を先送りする——ことさえ可能になってしまうでしょう。

(2) 判例の考え方

判例の考え方はどうでしょうか。

最高裁昭和53年判決、すなわち、**杉山判決**は、こう判示しました。

「弁護人等と被疑者との接見交通権と捜査の必要との調整を図るため、刑訴法39条3項は、捜査のため必要があるときは、右の接見等に関してその日時・場所・時間を指定することができると規定するが、弁護人等の接見交通権が前記〔1(2)で紹介した判示部分〕のように憲法の保障に由来するものであることにかんがみれば、捜査機関のする右の接見等の日時等の指定は、あくまで必要やむをえない例外的措置であって、被疑者が防禦の準備をする権利を不当に制限することは許されるべきではない（同項但書）。捜査機関は、弁護人等から被疑者との接見の申出があったときは、原則として何時でも接見の機会を与えなければならないのであり、現に被疑者を取調中であるとか、実況見分、検証等に立ち会わせる必要

がある等捜査の中断による支障が顕著な場合には、弁護人等と協議してできる限り速やかな接見のための日時等を指定し、被疑者が防禦のため弁護人等と打ち合せることのできるような措置をとるべきである」、と。

刑事訴訟法39条3項が定める「捜査のため必要」とは、「捜査の中断による支障が顕著な場合」であると解されました。具体的には、「現に被疑者を取調中であるとか、実況見分、検証等に立ち会わせる必要がある等」と敷衍されました。

この最高裁の杉山判決については、〈基本的に物理的限定説に与したものであり、捜査全般の必要説には立たないことを明らかにした判例である〉と理解できます。なぜなら、杉山判決がいう、被疑者と**弁護人の接見によって「中断」する捜査活動**とは、被疑者の取調べや検証立会いなど、被疑者の身体を現実に必要とする捜査活動にほかならないからです（なお、杉山判決において、「被上告人〔弁護人〕が午後4時30分ごろ布施署を訪れ、警察官Pに対し被疑者Sとの接見を申し入れた際には、P〔警察官〕は現に同人〔被疑者S〕を取調中であ〔った〕」と判示され、接見指定理由の存在じたいは肯定された）。

すなわち、被疑者の身体を現実に必要とする捜査上の処分と、被疑者と弁護人の接見の物理的競合という、弁護人も争わない**客観的事実**にもとづき形式的、機械的に接見指定理由の存否を判断させる——という物理的限定説の考え方に、杉山判決も基本的に与したといえます（地裁の裁判例もそう理解する。たとえば、**京都地判平成元・5・16判時1328号96頁**は、「昭和61年〔1986年〕7月当時最高裁判所及び下級裁判所において、〔物理的〕限定説が確立されていた」と述べる。**浦和地判平成4・3・23判時1440号116頁**は、「罪証隠滅の防止の目的で指定権を行使することは許されない」とする。**札幌高判平成5・5・19判時1462号107頁**は、1983年〔昭和58年〕11月に接見指定処分を行った検察官に対し、捜査全般の必要説に従った点で過失を認定した）。

また、杉山判決は、取調べなどを理由とする接見日時の指定を特別な制約なしに認めようとするものですので、接見交通権優位説には与しませんでした。

ついで、平成3年（1991年）の**浅井判決**、すなわち、**最判平成3・5・10民集45巻5号919頁**は、「捜査の中断による支障が顕著な場合には、捜査機関が、弁護人等の接見等の申出を受けた時に、現に被疑者を取調べ中であるとか、実況見分、検証等に立ち会わせているというような場合だけでなく、間近い時に右取調べ等をする確実な予定があって、弁護人等の必要とする接見等を認めたのでは、右取調べ等が予定どおり開始できなくなるおそれがある場合も含むものと解すべきである」と判示しました。

この最高裁の浅井判決は、現実にはまだ被疑者の身体的関与を必要としない取調べ等の予定、すなわち、〈間近いときの、確実な予定〉がある場合まで、接見指定処分が可能だというものでした。切迫するとはいえ将来の被疑者取調べの予定まで接見指定理由に含めた点で、純粋な物理的限定説の立場から**後退**したといわねばなりません。

ただし、〈弁護人の接見によって、被疑者の身体を現実に必要とする**捜査活動が中断**するために、顕著な支障が生じてしまう〉ことを接見指定理由とする点に変更は加えられていません。つまり、浅井判決においても、物理的限定説にたって接見指定理由の有無を判断する基本的な枠組みじたいは変わっていないことに留意しなければなりません。

展開支援ナビ

取調べ等の確実な予定　被疑者取調べ等について、その間近いときの確実な「予定」まで接見指定理由に含めた浅井判決は、杉山判決に内在した問題点を拡大し、かつ、顕在化させるものでした。

問題点を拡大したという趣旨は、こうです。杉山判決は、捜査機関の欲する密度で日常的に行われる**被疑者取調べ**まで、接見指定理由に含めました。そのために捜査機関は、接見指定の要件を容易に肯定でき、接見指定処分を下すことじたいにほとんど障碍を憶えないでしょう。それは、接見指定処分が日常化ないし恣意化することを意味します。この杉山判決に内在した問題点を浅井判決が拡大した、すなわち、切迫する取調べ等の予定まで接見指定理由に含めることにより拡大したといわねばなりません。

問題点を顕在化させたという趣旨は、こうです。杉山判決は、実況見分、検証等に被疑者をいま立ち会わせ

ている場合だけでなく、これから立ち会わせる**必要がある**場合も、弁護人接見により「捜査の中断」が生ずる場合に含めました。それは、実況見分等を**準備する段階**も含めて、「捜査の中断」が現実に生ずるかどうかを**予測**させることを意味します。しかし、それでは接見指定理由の**可視性**を損なってしまいます。この杉山判決に内在した問題点を浅井判決が顕在化させた、すなわち、取調べ等の間近いときの確実な予定まで接見指定理由に含めることにより顕在化させたといわねばなりません（なお、井上正仁「被疑者と弁護人の接見交通」刑事訴訟法判例百選〔第6版〕44頁は、「取調べ予定の存在は後に争いになったときに立証可能な程度に客観的なものでなければならない」とする。田宮「接見指定に関する最高裁判例」ジュリスト989号81頁も、取調べ予定の確実性などを可視化する「何らかの準備行為の存在が要求される」とした。これに対し、小田中聰樹『現代司法と刑事訴訟の改革課題』256頁は、「準備行為の存在」という「程度では〔接見制限拡大の〕歯止めとはならない」と批判する）。

　この最高裁の杉山判決、浅井判決の趣旨は、**安藤・斉藤事件**における**最大判平成11・3・24民集53巻3号514頁**によって整理され、まとめられることとなります。

　すなわち、最高裁平成11年大法廷判決は接見指定制度の合憲性を検討し、刑事訴訟法39条3項が定める「『捜査のため必要があるとき』とは、右接見等を認めると取調べの中断等により捜査に顕著な支障が生ずる場合に限られ、右要件が具備され、接見等の日時等の指定をする場合には、捜査機関は、弁護人等と協議してできる限り速やかな接見等のための日時等を指定し、被疑者が弁護人等と防御の準備をすることができるような措置を採らなければならないものと解すべきである。そして、弁護人等から接見等の申出を受けた時に、捜査機関が現に被疑者を取調べ中である場合や実況見分、検証等に立ち会わせている場合、また、間近い時に右取調べ等をする確実な予定があって、弁護人等の申出に沿った接見等を認めたのでは、右取調べ等が予定どおり開始できなくなるおそれがある場合などは、原則として右にいう取調べの中断等により捜査に顕著な支障が生ずる場合に当たると解すべきである」と判示しました。

　これら杉山判決や浅井判決、そして、最高裁平成11年大法廷判決などによって、接見指定理由について、最高裁判例は**第4の考え方**をとったと解することができます。すなわち、物理的限定説が認める場合のほかに、あらかじめ予定した取調べが間もなく開始される場合や、被疑者が実況見分・検証等に立ち会うため間もなく拘禁施設を出発する予定である場合なども含むという考え方がとられたといえます。**物理的限定説を基本としつつ一定の修正を施した考え方**だといってよいでしょう。

展開支援ナビ

　接見指定理由の合憲限定解釈　最高裁平成11年大法廷判決は、接見指定制度を定めた刑事訴訟法39条3項の合憲性について、これを肯定しました。こう判示します。

　「刑訴法は、身体の拘束を受けている被疑者を取り調べることを認めているが、被疑者の身体の拘束を最大でも23日間（又は28日間）に制限しているのであり、被疑者の取調べ等の捜査の必要と接見交通権の行使との調整を図る必要があるところ、(1)刑訴法39条3項本文の予定している接見等の制限は、弁護人等からされた接見等の申出を全面的に拒むことを許すものではなく、単に接見等の日時を弁護人等の申出とは別の日時とするか、接見等の時間を申出より短縮させることができるものにすぎず、同項が**接見交通権を制約する程度は低い**というべきである。また、前記のとおり、(2)捜査機関において接見等の指定ができるのは、弁護人等から接見等の申出を受けた時に現に捜査機関において被疑者を取調べ中である場合などのように、接見等を認めると取調べの中断等により**捜査に顕著な支障が生ずる場合に限られ**、しかも、(3)右要件を具備する場合には、捜査機関は、弁護人等と協議してできる限り速やかな接見等のための日時等を指定し、被疑者が弁護人等と**防御の準備**をすることができるような措置を採らなければならないのである。このような点からみれば、刑訴法39条3項本文の規定は、憲法34条前段の弁護人依頼権の保障の趣旨を実質的に損なうものではないというべきである」、と。

　最高裁平成11年大法廷判決は、刑事訴訟法39条3項の合憲性を肯定するため、いわゆる**合憲限定解釈**の方法をとりました。その意味は、こうです。最高裁平成11年大法廷判決は、刑事訴訟法39条3項が定める接見指定理由（「捜査のため必要があるとき」）について、〈その文言どおりに形式的に解釈するのでは、その意味する

ところが抽象的、一般的にすぎ、弁護人との接見交通を大きく制限するものとなってしまう。それでは、身体を拘束された被疑者に対し、弁護人の実効的援助を保障しようとする憲法34条の趣旨を実質的に損なってしまう〉と捉えたといえます。そう捉えたため、合憲限定解釈を行い、刑事訴訟法39条3項の文言（「捜査のため必要があるとき」）を限定的に解釈し、接見指定理由があるのは「接見等を認めると取調べの中断等により捜査に顕著な支障が生ずる場合に限られ〔る〕」と判示したわけです。

結局、最高裁平成11年大法廷判決は、〈接見指定理由の意味について、物理的限定説を基本としつつ、一定の修正を施す考え方をとる〉ことによって、接見指定制度はかろうじて憲法違反の謗りをまぬがれると述べたものなのでした。

(3) 防禦の権利を不当に制限してはならない

ただし、接見指定の要件が具備された場合であっても、捜査機関がみずからの都合だけで一方的に、弁護人の接見日時等を指定することは許されません。

①捜査機関の協議義務・措置義務　この点は、最高裁の杉山判決が「捜査機関は〔中略〕、現に被疑者を取調中であるとか、実況見分、検証等に立ち会わせる必要がある等捜査の中断による支障が顕著な場合には、**弁護人等と協議してできる限り速やかな接見のための日時等を指定し、被疑者が防禦のため弁護人等と打ち合せることのできるような措置をとるべきである**」と判示したことにより、明らかにされていました。その判示により杉山判決は、接見指定の要件（「捜査の中断による支障が顕著」）が具備された場合であっても、捜査機関の一方的な判断で接見指定処分の内容を決定してはならないことを明らかにしたわけです。すなわち、接見指定処分の具体的内容を決定する——弁護人接見の日時、時間等を指定する——うえで、捜査機関に対し、弁護人との「**協議**」を義務づけ、かつ、必要な「**措置**」をとるよう義務づけました。

ちなみに、最高裁の杉山判決が義務づけた捜査機関の「措置」とは、こうでしょう。捜査機関は、接見指定処分を行うにさいし、被疑者の訴訟代理人であり主体的支援者である弁護人と事前に協議を尽くさねばなりません。そのうえで、できる限り速やかな接見の日時を指定できるように、また、必要な接見時間を確保ができるように、捜査機関はなによりもまず、**みずからの**捜査活動を規制する措置を検討し、取調べなどについては、これを中断する措置を検討しなければなりません。その意味で、捜査機関も**痛み**を分けあわねばならないのです。

②接見指定処分の相当性　もともと捜査機関の接見指定処分に対しては、刑事訴訟法上、**絶対的制約**がありました。すなわち、捜査機関の接見指定処分は、防禦の準備をする被疑者の権利を不当に制限するようなものであってはならないのです。それは、刑事訴訟法じしんが接見指定処分に課す制約です（刑訴39③但書「但し、その指定は、被疑者が防禦の準備をする権利を不当に制限するようなものであってはならない」）。

そのため、接見指定処分じたいに理由があるとしても、つまり、即時接見を認めては捜査に顕著な支障が生ずる場合だとしても、「被疑者が防禦の準備をする権利を不当に制限するようなもの」であるときは、捜査機関の接見指定処分は違法なものになります。そのような接見指定処分は**捜査比例の原則**に反し、相当性を失って違法なものになるわけです（捜査上の処分については、〈目的と手段のつりあい〉が求められるだけでなく、〈処分の必要性と、その処分によって個人が被る不利益、すなわち、個人が被る権利制限・法益侵害の程度とのつりあい〉も求められる。捜査比例の原則の現れであり、とくに**相当性の原則**と呼ばれる。捜査比例の原則について、設問02「比例原則と捜査」参照）。

この接見指定処分の**内容**に関する**絶対的制約**にかんがみれば、接見指定処分の**手続**も、その**絶対的制約**にふさわしいものでなければなりません。すなわち、接見指定処分を行うにさいし、捜査機関がみずからの都合だけで一方的に弁護人の接見日時等を指定することは許されません。それは接見指定処分の〈あるべき手続〉ではないのです。接見指定処分の〈あるべき手続〉については、その積極的内容を杉

山判決が明らかにします。すなわち、弁護人と協議を尽くしたうえで、**痛みを分けあう措置**を捜査機関がとることです。それは、弁護人と捜査機関の**関わり方**を明らかにしたという意味で**接見指定処分の構造**を明らかにしたものなのでした。

捜査機関の接見指定処分について、それが相当性を失わず適法となるためには、この〈弁護人と協議を尽くしたうえで、痛みを分けあう措置を捜査機関がとる〉という接見指定処分の構造に留意した運用が、実務上、なされねばなりません。

展開支援ナビ

浅井判決の補足意見　最高裁の浅井判決において坂上壽夫裁判官も、「捜査機関が、弁護人等の接見申出を受けた時に、現に被疑者を取調べ中であっても、その日の取調べを終了するまで続けることなく一段落した時点で右接見を認めても、捜査の中断による支障が顕著なものにならない場合がないとはいえないと思われるし、また、間近い時に取調べをする確実な予定をしているときであっても、その予定開始時刻を若干遅らせることが常に捜査の中断による支障が顕著な場合に結びつくとは限らないものと考える。したがって、捜査機関は、接見等の日時等を指定する要件の存否を判断する際には、単に被疑者の取調状況から形式的に即断することなく、右のような措置が可能かどうかについて十分検討を加える必要があり、その指定権の行使は条理に適ったものでなければならない」という補足意見を述べました。取調べの中断や先送りなど、捜査機関がみずから規制すべき措置の例を挙げました。参考にすべき意見でしょう。

4　初回接見と接見指定──【関連問題】の論述ポイント

(1)　【関連問題】における接見指定処分の当否

設問の【関連問題】の事例では、依頼人Xが逮捕されたその翌日に、弁護士Bは**初めての接見を申し出た**にもかかわらず、刑事訴訟法39条3項の接見指定処分がなされました。この接見指定処分の当否が問題となります。

展開支援ナビ

余罪捜査と接見指定　なお、設問の事案において、弁護士Bではなく**被告事件**（現住建造物等放火）の弁護人AがXとの接見を申し出たとします。この接見申出に対し検察官が、**余罪**（殺人）についてXを取調べ中であることを理由に、「明日の午後1時から30分間」と接見を指定したとしましょう。この接見指定処分は適法でしょうか。

問題を言い換えれば、こうです。捜査機関による接見指定処分は、起訴前の、捜査段階でのみ許されます（刑訴39③「検察官、検察事務官又は司法警察職員〔中略〕は、捜査のため必要があるときは、**公訴の提起前に限り**、第1項の接見又は授受に関し、その日時、場所及び時間を指定することができる〔以下、省略〕」）。しかし、起訴された後に余罪の捜査が行われる場合、被告人は、余罪との関係では**被疑者の地位**もあわせもつことになります。では、その余罪の「捜査のため必要がある」という理由で、被告人と**被告事件の弁護人**の接見について、その日時等を指定できるでしょうか。

(1) 余罪が逮捕・勾留の理由とされていない場合　起訴後勾留に服する被告人が、余罪については逮捕も起訴前勾留もされていない場合には、余罪捜査を理由とする接見指定は認められません。なぜなら、被告人は余罪との関係では被疑者だとしても、まだ、**身体を拘束された被疑者ではない**からです。刑事訴訟法39条3項の接見指定は、あくまで、身体を拘束された被疑者に対してだけ許される処分だからです。

判例としては、傷害被告事件で勾留中の被告人に対し、捜査機関が「他に余罪が多数あることから、本件は被告事件としてよりも被疑事件としての重要な特色をもち、被告事件の弁護人は事実上被疑事件の弁護人でもあるとして、接見を拒否した」事案（ただし、それら余罪は逮捕・勾留の理由とはされていない事案）について、**最決昭和41・7・26刑集20巻6号728頁**が、「およそ、公訴の提起後は、余罪について捜査の必要がある場合であっても、検察官等は、被告事件の弁護人または弁護人となろうとする者に対し、同39条3項の指定権を行使しえないものと解すべきであり、検察官等がそのような権限があるものと誤解して、同条1項の接見等を

拒否した場合、その処分に不服がある者は、同430条により準抗告を申し立てうるものと解するのを相当とする」と判示しました。

また、**東京地判平成11・3・23判タ1001号294頁**も、「身体の拘束を受けている被告人の弁護人は、原則として自由に被告人と接見することができるのであって、刑事訴訟法39条は、被告人の逃亡や罪証の隠滅に関わるような場合を除いては、その接見の目的及び内容に何らの制限も加えていない。更に、刑事訴訟法39条1項所定の接見交通権が憲法上の保障に由来する弁護人の重要な権利であることをも併せ考慮すれば、弁護人が接見の申出をする際に予定していた接見内容如何により、その接見交通権が否定されたりその行使につき他の場合と異なる制約が生じるものと解することはできない」、「したがって、本件における原告のAとの接見の目的が余罪の取調べについてのAの意思確認にあったとしても、入管法違反被告事件につきAの弁護人であった原告は、**当時身体の拘束を受けている被告人であり余罪につき逮捕、勾留されていたわけでもないA と自由に接見する権利を有していた**というべきであって、一般に弁護人の選任が事件単位になされるものであるということは、右判断に何ら影響を及ぼすものではない」と判示しました。

(2)余罪が逮捕・勾留の理由となっている場合　これに対し、被告人が余罪について逮捕・勾留されている場合はどうでしょうか。たとえば、**最決昭和55・4・28刑集34巻3号178頁**の事案は、次のようでした。収賄**被告**事件について勾留中の被告人が、余罪である別件の収賄**被疑**事件を理由に重ねて逮捕・勾留されます。この収賄被告事件、同被疑事件の弁護人による接見申出に対して、検察官の接見指定処分がなされたため、特別抗告が申し立てられたという事案です。最高裁昭和55年決定は、「本件抗告の趣意のうち、判例違反をいう点は、所論引用の判例〔中略〕は、被告人が余罪である被疑事件について逮捕、勾留されていなかった場合に関するもの〔上記の最高裁昭和41年決定〕で、余罪である被疑事件について現に勾留されている本件とは事案を異にし適切でな〔い〕としたうえで、「同一人につき被告事件の勾留とその余罪である被疑事件の逮捕、勾留とが競合している場合、検察官等は、被告事件について防禦権の不当な制限にわたらない限り、刑訴法39条3項の接見等の指定権を行使することができる」と判示しました。

しかし、この最高裁昭和55年決定は批判されねばなりません。なぜなら、起訴後の被告人について──余罪との関係で被疑者の法的地位を与えられ、逮捕・勾留されたとしても──、被告事件じたいの弁護人との接見日時等を、余罪の捜査を理由に指定できるというのは、被告人の法的地位とその弁護権に対する不当な侵害になるというべきだからです。

もちろん、被告事件の弁護人との接見内容が、被告事件と被疑事件を区別することなく、その両方に及ぶ可能性も否定することはできません。その点を捉えて、〈だから、余罪を理由に捜査機関は接見指定できる〉と考えることも可能かもしれません。しかし、そのような可能性を考慮して捜査機関側に対する配慮を強める（すなわち、起訴後の接見指定処分を認める）よりも、被告人について〈起訴後であるのに、弁護人との自由かつ即時の接見ができず、本来認められるべき弁護人の実効的援助の機会が奪われてしまう〉ことを避けるほうが、より重要だと考えるべきでしょう。

しかし、最高裁昭和55年決定は、そうは考えませんでした。そのため、実務では、被告事件の罪質・重要性・認否状況、被疑事件の罪質・重要性・認否状況、被告事件の公判期日までの日数、当事者間における事前打合せ状況（刑訴規178の2以下）、被告人と弁護人の接見状況、被疑事実の捜査状況などを勘案し、起訴後の接見指定の可否を決するとされます。ちなみに、最高裁昭和55年決定の原審である**水戸地決昭和55・4・17刑集34巻3号183頁**は、「検察官等にその接見指定権を認めたうえ、当該被告事件の訴訟の進行状況（既に第1回公判期日が指定されているかどうか、それが近接した時期にあるかどうか、現に公判審理中のものであるかどうかなど）、事案の軽重、それまでの接見状況、被疑事件の重大性など具体的な場合、状況に応じ、接見時間の大幅な緩和など特段の配慮をなすことによって、被告人の防禦権と余罪捜査の必要性との調和を図るのが相当である」という基準を述べます。

(3)被告事件の弁護人と被疑事件の弁護人が異なる場合　最高裁昭和55決定の判示は、被告事件の弁護人と被疑事件の弁護人が同じである事案について、余罪捜査を理由に**被告事件じたいの弁護人**の接見日時等を指定できるというものでした。では、被告事件の弁護人と余罪である被疑事件の弁護人が異なる事案については、どうでしょうか。そのような事案では、被告事件の弁護人Aと被疑事件の弁護人Bそれぞれが独立して弁護活動を尽くすわけですから、余罪捜査を理由に被告事件の弁護人Bの接見日時、時間等を指定できるとしても、被告事件だけの弁護人Aについては、余罪捜査を理由に接見日時等を指定できないというべきでないでしょうか。

しかし、**最決平成13・2・7判時1737号148頁**は、そう考えませんでした。殺人被告事件についてだけ

> 弁護人に選任された者と被告人の接見に対し、検察官が余罪捜査を理由に接見指定処分権限を行使した事案に関して、弁護人は、〈被告事件のみの弁護人に対して検察官が接見指定権を行使しうる法的根拠は存しない。最高裁昭和55年決定は、被告事件の弁護人が被疑事件の弁護人をも兼ねていた場合に条件付で接見指定を認めたものであり、申立人が被告事件のみの弁護人であるのに接見指定を行った本件とは事案を異にする〉などと主張しました。最高裁平成13年決定はこの弁護人の主張を斥け、最高裁昭和55年判決を先例として引用し、「同一人につき被告事件の勾留とその余罪である被疑事件の勾留が競合している場合、検察官は、被告事件について防御権の不当な制限にわたらない限り、**被告事件についてだけ弁護人に選任された者に対しても、同法39条3項の接見等の指定権を行使することができる**」と判示しました。
>
> この最高裁平成13年決定により、〈起訴後であるのに、弁護人との自由かつ即時の接見ができず、被告人に本来認められるべき弁護人の実効的援助の機会が奪われてしまう〉という問題情況はいっそう明白に、かつ、いっそう深刻になったといわねばなりません。その意味でも、最高裁平成13年決定には反対せざるをえません。

 初回接見の申出に対する接見指定処分の可否については、いわゆる**第二次内田事件**における**最判平成12・6・13民集54巻5号1635頁**が重要です。事案の概要は、こうでした。

> (1) 甲は、平成2年10月10日午後3時53分ころ、東京都公安条例違反（デモ行進の許可条件違反）の容疑で現行犯逮捕され、午後4時10分ころ、警視庁築地警察署に引致されます。築地署の司法警察職員が、午後4時15分ころ、甲に犯罪事実の要旨および弁護人を選任することができる旨を告げ、弁解の機会を与えたところ、甲は、救援連絡センターに登録された弁護士を弁護人に選任する旨を述べました。
> (2) 救援連絡センターの弁護士であるAは、午後4時25分ころ、築地署に赴き、玄関で警備に当たる警察官らに対し上告人市川の弁護人となろうとする者として接見に来た旨を告げます。しかし、警察官らはAが署内に入ることを拒否したため、押し問答となってしまいます。Aは、午後4時35分ころに築地署の玄関口に出て来た捜査主任官のY警備課長に対し、被疑者甲との即時の接見を申し出ました。これに対し、Y警備課長は、「甲は取調べ中なので、しばらく接見を待ってほしい」旨の発言を繰り返したのち、午後4時40分ころに、いったん署内に戻ります。
> (3) 築地署警備課のK巡査部長は、午後4時45分ころ、甲の写真撮影に引きつづいて、その取調べを開始します。署内に戻ったY警備課長は、甲の取調べ状況を確認し、そのさいに、甲が救援連絡センターの弁護士を弁護人に選任する意向であることを知ります。Y警備課長は、また、留置主任官であるM警務課長と接見等について協議し、接見させる場合は留置手続後に接見室で行うこと、食事時間の前後は戒護体制が手薄になるから接見させないこと、甲を留置した段階で夕食を取らせることを確認します。
> (4) 午後5時10分ころ、築地署の玄関口に出たY警備課長は、Aに対し、「甲が救援連絡センターの弁護士を弁護人に選任すると言っているから、同センターに電話してAが同センターの弁護士かどうかを確認する。現在、甲は取調べ中であるから、接見をしばらく待ってほしい」旨を述べます。
> ちなみに、救援連絡センターからは、午後5時ころと午後5時20分ころの二度、築地署に対し、甲について弁護人の選任の有無を確認し、Aが同署に接見に赴いていることを連絡する趣旨の電話がなされていました。また、築地署の係官も、午後5時25分ころ、救援連絡センターに対し、「甲が同センターの弁護士を弁護人に選任したいと申し出ている」旨を電話で伝え、そのさいAが同センターの弁護士であることを知ります。
> (5) Y警備課長は、午後5時28分ころ、K巡査部長に対して、甲の取調べを一時中断して留置場において食事をさせたのち、再び取調べをするよう指示します。K巡査部長は、甲を留置係の警察官に引き渡し、甲は留置場に留置されます。引き渡しのさい、K巡査部長は、留置係の警察官に対し、「夕食後に再度取調べを行う予定であるので、夕食が終わったら連絡をしてほしい」旨を伝

(6)　午後5時45分ころ玄関口に出たY警備課長は、Aに対して、「Aが救援連絡センターの弁護士であることは確認できたが、甲は取調べ中なので接見させることができない。接見の日時を翌日午前10時以降に指定する」旨を告げて、また署内に戻ります。Aは、午後6時ころ、築地署の玄関前から引きあげます。

　(7)　なお、K巡査部長は、午後6時10分ころ、甲の逮捕現場で実況見分を行っていた捜査員から応援依頼を受けたため、築地署を出ます。そのため、甲の夕食は午後6時15分ころ終了したにもかかわらず、甲に対する取調べは行われませんでした。K巡査部長は、午後8時ころ実況見分から戻ります。しかし、Y警備課長は、この時点から取調べを開始すれば深夜に及ぶおそれがあると考えて、その日の甲の取調べを中止し、行わせませんでした。

　最高裁平成12年判決は、逮捕直後の初回接見がもつ意義と、初回接見の申出を受けた捜査機関による接見指定のあり方について、総論的判示を行います。
　前者に関する判示は、こうです。
　「弁護人を選任することができる者の依頼により弁護人となろうとする者と被疑者との逮捕直後の初回の接見は、身体を拘束された被疑者にとっては、弁護人の選任を目的とし、かつ、今後捜査機関の取調べを受けるに当たっての助言を得るための最初の機会であって、直ちに弁護人に依頼する権利を与えられなければ抑留又は拘禁されないとする憲法上の保障の出発点を成すものであるから、これを速やかに行うことが被疑者の防御の準備のために特に重要である」、と。
　後者に関する判示は、こうです。
　逮捕直後の初回接見の「申出を受けた捜査機関としては、〔中略〕接見指定の要件が具備された場合でも、その指定に当たっては、弁護人となろうとする者と協議して、即時又は近接した時点での接見を認めても接見の時間を指定すれば捜査に顕著な支障が生じるのを避けることが可能かどうかを検討し、これが可能なときは、留置施設の管理運営上支障があるなど特段の事情のない限り、犯罪事実の要旨の告知等被疑者の引致後直ちに行うべきものとされている手続及びそれに引き続く指紋採取、写真撮影等所要の手続を終えた後において、たとい**比較的短時間であっても**、**時間を指定した上で即時又は近接した時点での接見を認めるようにすべき**であり、このような場合に、被疑者の取調べを理由として右時点での接見を拒否するような指定をし、被疑者と弁護人となろうとする者との初回の接見の機会を遅らせることは、被疑者が防御の準備をする権利を不当に制限するものといわなければならない」、と。
　後者の判示は、すでに最高裁の杉山判決などが明らかにした**接見指定処分の構造**を踏まえたものです。すなわち、初回接見の申出があったときは、「即時又は〔接見申出時に〕近接した時点での接見」（以下、近接した時点での接見も含めて「即時の接見」という）を認めることを優先すべきであり、そのために捜査機関は、弁護人と協議して、**接見の時間だけを指定する可能性を検討**しなければならず、かつ、捜査活動をみずから規制する措置をとったとしても「接見の時間を指定すれば捜査に顕著な支障が生じるのを避けることが可能」なときは、かならず即時の接見を優先させ、接見の時間だけを指定する**義務を負う**と判示したのです。なお、最高裁平成12年判決は、〈そのような義務を捜査機関が懈怠したとき〉、たとえば、〈弁護人の初回接見の申出に対し、たんに被疑者の取調べだけを理由にして、接見の日時等を指定するとき〉、その処分は「被疑者が防御の準備をする権利を不当に制限する」ものとして相当性を失い、違法であることも明らかにしました。

　この総論的判示につづき、最高裁平成12年判決は、具体的な事案処理について判示します。まず、**接見指定の要件**について、こう述べます。
　本件の事実関係の下では、弁護人による接見の「申出時において、現に取調べ中か又は間近い時に取調べが確実に予定されていたものと評価することができ、したがって、Aと甲との自由な接見を認める

と、右の取調べに影響し、捜査の中断等による支障が顕著な場合に当たるといえないわけではなく、Y課長が接見指定をしようとしたこと自体は、直ちに違法と断定することはできない」、と。

次いで、**接見指定処分の相当性**について判示します。具体的には、(A)**弁護人接見の必要性**と、(B)**被疑者取調べに対する支障**を衡量します。すなわち、前者(A)については、本件の接見申出が、逮捕直後に、弁護人の選任を目的として〈弁護士Aからされた初めての接見申出〉であり、「甲が即時又は近接した時点において短時間でもAと接見する必要性が大きかった」と判示します。後者(B)については、「甲の取調べを担当していたK巡査部長は、甲の夕食終了前、逮捕現場での実況見分の応援の依頼を受けて、夕食後の取調べについて他の捜査員の応援を求める等必要な手当てを何らしないまま、にわかに右実況見分の応援に赴き、そのため、夕食終了後も甲の取調べは行われず、同巡査部長が築地署に戻った後も、甲の取調べは全く行われないまま中止された」のであって、この「甲に対する取調べの経過に照らすと、取調べを短時間中断し、夕食前の取調べの終了を少し早め、又は夕食後の取調べの開始を少し遅らせて、接見時間をやり繰りすることにより、捜査への支障が顕著なものになったとはいえない」と判示します。

このような状況を踏まえ最高裁平成12年判決は、被疑者を弁護人と「接見させるべき義務」が捜査機関にはあったと判示します。こうです。

「Y課長は、Aが午後4時35分ころから午後5時45分ころまでの間継続して接見の申出をしていたのであるから、午後5時ころ以降、Aと協議して希望する接見の時間を聴取するなどし、必要に応じて時間を指定した上、即時にAを甲に接見させるか、又は、取調べが事実上中断する夕食時間の開始と終了の時刻を見計らい（午後5時45分ころまでには、甲の夕食時間が始まって相当時間が経過していたのであるから、その終了時刻を予測することは可能であったと考えられる。）、夕食前若しくは遅くとも夕食後に接見させるべき義務があったというのが相当である」、と。

しかし、捜査機関がとった具体的行動はこの義務を果たすものではありませんでした。すなわち、「Y課長は、Aと協議する姿勢を示すことなく、午後5時ころ以降も接見指定をしないままAを待機させた上、午後5時45分ころに至って一方的に接見の日時を翌日に指定した」のでした。

結論として最高裁平成12年判決は、「他に特段の事情のうかがわれない本件においては、右の〔一方的に接見の日時を翌日に指定した〕措置は、甲が防御の準備をする権利を不当に制限したものであって、刑訴法39条3項に違反するものというべきである。そして、右の措置は、甲の速やかに弁護人による援助を受ける権利を侵害し、同時に、Aの弁護人としての円滑な職務の遂行を妨害したものとして、刑訴法上違法であるのみならず、国家賠償法1条1項にいう違法な行為にも当たるといわざるを得ず、これが捜査機関として遵守すべき注意義務に違反するものとして、同課長に過失があることは明らかである」と判示します。

逮捕直後に初回接見の申出があった事例に限って判断したのだとしても、この最高裁平成12判決が、即時接見を保障する方向で大きな一歩を進めた最高裁判例であることは間違いないでしょう。

展開支援ナビ

接見指定理由の証明水準　なお、最高裁平成12年判決には接見指定理由の有無について、疎明の程度の証明にもとづく判断でかまわない、としたかのような判示部分があります（「自由な接見を認めると、右の取調べに影響し、捜査の中断等による支障が顕著な場合に当たるといえないわけではなく、Y課長が接見指定をしようとしたこと自体は、直ちに違法と断定することはできない」）。しかし、もしもそのような趣旨で判示したのであれば、憲法34条の保障の出発点をなす初回接見を制限する理由の証明水準としては低にすぎ、疑問だといわねばなりません。

(2) 【関連問題】について論述する
　設問の【関連問題】について論述すべき内容は、こうです。
　①接見交通権をめぐる総論的説明　　まず、身体を拘束された被疑者に対し憲法34条、刑事訴訟法39条1項が保障する**接見交通権の意義**と、即時の接見を認めない刑事訴訟法39条3項の**接見指定制度の問題点**について、総論的説明を行います。
　とくに、刑事訴訟法39条3項が「捜査のため必要があるとき」と定めた**接見指定理由の意義**に関しては、**物理的限定説や捜査全般の必要説**などの議論の内容や、最高裁平成11年大法廷判決など、物理的限定説を修正する**最高裁判例の考え方**、すなわち、〈現に被疑者を取調べ中であるとき〉や〈実況見分などに立ち会わせているとき〉のほかに、〈間近い時に取調べ等をする確実な予定があるとき〉も接見指定理由に加わる場合があるとした最高裁判例の考え方について、できる限り詳しく敷衍します。そのさい、接見指定理由がそなわった場合であっても、〈捜査機関が、弁護人と協議さえせずに、一方的に接見の日時等を指定すること〉は、それじたいが接見指定処分の相当性を失わせ、処分を違法とすべき根拠になることにも、かならず言及します。
　②初回接見の事例と最高裁平成12年判決　　そのうえで【関連問題】の事例、すなわち、逮捕直後に弁護人から初回接見の申出があったケースについて、具体的論述を行います。
　【関連問題】の狙いは、上述した第二次内田事件における**最高裁平成12年判決の内容や意義**を敷衍できるか、問うことにあります。
　すなわち、〔1〕逮捕直後の初回接見の申出に対しては、即時接見を認める必要性が大きいために、たとえ接見指定の要件が具備された場合であっても、捜査機関は、弁護人と協議し、みずからの捜査活動を規制して、特段の事情がない限りは、**接見の時間だけを指定する処分**にとどめねばならないこと、〔2〕被疑者の取調べだけを接見指定の理由にして即時接見を拒否する指定処分を行い、初回接見の機会を遅らせることがあってはならないこと、〔3〕そのような接見指定処分は、相当性を失い、刑事訴訟法39条3項但書に違反して違法であることを、最高裁平成12年判決の趣旨として敷衍します。
　③初回接見の実質をもつのか　　ただし、【関連問題】の事例については、第二次内田事件にはない**特殊事情**が加わっていました。
　弁護士Bは、起訴後に余罪（殺人）を理由に逮捕された被告人（余罪の関係では被疑者）Xの「弁護人になろうとする者」でした。このXには、すでに現住建造物等放火の被疑事実で弁護人Aがおり、余罪の逮捕直後にXはこのAと接見し、余罪の殺人事件についても助言を得たうえで、弁護士Bを依頼することを決めたわけです。この経過にかんがみ、弁護士Bとの接見が**逮捕直後の初回接見の実質**――すなわち、接見交通権の強い保障を認めるべき実質、言い換えれば、捜査活動に対する強い規制を認めるべき実質――をもつかどうかが議論となるでしょう。この点に踏み込んで考えてほしいというのが、設問の狙いの1つです。
　では、この点、どのように考えるべきでしょうか。形式的には、弁護士Bこそが余罪に関する**初めての弁護人**です。それゆえ、過去の弁護人Aとの接見のさいに、事実上、余罪についてもある程度の助言をXが得ていたとしても、そのことによって弁護士Bとの初回接見の重要性は否定されないといえます。また、実質的にも、弁護士Bとの初回接見においてXは――すでに弁護士Aから、被疑者の権利や法的地位、刑事手続の流れなどに関する一般的な助言は得ていたとしても――、余罪に関する詳細な助言を弁護人から得たり、また、情報を弁護人に与えたりする機会を初めてもつことになります。それゆえ、先行する弁護人Aの接見でカバーしきれない意義と機能を、弁護士Bとの初回接見はもつことになるはずです。このように議論して、〈弁護士Bとの逮捕直後の初回接見は、捜査活動に優位してでも認められねばならない〉と主張することができます。
　反対に、**逮捕直後の初回接見の実質をもたない**という論拠として、Xはすでに弁護人Aと接見しており、その後の弁護士Bとの接見はXにとって、自己の側に立った専門法曹と初めて出会う機会ではな

こと、一般的な法的助言および余罪（殺人）に関する個別的な助言も、余罪について別に弁護人を選任すべきかどうかという相談の中でXは、事実上、すでに弁護士Aから得ていることなどが挙げられるでしょう。

　以上のように、接見交通権の意義と接見指定制度の問題点、接見指定理由に関する議論と最高裁平成11年大法廷判決の考え方、そして、即時の初回接見を保障しようとする最高裁平成12年判決の考え方についても、それぞれ説明を尽くしたうえで、さらに、余罪について2人目の弁護人の接見も初回接見の実質をもつかという問題に踏み込んで、論述を行うことになります。

捜索・差押え①

08 令状による捜索・差押え

> **設問 08**
> 対物的強制処分の捜索・差押えについて、原則として、事前に令状が発付されねばならない理由を説明しなさい。
>
> **関連問題**
> 捜索すべき場所として、「Ｓ県教育会館内Ｓ県教職員組合Ｓ市支部事務局が使用している場所及び差押え物件が隠匿保管されていると思料される場所」と記載され、差押え目的物として「会議議事録、斗争日誌、指令、通達類、連絡文書、報告書、メモその他本件に関係ありと思料せられる一切の文書及び物件」と記載された捜索・差押え許可状が発付された。
> この令状の適法性について、論じなさい。

1 憲法35条とプライバシーの権利

(1) 憲法35条と捜索・差押え

対物的強制処分の一種である**捜索・差押え**について、憲法35条1項は、すべてのひとに対し、「住居、書類及び所持品について、侵入、捜索及び押収を受けることのない権利」を保障します（1(2)で後述するように、憲法35の「押収」は刑訴99、106などの「差押え」を意味する。なお、捜索、差押えの詳細な定義は1(2)(3)を参照）。この権利は、憲法「第33条の場合を除いては、**正当な理由に基いて発せられ、且つ捜索する場所及び押収する物を明示する令状**がなければ、侵されない」と定められました（憲法35①）。さらに、憲法35条2項は、「**捜索又は押収は、権限を有する司法官憲が発する各別の令状**により、これを行ふ」（憲法35②）とも定めます。

> **展開支援ナビ**
> **一般探索的令状の禁止** 憲法35条1項は、令状に「捜索する場所及び押収する物」を明示することを要求します。捜索する場所・押収する物を明示しない令状は、**一般令状**（general warrant）、または、**一般探索的令状**と呼ばれるものになり、その発付じたいが禁止されます（なお、被逮捕者を特定しない逮捕状なども含めて一般令状という場合もある）。なぜなら、「何かないかと探すこと（fishing expedition）」になって（平野龍一『刑事訴訟法』117頁）、不当とされるためです。この一般探索的令状については、「イギリスで17世紀から18世紀中頃まで行われたもので、主として政治犯の場合に被疑者の手元にある書類などの差押えを一般的に命じた。このような概括的な押収の方法は権力の濫用であるとして、1766年に議会により違法・無効と宣言された」歴史的事実があります（高田卓爾『刑事訴訟法〔2訂版〕』176頁。ただし、井上正仁『強制捜査と任意捜査〔新版〕』33頁は、「1766年に英国議会庶民院は、同議会の制定する法律に基づかない一般令状は廃止すべき旨の決議を行ったが、それも、制定法に基づく一般令状の権限まで否定するものではなかったし、その決議自体、貴族院がこれに同調しなかったため、効力を発生し得ずに終わった」と指摘した）。アメリカでは、1791年に、「直接的には、一般令状を禁止することを目的」として（井上・前掲書53頁）、合衆国憲法修正4条後段（「いかなる令状も、宣誓または宣誓に代わる確約に基づいて、相当な理由が示され、かつ、捜索する場所および抑留する人または抑留する物品が個別に明示されていない限り、これを発付してはならない」）が批准されました。
> **各別の令状の要求** 憲法35条2項は「**各別の令状**」を要求します。そのため、捜索する場所・押収する物を明示し、憲法35条1項に反しない令状であっても、たとえば、(A)その1通の令状により、日時を変え、繰り返し被

疑者の居宅について捜索・差押えをしてはならない、また、(B)その1通の令状を、たとえ捜索する場所・押収する物が同じであっても、他事件の証拠物の捜索・差押えに流用してはならないものとなります（同趣旨を敷衍した判例として、**東京高判昭和 27・7・25 高刑集5巻8号 1358 頁**。1(3)の【展開支援ナビ】「1通の捜索・差押え許可状」参照）。

　一般探索的令状を禁止する憲法 35 条1項と、各別の令状を要求する同条2項とは、それぞれ意義ないし機能が違うことに留意してください。

　この憲法 35 条1、2項により、「**住居、書類及び所持品**」に化体される個人のプライバシー——厳密にいえば、プライバシーの不可侵という法的価値——が、「侵入、捜索及び押収」から擁護されるべきこと、かつ、すべてのひとが享受する基本的人権として保障されるべきことが確認されました。このプライバシーの権利については、もしそれが保障されなければ、個人の尊重（憲法 13）、思想・良心の自由（憲法 19）、集会・結社の自由（憲法 21①）など、憲法上の他の権利・自由についても、実効的保障を期待することができません。すなわち、プライバシーの権利を保障することは、他の基本的人権を保障する基本的前提となるものなのです。その意味で、憲法 35 条1、2項が果たす機能は、極めて大きいといわねばなりません。

展開支援ナビ

憲法 35 条と検証　憲法 35 条は、その文言上、「住居、書類及び所持品」という**有体物**に化体されたプライバシーの権利を保障する規定だといえます。しかし、有体物であることじたいが重要なのではありません。有体物が重要とされるのは、それがプライバシーの権利の「容れ物」であり、プライバシーの権利の「媒介物」だからです。そのため、**無体物**であっても、それがプライバシーの権利を媒介するものである限り、憲法 35 条の保障が及ばねばなりません。その意味で、無体物を処分の対象に含める**検証**（検証の意義は後述）も、憲法 35 条の射程内に入る対物的強制処分となります。すなわち、検証についても憲法 35 条を根拠に、〈正当な理由にもとづき発せられ、かつ、検証する対象を明示する令状〉が原則として要求されねばなりません（刑訴 218①「検察官、検察事務官又は司法警察職員は、犯罪の捜査をするについて必要があるときは、裁判官の発する令状により、差押え、記録命令付差押え、捜索又は**検証**をすることができる。この場合において、身体の検査は、身体検査令状によらなければならない」、219①「前条の令状には、被疑者若しくは被告人の氏名、罪名、差し押えるべき物、記録させ若しくは印刷させるべき電磁的記録及びこれを記録させ若しくは印刷させるべき者、捜索すべき場所、身体若しくは物、**検証**すべき場所若しくは物又は検査すべき身体及び身体の検査に関する条件、有効期間及びその期間経過後は差押え、記録命令付差押え、捜索又は検証に着手することができず令状はこれを返還しなければならない旨並びに発付の年月日その他裁判所の規則で定める事項を記載し、裁判官が、これに記名押印しなければならない」）。

検証の意義　ちなみに、検証とは、場所、物、または、ひとの身体について、その存否、形状、性質、内容などをそれじたいとして五官（目・耳・鼻・舌・皮膚の5つの感覚器官）の作用、すなわち、視覚・聴覚・嗅覚・味覚・触覚によって認識し、記録する強制処分を意味します（ひとの身体を対象とする検証は、とくに**身体検査**と呼ばれ、刑訴 218①後段、④、⑤に特別規定をもつ）。特定の場所の明るさ、騒音、臭気、温度などの**無体物**も検証の対象になります。証拠化するうえで差押えの対象にすることが困難か（土地じたいや建造物、無体物など）、あるいは、相当でない（ひとの身体など）ために検証の対象とするわけです。

検証許可状による電話傍受　なお、ひとの会話や通信という**無体物**に化体されたプライバシーも、憲法 35 条による保護の範囲内に入ってきます。すなわち、会話盗聴や通信傍受などの捜査手段も憲法 35 条による令状主義の規制を受けねばなりません（平野龍一『刑事訴訟法』113 頁は、「プライヴァシーの保護という点では、盗聴も押収捜査と異ならない」として、電信電話による通話の盗聴も「憲法上は押収の一種」だとする）。**最決平成 11・12・16 刑集 53 巻9号 1327 頁**も、「電話傍受は、通話内容を聴覚により認識し、それを記録するという点で、五官の作用によって対象の存否、性質、状態、内容等を認識、保全する**検証としての性質**をも有するということができる」と判示しました。

　この最高裁平成 11 年決定が扱った事案は、暴力団による組織的、継続的な覚せい剤密売の一環として行われた氏名不詳の被疑者らによる「営利目的による覚せい剤の譲渡」被疑事件について、2台の電話機、すなわち、覚せい剤買受けの注文を受け付ける「専用電話」、および、受付け担当者と譲渡し担当者との間の「連絡用電話」と思料される電話機に**発着信される通話内容**などを証拠として保全するため、旭川簡易裁判所裁判官が検証許

可状を発付したというものでした。

　最高裁平成11年決定は、「電話傍受は、通信の秘密を侵害し、ひいては、個人のプライバシーを侵害する強制処分であるが、一定の要件の下では、捜査の手段として憲法上全く許されないものではないと解すべきである〔る〕」とし、「重大な犯罪に係る被疑事件について、被疑者が罪を犯したと疑うに足りる十分な理由があり、かつ、当該電話により被疑事実に関連する通話の行われる蓋然性があるとともに、電話傍受以外の方法によってはその罪に関する重要かつ必要な証拠を得ることが著しく困難であるなどの事情が存する場合において、電話傍受により侵害される利益の内容、程度を慎重に考慮した上で、なお電話傍受を行うことが犯罪の捜査上真にやむを得ないと認められるときには、法律の定める手続に従ってこれを行うことも憲法上許されると解するのが相当である」としました。そのうえで、「本件当時、電話傍受が法律に定められた強制処分の令状により可能であったか否かについて検討すると、電話傍受を直接の目的とした令状は存していなかったけれども、**次のような点**にかんがみると、前記の一定の要件を満たす場合に、対象の特定に資する適切な記載がある検証許可状により電話傍受を実施することは、本件当時においても法律上許されていたものと解するのが相当である」と判示します。

　その「**次のような点**」とは、具体的には、「(1)電話傍受は、通話内容を聴覚により認識し、それを記録するという点で、五官の作用によって対象の存否、性質、状態、内容等を認識、保全する検証としての性質をも有するということができる」こと、「(2)裁判官は、捜査機関から提出される資料により、当該電話傍受が前記の要件を満たすか否かを事前に審査することが可能である」こと、「(3)検証許可状の『検証すべき場所若しくは物』（刑訴法219条1項）の記載に当たり、傍受すべき通話、傍受の対象となる電話回線、傍受実施の方法及び場所、傍受ができる期間をできる限り限定することにより、傍受対象の特定という要請を相当程度満たすことができる」こと、「(4)身体検査令状に関する同法218条5項〔改正後は6項〕は、その規定する条件の付加が強制処分の範囲、程度を減縮させる方向に作用する点において、身体検査令状以外の検証許可状にもその準用を肯定し得ると解されるから、裁判官は、電話傍受の実施に関し適当と認める条件、例えば、捜査機関以外の第三者を立ち会わせて、対象外と思料される通話内容の傍受を速やかに遮断する措置を採らせなければならない旨を検証の条件として付することができる」こと、「(5)なお、捜査機関において、電話傍受の実施中、傍受すべき通話に該当するかどうかが明らかでない通話について、その判断に必要な限度で、当該通話の傍受をすることは、同法129条所定の『必要な処分』に含まれると解し得る」ことでした（電話傍受の検証許可状が被処分者に呈示できない点について、言及はない。元原利文裁判官の反対意見は、「電話傍受にあっては、その性質上令状の事前呈示の要件（刑訴法222条1項、110条）を満たすことができないのはやむを得ない」と述べた）。なお、「検証許可状による場合、法律や規則上、通話当事者に対する事後通知の措置や通話当事者からの不服申立ては規定されておらず、その点に問題があることは否定し難いが、電話傍受は、これを行うことが犯罪の捜査上真にやむを得ないと認められる場合に限り、かつ、前述のような手続に従うことによって初めて実施され得ることなどを考慮すると、右の点を理由に検証許可状による電話傍受が許されなかったとまで解するのは相当でない」と付言します。本件事案に対する結論としては、「電話傍受は本件当時捜査の手段として法律上認められていなかったということはできず、また、本件検証許可状による電話傍受は法律の定める手続に従って行われたものと認められる」と述べ、被告人側の憲法違反の主張を斥けました。

　この法廷意見に対し元原利文裁判官の**反対意見**は、「電話傍受は、憲法21条2項が保障する通信の秘密や、憲法13条に由来するプライバシーの権利に対する重大な制約となる行為であるから、よしんばこれを行うとしても、憲法35条が定める令状主義の規制に服するとともに、憲法31条が求める適正な手続が保障されなければならない。電話傍受は、多数意見のいうとおり、検証としての性質をも有することは否めないところであるが、傍受の対象に犯罪と無関係な通話が混入する可能性は、程度の差はあっても否定することができず、傍受の実施中、傍受すべき通話に該当するか否かを判断するために選別的な聴取を行うことは避けられないものである。多数意見は、そのような選別的な聴取は、刑訴法129条所定の『必要な処分』に含まれると解し得るというが、犯罪に関係のある通話についてのみ検証が許されるとしながら、前段階の付随的な処分にすぎない『必要な処分』に無関係通話の傍受を含めることは、不合理というべきである。電話傍受に不可避的に伴う選別的な聴取は、検証のための『必要な処分』の範囲を超えるものであり、この点で、電話傍受を刑訴法上の検証として行うことには無理があるといわなければならない」と述べました。

　とまれ、これらの法廷意見や反対意見においても、憲法35条が、捜索・差押えだけでなく、検証を含め、プライバシーの権利を侵害する対物の強制処分一般について、令状主義の原則的保障を定めた規定であることは当然の前提とされています。

> **通信傍受法の概要**　なお、平成11年（1999年）に刑事訴訟法が改正され、「通信の当事者のいずれの同意も得ないで電気通信の傍受を行う強制の処分については、別に法律で定めるところによる」とする刑事訴訟法222条の2が追加されました。この「別の法律」が、同年に制定された「**犯罪捜査のための通信傍受に関する法律**」（以下、通信傍受法と略称する）です。この法律により、検証許可状による電話傍受は許されないことになりました。電話傍受は、ファックスやコンピュータ通信などの傍受とともに、検証許可状でなく、**傍受令状**（通信傍受法3①）という新たな種類の令状によってしか許されないものとなったわけです。
>
> 　以下、通信傍受法について、その概要を紹介しておきます。
>
> 　通信傍受の理由となる犯罪事実は、特定の薬物関連犯罪、銃器関連犯罪、集団密航の罪、組織的殺人の罪に限定されました（通信傍受法3①(1)）。傍受される通信は、「電話番号その他発信元又は発信先を識別するための番号又は符号〔中略〕によって特定された通信の手段」を用いて行われる「犯罪関連通信」です（通信傍受法3①(1)）。
>
> 　限られた検察官（検事総長が指定する検事）または司法警察員（国家公安委員会または都道府県公安委員会が指定する警視以上の警察官など）が、傍受令状を請求します（通信傍受法4①）。裁判官が発付する傍受令状には、「被疑者の氏名、被疑事実の要旨、罪名、罰条、傍受すべき通信、傍受の実施の対象とすべき通信手段、傍受の実施の方法及び場所、傍受ができる期間、傍受の実施に関する条件、有効期間〔中略〕並びに発付の年月日」などが記載されねばなりません（通信傍受法6）。警察が傍受令状を執行する場合、警察本部長によって指名された「傍受実施主任官」（警部以上の警察官）が、「傍受の実施及びこれに付随する事務に従事する職員を指揮監督する」ものとされます（通信傍受規則5(3)、(4)）。通信傍受の実施場所は、通常は、NTTやKDDIなどの通信事業者の施設です。傍受を実施する電気通信設備などを管理する者、または、それに代わるべき者に対し、傍受令状が示されます（通信傍受法9①。ただし、「被疑事実の要旨」は提示されない）。
>
> 　傍受された通信はすべて記録媒体に記録され（通信傍受法19①）、第三者である立会人がこの記録媒体に封印をします（通信傍受法20①）。封印された記録媒体（「傍受の原記録」という）は、傍受令状を発付した裁判官が所属する裁判所の裁判官のもとに提出され、保管されます（通信傍受法20③）。捜査機関は、この記録媒体（複製を含む）から、傍受令状が傍受を許した「犯罪関連通信」や他の犯罪の実行を内容とする通信（通信傍受法14）などを残し、それ以外の傍受内容は削除した記録（「傍受記録」という）を、「刑事手続において使用するために」作成します（通信傍受法22①）。
>
> 　この傍受記録に記録された通信の当事者に対し、傍受の終了後、原則として30日以内に通信傍受の事実が書面で通知されねばなりません（通信傍受法23①）。具体的には、「傍受記録を作成した旨」、「当該通信の開始及び終了の年月日時並びに相手方の氏名（判明している場合に限る）」、「傍受令状の発付の年月日」、「傍受の実施の開始及び終了の年月日、」「傍受の実施の対象とした通信手段」、「傍受令状に記載された罪名及び罰条」などです。この通信傍受の被処分者は、傍受記録を聴取、閲覧したり、その複製を作成する権利をもち（通信傍受法24。「傍受の原記録」となる記録媒体の聴取、閲覧などについて、通信傍受法25）、また、傍受記録などにもとづき裁判所に対し不服を申し立てる権利をもちます（通信傍受法26①、②）。

　今回の演習では、まず、捜査段階の捜索・差押えに関して基本的知識を整理します。そのうえで、捜索・差押え許可状に、「**捜索する場所**」の一部として「差押え物件が隠匿保管されていると思料される場所」と記載されたケースや、「**押収する物**」の一部として「本件に関係ありと思料せられる一切の文書及び物件」と記載されたケースを素材に、問題点を考え、理解を深めたいと思います。

(2)　差押えの意義

　差押えとは、「**証拠物又は没収すべき物**」（刑訴222①〔99①本文「裁判所は、必要があるときは、証拠物又は没収すべき物と思料するものを差し押さえることができる」を準用する〕。刑法19①は、没収することができる物として、「犯罪行為を組成した物」、「犯罪行為の用に供し、又は供しようとした物」、「犯罪行為によって生じ、若しくはこれによって得た物又は犯罪行為の報酬として得た物」、「前号に掲げる物の対価として得た物」を挙げる。それらは任意的没収の対象とされ、それらのうち裁判所が没収を相当と思料した物が刑訴99①の「没収すべき物」に当たる。なお、刑法197の5は「犯人又は情を知った第三者が収受した賄賂は、没収する」と定め、収受した賄賂は必要的没収の対象となるため、必ず「没収すべき物」とされる）について、所有者や所持者、保管者から強

制的に取りあげ、捜査機関などの占有（所持ともいう）に移し、強制的に留置する処分を意味します（刑訴218①、220①②、222①〔123①（押収物の留置と還付）、124①（押収した贓物の留置と還付）の準用〕など参照）。

この差押えは、「書類及び所持品」（憲法35①）という有体物に化体された、個人のプライバシーを侵害する対物的強制処分の典型例だといえるでしょう。差押えには、原則として裁判官が発付する令状を必要とし、かつ、その**差押え許可状**には差し押さえるべき物が必ず記載されねばなりません（憲法35①、②、刑訴107①、219①）。

展開支援ナビ

差押え物に対する処分 差し押さえた、「書類及び所持品」（憲法35①）について、捜査機関が、その記録内容を閲覧したり、形状や性質を確認して記録することは**差押えの当然の効果**として許されます。また、差押え物について、「証拠物又は没収すべき物」として留置する要否を判断したり、また、証拠化の要否——すなわち、証拠として使用できる状態におくため、検証などの処分をする必要があるか否か——を判断するため、捜査機関は、「錠を外し、封を開き、その他必要な処分」をすることもできます（刑訴222①〔111②を準用〕）。その解錠や開封などに必要な限り、差押え物の一部を破壊することも許されます。ただし、その範囲を超え、差押え物じたいを大きく破壊することは許されません。なぜなら、差押えは物の占有を侵奪する処分にすぎず、差押え物じたいを大きく破壊してしまっては、所有権そのものを侵害する処分になるからです。

それゆえ、証拠化などのため必要があって差押え物を大きく破壊しなければならないときは、別途、**検証**（刑訴218①、222①〔129「検証については、身体の検査、死体の解剖、墳墓の発掘、**物の破壊**その他必要な処分をすることができる」を準用〕）や**鑑定**（刑訴223①、225①〔168①「鑑定人は、鑑定について必要がある場合には、裁判所の許可を受けて、人の住居若しくは人の看守する邸宅、建造物若しくは船舶内に入り、身体を検査し、死体を解剖し、墳墓を発掘し、又は**物を破壊することができる**」を準用〕）の手続をとらねばなりません。

写真フィルムの現像 ちなみに、**東京高判昭和45・10・21高刑集23巻4号749頁**は、強姦、強盗被告事件において、捜索現場で被告人が「犯行状況を撮影したフィルムだ」と申し立てたため捜査機関が差し押さえた写真フィルムについて、その現像を差押え物に対する「必要な処分」（刑訴222①〔111②〕）として許しました。次のように判示します。

「刑事訴訟法111条の『『必要な処分』』とは、押収の目的を達するため合理的に必要な範囲内の処分を指すものであって、必ずしもその態様を問わないものと解するのが相当である。これを本件フィルムについてみると、それは、〔中略〕被告人らが被害者女性との性交の姿態などを写した物で、これをもとにして被害者から金品を得ようとしたというのであるから、右の犯行を証明する重要な証拠物であるが、これをその証明の用に供するためには、本件の場合未現像のままでは意味がなく、そのフィルムがいかなる対象を写したものであるかが明らかにされることによってはじめて証拠としての効用を発揮するものといわなければならない。従って、司法警察員として、果たして右が真に本件犯行と関係ある証拠物であるかどうかを確かめ、かつ裁判所において直ちに証拠として使用しうる状態に置くために、本件フィルムを現像して、その影像を明らかにしたことは、当該押収物の性質上、これに対する**『必要な処分』**であったということができる」、「撮影ずみのフィルムを現像することは、用法に従いフィルムに一種の加工を施して既存の画像を現わす作業にすぎないのであって、これを**破壊するわけでもなく**、押収者において前に引用した刑事訴訟法111条2項の『必要な処分』として当然なしうるところであるから、別に刑事訴訟法222条1項、218条1項により裁判官の発する**検証許可状による必要はない**と解すべきである」、と。

なお、憲法35条が定める「押収」、すなわち、**憲法上の押収**は〈令状による司法的抑制を原則として必要とする処分〉として定められました。したがって、憲法上の押収とは、令状を原則として必要とする**刑事訴訟法上の差押え**だけを意味するものになります。

ちなみに、**刑事訴訟法上の押収**の範疇はもっと広く、**差押え**のほかに、およそ令状を必要としない刑事訴訟法221条、101条の**領置**や、99条2項の**提出命令**も含むものとなります（「前条〔刑訴221の領置〕の規定によってする押収」と定める刑訴222①や、「裁判所は、差し押さえるべき物を指定し、所有者、所持者又は保管者にその物の提出を命ずることができる」と定める99②が、刑事訴訟法上の押収の範疇に領置や提出命令を含めるべき形式的根拠となる）。

展開支援ナビ

領置と提出命令 刑事訴訟法上の押収の範疇に入る領置と提出命令について、簡単に説明しておきます。

(1)領置 被疑者や被疑者以外の者が**遺留した物**、または、所有者や所持者、保管者が**任意に提出した物**について（自己のために物件を占有する者を**所持者**、他人のために占有する者を**保管者**という）、これを**押収**する処分を**領置**と呼びます（刑訴221「検察官、検察事務官又は司法警察職員は、被疑者その他の者が遺留した物又は所有者、所持者若しくは保管者が任意に提出した物は、これを領置することができる」。なお、裁判所が行う領置については、101「被告人その他の者が遺留した物又は所有者、所持者若しくは保管者が任意に提出した物は、これを領置することができる」）。遺留物や任意提出物について、領置により**押収の効果**が生ずるわけです。

ちなみに、**領置と差押えの違い**は、領置の場合、占有を捜査機関に移すその過程でなんら強制が加えられない点にあります。そのため領置は、憲法35条の〈事前に発付される令状による**司法的抑制の対象**〉とされず、したがって、**憲法上の押収**の範疇に入りません。ただし、いったん領置した遺留物や任意提出物について、捜査機関はこれを「押収物」として強制的に留置できます（刑訴222①、123①）。解錠や開封などの「必要な処分」もできます（刑訴222①、111②）。すなわち、押収の効果が生じるのであり、その意味で領置も**刑事訴訟法上の押収**の一種となるわけです（なお、**最決昭和29・10・26最高裁判所裁判集刑事99号531頁**は、「押収中には強制処分としての差押の外任意処分たる領置も含まれる」という。しかし、「任意処分たる領置」というのは正確な言葉遣いではない。〈占有を移す過程で強制が加えられない点で、任意処分の側面ももつ領置〉とでもいうべきであった）。

(2)提出命令 このほか、刑事訴訟法上の**押収**の一種とされるものとして、**提出命令**（刑訴99②）があります。提出命令とは、裁判所が行う裁判の一種（刑訴429①(2)の「押収に関する裁判」）です。差し押さえるべき物の所有者や所持者、保管者にその物を提出する法的義務を課す裁判（命令）が、提出命令であるわけです。

告知された命令に従わない場合、差押えが予定されます。差押えを回避するには提出命令に従わねばならないため、提出命令も**間接的な強制力**をもちます。また、提出命令に従い裁判所に提出された物には**押収の効果**が生じます。そのため、提出命令も**刑事訴訟法上の押収**の一種とされるわけです。ただし、提出命令はもともとは起訴後の手続で行われるものであり、その性質上、捜査上の手段として用いられることはありません（例外は、付審判請求手続の提出命令。刑訴265②）。

(3) 捜索の意義

この差押えのため、すなわち、「証拠物又は没収すべき物」（刑訴222①〔99を準用〕）として差し押さえるべき物（以下、差押え目的物ともいう）を発見するため、ひとの「身体、物又は住居その他の場所」を対象に、**捜索**（刑訴218①、220①(2)、222①〔102を準用〕）が行われます。

捜索については、「住居」（憲法35①）などに立ち入ることや、「錠を外し、封を開き、その他必要な処分」（刑訴222①〔111①を準用〕）をすることも許されます。また、差押え目的物に該当することを確認するため、かつ、その限度で、捜査機関は、捜索の現場に存在する「書類及び所持品」（憲法35①）について、その記載内容を閲覧したり、形状や性質などを確認できます。それらは**捜索の当然の効果**として許されるものです。

展開支援ナビ

物の捜索とひとの捜索 刑事訴訟法には、差し押さえるべき物などを発見するための捜索（刑訴102、218①、220①(2)）と、身体を拘束すべきひとを発見するための捜索（刑訴126〔勾引または勾留すべき被告人の捜索〕、220①(1)〔逮捕すべき被疑者の捜索〕）が定められています。そのため、刑事訴訟法上の捜索について、「一定の場所、物、または人の身体について物または人の発見を目的として行われる強制処分」と定義されます（田宮裕『刑事訴訟法〔新版〕』101頁）。しかし、捜索の目的として物の発見とひとの発見をひとしく並べることについては、疑問があります。なぜなら、憲法じしんが許す捜索は「押収する物」（憲法35①）を発見するための処分だけだからです。また、憲法じしんは、ひとの発見を目的とする捜索について、原則として、これを禁止したと解されるからです。

後者の趣旨は、こうです。もしも、ひとを発見するための捜索、たとえば、被疑者の所在を明らかにするための捜索が——被疑者が所在する蓋然性のある場所について——令状によって許される、すなわち、**一般的制**

度として〈令状による被疑者の所在捜索〉が許されることになれば、憲法35条1項が定める**一般探索的令状の禁止**に抵触する恐れがあります。なぜなら、「犯人の所在を知るためにも捜索・差押が可能ということになれば、一人の人間としての被疑者の行動範囲は想像以上に広範に及ぶものだから、この者とかかわり合いをもつ人々の数は非常に多いであろうし、したがって、この人々のすべてが捜索・差押の被処分者となる可能性が出てくるということになり、ひいては、いわゆる一般的探索的捜索にも通じることにもなって、憲法35条の保障〔すなわち、一般探索的令状の禁止〕をも侵すおそれさえなしとしない」（石毛平蔵『令状請求の実務』117頁。〔　〕内は引用者）からです。また、ひとを発見するための捜索については、被疑者と関わり合いをもつひとびとが多いため、捜索を受ける被処分者の範囲が不当に広がってしまい、甚大なプライバシー侵害を結果させて処分の相当性が失われる——すなわち、比例原則に反する——ことにもなるでしょう。それゆえ、憲法じしんは、ひとの発見を目的とする捜索について、原則として、これを禁止したと解すべきです。ただし、刑事訴訟法は、被疑者を逮捕する**特別な場合に限って**、被疑者の所在を明らかにするための——令状によらない——捜索を**例外的**に許しました〔刑訴220①(1)。なお、設問09「逮捕現場における無令状の捜索・差押え」1(2)の【展開支援ナビ】「逮捕する被疑者の所在捜索」参照〕。なぜなら、被疑者を逮捕するさいの所在捜索に限るのであれば、「犯人存在の明白性、逮捕の緊急性といった高度の合理性が認められ、捜査権の濫用といった余地はなく、そのためにこそ許容された」（石毛・前掲書117頁）と解されるからです。そのように、ひとの発見を目的とする捜索は例外的にしか許されない処分だという点を、正しく理解しておきたいと思います。

この捜索は、「住居、書類及び所持品」（憲法35①）に化体されたプライバシーの権利を、差押えとは異なった態様で侵害する対物的強制処分となります。そのため、刑事訴訟法上、差押えとは区別した独立の令状が要求されます（刑訴106は「公判廷外における差押え、記録命令付差押え又は捜索は、差押状、記録命令付差押状又は捜索状を発してこれをしなければならない」と定め、差押えと捜索の令状を区別する）。この**捜索許可状**には、捜索すべき場所が必ず記載されねばなりません（憲法35①、②、刑訴107①、219①）。

展開支援ナビ

1通の捜索・差押え許可状　捜索許可状と差押え許可状が別々に発付され、捜索と差押えを別々の機会に行う例は、実務上、少なくありません。しかし、捜索によって発見した証拠物は、その損壊・隠匿行為を防ぐためにも、発見した現場でただちに差し押さえられるべきですので、多くは**捜索・差押え許可状**という1通の令状にまとめ、この令状によって同一の機会に捜索・差押えが併せ行われます。

　この点に関し、**最判昭和27・3・19刑集6巻3号502頁**は、広島地方裁判所裁判官が「右の者〔被疑者〕に対する酒税法違反被告事件につき別記場所を捜索し別記物件を押収することを認める」などと記載した「捜索押収令状」を発付した事案について、「本件の令状が、捜索押収状という名義をもって、捜索と押収とを1通に記載してあることは所論のとおりである。しかし、憲法35条2項の趣旨は、捜索と押収とについて、**各別の許可が記載されていれば足り、これを1通の令状に記載することを妨げないものと解するを相当とする**」と述べました。すなわち、捜索・差押え許可状には捜索すべき場所および差し押さえるべき物が併せ記載され、その令状の記載から、捜索行為と差押え行為に対し令状係裁判官の事前のコントロールが各別に及んでいることが明らかであれば足りるとしたわけです。

　東京高判昭和27・7・25高刑集5巻8号1358頁も、「各別の令状」を要求する憲法35条2項は、「捜索または押収について、それぞれの場合ごとに各別の令状を必要とし、たとえば、数個の場所について行う捜索を1通の令状で行ったり、各別の機会に行う押収を1通の令状で行うことを禁示することは勿論、たとえ、同一の場所又は物に関するものであっても、ある事件について発せられた令状を他の事件に流用する等のことをも禁ずる趣旨をいいあらわしているものと解すべきである。しかし、1つの事件で同一の機会に捜索と押収とを併せ行う場合には、捜索状と差押状とを、たとえば『捜索差押状』というような1通の令状の形式で作成することは一向差支がないものというべきであろう。けだし、憲法第35条第2項の文理解釈上同規定がかかる令状の作成を禁じたものであるということはできないのみならず1つの事件で同一の機会に行われる捜索及び差押について各別の捜索状と差押状とを必要とする実質的な理由を発見することができないからである」と判示しました。

2　令状による捜索・差押え──捜索・差押えの憲法的正当性

　捜査機関が行う捜索・差押えには、**令状による場合と令状によらない場合**があります。以下では、令状による場合について説明をします（令状によらない場合については、設問09「逮捕現場における無令状の捜索・差押え」参照）。

> **展開支援ナビ**
>
> **捜索・差押えの法制と実状**　刑事訴訟法は、第1編「総則」において、裁判所が起訴後に行う捜索・差押えについて、その実体的要件や手続的要件などを詳細に定めます（刑訴99ないし127。ちなみに、この起訴後の捜索・差押えについて、当事者の請求にもとづき行うのか、職権により行うのか定めた規定がない。通常は、当事者の請求を待って行われる）。そのうえで、この〈裁判所が起訴後に行う捜索・差押え〉の規定（刑訴99以下）の多くを、第2編第1章「捜査」の定める〈捜査機関が起訴前に行う捜索・差押え〉について準用するものとしました（刑訴222①など）。
>
> 　しかし、実務上、捜索・差押えのほとんどは捜査上の処分として行われます。起訴後の公判段階、すなわち、第1回の公判期日以降では、せいぜい裁判所の**提出命令**（刑訴99②）や**領置**（刑訴101）が行われるにすぎません。なお、平成25年度の司法統計年報では、請求によって発付された捜索・差押え許可状と検証許可状の総数は233,071通であり（令状請求の総件数は238,008件。このうち、却下件数が157、取下げ件数が4,780）、約23万通に上ります。このほとんどが捜査上の処分として行われたものであるわけです。

　捜索・差押えのための令状については、検察官、検察事務官、司法警察員がこれを請求できます（刑訴218③）。このうち司法警察員について、刑事訴訟法は、逮捕状のように指定司法警察員（指定司法警察員とは、「公安委員会が指定する警部以上の階級にある司法警察員」を意味する。犯捜規119①、刑訴199②）に限定することをしません（参照、刑訴199②）。ただし、警察の内規（国家公安委員会規則2号）である**犯罪捜査規範**が、原則として、請求権者を指定司法警察員に限定しました（犯捜規137①「刑事訴訟法第218条第1項の規定による捜索、差押え、記録命令付差押え、検証又は身体検査の令状は、指定司法警察員がこれを請求するものとする。ただし、やむを得ないときは、他の司法警察員が請求しても差し支えない」）。令状の請求を受けた裁判官は、捜索・差押えを適法とさせる実体的要件があるかどうか、チェックしなければなりません。その実体的要件を確認できてはじめて、裁判官は、憲法35条1項がいう「正当な理由に基づいて」捜索・差押え許可状を発付することができます。捜索・差押え許可状は、裁判官が捜索・差押えの執行を捜査機関に許可する**裁判書**となるものです。

　捜索・差押えが、憲法35条1項の「正当な理由」をもつための実体的要件、すなわち、憲法的正当性をもつための実体的要件は、次のとおりです。

(1)　罪を犯したと疑うに足りる理由

　第1に、**被疑者が罪を犯したと疑うに足りる理由**が認められねばなりません。ただし、捜索・差押えについて、この実体的要件（被疑者が罪を犯したと疑うに足りる理由があること）を要求する明文規定は刑事訴訟法にありません（ちなみに、逮捕については、刑訴199①が「検察官、検察事務官又は司法警察職員は、被疑者が罪を犯したことを疑うに足りる相当な理由があるときは、裁判官のあらかじめ発する逮捕状により、これを逮捕することができる〔以下、略〕」と定める）。

　しかし、プライバシーの権利を侵害する捜索・差押えが捜査上の手段として正当化されるには、〈被疑者が罪を犯したことを疑うに足りる理由〉がなければならないのは当然だというべきです。この点で、刑事訴訟規則156条1項が、検察官、検察事務官または司法警察員が「前条第1項の〔捜索、差押え、検証のための令状の〕請求をするには、被疑者又は被告人が罪を犯したと思料されるべき資料を提供しなければならない」と定めたのも当然のことでした。この捜索・差押えの実体的要件である〈被疑

者が罪を犯したと疑うに足りる理由〉について、その証明の水準は、逮捕状を発付する実体的要件の「罪を犯したことを疑うに足りる相当な理由」（刑訴199①）よりも低い**蓋然性の程度**でよいとされます（捜索・差押えに関する刑訴規156①がたんに「罪を犯したと思料されるべき資料」と定めるという形式的理由や、捜索・差押えは逮捕に先行して、逮捕の理由となる資料を発見、収集する処分になるという実質的理由が挙げられる）。しかし、捜索・差押えの対物的強制処分が侵害するプライバシーの権利の重要性にかんがみれば、捜索・差押えを正当化する〈被疑者が罪を犯したことを疑うに足りる理由〉の水準は、絶対的にみて相当に高いものでなければならないでしょう。

(2) 被疑事実との関連性

第2の実体的要件は、令状に記載される「差し押えるべき物、捜索すべき場所」（刑訴219①）と、捜索・差押えの理由となる**被疑事実との関連性**が認められねばならないことです（関連性とは、証拠法上の概念であり、論理的関連性と呼ばれる。論理的関連性は自然的関連性とも呼ばれ、〈被疑事実の存在について、その蓋然性を高めるか低めることになる証拠としての属性〉を意味する）。この実体的要件の存在は、刑事訴訟法99条1項（刑訴222①により捜査段階に準用）が、「裁判所は、必要があるときは、証拠物又は没収すべき物と思料するものを差し押えることができる〔以下、省略〕」と定め、差押え目的物を「証拠物又は没収すべき物」に限定したことから導かれます。

この第2の実体的要件の存否に関し、具体的には、「**差し押さえるべき物**」の範囲をめぐって問題が生じます。すなわち、差押えの請求があった物件を被疑事実の証拠物として捜索・差押え許可状に記載してよいか、あるいは、捜索の現場で発見した物件を、令状記載の差押え目的物に該当し、かつ、被疑事実の証拠物でもあるとして差し押さえてよいかという問題が生じます。

具体的判例を挙げておきましょう。**最判昭和51・11・18判時837号104頁**です。事案の具体的内容は、こうでした。暴力団員による恐喝被疑事件（被疑事実の要旨は、「暴力団甲連合甲組の若者頭補佐であるA及び同組と親交のあるBが共謀のうえ、右Aにおいて、昭和47年2月2日午前8時ころ、奈良県天理市〔中略〕の県会議員C方に赴き・同人に対し『俺とお前の友達のDとは昔からの友人や。Dは今金がなくて生きるか死ぬかの境目や。Dを助けるために現金2,000万円をすぐ準備せよ。俺は生命をかけて来た。』と申し向けて所携の拳銃を同人の胸元に突きつけ、さらに『金ができるのかどうか2つに1つの返事や。金ができんのならDも死ぬやろう。俺も死ぬ。お前も死んでもらう。』と申し向け、右要求に応じなければ射殺する勢を示して脅迫し、よって同日同所で同人から現金1,000万円の交付を受けてこれを喝取した」）について、捜索・差押え許可状には差押え目的物として「**暴力団を標章する状、バッチ、メモ等**」と記載されていました。この令状により、「甲連合名入りの腕章、ハッピおよび組員名簿等とともに〔中略〕**メモ196枚**」が差し押えられます。このメモはすべて、常習的な賭博場開張の模様を克明に記録したものでした。控訴審の**大阪高判昭和49・3・29高刑集27巻1号84頁**は、差し押さえられた「右メモが賭博の状況ないし寺銭等の計算関係を記録した賭博特有のメモであることは一見して明らかであるところ、右メモは、前記捜索差押許可状請求書記載の被疑事実から窺われるような恐喝被疑事件に関係があるものとはとうてい認められず、また『暴力団を標章する状、バッチ、メモ等』に該当するとも考えられないから、右メモの差押は、**令状に差押の目的物として記載されていない物**に対してなされた違法な措置であるといわざるをえず、その違法の程度も憲法35条および刑事訴訟法219条1項所定の令状主義に違反するものである」と判示しました。差し押さえられた「賭博特有のメモ」について、恐喝の被疑事実との関連性がないこと、かつ、捜索・差押え許可状に記載された差押え目的物、具体的には、「暴力団を標章するメモ」に該当しないことを認めたものでした。

しかし、最高裁昭和51年判決は、捜索・差押え許可状の記載物件について、本件「恐喝被疑事件が暴力団である甲連合甲組に所属し又はこれと親交のある被疑者らによりその事実を背景として行われたというものであることを考慮するときは、甲組の性格、被疑者らと同組との関係、事件の組織的背景な

どを解明するために必要な証拠として掲げられたもの」だと判示します。また、この令状によって差し押さえられたメモ、すなわち、常習的な賭博場開張の模様が克明に記録されたメモについて、最高裁昭和51年判決は、こう判示します。この「メモには、甲組の組員らによる常習的な賭博場開張の模様が克明に記録されており、これにより被疑者であるAと同組との関係を知りうるばかりでなく、甲組の組織内容と暴力団の性格を知ることができ、右被疑事件の証拠となるものであると認められる。してみれば、右メモは前記**許可状記載の差押の目的物にあたる**と解するのが、相当である」、と。

この最高裁昭和51年判決について、次の問題点が指摘されます。すなわち、恐喝被疑事件の捜索・差押えにおいて、別件である賭博被疑事件に関連するメモの差押えまで許そうとしたため、結局、所属組織の暴力団的性格のような**情状事実・背景事実**に関する証拠物の差押えまで許すことになった点です。なぜなら、情状事実・背景事実の範囲は広いため、一般探索的な捜索・差押えとなってしまう危険が大きいからです。この点で、「動機等の犯罪行為に直接関係する情状証拠までは許されるでしょうが、背景に関する証拠も被疑事実に関する証拠に広くとり込むことは、差し押さえるべき物の範囲を不必要に拡大し、且つ不明確さを増大し、ひいては差押物の明示の要求からますます遠ざかることにならざるをえません」という批判が正鵠を射ています（光藤景皎『刑事訴訟法Ⅰ』147頁以下）。

(3) 差押え目的物存在の蓋然性

第3の実体的要件は、具体的に捜索の対象とすべき**ひとの身体、物、**または、**住居その他の場所**について、**差押え目的物が存在する蓋然性**があることです（以上の第1、第2、第3の実体的要件が、**捜索・差押えの理由**にあたる）。なお、刑事訴訟法102条1項は「裁判所は、必要があるときは、被告人の身体、物又は住居その他の場所に就き、捜索をすることができる」とだけ定め（刑訴102①は、222①により捜査段階の捜索に準用される）、第3の実体的要件である**差押え目的物存在の蓋然性**について、言及しません。これに対し、102条2項は、「被告人以外の者の身体、物又は住居その他の場所については、**押収すべき物の存在を認めるに足りる状況**のある場合に限り、捜索をすることができる」と定めます（刑訴102②も、222①により、捜査段階の捜索に準用される。なお、刑訴規156③は、被疑者以外の第三者の居宅などの捜索に関し、令状を請求する捜査機関は「差し押さえるべき物の存在を認めるに足りる状況があることを認めるべき資料を提供しなければならない」と定める）。前者の102条2項に関し、「被疑者の住居等の捜索のばあいには、そこを捜索すれば被疑事実に関する証拠が得られる蓋然性が高い」とされます（光藤『刑事訴訟法Ⅰ』140頁）。すなわち、差押え目的物が存在する高度の蓋然性が一般的・類型的に推認されるため（それゆえ、刑訴規156③のような疎明資料の提供も必要とされない）、刑事訴訟法上は、被疑者の居宅・居室だという形式的要件さえ充たせば捜索できるとされたわけです。ただし、被疑者の居室・居室であっても、その捜索・差押えが憲法の正当性をもつためには、**実質的要件**として、**差押え目的物存在の蓋然性**がつねに肯定されねばなりません（三井誠『刑事手続(1)〔新版〕』37頁は、「被疑者の住居等についても、目的物の存在の可能性が乏しいときには、令状発付は否定されることになる」という）。そのため、たとえば、被疑者が長期間不在にしている居宅のような、具体的状況にかんがみ、証拠物存在の蓋然性が認められない場所については、たとえ被疑者の居宅という形式的要件を充たすとしても、捜索を許すべきではありません。

差押え目的物存在の蓋然性の有無が多く問題になるのは、**被疑者以外の第三者**の「身体、物又は住居その他の場所」（刑訴102②、222①）が捜索の対象になる場合でした。第三者の居宅などの捜索については、差押え目的物存在の蓋然性が具体的に疎明されねばなりません（刑訴102②「被告人以外の者の身体、物又は住居その他の場所については、**押収すべき物の存在を認めるに足りる状況**のある場合に限り、捜索をすることができる」、222①）。この点に関し、「捜索・差押えは、対人的強制処分である逮捕と異なり、対物的強制処分であるから、処分を受ける者が誰であるかは重要な要素ではなく、したがって、『処分を受ける者が被る不利益』の内容は、処分を受ける者の身上経歴、資産収入、社会的地位等の個性とは関係なく、捜索場所や押収目的物をめぐる人権を没個性的に反映したその場所や目的物自体の性格、例えば、その

場所が『空き家』か『住所』か『倉庫』か、その物の利用価値や財産的価値がどうであるのかなどによって決定されるべきであると解する」立場があります（井阪博「第三者に対する捜索・差押」河上和雄編『刑事裁判実務大系11・犯罪捜査』313頁）。しかし、第三者のプライバシーの権利を「没個性的」に捉えるのは、過度の抽象化だというべきです。なぜなら、第三者に対する捜索・差押えについては、被処分者が被疑者以外の第三者であることを令状係裁判官が氏名などで特定し、かつ、その特定の第三者が捜索・差押えにより受ける具体的な不利益の程度を衡量し、捜索・差押えの必要性（とくに、相当性。その詳細は後述）を肯定したうえで令状を発付すべきものだからです。また、実質的にも、被疑者と異なり「罪を犯したことを疑うに足りる相当な理由」がない第三者については、その「第三者の、所有者または保管者として当然に保有する利益は、被疑者のそれより重く保護されなければならず、しかも、その物を差し押えることによつて、第三者の右のような利益と衝突することも免れ難いのであるから、それらの**利益を具さに較量**し、第三者の物を被疑事実の証拠として差押えることにつき必要性が十分認められるのでなければ、その差押処分は許容されないものと解すべき」でした（京都地決昭和46・4・30判時646号102頁。火薬類取締法違反被疑事件の準抗告審決定）。その趣旨は、特定の第三者のプライバシーの権利を具体的に考慮することを求めたものというべきでしょう。

　このような司法的抑制の内容にかんがみ、捜索・差押えの「処分を受ける者が誰であるか」は令状による捜索・差押えを正当化する重要な要素だというべきです（刑訴規156③の疎明資料も、第三者の居宅などについて、差押え目的物存在の蓋然性を具体的に肯定できるものでなければならない。ただし、実務上、被疑者が勤務する企業や所属する組織の施設・建物だという抽象的事実だけで、または、被疑者の近親者などの居宅・居室だという抽象的事実だけを挙げて、刑訴規156③の疎明資料とすることが多い。しかし、そのような抽象的事実の疎明だけで第三者の捜索・差押えが許されるならば、一般探索的捜索・差押えとなってしまう危険が大きい。差押え目的物存在の蓋然性を疎明する具体的事実が挙げられねばならない）。

　このことから、次の帰結も導かれます。被疑者の居宅・居室が令状による捜索の対象とされた事案において、捜索・差押え許可状の執行にさいし、被疑者以外の第三者が〈捜索対象に化体されたプライバシーの独立の主体〉になっている事実、たとえば、**被疑者は転居し第三者が居住する事実**が判明した場合は、その居宅・居室について捜索・差押えは許されません。なぜなら、そのような場所に対し、被疑事実に関連する証拠物が現在もなお存在する蓋然性が、特別な事情により肯定されるかどうか（一般的には、第三者の居住により右蓋然性は消滅する）、また、被疑者以外の第三者が享受するプライバシーの権利を不当に侵害しないかどうか（第三者のプライバシーの権利は特別な保護を必要とする）、あらためて裁判官の司法審査に服させる必要があるからです。すなわち、第三者が〈捜索対象に化体されたプライバシーの独立の主体〉として関わってきた以上、捜索・差押えの理由や必要性について独立の司法的抑制に服させねばならないわけです。そうでないと、刑事訴訟法が102条の1項と2項を区別した意味もなくなってしまいます（なお、以上のことは、第三者〔A〕の居宅・居室が令状による捜索の対象とされた事案で、捜索・差押え許可状の執行にさいし、異なる第三者〔B〕が〈捜索対象に化体されたプライバシーの独立の主体〉になっている事実、たとえば、Aは転居しBが居住する事実が判明した場合にも、同様にあてはまる。すなわち、現在の居住者Bの居宅・居室について捜索・差押えは許されない）。

　なお、被疑者の居宅・居室が令状による捜索の対象とされた事案で、捜索の場所に被疑者は現に居住しており、ただ、**被疑者以外の第三者が令状の発付後に同居していた事実**が判明したときは、被疑者の居宅・居室である実質が変わらない限り、かつ、その第三者のプライバシーの権利を独立して保護すべき特別な事情が認められない限り、あらためて捜索・差押え許可状を発付させる必要はないでしょう。ただし、被疑者の居宅・居室において、その第三者が〈捜索対象に化体されたプライバシーの独立の主体〉となっていることが明らかな物件や範囲については、そもそも令状係裁判官による司法的抑制によって捕捉されていないため、捜索・差押えの対象から除外されねばなりません。もしも、捜索現場の状況などにかんがみ、そのような第三者に独立の管理権がある物件や範囲を除外できないときは、上述した

〈第三者のプライバシーの権利を独立して保護すべき特別な事情〉がある場合に該当し、あらためて捜索・差押え許可状が発付されねばならないでしょう。

このほか、**被疑者と第三者の共同居住から第三者の単独居住に変わった事実が判明した事案について、「被疑者居室」と記載した令状による捜索・差押えの適法性が問題となりました**。**最決昭和61・3・12判時1200号160頁**は、次のように判示します。

「本件において、麻薬取締官は、東京都新宿区〔中略〕所在のグレイハイツＡ号室に住むＷなる者が大麻を所持しているとの情報を得、内偵したところ、郵便受の表示等から右グレイハイツＡ号室に被告人とＷが同居している状況を認めたため、**Ｗを大麻取締法違反事件の被疑者、捜索すべき場所を右グレイハイツＡ号被疑者居室、差し押えるべき物を大麻等とする捜索差押許可状の発付を裁判官から得た**うえ、右グレイハイツＡ号室を訪れ、応対に出た**被告人〔大麻取締法違反事件では第三者〕**に対し、右令状を示してＷに対する大麻取締法違反の捜索令状であることを告げ、『Ｗはいるか、どこへ行ったか』と尋ね、被告人が『いない。一週間前に出て行った』と答えたのに対し、『Ｗの荷物はあるか』と更に尋ねたところ、被告人が『２、３ある』旨答えたので、『捜索する。立会人になってくれ』と告げ（なお、その際通訳した者が、「畳をはがしても捜索する」との文言を独断で付加している。）、次いで被告人に対し大麻を持っているなら出すよう言って、その所持していた大麻（本件起訴の対象となっているもの）の提出を受けたというのである。以上の事実関係によれば、たとえ、原判決が認定するように、右捜索時においてはＷは前記グレイハイツＡ号室から転居しておったとしても、麻薬取締官が、**郵便受の名前の表示、同室の構造や室内の状況、及び２、３の荷物がある旨の被告人の返答から、前記令状による右グレイハイツＡ号室の捜索が許容されるものとして、その捜索を実施したのは適法である**といえるから、麻薬取締官が、右捜索に当たり立会いを求めた被告人にその所持する大麻の任意提出をさせたのは、何ら違法性を帯びるものではないと解される」、と。

最高裁昭和61年決定は、被疑者が転居し第三者が単独居住する居室について、本件における**特別な事情**（①郵便受けに被疑者の氏名も表示、②居室の構造や室内状況〔部屋数が少なく共同使用されていた〕、③共同居住者が被疑者の荷物の存在を供述）にもとづき、「被疑者居室」の実質がなお存続し、かつ、被疑者の所有物などが存在する蓋然性があることを具体的事実にもとづき肯定したうえで、捜索すべき場所を「被疑者居室」と記載した令状による捜索・差押えを適法としました。その趣旨は、第三者の単独居住に変わった居室は**原則として**「被疑者居室」に該当しないと認めたうえで、本件の特別な事情から例外的に、「被疑者居室」の実質があると判断したものでしょう。第三者のプライバシーの権利は特別に保護されねばならないことが前提とされており、その点を看過してはならないと思います。

展開支援ナビ

場所に対する捜索・差押え許可状の効力――捜索場所にある物に及ぶか 捜索対象として「場所」を記載した捜索・差押え許可状により、捜索場所にある物まで、開錠や開披などして捜索できるでしょうか。刑事訴訟法は、捜索対象として、「場所」とひとの「身体」、「物」を区別します（たとえば、刑訴102は「身体、物又は住居その他の場所」と定め、219①は「捜索すべき場所、身体若しくは物」と定める）。したがって、物は、プライバシー権の独立した化体物として、独立して捜索対象にすべきだ、すなわち、個別に捜索・差押え許可状を発付すべきだといえそうです。しかし、「捜索すべき場所に存在する物は、通常その場所の管理権に属すると考えられ、裁判官が、当該場所に存在する物も含めて当該場所を捜索する正当な理由を判断していると考えられるから、場所に対する捜索令状により、その場所に存在する物を捜索することができる」とされます（『条解刑事訴訟法〔第４版〕』221頁）。たとえば、管理権が被疑者に帰属する被疑者方居宅内にある、他のひと（被疑者の妻、子どもたちなど）の所有物・占有物についても、そのひとが被疑者方居宅に同居する者である限り、被疑者の管理権が及び、被疑者方居宅を捜索場所とする令状により、捜索できることになります。ただし、そのように、同居する他のひとの所有物・占有物にまで被疑者の管理権が及ぶと認められるのは、同居の事実に加え、血縁関係や婚姻関係などにもとづき、被疑者の管理権や現実の支配・管理を他のひとが認容していると社

会的・一般的に認められるからです。それゆえ、たとえ同居する家族などの所有物・占有物であっても、そのひとが被疑者の支配・管理を排斥し、独立した管理権をもつと認められる特別な事情があるときは、被疑者方居宅を捜索場所とする令状による捜索は許されないというべきです。そのひとの所有物・占有物に対するプライバシーの権利が、独立して保護されねばならない場合であるわけです。

ちなみに、**最決平成6・9・8刑集48巻6号263頁**は、Aと内縁関係にあるBが居住する居室を捜索場所とする捜索・差押え許可状が発付され、B方居室を捜索したさい、現場にいあわせたAが携帯するボストンバッグを捜索し、その中から覚せい剤が発見された事案について、次のように判示しました。

「京都府中立売警察署の警察官は、被告人〔A〕の内妻であったBに対する覚せい剤取締法違反被疑事件につき、同女及び被告人が居住するマンションの居室を捜索場所とする捜索差押許可状の発付を受け、平成3年1月23日、右許可状に基づき右居室の捜索を実施したが、その際、同室に居た被告人が携帯するボストンバッグの中を捜索したというのであって、右のような事実関係の下においては、前記捜索差押許可状に基づき被告人が携帯する右ボストンバッグについても捜索できるものと解するのが相当であるから、これと同旨に出た第一審判決を是認した原判決は正当である」、と。

最高裁平成6年決定は、捜索場所にいるAが被疑者Bと内縁関係にあり、かつ、捜索場所でふたりは同居するという本件の特別な「事実関係」にもとづき、Aが現に占有する携帯品であっても、Bの管理権が及ぶ、すなわち、B方居室を捜索場所とする捜索・差押え許可状の効力が及ぶとしたものでしょう。重要な最高裁判例として、紹介しておきます。

場所に対する捜索・差押え許可状の効力――捜索場所にいるひとの身体・着衣に及ぶか

東京高判平成6・5・11高刑集47巻2号237頁は、被疑者〔A〕の友人であるBの「居室」を、捜索すべき場所として記載した捜索・差押え許可状の執行現場で、B方居室に「継続的に同居している者」と思われるX〔本件の被告人〕に対し、その両手を捜査機関が着衣ポケットから引き抜いたうえ、ポケット内にあった小物入れの中味を確認したという事案において、次のように判示します。

まず、「場所に対する捜索差押許可状の効力は、当該捜索すべき場所に現在する者が当該差し押さえるべき物をその着衣・身体に隠匿所持していると疑うに足りる相当な理由があり、許可状の目的とする差押を有効に実現するためにはその者の着衣・身体を捜索する必要が認められる具体的な状況の下においては、その者の着衣・身体にも及ぶものと解するのが相当である（もとより「捜索」許可状である以上、着衣・身体の捜索に限られ、身体の検査にまで及ばないことはいうまでもない。）」という考え方を述べます。そのうえで、本件の差押え目的物（「取引メモ、電話番号控帳、覚せい剤の小分け道具」）がポケット等に容易に隠匿できること、B方居室に居たXは終始トレーナーのポケットに両手を突っ込んでいたこと、Xはその場から逃れようとしていたことなど、本件の具体的状況の下では、Xが「本件捜索差押許可状の差押の目的物を所持していると疑うに足りる十分な理由があり、かつ、直ちにその物を確保すべき必要性、緊急性が認められるから、右許可状に基づき、強制力を用いて被告人〔X〕の着衣・身体を捜索することは適法というべきである」と判示しました。

Xは「居候」であり、捜索場所に「継続的に同居している者」でした。しかし、捜索場所の住居主〔B〕じしんでもなく、その家族でもありません。そのため、B方居室を捜索場所とする捜索・差押え許可状によって、その居室内にあったXの所持品まで捜索ないし差押えの対象にすることはできないというべきです。なぜなら、Xは、捜索場所に偶然居合わせた第三者と異ならず、その所持品にまで**令状係裁判官の司法的チェック**が及んでいるとはいえないからです。また、そもそも、場所に対する捜索・差押え許可状によっては、Xであれ誰であれ、捜索場所に居合わせた**ひとの身体・着衣**まで捜索の対象にすることは許されないといわねばなりません。なぜなら、ひとの身体に関係するプライバシーは、場所や物と違い、**身体の完全性や人格の尊厳**などの特別な法益と結びついているからです。そのため、捜索場所に居合わせたひとの身体・着衣まで捜索の対象にするためには、別途、そのひとを特定し、かつ、その身体を捜索対象とする令状が発付されねばなりません。

ただし、この点で、東京高裁平成6年判決は例外を認めます。すなわち、本件の「具体的状況の下で」、Xには差押え目的物を所持すると疑うに足りる「十分な理由」があることを挙げて、例外的に、場所に対する捜索・差押え許可状にもとづいてXの身体・着衣を捜索することを許したわけです。しかし、東京高裁平成6年判決には、捜索の現場の「具体的状況」を**間接事実**として、右「十分な理由」を捜査機関に推理・推測させようとする点で、なお疑問があります。推理・推測という曖昧な要素を介在させないためには、捜索場所に居合わせたひとの身体・着衣まで例外的に捜索できる場合とは、捜索場所の物件をそのひとが隠匿した行為を、捜索現場で捜査機関じしんが**直接目撃**した場合に限るべきです。

(4) 捜索・差押えの必要性

　第4の要件は、**捜索・差押えの必要性**があることです。なお、捜索・差押えについては、その必要性に関する規定が刑事訴訟法にはありません。

　この実体的要件をめぐり、捜索・差押許可状の性格をめぐる議論があります。捜索・差押え許可状の性格は**命令状**か**許可状**か、という議論です。(A)命令状であれば令状を発付する裁判官じしんが捜索・差押えの強制処分権限をもつため、その処分の必要性の存否についてもみずから判断できるはずだ、また、(B)たとえ許可状と捉えて捜索・差押えの強制処分権限は捜査機関がもつと解したとしても、司法的抑制の貫徹のためには令状を発付する裁判官が必要性の存否まで判断すべきではないか、という議論です。

　この点で、「令状の性格をどうみるかは別として、必要性は憲法35条の『正当な理由』の内容そのものだと考えられる」、「犯罪の嫌疑があり関連性が存在するというだけでは、いまだ捜査機関の側からみて捜索・差押えが正当化されるにとどまる。『正当な理由』の一側面が満たされるにすぎない。憲法35条が何よりも住居等の不可侵の権利を保障した人権規定であることを考慮すれば、『正当な理由』とは、権利を侵害される側からみて、権利侵害を受忍せしめるに足るだけの根拠の存在を要求するものといえる」（村井敏邦編著『現代刑事訴訟法第2版』98頁以下〔川崎英明〕）とする考え方が説得力をもちます。つまり、「罪を犯したと疑うに足りる相当な理由」や「被疑事実との関連性」に加えて、「捜索・差押えの必要性」の要件、実質的には、比例原則のうち**相当性の原則**を充たすことがあってこそ、憲法35条1項が要求する「正当な理由」が肯定されるわけです。捜索・差押えの必要性について、その憲法的根拠を強調する考え方でした。

　関連の判例として、**最決昭和44・3・18刑集23巻3号153頁**を挙げることができます。次のように判示されました。

　「検察官もしくは検察事務官または司法警察職員は『犯罪の捜査をするについて必要があるとき』に差押をすることができるのであるから、検察官等のした差押に関する処分に対して、同法430条の規定により不服の申立を受けた裁判所は、差押の必要性の有無についても審査することができるものと解するのが相当である。そして、差押は『証拠物または没収すべき物と思料するもの』について行なわれることは、刑訴法222条1項により準用される同法99条1項に規定するところであり、差押物が証拠物または没収すべき物と思料されるものである場合においては、差押の必要性が認められることが多いであろう。しかし、差押物が右のようなものである場合であっても、犯罪の態様、軽重、差押物の証拠としての価値、重要性、差押物が隠滅毀損されるおそれの有無、**差押によって受ける被差押者の不利益の程度**その他諸般の事情に照らし明らかに差押の必要がないと認められるときにまで、差押を是認しなければならない理由はない」、と。

　最高裁昭和44年決定は、直接には、準抗告審裁判所の審査権限について判示したものです。しかし、準抗告審裁判所に対し必要性の判断権限を認めたその判示は、同じ司法機関として、捜索・差押え許可状を発付する裁判官にもひとしく当てはまることです。実際、この最高裁昭和44年決定以後、問題の重点は**必要性の判断基準**に移ることになりました。すなわち、どのような場合に、**被差押え者の不利益の程度**を上回るほどの**捜査の利益**があるのかという議論です。ちなみに、この捜査の利益とは、**差押え目的物の証拠としての価値・重要性**を意味します。

　必要性の存否については、「一般に捜索・差押えによって受ける不利益が憲法上の権利にかかわる場合には、捜査の利益がよほど高度である場合に限って必要性は肯定される。たとえば、軽犯罪法違反等の軽微犯罪において背景事実を立証するための証拠として政党や労働組合の構成員名簿が差押えの対象物とされる場合、構成員名簿が結社の自由あるいは団結の自由の権利を化体したものであることを考慮すれば、『差押えによって受ける被差押者の不利益の程度』は捜査の利益を凌駕するものとして、必要性は否定される」（村井編著『現代刑事訴訟法第2版』99頁〔川崎〕）というべきでしょう。

　このほか、被疑者以外の第三者の居宅・居室などを捜索の対象にする場合、被疑者と異なり第三者に

は「罪を犯したことを疑うに足りる相当な理由」がないため、その第三者が捜索・差押えにより受ける不利益は一般に重大なものと推認されるべきです。あるいは、少なくとも、捜索・差押えの必要性、とくに、その相当性の有無を令状係裁判官が判断する場合、第三者が被る具体的な不利益を考慮し、かつ、捜査の利益との衡量は厳格に行われるべきです。すなわち、第三者の居宅などの捜索・差押えについては、たんに被疑者と第三者の関係や場所の性格などから一般的・抽象的に「差押え目的物存在の蓋然性の存在」を推認してはならないというべきです。捜索すべき特定の場所について、具体的な疎明資料にもとづき、個別的・具体的に「差押え目的物存在の蓋然性の存在」が推認されねばなりません。なぜなら、そうでないと、たとえば、「被疑者の所属する団体の施設、建物等」について、差押え目的物存在の蓋然性の「一般的推定」を肯定することとなり（吉田淳一「捜索差押許可状の請求をするに際しての資料の提供及び場所の特定」『実例法学全集／刑事訴訟法（新版）』70頁）、実質上、被疑者の居宅・居室などと同様に扱うことを許すものとなるからです。

> **展開支援ナビ**
>
> **電磁的記録媒体の差押え** 電磁的記録媒体であるハードディスクを内蔵させた**電子計算機**（パソコン）を差押えの対象にする場合や、外付けのハードディスク、ＤＶＤ－Ｒディスク、メモリースティックなどの**電磁的記録媒体**じたいを差押えの対象にする場合、特殊な問題が生じます。長くなりますが、以下、説明しておきましょう。
>
> 　ハードディスクを内蔵させたパソコンや、外付けのハードディスク、ＤＶＤ－Ｒディスクなどは有体物ですので、差押えの対象にできます。ただし、差押えの対象にするには、内部に電磁的に記録された（すなわち、電子データとして保存された）情報が被疑事実に関連すると思料されねばなりません。そのときにはじめて、パソコンや外付けハードディスクなどは「証拠物又は没収すべき物」と判断され、差押えの対象になります（刑訴99①、222①）。しかし、ハードディスクなどの電磁的記録媒体は、書類などと違い、そのままでは保存された情報を見ることも読むこともできません。パソコンじたいを操作したり、あるいは、パソコンに接続させたディスプレイに情報を表示しない限り、可視性も可読性もないわけです。その点で、開披しない限り可視性・可読性がなく、証拠物かどうか判明しない**郵便物**と類似した問題をもちます（郵便物の差押えについては、「証拠物」等の要件を緩和した特別規定がある。刑訴100）。ただし、ハードディスクなどの電磁的記録媒体には、書類と違った特殊な問題があります。
>
> 　第1に、電磁的記録媒体に保存された情報をディスプレイに表示させるには、**被処分者の関与**を求めねばならない場合が少なくありません。なぜなら、情報にセキュリティがかかっており、そのセキュリティ設定などを知らなければ情報を表示できない場合があるからです。しかし、被処分者に対し、情報の表示のためにパソコンを操作するなど、能動的に行動することまで命令ないし強制できるか、問題となります。なぜなら、そのような能動的行動の強制は、捜索・差押えに必要な処分の**受忍**という範疇を超えるからです。
>
> 　第2に、電磁的に記録された情報を表示させるため被処分者に関与させるとしても、その被処分者じしんによる罪証隠滅行為が懸念され、結局、差押えの現場では電磁的記録の内容を確かめることができないか、相当でない場合も少なくありません。なぜなら、電磁的に記録された情報は容易に消去・改竄されるからです。そのため、捜査機関としては、記録された情報の内容を確認しないまま、パソコンや電磁的記録媒体じたいを警察署などに持ち帰り、差押えの対象となるかどうかを判断するため、時間をかけて、記録された情報を抽出・解析して、その内容を明らかにしたいと思うでしょう。しかし、そのような**警察などへの持ち帰り**は、パソコンや電磁的記録媒体の占有を捜査機関に移すことになる以上、それじたいが「差押え」となるものです。そのような**パソコンや電磁的記録媒体の包括的差押え**（以下、電磁的記録媒体の包括的差押えという）は、電磁的記録媒体に保存された情報と**被疑事実との関連性**がまだ確認されていない以上、憲法35条1項の「正当な理由」をもたず、違法・違憲でないかという問題が生じます。
>
> 　第3に、かりにパソコンや電磁的記録媒体じたいを差し押さえることができるとしても、保存された情報の量が膨大であることから、書類と異なった特殊な問題が生じます。すなわち、被疑事実に関連する情報は、電磁的記録媒体に保存された膨大な情報のごく一部である可能性が高いのです。それにも関わらず、差し押さえた電磁的記録媒体に保存された情報すべてを表示、閲読することが許されるのか、問題となります。なぜなら、被疑事実に関連しない膨大な量の情報の内容を捜査機関が知ることになって、**甚大なプライバシー侵害**を結果

させ、処分の相当性を欠くことになり違法ではないか、問題となるからです。また、そのような膨大な量の情報を保存する電磁的記録媒体の差押えは、憲法35条1項が禁止する**一般探索的捜索・差押え**に限りなく近い処分となるために、実質的に憲法35条1項に違反するというべきかもしれません。

電磁的記録媒体の差押えと判例 後2者の問題（電磁的記録媒体の包括的差押え、電磁的記録媒体の差押えの相当性）に関連する判例として、**大阪高判平成3・11・6判タ796号264頁**を挙げることができます。事案は、被告人らが共謀者らとともに偽名を用いて多数の自動車登録事項等証明書の交付を受けた有印私文書偽造・同行使事件でした。この事件で捜索を実施した捜査機関は、捜索現場にあった（271枚にのぼる）フロッピーディスクすべてを、その内容が被疑事実と関連するかどうか確認しないまま、差押えの対象とします。大阪高裁平成3年判決は、「捜査機関による差押は、そのままでは記録内容が可視性・可読性を有しないフロッピーディスクを対象とする場合であっても、被疑事実との関連性の有無を確認しないで一般的探索的に広範囲にこれを行うことは、令状主義の趣旨に照らし、原則的には許されず、捜索差押の現場で被疑事実との関連性がないものを選別することが被押収者側の協力等により容易であるらば、これらは差押対象から除外すべきであると解するのが相当である。しかし、その場に存在するフロッピーディスクの一部に被疑事実に関連する記載が含まれていると疑うに足りる合理的な理由があり、かつ、捜索差押の現場で被疑事実との関連性がないものを選別することが容易でなく、選別に長時間を費やす間に、被押収者側から罪証隠滅をされる虞れがあるようなときには、全部のフロッピーディスクを包括的に差し押さえることもやむを得ない措置として許容されると解すべきである」と判示したうえ、具体的な事案に関して、「捜査機関としては、パソコンが原判示のような犯罪に使用された疑いがある以上、フロッピーディスクの内容とラベルを一致させていなかったり、ファイル名を書き変えているなどの偽装工作の可能性をも考慮に入れるのは無理もないところである」、「数時間程度で被疑事実との関連性があるフロッピーディスクのみを容易に選別することが可能であったなどとは到底認めることができない」、「すでに浴槽などに水溶紙が大量に処分されるなどの大掛かりな罪証隠滅工作がなされた形跡があったことが認められるので、捜査機関において、フロッピーディスクに関しても罪証隠滅が行われる可能性を考慮するのは当然である」などと述べ、結論として、「本件捜索差押当時の具体的状況に照らして考えると、捜査機関が現場に存在したフロッピーディスク271枚全部を差し押さえたのは、まことにやむを得ない措置」であると判示しました。大阪高裁平成3年判決は、電磁的記録媒体の包括的差押えを違法としつつ、例外的に、そのような包括的差押えが適法になる場合もあるとしたわけです。その例外を許す要件として、①電磁的記録媒体が被疑事件に関連する情報を含むと思料するに足りる合理的理由の存在、②関連性がない情報を捜索現場で選別することの困難さ、③長時間の選別の間に罪証を隠滅される恐れが挙げられました。

また、**最決平成10・5・1刑集52巻4号275頁**も挙げておきましょう。事案はこうでした。Ｘは、使用する普通貨物自動車について、『自動車から排出される窒素酸化物の特定地域内における総量の削減等に関する特別措置法』（以下「ＮＯＸ規制法」という）に抵触し、その車種規制により規制対象車両となってしまうため、ＮＯＸ規制法の特定地域外のナンバーとするべく、使用の本拠地につき虚偽の記載をした申請書を提出して、電磁的記録である自動車登録ファイルにその旨不実の記録をさせました。この電磁的公正証書原本不実記録、同供用の被疑事件について、差し押さえるべき物を、「組織的犯行であることを明らかにするための磁気記録テープ、光磁気ディスク、フロッピーディスク、パソコン一式」等と記載する捜索・差押え許可状が発付されます。この令状にもとづき、機関誌『覚醒の時』1冊、赤色ファイル1冊、ノート型パソコン1台、透明ファイル1冊、フロッピー・ディスク34枚、同10枚、データ付き腕時計1個、フロッピー・ディスク50枚、同14枚、ゴミ袋（パソコン取扱説明書等在中）1袋が差し押さえられました。この事案について、最高裁平成10年決定は、本件で「差し押さえられたパソコン、フロッピーディスク等は、本件の組織的背景及び組織の関与を裏付ける情報が記録されている蓋然性が高いと認められた上、申立人らが記録された情報を瞬時に消去するコンピュータソフトを開発しているとの情報もあったことから、捜索差押えの現場で内容を確認することなく差し押さえられたものである」と認めたうえで、「令状により差し押さえようとするパソコン、フロッピーディスク等の中に**被疑事実に関する情報が記録されている蓋然性**が認められる場合において、そのような情報が実際に記録されているかをその場で確認していたのでは**記録された情報を損壊される危険**があるときは、**内容を確認することなしに右パソコン、フロッピーディスク等を差し押さえることが許される**ものと解される。したがって、前記のような事実関係の認められる本件において、差押え処分を是認した原決定は正当である」と判示しました。最高裁平成10年決定は、電磁的記録媒体の包括的差押えを許す要件として、①電磁的記録媒体が被疑事件に関連する情報を含む蓋然性の存在、②捜索現場における情報損壊の危険を挙げたわけです。

このように、判例は電磁的記録媒体の包括的差押えを**解釈**で肯定しようとします。しかし、そのままでは可

視性・可読性がない点で共通する**郵便物**について、刑事訴訟法はその差押えのため特別規定（刑訴100）をもうけました。そうである以上、もっと問題が大きい電磁的記録媒体の差押えについて、明文の根拠規定はやはり必要だというべきです。要するに、解釈でカバーすべき問題ではなく、**立法問題**だというのです。

かりに解釈で対応できる問題だとしても、電磁的記録媒体の包括的差押えを例外として許す要件については、厳格に解釈・運用されねばなりません。たとえば、電磁的記録媒体に被疑事件に関連する情報が含まれるかどうかについては、たんなる蓋然性ではなく相当高度の蓋然性を要求すべきですし、捜索現場で情報を損壊される危険性については、抽象的な危険性ではなく具体的事実にもとづき認められる危険性であるべきです。また、捜索現場における情報の選別が著しく困難であることも要件にすべきでしょう。さらに、差押え目的物が背景事情とか情状事実に関連する証拠物であるときは、そもそも差押えの必要性が大きいといえないため、大容量の情報を保存する電磁的記録媒体の差押えは相当性を欠き、許されないというべきです。

刑事訴訟法改正による電磁的記録媒体の差押え

現在、上記の第1、第2、第3の問題に関係して、立法上の措置がとられました。「情報処理の高度化等に対処するための刑法等の一部を改正する法律」2条によって、平成23年（2011年）6月に刑事訴訟法が改正されたのです。

第1の問題（電磁的記録媒体の差押えと被処分者の関与）については、新たな刑事訴訟法111条の2により、令状を執行する捜査機関は被処分者に対し「**電子計算機の操作その他の必要な協力を求めることができる**」と定められました（刑訴222①により、捜査段階に準用）。また、新設の刑事訴訟法110条の2本文でも、「差し押さえるべき物が電磁的記録に係る記録媒体であるときは、差押状の執行をする者は、**その差押えに代えて次に掲げる処分をすることができる。公判廷で差押えをする場合も、同様である**」と定め、その1号で「差し押さえるべき記録媒体に記録された電磁的記録を他の記録媒体に複写し、印刷し、又は移転した上、当該他の記録媒体を差し押さえること」を挙げ、2号では「差押えを受ける者に差し押さえるべき記録媒体に記録された**電磁的記録を他の記録媒体に複写させ、印刷させ、又は移転させた上、当該他の記録媒体を差し押さえること**」を挙げました（刑訴222①により、捜査段階に準用）。

このほか、**記録命令付差押え**の処分も新設され、「裁判所は、必要があるときは、記録命令付差押え（電磁的記録を保管する者その他電磁的記録を利用する権限を有する者に命じて必要な電磁的記録を記録媒体に記録させ、又は印刷させた上、当該記録媒体を差し押さえることをいう。以下同じ。）をすることができる」と定められました（刑訴99の2）。それにより、被処分者（刑訴110の2⑵）でない**電磁的記録媒体の保管者や利用権限者**（たとえば、法人の情報管理部門責任者など）に命令して「**必要な電磁的記録**」を他の記録媒体に記録させたり、印刷させたうえで、その記録媒体を差し押さえることができるわけです。この記録命令付差押えは、捜査段階でも行うことができます（刑訴218①が改正され、「検察官、検察事務官又は司法警察職員は、犯罪の捜査をするについて必要があるときは、裁判官の発する令状により、差押え、**記録命令付差押え**、捜索又は検証をすることができる」と定められた）。なお、あわせて、電磁的記録の差押えの準備として、インターネット接続業者など**第三者的立場の協力者**を想定し、「検察官、検察事務官又は司法警察員」の捜査機関は、それら接続業者などに対し、業務上記録している「通信履歴の電磁的記録のうち必要なもの」の保全——一定期間、消去しないこと——を書面で要請できるようになりました（刑訴197③、④）。この保全要請は、公務所照会（刑訴197②）と同様、任意処分として行われます。

第2の問題（電磁的記録媒体の包括的差押え）に関連し、平成23年（2011年）の法改正後もパソコンじたいの差押えが許されます（刑訴99②、218②）。そのため、電磁的記録媒体の包括的差押えに憲法35条1項の「正当な理由」があるかという問題じたいは解決されていません。ただし、「その差押えに代えて」、パソコンに保存された記録をＤＶＤ－Ｒディスクなど他の電磁的記録媒体に複写、印刷、移転させたうえで、その記録媒体を差し押さえることが可能とされました（捜査機関じしんの複写等について刑訴110の2⑴、被差押者による複写等について刑訴110の2⑵。なお、第三者による記録・印刷について刑訴99の2）。パソコンじたいの差押えに代えて敢えて他の電磁的記録媒体を差し押さえる以上、その電磁的記録媒体には、記録命令付差押えの処分と同様に「必要な電磁的記録」だけが複写等されるのでしょう。ただし、複写等される電磁的記録の範囲は、規定上、なお不明確です。被疑事実に関連しない情報が、複写等の対象から除かれる保障はありません。

第3の問題（電磁的記録媒体の差押えの相当性）については、上述した、パソコンの差押えに代えて行われる他の電磁的記録媒体の差押えが、被疑事実に関連する情報だけを捕捉する態様で行われるときは、**膨大な情報の差押えによる重大なプライバシー侵害**という問題も回避されるかもしれません。しかし、上述のように、被疑事実に関連する情報だけが選別される保障はないというべきです。さらに、**第3の問題**について、いわゆる**リモートアクセス**の強制処分が許容され、問題は拡大したといわねばなりません。リモートアクセスの強制処分とは、令状に明示されたパソコンの捜索・差押えに着手したさい、そのパソコンが他の場所にある別の電磁的記録媒

体に電気通信回線で接続されており、その接続先の記録媒体が、捜索すべきパソコンにより作成、変更された電磁的記録を保管すると認められるときに、右電磁的記録を接続先記録媒体から捜索すべきパソコンに複写するか、または、他の記録媒体に複写して、それらパソコンや複写した記録媒体を差し押さえる捜査方法を意味します（刑訴218②「差し押さえるべき物が電子計算機であるときは、当該電子計算機に電気通信回線で接続している記録媒体であつて、当該電子計算機で作成若しくは変更をした電磁的記録又は当該電子計算機で変更若しくは消去をすることができることとされている電磁的記録を保管するために使用されていると認めるに足りる状況にあるものから、その電磁的記録を当該電子計算機又は他の記録媒体に複写した上、当該電子計算機又は当該他の記録媒体を差し押さえることができる」）。このリモートアクセスの処分を行う場合、令状には「差し押さえるべき電子計算機に電気通信回線で接続している記録媒体であって、その電磁的記録を複写すべきものの範囲を記載しなければならない」と定められました（刑訴219②）。たしかに、令状にリモートアクセスの対象になる「記録媒体の範囲」を記載することは、リモートアクセスを濫用させないための一定の歯止めになるでしょう。しかし、リモートアクセスの対象となる記録媒体を、その場所などにより特定して記載することは必要とされません。そのため、たとえば、「電気通信回線で会社の本社と支社のコンピュータが接続されている場合には、実際にアクセスしてみないとどの支社のコンピュータに差し押さえるべき電磁的記録があるかどうかが分からない以上、令状による記載はある程度包括的なものとならざるを得ず、捜索すべき場所や押収すべき物の特定としては不十分となるおそれがある」（「情報処理の高度化等に対処するための刑法等の一部を改正する法律案」について慎重審議を求める日弁連会長声明、2011 年 5 月 23 日）と批判されました。また、このリモートアクセスの捜査方法により、被疑事実に関連しない膨大な量の情報の内容をこれまで以上に捜査機関が知りうることとなり、やはり処分の相当性を欠くものといわねばなりません。

3　捜索・差押え許可状の記載事項、呈示、執行

(1)　捜索・差押え許可状の記載事項

　捜索・差押え許可状には、「被疑者若しくは被告人の氏名、罪名、差し押さえるべき物、記録させ若しくは印刷させるべき電磁的記録及びこれを記録させ若しくは印刷させるべき者、捜索すべき場所〔中略〕、有効期間及びその期間経過後は差押え、記録命令付差押え、捜索又は検証に着手することができず令状はこれを返還しなければならない旨並びに発付の年月日その他裁判所の規則で定める事項」を記載したうえ、令状を発付する裁判官の名前を記入し、裁判官じしんにより押印がなされます（刑訴219①）。逮捕状と違い（刑訴200①「逮捕状には、被疑者の氏名及び住居、罪名、**被疑事実の要旨**、引致すべき官公署その他の場所、有効期間及びその期間経過後は逮捕をすることができず令状はこれを返還しなければならない旨並びに発付の年月日その他裁判所の規則で定める事項を記載し、裁判官が、これに記名押印しなければならない」）、捜索・差押え許可状には「**被疑事実の要旨**」が記載されません。なぜなら、逮捕状については憲法33条が「**理由となつてゐる犯罪を明示する令状**」であることを要求するのに対し、捜索・差押え許可状については憲法35条1項が「**捜索する場所及び押収する物を明示する**」ことを要求し、憲法的規制の内容に違いがあるからです（なお、捜索・差押え許可状の請求書には罪名のほかに「被疑事実の要旨」も記載される。刑訴規155①(4)）。

　そのため、捜査段階の捜索・差押え許可状には被疑事実の「**罪名**」しか記載されません（なお、**起訴後の捜索・差押え**について、刑事訴訟規則94条が「差押状又は捜索状には、必要があると認めるときは、**差押又は捜索をすべき事由をも記載しなければならない**」と定め、**捜索・差押えの理由となる公訴事実の要旨を記載すべき**場合を認める。しかし、この規定は捜査段階の捜索・差押えに準用されない）。この罪名はどのように表示すべきでしょうか。ちなみに、起訴状に記載すべき罪名（刑訴256②(3)）について、刑事訴訟法256条4項は「罪名は、適用すべき罰条を示してこれを記載しなければならない」と定めます。この点に関し、**最決昭和33・7・29刑集12巻12号2776頁**は、地方公務員法違反被疑事件（教員のスト、東京都教組事件）で、捜索・差押え許可状に、罪名として「地方公務員法違反」としか記載されなかった〔すなわち、地方公務員法上のどの罰則規定に該当するのか記載がない〕事案で、「捜索差押許可状に被疑事件の罪名

を、**適用法条を示して記載することは憲法の要求するところでなく**、捜索する場所及び押収する物以外の記載事項はすべて刑訴法の規定するところに委ねられており、刑訴219条1項により右許可状に罪名を記載するに当っては、適用法条まで示す必要はないものと解する」と判示しました。刑事訴訟法256条4項のような特別規定がない捜索・差押え許可状には、罪名、すなわち、犯罪の通称のみ記載し、適用すべき罰条まで記載する必要はないというわけです。ただし、刑法犯であれば、「殺人」や「強盗致傷」などの罪名の記載により、おのずと適用すべき罰条も明らかになります。これに対し、特別法犯については、実務上、その捜索・差押え許可状には「出入国管理及び難民認定法違反」、「銃砲刀剣類所持等取締法違反」などの法令名しか記載されません。捜索・差押えの被処分者には被疑者以外の第三者も含まれるため、捜査関係の情報をできる限り秘匿したい捜査機関側の思いを反映したものなのでしょう。しかし、特別法犯の法令名は、たとえ罰条を付記したとしても（実務上、捜索・差押え許可状の罪名欄に、「覚せい剤取締法違反（同法41条の3第1項第1号、第19条）」のように、罰条を付記する例も多い）、罪名じたいではないというべきです（捜索・差押え許可状に罪名を記載する固有の意義について、5⑵②で後述する）。特別法犯については、捜索・差押え許可状を呈示される被処分者が理解できるように、法令名とともに罰条と具体的な犯罪名（通称となる罪名の表示が困難なときは、罰条の具体的内容）を記載すべきでしょう。

⑵ 捜索・差押え許可状の呈示

　この捜索・差押え許可状は、「処分を受ける者」（以下、被処分者という）に呈示されねばなりません（刑訴110「差押状又は捜索状は、**処分を受ける者**にこれを示さなければならない」。この規定は、刑訴222①により起訴前の捜索・差押えに準用される）。被処分者とは、「差し押さえるべき物または捜索すべき場所を現実に支配している者」を意味します（『条解刑事訴訟法〔第4版〕』224頁）。通常は、捜索すべき居宅や、居室（たとえば、マンションなど集合住宅の各居住部分）の居住者が被処分者となります（なお、『条解刑事訴訟法〔第4版〕』224頁は、被処分者が「その場にいないときは〔捜索・差押え許可状の〕呈示を要しないが、実務の運用としては、処分を受ける者に代わりうると認められる者がいればその者に、その者も不在のときは〔刑訴114の〕立会人に呈示する」という。ちなみに、刑訴114の立会人とは、公務所の長、住居主、看守者、または、それらに代わるべき者とされ、それらの者もいないときは、隣人または消防職員などの地方公共団体の職員がなるとされる）。

　捜索・差押え許可状は、その執行に先立ち、事前に呈示されねばなりません。しかし、**最決平成14・10・4刑集56巻8号507頁**は、捜査機関が捜索・差押え許可状を呈示する前に、**捜索すべき場所に強行的に立ち入ること**を例外的に許しました。具体的な事案は、こうです。覚せい剤取締法違反被疑事件について、被疑者が宿泊するホテル客室に対する捜索・差押え許可状を得た捜査機関は、被疑者の在室時に捜索・差押えを実施することに決めます。しかし、被疑者がもし捜索・差押え許可状執行の動きを察知すると、その場ですぐに覚せい剤を洗面所に流すなど、短時間のうちに差押えの目的物を破棄、隠匿してしまう恐れがありました。そのため、捜査機関はホテルの支配人からマスター・キーを借り受けたうえ、捜査機関であることや立ち入る趣旨などを告げないまま、施錠された被疑者の客室のドアをマスター・キーで開けて、いきなり室内に立ち入り、その直後に被疑者に捜索・差押え許可状を呈示して、捜索と差押えを実施したというものです。

　最高裁平成14年決定は、本件の「事実関係の下においては、捜索差押許可状の呈示に先立って警察官らがホテル客室のドアをマスターキーで開けて入室した措置は、**捜索差押えの実効性を確保するために必要であり、社会通念上相当な態様で行われている**と認められるから、刑訴法222条1項、111条1項に基づく処分〔必要な処分〕として許容される。また、同法222条1項、110条による捜索差押許可状の呈示は、手続の公正を担保するとともに、処分を受ける者の人権に配慮する趣旨に出たものであるから、令状の執行に着手する前の呈示を原則とすべきであるが、前記事情の下においては、警察官らが**令状の執行に着手して入室した上その直後に呈示を行うことは、法意にもとるものではなく**、捜索差押えの実効性を確保するためにやむを得ないところであって、適法というべきである」と判示しました。

しかし、この最高裁平成14年決定には、疑問があります。そもそも令状を呈示する手続は、対物的強制処分である捜索・差押えの憲法的正当性を処分の相手方に明らかにするという規範的意味をもつわけですから、やはり、捜索・差押えの執行に先だって行われねばなりません。すなわち、令状とは〈行使される強制力の憲法的正当性を対外的に示す裁判書〉ですので、強制力を行使する前に、被処分者に対し呈示されるべきものです。

たしかに、捜索・差押えの執行に「必要な処分」（刑訴222①、111①）には、捜索・差押えの執行に不可欠な準備行為も含められるでしょう（平場安治ほか『注解刑事訴訟法上巻〔全訂新版〕』364頁は、執行に「接着しかつ執行をするのに不可欠な行動を含む」と解する）。たとえば、施錠された門を通るため、錠をはずすような行為です。そのような場合は、令状呈示に先だち強制力が行使されることもやむをえません。しかし、そのような強制力の行使は、そのままでは捜索・差押えが不可能となる物理的障害を取り除くためなされるものであり、その意味でまさに、執行に不可欠な準備行為です。これに対し、捜索・差押えの実効性を確保するため行われる強行的立入りは、執行に不可欠な準備行為ではありません。そのような強行的立入りを許さないことにより、捜査機関の都合や思惑が通らず、捜索・差押えの実効性に制約がかかることになるでしょう。そうだとしても、それは、やむを得ない**憲法的制約**だと思うのです。

(3) 捜索・差押え許可状の執行

捜索・差押え許可状の執行については、「錠をはずし、封を開き、その他必要な処分をすること」ができます（刑訴111①）。鎖を切断したり、囲いを撤去することなども「必要な処分」として許されます。捜索・差押えの目的を遂げるため、障害となる錠や封、鎖、囲いなどを破壊できるわけです。ただし、捜索・差押えのため、必要かつ相当な破壊だけが許されることに注意してください。なぜなら、捜索・差押えは、「住居、書類及び所持品」（憲法35①）に化体されたプライバシーの権利を侵害する対物的強制処分として、ひとの住居や建造物などに対する管理権を制限したり〔捜索〕、書類や所持品の占有を侵奪するもの〔差押え〕なのであって、その範囲を超え、建造物じたいや物じたいを大きく破壊するときは、被処分者の所有権まで侵害するものになってしまうからです。

このほか、捜索・差押え許可状の執行中に、ひとの出入りを禁止することもできます（刑訴112①「差押状又は捜索状の執行中は、何人に対しても、許可を得ないでその場所に出入することを禁止することができる」）。また、捜査機関が現実に差押えにいたったときは、その目録（押収目録）を作成し、所有者や所持者などに交付しなければなりません（刑訴222①、120「押収をした場合には、その目録を作り、所有者、所持者若しくは保管者又はこれらの者に代るべき者に、これを交付しなければならない」）。なお、公務所内やひとの住居内などを捜索するときは、責任者（公務所の長、住居主、看守者など）を立ち会わせねばなりません（刑訴114）。被処分者の権利擁護と手続の適法性の確保が、この**立会の目的**だとされます。しかし、責任者ではない被疑者や弁護人が捜索に立ち会うことは、権利としては認められていません（刑訴222①が同113を準用しないため。参照、刑訴113①「検察官、被告人又は弁護人は、差押状又は捜索状の執行に立ち会うことができる。但し、身体の拘束を受けている被告人は、この限りでない」）。そのため、捜索・差押え許可状を執行する日時・場所について、被疑者・弁護人にあらかじめ通知する必要（参照、刑訴113②）もありません。ただし、捜索・差押えをするうえで必要だと捜査機関が判断するときは、被疑者を立ち会わせることができます（刑訴222⑥「検察官、検察事務官又は司法警察職員は、第218条の規定により差押、捜索又は検証をするについて必要があるときは、被疑者をこれに立ち会わせることができる」。なお、勾引の規定〔刑訴68〕が準用されないため、被疑者に立会いを強制できない。ただし、逮捕・勾留中の被疑者については、身体拘束の付随的効果として立会いが強制される）。

展開支援ナビ

捜索・差押え現場の写真撮影　捜索・差押え現場において、証拠物の発見状況や捜索・差押えの実施状況を写真撮影することは、捜索・差押えの「付随処分」として許されるとした裁判例があります。**名古屋地決昭和54・3・30判タ389号157頁**であり、こう判示しました。

「捜索差押は、一定の場所について物（又は人）を発見し、その占有を取得して、犯罪を証明するための物的証拠を収集する強制処分であるところ、証拠物の証拠価値は、その存在した場所、発見された状態によって、影響を受けることがあるから、証拠物を差えるにあたり、その証拠価値をそのまま保存するために、証拠物をその発見された場所、発見された状態とともに写真撮影することは、捜索差押に当然附随する処分として許容されよう。／また、刑事訴訟法は、〔中略〕その実施に際しての詳細な手続規定（221条、110条以下）を設け、捜査機関にその遵守を要求しているところから、捜査機関が、捜索差押後にその手続が争われることを予想して、捜索差押手続の適法性を証拠づける目的で、その執行状況を写真撮影することは、捜査機関にとり、その必要性が大きいこととともに、強制処分たる捜索差押には、捜索差押に必要な範囲で捜索差押を受ける者のプライバシーの侵害が一応予定されているということに鑑み、許容されるところであろう。／しかしながら、右の場合と異なり、捜索場所をくまなく撮影したり、許可状に記載されていない物件やその内容を撮影することは、(A)写真撮影が被写体の形状・内容とともに、捜索差押を受ける者に対するプライバシー侵害の状態を半永続的に残すということにより、捜索差押を受ける側の不利益を著しく増大せしめ、また、(B)許可状に記載されていない物件、すなわち、捜索差押の目的物とされていない物件をも捜索差押したのと実質的に異ならない結果をもたらすこととなり、令状主義の精神に反するおそれもある。／したがつて、右のような写真撮影は、捜索差押に必要な範囲を越えるものとして、許されないというべきである」、と。

ちなみに、「捜索場所をくまなく撮影したり、許可状に記載されていない物件やその内容を撮影すること」は、検証の性質をもつ処分となります。**最決平成2・6・27刑集44巻4号385頁**は、「裁判官の発付した捜索差押許可状に基づき、司法警察員が申立人方居室において捜索差押をするに際して、右許可状記載の『差し押えるべき物』に該当しない印鑑、ポケット・ティッシュペーパー、電動ひげそり機、洋服ダンス内の背広について写真を撮影したというのであるが、右の写真撮影は、それ自体としては検証としての性質を有すると解されるから、刑訴法430条2項の準抗告の対象となる『押収に関する処分』には当らないというべきである」と判示しました。藤島昭裁判官の補足意見も、「人の住居に立ち入って捜索差押許可状を執行するに際し、あわせてその現場において写真撮影を行うためには、原則として検証許可状が必要となる」と述べます。

4　捜索すべき場所の明示

(1)　「捜索すべき場所」の表記

すでに述べたように、捜索・差押えを受ける者に呈示される令状には、「差し押さえるべき物」と「捜索すべき場所、身体若しくは物」が記載されねばなりません（刑訴219①。参照、107①）。憲法じしんが、捜索・差押え許可状について、「捜索する場所及び押収する物を明示する」ことを要求するためです。それは、一般探索的令状を禁止する重要なルールでした。

このうち、**捜索すべき場所**はどのように明示するのでしょうか。**最決昭和30・11・22刑集9巻12号2484頁**は、「**捜索すべき場所の表示は、合理的に解釈してその場所を特定し得る程度に記載することを必要とするとともに、その程度の記載があれば足りる**」と述べました（具体的事案は次のようであった。捜索・差押え許可状には、〈被疑者の氏名〉として「〔氏名〕不詳、年令30才位の女」と記載され、〈捜索すべき場所〉としては「京都市下京区〔以下、具体的住所は省略〕、通称AことB方家屋内並附属建物全般」と記載されていた。しかし、B（通称A）は1ヶ月前に転居しており、捜索の日には、以前からの同居人であるC夫婦のみが右家屋に住んでおり、しかも、右家屋の所帯主はもともとこのCであった。最高裁昭和30年決定は、Bが同居していた関係にあり、本件令状記載の住所でB方家屋といえば、本件家屋を指すことが明らかである以上、「被告人〔捜索・差押え許可状を破ったため公文書毀棄罪等で起訴されたC〕が本件家屋の世帯主であり、仮りに所論B夫婦が、本件の捜索差押の日から1ヶ月前に他に転居していたとしても、本件令状記載の差押又は捜索すべき場所は特定していると認めるのを相当とする」と判示した）。しかし、この最高裁昭和30年決定は、令状における捜索場

所の表記の程度について判示したものであって（ちなみに、捜索すべき場所は、通常、「○○町1丁目〔町名〕2番〔街区符号〕3号〔住居番号〕」の住居表示や、地番などにより令状に表示される）、**捜索すべき場所の明示の実質的意義**について述べたものではありません。

(2) **捜索すべき場所の明示の実質的意義**

捜索すべき場所の明示の実質的意義については、地裁の裁判例でこう判示されました。

盛岡地決昭和41・12・21判例時報478号80頁は、「捜索すべき場所」の明示とは、「限定された空間が特定され、かつ、その限界が明確にされること」を意味すると判示しました。そのうえで、「そのためには、その場所の『空間的位置の明確化が可能であること、即ち空間的位置の明確性』と、その場所が『空間的にみて単一であること、換言すれば、その場所の管理（居住）権が単一であること、即ち単一管理（居住）権帰属性』とが、いずれも不可欠の要件をなし、右2要件を具備している場所に対してのみ、1個の捜索、差押令状により、捜索、差押が可能となるのであるから、1個の捜索、差押令状における『捜索すべき場所の表示』の記載もその記載を合理的に解釈するとき、その記載から、当該捜索すべき場所が右2要件を具備している場所であることが判明すれば、それで充分であるというべきである。即ち換言すれば、右2要件を具備している場所であることが判明しうる程度に令状上に記載してあれば、1個の捜索、差押令状における『捜索すべき場所の表示』としては充分であるというべきである」と判示しました。

分かりにくい点もありますが、(A)物理的に見て、位置関係をそれじたいとして特定でき、ひとが立ち入ることができる独立した空間的範囲であって、かつ、(B)規範的に見て、同一の管理権に帰属する範囲を表示することが、捜索すべき場所の明示になるとしたものでしょう（このほか、後述5(3)の佐賀地決昭和41・11・19下刑集8巻11号1489頁も参照）。

> **展開支援ナビ**
>
> **捜索すべき物と差し押さえるべき物**　東京地決昭和49・4・27刑月6巻4号530頁は、「本件捜索差押許可状に記載の『東京都板橋区〔中略〕板橋区立甲中学校内教員Aの使用する机およびロッカー』は、捜索すべき場所を特定したものであることはいうまでもない。しかして場所の特定の意味で右にいう机とは、右机の引出しの中はもとより、机の上、机の下、机の周囲の床上、机に付属する椅子の上下およびその周囲の床上などを指すものというべきである。かかる観点からすれば、机の近くに置かれた屑籠も右机に付属して置かれていると認められる状況にあるかぎり、これに含まれるものと解するのが相当である」と判示しました。「**捜索すべき物**」〔刑訴219①〕は、「差し押さえるべき物」と違い、**物じたいとして捉えられるだけでなく、空間的範囲としても捉えられる**ことに注意して下さい。
>
> なお、同じことは「捜索すべき場所」についても、当てはまります。たとえば、住居表示や地番により明示された「捜索すべき場所」の被疑者方居宅が塀に囲まれ、敷地外はすべて公道だとしましょう。被疑者方居宅を「捜索すべき場所」とする捜索・差押え許可状により、被疑者方居宅の塀に接して公道に置かれたゴミ箱なども、同一の空間的範囲にある物件として（また、同一の管理権にも帰属するため）、捜索の対象に含まれるわけです。

あらためていえば、捜索・差押え許可状に明示されるべき「捜索すべき場所」とは、(A)**場所的同一性**〔物理的基準〕をもつ独立した空間的範囲であって、かつ、(B)**同一の管理権**〔規範的基準〕によって画される客観的範囲だということができます（なお、場所的同一性の概念についても、社会的に同一と評価されるべきかどうかという規範的要素をもつことは否定できない）。捜索というのは、場所に対するひとの管理権を、物理的に侵害する強制処分であるわけですから、妥当な結論だといえるでしょう。

> **展開支援ナビ**
>
> **ホテル内客室の捜索**　関連する地裁の裁判例として、東京地判昭和50・11・7判時811号118頁を挙

げておきます。

　この判例は、「ホテル全体を捜索する必要がある場合に、捜索場所がその旨明らかにされていれば、各客室の番号を捜索差押許可状に表示することは必要ではない」、「宿泊客が少ない場合を想定すれば、経営者の単一の管理・占有下にある〔すべての〕客室を1通の許可状で捜索することは、何ら差し支えないことである」と述べます。

　しかし、そのうえで、「宿泊客がある場合は事情を異にする。宿泊客の占有する客室は、経営者及び宿泊客の二重の管理・占有の下にあるから、そのような客室の捜索を許可するのは、**押収すべき物がその客室に存在することを認めるに足りる状況のある場合でなければならない**（刑事訴訟法102条2項、222条）。宿泊客がいる場合にはその客の平穏な占有やプライバシーを侵害してまで**捜索をする必要があるかどうかが十分に考慮されなければならない**」、「従って、客が在室している場合でも捜索を許す趣旨で許可状を発付する場合は、1室につき1通を発付するか1通の許可状に捜索対象となる各室の番号を表示するのが〔各別の令状を要求する〕憲法35条2項に照して厳格であろうが、少なくとも、右の趣旨が明示されていることを要すると解され、本件の捜索差押許可状のような、単に捜索場所『ホテル夢蘭内』との記載では、無条件に宿泊客のいる客室の捜索を許可したものと解することはできない」と判示しました。

　東京地裁昭和50年判決は、宿泊客があるホテル内客室の捜索について、(A)具体的状況にかんがみその特定の客室に差押え目的物存在の蓋然性が認められることを要件とし、かつ、(B)捜索の必要性の判断について、宿泊客の「平穏な占有やプライバシー」を侵害する不利益と十分に衡量すべきだというものでした。競合する管理権、しかも、空間的範囲について排他的な管理権をもつ宿泊客に対しても、令状主義の保障を独立して及ぼすべきことを確認した下級裁の裁判例として、注目したいと思います。

附属建造物や自動車の捜索　捜査すべき場所とされた「被疑者方居宅」の**附属建造物**や居宅内の駐車場に**格納された自動車**も、「被疑者方居宅」を捜索場所とする令状により捜索の対象になるでしょうか。

　東京高判平成4・10・15高等裁判所刑事判例集45巻3号101頁は、弁護人提出の控訴趣意書の「所論は、モーテル千鳥の管理人室内を捜索場所とする本件捜索差押許可状によってプレハブの捜索はなし得ないと主張するところ、確かに右プレハブは、管理人室から植込みを挟んで約10メートル離れた場所に存在する物理的には独立している建物ではあるけれども、モーテル千鳥敷地内では最も管理人室に近く、かつ独立の住居として建てられたものではなく、実際にも不用品の収納、被告人又はその家族の就寝、客との面談等に用いられていたのであって、その実体は管理人室の離れの1部屋に過ぎなかったと解されるから、**管理人室と一体をなす付属建物として本件捜索差押許可状の捜索の対象となる**ものと認めるのが相当である（本件捜索差押許可状が捜索の場所を管理人室内としたのは、客用の各室を除外することに狙いがあると認められ、前述したような状況が存在するプレハブまでをも対象に含めない趣旨とは解されない）」と判示しました。

　この東京高裁判例の趣旨は、こうです。敷地内の附属建造物（「プレハブ」）について、本来は、捜索すべき居室（「管理人室内」）から独立した空間的範囲として、場所的独立性をもつことを認めたうえで（「物理的には独立している建物」）、例外的に、捜索すべき居室と一体をなす**実体**がある限りで（「実体は管理人室の離れの1部屋に過ぎなかった」）、その居室に付随して捜索の対象にできる（「管理人室と一体をなす付属建物として本件捜索差押許可状の捜索の対象となる」）と認めた、と。

　これに対し、捜索・差押え許可状には、捜索すべき場所として(1)「〔氏名により特定された〕被疑者方居宅及び附属建物」および(2)「被疑者所有の〔ナンバープレートの自動車登録番号で特定された〕車両」と記載された事案において、〈自動車登録番号が異なり、また、被疑者が管理しない自動車の捜索〉を違法とした地裁の裁判例があります。岐阜地裁昭和59・3・26判時1116号114頁がそれです。上記令状による被疑者方居宅の捜索・差押えにさいし、捜査機関が被疑者方「居宅に接続して築造されたコンクリート造り車庫内に格納されていた」スカイライン（自動車登録番号〔中略〕5691）の車内も捜索した事案であり、岐阜地裁昭和59年判決は、本件捜索・差押え許可状に記載された「捜索すべき場所」(1)・(2)のいずれにも右スカイラインが該当しないと述べたうえで、「右スカイラインの車内は、原告〔被疑者〕の**居宅及びその付属建物とは別個の場所的独立性を有し、しかも、その管理権はA〔被疑者の妻〕に帰属していた**〔中略〕のであるから、右スカイラインが原告〔被疑者〕の居宅に接続して築造されたコンクリート造り車庫内に格納されていたか否かの点を問うまでもなく、右のスカイラインの車内が右(1)〔の「被疑者方居宅及び附属建物」〕のうちの一部に該当するものとして、その車内を適法に捜索しうべき筋合は毫もないものというべきである」と判示しました。

　岐阜地裁昭和59年判決の考え方は、こうです。まず、自動車〔スカイライン〕について、捜索すべき場所として令状に記載された「居宅及び附属建造物」と並ぶ、**独立の「場所」**であることを認めます。ひとが立ち

08　令状による捜索・差押え　151

入ることができる独立の空間的範囲だと確認したわけです。そのうえで、その自動車に捜索場所の管理権が及ばないとき、すなわち、自動車じたいの管理権が、捜索場所の管理権者〔たとえば、被疑者〕と異なる、他のひと〔妻〕に帰属するとき、捜索すべき場所を「〔被疑者方〕居宅及び附属建造物」と記載した捜索・差押え許可状によってはその自動車を捜索できないこと、つまり、たとえ同一の〔被疑者方〕居宅・附属建造物内にあったとしても、その〔妻に管理権が属する〕自動車は上記令状による捜索の対象から除外されることを確認したわけです。自動車について、捜索場所にあっても、たんなる「物」でなく、独立の「場所」であると確認した点で、重要な裁判例でした。

(3) 「差押え物件が隠匿保管されていると思料される場所」と記載した令状

地方公務員法違反被疑事件（教員のスト）について、捜索・差押え許可状には捜索すべき場所として、「佐賀市松原町58の3佐賀県教育会館内佐教組〔佐賀県教職員組合の略称〕佐賀市支部事務局が使用している場所及び差押え物件が隠匿保管されていると思料される場所」と記載された事案があります（この令状により、佐賀県教育会館内の教組佐賀市支部事務局内が捜索され、同所において「年次有給休暇届、10・21ストのビラ、市教組分会一覧表、休暇届封筒」が差し押さえられた）。このように、「差押え物件が隠匿保管されていると思料される場所」と記載した令状は合憲なのでしょうか、すなわち、捜索すべき場所の明示を要求する憲法35条1項や、各別の令状を要求する同条2項に違反しないのでしょうか。

この点について判示したのが、地裁の裁判例である佐賀地決昭和41・11・19下刑集8巻11号1489頁です。最初に、次のように判示します。

「捜索または差押の令状に捜索または差押すべき場所を明示すべきことは、憲法第35条によって要求されるところであるが、それが要求されるゆえんは、人の場所に対する管理（住居）権を保障することにある。すなわち、令状上、捜索または差押すべき場所を明確に特定しておくことにより、捜査機関の捜索、差押の権限の行使を場所的に制限し、いやしくも強制力による捜査が濫用にわたることなきを期しているのである。そして、その令状の執行の公正を担保するため、刑事訴訟法第222条、第110条、第114条は、令状を被処分者に示し、かつ、住居主等を立会わせるべきことを要求しているから、右被処分者ないし住居主等は、令状に記載された捜索差押の場所を知ることにより、捜査機関がその許可された場所以外において不法な執行をすることがないよう監視することができるのである。したがって、令状の場所の表示は、令状請求者または発付者において明らかであるというのみならず、通常人が見ても、それが具体的にどの場所を指しているのか、容易に理解できる程度に特定されていなければならないというべきである」、と。

このように述べたうえで佐賀地裁昭和41年決定は、令状に記載された捜索すべき場所について、「その〔憲法35条1項が要求する「捜索する場所」の〕特定は、ただ場所的範囲を明確にするというだけでなく、その範囲は、犯罪捜査に必要最少限度に限定すべきであることは当然であり、また、憲法第35条第2項の趣旨〔各別の令状の要求〕からは、少なくとも管理（住居）権者を単位として特定しなければならないものである」と述べました（なお、憲法35②の趣旨について、東京高判昭和25・12・2刑集7巻3号559頁・高裁刑事判決特報16号142頁は、「憲法第35条第2項にいわゆる各別の令状とは捜索押収を受ける個人毎に発せらるべきものである趣旨であることは異論がない」と述べた。なお、1(2)の【展開支援ナビ】「捜索・差押え許可状」で紹介した東京高判昭和27・7・25高刑集5巻8号1358頁も参照されたい。佐賀地裁昭和41年決定が〈管理（住居）権者を単位とする〉というのは、前者の東京高裁昭和25年判決の趣旨を敷衍するものであった）。

そのように定立した具体的規範にもとづき佐賀地裁昭和41年決定は、本件令状のような捜索「場所の記載はその特定を欠く違憲、違法なもの」であると結論します。その判示は、こうです。

「令状上の記載はその文言自体から客観的に解釈すべきものであ〔り〕」、本件では上記のような「令状の記載自体から見ると、『差押え物件が隠匿保管されていると思料される場所』が佐賀県教育会館内

の場所であることは明らかであるとしても、**同会館内のどの場所を指しているのか全く明らかでない**。しかも、〔中略〕同会館内には佐教組本部、佐教組佐賀郡支部、佐賀県高等学校教職組、佐賀県教育公務員弘済会等管理権を異にする団体の事務所があるが、これらの場所も、捜査機関の判断により、『差押え物件が隠匿保管されていると思料される場所』として捜索および差押すべき場所となりうるのである。かくては、**憲法の禁止する一般的探険的捜索差押を許す結果とならざるをえない**。それを防止するためにこそ場所の特定が要求されているのであるから、『差押え物件が隠匿保管されていると思料される場所』があるというのならば、その場所が具体的にどこであるかを明示しなければならないのである。したがって、右のような場所の記載はその特定を欠く違憲、違法なものといわなければならない」、と（なお、佐賀地裁決定は、次のように判示して、被処分者らが申し立てた準抗告を棄却した。すなわち、〈令状に記載された「捜索すべき場所」のうち、「特定を欠く」記載部分だけが無効となる。ただし、その無効となる部分は「有害な記載」であって、「捜査機関がこれをよりどころとして不法な強制力の行使をするおそれがないとはいえない」ため、そのような恐れを排除する方法として「本件令状による裁判の取消を求めることができる」。しかし、本件令状はすでに執行され、有効期間もすでに経過しているため、「今後右無効な記載部分について不法な執行がなされるおそれはない」。それゆえ、本件捜索・差押え許可の裁判を取り消すべき実益はなくなっている〉、と）。

本件令状のような記載では、「佐賀県教育会館」の内部で「差押え物件が隠匿保管されていると〔捜査機関によって〕思料される場所」が、くまなく捜索の対象になってしまいます。それでは、捜索の対象について、令状を発付した令状係裁判官が決定するのではなく、令状を執行する捜査機関がみずからの裁量で決定することになります。それは令状主義の基本的趣旨に反するといわねばなりません。しかも、佐賀県教育会館内には佐教組佐賀市支部事務局のほかにも、「佐教組本部、佐教組佐賀郡支部、佐賀県高等学校教職組、佐賀県教育公務員弘済会等」の事務所がありました。実体としても一般探索的捜索・差押えになってしまう恐れが大きいといわねばなりません。

佐賀地裁昭和41年決定は、「同会館内のどの場所を指しているのか全く明らかでない」、また、同会館内には「管理権を異にする〔複数の〕団体の事務所がある」と判示していますので、本件令状のような記載について、⒜捜索すべき場所の空間的範囲が広きにすぎて、**場所的同一性**による限定が機能していないこと、かつ、⒝複数の管理権が及ぶ範囲を包括的に捜索できるものになっており、**管理権の単一性**による限定も機能していないことを理由に、「違憲、違法」だと判断したわけです。

5　差押え目的物の明示——【関連問題】の論述ポイント

最後に、【関連問題】の論点である、**差押え目的物の明示**という問題を取り上げます。

⑴差押え目的物明示の趣旨

捜索・差押え許可状には差押え目的物が明示されねばなりません。この差押え目的物明示の趣旨について、地裁の裁判例である**東京地決昭和33・6・12判時152号20頁**は、次のように判示しました。

「法が差押令状に押収すべき物の明示を要求する理由は、被疑者の氏名及び罪名の記載と相まって、特定の被疑事件について捜査機関に附与すべき差押権限の範囲を明確にし、これによって、一方捜査機関が差押権限を濫用し、権限外の物件を差押えることによって処分を受ける者の物の所持の安全を害することのないことを期しようとするとともに、他方、捜査機関が差押処分をなすに際しては、差押令状を相手方に示すべきことを要求し（刑事訴訟法第222条、第110条）また責任者の立会を必要とすることにより（同法第222条、第114条）もし捜査機関においてその附与された差押権限を超えて権限外の物まで不法に差押えた場合においては、相手方は、右令状の記載に照して直ちに異議を述べ、または、刑事訴訟法第430条により裁判所に対し違法な差押処分の取消を請求することができるようにし、もってその財産権を防衛することを可能ならしめる趣旨に出たものというべきである」、と。

その趣旨にかんがみる限り、「差押目的物が、名称、形態、特質、材質、製品番号などで明示されていることが望ましいことはいうまでもない」でしょう（三井誠『刑事手続法(1)〔新版〕』37頁）。差押え目的物の明示については、「文書などについては、期間、主体、内容等により、目的物を独立して特定化する方向で考えていくべきであろう」という指摘が正鵠を射ています（三井・前掲書38頁）。

(2) 「本件に関係ありと思料せられる一切の文書及び物件」と記載した令状

しかし、差押え目的物の明示について、次のような問題が指摘されました。

「本来、差押物はその固有の特徴でもって特定するのが望ましい。しかし、捜査の流動的性格からして差押物の厳格な特定は困難な場合があることや、『物から人へ』の捜査を促進するという政策的要請を考慮に入れて、差押物の特定が緩和される傾向がある。それが、差押物件を例示し、これに『本件に関係ある』というしぼりをかけた、いわゆる概括的記載である」（村井編著『現代刑事訴訟法第2版』99頁以下〔川崎〕）、と。

すなわち、人権保障の理念における**差押え目的物の明示**の要求と、捜査の現実における**概括的記載の要請**をどう調和させるか、問題になるわけです。この点に関し、上述の東京地裁昭和33年決定は、公職選挙法違反事件〔法定外文書の頒布〕の捜索・差押え許可状に、差押え目的物として「**本件犯罪に関係ある文書簿冊その他の関係文書（頒布先メモ、頒布指示文書、同印刷関係書類等）**」と記載された事案について、その記載を違憲・違法としました。すなわち、「本件犯罪に関係ある文書簿冊その他の関係書類」は、「なんらかの法定外文書の頒布のために使用もしくは用意された文書簿冊等の書類を意味〔中略〕するものと推認しうるかも知れない。したがって、或は本件記載をもって差押物件の特定としてすでに十分であると解する余地もあり得るかもしれない。しかし、かかる推理判断の能力は通常人には到底期待し難いところであつて、右例示的記載があるからといって差押えるべき物が右法定外文書の頒布罪に関する文書物件に限定せられているものと理解することはできない」と判示したわけです。

これに対し、**最決昭和33・7・29刑集12巻12号2776頁**は、異なった立場をとります。地方公務員法違反被疑事件（教員のスト、東京都教組事件）で、捜索・差押え許可状には、罪名としては「地方公務員法違反」としか記載されず〔地方公務員法上のどの罰則規定に該当するのか記載がない〕、さらに、差押え目的物としては「会議議事録、斗争日誌、指令、通達類、連絡文書、報告書、メモその他**本件に関係ありと思料せられる一切の文書及び物件**」と記載された事案でした。最高裁昭和33年決定は、こう判示します。

「本件許可状に記載された『本件に関係ありと思料せられる一切の文書及び物件』とは、『会議議事録、斗争日誌、指令、通達類、連絡文書、報告書、メモ』と記載された具体的な例示に附加されたものであつて、同許可状に記載された地方公務員法違反被疑事件に関係があり、且つ右例示の物件に準じられるような闘争関係の文書、物件を指すことが明らかであるから、同許可状が物の明示に欠くところがあるということもできない」、と。

すなわち、具体的物件を例示したあとに概括的記載をしたものであって、例示した物件に準ずるものという〈絞り込み〉、〈限定〉がなされているため、合憲だとしたわけです（ちなみに、**東京高判昭和47・6・29東京高等裁判所（刑事）判決時報23巻6号119頁**、判時682号92頁は、「本件に関連あるメモ、帳簿書類、往復文書、預金通帳、印鑑等」という捜索・差押え許可状の記載について、「一応その対象を例示、列挙したうえ、これに『本件に関連ある』との限定を付したものであることを考え合わせると、右許可状の差し押えるべき物の記載は、やむを得ないものとして是認できる」と説明した）。

このような「本件に関係ありと思料せられる一切の文書及び物件」と記載した捜索・差押え許可状を合憲とした、すなわち、憲法35条1項の「差押え目的物の明示」の要請に反しないとした最高裁昭和33年決定は妥当なのでしょうか。この問題に関し、具体的には、2つの論点が挙げられます。

①記載そのものが概括的ではないか 1つは、「本件に関係ありと思料せられる一切の文書及び物

件」というような差押え目的物の記載そのものが概括的にすぎ、それだけですでに憲法35条1項の明示要求を充さないのではないかという論点です。すでに述べたように、捜索場所を「差押え物件が隠匿保管されていると思料される場所」と記載した令状について、佐賀地裁昭和41年決定は、これを違憲・違法だとしました。この佐賀地裁昭和41年決定と最高裁昭和33年決定とは結論が正反対です。その違いはなぜ生じたのでしょうか。

　捜索場所については、街区符号や住居番号の表示などによって、外形ないし外観上、これを特定することが比較的容易だといえます。これに対し、差押え目的物については、建物・施設などの内部にあるため外部からは窺い知れないことが多く、これを特定することが困難な場合が多いでしょう。そのような特殊事情から生じる違いだ、すなわち、差押え目的物については、具体的物件を例示する方法による一応の絞り込みを許したのだと説明できるかもしれません（ただし、最高裁昭和33年決定の事案は、適法性が肯定される限界の事例だとする考え方もある。田宮裕『刑事訴訟法〔新版〕』105頁は、上述した東京地裁昭和33年決定の事案のように「本件犯罪に関係ある文書簿冊その他の関係文書（頒布先メモ、頒布指示文書、同印刷関係書類等）」のような記載であれば、「カッコ内が包括的文言の一部にすぎず、限定作用をもたない」ために違法になるとした。すなわち、僅かな記載上の差異が、憲法上の「差押え目的物の明示の要求」に適うか否かを決めるわけであった）。

　②**罰条・犯罪名・被疑事実の要旨を示すべきか**　　もう1つの論点は、差押え目的物について、かりにそのような概括的記載が違憲・違法にならない場合があるとしても、差押え目的物である証拠は**被疑事実に関連する資料**であるため、差押え目的物を概括的に記載した**欠点**を補うため、**被疑事実との関連性**により差押え対象を絞り込むよう、**令状の記載の仕方**を変えるべきではないかという問題です。すなわち、特別法犯について、3(1)で述べたように、(A)令状に記載する罪名として、法令名とともに罰条と具体的な犯罪名（犯罪名の表示が困難なときは、罰条の具体的内容）まで表示すべきでないか、さらに、(B)刑法犯も特別刑法犯も、ともに捜索・差押え許可状には逮捕状のように「被疑事実の要旨」まで記載するか、「被疑事実の要旨」を記載した書面を添付する措置も必要でないかという問題です。

　この第2の論点に関し最高裁昭和33年決定（3(1)参照）は、「憲法35条は、捜索、押収については、その令状に、捜索する場所及び押収する物を明示することを要求しているにとどまり、その令状が正当な理由に基いて発せられたことを明示することまでは要求していないものと解すべきである。されば、捜索差押許可状に被疑事件の罪名を、適用法条を示して記載することは憲法の要求するところでなく、捜索する場所及び押収する物以外の記載事項はすべて刑訴法の規定するところに委ねられており、刑訴219条1項により右許可状に罪名を記載するに当っては、適用法条まで示す必要はないものと解する」としました。結局、〈特別法犯では、捜索・差押え許可状に罰条や犯罪名まで記載しなければ、差押え目的物が実質的に明示されないのではないか〉という問題について、およそ視野に入れられませんでした。

　しかし、この特別刑法犯では「適用法条まで示す必要はない」という判示に対し、次のような批判がなされます。すなわち、捜索・差押え許可状に罪名を記載する、その固有の意義は、「当該令状が〔憲法35条にいう〕『正当な理由』にもとづいて発せられたことを明らかにし、かつ他事件への令状の流用を防止すること（事件の特定）にある」（村井編『現代刑事訴訟法第2版』100頁〔川崎〕）、「同時に、差押物についてある程度の概括的記載を許さざるをえない現状の下で、罪名記載は差押物を特定する機能を事実上もっている。刑法犯の場合、罪名を記載すれば罰条は明らかとなるから、問題はほとんどない。しかし、特別法違反については、特別法自体が罪質を異にする多数の罰則規定を含んでいるから、法令名をあげてその違反としただけでは、それがどの罰条にあたるのかは明らかにならない。それでは罪名記載の趣旨は満たされない。〔中略〕罪名記載がもつ事件特定の機能を考慮するなら、特別法違反については罪名の記載には罰条の記載をも必要とすると解するのが正当である」（村井編著『現代刑事訴訟法〔初版〕』81頁〔川崎〕。この叙述は第2版で省略された）という批判です。正鵠を射た批判でしょう。ただし、事件特定の機能を重視する以上、犯罪名も加え、「罰条および犯罪名の記載をも必要」というべきです。

捜索・差押え許可状が憲法35条1項の「正当な理由」を実質的に化体するものとなるには、やはり令状の記載上、差押え目的物について、それじたいを「独立して特定化する」ことが望まれ（三井『刑事手続法⑴〔新版〕』37頁）、また、被疑事実との関連性が示されることも必要です。すなわち、捜索・差押え許可状においても、刑法犯の罪名記載、特別法犯の法令名・罰条・犯罪名記載が必要だというべきであり、とくに、具体的物件を例示したあとに差押え目的物を概括的に記載することを許すのであれば、刑法犯も特別法犯も、ともに被疑事実の要旨じたいを捜索・差押え許可状に記載しなければならないでしょう（具体的には、捜索・差押え許可状の「請求書」には被疑事実の要旨が記載されるため、この請求書を令状に添付すれば足りる）。

捜索・差押え②

09　逮捕現場における無令状の捜索・差押え

設問09
　逮捕の現場における捜索・差押えが令状なしに認められる実質的根拠と、令状なしに認められる捜索の空間的・時間的範囲について、論じなさい。

関連問題
　Aが父親代わりに面倒を見ているK子の引越先住居に、Aが大量の覚せい剤を運び込んだ疑いがあるとして、警察官甲らはK子方居宅前で張り込みを続けていた。そのとき、ペーパーバッグと携帯電話を持ってK子方居宅からAが出てきたため、警察官甲が警察手帳を示して声をかける。そうすると、突然Aは路上に携帯電話を投げ捨て、西に向かって全力で走り出した。
　別の場所で張り込んでいた警察官乙がAの前に立ち塞がると、Aはペーパーバッグを隣接する共同住宅敷地内に放り投げたうえ、警察官乙に衝突し、転倒する。ペーパーバッグを拾ってきた警察官丙がその中味をAに尋ねるが、Aは答えない。警察官らは、AをK子方居宅前まで連れて行き、警察官丁がK子に対し、「話しを聞くため、室内に入っていいか」と尋ねる。K子がこれを承諾したため、警察官らはAとともにK子方居宅に入った。
　警察官丁は、K子方居宅の台所入口付近で、Aの一応の承諾を得てペーパーバッグの内容物を検査したところ、覚せい剤入りポリ袋1個を発見する。
　警察官丁が、K子に対し、「他に覚せい剤を隠していないか。あったら出しなさい」と告げると、K子は「いいですよ、室内を捜して下さい」と答えた。警察官らが手分けしてK子方居宅を捜索した結果、台所の流し台の下に、新聞紙に包まれて覚せい剤入りポリ袋2個が並べて置いてあるのを発見する。そのため、警察官らはAとK子を、覚せい剤の営利目的による共同所持の現行犯人として逮捕した。
　K子方居宅における警察官らの捜索は適法か。

1　令状によらない捜索・差押えの現状

(1)　憲法が許容する無令状捜索・差押え

　憲法35条1項は、「何人も、その住居、書類及び所持品について、侵入、捜索及び押収を受けることのない権利は、第33条の場合を除いては、正当な理由に基いて発せられ、且つ捜索する場所及び押収する物を明示する令状がなければ、侵されない」と定め、同条2項は「捜索又は押収は、権限を有する司法官憲が発する各別の令状により、これを行ふ」と定めます。「住居、書類及び所持品」に化体された個人のプライバシーの権利を侵害する捜索・差押えは、裁判官があらかじめ発付する令状にもとづき行われねばならないことを定めたものです。
　しかし、憲法35条は同時に、**令状によらない捜索・差押え**が許される場合も認めました。それが、**憲法33条の場合**です。具体的には、「現行犯として逮捕される場合」や、「権限を有する司法官憲が発し、且つ理由となつてゐる犯罪を明示する令状」により逮捕される場合を指します（憲法33）。すなわち、**現行犯逮捕**（刑訴213）や、事前の令状による**通常逮捕**（刑訴199）、逮捕後に令状を請求する**緊急逮捕**（刑訴210）が行われる場合には、捜索・差押えに対する令状のコントロールは及ばないことを憲法

じしんが認めたわけです。この憲法の趣旨を受け刑事訴訟法220条1項2号は、被疑者を逮捕する場合に「逮捕の現場で差押、捜索又は検証をすること」を許し、同条3項は「第1項の処分をするには、令状は、これを必要としない」と定めました（なお、以下では、逮捕現場における**捜索・差押え**だけを問題とし、**検証**についてはとくに説明しない。憲法35条と検証の関係について、設問08「令状における『捜索する場所』・『押収する物』の明示」1(1)の【展開支援ナビ】「憲法35条と検証」を参照）。

(2) 統計に現れた無令状捜索・差押え

数量的には、逮捕現場の無令状捜索・差押えは、令状による捜索・差押えとほぼ同数か、それ以上あると推計されます。たとえば、検察統計年報によれば、平成25年に逮捕された者（通常逮捕、緊急逮捕、現行犯逮捕のすべてを含む）は127,443人でした（検察庁既済事件すべての被疑者数は、356,594人であり、逮捕率は35・7％となる）。ただし、この数字は、自動車等による過失致死傷事件と道路交通法等違反事件の逮捕人員を除きます（司法統計年報では、平成25年度にすべての刑事事件について、通常逮捕状が93,439通、緊急逮捕状が8,637通、合計で105,076通が発付された。ただし、司法統計年報には、無令状の現行犯逮捕数が計上されない）。なお、平成26年版警察白書によれば、平成25年における自動車運転過失致死傷および業務上過失致死傷の検挙件数は、598,832件でした。このうち、約3割が逮捕されたと推計すれば、逮捕件数は約18万件になります。検察統計年報に計上された127,443人と合計したとき、約30万件の逮捕件数に上ることになります。この逮捕のすべての現場で令状によらない捜索・差押えが行われているとすれば、その件数も30万件を下らないことになります。これに対し、司法統計年報では、平成25年度に請求により発付された捜索・差押え許可状と検証許可状の総数は233,071通でした。すなわち、逮捕現場の無令状捜索・差押えは、令状による捜索・差押えとほぼ同数か、それ以上あると推計されるわけです。

展開支援ナビ

逮捕すべき被疑者の所在捜索　刑事訴訟法220条1項1号は、被疑者を逮捕する場合に限り、住居などに立ち入り被疑者を捜索することも許します（参照、設問08「令状による捜索・差押え」1(3)の【展開支援ナビ】「物の捜索とひとの捜索」）。すなわち、逮捕すべき被疑者の所在を明らかにするため、「人の住居又は人の看守する邸宅、建造物若しくは船舶内に入り」捜索できます。この逮捕すべき被疑者の所在捜索についても、刑事訴訟法220条3項が、「令状は、これを必要としない」と定めました。すなわち、逮捕を遂行するため必要な権限として、捜査機関は被疑者の所在を捜索する強制処分権限を行使できること、しかも、令状によらないで右権限を行使できることが、220条1項1号、同3項により**確認的**に定められたわけです。

ちなみに、捜索とは、一般的には、差押え目的物を発見するための処分を意味します（刑訴222①〔102を準用〕）。しかし、刑事訴訟法はこの一般的な捜索と区別して、220条1項1号の**特別規定**を設け、被疑者の所在を明らかにするための**特別な捜索**が、逮捕する場合に限って許されることを確認的に定めたわけです（その他、刑訴126〔勾引または勾留すべき被告人の捜索〕も同様）。

ただし、あくまでも令状によらない所在捜索ですので、**緊急性の要件**を実質的に課すべきでしょう。すなわち、**予定する逮捕行為に時間的に接着する限度**で、被疑者の所在捜索が令状によらないで許されるというべきです。

また、所在捜索の対象になる「住居、邸宅、建造物、船舶」について、被疑者が「**現在することの高度の蓋然性**」が客観的に認められねばなりません。この要件について、**札幌高函館支判昭和37・9・11高刑集15巻6号503頁**は、窃盗犯人がAの住居に隠れたという通報を目撃者から受けた警察官が、目撃時より約20分後にAの住居に行った事案において、被疑者を捜索するためには「被疑者が人の住居に現在することの高度の蓋然性を必要とする」としたうえで、本件は目撃時より約20分を経過していたけれども、Aが「終始犯人を隠匿するかのごとき態度を示していた〔客観的〕事実」にかんがみ、右高度の蓋然性が肯定されるとしました。このほか、**大阪地判昭和38・9・18下刑集5巻9＝10号870頁**は、「通常逮捕現行犯逮捕等の為に他人の住居等に立ち入り被疑者を捜索する事は自由勝手に出来るのではなく『必要があるとき』である。即ち被疑者が人の住居に現在することの高度の蓋然性が必要なのである。然しこの必要性の判断は捜査機関の主観のみに任せられるのではなく客観的にも当然その必要性の認められる場合でなければならぬことは云う迄もないことであ

る」と判示したうえで、被疑者2名を捜索した本件小料理店2階には、所在捜索にいたる客観的経過にかんがみ、「被疑者2名の現在する公算は極めて少なかった」と結論しました。

2　令状によらない捜索・差押えが許される理由と範囲——緊急処分説と相当説

逮捕にさいし、その現場で無令状の捜索・差押えがなぜ許されるのでしょうか。この点で、2つの考え方があります。

(1) 緊急処分説（限定説）

1つは、**緊急処分説**と呼ばれる考え方です（**限定説**ともいう）。この緊急処分説は、場所や物、ひとの身体に化体されるプライバシーの権利の重要性にかんがみ、証拠物や没収すべき物（以下、証拠物というときは没収すべき物も含む）を収集・保全する**捜索・差押えは令状によるのが原則**だという考えを基礎にします。言い換えれば、逮捕現場における無令状の捜索・差押えは**令状主義の合理的例外**である限りで許されると考えます。

では、令状主義の合理的例外を認める実質的根拠はなんでしょうか。その実質的根拠について、被疑者を逮捕する場合に「令状を必要としないのは、証拠の存在する蓋然性が強いだけでなく、逮捕者の身体の安全をはかる必要があり、また、証拠の破壊を防ぐ必要があるからである」と述べられました（平野龍一『刑事訴訟法』161頁）。また、「逮捕の現場」（刑訴220①(2)）では、「逮捕を完遂させるために、すなわち、被逮捕者の抵抗を抑圧し、逃亡を防止するためと、同時に、現場の証拠の破壊を防止するための緊急の必要性から〔適法な逮捕に伴い無令状の捜索・差押えを許す原則が〕認められる」とも述べられました（田宮裕『刑事訴訟法〔新版〕』109頁。ちなみに、完遂されるべき逮捕とは、狭義の逮捕行為を意味する。狭義の逮捕行為について、設問03「逮捕・勾留の基本的知識とその原則」1(2)②の【展開支援ナビ】「狭義の逮捕行為、引致、留置」参照）。

以上の趣旨は、こう敷衍できます。すなわち、逮捕行為を完遂するには、(A)逮捕者である司法警察職員など（刑訴202ないし204）の身体の安全のため、被逮捕者の被疑者が——その身体・着衣（携行品を含む。以下、同じ）のほか、直接の支配下におく空間的範囲、すなわち、身辺の手の届く空間的範囲で——所持する兇器を発見し取り上げて、被疑者の抵抗を抑圧すること〔**兇器の発見、取り上げ**〕が緊急に必要となります。また、(B)被疑者が——身体・着衣や身辺の手の届く空間的範囲で——所持する逃走用具を発見し取り上げて、被疑者の逃亡を防止すること〔**逃走用具の発見、取り上げ**〕も、逮捕行為を完遂するため、緊急に必要となります。さらに、(C)被疑者が——身体・着衣や身辺の手の届く空間的範囲で——所持する証拠物を発見し保全して、被疑者による証拠物の隠匿・破壊を防止すること〔**被疑事実に関連する証拠物の発見、保全**〕も、逮捕行為に附随して緊急に必要となるでしょう。

これら(A)(B)(C)のように、逮捕現場では、被疑者の身体・着衣に所持する、または、その身辺の手の届く空間的範囲に存在する兇器、逃走用具、証拠物について、**緊急に**——そのため、事前に発付すべき令状によらないで——捜索・差押えを行う必要があるといえます。その**緊急性と必要性**を実質的根拠として、逮捕現場における無令状の捜索・差押えが**令状主義の合理的例外**として肯定されるわけです（平野『刑事訴訟法概説』76頁は、令状がなくとも逮捕現場で捜索・差押えをすることができるのは、「被疑者による証拠の隠匿・棄滅を防ぎ、かつ逮捕者の身体の安全を守る緊急の必要があるからであろう」という）。

このように緊急処分説は、**逮捕行為を完遂するため緊急に必要とされる限度で、無令状の捜索・差押えが認められる**とします（「令状のえられない緊急事態」という点を捉えて、田宮『刑事訴訟法〔新版〕』109頁は緊急処分説と呼んだ）。この「緊急に必要とされる限度で」という趣旨は、こう敷衍できます。すなわち、〔1〕捜索・差押えを令状にもとづき行う時間的余裕——捜索・差押え許可状をあらかじめ請求し、発付する手続をとっておく時間的余裕——がない場合に限って〔**緊急性の要件による限定**〕、〔2〕逮捕行為と同時

並行的に〔時間的な幅の限定〕、〔3〕逮捕すべき被疑者の身体・着衣とその身辺の手の届く空間的範囲についてだけ〔空間的範囲の限定〕、令状によらない捜索・差押えが認められる、と（平野『刑事訴訟法』116頁は、逮捕現場での無令状捜索・差押えの「範囲は、被疑者の身体およびその直接の支配下にある場所に限るべきであり、右のような〔逮捕者の身体の安全をはかる必要があり、また、証拠の破壊を防ぐ必要がある〕状態の存する時間内に限るべきである」とした）。これらの**緊急性の要件による限定、時間的な幅の限定、空間的な範囲の限定**を認めるため、緊急処分説は**限定説**とも呼ばれます（田宮編著『刑事訴訟法Ⅰ』349頁〔田宮執筆部分〕）。

展開支援ナビ

逮捕に「必要な処分」と兇器・逃走用具の「捜索・差押え」 兇器・逃走用具の「捜索・差押え」について、特別な議論があります。たとえば、『条解刑事訴訟法〔第4版〕』420頁は、警察官職務執行法2条4項（「警察官は、刑事訴訟に関する法律により逮捕されている者については、その身体について凶器を所持しているかどうかを調べることができる」）を参照しつつ、差押え目的物でない「被疑者の所持する凶器、武器、逃走用具」について、「逮捕行為を安全に完遂するための付随処分として取り上げることができる」としました。ちなみに、逮捕じたいについて、「必要な処分」を許す明文規定は刑事訴訟法にありません（捜索・差押えについて、刑訴111①「差押状又は捜索状の執行については、錠をはずし、封を開き、その他必要な処分をすることができる」。なお、後述のように、逮捕に伴う無令状の捜索・差押え・検証については、222①〔111①、129を準用〕が「必要な処分」を許す）。しかし、逮捕を完遂するうえで「必要な処分」は、刑事訴訟法上に根拠規定がなくとも、当然に許されると解することは可能でしょう。たとえば、上述したような、逮捕される被疑者の身体・着衣や身辺の手の届く空間的範囲について、令状なしに緊急に検査し、発見した兇器や逃走用具を取り上げておくことは、逮捕行為の完遂に「必要な処分」として**当然**に許されるはずだと解するわけです（なお、川出敏裕「逮捕に伴う差押え・捜索・検証」法学教室197号37頁は、兇器・逃走用具の取り上げについて、「逮捕に対する妨害排除するための措置として、そもそも逮捕の効力により行うことができる」とされた）。「当然に」というのは、刑事訴訟法220条1項2号と無関係に——それゆえ、右規定がなくとも——許されるという趣旨です。この考え方は、翻って220条1項2号の趣旨について、もっぱら差押え目的物（おもに証拠物）の捜索・差押えを逮捕現場で許すものと理解することになるでしょう。

しかし、逮捕行為の完遂に「必要な処分」が、刑事訴訟法220条1項2号の捜索・差押えと区別され、刑事訴訟法の根拠規定なしに**当然**に許されるという考え方には、賛成できません。なぜなら、その考え方では、逮捕行為の完遂に「必要な処分」について、刑事訴訟法の手続的規制が及ばないものになってしまうからです。たとえば、準抗告の不服を申し立てる権利（刑訴429①(2)）が被処分者に保障されないことになります。

そもそも逮捕という身体の自由を侵害する重大な対人的強制処分について、それを完遂するために「必要な処分」の内容や範囲が刑事訴訟法になんら定められていないと解する——その結果、その「必要な処分」の内容や範囲は捜査機関の裁量的判断に委ねられるとする——ことじたいに、疑問があるといわなければなりません。

刑事訴訟法220条1項については、こう解釈すべきでしょう。すなわち、逮捕現場においては、**差押え目的物である証拠物の発見・保全を目的とする一般の捜索や差押えと異なり、逮捕行為を完遂するため、証拠物だけでなく兇器や逃走用具の発見・保全もあわせ目的とする特別な捜索・差押え**を認めたものだ、と（緑大輔「逮捕に伴う対物的強制処分——緊急処分説の展開」『人権の刑事法学・村井敏邦先生古稀祝賀記念論文集』244頁も、刑訴220①本文が「逮捕執行を完遂するために必要な処分」を許容し、220①(2)はその「必要な処分」に「逮捕執行を完遂するために執行される〔逃走具・凶器の〕捜索・差押え等を含む」と解した。ちなみに、他の特別な捜索・差押えの例として、220①(1)に被疑者の所在捜索が、また、特別な差押えの例として、81に「授受すべき書類その他の物」の差押えが定められた）。なお、私人による現行犯逮捕については、刑事訴訟法220条の射程外とされたため、証拠物のほか兇器や逃走用具の発見・保全もあわせ目的とする**特別な捜索・差押え**は認められません。ただし、現行犯人がその手に所持する兇器を取り上げる行為などは、私人の**逮捕行為そのもの**として許されるでしょう（これに対し、緑・前掲論文245頁は、「私人が自らの身を守るために凶器・逃走具の占有を剥奪」すること、すなわち、「私人の逮捕行為のための安全確保については、刑法上の正当防衛等によって規律されている」と解した）。

「逮捕する場合において必要があるときは、左の処分をすることができる」と定めた刑事訴訟法220条1項については、その文言どおり、**逮捕を完遂するため必要な処分**を定めたもの、しかも、その処分として同項1、2号**の被疑者の所在捜索と逮捕現場における捜索・差押え**をとくに挙げたものと解釈すべきです（なお、刑訴222①により、220①の「処分」についても、111①〔捜索・差押えのため、「錠をはずし、封を開き、その他必要な処分をすることができる」〕、129〔検証のため、「身体の検査、死体の解剖、墳墓の発掘、物の破壊その他必要な処分をすることができる」〕が準用される）。

(2) 相当説（合理説）

　もう1つの考え方は、**相当説**と呼ばれます（**合理説**ともいう）。この相当説によれば、捜索・差押えは令状によるのが原則だとされません。相当な理由があるため、合理性が認められる捜索・差押えであれば一般に許されてよいという考えを基礎にします（田宮編著『刑事訴訟法Ⅰ』349頁〔田宮執筆部分〕は、捜索・差押えは「一般に相当な理由のある合理的な場合には許され」、逮捕に伴う無令状捜索・差押えはその「合理的な一場合である」と考えるため、合理説と呼んだ。その後、田宮『刑事訴訟法〔新版〕』109頁が相当説と言い換える）。

　では、「相当な理由」や「合理性」が認められるのは、どのような場合でしょうか。相当な理由や合理性が肯定される場合の1つは、いうまでもなく、**法定の要件にもとづき令状が発付され、この令状により捜索・差押えが行われる場合**です。そして、もう1つの場合が、**逮捕現場において兇器や逃走用具のほか、証拠物を令状なしに収集・保全する場合**だとされます。

　前者の場合は、裁判官があらかじめ発付した令状にもとづき捜索・差押えを行うわけですから、その手続じたいを根拠に、捜索・差押えは適法性・正当性をもつことになり、相当な理由や合理性が肯定されるといえます。では、後者の場合、なぜ相当な理由や合理性が肯定されるのでしょうか。

　被疑者の身体・着衣や身辺の手の届く場所的範囲について、兇器や逃走用具、証拠物を捜索し、差し押さえることじたいは、逮捕行為を完遂するため緊急に必要な処分として、やはり相当な理由や合理性が肯定されるでしょう。問題になるのは、被疑者の身体・着衣や身辺の手の届く場所的範囲を超えて、たとえば、逮捕現場となった**居宅や敷地すべてを捜索の対象にし、発見した証拠物を差し押さえること**ができるかどうかです。そのような証拠物の捜索・差押えについても、相当な理由や合理性が認められるでしょうか。

　相当な理由、合理性が認められる理由として、こう説明されました。1つは、(A)逮捕現場には、「罪を犯したことを疑うに足りる相当な理由」（刑訴199①）がある被疑者がいる以上、その被疑者が現実に管理ないし支配する場所的範囲で、**差押え目的物となる証拠物が存在する蓋然性も類型的に高い**と認められるからだ、と（東京高判昭和44・6・20高刑集22巻3号352頁は、「逮捕の場所には、被疑事実と関連する証拠物が存在する蓋然性が極めて強〔い〕」とした）。そのため、**逮捕現場の捜索・差押えという事実だけ**を根拠に──したがって、令状の根拠がなくとも──、相当な理由がある合理的な証拠収集行為と認めてよいとされます。もう1つは、(B)被疑者の逮捕によって捜査の秘密性が決定的に破られた以上、被疑者じしんや他の関係者に、**差押え目的物となる証拠物を隠匿したり、破壊したりさせないため**、証拠物が存在する蓋然性が類型的に高い逮捕現場で証拠物を発見し、保全しておく必要性も大きいからだ、と。そして、(C)「罪を犯したことを疑うに足りる相当な理由」があるため、身体の自由を剥奪する逮捕という重大な不利益処分を受ける被疑者に対し、**相対的に軽微なプライバシー侵害の処分**（住居等に化体されたプライバシーの侵害処分。身体の自由を侵害する逮捕に比較し、相対的にみて軽微な権利侵害となる捜索・差押えの強制処分）を附随的に負わせたとしても、その処分には相当な理由や合理性があると考えられる、とも説明されます。

　これら(A)(B)(C)──おもに(A)──から、逮捕現場における証拠物の捜索・差押えは、令状によらなくとも、相当な理由がある合理的な捜索・差押えだとされるわけです。

　ちなみに、この相当説の考え方によれば、令状による捜索・差押えも、令状によらない逮捕現場の捜索・差押えも、相当な理由や合理性がある点で変わりはないため、それぞれ証拠物の発見・保全手段としては**等価値のもの**とされます。すなわち、両者には、原則と例外というような序列ないし優劣の関係はありません。捜索・差押えが令状によるか・よらないかは、捜査機関が捜査上の効果や効率などにかんがみ、みずからの判断で自由に選択してよいことだと考えるのです（田宮・前掲書109頁は、逮捕現場の場合と「令状による場合との関係は捜査戦術の選択の問題にすぎず、どちらが原則かという優劣の差はない」という）。そのため相当説では、無令状の捜索・差押えについて、緊急処分説のように、〈令状主義の例外として許す以上、その条件に厳格な絞りをかけねばならない〉と考えません。また、〈逮捕行為完遂の目的に縛ら

れねばならない〉とも考えません。そのことから、以下のような結論が導かれます。

まず、〔1〕逮捕現場における捜索・差押えが例外的に許される、すなわち、令状を得られない緊急事態に限って許されるという必要はないとします。なぜなら、事前に令状を得て捜索・差押えを計画的に行うか、令状によらず逮捕現場で機敏に行うかは、「捜査戦術の選択の問題にすぎず、どちらが原則か〔後者が例外か〕という優劣の関係はない」（田宮『刑事訴訟法〔新版〕』109頁。〔 〕は引用者）からです。〔2〕逮捕現場における捜索は、被疑者の身体・着衣やその身辺の手の届く場所的範囲に限られず、逮捕した場所を対象に令状を請求すれば許される場所的範囲で広く認められるべきものとなります。なぜなら、「逮捕の現場」（刑訴220①(2)）という言葉遣いは、令状により「捜索すべき場所」（刑訴219①）に対応する言葉遣いですので、逮捕の場所を対象に令状を請求すれば許容される場所的範囲——すなわち、証拠物存在の蓋然性が認められる限り、同一の管理権が及び、空間的にも一体の範囲——で捜索・差押えを行うことができると考えるからです。そのため、「逮捕が家屋の一室で行われればその家屋全体、また屋外で逮捕した場合も、同一敷地内にある家屋も、捜索の対象になる」（田宮・前掲書111頁）とされます。さらに、〔3〕狭義の逮捕行為を終え、被疑者を警察署などへ引致した後であっても、捜索の必要性が認められ、証拠物存在の蓋然性も認められる限り、令状によらない捜索・差押えを継続できます。

展開支援ナビ

第三者の居宅・居室における無令状捜索・差押え　逮捕現場が被疑者以外の第三者の居宅・居室であった場合、相当説の考え方によっても、証拠物存在の蓋然性を認めるに足りる具体的状況がある限りでしか、無令状捜索の対象にできません。たしかに、相当説は、被疑者を逮捕する現場には証拠物存在の蓋然性が類型的に高いと考えます。しかし、その高度の蓋然性はあくまで**抽象的**なものにとどまります。そのため、第三者の居宅・居室のような、**一般的に証拠物存在の蓋然性が認められない**場所が逮捕現場となったときは、特別に、証拠物存在の蓋然性を認めるに足りる**具体的状況**がなければならないわけです。たとえば、逮捕現場となった第三者の居宅・居室については、被疑者と第三者の関係、第三者の居宅・居室の使用態様など、その場所の具体的状況により逮捕された被疑者の現実的な管理・支配が及ぶことが明らかな空間的範囲でしか、証拠物存在の蓋然性は肯定されず、無令状捜索もその範囲でしか許されないでしょう。

なお、逮捕行為に着手する前に、先行して無令状の捜索・差押ができるかどうかは、議論のあるところです。この点は、3(1)で説明します。

(3) どう考えるべきか

緊急処分説〔逮捕を完遂するため緊急に必要とされる限度で無令状の捜索・差押えが認められる〕か、相当説〔逮捕現場には証拠が存在する蓋然性が類型的に高いため、無令状の捜索・差押えも相当な理由がある合理的な証拠収集手段として認められる〕か、どちらの考え方に与するべきでしょうか。

身体の自由を侵害する対人的強制処分と並んで、「書類及び所持品」（憲法35①）という有体物に化体された個人のプライバシー——厳密には、**プライバシーの不可侵**という法的な価値——を侵害する**差押え**（刑訴99、218①、220①(2)）や、差押え目的物を発見するために「住居、書類及び所持品」（憲法35①）に化体された個人のプライバシーを侵害する**捜索**（刑訴102、218①、220①(2)）については、そのような対物的強制処分を手段とする捜査活動がもたらす権利侵害の大きさにかんがみる限り、令状の請求・発付手続を介して裁判官が違法・不当なプライバシー侵害を未然に防止すべきものでしょう。すなわち、〈個人のプライバシーを侵害する対物的強制処分に先だって、そのような処分を正当化する裁判官の令状が発付されねばならない〉、〈対物的強制処分についても、令状の事前発付が原則でなければならない〉わけです。それが、対物的強制処分を手段とする捜査活動を規制する憲法35条の趣旨だといえます。すなわち、対物的強制処分についても、令状の要求が憲法35条の核心的内容だといわねばなりません。

この点を踏まえる限り、逮捕現場における無令状の捜索・差押えについて、令状主義の合理的例外と

してしか許されないと捉え、強い法的規制をかける緊急処分説のほうが、やはり妥当でしょう。

これに対し、**捜査の効果・効率という観点を重視するのであれば、相当説をとる**ことになるでしょう。なぜなら、もともと相当説は、〈捜索・差押えが令状によるか・よらないかは、捜査の効果・効率にかんがみて選択すべき問題にすぎない〉、〈捜査機関は捜査の効果・効率という観点から、令状によるか・よらないかを選択できる〉と考えるものだからです。

しかし、プライバシーの不可侵という法的価値を擁護するという憲法的要請よりも、捜査の効果・効率という政策的要請を重視する立場をとってしまうと、おのずと、令状によらない捜索・差押えの法的要件や範囲が緩和ないし拡大されることになってしまいます。なぜなら、政策的要請には、〈捜査を実効化・効率化できるときは、法的規制に囚われないで、そうすべきだ〉という内在的論理がつねに働くからです。そのような政策的要請に内在する論理にもとづき、令状によらない捜索・差押えの要件や緩和され、その範囲が不当に拡大されてしまう——、このことが強く懸念されるため、相当説に与することはできないのです。

3　令状によらない捜索・差押えと判例

しかし、判例は相当説にたつといわねばなりません。たとえば、**最決昭和40・9・16裁判集刑事156号437頁**は、逮捕の現場で被疑者の身辺を超えて行われる捜索・差押について、これを適法としました。すなわち、「警察官らは、所論〔小料理店の〕『甲』の2階に立入る直前に、その1階において、『甲』に寝泊まりしていた被疑者Bに逮捕状を示して、これを適法に逮捕していたというのであるから、『甲』の2階に立入り、差押、捜索または検証をすることが適法にできたものといわなければならない（刑訴法220条1項）」と判示しました（公務執行妨害被告事件。適法に2階に立入ろうとする警察官らに対し、暴行脅迫を加えた）。逮捕現場の無令状捜索・差押えについて、被疑者の身体・着衣やその身辺の手の届く場所的範囲に限定しないため、緊急処分説にたたず、相当説にたった判例だといわねばなりません。

(1)　逮捕着手前の無令状捜索・差押え

また、**逮捕行為に先行する無令状捜索・差押えを許した最大判昭和36・6・7刑集15巻6号915頁**も、相当説にたったというべき判例でした。具体的事案の概要は、こうです（最高裁判決で述べられたものを、控訴審判決の**大阪高判昭和31・6・19刑集15巻6号953頁**および検察官側の上告趣意〔刑集15巻6号937頁〕により補足した）。

> (1)　麻薬取締官など4名の捜査官が、昭和30年10月11日午後8時30分頃、大阪市浪速区の南海阪堺線霞町駅西側路上において、職務質問の結果、麻薬のヘロイン1袋約5グラムを所持していたSを現行犯として逮捕します。Sが、ヘロインは大阪市西成区居住のAから入手したことを自供したので、捜査官らはAを緊急逮捕するため、Sを連行してA宅に急行します。
>
> (2)　捜査官らがA宅に到着したのは午後9時30分頃でした。しかし、Aは外出していて不在であり、A方居宅には高校2年生で17歳の長女Bだけがいました。Sが「ヘロインはこの娘から受け取った」と供述するので、捜査官らがその旨を長女Bに聞いたところ、Bは、「中味は知らないが、父から頼まれて食器棚から出して渡した」と述べます。
>
> 捜査官らは、長女Bを麻薬譲渡の疑いで緊急逮捕したうえで家屋内を捜索しようとも考えるのですが、高校生でもあり可哀想に思って緊急逮捕を控え、ただBに対し、「一応、部屋の中を探させてもらってもよいか」と尋ねます。Bが「どうぞ、見てちょうだい」と答えたので、捜査官らは、Aが帰宅したときはただちにAを緊急逮捕する態勢の下で、Bを立会人として家屋内の食器棚や奥6畳の部屋などを捜索します。その結果、奥6畳の部屋の和箪笥の引出に入れてあった新聞の下か

> ら、ヘロイン1袋約5グラムを発見します。さらに、この和箪笥の隣の箪笥引出からは、銀紙で包んだ麻薬ヘロイン約2グラムも発見します。そして、食器棚の上からも、Sのヘロインを包んでいた紙（週刊誌の頁部分）を切り取った週刊誌1冊も発見します。
>
> 　(3)　捜査官らが引きつづきA宅で捜索を行っていたとき、Aが帰宅します。帰宅したAに、捜索して発見したヘロインなどを示したところ、Aは当初、「そんなもの、自分は知らない。Sにヘロインを渡したこともない」と否認する供述をします。しかし、そこにSもおり、また、長女Bも父親のAに言われてSに包みを渡したことを認めましたので、Aは結局あきらめて自白するにいたります。
>
> 　この自白を得て、捜査官らは同夜午後9時50分頃、すでに発見してあった麻薬などを押収するとともに、Aを緊急逮捕しました。ちなみに、その後、ただちに裁判官の逮捕状を求める手続がとられ、裁判官より緊急逮捕状が発せられています。

　この事案、すなわち、〈捜査官らが緊急逮捕のため被疑者宅に急行したところ、本人は不在であったが、帰宅次第逮捕できる状況で被疑者宅の捜索を開始し、捜索開始から約20分ほど経過した時点において、帰宅した被疑者を逮捕した事案〉について、最高裁はこう判示します。

　憲法「35条が右の如く〔逮捕現場における〕捜索、押収につき令状主義の例外を認めているのは、この場合には、令状によることなくその逮捕に関連して必要な捜索、押収等の強制処分を行なうことを認めても、人権の保障上格別の弊害もなく、且つ、捜査上の便益にも適うことが考慮されたによるものと解される。〔中略〕もっとも、右刑訴〔220条〕の規定について解明を要するのは、『逮捕する場合において』と『逮捕の現場で』の意義であるが、前者は、単なる時点よりも幅のある逮捕する際をいうのであり、後者は、場所的同一性を意味するにとどまるものと解するを相当とし、なお、前者の場合は、逮捕との時間的接着を必要とするけれども、逮捕着手時の前後関係は、これを問わないものと解すべきであって、このことは、〔「人の住居又は人の看守する邸宅、建造物若しくは船舶内に入り被疑者の捜索をすること」も、「逮捕する場合において」許す〕同条〔220条〕1項1号の規定の趣旨〔逮捕行為に着手する前の捜索を、被疑者の所在を確認するためには、明文で許したこと〕からも窺うことができるのである。従って、例えば、緊急逮捕のため被疑者方に赴いたところ、被疑者がたまたま他出不在であっても、帰宅次第緊急逮捕する態勢の下に捜索、差押がなされ、且つ、これと時間的に接着して逮捕がなされる限り、その捜索、差押は、なお、緊急逮捕する場合その現場でなされたとするのを妨げるものではない」、と。

　最高裁昭和36年大法廷判決は、刑事訴訟法220条1項本文の「逮捕する場合において」の文言が同項1号〔逮捕に先行する被疑の所在捜索〕とともに同項2号〔逮捕現場の捜索・差押え〕にもかかるため、1号と同様に、2号の逮捕現場の無令状捜索・差押えに関しても、「逮捕との時間的接着を必要とするけれども、逮捕着手時の前後関係は、これを問わない」趣旨だと解し、被疑者が不在であっても、逮捕に先行する無令状捜索・差押えが許されると判示したわけです。

　しかし、緊急処分説であれば、無令状捜索・差押えの時間的限界（逮捕行為と同時並行）は厳格にまもられるべきであり、被疑者が不在のまま、逮捕行為に先行して無令状の捜索・差押えを行うことは許されないといわねばなりません。なぜなら、被疑者が不在であるため逮捕行為に着手さえできない段階では、そもそも、逮捕完遂の目的そのものが成立しないというべきだからです（なお、緊急処分説であっても、被疑者が目の前にいて、いままさに逮捕しようとする状況下であれば、逮捕行為に先行する無令状の捜索・差押えが許される余地はある。平野『刑事訴訟法概説』76頁は、「逮捕の直前に差押をし、ひきつづいて逮捕しても、ただちに違法とはいえないが、最高裁判所のように本人が不在のときに差押をはじめても違法でないとするのは（最判36・6・7、集15・915）ゆきすぎであろう」とする。田宮『刑事訴訟法〔新版〕』110頁も、「被疑者を目前にする限り、逮捕の直前・直後の捜索等も許されるのは当然である」とする）。

ちなみに、最高裁昭和36年大法廷判決は、「逮捕の現場」という刑事訴訟法220条1項2号の文言を、たんに「場所的同一性を意味する」言葉と解しました。しかし、この点についても、そう解さず、逮捕が現にいま行われている場所というように、時間的意味まで含むものと解釈することも可能です（この解釈は、第1に、刑訴220①(2)について、逮捕に先行する同①(1)の被疑者の所在捜索と区別し、逮捕行為に先行する証拠物などの捜索を許さないため、敢えて逮捕の「現場」という文言を用い、時間的意味を込めたものと捉える。第2に、「逮捕する場合において」という220①本文の文言も、同①(1)の被疑者の所在捜索では、たしかに「単なる時点よりも幅のある逮捕する際」を意味し、逮捕行為に先行する場合を含むとしても、同①(2)との関係では、「逮捕の現場」という時間的意味を含む文言による絞り込みが働き、捜索の時間的範囲は逮捕行為の着手後に限定されると解することになる）。

　そもそも、逮捕行為に着手する前は「逮捕の現場」、すなわち、被疑者を現実に逮捕する場所はまだ存在しないというほかありません。なぜなら、逮捕行為の着手前は、逮捕を予定する場所にすぎないからです。そのため、最高裁昭和36年大法廷判決に対しては、「この〔本件の〕事案のばあいはたまたまX〔被疑者〕が帰宅し逮捕できたから適法とされたが、Xが帰宅しなければ〔最高裁昭和36年大法廷判決の立場でも〕先行した捜索・差押が違法であることは明らかです。Xが『たまたま帰宅すれば適法』、『そうでなければ違法』というのは法解釈として妥当性を欠くでしょう」という批判が正鵠を射ています（光藤景皎『刑事訴訟法Ⅰ』154頁）。逮捕行為に着手した後の被疑者の帰宅というような**事後の偶然的事情**によって、無令状の捜索・差押えという強制処分が違法か・適法か左右されるのは、やはり、法解釈として妥当ではありません。このような批判に与する限り、最高裁昭和36年大法廷判決については、相当説の立場にたったとしても行き過ぎだといわねばなりません。

(2) 引致後の無令状捜索・差押え

　このほか、逮捕に伴う無令状捜索・差押えに関する重要判例を挙げておきます。1つは、**最決平成8・1・29刑集50巻1号1頁**です。事案の概要はこうでした（一部の被告人に関する事実関係のみ紹介する）。

---

　(1) 町田警察署所属のK警部補以下10名の警察官らは、昭和60年2月5日、「和光大学で過激派とされるA派70名がB派20名を襲撃し、けが人が多数出た」、「A派は玉川学園駅方向に逃走中」という内容の無線を受け、午後2時50分ころ、同署の交通検問車（マイクロバス）で犯人検索のため出動しました。

　(2) 警察官らは、午後4時頃、成瀬街道沿いの奈良谷戸入口バス停付近で、上記内ゲバ事件の犯人の様子に合致した挙動不審者2人（被告人U、H）に対し停止を求めます。小走りに立ち去ろうとする2人の前面に警察官らが立ち塞がり、取り囲んで、「和光大の内ゲバ事件の関係で聞きたい」、「どうして靴が汚れているんだ」、「所持品を見せなさい」などと質問を始めました。被告人らの質問に対する態度、外見、停止を求めた警察官らの呼びかけに応じなかった状況などから、警察官らは、2人が上記内ゲバ事件の犯人であると判断し、同日午後4時5分ころ、「内ゲバの現行犯として逮捕する」旨などを告げ、その場で2人を制圧、逮捕しました。これに対し、被告人両名とも、抵抗する素振りを示さず、無言でまったく無視する態度でした。

　(3) 被告人両名を逮捕した警察官らは、その場で身体の捜索および所持品などの押収を行うことは、狭い道幅や車両の通る危険性などから、場所的に適当でないと考え、逮捕の現場では、被告人両名の着衣や所持していたバッグなどにその上から手で触れ、危険物などの有無を一応確認する程度の、簡単な身体捜検にとどめます。この身体捜検の後、右被告人らを交通検問車に乗せて町田署に連行しようとしました。しかし、検問車が停車した場所に見当たらなかったため、G巡査部長が、とりあえず被告人らを近くの成瀬駐在所へ連行するように指示します。

　上記駐在所で、警察官らは、町田署に無線を入れ、「内ゲバ犯人を2名確保した」旨と現在地を

知らせ、検問車を駐在所に回すように依頼します。検問車の到着を待つ間、けがをしていた被告人Hを駐在所奥の椅子に座らせ、被告人Uを入口から右奥に立たせ、その側で警察官らを被告人らを監視します。被告人らが携帯していたバッグなどの中身を確認するため、T、M両巡査が被告人Uが持っていたナップザックを、G巡査部長、F巡査が被告人Hの持っていたスポーツバッグを、それぞれ取り上げようとしました。しかし、被告人Uが、「何するんだ」と言って、右ナップザックを抱え込んで放さず、被告人Hも、無言で同様にしてスポーツバッグを抱え込んで放さなかったため、それぞれ警察官らと引っ張り合いとなります。

(4) 警察官らは、バッグなどを放そうとしない被告人らの強い拒否的な態度を見て、また、その場所が狭い駐在所内であり、2面がガラス戸やガラス窓であることも考え、〈無理に取り上げようとして被告人らをいたずらに刺激し、不測の事態を招くのも得策ではない〉と判断します。また、外部から触った感触で、バッグなどの内容物に兇器類のないことがほぼ推測されました。そのため、そのまま被告人らに所持品を持たせたままでいても、隠匿、損壊などの危険はなく、町田署に連行後に取り上げれば足りると考えます。警察官らは強硬手段を避け、被告人らに、「押さえるからな」などと言っただけで、取り上げることはせず、被告人両名にそれぞれのバッグをそのまま持たせていました。

(5) その後、連絡により前記の交通検問車が到着したので、午後4時30分ころ、警察官らは被告人らの両腕を抱え、同車に乗せて同所を出発し、同4時50分ころ、直線距離にして約3キロメートル離れた町田署に到着しました。そして、ただちにT巡査らが被告人Uを本館1階の刑事課取調室に、F巡査らが同Hを別館2階少年係取調室にそれぞれ連行します。

(6) 刑事課取調室において、T巡査は、午後5時ころ、被告人Uからナップザックを取り上げ、すぐにこれを取調室前の大部屋に持参し、その中身を確認しました。午後6時ころから現行犯人逮捕手続書の作成に取りかかり、午後10時半ころからは捜索差押調書、押収品目録交付書の作成に取りかかりました。また、F巡査は、被告人Hを少年係取調室に連行してすぐ、同被告人からスポーツバッグを取り上げ、被告人にも示して中身を確認します。午後5時半すぎころ、本館2階講堂で他の警察官にスポーツバッグを渡し、同所で午後6時ころから午後8時ころにかけて、現行犯人逮捕手続書のほか、捜索差押調書、押収品目録交付書を作成しました。

逮捕の現場から約3キロメートル離れた警察署に引致した後で、被疑者の装着品、所持品に対する差押えが行われた事案でした。最高裁平成8年決定は、つぎのように判示します。

「刑訴法220条1項2号によれば、捜査官は被疑者を逮捕する場合において必要があるときは逮捕の現場で捜索、差押え等の処分をすることができるところ、右の処分が逮捕した被疑者の身体又は所持品に対する捜索、差押えである場合においては、逮捕現場付近の状況に照らし、被疑者の名誉等を害し、被疑者らの抵抗による混乱を生じ、又は現場付近の交通を妨げるおそれがあるといった事情のため、その場で直ちに捜索、差押えを実施することが適当でないときには、速やかに被疑者を捜索、差押えの実施に適する最寄りの場所まで連行した上、これらの処分を実施することも、同号にいう『逮捕の現場』における捜索、差押えと同視することができ、適法な処分と解するのが相当である。／これを本件の場合についてみると、原判決の認定によれば、被告人Xが腕に装着していた籠手及び被告人Y、同Zがそれぞれ持っていた所持品（バッグ等）は、いずれも逮捕の時に警察官らがその存在を現認したものの、逮捕後直ちには差し押さえられず、被告人Xの逮捕場所からは約500メートル、被告人H、同Uの逮捕場所からは約3キロメートルの直線距離がある警視庁町田警察署に各被告人を連行した後に差し押さえられているが、〔被告人Xに関する事実関係は省略〕被告人H、同Uが本件により準現行犯逮捕された場所も、道幅の狭い道路上であり、車両が通る危険性等もあった上、警察官らは、右逮捕場所近くの駐在所でいったん同被告人らの前記所持品の差押えに着手し、これを取り上げようとしたが、同被告人ら

の抵抗を受け、更に実力で差押えを実施しようとすると不測の事態を来すなど、混乱を招くおそれがあるとして、やむなく中止し、その後手配によって来た警察車両に同被告人らを乗せて右警察署に連行し、その後間もなく、逮捕の時点からは約1時間後に、その差押えを実施したというのである。／以上のような本件の事実関係の下では、被告人3名に対する各**差押えの手続**は、いずれも、逮捕の場で直ちにその実施をすることが適当でなかったため、**できる限り速やかに**各被告人をその差押えを実施するのに**適当な最寄りの場所まで**連行した上で行われたものということができ、刑訴法220条1項2号にいう『**逮捕の現場**』における差押えと同視することができるから、右各差押えの手続を適法と認めた原判断は、是認することができる」、と。

　被疑者の身体、着衣や携行品については、緊急処分説によっても相当説によっても、無令状捜索の対象になるものでした。また、その無令状捜索の結果として発見された（証拠物である）所持品も、やはり、緊急処分説によっても相当説によっても、無令状差押えの対象になります。このことについて、異論はありません。本件は、その**無令状捜索・差押えを行う場所の移動**が問題となったわけです。

　最高裁平成8年決定は、(A)「被疑者の身体又は所持品に対する捜索、差押え」である限り、(B)「逮捕現場付近の状況」にかんがみ、被疑者の名誉を害さないため、被疑者らの抵抗による混乱を避けるため、または、現場付近の円滑な交通を確保するため、「その場で直ちに捜索、差押えを実施することが適当でないとき」は、(C)「速やかに被疑者を捜索、差押えの実施に適する最寄りの場所まで連行した上、これらの処分を実施することも、同号にいう『逮捕の現場』における捜索、差押えと同視することができ〔る〕」という規範を定立します。無令状捜索・差押えの対象を被疑者の身体・着衣（携行品を含む）とその所持品に限定したことから、「身体という『現場』には実質的な変更はないので、若干場所を移動した後に捜索・差押えをすることも許される」（田宮『刑事訴訟法〔新版〕』111頁）と解したものかもしれません。すなわち、「逮捕の現場」からやむを得ず場所を移動しなければ、被疑者の身体・着衣について、(A)兇器、逃走用具、証拠物を所持していないかどうかを確認できず、または(B)逮捕現場で所持を確認した証拠物を差し押さえることもできないとき、移動先の場所で、実質的に〈逮捕を完遂するため、被疑者の身体・着衣について、無令状の捜索・差押えを行う緊急の必要が存続している〉というわけです（なお、そう考えれば、令状主義の合理的例外として正当化できる実質的理由もあるといえる。その限りで、緊急処分説とも整合する最高裁判例だといえた）。

　しかし、「逮捕の現場」から約3キロメートルも離れた警察署であることや、「逮捕の時点」から約1時間も経過していることにかんがみれば、もはや、逮捕の場所・時点と空間的・時間的に実質的な同一性ないし一体性があるといえないはずです。そのため、最高裁平成8年決定のように、逮捕現場の差押えと「同視することができる」と断ずることには、どうしても疑問が生じます。また、警察官職務執行法2条が「警察官は、刑事訴訟に関する法律により逮捕されている者については、その身体について凶器を所持しているかどうかを調べることができる」と定めます。この警職法2条の措置をとることで足りた事案ではなかったでしょうか。さらに、被疑者が抱え込んだり手放そうとしない所持品については、被疑者を警察署に引致したあとで、別途、捜索・差押え許可状の発付を受けて、捜査機関の占有に移すという手続をとることもできたはずです。そのように考える限り、最高裁平成8年決定の事案における無令状差押えの処分は違法というべきだと思うのです。

4　逮捕に伴う無令状捜索の「場所」の設定
——【関連問題】の論述ポイント

　もう1つ、逮捕に伴う無令状捜索・差押えに関する重要判例が、**福岡高判平成5・3・8判タ834号275頁**です。その具体的事案は【関連問題】における事例と同一であり、以下の論述を、【関連問題】の説明にもしたいと思います。

(1) 承諾による捜索

　福岡高裁平成5年判決の事案には、取り上げるべき複数の問題が含まれます。1つは、K子宅の捜索について、K子じしんの**承諾による捜索**として許されないかという問題です。

　福岡高裁平成5年判決は、K子宅の捜索について、K子の承諾に基づく適法な捜索であったといえないと結論します。福岡高裁平成5年判決は、承諾による捜索について、「捜索によって法益を侵害される者が完全な自由意思に基づき住居等に対する捜索を承諾したと認められる場合には、これを違法視する必要はないと考えられる」としたうえで、本件では、K子が当時20歳前の女性であったこと、承諾を求められる直前にAのペーパーバッグの中から覚せい剤が発見されたこと、少なくない数の警察官がK子宅に立ち入っており、その最高責任者の警察官から「覚せい剤があったら出しなさい」と告げられ、捜索の承諾を求められたことなどにかんがみ、「K子が同警部の申し出を拒むことは事実上困難な状況にあったと考えざるを得ない」と述べ、「同女〔K子〕の承諾が完全な自由意思による承諾であったと認めるのは困難であって、丁警部らによるK子方の捜索が同女の承諾に基づく適法な捜索であったということはできない」と結論しました。

展開支援ナビ

承諾捜索の適法性について　承諾による捜索の適法性について、その議論の基本的内容を説明しておきましょう。承諾捜索を許さない**消極説**は、こう考えます。

　——対物的強制処分について、最高法規たる憲法の35条1項が令状の保障を定め、刑事訴訟法も106条、218条1項、220条3項など、多数の規定を定める。これらにかんがみ、明文の根拠規定をもたない承諾捜索は許されるべきでない。もし承諾捜索を許すと、令状主義の厳格な規制を潜脱する捜査手段を捜査機関に認めることになる。すなわち、令状による捜索の要件を欠くのに承諾を得て無令状で捜索するとか、令状発付の要件に関わらず捜査の効率化のため承諾を得て捜索し、令状請求・発付・執行の手続を省略するような脱法的捜査に途を開くことになってしまう、と（高田『刑事訴訟法〔2訂版〕』339頁）。

　しかし、多数説は、承諾捜索を許す**積極説**にたちます。その理由は、こうです。

　——捜索が侵害する権利は住居の平穏や所持品の秘密など、個人的性質のものになる。個人的な権利である以上、それを放棄することも個人の意思に委ねられる。それゆえ、捜索を求められた個人が、みずから権利を放棄し承諾を与えたときは、違法・不当な権利侵害じたいが存しないことになる。すなわち、完全に自由で、真摯な承諾がある場合にまで、承諾捜索を禁止する必要はない。その場合の承諾捜索は、もはや強制処分の実質をもたず、任意処分となる。従って、明文の根拠規定がないからといって、これを禁止する理論的必然性はない、と（福岡高裁平成5年判決も積極説にたった）。

　また、承諾捜索を許す実務上のメリットもあるとされます。それは、被処分者じしんが無令状捜索を望む「特段の事情」がある場合です。たとえば、犯人の検挙を求める被害者が捜査に協力すべく積極的に捜索を望む場合、被疑者が捜索で身の潔白を明らかにしようとする場合、被疑者が真に罪責を認め反省して捜索にもすすんで応じようとする場合は、承諾捜索は捜査の効率と便宜に資するわけだから、これを許してよいと主張されます（新関雅夫ほか『増補令状基本問題下』284頁〔村瀬均執筆部分〕）。

　ただし、承諾捜索について積極説にたったとしても、厳格な手続保障が必要だという考え方が有力です。なぜなら、承諾があったとしても、「実際は**官憲に対する屈服**という色彩を拭い切れないおそれ」があるからです（田宮『刑事訴訟法〔新版〕』112頁。積極説にたつ福岡高裁平成5年判決も、「住居等に対する捜索は法益侵害の程度が高いことからすれば、完全な自由意思による承諾があったかどうかを判断するに当たっては、より慎重な態度が必要であると考えられる」と述べた。具体的な事案処理としては、本件では少なくない数の警察官が被告人を被処分者の自宅に連行し、被告人の所持品から覚せい剤を発見したうえ、被処分者も覚せい剤の隠匿を疑われたという状況で、居宅の捜索に対する承諾を求められていたことなどから、被処分者が警察官の「申し出を拒むことは事実上困難な状況にあった」と認め、承諾捜索を違法とした）。そのため、たとえば、承諾の真摯性・自発性の立証責任は訴追側にあるとされます（参照、田宮・同上）。すなわち、そのままでは屈服と推認されるために、訴追側は敢えて、被処分者による真摯かつ自発的な権利の放棄があったことを積極的に立証しなければならず、その立証に奏功した場合に限って、承諾捜索を適法としてよいというわけです。

　このほか、憲法上の権利侵害について「承諾」を理由に無令状で許そうとする以上、明示の承諾が必要だと

も主張されます。なぜなら、もし黙示の承諾でもよいとしてしまうと、被疑事実の種類・性質、被処分者の立場、承諾捜索に至る経過、捜査機関の言動、被処分者の対応・反応など、さまざまな事情を総合的に考慮して、黙示の承諾の有無を推認することになるからです。そのような多義的で曖昧な基準によって、黙示の承諾があったかどうか推認させるのでは、**承諾捜索を装った違法な無令状捜索**が適法とされる危険を極めて大きなものにしてしまいます。そのため、明示の承諾に限ろうというわけです。

　このほか、捜査機関の申出を拒絶できることを捜査機関じしんが告知しなければならないとも主張されました。こう考えます。

　――憲法上の基本権を放棄する以上、被処分者はみずからの承諾の意義・結果を十分に理解していなければならない。また、捜査機関の働きかけを拒絶できることを知ったうえで、承諾を与えねばならない。そのときにこそ、承諾は「真意」に基づいて、「自発的」になされたものとなる。この承諾の真摯性・自発性を確保するため、捜査機関の申出を無条件に拒絶できることを、捜査機関じしんが承諾を求める相手方に告知しなければならない、と。

　学説上は、この告知（すなわち、捜査機関の申出を拒絶できることの告知）を捜査機関に義務づける考え方が多数説でしょう（たとえば、三井誠『刑事手続法(1)〔新版〕』51頁は、「原則として、承諾は黙示では足りず、また、捜査機関は相手方に対して求めを拒否できることを前もって知らせておかなければならない」とする）。しかし、実務では、そのような告知義務を課すこともなされていません。

(2) 逮捕に先行する捜索

　取り上げるべきもう1つの問題は、こうです。本件におけるK子宅の捜索は、逮捕現場の無令状捜索の範疇に入るものでした。しかし、本件の捜索行為は逮捕行為に先行しています。そのような逮捕行為に先行する無令状捜索は違法ではないか、論じられねばなりません。ただし、この問題について、すでに詳細は3(1)で説明しました。そのため、ここでは福岡高裁平成5年判決の結論のみ紹介します。福岡高裁平成5年判決は、まず、逮捕行為に先行する本件の無令状捜索について、適用すべき規範を次のように確認します。

　「刑訴法220条1項2号は、司法警察職員らは、被疑者を『現行犯人として逮捕する場合において必要があるときは』『逮捕の現場』で捜索等をすることができる旨規定しているところ、右にいう『逮捕する場合』とは、逮捕との時間的な接着性を要するとはいえ『逮捕する時』という概念よりも広く、被疑者を逮捕する直前及び直後を意味するものと解される。なぜなら、被疑者を逮捕する際には、逮捕の場所に被疑事実に関連する証拠物が存在する蓋然性が強いこと、捜索等が適法な逮捕に伴って行われる限り、捜索差押状が発付される要件をも充足しているのが通例であること、更に、証拠の散逸や破壊を防止する緊急の必要もあることから、同条項は令状主義の例外としての捜索等を認めたものと解されるところ、このような状況は、必ずしも被疑者の逮捕に着手した後だけでなく、逮捕に着手する直前においても十分存在し得ると考えられるからである」、と。

　すなわち、令状によらない捜索・差押えの時間的な幅（はば）について、相当説の考え方に与し、逮捕行為に着手する前の無令状捜索も許される状況があるとしたわけです。そのうえで、この一般的な規範を本件に、次のように当てはめます。

　「本件においては、警察官甲が、被告人の目前においてペーパーバッグを開披し、ポリ袋入り覚せい剤1袋を確認した時点では、被告人を右覚せい剤所持の現行犯人として逮捕する要件が充足されており、実際にも、警察官らは、K子方の捜索をした後とはいえ、被告人を右覚せい剤所持の現行犯人として逮捕しているのであるから、原判決が、警察官らのK子方に対する捜索を同条項の捜索に当たるかどうかの観点から検討したことは正当であると考えられる」、と。

　逮捕すべき被疑者が所在する場所であれば、逮捕行為に着手する直前の無令状捜索も、逮捕に伴い許されるとしたわけです。

(3) 無令状捜索の「場所」の設定

福岡高裁平成 5 年判決の事案には、さらに、逮捕に伴う無令状捜索の「場所」を捜査機関が恣意的に**設定ないし選別**したのでないかという問題があります。この問題がもっとも重要だといえるでしょう。この問題について、福岡高裁平成 5 年判決は、次のように判示しました。

「刑訴法 220 条 1 項にいう「『逮捕の現場』は、逮捕した場所との同一性を意味する概念ではあるが、被疑者を逮捕した場所でありさえすれば、常に逮捕に伴う捜索等が許されると解することはできない。すなわち、住居に対する捜索等が生活の平穏やプライバシー等の侵害を伴うものである以上、逮捕に伴う捜索等においても、当然この点に関する配慮が必要であると考えられ、本件のように、職務質問を継続する必要から、被疑者以外の者の住居内に、その居住者の承諾を得た上で場所を移動し、同所で職務質問を実施した後被疑者を逮捕したような場合には、逮捕に基づき捜索できる場所も自ずと限定されると解さざるを得ないのであって、K 子〔被疑者が父親代わりに面倒を見ている女性〕方に対する捜索を〔被疑者の〕逮捕に基づく捜索として正当化することはできないというべきである。更に、K 子方に対して捜索がなされるに至った経過からすれば、同女方の捜索は、〔同女方ではない公道上で〕被告人が投げ捨てたペーパーバッグの中から発見された覚せい剤所持の被疑事実に関連する証拠の収集という観点から行われたものではなく、被告人が既に発見された覚せい剤以外にも K 子方に覚せい剤を隠匿しているのではないかとの疑いから、専らその発見を目的として実施されていることが明らかである。そして、右 2 つの覚せい剤の所持が刑法的には一罪を構成するとしても、訴訟法的には別個の事実として考えるべきであって、一方の覚せい剤所持の被疑事実に基づく捜索を利用して、専ら他方の被疑事実の証拠の発見を目的とすることは、令状主義に反し許されないと解すべきである。そうすると、原判決のように K 子方に対する捜索を現行犯逮捕に伴う捜索として正当化することもできないといわざるを得ない」、と。

福岡高裁平成 5 年判決は、「職務質問を継続する必要から、被疑者以外の者の住居内に、その居住者の承諾を得た上で場所を移動し、同所で職務質問を実施した後被疑者を逮捕したような場合には、逮捕に基づき捜索できる場所も自ずと限定される」と述べたうえで、「K 子〔被疑者が父親代わりに面倒を見ている女性〕方に対する捜索を〔被疑者の〕逮捕に基づく捜索として正当化することはできない」と結論しました。福岡高裁平成 5 年判決が、本件に関し、「逮捕に基づき捜索できる場所も自ずと限定される」と判示したことが注目されます。なぜなら、被疑者を最初に留め置いた場所〔路上〕から移動させ、その移動先〔約 38 メートル離れた K 子の居宅〕で捜査機関が逮捕行為に及んだという場合、「逮捕の現場」を捜査機関が恣意的に設定ないし選別したのでないか、懸念されねばならないからです。本件に関しては、被疑者を最初に留め置いた路上で、被疑者じしんの承諾を得てペーパーバッグの検査を行い、覚せい剤を発見し、現行犯逮捕するという経過もありえたでしょう。そうせずに、捜査機関は、「逮捕の現場」を恣意的に設定ないし選別するため——具体的には、K 子方居宅の無令状捜索を行うため——、場所を移動したのではないか、懸念されたわけです。

わが国の実務上、逮捕に伴う無令状捜索・差押えの範囲に関し相当説がとられるため、移動先の場所が「逮捕の現場」となった場合、同一の管理権が及び、かつ、空間的にも一体の範囲で、広く無令状捜索・差押えが行われることになります。すなわち、捜査機関による「逮捕の現場」の恣意的な設定ないし選別により生ずる権利侵害の程度は、極めて重大だといわねばなりません。福岡高裁平成 5 年判決は、〈職務質問により最初に被疑者を留め置いた場所と、その後に被疑者を逮捕した場所とが違っていた〉、つまり、**場所の移動**があった本件の事実関係の下で、〈逮捕にもとづき捜索できる対象は、逮捕の場所〔K 子方居宅〕じたいに及ばず、被疑者の身体、着衣やその身辺に限定されねばならない〉という趣旨を判示しました。その判示の意義は、「逮捕の現場」の恣意的な設定ないし選別に歯止めをかけようとした点にあるというべきです。

ちなみに、福岡高裁平成 5 年判決の判示について、〈逮捕現場は、被疑者が父親代わりに面倒を見ている女性〔K子〕の住居であっても、被疑者が居住するという実質がない以上、あくまでも第三者〔K子〕の居宅にすぎない。本件で、この第三者〔K子〕の居宅については、証拠物存在の蓋然性を認めることじたいが困難であった〉と認めたため、無令状捜索の対象を被疑者の身体、着衣、携行品などに限定した趣旨である可能性もあります。しかし、覚せい剤が入ったペーパーバッグをAがK子方居宅から持ち出した以上、K子方居宅について、証拠物存在の蓋然性は肯定されるでしょう。そのため、福岡高裁平成 5 年判決の判示の意義は、やはり、場所の移動があったことを重視し、つまり、捜査機関による「逮捕の現場」の恣意的な移動ないし設定があった恐れが客観的に生じたことを重視し、無令状捜索・差押えによる権利侵害の不当な拡張となることを明確に阻止した点にあると解すべきです。

　いずれにせよ、福岡高裁平成 5 年判決については、逮捕に伴う無令状捜索の範囲に関し、相当説に与しながらも制限的な解釈を行った、あるいは、一定の場合について緊急処分説の考え方に与した高裁判例として、注目すべきだと思います。

捜索・差押え③

10 ひとの身体と対物的強制処分

> **設問10**
> ひとの身体を対象として捜索、差押え、検証、鑑定処分などの対物的強制処分ができるか、論じなさい。
>
> **関連問題**
> 警察官Pらは、6月28日午前10時頃、覚せい剤譲渡（覚せい剤取締法41の2①）の被疑者としてSを自宅付近で逮捕した。逮捕の現場から警察署までパトカーで引致する途中、Pは、Sの両腕に多数の注射痕らしきものがあるうえ、その言動などから、覚せい剤自己使用の余罪を疑うにいたった。そのため、Pは引致中も、警察署に引致した後も、Sに対して繰り返し、尿を任意に提出するように求めた。しかし、翌29日夕方近くになっても、Sはこれを頑強に拒絶しつづけた。
>
> 警察官らはSの尿を強制採取するため、簡易裁判所の令状係裁判官に対して鑑定処分許可状および身体検査令状の発付を請求し、同日午後4時ころ、右2通の令状を得た。
>
> 午後7時頃、「本人がどうしても自分では排尿しない」という警察からの連絡を受けた医師Dが警察署に行き、警察署医務室のベッド上で、数人の警察官から身体を押えつけられているSの尿道から膀胱内にカテーテル（外径4・5ミリメートルのラテックスゴム製導尿管）を挿入し、約10分間に約100ccの尿を採取した。採尿の直前まで、「絶対に出さない」などと言って激しく抵抗していたSは、強制採尿が始まってからは、あきらめたのかさしたる抵抗をしなかった。警察官Pは、医師Dから、採取した尿の任意提出を受け、これを領置した。
>
> 尿を強制採取した処分の適法性について、論じなさい。

1 覚せい剤事犯の捜査と採尿

覚せい剤取締法19条は、「何人も、覚せい剤を使用してはならない」と定めます（ただし、指定された病院など覚せい剤施用機関において医師などが施用したり、覚せい剤の研究者が研究のため使用することなどは許される。覚せい剤取締法19⑴ないし⑸）。さらに、覚せい剤取締法41条の3が「第19条（使用の禁止）の規定に違反した者」（覚せい剤取締法41の3①⑴）を「10年以下の懲役に処する」と定めます。**覚せい剤の自己使用行為**を処罰するわけです。

覚せい剤の自己使用が疑われるとき、被疑者が排泄した尿を鑑定資料として、ガスクロマトグラフィー検査などの鑑定処分に付し、覚せい剤を検出することが、検挙と有罪立証の決定的方法になります（尿鑑定について、警察庁の覚せい剤試験要領によれば、薄層クロマトグラフィー、ガスクロマトグラフィー、ガスクロマトグラフィー・質量分析法の3種類の方法で鑑定資料中の覚せい剤成分の検査を行う。この3つの検査結果がいずれも陽性であるとき、鑑定資料に覚せい剤が認められる旨が鑑定書に記載される）。なぜなら、体内に摂取された覚せい剤は、そのほとんど全量が未変化のまま、尿中から体外に排出されるからです。

被疑者が、排泄した尿をみずから任意に提出し、捜査機関がこの尿を領置する場合、手続上の問題はとくに生じません（刑訴221は「検察官、検察事務官又は司法警察職員は、被疑者その他の者が遺留した物又は所有者、所持者若しくは保管者が任意に提出した物は、これを領置することができる」と定める）。また、排泄した尿の提出を被疑者が拒んだため、その尿を捜査機関が差押え許可状を得て強制的に採取する場合も、

問題は生じません（刑訴218①「検察官、検察事務官又は司法警察職員は、犯罪の捜査をするについて必要があるときは、裁判官の発する令状により、差押え、記録命令付差押え、捜索又は検証をすることができる」）。

> **展開支援ナビ**
>
> **捜査目的を秘匿した採尿**　道路交通法違反（酒酔い運転）事件で、尿鑑定に付す意図ないし目的を秘匿して採尿が行われたケースがあります。すなわち、尿意を訴えた被疑者に対し、捜査機関が特定の容器を与えて尿を排泄させ、この尿を、被疑者の承諾も裁判官の差押え許可状もないのに採取したケースです。尿鑑定に付す意図や目的を秘匿しており、**欺罔による採尿**として違法ではないか、問題となります。
>
> このようなケースで、捜査機関の採尿行為を「適法」とした高裁判例があります。たとえば、**東京高判昭和48・12・10高刑集26巻5号586頁**は、「酒酔い運転等の罪により身体の拘束を受けている被疑者が法に違反し、正当な事由がないのに呼気検査に協力を拒否しているときその者が尿意を訴えたのを知り、その尿を前示〔アルコール含有量を測定するという〕目的のもとに前示のような〔警察留置場の房内にバケツを差し入れ、これに用を足すよう警察官が指示するという〕方法で採取することは、被疑者の身体をいささかも障害するものではないことにも徴し適法であると判断せざるを得ない」と判示しました。上告審の**最決昭和49・12・3判時766号122頁**も、結論だけ述べて、「本件における被告人の尿の採取が違法であったとは認められない」と判示しました。
>
> また、**東京高判昭和49・11・26判時766号26頁**は、「酒酔い運転の罪の容疑によって身柄を拘束されていた被告人が、自然的生理現象として尿意をもよおした結果、自ら排尿の申出をしたうえ、看守係巡査が房内に差し入れた便器内に任意に排尿し、これを任意に右巡査に引渡した」事案について、「酒酔い運転の罪の容疑によって身柄を拘束されている被疑者が自然的生理現象の結果として自ら排尿の申出をして排泄した尿を採取するような場合、法律上いわゆる黙秘権が保障されている被疑者本人の供述を求める場合とは異なり、右尿をアルコール度検査の資料とすることを被疑者に告知してその同意を求める義務が捜査官にあるとは解せられないのであるから、右のことを告知して同意を求めなかったことをもってその採取行為を違法とする理由の一とすることには賛同できない」と判示しました。
>
> しかし、捜査目的を秘匿した捜査機関の採尿行為は、任意提出に関する規定（刑訴221、101）を潜脱し、また、排泄した尿に対する被疑者・被告人の処分権を、消極的とはいえ欺罔的方法により侵害する点で相当性を欠く捜査方法であり、違法といわねばならないでしょう。

しかし、尿を長時間にわたり排泄しようとしない場合や、「被告人に対し尿を任意提出するよう説得し、同署の職員便所でビーカーに採尿するよう求めたところ、被告人は尿と偽って水をビーカーの中に入れて提出した」場合（**大阪地決昭和54・11・22判時965号135頁**）、あるいは、尿の任意提出に応じる態度を示した被告人を、警察官らが警察署の便所に連れて行ったが、「被告人は、実際には尿を〔採尿用の〕容器に採尿せず、便器に排せつして流してしまった」場合（**大阪地判平成元・1・27判タ719号219頁**）など、排泄する尿を被疑者がどうしても採取させない場合は、どのように対処すべきか問題となりました。

これらの場合、尿の採取じたいをあきらめるべきでしょうか。それとも、たとえば設問の【関連問題】のように、抵抗する被疑者の身体を押さえつけ、その尿道から膀胱内にカテーテル（尿道カテーテルや導尿管とも呼ばれる。一般的には、ラテックスゴムの表面にシリコンや親水性素材をコーティングしたものが用いられる）を挿入し、**尿を強制的に採取**できるでしょうか。

この強制採尿の適法性を考えるうえで、ひとの身体を対象とする捜索や検証などの対物的強制処分について、基本的知識をもっておかねばなりません。

2　ひとの身体を対象とする捜索、検証、鑑定処分

まず、(A)ひとの身体を対象とする捜索、(B)検証として行われる身体検査、(C)鑑定処分として行われる身体検査の、それぞれの意義と特徴について、確認しておきましょう。

(1) 身体の捜索

ひとの身体を対象として、すなわち、ひとの身体そのもののほか、着ている衣服や身につけた携行品などを対象として、「証拠物又は没収すべき物」（刑訴99①。222①が捜査段階の捜索について、この99を準用）を発見するため行われるのが**身体の捜索**です（刑訴102①が「被告人の身体」、同②が「被告人以外の者の身体」を「捜索することができる」と定め、222①が捜査段階の捜索について、この102を準用する）。

展開支援ナビ

裁判所による捜索 公訴の提起後に、公判廷外で裁判所が被告人やそれ以外の者の身体について捜索するときは、捜索を命令する令状、すなわち、**捜索状**を発付します（刑訴106「公判廷外における差押又は捜索は、差押状又は捜索状を発してこれをしなければならない」。公判廷で裁判所がみずから行う捜索や差押えには、令状を必要としない）。この捜索状は、検察官の指揮により、捜査機関でもある検察事務官や司法警察職員がこれを執行します（刑訴108①、109）。ただし、捜索権限を行使する法的主体はあくまで裁判所であり、司法警察職員らは裁判所を代行する機関として捜索にたずさわるにすぎません。

捜査機関による捜索 捜査段階では、(A)裁判官の発付する令状により、被疑者やそれ以外の者の身体を対象に捜索するか（刑訴218①「検察官、検察事務官又は司法警察職員は、犯罪の捜査をするについて必要があるときは、裁判官の発する令状により、差押え、記録命令付差押え、捜索又は検証をすることができる。この場合において身体の検査は、身体検査令状によらなければならない」、222①〔102の準用〕）、(B)被疑者を逮捕した現場で、その身体を令状によらないで捜索します（刑訴220①(2)。同③は「第１項の〔逮捕すべき被疑者の所在捜索や、逮捕現場の捜索・差押えなどの〕処分をするには、令状は、これを必要としない」と定める）。この捜査段階で行う身体捜索については、捜査機関がみずからの権限としてこれをするものと解されました（そう解する形式的根拠は、刑訴218①、220①(2)、222①〔102の準用〕、とくに、102①「裁判所は、必要があるときは、被告人の身体、物又は住居その他の場所に就き、捜索をすることができる」の準用であった。この準用のさい、「裁判所」を「検察官、検察事務官又は司法警察職員」と読み替えるため、上述のように解する）。それゆえ、捜査段階で行う捜索のため発付される令状は、捜査機関に対し捜索の権限行使を許可するものとされ、実務上も、**捜索許可状**と呼ばれます（犯捜規139②「被疑者以外の者の身体、物又は住居その他の場所について、捜索許可状を裁判官に請求するに当たっては、差し押さえるべき物の存在を認めるに足りる状況があることを疎明する資料を添えて行わなければならない」、149②など）。現実的にも法的にも、捜査機関が主体となって捜索にたずさわるものであるわけです。

捜査機関はどのような方法で、ひとの身体を対象に捜索するのでしょうか。身体捜索の具体的方法は、原則として、捜索の現場にいる捜査機関の裁量的判断にゆだねられます（刑訴108②は「裁判所は、差押状又は捜索状の執行に関し、その執行をする者に対し書面で適当と認める指示をすることができる」と定める。しかし、この規定は捜査段階の捜索・差押えに準用されない〔222①〕。他方、218⑥は「裁判官は、〔捜査機関が行う〕身体の検査に関し、適当と認める条件を〔身体を検査する具体的な場所、時期、方法などについて〕附することができる」と定める。規定の文言上、裁判官が条件を付すことができるのは捜査段階の身体検査だけであり、捜査段階の捜索・差押えに条件を付すことはできない。結局、身体捜索の具体的方法は捜査機関の裁量にゆだねられる）。必要最小限度の範囲で、捜索のため物理的有形力を行使することもできます（刑訴222①〔111①「差押状又は捜索状の執行については、錠をはずし、封を開き、その他必要な処分をすることができる」の準用〕）。ただし、**女性の身体捜索**だけは、例外的に、その方法に制約があります。すなわち、原則として、成年の女性が立ち会わねばなりません（刑訴115が「女子の身体について捜索状の執行をする場合には、成年の女子をこれに立ち会わせなければならない。但し、急速を要する場合は、この限りでない」と定め、222①により捜査段階の捜索にも準用される）。異性である捜査機関が強制的に身体や着衣に触れてくることによって、女性は性的羞恥心を害され、不快感、嫌悪感をもってしまうでしょう。それを事前に防ごうとする趣旨です。

展開支援ナビ

身体捜索の限界 身体捜索の具体的方法として、たとえば、被捜索者の着衣を外側から触れたり（ボディー

チェックすること。**身体捜検**ともいう）、着衣のポケットの内容物を調べたり、頭髪の中を調べたりできます。しかし、「着衣を脱がせて裸にしたり」することは、身体捜索としては許されません。たとえば、**東京地決昭和44・6・6刑月1巻6号709頁**は、捜索にたずさわる「警察官が、学生のポケットのあたりにさわったとしても、ことさら着衣を脱がせて裸にしたりしたわけではないから、それを刑事訴訟法上の身体検査にあたるとするのは相当ではない」と判示しました。

　全裸にしたとすれば、それは身体捜索の範疇を超え、検証としての身体検査の範疇に入ってしまうというわけです。なぜなら、着衣を脱がせ全裸にすることは、被処分者が男性であっても女性であっても、身体・着衣に直接触れられる以上の不快感、嫌悪感を被処分者に与え、その**身体の安全や秘密、人格の尊厳を大きく侵害する**処分となるからです。そのような権利侵害性の大きい処分の可否を捜査機関だけに判断させること、すなわち、〈身体を捜索するため全裸にするかどうかは、捜索の現場で捜査機関の裁量的判断にゆだねてよい〉とすることは、到底できません。全裸にすることは、身体捜索の範疇——厳密には、身体捜索として許される方法の範疇——におさまらないため、検証としての身体検査により行わせ、令状係裁判官の特別なコントロール（2(2)参照）に服させねばなりません。

　なお、下半身のみ露出させ、肛門など体腔の開口部を外部から押し広げ、証拠物などが身体内部に隠匿されていないか調べることも、明らかに身体捜索の範疇を超えるといわねばなりません。なぜなら、性的羞恥心を害される身体の部位である臀部や陰部を捜査機関の目にさらし、その手で触れさせることは、全裸にして調べる場合に匹敵する状況だといわねばならないからです（なお、肛門鏡など器具を使用して体腔内部まで調べるには、医学的に相当な方法で行われねばならないため、医師を処分主体とする鑑定処分許可状が必要となる）。やはり、検証としての身体検査により行われねばなりません。

　では、口腔、耳孔、鼻腔を押し広げたり、口腔などに指や器具を挿入して体腔内部を調べることは、捜索としてできるでしょうか。口腔、耳孔、鼻腔を通して体腔内部を調べることは、性的羞恥心を害するものでないかもしれません。しかし、口腔などの開口部から体腔内部の検査を強制するには、口蓋に手をかけたり、指や器具を挿入するなど、特別な態様の有形力行使が必要となるでしょう。そのため、やはり、捜索の現場で捜査機関の裁量的判断にゆだねてよいとはいえません。すなわち、検証としての身体検査により行われねばなりません（熊谷弘ほか編『捜査法大系Ⅲ　第3編捜索・押収』63頁〔丸谷定弘〕は、「口腔内にある物の捜索、肛門や腟内の捜索、身体を全裸にしてする捜索は身体検査令状を必要とするものと解すべきである」とした）。

(2) 検証としての身体検査

　ひとの身体の形状や性質を外部から認識し、検証の対象にすることが必要な場合があります。たとえば、先天性のあざやほくろなど身体的な特徴、内出血による皮膚の変色、注射痕の有無などを、五官の作用——人間の5つの感覚器官（目・耳・鼻・舌・皮膚）の作用である視覚・聴覚・嗅覚・味覚・触覚——によって認識し、記録することが必要な場合です。そのような証拠化のため、着衣を脱がしてひとを全裸にしなければならない場合もあるでしょう。

　しかし、ひとの身体は、身体の安全や秘密、人格の尊厳という特別な法的価値を化体するものでした。そのようなひとの身体を捜査機関の目にさらし、その性質、形状、作用などを証拠化しようという場合、身体に化体される法的価値は大きく侵害されることになります。そのため刑事訴訟法は、身体を対象とする検証について、一般の検証許可状ではなく、**身体検査令状**という特別な令状を要求しました（刑訴218①は、「身体の検査は、身体検査令状によらなければならない」と定める）。

展開支援ナビ

着衣のままの身体検査　着衣のまま被処分者の外面的状態を認識し、記録するだけであれば、**一般の検証許可状**でも可能でしょうか。すなわち、特別な身体検査令状を必要とせず、したがって、後述する刑事訴訟法131条、218条などの身体検査に関する特別規定も適用する必要がないのでしょうか。

　たとえば、『条解刑事訴訟法〔第4版〕』245頁は、「着衣の全部または一部を取り去る程度に至らない〔身体〕検査であれば」、「当然に検証の一般規定に従って可能であり」、「131条以下の規定の関知しないところである」とします。しかし、刑事訴訟法の文言上、身体を対象とする検証には例外なく131条、218条などの規定が適

用されます。ひとの身体に化体された人格の尊厳などの法的価値の重要性にかんがみても、〈身体に対する一般的検証〉という曖昧な範疇を認めるべきではありません。

身体検査令状という特別な令状を要求することにより、司法的抑制・手続的規制が厳格化されました（刑訴131ないし140、218など参照）。たとえば、(A)捜査機関が身体検査令状を請求するさい、身体の検査まで必要とする理由、身体の検査を受ける者の性別、そして、健康状態をとくに示さねばなりません（刑訴218⑤「検察官、検察事務官又は司法警察員は、身体検査令状の請求をするには、身体の検査を必要とする理由及び身体の検査を受ける者の性別、健康状態その他裁判所の規則で定める事項を示さなければならない」）。(B)令状を発付する裁判官も、身体検査に関し、みずから適当と認める条件をつけることができます（刑訴218⑥「裁判官は、身体の検査に関し、適当と認める条件を附することができる」）。つまり、身体検査を行う時期や場所、そして方法について、令状係裁判官がみずから指定できます。身体検査の方法などについて、捜査機関の裁量的判断にゆだねず、裁判官がコントロールするわけです（なお、逮捕の現場で行われる無令状の検証〔刑訴220①(2)〕について、『条解刑事訴訟法〔第4版〕』420頁は「身体検査も含む」という。しかし、身体検査の処分に対する司法的抑制・手続的規制について、一般の検証より、厳格なものが刑事訴訟法に定められた。この刑事訴訟法の趣旨にかんがみ、身体検査の処分については、必ず事前に裁判官の判断を経なければならないであろう。すなわち、逮捕現場で令状なしに身体検査をすることはできないと解さねばならない）。このほか、(C)女性の身体検査については、医師または成年の女性が必ず立ち会わねばなりません（刑訴222①〔131②「女子の身体を検査する場合には、医師又は成年の女子をこれに立ち会わせなければならない」の準用〕。なお、女性の身体捜索に認められた「急速を要する場合は、この限りでない」という115但書の例外は、女性の身体検査については認められない）。

展開支援ナビ

捜査機関による身体検査　　検証としての身体検査の処分も、捜査機関がみずからの権限として行います（刑訴218①、220①(2)、222①〔「検察官、検察事務官又は司法警察職員が第218条又は第220条の規定によってする検証」について、裁判所が行う検証のために「身体の検査、死体の解剖」など必要な処分を定めた129や、裁判所が行う身体検査の注意を定めた131を準用する〕などから、捜査機関が身体検査を行う主体と解される。2(1)の【展開支援ナビ】「捜査機関による捜索」参照）。身体検査を行う主体は、現実的にも法的にも捜査機関であるわけです。ただし、上述のように、身体検査の時期や場所、方法について、令状係裁判官がみずから指定できるため、身体検査の執行は捜査機関の一方的な裁量的判断にゆだねられないことに留意してください。

この身体検査令状の執行にさいしても、捜査機関は物理的有形力を行使し、身体検査を**直接強制**することが許されます（刑訴222①により139①「裁判所は、身体の検査を拒む者を過料に処し、又はこれに刑を科しても、その効果がないと認めるときは、そのまま、身体の検査を行うことができる」を準用する。検証としての身体検査については、間接強制〔特定の行動をとるよう命令して法律上の義務を課し、この義務違反について制裁を予定すること〕も、もちろん許される。222①による137、138の準用〕）。

展開支援ナビ

体腔内部の身体検査と令状の併用　　関税法違反の事件などでは、被疑者が覚せい剤やあへんなどの不正薬物を、肛門など体腔の開口部から身体内部に挿入して隠匿し、密輸入するケースが少なくありません。その不正薬物など輸入禁制品は、関税法違反被疑事件の「証拠物又は没収すべき物」（刑訴99①）となるものです。それらの物を発見するため、肛門などの開口部を押し広げ、体腔内部を検査する処分が必要となる場合もあります。

その**処分の目的**は、体腔内部に隠匿された輸入禁制品を発見することです。目的という点では、金庫の中に隠匿された輸入禁制品を発見する処分と変わりません。つまり、処分の目的からは、捜索の範疇に入る処分でした。この点にかんがみ、体腔内部を外部から検査する処分も身体捜索であり、捜索許可状でなしうるという

考え方もあります（小野清一郎ほか『ポケット註釈全書・改訂刑事訴訟法』206 頁、407 頁）。しかし、肛門などの開口部を通して体腔内部を検査するため、下半身を露出させる**処分の方法**じたいは、やはり身体捜索の範疇を超え、検証としての身体検査の範疇に入るべきものでしょう。また、口腔、耳孔、鼻腔などの開口部から体腔内部の検査を強制することも、口蓋に手をかけたり、指や器具を挿入するなど、身体に対する特別な態様の有形力行使が必要となるため、やはり捜索の範疇を超え、検証としての身体検査の範疇に入るべきものでしょう（2⑴の【展開支援ナビ】「身体捜索の限界」参照）。

このように、証拠物などを発見するため体腔内部を外部から検査する処分については、**処分の目的と方法に齟齬がある**といわねばなりません。すなわち、〈目的からは捜索の範疇に入る処分だとしても、方法の点では捜索の範疇を超えるため、検証としての身体検査の範疇に入る処分になる〉といわねばなりません。そのような目的と方法に齟齬がある処分について、発付すべき令状の種類はなにか、問題となります。

この点について、刑事訴訟法の趣旨はこう解釈すべきです。すなわち、処分の目的が証拠物などの発見だとしても、刑事訴訟法はその点を重視せず、〈身体の安全や秘密、人格の尊厳や人身の自由を侵害ないし制限し、相当な精神的苦痛を与える〉という処分の方法がもたらす権利侵害の重大性・特殊性をもっぱら考慮して、身体検査令状という特別な種類の令状をあえて設け、司法的抑制・手続的規制を厳格化した、と。この刑事訴訟法の趣旨を踏まえれば、体腔内部に隠匿された証拠物などを発見するため、肛門や口腔などの開口部から体腔内部を検査する処分は、その方法にかんがみ、身体検査令状により行うべきものとなります。

なお、体腔内部を外部から検査し、発見した証拠物について、隠匿状況を認識・記録するにとどめず、それを取り出そうとするときは、また、取り出した証拠物を捜査機関の占有に移すには、別途、捜索・差押え許可状が必要になります。多数説および実務上も、⒜体腔内部を外部から検査し、隠匿物の有無を確認するには身体検査令状を必要とし、⒝発見した証拠物などを保全するには捜索・差押え許可状を必要とするとして、2つの令状の併用を認めます（熊谷ほか編『捜査法大系Ⅲ』228 頁〔谷沢忠弘〕、高田卓爾編『基本法コンメンタール〔第 3 版〕』96 頁〔田口守一〕）。

体腔内部に隠匿された証拠物などを発見・保全するという 1 つの処分を遂げるため、身体検査令状と捜索・差押え許可状の 2 つを併用するのは、令状制度の変則的運用といわねばなりません。また、1 つの処分について複数の令状の併用を許す明文規定も、刑事訴訟法にはありません。それゆえ、〈令状を併用しなければ可能でない強制処分は、強制処分法定主義の下では、そもそも許されない〉、〈令状の併用は強制処分法定主義の趣旨に反する〉という議論も可能でしょう。しかし、目的と方法に齟齬がある処分について、その処分の内容に応じ、もっともふさわしい複数の令状を請求、発付させることは、裁判官に特別な事案だと知らせ、それにより令状を介した司法的抑制・手続的規制を遺漏なく貫徹させることになります。そのため、複数の令状を併用する運用について、敢えて反対する必要はないでしょう。

⑶　鑑定処分としての身体検査

肛門や口腔など体腔の開口部を通し、身体内部を外部から検査することは、検証としての身体検査の範疇に入るべき処分でした（2⑴の【展開支援ナビ】「身体捜索の限界」、および、2⑵の【展開支援ナビ】「体腔内部の身体検査と令状の併用」参照）。それを超えて、さらに身体内部にまで深く立ち入って調べたい場合、どのような種類の処分によるべきでしょうか。たとえば、肋骨が折れていないか、胃の内部の状態はどうか、調べようとする場合です。

そのように外部からは窺えない**身体内部**まで検査しようとする場合、たとえば、レントゲンの照射や超音波検査機器の使用が必要となってきます。胃カメラ（内視鏡の一種。上部消化管内視鏡ともいう）を身体内部に挿入することも必要になるかもしれません。ちなみに、胃カメラなどの身体内部への挿入は、**身体への侵襲**とも呼びます。そのように身体にレントゲンを照射したり、胃カメラなどを身体に侵襲させる検査行為については、専門的な知識・経験・技術をもつ**鑑定人**（刑訴 165「裁判所は、学識経験のある者に鑑定を命ずることができる」、166「鑑定人には、宣誓をさせなければならない」、168 ①「鑑定人は、鑑定について必要がある場合には、裁判所の許可を受けて、人の住居若しくは人の看守する邸宅、建造物若しくは船舶内に入り、身体を検査し、死体を解剖し、墳墓を発掘し、又は物を破壊することができる」）や、**鑑定受託者**（刑

訴223①「検察官、検察事務官又は司法警察職員は、犯罪の捜査をするについて必要があるときは、被疑者以外の者の出頭を求め、これを取り調べ、又はこれに鑑定、通訳若しくは翻訳を嘱託することができる」、225①「第223条第1項の規定による鑑定の嘱託を受けた者は、裁判官の許可を受けて、第168条第1項に規定する〔鑑定に必要な〕処分をすることができる」）だけに許されることでしょう。つまり、捜査機関が主体として行う検証としての身体検査の範疇には入らず、むしろ、その範疇から逸脱するものといわねばなりません。それらは、刑事訴訟法上、鑑定に必要な処分としての身体検査の範疇に入るべきものとなります（以下、鑑定処分としての身体検査ともいう）。

　鑑定処分としての身体検査を行うには、裁判官により**鑑定処分許可状**が発付されねばなりません（鑑定人について、刑訴168②「裁判所は、前項〔168①〕の許可をするには、被告人の氏名、罪名及び立ち入るべき場所、検査すべき身体、解剖すべき死体、発掘すべき墳墓又は破壊すべき物並びに鑑定人の氏名その他裁判所の規則で定める事項を記載した許可状を発して、これをしなければならない」。鑑定受託者について、225②「前項〔225①〕の〔鑑定に必要な処分の〕許可の請求は、検察官、検察事務官又は司法警察員からこれをしなければならない」、同③「裁判官は、前項の請求を相当と認めるときは、許可状を発しなければならない」）。この鑑定処分許可状にもとづく身体検査は、専門家──専門的な、または、特別な知識・経験をもつ者──が主体となって行うものです。この点で、身体捜索や検証としての身体検査と重要な違いがあります。すなわち、身体捜索や検証としての身体検査は、現実的にも法的にも、捜査機関が主体となって行うものでした。これに対し、鑑定処分としての身体検査は、専門家だけがその処分の主体となります。言い換えれば、専門家にしかできないこと・専門家にしか許されないことを行うのが、鑑定処分としての身体検査でした。

　そのような処分の主体の違いから、行われる処分の内容、すなわち、その権利侵害の程度ないし限界についても重要な違いが出てきます。たとえば、鑑定処分としての身体検査であれば、身体にレントゲンを照射したり、胃カメラを身体に侵襲させたり、また、下剤や吐剤などの薬剤を服用させることも許されるわけです。

展開支援ナビ

嚥下物を発見する処分と令状の種類　体内に呑み込んだ疑いがある証拠物について、たとえば、対象者の自然排泄を待ったうえで、捜索・差押え許可状により排泄物を検査し、証拠物を発見・押収するのであれば、とくに問題はありません。しかし、自然の排泄以前に胃、食道、腸など体腔の内容物を検査しようとすると、レントゲンを照射したり、超音波検査機器を使用するとか、胃カメラを身体に侵襲させることが必要になります。あるいは、嚥下物の体外への排出を人為的に操作するため、下剤や吐剤を服用させることも考えられます。これらの処分も捜索・差押え許可状だけで許されるかどうか、議論があります。

　証拠物を発見するため胃など体腔にある内容物を検査し、発見した証拠物を体外に取り出す処分じたいは、その目的からは捜索・差押えに当たります。では、レントゲンの照射や下剤、吐剤の使用なども、捜索・差押えに「必要な処分」（刑訴222①、111①）として許されるでしょうか。つまり、捜索・差押え許可状だけでできると考えてよいか、という問題です。

(1)鑑定処分許可状の併用　レントゲン照射や下剤などの使用については、専門の知識または技術が必要とされるため、捜索として許される範囲を超えるといわねばなりません。そのため、捜索・差押え許可状に加え、他の令状を併用する必要があると考えるべきです。一般的には、**鑑定処分許可状を併用**すべきでしょう。たとえば、レントゲン照射について多数説は、専門的知識または技術をもつ鑑定人が、鑑定に必要な処分（刑訴225、168①）として行うものと異ならないと考えます。つまり、〈身体内部の検査になるために、被処分者の身体の安全や、心理面における影響を考慮する必要は大きい。それゆえ、やはり専門的技能・経験・資格がある者にこれを行わせねばならない〉と考えるのです。また、〈レントゲン照射は軽微ではあっても、身体に障害を与える処分、少なくとも障害を与える恐れがある処分であることは否定できない。その点でもやはり鑑定に必要な処分として行われるべきだ〉と考えます。そのほか、下剤などの使用についても、〈医薬品を投与する以上、その効果や影響について医学的知識と資格のある医師などが鑑定に必要な処分として行うべきものだ〉といわねばなりません。胃カメラを身体に侵襲させることも、やはり医師など専門家にしか許されない措置で

しょう。

このようにレントゲン照射などによる身体内部の検査については、捜索・差押え許可状と鑑定処分許可状を併用する考え方が多数説です（三井誠『刑事手続法(1)〔新版〕』59頁、新関雅夫他『新版令状基本問題』615頁〔小林充〕など）。令状を併用するとき、捜索・差押え許可状に「レントゲン検査機または下剤・吐剤の使用による体腔内の検査、異物の採取については、医師をして医学的に相当と認められる方法で行わせること」という条件を記載し、鑑定処分許可状にも「下剤・吐剤の使用については、医学的に相当と認められる方法によること」などの条件を記載することになります（参照、岩田和壽「ある日の簡易裁判所・刑事令状編（その3）」月報司法書士469号50頁以下）。

(2) 身体検査令状の併用　ただし、レントゲン照射や超音波検査に関し、身体検査令状の併用でかまわないという少数説があります。この身体検査令状併用説は、2つの根拠を挙げます。

　① 身体侵襲の有無　1つの根拠は、こうです。鑑定処分の意味について、「血管からの血液の採取、えん下物の採取、吐剤・下剤や機械器具を利用した検査など、ある程度の身体への侵襲を伴う」処分と捉え（田宮裕『刑事訴訟法〔新版〕』116頁）、そのような身体侵襲を伴わないレントゲン照射や超音波検査は、**検証としての身体検査**により許されるというものです（参照、田宮・同上）。

　しかし、レントゲン照射じたいは、専門家（国家資格が必要な医療職である診療放射線技師など）が行うべき処分であるうえ、軽微とはいえ身体に障害を与えうる処分でした。そのため、注射針による採血以上に鑑定処分として捉えるべきものです。そのため、たんに〈身体侵襲の有無により、併用すべき令状を身体検査令状とするか、鑑定処分許可状とするか〉を区別しようとする考え方には賛成できません。

　② 専門家の補助　もう1つの根拠は、レントゲン照射などについて、専門的技能をもつ者を捜査機関の補助者としてこれを実施するならば、検証としての身体検査により可能だという考え方です。キイワードは**専門家の補助**でした。

　身体検査令状の発付について、刑事訴訟法は、裁判官が「適当と認める条件を附することができる」とします（刑訴218①、⑥）。その条件として、専門家の補助を得て実施するという条件をつけることもできると考えるわけです。また、警察の内規である犯罪捜査規範160条も、「身体検査を行うに当っては、必要があると認められるときは、医師その他専門的知識を有する者の助力を得て行わなければならない」とします。そのような専門家の補助があれば、身体内部の検査も検証としての身体検査によりできると主張するわけでした（参照、平場安治ほか『注解刑事訴訟法上巻〔改訂増補版〕』408頁〔鈴木茂嗣〕）。この考え方によれば、レントゲン照射なども、検証としての身体検査令状によりできることになります。

　しかし、ひとの身体の性質・形状などを見たり触ったりして確かめる検証としての身体検査と、それ以上の鑑定に必要な処分、つまり、身体に傷害・障害を与える恐れもある身体内部の検査とでは、その実質的違いは大きいというべきです。たとえ専門家の補助を得たとしても、その違いが完全に解消されることはありません。すなわち、鑑定処分に留保されねばならない身体検査行為があるというべきです。また、身体検査の内容にかんがみ、誰が処分の主体なのかをはっきりさせておくことも、手続の明確化という点で望ましいことです。専門家を補助者にするといっても、レントゲン照射などは専門家にしかできない・専門家にしか許されない処分でした。そうである限り、〈身体検査令状による限り、どんな場合でも、捜査機関が処分の主体として実施することになる〉というのは、やはりおかしいといわねばなりません。

ただし、この鑑定処分としての身体検査について、物理的有形力を行使して身体検査を直接強制できるか、議論があります。重要な議論ですので、項を改めて説明しましょう。

3　身体検査と直接強制の可否

(1)　鑑定処分としての身体検査と直接強制の可否

　鑑定処分としての身体検査について、起訴後、公判段階で行われる場合には、直接強制が許されます。ただし、その根拠規定は少し複雑です。すなわち、刑事訴訟法172条1項が「身体の検査を受ける者が、鑑定人の第168条第1項の規定によってする身体の検査を拒んだ場合には、鑑定人は、裁判官にその者の身体の検査を請求することができる」と定め、同2項が「前項の請求を受けた裁判官は、第10章〔検証〕の規定〔刑訴128ないし142〕に準じ身体の検査をすることができる」と定めるため、直接強制を

許した刑事訴訟法139条が準用されるのです（刑訴139は「裁判所は、身体の検査を拒む者を過料に処し、又はこれに刑を科しても、その効果がないと認めるときは、そのまま、身体の検査を行うことができる」と定める。「そのまま、できる」という文言は、直接強制が許されることを意味する）。

> **展開支援ナビ**
> **だれが有形力を行使するのか**　鑑定処分として行われる身体検査について、直接強制の権限を行使する法的主体は裁判官です。しかし、現実に行使される有形力の内容や程度などを決定するのは、鑑定人となります。裁判官は、鑑定人による有形力の行使を確認・監督する立場にたつわけです（参照、『条解刑事訴訟法〔第4版〕』321頁）。なお、刑事訴訟法141条（「検証をするについて必要があるときは、司法警察職員に補助をさせることができる」）も準用されるため、被検査者の身体に直接手をかけるなどの行為は司法警察職員がすることもあります。

しかし、起訴前に捜査機関の嘱託により行われる鑑定について、刑事訴訟法225条4項が準用すべき規定を列挙していますが（刑訴225④「第168条第2項乃至第4項及び第6項の規定は、前項の許可状についてこれを準用する」）、上述した172条の規定は「準用する」ものとされていません。すなわち、第10章〔検証〕の規定をまるごと準用することはないわけです。なお、この225条4項は、168条6項を準用すると定めます。この168条6項（「第131条、第137条、第138条及び第140条の規定は、鑑定人の第1項の規定によつてする身体の検査についてこれを準用する」）は、第10章〔検証〕の規定のうち、一部、たとえば137条（正当な理由がなく検証としての身体検査を拒んだ者に対し、裁判官が過料の「行政罰」を科す）、138条（罰金または拘留の「刑事罰」を科す）の規定を準用すると定めます。そのため、捜査段階で行われる**鑑定処分としての身体検査**については、間接強制が許されることになります。しかし、168条6項は、直接強制を許す139条を準用しませんでした。

(2)　直接強制を許さない正当な理由

このことから、結論としては、〈刑事訴訟法の規定上、捜査段階で行われる**鑑定処分としての身体検査**について、直接強制は許されない〉というほかありません（なお、身体検査以外の鑑定処分、すなわち「人の住居若しくは人の看守する邸宅、建造物若しくは船舶内に入り」、「死体を解剖し、墳墓を発掘し、又は物を破壊する」処分については、直接強制も許される。参照、刑訴225①、168①）。その結果、過料や罰金に処せられることを覚悟した被検査者は、鑑定処分としての身体検査を受けるかどうかについて、みずからの意思いかん（承諾のいかん）によって決定できることになります。なぜなら、「鑑定としての身体検査の場合には、鑑定人の特別の知識と経験に基づいて、身体はその内部に至るまで検査対象とされ、そのため生活機能に障害を受けるおそれもあり、身体の秘密は細部にわたって露呈されるといった、人権にとっては重大な侵害を受けることも予想されるところから、直接強制の方法は避けて、被検査者の承諾にかからしめたのではないか」と考えられるからです（石毛平蔵『令状請求の実務』193頁）。つまり、鑑定処分としての身体検査について、その権利侵害の内容や程度が重大なものとなる場合があるため、被検査者の意思に反してでもこれを行うことができるのは、〈公訴が提起された後の公判段階に限られた〉、また、〈起訴か不起訴かまだ未決定の捜査段階では被検査者の承諾にかからしめた〉というわけです。それは、正当な理由のある立法政策、立法者の決断と評価してよいでしょう。

また、刑事訴訟法172条を、捜査段階で行われる**鑑定処分としての身体検査**について準用しなかったのは、〈もしも準用してしまうと、裁判官が、**直接強制の法的主体**となってみずから捜査活動をする、あるいは、積極的に行動して捜査機関を援助することになってしまい、それでは、公正中立な立場を堅持すべき裁判所の役割にそぐわないからだ〉ともいえるでしょう。「裁判官は、令状主義による司法的抑制として、捜査の行き過ぎをチェックし、その適正な運用を期しこそすれ、自ら捜査し又は積極的に捜査を助けるということはない」わけです（石毛『令状請求の実務』195頁）。

(3) 直接強制を許す解釈論

これに対し、〈鑑定は、実務上、捜査段階のもののほうが圧倒的に多い。捜査段階の鑑定の重要性は、公判段階のそれと比べて、むしろ大きいというべきである。それにもかかわらず、この捜査段階の鑑定処分について直接強制を許さないのは、合理的根拠に乏しい〉という論者もあります。そう述べたうえで、論者は、刑事訴訟法172条を**類推適用**して、〈捜査機関が直接強制による身体検査を請求し、裁判官の許可を得て、捜査機関の指揮監督により鑑定処分としての身体検査を直接強制できる〉とします（新関他『新版令状基本問題』645頁〔小林充〕）。しかし、**172条を類推適用するという考え方**は、刑事訴訟法の文言をあまりに無視したものといわねばなりません。捜査実務に対する実質的な配慮が勝ちすぎた解釈論になってしまいます。

また、別の論者は、直接強制が必要な場合には、検証としての身体検査を許可する令状を併せ用い、この検証としての身体検査のため刑事訴訟法139条の直接強制が捜査機関によって行われるさいに、鑑定人も——捜査機関を補助する者という立場で——立ち会って、必要な処分を行えるとします（団藤重光『條解刑事訴訟法』430頁。平野龍一『刑事訴訟法』120頁も、「被検査者が〔鑑定受託者による〕身体検査を拒んだとき、裁判官がこれに過料・罰金を科して、間接に強制する方法は認められているが、直接強制は認められていない（168条6項は139条を準用していない）。検察官等の身体検査の補助としてやる外はない（222条1項は139条を準用している）」という）。鑑定処分許可状に加え、**身体検査令状を併せ用いる**ことにより直接強制を許そうというこの考え方については、もともと身体検査令状で許されない処分を行うため、鑑定処分許可状を必要としたのに、この〈鑑定処分許可状でもできない直接強制を、身体検査令状を併用すればできる〉というのは、論理的に破綻しているというべきです。また、対物的強制処分の体系を壊すものとしても、批判されねばならないでしょう。

かなり長い説明になってしまいました。とりあえず、ひとの身体に対する捜索、検証としての身体検査、鑑定処分としての身体検査について、以上のことを基本的知識として自分のものにしていただきたいと思います。

4 捜査上の手段としての強制採尿の可否

(1) 覚せい剤事犯の捜査と採尿

覚せい剤の自己使用行為が疑われるとき、〈被疑者から採取した尿を鑑定資料として、ガスクロマトグラフィー検査などの鑑定処分に付し、覚せい剤を検出する〉というやり方が、検挙と有罪立証の決定的な方法でした。たとえば、**釧路地帯広支判平成14・3・27無罪事例集8号237頁**は、「覚せい剤の自己使用罪の有罪立証のためには、犯人の身体から得た試料中に、犯人の体内を通過し、代謝の過程を経た状態の覚せい剤成分が科学的に検出された旨の鑑定結果（ないし証拠書類としての鑑定書）が不可欠である。〔中略〕通常は、使用した覚せい剤の大部分が尿中に排出されるため、使用後数時間から2週間程度の間は覚せい剤成分の検出が可能である尿鑑定が用いられ、鑑定手法としても確立している」と判示します。

では、尿を長時間排泄しなかったり、採尿容器に排泄しないなどして、被疑者がどうしても尿を採取させようとしない場合、どのように対処すべきでしょうか。尿を強制的に採取しようとすれば、具体的には、〈抵抗する被疑者の身体を捜査機関が押さえつけ、その陰部をあらわにして、捜査機関の嘱託を受けた医師などが被疑者の尿道から膀胱内にカテーテルを挿入し、膀胱内の尿を直接採取する〉という方法をとることになります。尿道から膀胱内にカテーテルを挿入することじたいは、医療上は、排尿障害があるひとや麻酔を受ける患者、出産時の女性などに対し、日常的に行われている措置です。この措置を、**捜査上の処分**として、被疑者に強制できるかどうか、問題となるわけです。

そのようなカテーテルを用いた強制採尿について、**人格の尊厳を害し、処分の相当性を欠くため違法**であるという考え方は、実務上も、有力でした。たとえば、**名古屋高判昭54・2・14刑集34巻5号**

314 頁〔後述する最高裁昭和 55 年決定の控訴審判決〕は、「尿の提出を拒否して抵抗する被疑者の身体を数人の警察官が実力をもって押えつけ、カテーテルを用いてその陰茎から尿を採取するがごときことは、それが、裁判官の発する前記のような〔すなわち、鑑定処分許可状および身体検査令状という 2 通の〕令状に基づき、直接的には医師の手によって行われたものであったとしても、被疑者の人格の尊厳を著しく害し、その令状の執行手続として許される限度を越え、違法であるといわざるを得ない」と判示しました。

これに対し、**大阪地決昭和 54・11・22 判時 965 号 135 頁**は、カテーテルを用いた強制採尿について、「医療行為と異なりあくまで捜査の一環として行なわれるものであるから、おのずからその手段方法には社会通念上の限界があることはもちろんであるが、本件においては、鑑定処分許可状の指示に従って、専門家である医師が被告人の膀胱内にゴム管であるネラトンカテーテルを挿入して採尿しており、この方法は治療及び検査方法として一般に行なわれており危険性も殆どないことは〔中略〕明らかであり、任意の排尿によることができない場合の採尿方法としては最も適切なものである。ただ陰部を露出して行なうというこの方法の性質上、羞恥心等の精神的苦痛を被検者に与えるものであることは否めず、殊に被告人のように女性である場合はなお更であるが、本件では外部から遮へいされた処置室において医師と看護婦らのみが立合ってなされており、このような条件の下では被検者に与える精神的苦痛はかなり軽減されるものと考えられ、また被検者が尿を衣服に染みこませるなどの方法で妨害する場合における安全確実な代替手段は、現在では未だ見出されていないから、右のような方法によることは必要やむをえない措置として許容せざるをえない」と判示しました。実務上は、この大阪地裁昭和 54 年判決定のように、カテーテルを用いた強制採尿を適法とする考え方が――とくに、警察が覚せい剤事犯の徹底取締りを標榜した昭和 52 年（1977 年）以降――、一般的だったでしょう。

ただし、カテーテルを用いた強制採尿について、適法な捜査上の処分だと考えたとしても、その具体的な実施にさいし、いくつかの問題点がありました。

まず、**発付すべき令状の種類**が問題となります。素直に考える限り、尿道から膀胱内にカテーテルを挿入することは、鑑定資料になる尿を採取するというその「目的」にかんがみても、また、器具を身体内部の膀胱まで挿入するというその「方法」にかんがみても、専門家――特別な、または専門的な知識・経験をもつ者――が行うべき**鑑定に必要な処分**の範疇に入るものでしょう。それゆえ、令状の種類としては、鑑定処分許可状が発付されねばなりません。しかし、鑑定処分許可状による場合、覚せい剤自己使用罪の決定的証拠となる尿をどうしても採取したい捜査機関にとって、もう 1 つの問題が立ちふさがります。それは、すでに 3「身体検査と直接強制の可否」で述べたように、鑑定処分許可状では捜査段階において直接強制が許されないという難点があることでした。

この難点を回避するため、〔1〕起訴前の鑑定のほうが実務では重要なのだから、刑事訴訟法 172 条（起訴後の鑑定処分としての身体検査に直接強制を認める）を準用ないし類推適用し、起訴前も鑑定処分許可状で直接強制が可能だという議論、あるいは、〔2〕身体検査令状でも身体内部の検査できると解すべきだし、さらに、医師等を補助者とする条件（刑訴 218⑥）を付ければ、身体の損傷や器具の身体侵襲を伴う内部検査も可能だという議論、また、〔3〕鑑定処分許可状と身体検査令状を併用しておけば、おのおのの不足するところを補って（前者が「器具の侵襲」を正当化し、後者が「有形力の行使」を正当化する）、起訴前も直接強制が可能だという議論が行われました。実務上は、この〔3〕の考え方が一般的でした。

しかし、これらの議論に対し強い批判が加えられました。すでに述べたところと重複しますが、〔1〕と〔3〕の考え方に対しては、対物的強制処分を体系化して「検証としての身体検査」と「鑑定処分としての身体検査」を区別し、後者に特定の処分（身体の損傷や器具の侵襲を伴う身体検査など）を留保した刑事訴訟法の趣旨を無意味にすると批判され、〔2〕と〔3〕の考え方に対しては、刑事訴訟法の文言を無視するものだと批判されねばなりませんでした。

(2) 最高裁昭和55年決定の事案と内容

捜査上の処分としてカテーテルを用いた強制採尿が行われる場合、その適法性を判断した最高裁判例として、**最決昭和55・10・23刑集34巻5号300頁**があります。

この最高裁昭和55年決定が扱った具体的事実の概要は、こうでした。

> (1) 昭和52年6月28日の午前10時ころ、愛知県江南警察署の警察官Aらは、被告人を覚せい剤譲渡しの被疑事実で逮捕します。引致中に警察官Aは、被告人の両腕に静脈注射痕様のものがあることやその言動・態度などから、覚せい剤自己使用の疑いを抱き、引致中も引致後も再三にわたり尿を任意提出するように求めました。翌29日夕方までAは尿の任意提出を求めつづけましたが、被告人も頑なに拒絶をつづけます。そのため、江南警察署は強制採尿のため、一宮簡易裁判所裁判官に対し身体検査令状および鑑定処分許可状を請求し、同日午後4時ころ両令状の発付を得ました。
>
> (2) 鑑定を受託した医師Bは、被告人にまず自然排尿の機会を与えるよう指示します。同日午後7時ころ、同署から「被告人がどうしても排尿しない」という連絡を受けたためBは、同署医務室のベッド上に数人の警察官によって身体を押えつけられた被告人から、カテーテル（外径4・5ミリメートルのゴム製導尿管）を尿道に挿入して、約10分間で約100ccの尿を採取しました。同署はBから任意提出された尿を領置し、尿中に覚せい剤が含まれるかどうかを確かめるため、愛知県警察本部犯罪科学研究所に対し鑑定の嘱託手続をとります。
>
> (3) このような事実関係の下で、第一審裁判所（**名古屋地一宮支判昭53・5・1刑集34巻5号311頁**）は、強制採尿の問題にはとくに言及せずに、被告人に対し有罪を言い渡しました。これに対し、控訴審裁判所（**名古屋高判昭54・2・14刑集34巻5号314頁**）は、捜査目的の強制採尿は「被疑者の人格の尊厳を著しく害し、その令状の執行手続として許される限度を越え、違法である」と断じました。ただし、その違法は「令状主義の精神を没却するような重大なもの」ではないとして、尿および尿鑑定書の証拠能力については、これを肯定し、被告人の控訴を棄却します。
>
> (4) この控訴棄却判決に対し、被告人側が上告を申し立てました。

最高裁昭和55年決定は、強制採尿に関する総論的判示として、次のように述べます。

「尿を任意に提出しない被疑者に対し、強制力を用いてその身体から尿を採取することは、身体に対する侵入行為であるとともに屈辱感等の精神的打撃を与える行為であるが、右採尿につき通常用いられるカテーテルを尿道に挿入して尿を採取する方法は、被採取者に対しある程度の肉体的不快感ないし抵抗感を与えるとはいえ、医師等これに習熟した技能者によって適切に行われる限り、身体上ないし健康上格別の障害をもたらす危険性は比較的乏しく、仮に障害を起こすことがあっても軽微なものにすぎないと考えられるし、また、右強制採尿が被疑者に与える屈辱感等の精神的打撃は、検証の方法としての身体検査においても同程度の場合がありうるのであるから、被疑者に対する右のような方法による強制採尿が捜査手続上の強制処分として絶対に許されないとすべき理由はなく、被疑事件の重大性、嫌疑の存在、当該証拠の重要性とその取得の必要性、適当な代替手段の不存在等の事情に照らし、犯罪の捜査上真にやむをえないと認められる場合に、最終的な手段として、適切な法律上の手続を経てこれを行うことも許されてしかるべきであり、ただ、その実施にあたっては、被疑者の身体の安全とその人格の保護のため十分な配慮が施されるべきものと解するのが相当である。／そこで、右の適切な法律上の手続について考えるのに、体内に存在する尿を犯罪の証拠物として強制的に採取する行為は捜索・差押の性質を有するものとみるべきであるから、捜査機関がこれを実施するには捜索差押令状を必要とすると解すべきである。ただし、右行為は人権の侵害にわたるおそれがある点では、一般の捜索・差押と異なり、検証の方法としての身体検査と共通の性質を有しているので、身体検査令状に関する刑訴法218条5項〔改正後は6項〕が右捜索差押令状に準用されるべきであって、令状の記載要件として、強制採尿は医

師をして医学的に相当と認められる方法により行わせなければならない旨の条件の記載が不可欠であると解さなければならない」、と。

　本件に関し、その具体的な事実関係に即して最高裁昭和55年決定は、①覚せい剤自己使用罪が懲役10年以下に処せられる相当重大な犯罪であること、②自己使用を疑うに足りる理由があったこと、③自己使用を徹底して否認したため、証拠として被告人の尿を採取する必要があったこと、④逮捕後も、尿の任意提出を頑強に拒みつづけたこと、⑤捜査機関は、従来の捜査実務の例にしたがい、身体検査令状と鑑定処分許可状の発付を受けたこと、⑥逮捕後33時間経過しても被告人は尿の任意提出を頑なに拒んでおり、強制採尿に代わる適当な手段がなかったこと、⑦捜査機関は上記2令状にもとづき医師に採尿を嘱託し、同医師が適切な医学上の配慮の下に合理的・安全な方法で採尿を実施したこと、⑧捜査機関による有形力の行使は、採尿を安全に実施するうえで必要最小限のものであったこと、⑨令状の種類および形式の点で問題があるけれども、それらは技術的な形式的不備にすぎないことなどを述べたうえで、上告を棄却しました。

(3) 最高裁昭和55年決定に対する評価

　上述した4(2)の批判を〈逸らす〉、〈かわす〉かたちで、最高裁昭和55年決定は、起訴前の強制採尿を捜索・差押え許可状により正当化したわけでした。しかし、この最高裁昭和55年決定の判示は簡潔にすぎるといわねばなりません。おそらくは、〈身体内部の膀胱にある尿は、老廃物としていずれ体外に排泄されるものであるから、捜索・差押えの対象にしてはならない**身体の一部**というより、嚥下物に類する**証拠物**として扱うことができ、それゆえ、強制採尿についても捜索・差押えの性質をもつものとみるべきだ〉というように論理を展開したものかと思います（ちなみに、老廃物の尿と違い、血液や毛髪は**身体を構成する一部**そのものであるため、血液や毛髪を強制採取するための令状としては、実務上、**鑑定処分許可状**を主たる令状とし、直接強制のために**身体検査令状**を併用する事例が多い）。

　ただし、最高裁昭和55年決定は、強制採尿について、「犯罪の捜査上真にやむをえないと認められる場合に、最終的手段として、適切な法律上の手続を経てこれを行うことが許される」、「令状の記載要件として、強制採尿は医師をして医学的に相当と認められる方法により行わせなければならない旨の条件の記載が不可欠である」としました。強制採尿の実施と令状の方式について、極めて厳しい法的制約（①補充性の要求と②医師・医学的方法の要求。これらの要求を充たさない強制採尿は違法となる）を課しました。

　この最高裁昭和55年決定については、刑事訴訟法上の難点を見事にクリアしたという積極的評価もなされました（平野龍一・松尾浩也編『新実例刑事訴訟法［Ⅰ］捜査』241頁〔津田賛平〕は、「処分の性質論における理論的難点が克服され、同時に直接強制の根拠を直截に説明することができることとなった」とする）。

(4) 最高裁昭和55年決定に対する批判

　しかし、最高裁昭和55年決定には基本的な点で疑問があるといわねばなりません。

　①**比例原則に違反しないか**　腎臓で血液を濾過等して生成され、身体内（膀胱内）に貯留される尿を強制採取する行為は、人間の基本的生命活動に属する排尿を物理的に操作するものであるうえ、陰部の露出を強制し、尿道にカテーテルを強制挿入する行為の態様を考えれば、控訴審判決のように「人格の尊厳を著しく害する」というほかないものです。そのような行為は、医療行為として行われ、かつ、措置を受けるひとが明示的な承諾を与える場合を除き、社会的相当性をもたないというべきでしょう。すなわち、捜査活動としては、その許される限界を超えた処分として、比例原則に反するといわねばなりません（それゆえ、刑事訴訟法197条1項に反するほか、憲法11条〔基本的人権の享有〕や同13条〔個人の尊重と生命・自由・幸福追求の権利の尊重〕にも反する）。

　②**採尿は「鑑定のため必要な処分」ではないのか**　最高裁決定が強制採尿を「捜索・差押の性質を有する」としたことも疑問です。なぜなら、採尿は、証拠物を発見・保全するというような単純な行為

ではなく、人間の基本的生理作用である排尿を物理的に操作する行為なのであって、捜索・差押えが本来予定する処分とは、性質上、決定的な違いがあるからです。また、採取された尿も、それだけでは証拠としての価値をもたず、尿鑑定の資料とされてはじめて証拠価値をもちます。それゆえ、強制採尿の本質はやはり「鑑定のため必要な処分」だと捉えられねばならないものです。

そもそも、刑事訴訟法は、捜索・差押え、検証、鑑定処分というように対物的強制処分を区分し、令状制度を体系化しました。その区別と体系化の趣旨は、さまざまな対物的強制処分について、その方法（すなわち、権利侵害の態様）に注目して、それぞれ裁判官の特別な司法的統制に服させることにあります。最高裁昭和55年決定は、この区別と体系化を崩してしまう問題ももっています（実際にも、血管からの血液採取、嚥下物を採取するためのエックス線撮影や超音波検査、下剤投与などについても、条件を付しさえすれば捜索・差押え許可状でできるという主張がなされる。平野・松尾編『新実例刑事訴訟法〔Ⅰ〕』243頁〔津田〕）。

なお、かりに強制採尿が「捜索・差押の性質を有する」と考えたとしても、強制採尿の方法は医師等にゆだねるべき「鑑定のため必要な処分」にあたるため、（行為の目的にかんがみ）捜索・差押え許可状と、（行為の態様にかんがみ）鑑定処分許可状が併用されるべきものでしょう。

③**判例による強制処分の「創造」が許されるのか**　強制採尿のような新しい処分について、解釈上の工夫によって、現行刑事訴訟法の既存の強制処分類型にあてはめたとしても、器具を陰部に侵襲させ、人間の基本的生命活動に属する排尿を人為的に操作するというその処分の実体は、なんら変わるものではありません。

重大な権利侵害になる「実体」をもつ強制採尿を、かつ、令状の「形式」についても従来の解釈論の域を大きく超えてしまう強制採尿を、最高裁決定のように、判例によって「法創造」することについては、やはり重大な疑問があります。強制採尿のような、国民の権利・義務の内容に深く関わる対物的強制処分の創設は、個々の事件を処理する裁判所が行うべきことでなく、やはり立法によるべきことです。すなわち、立法の過程で国民的な議論に服させるべきことだといわねばなりません。

展開支援ナビ

採尿場所への強制連行　捜索・差押え許可状による強制採尿を許したため、その後、被採尿者の身体の自由を制限する判例も下されました。たとえば、強制採尿のため、採尿場所まで被疑者を連行できるでしょうか。この点に関し、**最決平成6・9・16刑集48巻6号420頁**は、**強制採尿令状の効力として強制連行できる**とします。具体的事案は、こうでした。警察官らが福島県耶麻郡猪苗代町の交差点で被告人の車両を停車させ、その後、警察車両に乗車させた被告人に対し、強制採尿令状を提示ます。しかし、被告人が興奮し暴れて抵抗したため、警察官らは被告人を同県会津若松市所在の病院に連行し、同病院において、ベッドに寝かせた被告人から、医師がカテーテルを使用して尿を採取したというものです。

最高裁平成6年決定は、「身柄を拘束されていない被疑者を採尿場所へ任意に同行することが事実上不可能であると認められる場合には、強制採尿令状の効力として、採尿に適する最寄りの場所まで被疑者を連行することができ、その際、必要最小限度の有形力を行使することができるものと解するのが相当である。／けだし、そのように解しないと、強制採尿令状の目的を達することができないだけでなく、このような場合に右令状を発付する裁判官は、連行の当否を含めて審査し、右令状を発付したものとみられるからである。／その場合、右令状に、被疑者を採尿に適する最寄りの場所まで連行することを許可する旨を記載することができることはもとより、被疑者の所在場所が特定しているため、そこから最も近い特定の採尿場所を指定して、そこまで連行することを許可する旨を記載することができることも、明らかである」と判示します。

最高裁平成6年決定は、最高裁昭和55年決定がいう「医学的に相当と認められる方法」による採尿に適した場所に移動することは、(A)強制採尿において当然に予定され、(B)令状係裁判官もその強制連行の可否・当否まで含めて審査しており（その結果、捜索・差押え許可状に「捜索・差押えに関する条件」として「強制採尿のため必要があるときは、被疑者を採尿に適する最寄りの場所まで連行できる」と記載する）、司法的抑制の実質は貫徹されていると考えたのでしょう。そのさい最高裁平成6年決定は、強制連行とそのための有形力行使を「強制採尿令状の効力」、すなわち、**強制採尿令状の内在的効力**として許すかのようです（最高裁平成6年

決定は、強制連行の可否や連行先の場所を令状に記載することについて、最高裁昭和55年決定と違い、不可欠な要件としなかった）。しかし、採尿目的の強制連行は、場所の移動を伴うほか、相当な時間、身体の自由を侵害するため、逮捕、すなわち、狭義の逮捕行為・引致・留置に匹敵する対人的強制処分の実質をもってしまう処分です。そのような逮捕に匹敵する処分を、対物的強制処分の強制採尿に内在する効力として許す考え方じたいが疑問です。強制採尿のための強制連行は相当性を欠く処分として、違法というべきです。捜索・差押え令状による強制採尿は、すでに逮捕・勾留された被疑者に限定されねばなりません。

強制採尿令状請求のための滞留強制　強制採尿のため捜索・差押え許可状を請求するさい、被疑者を令状発付まで留め置くことができるでしょうか。令状発付まで滞留を強制できるか、という問題です。東京高判平成22・11・8判タ1374号248頁は、警察官が覚せい剤の自己使用の嫌疑のある被疑者を職務質問の開始から強制採尿令状の提示まで約4時間にわたり職務質問の現場に留め置いた措置について、職務質問の開始から約40分間経過した時点で強制採尿令状の請求手続に取りかかっていたことなどからすれば、違法・不当ではないと判示しました。具体的にはこう判示します。

「被告人に対する職務質問が開始された平成22年2月5日午後3時50分ころ〔中略〕から捜索差押許可状が被告人に提示された午後7時51分までの間、約4時間にわたり、B巡査部長やC巡査部長ら警察官が、被告人を職務質問の現場に留め置いているが、所論は、この留め置きが違法な身柄拘束に当たると主張するものである。ところで、本件におけるこのような留め置きの適法性を判断するに当たっては、午後4時30分ころ、B巡査部長が、被告人から任意で尿の提出を受けることを断念し、捜索差押許可状（強制採尿令状。以下「強制採尿令状」ともいう。）請求の手続に取りかかっていることに留意しなければならない。すなわち、強制採尿令状の請求に取りかかったということは、捜査機関において同令状の請求が可能であると判断し得る程度に犯罪の嫌疑が濃くなったことを物語るものであり、その判断に誤りがなければ、いずれ同令状が発付されることになるのであって、いわばその時点を分水嶺として、強制手続への移行段階に至ったと見るべきものである。したがって、依然として任意捜査であることに変わりはないけれども、そこには、それ以前の純粋に任意捜査として行われている段階とは、性質的に異なるものがあるとしなければならない。〔中略〕午後4時30分ころ以降強制採尿令状の執行までの段階について検討すると、同令状を請求するためには、予め採尿を行う医師を確保することが前提となり、かつ、同令状の発付を受けた後、所定の時間内に当該医師の許に被疑者を連行する必要もある。したがって、令状執行の対象である被疑者の所在確保の必要性には非常に高いものがあるから、強制採尿令状請求が行われていること自体を被疑者に伝えることが条件となるが、**純粋な任意捜査の場合に比し、相当程度強くその場に止まるよう被疑者に求めることも許される**と解される。これを本件について見ると、午後4時30分ころに、被告人に対して、強制採尿令状の請求をする旨告げた上、B巡査部長は同令状請求準備のために警察署に戻り、午後7時ころ東京簡易裁判所裁判官に対し同令状の請求をして、午後7時35分同令状が発付され、午後7時51分、留め置き現場において、これを被告人に示して執行が開始されているが、上記準備行為から強制採尿令状が発付されるまでの留め置きは約3時間5分、同令状執行までは約3時間21分かかっているものの、手続の所要時間として、特に著しく長いとまでは認められない。また、この間の留め置きの態様を見ると、〔中略〕警察官が被告人に対し、その立ち去りを防ごうと身体を押さえつけたり、引っ張ったりするなどの物理力を行使した形跡はなく、被告人の供述によっても、せいぜい被告人の腕に警察官が腕を回すようにして触れ、それを被告人が振り払うようにしたという程度であったというのである。〔中略〕この段階において、被告人の意思を直接的に抑圧するような行為等はなされておらず、駐車車両や警察官が被告人及び被告人車両を一定の距離を置きつつ取り囲んだ状態を保っていたことも、上記のように、強制採尿令状の請求手続が進行中であり、その対象者である被告人の所在確保の要請が非常に高まっている段階にあったことを考慮すると、そのために必要な最小限度のものにとどまっていると評価できるものである。〔中略〕**被告人に対する強制採尿手続に先立ち、被告人を職務質問の現場に留め置いた措置に違法かつ不当な点はない**」、と。

東京高裁平成22年判決は、強制採尿令状の請求にとりかかったことにより「強制手続への移行段階に至った」とし、「純粋に任意捜査として行われている段階とは、性質的に異なる」として、「相当程度強くその場に止まるよう被疑者に求めることも許される」と判示しました。すなわち、強制採尿令状の請求・発付・執行を確保することを理由に、被処分者の被疑者を取り囲むなど、身体の自由を実質的に制限する捜査機関の行為を正当化したわけです。東京高裁平成22年判決は、留め置きの必要性を一方的に強調し、留め置きによる被処分者の不利益を不当に軽視するものとして、比例原則のうち相当性の原則に違背するといわねばなりません。また、それ以上に大きな問題を東京高裁平成22年判決は内包しています。すなわち、〈純粋な任意捜査の段階〉と〈性質的に異なる任意捜査の段階〉を区別したことです。それは、任意処分ないし任意捜査の概念を不当に混乱さ

せるものというほかなく、また、令状請求を理由に、任意捜査として許される権利侵害の程度を一般的に重大化することを認めるものとしても、不当だといわねばなりません。

5 【関連問題】の論述ポイント

　設問の【関連問題】は、カテーテルによる強制採尿について、その適法性を真正面から問うものです。その論述としては、すでに説明したところをまとめることになるでしょう。具体的には、こうです。まず、カテーテルによる強制採尿は、被処分者の人格の尊厳を害し、処分の相当性を欠くために違法であるという考え方が、かつて実務上も有力であったことを指摘して下さい。しかし、最高裁昭和55年決定が、捜査上の手段としてカテーテルによる強制採尿を許したことに言及したうえで、その判示内容を可能な限り正確に敷衍します。最高裁昭和55年決定は、こう判示しました。

　(A)尿を任意に提出しない被疑者に対し、強制力を用いてその身体から尿を採取することは、身体に対する侵入行為であるとともに屈辱感などの精神的打撃を与える行為となる。しかし、(B)採尿につき通常用いられる方法、すなわち、カテーテルを尿道に挿入して尿を採取する方法は、被採取者に対しある程度の肉体的不快感ないし抵抗感を与えるとはいえ、医師などこれに習熟した技能者によつて適切に行われる限り、身体上ないし健康上格別の障害をもたらす危険性は比較的乏しく、かりに障害を起こすことがあつても、軽微なものにすぎないと考えられる。また、この強制採尿が被疑者に与える屈辱感などの精神的打撃は、検証の方法としての身体検査においても同程度の場合がありうるから、カテーテルを使用した強制採尿が捜査手続上の強制処分として絶対に許されないとすべき理由はない。すなわち、(C)被疑事件の重大性、嫌疑の存在、当該証拠の重要性とその取得の必要性、適当な代替手段の不存在などの事情に照らし、犯罪の捜査上真にやむをえないと認められる場合に、最終的手段として、適切な法律上の手続を経てこれを行うことが許されてよい。ただ、その実施にあたっては、被疑者の身体の安全とその人格の保護のため、十分な配慮が施されねばならない。(D)右の適切な法律上の手続としては、ひとの体内に存在する尿を犯罪の証拠物として強制的に採取する行為は、捜索・差押の性質を有するものとみるべきであるから、捜査機関がこれを実施するには捜索・差押え令状を必要とする。(E)ただし、右行為は人権の侵害にわたるおそれがある点では、一般の捜索・差押えと異なり、検証の方法としての身体検査と共通の性質を有するため、身体検査令状に関する刑訴法218条6項が右捜索・差押え令状に準用されるべきである。すなわち、令状の記載要件として、強制採尿は医師をして医学的に相当と認められる方法により行わせなければならない旨の条件の記載が不可欠であると解さねばならない、と。

　このように、最高裁昭和55年決定は、条件（医師をして医学的に相当と認められる方法による）付きの捜索・差押え許可状による強制採尿を認めることにより、抵抗する被疑者に対し物理的有形力を行使してでも、膀胱内の尿を直接強制できるとしたわけです。

　この最高裁昭和55年決定が定立した具体的な「規範」について、その趣旨および問題点に言及できることが望まれます。たとえば、最高裁昭和55年決定の「規範」の趣旨について、学説は、膀胱内の尿は老廃物としていずれ体外に排泄されるため、差し押えてはならない「身体の一部」というよりは、嚥下物に類する「証拠物」として扱うことができ、それゆえ強制採尿も捜索・差押えの性質をもつものとしたと理解します。そのうえで、最高裁昭和55年決定に対し、〔1〕膀胱内の尿をカテーテルにより強制採取する処分について、ひとの基本的生命活動に属する排尿を人為的に操作するものとして捜索・差押えの範疇を超えるだけでなく、尿道にカテーテルを強制挿入する行為の態様は人格の尊厳を著しく害するものであり、捜査活動として許される限界を超えた処分として相当性を喪失し、違法であると批判されます。また、〔2〕鑑定資料となる尿を採取する行為は鑑定に必要な処分であり、最高裁昭和55年決定が捜索・差押えだというのは、対物の強制処分の体系を崩し、裁判官による司法的抑制を弱めると批判されます。さらに、〔3〕強制採尿のような国民の権利・義務関係に深く関わる対物的強制処分の「創

造」は、具体的事件を個別に処理する裁判所の行うべきことでなく、立法によるべきだとも批判されます。これら批判の趣旨について、たとえそれら批判に与しないとしても、理解を深めてほしいと思います。

訴訟対象論①

11 刑事訴訟の対象——訴因と公訴事実

> **設問 11**
> 刑事訴訟の対象について、その本質はなにか論じなさい。
> そのさい、「罪となるべき事実」「公訴事実」「訴因」の概念について、整理すること。

1 訴訟対象の理論と問題の実質

(1) 訴訟対象、審判対象、罪となるべき事実

　刑事訴訟の対象（以下、たんに**訴訟対象**という）は、**審判対象**とも呼ばれます。裁判所による実体審理と実体判決の対象を指す言葉だからです。なにがこの**実体審理と実体判決の対象**になるのでしょうか。

展開支援ナビ

　実体審理と実体判決　**実体審理**とは、「事案の真相」（刑訴1）、すなわち、検察官が主張する犯罪事実の存否を明らかにするための公判手続を意味します。実体審理の中核を構成するのは**証拠調べ**です（証拠調べについて、刑訴292「証拠調べは、第291条〔冒頭手続〕の手続が終った後、これを行う。ただし、次節第1款に定める公判前整理手続において争点及び証拠の整理のために行う〔証拠調べに関する〕手続については、〔冒頭手続の前に行うため〕この限りでない」など参照）。証拠調べは、検察官の**冒頭陳述**から始まり（刑訴296「証拠調のはじめに、検察官は、証拠により証明すべき事実を明らかにしなければならない。但し、証拠とすることができず、又は証拠としてその取調を請求する意思のない資料に基いて、裁判所に事件について偏見又は予断を生ぜしめる虞のある事項を述べることはできない」）、検察官、被告人側の**証拠調べ請求**（刑訴298①「検察官、被告人又は弁護人は、証拠調を請求することができる」）などを経て、**証人の交互尋問**（刑訴304、刑訴規199の2）、**証拠書類の朗読**（刑訴305）、**証拠物の展示**（刑訴306）などの方法により実施されます。この証拠調べの結果にもとづき、検察官が義務として行う意見陳述（刑訴293①「証拠調が終つた後、検察官は、事実及び法律の適用について意見を陳述しなければならない」。検察官の意見陳述を**論告**と呼ぶ）と、被告人・弁護人が権利として行う意見陳述（刑訴293②「被告人及び弁護人は、意見を陳述することができる」。**最終陳述、最終弁論**とも呼ぶ。刑訴規211「被告人又は弁護人には、最終に陳述する機会を与えなければならない」）があり、これらも実体審理の一部となります。

　この実体審理を尽くしたのちに裁判所は、取り調べた証拠によって被告人が犯人であると十分に推認できるとき、すなわち、被告人が犯人であることについて合理的疑いを超える証明がなされたと確信するとき、**判決書**（刑訴規53「裁判をするときは、裁判書を作らなければならない。但し、決定又は命令を宣告する場合には、裁判書を作らないで、これを調書に記載させることができる」）に「**罪となるべき事実**」を示して**有罪**を言い渡します（刑訴335①「有罪の言渡をするには、**罪となるべき事実**、証拠の標目及び法令の適用を示さなければならない」。なお、刑訴規218は「地方裁判所、家庭裁判所又は簡易裁判所においては、判決書には、起訴状に記載された公訴事実又は訴因若しくは罰条を追加若しくは変更する書面に記載された事実を引用することができる」とも定める）。しかし、合理的疑いを超える証明がないとき、あるいは、証明された事実にもとづいても犯罪の成立要件が欠けるときは——たとえば、正当防衛（刑法36①「急迫不正の侵害に対して、自己又は他人の権利を防衛するため、やむを得ずにした行為は、罰しない」）が認められるときなど——、**無罪**を言い渡さねばなりません（刑訴336「被告事件が罪とならないとき、又は被告事件について**犯罪の証明がない**ときは、判決で無罪の言渡をしなければならない」）。この**有罪、無罪の判決を実体判決**と呼びます。

　ちなみに、被告人の処罰を求める検察官は、裁判所に提出する**起訴状**（刑訴256①）において、「被告

人の氏名その他被告人を特定するに足りる事項」や「罪名」とともに、「**公訴事実**」を記載しなければならないと定められました（刑訴256②）。この「公訴事実は、**訴因**を明示してこれを記載しなければならない」こと、そして、「訴因を明示するには、できる限り日時、場所及び方法を以て**罪となるべき事実**を特定してこれをしなければならない」ことも定められました（刑訴256③）。

また、被告人に対し有罪判決を下す裁判所も、**判決書**（刑訴規53「裁判をするときは、裁判書を作らなければならない。〔以下、省略〕」）において「**罪となるべき事実**」を示さねばなりません（刑訴335①）。この判決書に示す「罪となるべき事実」とは、刑罰権の存否および範囲を基礎づける事実を意味し、**犯罪構成要件に該当する具体的事実**がその中核となります（最判昭和24・2・10刑集3巻2号155頁は、「罪となるべき事実とは、刑罰法令各本条における犯罪の構成要件に該当する具体的事実をいう」と判示した。加えて、**違法性を基礎づける事実、責任を基礎づける事実、処罰条件である事実**なども、罪となるべき事実に含まれる。罪となるべき事実の意義について、詳細は、設問23「間接事実による有罪認定と証明水準1⑴の【展開支援ナビ】「⑵の積極的な意義」参照）。これら刑事訴訟法の規定からは、起訴状において特定され、有罪の判決書において示されねばならない**罪となるべき事実**こそが、訴訟対象だと考えてよいように思われます。

しかし、実は、刑事訴訟法じしんが罪となるべき事実に関わって、公訴事実と訴因という2つの概念を使用するため、訴訟対象は公訴事実か訴因かという議論がなされねばなりませんでした。

展開支援ナビ

起訴状に記載される公訴事実と訴因　刑事訴訟法256条2項は、起訴状に公訴事実を記載しなければならないと定めたうえで、同条3項が、この「公訴事実は、訴因を明示してこれを記載しなければならない。訴因を明示するには、できる限り日時、場所及び方法を以て罪となるべき事実を特定してこれをしなければならない」と定めます。要するに、「公訴事実は」「罪となるべき事実を特定して」「記載しなければならない」わけです。この規定の言葉遣いから、起訴状に記載される公訴事実こそが、罪となるべき事実を内容とするもの、すなわち、訴訟対象なのだと解することもできそうです。

しかし、訴因についても、起訴状に記載され（刑訴256⑤が「数個の訴因及び罰条は、予備的に又は択一的にこれを記載することができる」と定め、312①も「裁判所は、検察官の請求があるときは、公訴事実の同一性を害しない限度において、起訴状に記載された訴因又は罰条の追加、撤回又は変更を許さなければならない」と定める）、罪となるべき具体的事実を特定して、これを明示するものと定められました（刑訴256③）。この言葉遣いからは、訴因こそが、罪となるべき事実を内容とするもの、すなわち、訴訟対象なのだと解することもできそうです。

このように刑事訴訟法の言葉遣いからも、訴訟対象は公訴事実か訴因かという問題が出てくるわけでした。

⑵　訴訟対象の理論と問題の実質

しかし、訴訟対象は公訴事実か訴因かという議論は、公訴事実と訴因について刑事訴訟法の錯綜した言葉遣いをどう整理するかという単純なものでありません。

そうでなく、訴訟対象である公訴事実の本質はなにか、訴因の本質はなにかという**抽象的・理念的な問題**がたてられ、議論されています。ただし、同時に**具体的・現実的な問題**もたてられ、議論されていることを看過してはなりません。その意味は、こうです。

実体審理で取り調べられる証拠は、どのようなものでもよいわけではありません。起訴状で特定された罪となるべき事実の存在について、その蓋然性を高めるか、あるいは、低めるものでなければなりません。そのような能力、すなわち、罪となるべき事実の存在の蓋然性を高めたり、低めたりする能力のことを、専門用語で**論理的関連性**と呼びます（**自然的関連性**ともいう）。そのような**論理的関連性をもたない物件や供述**などについては、これを証拠にすることができません。それら物件や供述などには、証拠として使用する法的資格がない、すなわち、証拠能力がないという言い方もします。この論理的関連

性の有無を判断するさい、基準となるのが**起訴状に記載された具体的事実**であるわけです。

ここで問題が生じます。それが、〈実体審理で取り調べられる証拠は起訴状に記載された具体的事実と論理的関連性をもつ証拠に限定されるか〉という現実的問題です。たとえば、こういう問題です。起訴状に**窃盗の事実**（刑法235「他人の財物を窃取した者は、窃盗の罪とし、10年以下の懲役又は50万円以下の罰金に処する」）が記載されたとします（たとえば、宝石店において、店員が他の顧客と商談中にガラスケースに手を入れてダイヤモンド一個を窃取した事実）。しかし、裁判所は、事案の真相（刑訴1）は詐欺（刑法246①「人を欺いて財物を交付させた者は、10年以下の懲役に処する」）ではないかと考え、この**詐欺の事実**（たとえば、路上で拾得した他人名義のＪＣＢカードを店員に提示し、適法なカードの行使のごとく欺いて、ダイヤモンド一個を騙取した事実）にのみ関連する証拠（クレジットカードの拾得、他人名義のカードによる購入などに関連する証拠）を敢えて職権で——すなわち、検察官の証拠調べ請求がなくとも、裁判所じしんの職権を行使して（刑訴298②「裁判所は、必要と認めるときは、職権で証拠調をすることができる」）——取り調べることができるでしょうか。それだけでなく、**取り調べる義務**まで裁判所は負うのでしょうか。ちなみに、検察官じしんが、詐欺の事実にのみ関連する証拠を敢えて取り調べてほしいと請求することもあるでしょう（刑訴298①「検察官、被告人又は弁護人は、証拠調を請求することができる」。なお、刑訴規189①「証拠調の請求は、証拠と証明すべき事実との関係を具体的に明示して、これをしなければならない」）。この場合も問題は同じです。裁判所は証拠調べを決定して（刑訴規190①）、この証拠を取り調べねばならないでしょうか。

(3) 公訴事実対象説の結論

取り調べることができるし、取り調べねばならないと結論する考え方があります。すなわち、裁判所は起訴状に**記載されない事実**であっても、「公訴事実の同一性を害しない限度において」（刑訴312①）、これをみずから**新たな要証事実**として設定し（要証事実とは、証明の主題ないし対象となる事実を意味する）、職権による調査を及ぼすこと、つまり、みずからの職権で新たな要証事実に関連する証拠を取り調べることができる、むしろ、取り調べねばならないとする考え方です。なお、裁判所が職権で取り調べる権限をもち、その義務を負うべき物件や供述などについて、検察官が先んじてその証拠調べを請求することがあってもかまいません。いずれにせよ、そのように結論する考え方を**公訴事実対象説**と呼びます。すなわち、実体審理の範囲について、裁判所は、検察官が起訴状に記載した具体的事実に拘束されることなく、「公訴事実の同一性を害しない限度において」（刑訴312①）広くこれを画することができ、むしろ、広く画さねばならないと結論するわけです。

(4) 訴因対象説の結論

しかし、この結論に対し、反対する考え方があります。すなわち、実体審理において裁判所が取り調べることができる証拠は、起訴状に記載された具体的事実と論理的関連性をもつ証拠に限定されねばならないとする考え方が対置されます。この考え方を**訴因対象説**と呼びます。

検察官は、起訴状には「訴因を明示して」犯罪構成要件に該当する具体的事実を記載しなければなりません（刑訴256③前段）。訴因対象説は、検察官がこの起訴状に、たとえば「窃盗の訴因を掲げておきながら、詐欺の事実を証明するという立証趣旨で、証拠を出すことは許されない」（平野龍一『訴因と証拠（刑事法研究第4巻）』24頁以下）とします。したがって、裁判所が、起訴状に記載されない事実を要証事実として、その事実だけに関連する証拠を取り調べることも許されません。

展開支援ナビ

事件との関連性について　刑事訴訟法295条1項は、「事件に関係のない事項」にわたる尋問や陳述を制限します。訴因対象説は、この「事件」とは**訴因に該当する事実**を意味すると解します。ただし、事件に関

> 係する事項かどうかは柔軟に判断されてよいでしょう。平野『刑事訴訟法の基礎理論』91頁も、「訴因に該当する事実があるかないかを判断するために、その周辺の事実を調べることはあります。例えば窃盗かどうかを調べるときに、被害者が占有していたのか占有離脱物であったのかが問題になれば、おのずから占有離脱物横領の点について尋問や陳述が及ぶでしょう。〔中略〕右の場合、**関連性はやはり窃盗の存否を証明するについて判断されているのであり、占有離脱物横領そのもの〔を標準として証拠能力の有無〕について判断されているのではありません**」としました（ゴシック体は引用者）。
> ちなみに、東京高判昭和26・8・10高裁刑判特報21号169頁は、起訴されていない犯罪事実に関する証拠も、起訴にかかる犯罪事実と関連があり、犯罪事実またはその情状を立証する資料となりうるものは取調べをして差支えないとしました。

 すなわち、実体審理の範囲について、起訴状に訴因として明示された具体的事実に裁判所は拘束されねばならないわけです。これが訴因対象説の結論でした。以上を、まとめておきましょう。
 訴訟対象をめぐる議論の実質的内容は、〈実体審理の範囲について、起訴状に記載された具体的事実を超えて、裁判所は広くこれを画することができ、また、画する義務を負うか否か〉というものでした。このことを敷衍して平野龍一博士は、「『審判の対象は訴因か公訴事実か』という問題に、2つの面があることに注意する必要があります。1つは審判の対象の性質いかんの問題であり、いま1つは審判の対象の範囲いかんの問題です」、後者の「審判の対象の範囲の問題とは、『裁判所が審判の権利を持ち義務を負うのはどの範囲か』、それは訴因に限られるか、それとも公訴事実の全体に及ぶか、という問題です」、すなわち、「『審判の対象は訴因か公訴事実か』というのは、『裁判所が審判の権利を持ち、義務を負うのは訴因だけか、それとも公訴事実の全体か』という問題なのです」と述べられました（平野『刑事訴訟法の基礎理論』74頁）。

(5) どのように正当化するのか

 公訴事実対象説は、なぜ〈実体審理の範囲について、裁判所は、起訴状に記載された具体的事実に拘束されないし、拘束されてはならない〉というのでしょうか。〈起訴状に記載された具体的事実を超えて、公訴事実の同一性を害しない限度で実体審理の範囲を広く画することができ、かつ、広く画さねばならない〉という裁判所の広い権限と義務について、公訴事実対象説は理論的にどのように正当化するのかという問題です。
 これに対し、訴因対象説が、〈実体審理の範囲について、裁判所は、起訴状に記載された具体的事実に拘束されねばならない〉と述べ、〈起訴状に記載された具体的事実を超えて、広く裁判所が実体審理を及ぼすような権限と義務は否定されるべきだ〉と結論するのは、なぜでしょうか。その結論を理論的にどう正当化するのでしょうか。
 この理論的正当化を行うのが、訴訟対象であるという**公訴事実の本質**はなにか、**訴因の本質**はなにか、という理念的な議論でした。重要な議論なので、項をあらためて説明したいと思います。

2 公訴事実と訴因──訴訟対象としての本質

(1) 公訴事実対象説──訴訟対象としての公訴事実の本質

 〈実体審理の範囲について、裁判所は、起訴状に記載された具体的事実に拘束されないし、拘束されてはならない〉ことについて、公訴事実対象説は、**訴訟対象としての公訴事実の本質**を、次のように敷衍することにより理論的に正当化しようとします。
 公訴事実対象説の基本的なアイディアは、〈刑事訴訟の対象は、起訴状に記載された具体的事実ではなく、むしろ、それを超えたところにこそ存在する〉という点にあります。訴訟対象としての公訴事実は**訴訟超越的な本質**をもつのです。なぜでしょうか。この問いかけに公訴事実対象説はこう答えます。訴訟対象としての公訴事実は**訴訟外の実体的事実**であることを本質とする、すなわち、訴訟があろうと

なかろうと現実に存在する——その意味で、訴訟超越的な本質をもつ——社会的・歴史的事実が公訴事実なのだ、と。そのような訴訟外の実体的事実こそが刑罰権を実現する実体的根拠となるものであり、その存否について審理し、判決するのが刑事手続の課題だというわけです。

公訴事実対象説をとる論者の中には、そのような訴訟外で**客観的**に存在する実体的事実を、捜査機関や訴追機関、司法機関が訴訟内で**主観的**に捉えたものが訴訟対象になると考える論者もいます。たとえば、「訴訟の対象は、検察官が犯人と考える人間の一定の生活事実につき犯罪の嫌疑ありとして起訴したものであるから検察官によって表象されたもので、その思考上のもの」であるとされました（岸盛一『刑事訴訟法要義』46頁以下。そのため、訴訟対象は「公判の審理が進むにつれてその内容が変貌することがあり得る（訴訟の対象の仮説的性質）」ともされた。岸・同上47頁）。**修正された公訴事実対象説**と呼んでよいでしょう。

> **展開支援ナビ**
>
> **団藤重光博士の「修正された公訴事実対象説」** 団藤重光博士は「具体的事件」ないし「訴訟の客体」は「訴訟的観察においては訴訟手続を超絶して存在するものではな〔い〕」とされたうえで（ただし、その表現を言い換えれば、〈実体的観察において、訴訟の客体は訴訟手続を超絶して存在する〉ことを肯定したものとなる。〔 〕は引用者）、「訴訟手続に即しながら手続の発展に伴って形成されて行くものと考えられなくてはならない。客体とはいっても、この意味で実は主観的＝客観的な構造をもつ。これがまさしく訴訟の実体面である」とされました（団藤重光『刑事訴訟法綱要〔7訂版〕』141頁）。また、刑事手続における「実体」は、「捜査の当初における捜査機関の単なる主観的嫌疑（189条2項参照）から、公訴提起における〔証拠によって裏付けられた〕客観的嫌疑（256条参照）を経由して、最後に有罪判決における犯罪〔事実〕の証明および刑罰法規の具体化（333条、335条参照）にいたるまで、漸次に発達し形成されて行く」と述べられました（団藤・同上194頁）。
>
> 「発展」「形成」という言葉遣いでひとしく形容される「具体的事件」「訴訟の客体」「実体」は、団藤博士によって同じ意味を付与されています。「具体的事件」「訴訟の客体」「実体」と呼ぶ**訴訟外の実体的事実**が、団藤博士が観念される訴訟対象の本質であるわけです。ただし、訴訟対象として観念される訴訟外の実体的事実について、それが現実に訴追や審理、判決の対象となるためには、どうしても捜査機関や訴追機関、司法機関の主体的な活動（捜査、公訴の提起、有罪の判決など）により媒介される必要があります。このことを団藤博士は「主観的＝客観的な構造をもつ」と表現されたわけです。ただし、その表現によっても、訴訟対象の本質が訴訟外の実体的事実、すなわち、訴訟手続を超越して存在する実体的事実であることじたいは否定されていません。

いずれにしても公訴事実対象説の考え方は、訴訟対象としての公訴事実について訴訟超越的本質を措定することによって、〈起訴状に記載された具体的事実に、裁判所の実体審理の範囲は拘束されるべきではない〉ことを正当化する点に特徴があります。

(2) 訴因対象説——訴訟対象としての訴因の本質

これに対しもう1つの考え方、すなわち、訴因対象説によれば、実体審理の範囲について裁判所は、起訴状に記載された具体的事実に拘束されねばなりませんでした。そのため、たとえば、起訴状記載の「窃盗」の事実に関連しなくとも、別事実の「詐欺」には関連する証拠を裁判所が取り調べることを、訴因対象説は許しません。

結局、この訴因対象説によれば裁判所は、検察官が起訴状に記載した具体的事実があるか否かだけを審理し、判決を下すべきものとなります。すなわち、**刑事訴訟の対象は起訴状に記載された具体的事実の存否に尽きる**のであり、それを超えたところに審判対象が存在するとはもはや考えません。訴訟対象は超越的性格というものを一切もちません。

では、このような結論を訴因対象説はどのように正当化するのでしょうか。この点は平野龍一博士が、訴訟対象としての訴因の本質について、「**訴因は、それについて検察官が審判を請求する、検察官の主張である**」、「**訴因は、構成要件に該当する事実、すなわち『罪となるべき事実』の主張である**」、「**訴因は、**

具体的事実の主張である」と説明されたことによって決着がつきました（平野『刑事訴訟法』131、132頁。なお、「構成要件事実を主張すれば、当然、違法・有責の事実の主張も黙示的になされたことになるから、とくに起訴状に記載する必要はない」。平野・前掲書131頁）。

すなわち、訴訟対象としての訴因の本質は、〈検察官がその存否について裁判所の審判を請求する具体的事実の主張〉、〈被告人に対し罪責を問うべき具体的事実が存する、という検察官の主張〉、〈検察官による犯罪構成要件に該当する具体的事実の主張〉であるわけです（なお、訴因の内容となる犯罪構成要件該当の具体的事実は、正確には、「事実の観念形象」と捉えられねばならない。平野『刑事訴訟法概説』97頁。なぜなら、あくまでも、検察官が主張する事実でしかないからである）。裁判所は、この検察官の主張について、その根拠となる証拠の有無や内容を審理し、評価すべきものとなります。したがって、本来は、起訴状に記載される「訴因自体はそのまま判決たりうる程度に確定した事実でなければなら〔ない〕」ものとなります（平野『訴因と証拠』103頁）。

たしかに、そのように考えるとき、論理的帰結として、裁判所の実体審理の範囲は、起訴状に記載された具体的事実、すなわち、検察官によって主張された具体的事実に拘束されねばなりません。つまり、犯罪構成要件に該当する具体的事実があるという検察官の主張について、その根拠とされる証拠を取り調べることに限定されねばなりません。

> **展開支援ナビ**
>
> **実体審理を及ぼすべき権限と義務**　なお、現実の刑事手続では、起訴状に記載された具体的事実より、もっと細かな事実についても証拠調べが行われることに注意して下さい。検察官が証拠調べの初めに冒頭陳述で明らかにした「**証拠により証明すべき事実**」（刑訴296）がそれです。この冒頭陳述で、犯行の詳細な態様、犯行にいたる経緯、犯行の動機など起訴状には記載されなかった事実が細かに示され、検察官による立証の対象（検察官が立証の義務を負う事実）と裁判所による審理の対象（裁判所がその事実の存否を取り調べる義務を負う事実）になります。また、検察官の冒頭陳述の後に被告人や弁護人じしんが「**証拠により証明すべき事実**」を明らかにすることもあります（刑訴規198①。ただし、裁判所の許可を必要とする。許可した以上、裁判所はその事実の存否を取り調べる義務を負う）。たとえば、犯行現場にいなかった事実などです。これらの事実を証明する証拠はすべて、起訴状記載の罪となるべき事実の存否を証明するためのものであり、論理的関連性も肯定されるため、証拠調べの対象になります。
>
> ちなみに、検察官や被告人、弁護人らがそれらの細かな事実を「証明すべき事実」として挙げた場合に、その事実の存否を裁判所が取り調べる権限と義務があることについては訴因対象説もこれを肯定します。ただし、肯定する根拠は、上述した刑事訴訟法296条や刑事訴訟規則198条じたいです。当事者が明らかにした「証拠により証明すべき事実」について、それらの規定にもとづき裁判所は取調べ義務を負うわけです（裁判所がこの義務を懈怠したとき、刑訴379〔相対的控訴理由〕の訴訟手続の法令違反となる）。すなわち、それらの**細かな事実も訴訟対象だと認めるからではない**ことに注意して下さい（むしろ、訴因対象説による限り、起訴状に記載されない細かな事実の存否まで裁判所は職権で調査する義務を負わないと結論することになる）。

ちなみに、訴因に関する以上のような考え方を**事実記載説**と呼びます。ただし、訴因の本質は検察官の主張であるわけですから、正確には、「**主張記載説**」――「主張する事実記載説」とか、「事実の主張記載説」――と呼ぶべきものでしょう。

> **展開支援ナビ**
>
> **公訴事実対象説における訴因の意味（法律構成説）**　では、翻って公訴事実対象説により訴因の意味はどのように捉えられたのでしょうか。公訴事実対象説は、訴訟対象のうちの事実的側面は公訴事実に属すると考えるため、訴因に残されるものは**訴訟対象の法律的側面**だとします。その意味は、こうです。公訴事実対象説は、起訴状には、訴訟対象たる公訴事実をいわば反映するものとして特定の具体的事実を記載すると考えます。そのさい、法律的評価を加えない裸の、あるいは、生の社会的事実をそのまま記載するわけではありません。その事実の法律的意味を明らかにするため、刑法など実体法規が定める犯罪構成要件に該当するよう整

理して起訴状に記載します。この生の社会的事実を実体法の犯罪構成要件に当てはめること、つまり、事実を犯罪構成要件に該当するように整理すること、それが訴因を記載することだと公訴事実対象説は考えます。

それゆえ、訴因の役割は**公訴事実の法律構成**を明らかにする点に求められます。すなわち、公訴事実がどの犯罪構成要件、罰条に該当するのか、さらに、犯罪構成要件の客観的要素である実行行為が作為なのか、不作為なのか、また、基本的構成要件の単独犯なのか、その修正形式である共犯、すなわち、教唆犯や幇助犯なのかなどを明らかにするのが訴因の役割だと考えます。これが、訴因の意味について**法律構成説**と呼ばれる考え方です。

ちなみに、この考え方によれば、刑事訴訟法312条1項が定める訴因変更制度についても、起訴状記載の事実を変更する**不意打ち認定**のうち、公訴事実の法律構成を変えるものに限って訴因変更の手続を要求する趣旨だと理解することになります。たとえば、起訴状には「窃盗」の事実しか記載されないのに、裁判所がみずから被告人の「欺罔行為」や被害者の「財産処分行為」の事実を認定して、「詐欺」で有罪を言い渡すことは禁止されるとします（ちなみに、不意打ち認定が禁止されるのは、訴因変更の手続をことさら定めた刑訴312①が存在するためである。この規定があるため、訴因が異なってしまう事実を裁判所が認定することは、検察官の訴因変更請求、すなわち、起訴状の訴因と判決の訴因を一致させようとする検察官の訴訟行為がなされない限り、許されない）。

なお、この法律構成説の考え方によれば、刑事訴訟法256条2項が要求する起訴状の「罰条」の記載はなくてもかまいません。なぜなら、訴因を明示した事実の記載の仕方によって、すでに公訴事実の法律構成は明らかであり、したがって、罰条もおのずと明らかになるはずだからです。ただし、事実の記載の仕方で罰条もおのずと分かるというのは理想であって、現実には該当する罰条が分かりにくい場合もあるでしょう。そのため念を入れて、〈公訴事実の法律構成を明らかにする訴因の機能を補助するため、起訴状に罰条を敢えて記載させた〉というわけです。また、このように訴因の本質を〈公訴事実の法律構成を示すもの〉とする考え方によれば、犯行の日時、場所は、犯罪構成要件に該当する事実でないため、やむをえない場合には、その記載が起訴状からまったく欠けることがあっても、**訴因の明示**（刑訴256③）を欠くことにならないとします。すなわち、犯行の日時、場所の記載がなくとも、犯行の客体とか方法の記述によって、（他の事実から識別可能な程度に）法律構成が明示された公訴事実が起訴状に記載されているのであれば、それでかまわないというわけです。また、犯行の方法の記載についても、法律で使用されていることば、たとえば、窃盗罪であれば「窃取する」という法令上の用語を使用すればそれで十分であり、かつ、そのほうが望ましいことになります。

(3) 訴因対象説における訴因の意義

訴因対象説によれば、訴因の本質とは、訴訟対象の法律的側面を明示するものではなく、**検察官による犯罪構成要件に該当する具体的事実の主張**なのであって、そのようなものとして訴因が刑事訴訟の対象になると考えます。この訴因対象説が「今日の通説だといってよい」でしょう（田宮裕『刑事訴訟法〔新版〕』190頁）。

訴因対象説によれば、起訴状に記載された「罪となるべき事実」と少しでも**異なる事実**を裁判所が一方的に有罪の判決書において認定してしまうことは、原則として、禁止されねばなりません。たとえば、被害者の右手**薬指**にはめた指輪を窃取したという事実の主張に対して、右手**中指**にはめた指輪を窃取したという事実を認定することは許されません。なぜなら、事実がわずかでも異なれば、本来、それはまったく違う検察官の主張であって、訴訟対象としても異なるはずだからです。

そのため、訴因変更の手続を経ないまま裁判所が起訴状に記載されない事実を「罪となるべき事実」として認定することは、刑事訴訟法312条1項が禁止する裁判所の**不意打ち認定**となってしまうだけでなく（刑訴379が定める「訴訟手続に法令の違反」がある場合に当たり、判決に影響を及ぼすことが明らかである場合に限って不服申立ができる**相対的控訴理由となる**）、**訴訟対象を逸脱した違法な認定**となってしまいます（刑訴378(3)の「審判の請求を受けない事件について判決をしたこと」に該当し、判決に影響したか否かに関わりなく不服申立ができる**絶対的控訴理由となる**）。すなわち、訴因対象説の考え方によれば、訴訟対象としての訴因は、**不意打ち認定の禁止**だけでなく、**逸脱認定の禁止**まで求めるものとして極めて重要な意義をもつものとなります（なお、不意打ち認定の禁止・逸脱認定の禁止に抵触しないで起訴状の記載

と異なる事実を認定できる場合があるのではないかという問題が、訴因変更の要否の問題である。別項の設問13「訴因変更の要否」で説明する）。

　また、この訴因対象説では、犯行の日時、場所、方法も訴因の本来的な構成要素だとされます。その意味は、こうです。検察官は公訴提起によって被告人の処罰を請求します。そのためには、請求の具体的根拠を主張しなければなりません。それが、起訴状で検察官によって主張される具体的事実です。つまり、有罪判決で被告人を処罰できるためには、現実に存在した具体的な犯罪事実が裁判所によって認定されねばなりません。したがって、検察官も、現実に存在した具体的事実を起訴状で主張しなければなりません。**処罰する理由となる具体的事実が現実に存在したと主張するもの、それが訴因であるわけ**です。そう考えるため、**犯行の日時、場所、方法は、現実に存在した具体的事実を主張する訴因の本来的構成要素**だというべきことになります。「罪となるべき事実は現実の事実であると共に具体的な事実である。したがって日時、場所もまたその要素をなすといわなければならない。方法に至ってはなおさらである。罪となるべき事実から方法を抜き去ってしまったのでは、罪となるべき事実は全く抽象的な事実となってしまうであろう」（平野『訴因と証拠』104頁）と敷衍されました。

　そのため、起訴状に犯行の日時や場所の記載がまったくない、あるいは、架空の日時、場所が記載された場合、訴訟対象としての訴因を明示したといえず、公訴提起は違法とされねばなりません。なぜなら、刑事訴訟法256条3項が犯行の日時、場所、方法をもって「できる限り」罪となるべき事実を特定せよと規定するのは、「できる限り厳密に」という趣旨であり、犯行の日時等の記載をまったく欠いてしまうことは許されないからです。また、たとえば、窃盗罪の犯行方法として「窃取する」としか起訴状に記載しない場合も、訴因対象説の立場からは、〈そのような記載だけでは犯罪事実の法的評価を示すものにすぎず、具体的事実の主張たるべき訴因の内容を満たすものではない〉と考えます（平野『訴因と証拠』102頁）。主張されるべき犯罪事実について具体性を欠くものとして――ただちに違法とまではいえなくても――、「不適当〔な記載〕といわなければならない」わけです（平野・同上）。窃取の具体的な態様を記載したうえで、最後に「このような方法により窃取した」という法令用語を付け加えるのであればよいのですが、そうせず、たんに「窃取した」としか記載しないのは不適当といわねばなりません。ちなみに、殺人罪の起訴では抽象的に「殺害した」と記載するのでなく、「絞殺した」、「刺殺した」などと具体的に起訴状に記載する例が実務上も少なくありません。

(4) 訴因対象説における公訴事実の意味

　それでは訴因対象説は、公訴事実という刑事訴訟法の文言について、その意味をどう理解するでしょうのか。

> **展開支援ナビ**
>
> **公訴事実対象説における公訴事実概念の特徴**　ちなみに、公訴事実対象説をとる論者は、公訴事実の概念は訴因の概念では尽くせない実体的な意義内容をもつとします。すなわち、〈公訴事実という特別の概念を使わなければ、指し示すことができない実体的内容がある。そういう実体的内容をもつ公訴事実は、潜在的であれ観念的であれ、訴訟対象というべきだ〉と考えるのです。
>
> 　なお、公訴事実の概念に実体的内容を与えないで、ただ「訴因外の存在」「一定の法益侵害をめぐる犯罪の成否の確定という訴訟課題」という意義だけを認めようとする考え方もあります（鈴木茂嗣『刑事訴訟法の基本問題』135頁以下、同『刑事訴訟法〔改訂版〕』113頁以下）。「具体的審判対象」である訴因の概念では捉えきれない「訴訟課題」という訴訟的意義を公訴事実の概念に与えようとする考え方です。しかし、「訴因外の存在」を肯定する限り公訴事実対象説の残滓がなおある考え方であり、当事者主義的な考え方としては不徹底だといわねばなりません。

　結論を先に述べますと、訴因対象説は、**公訴事実の概念は特別な実体的内容をもたない**とします。た

とえば、刑事訴訟法256条2項、同3項に定められた**「公訴事実」の文言**は（刑訴256②「起訴状には、左の事項を記載しなければならない。〔中略〕2　**公訴事実**」、同③「**公訴事実**は、訴因を明示してこれを記載しなければならない。訴因を明示するには、できる限り日時、場所及び方法を以て罪となるべき事実を特定してこれをしなければならない」）、たんに、**公訴提起の対象となる具体的事実**、と読みなおすことができます。すなわち、公訴提起の対象として特定された罪となるべき事実とか、公訴提起の対象として明示された訴因と読みなおしても、なんら不都合はないわけです。それゆえ、256条の関係では、公訴事実という特別の概念をたてる必要はありません。

　訴因変更の客観的限界を画する機能をもつ刑事訴訟法312条1項の**「公訴事実の同一性」の文言**については、どうでしょうか（刑訴312①「裁判所は、検察官の請求があるときは、**公訴事実の同一性**を害しない限度において、起訴状に記載された訴因又は罰条の追加、撤回又は変更を許さなければならない」）。そもそも「公訴事実の同一性」とは、異なった複数の具体的事実について、これを同一の刑事手続で処理してよい客観的範囲を画するさいの法令用語として使われる言葉です。その〈同一の刑事手続で処理してよい〉という実質的根拠となるのは、起訴状の〔原〕訴因と変更請求にかかる〔新〕訴因を比較して（平野『刑事訴訟法』139頁は、「訴因は主張であるから、公訴事実の同一性とは、主張された事実〔起訴状の〕訴因）と主張された事実〔変更請求にかかる〕訴因）との比較の問題である」とした。〔　〕は引用者）、その基本的部分が共通だということでしょう（平野『刑事訴訟法』138頁は、「訴因の基本的部分が共通であることが必要だとする。訴因は、具体的な事実であるから、その基本的な部分が共通であるためには、その具体的事実が共通であることを必要とする」と述べた）。そのため、刑事訴訟法312条1項の「公訴事実の同一性を害さない限度において」という文言は「訴因の基本的部分を共通にする限度において」という表現に置きかえることができます（三井誠「訴因制度の意義」『刑事訴訟法の争点〔初版〕』127頁、同『刑事手続法Ⅱ』183頁）。すなわち、ここでもやはり公訴事実という特別の概念をことさら使わずとも、訴因の概念だけによって訴因変更の客観的範囲を画することができます。結局、公訴事実という文言について、特別な意味、特別な実体的内容を読み込む必要はまったくないわけです。

訴訟対象論②

12 訴因の明示

> **設問 12**
> 訴因の明示とはなにか、どのような場合に訴因の明示が欠けるのか、論じなさい。
>
> **関連問題**
> 起訴状に記載された「公訴事実」は、次のようであった。
> 「被告人は、法定の除外事由がないのに、平成25年5月上旬ころから同月18日までの間、大阪府豊中市曽根東町内又はその周辺地域において、覚せい剤であるフェニルメチルアミノプロパンを含有する水溶液若干量を自己の身体に注射又は服用して施用し、もって覚せい剤を使用したものである。」
> この起訴状は有効か。

1 幅のある事実を表示する起訴状の適法性

(1) 起訴状における訴因の明示

　刑事訴訟法は、起訴状に記載すべき事項として「公訴事実」を掲げ（刑訴256②(2)）、この公訴事実の記載について、訴因を明示することを要求します（刑訴256③前段「公訴事実は、訴因を明示してこれを記載しなければならない」）。さらに、「訴因を明示するには、できる限り日時、場所及び方法を以て罪となるべき事実を特定してこれをしなければならない」とも定めました（刑訴256③後段）。起訴状に犯行の日時、場所および方法をできる限り具体的に記載し、罪となるべき事実を特定せよというわけです。**訴因の明示ないし罪となるべき事実の特定**と呼ばれる問題です（**訴因の特定**と呼ばれることも多い）。なお、罪となるべき事実とは、刑罰権の存否および範囲を基礎づける事実を意味し、犯罪構成要件に該当する具体的事実がその中核となります（罪となるべき事実の意義について、設問23「間接事実による有罪認定と証明水準」1(1)の【展開支援ナビ】「(2)積極的な意義」参照）。

> **展開支援ナビ**
> **犯罪構成要件該当の事実と密接不可分の事実**　罪となるべき事実とは、刑罰権の存否および範囲を基礎づける事実を意味し、犯罪構成要件に該当する具体的事実がその中核となりました。
> 　ちなみに、**最判昭和26・4・10刑集5巻5号842頁**は、公職追放者が自己の政治的立場を訴えるビラを配布したため、昭和22年勅令第1号（いわゆる「公職追放令」）に違反したとして起訴された事案において、起訴状にはビラの内容が引用されていたり、公職追放後の被告人らの政治的活動の事実が記載されていたことに関して、「本件起訴状に記載された、所論の各記載は、何れも公訴事実を起訴状に記載するにあたり、その訴因を明示するため犯罪構成要件にあたる事実自体若しくは、これと密接不可分の事実を記載したものであって、被告人等の行為が罪名として記載された公職追放令第11条若しくは第12条にあたる以所を明〔らか〕にする為必要なものであるから起訴状に所論の如き記載があるからといって、右起訴状は刑訴法第256条第6項〔「起訴状には、裁判官に事件につき予断を生ぜしめる虞のある書類その他の物を添附し、又はその内容を引用してはならない」〕に違反するものではない」と判示しました。
> 　この判示のうち、被告人らの行為が具体的な犯罪構成要件に該当することを明らかにするため、「**犯罪構成要件にあたる事実自体若しくは、これと密接不可分の事実**」の記載が必要だと述べた点が注目されます。なぜ

なら、犯罪構成要件に該当する事実のほかに、それと「密接不可分の事実」まで含むことにより、罪となるべき事実の具体性が強められたからです。

この点に関し、**東京高判昭和27・4・21 東高刑時報2巻6号140頁**も挙げておきましょう。この東京高裁昭和27年判決は、非現住建造物放火等被告事件において、「放火、殺人等の事件においては被告人の経歴、身分、犯行の動機等を明らかにしなくては事件の全体を具体的に把握することができず、裁判所が罪となるべき事実を確定するのに多大の困難を感ずる虞があるのみならず、ひいては、刑の量定の上にも少なからず不便を生ずることが明らかであるから、これ等の事件について起訴を行う場合にはその起訴状に犯罪の構成要件に該当する事実のみならず、これを〔ママ〕直接不可分の関係があると認められる被告人の経歴、身分、犯行の動機等をも相当具体的に記述することが許される」と判示しました。

しかし、2⑴で後述する最高裁昭和37年大法廷判決が、犯罪の日時、場所、方法などは「罪となるべき事実」の要素ではないと述べ、犯罪構成要件該当事実の具体性を稀薄化します。それ以降は、むしろ、罪となるべき事実の**抽象化**がすすむ状況が現れるのでした（詳細は、後述の3⑸の【展開支援ナビ】「罪となるべき事実の抽象化」を参照）。

犯罪構成要件に該当する具体的事実について、起訴状には幅のある事実、概括的な事実が記載され、特定されないとき、その起訴状は、訴因の明示に欠け、刑事訴訟法256条3項に違反するものとなります。そのため、338条4号（「公訴提起の手続がその規定に違反したため無効であるとき」）に該当し、公訴棄却判決が下され、刑事手続は打ち切られねばなりません。

ただし、裁判所としては、まず、検察官に対し**釈明**を求めます（刑訴294「公判期日における訴訟の指揮は、裁判長がこれを行う」、刑訴規208①「裁判長は、必要と認めるときは、訴訟関係人に対し、釈明を求め、又は立証を促すことができる」、同③「訴訟関係人は、裁判長に対し、釈明のための発問を求めることができる」）。なぜなら、裁判長の求釈明に応じ検察官が、起訴状に記載した幅のある事実について、具体的な事実を補足して**釈明**をしたり、あるいは、**起訴状の補正**を行って（補正とは、そのままでは無効である訴訟行為について、必要な要件をのちに充たすことにより、これを有効にすることを意味する）、罪となるべき事実の具体的内容を明確にするのであれば、敢えて公訴を棄却する必要がないからです。

たとえば、**最判昭和33・1・23 刑集12巻1号34頁**は、地代家賃統制令違反被告事件（起訴状には賃貸家屋の所在地、賃貸期間、賃借人の氏名、受領した家賃、家賃の停止統制額などが記載されていたが、受領家賃の意味〔月額かどうか〕、受領行為〔毎月1回宛の受領かどうか〕などは検察官の釈明によって明らかになった事案）において、「訴因の記載が明確でない場合には、〔裁判所としては〕検察官の釈明を求め、もしこれを明確にしないときにこそ、訴因が特定しないものとして公訴を棄却すべきものである」としました。

展開支援ナビ

無効の起訴状を補正する　訴因の明示を欠く、すなわち、罪となるべき事実の特定を欠く起訴状について、その補正を許す規定は刑事訴訟法にも刑事訴訟規則にもありません。そのため、かつて**東京高判昭和25・3・4 高刑集3巻1号60頁**は、「訴因が特定していなければ何が起訴せられたか、訴訟の物体が判明せず、また被告人において再訴の抗弁をしてよいかどうか判らない〔中略〕。従って訴因の特定ということは絶体〔ママ〕であって、これが特定していない起訴は無効であり後日補正追完によって有効となるべき性質のものでない」としました。

しかし、**高松高判昭和27・10・9 高刑集5巻12号1205頁**（「訴因として一応具体的な犯罪構成要件事実が示されている以上は検察官自らまたは裁判所の釈明により検察官がその不明確な点を補正追完することは許される」）などが、起訴状の補正を許します。**判例による法創造**の一例だといえるでしょう。

覚せい剤自己使用事犯についても、**大阪高判平成2・9・25 判タ750号250頁**は、次のように判示します。すなわち、「訴因変更請求時の証拠関係に徴し、当初の公訴事実記載の犯行〔「被告人は、法定の除外事由がないのに、氏名不詳の女性と共謀のうえ、平成元年5月17日午後5時ころ、大阪市東淀川区〔中略〕ホテル甲203号室において、前記女性からフェニルメチルアミノプロパンを含有する覚せい剤結晶約0.075グラムを約0.75ミリリットルのぬるま湯で溶かし、同水溶液のうち約0.25ミリリットルを自己の左腕内側血管に注射

してもらい、かつ、同時刻ころ、同所において、同女が同女の陰部に塗布した前記同様の覚せい剤結晶約 0.03 グラムを嚥下し、もって覚せい剤をそれぞれ使用したものである」）の日時、場所、方法等が具体的に認定できるような場合に、それらをわざわざ幅があり、または不明確な表示〔「被告人は、法定の除外事由がないのに、平成元年5月上旬ころから同月17日ころまでの間、大阪府またはその周辺において、覚せい剤であるフェニルメチルアミノプロパン若干量を自己の身体に施用し、もって覚せい剤を使用したものである」〕に変更するため訴因変更を請求するのは、訴因を不特定にするだけであるから、裁判所として、単純にこれを許可すべきではない。また、たとえ検察官の訴因変更請求の権能を尊重しその後の立証を慮ってこれを許可したとしても、その後公判審理を重ね、なおも犯行の日時、場所、方法等につき具体的事実が認められ、変更後の訴因が、刑事訴訟法256条3項の法意に照らし特定性に欠けると判断されるような場合には、その訴因をそのままにして実体判断をすることは許されない。かかる場合、裁判所としては、検察官に対し、犯行の具体的日時、場所等を明確にして訴因を特定するよう、訴因の補正方釈明を求めるか訴因の再変更を促すべき訴訟手続上の義務があるといわなければならない。／〔中略〕訴訟の主宰者〔である裁判所〕としては、訴因が不特定であっても、それが著しい場合は格別、原則として検察官に対し右のような訴因の特定のための措置を求めるべきであり、検察官がこれに応じない場合に初めて公訴棄却するのが相当と考えられ、直ちに公訴棄却するのはかえって訴訟手続の法令違反になると解される」、と。

(2) 訴因の明示を欠く——覚せい剤自己使用行為の回数が分からない

では、どのような場合に、訴因の明示に欠けるのでしょうか。たとえば、覚せい剤自己使用事犯（覚せい剤取締法19は、除外事由に該当する場合を除き、「何人も、覚せい剤を使用してはならない」とのみ定める）の事件について、設問の【関連問題】のような「公訴事実」が起訴状に記載された場合、訴因の明示に欠けるでしょうか。

覚せい剤の自己使用については、1回の使用行為ごとに**単純一罪**が成立し、機会を異にする複数回の使用行為であれば、**併合罪**を構成するとされます（たとえば、広島高判昭和58・9・8刑月15巻9号464頁は、同じパチンコ店便所内において約30分間隔で3回にわたって覚せい剤を自己使用した行為について、被告人は1回の使用で予測した効果がなかったため新たな犯意で使用を重ねたにすぎなかったことなどを考慮しても「単一の犯意にもとづくものとは認め難い」と述べ、各行為は「併合罪の関係にある」と判示した）。そうである限り、【関連問題】の起訴状のように犯行日時、場所、方法について幅のある事実を記載してしまっては、1回の使用行為を対象とすべき**単純一罪の覚せい剤自己使用罪**の起訴としては、訴因の明示を欠くというほかないでしょう。なぜなら、【関連問題】の起訴状では、幅のある犯行日時などの記載にかんがみても、また、覚せい剤という薬物は短期間の間に反覆して使用される現実にかんがみても、複数回の使用行為が審理の対象にとりこまれてしまう可能性があるからです。それなのに、どの1回の使用行為を訴追する趣旨なのか、起訴状の記載からはまったく分かりません。

もしも検察官が、複数回の使用行為を訴追する趣旨だというのであれば、その複数回の使用行為を起訴状にきちんと**形式的**に書き分けておくべきものとなります。少なくとも、複数回の行為に分ける手掛りとなる事実を起訴状に**実質的**に記載していなければなりません。たとえば、**東京高判平成12・6・27東京高等裁判所〔刑事〕判決時報51巻1＝12号82頁**は、覚せい剤所持の単純一罪の起訴に対し、第一審裁判所が、検察官に訴因を補正させる措置を講じないまま、2個の所持罪の併合罪を認定したという事案について、次のように判示しました。すなわち、本件起訴状の「公訴事実には、2個の所持の事実が〔形式的に〕書き分けられておらず、かつ、2個の所持に分ける手がかりとなるような事実の〔実質的な〕記載もないから、併合罪関係にある2個の所持罪の起訴としては訴因の特定を欠くというほかない」にもかかわらず、訴因を補正させる措置を講じないまま「2個の所持罪を〔有罪〕認定した〔中略〕原裁判所の訴訟手続は、審判対象の明示・特定という訴因制度の趣旨を無視する」点で、判決に影響を及ぼすことが明らかな訴訟手続の法令違反がある、と。

しかし、【関連問題】の起訴状については、そのような事実の形式的書き分けも実質的記載もありま

せん。それゆえ、**併合罪の関係にある数個の覚せい剤自己使用罪**の起訴として捉えたとしても、訴因の明示に欠けるというほかないでしょう。

> **展開支援ナビ**
>
> **訴因の明示を欠く事件の本来的処理**　覚せい剤をめぐる組織犯罪を撲滅するため、末端の覚せい剤使用事犯の徹底検挙が重要な治安維持政策とされる現実の下で、【関連問題】のような起訴状も、検察官から裁判所に敢えて提出されるケースが現れました。しかし、訴追の対象とする覚せい剤使用行為が1回か複数回か分からない起訴状が提出されたとき、裁判所は、訴因の明示に欠けることを理由に**手続を打ち切る**（それにより、有罪の実体判決を阻止する）ことが、本来は、**正しい事件処理**だというべきです。
>
> たしかに、否認ないし黙秘を貫いた覚せい剤自己使用事犯の被疑者に対し、尿鑑定の結果から自己使用の事実自体は証明できるのに、すなわち、刑罰を科すべき実体的理由はあるのに、訴因が明示されないという**手続的理由**から処罰できなくなります。それを不当だと思うひとも少なくないでしょう。しかし、そのような不処罰はけっして不当ではありません。なぜなら、その不処罰は、〈訴因を明示せよ〉という手続的な公正さを貫くため、〈犯罪者を必ず処罰せよ〉という実体的な必罰要求に譲歩させた結果であり、正当な価値、すなわち、**手続的公正**という普遍的価値を担うものだからです。この点を、繰り返し確認しておきたいと思います。

(3)　訴因の識別機能と防禦機能を損なう

このように、そもそも1回の覚せい剤自己使用行為を起訴した趣旨なのか、複数回の使用行為を起訴した趣旨なのか、起訴状の記載からは分からない場合、具体的にはどのような不都合が生ずるのでしょうか。

1つには、訴追と審理の対象となる覚せい剤自己使用行為を特定し、他の使用行為から区別しておくことができないため、裁判所としては、証拠調べを決定する（刑訴298、316の5第7号、刑訴規190①）うえで、証拠能力の内容である**証拠の関連性**を判断する標準となる事実を確定できず、また、**訴因の変更**（刑訴312①）によって使用行為の日時、場所などを変更することが許されるかどうか判断することも難しくなります。また、すでに訴追と判決の対象となった覚せい剤自己使用行為を特定できない以上、違法な**二重起訴**（刑訴338(3)）ではないかとか、不当な**再起訴**（刑訴337(1)）ではないかという**訴訟条件の存否**を判断することも難しくなります。**訴因の識別機能が働かない**という不都合です。識別機能が働かないことは、裁判所に不都合となるだけではありません。被告人にとっては、その法的地位の安定性や安全性が損なわれることになります。その意味で、識別機能が働かないことは、それ自体が被告人に対する権利侵害となるものなのです。

もう1つは、そのように存否を争うべき具体的事実が特定されないため、被告人にとっては、防禦の対象を絞りこむことができず、防禦活動上の困難と困惑を免れないという不都合も生じることになります。**訴因の防禦機能**が損なわれるのです（訴因の**保障機能**とも呼ぶ）。たとえば、上述のように犯行の日時・場所について、大きな幅をもった事実が起訴状に記載された場合、「犯行があったという日時に自分は違う場所にいた」と主張して防禦すること（アリバイによる防禦）は、被告人には不可能か著しく困難だといわねばなりません。また、覚せい剤の「使用が強制によるとか不知の間に注射されたものだなど、広い意味でのアリバイ的主張をするときは、日時・場所等が具体化されていなければ途方にくれざるをえないであろう」とも指摘されます（田宮裕「公訴事実の同一性について——覚せい剤使用事件の判例を契機に」研修503号13頁）。訴因の防禦機能が働かないことが、被告人にとって重大な権利侵害となることはいうまでもありません。

しかし、このような不都合がある上述の起訴状について、判例は適法である場合を認めるのです。その判例の論拠について、以下、検討を加えたいと思います。

2　白山丸事件の最高裁大法廷判決

(1)　白山丸事件と最高裁判所

　起訴状において、犯行の日時、場所、方法について幅のある表示をしたり、そもそも記載を欠く場合、その公訴の適法性に関し、初め、判例の立場は次のようでした。

　事案は、戦後の間もない時期に、被告人が有効な旅券に出国の証印を受けないで、当時わが国とまだ国交未回復であった中国に出国したというものでした。出入国管理令違反（出入国管理令60②、71。なお、昭和57年〔1982年〕に「出入国管理及び難民認定法」と名称を変更する）が問われた事件です。被告人は中国からの引き揚げ船「白山丸」に乗って帰国したため、**白山丸事件**と呼ばれます。その起訴状には、「被告人は、昭和27年4月頃より同33年6月下旬までの間に、有効な旅券に出国の証印を受けないで、本邦より本邦外の地域たる中国に出国したものである」と記載されていました。

　弁護人は、〈被告人が数回の不法出国行為の嫌疑をかけられたとしても、本件のような起訴状では、被告人のいついかなる方法による渡航が審判対象になっているのか分からないので、二重起訴の抗弁を出そうにも出しようがない〉ことを理由に、刑事訴訟法256条3項違反を主張します。なお、検察官は第一審手続の論告で、〈本件は密出国という隠密性の犯罪であり、相当以前の犯行であって、かつ密出国先の中国とは国交もなく捜査の方法がない事案であるので、本件起訴状のような記載はその日時等の表示として当然許容されるべきものだ〉と主張しました。

　最大判昭和37・11・28刑集16巻11号1633頁は、弁護人側の上告を棄却し、次のように判示します。まず、本件起訴状に記載された公訴事実が、「犯罪の日時を表示するに6年余の期間内とし、場所を単に本邦よりとし、その方法につき具体的な表示をしていないこと」を確認します。そのうえで、「刑訴256条3項において、公訴事実は訴因を明示してこれを記載しなければならない、訴因を明示するには、できる限り日時、場所及び方法を以て罪となるべき事実を特定してこれをしなければならないと規定する所以のものは、裁判所に対し審判の対象を限定するとともに、被告人に対し防禦の範囲を示すことを目的とするものと解されるところ、犯罪の日時、場所及び方法は、これら事項が、犯罪を構成する要素になっている場合を除き、本来は、罪となるべき事実そのものではなく、ただ訴因を特定する一手段として、できる限り具体的に表示すべきことを要請されているのであるから、犯罪の種類、性質等の如何により、これを詳らかにすることができない特殊事情がある場合には、前記法の目的を害さないかぎりの幅のある表示をしても、その一事のみを以て、罪となるべき事実を特定しない違法があるということはできない」という規範を定立しました。

　この規範は、次のように具体的事案に当てはめられます。すなわち、「これを本件についてみるのに、検察官は、本件第一審第1回公判においての冒頭陳述において、証拠により証明すべき事実として、(一) 昭和33年7月8日被告人は中国から白山丸に乗船し、同月13日本邦に帰国した事実、(二) 同27年4月頃まで被告人は水俣市に居住していたが、その後所在が分らなくなった事実及び (三) 被告人は出国の証印を受けていなかった事実を挙げており、これによれば検察官は、被告人が昭和27年4月頃までは本邦に在住していたが、その後所在不明となってから、日時は詳らかでないが中国に向けて不法に出国し、引き続いて本邦外にあり、同33年7月8日白山丸に乗船して帰国したものであるとして、右不法出国の事実を起訴したものとみるべきである。そして、本件密出国のように、本邦をひそかに出国してわが国と未だ国交を回復せず、外交関係を維持していない国に赴いた場合は、その出国の具体的顚末〔に〕ついてこれを確認することが極めて困難であって、まさに上述の特殊事情のある場合に当るものというべく、たとえその出国の日時、場所及び方法を詳しく具体的に表示しなくても、起訴状及び右第一審第1回公判の冒頭陳述によって本件公訴が裁判所に対し審判を求めようとする対象は、おのずから明らかであり、被告人の防禦の範囲もおのずから限定されているというべきであるから、被告人の防禦に実質的の障碍を与えるおそれはない。それゆえ、所論刑訴256条3項違反の主張は、採ることを得な

い」、と。

(2) 最高裁昭和37年大法廷判決の意義

この最高裁昭和37年大法廷判決の判断枠組みは、こうです。

まず、(A)**罪となるべき事実そのもの、ないし、犯罪を構成する要素になっている事実**と、そうでなく、**ただ訴因を特定する一手段として、できる限り具体的に表示すべきことを要請されている事実**とを区別します。そして、本件起訴状において幅のある表示がなされたり、記載じたいが欠けるのは「犯罪の日時、場所及び方法」であって、後者の具体的事実にすぎないことを確認します（ちなみに、そのように確認する趣旨は、前者の〈罪となるべき事実そのもの、ないし、犯罪を構成する要素になっている事実〉について、幅のある表示がなされるときは、「その一事のみを以て」、すなわち、表示に幅があることだけを理由に、訴因の明示を欠く違法があるとするものといえよう）。次いで、(B)そのような後者の具体的事実について、犯罪の種類、性質などに関わって、その**詳細を明らかにすることができない**「**特殊事情**」**が介在したため、やむをえず幅のある表示をしたと認められる**ときは、(C)表示に幅があるため違法だというように形式的に判断せず、さらに、幅のある表示にもかかわらず、**裁判所の「審判の対象」や被告人の「防禦の範囲」は限定されているかどうか**、実質的に判断するように求めるのです。なぜなら、審判の対象や防禦の範囲が実質的に限定される限り、刑事訴訟法256条3項の目的を害さないといえ、したがって、刑事訴訟法256条3項違反はないといえるからです。

では、どういう場合であれば、審判の対象や防禦の範囲は実質的に限定されるのでしょうか。この点で最高裁昭和37年大法廷判決は、起訴状に記載された事実だけでなく、証拠調べ手続の冒頭に検察官が明らかにした「証拠により証明すべき事実」（刑訴296）、すなわち、検察官が冒頭陳述で述べた具体的事実も考慮に入れることを認めます。

ちなみに、**検察官の冒頭陳述**とは、証拠調べ手続の冒頭に、検察官が証拠によって証明しようとする事実を明確にする訴訟行為を意味します（刑訴296「証拠調のはじめに、検察官は、証拠により証明すべき事実を明らかにしなければならない。但し、証拠とすることができず、又は証拠としてその取調を請求する意思のない資料に基いて、裁判所に事件について偏見又は予断を生ぜしめる虞のある事項を述べることはできない」）。起訴状で簡潔に記載した事実について、証拠との関連が明らかになる程度に具体的なかたちで述べることが、冒頭陳述の主な内容となります。最高裁昭和37年大法廷判決は、起訴状に記載された事実だけでなく、冒頭陳述で検察官が明らかにした「証拠により証明すべき事実」も考慮に入れたうえで、本件の罪となるべき事実について、「被告人が昭和27年4月頃までは本邦に在住していたが、その後所在不明となってから、日時は詳らかでないが中国に向けて不法に出国し、引き続いて本邦外にあり、同33年7月8日白山丸に乗船して帰国したものであるとして、右不法出国の事実を起訴したものとみるべきである」と述べました。起訴状に記載された事実に加え、検察官の冒頭陳述で補足された事実も考慮に入れて、訴因の明示に欠けないか否か、判断しようというものでした。なお、起訴状に記載された幅のある事実を補足するものとして、検察官が冒頭陳述で明らかにした「証拠により証明すべき事実」に加え、検察官が釈明のさい補足した具体的事実を考慮に入れることも許されます（前述の1(1)参照）。

検察官の冒頭陳述で補足された具体的事実にもとづき、最高裁昭和37年大法廷判決は、「不法に出国し、**引き続いて本邦外にあ**〔った〕」と判示したことから分かるように、被告人の不法出国行為は1回しかない、すなわち、1回の不法出国行為に訴追の対象は絞りこまれていると解釈、結論したといえます。そのうえで、最高裁昭和37年大法廷判決は、「起訴状及び右第一審第1回公判の冒頭陳述によって〔白山丸に乗船して帰国した具体的事実に対応する1回の不法出国行為に訴追対象が絞りこまれているため〕本件公訴が裁判所に対し審判を求めようとする対象は、おのずから明らかであり、被告人の防禦の範囲もおのずから限定されているというべきである」と判示しました。その「おのずから明らか」、「おのずから限定されている」という言葉遣いから分かるように、実質的に訴追対象を1回の不法出国行為

に絞りこむことができるならば、おのずから審判の対象や防禦の範囲となる事実、すなわち、罪となるべき事実も特定されることになるというわけです。

このように、第1に、起訴状に表示された幅のある事実は、罪となるべき事実そのものでなく、たんに**訴因を特定する一手段**とされた事実なのか、第2に、犯行の日時、場所、方法〔すなわち、訴因を特定する一手段となる事実〕について、起訴状に幅のある事実を記載するほかないような**特殊事情がある**か、第3に、起訴状に幅のある事実を表示したとしても、検察官が冒頭陳述で明らかにした事実なども考慮して、被告人の防禦に実質的に障碍を与えるおそれはないか、具体的には、訴追対象とされた**行為は1回だけだと解釈**できるかを問うのが、**最高裁昭和37年大法廷判決**がつくった判断枠組みだといえます。この3つの問題に、それぞれ、「訴因特定の一手段たる事実だ」、「特殊事情がある」、「行為は1回だけだと解釈できる」と肯定的に答えることができるとき、起訴状に幅のある事実が表示されたとしても、訴因の明示・罪となるべき事実の特定を肯定できるわけです。

3　覚せい剤自己使用事犯と最高裁昭和56年決定

(1)　覚せい剤自己使用事犯の起訴状

設問の【関連問題】で挙げたような覚せい剤取締法違反（覚せい剤自己使用）の起訴状の記載では、覚せい剤の自己使用行為の回数が、1回なのか複数回なのか、分からないというほかありません。そのため、刑事訴訟法256条3項に違反するのではないかという問題がどうしても生じます。

この問題について、最高裁判所はどのように判断したでしょうか。**最決昭和56・4・25刑集35巻3号116頁**において、問題となった起訴状の「公訴事実」の記載は、「被告人は、法定の除外事由がないのに、昭和54年9月26日ころから同年10月3日までの間、広島県高田郡吉田町内及びその周辺において、覚せい剤であるフェニルメチルアミノプロパン塩類を含有するもの若干量を自己の身体に注射又は服用して施用し、もって覚せい剤を使用したものである」というものでした。

ちなみに、控訴審の**広島高判昭和55・9・4刑集35巻3号129頁**は、訴因の明示問題について、次のように判示していました。

「検察官は原審第1回公判における冒頭陳述として、被告人は公訴事実記載の日時の間は、前記吉田町及び賀茂郡豊栄町内におり、その間に覚せい剤を自己使用し、10月5日尿を警察官に任意提出し、鑑定の結果覚せい剤が検出された事実を立証する旨陳述していること、本件犯行の日時、覚せい剤使用量、使用方法につき具体的表示がされない理由は、被告人が終始否認しているか、供述があいまいであり、目撃者もいないためであることが推認できること、覚せい剤の自己使用は犯行の具体的内容についての捜査が通常極めて困難であることを合わせ考えると、本件はまさに上述の〔犯罪の種類、性質等の如何により、これを詳らかにすることができない〕特殊の事情がある場合に当るものというべく、また、本件は、被告人が10月5日に警察官に任意提出した尿から検出された覚せい剤を自己の体内に摂取したその使用行為の有無が争点となるものであるから、本件の審判の対象と被告人の防禦の範囲はおのずから限定されているというべきであり、被告人の防禦に実質的な障害を与えるおそれも存しない」、と。

控訴審判決は、その「特殊の事情」、「尿から検出された覚せい剤を自己の体内に摂取したその使用行為の有無が争点となる」、「審判の対象と被告人の防禦の範囲はおのずから限定されている」という言葉遣いから分かるように、最高裁昭和37年大法廷判決の規範、判断枠組みを踏襲するものでした。しかし、上告審の最高裁昭和56年決定じしんは、この控訴審判決と同様な判示を繰り返すことはしませんでした。そうしないで、次のように判示します。

上述のような「本件公訴事実の記載は、日時、場所の表示にある程度の幅があり、かつ、使用量、使用方法の表示にも明確を欠くところがあるとしても、検察官において起訴当時の証拠に基づきできる限り特定したものである以上、覚せい剤使用罪の訴因の特定に欠けるところはないというべきである」、と。

これだけの判示でした。簡潔にすぎる判示だというほかありません。前述の最高裁昭和37年大法廷

判決を引用することもありませんでした。

(2) 最高裁昭和56年決定の意義

この**最高裁昭和56年決定の意義**について、最高裁昭和37年大法廷判決の先例に実質的に従ったという理解もあるところです。

展開支援ナビ

2つの最高裁判例の関係について(1)　たとえば、**東京高判昭和57・3・24判時1063号214頁**は、最高裁昭和56年決定の意義について、「当該〔覚せい剤自己使用事犯の〕事案においては、起訴当時公訴事実をそれ以上詳らかにすることができない事情があったことを、〔最高裁昭和37年大法廷判決が、白山丸事件について国交未回復という特殊事情を指摘したように〕日時、場所等につき幅のある表示をすることが許される条件の1つとして指摘する趣旨と解される」と述べ、また、「覚せい剤使用罪の公訴事実につき、当該事案における訴因の記載方法が同条項所定の〔審判対象の限定や防禦範囲の明示という〕目的を害することにはならないとの具体的事例に対する判断を示したものと解すべきである」と述べました。すなわち、最高裁昭和56年決定は、覚せい剤自己使用事犯について最高裁昭和37年大法廷判決の規範を実質的に適用したと理解するわけです。

しかし、そのような理解は、最高裁昭和56年決定の簡潔な判示とそぐわないうえ、その後の最高裁判例の展開――たとえば、傷害致死等被告事件においても、最高裁昭和56年決定と同じ（簡潔というほかない）言葉遣いをした**最決平成14・7・18刑集56巻6号307頁**（3(4)参照）――ともそぐわないといわねばなりません。

しかし、すでに述べたように、最高裁昭和56年決定はその判旨中に最高裁昭和37年大法廷判決を引用しませんでした。「特殊事情」などの言葉遣いもしません。「尿中から検出された覚せい剤に関係する使用行為」という類の言葉遣いもなされていません。「最高裁の判例は、法文にも匹敵するようなルール・メイキングのテクストであり、正確に読解・分析される必要がある」（田宮・研修503号10頁）という考え方にたつならば、最高裁昭和56年決定はやはり、最高裁昭和37年大法廷判決とは別の意義をもつ判例として理解しなければならないように思います。

最高裁昭和56年決定については、こう理解すべきでしょう。すなわち、本件のような覚せい剤自己使用事犯では、起訴状に記載された事実だけを形式的・表面的にみても、自己使用行為の「日時、場所の表示にある程度の幅があり、かつ、使用量、使用方法の表示にも明確を欠くところがある」にすぎないから、裁判所としては、「罪となるべき事実」を特定しない違法があるかどうか踏み込んで判断する必要、すなわち、**最高裁昭和37年大法廷判決**の特別な判断枠組みに従ってことさら判断する必要はないこと、ただし、〈公訴提起時の証拠にもとづいて、できる限り犯行の日時、場所、方法を特定すべきだ〉という**検察官の一般的な行為規範**（刑訴256③に由来する行為規範）に違反していないかどうかだけはチェックすることを述べた趣旨だ、と。

展開支援ナビ

検察官の行為規範に違反した事例　起訴当時の証拠にもとづき、できる限り特定すべきだという行為規範に違反した事例として、**東京高判平成6・8・2高刑集47巻2号282頁**が参考になります。やはり覚せい剤自己使用事犯の事案でした。

捜査段階において被告人は自己使用の日時（平成6年1月16日午前3時ころ）、場所（被告人自宅の階下にある事務所脇の部屋）、方法（右腕に第三者が注射）を具体的に供述していました。しかし、検察官は、起訴状には「被告人は、法定の除外事由がないのに、平成6年1月上旬ころから同月18日までの間、千葉県内またはその周辺地域において、覚せい剤であるフェニルメチルアミノプロパンを含有する水溶液若干量を自己の身体に注射し、もって覚せい剤を使用した」と概括的に記載したという事案です。

東京高裁平成6年判決は、「公訴提起にあたって、犯罪の日時、場所等が、詳らかでない場合に、本件程度

に公訴事実を概括的に記載することは、それが検察官において、起訴当時の証拠に基づきできる限り特定したものであるときは、訴因の特定に欠けるところはないとして許容されるけれども、証拠上これが判明しているときには、これを具体的に記載すべきものであることは自明の理である」としたうえで、本件については、具体的な「証拠〔被告人の供述〕に基づき訴因を日時、場所等によって特定することなく、〔中略〕概括的な記載をもって、被告人を起訴したものであるから」、「〔第一審の裁判所としては〕検察官に釈明を求め訴因をより具体的に特定させるべきであった」と判示します。そして、検察官に対し求釈明をしないまま「概括的で不特定な事実を認定」した第一審判決（犯行の場所を被告人の供述に従い特定したが、日時を16、17日ころ、方法を注射というように概括的に認定した）には**訴訟手続の法令違反**があると判示しました。

　起訴当時の証拠にもとづき、できる限り特定すべきだという行為規範が、**検察官の訴追活動を現実に制限する機能**も果たすことを確認した判例でした。

　そう理解すべき理由は、こうです。前述した白山丸事件において最高裁昭和37年大法廷判決は、「犯罪の日時を表示するに6年余の期間内とし、場所を単に本邦よりとし、その方法につき具体的な表示をしていない」起訴状について、刑事訴訟法256条3項違反の有無を問題としました。これに対し、本件（覚せい剤自己使用事犯）の起訴状について最高裁昭和56年決定は、その日時、場所の表示には「ある程度の幅」がある〔にすぎない〕とか、覚せい剤の使用量、使用方法の表示に「明確を欠くところ」がある〔にすぎない〕と述べています。そのように起訴状の**表示に幅のある程度**が、形式的・表面的にみて、まったく違うため、最高裁昭和56年決定は、最高裁昭和37年大法廷判決の定立した特別な規範を当てはめるべき事案ではないと判断し、右大法廷判決を引用することも敢えてしなかったといえます。

　たしかに、犯行の日時、場所、方法について、起訴状の表示に**ある程度の**（すなわち、小さな）**幅があるにすぎない事案**であれば、ことさら、〈犯行の日時、場所、方法について、起訴状に（大きな）幅のある事実を記載するほかないような特殊事情があるか〉とか、〈検察官の冒頭陳述なども考慮して、訴追の対象とされた行為は1回だけだと解釈できるか〉を踏み込んで検討する必要はないでしょう。起訴状の表示にある程度の（すなわち、小さな）幅があるにすぎない事案については、それが〈公訴提起時の証拠にもとづいて、できる限り犯行の日時、場所、方法を特定した〉結果である——それゆえ、検察官の一般的な（刑訴256③に由来する）行為規範は遵守されている——ことさえ確認できれば、許容されてよいと思われるからです。そして、まさに、それが最高裁昭和56年決定が定立した新たな規範であったわけです。

> **展開支援ナビ**
>
> **2つの最高裁判例の関係について⑵**　実務では、最高裁昭和37年大法廷判決の規範と最高裁昭和56年決定の規範をともに適用して、事案を処理した裁判例もあります。たとえば、殺人等被告事件の起訴状において、トリカブト毒などを詰めたカプセルを被害者（被告人の妻。以下、A女ともいう）に交付し、服用させたという実行行為の日時・場所の表示に幅があった事案において、**東京地判平成6・9・22判時1532号28頁**は、次のように判示しました。
>
> 　「弁護人は、本件殺人の公訴事実は、毒物を詰めたカプセルの交付・服用の実行行為の時刻場所が特定されていないばかりでなく、どのようにカプセルを製造し、いかなる手段方法で交付・服用させたのか特定されていないと主張する。しかしながら、本件殺人の公訴事実は、被害者を道具として利用する殺人の間接正犯であると解されるところ、犯行の日時、場所の表示にある程度の幅があり、また、犯行の手段方法の表示にも明確を欠くところがあることは所論のとおりであるが、本件においては、被害者が既に死亡して存在せず、また、犯行の目撃者もなく、被告人も捜査の当初から一貫して犯行を否認している事案であり、そうであるとすると、本件は、『犯罪の日時、場所及び方法を詳らかにすることができない特殊な事情』（最高裁判所大法廷判決昭和37年11月28日刑集16巻11号1633頁参照）が認められる事案であるということができる。そして、本件証拠調べの結果によれば、検察官においては、起訴当時の証拠に基づいて、できる限り実行行為の日時・場所・方法等を特定したものであることが窺われるから、本件公訴事実が、被害者を利用した殺人の間接正犯として、訴因の特定に欠けるところはないというべきである。したがって、弁護人の右主張は理由がない」、と。

このように東京地裁平成6年判決は、〈被害者を道具として利用する殺人の間接正犯〉、〈目撃者がない〉、〈一貫して犯行を否認〉という本件犯罪の種類、性質に関わって、犯行の具体的態様を詳らかにできなかった特殊事情があると認め、また、起訴時の証拠にもとづき、できる限り犯行の態様を特定したことを肯定し、最高裁昭和37年大法廷判決の規範と最高裁昭和56年決定の規範を**ともに適用**して、「訴因の特定に欠けるところはない」と結論しました。ちなみに、控訴審の**東京高判平成10・4・28判時1647号53頁**は、本件において間接事実による推認を積み重ね、トリカブト毒などを詰めたカプセルを作成し、被害者に渡すことのできた者は被告人以外にいないこと、被告人には殺害の動機があることなどの諸事情を総合し、「被告人が、A女〔被害者〕を殺害する目的で、その具体的な手段方法につき、なお特定できない部分があるとはいえ、同女にトリカブト毒とフグ毒を詰めたカプセルを渡し、中身を知らない同女をしてこれを服用させ、同女をアコニチン系アルカロイド中毒による急性心不全により死亡させたことは、合理的な疑いを越えて認定することができる」と結論しました。

また、具体的な注意義務違反行為が起訴状に表示されなかった業務上過失致死傷被告事件で、**東京高判平成18・3・14東京高裁（刑事）判時57巻1＝12号9頁**は、「本件起訴状における公訴事実は、前記第1記載の原判示事実と同旨であるが、この公訴事実における過失の記載については、被告人が本件事故当時の記憶を喪失していて事故状況について何も語らず、事故の直接の目撃者もいないという本件の特殊事情の下においては、検察官は起訴当時の証拠に基づいてできる限りの特定をしているものと認められ、所論が指摘するような事項まで具体的に記載しなくても、裁判所に対し審判の対象を限定し、被告人に対し防御の範囲を示すという目的は果されているのであって、本件公訴事実において過失内容が特定・明示されていないとはいえない」と判示しました。

この東京高裁平成18年判決も、やはり、最高裁昭和37年大法廷判決の規範と最高裁昭和56年決定の規範をともに適用したものです。このほか、覚せい剤自己使用事犯について、訴因の明示に欠けないとした**福岡高宮崎支判昭和59・11・20高裁刑事裁判速報集（昭59）532頁**も、2つの最高裁判例の規範をともに適用したといえます。こう判示しました。

「本件公訴提起の時点において、被告人より昭和59年4月23日任意提出を受けた尿から覚せい剤であるフエニルメチルアミノプロパンが検出されたので、被告人の覚せい剤使用の事実が明らかになり、かつ、被告人が、同月中旬ころから右尿提出の同月23日までの間、鹿児島県内から離れたことがなかったことは判明していたものの、被告人が取調べ当初から覚せい剤自己使用の点を全面的に否認し続け、また、被告人の左腕に見受けられた皮疹からも注射痕であるとの確証が得られず、一方、被告人方の家宅捜索の結果によっても、右覚せい剤自己使用をより具体的に裏付ける証拠資料は全く発見されなかったため、犯罪の日時、場所及び方法等を前記公訴事実〔「昭和59年4月中旬ころから同月23日ころまでの間、鹿児島県内において、覚せい剤であるフエニルメチルアミノプロパン若干量を自己の身体に施用」〕の記載の程度にしか特定しえなかったものとうかがわれ、以上の諸事情にかんがみれば、検察官としては、起訴当時までに収集した証拠に基づいて、右の諸点につき可能な限りこれを特定したものと認めざるをえず、そして、このような覚せい剤事犯においては、採尿に直近した最後の1回の使用を起訴し処罰するのが、現在の刑事裁判実務の常態となっていることを合わせ考慮すれば、右公訴事実によって、検察官が処罰を求めようとする対象は自ら限定され、かつ、被告人の防禦の範囲も示されているということができるので、本件公訴事実の記載は訴因の特定に欠けるところはないというべきである」、と。

この福岡高宮崎支判昭和59年判決は、被告人の全面的否認、客観的証拠の欠如など本件に特殊な「諸事情」を挙げ、「起訴当時までに収集した証拠に基づいて、右の諸点〔覚せい剤自己使用の具体的態様〕につき可能な限りこれを特定した」と認めたうえ、処罰対象の限定・防禦範囲の明示もなされているため、「訴因の特定に欠けるところはない」と結論しました。曖昧な点もありますが、実質的に、2つの最高裁判例の規範をともに適用した高裁判例といえるでしょう。

このように、最高裁昭和37年大法廷判決の規範と最高裁昭和56年決定の規範をともに適用し、訴因の明示如何を判断するのが、現在の実務の大勢だといえるかもしれません。

(3) 最高裁昭和56年決定の問題点

しかし、最高裁昭和56年決定の趣旨をそのように理解したとしても、当該事案の処理には、なお賛

成できないものがあります。なぜなら、起訴状における罪となるべき事実の特定という問題にとって重要なのは、**表示の幅の形式的程度**ではなく、**表示の幅の実質的性質**だというべきではないかと思うからです。

　この観点からは、覚せい剤自己使用事犯の起訴状には、1週間程度の幅をもたせて犯行の日時を表示したにすぎないとしても、そのような幅をもたせた表示は、覚せい剤自己使用事犯という犯罪の特徴にかんがみて、特別な性質をもってしまうことに注目しなければなりません。すなわち、**形式的**には、犯行の日時に1週間程度の幅があるにすぎない表示であっても、**実質的**には、1回ではなく複数回の使用行為が審理の対象にとりこまれてしまう可能性を否定できず、そのため、検察官の訴追意思について、どの使用行為を審判の対象とする趣旨か明らかにならないといわねばなりません。結局、「どの使用行為を起訴したのか不明であるとの難点」（三井誠『刑事手続法Ⅱ』166頁）がつきまとうことになってしまうのです。

　このように表示の幅の実質的性質を重要視する限り、上述した覚せい剤自己使用事犯の起訴状がもつ難点（どの使用行為を起訴する趣旨なのか、起訴状の表示だけでは分からない）は、白山丸事件の起訴状がもった難点（どの不法出国行為を起訴する趣旨なのか、起訴状の表示だけでは分からない）と同じだといわねばなりません。そうである以上、覚せい剤自己使用事犯についても、やはり最高裁昭和37年大法廷判決の判断枠組み、すなわち、(A)起訴状に表示された幅のある事実は、罪となるべき事実そのものでなく、訴因を特定する一手段とされた事実か、(B)犯行の日時、場所、方法、すなわち、訴因を特定する一手段となる事実について、起訴状に幅のある事実を記載するほかない特殊事情があるか、(C)検察官の冒頭陳述なども考慮して、訴追の対象とされた行為は1回だけだと解釈できるかという判断枠組みを踏襲すべきであったと思うのです。

(4)　最高裁昭和56年決定の規範を当てはめる

　しかし、最高裁昭和56年決定はそうはしないで、起訴状の表示にある程度の（すなわち、小さな）幅がある事案について、訴因の明示を判断すべき新たな規範を定立しました。そうである以上、今後問題となるのは、〈形式的にどの程度の幅がある表示であれば、最高裁昭和56年決定の規範を当てはめてよいのか〉という点でしょう。

　この点で、**最決平成 14・7・18 刑集 56 巻 6 号 307 頁**に注目しておかねばなりません。傷害致死等被告事件において、控訴審の段階で〔第一次〕予備的訴因が追加された事案でした。この〔第一次〕予備的訴因の特定が問題とされます。最高裁判所はこう判示しました。

　「第一次予備的訴因は、『被告人は、単独又はA及びBと共謀の上、平成9年9月30日午後8時30分ころ、福岡市中央区所在のビジネス旅館甲2階7号室において、被害者に対し、その頭部等に手段不明の暴行を加え、頭蓋冠、頭蓋底骨折等の傷害を負わせ、よって、そのころ、同所において、頭蓋冠、頭蓋底骨折に基づく外傷性脳障害又は何らかの傷害により死亡させた。』という傷害致死の**訴因**であり、単独犯と共同正犯のいずれであるかという点については、択一的に訴因変更請求がされたと解されるものである。〔中略〕原判決によれば、第一次予備的訴因が追加された当時の証拠関係に照らすと、被害者に致死的な暴行が加えられたことは明らかであるものの、暴行態様や傷害の内容、死因等については十分な供述等が得られず、不明瞭な領域が残っていたというのである。そうすると、第一次予備的訴因は、暴行態様、傷害の内容、死因等の表示が概括的なものであるにとどまるが、検察官において、当時の証拠に基づき、できる限り日時、場所、方法等をもって傷害致死の罪となるべき事実を特定して訴因を明示したものと認められるから、訴因の特定に欠けるところはないというべきである。したがって、これと同旨の原判決の判断は正当である」、と。

　この最高裁平成14年決定は、当該事案について、暴行の実行行為の一個性ないし特定性が明らかであり（「被害者に致死的な暴行が加えられたことは明らかである」という）、ただ、「暴行態様、傷害の内容、死

因等」の表示について、ある程度の〔すなわち、小さな〕幅があるにすぎない事案だと捉え（「暴行態様、傷害の内容、死因等の表示が概括的なものであるにとどまる」という）、最高裁昭和56年決定の規範を適用すれば足りるとしたものだといえます。

(5) 最高裁平成14年決定の問題点

ただし、表示の幅の実質的性質こそ重要視すべきだという観点からは、この最高裁平成14年決定による事案の処理について、なお首肯できないものがあります。なぜなら、「暴行態様、傷害の内容、死因等」は、傷害致死罪の構成要件要素となる行為や結果の具体的内容となる事実でした。それらに関しても概括的表示を許した最高裁平成14年決定は、審判の対象としての訴因の本質を十分に踏まえたものとは思われないからです。

その意味をさらに敷衍すれば、こうです。審判の対象、すなわち、訴訟対象としての訴因の本質は、検察官による「〔犯罪〕構成要件に該当する事実、すなわち『罪となるべき事実』の主張」でした（平野龍一『刑事訴訟法』131頁。〔 〕は引用者）。この〈被告人に対し罪責を問うべき事実がある〉という検察官の主張について、その根拠となる証拠の有無や内容を裁判所は審理し、評価すべきものとなります。したがって、本来、起訴状に記載される「訴因自体はそのまま判決たりうる程度に確定した事実でなければならな〔い〕」（平野『訴因と証拠』103頁）ものでした。すなわち、検察官が主張する「罪となるべき事実は現実の事実であると共に具体的な事実である。したがって日時、場所もまたその〔罪となるべき事実の〕要素をなすといわなければならない。方法に至ってはなおさらである。罪となるべき事実から方法を抜き去ってしまったのでは、罪となるべき事実は全く抽象的な事実となってしまう」（平野・前掲書104頁）からです（このほか、平野・前掲書115頁は、「罪となるべき事実とは1回限りの具体的事実である以上、日時・場所を具えないものは考えられない。したがってまた〔犯行の日時・場所も〕訴因の要素と考えなければならない」とも述べた）。この考え方によれば、犯罪の構成要件要素となる行為や結果、因果関係だけでなく、被告人による犯行の具体的な日時や場所、方法についても、審判対象としての訴因の不可欠の要素として、検察官はできる限り明示的に主張すべき法的義務を負うわけでした。

そのように検察官が、現実に生起した具体的事実を主張しなければならないのは、なぜでしょうか。それは、検察官の刑事訴追により、現実に被告人は応訴を強制されるからです。具体的には、刑事訴訟上の防禦活動を強制されるだけでなく、刑事手続に伴うさまざまな心理的、経済的、社会的負担などまで受忍しなければならないからです。

そのような検察官の刑事訴追については、起訴処分の内容や必要性と、応訴強制により被告人が受ける権利侵害、利益侵害との厳密な比較衡量によって、その処分の終局的な適否・当否というもの、すなわち、**処分の相当性**が決定されねばなりません。この点で、検察官による主張の現実性・具体性というのは、被告人に対する応訴の強制を正当化し、検察官の刑事訴追が処分の相当性を獲得するための1つの、しかし、決定的な条件となるものでした。言い換えれば、検察官による主張の現実性・具体性が、事実の概括的表示によって失われるときは、(A)**理念的**には、審判対象としての訴因の本質、すなわち、罪となるべき現実的・具体的な事実の主張であるという訴因の本質を損い、(B)**機能的**には、被告人の法的安全性を損ない、被告人に防禦活動上の困難や困惑を強いることにもなって、結局、刑事訴追（被告人に対する応訴強制）の相当性を失わせ、公訴提起は違法なものになってしまうのです。

このことを明らかにするため刑事訴訟法は、「訴因を明示するには、できる限り日時、場所及び方法を以て罪となるべき事実を特定してこれをしなければならない」（刑訴256③）と定め、訴因の明示・罪となるべき事実の特定を訴訟条件としたわけです。

しかし、犯罪構成要件に該当する行為や結果の内容、因果関係の内容などについて、概括的表示を許してしまった最高裁平成14年決定は、罪となるべき事実から現実性と具体性を失わせ、不当な抽象化を許したといわねばならないでしょう。また、訴因の識別機能と防禦機能も弱体化・形骸化させたとい

わねばなりません。

> **展開支援ナビ**
>
> **罪となるべき事実の抽象化**　かつて最大判昭和24・2・9刑集3巻2号141頁は、物価統制令違反被告事件において、「罪となるべき事実とは、犯罪構成要件に該当する具体的事実であって、法令適用の基礎となるべき事実を指す」と述べました。そのうえで、「連続一罪」ではない「複数の犯罪行為を判示するには、その行為が同一罪質であり、手段、方法等において共通した分子を持つものであっても、その各個の行為の内容を一々具体的に判示し更らに日時、場所等を明らかにすることにより一の行為を他の行為より区別し得る程度に特定し、以って少くとも各個の行為に対し法令を適用するに妨げなき限度に判示することを要するものといわねばならぬ。然るに原判決は、判示のごとく、単に複数の行為に共通する始期と終期とを掲げ犯罪行為の内容等をすべて別表に譲り、しかもその別表には日時、回数等の記載がないのであるから、従って別表記載の売渡行為が数人の買受人中の一人又は数人に対し、同時又は数回に行われたものであるか否かを窺い知ることができない。すなわち原判決の判示では要するに犯罪行為の個数、換言すれば一の犯罪行為より他の犯罪行為を区別してこれを特定し以って各個の行為に対し法令を適用すべき基礎を看取するを得ない」と判示しました。
>
> 「各個の行為の内容を一々具体的に判示し更らに日時、場所等を明らかにすることにより一の行為を他の行為より区別し得る程度に特定」することが必要だと述べて、構成要件該当事実の具体性を要求したことが重要でした。
>
> しかし、この構成要件該当事実の具体性は、その後、稀薄化されます。たとえば、上述した白山丸事件の最大判昭和37・11・28刑集16巻11号1633頁が、「犯罪の日時、場所及び方法は、これら事項が、犯罪を構成する要素になっている場合を除き、本来、罪となるべき事実そのものではなく、ただ訴因を特定する一手段として、できる限り具体的に表示すべきことを要請されている」ものにすぎないと述べました。犯罪の日時、場所、方法などは、「罪となるべき事実」の要素ではないというわけです。
>
> また、最高裁平成13・4・11刑集53巻3号127頁は、有罪判決の「罪となるべき事実」（刑訴335①）が「被告人は、N〔共犯者〕と共謀の上、前同日〔昭和63年7月24日〕午後8時ころから翌25日未明までの間に、青森市内又はその周辺に停車中の自動車内において、N又は被告人あるいはその両名において、扼殺、絞殺又はこれに類する方法でH〔被害者〕を殺害した」と判示された殺人・死体遺棄等被告事件について、「以上のような判示が殺人罪に関する罪となるべき事実の判示として十分であるかについて検討する。上記判示は、殺害の日時・場所・方法が概括的なものであるほか、実行行為者が『N又は被告人あるいはその両名』という択一的なものであるにとどまるが、その事件が被告人とNの2名の共謀による犯行であるというのであるから、この程度の判示であっても、殺人罪の構成要件に該当すべき具体的事実を、それが構成要件に該当するかどうかを判定するに足りる程度に具体的に明らかにしているものというべきであって、罪となるべき事実の判示として不十分とはいえないものと解される」としました。すなわち、表示された「罪となるべき事実」から、特定の犯罪構成要件に該当するかどうかさえ判定できるならば、罪となるべき事実の具体的な表示としては十分だというわけです。
>
> ちなみに、殺人被告事件であれば、罪となるべき事実の一部である被害者、すなわち、犯罪死した個人さえ特定されていれば、他事件から識別することが可能となります。そのため、殺害の日時、場所、行為の態様、実行行為者、共犯関係など、訴因の要素となる他の事実が概括的に表示されたとしても、それらの表示によって殺人罪の構成要件該当性が肯定される限り、なんら問題はないことになります。すなわち、訴因の明示、罪となるべき事実の特定に関して、なんら問題はないことになります。しかし、それでは罪となるべき事実から具体性が失われ、不当に抽象化されてしまうといわねばなりません。
>
> **罪となるべき事実の抽象化**という問題に関しては、さらに、最決平成17・10・12刑集59巻8号1425頁を挙げておきたいと思います。この最高裁平成17年決定は、「業態犯」の麻薬特例法5条違反事件（業としてなされる覚せい剤営利目的譲渡等）において、「本罪の罪質等に照らせば、4回の覚せい剤譲渡につき、譲渡年月日、譲渡場所、譲渡相手、譲渡量、譲渡代金を記載した別表を添付した上、『被告人は、平成14年6月ころから平成16年3月4日までの間、営利の目的で、みだりに、別表記載のとおり、4回にわたり、大阪市阿倍野区〔中略〕路上に停車中の軽自動車内ほか4か所において、Aほか2名に対し、覚せい剤である塩酸フエニルメチルアミノプロパンの結晶合計約0.5 gを代金合計5万円で譲り渡すとともに、薬物犯罪を犯す意思をもって、多数回にわたり、同市内において、上記Aほか氏名不詳の多数人に対し、覚せい剤様の結晶を覚せい剤として有償で譲り渡し、もって、覚せい剤を譲り渡す行為と薬物その他の物品を規制薬物として譲り渡す行為を併せて

することを業としたものである。』旨を記載した本件公訴事実は、本罪の訴因の特定として欠けるところはないというべきである」と判示しました。

　「多数回」、「氏名不詳の多数人」など、概括的表示が問題となる事案でした。渡辺修教授（渡辺修「麻薬特例法と業態犯の訴因の特定」刑事法ジャーナル4号108頁）は、業態犯の訴因としては「特定性に問題はない」としつつ（渡辺・同上113頁）、この最高裁平成17年決定について、「事実を抽象化しあるいは概括的に記載し、また固有の訴因〔中略〕を構成要件該当性の判断自体に近いものに限定する傾向」の現れとして位置づけられています（渡辺・同上114頁）。正鵠を射た指摘でした。

　結局、最高裁平成14年決定やその先例の最高裁昭和56年決定は、訴訟対象としての訴因の本質を十分には踏まえないため、訴因がもつ識別機能と防禦機能をともに弱体化、形骸化させてしまい、その結果、起訴状に表示される罪となるべき事実を、犯罪構成要件に該当する抽象的事実に限りなく近いものにしたと批判されねばならないと思うのです。

4　覚せい剤自己使用事犯の主張形式──最低一行為説と最終行為説

(1) 訴因の識別機能を果たさせる工夫

　上述した覚せい剤自己使用事犯の起訴状について、起訴当時の証拠にもとづき、できる限り特定したものとして違法はない、すなわち、刑事訴訟法256条3項違反はないと解したとしても、起訴状に表示された事実だけでは、そもそも1回の覚せい剤自己使用行為を〔単純一罪として〕起訴した趣旨なのか、それとも、複数回の使用行為を〔併合罪として〕起訴した趣旨なのか、分からないことに変わりはありませんでした。その点で、最高裁昭和37年大法廷判決が定立した規範を独立して適用すべき事案だといわねばなりません。すなわち、最高裁昭和37年大法廷判決が判示した、刑事訴訟法256条3項の目的、すなわち、「裁判所に対し審判の対象を限定するとともに、被告人に対し防禦の範囲を示すこと」という「法の目的を害さない」かどうか、具体的には、訴追対象とされた覚せい剤使用行為は1回だけだと解釈できるかがどうか、問われねばなりません。

　そのような訴訟追行上の問題を解消するため、1つには、訴因の識別機能を果たさせる具体的な工夫がとられねばならないでしょう。すなわち、二重起訴の禁止（刑訴338(3)）や、一事不再理の効力が及ぶ客観的範囲（刑訴337(1)）、訴因変更の可否（刑訴312①）などの具体的問題を処理するうえで、覚せい剤自己使用事犯の訴追の対象を**1回の使用行為に絞りこむ工夫**が必要になってきます。

　そのような絞りこみのため、実務でとられた工夫の1つは、検察官が裁判長の求釈明に応じて、〈起訴状に表示した幅のある犯行期間内に、尿中から検出された覚せい剤に関係して最低1回、すなわち、少なくとも1回は使用行為があったのであり、その1回の行為だけを処罰せよと主張するものだ〉と説明することでした。この説明は、**最低一行為説**と呼ばれます。

　しかし、〈1回の使用行為を対象とする単純一罪の覚せい剤自己使用罪の起訴だ〉と述べるにとどまり、〈幅のある犯行期間内のどの1つの行為が審判対象になるのか特定しない・特定できない〉という最低一行為説は、曖昧にすぎるというほかありません。それゆえ、検察官がさらに、〈逮捕時に直近の1回の覚せい剤使用行為を起訴する趣旨だ〉、あるいは、〈覚せい剤を使用した最終の1回分だけを起訴する趣旨だ〉と釈明して、訴追の対象となる1回の行為の意味をいっそう絞りこむことがなされました。**最終行為説**と呼ばれます。

　ただし、この最低一行為説や最終行為説による絞りこみは、あくまでも抽象的・観念的なものでしかありません。そのような**抽象的・観念的な絞りこみ**が敢えて行われたのは、二重起訴の禁止や、一事不再理の効力が及ぶ客観的範囲、訴因変更の可否などの具体的問題を処理するうえで、明確で安定した基準を得ようとするためでした。すなわち、最低一行為説や最終行為説は、〈犯行期間内の行為である限り、どの1つの行為が審判対象になってもかまわない〉とか、〈最終行為とさえ言うことができるならば、

幅のある期間内のどの1つの行為が審判対象になってもかまわない〉ということによって、一事不再理の効力も、起訴状に記載された幅のある期間内のどの1つの行為にも及ぶというわけです。また、訴因変更の可否についても、犯行日時の重なり合いによって**行為の共通**を認めることができるため、訴因の変更を許可する条件である「公訴事実の同一性〔を害しない限度〕」（刑訴312①）が肯定されるというわけです。

(2) 最低一行為説・最終行為説の問題点

ただし、最低一行為説や最終行為説について、問題が生じる状況があります。たとえば、起訴状の表示とは異なった（特定の、あるいは、なお幅のある）犯行日時の覚せい剤使用行為を、検察官があらためて訴追の対象にしようとする状況です。

もしも検察官が、「起訴状に記載した幅のある犯行期間内に、覚せい剤の使用行為は2回あったのであり、その2回の使用行為とも処罰を求める」というように主張する（主張を変更する）ときは、そのもう1つの使用行為は起訴状の使用行為と**併合罪関係**にたつことになるため、追起訴の対象にすべきものとなります。しかし、そうではなく、異なった（特定の、あるいは幅のある）犯行日時の使用行為を訴追の対象にしようとする検察官が、あくまで「1つの使用行為だけを訴追の対象にするのだ」と主張し、新たな訴因への変更を請求したケースであればどうなるでしょうか。そのようなケースであれば、主張の比較によっても、犯行日時が近接ないし重複しており**使用行為の共通**（厳密には、「覚せい剤使用という結果の共通」）を認めることになり、裁判所は訴因の変更を許可しなければならないでしょう。

しかし、複数回の使用行為を検察官が主張するか・主張しないかによって、追起訴の要否や訴因変更の可否などについて結論が変わってしまうのは首肯できないものがあります。なぜなら、手続の安定性を欠き、被告人の法的安全性を侵害することになるからです。そのような法的安全性に対する侵害を、最低一行為説も最終行為説も阻止できません。なぜなら、最低一行為説や最終行為説は、「少なくとも」1回の使用行為とか、「最終」1回の使用行為と敢えて表現するように、論理的には、「複数回の使用行為がありうる」ことを前提にする考え方であったからです。そのために、使用行為の回数（1回か、複数回か）に関して、検察官の恣意的な主張の仕方を許すことになってしまうわけでした。

結局、最低一行為説についても最終行為説についても、〈検察官がどのように主張するのか、その主張の仕方だけで、二重起訴の禁止や不当な再起訴の禁止を潜脱することができて、あるいは、訴因変更の可否が恣意的に左右されて、被告人に対し不当に応訴を強制するものになってしまう〉懸念が払拭されないのです。

(3) 検察官によるあるべき主張の形式

最低一行為説や最終行為説をとらないとき、一事不再理効が及ぶ客観的範囲や訴因変更の可否などについて、安定した処理基準を提供し、被告人の法的安全性に対する侵害も回避できるような、検察官による**主張の形式**というものがあるのでしょうか。

そのような主張の形式があるとすれば、それは、覚せい剤の自己使用行為の日時、場所、方法について幅のある事実を起訴状に表示するほかない場合に、その幅のある犯行日時の間に〈尿中から検出された覚せい剤をただ1回だけ使用したものである〉という旨を必ず起訴状に明記させることでしょう。

そのような主張の形式によるならば、たとえば、確定判決の罪となるべき事実と、確定後に提出された起訴状の記載事実を比較し、幅のある犯行日時について、その重なり合いが一部でもあれば、「公訴事実の同一性」の存在が肯定されるものとなります。なぜなら、2つの訴因とも「〔重なり合いがある〕幅のある犯行日時の間にただ1回使用しただけだ」と主張しあうものとなって、構成要件要素の結果が共通するものとなるからです。したがって、犯行日時に一部でも重なり合いがあれば、それだけで不当な再起訴にあたるといわねばなりません。違法な二重起訴、訴因変更の可否の問題などについても、

同様です。犯行日時に一部でも重なり合いがあれば、「公訴事実の同一性」を肯定して事案を処理することになります。このような考え方を「ただ1回行為説」と呼んでおきます（なお、覚せい剤自己使用事犯で、**東京高判昭和57・3・24判時1063号214頁**は、最終一行為説をとりつつ、「本件公訴事実の記載は、日時、場所の記載にかなりの幅があるけれども、その幅の中のどの日時、場所を採っても法令の適用上異る裁判結果に至る可能性はなく、また、その幅の中に含まれる唯一回の行為のみを起訴したものであるから、訴因としての特定性に欠けるところはなく、当該訴訟手続内においても、また、二重起訴の禁止、既判力の及ぶ範囲の点から考察しても、被告人の防禦活動に支障を来たすことはないものと解すべきである」と述べた）。

　ただ1回行為説による事案処理は、実質的には、次のような意味をもちます。覚せい剤の自己使用行為の日時、場所、方法について、幅のある事実を表示した起訴状では、そもそも1回の覚せい剤自己使用行為を起訴した趣旨なのか、複数回の使用行為を起訴した趣旨なのか、分からないにもかかわらず、〈1回の使用行為を対象とすべき「単純一罪」の覚せい剤自己使用罪の起訴だ〉と検察官が主張する以上は、〈検察官は、ただ1回の使用行為だけを訴追の対象として、いわば「選択的な起訴をした」のであり、それゆえ、実体的事実がどのようであっても、もはや他の使用行為の存在を主張しないこと、すなわち、他の使用行為に対する「公訴権を放棄した」とみなすことが必要になる〉ということです（ちなみに、最低一行為説や最終行為説についても、田宮・研修503号17頁は、「最低一行為として選択起訴をした以上、他の訴追は放棄したという検察官の意思表示があれば、一種の一事不再理効（いわばエストッペル効）を認めるべきだという新たな理論的提議をすることも、不可能ではないかもしれない」と述べた。また、松尾浩也『刑事訴訟法（上）新版』176頁でも、「公訴提起は1回の使用を対象としており、このような形の〔使用の期間等に幅のある起訴状による〕公訴提起をした以上、検察官がそれ以上の訴追を放棄したものとして処理すべきであろう」と述べられた。〔　〕は引用者。このほか、後藤昭「訴因の特定・明示」『刑事訴訟法判例百選〔第8版〕』101頁も、最低一行為説を「徹底して、1回のみの使用であるという趣旨の起訴であると考える」べきだとし、「実質的には、検察官が幅のある記載の範囲内では1つの使用行為しか訴追しないと約束したと解釈することによって、初めてこのような訴因が許容されることを意味する」と述べる）。

(4) 最高裁昭和63年決定の意義

　なお、**最決昭和63・10・25刑集42巻8号1100頁**は、覚せい剤自己使用事犯における訴因変更の可否について、つぎのように判示しました。

「本件昭和60年11月8日付起訴状記載の訴因は、『被告人は、「よっちゃん」ことK某と共謀の上、法定の除外事由がないのに、昭和60年10月26日午後5時30分ころ、栃木県芳賀郡二宮町大字久下田〔中略〕の被告人方において、右Kをして自己の左腕部に覚せい剤であるフェニルメチルアミノプロパン約0.04グラムを含有する水溶液約0.25ミリリットルを注射させ、もって、覚せい剤を使用した』というものであり、また、検察官が第一審裁判所において変更を請求した訴因は、『被告人は、法定の除外事由がないのに、昭和60年10月26日午後6時30分ころ、茨城県下館市大字折本〔中略〕所在スナック「S」店舗内において、覚せい剤であるフェニルメチルアミノプロパン約0.04グラムを含有する水溶液約0.25ミリリットルを自己の左腕部に注射し、もって、覚せい剤を使用した』というものである。そして、記録によれば、検察官は、昭和60年10月28日に任意提出された被告人の尿中から覚せい剤が検出されたことと捜査段階での被告人の供述に基づき、前記起訴状記載の訴因のとおりに覚せい剤の使用日時、場所、方法等を特定して本件公訴を提起したが、その後被告人がその使用時間、場所、方法に関する供述を変更し、これが信用できると考えたことから、新供述にそって訴因の変更を請求するに至ったというのである。そうすると、両訴因は、その間に覚せい剤の使用時間、場所、方法において多少の差異があるものの、いずれも被告人の尿中から検出された同一覚せい剤の使用行為に関するものであって、事実上の共通性があり、両立しない関係にあると認められるから、**基本的事実関係において同一である**ということができる。したがつて、右両訴因間に公訴事実の同一性を認めた原判断は正当である」、と。

すなわち、「昭和60年10月26日午後5時30分ころ、栃木県の被告人方」と「同日午後6時30分ころ、茨城県のスナック店舗内」という2つの訴因は、尿中の覚せい剤の使用という「事実上の共通性」があり「両立しないため」公訴事実の同一性（刑訴312①）を認めることができるとしたわけです。
　しかし、2つの訴因の「覚せい剤の使用時間、場所、方法」には差異があるため、複数回の使用行為がある可能性も存するはずでした。ところが、その可能性はまったく考慮に入れられていません。この点にかんがみれば、最高裁昭和63年決定は、検察官による主張の実質について、尿中から検出された覚せい剤をただ1回だけ使用したものである趣旨だと捉えたうえで、訴因変更の可否を判断したものといえるのではないでしょうか。
　そのように最高裁昭和63年決定の判示内容を解するならば、それは上述した考え方（ただ1回行為説）と近いように思われます。ただし、最高裁昭和63年決定の事案は、2つの訴因ともそれぞれ、犯行日時、場所などが特定され、その点で表示に幅はない事案でした。しかし、犯行の日時、場所に近接性があったため（最高裁昭和63年決定は、「覚せい剤の使用時間、場所、方法において多少の差異がある」という）、それも根拠に、**ただ1回の使用行為という共通性**を肯定した事案だと解することができます。
　最高裁昭和63年決定は、ただ1回の使用行為という共通性を肯定した点について、注目すべき最高裁判例だといえます。しかし、具体的な事実の重なり合いがほとんどないにも関わらず、訴因変更ができるとしたその判断の仕方については、なお問題にしなければならないでしょう（この点は、設問14「訴因変更の可否、公訴事実の同一性」参照）。

5　被告人の防禦権保障のために

　判例が与する最終行為説も、また、ここで主張した「ただ1回行為説」も、訴因の識別機能に関係して、検察官による主張上の工夫を示したものにすぎません。しかし、訴因の機能には防禦機能もありました。覚せい剤自己使用事犯についても、この訴因の防禦機能を十分に果たさせるため、さらにいくつかの工夫が必要でしょう。たとえば、覚せい剤自己使用事犯では、被告人の尿中から検出されたという覚せい剤の使用行為が争われます。そのため、その尿を特定する事実が起訴状に記載されるか、少なくとも、特定の尿から覚せい剤が検出された事実が検察官により冒頭手続で釈明され、審判対象である訴因の一部として明示される必要があるでしょう。ただし、そのような起訴状の表示の工夫は、覚せい剤自己使用事犯について訴因の防禦機能を損なわせないための**形式的措置**でしかありません。加えて、**実質的措置**もとられるべきです。その意味は、こうです。
　覚せい剤自己使用事犯のように、犯行の日時、場所、方法について幅のある事実が起訴状に表示された場合、被告人・弁護人側としては、実質的には、鑑定に付された尿に関連して防禦活動を尽くすほかありません。そのためには、尿鑑定結果報告書の証明力を争うことができねばなりません。そうでなければ、尿を特定する事実が起訴状に記載されたとしても、訴因が果たすべき防禦機能の実質的働きは大きく制約されることになるからです。しかし、この点で、実務には重要な問題があります。なぜなら、尿鑑定結果報告書について、公訴提起前に、または、遅くとも第1回公判期日前に、被告人・弁護人側に開示される保障がないからです。ちなみに、平成17年（2005年）に実施された公判前整理手続において、この尿鑑定結果報告書が被告人側に対し、第1回公判期日前に開示される可能性はあります。しかし、覚せい剤自己使用事犯の事件を公判前整理手続に付すかどうかは、裁判所の裁量に委ねられます（刑訴316の2①）。さらに、捜査の実務上、採取された尿は鑑定資料としてその全量が使用され、被告人・弁護人側による再鑑定のため、その一部を残すことは行われていません。このような現状である限り、被告人・弁護人側の防禦活動は著しく制約されるというほかありません。

展開支援ナビ

公判前整理手続と証拠開示　覚せい剤自己使用事件の尿鑑定結果報告書について、事件が公判前整理手続（刑訴316の2）に付されたときは、検察官請求証拠（刑訴316の13）、または、類型証拠（刑訴316の15①(4)に該当）として、第1回公判期日前の開示の対象となります。以下、公判前整理手続の概要を説明しておきます。

平成16年（2004年）に、裁判員制度を導入する「裁判員の参加する刑事裁判に関する法律」（以下、裁判員法と略称）とともに、**公判前整理手続**を導入する「刑事訴訟法等の一部を改正する法律」が成立しました（公判前整理手続は、平成21年5月の裁判員制度施行に先立ち、平成17年11月から実施された）。この公判前整理手続は、第1回公判期日前に、争点整理と審理計画策定を行い、公判開始後の**充実した集中審理の実現**を目指す手続です（刑訴316の2①「裁判所は、充実した公判の審理を継続的、計画的かつ迅速に行うため必要があると認めるときは、検察官及び被告人又は弁護人の意見を聴いて、第1回公判期日前に、決定で、事件の争点及び証拠を整理するための公判準備として、事件を公判前整理手続に付することができる」。ただし、裁判員裁判では公判前整理手続が必要的となる。裁判員法49「裁判所は、〔裁判員裁判の〕対象事件については、第1回の公判期日前に、これを公判前整理手続に付さなければならない」）。また、第1回公判期日後であっても、必要があれば、**期日間整理手続**が行われます（刑訴316の28①「裁判所は、審理の経過にかんがみ必要と認めるときは、検察官及び被告人又は弁護人の意見を聴いて、第1回公判期日後に、決定で、事件の争点及び証拠を整理するための公判準備として、事件を期日間整理手続に付することができる」。なお、事件が期日間整理手続に付されたとき、その手続について、公判前整理手続の規定が準用される。刑訴316の28②前段、刑訴規217の27前段など）。

この公判前整理手続において、とくに重要なのが、新たに導入された**3段階の証拠開示制度**です。すなわち、検察官請求証拠の開示、類型証拠の開示、主張関連証拠の開示の3段階に分け、証拠開示が行われます。

(1)検察官請求証拠の開示　まず、公判前整理手続において検察官は、「証明予定事実」（刑訴316の13①）を証明する証拠の取調べを請求しなければなりません（刑訴316の13②。なお、この検察官請求証拠の開示の段階で、検察官は、以下の類型証拠などに該当する証拠を、任意に被告人側に開示してよい）。この検察官請求証拠はすべて、事前開示の対象とされります（刑訴316の14）。なお、検察官請求の「証拠書類又は証拠物」はそのまま開示し、「証人、鑑定人、通訳人又は翻訳人」は氏名・住所のほか、公判廷の供述内容が明らかになる「供述録取書等」も開示します（刑訴316の14(1)、(2)）。

(2)類型証拠の開示　ついで、検察官が証拠調べを請求しない証拠のうち、類型証拠（刑訴316の15①(1)ないし(8)）に該当する証拠はすべて、事前開示の対象とされます。この類型証拠の開示について、①証拠の「類型該当性」、②被告人側からの「開示請求」、③開示証拠の「重要性」と開示の「必要性」、④開示の「相当性」という4つの要件が定められました（刑訴316の15①本文）。類型証拠の多くは、客観的証拠として被告人の防禦上開示の必要性が一般的・類型的に高く、また、開示に伴う弊害も一般的・類型的に低いもの（刑訴316の15①の1号〔押収した証拠物など〕、2号〔裁判所・裁判官の検証調書〕、3号〔捜査機関の検証調書など〕、4号〔鑑定人や鑑定受託者が作成した鑑定書など〕、8号〔取調べ状況記載書面〕）であり、あるいは、検察官が証人尋問を請求する者や被告人じしんの供述録取書・供述書など、供述経過を検討して証明力を判断するため、開示の必要性が一般的・類型的に高いもの（刑訴316の15①の5号〔検察官が証人尋問を請求する者の供述録取書など〕、7号〔被告人の供述録取書など〕）となっています。

(3)主張関連証拠の開示　さらに、検察官請求証拠・類型証拠でない検察官手持ち証拠も、被告人側の予定主張に関連する証拠として、事前開示の対象とされます。この主張関連証拠の開示について、①被告人側の「予定主張明示」、②被告人側の「開示請求」、③予定主張との「関連性」と防禦上の「必要性」、④開示の「相当性」という4つの要件が定められました（刑訴316の20①本文。なお、主張関連証拠の開示のため、刑訴316の17①が被告人側に予定主張明示義務を課すことは、黙秘権侵害にあたると批判された。これに対し、証明予定事実の主張は「自己に不利益な供述」に該当しないため、主張明示義務を課すことは憲法38条1項に違反しないと反論される）。

このように、公判前整理手続において、被告人側には、検察官請求証拠の開示を請求する権利だけでなく、**類型証拠の開示や主張関連証拠の開示を請求する権利**も与えられたことが重要です。また、この被告人側の証拠開示請求権を実効的に保障するため、**裁判所の裁定手続**も定められました。すなわち、開示すべき証拠を検察官が開示しないとき、被告人側は裁判所の裁定を請求でき（刑訴316の26①）、開示すべき証拠の不開示があるとき、裁判所は証拠開示を命令しなければならないものとされました（刑訴316の26①。この開示命令の可否・当否を判断するため必要な場合、裁判所は、当事者手持ち証拠の提示、検察官手持ち証拠の標目を記載した一覧表の提示を命令できる。刑訴316の27①、②）。

捜査関係メモの開示と最高裁判例　この裁判所の裁定により、公判前手続における証拠開示の範囲について、重要な最高裁判例が出されました。たとえば、**最決平成19・12・25刑集61巻9号895頁**は、弁護

12　訴因の明示　215

人が、刑事訴訟法316条の20〔主張関連証拠の開示〕にもとづき、被告人の取調べにかかる検察官の取調メモ（手控え）、検察事務官の取調メモ（手控え）、警察官の取調メモ（手控え）、警察官・検察官間の連絡メモなどの開示を請求した事案において、次のように判示しました。

「公判前整理手続及び期日間整理手続における証拠開示制度は、争点整理と証拠調べを有効かつ効率的に行うためのものであり、このような証拠開示制度の趣旨にかんがみれば、刑訴法316条の26第1項の証拠開示命令の対象となる証拠は、必ずしも検察官が現に保管している証拠に限られず、当該事件の捜査の過程で作成され、又は入手した書面等であって、公務員が職務上現に保管し、かつ、検察官において入手が容易なものを含むと解するのが相当である。」「公務員がその職務の過程で作成するメモについては、専ら自己が使用するために作成したもので、他に見せたり提出することを全く想定していないものがあることは所論のとおりであり、これを証拠開示命令の対象とするのが相当でないことも所論のとおりである。しかしながら、犯罪捜査規範13条は、『警察官は、捜査を行うに当り、当該事件の公判の審理に証人として出頭する場合を考慮し、および将来の捜査に資するため、その経過その他参考となるべき事項を明細に記録しておかなければならない。』」と規定しており、警察官が被疑者の取調べを行った場合には、同条により備忘録を作成し、これを保管しておくべきものとしているのであるから、〔A〕取調警察官が、同条〔犯捜規13〕に基づき作成した備忘録であって、〔B〕取調べの経過その他参考となるべき事項が記録され、〔C〕捜査機関において保管されている書面は、個人的メモの域を超え、捜査関係の公文書ということができる。これに該当する備忘録については、当該事件の公判審理において、当該取調べ状況に関する証拠調べが行われる場合には、証拠開示の対象となり得るものと解するのが相当である」、と。最高裁平成19年決定は、検察官が現に保管しない証拠であっても、「捜査関係の公文書」に該当するメモについては、「刑訴法316条の26第1項の証拠開示命令の対象となる証拠」に含まれるとしたわけです。

では、「捜査関係の公文書」とはいえないような**取調べ警察官の個人的メモ**は、「証拠開示命令の対象となる証拠」から除外されるのでしょうか。この点について、平成20年の2つの最高裁判例が、個人的メモであっても、警察官が職務執行のため捜査の過程で作成したものについては開示対象になると判示します。すなわち、**最決平成20・6・25刑集62巻6号1886頁**は、「〔検察官の〕所論は、原々決定〔福岡地決平成20・3・25刑集62巻6号1913頁〕が開示を命じた『本件保護状況ないし採尿状況に関する記載のある警察官A作成のメモ』（以下「本件メモ」という。）は、同警察官が私費で購入してだれからも指示されることなく心覚えのために使用しているノートに記載されたものであって、個人的メモであり、最高裁平成19年〔中略〕12月25日第3小法廷決定〔中略〕にいう証拠開示の対象となる備忘録には当たらない〔中略〕と主張する。／しかしながら、犯罪捜査に当たった警察官が犯罪捜査規範13条に基づき作成した備忘録であって、捜査の経過その他参考となるべき事項が記録され、捜査機関において保管されている書面は、当該事件の公判審理において、当該捜査状況に関する証拠調べが行われる場合、証拠開示の対象となり得るものと解するのが相当である（前記第3小法廷決定参照）。そして、警察官が捜査の過程で作成し保管するメモが証拠開示命令の対象となるものであるか否かの判断は、裁判所が行うべきものであるから、裁判所は、その判断をするために必要があると認めるときは、検察官に対し、同メモの提示を命ずることができるというべきである。これを本件について見るに、本件メモは、本件捜査等の過程で作成されたもので警察官によって保管されているというのであるから、証拠開示命令の対象となる備忘録に該当する可能性があることは否定することができないのであり、原々審が検察官に対し本件メモの提示を命じたことは相当である。検察官がこの提示命令に応じなかった本件事実関係の下においては、本件メモの開示を命じた原々決定は、違法ということはできない。したがって、本件メモの開示を命じた原々決定を是認した原決定は結論において相当である」、と。

さらに、「A警察官が私費で購入して仕事に利用していた」大学ノート、すなわち、「自己が担当ないし関与した事件に関する取調べの経過その他の参考事項をその都度メモとしてこれに記載しており、勤務していた新宿警察署の当番編成表をもこれ〔大学ノート〕にちょう付するなどしていた」事案において、**最決平成20・9・30刑集62巻8号2753頁**は、次のように判示しました。

「本件〔大学ノートの〕メモは、A警察官が〔被告人の知人である〕Bの取調べを行う前ないし取調べの際に作成したものであり、A警察官は、記憶喚起のために本件メモを使用して、Aの警察官調書を作成した。／なお、A警察官は、本件大学ノートを新宿警察署の自己の机の引き出し内に保管し、練馬警察署に転勤した後は自宅に持ち帰っていたが、本件事件に関連して検察官から問合せがあったことから、これを練馬警察署に持って行き、自己の机の引き出しの中に入れて保管していた。／以上の経過からすると、本件メモは、A警察官が、警察官としての職務を執行するに際して、その職務の執行のために作成したものであり、その意味で公

的な性質を有するものであって、職務上保管しているものというべきである。したがって、本件メモは、本件犯行の捜査の過程で作成され、公務員が職務上現に保管し、かつ、検察官において入手が容易なものに該当する。また、Ｂの供述の信用性判断については、当然、同人が従前の取調べで新規供述に係る事項についてどのように述べていたかが問題にされることになるから、Ｂの新規供述に関する検察官調書あるいは予定証言の信用性を争う旨の弁護人の主張と本件メモの記載の間には、一定の関連性を認めることができ、弁護人が、その主張に関連する証拠として、本件メモの証拠開示を求める必要性もこれを肯認することができないではない。さらに、本件メモの上記のような性質やその記載内容等からすると、これを開示することによって特段の弊害が生ずるおそれがあるものとも認められない。／そうすると、捜査機関において保管されている本件メモの証拠開示を命じた原々決定〔東京地決平成20・8・6刑集62巻8号2786頁〕を是認した原判断〔東京高決平成20・8・19刑集62巻8号2792頁〕は、結論において正当として是認できるものというべきである」、と。

　以上のように、最高裁平成19年決定は、犯罪捜査規範13条にもとづき作成され、捜査機関が保管する「被告人の取調べについてその供述内容や取調べの状況等を記録した備忘録」について、証拠開示命令の対象になると判示しました。また、最高裁平成20年6月26日決定は、犯罪捜査規範13条にもとづき捜査の過程で作成され、警察官が保管する「本件保護状況ないし採尿状況に関する記載のある警察官Ａ作成のメモ」について、開示命令の対象になると判示し、取調べメモ以外の捜査関係メモも開示対象になることを明らかにしました。さらに、最高裁平成20年9月30日決定は、「警察官がＢの取調べを行う前ないしは取調べの際に作成した」メモについて、「警察官としての職務を執行するに際して、その職務の執行のために作成したものであり、その意味で公的な性質を有するものであって、職務上保管しているもの」と認め、犯罪捜査規範13条の備忘録でなくとも開示対象になることを明らかにしました。

　とまれ、公判前整理手続の証拠開示制度を活用し、被告人側に対する**尿鑑定結果報告書の事前開示**が保障されてこそ、さらに、**再鑑定資料としての尿の一部の保存**などが行われてこそ、被告人・弁護人側の防禦上の障碍が具体的に存しないと結論できるでしょう。つまり、そのような実質的措置が具体的にとられてこそ、訴因の防禦機能は現実に果たされるわけです。言い換えれば、そのような実質的措置がとられないときは、もはや「訴訟追行上の問題がある」というにとどまらず、「不当に応訴を強制する違法がある」というべきだと思います。すなわち、刑事訴訟法256条3項の訴因の明示・罪となるべき事実の特定を欠く、あるいは、刑事訴追の相当性を欠くとして、公訴を棄却すべきものと解釈してよいと思うのです。

訴訟対象論③

13　訴因変更の要否

> **設問13**
> 　訴因変更制度の意義について、述べなさい。訴因変更が必要とされる場合について、説明しなさい。
>
> **関連問題**
> 　起訴状には、殺人罪の共謀共同正犯の訴因が掲げられ、具体的には、「被告人Xは、Cと共謀の上、昭和63年7月24日午後8時ころから午後9時30分ころまでの間、青森市安方2丁目所在の共済会館付近から同市大字合子沢所在の産業廃棄物最終処分場に至るまでの間の道路に停車中の普通乗用自動車内において、殺意をもって、被告人Xが、Vの頸部を絞めつけるなどし、同所付近で窒息死させて殺害した」旨の事実が記載された。
> 　裁判所は、訴因変更手続を経ないまま、「被告人Xは、Cと共謀の上、昭和63年7月24日午後8時ころから翌25日未明までの間に、青森市内又はその周辺に停車中の自動車内において、C又は被告人あるいはその両名において、扼殺、絞殺又はこれに類する方法でVを殺害した」旨の事実を認定し、有罪を言い渡した。
> 　訴因変更の手続を経ずに有罪を言い渡した裁判所の措置について、その適法性を論じなさい。

1　訴因変更の意義とその要否

(1)　起訴状に記載された訴因を変更する

　刑事訴訟法312条1項は、「公訴事実の同一性を害しない限度において」（その趣旨について、設問14「訴因変更の可否、公訴事実の同一性」参照。以下、公訴事実の同一性を害しないことを前提とする）、起訴状に記載された**訴因の変更**を許します（刑訴312①「裁判所は、検察官の請求があるときは、公訴事実の同一性を害しない限度において、起訴状に記載された訴因又は罰条の追加、撤回又は変更を許さなければならない」。実務では、訴因の取り替えになる「変更」でなく、「予備的訴因の追加」というかたちをとることが多い）。
　起訴状に記載された訴因は、刑事訴訟の対象、すなわち、**審判対象**となるものです。その本質は、**検察官による「罪となるべき事実」（刑訴256③）の主張**でした。罪となるべき事実とは、刑罰権の存否および範囲を基礎づける事実を意味し、**犯罪構成要件に該当する具体的事実**がその中核となります（罪となるべき事実の意義について、設問23「間接事実による有罪認定と証明水準」1(1)の【展開支援ナビ】「(2)積極的意義」参照）。したがって、訴因変更とは、公訴を提起した後で、検察官が**主張する「罪となるべき事実」の具体的内容を変更する**ことを意味し、**第2の公訴提起**という実質をもつ訴訟行為となります。

> **展開支援ナビ**
>
> **第2の公訴提起としての訴因変更**　訴因変更が**第2の公訴提起**という実質をもつ訴訟行為であることは、訴因変更手続の規定からもうかがわれます。
> 　訴因変更手続については、(A)**訴因変更請求書を提出する**（刑訴規209①「訴因又は罰条の追加、撤回又は変更は、書面を差し出してこれをしなければならない」）、(B)この訴因変更請求書に**謄本を添付する**（刑訴規209②「前項の書面には、被告人の数に応ずる謄本を添附しなければならない」）、(C)裁判所がこの**謄本を被告人に送達する**（刑訴規209③「裁判所は、前項の謄本を受け取ったときは、直ちにこれを被告人に送達しなければならない」）、そして、(D)公判廷にお

いて**訴因変更請求書を朗読**する（刑訴規209④「検察官は、前項の送達があった後、遅滞なく公判期日において第1項の書面を朗読しなければならない」）ことが必要とされます（ただし、変更の内容が簡単なものであるときは、被告人が在廷する公判廷での口頭による変更も許される。刑訴規209⑤）。いずれも、公訴提起の手続に準じたものです（刑訴256①、271①、291①、刑訴規165①、を参照）。

このほか、訴因変更許可決定があったときは、刑事訴訟法291条3項に準じ、「被告人および弁護人に対し変更された訴因について陳述する機会を与えるのが、実務上確立した取扱いである」とされます（『条解刑事訴訟法〔第4版〕』694頁。傍点は引用者による。以下、同じ）。

この訴因変更が必要であるにもかかわらず、訴因変更の手続（刑訴312①、刑訴規209）を経ないまま、起訴状に記載されたものと異なる「罪となるべき事実」（刑訴335①）を裁判所が認定した場合、それは、〈**検察官の主張しない事実について、裁判所がみずから職権調査の対象としたうえ、それを罪となるべき事実として認定した**〉ことを意味します。そのような有罪認定は、刑事訴訟法312条1項が禁止する裁判所の**不意打ち認定**となってしまいます。

> **展開支援ナビ**
>
> **裁判所の不意打ち認定と控訴理由**　刑事訴訟法312条1項に違反する不意打ち認定は、まず、379条が定める訴訟手続の法令違反に該当することになります（刑訴379「前2条の場合を除いて、訴訟手続に法令の違反があつてその違反が判決に影響を及ぼすことが明らかであることを理由として控訴の申立をした場合には、控訴趣意書に、訴訟記録及び原裁判所において取り調べた証拠に現われている事実であつて明らかに判決に影響を及ぼすべき法令の違反があることを信ずるに足りるものを援用しなければならない」）。訴訟手続の法令違反については、その瑕疵が「判決に影響を及ぼすことが明らかである」（刑訴379）こと、すなわち、「その法令違反がなかったならば、現になされている〔原〕判決とは異なる判決がなされたであろうという蓋然性」（最大判昭和33・6・22刑集8巻8号1189頁）があることを立証して初めて、控訴理由があるとされ、「原判決を破棄しなければならない」（刑訴397①）事由に該当するものとなります。異なる判決がなされた蓋然性があるか否かで、控訴理由があるか・ないかの判断が分かれるため、**相対的控訴理由**と呼ばれます。

しかし、それだけでなく、刑事訴訟法378条3号が禁止する「審判の請求を受けない事件について判決をしたこと」にも該当してしまいます。この378条3号に該当する逸脱認定は、検察官の**審判の請求から逸脱した違法な認定**であり、刑事手続の当事者主義構造を損なう重大な過誤として、原判決に影響を及ぼすものとみなされます。それゆえ、378条3号の控訴理由は、397条1項の原判決破棄事由（刑訴397①「第377条乃至第382条及び第383条に規定する事由があるときは、判決で原判決を破棄しなければならない」）に必ず該当し、**絶対的控訴事由**と呼ばれます。

> **展開支援ナビ**
>
> **「争点顕在化」の措置を怠った不意打ち認定**　不意打ち認定の問題に関連し、**最判昭和58・12・13刑集37巻10号1581頁**が注目されます。具体的事案は、こうです。
>
> 強盗致傷、国外移送略取、同移送、監禁被告事件、いわゆる「よど号ハイジャック事件」において、起訴状の訴因には、「共謀のうえ」とだけ記載され、共謀の具体的日時は明示されませんでした。しかし、控訴審の**東京高判昭和55・6・10刑集37巻10号1712頁**は、検察官が主張・立証せず、被告人側も防禦の対象にしなかった特定の日時（昭和45年3月12日）について、共謀を成立させる「第一次協議」の日時として認定し、有罪を自判します。ちなみに、この認定に先立って、当事者双方の注意を喚起する訴訟指揮などは行われませんでした（なお、検察官は、同年3月13日を共謀の日時と主張していた）。
>
> この控訴審裁判所の有罪認定に対し、最高裁昭和58年判決は、控訴審裁判所が「第一審判決の認めた13日夜の第一次協議の存在に疑問をもち、右協議が現実には12日夜に行われたとの事実を認定しようとするのであれば、少なくとも、12日夜の謀議の存否の点を控訴審における**争点として顕在化させたうえで十分の審理を遂げる必要がある**と解されるのであって、このような措置をとることなく、13日夜の第一次協議に関する

被告人のアリバイの成立を認めながら、率然として、右第一次協議の日を12日夜であると認めてこれに対する被告人の関与を肯定した原審の訴訟手続は、本件事案の性質、審理の経過等にかんがみると、**被告人に対し不意打ちを与え、その防禦権を不当に侵害するものであって違法である**といわなければならない」と判示しました。

ただし、事案の処理として、最高裁昭和58年判決は、「記録上明らかな諸般の事実を総合すれば、同月12日に上京してきた被告人においても、逮捕前日の同月14日までの間に、すでに本件ハイジャックの実行に関する具体的な謀議を遂げていたＡ、Ｂらのいずれかから、ハイジャック計画の具体的方法等について聞かされてこれに賛同し、その実現に向けて自己の役割を遂行していたことを推認するに十分であって、〔東京高裁昭和55年判決の〕原判示第一次協議の存否及びこれに対する被告人の出席の有無にかかわりなく、ほぼ**検察官の主張及び一、二審判決認定の事実の範囲内で、結局、被告人の謀議への関与を肯定することができる**から、原判決を破棄しなければ著しく正義に反するとまでは認められない」と結論しました。

最高裁昭和58年判決は、訴因変更の要否について、まったく言及しません。そのことから、起訴状の訴因に明示されなかった共謀の具体的日時について、冒頭陳述などで検察官が主張した日時（13日の謀議）と有罪判決で裁判所が認定する日時（12日の謀議）に喰い違いがあったとしても、訴因変更は不必要だとする趣旨が窺えます。ただし、冒頭陳述等で検察官が主張した共謀の具体的日時（13日の謀議）をめぐって、当事者の攻撃・防禦が尽くされていた以上、それと異なる日時（12日の謀議）を認定するには、裁判所がみずから、事前に争点として顕在化させ、その点について十分な審理を尽くす必要があると判示したわけです。訴因変更手続を定めた刑事訴訟法312条1項が禁止しない不意打ち認定について、争点顕在化の措置を怠ったために**違法**とするものであり、不意打ち認定の問題の「射程」を広げた重要判例として、注目されねばなりません。

(2) 「訴因変更の要否」の問題

では、どういう場合に訴因変更を必要とし、どういう場合に訴因変更を必要としないのでしょうか。これが**訴因変更の要否**という問題です。この問題は、**訴因の本質**をめぐる議論と関わります。

訴訟対象としての訴因の本質について、**検察官による、犯罪構成要件に該当する具体的事実の主張**と理解する限り、起訴状に記載した具体的事実と**僅かでも異なる事実**を検察官が裁判所に認定させよう、または、裁判所がみずから認定しようというときは（なお、起訴状に記載した事実を詳細に敷衍することは、異なる事実の認定には当たらない）、本来、必ず訴因変更手続を経なければなりません。なぜなら、僅かな事実の違いであっても、検察官の主張としてはまったく異なったものになるからです（たとえば、「被害者の右手薬指にはめた指輪を窃取した」という主張と、「被害者の右手中指にはめた指輪を窃取した」という主張とは、両立することにかんがみても、まったく違うものであった）。

展開支援ナビ

　事実記載説と法律構成説　訴因の本質について、本文のような考え方を**事実記載説**とも呼びます。この事実記載説と対立する考え方が**法律構成説**です。法律構成説とは、訴因の役割を〈訴訟対象である公訴事実の法律構成を明らかにする〉点に求めます。すなわち、〈公訴事実がどの犯罪構成要件、どの罰条に該当するか〉、さらに、〈客観的構成要件要素である実行行為は作為か、不作為か〉、〈基本的構成要件の単独犯か、修正形式の共犯か〉などを明らかにするのが、訴因の役割であると考えます（詳細は、設問11「刑事訴訟の対象——訴因と公訴事実」2(2)の【展開支援ナビ】「公訴事実対象説における訴因の意味（法律構成説）」参照）。そのため、公訴事実の法律構成が変われば、必ず訴因変更を必要とする一方で、法律構成が変わらない限り、どれだけ事実が違っても訴因変更を必要としないと考えるわけです。しかし、この法律構成説は、克服されるべき公訴事実対象説から導かれる考え方であり、賛成できません。

しかし、裁判所が罪となるべき具体的事実を認定しようとする場面で、**政策的考慮**が加えられました。すなわち、「事実が変われば必ず訴因は変わる。ただそのすべての場合に訴因変更の必要があるかは、また別個に検討しなければならない」（平野『訴因と証拠』113頁）とされました。その趣旨は、こうです。

起訴状に記載された具体的事実について、それと異なる事実を裁判所が認定しようとする場合、どのような事実の違いであっても、必ず訴因変更の手続を経なければならないというのは、**訴訟経済**的に煩わしすぎるでしょう（平野・前掲書113頁は、「あらゆる喰い違いの場合必ず変更が必要だとするのは、到底煩にたえない」という）。また、**訴訟の迅速化**の要請にも反します（三井誠『刑事手続法Ⅱ』198頁は、「どのような場合であっても変更手続を要するとしたのでは、訴訟が煩瑣になるだけでなく迅速裁判の要請にも反する」という）。この政策的考慮から、〈一定の場合には、訴因変更の手続を経なくとも、起訴状に記載された具体的事実と異なる事実を裁判所は罪となるべき事実として認定してよい〉と考えられるようになります。

2　「訴因変更の要否」の判断方法

訴因の変更を不必要とするその**一定の場合**とは、どういう場合でしょうか。この問題について、いくつかの考え方があります。基本的には、**抽象的防禦説**と**具体的防禦説**の考え方に分かれます。

(1) 抽象的防禦説とその判断方法

抽象的防禦説の考え方は、こうです。検察官が起訴状に記載した具体的事実（以下、**原訴因**ともいう）と、裁判所が有罪判決で認定しようとする事実（以下、**認定事実**ともいう）を比較します。この原訴因と認定事実のあいだに喰い違いがある場合に、その**事実の違いが小さい**ものであれば（平野『刑事訴訟法』136頁は、「実質的な差異がない」と表現した）、刑事訴訟法312条1項の訴因変更の手続を経る必要はありません。なぜなら、事実の違いが小さい場合、**訴因の同一性は失われない**と評価されてよいからです（**最判昭和32・1・24刑集11巻1号252頁**は、「訴因が同一性を有する限り、これらの同一性を害しない事実について、その変更手続をなすべきではない。なぜなら、公判審理中かかる事実の存否につき疑問を生ずる度毎に、裁判所が一々これが変更手続をなすがごときは、ただに無用であるばかりでなく、往々当事者をして裁判所が予断を抱くものと疑わしめる虞がなくはないからである」と判示した）。言い換えると、審判対象である訴因について、その同一性を失わせるような「他の事実」（平野『刑事訴訟法概説』87頁）、すなわち、起訴状の「訴因に記載されていない事実」（平野・前掲書91頁）を認定する場合に限って、訴因変更手続がとられねばならないわけです。

原訴因と認定事実の喰い違いが小さいかどうかを判断するさい、抽象的防禦説は事実の違いの**形式的な程度**だけを考慮するものではありません。さらに、事実の違いがもつ**機能的意義や規範的意義**も考慮しなければならないとします。

　①**防禦に影響を与えるかを一般的に考慮する**　　事実の違いがもつ**機能的意義**を考慮するというのは、事実の違いが「一般的に被告人の防禦に影響を与えるものであるか否か、を考慮」に入れるということです（平野『訴因と証拠』114頁）。なぜなら、「訴因は、機能的には被告人の防禦に役立つのであるから、〔事実の違いの程度が〕被告人の防禦にとって意味を持つかどうかも、考慮されなければならない」からです（平野『刑事訴訟法』136頁。〔 〕は引用者）。ただし、あくまで、原訴因と認定事実の「喰い違いの大小の判断の標準として、一般的に被告人の防禦に影響を与えるものであるか否か、を考慮しよう」（平野『訴因と証拠』114頁）というものであることに留意してください。

防禦に影響を与えるかどうかを一般的に考慮するというのは、**審理の具体的経過を考慮に入れない**という趣旨です（平野『刑事訴訟法の基礎理論』81頁は、訴因変更の要否について、「原則として訴因と訴因とを比較して一般的に判断すべきことであって、訴訟の具体的状況によることではない」という。「類型的に判断〔する〕」とも表現された。平野『刑事訴訟法概説』87頁。〔 〕は引用者）。その趣旨は、防禦に対する抽象的な影響に限って考慮すると言い換えることもできます。そのため、**抽象的防禦説**と呼ばれました（抽象的防禦説について、「訴因事実と認定事実を対比して、抽象的・一般的に被告人の防御に不利益を及ぼすような性質のくい違いがあるかどうかを判定するアプローチ」だとされた。田宮裕『刑事訴訟法〔新版〕』198頁）。

> **展開支援ナビ**
>
> **┃平野龍一博士の抽象的防禦説┃** 平野博士の考え方では、「罰条は同じでも、**行為の態様や被害程度**が著しくちがうようなときは、やはり〔訴因の〕変更を必要とする」とされました（平野『刑事訴訟法概説』91頁。〔 〕は引用者。なお、平野『訴因と証拠』115頁は、「構成要件を異にする場合は、必ず訴因の変更が必要である」とする）。
>
> **犯罪の日時、場所**についても、「罪となるべき事実とは1回限りの具体的事実である以上、日時・場所を具えないものは考えられない。したがってまた訴因の要素と考えなければならない。さらに被告人の防禦にとっては、日時・場所こそアリバイ等の関係で最も重要な意味を持つ。これを〔訴因〕変更しないで認定しうるとは到底解し難い」とされました（平野『訴因と証拠』115頁。〔 〕は引用者。ただし、具体的な裁判例を援用しつつ、犯罪の日時について1日程度の違いは訴因変更を要しないであろうとした。平野・前掲書119頁）。このほか、「被告人の防禦に影響を及ぼす程度の、という枠はある」としたうえで、**犯罪の方法**についても、「例えば、詐欺事件において欺罔の方法を異にし、殺人事件において、殺害の方法を異にする場合、訴因の変更を必要とすると解しなければならない」とされました（平野・前掲書115頁）。**犯罪の客体**については、「例えば窃盗において、金額数量を超過し、あるいは一部異なった物を認定する場合には」、「その数量、金額の相違がかなりのもので、行為の意味を異ならしめるものであれば変更の必要がある」とされました（平野・前掲書115頁）。

審理の具体的経過を考慮に入れないのは、なぜでしょうか。その理由は、もしも審理の具体的経過を考慮に入れるとすれば、その結果として、〈訴因の変更は、被告人の防禦に実質的な不利益を生じさせる場合にしか、必要とされない〉ことになるからです。しかし、抽象的防禦説は、〈訴因の変更をそのような場合に限定することは、審判対象である訴因の基本的機能を損なってしまう〉と考えます。

その**訴因の基本的機能**とはなんでしょうか。訴因は、被告人に対し、存否を争うべき具体的事実を明示し、防禦の便宜をはかるという機能をもちます。しかし、この**防禦機能**（保障機能ともいう）が訴因の機能のすべてではありません（なお、2(2)で後述するように、公訴事実対象説は訴因の機能を防禦機能に限定する）。さらに、審判対象を画定するものとして訴因は、**訴訟条件**（訴訟条件とは、刑訴338(3)による二重起訴の禁止や、337(1)による確定後の再起訴禁止などの訴訟障害事由がないことを意味する）の存否や、**証拠の関連性**の有無、**評決の単位**などを決定するうえで、「標準」を与える重要な機能も果たします（平野『刑事訴訟法の基礎理論』90頁以下）。この機能を**訴因の識別機能**と呼びます。この訴因の識別機能が働かないとき、**被告人の法的安全性**を脅かし、その意味で、被告人に対する重大な権利侵害を結果させます。

訴訟対象である訴因の機能としては、この識別機能こそが重要です。すなわち、「訴因は、その存否について裁判所が審判をする対象であって、単に被告人の防禦の便宜のためのもの、被告人に防禦の準備をさせるためにどういう事実が認定されようとしているかを示してやるためだけのものではない。もちろん、審判の対象である以上、被告人はこれについて防禦をつくすことができなければならないが、それはいわば二次的なものにすぎない」のです（平野『刑事訴訟法概説』87頁）。審判対象を画定する識別機能こそが、訴因の一次的な機能であり、基本的機能であるわけでした（ただし、この点について、三井『刑事手続法Ⅱ』180頁は、「公訴事実〔対象〕説への批判が意識されすぎてか、これまで訴因〔対象〕説は被告人側が検察官の主張に対して防禦を尽くすという側面を二次的に捉えすぎてきたきらいがある」と批判する。この批判が、2(3)の【展開支援ナビ】で紹介する三井誠教授の「二段構えの防禦説」の提唱につながる）。

②**訴因の識別機能を考慮する**　このことから、訴因変更の要否の判断にさいし、事実の違いがもつ**規範的意義**を考慮すべきものとなります。すなわち、「自然な事実としてみた場合には〔被告人の防禦に影響を与えない〕小さな喰い違いであっても、構成要件を異にするに至る場合には」、訴因の基本的機能である識別機能にかんがみ、「法律上は重要な差異としなければならない」ため、訴因の同一性は失われ、「必ず訴因の変更が必要である」というべきものとなります（平野『訴因と証拠』115頁。〔 〕は引用者）。

この点をさらに敷衍すれば、こうです。「構成要件的評価が異なるときは、事実としては僅かの変化

であっても、訴因は別個のものとなる」、なぜなら、「事実としては僅かの変化であっても、法律的、社会的に意味が違ってくる」ため、審判対象の「訴因は違ったものと考えなければならない」からです（平野・前掲書136頁）。言い換えると、原訴因と認定事実の喰い違いについて、それが僅かな違いにすぎず、そのため、〈被告人の防禦には、一般的にも、また、審理の具体的経過にかんがみ個別的にも影響を及ぼさない〉としても、構成要件的評価の違いをもたらすような事実の違いに関しては、訴因の同一性を失わせる違いになると評価しなければなりません。すなわち、訴因変更手続を必ず経なければなりません。事実の違いの程度が「被告人の防禦にとって意味を持つかどうか」ということは、あくまで、「〔事実の違いの〕重要性を判断する１つの基準にすぎない」わけです（平野『刑事訴訟法』136頁。〔 〕は引用者。言い換えれば、「被告人の防禦に不利益を及ぼさない限り、つねに訴因が同一性を保つというわけではない」。平野・同右）。なお、このような結論をとる考え方を抽象的**防禦**説と呼ぶのは、本当は、適切ではありません。なぜなら、被告人の防禦問題に収斂させる考え方ではないからです。**抽象的基準説**と呼ぶべきものでしょう（ただし、以下では、一般的呼称にならう）。

展開支援ナビ

抽象的防禦説と縮小認定の理論　構成要件的評価の違いをもたらす事実の違いは、訴因の同一性を失わせる実質的違いになるというべきでした。ただし、**例外**もあります。**縮小認定の理論**が適用されるケースです（田宮『刑事訴訟法〔新版〕』198頁は、「縮小認定の原則」という）。

　縮小認定とは、裁判所が、その態様および限度において、訴因である事実よりも縮小された事実を認定することを意味します（後述の**最判昭和26・6・15刑集5巻7号1277頁**参照）。縮小認定については、訴因変更の手続なしに、これをすることが許されます。なぜなら、縮小認定ができるケースは、原訴因と認定事実を比較して、後者が前者の中であらかじめ**予備的に主張**されていたと解される場合だからです。異なる認定事実が、「大は小を兼ねる」というかたちで、原訴因の中であらかじめ予備的に主張されていたと解されるのであれば──たとえ、構成要件的評価が違ってくるとしても──、起訴状における検察官の主張をあえて変更する必要はないでしょう。なぜなら、「訴因事実と認定事実が全体と部分のような関係にあるときは、認定事実も検察官によって黙示的・予備的に主張されていたと解されるし、その意味で〔訴因変更を要しないとしても〕被告人に**不意打ちにはならない**」からです（田宮『刑事訴訟法〔新版〕』199頁）。また、「縮小部分について検察官が予備的に主張していた」ケースでは、「被告人の防禦が包含されている縮小事実にも及んでいると解される」ために、訴因変更を必要としないともいえます（三井『刑事手続法Ⅱ』200頁）。

　なお、この縮小認定の理論についても、〈原訴因と認定事実を比較して、事実に実質的な違いがあるかどうかを判断する〉、〈一般的に被告人の防禦に影響を与えるか否かも考慮する〉、〈審理の具体的経過を考慮に入れない〉という、抽象的防禦説の特徴が当てはまります。その意味で、「縮小認定の原則は、抽象的防禦説をとることの１つの帰結ないし証跡であるともいえる」のです（田宮『刑事訴訟法〔新版〕』199頁）。抽象的防禦説をとる当然の帰結として、縮小認定の理論も肯定されるわけです（以下、「抽象的防禦説（縮小認定の理論を含む）」ともいう）。

縮小認定の理論と判例　縮小認定の理論は、抽象的防禦説の「応用」となるものであったわけです。縮小認定ができることを理由に訴因変更を不必要としたものとして、**最判昭和26・6・15刑集5巻7号1277頁**を挙げることができます。

　具体的な事実関係は、こうでした。起訴状には**強盗罪の事実**が記載され、第一審判決も**強盗罪の事実**を認定します。しかし、控訴審判決（**福岡高判昭25・10・12刑集5巻7号1281頁**）は、脅迫の手段は被害者の反抗を抑圧するほど強度のものではなかったとして、事実誤認を認め、第一審判決を破棄して自判しました。この自判にさいし福岡高等裁判所は、**訴因変更の手続を経ないで**、「強取」を「喝取」と訂正し、「同女の抵抗を抑圧し」を「同女を畏怖させ同夫をして暗に承諾しなければならなくし」と訂正したほかは、第一審判決の事実摘示をそのまま引用して、**恐喝罪の事実**を認定します。

　この有罪の事実認定について、最高裁昭和26年判決はつぎのように述べました。

　「訴因又は罰条の変更につき、一定の手続が要請される所以は、裁判所が勝手に、訴因又は罰条を異にした事実を認定することに因って、**被告人に不当な不意打を加え、その防禦権の行使を徒労に終らしめることを防止するに在るから、かかる虞れのない場合、例えば、強盗の起訴に対し恐喝を認定する場合の如く、裁判所がその態様及び限度において訴因たる事実よりもいわば縮少〔ママ〕された事実を認定するについては、敢て

訴因罰条の変更手続を経る必要がないものと解する」、と。

　この最高裁昭和26年判決は、まず、訴因の変更という制度の目的について、「被告人に不当な不意打を加え、その防禦権の行使を徒労に終らしめることを防止するに在る」ことを明らかにします。そのうえで、**縮小認定の理論**にもとづき、訴因変更の手続をとる必要がないことを認めました。重要な先例というべきでしょう。

「縮小された事実」の解釈　「縮小された事実」、すなわち、起訴状に記載された原訴因に「**包含されている事実**」（最判昭和29・12・17刑集8巻13号2147頁は、「本件において強盗致死罪の訴因に対し、〔訴因変更の手続を経ないで〕財物奪取の点を除きその余の部分について訴因に包含されている事実を認定し、これを傷害致死罪として処断しても」正当である、と判示した）かどうかは、最高裁昭和26年判決の事案において、「強取」が「喝取」と縮小されるとか、「同女の抵抗を抑圧し」が「同女を畏怖させ〔同夫をして暗に承諾しなければならなくし〕」と縮小されたように、**実質的な意味内容のレヴェル**で判断されました。起訴状の原訴因と認定事実の意味内容を実質的に捉え、両者を比較して判断するわけです。

　ちなみに、上述した**最決昭和29・12・17刑集8巻13号2147頁**の事案では、**起訴状に記載された事実**〔強盗致死〕は「被告人は昭和27年3月31日午後11時頃下北郡田名部町大字田名部字横迎町田名部劇場附近において通行中のA（57）に対し、何等理由がないのに拘らず、執拗に酒食の供与を求め拒否せらるるや之に憤慨し矢庭に同人を殴打する等の暴行を加え剰え同所附近を流るる田名部川に突き落し同人をして同所K産婦人科分院附近の水中において溺死するに至らしめたものである」というものであり、**第一審裁判所が認定した事実**〔傷害致死〕は「被告人は、友人のB、Cと共に昭和27年3月31日午後11時頃青森県下北郡田名部町大字田名部字横迎町田名部劇場附近の道路を通行中、たまたま酒に酔って歩いて来た同じ田名部町女館のA（明治27年10月20日生）と突きあたったが、いっしょに飲酒に行こうと要求してこれを争った末、同人を右道路の傍を流れる田名部川に落し込み、因って間もなく同人をして同町K産婦人科分院附近の右川の水中において溺死するに至らしめたものである」というものでした。「執拗に酒食の供与を求め拒否せらるるや之に憤慨し矢庭に同人を殴打する等の暴行を加え」が、たんに「一しょに飲酒に行こうと要求してこれを争った」と縮小されたのでした。

　もちろん、そのように実質的な意味内容のレヴェルで判断するものではあっても、縮小認定の可否は、あくまで**原訴因の具体的事実と裁判所の認定事実を比較することによって判断される**わけです。

(2)　具体的防禦説とその判断方法

　これに対し、原訴因と認定事実の喰い違いが小さいといえないため、抽象的防禦説によれば訴因変更が必要になるケースで、〈それでも、訴因変更が不必要とされる場合がある〉ことを肯定する考え方があります。それが、**具体的防禦説**です。

　具体的防禦説の考え方は、原訴因と認定事実の喰い違いが大きい場合であっても、訴因変更の要否を判断するうえで審理の具体的経過まで考慮に入れるべきだ、すなわち、個別の訴訟ごとに、審理の具体的経過にかんがみ、被告人の防禦に実質的な影響を与えるか否かを判断するべきだとします。言い換えれば、**原訴因と大きく異なる事実**についても、審理の具体的経過にかんがみ、被告人側が実質的に防禦を尽くしていた**特別な事情**があるならば、そのまま有罪認定の対象としても、**被告人の防禦に実質的な不利益は生じない**のだから、ことさら訴因変更の手続を経る必要はないというものです。その審理の具体的経過とは、たとえば、裁判所が認定しようとする事実について、公判廷で被告人がみずから──起訴状の原訴因に対する「抗弁」として──承認していたような場合を指します。ただし、具体的防禦説によれば、「どのような場合に訴因を変更しなければならないかは、変更前の訴因と変更後の訴因とを比較して一般的にいえることではな〔い〕」ため、「訴訟の具体的な状況如何による」（平野『刑事訴訟法の基礎理論』78頁）という**運用の不安定**さがつきまとうことになります。

　具体的防禦説は、〈訴因の変更は、被告人の防禦に実質的な不利益を生ずる場合に**限って**行われるべきだ〉と考えるものでした。その理由は、具体的防禦説は訴因の機能を、もっぱら被告人に防禦上の便宜をはかるものと狭く捉えるからです。しかし、まさにその点で具体的防禦説に対し、訴因を審判対象とする考え方とそぐわないという理論的批判がなされねばなりません。

すなわち、審判対象について、その本質は**訴訟外に存在する実体的事実**であるとする公訴事実対象説に従うのであれば（公訴事実対象説について、平野『刑事訴訟法概説』88頁は、「訴訟の実体をなすものは『犯罪の嫌疑』であり」、起訴状によって検察官から裁判官に「受け継がれた嫌疑が審判の対象であり、これが『公訴事実』と呼ばれるものだ」と敷衍した）、訴因とは「被告人の防禦の便宜のために、嫌疑内容たる事実を手続に反映させたものにすぎない、ということになる。そして、訴因の変更の必要性も〔もっぱら〕当該訴訟で被告人の防禦上必要があるかどうかで決すべき」ことになるでしょう（平野・同上）。このように、克服されるべき公訴事実対象説から導かれる考え方が具体的防禦説であり、その点で批判を免れません。

　さらに、**実践的批判**もなされねばなりません。なぜなら、具体的防禦説は、〈起訴状に記載された事実とは異なる具体的事実を、訴因変更の手続を経ないまま、漫然と争点化した**検察官の過誤**、また、有罪認定した**裁判所の過誤**〉をいわば**免責**するものといわねばならないからです（田宮『刑事訴訟法〔新版〕』198頁は、具体的防禦説について、「たまたま〔被告人側が〕防御活動をしていれば訴因変更の要はないという**免責の論理**を認める考え方である」とした）。しかも、その免責の実質的根拠は、被告人側の具体的な防禦活動でした。そのため、具体的防禦説に対し、〈被告人じしんの防禦活動を援用して、訴因変更を怠った検察官や裁判所を一方的に免責し、救済しようとする不当な考え方だ〉と批判されたのもやむをえないものがあります。

(3) 訴因変更の要否に関する判断方法の相互関係

　訴因変更の要否に関する抽象的防禦説と具体的防禦説の判断方法について、その相互関係を整理しておきます。

　訴因変更の要否を判断するうえで、まず、(A)原訴因において認定事実が予備的に主張されていたと解されるため、訴因変更が不必要とならないかどうか、検討します。縮小認定の理論でカバーされるかどうかを検討するのです。ついで、縮小認定の理論でカバーされない場合でも、さらに、(B)一般的にみて被告人の防禦に不利益を及ぼさないか、また、法律的、社会的に意味が違ってこないかも考慮に入れながら、原訴因と認定事実の喰い違いが小さいため、訴因変更が不必要とされないかどうかを検討します。以上の2つの検討を求め、かつ、その2つの検討だけをすべきだというのが、抽象的防禦説（縮小認定の理論を含む）の考え方でした。そして、この**抽象的防禦説**で訴因変更が必要とされるべき場合について、さらに、(C)免責の論理によって訴因変更を不必要にしようというのが、具体的防禦説の考え方であるわけです。なお、判断方法のレヴェルで捉える限り、具体的防禦説は、抽象的防禦説の判断方法を排斥するものではありません。具体的防禦説は抽象的防禦説によるいわば「前処理」を先行させるものであり、その意味で、**具体的防禦説は抽象的防禦説をベースとすることに留意して下さい**。

展開支援ナビ

　二段構えの防禦説の提唱　この判断方法の相互関係の中に、新たな内容を付け加えようという議論があります。すなわち、抽象的防禦説（縮小認定の理論を含む）からは訴因変更が不必要だとされるケースで、被告人側の具体的な防禦の内容・方法にかんがみ、訴因変更が必要となる場合を肯定することもあってよい、むしろ肯定すべきだという議論です（三井『刑事手続法Ⅱ』199頁は、「一般的・抽象的視点からは防禦に支障をもたらすおそれがない場合でも、現実の事案・訴訟を前提にすると、具体的な防禦の観点から訴因の変更を必要とすべきケースはある」という）。**二段構えの防禦説**とも呼ばれます（二段階防禦説ともされる。三井・前掲書199頁）。たとえば、被告人側がアリバイを主張する場合、犯罪の日時についてたとえ〔数時間とか1日という程度の〕僅かな変更であったとしても、その違いが犯罪の成否そのものに影響してくるケースはあるでしょう。そういうケースについて二段構えの防禦説は、訴因変更が必要だとします（三井・前掲書199頁は、「一例として、日時の小さなずれも、アリバイ主張との関連では変更が必要的になる場合もある」という）。

　なお、この二段構えの防禦説によれば、縮小認定ができる場合であっても、その「縮小部分について検察官が予備的に主張していたとは解されない」こともあるとされます（三井・前掲書200頁）。すなわち、縮小認定

ができる事実であっても、現実には、訴因の変更手続を踏まない限り、被告人の具体的な防禦に支障が生ずる場合もあるというのです。たとえば、〈起訴状で主張された傷害、強盗の訴因では有罪にできないけれども、暴行は成立する可能性があるというケース〉において、事件の背景、審理の経過（被告人らは一切の暴行を否定して争い、検察官は傷害、強盗の成立を強く主張する）などにかんがみ、暴行罪の成立如何に踏み込んで実体審理を行うことはせず、ただちに傷害、強盗について無罪を言い渡した裁判例（**宇都宮地栃木支判平成7・4・19日本弁護士連合会刑事弁護センター編『無罪事例集』4集47頁**）が援用されました（三井・前掲書200頁）。その場合、〈暴行のみであれば、検察官には訴追の意思がない〉、〈暴行について、検察官は予備的にも主張していない〉と認められるため、裁判所は暴行罪の事実に縮小認定して有罪を言い渡すことができない、すなわち、裁判所が暴行罪で有罪を言い渡すには、検察官が訴因変更を請求して〈暴行について、訴追の意思があることを示す〉、〈暴行の事実をあらためて主張する〉ことが必要だというものです。刑事訴追のあり方まで問題にする重要な指摘でした。

3　最高裁平成13年決定の意義——修正された抽象的防禦説

以上の議論を踏まえたうえで、最高裁判例の立場について説明します。訴因変更の要否の判断方法について、新たな判示を行い、重要な規範を定立したのが**最決平成13・4・11刑集55巻3号127頁**でした。

展開支援ナビ

最高裁平成13年決定にいたる最高裁判例の動向　最高裁平成13年決定にいたるまで、訴因変更の要否に関し、長い前史があります。初期の最高裁判例として、**最判昭和28・11・10刑集7巻11号2089頁**を挙げることができます。詐欺被告事件において、「本件のような場合には、**単独犯**として起訴されたものを〔共謀〕**共同正犯**としても、そのことによって被告人に不当な不意打を加え、その防禦権の行使に不利益を与えるおそれはないのであるから、**訴因変更の手続を必要としないものと解する**」と簡潔に判示しました（起訴状には「被告人は〔中略〕騙取した」と記載され、有罪判決では「被告人はＡ〔共犯者〕と共謀の上〔中略〕騙取した」と認定された）。この最高裁昭和28年判決が、「一般的に」と述べず「本件のような場合には」と述べた点などから、本件について個別に、特別な事情の有無を考慮した趣旨であり、具体的防禦説に与したと解されました（この最高裁昭和28年判決について、『条解刑事訴訟法〔第4版〕』690頁は、「具体的防禦の見地から訴因変更を不要とした事例」と捉える。光藤景皎『刑事訴訟法Ⅰ』303頁も、「具体的防禦説によったと思われるもの」とされる）。

また、昭和29年（1954年）に、はっきり具体的防禦説に与した最高裁判例が出されました。それが、**最判昭和29・1・21刑集8巻1号71頁**です。この最高裁昭和29年判決は、**窃盗の共謀共同正犯の原訴因に対して被告人が幇助の事実を自認したケース**について、次のように述べました。すなわち、刑事訴訟法が訴因およびその変更手続を定めた趣旨は、「審理の対象、範囲を明確にして、被告人の防禦に不利益を与えないためであると認められるから、裁判所は、審理の経過に鑑み被告人の防禦に実質的な不利益を生ずる虞れがないものと認めるときは、公訴事実の同一性を害しない限度において、訴因変更手続を経ないで、訴因と異る事実を認定しても差し支えないものと解するのを相当とする。本件において被告人は、第一審公判廷で、窃盗共同正犯の訴因に対し、これを否認し、第一審判決認定の窃盗幇助の事実を以て弁解しており、本件公訴事実の範囲内に属するものと認められる窃盗幇助の防禦に実質的な不利益を生ずる虞れはない」と判示したのです。

この最高裁昭和29年判決の事案については、「共同正犯の構成要件に該当する事実は、決して、同時に、幇助犯の構成要件に該当する事実ではありえない。したがって、訴因が、同一であるということはおよそありえない」（平野『訴因と証拠』150頁）ため、抽象的防禦説の考え方にたつ限り、訴因変更が必要になるというべきものでした。しかし、最高裁昭和29年判決は、審理の具体的経過に踏み込み、被告人が「窃盗幇助の事実を以て弁解して」いる以上、「窃盗幇助の防禦に実質的な不利益を生ずる虞れはない」ため、訴因の変更は不必要であると判断しました。その言葉遣いや判断方法から、最高裁昭和29年判決が具体的防禦説に依拠して事案を処理したことは明らかです（この最高裁昭和29年判決を先例とした最高裁判例として、**最判昭和29・1・28刑集8巻1号95頁**〔幇助を自認〕、最判昭和33・6・24刑集12巻10号2269頁〔幇助を自認〕など）。

しかし、その後の判例の動向について、**最判昭和36・6・13刑集15巻6号961頁**（訴因変更を必要とする根拠として、「もともと収賄〔原訴因〕と贈賄〔認定事実〕とは、犯罪構成要件を異にするばかりでなく、一方は賄賂の収受で

あり、他方は賄賂の供与であって、行為の態様が全く相反する」と判示した。その言葉遣いからは、原訴因と認定事実の比較だけによって訴因変更の要否を判断する抽象的防禦説の判断方法に与したとも解された）などを挙げ、抽象的防禦説にたつ最高裁判例が目立つことになると指摘されました。たとえば、三井誠教授は、訴因変更の要否の基準について、「最高裁判例は、1950年代に2つの系列の判例を形成していった」、「第1は、縮小理論を活用して訴因の変更を不要とする系列である」、「第2は、〔中略〕いわゆる具体的防禦説に立脚する系列である」とされたうえで、「1960年代ころより、第3の系列としていわゆる抽象的防禦説に立つ判例が目立つことになる」と指摘されました（三井『刑事手続法Ⅱ』201頁以下）。また、「訴因変更の要否に関する判例の傾向をみると、最判昭36・6・13（刑集15巻6号961頁）〔中略〕等からして、抽象的基準〔すなわち、抽象的防禦説〕に従って判断していると理解するのが大方の見方」であるという評価もあります（平野龍一・松尾浩也編『新実例刑事訴訟法〔Ⅱ〕公訴の提起及び公判』54頁〔毛利春光執筆部分〕。〔　〕は引用者）。

　しかし、なお具体的防禦説にたったというべき最高裁判例もありました。たとえば、**最決昭和63・10・24刑集42巻8号1079頁**です。この最高裁昭和63年決定は、業務上過失傷害被告事件において、控訴審判決が第一審判決を破棄したうえ、訴因変更の手続を経ないで、**注意義務を課す根拠となる具体的事実**について、異なる事実を認定したため、次のように判示しました。すなわち、「過失犯に関し、一定の注意義務を課す根拠となる具体的事実については、たとえそれが公訴事実中に記載されたとしても、訴因としての拘束力が認められるものではないから、右事実が公訴事実中に一旦は記載されながらその後訴因変更の手続を経て撤回されたとしても、被告人の防禦権を不当に侵害するものでない限り、右事実を認定することに違法はないものと解される」としたうえで、「本件において、**降雨によって路面が湿潤したという事実**と、**石灰の粉塵が路面に堆積凝固したところに折からの降雨で路面が湿潤したという事実**は、いずれも路面の滑りやすい原因と程度に関するものであって、被告人に速度調節という注意義務を課す根拠となる具体的事実と考えられる。それらのうち、石灰の粉塵の路面への堆積凝固という事実は、前記のように、公訴事実中に一旦は記載され、その後訴因変更の手続を経て撤回されたものではあるが、そのことによって右事実の認定が許されなくなるわけではない。また、本件においては、前記のとおり、右事実を含む予備的訴因が原審において追加され、右事実の存否とそれに対する被告人の認識の有無等についての証拠調がされており、被告人の防禦権が侵害されたとは認められない。したがって、原判決が、降雨による路面の湿潤という事実のみでなく、石灰の粉塵の路面への堆積凝固という事実をも併せ考慮したうえ、事実誤認を理由に第一審判決を破棄し有罪判決をしたことに違法はない」と判示しました。

　この最高裁昭和63年決定は、「訴因としての拘束力」が認められない事実について、起訴状の「公訴事実」（刑訴256②）に記載されたのち撤回されたとしても、「被告人の防禦権を不当に侵害するものでない限り」、その撤回された事実を訴因変更手続なしに認定できると判示したわけです。少なくとも、「訴因としての拘束力」がない事実の変更について、具体的防禦説に与したといえます。ちなみに、「訴因としての拘束力」がある事実と、それがない事実を区別する点で、本文で説明する最高裁平成13決定と通じるものがありました。

(1) 最高裁平成13決定の事案

　最高裁平成13年決定が扱った具体的事案は、基本的に、設問の【関連問題】における事例と同様です（ただし、第一審で変更手続がとられた新訴因が、設問における起訴状の原訴因に当たるものであった）。事案の詳細は、こうです。

　起訴状に記載された「公訴事実」（刑訴256②(2)）は、当初、「被告人〔A〕は、Nと共謀の上、昭和63年7月24日ころ、青森市大字合子沢所在の産業廃棄物最終処分場付近道路に停車中の普通乗用自動車内において、Hに対し、殺意をもってその頸部をベルト様のもので絞めつけ、そのころ窒息死させて殺害した」というものでした。被告人側は、Nとの共謀の存在と実行行為への関与を否定して、無罪を主張します。その点に関する証拠調べが実施された後に、検察官が起訴状に記載した訴因の変更を請求し、起訴状はつぎのように修正されました。すなわち、「被告人は、Nと共謀の上、前同日午後8時ころから午後9時30分ころまでの間、青森市安方2丁目所在の共済会館付近から前記最終処分場に至るまでの間の道路に停車中の普通乗用自動車内において、殺意をもって、被告人が、Hの頸部を絞めつけるなどし、同所付近で窒息死させて殺害した」という事実に変更されました。この修正後の起訴状にお

いても、殺人の実行行為者が被告人であることはあらためて確認されています。これに対し、第一審裁判所は、実体審理を終えた後に、「被告人は、Nと共謀の上、前同日午後8時ころから翌25日未明までの間に、青森市内又はその周辺に停車中の自動車内において、N又は被告人あるいはその両名において、扼殺、絞殺又はこれに類する方法でHを殺害した」旨の事実を認定し、有罪判決中に「罪となるべき事実」としてその旨を判示したのでした。

最高裁平成13年決定は、まず、この「罪となるべき事実」の判示について、「〔1〕殺害の日時・場所・方法が概括的なものであるほか、実行行為者が『N又は被告人〔A〕あるいはその両名』という択一的なものであるにとどまるが、その事件が被告人とNの2名の共謀による犯行であるというのであるから、この程度の判示であっても、殺人罪の構成要件に該当すべき具体的事実を、それが構成要件に該当するかどうかを判定するに足りる程度に具体的に明らかにしているものというべきであって、罪となるべき事実の判示として不十分とはいえないものと解される」とします。

そのうえで、殺人の実行行為者について、第一審の裁判所が訴因変更の手続を経ないまま訴因と異なる認定をしたこと（すなわち、実行行為者について、被告人の単独犯行ではなく、〈被告人か共犯者の単独犯行、あるいは、両名の共同犯行〉と認定したこと）に違法はないかどうか、検討を加えます。

(2) 訴因変更の要否に関する最高裁平成13年決定の規範

この検討の最初に、最高裁平成13年決定は、本件のような事案に適用すべきルールをつぎのように述べました。

「そもそも、〔2〕殺人罪の共同正犯の訴因としては、その実行行為者がだれであるかが明示されていないからといって、それだけで直ちに訴因の記載として罪となるべき事実の特定に欠けるものとはいえないと考えられるから、訴因において実行行為者が明示された場合にそれと異なる認定をするとしても、審判対象の画定という見地からは、訴因変更が必要となるとはいえないものと解される。〔3〕とはいえ、実行行為者がだれであるかは、一般的に、被告人の防御にとって重要な事項であるから、当該訴因の成否について争いがある場合等においては、争点の明確化などのため、検察官において実行行為者を明示するのが望ましいということができ、検察官が訴因においてその実行行為者の明示をした以上、判決においてそれと実質的に異なる認定をするには、原則として、訴因変更手続を要するものと解するのが相当である。〔4〕しかしながら、実行行為者の明示は、前記のとおり訴因の記載として不可欠な事項ではないから、少なくとも、被告人の防御の具体的な状況等の審理の経過に照らし、被告人に不意打ちを与えるものではないと認められ、かつ、判決で認定される事実が訴因に記載された事実と比べて被告人にとってより不利益であるとはいえない場合には、例外的に、訴因変更手続を経ることなく訴因と異なる実行行為者を認定することも違法ではないものと解すべきである」、と。

そのうえで、このルールを本件に具体的に適用します。こうです。

「第一審公判においては、当初から、被告人とNとの間で被害者を殺害する旨の共謀が事前に成立していたか、両名のうち殺害行為を行った者がだれかという点が主要な争点となり、多数回の公判を重ねて証拠調べが行われた。その間、被告人は、Nとの共謀も実行行為への関与も否定したが、Nは、被告人との共謀を認めて被告人が実行行為を担当した旨証言し、被告人とNの両名で実行行為を行った旨の被告人の捜査段階における自白調書も取り調べられた。弁護人は、Nの証言及び被告人の自白調書の信用性等を争い、特に、Nの証言については、自己の責任を被告人に転嫁しようとするものであるなどと主張した。審理の結果、第一審裁判所は、被告人とNとの間で事前に共謀が成立していたと認め、その点では被告人の主張を排斥したものの、実行行為者については、被告人の主張を一部容れ、検察官の主張した被告人のみが実行行為者である旨を認定するに足りないとし、その結果、実行行為者がNのみである可能性を含む前記のような択一的認定をするにとどめた。以上によれば、第一審判決の認定は、被告人に不意打ちを与えるものとはいえず、かつ、訴因に比べて被告人にとってより不利益なものとはい

えないから、実行行為者につき変更後の訴因で特定された者と異なる認定をするに当たって、更に訴因変更手続を経なかったことが違法であるとはいえない」、と。

(3) 最高裁平成13年決定と修正された抽象的防禦説

最高裁平成13年決定は、訴因変更の要否に関し、上述した〔1〕、〔2〕の判示にあるように、(A)**訴因の記載として罪となるべき事実の特定に不可欠な事項**と、(B)**その他の事項**を区別します。

最高裁平成13年決定は、訴因の記載として罪となるべき事実の特定に不可欠な事項(A)について、原訴因と認定事実に喰い違いが生ずるときは、〔2〕の判示部分で、もっぱら「審判対象の画定という見地」から例外なく「訴因変更が必要となる」ことを示唆します。典型的には、該当する犯罪構成要件を変更することになるような事実の喰い違いが生ずる場合（その事実の違いから、強制猥褻から公然猥褻へ構成要件的評価が変わる場合など）が想定されるでしょう。また、犯罪構成要件の変更にいたらなくとも、構成要件の要素を新たに付加し、その結果事実が追加されるような場合（共謀の事実を追加して、単独犯からその修正形式の共謀共同正犯に変える場合など）も、同様に扱われるべきです。

最高裁平成13年決定が、そのように「審判対象の画定という見地」に敢えて言及したのは、訴因の記載として、罪となるべき事実の特定に不可欠な事項に当たる事実に違いがあるときは、〈もっぱら訴因の基本的機能である識別機能にかんがみ、訴因変更の要否を判断しなければならないこと〉、言い換えれば、〈事実の違いが被告人の防禦に実質的な不利益を生じさせるかどうかに関わらず——すなわち、訴因の防禦機能を損なうか否かに関わらず——、訴因の識別機能にかんがみ、例外なく訴因変更を必要としなければならないこと〉を肯定するからでしょう。すなわち、訴因変更の要否について、**抽象的防禦説の考え方**にたって判断するというわけです。

しかし、最高裁平成13年決定は、訴因の記載として、罪となるべき事実の特定に不可欠な事項に当たらない、その他の事項について、訴因変更が原則として必要となるには、**3つの要件**をすべて充たさねばならないと判示します。すなわち、〔3〕の判示部分で述べるように、(イ)「一般的に、**被告人の防御にとって重要な事項**」であること（具体的事案との関係では、「殺人罪の共同正犯の訴因としては、その実行行為者がだれであるかが明示されていないからといって、それだけで直ちに訴因の記載として罪となるべき事実の特定に欠けるものとはいえない」としても、「実行行為者がだれであるかは、一般的に、被告人の防御にとって重要な事項である」と判示された）、(ロ)その事項に属する事実について、「検察官が**訴因において明示をした**」こと（「検察官が訴因においてその実行行為者の明示をした」）、そして、(ハ)「**実質的に異なる認定をする**」ことです（「実行行為者が〔被告人単独から〕『N又は被告人〔A〕あるいはその両名』という択一的なもの」に変更され、実質的に異なる認定がなされた）。つまり、〈検察官が訴因において明示をした、一般的に被告人の防禦にとって重要な事項〉について、実質的に異なる認定をするには、原則として、訴因変更手続が必要とされるわけです。

ただし、そのうえで最高裁平成13年決定は、訴因変更が例外的に不必要とされる場合も認めます。その例外を肯定するには、**2つの要件**をともに充たさねばなりません。すなわち、〔4〕の判示部分で述べるように、(A)「**被告人の防御の具体的な状況等の審理の経過**に照らし、〔有罪判決の事実認定が〕被告人に不意打ちを与えるものではないと認められ」ることと（Nとの共謀も実行行為への関与も否定する「被告人の主張を一部容れ」、「実行行為者がNのみである可能性を含む〔中略〕択一的認定をするにとどめた」のであり、「不意打ちを与えるものとはいえ〔ない〕」）、(B)「判決で認定される事実が訴因に記載された事実と比べて**被告人にとってより不利益であるとはいえない**」ことです（「第一審判決の認定は〔中略〕、訴因に比べて被告人にとってより不利益なものとはいえない」と結論だけ述べられた。「実行行為者がNのみである可能性を含む〔中略〕択一的認定をするにとどめた」ため、事実の不利益変更に当たらないとした趣旨、または、刑の量定上不利益変更に当たらないとした趣旨と解された）。それは、**具体的防禦説の考え方**にたって判断すべきことを明らかにするものでした。

展開支援ナビ

大阪高裁平成12年判決の判示——犯行の動機・原因を異なって認定する事例

なお、最高裁平成13年決定の立場と関係して、恐喝罪につき、犯行の動機・原因を異なって認定するには、訴因の変更を必要としないと判示した**大阪高判平12・7・21判時1734号151頁**を挙げておきたいと思います。ちなみに、犯行の動機や原因は、犯罪構成要件の要素となる事実ではありません。大阪高裁平成12年判決は、つぎのように判示します。

「原審において取り調べられた関係証拠によれば、動機原因の点はともかく、被告人らが、公訴事実記載の日時場所において、同記載の被害者に対し、おおむね同記載のそれに近い暴行脅迫を加えて同記載の財物を交付させた恐喝罪該当の事実を優に肯認することができるところ、原判決は、恐喝行為が、検察官主張の原因によるものか、被告人ら主張の原因によるものかでは、社会的事実としては全く異なるものとなり、訴因変更の手続きを経ずに被告人らの主張する原因による恐喝罪を認定することは許されないとしているが、**恐喝の動機原因は、恐喝罪の構成要件要素ではなく、訴因を特定する上での必要的記載事項でもない**。恐喝の動機原因に食い違いが生じても、それだけで社会的事実としての同一性が失われることはなく、それが**被告人の防禦に実質的な不利益をもたらすものでない限り、検察官が主張する恐喝の動機原因と異なるそれを認定することについて必ずしも訴因変更の手続を経る必要はない**。むろん、恐喝の動機原因が公訴事実に記載された場合には、それと異なる動機原因を認定するには、その点を争点として顕在化させ、被告人に防禦の機会を与えなければならないが、本件では、右のとおりの審理経過からみて、恐喝の動機原因につき充分な防禦活動がなされている上、結局被告人両名が供述するとおりの動機原因を認定することは、情状面においても被告人両名に有利なものであり、被告人両名の防禦に不利益を生じさせるおそれは全くない。また第14回公判期日における検察官の釈明が、検察官主張の原因が認められなければ処罰意思を放棄する趣旨でないことも明らかである。そうすると、恐喝罪該当の事実が肯認できるのに、それが公訴事実に掲げられた検察官主張の原因によるものとは認められず、検察官に訴因変更請求の意思がないとの理由で無罪の判決をした原判決は、訴因変更の要否についての解釈を誤った訴訟手続の法令違反があり、その誤りが判決に影響を及ぼすことが明らかである」、と。

この大阪高裁平成12年判決において、最高裁平成13年決定と実質的に同趣旨の考え方がすでに述べられたといえます。

香城敏麿判事、松尾浩也教授の考え方

学説においても、最高裁平成13年決定と類似の考え方や、実質的に同趣旨の考え方が述べられていました。たとえば、香城敏麿判事は、「訴因に記載されている事実には、訴追の対象とする犯罪事実を特定させるための事実と、攻撃防禦に資するためのその余の補充的な事実」を区別します（香城敏麿「訴因制度の構造・下」判時1240号10頁）。前者の事実とは、「訴追の対象とされた犯罪事実の構成要件的評価を特定するための事実」、「犯罪事実中の広義の行為を特定する事実」、「犯罪事実中の結果を特定する事実」であり、これらの事実に変動があるときは（ただし、「細部に多少の変化」がある場合を除く）、「検察官が訴因により訴追対象として指定した犯罪事実」、すなわち「訴追対象事実」も異なるものになるために、訴因の変更が必要になるとされます（香城「訴因制度の構造・中」判時1238号8頁以下）。これに対し、後者の事実、すなわち「立証と防禦に資するために記載される犯罪事実の一層詳細な事実（例えば、犯罪の意図、計画、謀議の日時、場所、内容、犯罪の方法、態様、経過）」は、「訴追対象事実の同一性を特定するうえでは必要のない事実」であり（香城・前掲論文8頁以下）、この事実について変動があって、「防禦権を侵害するおそれがあるときは、その侵害を防止するための措置が採られなければならない。ただし、その措置は、必ずしも訴因変更の手続である必要はなく、釈明でも足りる。かりに被告人が自らその〔変動した〕認定事実を主張して起訴事実を争っているときには、格段の措置を必要としない」（香城・前掲論文8頁）とされました。

また、松尾浩也教授も、起訴状の「罪となるべき事実」の記載について、「(a) 審判の対象を特定するために必要不可欠な部分と、(b) その他の部分」とに分けて考えられます（松尾浩也『刑事訴訟法（上）新版』262頁。松尾・前掲書263頁は、(a)を、公訴事実の記載のうちの「本体ないし核心的部分」、(b)を「修飾ないし周辺的部分」とも表現する）。そのうえで、「(a)の変動はつねに訴因変更を必要とするが、(b)の変動は必ずしもそうでない——被告人の防禦にとって重要であったかどうかを判断し、重要でない場合は変更を要しない——と解釈すべきであろう」とされました（松尾・前掲書262頁。なお、「構成要件的評価の転移や、やや大幅な事実の変化は、(a)の変動に相当して当然に訴因変更を要するものであるが、その他の変動については『防禦』の利益と直結しているかどうかを判断することになる」とも敷衍された。松尾・前掲書263頁）。この「防禦にとって重要か否かを判断するには、起訴状記載の訴因と異なる事実を認定することが、類型的・一般的に見て防禦上不利益を生じないかを基準とすべきであるが（抽象的防禦説）、訴訟の実際の軽快に対する配慮（具体的防禦説）もまったく無視することはできない」

とされました（松尾・同上）。

　このような最高裁平成13年決定の考え方については、**修正された抽象的防禦説**と呼ぶべきでしょう。その趣旨は、こうです。

　最高裁平成13年決定の考え方は、訴因変更の要否の判断について、訴因の記載として罪となるべき事実の特定に不可欠な事項に当たる事実に関しては、抽象的防禦説にたった処理だけを許そうというものでした。そして、それに当たらない他の事項のうち、〈検察官が訴因として明示し、一般的に被告人の防禦上重要な事項〉に当たる事実に関しては、実質的に異なるかどうかを判断する**抽象的防禦説の「前処理」**を踏まえ、さらに、審理の経過などを考慮する**具体的防禦説による「後処理」**も許そうというものであったわけです。

　訴因変更の要否に関するそのような処理は、訴因の記載として罪となるべき事実の特定に不可欠な事項に当たる事実——松尾教授の表現にならえば、起訴状の記載のうちの「本体ないし核心的部分」——に関しては抽象的防禦説にたった処理だけを許すものであるため、〈基本的に、抽象的防禦説にたったもの〉と理解できます。そのうえで、〈争点の明確化などのため、検察官が敢えて訴因として明示し、一般的に被告人の防禦上重要な事項〉に当たる事実——松尾教授の表現にならえば、「修飾ないし周辺的部分」——について、審理の具体的経過を考慮する具体的防禦説による処理も認めるものでした。つまり、具体的防禦説は、訴因変更の要否を判断する方法としては、補充的な位置づけしかなされていません。それゆえ、〈基本的には、抽象的防禦説にたち、補充的に、具体的防禦説にたつ〉のが、最高裁平成13年決定の考え方であるといえます。そのような考え方は、**修正された抽象的防禦説**と呼ぶことができるわけです。

　最高裁平成13年決定について、その趣旨が、修正されたものであっても、基本的に抽象的防禦説にたったものであるとすれば、訴因を審判対象とする考え方を、訴因変更の要否が問題となる状況でも、厳格に貫徹しようとするものとして、積極的に評価することができます。

展開支援ナビ

過失態様の変更と訴因変更の要否　過失犯について、法律に「過失により」と定められていても（刑法210「過失により人を死亡させた者は、50万円以下の罰金に処する」）、その内容、すなわち、客観的注意義務違反の内容は法律に書かれていません。そのため、過失犯は不真正不作為犯とならぶ「開かれた構成要件」とされます。そのような過失犯については、違法性を類型的に根拠づけるような〈過失（客観的注意義務違反）の内容および態様〉が、起訴状に具体的に記載されねばなりません。そうせず、たとえば、「漫然と」とか「業務上の過失により」と記載された起訴状は、過失犯の訴因としての明示を欠き、無効とされます（光藤『刑事訴訟法Ⅰ』290頁）。

　この過失の態様に関し、**最判昭和46・6・22刑集25巻4号588頁**は、「一時停止中先行車の発進を見て自車も発進しようとした際、足を滑らせてクラッチペダルから左足を踏み外した過失により自車を暴走させ、未だ停止中の前車に自車を追突させ、乗員らに傷害を負わせた」という訴因に対し、控訴審判決が、訴因変更の手続をすることなく「ブレーキをかけるのを遅れた過失により自車を前車に追突させ、乗員らに傷害を負わせた」という事実を認定したため、被告人が上告した事案において、「本件起訴状に訴因として明示された被告人の過失は、濡れた靴をよく拭かずに履いていたため、一時停止の状態から発進するにあたりアクセルとクラッチペダルを踏んだ際足を滑らせてクラッチペダルから左足を踏みはずした過失であるとされているのに対し、第一審判決に判示された被告人の過失は、交差点前で一時停止中の他車の後に進行接近する際ブレーキをかけるのを遅れた過失であるとされているのであつて、両者は明らかに過失の態様を異にしており、このように、起訴状に訴因として明示された態様の過失を認めず、それとは別の態様の過失を認定するには、被告人に防禦の機会を与えるため訴因の変更手続を要するものといわなければならない」と判示しました。

　この最高裁昭和46年判決の趣旨について、「訴因として明示された態様の過失」と異なる態様の過失を認定するには、「被告人に防禦の機会を与えるため」、訴因変更手続が必要になると判示した、その言葉遣いから、

過失の態様を〈訴因として明示された、一般的に被告人の防禦上重要な事項〉と捉えたとも思われます（ただし、松尾『刑事訴訟法（上）新版』263頁は、「過失犯における『過失の態様』など」は、起訴状の記載の「修飾ないし周辺的部分」から「本体ないし核心的部分」に「移行しつつある」とされ、その「移行しつつある」判例として最高裁昭和46年判決を挙げた）。

しかし、考え方としては、過失犯が開かれた構成要件をもつこと（すなわち、過失の要件である客観的注意義務違反の内容について、裁判官による類推的な解釈が許されること）を重視する限り、過失（客観的注意義務違反）の態様は故意犯の場合の「構成要件的行為（構成要件の内容となる行為）」に匹敵するものというべきです。そう考えるとき、過失の態様は、最高裁平成13年決定のいう〈罪となるべき事実の特定に不可欠な事項〉の範疇に入れるべきものとなります。上述のように、過失犯の訴因を明示するためには、「漫然と」などと記載することは許されず、過失の具体的態様まで記載すべきであったわけですから、その点でも、過失の態様は過失犯の訴因を明示するため不可欠な事項に当たるというべきでしょう（なお、注意義務を課す根拠となる具体的事実の変更については、そもそも訴因変更手続が不必要とされる。3の【展開支援ナビ】「最高裁平成13年決定にいたる最高裁判例の動向」参照）。

(3) 修正された抽象的防禦説の問題点

しかし、最高裁平成13年決定の修正された抽象的防禦説については、なお問題があるといわなければなりません。

すでに、2⑴で紹介したように、平野龍一博士などの学説がとる抽象的防禦説では、構成要件的評価の違いをもたらすような事実の違いだけでなく、「罰条は同じでも、行為の態様や被害程度が著しくちがうようなときは、やはり〔訴因の〕変更を必要とする」とされました（平野『刑事訴訟法概説』91頁）。犯罪の日時についてさえ、1日程度の違いであれば訴因変更を必要としない場合があるとしても、少なくとも1箇月余の違いは、当然に訴因変更を必要とすることになるでしょう（平野『訴因と証拠』119頁）。

これに対し、最高裁平成13年決定の修正された抽象的防禦説では、具体的な事実の違いがそれだけで——すなわち、審理の具体的経過を考慮に入れないで——訴因の同一性を失わせる場合は、訴因の記載として罪となるべき事実の特定に不可欠な事項に当たる事実に違いが生ずる場合に限定されており、それでは、**不当に狭い**といわねばなりません。

もともと、「罪となるべき事実」の意義について、犯罪構成要件に該当する抽象的事実に限りなく近いものにする最高裁判例の動向がありました（「罪となるべき事実」の抽象化の問題について、詳細は、設問12「覚せい剤自己使用事犯における訴因の明示」3⑸の【展開支援ナビ】参照）。たとえば、**最大判昭和37・11・28刑集16巻11号1633頁**が、「犯罪の日時、場所及び方法は、これら事項が、犯罪を構成する要素になっている場合を除き、本来は、罪となるべき事実そのものではなく、ただ訴因を特定する一手段として、できる限り具体的に表示すべきことを要請されている」ものにすぎないと述べました。犯罪の日時、場所、方法などは、「罪となるべき事実」の要素ではないというわけです。

この動向と軌を一にして、上述した最高裁平成13年決定は、有罪判決に表示された「罪となるべき事実」から、特定の犯罪構成要件に該当するかどうかさえ判定できるならば、概括的な判示があったとしても、罪となるべき事実の具体的な表示としては十分だとしました。「訴因の記載として罪となるべき事実の特定に欠けるものとはいえない」というわけです。そのため、たとえば、殺人被告事件であれば、罪となるべき事実の一部である「被害者」、すなわち、犯罪死した個人さえ特定されていれば、他事件から「識別」することは可能となりますので、殺害の日時、場所、行為の態様、実行行為者、共犯関係など、訴因の要素となる他の事実が概括的・抽象的に表示されたとしても、それらの表示によって、少なくとも殺人罪の構成要件該当性が判定される限り、なんら問題はないことになります。言い換えれば、訴因の記載として罪となるべき事実を特定することに関し、すなわち、訴因の明示に関し、なんら問題はないことになります。しかし、それでは「罪となるべき事実」から具体性が失われ、不当に**抽象化**されてしまうといわねばなりません。

そのように、「罪となるべき事実」の意義について、犯罪構成要件に該当する抽象的事実に限りなく

近いものとする最高裁判例の動向をあわせ考慮に入れるとき、最高裁平成13年決定が判示した、訴因変更の要否に関する考え方についても、修正された抽象的防禦説にたつというより、**限定された抽象的防禦説**にたつというべきかもしれません。

展開支援ナビ

訴因変更の要否に関する最高裁平成24年決定　現住建造物等放火被告事件（自室に充満させた都市ガスに引火し、爆死しようと企てた被告人が、ガスコンロの点火スイッチを作動させて点火し、爆発させたとして起訴された事案）において、**最決平成24・2・29刑集66巻4号589頁**は、次のように判示しました。

「第一審判決は、被告人が上記ガスに引火、爆発させた方法について、訴因の範囲内で、被告人が〔ガスコンロの〕点火スイッチを頭部で押し込み、作動させて点火したと認定した。しかし、〔控訴審の〕原判決は、このような被告人の行為を認定することはできないとして第一審判決を破棄し、訴因変更手続を経ずに、上記ガスに引火、爆発させた方法を特定することなく、被告人が『何らかの方法により』上記ガスに引火、爆発させたと認定した。／〔中略〕被告人が上記ガスに引火、爆発させた方法は、本件現住建造物等放火罪の実行行為の内容をなすものであって、一般的に被告人の防御にとって重要な事項であるから、判決において訴因と実質的に異なる認定をするには、原則として、訴因変更手続を要するが、例外的に、被告人の防御の具体的な状況等の審理の経過に照らし、被告人に不意打ちを与えず、かつ、判決で認定される事実が訴因に記載された事実と比べて被告人にとってより不利益であるとはいえない場合には、訴因変更手続を経ることなく訴因と異なる実行行為を認定することも違法ではないと解される〔。〕／〔中略〕第一審及び原審において、検察官は、上記ガスに引火、爆発した原因が本件ガスコンロの点火スイッチの作動による点火にあるとした上で、被告人が同スイッチを作動させて点火し、上記ガスに引火、爆発させたと主張し、これに対して被告人は、故意に同スイッチを作動させて点火したことはなく、また、上記ガスに引火、爆発した原因は、上記台所に置かれていた冷蔵庫の部品から出る火花その他の火源にある可能性があると主張していた。そして、検察官は、上記ガスに引火、爆発した原因が同スイッチを作動させた行為以外の行為であるとした場合の被告人の刑事責任に関する予備的な主張は行っておらず、裁判所も、そのような行為の具体的可能性やその場合の被告人の刑事責任の有無、内容に関し、求釈明や証拠調べにおける発問等はしていなかったものである。このような審理の経過に照らせば、原判決が、同スイッチを作動させた行為以外の行為により引火、爆発させた具体的可能性等について何ら審理することなく『何らかの方法により』引火、爆発させたと認定したことは、引火、爆発させた行為についての本件審理における攻防の範囲を越えて無限定な認定をした点において被告人に不意打ちを与えるものといわざるを得ない。そうすると、原判決が訴因変更手続を経ずに上記認定をしたことには違法があるものといわざるを得ない」、と。

最高裁平成24年決定は、「ガスに引火、爆発させた方法」、「現住建造物等放火罪の実行行為の内容」について、犯罪の方法（刑訴256③）、すなわち、行為の態様と捉え、〈罪となるべき事実の特定に不可欠な事項〉には含めませんでした。しかし、放火の実行行為の内容について、上述した最高裁平成13年決定がいう〈検察官が訴因として明示し、一般的に被告人の防禦上重要な事項〉に当たるとしたうえ、本件ではその変更について、〈防禦の具体的状況など審理の経過にかんがみ、不意打ちを与えない〉という要件を充たさないため、「原判決が訴因変更手続を経ずに上記認定をしたことには違法がある」と判示したわけです。すなわち、台所に充満したガスに引火、爆発させた方法について、「ガスコンロの点火スイッチを作動させて点火」と記載した訴因に対し、訴因変更手続を経ることなく、「なんらかの方法により」上記ガスに引火、爆発させたと認定したことは、本件の審理経過の下では、被告人に不意打ちを与え、違法であると判示したわけです（本件の審理経過とは、〈引火、爆発の原因が上記スイッチの作動以外の行為であるとしたときの被告人の刑事責任について検察官の予備的な主張がなく、また、右行為について求釈明や証拠調べにおける発問などもなかったこと〉などを指す）。

また、最高裁平成13年決定の修正された抽象的防禦説は、具体的防禦説の考え方に一部——たとえ、補充的ではあっても——与するものであることは、たしかでした。そして、上述したことの裏返しなのですが、具体的防禦説に依拠して処理する事実の範囲、すなわち、〈検察官が訴因として敢えて明示した、一般的に被告人の防禦上重要な事項〉に当たる事実の範囲が、それじたいとしてかなり広いことも指摘しておかねばなりません。なぜなら、犯罪の日時、犯罪の場所、犯罪の方法ないし行為の態様、被害法

益の内容、共犯関係など、**訴因の要素となる事実**の多くが、具体的防禦説に依拠して処理すべき事実に属するものとされるからです。

　これらの点を重視するならば、具体的防禦説に対してなされた批判、すなわち〈訴因対象説とは調和しない〉、〈検察官や裁判所の過誤を一方的に免責してしまう〉という批判は、最高裁平成13年決定の修正された抽象的防禦説に対しても、実質的には、当てはまるといわねばなりません。

　このように最高裁平成13年決定の考え方には、なお、問題が多いというべきです。それゆえ、最高裁判例の新たな動向については、本来の抽象的防禦説の立場から、なお批判が尽くされねばならないと思うのです。

訴訟対象論④

14　訴因変更の可否、公訴事実の同一性

> **設問 14**
> 　刑事訴訟法 312 条 1 項の「公訴事実の同一性」について、最高裁判例を取り上げ、その存否を判断する基準の当否を論じなさい。

1　起訴状に記載される訴因の変更

(1) 審判対象の訴因を変更する

　刑事訴訟法は、検察官が起訴状にいったん記載した**訴因を変更する**ことを許します（刑訴312①。訴因変更のことばは、訴因の取り替えになる「変更」とともに、予備的訴因の「追加」も含む広い意味で使用する）。

　起訴状に記載された訴因は、刑事訴訟における審判対象となるものです（審判対象は訴訟対象ともいう）。その本質は検察官による「罪となるべき事実」（刑訴256③）の主張でした。ちなみに、罪となるべき事実とは、刑罰権の存否および範囲を基礎づける事実を意味し、犯罪構成要件に該当する具体的事実がその中核となります（罪となるべき事実の意義について、設問23「間接事実による有罪認定と証明水準」1(1)の【展開支援ナビ】「(2)積極的な意義」参照）。裁判所は証拠調べなどの実体審理を経て、検察官の主張に理由があるかどうか、すなわち、被告人に罪となるべき事実があるという主張を裏付ける十分な証拠を検察官が提出できたかどうか、判断すべきものとなります。

　この訴因の本質にかんがみれば、訴因の変更とは公訴提起後に検察官が審判対象を変更すること、すなわち、**主張する罪となるべき事実の具体的内容を変更する**ことを意味します。

(2) 訴因変更の可否と公訴事実の同一性

　刑事訴訟法 312 条 1 項は、裁判所に対し、検察官の請求があるときは、「**公訴事実の同一性を害しない限度において**」、訴因の追加、撤回または変更を許さねばならないと定めました（刑訴312①。言い換えれば、公訴事実の同一性を害すると判断する場合、裁判所は検察官の訴因変更請求を却下しなければならない。その意味で、検察官の変更請求があればただちに訴因が変更されるわけではない。多数説の考え方では、公訴事実の同一性を害しないことを確認する**裁判所の訴因変更許可決定**があってはじめて、訴因変更の法的効果が生ずる）。検察官がＡ訴因（起訴状記載の原訴因）からＢ訴因（変更請求にかかる新訴因）への変更を請求したとき、「その変更ができるか」、「裁判所はＡ訴因からＢ訴因への変更を許可できるか」を決定する刑事訴訟法上のキーワードが、**公訴事実の同一性の存否**であるわけです。

　以下では、最高裁判例を取り上げ、公訴事実の同一性とはなにを意味するのか、公訴事実の同一性の存否を判断する最高裁判例の基準に問題点はないか、検討を加えます。

2　訴因変更の 2 つのケース

(1) 第 1 の事例――刑法上の罪数論が基準となる

　たとえば、こういうケース〔第1の事例〕を想定して下さい。

> 【公務執行妨害と傷害】　A訴因は、**公務執行妨害**〔被疑者として取り調べようとする警察官に対し、暴行を加えて、その公務の執行を妨害した〕（刑法 95 ①「公務員が職務を執行するに当たり、これに対して暴行又は脅迫を加えた者は、3 年以下の懲役若しくは禁錮又は 50 万円以下の罰金に処する」）です。
>
> 　　もう 1 つの B 訴因は、**傷害**〔被害者の左手を蹴飛ばして、加療約 4 日を要する左小指挫傷を負わせた〕（刑法 204「人の身体を傷害した者は、15 年以下の懲役又は 50 万円以下の罰金に処する」）の事例です（刑法の規定は現行法のものを引用する。以下、同じ）。

　このA訴因とB訴因は、通常は、それぞれ独立した**一個の刑罰権の根拠となる事実**を主張するものです（ちなみに、**最大判昭和 24・5・18 刑集 3 巻 6 号 796 頁**は、「刑事判決はその基本となる弁論時における既存の犯罪事実に基づく国家刑罰権の存否を確定するものである」と述べた）。たとえば、〈公務執行妨害の行為と傷害の行為は、日時も場所も違っており、まったく別の機会になされた〉と検察官が主張する場合がそうです。この場合、A訴因とB訴因は、おのおの独立して審判対象とされねばなりません。すなわち、個別に公訴提起、実体審理、実体判決の対象とされるべきものとなります（もしも同時に公訴提起の対象となった場合は、「確定裁判を経ていない二個以上の罪」、すなわち、刑法 45 の**併合罪**とされ、刑が加重される。具体的には、刑法 47 により「最も重い罪について定めた刑の長期にその 2 分の 1 を加えたものを長期」として処断されるなど、特別な科刑の仕方が定められる）。

　①**同一機会の一個の行為による公務執行妨害と傷害**　しかし、〈公務執行妨害と傷害は同一の機会に、一個の行為によってなされた〉と検察官が主張する場合はどうでしょうか。たとえば、取り調べようとする警察官に対し、被疑者がその左手を蹴飛ばし、公務の執行を妨害するとともに、加療約 4 日を要する左小指挫傷を負わせた事案を想定して下さい（参照、**最判昭和 32・2・14 刑集 11 巻 2 号 715 頁**）。

　結論を先取りしますが、そのような事案であればこの 2 つの事実〔同一機会の公務執行妨害と傷害〕の主張は、まとめて 1 つの審判対象にすることができます（なお、複数の審判対象を同一の刑事手続で処理する刑訴 313 の**弁論の併合**とは異なることに注意せよ）。

　②**科刑上の一罪**　その理由は、主張された 2 つの事実が刑法の罪数論により**科刑上の一罪**を構成するからです（科刑上の一罪は**処断上の一罪**ともいう）。ちなみに刑法は、同一機会の一個の行為による複数の犯罪について、「一個の行為が二個以上の罪名に触れ」るため、その複数の罪名の「最も重い刑により処断する」（刑法 54 ①）と定めます。一個の行為が二個以上の罪名に触れることを、刑法学上は、**観念的競合**と呼びます（このほか、刑法 54 ①は「犯罪の手段若しくは結果である行為が他の罪名に触れるとき」も、「その最も重い刑により処断する」と定める。この場合を**牽連犯**と呼ぶ）。

　この観念的競合の関係にある複数の事実については、**行為の一個性**を理由に同じ**一個の刑罰権に服する**ものとされ、科刑上は一罪として処断されるわけです（牽連犯の関係にある複数の事実についても、目的と手段、手段と結果という**密接な関連性**を理由に科刑上の一罪として処断される）。それゆえ、科刑上の一罪の範囲にある複数の事実すべてに、**公訴提起の効力や一事不再理の効力**（確定実体判決がもつ再訴遮断の効力）も及ぶことになります。そのように、検察官の主張する複数の事実が同一の刑罰権に服し、訴訟上の効力も共通に及ぶ以上、その複数の事実を同一の刑事手続で処理できるはずです。むしろ、同一の刑事手続で処理しなければならないでしょう。

　従って、〈公務の執行を妨害した〉とだけ記載された公務執行妨害罪の起訴状について、その記載を変更し、〈暴行を加えて警察官の公務執行を妨害するとともに、その身体を傷害した〉という公務執行妨害罪と傷害罪の事実を記載するものに変えることができねばなりません。それによって検察官が主張する事実の範囲は広げられました。しかし、同一の刑罰権に服する事実を訴追する点では、なんら違いがありません。

　③**公訴事実の単一性**　このようにA訴因とB訴因について、刑法上の罪数論にもとづき同一の刑罰権に服する事実を訴追する点で違いがないことを実質的根拠にして公訴事実の同一性が肯定され、変更が可能と

されました。2つの事実について、**公訴事実の同一性の存否を判断する基準は刑法上の罪数論である**わけです。

刑法上の罪数論を基準に訴因変更が可能とされるとき、とくに、**公訴事実の単一性**があるといいます（これに対し、松尾浩也『刑事訴訟法（上）新版』307頁は、公訴事実の単一性の概念をたてず、「罪数による規整を破るような変更は許されない」という規範をたてる。有力説であろう。すなわち、「A罪とB罪とが『別個に成立し両者は併合罪の関係にある』と解されるときは、A罪の訴因からB罪の訴因へ変更することはできない」という罪数による規整を認め、この「罪数による規整は、むしろ公訴事実の同一性とは別個の観念として、いわゆる〔一個の訴因には一罪しか記載できないという〕一訴因一罪の原則〔中略〕とともに考察するのが適切だと思われる」とされた。松尾・同上）。ちなみに、**最決平成22・2・17判タ1335号88頁**は、A訴因（建造物侵入、窃盗）とB訴因（非現住建造物等放火）のあいだの「**公訴事実の単一性**について検討」し、A訴因の建造物侵入行為とB訴因の放火行為は「牽連関係に立つべきものではない」と結論しました（A訴因とB訴因のあいだに公訴事実の単一性がないため、A訴因の確定判決の一事不再理効は後訴のB訴因に及ばないとされた）。

展開支援ナビ

刑法上の罪数論と訴因変更の可否　訴因変更の可否について刑法上の罪数論が判断基準になるという趣旨は、言い換えれば、検察官により主張された2つの**事実それじたいは基準にならない**ということです。その意味は、こうです。

特定の2つの事実について、これまでは科刑上の一罪（**観念的競合や牽連犯**。刑法54①）の関係にあるとされていたのに、刑法上の罪数評価が変更され、実体法上は数罪とされることがあります。たとえば、**最決平成17・4・14刑集59巻3号283頁**が、監禁致傷、恐喝被告事件において、「人を恐喝して財物を交付させるため不法に監禁した場合において、**監禁罪と恐喝未遂罪とが刑法54条1項後段所定の牽連犯の関係にあるとした**」大審院判例（大審院判大正15・10・14大審院刑集5巻10号456頁）について、「これを変更し」、「恐喝の手段として監禁が行われた場合であっても、〔恐喝罪と監禁罪の〕両罪は、犯罪の通常の形態として手段又は結果の関係にあるものとは認められず、**牽連犯の関係にはない**」と判示しました。

この最高裁平成17年決定の意味するところは、こうです。これまでは監禁致傷〔被害者を監禁して暴行を加え、傷害を負わせた〕と恐喝〔監禁のための暴行等によって畏怖する被害者を脅迫して、現金および自動車1台を喝取した〕の2つの事実について、科刑上の一罪（牽連犯）の関係にあるという理由で、公訴事実の単一性を肯定し、訴因変更を許可することが可能でした。たとえば、監禁致傷罪の起訴状に恐喝罪の予備的訴因を追加し、〈被害者を監禁して暴行を加え、被害者に傷害を負わせた。さらに、この監禁のための暴行等によって畏怖する被害者を脅迫し、現金および自動車1台を喝取した〉という主張に変更することが可能でした。しかし、上記の最高裁平成17年決定以降は、この2つの事実について公訴事実の単一性が否定されねばならず、訴因変更も許されないわけです（恐喝罪の事実は別途、追起訴の対象になる。追起訴とは、追って独立の公訴を提起することを意味する）。ただし、監禁致傷や恐喝の事実それじたいにはなんの変更もありません。2つの事実に対する**刑法上の罪数評価**が変更されただけです。しかし、まさにそのために訴因変更の可否に関する結論が違うものになったわけです。

このことを捉えて、〈訴因変更の可否について、刑法上の罪数論が判断基準になる〉、〈公訴事実の単一性の存否について、刑法上の罪数論がこれを決定する〉というわけです。

---

(2) 第2の事例——共通する具体的事実が基準になる

想定するもう1つのケース〔**第2の事例**〕は、こうです。

【**詐欺と占有離脱物横領**】　**A訴因**は、**詐欺**〔大垣市御殿町の甲信用組合事務員乙が、昭和25年9月12日正午頃、誤信して第三者に支払うべき現金3万5千円を被告人に提供しようとしたため、被告人は自己が受領すべき金員でないことを知りながら、受領者のように装い、右事務員を欺罔して現金を交付させて、騙取した〕（刑法246「人を欺いて財物を交付させた者は、10年以下の懲役に処する」）です。

これに対しB訴因は、**占有離脱物横領**〔甲信用組合事務員乙が誤信して第三者に支払うべき現金

3万5千円を被告人に交付し、被告人が受領のうえ、岐阜県揖斐郡温知村の自宅において保管中に、昭和25年9月12日午後6、7時頃、甲信用組合事務員丙が払戻金の確認を求めたにもかかわらず、右現金を領得する目的で、返還を拒否して、着服横領した〕（刑法254「遺失物、漂流物その他占有を離れた他人の物を横領した者は、1年以下の懲役又は10万円以下の罰金若しくは科料に処する」）の事例です。

この詐欺と占有離脱物横領は科刑上の一罪の関係にはありません。そのため、刑法上の罪数論を基準にしては公訴事実の同一性を肯定できません。

しかし、**最判昭和28・5・29刑集7巻5号1158頁**は、この**第2の事例**（同一財物の詐欺か占有離脱物横領か）について、「公訴事実の同一性に欠くるところはない」と結論しました（ただし、具体的には訴因変更の可否が問題とされた事案ではない。訴因変更の手続なしに占有離脱物横領の事実を認定した第一審判決に対し、刑訴378(3)〔審判の請求を受けない事件について判決をした〕を援用して、不服が申し立てられた事案であった）。この結論を肯定するには、刑法上の罪数論とは無関係な判断基準を援用しなければなりません。項をあらためて説明します。

3 公訴事実の狭義の同一性とその判断基準

(1) 具体的事実が共通する

この**第2の事例**（同一財物の詐欺か占有離脱物横領か）について、最高裁昭和28年判決はなぜ「公訴事実の同一性を害しない」（刑訴312①）と結論したのでしょうか。

①**基本的事実関係の同一性**　その実質的根拠を問うため回り道になりますが、まず、別の事例を取り上げます。

【**失火と放火幇助**】　**A訴因**は、**失火**〔搾油工場宿直員の被告人は、昭和23年12月2日夜、不注意にも工場事務室の煉炭火鉢の火気を始末せず、そのまま放置して外出したため、右火鉢残火の飛び火によって、工場を焼損した〕（刑法116①「失火により、第108条に規定する物又は他人の所有に係る第109条に規定する物を焼損した者は、50万円以下の罰金に処する」）です。

もう1つの**B訴因**は、**放火幇助**〔搾油工場宿直員の被告人は、昭和23年12月2日夜、甲から搾油工場放火の計画を打ち明けられたうえ、他の宿直員乙を誘って外出させるよう命じられたため、これに応じて乙を伴い外出して、甲らの現住建造物放火を幇助した〕（刑法108「放火して、現に人が住居に使用し又は現に人がいる建造物、汽車、電車、艦船又は鉱坑を焼損した者は、死刑又は無期若しくは5年以上の懲役に処する」、62①「正犯を幇助した者は、従犯とする」、63「従犯の刑は、正犯の刑を減軽する」）である事案を想定して下さい。

この失火と放火幇助の2つの事実について、公訴事実の同一性の存否が問題とされました。ちなみに、**上告受理**（刑訴406、刑訴規257）を申し立てた**検察側**は、公訴事実の同一性について「単なる自然的事実の同一ではなく規範的価値判断を加え」て判断すべきであって、失火罪の訴因から「放火〔幇助〕罪の訴因に変更し得るのは、発火点が煉炭火鉢の飛火或はそれと密接な関係のある発火の事実であり、且つ被告人の〔放火幇助〕行為が前の〔失火罪の〕訴因として記載されているところと類似的関係にあることが必要である」と述べたうえで、「本件について、被告人が同一であり、焼けた工場が同一であり、火災が社会的に同一であるという自然的事実の点のみから同一性を認めるとする素朴な判断をなすべきでな」いこと、失火の行為〔不注意で煉炭火鉢から飛び火させた〕と放火幇助の行為〔他の宿直員を連れ出して外出した〕とは「全然別個」であることから、「公訴事実の同一性」はないと主張しました（ちなみに本件は、失火について略式命令が確定していたのに、検察官があえて放火幇助で起訴した事案であった）。

しかし、**最判昭和35・7・15刑集14巻9号1152頁**は、次のように判示し、公訴事実の同一性を肯定します。

「両公訴事実は、同一被告人に対する同一日時場所における同一客体の焼燬に関するものであり、正に社会的、歴史的事実は同一であって、すなわち**基本的事実関係を同じくするものであり**、両者間には**公訴事実の同一性があること**疑を容れる余地がない」、と。

最高裁昭和35年判決は、焼損の日時・場所や焼損した工場が同一であること、すなわち、具体的な結果が共通することを捉えて「基本的事実関係を同じくする」とし、公訴事実の同一性を肯定したわけです。そのように、「基本的事実関係を同じくする」かどうか、言い換えれば、**基本的事実関係の同一性の有無を基準として公訴事実の同一性の存否を判断するとき、公訴事実の単一性と区別し、公訴事実の狭義の同一性の存否**が問題になると表現します（以下、公訴事実の狭義の同一性の意味で、たんに公訴事実の同一性という）。

ただし、上告受理を申し立てた検察側が主張したように、最高裁昭和35年判決の事案では、失火の行為〔不注意で練炭火鉢から飛び火させた〕と放火幇助の行為〔他の宿直員を連れ出して外出した〕の具体的内容は大きく異なっていました。犯罪の構成要件要素である実行行為に共通性はないわけです（ちなみに、犯罪の構成要件要素は「実行行為」、「結果」、「因果関係」の3つからなる）。しかし、犯罪の日時・場所が同一であり、工場焼損の結果も同一でした。とくに、工場焼損の結果は、失火の構成要件要素である結果〔不注意により生じた工場焼損という結果〕に該当し、また、放火幇助の構成要件要素である結果〔ただし、正犯の実行行為を介して生じた工場焼損の結果〕にも該当します。すなわち、工場焼損の結果が同一であるというのは、失火と放火幇助について、**構成要件要素である「結果」が共通すること**を意味しました。それゆえ、最高裁昭和35年判決について、**犯罪構成要件に該当する具体的事実について、その大部分ではなくとも、結果のような基本的部分が共通することを基準に、「公訴事実の同一性を害しない」**（刑訴312①）と認め、訴因変更が可能だとしたと解することができます。そう解する限り、平野龍一博士の考え方と同じです。なぜなら、平野博士は、「現行法では〔2つの訴因の〕**基本的部分が同一であれば足り**、その大部分が同一である必要はないと解しうる。すなわち、**犯罪を構成する主要な要素は行為と結果であるが**、両者が同一である必要はなく、**行為または結果のいずれかが共通であれば、公訴事実は同一であると考えてよい**」と述べられていたからです（平野龍一『刑事訴訟法』139頁）。

> **展開支援ナビ**
>
> **平野龍一博士の訴因共通説** 訴因の共通性を訴因変更の実質的根拠とする考え方を、**訴因共通説**と呼びます。平野龍一博士が提唱された訴因共通説は、公訴事実の狭義の同一性を肯定するには、「訴因の基本的な部分が共通であることが必要だとする」（平野・前掲書138頁）ものです。すなわち、「公訴事実の〔狭義の〕同一性とは、『訴因と訴因とを比較したとき、その重要な部分が重なりあうこと』であるといってよい」とされます（平野『刑事訴訟法概説』93頁以下）。この訴因の基本的部分が共通かどうかの問題は、たとえば、「窃盗の構成要件に該当する当該具体的事実と、詐欺の構成要件に該当する具体的事実との比較の問題である」（平野『刑事訴訟法』138頁）とともに、「2つの訴因の基本的部分が共通であるためには、各訴因が該当している構成要件自体に、共通性がある場合でなければならない」（平野・前掲書139頁）とされました。重要なのは、「訴因は主張であるから、公訴事実の同一性とは、主張された事実（訴因）と主張された事実（訴因）との比較の問題であることに注意しなければならない」こと、すなわち、「主張される以前の（訴因として構成される以前の）事実の同一性の問題だと考えて〔はならない〕」（平野・同上）ことでした。

なお、最高裁昭和35年判決は、犯罪の日時・場所が同一であることにも言及します。犯罪の日時・場所も**訴因の要素**である以上、その共通性が考慮に入れられたわけです（ちなみに、松尾『刑事訴訟法（上）新版』265頁は、「訴因は、罪となるべき事実を特定して示したものであり、その要素としては、犯罪主体としての被告人のほか、犯罪の日時、犯罪の場所、犯罪の方法ないし行為の態様、被害法益の内容、その主体としての被害者、

共犯関係などが考えられる」とした）。

②**訴因の共通性を求める実質的根拠**　2つの訴因の基本的部分が共通すること、すなわち、「訴因と訴因とを比較したとき、その重要な部分が重なりあうこと」（平野『刑事訴訟法概説』94頁）が、なぜその2つの訴因を同一の刑事手続で処理できると判断する基準になるのでしょうか。

訴因の本質は検察官による罪となるべき事実（刑訴256③）の主張、とくに、犯罪構成要件に該当する具体的事実の主張でした。裁判所は、この主張を裏付けるに足りる十分な証拠を検察官が法廷に提出できたか、あるいは、被告人側が検察官の主張を揺るがす反証活動を行ったか審理し、判断すべきものとなります。それゆえ、2つの訴因の基本的部分が共通するとは、当事者による主張・立証の訴訟追行行為の重要な部分が共通することを意味します。

そのように2つの訴因について、主張・立証の訴訟追行行為の重要な部分が共通するとき、それぞれ独立の公訴を提起する必要、すなわち、おのおの独立して審判対象とする必要はないでしょう。むしろ、被告人に対し応訴の負担を二重に課さないためにも、それらの事実を同一の刑事手続で処理できねばなりません。言い換えれば、不当な応訴強制を避けるため裁判所は、「公訴事実の同一性」（刑訴312①）を肯定して訴因変更を許可でき、かつ、許可しなければなりません。被告人のためにも訴因変更を許可すべき実質的根拠があるわけです（このほか、三井誠『刑事手続法Ⅱ』223頁は、訴因の告知機能を害さないことや被告人の防禦範囲に実質的差異をもたらさないことを、訴因変更を許可すべき実質的根拠として挙げる）。その意味で、罪となるべき事実の基本的部分が共通することを基準に訴因変更が可能だとした最高裁昭和35年判決の考え方は正当であり、評価できるでしょう。

しかし、他の事案において最高裁判例は、罪となるべき具体的事実の基本的部分が共通するという基準を厳格には適用しませんでした。

③**詐欺と占有離脱物横領の事案**　ここで、前述した**第2の事例**（同一財物の詐欺か占有離脱物横領か）に戻って、最高裁判所の処理を見てみましょう。この**第2の事例**において、上告を申し立てた**弁護人**は次のように主張しました。

「〔イ〕詐欺として起訴されたのは（以下前者という）昭和25年9月12日正午頃となっており、遺失物横領とされたのは（以下後者という）同日午後6、7時頃となっている。〔ロ〕場所は、前者は大垣市御殿町甲信用組合内、後者は岐阜県揖斐郡温知村の被告人の住居であり、その間12キロ半の距離がある。〔ハ〕犯罪の手段は、前者は乙なるが如く装うて右信用組合事務員丙から金3万5千円を受取ったことであり、後者は右組合の丁等から乙に渡すべきものを誤って渡したから財布の内容を調べてくれといわれて拒絶したということであり、手段も相手方も異っている。即ち**犯罪の構成要件、日時、場所、手段、相手方等全て異っている。唯わずかに共通している点は被害物件と称せられる現金3万5千円だけである**」と主張しました。

これに対し、**最判昭和28・5・29刑集7巻5号1158頁**は、次のように判示します。

起訴状に記載された「詐欺の基本事実は被告人が甲信用組合においてAに支払うべき預金払戻金3万5千円を不法に領得したとの事実であり、これと原審が認定した占有離脱物横領の事実とは、**犯罪の日時、場所において近接し、しかも同一財物、同一被害者に対するいずれも領得罪であって、その基本〔的〕事実関係において異なるところがない**。それ故、第一審が訴因の変更手続を経て横領と認定し、原審〔である控訴審〕がこれを占有離脱物横領と認定しても**公訴事実の同一性に欠くところはない**」、と。

最高裁昭和28年判決が「基本〔的〕事実関係において異なるところがない」、「公訴事実の同一性に欠くところはない」と結論するうえで根拠としたのは、(A)詐欺と占有離脱物横領の日時・場所が近接することと、(B)同一被害者の同一財物を不法に領得した点で共通すること、すなわち、行為の客体や被害者が同一であり罪質も共通することでした。

(a)**犯罪の日時・場所のつながり**　犯罪の日時・場所のつながりについて、最高裁昭和28年判決は近接するだけでよいとしました。最高裁昭和35年判決よりも**ゆるやかな基準**がたてられていたわけで

す（平野『刑事訴訟法概説』95頁も、「例えば、甲が乙から盗んだとされた日時・場所あるいはそれに近接した日時・場所で、甲が丙から収受したというのであれば、訴因変更を認めてよいであろう」とする。ただし、つづけて、「それ〔日時・場所〕がかなり距たっておれば訴因変更を認めず、やはり窃盗について無罪を言い渡し、あらためて贓物収受の起訴をすべきであると思われる」と述べた）。

(b) **犯罪構成要件レヴェルのつながり**　第2の事例については、詐欺と占有離脱物横領の実行行為だけでなく結果も異なっていると解することが可能でした。詐欺の結果は、甲信用組合内の不法領得であり、遺失物横領の結果は、被告人自宅内の不法領得です。それぞれ日時も場所も違います。この2つの結果は、規範的な評価を加えず外形的事実としてみる限り、ともに成立するものでした。それゆえ、この点を捉えて、結果は共通しないともいえたはずです。しかし、そのような問題を意識したためか最高裁昭和28年判決は、詐欺と占有離脱物横領が「いずれも領得罪」であると述べ、「**罪質**」が同一であることを強調します。すなわち、同一財物の不法領得という「罪質」のレヴェルでの共通性があれば、それも根拠にして「結果の共通性」を肯定してよいとしました。ちなみに、「罪質」とは、財産犯か国家に対する犯罪かというような**犯罪構成要件の類型的本質**を意味することばです。その意味で、**犯罪構成要件レヴェルのつながり**はなお維持されてはいます。しかし、最高裁昭和35年判決と比較したとき、やはり、**ゆるやかな基準**がたてられたというべきでしょう。

(2) 両立しない関係がある

基本的事実関係が同一かどうかを判断するうえで、最高裁判例はもう1つ、異なる基準をとります。やはり、具体的事例を紹介しながら説明しましょう。

【**窃盗と盗品の有償処分あっせん**】　A訴因は、**窃盗**〔被告人は昭和25年10月14日頃、静岡県長岡温泉古奈ホテルにおいて宿泊中の甲の所有にかかる紺色背広上下一着を窃取した〕（刑法235）です。

これに対し、B訴因は、**盗品の有償処分あっせん**〔被告人は、盗品であることを知りながら、昭和25年10月19日頃、東京都内において自称甲から紺色背広上下一着の処分方を依頼され、同日同都豊島区池袋の乙方において金4千円を借受け、その担保として右背広一着を質入れし、もって右背広の有償の処分のあっせんをした〕（刑法256②）です。

このA訴因とB訴因にかかる事実、すなわち、窃盗と盗品の有償処分あっせんの事実について、**実行行為や結果**という構成要件要素に該当する具体的事実は同一ではありません。また、訴因の要素となる具体的事実に関しても、**犯罪の日時**に5日の違いがあり、場所も静岡県長岡温泉と東京都豊島区と大きく違います。**犯行の外形的態様**も、窃盗は被害者の占有を排除し、自己などの占有に移す行為です。具体的には「侵入盗」や「置き引き」などでしょう（態様の詳細は、判例集では不明であった）。他方、有償の処分あっせんは被害者の返還請求権の行使を困難にする行為であり（参照、**最判昭和23・11・9刑集2巻12号1504頁**）、具体的には「質入れ」でした。やはり大きく違うといわねばなりません。**窃盗行為の主体**もA訴因〔被告人じしん〕とB訴因〔被告人以外の第三者〕とで違っています。共通するのは、訴因の要素である行為の客体が同一であること、すなわち、同一人の背広一着に関係することだけでした。

①**最高裁昭和29年判決の考え方**　そのように2つの訴因にかかる事実について、構成要件要素に該当する具体的事実はもちろん、訴因の要素となる具体的事実のレヴェルでみても、ほとんど重なり合うところがありません。それにもかかわらず、この事案を処理した**最判昭和29・5・14刑集8巻5号676頁**は、公訴事実の同一性があるとしました。次のように述べます。

「2つの訴因の間に、**基本的事実関係の同一性**が認められるかどうかは、各具体的場合に於ける個別的判断によるべきものである。そして、本件においては起訴状記載の訴因及び罰条は『**被告人は昭和25年10月14日頃、静岡県長岡温泉古奈ホテルに於て宿泊中のAの所有にかかる紺色背広上下一着**〔中

略〕を窃取したものである」『刑法235条』というのであって、第一審第8回公判廷において予備的に追加された訴因及び罰条は「被告人は贓物たるの情を知りながら、10月19日頃東京都内において自称Aから紺色背広上下一着の処分方を依頼され、同日同都豊島区池袋〔中略〕B方に於て金4千円を借受け、その担保として右背広一着を質入れし、以って贓物〔すなわち、盗品〕の牙保〔すなわち、有償の処分のあっせん〕をなしたものである」『刑法256条2項』というのである。そして、右予備的訴因において被告人が牙保したという背広一着が、起訴状記載の訴因において被告人が窃取したというA所有の背広一着と同一物件を指すものであることは、本件審理の経過に徴し、極めて明らかである。従って、右2訴因はともにAの窃取された同人所有の背広一着に関するものであって、ただこれに関する被告人の所為が窃盗であるか、それとも事後における贓物牙保であるかという点に差異があるにすぎない。そして、両者は罪質上密接な関係があるばかりでなく、本件においては事柄の性質上両者間に犯罪の日時場所等について相異の生ずべきことは免れないけれども、その日時の先後及び場所の地理的関係とその双方の近接性に鑑みれば、一方の犯罪が認められるときは他方の犯罪の成立を認め得ない関係にあると認めざるを得ないから、かような場合には両訴因は基本的事実関係を同じくするものと解するを相当とすべく、従って公訴事実の同一性の範囲内に属するものといわなければならない。本件の如き場合において、公訴事実の同一性なしとするにおいては、一方につき既に確定判決があっても、その既判力は他に及ばないと解せざるを得ないから、被告人の法的地位の安定性は、そのため却って脅されるに至ることなきを保し難い。」

　最高裁昭和29年判決は、(A)行為の客体はともに同一人の背広一着であること、同じ財産犯として罪質上密接な関係があることに加え、(B)犯罪の日時の先後、場所の地理的関係および日時・場所の近接性にかんがみ、「一方の犯罪が認められるときは他方の犯罪の成立を認め得ない関係にある」ことを強調したうえで、「かような場合には両訴因は基本的事実関係を同じくするもの」であるため、「公訴事実の同一性の範囲内に属する」と結論し、訴因変更が可能であると断じたわけでした。

　この判示のうち、(A)は「結果の共通性」に関係させようとしたものです。他方、(B)の「一方の犯罪が認められるときは、他方の犯罪の成立を認め得ない関係にある」、すなわち、両立しない関係があるというのは新たな基準を定立するものでした。言い換えると、新たな基準をたてなければ、公訴事実の同一性を肯定できなかったわけです。その意味で最高裁昭和29年判決では、両立しない関係の存在が、訴因変更の可否を判断する決定的基準になっています（以下、両立しない関係を非両立の関係とも呼ぶ）。

　②非両立の関係がもつ意義　　たしかに、非両立の関係があるとき、現実の具体的な犯罪として成立するのは、2つの訴因にかかる具体的事実のうちのいずれかです。すなわち、一方の事実が認められたとき、他方の事実の存在は否定される関係にあります。それゆえ、2つの訴因について、外形的事実として両立しない関係があることを実質的根拠に、同一の刑事手続で処理させることができるように思われます。つまり、公訴事実の同一性を肯定することに正当性があるようにも思われます。

　ただし、具体的事実の共通がまったくないのに、両立しない関係にあることだけを基準として、訴因変更が許容されるわけではありません。たとえば、身代わり犯人であることが起訴後に明らかになったケースを考えて下さい。

　交通事故の身代わり犯人となった者について、起訴状に記載された**業務上過失致傷**（刑法211「業務上必要な注意を怠り、よって人を死傷させた者は、5年以下の懲役若しくは禁錮又は100万円以下の罰金に処する。重大な過失により人を死傷させた者も、同様とする」）と、身代わりによる**犯人隠避**（刑法103「罰金以上の刑に当たる罪を犯した者又は拘禁中に逃走した者を蔵匿し、又は隠避させた者は、2年以下の懲役又は20万円以下の罰金に処する」）には、罪となるべき事実としてなんら共通するものがありません。それにもかかわらず、現実的・具体的な犯罪としては両立しない関係にあります。しかし、起訴状に記載された業務上過失致傷の訴因を犯人隠避罪の訴因へ変更することはできません。なぜなら、公訴事実の同一性がないとされるからです（参照、田宮裕『日本の刑事訴追』301頁。『条解刑事訴訟法〔第4版〕』686頁は、「両者の基本的事

が社会通念上同一であるとはいえず、公訴事実の同一性はないものと考えるべきであろう」という。ちなみに、**東京高判昭和40・7・8高刑集18巻5号491頁**は、同一の被告人に対する「確定裁判を経た業務上過失傷害の罪と〔中略〕本件犯人隠避の罪とは、なるほどその一方が認められるときは、他方がその成立する余地を失う関係にあることを否定し得ないけれども、両者はその罪質、被害法益、行為の客体及び態様等その主要な犯罪構成要件を全く異にし、その間に所論のいうような公訴事実の同一性は到底認めることはできない」と述べ、他人の業務上過失傷害事件の身代りとなった者について同罪による略式命令が確定したとしても、その略式命令の一事不再理効、すなわち、再訴遮断効はその者に対する犯人隠避事件に及ばないと判示した)。

　この点も踏まえ、最高裁昭和29年判決の考え方については、次のようにいえます。すなわち、少なくとも訴因の要素となる具体的事実のレヴェルで、一部でも共通するものがあり（最高裁昭和29年判決の事案では背広一着という行為の客体が共通する）、かつ、罪質上も密接な関係がある場合について——それらだけでは結果の共通性を肯定できず、それゆえ、公訴事実の同一性も肯定できないとしても——、さらに、2つの訴因にかかる具体的事実について**両立しない関係があると認められる**のであれば、**公訴事実の同一性を肯定できる**、と。

　それゆえ、非両立の関係があるという基準は、厳密には、公訴事実の同一性を肯定するため、〔1〕具体的事実が一部は共通し罪質上も密接な関係をもつことと、〔2〕非両立の関係があることを、あわせ要求する基準であるわけです（三井『刑事手続法II』217頁は、「判例は、明白に事実の重要部分に共通性が認められれば択一関係〔非両立の関係〕を論じるまでもなく公訴事実の同一性を肯定し、日時・場所、態様等重要部分において共通性が必ずしも明白であるとはいえず一定の隔たりがある場合に、基本的事実関係の同一性という枠付けのために補完的に択一関係〔非両立の関係〕の存在を持ち込んでいることがわかる」とした)。

4　最高裁判例の基準がもつ問題点

(1)　非両立の関係の基準がもつ問題点

　しかし、このような最高裁判例の考え方、すなわち、公訴事実の同一性の存否を判断する基準として、2つの訴因にかかる事実のあいだに両立しない関係があることをあわせ考慮する最高裁判例の考え方については、首肯しがたいものがあります。なぜなら、交通事故の身代わり犯人のケースで述べたように、非両立の関係そのものは公訴事実の同一性を肯定する実質的根拠になるものではないからです。

　それゆえ、訴因変更を可能とする実質的根拠は、具体的事実が共通することに求めるほかありません。しかし、3(2)の事例（窃盗か盗品の有償処分あっせんか）のように、具体的事実の共通が一部にしかない場合は、罪質上は密接な関係があることを考慮したとしても、結局のところ結果の共通性を肯定できず、それゆえ、公訴事実の同一性を肯定する実質的根拠もないといわねばならないはずでした。

　しかし、それら具体的事実の一部の共通と非両立の関係の2つを組み合わせるならば、罪質上の密接な関連がある限り、訴因を変更できるというのが最高裁判例の考え方であったわけです。そのような考え方に十分な根拠があるのか、疑問に思います。

　それだけでなく最高裁判例の考え方は、非両立の関係を決定的基準として援用することによって、結局、**具体的事実が共通する**という基準を希薄化ないし形式化してしまっていると懸念されるのです（三井『刑事手続法II』225頁も、「択一関係〔非両立の関係〕の存否は基準の設定の仕方によって動きうるものだけに、それが独り歩きし、共通性の面が希釈される危険性がなくはない。この点は留意を要する」と指摘した）。

　やはり、具体的事例を挙げましょう。こういうケースです。

【収賄と贈賄】　起訴状に記載された**A訴因**は、加重収賄の共謀共同正犯〔被告人Aは、公務員Xと共謀のうえ、昭和46年2月下旬ころ、「バー京子」ことB方において、Xの職務上の不正行為に対する謝礼の意味で、Yから現金25万円の賄賂を収受した〕(刑法197の3②)です（加重収賄は「**枉法収賄**」とも呼ばれた）。

これに対し、訴因変更請求にかかる**B訴因**は、**贈賄**〔被告人Ａは、Ｙと共謀のうえ、昭和46年3月上旬ころ、「バー京子」付近路上において、公務員Ｘの職務上の不正行為に対する謝礼の意味で、Ｘに対し現金5万円の賄賂を供与した〕（刑法198、197の3②）である事案です。

　この2つの訴因において、事件関係者は被告人Ａ、公務員Ｘ、贈賄者Ｙと同じです。しかし、Ａ訴因の加重収賄（共謀共同正犯）とＢ訴因の贈賄は、犯罪構成要件としては複数の主体による異なった行為を必要とする「対向犯」の関係にあるものです。構成要件要素の実行行為や結果は、加重収賄が賄賂の収受と不正な職務行為であり、贈賄が賄賂の供与でした。それぞれ賄賂に関係するものであっても、構成要件要素としては重なり合うものがありません。また、それぞれの犯罪の日時・場所も違いました。犯行の外形的態様も異なります（ちなみに、**最判昭和36・6・13刑集15巻6号961頁**は、「収賄と贈賄とは、犯罪構成要件を異にするばかりでなく、一方は賄賂の収受であり、他方は賄賂の供与であつて、行為の態様が全く相反する犯罪である」と述べた）。そのため、構成要件要素に該当する具体的事実が同一でなく、また、訴因の要素となる具体的事実についても共通するところがほとんどないケースだといわねばなりません。

> **展開支援ナビ**
>
> **罪質上の密接な関係**　なお、【収賄と贈賄】の事案について、後述の**最決昭和53・3・6刑集32巻2号218頁**は、罪質上の密接な関係の存否について、とくに判断はしませんでした。
> 　ちなみに、加重収賄と贈賄とは、公務員の職務行為について、その公正さや国民の信頼を損なう点で共通していても、前者は公務員だけが行為主体になる「身分犯」、後者は誰でも行為主体になりうる「非身分犯」であり、行為態様も正反対の関係にあるわけですから、罪質上の密接な関係を肯定することは難しいというべきです。

　そのことと裏腹なのですが、〈被告人Ａが、昭和46年2月下旬ころ、「バー京子」ことＢ方において、Ｙから現金25万円を受領した〉という事実と、〈被告人Ａが、昭和46年3月上旬ころ、「バー京子」付近路上において、Ｘに対し現金5万円を手渡した〉という事実は、**外形的にみる限り、ともに成立する**といわねばなりません。一方の事実が認められたとき、他方の事実の存在は否定されるという関係にはありません。しかし、**最決昭和53・3・6刑集32巻2号218頁**は、次のように判示して、公訴事実の同一性が肯定され、訴因変更できると結論します。

　「『被告人Ａは、公務員Ｘと共謀のうえ、Ｘの職務上の不正行為に対する謝礼の趣旨で、Ｙから賄賂を収受した』という枉法収賄の訴因と、『被告人Ａは、Ｙと共謀のうえ、右と同じ趣旨で、公務員Ｘに対して賄賂を供与した』という贈賄の訴因とは、**収受したとされる賄賂と供与したとされる賄賂との間に事実上の共通性がある場合には、両立しない関係にあり、かつ、一連の同一事象に対する法的評価を異にするに過ぎないものであって、基本的事実関係においては同一である**ということができる。したがって、右の2つの訴因の間に公訴事実の同一性を認めた原判断は、正当である。」

　最高裁昭和53年決定は、2つの訴因にかかる具体的事実について、「収受したとされる賄賂と供与したとされる賄賂との間に事実上の共通性がある」ため、「両立しない関係」にあると述べました。しかし、3人の間を現金が手渡されていったという外形的事実をみる限り、〈Ｙが被告人Ａに現金を手渡した〉という事実と、〈被告人Ａが公務員Ｘに現金を手渡した〉という事実はともに成立する、すなわち、両立するというほかありません。それにもかかわらず、非両立だというためには、**規範的な評価**を加えるしかないでしょう。すなわち、Ｙが被告人Ａに現金を手渡したという外形的事実について、規範的に〈公務員Ｘと共謀して、被告人ＡはＹから賄賂を収受した〉と評価するのか、そうではなく、規範的には〈公務員Ｘに供与する賄賂として、被告人Ａは共謀者のＹから現金を手渡された〉と評価するのか、いずれかになるというのです。たしかに、その2つの**規範的な評価は両立しない関係**にあるでしょう。しかし、上述のように、外形的事実としては両立するものであったわけです。

非両立の関係について、外形的事実としては両立するけれども、刑法上の評価を加えたとき、**規範的には両立しない**関係にある場合も含むというのは、それじたいとして不当なことでないかもしれません。なぜなら、現実の具体的犯罪としては両立しない場合のバリエーションだといえるからです。

> **展開支援ナビ**
>
> **業務上横領と窃盗の事案——規範的に両立しない**　ちなみに、**業務上横領**の訴因と**窃盗**の訴因（別件として追起訴されたもの）について、**最判昭和34・12・11**刑集13巻13号3195頁は、「前者が馬の売却代金の着服横領であるのに対し、後者は馬そのものの窃盗である点並びに犯行の場所や行為の態様において多少の差異はあるけれども、いずれも**同一被害者に対する一定の物とその換価代金を中心とする不法領得行為**であって、**一方が有罪となれば他方がその不可罰行為として不処罰となる関係**にあり、その間基本的事実関係の同一を肯認することができるから、両者は公訴事実の同一性を有する」と述べました。この「一方が有罪となれば他方がその不可罰行為として不処罰となる関係」というのも、やはり非両立の関係だと認めるものでしょう。
>
> 　しかし、最高裁昭和34年判決は、なぜ、そのような異なる表現を敢えて用いたのでしょうか。それは、業務上横領の訴因にかかる事実と窃盗の訴因にかかる事実とは、外形的にみる限り、現実の具体的事実としては両立する事案であったからです。
>
> 　最高裁昭和34年判決の事案について「被告人は馬を売りさばくことができると約束していたが、なかなか見込みがないので、無断で馬を引き出し廉価で売却して代金を領得しようとした事案であり、前者〔業務上横領の訴因〕は馬の売却代金の着服と評価したのに、後者〔窃盗の訴因〕は馬そのものの窃取の時点および行為に注目した」ものであるという指摘があります（田宮『日本の刑事訴追』298頁。〔　〕は引用者）。すなわち、窃盗と業務上横領にかかる事実は、外形的にみる限り、ともに成立する関係にある、しかし、被告人の一連の行為に対して刑法上の評価を加えたときは、刑罰権を実現する理由〔根拠〕となるべき事実としては両立しない、すなわち、窃盗か業務上横領かいずれか一方が成立するだけであるわけです。最高裁昭和34年判決は、そのことを「一方が有罪となれば他方がその不可罰行為として不処罰となる関係」と表現したものでしょう。

　ただし、外形的事実としては両立する場合も含むというのは、訴因にかかる具体的事実がほとんど共通しない場合も含んでしまうことを意味します。まさに、最高裁昭和53年決定の事案がそうでした。すなわち、「収受したとされる賄賂と供与したとされる賄賂との間に事実上の共通性がある」にすぎず、犯罪の日時・場所についても、その他の訴因の要素となる具体的事実についても、共通するところはほとんどありません。この最高裁昭和53年決定の事案にあっては、具体的事実が共通するという基準の意義ないし機能は極めて希薄なもの、たんに形式的に併用されるものになってしまっています。その点が、やはり、批判されねばなりません（団藤重光裁判官は補足意見で、「本件の本位的訴因において収賄罪の構成要件に該当するものとされた事実と、予備的訴因において贈賄罪の構成要件に該当するものとされた事実とは、重要な部分において重なり合う」ために、「構成要件的共通性」があることも明らかだと述べた。しかし、重なり合う事実を具体的には述べられておらず、その補足意見には首肯できない）。

　最高裁昭和53年決定は、この問題を意識したためか、2つの訴因にかかる事実の背後にある隠された**「一連の同一事象」**に敢えて言及しました。たしかに、最高裁昭和53年決定の事案は、AがX・Y間の賄賂の受け渡しの仲立ちをして、そのさい自分の取り分を得たというものでした。2つの訴因にかかる事実について、現金の供与と受領という行為が事件関係者の間で2度にわたってなされたという、背後にある一連の外形的事情は共通して存在するものであったわけです。最高裁昭和53年決定は、この「一連の同一事象に対する法的評価を異にするに過ぎない」ことに言及したうえで、「基本的事実関係においては同一である」と結論しました。たしかに、その「一連の同一事象」が具体的な主張の対象になっていたのであれば、それを実質的根拠として公訴事実の同一性を認め、同一の刑事手続で処理することも差し支えはないように思われます。

　しかし、その「一連の同一事象」は、検察官が主張する対象にはなっていません。起訴状に記載された事実の背後にある、隠された外形的事情というべきものです。そのような起訴状の記載には表されな

い「事象」を援用するのは、〈訴因として起訴状に記載される事実だけを比較して、公訴事実の同一性の存否を決定する〉という判断の基本的枠組みから外れるものといわねばなりません。

> **展開支援ナビ**
>
> **訴因の比較による公訴事実の単一性判断**　実体的には常習特殊窃盗罪を構成するとみられる2つの窃盗行為のうち、1つが単純窃盗罪（A訴因）として起訴され確定判決を受けた後、もう1つの（確定判決前の）窃盗行為が単純窃盗罪（B訴因）として起訴された場合に、A訴因の確定判決の一事不再理効がB訴因の後訴に及ぶか、争われた事案で、**最判平成15・10・7刑集57巻9号1002頁**は、次のように判示しました（〔〕は原文のまま）。
>
> 「確定判決を経由した事件（以下「前訴」という。）の訴因及び確定判決後に起訴された確定判決前の行為に関する事件（以下「後訴」という。）の訴因が共に単純窃盗罪である場合において、両訴因間における公訴事実の単一性の有無を判断するに当たり、〔1〕両訴因に記載された事実のみを基礎として両者は併合罪関係にあり一罪を構成しないから公訴事実の単一性はないとすべきか、それとも、〔2〕いずれの訴因の記載内容にもなっていないところの犯行の常習性という要素について証拠により心証形成をし、両者は常習特殊窃盗として包括的一罪を構成するから公訴事実の単一性を肯定できるとして、前訴の確定判決の一事不再理効が後訴にも及ぶとすべきか、という問題であると考えられる。／思うに、訴因制度を採用した現行刑訴法の下においては、少なくとも第一次的には訴因が審判の対象であると解されること、犯罪の証明なしとする無罪の確定判決も一事不再理効を有することに加え、前記のような常習特殊窃盗罪の性質や一罪を構成する行為の一部起訴も適法になし得ることなどにかんがみると、前訴の訴因と後訴の訴因との間の公訴事実の単一性についての判断は、基本的には、前訴及び後訴の各訴因のみを基準としてこれらを比較対照することにより行うのが相当である。本件においては、前訴及び後訴の訴因が共に単純窃盗罪であって、**両訴因を通じて常習性の発露という面は全く訴因として訴訟手続に上程されておらず、両訴因の相互関係を検討するに当たり、常習性の発露という要素を考慮すべき契機は存在しない**のであるから、ここに常習特殊窃盗罪による一罪という観点を持ち込むことは、相当でないというべきである。そうすると、別個の機会に犯された単純窃盗罪に係る両訴因が公訴事実の単一性を欠くことは明らかであるから、前訴の確定判決による一事不再理効は、後訴には及ばないものといわざるを得ない。／以上の点は、各単純窃盗罪と科刑上一罪の関係にある各建造物侵入罪が併せて起訴された場合についても、異なるものではない。」
>
> なお、**最判昭和43・3・29刑集22巻3号153頁**は、常習累犯窃盗（盗犯等の防止及び処分に関する法律3条）の一罪として起訴された数個の窃盗行為について、その中間に同種態様の行為による窃盗罪の確定判決が存在し、かつ、確定判決前の窃盗行為が確定判決を受けた窃盗行為とともに常習累犯窃盗の一罪を構成すべきものと認められる場合、右確定判決前の窃盗行為はすでに確定判決を経たものとして免訴とすべきだ、と判示していました。この最高裁昭和43年判決との違いについて最高裁平成15年決定は、こう判示します。
>
> 「前訴の訴因が常習特殊窃盗罪又は常習累犯窃盗罪（以下、この両者を併せて「常習窃盗罪」という。）であり、後訴の訴因が余罪の単純窃盗罪である場合や、逆に、前訴の訴因は単純窃盗罪であるが、後訴の訴因が余罪の常習窃盗罪である場合には、両訴因の単純窃盗罪と常習窃盗罪とは一罪を構成するものではないけれども、**両訴因の記載の比較のみからでも、両訴因の単純窃盗罪と常習窃盗罪が実体的には常習窃盗罪の一罪ではないかと強くうかがわれるのであるから、訴因自体において一方の単純窃盗罪が他方の常習窃盗罪と実体的に一罪を構成するかどうかにつき検討すべき契機が存在する場合**であるとして、単純窃盗罪が常習性の発露として行われたか否かについて付随的に心証形成をし、両訴因間の公訴事実の単一性の有無を判断すべきであるが（最高裁昭和42年（あ）第2279号同43年3月29日第二小法廷判決・刑集22巻3号153頁参照）、本件は、これと異なり、前訴及び後訴の各訴因が共に単純窃盗罪の場合であるから、前記のとおり、常習性の点につき実体に立ち入って判断するのは相当ではないというべきである。」
>
> 最高裁平成15年決定は、公訴事実の単一性の判断について、〈訴因として訴訟手続に上程されない事実ないし要素を検討すべきでない〉ことを原則としつつ、〈訴因を超える事実ないし要素について、**訴因じたいに検討の契機が存在するときに限り、例外的にこれを判断できる**〉ことを認めました。検討の契機があれば足りるとした最高裁平成15年決定は、容易に〈訴因を超える事実ないし要素〉の判断を許すものでないか、懸念されます。しかし、この最高裁平成15年決定に比較しても、最高裁昭和53年決定は特別な限定なく起訴状の記載には表されない「事象」を援用して公訴事実の狭義の同一性を肯定するものであり、疑問だといわねばなりません。

最高裁昭和53年決定は、訴因変更の可否について、２つの訴因にかかる具体的事実、すなわち、検察官が主張する具体的事実だけをみる**訴訟的な考察方法**から外れて、背後にある事象の同一性までみる**実体的な考察方法**に不当に傾斜したものではないかと思うのです。すなわち、検察官が具体的事実として主張する以前に存在する実体的事実、つまり、「訴因として構成される以前の」「自然的事実・社会的事実の同一性」（平野『刑事訴訟法』139頁）の問題だと考えるものになっていないかと思うのです。そうであれば、それはやはり、訴因対象説の考え方から外れてしまうものとして批判されねばなりません。

展開支援ナビ

収賄と贈賄――非両立の関係まで判断されなかった事案　なお、税務署職員Ａが特殊料理屋組合の幹部Ｂから、同組合員らの所得税額決定資料の収集・調査について好意の取り計らいを受けたい趣旨の下で、酒食の饗応を受けたという事案に関して、**最決昭和28・3・5刑集7巻3号457頁**は、次のように判示します。

税務署職員Ａと組合幹部Ｂのあいだに入った被告人に対し、**収賄**を本位的訴因〔被告人はＡと共謀のうえ、Ｂから2830円相当の酒食の饗応を受け、もってその職務に関し収賄した〕とする起訴状に、**贈賄**の予備的訴因〔被告人はＢと共謀のうえ、Ａに対し2830円相当の酒食の饗応をし、もって賄賂を供与した〕が追加されたのですが、最高裁昭和28年決定は、「昭和25年４月17日附予備的訴因（罰条）追加請求書記載の公訴事実第三(2)〔贈賄〕は、被告人に対する昭和24年４月２日附起訴状記載の公訴事実第三(2)〔収賄〕に比し、**公訴事実の日附、場所、人及び行為の内容等具体的事実関係をすべて同じくし、公訴事実の同一性を失はないもの**と認められる」と述べました（また、**最判昭和36・6・13刑集15巻6号961頁**も、「起訴状記載の訴因は、被告人が町長Ｃと共謀の上、同町長の職務に関し、２回に亘つて賄賂金合計60万円を収受したという収賄の事実」であり、「原判決認定の事実は、被告人がＤと共謀の上、町長Ｃに対し、同町長の職務に関し、２回に亘って賄賂金合計60万円を供与したという**贈賄**の事実」であった事案において、同じ結論をとった）。賄賂が供与・収受された日時・場所などが同一であって、ただ共謀の相手方だけが変わった事案でした。犯罪の日時・場所、饗応の主体〔Ｂ〕や客体〔Ａ〕、饗応の内容などが共通でしたので、単純に、訴因の要素となる具体的事実が共通することだけを基準に、公訴事実の同一性が肯定された事案であったわけです。

しかし、共犯関係が曖昧であったため収賄と贈賄の２つの訴因が**競合**した点で、最高裁昭和28年判決の事案と最高裁昭和53年決定の事案は同じでした。しかし、最高裁昭和53年決定の事案では共通する具体的事実がわずかしかありません。そのため、敢えて〈両立しない関係にある〉とか、〈一連の同一事象に対する法的評価を異にするにすぎない〉と述べて、公訴事実の同一性が肯定されたといえます。そのように２つの最高裁判例を比較したとき、やはり、具体的事実が共通するという基準の希薄化ないし形式化を伴って、非両立の関係などの基準が併用されたと批判されねばならないと思うのです。

(2) 覚せい剤自己使用事犯と訴因変更の可否

このように最高裁判例は、２つの訴因にかかる具体的事実について、わずかしか共通するものがないのに、現実の具体的犯罪としては両立しない関係にあることも基準として、基本的事実関係の同一性、すなわち、公訴事実の同一性を肯定しようとします。しかし、そのことじたいが疑問でした。とくに、起訴状の記載に表されない、**背後にある一連の同一事象**まで基準にすることには、重大な疑問があります。

そのような訴因にかかる事実としては表されない事象を基準にして、公訴事実の同一性を肯定した事案が他にもあります。覚せい剤自己使用事犯における訴因変更の可否が問題となった事案です。

最決昭和63・10・25刑集42巻8号1100頁は、次のように判示しました。

「本件昭和60年11月８日付起訴状記載の訴因は、『被告人は、「よっちやん」ことＫ某と共謀の上、法定の除外事由がないのに、昭和60年10月26日午後５時30分ころ、栃木県芳賀郡二宮町大字久下田〔中略〕の被告人方において、右Ｋをして自己の左腕部に覚せい剤であるフェニルメチルアミノプロパン約0・04グラムを含有する水溶液約0・25ミリリットルを注射させ、もって、覚せい剤を使用した』というものであり、また、検察官が第一審裁判所において変更を請求した訴因は、『被告人は、法定の除外事由がないのに、昭和60年10月26日午後６時30分ころ、茨城県下館市大字折本〔中略〕所在スナッ

ク「Ｓ」店舗内において、覚せい剤であるフェニルメチルアミノプロパン約０・０４グラムを含有する水溶液約０・２５ミリリットルを自己の左腕部に注射し、もって、覚せい剤を使用した』というものである。そして、記録によれば、検察官は、昭和60年10月28日に任意提出された被告人の尿中から覚せい剤が検出されたことと捜査段階での被告人の供述に基づき、前記起訴状記載の訴因のとおりに覚せい剤の使用日時、場所、方法等を特定して本件公訴を提起したが、その後被告人がその使用時間、場所、方法に関する供述を変更し、これが信用できると考えたことから、新供述にそって訴因の変更を請求するに至ったというのである。そうすると、両訴因は、その間に覚せい剤の使用時間、場所、方法において多少の差異があるものの、いずれも被告人の尿中から検出された同一覚せい剤の使用行為に関するものであって、事実上の共通性があり、両立しない関係にあると認められるから、基本的事実関係において同一であるということができる。したがつて、右両訴因間に公訴事実の同一性を認めた原判断は正当である」、と。

すなわち、「昭和60年10月26日午後5時30分ころ、栃木県の被告人方」と「同日午後6時30分ころ、茨城県のスナック店舗内」という２つの訴因は、尿中の覚せい剤の使用という「事実上の共通性」があり「両立しないため」に、公訴事実の同一性を認めることができるとしたわけです。

しかし、２つの訴因の「覚せい剤の使用時間、場所、方法」には「差異がある」ため、複数回の使用行為がある可能性も存するはずでした。それにもかかわらず、その可能性はまったく考慮に入れられていません。この点にかんがみますと、最高裁昭和63年決定は、検察官による主張の実質について、**尿中から検出された覚せい剤をただ１回だけ使用したものである**趣旨と捉えたうえで、訴因変更の可否を判断したといえるでしょう（詳細は、設問12「覚せい剤自己使用事犯における訴因の明示」参照）。

ただし、同じ尿中から検出された覚せい剤をただ１回だけ使用したことは、起訴状記載の原訴因にも変更請求にかかる新訴因にも、それぞれまったく記載されていません。訴因にかかる具体的事実について、重なりあいがほとんどないのに、起訴状記載の原訴因にも変更請求にかかる新訴因にも表されないような事象、すなわち、「被告人の尿中から検出された同一覚せい剤の使用行為に関するものであって、事実上の共通性」があることまで援用して、訴因変更ができるとしたその結論については、やはり問題だといわねばなりません。

展開支援ナビ

最高裁昭和63年決定の評価　これに対し、田宮裕博士は、最高裁昭和63年決定について、「『両訴因は……』『右両訴因間に……』とくり返していることからわかるように、２つの訴因の比較で〔公訴事実の同一性の存否を〕判定するという方法論に立〔つ〕」と述べ（田宮『日本の刑事訴追』307頁。〔　〕は引用者）、「もっとも、ここで『比較』といっても、単に訴因の文面上の対比だけでは判断がつきかねることもある。だから正確には、訴因事実の実質的な意味の比較というべきではあろう」とされたうえで（田宮・前掲書316頁）、「比較の視点で事実上の共通性と択一性を論じる今次の最高裁判例〔すなわち、最高裁昭和63年決定〕の判示のしかた」は、「妥当なものといえよう」と評価されました（田宮・前掲書317頁）。

「訴因の比較」の重要性を強調される点は、まったく異論がありません。ただし、〈実質的な意味を比較する〉とされ、「比較」の意味をゆるやかに捉える点や、〈比較の視点で事実上の共通性と択一性を論じてよい〉とされて、訴因にかかる事実として表されないような事象を基準にしてもよいという点は、やはり問題だというべきです。さらに、そもそも、非両立の関係などを基準に公訴事実の同一性をゆるやかに肯定する最高裁判例の動向について、これを批判する観点が乏しいことも問題でしょう。

これらの点で、最高裁昭和63年決定に対する田宮裕博士の積極的評価には、なお賛同できないものがあります。

5　訴因対象説と訴因変更の可否の判断基準

　冒頭で述べたように、訴因は刑事訴訟における審判対象となるものであって、その本質は、**検察官による犯罪構成要件該当の具体的事実の主張**でした。裁判所は証拠調べなどの実体審理を経て、この検察官の主張に理由があるかどうか、主張を裏付けるに足りる十分な証拠を検察官が法廷に提出できたかどうか判断すべきものとなります。この訴因の本質にかんがみれば、訴因変更ができるかどうか、すなわち、「公訴事実の〔狭義の〕同一性」(刑訴312①) があるかどうかという問題は、「訴因は主張である」わけですから、「主張された事実(訴因)と主張された事実(訴因)との比較の問題であることに注意しなければ」なりませんでした (平野『刑事訴訟法』139頁)。すなわち、「主張される以前の(訴因として構成される以前の)事実の同一性」、「自然的・社会的事実の同一性」の問題であってはならないわけです (平野・同上)。訴因対象説からは、「構成要件に該当する〔具体的〕事実としてのA事実とB事実とを端的に重ね合わすべきである」わけです (平野・前掲書141頁)。

　では、どの程度重なりあえばよいのでしょうか。この点では、やはり、訴因対象説を提唱された平野龍一博士が述べられたように、公訴事実の同一性を肯定するためには、「訴因の基本的な部分が共通であることが必要」であるというべきでしょう (平野『刑事訴訟法』138頁)。なぜなら、訴因の基本的部分が共通であるときは、当事者による主張・立証の訴訟追行行為の重要な部分が共通することになり、訴因変更を許可すべき実質的根拠も肯定されるからです。

　この「訴因の基本的な部分が共通である」という意味について、3(1)でも言及したように、平野龍一博士は、訴因変更の制度をもつ現行の刑事訴訟法下では、「〔訴因の〕大部分が同一である必要はないと解しうる。すなわち、犯罪を構成する主要な要素は行為と結果とであるが、両者が同一である必要はなく、**行為または結果のいずれかが共通であれば、公訴事実は同一**であると考えてよい。したがって、暴行と器物毀棄とは行為の点で同一であり得るし、窃盗と詐欺とは結果の点で同一性を持つ。しかし、法益が同一であるだけでは、同一性は認められない。窃盗罪と贓物故買とは、たとい同じ財物に対するものであっても、日時場所が著しく異なれば(日時場所が近ければ結果が同一となり同一性をもつ)、同一性があるとはいえない」とされました (平野・前掲書139、140頁。平野龍一博士が、同じ財物を不法に領得しても日時・場所が著しく異なれば、〈結果は同一とならない〉と述べたのは、〈日時・場所を具えた具体的事実としての「結果」について、同一と評価できない〉という趣旨であろう。その趣旨は「実行行為」にもあてはまる。この考え方によれば、たとえば、同一の被害者に対する殺人被告事件で実行行為と結果の内容が同じであっても――それゆえ、非両立の関係があっても――、その日時または場所が著しく異なるときは、具体的事実としての行為も結果も、同一にはならないというべきであり、それゆえ、公訴事実の同一性は否定されねばならないであろう)。

　構成要件要素に該当する具体的事実について、その基本的部分が同一である場合に限って、「公訴事実の同一性を害しない」(刑訴312①) と認め、訴因変更を許可すること、そして、基本的部分が同一であるためには、訴因の要素である犯罪の日時・場所が同一であるか少なくとも近接しており、かつ、構成要件要素である実行行為または結果が同一でなければならないこと――、そう結論するのが平野龍一博士の考え方であったわけです。

　これに対し、公訴事実の同一性の存否を判断する最高裁判例の基準は、訴因の要素となる具体的事実について、その重なりあいが一部にしかなくとも、訴因変更を可能とするものになっています。そのような最高裁判例の考え方や結論については、平野龍一博士のそれと比較する限り、極めて緩やかに訴因変更を許すものといわねばなりません。

　しかし、訴因変更の制度というのは、基本的には、検察官による**訴追の効率化を目指した制度**であって、検察官にとって便宜な制度だというべきです。他方、被告人にとっては、訴因変更請求という検察官の訴訟行為により、それまでの防禦活動が無意味なものになってしまい、まったく新たな応訴活動を

強制されることにもなって、刑事手続の負担に疲弊しきってしまう恐れさえあるものです。それゆえ、基本的部分が共通せず、当事者による主張・立証の訴訟追行行為の重要な部分も共通しない具体的事実を、検察官が新たに主張しようとするときは、やはり、あらためて起訴・不起訴決定を行い、刑事訴追の必要性・相当性などが認められる限りで、新たな公訴提起の対象にすべきでしょう。
　このように考えてきますと、公訴事実の同一性の存否を判断する基準については、やはり、平野龍一博士の考え方と結論が正当性をもつものとして、肯定されるべきです。
　これに対し、すでに述べてきたように最高裁判例は、2つの訴因にかかる事実について、その具体的な重なりあいを重要視せず、むしろ、具体的な重なりあいが一部にしかなくとも、〔1〕罪質が同一であるとか、〔2〕両立しない関係にある、〔3〕現実の具体的事実としては両立するけれども、刑法上の評価を加えたとき、規範的には両立しない関係にある、そして、〔4〕一連の同一事象が共通するということまで基準として、訴因変更ができるケースの範囲を広げていきました。それは、具体的事実が共通するという基準を希薄化し、形式化していった過程であり、やはり、賛成できません（なお、訴因変更の可否を判断する基準について、非両立の関係に収斂ないし一元化しようとする考え方にも、同じ趣旨で、すなわち、具体的事実の共通が決定的基準であることを看過するものとして、賛成できない）。このような最高裁判例の動向を批判するためにも、あらためて、平野龍一博士の考え方やその結論が評価されねばならないと思うのです。

証拠法①（違法収集証拠）

15　違法収集証拠物の排除

> **設問15**
> 捜査機関により違法に収集された証拠物の証拠能力について、論じなさい。
>
> **関連問題**
> 警察官Ｐは挙動に不審があったＳを呼び止め、職務質問を行った。Ｓが白色粉末の入ったビニール袋を上衣の内ポケットに入れたことを見たＰは、Ｓの承諾なしに上衣内ポケットに手を差し入れ、ビニール袋を取り出した。
> Ｐが「シャブだな」と言ったところ、Ｓがうなずいたので、Ｓを覚せい剤所持の罪で現行犯逮捕し、右ビニール袋を押収した。Ｐは、警察署に戻ってのち予試験を実施して、ビニール袋内の白色粉末が覚せい剤に間違いがないことを確認した。
> Ｓの引致を受けた司法警察員Ｋは、現行犯逮捕にいたる手続の適法性に疑問があると考え、「Ｓを警察署に任意同行して、ビニール袋の任意提出を受け、予試験の結果、ビニール袋内の白色粉末が覚せい剤であることが判明したので、現行犯逮捕した」という手続を踏んだこととし、現行犯逮捕手続書もみずから作りなおした。
> 覚せい剤の証拠能力について、論じなさい。

1　違法収集証拠物の証拠能力と判例

(1)　違法収集証拠物の証拠能力

捜査機関の違法行為にもとづき発見、収集された物件を、裁判所は有罪を認定する証拠物として使用できるでしょうか。かつては、犯行の兇器とか盗品などの証拠物は、その収集手続に違法があったとしても、〈法廷では証拠として許容できて当然だ〉、〈収集手続の違法を理由に、証拠としての使用を禁止すべきでない〉と考えられていました。なぜなら、収集手続に違法があっても、それにより証拠物の性質や形状が変わるものではないからです。言い換えれば、証拠としての**証明力**（刑訴318。証明力は、①証明を必要とする事実をどの程度推認させるかという**狭義の証明力**と、②その要証事実との関係を一応はなれて、その証拠をそれじたいとしてどの程度信頼できるかという**一般的信用性**の2つの意味をもつ）になんら変わりはないからです。つまり、実体的真実の発見のためには、**違法収集証拠物**であっても、証拠能力を肯定すべきだと考えられたわけです。ちなみに、証拠能力とは、裁判所の事実認定の用に供するための法的資格を意味し、この証拠能力を否定することを、証拠から排除するとも表現します。

違法収集証拠物であっても、その証拠能力を肯定すると判示したのが、**最決昭和24・12・13裁判集刑事15号349頁**でした。具体的な事実関係は、こうです。旧刑事訴訟法が適用される事案（強盗未遂、銃砲等所持禁止令違反被告事件）について、被告人を現行犯逮捕したＰ巡査が、被告人方中庭戸棚の上に匕首を発見したため、これを有力な証拠品として警察署に持ち帰り、警察署でＫ司法警察官が匕首を差し押さえる手続をとりました。この手続に対し弁護人側は、旧刑事訴訟法171条が現行犯逮捕の現場で差押えができる者を「検察官」と「司法警察官」に限定しているのに、たんなる「巡査」が逮捕現場で匕首を違法に差し押さえたと主張しました。

最高裁昭和24決定は、次のように述べ、この匕首の証拠能力を肯定します。

「所論匕首は司法警察官Kにより甲警察署において適法に押収されたことが明〔らか〕であり〔弁護人の〕所論の様にP巡査が不当に押収したものでないことがわかる。〔差押えの場所を警察署と記載した押収調書について〕所論のような記載、文字訂正等があってもそれにより右押収が不適法のものであるとすることは出来ない。しかのみならず、たとえ押収手続に所論の様な違法があったとしても押収物件につき公判廷において適法の証拠調べが為されてある以上〔中略〕これによって事実の認定をした原審の措置を違法とすることは出来ない。**押収物は押収手続が違法であっても物其自体の性質、形状に変異を来す筈がないから其形状等に関する証拠たる価値**〔すなわち、**証明力**〕**に変りはない。其故裁判所の自由心証によって、これを罪証に供すると否とは其専権に属する**。〔弁護人の〕論旨では訊問調書作成手続が違法の場合は其調書の証拠能力なしとする理論を援用して押収手続に違法ある場合の押収物件の証拠能力を否定しようとするけれども、それとこれとは事柄の性質が違う。訊問調書は供述を記載するのであり、供述は訊問手続によって導き出されるものであるから、訊問手続の違法は供述の内容に影響を及ぼす虞があり、調書作成手続の如何により記載された内容の真偽（供述された通りに記載されたか否かについても）についての疑惑を生ずる虞がないでもない。しかし押収物の場合は押収手続に所論の様な違法があったとしてもそれにより物自体の形状性質等に何等影響を及ぼす虞はないからである」、と。

しかし、現在、このような考え方はとられず、違法収集証拠物の証拠能力を否定するルール、すなわち、違法収集証拠物を排除するルールが一般に承認されています。

展開支援ナビ

違法収集証拠物の排除根拠　違法収集証拠物は、なぜ証拠能力を否定され、法廷から排除されねばならないのでしょうか。捜査機関が違法に発見・収集したという理由で、証拠としての価値・証明力に問題がない証拠物を証拠として使用しないとき、実体的真実の発見に支障が生ずることもあるはずです。違法収集証拠物を排除することで、実体的には犯罪者である被告人を処罰できないかもしれません。そのような訴訟上の不利益や社会の犠牲を敢えて甘受せよというのが、違法収集証拠物を排除するルールです。しかし、なにがそういうルールを正当化するのでしょうか。**実体的真実の発見**とか**犯罪者の必罰**という刑事訴訟法の課題を放棄してまで、そのルールが実現し、擁護しようとするものは、なんなのでしょうか。

(1)排除根拠——憲法上の保障　1つの答えは、こうです。「国の最高法規」（憲法97①）である憲法は、すべてのひとに対し、「住居、書類及び所持品について、侵入、捜索及び押収を受けることのない権利」を保障し、かつ、この権利は「正当な理由に基いて発せられ、且つ捜索する場所及び押収する物を明示する令状がなければ、侵されない」と定めます（憲法35①）。そのように証拠物の収集に関し憲法が保障する権利や手続が不当に侵害されたとき、収集された証拠物を排除する法的効果、すなわち、**証拠禁止**の法的効果が、**憲法の人権条項に内在する効力**として認められねばなりません（証拠禁止とは、医療業務や法律業務の秘密保持とか、基本的権利の実効的保障、適正手続の現実的保障、将来における違法捜査抑止など、いま裁判所に係属し進行している刑事訴訟にとっては**外在的な理由**から証拠能力を否定するルールを意味する）。「憲法にのっとってはじめて適法な証拠がとれるしくみになっているので、採証のルールを保障した憲法は同時にルール違反の証拠の排除も予定している」というわけです（田宮裕『刑事訴訟法〔新版〕』399頁）。

また、こうも敷衍できます。違法収集証拠物は、その証拠としての価値・証明力に変わりがなくとも、法的には、**憲法上の権利に対する不当な侵害を化体した物**と捉えられねばなりません。それゆえ、憲法上の権利が実効的に保障されるためには、不当な権利侵害の化体物である違法収集証拠物について、これを**証拠禁止の対象**とすること、すなわち、法廷で証拠として使用しないことが必要になると考えねばなりません。「違法な捜索、押収を受けない憲法上の保障を空文化しないためには、それに反して得られた証拠の排除が必要」であるわけです（光藤景皎『刑事訴訟法Ⅱ』152頁）。

この考え方は、違法収集証拠物を排除するルールが実現するものは、**憲法上の権利の実効的保障**だとします。この考え方を、**憲法上の保障説**と呼んでおきます。

(2)排除根拠——司法の廉潔性　もう1つの答えは、**司法の廉潔性**こそが、違法収集証拠物を排除するルールが実現し、擁護するものだとします。廉潔性（integrity）とは、清廉潔白なさまを意味します。無瑕性とも呼ばれ、傷1つない無垢で完全なさまを意味します。とくに司法の廉潔性というとき、その意味は、こう

です。

　裁判所は、法規範が社会で遵守され、実現されていることをつねにチェックする役割を担います。すなわち、法的権利の行使を擁護し、法的義務の履行を監視する司法機関が裁判所です。法規範の実効性を保障する最終的な「法の番人」・「法の擁護者」が裁判所です。それゆえ、この裁判所が法規範を遵守しないとか法規範に抵触することは、絶対にあってはなりません。なぜなら、そのような裁判所は、法規範の遵守を要求し、国民を裁く資格を失うからです。裁判所に寄せる国民の尊敬・信頼も損なわれるでしょう。法規範を遵守するという点で、裁判所は徹底して清廉潔白な存在でなければならないのです。

　この司法の廉潔性を実現し、擁護する立場から、次のように主張されました。すなわち、違法な捜査活動にもとづき収集された物件について、もしこれを裁判所が証拠として許容し、法廷で使用してかまわないとすれば、それは、〈法律を破った犯罪者たちを追及し、処罰するためであれば、捜査機関は法規範に従う必要はない。法を超越する立場から、犯罪者たちを出し抜くような違法な証拠収集活動も許される〉という考え方に裁判所が与したことを意味してしまいます。言い変えれば、捜査機関の違法行為が犯罪者の違法行為を出し抜く「汚れた仕事」に裁判所も加担したことを意味します。しかし、そうなっては司法の廉潔性が大きく損なわれ、裁判所に対する国民の尊敬・信頼も根底から損なわれてしまうでしょう。それゆえ、違法収集証拠物を裁判所は証拠として使用してはならない、と主張されるのです。

　違法収集証拠物の排除により**司法の廉潔性を現実のものにする、司法の廉潔性をまもる**わけです。以上の考え方を、**司法の廉潔性説**と呼びます。

　（補足1）司法の廉潔性説と適正手続条項　なお、**司法の廉潔性説の意義を明確にする**ため、憲法31条の適正手続条項（「何人も、法律の定める手続によらなければ、その生命若しくは自由を奪われ、又はその他の刑罰を科せられない」）を援用する考え方もあります。その趣旨は、こうです。

　司法の廉潔性の実現・擁護を根拠に違法収集証拠物を排除するとき、違法収集証拠排除法則と憲法との結びつき、すなわち、違法収集証拠排除法則に与えられるべき憲法上の意義ないし位置はなお明らかではありません。この点を明確にするため、〈司法の廉潔性を実現・擁護するため違法収集証拠物を排除するルール〉じたいが、憲法31条により被告人に保障される**適正手続の内容**になると考えるわけです。

　（補足2）適正手続の保障説　これに対し、**証拠排除の範囲を広げる**ため、憲法31条の適正手続条項違反じたいを違法収集証拠物の排除理由にする考え方もあります。**適正手続の保障説**と呼んでおきます。すなわち、憲法35条などの個々の人権条項のほかに、憲法31条の適正手続条項まで排除根拠として援用することで、憲法の下位規範である刑事訴訟法などに違反する捜査機関の行為についても、適正手続条項違反として証拠排除理由にすべき場合があると考えます。憲法31条が保障する適正手続の内容には、比例原則、令状主義、弁護権などを広く含めることになります。

　ただし、**証拠排除の範囲を狭める**ため、敢えて適正手続条項が排除根拠とされる場合もあることに注意しなければなりません。すなわち、〈適正手続条項に違反するという以上、刑事手続の公正さを全体として疑わせるような重大な違法行為が存在しなければならない〉と考えるのです。そのため、〈憲法35条などの個々の人権条項違反に違反するだけでなく、さらに、**それを超えて憲法31条の適正手続条項にも違反するレヴェルの重大な違法行為がある場合に限って、違法収集証拠物の排除を認めるべきだ**〉と主張されます。

　後述する**最判昭和53・9・7刑集32巻6号1672頁**は、憲法35条に加えて憲法31条を援用したうえで、「証拠物の押収等の手続に憲法35条及びこれを受けた刑訴法218条1項等の所期する令状主義の精神を没却するような重大な違法」があることを違法収集証拠排除の要件の1つとしました。それは、証拠排除の範囲を狭める趣旨で敢えて適正手続条項を援用し、証拠収集行為の違法の程度・内容について、ことさら重大なものを要求する趣旨かもしれません。しかし、もしも「令状主義違反では排除せず、『令状主義の精神を没却する違法』がなければ排除しないというのであれば、それは排除法則のいわれなき制限となる」と批判されねばなりません（光藤「違法収集の証拠」佐伯千仭編『刑事訴訟法の考え方』151頁以下）。

　(3)排除根拠——違法捜査の抑止　最後の答えは、**違法捜査の抑止**という政策的観点を強調する考え方です。**違法捜査抑止説**と呼んでおきます。違法捜査抑止説はこう考えます。

　証拠物を発見・収集する過程で、捜査機関に違法行為があってはならないことはいうまでもありません。しかし、捜査機関の違法行為が不幸にもなされたとき、将来、そのような違法行為を繰り返させてはならないというべきです。そのため、違法な証拠収集手続に携わった捜査機関だけでなく、他の捜査機関すべてに対し、将来の違法捜査を抑止する措置が講じられねばなりません。その具体的措置として、捜査機関の証拠収集手続に違法があったとき、その違法な手続で収集された証拠物じたいを法廷から排除すべきです。そのように個別

> 事案で1つ1つ違法収集証拠物を排除し、捜査活動を徒労に終わらせてこそ、憲法の人権条項や刑事訴訟法の規定を遵守しなければならないという思いが捜査機関すべてに共有されることになるでしょう。そのようにして捜査機関すべてに憲法や刑事訴訟法の規範ないし理念が内面化されたとき、将来における違法な捜査活動も抑止されることになるはずです。
> こう考えて違法捜査抑止説は、**違法捜査を抑止する司法政策**こそが、違法収集証拠物を排除するルールにより実現・擁護されるものと捉えるわけです。

(2) 最高裁昭和53年判決と違法収集証拠物排除

違法収集証拠物の証拠能力について、現在の判例の考え方はどうでしょうか。**違法収集証拠物を排除するルールを承認することに踏み切った最初の最高裁判例**が、**最判昭和53・9・7刑集32巻6号1672頁**でした。次のように判示します。

「違法に収集された証拠物の証拠能力については、憲法及び刑訴法になんらの規定もおかれていないので、この問題は、刑訴法の解釈に委ねられているものと解するのが相当であるところ、刑訴法は、『刑事事件につき、公共の福祉の維持と個人の基本的人権の保障とを全うしつつ、事案の真相を明らかにし、刑罰法令を適正且つ迅速に適用実現することを目的とする。』(同法1条) ものであるから、違法に収集された証拠物の証拠能力に関しても、かかる見地からの検討を要するものと考えられる。ところで、刑罰法令を適正に適用実現し、公の秩序を維持することは、刑事訴訟の重要な任務であり、そのためには事案の真相をできる限り明らかにすることが必要であることはいうまでもないところ、証拠物は押収手続が違法であっても、物それ自体の性質・形状に変異をきたすことはなく、その存在・形状等に関する価値に変りのないことなど証拠物の証拠としての性格にかんがみると、その押収手続に違法があるとして直ちにその証拠能力を否定することは、事案の真相の究明に資するゆえんではなく、相当でないというべきである。しかし、他面において、事案の真相の究明も、個人の基本的人権の保障を全うしつつ、適正な手続のもとでされなければならないものであり、ことに憲法35条が、憲法33条の場合及び令状による場合を除き、住所の不可侵、捜索及び押収を受けることのない権利を保障し、これを受けて刑訴法が捜索及び押収等につき厳格な規定を設けていること、また、憲法31条が法の適正な手続を保障していること等にかんがみると、**証拠物の押収等の手続に憲法35条及びこれを受けた刑訴法218条1項等の所期する令状主義の精神を没却するような重大な違法があり、これを証拠として許容することが、将来における違法な捜査の抑制の見地からして相当でないと認められる場合においては、その証拠能力は否定されるものと解すべきである**」、と。

この最高裁昭和53年判決は、その言葉遣いから、前述の【展開支援ナビ】(「違法収集証拠物の排除根拠」) で言及した憲法上の保障説と違法捜査抑止説の考え方にそって、違法収集証拠物を排除するルールを定立したともいえます。また、憲法31条の適正手続の保障にも言及するため、司法の廉潔性説や適正手続の保障説も踏まえた判示だといってよいかもしれません。

いずれにせよ、この最高裁昭和53年判決は、実質的にみて、1つの**法規範**を創設しました。なぜなら、刑事訴訟法に、違法収集証拠物を「証拠とすることはできない」と定める規定がないのに、最高裁昭和53年判決は、刑事訴訟法1条などの規定を解釈し、違法収集証拠物の証拠能力を否定すべき場合を認めたからです。

最高裁昭和53年判決の**判断枠組み**は、こうです。まず、〔A〕証拠物を収集する捜査機関の手続を対象として、その手続が違法かどうかを判断します。違法だと判断したときは、つぎに、〔B〕「令状主義の精神を没却するような重大な違法」であるかどうかを判断します。「**重大な違法**」**要件**の判断です。さらに、〔C〕違法収集証拠物を「証拠として許容することが、将来における違法な捜査の抑制の見地からして相当でないと認められる」かどうかを判断します。「**許容の不相当**」**の要件**の判断です (「排除の

相当」要件と呼んでもよい)。2つの要件がともに充足されたとき、違法収集証拠物の証拠能力は否定され、法廷から排除されねばなりません。

　この判断枠組みの下で、最高裁昭和53年判決は、事案をどのように処理したのでしょうか。具体的な事実関係は、こうでした。

---

　(1)　昭和49年10月30日午前0時35分ころ、パトカーで警ら中のP巡査らは、大阪市天王寺区にあるホテルオータニ付近の路上に、自動車が停車しており、運転席のXと右横にいる遊び人風の男たち3、4人が話しているのを認めます。パトカーが後方から近づくと、Xの車はすぐに発進し、右折してホテルオータニの駐車場に入りかけました。遊び人風の男達も、これについて右折して行きます。

　(2)　P巡査らは、Xの挙動を不審と考え、また、同所は連込みホテルの密集地帯であり覚せい剤事犯や売春事犯の検挙例が多く、Xに売春の客引きの疑いももったため、職務質問することにしました。P巡査らはパトカーを下車し、Xの車を駐車場入口付近で停止させ、窓ごしに運転免許証の提示を求めます。Xは「正木良太郎」名義の免許証を提示しました(免許証が偽造であることは後に警察署において判明する)。

　(3)　P巡査が車内を見ると、ヤクザの組の名前と紋のはいったふくさ様のものがあり、中に賭博道具の札が10枚位入っているのが見えます。P巡査は、他にも違法な物を持っているのではないかと思い、また、Xの落ち着きのない態度、青白い顔色などから覚せい剤中毒の疑いももったため、職務質問を続行するためXに降車を求めました。

　素直に降車したXに対し、P巡査が所持品の提示を求めると、Xは「見せる必要はない」と言って拒否します。前記の遊び人風の男たちも近づいてきて、「お前らそんなことする権利あるんか」などと罵声を浴びせ、挑戦的態度に出てきました。そのため、P巡査らは他のパトカーの応援を要請します。応援が来るまでの2、3分の間、P巡査と応対していたXは、何となく落ち着かない態度で所持品提示の要求を拒んでいました。

　(4)　応援の警官4名が来てから、P巡査の所持品提示の要求に対し、Xはぶつぶつ言いながら、着ていた上衣右側の内ポケットから「目薬とちり紙(覚せい剤でない白色粉末が在中)」を取り出し、P巡査に手渡します。P巡査は、さらに、「他のポケットを触らせてもらう」と言います。これに対し、Xは何も言いませんでした。P巡査がXの上衣とズボンのポケットを外から触ったところ、上衣左側の内ポケットが、刃物ではないがなにか堅い物が入っている感じでふくらんでいたため、その内容物の提示を要求します。

　(5)　しかし、この提示要求に対し、Xは黙ったままでした。P巡査は、「いいかげんに出してくれ」と強く言うのですが、Xはそれにも答えません。P巡査が、重ねて「それなら出してみるぞ」と言ったところ、Xは何かぶつぶつ言って、不服らしい態度を示します。P巡査がXの上衣左側の内ポケット内に手を差し入れて内容物を取り出してみると、それは「ちり紙の包、プラスチックケース入りの注射針1本」でした。P巡査が「ちり紙の包」をXの面前で開披してみると、「ビニール袋入りの覚せい剤様の粉末」が入っていました。さらに、応援のN巡査が、Xの上衣内側の脇の下に、「万年筆型ケース入り注射器」が挟んであるのを発見し、これを取り出します。

　(6)　P巡査は、Xをパトカーに乗せ、その面前でマルキース試薬を用いて右「覚せい剤様の粉末」を検査します。その結果、右粉末は覚せい剤であることが判明したため、P巡査はパトカーの中でXを覚せい剤不法所持の現行犯人として逮捕し、右覚せい剤を証拠物として差し押えたのでした。

　最高裁昭和53年判決は、職務質問に付随する所持品検査について、「任意手段として許容されるものであるから、所持人の承諾を得てその限度でこれを行うのが原則であるが、職務質問ないし所持品検査

の目的、性格及びその作用等にかんがみると、所持人の承諾のない限り所持品検査は一切許容されないと解するのは相当でなく、捜索に至らない程度の行為は、強制にわたらない限り、たとえ所持人の承諾がなくても、所持品検査の必要性、緊急性、これによつて侵害される個人の法益と保護されるべき公共の利益との権衡などを考慮し、具体的状況のもとで相当と認められる限度において許容される場合があると解すべきである」と述べたうえで、本件証拠物の覚せい剤粉末を発見した捜査機関の行為、すなわち、無承諾で所持品を検査した行為について、「許容限度を逸脱したもの」と述べ、覚せい剤粉末の差押えにいたる手続は「違法といわざるをえない」と判示します。

> ### 展開支援ナビ
>
> **無承諾の所持品検査の適法性** 職務質問に附随する所持品検査の適法性について、長くなりますが、説明しておきます。警察官職務執行法2条1項（「警察官は、異常な挙動その他周囲の事情から合理的に判断して何らかの犯罪を犯し、若しくは犯そうとしていると疑うに足りる相当な理由のある者又は既に行われた犯罪について、若しくは犯罪が行われようとしていることについて知っていると認められる者を停止させて質問することができる」）が定める職務質問は、**行政警察活動**の1つです。将来の犯罪を予防したり市民の安全や社会の秩序を維持するため、警察官が行う職務質問や交通の取締り、危険な状態にある市民の保護などを行政警察活動と呼びます。この職務質問にさいし、所持品検査も行われる場合が少なくありません。しかし、この所持品検査について、警察官職務執行法に明文規定がありません。そのため、所持品の「検査」はそもそも「質問」の枠を超えてしまうものだから、承諾があろうとなかろうと、一切許されないという考え方もあります。
>
> しかし、最判昭和53・6・20刑集32巻4号670頁は、そう考えませんでした。〈職務質問に付随する限り、承諾を得て所持品検査を行うことができ、場合によっては、承諾がなくとも所持品検査を行うことができる〉という立場をとったのです。こう判示しました。
>
> 「警職法は、その2条1項において同項所定の者を停止させて質問することができると規定するのみで、所持品の検査については明文の規定を設けていないが、所持品の検査は、口頭による質問と密接に関連し、かつ、職務質問の効果をあげるうえで必要性、有効性の認められる行為であるから、同条項による職務質問に附随してこれを行うことができる場合があると解するのが、相当である。所持品検査は、任意手段である職務質問の附随行為として許容されるのであるから、所持人の承諾を得て、その限定においてこれを行うのが原則であることはいうまでもない。しかしながら、職務質問ないし所持品検査は、犯罪の予防、鎮圧等を目的とする行政警察上の作用であって、流動する各般の警察事象に対応して迅速適正にこれを処理すべき行政警察の責務にかんがみるときは、所持人の承諾のない限り所持品検査は一切許容されないと解するのは相当でなく、**捜索に至らない程度の行為は、強制にわたらない限り、所持品検査においても許容される場合があると解すべきである**。もっとも、所持品検査には種々の態様のものがあるので、その許容限度を一般的に定めることは困難であるが、所持品について捜索及び押収を受けることのない権利は憲法35条の保障するところであり、捜索に至らない程度の行為であってもこれを受ける者の権利を害するものであるから、状況のいかんを問わず常にかかる行為が許容されるものと解すべきでないことはもちろんであって、かかる行為は、**限定的な場合において、所持品検査の必要性、緊急性、これによって害される個人の法益と保護されるべき公共の利益との権衡などを考慮し、具体的状況のもとで相当と認められる限度においてのみ、許容されるものと解すべきである**」、と。
>
> どのような場合に無承諾の所持品検査が許容されるのか、最高裁昭和53年6月20日判決の趣旨を確認しましょう。(A)まず、無承諾の所持品検査について、「捜索に至らない程度の行為」であり、かつ、「強制にわたらない」──すなわち、所持人の身体などに物理的有形力を行使しない──ものでなければならないと判示します。その趣旨は、無承諾の所持品検査が強制処分の範疇に入ることを許さないというものです。しかし、「捜索に至らない程度の行為」で「強制にわたらない」のであれば、「状況のいかんを問わず」無承諾の所持品検査が許されるわけではありません。なぜなら、「捜索に至らない程度の行為であってもこれを受ける者の権利を害する」からです。(B)そのため、「捜索に至らない」、かつ、「強制にわたらない」無承諾の所持品検査について、さらに絞り込みを行います。すなわち、「限定的な場合において、所持品検査の必要性、緊急性、これによって害される個人の法益と保護されるべき公共の利益との権衡などを考慮し、具体的状況のもとで相当と認められる限度においてのみ、許容される」と判示しました。ちなみに、最高裁昭和53年6月20日判決がいう「限定的な場合」とは、後述の判示内容にかんがみ、兇器を使用した重大犯罪が発生し、犯人が逃走中であるなど、「犯人の検挙が緊急の警察責務とされていた状況」を意味するでしょう。また、最高裁昭和53年6月

20日判決がいう「害される個人の法益と保護されるべき公共の利益との権衡」とは、無承諾の所持品検査が〈個人の法益と公共の利益の権衡（バランス）を不当に欠くものであってはならないこと〉、実質的には、〈個人の法益侵害が不当に大きく、権衡を欠くものでないこと〉を意味します。つまり、最高裁昭和53年6月20日判決は、無承諾の所持品検査が比例原則に反しないこと、その意味で、相当性をもつことを要求したわけです（比例原則について、設問02「比例原則と捜査」参照）。

　なお、最高裁昭和53年6月20日判決の具体的事案はこうでした。鳥取県米子市で猟銃および登山用ナイフを使用した銀行強盗事件が起きます。緊急配備の検問中に警察官が容疑者の男性S、Cを発見し、検問の現場から警察署に同行して職務質問をつづけました。S、Cは警察官の職務質問に対して黙秘し、所持品の開披要求も拒否しつづけたため、警察官はふたりの承諾がないままその所持品である**ボーリングバッグ**のチャックを開けて、内部を一瞥します。チャックには鍵がかかっていませんでした。バッグ内部には、大量の紙幣が無造作に入っていました。もう1つの所持品の**アタッシュケース**は、施錠されていたため、警察官はドライバーを差し込んで鍵の部分をこじ開けます。アタッシュケースの中にもやはり大量の紙幣が入っており、強盗被害のあった銀行の帯封をした札束も見えました。そのため、警察官はS、Cを強盗被疑事件で緊急逮捕（刑訴210①）します。

　このような事実関係の下で最高裁昭和53年6月20日判決は、ボーリングバッグを開披した警察官の「**行為は、猟銃及び登山用ナイフを使用しての銀行強盗という重大な犯罪が発生し犯人の検挙が緊急の警察責務とされていた状況の下において、深夜に検問の現場を通りかかったC及び被告人〔S〕の両名が、右犯人としての濃厚な容疑が存在し、かつ、兇器を所持している疑いもあったのに、警察官の職務質問に対し黙秘したうえ再三にわたる所持品の開披要求を拒否するなどの不審な挙動をとり続けたため、右両名の容疑を確める緊急の必要上されたものであって、所持品検査の緊急性、必要性が強かった反面、所持品検査の態様は携行中の所持品であるバッグの施錠されていないチヤックを開披し内部を一べつしたにすぎないものであるから、これによる法益の侵害はさほど大きいものではなく、上述の経過に照らせば相当と認めうる行為であるから、これを警職法2条1項の職務質問に附随する行為として許容されるとした原判決の判断は正当である**」と判示しました。ボーリングバッグを開披した行為について、「緊急性、必要性が強かった反面」、「法益の侵害はさほど大きいものではな〔かった〕」ことを比較衡量し、権衡を不当に欠いた行為ではないと捉え、本件の具体的状況の下で「相当と認めうる」と結論したわけです。

　これに対し、**アタッシュケース**の鍵の部分にドライバーを差し込んで開披した行為については、「ボーリングバッグの適法な開披によりすでにCを緊急逮捕することができるだけの要件が整い、しかも極めて接着した時間内にその現場で緊急逮捕手続が行われている本件においては、所論**アタッシュケースをこじ開けた警察官の行為は、Cを逮捕する目的で緊急逮捕手続に先行して逮捕の現場で時間的に接着してされた捜索手続と同一視しうるものである**」とも判示しました。その趣旨は、アタッシュケースを壊して開披した所持品検査の態様は、捜索そのものだというものです。言い換えるならば、アタッシュケースを開披して検査した行為は、「捜索に至らない程度の行為」の範疇から明らかに逸脱し、違法な強制処分であると解したわけです。

　この最高裁昭和53年6月20日判決を先例として、最高裁昭和53年（9月7日）判決が、後述のように、相手方の上衣左側の内ポケット内に手を差し入れ、所持品を取り出し検査した警察官の行為について、違法な所持品検査だと判示するのでした。

すなわち、「P巡査が被告人に対し、被告人の上衣左側内ポケットの所持品の提示を要求した段階においては、被告人に覚せい剤の使用ないし所持の容疑がかなり濃厚に認められ、また、同巡査らの職務質問に妨害が入りかねない状況もあったから、右所持品を検査する必要性ないし緊急性はこれを肯認しうるところであるが、被告人の承諾がないのに、その上衣左側内ポケットに手を差入れて所持品を取り出したうえ検査した同巡査の行為は、**一般にプライバシィ侵害の程度の高い行為であり、かつ、その態様において捜索に類するものであるから、上記のような本件の具体的な状況のもとにおいては、相当な行為とは認めがたいところであって**、職務質問に附随する所持品検査の許容限度を逸脱したものと解するのが相当である。してみると、右違法な所持品検査及びこれに続いて行われた試薬検査によってはじめて覚せい剤所持の事実が明らかになった結果、被告人を覚せい剤取締法違反被疑事実で現行犯逮捕する要件が整った本件事案においては、右逮捕に伴い行われた本件証拠物の差押手続は違法といわざるを

えないものである」と判示します。

> **展開支援ナビ**
>
> **無承諾の所持品検査を違法とした理由**　最高裁昭和53年（9月7日）判決は、職務質問の相手方の承諾を得ないまま、その上衣内ポケットから無承諾で所持品を取り出し、検査した警察官の行為について、「本件の具体的な状況のもとにおいては、相当な行為とは認めがたい」と述べ、これを違法としました。それは、上衣内ポケットから無承諾で所持品を取り出す本件行為について、任意処分の範疇に入るものと捉えたうえで、比例原則違反を認め、違法としたものです。すなわち、本件所持品検査の必要性、緊急性を考慮したうえで（「覚せい剤の使用ないし所持の容疑がかなり濃厚に認められ、また、同巡査らの職務質問に妨害が入りかねない状況もあった」）、侵害される個人の法益と保護されるべき公共の利益との権衡を欠くため（「一般にプライバシィ侵害の程度の高い行為であり、かつ、その態様において捜索に類する」）、「本件の具体的な状況のもとにおいては、相当な行為とは認めがたい」とし、違法（「職務質問に附随する所持品検査の許容限度を逸脱した」）と判示したわけです。つまり、上衣内ポケットから無承諾で所持品を取り出す本件行為について、なお「捜索に至らない程度の行為」の範疇に入るとしても、(A)行為の内容を**実質的**にみたとき、「一般にプライバシィ侵害の高い行為であり」、かつ、(B)**外形的**にみても、「その態様において捜索に類するものである」ため、処分の必要性、緊急性を考慮してもなお、「相当な行為とは認めがたい」と断じたものでした（なお、無承諾の任意処分の適法性について、設問01「任意捜査の意義と限界」3参照）。
>
> しかし、本件の所持品検査については、最高裁昭和53年（9月7日）判決じしんが認めたその実質や外形にかんがみる限り、「捜索に至らない程度の行為」の範疇を逸脱し、捜索に至ったものではないかと思うのです。その点で、最高裁昭和53年（9月7日）判決の具体的な判断には、疑問があるといわねばなりません。

そのうえで、この捜査機関による証拠収集行為の違法が重大なのか、また、違法収集証拠物を証拠として許容することが相当でないのか、を判断します。

すなわち、「被告人の承諾なくその上衣左側内ポケットから本件証拠物を取り出したP巡査の行為は、職務質問の要件が存在し、かつ、所持品検査の必要性と緊急性が認められる状況のもとで、必ずしも諾否の態度が明白でなかった被告人に対し、所持品検査として許容される限度をわずかに超えて行われたに過ぎないのであって、もとより同巡査において令状主義に関する諸規定を潜脱しようとの意図があったものではなく、また、他に右所持品検査に際し強制等のされた事跡も認められないので、本件証拠物の押収手続の違法は必ずしも**重大である**とはいえないのであり、これを被告人の罪証に供することが、違法な捜査の抑制の見地に立ってみても**相当でないと認めがたい**」と判示しました。

結論として、最高裁昭和53年判決は、「本件証拠物の証拠能力はこれを肯定すべきである」と判示しました。

(3) 最高裁昭和53年判決の排除要件の意義と問題点

最高裁昭和53年判決は、違法収集証拠物の証拠能力を否定するには、証拠収集行為の「重大な違法」要件と、証拠物の「許容の不相当」要件をともに充たさねばならないとしました。前者の「重大な違法」要件が充たされるときは、通常、証拠物の「許容の不相当」要件も充たされることになるでしょう（石井一生「違法収集証拠排除の基準」判タ577号16頁、光藤『刑事訴訟法Ⅱ』157頁）。なぜなら、「違法の程度が重大であれば、将来におけるその種の違法行為を抑止する必要性は〔一般に〕高いから」です（光藤・前掲書157頁。〔　〕は引用者）。もちろん、証拠収集行為に重大な違法があるにもかかわらず、証拠の重要性などを考慮し、「事案の真相を明らかにし、刑罰法令を適正且つ迅速に適用実現する」（刑訴①）ため、違法収集証拠物を敢えて許容することが相当だという場合もあるかもしれません。しかし、それは〈あくまで例外だ〉といえ、かつ、〈現実にも稀でしかない〉と考えるわけです。

ただし、証拠収集行為の「重大な違法」要件が充たされるためには、「令状主義の精神を没却するような重大な違法」という**高い**ハードルを超えねばなりません。違法収集証拠物を排除するルールは、最

高裁判所じしんが――国会の立法権を侵奪したと批判されかねない**危うさ**を抱えながら――、敢えて判例で創設した法規範であることや、収集手続に違法があっても証拠物としての価値・証明力に変わりはないことなどにかんがみ、証拠排除にいたるハードルはどうしても高く設定されてしまうのでしょう。

　この「重大な違法」要件については、2つの点に留意すべきです。1つは、「令状主義の精神を没却するような」とは、「ような」という文言で表されたように、あくまで例示だという点です。そのため、たとえば、捜索に立ち会った被告人の身体に捜査機関が暴行を加えたような場合、「令状主義の精神」とは無関係であっても、「重大な違法」要件を充たすことがあるというべきです。もう1つは、違法の客観的な程度が令状主義に違反するレヴェルのものであっても、それだけではまだ「重大な違法」要件を充たさない場合があるとされたことです。この後者の点に関し、長くなりますが、さらに敷衍しておきたいと思います。

　最高裁昭和53年判決では、「重大な違法」要件を判断するうえで**考慮する事項**が複数挙げられました。すなわち、最高裁昭和53年判決は、証拠物を発見し、収集した捜査機関の行為について、(A)その**違法の客観的な内容**（「強制等のされた事跡も認められない」）や、(B)**違法の客観的な程度**（「職務質問の要件が存在し、かつ、所持品検査の必要性と緊急性が認められる」、「所持品検査として許容される限度をわずかに超えて行われた」にすぎない）にとどまらず、(C)**捜査の相手方の態度**（被告人の「諾否の態度が明白でなかった」）や、(D)**捜査機関の意図**（警察官に「令状主義に関する諸規定を潜脱しようとの意図」はなかった）までも**具体的な考慮要素**としました。つまり、捜査機関による違法行為の内容（物理的有形力の行使の有無など）や程度（規範逸脱の客観的な程度）という**客観的要素**にとどまらず、被疑者など捜査の相手方の態度や、捜査機関じしんの意図という**主観的要素**にまで及んで考慮に入れ、「重大な違法」要件の有無を判断したのでした。

　そのように(C)(D)の主観的要素まで考慮に入れる判断の仕方については、「手続違反の客観的内容が比較的軽微な場合であっても、捜査官の側に令状主義を潜脱する意図があったと認められるときは、なお『重大な違反』に当たり、証拠が排除される」ものとも解しうるとされます（井上正仁『刑事訴訟における証拠排除』560頁）。しかし、現実には、違法の客観的な内容が令状主義に違反するレヴェルのものであっても、被疑者などの態度や捜査機関の意図という主観的要素を考慮に入れ、いまだ「重大な違法」要件を**充たさない**と結論されてしまう恐れが強いといわねばなりません（後述3(5)の最高裁平成21年決定の事案を参照）。

　また、そもそも、(C)(D)の主観的要素を考慮して「重大な違法」要件を否定することには、疑問がぬぐえないのです。なぜなら、〔イ〕客観的にみて同じ内容・程度の違法が証拠収集行為にあったとしても、捜査上の処分を受ける被疑者などの態度や対応の如何により、ある事案では「重大な違法がある」とされ、別の事案では「重大な違法はない」とされるのであれば、**排除基準を不当に相対化することになる**からです。また、〔ロ〕捜査機関の意図に関しても、捜査に従事した警察官の供述や態度などから、容易または安易に「法的制約を潜脱する意図まではなかった」と推認されてしまい、証拠排除をしない方向で**判断が恣意化する**恐れも生じます。

　このほか、上記の(A)(B)の客観的要素（違法の内容と程度）の判断に関しても、疑問があります（たとえば、違法の客観的程度について、最高裁昭和53年判決が、許容される行為、たとえば、ポケット開口部を押し広げ内部を一べつする行為と、ポケット開口部から手を差し入れ所持品を取り出し検査した本件の違法行為を比較し、「許容される限度をわずかに超え〔た〕」ものにすぎないと判示した点は、疑問である。なぜなら、本件行為の違法の内容について、「強制等のされた事跡も認められない」としても、その性質上、「捜索に類する」とまでされたからである。そのように逸脱の幅が大きいはずの本件行為については、〈許容される限度を大きく超えた〉というべきである）。とくに疑問が拭えないのは、最高裁昭和53年判決が、覚せい剤粉末の発見にいたった捜査機関の行為、具体的には、無承諾で所持品を検査した捜査機関の行為だけを取り上げたことです。すなわち、最高裁昭和53年判決の事案では、「違法な所持品検査」が、被告人の身体を違法に拘束することにつながり、さらに、逮捕現場において「違法といわざるをえない」差押えを行わせ、覚せい剤粉末を「**本件証拠物**

として収集するにいたりました。証拠の**発見**だけでなく、その**収集**にいたる手続においても、身体の自由や個人のプライバシーという重大な法益が侵害されたわけです（ちなみに、控訴審の**大阪高判昭和51・4・21判時823号106頁**は、「本件公訴事実である覚せい剤粉末不法所持の点については、前記違法な所持品検査及びこれにつづく試薬検査の結果初めて容疑が明らかとなり、現行犯人として逮捕され、本件証拠物の差押手続がなされたものであって、右違法な所持品検査がなされなかったならば、これに続く試薬検査、現行犯逮捕、差押の手続もあり得なかったという関係にあり、本件証拠物の収集手続の瑕疵は極めて重大であって、憲法35条及び刑事訴訟法218条1項所定の令状主義に違反する」と判示した）。しかし、最高裁昭和53年判決は、捜査機関が覚せい剤粉末を**発見した行為**だけを取り上げ、ただちに「本件証拠物の押収手続の違法は必ずしも重大であるとはいいえない」と結論しました。証拠の収集過程における逮捕行為などの違法については、まったく考慮に入れませんでした。その理由は説明されておらず、この点も批判されねばなりません。

この最高裁昭和53年判決が出されてのち、違法判断の対象となる**捜査機関の行為の範囲**について、重要な展開がありました。以下では、項を新たにして、その展開の意味を考えたいと思います。

2　違法判断の対象となる捜査機関の行為

(1)　最高裁昭和61年判決——先行行為の違法の承継

違法判断の対象となる捜査機関の行為の範囲について、参照すべき最高裁判例があります。

1つは、**最判昭和61・4・25刑集40巻3号215頁**です。覚せい剤の自己使用が疑われる被疑者から採取した尿について、その鑑定書の証拠能力が問題となった事案です。具体的な事実関係は、こうでした。

---

(1) 奈良県生駒警察署防犯係の警察官3名は、〈覚せい剤事犯の前科のある被告人が、また覚せい剤を使用している〉との情報を得たため、いずれも私服で警察用自動車（ライトバン）を使って、昭和59年4月11日午前9時30分ころ、生駒市内の被告人宅に赴きます。

(2) 警察官らは、被告人宅の門扉を開けて玄関先に行き、引戸を開けずに「D〔被告人〕さん、警察の者です」と呼びかけ、さらに引戸を半開きにして「生駒署の者ですが、ちょっと尋ねたいことがあるので、上ってもよろしいか」と声をかけます。それに対し、被告人の明確な承諾はありませんでした。

しかし、警察官らはそのまま屋内に上がり、被告人のいた奥8畳の間に入ります。警察官3名は、ベッドで目を閉じて横になっていた被告人の枕許に立ち、警察官Pが「Dさん」と声をかけて左肩を軽くたたきました。被告人が目を開けたので、Pは同行を求めます。これに対し、金融屋の取立てだろうと認識したと窺える被告人は、「わしも大阪に行く用事があるから、一緒に行こう」と言い、着替えを始めました。そのため、警察官3名は、玄関先で待ち、出てきた被告人を停めていた警察用自動車の後部座席に乗車させ、午前9時40分ころ被告人宅を出発します。

(3) 被告人は、車中で同行しているのは警察官ではないかと考えますが、反抗はしませんでした。自動車は、午前9時50分ころ生駒警察署に着きます。午前10時ころから警察署2階防犯係室内の補導室において、警察官Kが被告人に対し事情聴取を行います。

(4) 被告人は、午前11時ころ覚せい剤使用の事実を認め、午前11時30分ころに警察官Kの求めに応じて尿を任意提出し、腕の注射痕も見せます。また、被告人は尿検査についても同意しました。

なお、被告人は、警察署に着いてから採尿の前と後の少なくとも2回、警察官Kに対し、持参の受験票を示すなどして、〈午後1時半までに大阪市鶴見区のタクシー近代化センターに行って、タクシー乗務員になるための地理試験を受けることになっている〉旨を申し出ました。しかし、警察官Kは最初の申出については返事をせず、尿提出後の2度目の申出に対しては、「尿検の結果が出るまでおったらどうや」と言って応じませんでした。

(5)　午後2時30分ころ、尿の鑑定結果について、覚せい剤を検出した旨の電話回答があったため、逮捕状請求の手続がとられ、逮捕状の発付を得て、警察官Kが午後5時2分、被告人を逮捕します。

　本件では、**被告人の尿**が「任意に提出した物」として領置され（刑訴221「検察官、検察事務官又は司法警察職員は、被疑者その他の者が遺留した物又は所有者、所持者若しくは保管者が**任意に提出した物**は、これを領置することができる」）、その**尿の鑑定書**が作成されました（刑訴223①「検察官、検察事務官又は司法警察職員は、犯罪の捜査をするについて必要があるときは、被疑者以外の者の出頭を求め、これを取り調べ、又はこれに**鑑定**、通訳若しくは翻訳を嘱託することができる」）。被告人じしんも、尿の「任意提出書」や、尿鑑定についての「同意書」を作成しました。

　最高裁昭和61年判決は、この「採尿手続自体は、何らの強制も加えられることなく、被告人の自由な意思での応諾に基づき行われている」と認めます。被告人の尿を収集し、証拠化する手続じたいには、違法があると認められないというわけでしょう。しかし、最高裁昭和61年判決は、この採尿手続に**先行する一連の手続**における違法を問題とします。すなわち、本件における「採尿手続の適法違法については、採尿手続前の右一連の手続における違法の有無、程度をも十分考慮してこれを判断するのが相当である」と判示します。具体的には、〈承諾なしに被告人宅の寝室にまで立ち入ったうえ、明確な承諾なしに被告人を警察署に同行したのち、被告人の退去の申出をしりぞけて警察署に約7時間留め置いた捜査機関の行為〉の違法を問題にします。

　なぜ、証拠収集手続に**先行する捜査機関の行為**の違法まで〈問題にする〉、〈問題にできる〉のでしょうか。最高裁昭和61年判決は、こう判示します。「本件においては、被告人宅への立ち入り、同所からの任意同行及び警察署への留め置きの一連の手続と採尿手続は、被告人に対する**覚せい剤事犯の捜査**という同一目的に向けられたものであるうえ、**採尿手続は右一連の手続によりもたらされた状態を直接利用**してなされていることにかんがみると、右採尿手続の適法違法については、採尿手続前の右一連の手続における違法の有無、程度をも十分考慮してこれを判断するのが相当である」、と。

　その判断の結果については、こう判示しました。「採尿手続前に行われた前記一連の手続には、被告人宅の寝室まで承諾なく立ち入っていること、被告人宅からの任意同行に際して明確な承諾を得ていないこと、被告人の退去の申し出に応ぜず警察署に留め置いたことなど、任意捜査の域を逸脱した違法な点が存することを考慮すると、これに引き続いて行われた**本件採尿手続も違法性を帯びる**ものと評価せざるを得ない」、と。

　以上の判示の趣旨について、先行行為と証拠収集手続は「**同一目的**に向けられた」とか、先行行為がもたらした「**状態を直接利用**」して証拠を収集したという言葉遣いから、〈先行行為と証拠収集手続が**特別な結びつき**をもつことによって、捜査を完遂させようとしている関係〉を認め、その関係を根拠に、「採尿手続も違法性を帯びる」こと、すなわち、**先行する行為の違法が事後の証拠収集手続に承継される**ことを認めたと解する論者もあります。

　たしかに、本件では、覚せい剤事犯の前科のある被告人が再び覚せい剤を使用しているとの情報を得た警察官らが、無断で立ち入った被告人の居宅から、被告人を警察署まで連行し、警察署に留め置いたうえで、尿を提出させました。採尿手続に先行するこの一連の手続は、いずれも、覚せい剤自己使用罪の証拠となる尿を採取するためのものであったと捉えることが可能です。本件では、**違法の承継を肯定する実質的根拠**があるといえるでしょう。尿の収集手続じたいに違法がなくとも、先行行為の違法を承継することにより、本件の尿も**典型的な違法収集証拠物の範疇**に入ることになるわけです。

展開支援ナビ

　「同一目的」、「直接利用」の意義　最高裁昭和61年判決は、無断立入り、連行、長時間の留め置きという一連の手続が「被告人に対する覚せい剤事犯の捜査という同一目的に向けられた」ことを認めます。被告

人宅に立ち入って、連行のうえ、長時間留め置いた捜査機関の一連の行為が、覚せい剤自己使用の決定的証拠である尿を被告人から採取する目的に収斂するものであったことを認めたわけです。最高裁昭和61年判決がいう**同一目的**とは、証拠収集行為ではない先行行為じたいが、すでに証拠収集目的でなされていたことを意味しています。

他方、**直接利用**とは、「採尿手続は右一連の手続によりもたらされた状態を直接利用してなされている」と判示されたように、先行行為のもたらした状態を証拠収集のため直接利用したというわけですから、〈先行行為のもたらした状態が、証拠を収集する直接の原因となった、すなわち、他の事情を介在させない**第一次的原因**となった〉ことを意味するでしょう。最高裁昭和61年判決の事案に即していえば、〈無断立入、連行、長時間の留め置きという一連の先行行為がもたらした拘束的状況から免れたいため、被告人は尿を提出した〉ような場合が該当します。

そのように、最高裁昭和61年判決が述べた同一目的、直接利用の概念は、それぞれ明確な意義内容をもつものでした。

ただし、具体的な事案処理として、最高裁昭和61年判決は、証拠収集手続に先行する一連の手続について、〈その違法の程度は、いまだ重大ではない〉、〈罪証に供することが、違法捜査抑制の見地から相当でないとは認められない〉と結論し、尿の鑑定書について、その証拠能力を肯定します。こう判示しました。

「本件をみると、採尿手続前に行われた前記一連の手続には、被告人宅の寝室まで承諾なく立ち入っていること、被告人宅からの任意同行に際して明確な承諾を得ていないこと、被告人の退去の申し出に応ぜず警察署に留め置いたことなど、任意捜査の域を逸脱した違法な点が存することを考慮すると、これに引き続いて行われた本件採尿手続も違法性を帯びるものと評価せざるを得ない。しかし、【捜査機関の意図について】被告人宅への立ち入りに際し警察官は当初から無断で入る意図はなく、玄関先で声をかけるなど被告人の承諾を求める行為に出ていること、【有形力行使の有無について】任意同行に際して警察官により何ら有形力は行使されておらず、【被告人の態度について】途中で警察官と気付いた後も被告人は異議を述べることなく同行に応じていること、【強要の有無について】警察官において被告人の受験の申し出に応答しなかったことはあるものの、それ以上に警察署に留まることを強要するような言動はしていないこと、さらに、【逸脱の程度について】採尿手続自体は、何らの強制も加えられることなく、被告人の自由な意思での応諾に基づき行われていることなどの事情が認められるのであって、これらの点に徴すると、本件採尿手続の帯有する違法の程度は、いまだ重大であるとはいえず、本件尿の鑑定書を被告人の罪証に供することが、違法捜査抑制の見地から相当でないとは認められないから、本件尿の鑑定書の証拠能力は否定されるべきではない」、と(【 】は引用者)。

最高裁昭和61年判決は、「重大な違法」要件について、先行行為の違法が証拠収集手続に承継されたケースに関し、証拠収集手続じたいが違法であるケースと同様に判断したこと、すなわち、最高裁昭和53年判決と同一の要件にもとづき、かつ、同様な主観的・客観的要素を考慮に入れて判断したこと(上記の【 】を参照)を確認しておきたいと思います。

展開支援ナビ

判例における違法の承継論の意義　最高裁昭和61年判決は違法の承継を肯定します。違法の承継を判断するさい、最高裁昭和61年判決は、先行行為と証拠収集行為の間に同一目的、直接利用の関係があるかどうかを考慮に入れました。なお、この同一目的、直接利用は、違法の承継を肯定する要件でなく、たんなる考慮要素にすぎないことに留意しなければなりません。考慮要素に**すぎない**とは、〈事案によって考慮されない場合もある〉ことを意味します。

その後の最高裁判例では、同一目的に言及せず、直接利用の関係だけを考慮に入れて、違法の承継を肯定するものが相次いで出されました。すなわち、同一目的は違法の承継を肯定するうえで重要な考慮要素とされなかったことに注目すべきです。

たとえば、**最決昭和 63・9・16 刑集 42 巻 7 号 1051 頁**は、覚せい剤取締法違反被告事件で、「本件所持品検査は、被告人の承諾なく、かつ、違法な連行の影響下でそれを**直接利用**してなされたものであり、しかもその態様が被告人の左足首付近の靴下の脹らんだ部分から当該物件を取り出したものであることからすれば、違法な所持品検査といわざるを得ない。次に、〔中略〕採尿手続自体は、被告人の承諾があつたと認められるが、前記**一連の違法な手続によりもたらされた状態を直接利用して、これに引き続いて行われたものであるから、違法性を帯びる**ものと評価せざるを得ない」とのみ判示し、同一目的の有無は考慮されませんでした。

さらに、**最決平成 7・5・30 刑集 49 巻 5 号 703 頁**は、やはり覚せい剤取締法違反被告事件で、「本件採尿手続についてみると、右のとおり、警察官が本件自動車内を調べた行為が違法である以上、右行為に基づき発見された覚せい剤の所持を被疑事実とする本件現行犯逮捕手続は違法であり、さらに、**本件採尿手続も、右一連の違法な手続〔自動車捜索、現行犯逮捕〕によりもたらされた状態を直接利用し、これに引き続いて行われたものであるから、違法性を帯びる**といわざるを得ない」と判示し、具体的な事案処理としては、「採尿手続自体も、何らの強制も加えられることなく、被告人の自由な意思による応諾に基づいて行われているのであって〔中略〕、警察官が本件自動車内を調べた行為の違法の程度が大きいとはいえないことをも併せ勘案すると、右採尿手続の違法は、いまだ重大とはいえず、これによって得られた証拠を被告人の罪証に供することが違法捜査抑制の見地から相当でないとは認められないから、被告人の尿の鑑定書の証拠能力は、これを肯定することができる」と結論しました。この最高裁平成 7 年決定も、先行する一連の違法手続〔自動車捜索、現行犯逮捕〕がもたらした状態を「直接利用し、これに引き続いて行われた」採尿手続について、「違法性を帯びる」としました。しかし、同一目的の有無は考慮されませんでした。

事案の具体的内容にかんがみる限り、最高裁平成 7 年決定は同一目的を認定できなかったといえます。なぜなら、最高裁平成 7 年決定の事案は、〈信号が青色に変わったのに発進しない自動車を警察官が認め、運転者が寝ているか酒を飲んでいるのではないかという疑いを持ち、本件自動車を運転していた被告人に対し職務質問を開始した〉というものであり、職務質問の当初から覚せい剤犯で捜査する目的があったとは認定できないからです。また、違法とされた自動車捜索も、覚せい剤の発見が目的であり、尿の採取を目的とした行為ではありません。違法とされた現行犯逮捕も、覚せい剤所持を理由としており、採尿目的の別件逮捕的な行為ではありませんでした。結局、最高裁平成 7 年決定は、同一目的を認定できない事案で違法の承継を肯定したといえます（ただし、最高裁平成 7 年決定が直接利用の関係を肯定した点には、なお疑問がある。なぜなら、最高裁平成 7 年決定は、採尿手続が「一連の違法な手続〔自動車捜索、現行犯逮捕〕によりもたらされた状態」、すなわち、捜索や逮捕の強制処分がもたらす心理的影響や強制的雰囲気などを「直接利用」したと認めながら、採尿手続じたいは「何らの強制も加えられることなく、被告人の自由な意思による応諾に基づいて行われている」と認め、ちぐはぐな認定になっているからである。直接利用というべき〈他の事情を介在させない強い結びつき〉があったのか疑問であり、たんに因果関係がある事案ではなかったかと思う）。

しかし、違法の承継を認めるうえで、同一目的の有無を重要でない考慮要素と捉えてよいのか、疑問は残ります。なぜなら、先行行為と証拠収集手続のあいだに同一目的が認められない場合、〈先行行為と証拠収集手続が**特別な結びつき**をもつことによって、捜査を完遂させようとする関係〉じたいを肯定し難いはずだからです。すなわち、**違法の承継を肯定できる実質的根拠**が存在しないか、薄弱だと思うからです。結局、最高裁判例における違法の承継論は不安定な側面をもち、過渡的な判例理論ではないか、すなわち、違法収集証拠排除をめぐるその後の判例の展開によって、意義を失っていく理論ではないかと思われるのです。

(2) 最高裁平成 8 年決定——証拠収集後の捜査機関の行為の違法

参照すべきもう 1 つの最高裁判例は、**最決平成 8・10・29 刑集 50 巻 9 号 683 頁**です。

この最高裁平成 8 年決定の事案（覚せい剤取締法違反事件）では、捜索・差押え許可状にもとづいて行われた捜索の現場で、警察官が被告人に暴行を加えたため、その暴行前に発見されていた覚せい剤とその鑑定書〔覚せい剤所持罪の証拠〕、および、暴行後に収集された尿の鑑定書〔覚せい剤自己使用罪の証拠〕について、それぞれ証拠能力の有無が問題とされました。具体的な事実関係は、こうです。

(1) 和歌山西警察署の警察官 8 名は、覚せい剤所持を被疑事実とする捜索・差押え許可状により、平成元年 11 月 30 日午前 11 時 25 分ころ、被告人方の捜索を開始します。同日午前 11 時 33 分ころ、

寝室のテレビ台上に置かれていたポケットベルのケースとポケットベル本体の間に、銀紙包みに入った覚せい剤様の粉末を発見しました。

(2) この銀紙包みを示された被告人は、「そんなあほな」などと言います。この発言に触発され、その場に居合わせた警察官が被告人の襟首をつかんで後ろに引っ張ったうえ、左脇腹を蹴り、倒れた被告人に対しても、数名の警察官がその左脇腹、背中等を蹴ります。

(3) 警察官らは、銀紙包み入り粉末について予試験を実施します。その結果、覚せい剤反応があったことから、同日午前11時36分ころ、覚せい剤所持の現行犯人として被告人を逮捕します。その場で、本件覚せい剤を差し押さえ、同日午後零時10分ころには、被告人を和歌山西警察署に引致します。なお、この覚せい剤については、鑑定書がのちに作成されています。

被告人は、和歌山西署において本件覚せい剤所持の事実を否認するのですが、同日午後3時ころ、警察官の説得に応じてみずから尿を提出します。

(4) 同年12月2日、捜索・差押え時の覚せい剤所持の事件が検察官に送致されます。被告人は、検察官に対しては覚せい剤所持の事実を認め、同日引き続いて行われた勾留質問においても同様に右事実を認めます。さらに、同月5日、警察官に対し覚せい剤の入手先を含め、事実関係を全面的に自白するにいたります。

(5) 被告人は、和歌山西警察署に勾留中、肋骨付近の痛みを訴えます。そのため、同月4日、和歌山市内の病院において医師の診察を受けます。病院の医師は、レントゲン検査の結果からは明瞭な骨折は認められないと診断したのですが、被告人の愁訴があったため、「肋骨骨折の疑い」との病名を付したうえで、患部を湿布する処置をして胸部のコルセットと湿布薬を被告人に渡します。その後、同月11日、被告人に代わり来院した警察官に対し、ふたたび湿布薬などを渡します。

(6) 被告人が提出した尿から覚せい剤成分を検出したという鑑定書も得られたため、検察官は、同日、捜索・差押え時の覚せい剤所持および覚せい剤使用の事実により被告人を起訴します。

最高裁平成8年決定は、以上の事実に即し、**覚せい剤とその鑑定書**、そして、**被告人が任意に提出した尿に関する鑑定書**について、その証拠能力の有無を検討します。具体的な判示は、こうでした。

「警察官が捜索の過程において関係者に暴力を振るうことは許されないことであって、本件における右警察官らの行為は違法なものというほかはない。しかしながら、前記捜索の経緯に照らし本件覚せい剤の証拠能力について考えてみると、右**警察官の違法行為は捜索の現場においてなされているが、その暴行の時点は証拠物発見の後であり、被告人の発言に触発されて行われたものであって、証拠物の発見を目的とし捜索に利用するために行われたものとは認められない**から、右証拠物を警察官の違法行為の結果収集された証拠として、証拠能力を否定することはできない。〔中略〕また、被告人の尿に関する鑑定書についても、原判決の認定及び記録によれば、被告人は、第一審公判において、警察官から前記暴行を受けた事実をしきりに訴えてはいるものの、尿については、覚せい剤を使用したのは事実であるから、その提出を拒む意思は当初からなかったとして、尿を任意に提出した旨供述していたというのであるから、前記**暴行は尿を提出することについての被告人の意思決定に実質的な影響を及ぼさなかった**ものと認められるのであり、任意提出の手続に何らの違法もない。〔中略〕そうすると、本件覚せい剤及びその鑑定書並びに被告人が提出した尿の鑑定書の証拠能力はいずれもこれを肯定することができるから、その証拠能力を否定した第一審判決を破棄し、本件を和歌山地方裁判所に差戻した原判決は正当である」、と。

最高裁平成8年決定は、「捜索の過程において関係者に暴力を振るうことは許されない」と述べ、捜査機関の行為〔暴行〕は「違法なものというほかはない」と断じます。しかし、その捜査機関の違法行為の時点、すなわち「暴行の時点は、証拠物〔覚せい剤〕発見の**後であり**」、暴行は「右証拠物の発見を**目的**とし捜索に**利用**するために行われたものとは認められない」、それゆえ、「右証拠物を警察官の違

264 　証拠法①（違法収集証拠）

法行為の**結果**収集された証拠として、証拠能力を否定することはできない」と述べました。つまり、(A)本件における捜査機関の違法行為〔暴行〕が、覚せい剤とその鑑定書を証拠として収集する原因にはなっていないこと、それゆえ、(B)覚せい剤とその鑑定書は、そもそも違法収集証拠の範疇に入らないことを確認したわけです。

> **展開支援ナビ**
>
> **最高裁平成8年決定における覚せい剤の証拠能力判断**　最高裁平成8年決定が〈本件の覚せい剤とその鑑定書は、そもそも違法収集証拠の範疇に入らない〉と断じた点について、疑問はなお残ります。なぜなら、本件で被告人が「そんなあほな」という言葉を発したのは、警察官らを侮辱・挑発したというより、警察官が覚せい剤を発見したことに異議ないし不審を申し立てる趣旨だ思われるからです。この被告人の発言に触発され、警察官は足蹴にするなどの違法行為に出ました。たしかに、その違法行為は覚せい剤を発見、収集する直接の原因ではありません。しかし、覚せい剤の収集に対する被告人の抗議を封ずる狙いがあったと推測できる行為でした。その意味で、覚せい剤の収集と無関係な違法行為ではありません。
>
> 　そもそも捜索とは、差押えの目的物、すなわち「証拠物又は没収すべき物」（刑訴99）の発見を目的とする対物的強制処分です。そして、差押えとは、証拠物などについて、それらを所持する者や保管する者（刑訴110の「処分を受ける者」）から強制的に取りあげ、捜査機関などの所持に移して、強制的に保管・留置する処分を意味します。本件では、**捜索の過程**、すなわち、証拠物〔覚せい剤〕を発見する過程に捜査機関の違法行為がなかったとしても、捜索につづいて証拠物を強制的に所持する過程、すなわち、捜索と密接に関連する**差押えの過程**において捜査機関の違法行為があったといえます（第一審判決の**和歌山地判平成5・4・9刑集50巻9号722頁**は、警察官の「暴行は本件覚せい剤が発見されたのちに行われたものであるから、暴行を加えたことにより証拠が収集されたという関係にはないが、本件**覚せい剤の捜索差押の過程**で、すなわち、本件覚せい剤が発見された直後、これを被告人が自分のものではない旨否認したことを契機に、警察官4名が被告人を蹴ったり踏みつけるなどの激しい暴行を加え、その結果全治まで2週間程度を要する傷害を負わせるという**重大な違法行為が行われている**」と指摘した）。本件における捜査機関の違法行為は、この差押えの過程で、証拠の覚せい剤を強制的に所持しつづける**直接の原因**になった行為だといえます。最高裁平成8年決定はこの点にも踏み込んで、違法に発見、収集され、**保全された証拠物の証拠能力の有無について実質的検討を尽くす必要があった**というべきです。

　これに対し、証拠能力が問題となったもう1つの証拠物、すなわち、被告人の尿は、捜査機関の違法行為〔暴行〕から約3時間が経過した**後**に収集されました。第一審において弁護人は、〈警察官らは、覚せい剤所持を否定した被告人に暴行を加えたうえ、被告人を現行犯逮捕し、その違法な身体拘束を利用して尿を採取した。その尿の鑑定書であるから、違法収集証拠としてその証拠能力を否定すべきだ〉と主張します（控訴審の**大阪高判平成6・4・28刑集50巻9号733頁**参照）。この〈身体拘束を利用して尿を採取した〉という弁護人の主張は、捜査機関の違法行為〔被告人に暴行を加えたうえ、違法に身体を拘束した行為〕が証拠の収集行為〔尿を領置し、鑑定を嘱託した行為〕そのものでないとしても、尿を採取するうえで被告人に対する**心理的圧迫**になったというものでしょう。捜査機関の違法行為〔暴行と身体拘束〕が尿を採取するうえで**間接的原因**になっており、その意味で、尿およびその鑑定書も**違法収集証拠の範疇に入る**と主張するわけです。

　しかし、最高裁平成8年決定は、尿の収集手続について、きわめて簡潔な判示しかしません。すなわち、「暴行は尿を提出することについての被告人の意思決定に実質的な影響を及ぼさなかったものと認められるのであり、任意提出の手続に何らの違法もない」と判示しました。この最高裁平成8年決定の趣旨については、2通りの解釈が可能でしょう。1つは、捜査機関の違法行為〔暴行〕は、尿を採取するうえでそもそも**心理的圧迫や間接的原因にさえなっていない**ため、すなわち、尿もその鑑定書もそもそも違法収集証拠の範疇に入らないため、その証拠能力を肯定する趣旨だとする解釈です。もう1つは、捜査機関の違法行為〔暴行〕が、尿を提出した被告人の意思決定に**なんらかの影響**を及ぼしたことを認め、したがって、尿とその鑑定書も、捜査機関の違法行為〔暴行〕が間接的原因となって収集された違

法収集証拠であることを認める趣旨だとする解釈です。すなわち、違法収集証拠だと認めたうえで、最高裁平成8年決定は、被告人に尿の「提出を拒む意思は**当初からなかった**」と判示したように、〈尿の提出じたいは、被告人がみずからの意思で任意に行った〉ことにより、違法行為〔暴行〕と証拠〔尿とその鑑定書〕収集の**因果関係が遮断ないし稀釈された**と捉え、その証拠能力を肯定した趣旨だと捉えるものです。

いずれにせよ、最高裁昭和61年判決も最高裁平成8年決定も、事案の処理として、違法収集証拠の証拠能力を否定したものではありませんでした。しかし、その後、捜査機関の重大な違法行為と**密接に関連する**尿とその鑑定書について、その証拠能力を否定する最高裁判例が出されます。それが、**最判平成15・2・14刑集57巻2号121頁**です。重要な最高裁判例であり、項を新たにして説明します。

3　最高裁平成15年判決の違法収集証拠物排除

(1)　重大な違法行為と密接に関連する証拠の排除

最高裁平成15年判決における具体的な事実関係は、こうです。

⑴　被告人に対し、平成10年3月23日に、窃盗を被疑事実とする逮捕状が大津簡易裁判所裁判官から発付されました。同年5月1日の朝、滋賀県大津警察署の警部補Aら3名の警察官が、被告人の動向を視察し、その身体を確保するため、しかし本件逮捕状を携行しないまま、同署から警察用自動車で三重県上野市内の被告人方に赴きます（赴いた正確な時刻は認定されなかった）。

⑵　警察官3名は、被告人方前で被告人を発見したため、任意同行に応じるよう説得します。しかし、被告人は、警察官に逮捕状を見せるように要求して、任意同行に応じず、突然逃走して、隣家の敷地内に逃げこみました。被告人は、その後、隣家の敷地を出て来たところを警察官3名に追いかけられ、さらに逃走します。結局、被告人は、同日午前8時25分ころ、被告人方付近の路上で警察官3名に制圧され、片手錠を掛けられ捕縛用のロープを身体に巻かれて、逮捕されました。

⑶　逮捕された被告人は、被告人方付近の物干し台のポールにしがみついて抵抗したものの、警察官3名にポールから引き離されるなどして警察用自動車まで連れて来られ、同自動車で大津警察署に連行されます。同日午前11時ころ警察署に到着した後、間もなく被告人は警察官から窃盗罪の逮捕状を呈示されました。

ちなみに、本件逮捕状に、同日午前8時25分ころ本件現場において逮捕状を呈示して被告人を逮捕した旨がAの名義で記載されました。また、Aは、同日付でこれと同旨の記載のある捜査報告書を作成しました。

⑷　被告人は、同日午後7時10分ころ、大津警察署内で任意の採尿に応じます。そのさい、被告人に対し強制が加えられることはありませんでした。被告人の尿について滋賀県警察本部刑事部科学捜査研究所研究員が鑑定したところ、覚せい剤成分が検出されます。

⑸　同月6日、大津簡易裁判所裁判官から、被告人に対する覚せい剤取締法違反被疑事件について被告人方を捜索場所とする捜索・差押え許可状が発付されます。逮捕前にすでに発付されていた窃盗罪の捜索・差押え許可状とあわせて、同日執行され、被告人方の捜索が行われます。この捜索の結果、被告人方からビニール袋に入った覚せい剤が発見され、差し押さえられました。

⑹　被告人は、同年6月11日、「法定の除外事由がないのに、平成10年4月中旬ころから同年5月1日までの間、三重県下若しくはその周辺において、覚せい剤若干量を自己の身体に摂取して、使用した」との事実（公訴事実第1）、および「同年5月6日、同県上野市内の被告人方において、覚せい剤約0・423gをみだりに所持した」との事実（公訴事実第2）により起訴されました。同年10月15日には、窃盗の事実についても追起訴されます。

⑺　上記被告事件の公判において、本件逮捕状による逮捕手続の違法性が争われ、被告人側から、

> 逮捕時に本件現場において逮捕状が呈示されなかった旨の主張がなされます。これに対し、前記警察官3名は、証人として法廷に召喚され、〈本件逮捕状を本件現場で被告人に示すとともに、被疑事実の要旨を読み聞かせた〉旨の証言をします。しかし、裁判所はこの証言を信用せず、警察官3名は窃盗罪の逮捕状を本件現場に携行していなかったし、逮捕時に逮捕状を呈示することもしなかったと認定しました。

ちなみに、刑事訴訟法201条1項は「逮捕状により被疑者を逮捕するには、逮捕状を被疑者に示さなければならない」と定め、同2項は「第73条第3項の規定は、逮捕状により被疑者を逮捕する場合にこれを準用する」と定めます。準用される73条3項は、「勾引状又は勾留状を所持しないためこれを示すことができない場合において、急速を要するときは、前2項の規定にかかわらず、被告人に対し公訴事実の要旨及び令状が発せられている旨を告げて、その執行をすることができる。但し、令状は、できる限り速やかにこれを示さなければならない」と定めます。この73条3項を準用することにより、逮捕状についても、**令状の緊急執行**が許されるものとなります。すなわち、逮捕状の事前呈示を原則とする憲法33条（「理由となつてゐる犯罪を明示する令状によらなければ、逮捕されない」）の趣旨を踏まえ、逮捕状の事前呈示に代えて、①被疑事実の要旨を口頭で告知する、②令状が発付されている事実も口頭で告知する、③逮捕行為後、速やかに逮捕状を呈示するという3つの手続的要件を充たす限りで、逮捕状の緊急執行が許されるわけです。言い換えれば、それら3要件は、憲法33条（「理由となつてゐる犯罪を明示する令状によらなければ、逮捕されない」）が定める令状主義の保障を実質的に貫徹するため、必要とされたものだといえます。

上記の事案では、窃盗罪の逮捕状を携行しなかった警察官が、この逮捕状の緊急執行手続をとっていれば、なんら問題は生じなかったはずです。しかし、その手続を履践しないまま逮捕し、警察署に強制連行した捜査機関の行為は違法というほかないものでした。それだけでなく最高裁平成15年判決は、次のように判示します。

「(1)本件逮捕には、逮捕時に逮捕状の呈示がなく、逮捕状の緊急執行もされていない（逮捕状の緊急執行の手続が執られていないことは、本件の経過から明らかである。）という手続的な違法があるが、それにとどまらず、警察官は、その手続的な違法を糊塗するため、前記のとおり、逮捕状へ虚偽事項を記入し、内容虚偽の捜査報告書を作成し、更には、公判廷において事実と反する証言をしているのであって、本件の経緯全体を通して表れたこのような警察官の態度を総合的に考慮すれば、**本件逮捕手続の違法の程度は、令状主義の精神を潜脱し、没却するような重大なものである**と評価されてもやむを得ないものといわざるを得ない。そして、このような**違法な逮捕に密接に関連する証拠**を許容することは、将来における違法捜査抑制の見地からも相当でないと認められるから、その証拠能力を否定すべきである〔中略〕。／(2)前記のとおり、本件採尿は、本件〔窃盗罪の〕逮捕の当日にされたものであり、その尿は、上記のとおり重大な違法があると評価される本件〔窃盗罪の〕逮捕と密接な関連を有する〔覚せい剤自己使用罪の〕証拠であるというべきである。また、その〔尿〕鑑定書も、同様な評価を与えられるべきものである。／したがって、原判決の判断は、上記〔尿〕鑑定書の証拠能力を否定した点に関する限り、相当である」、と。

最高裁平成15年判決は、窃盗罪の逮捕行為に逮捕状の事前呈示や緊急執行を行わなかった違法があったことに加え、逮捕行為の後で、逮捕の「手続的な違法を糊塗するため」、警察官が、内容に虚偽がある捜査報告書などを作成したことや、公判廷で事実と反する証言をしたことも考慮に入れて、「本件逮捕手続の違法の程度は、令状主義の精神を潜脱し、没却するような重大なものである」と判示しました。すなわち、令状の不呈示や緊急執行の懈怠という**手続的違法**のほか、この違法を糊塗するため、内容が虚偽の捜査報告書などを作成し、公判廷で偽証までした**警察官の客観的態度**を考慮に入れ、違法の重大性を肯定しました。そのように違法の程度や内容が重大であるため、令状主義を潜脱する捜査機関の意

図や、任意の採尿に応じた被告人の態度などの**主観的要素**をとくに考慮するまでもなく、「重大な違法」要件を肯定したといえます。最高裁平成15年判決は、結論として、重大な違法がある逮捕行為と密接に関連する**覚せい剤自己使用罪**の証拠、すなわち、本件逮捕の当日に採取された尿とその鑑定書について、それらを「許容することは、将来における違法捜査抑制の見地からも相当でない」と述べ、その証拠能力を否定しました。

　この最高裁平成15年判決の判示に関し、注目すべきことがあります。証拠収集手続に先行する捜査機関の行為について、重大な違法があると**先ず判断した**ことです。ただし、この重大な違法がある捜査機関の行為じたい（逮捕、虚偽公文書作成、偽証）は、証拠収集行為ではありませんでした。しかし、最高裁平成15年判決は、本件について、そのことだけで違法収集証拠排除法則の適用外におくことをしません。最高裁平成15年判決は、さらに、捜査機関の重大な違法行為と関連する**後行の証拠収集手続**に着目し、その後行手続で収集された証拠のうち、**重大な違法行為と密接に関連する証拠について、これを排除すべき証拠の範疇に入れる**わけです。

　最高裁平成15年判決の「密接に関連する」という言葉遣いは、排除すべき証拠の範囲を画するために使用されたことが分かります。ただし、「密接に関連する」と認めた根拠は、最高裁平成15年判決の判示から窺う限り、本件採尿行為が「逮捕の当日にされた」ことでしかありません（なお、第一審の**大津地判平成12・11・16刑集57巻2号143頁**は、「本件逮捕状の不呈示の疑いは、令状主義の精神を没却するものと認められるから、その違法な逮捕状態を利用してなされたと認められる採尿、その検査結果、さらに右検査結果の利用による被告人の自宅の捜索の結果得られた証拠はいずれも違法性を帯びているといわざるを得ない」と判示し、「違法な逮捕状態を利用して」採尿行為がなされたと捉えた）。ちなみに、被告人が警察署内で「任意の採尿に応じた」ことは、密接な関連性を否定する要素とされませんでした。密接な関連性を認めた実質的根拠について、たとえば、違法な逮捕行為とそれにつづく留置処分（刑訴203①）に内在する強制的状況が尿を採取する**間接的原因**になったと認めたからだと解釈することはできます。しかし、1つの解釈にとどまります（なぜなら、身体拘束の強制的状況を利用して採尿したというのであれば、採尿の任意性じたいに疑問が生じるからである。しかし、最高裁平成15年判決で、その点の検討がない。そのため、1つの解釈にとどまる）。

展開支援ナビ

最高裁昭和61年判決と最高裁平成15年判決の関係　最高裁平成15年判決の事案では、捜査機関の逮捕行為から10時間以上経過した後に、被告人の尿が「任意に提出した物」として領置され、その鑑定書が作成されました。この証拠収集手続じたいは、最高裁平成15年判決が、「被告人は、同日午後7時10分ころ、大津警察署内で**任意の採尿**に応じたが、その際、被告人に対し**強制が加えられることはなかった**」と述べたように、適法というべきものでした。つまり、最高裁平成15年判決の事案も、最高裁昭和61年判決の事案と同様に、**適法**な証拠収集行為に**先行**する捜査機関の行為に**違法**があったケースでした。同種のケースであったのに、最高裁平成15年判決は「同一目的」、「直接利用」という違法の承継論を示唆する言葉遣いをしません。なぜなら、最高裁平成15年判決の事案では、同一目的ないし直接利用の関係を肯定できなかったからでしょう。

　最高裁平成15年判決の事案では、令状の不呈示、緊急執行の懈怠などの違法行為は「窃盗」の捜査活動として行われ、尿の採取行為は「覚せい剤自己使用」の捜査活動として行われました。窃盗事犯の捜査活動と覚せい剤自己使用事犯の捜査活動は、本件では、それぞれ独立した目的で行われたものでした。すなわち、〈覚せい剤自己使用事犯を捜査するという**同一目的**で、敢えて窃盗罪の逮捕状を持参せず、緊急執行の手続も懈怠した〉といえるような事案ではありません。また、逮捕行為には令状の緊急執行を懈怠した手続的瑕疵があるにすぎないうえ、逮捕状への虚偽事項記入や内容虚偽の捜査報告書作成は被疑者の関知しないところで行われました。尿の任意提出も、逮捕行為から10時間以上経過した後に行われています。もちろん、尿を任意提出すれば身体拘束を解くと約束ないし示唆された事案でもありません。このような本件採尿手続について、〈緊急執行を懈怠した手続的瑕疵や虚偽公文書作成などの違法がもたらした状態を**直接利用**して行われた〉とか、〈緊急執行の懈怠や虚偽公文書の作成のもたらした状態が、他の事情を介在させないで、採尿にいたる**第一次的原因**になった〉と捉えるのは、そもそも無理があります。結局、先行行為も証拠収集行為も「被告人に対す

る覚せい剤事犯の捜査という同一目的に向けられた」と認めることも、また、先行する「一連の手続によりもたらされた状態を直接利用して〔証拠の収集が〕なされている」と認めることも、最高裁平成15年判決の事案ではできなかったわけです。

　ただし、最高裁平成15年判決では、捜査機関の先行行為について、違法収集証拠排除法則を適用すべき「**重大な違法**」要件が肯定されました。しかし、その捜査機関の重大な違法行為は証拠収集行為ではなかったため、最高裁平成15年判決は、重大な違法行為に「**後行**」する証拠収集手続について着目し、**重大な違法行為と密接に関連する証拠**があるときは、その証拠の排除如何を具体的に判断するものとしたわけです。

　2⑴で取り上げた最高裁昭和61年判決は、「同一目的」、「直接利用」などの関係を考慮し、「**重大な違法**」**要件の判断対象**を証拠収集手続に**先行**する捜査機関の行為にまで広げました。これに対し、最高裁平成15年判決は、捜査機関の重大な違法行為が証拠収集行為でなくとも、**後行**する証拠収集手続があるときは、先行の重大な違法行為と「**密接に関連する証拠**」に限って、**排除すべき違法収集証拠の範疇**に入れるものであったわけです。

　しかし、適法な証拠収集手続に先行する捜査機関の行為に違法がある最高裁昭和61年判決の事案と、違法な捜査機関の行為に後行して適法な証拠収集手続がなされた最高裁平成15年判決の事案は、基本的に共通するというべきです。なぜなら、違法な先行行為と適法な証拠収集手続が分離する事案に違法収集証拠排除法則を適用しようとする点で同じだからです。ただし、最高裁昭和61年判決は、**先行の違法行為**に着目して「違法性を帯びる」という言葉遣いを用いました。これに対し最高裁平成15年判決は、**後行の証拠収集手続**に着目して「密接に関連する」という言葉遣いを用いました。共通性がある類似事案について、違法の承継論と密接な関連性論という2つの競合する「規範」が定立されたというべきです。そのため、最高裁昭和61年判決と最高裁平成15年判決の趣旨や関係は分かり難いものになっています。理論的整理が必要とされる所以です。

　たとえば、最高裁平成15年判決の事案（窃盗罪の違法逮捕後に任意提出された尿について、その鑑定書の証拠能力が争われる）のように、「同一目的」も「直接利用」も肯定されないため、違法の承継論では証拠（尿鑑定書）を排除できない場合であっても、重大な違法行為（違法逮捕、虚偽公文書作成、同行使、偽証）と密接に関連する証拠と捉えて排除できること、すなわち、**密接な関連性論による証拠排除の範囲のほうが広い**ことは確認されてよいでしょう。

⑵　最高裁平成15年判決とアメリカ法の「毒樹の果実」排除論

　最高裁平成15年判決の事案では、証拠能力を否定されるべき**尿鑑定書**を疎明資料として捜索・差押え許可状が発付され、その捜索の結果、被告人方居宅から**覚せい剤**が発見され、差し押さえられました。この覚せい剤の証拠能力について、最高裁平成15年判決は、以下のように判示します。

　「本件覚せい剤は、被告人の覚せい剤使用を被疑事実とし、被告人方を捜索すべき場所として発付された捜索差押許可状に基づいて行われた捜索により発見されて差し押さえられたものであるが、上記捜索差押許可状は上記⑵の〔排除すべき尿の〕鑑定書を疎明資料として発付されたものであるから、証拠能力のない証拠と関連性を有する証拠というべきである。／しかし、本件覚せい剤の差押えは、司法審査を経て発付された捜索差押許可状によってされたものであること、逮捕前に適法に発付されていた被告人に対する窃盗事件についての捜索差押許可状の執行と併せて行われたものであることなど、本件の諸事情にかんがみると、本件覚せい剤の差押えと上記⑵の鑑定書との関連性は密接なものではないというべきである。したがって、本件覚せい剤及びこれに関する鑑定書については、その収集手続に重大な違法があるとまではいえず、その他、これらの証拠の重要性等諸般の事情を総合すると、その証拠能力を否定することはできない」、と。

　最高裁平成15年判決は、排除すべき尿鑑定書を疎明資料として捜索・差押え許可状が発付され、その捜索にもとづき発見、差し押さえられた本件覚せい剤について、「**証拠能力のない証拠と関連性を有する証拠**」と表現します。そのような証拠は、排除すべき第一次違法収集証拠にもとづき発見、収集された**第二次証拠ないし派生証拠**として、アメリカ法にならい「**毒樹の果実**」（fruit of the poisonous tree）と呼ばれることもあります（アメリカ法について、小早川義則『毒樹の果実論』参照。とくに、同309頁以下）。

展開支援ナビ

「毒樹の果実」排除論とアメリカ合衆国のナードン判決　「毒樹の果実」という表現を初めて用いたのは、アメリカ合衆国連邦最高裁の 1939 年第二次ナードン判決（Nardone v. United States、308 U.S. 338）でした。

この判決に先立つ、1937 年第一次ナードン判決（302 U.S. 379）において連邦最高裁は、電話通話を違法に傍受した連邦捜査官が公判廷で通話内容を証言した事案で、その連邦捜査官の公判廷証言を違法収集証拠として排除すべきものと判示しました。破棄・差戻後の第一審では、**連邦捜査官**ではなく、傍受された**当事者**じしんが検察側証人として公判廷に召喚され、電話通話の内容を証言します。第二次ナードン判決では、この通話当事者の公判廷証言について、その証拠能力が問題とされました。

第二次ナードン判決は、「倫理的基準に反し、個人の自由を破壊するために違法とされた」手段について、その「**直接的な使用**を禁止しながら、**間接的な使用**をなんら制約しないのであれば、『倫理的基準に反し、個人の自由を破壊する』とされたそれら手段を奨励することにしかならない」と述べ、違法な手段の「**間接的な使用**」を許すべきでないこと、すなわち、「毒樹の果実」となる通話当事者の公判廷証言も排除すべきことを判示します（ただし、第二次ナードン判決は、後述の(2)の【展開支援ナビ】「『毒樹の果実』排除に対する例外則」で述べる「稀釈の例外」について、破棄・差戻後の第二次第一審でこれを主張する機会が検察側に与えられると判示した）。なお、第二次ナードン判決の原判決である第二巡回区上訴裁判所の 1939 年判決（United States v. Nardone、106 F.2d. 41）では、「電話を傍受した結果として間接的に収集された」証拠という言葉遣いがなされています。つまり、捜査機関の違法行為が**間接的原因**となって法廷に顕出される証拠を「毒樹の果実」として排除するわけです。

「毒樹の果実」とはなにか　アメリカ法で「**毒樹**」とされるのは、**捜査機関の違法行為**じたいです。この捜査機関の違法行為が直接の原因となって収集された証拠を、第一次違法収集証拠と呼んでよいでしょう（以下、たんに**第一次証拠**という）。第一次というのは、捜査機関の違法行為が証拠収集行為そのものだからです。この第一次証拠が**典型的な違法収集証拠**であり、違法収集証拠排除法則は、なにより先ずこの第一次証拠について適用されねばなりません。これに対し、証拠が捜査機関の違法行為の**後**に収集され、違法行為は証拠を収集するうえで**間接的原因**となったにすぎない場合があります。捜査機関の違法行為は証拠収集行為そのものではない場合です。そのように違法行為が**間接的原因**となって収集された証拠を、第一次証拠と区別し、第二次違法収集証拠とか派生的違法収集証拠と呼ぶことができます（以下、たんに**第二次証拠ないし派生証拠**という）。「毒樹の果実」とは、もともと、この第二次証拠や派生証拠を意味します。

しかし、わが国では一般的に、第一次証拠じたいが「毒樹」であり、「毒樹の果実」とは第一次証拠にもとづき収集された第二次証拠であると述べられます（たとえば、上口裕『刑事訴訟法〔第 4 版〕』526 頁は、「違法な手続で収集された証拠（第一次証拠＝毒樹）が排除される場合は、それに基づいて得られた証拠（第二次証拠＝毒樹の果実）も排除される」と述べる）。たしかに、第一次証拠に由来する第二次証拠が**典型的な**「**毒樹の果実**」であることは間違いありません。しかし、「毒樹」とは、証拠を「毒する」「汚す」ことになるものですから、やはりアメリカ法のように、本来は、**捜査機関の違法行為**じたいを意味するというべきです。また、そもそも第一次証拠が存在しないタイプの「毒樹の果実」もあるため、その点でも、第一次証拠を「毒樹」というべきではありません。たとえば、違法な別件（窃盗）捜索によって、本件（殺人）被害者の遺体を埋めた場所を撮影した**写真**を捜査機関が発見したとします。別件（窃盗）の証拠ではないため、この写真を差し押さえなかった——すなわち、**第一次証拠として収集しなかった**——としても、写真から得た知識・情報にもとづき発見した被害者の遺体は「毒樹の果実」にあたります。そのような「毒樹の果実」は、違法に収集された第一次証拠が存在しない以上、第二次証拠とは呼べず、**派生証拠**とのみ呼ぶべきものになります。

「毒樹の果実」の原則的排除　違法収集証拠である第一次証拠の証拠能力を否定するルールを定立したときは、本来は、あわせて第二次証拠、すなわち、「毒樹の果実」についても、その証拠能力を否定すべきです。なぜなら、第一次証拠を排除したとしても、第二次証拠である「毒樹の果実」の証拠能力を肯定するのであれば、**捜査機関の違法行為を利用して証拠の収集が行われる**という問題状況はつづくことになるからです。その問題状況がつづく限り、「憲法上の保障」、「司法の廉潔性」、「違法捜査の抑止」という、違法収集証拠排除のルールが実現・擁護しようとするものも損なわれつづけるといわねばなりません。その意味で、違法収集証拠排除法則は、「毒樹の果実」をあわせ排除して初めて、ルールとして完全なものとなります。アメリカ法ではまさに、そのように考えられ、「毒樹の果実」の原則的排除が認められたわけです。

なお、「毒樹の果実」のうちには、証拠能力を否定されることに異論がないタイプのものもあるでしょう。

発見状況に関する捜査機関の供述などです。それらは、排除されるべき第一次証拠と一体であるか、それに付随するだけの第二次証拠にすぎず、第一次証拠とともに証拠能力が否定されねばなりません（すなわち、第一次証拠が排除されるとき、それらも自動的に排除される）。なぜなら、それらは第一次証拠のいわば「写し」か「属性」のような存在であり、独立した証拠としての実質をもたないからです。

　これに対し、たとえば、捜査機関の違法な差押えによって書類〔第一次証拠〕が収集された後に、その書類から得られた知識・情報にもとづき発見、収集された証拠物〔第二次証拠〕のように、その収集の手続に関しても、証拠の内容に関しても、**独立した証拠としての実質**をもつタイプの「毒樹の果実」もあります。そのような「毒樹の果実」こそ、上述のように、違法収集証拠排除法則を完全なかたちで貫徹するためには、その証拠能力が否定されねばなりません。

　ただし、最高裁平成15年判決は、排除すべき第一次違法収集証拠にもとづき収集された第二次証拠について、アメリカ法と違い、これを原則的に排除する立場をとりませんでした。なぜなら、(A)最高裁平成15年判決は、第二次証拠のうちで**関連性が密接なもの**に限定して、証拠能力を否定する立場をとったからです（「本件覚せい剤の差押えと〔中略〕鑑定書との関連性は密接なものではない」と判示した部分）。また、(B)密接に関連する第二次証拠についても、さらに、第一次証拠と同じ排除要件である、**「重大な違法」要件と「許容の不相当」要件**の有無を判断すべきだとしたからです（「本件覚せい剤及びこれに関する鑑定書については、その収集手続に重大な違法があるとまではいえず、その他、これらの証拠の重要性等諸般の事情を総合すると、その証拠能力を否定することはできない」と判示した部分。ちなみに、「証拠の重要性等諸般の事情の総合」とは、実質的に、違法捜査抑制の利益と処罰の利益の衡量を意味し、「許容の不相当」要件の判断を意味する。処罰の利益に関係した考慮要素が「証拠の重大性」となる）。

　そのように限られた範囲でしか排除されない第二次証拠を、アメリカ法にならい、「毒樹の果実」と呼ぶことは適切でないというべきです。なぜなら、第二次証拠について、「毒樹の果実」と捉え、原則的に排除しようとするアメリカ法の立場と、第二次証拠について、排除すべき第一次違法収集証拠と密接に関連するものに絞り込んだうえ、さらに、「重大な違法」要件と「許容の不相当」要件を充たす場合に限って例外的にしか排除しようとしないわが国の最高裁平成15年判決の立場は、正反対だともいえるからです。

展開支援ナビ

最高裁平成15年判決における第二次証拠の排除要件　最高裁平成15年判決の立場によれば、排除すべき第一次違法収集証拠と**密接な関連性**をもつ第二次証拠は、**自動的に「重大な違法」要件を充たす**と判断されることになるでしょう。なぜなら、第二次証拠の直接の収集手続じたいは適法であるため、第二次証拠の「重大な違法」要件を充たすか否かは、先行する第一次証拠の収集過程に重大な違法があることを考慮要素として判断するほかないからであり、そのとき、第二次証拠の「重大な違法」要件は自動的に充たされるはずだからです。そうでないと、それじたいは適法に収集された第二次証拠について、「重大な違法」要件が充たされることがなく、最高裁平成15年判決は〈およそ機能しない無意味な要件〉を課したことになってしまうからです。つまり、最高裁平成15年判決は、第二次証拠の「重大な違法」要件の充足如何について、排除すべき第一次違法収集証拠と第二次証拠の関連性が密接かどうかという点にかからしめたといえます（それゆえ、最高裁平成15年判決は、「本件覚せい剤の差押えと上記(2)の〔排除すべき尿〕鑑定書との関連性は密接なものではないというべきである。したがって、本件覚せい剤及びこれに関する鑑定書については、その収集手続に重大な違法があるとまではいえ〔ない〕」と判示した）。

　これに対し、第二次証拠について、もう1つの「許容の不相当」要件の有無については、実質的判断が求められるでしょう。最高裁平成15年判決が、第二次証拠の「許容の不相当」要件に関し、「証拠の重大性」という具体的な考慮要素を敢えて挙げたのは、そのことを示すものであったといえます。

　最高裁平成15年判決は、具体的な事案処理として、排除すべき尿鑑定書（第一次違法収集証拠）と令状による覚せい剤（第二次証拠）の差押え手続の「関連性は密接なものではない」ことを理由に、「本件

覚せい剤及びこれに関する鑑定書については、その収集手続に重大な違法があるとまではいえず、その他、これらの証拠の重要性等諸般の事情を総合すると、その証拠能力を否定することはできない」と判示し、覚せい剤の証拠能力を肯定しました。

　ちなみに、最高裁平成15年判決が、排除すべき尿鑑定書と覚せい剤の収集手続の「関連性は密接なものではない」と判示するうえで考慮に入れたのは、「覚せい剤の差押えは、**司法審査を経て発付された捜索差押許可状によってされたものであること**」と、「**逮捕前に適法に発付されていた被告人に対する窃盗事件についての捜索差押許可状の執行と併せて行われたものであること**」などの「本件の諸事情」でした。その内容にかんがみる限り、前者の事情は、アメリカ法の「毒樹の果実」排除における「**稀釈**」**の例外則**の趣旨を考慮したものと、また、後者の事情は「**不可避的発見**」**の例外則**の趣旨を考慮したものといえるかもしれません（アメリカ法の「毒樹の果実」排除に対する例外則について、次の【展開支援ナビ】参照）。

展開支援ナビ

　「毒樹の果実」排除に対する例外則　「毒樹の果実」を原則的に排除するアメリカ法でも、例外的に証拠能力を肯定してよい場合があると考えられています。なぜなら、「毒樹の果実」となる第二次証拠の直接の収集手続じたいは**適法**であったからです。そのため、収集手続じたいが**違法**である第一次証拠には認められない**特別な例外則**の適用が、「毒樹の果実」について肯定されます。この特別な例外則について、アメリカ法の考え方を説明しておきます。

　アメリカ法において、「毒樹の果実」の証拠能力を例外的に肯定してよい場合は、3つに区分されました（アメリカ法における「毒樹の果実」排除の例外則について、教科書では光藤『刑事訴訟法Ⅱ』159頁以下が詳しい）。

　(1)稀釈の例外　1つは、捜査機関の違法行為と「毒樹の果実」との結びつき——因果関係——が稀薄になり、違法行為による「汚れ」は除去されたといえる場合です。これを、**稀釈の例外**と呼びます。稀釈の例外にあたるケースは、たとえば、違法な捜索・差押えによって収集された書類〔第一次証拠〕からその存在が判明した目撃者が、後に**みずからの意思**で公判廷に出頭し、証言するような場合です。目撃者の公判廷証言〔第二次証拠〕が「毒樹の果実」になるのですが、証言台に立つという目撃者じしんの**主体的決定**によって、「汚れ」は除去されたといえ、証拠能力が肯定されるわけです。

　(2)独立入手源の例外　もう1つは、捜査機関の違法行為とは関係しない、独立の収集手続を経て「毒樹の果実」が獲得された場合です。**独立入手源の例外**と呼びます。たとえば、違法な捜索・差押えにより収集された被告人の書類〔第一次証拠〕から、大麻草の栽培場所が判明したけれども、その情報じたいは、**別の捜査機関**が適法に取り調べた参考人からすでに伝えられており、その参考人の情報にもとづき大麻草〔第二次証拠〕が発見され、収集された場合です（ちなみに、アメリカ法では、違法な立入り・捜索行為によって捜査機関が証拠物を発見したが、差し押さえることはせず、その立入り・捜索の前にすでに請求していた捜索・差押許可状の発付を待って、あらためて捜索を行い、その証拠物〔派生証拠〕を差し押さえた場合にも、独立入手源の例外が肯定される。なぜなら、違法な立入り・捜索によって得られた情報〔証拠物の存在〕は捜索・差押許可状の請求についても発付についても、なんら影響を及ぼしていないからである）。

　この場合、第二次証拠の発見・収集過程について、捜査機関の違法行為と適法な捜査活動〔独立入手源〕が**競合**しています。しかし、結果的には、捜査機関の違法行為と無関係に証拠が発見、収集されました。すなわち、第二次証拠は独立入手源から収集されたため、そのことを根拠に第二次証拠の証拠能力を肯定するのが、独立入手源の例外であるわけです。

　(3)不可避的発見の例外　第3の例外則が、**不可避的発見の例外**です。不可避的発見の例外とは、捜査機関の違法行為が間接的原因となって収集された第二次証拠が、かりにその違法行為がなかった——すなわち、捜査機関の違法行為を利用しなかった——としても、発見ないし収集されたであろう高度の蓋然性が認められる場合は、証拠能力を否定しないというものです。

　たとえば、捜査機関の**違法**な捜索・差押えにより収集された書類〔第一次証拠〕の情報にもとづき、被害者の遺体〔第二次証拠〕が放置されたという場所をその捜査機関じしんが適法に検索し、遺体を発見したとします。しかし、被害者の遺体が放置された場所付近については、違法な捜索・差押えとまったく無関係に、別の捜査機関により適法な検索ないし令状による捜索がすでに行われており、被害者の遺体はその別の捜査機関に

よっていずれ必ず発見されたであろうという場合に、不可避的発見の例外を認めるのです。

この不可避的発見の例外を認める考え方は、実質的には、前述した独立入手源を**仮定できる場合**にも、第二次証拠の証拠能力を肯定するものです。そのため、不可避的発見の例外は**「仮定的な独立入手源」の例外**とも呼ばれます。

以上、「毒樹の果実」の原則的排除に対する例外則について、アメリカ法の考え方を管見しました。ただし、このような例外則がわが国にそのまま適用されるわけではありません。なぜなら、すでに述べたように、アメリカ法と違い最高裁平成15年判決は、排除すべき第一次違法収集証拠から収集された第二次証拠について、これを原則的に排除する立場をとらなかったからです。そのため、稀釈の例外則や不可避的発見の例外則なども——本文で後述するように——、わが国では結局、排除すべき第一次証拠と第二次証拠の関連性が密接かどうかを判断するさいの考慮要素の1つとされたにすぎません。アメリカ法の「毒樹の果実」排除論と比較するとき、第二次証拠の排除に関する最高裁平成15年判決の考え方は狭隘であり、不徹底だともいわねばならないでしょう。

ただし、本件で令状係裁判官の司法審査を経たことが、それじたいで、尿鑑定書（第一次違法収集証拠）と覚せい剤（第二次証拠）の収集手続の密接な関連性を否定する要素になるのか、疑問もあります。なぜなら、排除すべき尿鑑定書だけを疎明資料として捜索・差押え許可状が発付されたのであれば、密接な関連性を肯定できると思うからです。排除すべき尿鑑定書のほかに他の疎明資料もある場合に限り、令状係裁判官の司法審査を経たことが、密接な関連性を否定する方向の考慮要素になるというべきです。ちなみに、最高裁平成15年判決の事案では、逮捕行為の前に、窃盗被疑事件について捜索・差押え許可状が発付されており、かりにこの令状だけを執行していても、捜索場所の被疑者方居宅から覚せい剤が発見されたでしょう。本件では、この窃盗被疑事件の捜索・差押え許可状を並行して執行したことが、密接な関連性を否定し、第二次証拠の覚せい剤の証拠能力を肯定する重要な考慮要素になったというべきです（これに対し、第一審の大津地裁平成12年判決は、「本件においては、本件窃盗による逮捕直後に逮捕状態のままいわゆる任意採尿を求め、その後は覚せい剤事件の捜査を本件窃盗より先行させて起訴していることからも明らかなように、本件窃盗と覚せい剤事件は、被告人に両方の同種前科があることを事前に把握していた捜査機関にとって、いわば車の両輪ともいうべき関係にあったと認められ、両者を無関係と評価することはできない」と述べ、第二次証拠である覚せい剤の証拠能力も否定した）。

なお、排除すべき尿鑑定書（第一次違法収集証拠）について、3(1)で述べたように、最高裁平成15年判決は、捜査機関の重大な違法行為〔違法逮捕〕と「密接に関連する」ことを肯定しました。覚せい剤（第二次証拠）の場合と違い、尿鑑定書について、関連性が密接だと結論できたのはなぜでしょうか。その理由は、尿鑑定書に関しては、「稀釈」の例外則や「不可避的発見」の例外則などの趣旨を考慮に入れるべき特段の事情がなかったからでしょう。結局のところ、「密接に関連する」とは、それら**例外則の趣旨を考慮すべき特段の事情がないこと**を意味するというべきです。言い換えれば、そのような**消極的内容**しかもたないものであるわけです。

(3) 逮捕手続の瑕疵を糊塗する捜査機関の後行行為

最高裁平成15年判決については、さらに注目すべき点があります。第一次違法収集証拠とされた尿鑑定書に関し、「重大な違法」要件を判断するうえで、先行する逮捕手続じたいの瑕疵（令状の不呈示、緊急執行の懈怠）だけでなく、その瑕疵を糊塗する**捜査機関の後行行為の違法**まで考慮に入れたこと、しかも、**証拠能力を否定する方向**で考慮に入れたことです。その逮捕手続の瑕疵を糊塗する後行行為とは、具体的には、公文書の捜査報告書などに、逮捕のさい逮捕状を事前呈示したと虚偽の事実を記載したこと（刑法156の虚偽公文書作成。156「公務員が、その職務に関し、行使の目的で、虚偽の文書若しくは図画を作成し、又は文書若しくは図画を変造したときは、印章又は署名の有無により区別して、前2条〔詔書偽造等と公文書偽造等〕の例による」）や、公判廷で同旨の虚偽の証言をしたこと（刑法169の偽証。169「法律により

宣誓した証人が虚偽の陳述をしたときは、3月以上10年以下の懲役に処する」）でした。ちなみに、最高裁平成15年判決の事案では、逮捕状の緊急執行を懈怠した逮捕手続の瑕疵を糊塗し、その意味でまさに「令状主義の精神を潜脱」する違法な後行行為（虚偽公文書作成、偽証）があったからこそ、証拠排除の結論にいたったというべきです。なぜなら、もしそうでないなら、最高裁判所としては、そのような後行行為にことさら言及するまでもなく、逮捕手続じたいの違法を理由に証拠排除すれば足りたはずだからです。その意味で、最高裁平成15年判決において、捜査機関による違法な後行行為がもつ意義は大きいというべきです。

　ただし、2⑵で取り上げた最高裁平成8年決定は、証拠物〔覚せい剤〕の発見後になされた捜査機関の後行行為〔暴行〕について、証拠を収集する原因におよそなっていないことを確認し、「重大な違法」要件を判断するうえで、その後行行為の違法を考慮に入れることはしませんでした。これに対し、最高裁平成15年判決は後行行為の違法まで考慮に入れました。なにが、この違いを生んだのでしょうか。

　最高裁平成8年決定の事案では、証拠〔覚せい剤〕を収集する原因となった行為〔令状による捜索〕じたいは適法であり、捜査機関の違法な後行行為〔暴行〕を利用する関係もないとされました。これに対し、最高裁平成15年判決の事案では、証拠〔尿とその鑑定書〕の収集に密接に関連する**行為〔逮捕〕**に違法〔令状の不呈示、緊急執行の懈怠〕があり、しかも、最高裁平成15年判決が判示したように、その違法を**糊塗**するため、事後的な**違法行為〔虚偽公文書作成、偽証〕**が重ねられました。この2つの違法行為の**特別な結びつき**が、最高裁平成8年決定との違いを生んだといえます。すなわち、最高裁平成15年判決の事案において、虚偽公文書作成や偽証などの違法な後行行為は、いずれも、先行する捜査機関の逮捕手続の違法を糊塗するため、あるいは、逮捕手続が適法なものであったと強弁するためのものでした。その意味で、違法な逮捕手続と**一体的に評価される**べき捜査機関の違法な後行行為であったわけです。

　最高裁平成15年判決が、「本件の経緯全体を通して表れたこのような警察官の態度を総合的に考慮」すると判示したのは、証拠収集手続に関連する捜査機関の先行行為について、その違法の程度を判断するとき、**先行行為じたいの客観的な違法の程度や内容**だけでなく、さらに、**その先行行為と一体的に評価されるべき捜査機関の後行行為じたいの客観的な違法の程度や内容**までも考慮に入れることができ、また、考慮に入れねばならない場合があるという趣旨でしょう。そのように最高裁平成15年判決の趣旨を理解するとき、「**重大な違法**」**要件を判断するうえで考慮されるべき違法行為の範囲は大きく広げられた**ことが分かります。

　ただし、違法の重大性の**程度**そのものについては、なお、極めてレヴェルの高いものが要求されていることに留意しなければなりません。なぜなら、**令状の不呈示、緊急執行の懈怠による違法な身体拘束**があっただけでは、いまだ「令状主義の精神を潜脱し、没却するような重大な違法」とはされず、それに加えて、**虚偽公文書の作成や公判廷の偽証**という後行の**犯罪行為**まで考慮されて初めて、「令状主義の精神を潜脱し、没却するような重大な違法」に当たることが肯定されたからです。すなわち、最高裁平成15年判決は、違法収集証拠の排除について、謙抑的姿勢をなお崩していないのであり、この点を看過してはなりません。

> **展開支援ナビ**
>
> **捜査機関の意図と後行行為の考慮**　最高裁平成15年判決が、捜査機関の後行行為まで考慮に入れた趣旨について、〈先行する違法行為時における**捜査機関の意図**を、事後的事情も考慮して推認するものだ〉、すなわち、〈**令状主義の保障を潜脱しようという意図**を推認させる1つの間接事実として、捜査機関の後行行為を考慮に入れたものだ〉と理解する論者もあります。
>
> 　しかし、最高裁平成15年判決は、令状主義を潜脱する捜査機関の意図になんら言及しません。また、具体的事案を踏まえる限り、被疑者の身体拘束時に、令状主義の保障を潜脱する意図をもって捜査機関が、「逮捕

状の呈示」や「逮捕状の緊急執行」の手続を**敢えて行わなかった**と推認することじたいに、そもそも、無理があるというべきです。なぜなら、そのような手続の意図的懈怠に合理的な理由や目的があるとは思われないからです。最高裁平成15年の事案は、突如逃走した被疑者を追跡し取り押さえた警察官らにとって、逮捕状の緊急執行にまで思いが至らなかっただけの事案ではないでしょうか。

　また、そもそも「重大な違法」要件を判断するうえで、捜査機関の意図などの主観的考慮要素を重視することになる点にも、疑問があります。なぜなら、〈証拠排除の基準を相対化する〉、〈証拠排除の要件判断が、排除をしない方向で恣意化する〉などの問題を生じさせるからです（1⑶参照）。

　最高裁平成15年判決の趣旨については、やはり、捜査機関による行為の違法の程度や内容を考慮に入れて「重大な違法」要件の有無を判断するさい、〈先行行為の違法を糊塗し、それじたいが「令状主義の精神を潜脱」する捜査機関の後行行為〉についても、考慮できることを認めたものと理解すべきだと思うのです。

⑷　第二次証拠と「許容の不相当」要件の判断

　最高裁平成15年判決は、第一次違法収集証拠にもとづき収集された第二次証拠の本件覚せい剤について、「重大な違法」要件を充たさないとしたうえ、さらに、**証拠の重要性**など「諸般の事情」を総合考慮しました。証拠の重要性などを考慮するのは、「**許容の不相当**」要件の有無を確認するものといえます。

　「許容の不相当」要件を判断するうえで、〈違法収集証拠を排除することにより、将来の違法捜査を抑制する〉という**政策的利益**と、〈違法収集証拠であってもこれを許容することにより、いま係属する被告事件において事案の真相を明らかにし、刑罰法令を適用する〉という**公共の利益**とを衡量するため、証拠の重要性を考慮に入れる趣旨でしょう（証拠の重要性は、おもに、上記公共の利益を量る考慮要素となる。同様に、**事件の重大性**も公共の利益を量る考慮要素とされよう）。しかし、事案の真相解明に重要な証拠であることを理由に、違法収集証拠を許容しようとする考え方には、疑問が拭えません。なぜなら、その考え方による限り、実体的真実の解明を標榜する**違法**な捜査活動を**免責**することにならないか、強く懸念されるからです。

　とまれ、最高裁平成15年判決が、理論的にも実践的にも、注目される判断を下したことは間違いありません。今後も、その意義や射程が議論されることになるでしょう。

⑸　第二次証拠の証拠能力をただちに判断した最高裁平成21年決定

　最高裁平成15年判決は、第一次違法収集証拠にもとづき収集された第二次証拠についても、その排除のため、密接な関連性の有無で絞り込んだうえ、第一次違法収集証拠と同様に「重大な違法」要件と「許容の不相当」要件を課しました。そのため、事案によっては、第一次違法収集証拠の排除如何を判断しないまま、第二次証拠じたいについて、その排除如何をただちに判断することも可能でしょう。そのような判断をしたのが、**最決平成21・9・28刑集63巻7号868頁**でした。具体的事案は、こうです。

　宅配便業者の配送過程下にある荷物について、宅配便業者の協力を得て、しかし、荷送人や荷受人の承諾は得ずに、また、検証許可状も請求しないまま、捜査機関はエックス線検査を行います。このエックス線検査による射影写真などを資料として、捜索・差押え許可状が発付され、配送された宅配便荷物の中や配送先の居室内から覚せい剤などが発見され、差し押さえられました。この無承諾のエックス線検査の適法性（ちなみに、第一審判決の**大阪地判平成18・9・13刑集63巻7号890頁**は、本件エックス線検査が「荷送人・荷受人のプライバシー等を侵害するものであるとしても，その程度は極めて軽度のものにとどまる。荷物を開披した上で内容物を見分した場合に荷送人・荷受人のプライバシー等が侵害されるのに比べれば，格段の差がある」ため、「任意捜査として実施しうるもの」と判示し、控訴審判決の**大阪高判平成19・3・23刑集63巻7号911頁**も、「本件のエックス線照射は任意捜査として許容される限度のものというべきである」と判示した）と、覚せい剤などの証拠能力が問題となります。この事案について、最高裁平成21年決定は次のように判示しました。

「本件エックス線検査は、荷送人の依頼に基づき宅配便業者の運送過程下にある荷物について、捜査機関が、捜査目的を達成するため、荷送人や荷受人の承諾を得ることなく、これに外部からエックス線を照射して内容物の射影を観察したものであるが、その射影によって荷物の内容物の形状や材質をうかがい知ることができる上、内容物によってはその品目等を相当程度具体的に特定することも可能であって、荷送人や荷受人の内容物に対するプライバシー等を大きく侵害するものであるから、検証としての性質を有する強制処分に当たるものと解される。そして、本件エックス線検査については検証許可状の発付を得ることが可能だったのであって、検証許可状によることなくこれを行った本件エックス線検査は、違法であるといわざるを得ない。／次に、本件覚せい剤等は、同年6月25日に発付された各捜索差押許可状に基づいて同年7月2日に実施された捜索において、5回目の本件エックス線検査を経て本件会社関係者が受け取った宅配便荷物の中及び同関係者の居室内から発見されたものであるが、これらの許可状は、4回目までの本件エックス線検査の射影の写真等を一資料として発付されたものとうかがわれ、本件覚せい剤等は、違法な本件エックス線検査と関連性を有する証拠であるということができる。／しかしながら、本件エックス線検査が行われた当時、本件会社関係者に対する宅配便を利用した覚せい剤譲受け事犯の嫌疑が高まっており、更に事案を解明するためには本件エックス線検査を行う実質的必要性があったこと、警察官らは、荷物そのものを現実に占有し管理している宅配便業者の承諾を得た上で本件エックス線検査を実施し、その際、検査の対象を限定する配慮もしていたのであって、令状主義に関する諸規定を潜脱する意図があったとはいえないこと、本件覚せい剤等は、司法審査を経て発付された各捜索差押許可状に基づく捜索において発見されたものであり、その発付に当たっては、本件エックス線検査の結果以外の証拠も資料として提供されたものとうかがわれることなどの諸事情にかんがみれば、本件覚せい剤等は、本件エックス線検査と上記の関連性を有するとしても、その証拠収集過程に重大な違法があるとまではいえず、その他、これらの証拠の重要性等諸般の事情を総合すると、その証拠能力を肯定することができると解するのが相当である」、と。

　最高裁平成21年決定の事案において、捜査機関の違法行為は、令状なしに強制処分のエックス線検査を行ったことでした。その違法の客観的な内容は、令状主義に違反するレヴェルのものであったわけです（ただし、最高裁平成21年決定は、その違法内容だけで「重大な違法」要件を肯定することはしなかった）。この違法行為から、宅配便荷物内部の射影写真が第一次証拠として収集されます。しかし、証拠能力の有無が問題とされたのは、この第一次証拠である射影写真でなく、**第二次証拠**、すなわち、射影写真を疎明資料として発付された捜索・差押え許可状により差し押さえられた**覚せい剤**などでした。最高裁平成21年決定は、この第二次証拠じたいについて、証拠能力をただちに判断するため、(A)先行する第一次証拠の収集行為の違法について、その内容（検証としての性質を有する強制処分のエックス線検査を、令状もなく、任意捜査として行った違法）のほか、程度（「本件エックス線検査を行う実質的必要性があった」）や捜査機関の意図（「令状主義に関する諸規定を潜脱する意図があったとはいえない」）などを考慮に入れ、さらに、(B)第一次証拠との関連の密接さの程度もあわせ考慮に入れます。すなわち、最高裁平成21年決定は、「本件エックス線検査を行う実質的必要性があった」、「令状主義に関する諸規定を潜脱する意図があったとはいえない」と述べ、実質的に、先行する第一次証拠収集行為（無承諾のエックス線検査）に重大な違法はないことを確認し、さらに、適法に収集された第二次証拠（覚せい剤など）について、「司法審査を経て発付された各捜索差押許可状に基づく捜索において発見された」、「本件エックス線検査の結果以外の証拠も資料として提供された」と述べ、第一次証拠との関連が密接でないことも確認します（ただし、司法審査を経て令状が発付されたことじたいを、関連の密接さを否定する事項として考慮したことには疑問がある。なぜなら、最高裁平成21年決定の事案では、先行行為〔宅配便荷物に対するエックス線検査〕を**手段**として、証拠収集手続〔荷受人方居宅に対する令状による捜索・差押え〕を行うという**目的**が果たされたのであり、本件における令状の発付は、むしろ違法な先行行為と証拠との結びつきを強めると思うからである。最高裁平成21年決定の事案では、エックス線検査の結果である射影写真以外の証拠も令状請求の疎明資料とされたことが重要な事項として

考慮されたというべきである）。結論として、最高裁平成 21 年決定は、「本件覚せい剤等は、本件エックス線検査と上記の関連性を有するとしても、その証拠収集過程に重大な違法があるとまではいえず、その他、これらの証拠の重要性等諸般の事情を総合すると、その証拠能力を肯定することができる」と判示しました。

このように、最高裁平成 21 年決定は、第二次証拠の証拠能力をただちに判断した最高裁判例として重要だといえます。なお、最高裁平成 21 年決定の事案じたいは、「同一目的」や「直接利用」の関係を肯定でき、その意味で、違法の承継を肯定する実質的根拠が認められる事案でした。しかし、最高裁平成 21 年決定は、**先行行為と関連する証拠物**である限り、その証拠能力の有無を判断するため先行行為の違法を考慮に入れてよいことを認めます。すなわち、最高裁平成 21 年決定は、違法の承継が肯定される**狭い場合**に限って先行行為の違法を考慮しようとするものではありません。そうでなく、たんに関連性が肯定される**広い場合**について、先行行為の違法を考慮できるとしたわけです。最高裁平成 21 年決定は、そのような広い関連性論によって違法の承継論を「吸収」したといえ、違法の承継論は特別な意義を失ったともいえます。最高裁平成 21 年決定は、この点でも、重要な先例となるものでしょう。

4　【関連問題】の論述ポイント

設問の【関連問題】に対する論述としては、違法収集証拠物の排除に関する議論の状況について、最高裁昭和 53 年判決の判示を敷衍するかたちで総論的に述べたうえで、【関連問題】の事例に関し、適用すべき規範の当てはめを行うことになります。

すなわち、**違法集証拠物を排除する根拠**（憲法上の保障、司法の廉潔性、適正手続の保障、違法捜査の抑止）について言及したのち、最高裁昭和 53 年判決がそれらを競合的に援用し、刑事訴訟法に明文の規定がない違法集証拠物排除法則を「創設」したことを述べます。最高裁昭和 53 年判決における**証拠排除の具体的要件**は、令状主義の精神を没却するような「重大な違法がある」こと、および、将来における違法な捜査の抑制の見地から「許容することが相当でない」ことです。「**重大な違法**」要件と「**許容の不相当**」要件と呼ばれ、前者のほうが重要な要件でしょう。この「重大な違法」要件を充足するかどうかを中心に、【関連問題】の事例について、具体的な当てはめを行います。

【関連問題】の事例では、(A)警察官 P が承諾を得ないまま上着内ポケットに手を差し入れビニール袋を取り出した行為と、(B)予試験を実施しないままビニール袋の内容物を覚せい剤だと認め現行犯逮捕した行為の違法性が問題になります。前者(A)については、最高裁昭和 53 年判決が、〈一般にプライバシー侵害が高く、捜索に類する違法な所持品検査だ〉という判断を示しました。ただし、証拠排除を正当化するほどの「重大な違法」だとは認めませんでした。後者(B)について、実務上は、予試験の結果、覚せい剤だと確認できた段階で現行犯逮捕するのが通常でしたから、「シャブだな」という質問に被疑者がうなずいただけで現行犯逮捕の理由（犯行と犯人の明白性）を認定したことは、やはり、疑問だといわねばなりません。ただし、被疑者の不審な挙動やうなずいた行為との関係で、〈ビニール袋の内容物を覚せい剤と推認することができ、したがって、現行犯逮捕も適法にできるケースだ〉といえるかもしれません。その点にかんがみると、【関連問題】の現行犯逮捕について、違法だとしても、証拠排除を正当化するほどの「重大な違法」があるというのは難しいようにも思われます。

しかし、【関連問題】の捜査手続については、さらに**重大な問題点**がありました。警察署において被疑者の引致を受けた司法警察員 K が、所持品検査から現行犯逮捕にいたる手続の違法を隠し、覚せい剤の収集にいたる手続の瑕疵を糊塗するために、**虚偽の事実を記載する現行犯逮捕手続書を作成した点**です。その行為の**違法の内容**は、実体的にみても手続的にみても、重大だといわねばなりません。〈実体的にみて重大な違法だ〉というのは、司法警察員 K の行為が刑法 156 条の虚偽公文書作成罪に該当する行為だからです。〈手続的にみて重大な違法だ〉という趣旨は、こうです。事前に裁判官の発する令状がなくとも、被疑者の身体を拘束してしまうのが現行犯逮捕です。もちろん、事後的に裁判官による司

法審査を受けることもありません。言い換えれば、それだけ現行犯逮捕の手続に関与する捜査機関の責任は重く、その公正さが強く要請されます。それにもかかわらず、設問の事例において司法警察員Kは、所持品検査から現行犯逮捕にいたる手続の内容を**偽ろう**としました。その違法はやはり重大だといわねばなりません。

　ただし、司法警察員Kの行為は、覚せい剤が収集され、予試験が実施された**後**でなされたものでした。すなわち、Kの行為は、覚せい剤が収集されるうえで直接の原因にも、間接的原因にもなっていません。そのような証拠収集後のKの行為も、違法収集証拠物を排除するうえで必要な要件、すなわち、「重大な違法」要件を判断するさいに、考慮に入れることができるかどうか、問題となります。この問題を指摘し、上述した最高裁平成15年判決に言及しながら、論述しておく必要があります。その論述では、最高裁平成15年決定の言葉遣いを用いながら、すなわち、**手続的違法を糊塗する事後的行為を含めた「本件の経緯全体を通して表れた警察官の態度を総合的に考慮する」**ことによって、「**違法の重大性**」の**要件を判断する**のが、判例の立場だと指摘することになります。

　【関連問題】の事例について、職務質問のさいの所持品検査の違法、現行犯逮捕の違法に加え、事後的に虚偽の現行犯逮捕手続書まで作成した違法を重ね合わせて考慮すれば、捜査機関の行為には「重大な違法がある」といわねばならないでしょう。また、【関連問題】の事案では、そのように違法の客観的な程度や内容がとくに重大であるため、捜査機関の主観的な意図や被処分者の態度などを考慮に入れるまでもなく、「重大な違法」要件を充たすと判断すべきだと論じることも可能でしょう。そう論じるとき、【関連問題】のような捜査機関のとくに重大な違法行為により発見、収集された覚せい剤については、その証拠としての重要性を考慮してもなお、将来における違法捜査抑制の見地から「許容することが相当でない」違法収集証拠物として、その証拠能力が否定されねばならないと結論することになります。

証拠法②（自白）

16　自白の証拠能力——自白の任意性

> **設問16**
> 自白の証拠能力を否定する根拠と判断基準について、論じなさい。
>
> **関連問題**
> 　被害者に農薬を飲ませて殺害したという殺人被疑事件で勾留された被疑者Sに対し、取調べにあたった検察官Pは、「警察の送致事実は殺人だ。しかし、借金返済を免れるため被害者を殺害した本件は、強盗殺人の事件というべきだ。強盗殺人の法定刑は死刑か無期刑だけであり、いずれにするか、その求刑は自分が決める。自殺の偽装工作までした本件は悪質であり、このままでは死刑の求刑もやむを得ない。真実を話してはどうか。自白して悔悟の気持ちを述べてくれれば、無期刑を求刑することもできる」と迫る。検察官からそう迫られたSは、「被害者に前途を悲観させて農薬を飲ませ、自殺に追い込んだ」と自白した。
> 　Sの自白を録取した検察官面前調書の証拠能力について、弁護人の立場から、論じなさい。

1　自白の排除法則について

(1)　自白の意義と機能

　自白とは、「自己の犯罪事実を認める旨の被告人の供述」と定義されます（平野龍一『刑事訴訟法』226頁）。被告人が承認する犯罪事実とは、起訴状において検察官によって主張され、有罪の判決書において示されねばならない「罪となるべき事実」（刑訴256③後段、335①）を意味します。この罪となるべき事実とは、刑罰権の存否および範囲を基礎づける事実を意味し（平野『刑事訴訟法』182頁は、「刑罰権の根拠および範囲を定める事実」という。主要要証事実とも呼ばれる）、**犯罪構成要件に該当する具体的事実**がその中核となります（罪となるべき事実の意義について、設問23「間接事実による有罪認定と証明水準」1(1)の【展開支援ナビ】「(2)積極的な意義」参照）。

　検察官が主張する罪となるべき具体的事実について、これをすべて承認する被告人の供述は、もちろん、自白にあたります。また、検察官が主張する具体的事実のうち、犯罪の日時、場所、行為態様など派生的部分で被告人の供述とくい違いがあっても、罪となるべき事実の主要部分を承認する供述であれば、有罪の認定に差し支えないため、やはり、自白の範疇に入ります（なお、**最大判昭和37・11・28刑集16巻11号1633頁**は、「犯罪の日時、場所及び方法は、これら事項が、犯罪を構成する要素になっている場合を除き、本来は、罪となるべき事実そのものではなく、ただ訴因を特定する一手段として、できる限り具体的に表示すべきことを要請されている」にすぎないと判示した）。自白とは、**罪となるべき事実の全部または主要部分を承認する被告人じしんの供述**を意味すると定義してよいでしょう。

> **展開支援ナビ**
>
> **有罪の自認と有罪の陳述**　被告人が「起訴された犯罪について有罪であることを自認する」こと（刑訴319③）、すなわち、**有罪の自認**も、刑事訴訟法上は自白の範疇に含められます（刑訴319③「前2項の自白には、起訴された犯罪について有罪であることを自認する場合を含む」）。具体的事実をなんら述べず「自分が犯人だ」とだけ述べる有罪の自認は、厳密には、証拠でありません。なぜなら、有罪の自認の本質は、「自分が犯人だから、

有罪にされてよい」と主張する点にあり、主張じたいは証拠でないからです。しかし、主張の本質をもつ有罪の自認について、刑事訴訟法は、証拠である自白（刑訴319①、②）と同列に扱うと定めたわけです。ただし、有罪を自認した被告人に有罪判決を言い渡すには、少なくとも、罪となるべき事実の真実性を保障する補強証拠が他になければなりません（刑訴319②「被告人は、公判廷における自白であると否とを問わず、その自白が自己に不利益な唯一の証拠である場合には、有罪とされない」。補強証拠について、設問17「自白の補強法則」参照）。

なお、公判手続の冒頭に、検察官が主張する「公訴事実」（刑訴256②(2)）の存否について陳述する機会、すなわち、罪状認否の機会が被告人・弁護人に与えられます（刑訴291③「裁判長は、起訴状の朗読が終った後、被告人に対し、終始沈黙し、又は個々の質問に対し陳述を拒むことができる旨その他裁判所の規則で定める被告人の権利を保護するため必要な事項を告げた上、被告人及び弁護人に対し、被告事件について陳述する機会を与えなければならない」）。このさいに被告人が「公訴事実」だけでなく、違法性や有責性――すなわち、正当防衛（刑法36①）などの**違法性阻却事由**や心神喪失（刑法39①）の**責任阻却事由**がないこと――まで認める供述をしたとき、その供述はとくに「有罪である旨の陳述」（刑訴291の2）、すなわち、**有罪の陳述**と呼ばれます（刑訴規197の2は、たんに「公訴事実を認める陳述」をした被告人に対し、裁判長が「有罪の陳述にあたるかどうかを確めなければならない」と定める。なお、「公訴事実は認めるが、正当防衛だ」と述べるときは、**無罪の陳述**となる）。この有罪の陳述も有罪の自認の一種であり、自白として扱われます（刑訴319③）。有罪の陳述がなされたとき、裁判所は**簡易公判手続**（刑訴307の2により、「証拠調は、公判期日において、適当と認める方法でこれを行うことができる」ほか、刑訴320②により、検察官、弁護人らの異議がない限り伝聞証拠も許容される）による審判を決定できます（刑訴292の2「被告人が、前条第3項の手続に際し、起訴状に記載された訴因について有罪である旨を陳述したときは、裁判所は、検察官、被告人及び弁護人の意見を聴き、有罪である旨の陳述のあった訴因に限り、簡易公判手続によって審判をする旨の決定をすることができる。ただし、死刑又は無期若しくは短期1年以上の懲役若しくは禁錮に当たる事件については、この限りでない」）。有罪の陳述は、簡易公判手続による審判を決定する必要条件となるわけです。

この被告人の自白があれば、それだけで裁判所は、検察官が主張する罪となるべき事実（刑訴256③後段）をほぼすべて認定できます。被告人の自白は、罪となるべき事実を具体的に認定させる力、すなわち、**狭義の証明力**をほぼ完全なかたちで肯定できる証拠であるわけです（松尾浩也『刑事訴訟法（下）新版補正第2版』36頁は、自白について「狭義の証明力は100パーセントに近い」という）。

ただし、狭義の証明力は、**証拠の証明力**（刑訴318「証拠の証明力は、裁判官の自由な判断に委ねる」）の1つの要素にすぎません。犯罪事実を現実に認定するには、この自白について、証明力のもう1つの要素である**一般的信用性**を肯定できることが前提となります。そのためには、自白にいたる過程に圧迫はなかったか、自白の内容に自己矛盾や客観的事実との喰い違いがないか、共犯者に罪責を転嫁していないか、虚言癖がないかなどが検討されねばなりません。しかし、もともと自白とは、自己に不利益な事実、処罰根拠となる犯罪事実を被告人がみずから吐露する供述ですので、一般的信用性を肯定しやすい証拠であることは間違いありません。

そのうえ、罪となるべき事実をそのまま承認する供述が自白であるため、自白にもとづき事実を認定する裁判所は、ことさら推理・推論を加える必要もありません（ちなみに、要証事実を認定するため推理・推論を必要とする証拠を**間接事実**と呼び、推理・推論を必要としない証拠を**直接証拠**と呼ぶ。目撃者の供述とともに、自白は直接証拠の典型例である）。

このように特別な証拠である自白の存在は、警察・検察官の事件処理や裁判所の事実認定を効率化ないし簡素化する決定的条件になります。

(2) 自白に依存しない刑事手続

しかし、刑事司法の効率化・簡素化のため自白に依存するとき、憲法・刑事訴訟法の本来の趣旨に反する結果になってしまいます。その意味は、こうです。

憲法・刑事訴訟法により被告人（起訴前は「被疑者」と呼ぶ。以下、被疑者・被告人ともいう）は、**防禦活動を尽くすべき権利主体としての法的地位**を保障されます。それゆえ、被疑者・被告人が防禦のため供

述するかどうか、つまり、自白するか否認するか、あるいは、一切の供述を拒否して黙秘するかは、被疑者・被告人の主体的決定にかからしめられています（供述の自由、黙秘権について、憲法36「公務員による拷問及び残虐な刑罰は、絶対にこれを禁ずる」、38①「何人も、自己に不利益な供述を強要されない」、刑訴198②「前項の取調に際しては、被疑者に対し、あらかじめ、自己の意思に反して供述をする必要がない旨を告げなければならない」、311①「被告人は、終始沈黙し、又は個々の質問に対し、供述を拒むことができる」など参照）。

それは、被疑者・被告人が「自白しない」という主体的決定をしたとき、その決定は警察や検察官、裁判所によっても尊重されねばならないことを意味します。「自白しない」という被疑者・被告人の決定を尊重するには、なにより、被疑者・被告人の自白なしには遂行も運営も困難となるような刑事手続のあり方を克服し、そうでないあり方、すなわち、**自白に依存しない・自白を偏重しない刑事手続のあり方**を目指し、かつ、実現しなければなりません。

この点で、心に刻むべきことがあります。それが、憲法と刑事訴訟法は自白について**証拠能力の制約**を置いたことです。憲法38条2項は「強制、拷問若しくは脅迫による自白又は不当に長く抑留若しくは拘禁された後の自白は、これを証拠とすることができない」と定め、刑事訴訟法319条1項も「強制、拷問又は脅迫による自白、不当に長く抑留又は拘禁された後の自白その他任意にされたものでない疑のある自白は、これを証拠とすることができない」と定めて、自白の証拠能力を否定する法的なルール、すなわち、**自白の排除法則**を定立しました。ちなみに、証拠能力とは、裁判所の事実認定の用に供するための法的資格を意味し、この証拠能力を否定することを、証拠から排除するとも表現します。証拠能力を否定すべき自白について、刑事訴訟法はこれを例外的に許容することも認めません（これに対し、原則として証拠能力を否定すべき伝聞証拠は、刑訴320②、291の2により簡易公判手続で例外的に許容され、また、321ないし328が定める要件を充たすときも例外的に許容される）。その意味で自白の排除は絶対的性格をもちます。

自白に依存しない・自白を偏重しない刑事手続のあり方を実現するためには、この自白の排除法則（憲法39②、刑訴319①）について、正確な知識をもたねばなりません。また、具体的事案に関し、自白の排除法則を的確に適用できることも必要になります。

2　任意性に疑いがある自白を排除する根拠

(1)　憲法・刑事訴訟法による自白の排除

憲法38条2項は、「強制、拷問若しくは脅迫による自白又は不当に長く抑留若しくは拘禁された後の自白は、これを証拠とすることができない」と定め、刑事訴訟法の319条1項は、この憲法38条2項の文言を敷衍したうえ、さらに、「任意にされたものでない疑のある自白」についても、これを証拠として使用できないと定めました。

展開支援ナビ

拷問、脅迫、強制の意義　刑事訴訟法319条1項が定める「強制」、「拷問」、「脅迫」の意義について、身体的苦痛を与える「拷問」、精神的苦痛を与える「脅迫」、その他の任意性を失わせる「強制」と区別する論者もあります（松尾編『刑事訴訟法Ⅱ──公判から裁判の執行まで』299頁）。しかし、そのような区別は妥当とは思われません。こう定義すべきでしょう。

(A)**拷問**については、「身体的なものであるか精神的なものであるかを問わず人に重い苦痛を故意に与える行為」という定義が国際的に承認されています（拷問及び他の残虐な、非人道的な又は品位を傷つける取扱又は刑罰に関する条約〔拷問等禁止条約〕1①）。被疑者の身体を殴打するなどの典型的な拷問（身体的拷問）のほかに、否認する被疑者の抵抗心を挫くため目隠しをして取り調べるようなことがあれば、それも拷問（精神的拷問）というべきです。また、被疑者の尊厳を打ち砕くような捜査機関の侮辱的な言葉遣いも、それじたいとして拷問（精神的拷問）にあたるというべきです。

(B)**脅迫**については、刑法の定義に従ってよいでしょう。すなわち、被疑者の身体、自由、名誉などに対し

害悪を加えると告知することを意味します（刑法223①の強要罪が、「生命、身体、自由、名誉若しくは財産に対し害を加える旨を告知して脅迫」すると定める）。
　(C)**強制**については、刑事訴訟法197条1項の「強制」の意義と基本的には同じだと考えてよいでしょう。**最決昭和51・3・16刑集30巻2号187頁**の判示にならえば、〈被疑者の意思を制圧し、身体的・心理的な圧迫を加えて、自白を獲得しようとする行為など〉が強制だといえます。

　刑事訴訟法319条1項が「任意にされたものでない疑のある自白」まで排除すると定めた点について、憲法38条2項による自白排除の範囲を広げた趣旨だ——言い換えれば、「任意にされたものでない疑のある自白」じたいの排除は憲法38条2項の要求でない——と解することもできるでしょう。

　【**偽計による取調べと自白**】　しかし、銃砲刀剣類所持等取締法違反等被告事件において、**最大判昭和45・11・25刑集24巻12号1670頁**は、警察の取調べで被告人の妻が〈けん銃の購入、所持は自分の単独犯行だ〉と述べていたのに、検察官による被告人の取調べでは、〈妻が被告人との共謀を認めた〉という虚偽の事実を検察官が被告人に告げ、「もし被告人が共謀の点を認めれば被告人のみが処罰され妻は処罰を免れることがあるかも知れない旨を暗示した疑い」もある事実関係の下で、「もしも偽計によって被疑者が心理的強制を受け、その結果虚偽の自白が誘発されるおそれのある場合には、右の自白はその任意性に疑いがあるものとして、証拠能力を否定すべきであり、このような自白を証拠に採用することは、刑訴法319条1項の規定に違反し、ひいては憲法38条2項にも違反するものといわなければならない」と判示しました（最高裁昭和45年大法廷判決は、「本件においては前記のような偽計によって被疑者が心理的強制を受け、虚偽の自白が誘発されるおそれのある疑いが濃厚であり、もしそうであるとするならば、前記尋問によつて得られた被告人の検察官に対する自白およびその影響下に作成された司法警察員に対する自白調書は、いずれも任意性に疑いがある」と判示した）。偽計による自白のような**任意性に疑いがある自白**を許容することは、「憲法38条2項にも違反する」とした点で、この最高裁昭和45年大法廷判決は、憲法38条2項と刑事訴訟法319条1項による自白排除の範囲が同じであることを確認したといえます。ひるがえって、憲法38条2項と刑事訴訟法319条1項が共通して、「強制、拷問又は脅迫による自白、不当に長く抑留又は拘禁された後の自白」を証拠にできないと定める趣旨についても、〈任意性がないか、任意性に疑いがある典型的事例を類型化し、例示的に列挙したもの〉と理解されました。たとえば、**東京高判昭和32・12・26高刑集10巻12号826頁**（糧食差入れが中絶されていた期間中に被告人が警察官にした自白について、差入れの中絶は被告人じしんが申し出たため警察官が取り計らったものであり、差入れの中絶と自白のあいだに因果関係はなく、自白の任意性は肯定されるとした事例）は、刑事訴訟法319条1項、憲法38条2項に規定された「強制、拷問、脅迫というようなこと〔中略〕は、すべて任意性のない場合の典型的な事例であって、法は、これらを例示的に列挙したものと解される」と判示しました。

　そのように理解する限り、自白の証拠能力をめぐっては、任意性がない自白または任意性に疑いがある自白は、なぜ排除されねばならないのかという問いをたてて（以下、任意性がない自白と任意性に疑いがある自白を一括して「任意性に疑いがある自白」という）、議論すべきことになります。この問いに対し、2つの答えが提出されました。

(2) 虚偽排除説による自白の排除

　1つの答えは、任意性に疑いがある自白は虚偽である恐れが拭えず、事実認定を誤らせないため、あらかじめ証拠から排除しておくというものです。**虚偽排除説**と呼びます。

　被疑者取調べで強制が加えられたり、拷問、脅迫などがあった場合は、虚偽の自白を強いられた恐れが拭えません。すなわち、予断をもった捜査機関が被疑者に拷問、脅迫などを加え、不当に誘導した自白には、真実でない恐れが拭えないのです。それゆえ、無辜を処罰しないためには、任意性に疑いがある自白を証拠から排除すべきことになります（平野『刑事訴訟法』227頁は、「強制・拷問・脅迫などを加えると、

嘘の自白をするおそれがあり、無実の者を処罰する危険がある。このような自白は、任意性がないとして排除される」と表現した)。この考え方では、任意性に疑いがないとは、自発的にすすんで自白したことを意味するものでなく、虚偽の自白を誘発する恐れのある状況がまったくないことを意味します。そのため、自白の任意性の有無を判断する基準も、**虚偽の自白を誘発する恐れのある状況下で自白がなされたかどうか**だとされます（松尾『刑事訴訟法（下）新版補正第2版』42頁は、「約束、偽計、圧迫、誘導、疲労、病気など、被疑者の自由な意思決定を妨げる事情があり、その結果、虚偽の自白を誘発するおそれがあったと疑われるときは、その自白は証拠能力を失うことになる」と述べた）。

(3) 人権擁護説による自白の排除

もう1つの答えは、任意性に疑いがある自白は被疑者の供述の自由を侵害して得たものであり、この人権侵害に対し訴訟内の救済を認めるため、証拠から排除するというものです。**人権擁護説**と呼び、供述の自由を侵害するとは、法律上または事実上の供述義務を負わせることを意味します。

> **展開支援ナビ**
>
> **法律上の供述義務と事実上の供述義務**　刑事訴訟法上、証人に対し、法律上の供述義務が課されます。すなわち、証人には、「良心に従って、真実を述べ何事も隠さず、また何事も付け加えない」旨を宣誓する義務が課されます（刑訴154「証人には、この法律に特別の定のある場合を除いて、宣誓をさせなければならない」、刑訴規118①「宣誓は、宣誓書によりこれをしなければならない」、同②「宣誓書には、良心に従って、真実を述べ何事も隠さず、又何事も附け加えないことを誓う旨を記載しなければならない」）。証人が正当な理由なく宣誓や証言を拒んだときは、過料や罰金などによる制裁が課されます（刑訴160①、161）。宣誓に反し虚偽の事実を供述した証人は、偽証罪により処罰されねばなりません（刑法169「法律により宣誓した証人が虚偽の陳述をしたときは、3月以上10年以下の懲役に処する」）。そのようにして証人には、法律上、真実を供述する義務が課されるわけです。供述するかどうか、なにを供述するか、決定する自由はありません。
>
> 供述の自由を侵害する態様は、法律上の供述義務を課すことだけではありません。供述を強要するため、暴行を加えたり、不当に長く抑留・拘禁することなどにより、身体的または心理的な圧迫を加え、供述を誘導する場合にも、供述するかどうか、なにを供述するかに関し、被疑者・被告人の自由な意思決定が妨げられます。この場合も、供述を事実上強要するもの、すなわち、事実上の供述義務を課すものであり、供述の自由を侵害する態様の1つとなります。

法律上または事実上の供述義務が課される状況について、被疑者・被告人は「真実を述べる義務があると思っているのであるから、必ずしも嘘をいうおそれがあるとはいえない」ため（平野『刑事訴訟法』228頁）、それを、虚偽の自白を誘発する恐れのある状況にあたるということはできません。しかし、たとえ虚偽をいう恐れがないとしても、供述の自由を侵害することになるため――その人権侵害に対し訴訟内の救済を認めるには――、自白は排除されねばならないと考えるわけです。なお、供述の自由は、被疑者・被告人に黙秘権を認めた憲法38条1項（「何人も、自己に不利益な供述を強要されない」）や、拷問を絶対に禁止した憲法36条（「公務員による拷問及び残虐な刑罰は、絶対にこれを禁ずる」）などが保障する基本的人権だといえるでしょう。

この人権擁護説の考え方では、任意性に疑いがないとは、供述の自由を侵害する恐れのある身体的・心理的な圧迫がまったくないことを意味します。そのような、**自由な供述を妨げる恐れのある身体的・心理的な圧迫の下で自白がなされたかどうか**が、自白の任意性の有無を判断する基準になります。

(4) 虚偽排除説と人権擁護説の相違点と共通点

人権擁護説は、供述の内容について虚偽である恐れがまったくない場合であっても、供述の自由という人権を擁護するため自白を排除すべきだとします。その点で、人権擁護説は虚偽排除説の考え方とは

「対極的な考えに由来するもの」です（田宮裕『刑事訴訟法〔新版〕』348頁）。

しかし、両者には重要な共通点もあります。すなわち、虚偽排除説は、虚偽の自白を誘発する恐れのある状況から影響されるような心理状態であったかを問題にし、人権擁護説も、内心の供述の自由が侵害されるような身体的・心理的な圧迫を受けたかを問題にします。いずれも、取調べを受ける被疑者の具体的な心理状態、すなわち、**内心の状態**を考慮に入れる点で共通します。

展開支援ナビ

任意性説という呼称 ともに内心の状態を考慮に入れるという共通点を捉え、学説では、虚偽排除説と人権擁護説を競合的に採用する考え方が有力です。この**虚偽排除説と人権擁護説の競合説は任意性説**とも呼ばれます。ただし、任意性説はあくまで競合説であるため、(A)虚偽の自白を誘発する恐れのある状況の存在、または、(B)供述の自由を侵害する恐れのある身体的・心理的圧迫の存在という**要件のいずれか**を充たせば、それだけで自白排除の要件を充たすものとなることを看過してはなりません。すなわち、任意性説について、(A)および(B)の要件をともに充たさない限り、自白を排除しない考え方だという**誤った理解**をしてはなりません。

この任意性説を敢えてとる積極的意義は、自白の証拠能力を肯定する場面で、明らかになります。すなわち、任意性説が**虚偽排除説**と**人権擁護説**の競合説である当然の帰結として、自白の証拠能力を肯定するには、自白にいたる過程に(a)虚偽の自白を誘発する恐れがなく、かつ、(b)供述の自由を侵害する恐れのある身体的・心理的圧迫もないことが必要となります。自白の証拠能力を肯定するうえで任意性説は、虚偽排除説単独や人権擁護説単独よりも要件を厳格化するわけです。

なお、以下では、虚偽排除説と人権擁護説が「対極的な考え」（田宮『刑事訴訟法〔新版〕』348頁）に由来する点を踏まえ、任意性説の呼称を避け、「虚偽排除説・人権擁護説」と呼びたいと思います。

その内心の状態を推認するため、被疑者・被告人の**主観的・個人的事情**を考慮に入れることになるでしょう。しかし、そのように主観的・個人的事情を考慮に入れることは、自白の任意性判断が相対化されることを意味します。すなわち、客観的には同じ態様の不当な取調べが行われたとしても、その取調べを受ける被疑者の主観的・個人的事情の如何によっては、獲得された自白について、「任意性に疑いがない」とされたり、逆に、「任意性に疑いがある」とされることになります。それは、虚偽排除説と人権擁護説に共通する問題点だといえます。

3　自白の排除根拠と判例の立場

(1) **虚偽排除説にたつ判例**

判例については、虚偽排除説によったものが多いとされました（昭和33年〔1958年〕公刊の平野『刑事訴訟法』230頁は、「最高裁判所は、虚偽排除説に傾いているといえよう」とした。平成8年〔1996年〕公刊の田宮『刑事訴訟法〔新版〕』352頁も、「現実は虚偽排除説的運用が固定化する方向さえみられ〔る〕」と述べた。ただし、後述の3(3)参照）。

2(1)で紹介した**最大判昭和45・11・25刑集24巻12号1670頁**は、「捜査官が被疑者を取り調べるにあたり偽計を用いて被疑者を錯誤に陥れ自白を獲得するような尋問方法を厳に避けるべきであることはいうまでもないところであるが、もしも偽計によって被疑者が心理的強制を受け、その結果虚偽の自白が誘発されるおそれのある場合には、右の自白はその任意性に疑いがあるものとして、証拠能力を否定すべきであり、このような自白を証拠に採用することは、刑訴法319条1項の規定に違反し、ひいては憲法38条2項にも違反するものといわなければならない」と判示しました。その「虚偽の自白が誘発されるおそれ」というのは、まさに虚偽排除説の言葉遣いであったわけです。

(2) **人権擁護説にたつ判例**

他方で、人権擁護説に与した判例も少なくありません。

【両手錠を施したままの取調べと自白】　公職選挙法違反被告事件において、上告理由で弁護人が人権擁護説の立場から「取調べの際、両手錠のままという事実はいたく被告人等に対し精神的恐怖や圧迫を加えていたことはその実相でありこれこそ強制による供述と認むべきものである」と主張したことを受け、最判昭和38・9・13刑集17巻8号1703頁は、「すでに勾留されている被疑者が、捜査官から取り調べられるさいに、さらに手錠を施されたまゝであるときは、その心身になんらかの圧迫を受け、任意の供述は期待できないものと推定せられ、反証のない限りその供述の任意性につき一応の疑いをさしはさむべきであると解するのが相当である」と判示しました（具体的な事案の処理について、後述の3(4)参照）。その「心身になんらかの圧迫を受け、任意の供述は期待できない」という言葉遣いは、人権擁護説のそれであったわけです。

【弁護人選任を取引材料とする自白】　このほか、大阪高判昭和53・1・24判時895号122頁は、警察官の警部Tが、勾留中の被疑者の母親が持参した弁護費用を持ち帰らせ、それに不満で取調べに応じない被疑者に対し、取調べに応ずれば母親に連絡して弁護費用を持参させると約束して取調べに応じさせたという事案において、警部Tによる「右のような措置は、当然与えられるべき被告人の弁護人選任権を取引材料として、被告人に心理的圧迫を加え黙秘権を侵害して自白を強要した不当な取調べ方法であり、それ以後作成された被告人の司法警察員に対する〔中略〕各供述調書及び検察官に対する〔中略〕各供述調書は、取調官は警部Tとは違うとはいえ、同警部の不当な取調べにより被告人が余罪の取調べに応じることを約したことに基づく供述として、いずれも任意性に疑いがあり証拠能力がないものといわなければならない」と判示しました。

大阪高裁昭和53年判決は、黙秘権を侵害する不当な心理的圧迫の下で作成された複数の供述調書について、その証拠能力を否定したわけです（なお、大阪高裁昭和53年判決は、「既に弁護人が選任されたうえ保釈された後である被告人の原審における自白は、右のような捜査官の不当な取調べの影響から遮断されたものとして、任意性が認められる」と判示した）。

(3)　判例の立場

判例の立場については、結局、虚偽排除説を基本としながらも人権擁護説をあわせ考慮する、あるいは、虚偽排除説と人権擁護説をひとしく考慮するものといってよいかと思います（そのような意味で、虚偽排除説と人権擁護説の競合説、すなわち、任意性説にたつといってよい）。

【不起訴の約束による自白】　たとえば、福岡高判平成5・3・18判時1489号159頁は、飲食店やスナックのドアの施錠をドライバーでこじ開けて店内に侵入し、現金窃取を繰り返したという建造物侵入、窃盗被告事件において、「被告人の自白で任意性に疑いがあるものは証拠能力が認められないが、その判断にあたっては被告人の供述の自由を妨げる違法な圧迫の存否（人権擁護）ないし虚偽自白を誘引する状況の有無（虚偽排除）を検討すべきところ、取調べ中に煙草やコーヒーの提供を受けたことや餞別として多少の金品を受領したことなどの利益供与は、いわゆる世俗的利益であって、人権擁護の面は考慮する必要はないし、定型的に虚偽の自白がなされる状況にあったとみることもできない。しかしながら、他の事件〔本件の建造物侵入、窃盗被告事件〕を自白すれば福岡事件〔被告人が平成元年12月ころ、福岡市において、当時交際中であったB子の部屋から、ダイヤの指輪などを窃取した事件〕を送致しないという約束は、いわゆる不起訴の約束に等しいものであって、福岡事件を起訴してもらいたくないという被告人の弱みにつけこんだもので、到底許容される捜査方法ではない。そうすると、右捜査官の約束に基づいてなされた疑いのある平成2年10月以降の被告人の自白は、すべて任意性に疑いがあるものとして、その証拠能力を否定すべき」であると判示しました。

「供述の自由を妨げる違法な圧迫の存否（人権擁護）ないし虚偽自白を誘引する状況の有無（虚偽排除）を検討すべき」であるとしたその言葉遣いは、虚偽排除説と人権擁護説にひとしく立脚したものといえます。

> **憲法38条2項の自白排除事由**　ただし、憲法38条2項と刑事訴訟法319条1項がともに自白排除事由とする強制、拷問、脅迫、不当に長い身体拘束については、それらに該当する外形的行為が捜査機関にあれば、その結果としてなされた自白をただちに排除するのが判例の立場だといわねばなりません。たとえば、**最大判昭和26・8・1刑集5巻9号1684頁**は、「被告人の取調は被告人に手錠をはめたままで行われたこと、午前2時頃まで取調べたこと、警察官が4人がかりで被告人を取調べたこと、警察官の1人が被告人を殴ったことのあることを認めていること」、「かかる状況の下になされた被告人の警察における供述は、強制、拷問によるものであることを思わせる十分の理由があるものといわなければならない」と判示しました。
>
> 　この最高裁昭和26年大法廷判決では、「手錠をはめた」、「午前2時頃まで取調べた」、「4人がかりで取調べた」、「殴った」など、強制や拷問などに該当する外形的行為のうち、さらに、〈虚偽の自白を誘発する恐れを内在させる行為、または、供述の自由を侵害する身体的・心理的な圧迫を内在させる行為に限定して自白排除事由にする〉という絞り込みはなされていません。この点を捉え、「**強制・拷問・脅迫による自白または不当に長く抑留・拘禁された後の自白**」は任意性のない場合を法が**擬制**したもので、かかる事情下の自白については任意性の立証や任意性のあることを理由として証拠能力を認めることは許されない」とも述べられました（岸盛一『刑事訴訟法要義』167頁。ゴシック体は引用者）。
>
> 　結局のところ、虚偽排除説や人権擁護説の判断基準——虚偽の自白を誘発する恐れのある状況や、供述の自由を侵害する不当な身体的・心理的な圧迫があったかどうか——が適用されるのは、実質的には、「任意にされたものでない疑のある自白」（刑訴319①）かどうかを判断する場合に限られるといってよいわけです。

(4) 捜査機関の行為と自白の因果関係

　虚偽排除説・人権擁護説は、取調べにおける捜査機関の違法行為と自白とのあいだに原因と結果の関係、すなわち、**因果関係**があるかどうかについて、検討することを求めます。たとえば、〈刑事訴訟法81条、207条に違反して糧食の差入れを禁止した警察官の行為〉と〈被疑者の自白〉とのあいだに因果関係があるかどうかを具体的に考究しなければ、自白の任意性に疑いがないか否かを断ずることはできないとした最高裁判例があります。

【糧食差入禁止と自白】　最判昭和32・5・31刑集11巻5号1579頁は、「本件において原判決は〔中略〕警察における糧食差入禁止の行われた事実を認め、しかもこの糧食差入禁止の期間と自白の時日との関係上、外形的には糧食差入禁止と自白との間に因果の関係を推測させ、少なくともその疑ある事案であるにかかわらず、本件糧食差入禁止が何故行われたか、そしてまたそれと自白との因果関係の存否並びに叙上疑の存否について考究することなく」自白調書の証拠能力を肯定した点を捉えて、原判決には「審理不尽、理由不備の違法」があると判示しました。

　ただし、捜査機関の行為と自白のあいだに因果関係があるかどうかについて、検討を要求することは、〈もっぱら、自白を排除する方向で機能する〉わけではありません。むしろ、逆の機能を果たす場合のほうが多いでしょう。なぜなら、虚偽排除説・人権擁護説は、憲法38条2項・刑事訴訟法319条1項の趣旨について、任意性が疑われる自白に限って排除するものと解釈するからです。そのため、捜査機関の行為によって虚偽の自白を誘発する恐れのある状況が生じ、その状況のために自白がなされた場合に限って〔虚偽排除説〕、あるいは、捜査機関の行為によって供述の自由を侵害する恐れのある身体的・心理的な圧迫が生じ、その圧迫のために自白がなされた場合に限って〔人権擁護説〕、自白の証拠能力を否定すべきものとなります。すなわち、捜査機関の不当な行為がそれじたいとして自白排除の根拠になるわけではありません。そのため、虚偽排除説・人権擁護説の立場からは、〈捜査機関に不当な行為があったとしても、その行為を原因として自白が獲得されたかどうか、その行為とは無関係に獲得された自白ではないか、すなわち、自白の任意性は肯定される場合ではないか〉という検討が行われねばなりません。

⑸　任意であることの反証

　それは、実質的には、**任意であることの反証**を検察官側に許すことを意味します。捜査機関の行為と自白とのあいだに因果関係がないことを立証して、反証するわけです。

　すでに3⑵で紹介したように、**最判昭和38・9・13刑集17巻8号1703頁**は、手錠を施したままの取調べで得られた自白について、「反証のない限りその供述の任意性につき一応の疑いをさしはさむべきである」としたうえで、「本件においては、原判決は証拠に基づき、検察官は被告人らに手錠を施したま、取調を行なったけれども、終始おだやかな雰囲気のうちに取調を進め、被告人らの検察官に対する供述は、すべて任意になされたものであることが明らかであると認定しているのである。したがって所論の被告人らの自白は、任意であることの反証が立証されている」と判示しました。

　【**片手錠を施したままの取調べと自白**】　同様に、取調べのさいの不当な〈手錠の施用と自白とのあいだに因果関係はない〉と認められる事情があるかどうか、踏み込んで判断し、結局、因果関係はないという理由で自白の任意性を肯定した高裁判例があります。

　大阪高判昭和50・9・11判時803号24頁は、汽車往来危険、爆発物取締罰則違反等被告事件において、「手錠の施用が身体の自由を直接拘束するだけでなく、被疑者に卑屈感を抱かせ、取調に対して迎合的になり易い」としても、「その傾向は被疑者の年令、境遇、社会的地位などによって異なるところがあるのみならず、両手錠か片手錠かによっても差異がある」としたうえで、「片手錠の場合は、両手はかなり自由で起居動作には支障がなく、片手錠施用による身体の拘束はきわめて軽度であるから、その者にとって勾留されていること自体によるある程度の心理的、肉体的圧迫感は免れないとしても、片手錠施用によって受ける心理的圧迫感は両手錠の場合に比べて弱く、人によっては心理的圧迫感がきわめて微弱な場合のあることも否定しがたいところである」から、「被疑者の年令、境遇、社会的地位、性格、その他取調の状況等からみても、片手錠の施用と自白との間の因果関係が存在しないと認められる場合にはその取調の際の自白には任意性があるものというべきである」と判示しました。「年令、境遇、社会的地位、性格」など、被告人の主観的・個人的事情が、捜査機関の行為と自白とのあいだの因果関係を否定する方向で考慮されたことが特徴です。

展開支援ナビ

被告人の主観的・個人的事情の考慮　　2⑷において、虚偽排除説と人権擁護説に共通する問題点として、〈取調べを受ける被疑者の具体的な心理状態、その内心の状態を推認するため、被疑者の主観的・個人的な事情を考慮に入れることになる結果、自白の任意性判断が相対化される〉ことを指摘しました。

　この被告人の主観的・個人的事情は、実務では、捜査機関の行為と自白とのあいだの因果関係を否定する方向で考慮されること、すなわち、自白の任意性を肯定する方向で考慮されることが多いのです。上述した大阪高裁昭和50年判決もそうでした。

　このほか、**福岡高判昭和54・8・2刑月11巻7＝8号773頁**も、銃砲刀剣類所持等取締法違反等被告事件において、「手錠等を施されたまま取調べを受けた場合には、その供述の任意性に一応の疑をさしはさむべきである」けれども、「被告人は窃盗、詐欺、覚せい剤取締法違反等の各罪の前科9犯を有し捜査官の取調べを受けた多数の経験を有して」いること、「暴力団組長という身分、自己主張を執拗に続ける態度、手錠も片手のみであり、身体に直接苦痛等を及ぼす状況にはなかったこと」など「の諸事実を併せ考えるとき、前記自白と右片手錠等との間に因果関係があるものとは思われない」と判示しました。

　また、**東京地判昭和58・3・24判時1098号3頁**も、爆発物取締罰則違反、殺人、殺人未遂被告事件において、「被告人ら9名に対する取調べが連日長時間にわたり、取調べ態度にも極めて厳しいものがあったことは否定しがたい」としながらも、「被告人らの体力・気力・年齢・経歴・知能やその供述態度等を総合すると、右の取調べの厳しさをもって、直ちに違法な取調べと目するわけにはいかないであろう」と述べ、被告人らの自白の任意性に問題はないと判示しました（なお、東京地裁昭和58年判決は、「多くの虚偽自白がなされたについては任意性を否定するほどではないにせよ取調官の相当厳しい追及が大いに与っていることも否定はできない」ことなどを理由に、無罪判決〔確定〕を言い渡した）。

捜査機関の行為と自白とのあいだに因果関係がないことを立証するもう1つの方法が、因果関係を遮断する特段の措置が講じられたと立証することでしょう。

この点で、**浦和地判平成3・3・25判タ760号261頁**は、「一般に、被疑者の警察官に対する供述調書の任意性に疑いがあるときは、検察官において、被疑者に対する警察官の取調べの影響を遮断するための特段の措置を講じ、右影響が遮断されたと認められない限り、その後に作成された検察官に対する供述調書の任意性にも、原則として疑いをさしはさむべきである」としたうえで、具体的事案については、「例えば、被疑者の訴えを手がかりに調査を遂げて、警察官による違法・不当な言動を発見し、警察官に対し厳重な注意を与えるとともに、身柄を拘置所へ移監するなどした上で、被疑者に対し、今後は、そのような違法が行われ得ない旨告げてその旨確信させ、自由な気持で供述できるような環境を整備することなど」の特段の措置を検察官が何ら講じなかった以上、検面調書の任意性を肯定できないとしました。言い換えれば、そのような特段の措置が講じられていたならば、自白の任意性を肯定することもできたわけでした。

4 違法排除説による自白の排除

(1) 違法排除説の意義

自白の排除根拠については、さらにもう1つの考え方があります。

その考え方では、そもそも任意性に疑いがある自白だけが排除されるとは考えません。なぜなら、自白を排除すべき根拠について、〈自白に任意性がないか、任意性に疑いがあるからだ〉とは考えないからです。そう考えないで、〈自白を採取する過程、あるいは、自白獲得の目的に収斂する捜査の過程で違法があったときは、その過程で獲得された自白を排除しなければならない〉とします。この考え方を**違法排除説**と呼びます。

この違法排除説について、「自白が排除されるのは、虚偽を排除するためでも、黙秘権を担保するためでもない。自白採取の過程における適正手続（デュー・プロセス）ないし合法手続を担保する1つの手段なのである」と敷衍されました（田宮『捜査の構造』293頁）。「違法収集証拠の排除法則」の「自白版」だとも表現されます（田宮『刑事訴訟法〔新版〕』349頁）。そのため、自白排除の根拠についても、違法収集証拠物の排除法則のそれと同様の根拠が挙げられます（詳細は、設問15「違法収集証拠物の排除」参照）。

簡潔に敷衍しておけば、(A)自白獲得の過程で憲法上の権利が侵害された場合は、権利侵害の結果として獲得された自白（権利侵害を化体した自白）を証拠として使用することを許さない、すなわち、**証拠禁止の法的効果**を付与すべきこと（ちなみに、平野『刑事訴訟法』229頁は、違法排除説を「証拠禁止説」と呼ぶ）、(B)違法な捜査の過程で獲得した〈汚れた自白〉を裁判所が許容してしまっては、**司法の廉潔性**に対する国民の尊敬・信頼を根底から損なう結果になるため、違法に収集された自白を排除すべきこと、(C)違法な捜査の過程で獲得した自白を排除してこそ、憲法や刑事訴訟法の規範ないし理念を捜査機関一般に内面化させることができ、**将来の違法捜査を抑止**できること、と整理できるでしょう。

この違法排除説は、学説の多数説といえます。しかし、まだ、判例の基本的な考え方にはなっていません（石田倫識「接見制限と自白」『判例学習・刑事訴訟法』268頁は、判例には「弁護権侵害等の違法行為そのものではなく、それが被疑者に与えた心理的影響を考慮し、任意性（319条1項）の問題として処理するものが多い」とする。ただし、白取祐司『刑事訴訟法〔第7版〕』379頁は、「判例は違法排除説を採用しているともいえそうである」とする）。

(2) 違法排除説の特徴

違法排除説の考え方は、虚偽排除説および人権擁護説とは違う点をいくつかもっています。

①**自白排除の具体的事由** 第1に、違法排除説にたてば、自白排除の根拠となる捜査機関の行為を

供述の任意性を疑わせるものに限定する必要はありません。また、その行為を取調べの内容とか態様に関するものに限定する必要もありません。たとえば、被疑者の身体拘束が——理由や必要性、とくに相当性の実体的要件を欠くものとなったにもかかわらず——違法に引き延ばされたときは、それだけで、すなわち、その外形的な事実だけで、「不当に長く抑留又は拘禁」(刑訴319①) した場合に該当し、その身体拘束後の自白は排除されねばなりません。それ以上に、〈自白の任意性に疑いがないのか〉、すなわち、〈虚偽の自白を誘発する恐れが生ずる程度に長いのか〉、〈供述の自由を侵害する恐れが生ずる程度に長いのか〉まで検討する必要はありません。なぜなら、違法排除説にたてば、自白の任意性に疑いがあるかどうかにかかわらず——それゆえ、たとえ〈自白じたいは任意になされた〉、〈捜査機関の違法行為と自白とのあいだに因果関係がない〉ことが立証されたとしても——、自白にいたる過程に存した捜査機関の違法行為だけを根拠に自白を排除でき、かつ、排除すべきだからです。

> **展開支援ナビ**
>
> **虚偽排除・人権擁護・違法排除の競合説**　ただし、被疑者の身体拘束が違法に引き延ばされた場合でなくとも、虚偽の自白を誘発する恐れが生ずる程度に長いとき、あるいは、供述の自由を侵害する恐れが生ずる程度に長いときも、「不当に長く抑留又は拘禁」(刑訴319①) した場合に該当し、独立して自白排除事由になると解しうるかもしれません。その限りで、違法排除説を補完する機能を、虚偽排除説と人権擁護説に果たさせるわけです。そのような意味の競合説は、総合説とも呼ばれます (平野『刑事訴訟法』228頁は、刑訴319の規定の中には、虚偽排除と人権擁護、そして違法排除の「3個の趣旨を競合的に含んでいるものと解される」とした)。
>
> しかし、違法排除説によって排除されるべき自白の範囲は、虚偽排除説や人権擁護説が排除する自白の範囲を大きく包みこんで、より広いことが看過されてはなりません (田宮『刑事訴訟法〔新版〕』352頁は、「違法排除説の本質は、自白法則の根拠として両説の説くところをあわせて採用しつつ、伝統的に用いられてきた『不当な誘引』を『違法な誘引』と明確にいい換えて、これをその『適用基準』として主張しようとするものにほかならない」という)。それゆえ、虚偽排除説や人権擁護説だけが、独立して自白を排除する場合はないというべきです (虚偽の自白を誘発する恐れがある外形的事情や、供述の自由を侵害する恐れがある外形的事情——違法排除説で自白排除事由に該当する外形的事情——を類型化するうえで、虚偽排除説や人権擁護説の考え方が参考にされてよい。しかし、両説にそれ以上の独自な意義を与える必要はない)。
>
> また、なにより違法排除説は、自白排除の根拠について、〈任意性に疑いがある自白に限って排除できるという呪縛〉——虚偽排除説と人権擁護説が囚われた呪縛——を断ち切った考え方であることが看過されてはなりません。競合説や総合説という呼称には、違法排除説がもつそれらの画期的意義を稀薄化させるものがあるといわねばなりません。

②自白排除の根拠条文　違法排除説では、自白排除の根拠条文についても、憲法38条2項と刑事訴訟法319条1項に限定する必要はありません。憲法31条 (適正手続の保障) や33条 (逮捕に対する憲法的規制)、34条 (身体拘束に対する憲法的規制)、刑事訴訟法39条 (接見交通権の保障) などを直接、援用できます (田宮『刑事訴訟法〔新版〕』349頁以下。これに対し、鈴木茂嗣『刑事訴訟法〔改訂版〕』221頁は、刑訴319①の「任意にされたものでない疑のある」とは「適正かつ任意にされたことに疑いのある」趣旨だと解し、違法に獲得された疑いがある自白について、その排除の根拠条文を319①に一元化する)。

【別件逮捕・勾留中の自白】　この点で、たとえば、違法な別件逮捕・勾留中に得た自白を「憲法33条及び34条の規定を実質的に保障」するため排除した裁判例が注目されます。すなわち、**金沢地七尾支判昭和44・6・3刑月1巻6号657頁**が、「憲法33条及び34条の規定を実質的に保障し、刑事司法の理想を堅持せんがためには、憲法の右各規定に違背する重大な瑕疵を有する手続において収集された自白については、証拠収集の利益は適正手続の要請の前に一歩退りぞけられ、その証拠能力を否定されるべきものと解さなければならない」、「被告人は憲法33条に規定する令状によることなく逮捕され、かつ、憲法34条の規定に違反して勾留されたことに帰するから、かかる違法な手続の下に得られた被告人の自白に証拠能力を認め得ない」と判示しました (金沢地裁七尾支部昭和44判決における自白排除の詳細は、設問

04「別件逮捕・勾留の違法性」3⑵の【展開支援ナビ】「違法な別件逮捕・勾留中に獲得された自白の排除⑴」)。

③**自白排除の判断基準** また、違法排除説は、自白排除の判断基準について、被疑者・被告人側の主観的・個人的事情を──とくに、自白の任意性を肯定する方向で──考慮することはしません。もっぱら取り調べる捜査機関の行為に注目します（田宮『刑事訴訟法〔新版〕』349頁は、「違法排除説の特徴」として、自白する被疑者の心理状態を問題としないで、「聴取する側の態度・方法に着目するという新しい手法」によることを挙げる）。なぜなら、すでに述べたように、違法排除説にたてば、自白の任意性に疑いがあるかどうかにかかわらず──それゆえ、自白する被疑者の心理状態を問題としないで──、捜査機関の違法行為だけを根拠に自白を排除するからです。

したがって、違法排除説には自白排除の判断基準を客観化し、より機能しやすくする特徴があります。また、〈捜査機関の違法行為だけを理由とする自白排除のケース〉を積み重ねることにより、取調べのための明確で一義的な基準設定に向けて展望を開くことにもなります（田宮『刑事訴訟法〔新版〕』349頁は、違法排除説について、「〔自白の〕証拠能力の判断基準が客観化して機能しやすくなること、取調べのための基準設定が今日における捜査の最大の課題であるが、その方向への展望を開きうること」を指摘する）。

④**自白排除の判断方法** さらに、自白排除の判断方法にも違いが出てきます。すなわち、違法排除説の立場からは、取調べの過程や、自白の獲得という目的に収斂される捜査の過程のどこかに捜査機関の違法行為があれば、それだけで、つまりその違法行為と自白の因果関係はとくに問題にせず、自白排除に至るべきものとなる点です（刑訴319①が、強制、拷問または脅迫「による」自白を排除すると定める趣旨は、〈強制などが存した捜査の過程においてなされた自白〉を排除する趣旨だと解することになる）。それゆえ、自白を獲得した「後に」捜査機関の違法行為があった場合でも、その違法行為の意義や内容によっては──たとえば、任意に自白した被疑者を否認に転じさせないために拷問、脅迫などが加えられた場合のように、自白を獲得した取調べと一体の捜査活動であるなどの事情があれば──、自白排除を結論すべきことになるでしょう。

展開支援ナビ

任意性に疑いがある自白と違法排除説 刑事訴訟法319条1項の「任意にされたものでない疑のある自白」については、違法排除説の立場からも、捜査機関の違法行為と排除すべき自白のあいだに因果関係を必要とすることになるでしょうか。この問題を正確に言えば、こうなります。任意性に疑いがある自白について、検察官が因果関係の不存在を積極的に立証し、反証がなされたならば、違法排除説の立場からも、「実は任意な自白であった」と認めて裁判所はこれを許容してかまわないでしょうか。

たしかに、そのように因果関係を否定できた自白については、そもそも「任意にされたものでない疑のある自白」の範疇に入らないとも解釈できます。そう解釈する限り、違法排除説によっても、「任意にされたものでない疑のある自白」の排除に限っては、因果関係が必要だと考えることになるでしょう。しかし、他の解釈も可能です。たとえば、〈客観的にみて、自白の任意性を疑わせる捜査機関の違法行為があれば、すでに自白排除の実質的根拠は認められるのであり、「実は任意な自白だ」という反証を許さず、ただちに排除に至るべきだ〉と考えることができます。違法排除説によるときは、むしろ、それが本来あるべき考え方でしょう。

5　自白排除と違法収集証拠排除法則の関係

違法収集証拠を排除する証拠法則が、**最判昭和53・9・7刑集32巻6号1672頁**により、証拠物に関して承認されるにいたりました（詳細は設問15「違法収集証拠物の排除」参照）。すなわち、最高裁昭和53年判決は、「証拠物は押収手続が違法であっても、物それ自体の性質・形状に変異をきたすことはなく、その存在・形状等に関する価値に変りのないことなど証拠物の証拠としての性格にかんがみると、その押収手続に違法があるとして直ちにその証拠能力を否定することは、事案の真相の究明に資するゆえんではなく、相当でないというべきである。しかし、他面において、事案の真相の究明も、個人の基本的

人権の保障を全うしつつ、適正な手続のもとでされなければならないものであり、ことに憲法35条が、憲法33条の場合及び令状による場合を除き、住所の不可侵、捜索及び押収を受けることのない権利を保障し、これを受けて刑訴法が捜索及び押収等につき厳格な規定を設けていること、また、憲法31条が法の適正な手続を保障していること等にかんがみると、証拠物の押収等の手続に、憲法35条及びこれを受けた刑事訴訟法218条1項等の所期する令状主義の精神を没却するような重大な違法があり、これを証拠として許容することが、将来における違法な捜査の抑制の見地からして相当でないと認められる場合においては、その証拠能力は否定される」と判示し、「重大な違法」要件と「許容の不相当性（違法捜査抑制の見地からする排除の相当性）」要件を課して、違法収集証拠物の証拠能力を否定する枠組みをつくったのです（この枠組みの下で違法収集証拠物の排除を認めた最高裁判例として、設問15の3で詳述する**最判平成15・2・14刑集57巻2号121頁を参照**）。

　この最高裁昭和53年判決が承認した違法収集証拠物の排除法則と、刑事訴訟法319条1項の自白排除法則は、どのような関係にあるのでしょうか。

> **展開支援ナビ**
>
> **違法排除説と違法収集証拠排除法則の関係**　最高裁昭和53年判決が承認した違法収集証拠物の排除と違法排除説による自白の排除について、その排除根拠は同じか、類似するといえるでしょう。しかし、後者の（違法排除説による）自白排除は、前者（最高裁昭和53年判決が創設した不文の証拠禁止）と違い、憲法38条2項、刑事訴訟法319条1項という明文の根拠規定をもちます。そのため、後者の（違法排除説による）自白排除の要件も、最高裁昭和53年判決のそれとはおのずと異なってくるはずです。
>
> 　とくに、最高裁昭和53年判決がいうような、許容の不相当性（違法捜査抑制の見地からする排除の相当性）という政策的考慮にもとづく要件は、憲法38条2項・刑事訴訟法319条1項が定める自白排除については、実質的要件にならないでしょう。そう解釈しないと、たとえば、「強制や脅迫などがあったが、それにもかかわらず自白排除の要件（違法捜査抑制の見地からする排除の相当性）はない」というような判断も許される余地があることになりかねません。しかし、そのような判断を許す余地はそもそも存しないというべきです。なぜなら、憲法・刑事訴訟法が強制や脅迫などによる自白などをそれだけで──すなわち、他の要件を加えないで──排除すると定めるからです。
>
> 　また、自白排除の根拠となる違法行為について、最高裁昭和53年判決のように、あえて違法が重大なものに限定する必要もありません。すなわち、〈不文の証拠禁止事由を創設したため、違法行為の程度についても、「令状主義の精神を没却するような重大な違法」という高い水準をあえて設定した最高裁昭和53年判決〉に倣う必要はありません。もともと、捜査の過程で、強制、拷問、脅迫、不当に長い身体拘束に該当する具体的事実、または、捜査機関による約束、偽計、圧迫、誘導などの任意性を疑わせる具体的事実が捜査機関の側にあれば、それだけで──その違法の程度を問わないで──自白を排除せよというのが、違法排除説による自白排除法則の本来の趣旨だというべきだからです（これに対し、虚偽排除説にたつ松尾『刑事訴訟法（下）新版補正第2版』42頁は、「拷問・脅迫、および不当に長い抑留・拘禁は重大な違法行為であり、強制もまた程度によりこれに準ずる」とし、拷問などを理由とする自白排除について、「重大な違法を伴う不任意自白の排除」だと捉える。憲法38②および刑訴319①本文の自白排除事由について、実質的に「重大な違法」を要求し、その範囲を限定的に捉える点で賛成できない）。

　近時の判例は、〈憲法38条2項・刑事訴訟法319条1項の自白排除の根拠を虚偽排除説・人権擁護説にたって理解したうえで、それといわば別次元で、最高裁昭和53年判決が承認した違法収集証拠の排除法則をともに、ないし、優先的に適用する〉という考え方によっています。

　【監視付きの宿泊を伴う取調べと自白】　たとえば、**東京高判平成14・9・4判時1808号144頁**は、「自白を内容とする供述証拠についても、証拠物の場合と同様、違法収集証拠排除法則を採用できない理由はないから、手続の違法が重大であり、これを証拠とすることが違法捜査抑制の見地から相当でない場合には、証拠能力を否定すべきである」としたうえで、「本件においては、憲法38条2項、刑訴法319条1項にいう自白法則の適用の問題（任意性の判断）もあるが、本件のように手続過程の違法が問題

とされる場合には、強制、拷問の有無等の取調方法自体における違法の有無、程度等を個別、具体的に判断（相当な困難を伴う）するのに先行して、違法収集証拠排除法則の適用の可否を検討し、違法の有無・程度、排除の是非を考える方が、判断基準として明確で妥当であると思われる」と述べました。最高裁昭和53年判決の違法収集証拠の排除法則を、証拠物だけでなく供述証拠についても適用される**一般的な証拠法則**に「格上げ」したともいえるでしょう。

　具体的な事案は、警察署に任意同行した被疑者を、警察が手配した警察官宿舎やビジネスホテルなどに宿泊させ、警察官複数を配置し、動静を厳重に監視などして、警察の影響下から一度も解放することなく、連続10日間にわたり「ほぼ外界と隔絶された状態で一日の休みもなく連日長時間の取調べに応じざるを得ない状況」に置いたというものでした。そのような「任意」を装った取調べの最後に警察は被疑者の自白（上申書）を獲得したほか、その後の逮捕・勾留中でも自白調書（検察官面前調書）が作成されました。

　東京高裁平成14年判決は、上述のように、取調べの「方法自体における違法」と取調べの「手続過程の違法」を区別します。後者の「手続過程の違法」とは、**取調べを確保する手続過程**の違法を意味し、たとえば、**取調べを遂げる過程で**〈監視付きの宿泊を伴った〉、〈別件逮捕・勾留が行われた〉ことなどを指すのでしょう。東京高裁平成14年判決は、前者（取調べ方法じたいの違法）については、刑事訴訟法319条1項にいう「任意性の判断」を虚偽排除説または人権擁護説の判断基準で行うとする一方で、後者（手続過程の違法）については、最高裁昭和53年判決が創設した違法収集証拠の排除法則の判断基準をそのまま適用するとしました。そして、「事実上の身柄拘束にも近い9泊の宿泊を伴った連続10日間の取調べは明らかに行き過ぎであって、違法は重大であり、違法捜査抑制の見地からしても証拠能力を付与するのは相当ではない。本件証拠〔自白を内容とする上申書、検察官面前調書〕の証拠能力は否定されるべき」であると結論したのでした。

　自白についても、違法収集証拠排除の一般法則が適用される場合があることを認めた判例として、注目すべきものであることは間違いありません。しかし、違法排除説にたつ論者からは、自白の証拠能力に関し、これまで主張されてきた違法排除説の意義・機能を形骸化する、あるいは、「重大な違法」要件を加えて、自白排除の射程を大きく限定することになるという批判がなされねばならず、その点で、問題のある判例といわねばなりません。

　【違法な余罪取調べと自白】　さらに、福岡高判平成19・3・19季刊刑事弁護52号140頁は、覚せい剤取締法違反被告事件で起訴後勾留中に、長時間連続して行われた余罪取調べにより作成された被告人の上申書（被害者3名の殺害を認める）について、〈余罪取調べが任意の取調べの限界を超え、令状主義を潜脱した違法なものであり、供述の任意性も疑わせる〉として、殺人被告事件におけるその証拠能力を否定します。すなわち、連日深夜に及ぶ長時間の威迫的な「本件取調べは、本来は取調受忍義務のない任意の取調べの限界を超えて、実質的に取調受忍義務を課したに等しいものというほかな〔く〕」、「本件取調べが当初から自白獲得を目的としたものであって、実際にも連日深夜まで長時間に及ぶ取調べを実施し、爾後本件取調べの状況に関する捜査報告書の改ざんをも行うに至っては、将来における違法捜査抑止の観点からしても、本件上申書等に証拠能力を認めることはできず、これらを証拠から排除する必要がある。」「本件取調べは、令状主義を甚だしく潜脱する違法性の高い取調べであり、その間に収集された本件上申書等の証拠は、捜査官側の目的に照らしても、将来における違法捜査抑止の観点からして、証拠から排除すべきものというほかな〔い〕」と判示しました。別件逮捕・勾留という**取調べにいたる手続過程**とともに、**取調べの方法じたい**についても、最高裁昭和53年判決の違法集証拠排除法則を適用し、「重大な違法」要件と「許容の不相当」要件を肯定したものです。

　福岡高裁平成19年判決は、東京高裁平成14年判決が〈自白排除の特別規定である刑事訴訟法319条1項を優先的に適用すべきだ〉としたケース、すなわち、取調べの方法じたいに違法があるケースについても、違法収集証拠排除の一般法則を優先的に適用しようとします。違法排除説の立場からは、実質的に違法排除説に傾いた判例として積極的に評価できるかもしれません。しかし、最高裁昭和53年判決の厳格な排除要件をそのまま自白に適用した点で、やはり、違法排除説の趣旨から遠のいた判例とし

て消極的に評価しなければならないでしょう。

展開支援ナビ

自白にもとづき収集された第二次証拠　虚偽排除説・人権擁護説によるとき、排除すべき自白にもとづき発見、収集された第二次証拠まで排除することはできません。第二次証拠の排除は、虚偽排除説・人権擁護説の論理的帰結ではないというのです。なぜなら、事実認定を誤らせないため不任意自白を排除する虚偽排除説の趣旨や、供述の自由の侵害に対する訴訟内救済を認めるため不任意自白を排除する人権擁護説の趣旨は、任意性に疑いがある自白じたいの排除により完結的に果たされており、第二次証拠の証拠物などを排除しても、事実誤認を阻止したり、黙秘権侵害に対する訴訟内救済が完結する関係はないからです。虚偽排除説・人権擁護説にたったうえで、敢えて第二次証拠まで排除しようとすれば、第二次証拠じたいを第一次違法収集証拠と捉え、違法収集証拠排除法則を適用するほかないでしょう（そのさい、先行する自白獲得過程の違法を考慮に入れる）。これに対し、違法排除説をとるときは、違法収集自白にもとづき発見、収集された第二次証拠の証拠能力を肯定することは、自白排除事由となった違法行為を間接的に利用する結果になるため許されない、と論じることができます。

(1)大阪高裁昭和52年判決による第二次証拠の排除　排除すべき自白にもとづき発見、収集された第二次証拠について、その証拠能力を真正面から問題とした高裁判例の１つが、爆発物取締罰則違反、建造物損壊等事件の**大阪高判昭和52・6・28刑月9巻5＝6号334頁**でした（厳密には、「捜索差押調書、検証調書、鑑定書」など、証拠物と一体に捉えるべき書面について、自白にもとづく第二次証拠として、その証拠能力を問題とした）。大阪高裁昭和52年判決は、「不任意自白に由来して得られた派生的第二次証拠」について、「派生的第二次証拠の収集手続自体にはなんら違法はなく、それ自体を独立してみる時なんら証拠使用を禁止すべき理由はなく、ただ、そのソースが不任意自白にあることから不任意自白の排除効を派生的第二次証拠にまで及ぼさるべきかが問題となる」とします。具体的には、「自白採取の違法が当該自白を証拠排除させるだけでなく、派生的第二次証拠をも証拠排除へ導くほどの重大なものか否かが問われねばならない」とします。そのうえで、「違法に採取された自白の排除の中には、(1)憲法38条2項、刑事訴訟法391条1項の『強制、拷問又は脅迫による自白、不当に長く抑留又は拘禁された後の自白』のように虚偽排除の思想を背景に持ちつつも、むしろ人権擁護の見地から人権侵害を手段として採取された自白の証拠使用が禁止されるもの、(2)刑事訴訟法319条1項の『その他任意にされたものでない疑のある自白』のように、約束、偽計など主として虚偽排除の見地から虚偽の自白を招くおそれのある手段によって採取された自白の使用が禁止されるもの、(3)憲法31条の適正手続の保障による見地から自白採取の手続過程に違法がある自白の証拠使用の禁止が問題とされるもの、例えば他事件による勾留の違法な利用、黙秘権の告知・調書の読み聞けの欠如等がある」と述べて違法収集自白の類型を区別し、第二次証拠の排除についても、その類型で違いがあるとします。すなわち、(1)の類型については、「自白獲得手段が、拷問、暴行、脅迫等乱暴で人権侵害の程度が大きければ大きいほど、その違法性は大きく、それに基づいて得られた自白が排除されるべき要請は強く働くし、その結果その趣旨を徹底させる必要性から不任意自白のみならずそれに由来する派生的第二次証拠も排除されねばならない」として、第二次証拠を原則として排除すべきことを示唆します。これに対し、(2)(3)の類型については、「自白獲得手段の違法性が直接的人権侵害を伴うなどの乱暴な方法によるものではなく、虚偽自白を招来するおそれがある手段や、適正手続の保障に違反する手段によって自白が採取された場合には、それにより得られた自白が排除されれば、これらの違法な自白獲得手段を抑止しようという要求は一応満たされると解され、それ以上派生的第二次証拠までもあらゆる他の社会的利益を犠牲にしてでもすべて排除効を及ぼさせるべきかは問題である」として、真相解明の公共の利益との比較衡量を求め、第二次証拠が「重大な犯罪行為の解明にとって必要不可欠」な第二次証拠については、これを排除しないと結論しました。

自白にもとづき収集された第二次証拠の排除について、このような規範を定立した大阪高裁昭和52年判決は、具体的な事案処理として、「本件爆弾の製造、所持の犯行についての自白が約束、偽計、利益誘導、他事件の勾留の違法利用により獲得されたものとして任意性に疑いがあるとされて、刑事訴訟法319条1項により証拠能力が否定されるにしても」、上記(2)(3)の類型に当たるため、「右自白獲得手段の違法性と本件爆弾の製造、所持事犯の法益の重大性を比較衡量するとき、右自白に基づく結果として発見押収された本件手投式鉄パイプ爆弾2個の捜索差押調書、検証調書、鑑定書等」は排除されるべきでないと結論しました。

違法収集証拠排除法則を創設した最高裁昭和53年判決（違法収集証拠排除法則について、詳細は設問15「違法収集証拠物の排除」）よりも約１年以上前の高裁判例であり、先例としての意義はおのずと制約されねばなりませ

ん。しかし、そうであっても、大阪高裁昭和52年判決が、(A)刑事訴訟法319条1項が具体的に列挙した「強制、拷問又は脅迫」などの「人権侵害の程度が大きければ」、排除すべき自白にもとづき収集された第二次証拠も原則として排除すべきだとしたことや、(B)同条1項の「任意にされたものでない疑い」にとどまるときは、自白を排除したとしても、重大な犯罪行為の解明に必要不可欠な第二次証拠については、これを例外的に許容すると判示したことは、1つの排除基準を明らかにしたものとして、参考とされてよいでしょう。

(2) 東京高裁平成25年判決による第二次証拠の排除

排除すべき自白にもとづき発見、収集された第二次証拠の証拠能力について、参考とすべきもう1つの高裁判例は**東京高判平成25・7・23判時2201号141頁**であり、次のように判示しました。

「(1)〔中略〕被告人から問題の被告人供述〔被告人の部屋のティッシュボックスの中に本件覚せい剤を隠してある旨の告白〕を引き出した甲警部補らの一連の発言は、利益誘導的であり、しかも、少なくとも結果的には虚偽の約束であって、発言をした際の甲警部補らの取調べ自体、被告人の黙秘権を侵害する違法なものといわざるを得ず、問題の被告人供述が任意性を欠いていることは明らかである。／(2)また、本件覚せい剤の捜索差押調書(甲5)によると、本件覚せい剤は、問題の被告人供述を枢要な疎明資料として発付された捜索差押許可状に基づき、いわば狙い撃ち的に差し押さえられている。さらに、原判決の覚せい剤所持の事実(原判示第2の事実)に関する証拠の標目に掲げられた『捜索差押調書』(甲5)、『写真撮影報告書』(甲8)、『鑑定嘱託書謄本2通』(甲9、11)及び『鑑定書2通』(甲10、12)は、いずれも本件覚せい剤に関する捜索差押調書、写真撮影報告書、鑑定結果等の証拠であり、問題の被告人供述と密接不可分な関連性を有すると評価すべきである。しかも、弁護人が正当に指摘するとおり、虚偽約束による供述が問題となる本件においては、その供述を得られた取調べ時間の長さや暴行、脅迫の有無を検討要素とする意味はなく、捜査官が利益誘導的かつ虚偽の約束をしたこと自体、放置できない重大な違法である。／(3)確かに、本件全証拠によっても、甲警部補らが、当初から虚偽約束による自白を獲得しようと計画していたとまでは認められないが、少なくとも、被告人との本件覚せい剤のありかを巡るやり取りの最中には、自分たちの発言が利益誘導に当たり、結果的には虚偽になる可能性が高いことは、捜査官として十分認識できたはずである。現に、甲警部補らは、『事件としては成り立たない。』(B警部補)あるいは『違法ということを重々承知しております…』(乙巡査)と証言し、違法性の認識があったことを自認している。／(4)そうすると、甲警部補らの違法な取調べにより直接得られた、第一次的証拠である問題の被告人供述のみならず、それと密接不可分の関連性を有する、第二次的証拠である本件覚せい剤、鑑定嘱託書、鑑定書及び捜索差押調書をも違法収集証拠として排除しなければ、令状主義の精神が没却され、将来における違法捜査抑制の見地からも相当ではないというべきである」、と。

この東京高裁平成25年判決(「捜査官が利益誘導的かつ虚偽の約束をしたこと自体、放置できない重大な違法である」)は、さらに、実質的には大阪高裁昭和52年判決(「自白獲得手段が、拷問、暴行、脅迫等乱暴で人権侵害の程度が大きければ大きいほど、その違法性は大きく」)も、自白採取過程に重大な違法があることを第二次証拠排除の実質的要件とするものでした。とくに、東京高裁平成25年判決は、任意性を疑わせる典型例とされる「利益誘導的」な「虚偽の約束」についても、「黙秘権を侵害する」と捉えたうえで、それじたいが「重大な違法」だと判示します。東京高裁平成25年判決も大阪高裁昭和52年判決も、結局、違法収集証拠排除法則による証拠排除の枠組みに入ってくる違法収集自白について、その自白から由来する第二次証拠を排除しようというものであったわけです。

6 【関連問題】の論述ポイント——約束による自白の排除

(1) 弁護人による排除の主張

設問の【関連問題】では、Sの自白は検察官面前調書に録取されました。この自白調書について、その排除(証拠能力の否定)を主張しようとする場合、弁護人としては、まず、捜査の過程における違法の有無、たとえば、【関連問題】の事案であれば、被疑者を取り調べた検察官の言動について、違法がないか問題にします。違法があるというとき、その違法行為が、(A)違法収集証拠排除の一般法則による自白排除事由に該当するのか、または、(B)刑事訴訟法319条1項が定める自白排除事由に該当するのか、論述することになります。

①**違法収集証拠排除の一般法則を適用する**　前者の違法収集証拠排除の一般法則を違法収集自白

にも適用するとき、自白排除の根拠や要件について、違法収集証拠物の排除法則を承認した**最判昭和53・9・7刑集32巻6号1672頁**の判示をアレンジすることになります。

たとえば、(A)事案の真相の究明も人権保障と適正手続の下でなされねばならない、(B)そのため、自己負罪拒否特権や黙秘権を保障した憲法38条1項、拷問を絶対に禁止した憲法36条、人格の尊厳を保障した憲法13条、取調べにおける被疑者の黙秘権や出頭拒否権などを定めた刑事訴訟法318条、身体を拘束された被疑者の接見交通権を定めた刑事訴訟法39条、法の適正な手続を保障した憲法31条にかんがみ、（刑事訴訟法319条1項に関わらず）違法収集自白が排除されるべき場合がある、(C)すなわち、自白の収集過程に、憲法38条1項や刑事訴訟法318条などが保障する黙秘権、人格の尊厳などを大きく制限するような重大な違法があり、収集された自白を証拠として許容することが、将来における違法な捜査の抑制の見地からして相当でないと認められる場合、違法収集自白の証拠能力は否定されねばならない、と。

この排除要件のうち、「重大な違法」要件の有無については、違法の客観的内容（たとえば、有形力行使があったか、不当な身体拘束にいたったか、任意捜査の範疇を逸脱したか）、違法の客観的程度（たとえば、取調べに必要性や緊急性があったか、逸脱の程度は小さいか）、被疑者の態度（たとえば、取調べに対する応諾の態度を明らかにしたか）、捜査機関の意図（たとえば、黙秘権保障を尊重したか、黙秘権保障を潜脱する意図があったか）を考慮に入れて、判断することになります。

【関連問題】の事例についても、〈被疑者の黙秘権や人格の尊厳を大きく制限するような重大な違法があったか〉、具体的に検討することになります。

展開支援ナビ

違法収集証拠排除の一般法則と自白排除法則の適用順序　刑事訴訟法319条1項が定める排除法則は、自白の証拠能力に関する特別規定です。自白の証拠能力について、**特別な要件**が定められましたので、本来、この319条1項を優先的に適用しなければなりません。しかし、319条1項が自白排除事由として定める違法の程度について、違法収集証拠排除の一般法則と同じレベルの「重大な違法」を要求するとき、敢えて319条1項の適用を優先させる実質的理由はないことになります。

ちなみに、違法収集証拠排除の一般法則は、証拠能力の有無を判断するうえで、違法行為の客観的側面を重視し、それ以上に——虚偽排除説、人権擁護説のように——違法行為が被告人の内心に及ぼした心理的影響まで斟酌することはしない点で、判断に困難を伴わないため、おのずと優先的に適用されると説明されることもあります。しかし、「重大な違法」要件を判断するさい、考慮要素として、捜査機関の意図や被処分者の態度など主観的側面も俎上に載せられました（設問15「違法収集証拠物の排除」参照）。そのため、違法収集証拠排除の一般法則のほうが、自白排除法則より判断に困難がないとはいえません。やはり、違法収集証拠排除の一般法則を優先適用する考え方の基礎には、上述のように、排除事由の違法の程度が同レベルの「重大な違法」だとする立場があるといわねばなりません。

しかし、319条1項の自白排除事由について、違法収集証拠排除の一般法則と同レベルの「重大な違法」に限定するのは、不当な絞り込みだといわねばなりません。その理由からも、違法収集自白について、319条1項の自白排除法則の適用を後回しにして、違法収集証拠排除の一般法則を優先的に適用する考え方には賛成できません。

---

②**刑事訴訟法319条1項の自白排除法則を適用する**　後者の刑事訴訟法319条1項を適用するときは、虚偽排除説、人権擁護説、違法排除説のいずれの立場をとるとしても、まず、捜査機関の違法行為が319条1項の定める自白排除事由、すなわち、拷問、脅迫、強制がある、身体拘束が不当に長い場合に該当するか、または、任意にされたものでない疑いがある場合に該当するか、具体的に検討することになります。とくに、違法排除説にたつときは、さらに踏み込んだ検討がなされねばなりません。すなわち、任意にされたものでない疑いがあるなどの319条1項の自白排除事由がない場合であっても、なお違法・不当というべき言動が捜査機関にないか、それが自白排除事由に該当しないかを検討すべき

ことになります。

　㈰**脅迫による自白か約束による自白か**　設問の【関連問題】で、「死刑の求刑もやむを得ない」と述べた検察官Ｐの言動は脅迫行為のようにみえます。そうであれば、弁護人は、刑事訴訟法319条１項の**脅迫による自白**に該当すると主張することになります。

　しかし、検察官Ｐは、自白しなければ不利益を課す（すなわち、死刑を求刑する）と断じたものではありません。むしろ、「自白して悔悟の気持ちを述べてくれれば、無期刑を求刑することもできる」と述べていました。自白すれば利益を供与する（すなわち、死刑を求刑せず無期刑を求刑する）と約束したものであったわけです。

　そのように捉えて弁護人が、脅迫による自白を主張せずに、あるいは、脅迫による自白の主張とともに、**約束による自白**にあたると主張する場合は、刑事訴訟法319条１項の**任意性に疑いがある自白**だと主張するものとなります。

> **展開支援ナビ**
>
> **約束と脅迫の表裏一体性**　ただし、設問の【関連問題】に限っていえば、単純に**利益供与**の約束により自白を得ようとした事案なのか、疑問があります。なぜなら、検察官Ｐは、単純殺人（刑法199）である警察の送致事実を、法定刑が死刑か無期刑しかない強盗殺人（刑法240）と捉え直し、死刑を求刑すべき事案だという評価を示したうえで、自白と引き換えに無期刑の求刑を約束したからです。「自白しなければ死刑が求刑される」、「極刑の死刑を避けるには自白するほかない」と心理的に誘導したうえで、被疑者に対し「自白すれば無期刑を求刑する」と約束する検察官Ｐの言動は、全体としてみれば脅迫にあたると解することもできるでしょう。
>
> 　ちなみに、脅迫と約束が表裏一体であることを示す裁判例として、「被告人の自白の直接の動機となったＰ検事の言辞は、要するに、被告人が否認を続ければ妻らを逮捕したり、Ｄ弁護士が弁護士資格を剥奪されることになるが、自白すれば同人らを助けてやるという趣旨のもので、このような言辞によって得られた自白は、脅迫及び約束ないし利益誘導によるものというべきである」とした**浦和地判平成３・５・９判タ764号271頁**が参考とされてよいでしょう。
>
> **欺罔ないし偽計による自白か**　なお、設問の【関連問題】では、求刑の決定手続や実体的事実の評価について、検察官Ｐの言動には事実と違う欺罔的ないし偽計的な部分（「求刑は自分が決める」と述べたが、求刑は取調べを担当した検察官だけでは決定できない。また、「強盗殺人の事件というべきだ」と述べたが、強盗殺人に該当するという評価も一義的にはできない）もあります。**欺罔ないし偽計による自白**（排除例として、**最大判昭和45・11・25刑集24巻12号1670頁**）だと主張する場合にも、やはり、刑事訴訟法319条１項の任意にされたものでない疑いのある自白だと主張するものとなります。
>
> 　しかし、設問の【関連問題】について、検察官Ｐの言動の欺罔的・偽計的部分は脅迫や約束の手段にすぎないため、偽計による自白の範疇に入れるまでもないでしょう。

　㈪**約束による自白の排除基準**　設問の【関連問題】における検察官Ｐの言動について、利益供与の約束により不当に自白を誘導したものでないかという観点から、以下、詳述しておきます。

　利益供与の約束による自白の証拠能力を検討するさい、〈被告人から供述を引き出す手段として捜査機関が利益供与を約束することは、本来、許される取調べ方法でない〉ということを、つねに踏まえるべきでしょう。なぜなら、取調べが取引的要素をもつことは、発問ないし聴聞の機会であるべき取調べの基本的性格を損ない、ひいては、刑事司法の公正を損なうからです。この点を踏まえたうえで、具体的検討を行うことになります。

　利益供与の約束による自白について、刑事訴訟法319条１項の任意性に疑いがある自白に該当するかどうかを判断する基準は、**虚偽排除説**によれば〈検察官Ｐの約束が、虚偽の自白を誘発する恐れのある状況となったかどうか〉であり、**人権擁護説**によれば〈検察官Ｐの約束によって、自由な供述を妨げる恐れのある心理的圧迫が被疑者に加えられたかどうか〉だといえます。**違法排除説**によれば〈検察官Ｐによる約束じたいが、不当な権限の行使ないし濫用などにあたり、自白の違法な誘導になるかどうか〉

だということになるでしょう。

なお、判例が基本的に虚偽排除説・人権擁護説に与することを踏まえる限り、弁護人としては、取調べにおける検察官Ｐの言動と被疑者の自白とのあいだに因果関係があること、具体的には、両者のあいだの因果関係は遮断されていないこと（すなわち、検察官Ｐの当初の言動が被疑者に与えた心理的影響ないし心理的強制力を遮断・消去するような特段の措置はとられなかったこと）も主張しなければなりません（ちなみに、違法排除説にたつ場合、取調べ機関の不当な言動による心理的影響などがその後に遮断されたか否かは、自白排除の如何とは無関係なことになる）。ただし、一般的には、自白の任意性を疑わせる実質をもつ言動が捜査機関の側に認められる限り、その取調べの過程でなされた被疑者の自白については、任意性に疑いがあると推認すべきだといえます。

ちなみに、設問の【関連問題】と類似の事案について、**福岡高宮崎支判平成元・３・24 高刑集 42 巻 2 号 103 頁**は、翌日の取調べ冒頭に検察官が「『自分も昨日は君の自白が欲しくて言いすぎた。昨日言ったことはすべて撤回する。求刑は高検次長と相談して決める。裁判では強盗殺人になるかどうかは判らない。あるいは君が主張するように自殺で片付くかも知れない。』などと説明したうえ、『死刑が怖くて話すのではないか。』『死刑が恐ろしくて話すのなら利益誘導になるから話さなくてよい。』などと告げて」、「違法な取調べ方法を除去するための是正措置」がとられたために、「威迫〔による誘導〕の内容程度とこれの是正措置の時期及びその内容」、「是正措置後の被告人の供述内容や供述態度」などを考慮して、「被告人の供述の任意性に及ぼす影響は、同検事による〔中略〕一連の是正措置によって既に払拭されていたものと認めるのが相当である」と結論しました。検察官の不当な言動と自白とのあいだの因果関係を否定する「是正措置」の具体的内容について、心理的影響を遮断できたのか、なお疑問がありますが、参考にされてよい判例でしょう。

(2) 約束による自白と判例

ここで、約束による自白について、刑事訴訟法 319 条 1 項の自白排除法則を適用する判例の立場を説明しておきます。約束による自白の証拠能力について、**最判昭和 41・7・1 刑集 20 巻 6 号 537 頁**がその立場を明らかにしました。収賄被告事件であり、具体的な事実関係はこうでした。すなわち、収賄側の甲には弁護人Ｂが、贈賄側の乙には弁護人Ａが選任された事案で、乙の弁護人Ａが、昭和 36 年 8 月 28 日、岡山地方検察庁で本件を担当するＰ検事に面談したさい、Ｐ検事から、〈甲が見えすいた虚構の弁解をやめ、素直に金品収受の犯意を自供して改悛の情を示せば、検挙前に金品をそのまま返還しているとのことであるから、起訴猶予処分も十分考えられる〉旨の内意を打ち明けられ、かつ、〈甲に対し無益な否認をやめ、卒直に真相を自供するよう勧告したらどうか〉という趣旨の示唆を受けます。そのため、Ａは、甲の弁護人Ｂとともに、児島警察署で留置中の甲と面会し、「検事は君が見えすいた嘘を言っていると思っているが、改悛の情を示せば起訴猶予にしてやると言っているから、真実貰ったものなら正直に述べたがよい。馬鹿なことを言って身体を損ねるより、早く言うて楽にした方がよかろう」と告げました。甲は、このＡの言葉を信じ起訴猶予になることを期待して、その後の取調べから順次、金品を貰い受ける意図のあったことや金銭の使途などについて、自白するにいたります。控訴審の**広島高岡山支判昭和 40・7・8 刑集 20 巻 6 号 545 頁**は、「自白の動機が右のような原因によるものとしても、捜査官の取調べそれ自体に違法が認められない本件においては、前記各自供調書の任意性を否定することはできない」、「Ａ弁護士の言葉を信じ起訴猶予になるものと期待して自白したのに拘らず起訴された被告人の立場に対しては同情の念を惜しむものではないが、その自白調書は任意性を具有するものと解せざるを得ない」と判示しました。これに対し、最高裁昭和 41 年判決は、次のように判示します。

「昭和 29 年 3 月 10 日福岡高等裁判所判例（高裁刑事判決特報 26 号 71 頁）〔中略〕は、所論の点について、『検察官の不起訴処分に附する旨の約束に基く自白は任意になされたものでない疑のある自白と解すべきでこれを任意になされたものと解することは到底是認し得ない。従つて、かかる自白を採つて以て罪証に

供することは採証則に違反するものといわなければならない。』と判示しているのであるから、原判決は、右福岡高等裁判所の判例と相反する判断をしたこととなり、刑訴法405条3号後段に規定する、最高裁判所の判例がない場合に控訴裁判所である高等裁判所の判例と相反する判断をしたことに当るものといわなければならない。そして、本件のように、被疑者が、起訴不起訴の決定権をもつ検察官の、自白をすれば起訴猶予にする旨のことばを信じ、起訴猶予になることを期待してした自白は、任意性に疑いがあるものとして、証拠能力を欠くものと解するのが相当である」、と（ちなみに、引用された福岡高判昭和29・3・10高裁刑事判決特報26号71頁は、「Xの副検事並びに検察官に対する、Y、Zに対し各金2千円を供与した旨の供述は元来副検事某の被供与者の氏名を表白してもこれを起訴しない旨の約束に基きなされたいわゆる約束による自白であり、被告人Y、同Xの司法警察員、検察官に対する右の点に関する自白も亦約束による自白といわなければならない。ところで検察官の不起訴処分に附する旨の約束に基く自白は任意になされたものでない疑のある自白と解すべきでこれを任意になされたものと解することは到底是認しえない。従って、かかる自白を採って以て罪証に供することは採証則に違反するものといわなければならない」と判示した)。

　最高裁昭和41年判決は、「被疑者が、起訴不起訴の決定権をもつ検察官の、自白をすれば起訴猶予にする旨のことばを信じ、起訴猶予になることを期待してした自白は、任意性に疑いがあるものとして、証拠能力を欠くものと解するのが相当である」と判示し、約束による自白が「任意にされたものでない疑のある自白」（刑訴319①）として排除されるべきことを確認したわけです（ただし、その余の証拠により第一審判決の認定事実を「ゆうに認定することができるから、〔中略〕判決に影響を及ぼさないことが明らかな場合に当り、原判決を破棄する事由にはならない」と結論した）。その判示の趣旨について、すなわち、〈起訴不起訴の決定権をもつ検察官〉が〈自白をすれば起訴猶予にする〉約束をしたため、〈起訴猶予になることを期待してした自白〉は排除されるべきだとした判示の趣旨について、(A)約束をした者がその約束の内容を**履行できる権限**をもつこと、(B)約束の内容が**刑事責任**に関するものであること、(C)約束と自白とのあいだに**因果関係**があることを要件として、約束による自白の排除を肯定するものと解されました（光藤景皎『刑事訴訟法Ⅱ』181頁など参照）。

　この最高裁昭和41年判決の事案は、起訴猶予の見込みに関する検察官の発言を、共犯者の弁護人から伝えられた被疑者が、起訴猶予になると信じて自白したというものです。一般的に、検察官による不起訴の約束ほど、被疑者に対し、自白へ強く誘導するものはないでしょう。その点にかんがみ、虚偽排除説の立場から、不起訴の約束で誘導された自白には虚偽が混入する恐れが否定できないといえる事案でした。しかし、最高裁昭和41年判決が自白の真実性を肯定しつつ排除したと思われる点（控訴審の広島高岡山支判昭和40・7・8刑集20巻6号545頁が、自白について、「他の関係人の供述その他の証拠によって裏書補強された」とした評価を否定しない）や、また、この事案では結局、被疑者は起訴されたのであり、そのことじたいが不公正だ（すなわち、約束の不履行であり不当だ、または、履行しない約束をしたことじたいが不当だ）ともいえる点（控訴審の広島高裁岡山支部昭和40年判決も、「総てを自供し改悛の情を示したのに拘らず起訴された被告人が、〔中略〕憤懣の情をいだくのはもとより理解し得るところである」、「起訴猶予になるものと期待して自白したのに拘らず起訴された被告人の立場に対しては同情の念を惜しむものではない」と述べた）にかんがみ、人権擁護説や、さらに、違法排除説の立場からも説明できる事案でした。

　他方、この事案における**約束の実態**は、検察官が共犯者の弁護人に対し、被疑者が賄賂をすでに返還していることを前提にして、〈賄賂を返還した以上、自白すれば起訴猶予も十分考えられる〉ことを示唆したものにすぎません。しかし、共犯者の弁護人は、検察官が単純に（すなわち、賄賂の返還という前提抜きに）不起訴を約束したように被疑者に伝えます。起訴猶予の約束を伝えられた被疑者が自白した結果、すでに賄賂を費消していた事実が明らかになりました。結局、起訴猶予の見込みを述べた検察官じしんに背信的意図はなく（控訴審の広島高裁岡山支部昭和40年判決は、検察官に「背信の意図は些もなかった」と判示した）、また、賄賂の返還という起訴猶予処分の具体的条件を共犯者の弁護人に告げた検察官の言動も、それだけではまだ、自白を不当に誘引したとはいえない事案でした。さらに、賄賂を費消した事

実を知った検察官が被疑者を起訴したことについても、違法だとただちにはいえない事案でした。そう考えると、この事案のように被疑者がみずから「信じ」、「期待してした」自白の排除については、人権擁護説や違法排除説より、やはり、虚偽排除説から説明すべきだとも思われます。

展開支援ナビ

権限をもつ機関による約束　利益供与の約束による自白の証拠能力をめぐって、約束をした者がその約束の内容を履行できる権限をもつかどうかが、排除要件の1つとされました。この点を補足的に説明しておきます。

設問の【関連問題】の事案は、検察官が無期刑の求刑を約束したものでした。取調べを担当する検察官だけで求刑を決定できないとしても、一般に求刑の権限を検察官がもつことじたいは否定できません。それゆえ、約束を履行する権限の存在は当然に肯定されるでしょう。そのほか、別件（重大な窃盗事件）を検察官に送致しないという警察官の約束も、「不起訴の約束に等しいものであって、〔中略〕被告人の弱みにつけこんだもので、到底許容される捜査方法ではない」ため、自白の任意性を疑わせるとした高裁判例があります（福岡高判平成5・3・18判時1489号159頁。ただし、この福岡高裁判例は、「取調べ中に煙草やコーヒーの提供を受けたことや餞別として多少の金品を受領したことなどの利益供与」については、「いわゆる世俗的利益であって、人権擁護の面は考慮する必要はないし、定型的に虚偽の自白がなされる状況にあったとみることもできない」ともする）。

では、警察官が刑の執行猶予（刑法25）を約束する場合は、どうでしょうか。この点で、浦和地判平成元・10・3判時1337号150頁は、「そもそも、被告人に対し刑の執行を猶予するか否かということは、裁判所の権限に属することであって、警察官がそのような権限を有しないこと自体については、すでに公判審理を一度経験していた被告人において、これを知悉していたと認めるほかはない。従って、警察官において、ダブル執行猶予〔すなわち、再度の執行猶予〕になる旨言って自白をしょうよう〔慫慂〕したからといって、それは、事件の見込みについて警察官なりの判断を示したというに止まるということもでき、いわゆる約束ないし利益誘導による自白の問題が生ずるわけではない」と述べました。

ただし、被疑者の関係者（弁護士）の資格剥奪がないよう助力するという、「自己の事実上の権限内に属する事項に関する」検察官の約束について、自白の任意性を疑わせる事由になるとした浦和地判平成3・5・9判タ764号271頁もあり、注目されます（すでに紹介したように、恐喝、贈賄被告事件において否認する被告人を取り調べたA検事が、「否認を続ければ、B弁護士が弁護し資格を剥奪されることになる。自白すれば、B弁護士を助けてやる」と述べたという事案で、浦和地裁平成3年判決は、「A検事には、B弁護士の資格を剥奪する権限がないことに着目すると、右資格剥奪をめぐる同検事の言動は、いわゆる『約束』の概念に入らないとの反論も考えられるが、かりに同弁護士が〔被告人の妻である〕Cらの〔収賄側の〕D町長への働きかけとみられる行動に加担していたとすれば、同検事ないし浦和地検は、これを表沙汰にして同弁護士の実質上の資格剥奪ともいうべき除名問題に発展させるか、内内にことを納めてことを荒立たせずにおわらせるかについての事実上の決定権を有していたと認められるので、同検事による『自白をすれば、B弁護士を助けてやる。』との約束は、自己の事実上の権限内に属する事項に関するものとして、やはり、自白の任意性を疑わせる一事由になるというべきである」と述べた）。

利益供与の約束による自白について、これらの判例にかんがみる限り、その利益供与の約束が、取調べに当たった捜査機関（ないし訴追機関）の法律上・事実上の権限内に属するものである場合に限って、自白の任意性を疑わせる事由になると考えるべきかもしれません。

しかし、弁護人としては、判例の趣旨について、〈法律上・事実上の権限内に属する利益供与の約束であれば、任意性を疑わせる事由にあたることが明らかだとした〉ものと捉え、同時に、〈法律上・事実上の権限内に属さない利益供与の約束であっても、任意性を疑わせる場合がありうることを否定していない〉と主張すべきでしょう。なぜなら、約束した事項が法律上・事実上の権限内に属することは、自白の任意性を疑わせる決定的根拠になるけれども、必須の条件ではないというべきだからです。ちなみに、上述の浦和地裁平成元年判決も、「取調べを受ける被疑者にとっては起訴された場合に執行猶予に付せられるか否かは、当面の最大の関心事であって、専門家である捜査官から『執行猶予になる（のが確実である）』旨言われれば、そのように信じ込むのは、当然の心理であろうと思われる」と述べました。それゆえ、もし刑の執行猶予について警察官や検察官の権限に属さないことを〈知悉しない被疑者〉の事案であれば、履行する権限がない警察官らの約束を信じてした自白であっても、その任意性には疑いをさしはさむべきものでしょう。

とまれ、【関連問題】の事案について、最高裁昭和41年判決の規範ないし要件を適用するとき、弁護人としては、一般に求刑の権限をもつ検察官が無期刑を約束したこと、無期刑の約束は当然に刑事責任に関するものであること、無期刑を約束された被疑者は自白へ強く誘導されることを述べ、自白の排除を主張すべきことになります。

証拠法③（自白）

17 自白の補強法則

> **設問 17**
> 刑事訴訟法 319 条 2 項により補強証拠が必要とされる範囲について、論じなさい。

1 自白に補強証拠を必要とする根拠

憲法 38 条 3 項は、「何人も、自己に不利益な唯一の証拠が本人の自白である場合には、有罪とされ、又は刑罰を科せられない」と定めます。この憲法の規定を受け、刑事訴訟法 319 条 2 項も、「被告人は、公判廷における自白であると否とを問わず、その自白が自己に不利益な唯一の証拠である場合には有罪とされない」と定めました。この憲法 38 条 3 項、刑事訴訟法 319 条 2 項が定める証拠法則を、**自白の補強法則**と呼びます。

(1) 自白の意義と証明力

なぜ、自白した被告人に対し有罪判決を下すため、自白以外の補強証拠が必要とされるのでしょうか。そもそも自白とは、**罪となるべき事実**（刑訴 256 ③後段、335 ①）**の全部または主要部分を承認する被告人じしんの供述**を意味します。そのような自白は、それだけで、**証拠の証明力**（刑訴 318「証拠の証明力は、裁判官の自由な判断に委ねる」）の要素である**狭義の証明力**、すなわち、**罪となるべき事実を具体的に認定させる力**をほぼ完全なかたちで肯定できる証拠になります（松尾浩也『刑事訴訟法（下）新版補正第 2 版』36 頁は、自白について「狭義の証明力は 100 パーセントに近い」という）。しかも、自白は、処罰根拠とされる罪となるべき事実を、被告人みずからが吐露する供述であるため、狭義の証明力とともに証明力のもう 1 つの要素である**一般的信用性**も肯定できる証拠だといえます（証拠の一般的信用性とは、要証事実との関係を一応離れ、証拠をそれじたいとして信頼できることを意味する。たとえば、医師である被告人が細菌を使用して 60 余名の被害者に腸チフス、赤痢を罹患させたという傷害被告事件において、**最決昭和 57・5・25 判時 1046 号 15 頁**は、「自白が任意にされたことは〔第一審、控訴審の〕両判決の一致して認めるところであるから、本件が極めて重大な犯罪事実であり、しかも、特に医師として最も恥ずべき行為であるにもかかわらず、医療行為に従事していた被告人が自白をしていることを考えれば、その〔自白の一般的〕信用性も高いものといってよいであろう」と述べた）。

狭義の証明力の点でも、一般的信用性の点でも、自白は特別な証拠でした。そのような特別な証拠であるため、自白の存在は、裁判所が**事件処理を効率化ないし簡素化するための決定的条件**になります。そして、まさにこのことが、**裁判所が自白の証明力を過大に評価し、自白を偏重してしまう理由**になるわけです。

しかし、自白も供述証拠である以上、その供述された内容が真実だと措定することは許されません。すなわち、自白についても、知覚・記憶は正確であったか、誠実に供述したか、適切な言葉遣いをしたかなど、供述一般に内在する問題点について、厳格な手続上のチェックをかけねばなりません。さらに、自白に顕著な問題点として、自白にいたる過程に圧迫がなかったか、自白の内容に自己矛盾や客観的事実との食い違いがないかなどについても、とくにチェックをかけねばならないでしょう。

それらのチェックを経ない限り、一般的信用性を肯定しやすい自白であっても——むしろ、一般的信

用性を肯定しやすい自白だからこそ——、その供述内容を真実と措定してはならないというべきです。自白について、そのチェックの現状はどうでしょうか。

> **展開支援ナビ**
>
> **供述内容の真実性をチェックする**　ひとの供述について、その内容の真実性をチェックする一般的な方法は、こうです。
> 　(A)公判廷という公開の場で、「真実だけを述べ、偽りを述べない」ことを**宣誓**させたうえで供述させる、(B)その供述の直後に、当事者（その供述を不利益な証拠として使用される当事者）の**反対尋問**にさらし、供述内容が真実かどうか、チェックする、そして、(C)そのひとの供述態度を、事実認定にあたる裁判所が直接に**観察**し、供述内容の真実性を評価する——、そのようなやり方です。それは、公判廷における証人調べの手続でした。
> 　この(A)(B)(C)の3つの手続のうち、当事者の反対尋問がもっとも重要であることはいうまでもありません。なお、公判廷で反対尋問まで行われるときは、**宣誓**や**裁判所による供述態度の観察**も行われるのが通常であるため、**供述内容の真実性をチェックする方法は反対尋問に収斂される**といっても差し支えないでしょう。

(2) 公判廷の自白の真実性をチェックする

　被告人が公判廷において自白する場合は、事実を認定すべき裁判所じしんが、被告人の供述態度を観察できます（最大判昭和23・7・29刑集2巻9号1012頁は、「裁判所の面前でなされる自白は、被告人の発言、挙動、顔色、態度並びにこれらの変化等からも、その真実に合するか、否か、又、自発的な任意のものであるか、否かは、多くの場合において裁判所が他の証拠を待つまでもなく、自ら判断し得るものと言わなければならない」とした）。また、公判廷で自白した被告人に対し、裁判官のほか、検察官、弁護人も発問できます（刑訴311②「被告人が任意に供述をする場合には、裁判長は、何時でも必要とする事項につき被告人の供述を求めることができる」、同③「陪席の裁判官、検察官、弁護人、共同被告人又はその弁護人は、裁判長に告げて、前項の供述を求めることができる」）。**被告人質問**と呼ばれる手続です。

　しかし、被告人はいつでも黙秘権（刑訴311①「被告人は、終始沈黙し、又は個々の質問に対し、供述を拒むことができる」）を行使できます。そのため、裁判官や検察官の発問に対し、被告人は答える義務を負いません。被告人が供述を拒否するときも、たんに黙秘すればよく、拒否する理由を述べる必要はありません。被告人は宣誓もしないので（刑訴154は「証人には、この法律に特別の定のある場合を除いて、宣誓をさせなければならない」とだけ定め、被告人には宣誓を義務づけない）、たとえ虚偽の事実を供述しても、刑事罰（刑法169「法律により宣誓した証人が虚偽の陳述をしたときは、3月以上10年以下の懲役に処する」）を受けることはありません。

> **展開支援ナビ**
>
> **被告人質問の機能**　この被告人質問において、「被告人が虚偽の自白をしたと認められる場合には、その弁護士は直ちに再訊問の方法によってこれを訂正せしめることもできる」、「公判廷の自白は、裁判所の面前で親しくつぎつぎに供述が展開されて行くものであるから、現行法の下では裁判所はその心証が得られるまで種々の面と観点から被告人を根掘り葉掘り十分訊問することもできる」（最大判昭和23・7・29刑集2巻9号1012頁）ため、徹底した被告人質問が行われる限り、**自白の真実性をチェックする事実上の機会**にはなるでしょう。
> 　しかし、そもそも被告人質問（刑訴311）は、証人尋問（刑訴143以下）と決定的に異なる手続です。すなわち、証人には、「良心に従い、真実を述べ、何事も隠さず、また、何事も付け加えない」旨を宣誓する義務が課されます（刑訴154、刑訴規118①「宣誓は、宣誓書によりこれをしなければならない」、同②「宣誓書には、良心に従って、真実を述べ何事も隠さず、又何事も付け加えないことを誓う旨を記載しなければならない」）。また、正当な理由なしに宣誓や証言を拒んだときは、過料や罰金等による制裁も課されます（刑訴160①、161）。虚偽の事実を供述した証人は、刑法169条の偽証罪の制裁を受けることになります。
> 　証人は、そのように真実を供述する義務を負ったうえで、具体的な尋問、とくに弁護人などによる反対尋問

のチェックにさらされるわけです。前述したような、黙秘権（刑訴311①）を保障する被告人質問の手続とは決定的に異なるものでした。すなわち、証人尋問が供述証拠の獲得を目的とする証拠調べ手続であるのに対し、被告人質問は「裁判官が主宰し弁護人も立ち会う公開の法廷で、質問によっては任意に『供述する権利』を被告人に保障」（高田昭正『被疑者の自己決定と刑事弁護』92頁）する手続だというべきです。質問に答えた被告人の供述が証拠として許容されるとしても、それは結果にすぎず、被告人質問の目的ではありません。

被告人質問は、**憲法37条1項の「裁判を受ける（被告人じしんの）権利」**の内容として捉えられるべき手続であり、その意味でも、証人尋問とは決定的に異なるわけです。

結局、公判廷でなされる自白について、その内容の真実性をチェックする十分な機会は、訴訟法上ないし制度上、保障されていないというほかありません。

(3) 公判廷外の自白の真実性をチェックする

公判廷の外でした被告人の自白が、捜査機関によって記録された**供述録取書**（供述調書とも呼び、自白を録取したものは**自白調書**とも呼ぶ）のかたちで、あるいは、被告人じしんが作成した**供述書**のかたちをとって、法廷に提出され、証拠として使用されることがあります。この**書面化された公判廷外の自白**について、その内容の真実性をチェックする十分な制度的保障は「ない」といわねばなりません。

刑事訴訟法は、公判廷外において録取された自白調書や、自白を内容とする供述書について、**承認した事実の不利益性と供述の任意性**だけを実質的要件として、その証拠能力を肯定します（刑訴322①「被告人が作成した供述書又は被告人の供述を録取した書面で被告人の署名若しくは押印のあるものは、その供述が被告人に不利益な事実の承認を内容とするものであるとき、又は特に信用すべき情況の下にされたものであるときに限り、これを証拠とすることができる。但し、被告人に不利益な事実の承認を内容とする書面は、その承認が自白でない場合においても、第319条の規定に準じ、任意にされたものでない疑があると認めるときは、これを証拠とすることができない」）。「だけ」と述べたのは、自白が書面化され、証拠化されるプロセスについて、公判廷の尋問によるテストの機会に匹敵するような**信用性の情況的保障**があることを、刑事訴訟法は、証拠として使用する要件、すなわち、証拠能力の要件としないからです。また、公判廷外で被告人が供述をし、その供述が書面に録取などされる具体的プロセスについて、弁護人はなんの関与——取調べへの立会や、リアルタイムの発問など——もできない現実があります。この点も、公判廷の自白との大きな違いです。

(4) 自白に内在する問題点

このように、公判廷のものであっても公判廷外のものであっても、被告人の自白とは、供述内容の真実性についてチェックする十分な機会が、訴訟法上ないし制度上は、存在しないまま、〈事件処理を効率化・簡素化しようとする裁判所により、有罪認定の決定的根拠にされてしまう証拠〉だといわねばなりません。そのような問題点を内在させた自白に寄りかかって、裁判所が罪となるべき事実を認定することは、やはり、大きな問題だといわねばならないでしょう。

展開支援ナビ

自白の証明力の乏しさを補強する証拠　自白にそのような問題点が内在するというのは、〈**実体的にみて**、自白の内容が真実かどうか、疑いがある〉という趣旨ではありません。むしろ、実体的には、自白の内容は真実である場合のほうが多いでしょう（田宮裕『刑事訴訟法〔新版〕』355頁は、自白の「証拠価値を一律に低くみる」ことは「実態に反し合理的ではない」という）。しかし、真実性をチェックする十分な機会が存在しない点で、**手続的にみて**、証拠とされる自白には問題点があるといわねばなりません。

もちろん、被告人の自白について、実体的にみても証明力が不十分なときはあります。すなわち、自白の具体的内容について、概括的にしか述べない、理由のない変転・動揺がある、客観的事実と食い違っている、客

観的な証拠による裏付けがない、客観的な状況にかんがみ不可能な行為を述べているなど、さまざまな問題があるため、その証拠としての証明力が不十分なときです。そのような場合、自白だけでは有罪と認定できません。なぜなら、「合理的な疑いを超える証明」という有罪の証明水準に、自白だけでは達しないからです。

この場合、有罪と認定するには、自白以外に**補強的な証拠**を求めるほかないでしょう。しかも、その補強的な証拠の証明力は、自白の不十分な証明力を補って、合理的疑いを超える有罪の心証を裁判官に抱かせるに足りる**高度のレヴェルのもの**でなければなりません（参照、**最判昭46・4・20判時630号109頁**。この最高裁昭和46年判決は、失火被告事件において、捜査機関が作成した「各自白調書につき〔中略〕、その信用性はかなり乏しいものとみるのが相当であり、他の補強〔的な〕証拠の証明度が高くないかぎり、これらの自白調書の記載を重視して被告人の過失を認定することは、いちじるしく合理性を欠くものといわなければならない」としたうえで、「補強〔的〕証拠」とされる他の全証拠をもってしても、この自白の証明力の乏しさを補うには足りないと判示した）。

そのような自白の証明力の乏しさを補強する**自白以外の証拠**の存在は、憲法31条（適正手続）、刑事訴訟法317条（証拠裁判主義、厳格な証明）、318条（自由心証主義）、335条（有罪の判決）などが、実質上、要求することです。すなわち、適正手続や自由心証主義などに内在するルールとして、自白の証明力の乏しさを補強する証拠が、別途、要求されねばならないわけです。そのルールは、憲法38条3項、刑事訴訟法319条2項が明文で定める**自白の補強法則**とは異なったルールであることに留意して下さい。

結局、自白に内在する問題点にかんがみ、裁判所に対し、自白への依存や安易な寄りかかりを許さないための**訴訟法上ないし制度上の具体的な手立て**が特別にとられねばなりません。その具体的な手立てが、憲法38条3項および刑事訴訟法319条2項が定める**自白の補強法則**なのです。すなわち、**被告人に対し有罪判決を下すためには、被告人の自白以外に補強証拠が存在しなければならない**という**証拠法上のルール**をたてることです。平野龍一博士が、「自白に補強証拠を必要とするのは、自白が〔その供述の過程に誤りがないかどうか、テストするための〕反対尋問を経ないにもかかわらず証拠能力が認められるからであ〔る〕」と述べられたのも（平野龍一『刑事訴訟法』233頁）、同じ趣旨でしょう。

展開支援ナビ

公判廷の自白と補強証拠の要求 最大判昭和24・6・29刑集3巻7号1150頁は、補強証拠を要求する「憲法第38条第3項は判決裁判所の公判廷外の自白について〔のみ〕規定したもの」だと判示しました。公判廷でした自白について、憲法上は、補強証拠が要求されないというわけです。

この最高裁昭和24年大法廷判決が先例としたのが、上述した最高裁昭和23年大法廷判決でした（1(2)参照）。この最高裁昭和23年大法廷判決では、公判廷の自白について、〈不当な干渉を受けることなく、自由な状態で供述する以上、その供述内容は真実だとみてよい〉、〈虚偽の自白については、弁護人が再訊問でこれを正すことができる〉、〈裁判所が直接に供述態度を観察している〉、〈公判廷で被告人を根掘り葉掘り十分に訊問できる〉ことを理由に、憲法上は補強証拠が要求されないと説明されました。

その最後の理由づけ、すなわち、公判廷の自白について憲法上補強証拠を要求しないのは、「種々の面と観点から被告人を根掘り葉掘り十分訊問」したことが事実上の条件になると述べたことは、あらためて注目しておくべきことでしょう。なぜなら、**最高裁判所も、公判廷の自白に信用性に関わる問題点があることについては、これを否定していない**といえるからです。その問題点を正す1つの方法として、公判廷における十分な被告人質問が重要であることを強調したものであるわけです。

とまれ、刑事訴訟法上は、公判廷の自白についても明文で補強証拠が要求されています（刑訴319②「被告人は、**公判廷における自白であると否とを問わず、その自白が自己に不利益な唯一の証拠である場合には、有罪とされない**」）。この点は、しっかり確認しておきたいと思います。

---

2 補強証拠が必要な範囲──罪体説

自白した被告人に対し有罪判決を下すには、自白以外に別の証拠、すなわち、補強証拠が必要とされました（憲法38③、刑訴319②）。では、具体的には、有罪判決で認定するどの範囲の事実について、自白以外に補強証拠が必要とされるのでしょうか。

まず、有罪判決を下すため、裁判所が認定しなければならない事実を確認しておきましょう。

(1) 犯罪構成要件該当事実の内容

被告人に有罪判決を下すため、裁判所は「罪となるべき事実」（刑訴335①）を認定しなければなりません。罪となるべき事実とは、刑罰権の存否および範囲を基礎づける事実を意味し、**犯罪構成要件に該当する具体的事実**がその中核をなすものとなります（罪となるべき事実の意義について、設問23「間接事実による有罪認定と証明水準」1(1)の【展開支援ナビ】「(2)積極的な意義」参照）。

展開支援ナビ

罪となるべき事実とその表示例　常習賭博被告事件において**最判昭和24・2・10刑集3巻2号155頁**は、「有罪の言渡を為すには、判決書において罪となるべき事実を判示することを要する。蓋し、その趣旨とするところは、法令を適用する事実上の根拠を明白ならしめるためである」と述べ、「罪となるべき事実とは、**刑罰法令各本条における犯罪の構成要件に該当する具体的事実**をいうものであるから、該事実を判決書に判示するには、その各本条の構成要件に該当すべき具体的事実を該構成要件に該当するか否かを判定するに足る程度に具体的に明白にし、かくしてその各本条を適用する事実上の根拠を確認し得られるようにするを以て足るものというべく、必ずしもそれ以上更にその構成要件の内容を一層精密に説示しなければならぬものではないといわねばならぬ」と述べました。

そのうえで具体的には、「刑法第185条所定の賭博罪並びに身分に因るその加重犯たる同法第186条第1項所定の常習賭博罪における各賭博の犯罪構成要件は『偶然の勝敗に関し財物を以て博戯又は賭事を為す』のであるから、これに該当する具体的事実を判示するには、当該所為が右構成要件に該当するか否かを判定するに足る程度に具体的であり、従って同条を適用する事実上の根拠を確認し得れば、差支えないものといわねばならぬ。そして、原判決は、論旨摘録のように『被告人等は外数名と共に花札を使用し、金銭を賭け俗にコイ々々又は後先と称する賭博を為したものである。』と判示したのであるから、その判示は、当該行為が同罪の構成要素たる『財物』に該当する金銭であること並びに他の構成要素たる『偶然の勝敗を決すべき博戯』に該当する俗にコイ々々又は後先と称する数名の当事者が花札を使用して勝敗を争う博戯であることを明白にしているものと言うべく、従ってその判示を以て前示法条を適用する事実上の根拠を確認せしめるに足るものとするに妨げない」と判示しました。

ちなみに、この最高裁昭和24年判決は、罪となるべき事実そのものではない事実についても例示します。すなわち、「裁判の理由とは、主文の因て生ずる理由に外ならないから、有罪判決の理由には、罪となるべき事実の外主文の因て生ずる量刑の事由をも示すを妥当とすべきこと勿論である。されば、有罪判決の理由には罪となるべき事実の外**犯罪の原因、動機、手段の特殊性、結果の軽重等**をも判示するを相当とすべく、本件のごとき賭博罪にあっては時として、**財物の種類、数額、賭博方法の詳細、勝敗の回数、結果等**をも判示するを適当とすることがある。殊に常習賭博においては、**賭金の数額、手段方法の如何、勝負の回数、結果等**によって常習を認定判示し得べき場合あることを忘れてはならない。しかし、これらの判示方法はいずれも妥当の問題であって違法〔すなわち、理由不備の違法、罪となるべき事実を示さない違法〕の問題ではない」と述べました。「犯罪の原因、動機、手段の特殊性、結果の軽重」などは、罪となるべき事実そのものでないが、「量刑の事由」に該当する事実として、有罪判決書で示すことが妥当だとしたわけです。

この犯罪構成要件に該当する具体的事実は、大きく2つの側面に区分できます。1つは、被告人の行為や発生した結果、犯罪の客体など、**犯罪の客観的側面に属する事実**です。もう1つは、被告人の故意、過失や目的、知情、不法領得の意思など、**犯罪の主観的側面に属する事実**です。この犯罪の主観的側面とは、行為者の内心の状態とか、心理的な事実として捉えることもできるでしょう。

なお、**被告人と犯罪事実との結びつきが、犯罪の「主体的側面」**とされ、独立して区分されることもあります（松尾『刑事訴訟法（下）新版補正第2版』37頁）。しかし、被告人と犯罪事実が結びつくとは、被告人が犯罪の主体（犯人）であることにほかなりません。この犯罪の主体とは、本来、罪となるべき事実の不可欠の要素であり、犯罪の客体などとともに、**犯罪の客観的側面の要素**と捉えておくべきも

のでしょう。ちなみに、犯罪の主体については、被告人と犯罪事実との結びつきのほかに、収賄罪（刑法197①）、業務上横領罪（刑法253）などでは、**被告人の属性や状態**（被告人の「**身分**」とも呼ばれる）も、その要素に入ってきます。

(2) 補強証拠を必要とする具体的事実

これらの犯罪構成要件に該当する具体的事実のうち、どの範囲について、自白では足りず補強証拠が必要とされるのでしょうか（なお、**補強証拠の証明力**または補強証拠の程度について、平野『刑事訴訟法』235頁は、「補強証拠は、それだけで、事実を合理的な疑いをいれない程度に立証しうるものである必要はない。その**事実の存在を一応証明する程度の証拠**で足りる。しかし、単に何らかの証拠があるだけでは足りない」と述べた）。

まず、**犯罪の主観的側面に属する事実については、補強証拠を必要としない**とされます。その理由は、「被告人に犯意その他の主観的要素があったか否か」という「点にまで形式的に補強証拠を要求すると、あまりにも有罪判決を困難にし、有罪・無罪が偶然によって左右される弊害を生ずる」ためだと説明されます（平野・前掲書234頁）。

> **展開支援ナビ**
>
> **犯罪の主観的側面と補強証拠**　論者は、「自白で最も危険なのは、被告人がはたして犯人であるか、あるいは被告人に犯意その他の主観的要素があったか否かにある。この部分に補強証拠を必要としないとすると、補強証拠を要求する意味の大半は失われてしまう」と述べます（平野『刑事訴訟法』234頁）。ただし、そのように述べながらも、犯罪の主観的側面に属する事実には、補強証拠を要求しません（平野・同上）。なぜなら、犯罪の主観的側面に属する事実について、補強証拠を得られないことが「通常である」という認識があるからです（平野・同上は、「被告人が犯人であることおよび主観的要素について、形式的に補強証拠がなくとも、そのような証拠のないのが通常である以上、自白にかかる事実の真実性が担保されていないとはいえない」とした）。
>
> しかし、〈一律に補強証拠を要求でしては、有罪判決を確保できない〉という政策的理由から、「補強証拠を要求する意味の大半」を放棄してもよいというのは、納得できないものがあります。問題点として指摘しておきたいと思います。

故意、過失や目的、知情など、犯罪の主観的側面に属する事実について、**最決昭和32・12・17法律新聞86号6頁**も補強証拠を不要としました。自白だけで認定してかまわないとしたのです。すなわち、「収賄罪において、饗応の趣旨を知っていたかどうかというごとき、いわゆる犯罪の主観的要件に属するものについての、直接の証拠は、公判廷外の被告人の自白だけであっても、その客観的構成要件たる事実について他に確証があり、右被告人の自白の真実性が保証せられると認められる以上、それらの各証拠を綜合して犯罪事実全体を認定することが憲法38条3項に違反するものでないことは、当裁判所判例のしばしば判示するところであ〔る〕」と判示しました。

(3) 罪体説

では、被告人の行為や発生した結果など、**犯罪の客観的側面**に属する事実については、どのような考え方にもとづき、かつ、どの範囲について補強証拠が必要とされるのでしょうか。

1つの考え方は、「**罪体説**」です。犯罪の客観的側面に属する事実を「罪体」という概念で捉えるため、罪体説と呼ばれます。

> **展開支援ナビ**
>
> **罪体説の成立趣旨**　なお、罪体説が成立した趣旨について、次のように述べられました。
>
> 「合衆国の多くの州の判例は、罪体説をとりますが、これは自白から離れて、犯罪の客観的側面即ち罪体を、独立に証明する証拠があってはじめて、自白は陪審の判断（評価）に委ねられることを意味します。独立証拠

による罪体の証明はいわば、自白が犯罪事実認定の証拠とされてよいための前提条件だ、といってよいでしょう」、と（光藤景皎『刑事訴訟法Ⅱ』191頁）。

　この罪体の概念との関係で、犯罪の客観的側面は3つの要素に区分されました。
　第1の要素は、**法益の侵害が外部的、客観的に惹起されたこと**です。たとえば、殺人罪（刑法199）における**ひとの死体**がそうです。ひとの死体の存在は、結果犯である殺人罪について、その客観的側面のうちの最初の要素になるわけです（以下、**要素〔1〕**ともいう）。結果犯の「結果」に相当するのが、この第1の要素だといえるでしょう。
　罪体の第2の要素は、**法益の侵害がなにびとかの犯罪行為によって惹起されたこと**です（他殺行為による死亡、放火行為による家屋の焼失など。以下、**要素〔2〕**ともいう）。

展開支援ナビ

　犯罪の客観的側面について――結果犯と挙動犯　犯罪の客観的側面とは、**現実に生じた外部的な犯罪行為とその結果**を意味します。犯罪となるべき行為により現実に惹起された外部的、客観的な法益の侵害が、結果であるわけです。多くの犯罪は、犯罪行為から法益侵害の結果が生じたことにより初めて、その犯罪構成要件をすべて充足し、犯罪（既遂犯）として成立することになります。これを**結果犯**と呼びます。殺人罪（刑法199「人を殺した者は、死刑又は無期若しくは5年以上の懲役に処する」）などがその典型例です。
　これに対し、犯罪（既遂犯）が成立するうえで、犯罪行為と区別される結果の惹起をとくに必要としない犯罪類型もあります。これを**挙動犯**と呼びます。住居侵入罪（刑法130「正当な理由がないのに、人の住居若しくは人の看守する邸宅、建造物若しくは艦船に侵入し、又は要求を受けたにもかかわらずこれらの場所から退去しなかった者は、3年以下の懲役又は10万円以下の罰金に処する」）などがその典型例です。
　ただし、この挙動犯についても、外部的、客観的な法益侵害の惹起を考えることはできます。たとえば、住居侵入罪では私生活の平穏の侵害や住居権者の自由の侵害などです。挙動犯については、犯罪行為とされる一定の身体的動静そのものが法益を侵害する、あるいは、その一定の身体的動静そのものの中に（処罰の実体的根拠となる）法益侵害の危険が内在するといえるでしょう。
　挙動犯における要素〔1〕と要素〔2〕の融合　なお、無免許運転罪（道路交通法64「何人も、第84条第1項の規定による公安委員会の運転免許を受けないで〔中略〕、自動車又は原動機付自転車を運転してはならない」。罰則は道路交通法117の4⑵「1年以下の懲役又は30万円以下の罰金に処する」）について、「運転の事実」じたいを罪体の**要素〔1〕**に、「無免許であったこと」を**要素〔2〕**に区分する考え方（田宮『刑事訴訟法〔新版〕』357頁）もあります。
　しかし、それじたいとしては犯罪的色彩をもたない「運転の事実」について、外部的、客観的な法益侵害の惹起と捉えることには疑問があります。
　無免許運転罪は挙動犯であり、この挙動犯にあっては、外部的、客観的な法益侵害の惹起は**犯罪行為じたいに内在する**ものでした。そのような挙動犯にあっては、**要素〔1〕は要素〔2〕と融合する**、ないし、**要素〔1〕は要素〔2〕に内包される**というべきでしょう。結局、無免許運転罪のような挙動犯については、**要素〔2〕**だけを考えれば足りることになります。

　第3の要素となるのは、その法益侵害の惹起がまさに**被告人の行為に由来すること**です（被告人の毒物投与行為による被害者の死亡、ライターを使った被告人の点火行為による焼失など。以下、**要素〔3〕**ともいう）。
　それは、2⑴で述べた犯罪の主体の要素のうち、被告人と犯罪事実との結びつき、被告人が犯人であること、にあたるものです（光藤『刑事訴訟法Ⅱ』191頁は「〔犯罪の〕行為者が被告人であること」、田宮裕『捜査の構造』321頁は「被告人と損害〔を惹起した犯罪行為〕との結びつき」と表現する）。
　罪体説は、罪体の概念を使うことにより、補強証拠が必要とされる範囲を形式的・客観的な基準に基づいて判断させようとするものです。そのため、罪体説は、**形式説**とも呼ばれます（田宮『刑事訴訟法〔新版〕』356頁は、補強の範囲について「形式説と実質説の対立がある」と表現する）。
　罪体説をとる論者の多くは、**犯罪の客観的側面の要素〔1〕〔2〕だけが罪体の概念に包摂される**と考え

ます。たとえば、団藤重光博士は、「犯罪の特別構成要件を充足する具体的事実で、違法性および責任の要件を具備する」事実について、「**しばらく行為者との結びつきを切りはなして、その客観的な側面だけを考えたばあいに、それは罪体（corpus delicti）と呼ばれる**」とされました（団藤重光『新刑事訴訟法綱要〔7訂版〕』288頁）。罪体の概念に**要素〔3〕**を含めないわけです。そのうえで、補強証拠が必要な範囲について、罪体である犯罪の客観的側面の**要素〔1〕・〔2〕**の「全部——少なくともその重要な部分について」、補強証拠が「存在することを要し、かつそれで足りる」とされます（団藤・同上）。

　注目すべきなのは、団藤博士が「少なくともその重要な部分」と述べられた点です。つまり、罪体の概念に包摂される事実すべてではなく、さらに絞りこんだ「重要な部分」について補強証拠があれば、それで足りるとされたわけです（団藤「自白と補強証拠」刑法雑誌1巻3＝4号94頁は、補強証拠が「単に自白が架空のものでないことを証明するだけで足りるとするのは、はたして憲法第38条第3項の趣旨を保障するに充分なものといえるかどうか疑問である。同条の保障を実質的にするためには、少くとも犯罪事実の重要な部分について補強証拠を要するものと解しなければならないであろう」という。ただし、自白の補強法則を実質的に保障するため、なぜ「重要な部分」の補強で足りるのか、積極的な理由は述べられない）。その意味で、**緩やかな罪体説**と呼ぶことができます（なお、「重要な部分」とは、評価を伴う規範的な概念であり、実質的な意味をもつ。それゆえ、緩やかな罪体説を「形式説」と呼ぶのは適切でない。ちなみに、平野『刑事訴訟法』237頁も、「わが国の通説は、〔補強証拠が〕罪体について必要だとし、一見形式説をとっているようにみえるが、罪体の重要部分にあれば足りるとするのであるから、形式説の特徴は失われている」と指摘する）。

　政策的な理由（捜査能力の現実に対する配慮）などから、補強証拠が必要な範囲を罪体の「重要な部分」に絞りこむわけでしょう。しかし、なにが「重要な部分」なのか、その意味や範囲は説明されておらず、共通の理解もないといわねばなりません（ちなみに、中武靖夫「補強証拠」『中武靖夫刑事法論集』637頁以下は、犯罪事実のうち「何が重要な部分であるかについては各犯罪の特別構成要件について具体的に決しなければならないが、一般的に言って犯罪構成要件の中核をなす要素は行為又は結果であることから、行為又は結果がいわゆる重要な部分に当たることは疑いない」としたうえで、「行為又は結果のどちらかのみが補強されればよいという見解は狭きに失する」と批判し、「被告人と事実の結びつきを除いた、純客観的な側面のうち重要な部分のすべて」、すなわち、「行為及び結果」のすべてが補強されるべきだとした。なお、後述の「実質説」をとる平野『刑事訴訟法』234頁は、犯罪の客観的側面について「形式的にその全面にわたって、〔補強証拠が〕存在する必要はない。その存在を合理的に推認させる程度のものであれば足りる。通説が、罪体の重要な部分について存在すれば足りるとするのもほぼ同趣旨であろう」とした。〔　〕は引用者）。そのため、罪体説の具体的な結論（具体的な事例への当てはめ）は曖昧で、分かりにくいものになっています。

展開支援ナビ

罪体の「重要な部分」とはなにか——強盗致傷罪の場合　罪体の「重要な部分」とは、どのような基準で画されるのでしょうか。たとえば、強盗致傷罪〔刑法240「強盗が、人を負傷させたときは無期又は6年以上の懲役に処し、死亡させたときは死刑又は無期懲役に処する」、236①「暴行又は脅迫を用いて他人の財物を強取した者は、強盗の罪とし、5年以上の有期懲役に処する」〕の構成要件に該当する**典型的事実**は、〔a〕被告人じしんが財物を強取する意思で、〔b〕被害者の犯行を抑圧するに足りる暴行または脅迫を加え、〔c〕財物を被害者から強取し、かつ、〔d〕被害者に傷害を負わせたことです。このうち、〔a〕の事実が強盗致傷罪の主観的側面に、〔b〕ないし〔d〕の事実がその客観的側面に属します（ちなみに、強盗致傷の実行行為者が被告人であることや、被告人の行為の結果として財物の強取や被害者の傷害が惹起したことから、当然に被告人と犯罪事実との結びつきも推認される）。

　この客観的な構成要件要素に該当する〔b〕〔c〕〔d〕の事実のうち、〔b〕〔c〕は**要素〔2〕**に、〔d〕は**要素〔1〕**に当たります。かりに、政策的理由（捜査能力の現実に対する配慮）などから補強証拠の範囲を罪体の「重要な部分」に絞りこむというとき、〔b〕〔c〕〔d〕の事実はそれぞれ補強証拠が必要な「重要な部分」に該当するでしょうか。たとえば、〔c（財物を被害者から強取した）〕の事実はどうでしょうか。〔c〕の事実について、〈強盗致傷罪とたんなる傷害罪とを区別するうえで、もっとも重要な構成要件要素である〉と考えるならば、補強

証拠を必ず要求すべきものになるでしょう。

しかし、強盗致傷罪の成立にとって、〔c〕の事実は、重要な構成要件要素ではないと考えることもできます。なぜなら、〔a（財物を強取する意思）〕が（自白だけで）認定される限り、〔c（財物の強取）〕の事実の存否にかかわらず（すなわち、財物の強取が証明されず、強盗じたいは未遂にとどまると「縮小認定」されたとしても）、強盗致傷罪の「既遂」は成立するからです（なお、〔b〕〔d〕の事実に補強証拠があるという前提にたつ）。つまり、〔c〕の事実は〈強盗致傷罪の成立にとって、重要な構成要件要素ではない〉と考えることができます。そうであれば、〔c〕の事実について補強証拠は必要でない、つまり、自白だけで〔c〕の事実を認定してかまわないという結論になります。

どう考えるべきか、罪体説では具体的に論じられておらず、答えも出されていません。結局、罪体の「重要な部分」とはなにか、曖昧だというほかないように思います。「重要な部分」に絞りこもうとする考え方じたいを捨て去るか、少なくとも、「重要な部分」の意味がもっと明確にされねばならないでしょう。

この曖昧さ、分かりにくさを払拭するには、前述した**要素〔1〕・〔2〕**にあたる限り、客観的な構成要件要素に該当する具体的事実すべてについて、補強証拠を要求すべきであり、それが罪体説の本来的帰結であると考えるべきでしょう。

そして、この本来的帰結は、公判廷の自白についても公判廷外の自白についても——その証明力に関し、手続上の問題点が内在する点は変わらない以上——、ひとしく当てはまるというべきです（これに対し、平野『刑事訴訟法概説』179頁は、公判廷外の自白について、補強証拠を「犯罪の客観的部分の全部について必要とする」というのが「妥当であろう」とする一方で、公判廷の自白について「広範囲の補強証拠を要求すると、無罪が多く出るだけでなく訴訟が遅延することにもなる」と批判する。しかし、政策的配慮が過ぎた批判であり、賛成できない）。この考え方を、**厳格な罪体説**と呼んでおきます。

なお、犯罪の客観的側面のうち**要素〔1〕・〔2〕**を一応証明することになる証拠を、自白とは別に必ず要求することになっても、それは決して、捜査機関や訴追機関に対する困難な要求には当たらないというべきです。なぜなら、「現在の捜査の能力では、〔犯罪行為による侵害・損害の惹起という意味の〕罪体に関する客観的証拠を発見できるのが通常であり、この程度までは捜査機関に収集を要求できるし、また要求してもよいと思われる」からです（田宮『捜査の構造』322頁）。

むしろ、犯罪の客観的側面のうち**要素〔1〕・〔2〕**にあたる事実について、自白だけがあって、他に補強証拠はないという場合、〈自白の証明力に関わる問題点をぬぐい去ることはできない〉わけですから、〈そのような問題点を残したままの自白に寄りかかっている限り、合理的疑いを超える有罪の証明水準に達することもできない〉といわねばなりません。

問題になるのは、犯罪の客観的側面のうちの**要素〔3〕**、すなわち、被告人と犯罪事実との結びつき、被告人が犯人であることについても、補強証拠だけによる一応の証明が必要かどうかという点にあります。この点について、「必要だ」という考え方は、なお少数説だといわねばなりません（補強証拠を必要とする論者は、高田卓爾『刑事訴訟法〔2訂版〕』261頁など。なお、小田中聰樹『ゼミナール刑事訴訟法（上）——争点編』178頁は、「罪体説をとる圧倒的多数の学説は、犯人と被告人との同一性について補強証拠は不要であると解して」いる、とされた）。その理由として、犯罪の主観的側面に属する事実と同様に、被告人が犯人であることについてまで「形式的に補強証拠を要求すると、あまりに有罪判決を困難にし、有罪・無罪が偶然によって左右される弊害を生じる。したがって、これらの点については、常に形式的に補強証拠を必要とするものではないと解する外あるまい」と説明されました（平野『刑事訴訟法』234頁）。

> **展開支援ナビ**
>
> **要素〔3〕に対する補強証拠要求**　最高裁判例も、**被告人と犯罪事実との結びつき**について、補強証拠を要求しません。たとえば、**最大判昭和30・6・22刑集9巻8号1189頁**は、被告人の本件犯行の自白について、「その**自白の真実性を裏付けるに足る補強証拠**を認め得られる」場合には、「被告人が犯罪の実行者であると推断するに足る直接の補強証拠が欠けていても、その他の点について補強証拠が備わり、それと被告人

の自白とを綜合して本件犯罪事実を認定するに足る以上、憲法38条3項の違反があるものということはできない」と判示しました。

しかし、「被告人の犯罪行為であるという事実は、訴訟の対象の最も基本的な部分である。この点に補強を要しないということになると、自白偏重防止の意味はないといってもいい。そうした認識からするならば、この点についても、否、この点についてこそ、独立の客観的証拠による裏付けを必要とすべき」であるという主張（村井敏邦『刑事訴訟法』232頁）も有力になされています。

要素〔3〕、すなわち、被告人と犯罪事実との結びつき、被告人が犯人であることについて自白から独立した補強証拠を要求しなければ、事実認定を効率化・簡素化しようとする刑事裁判の内在的傾向に対し、本当の意味で歯止めをかけることはできないでしょう。ちなみに、「公判において被告人と犯人との結びつきが争われた場合において、結びつきの補強証拠がないようなときは、実務上有罪の確信に達することは稀ではなかろうか」と述べられました（石丸俊彦ほか『刑事訴訟の実務（下）』246頁）。重要な指摘でしょう。しかし、そのように〈実務的には、有罪の証明水準に達しないのが現実だ〉というにとどめないで、〈要素〔3〕について補強証拠を欠くときは、規範的にも、すなわち、自由心証主義に内在する証拠評価の合理的ルールの1つとして、合理的疑いを超える有罪の証明水準には達しないというべきだ〉と思うのです。

自白に対する安易な寄りかかりを許さないためには、やはり、要素〔3〕についてこそ、自白から独立した補強証拠を要求すべきでしょう。

3　補強証拠が必要な範囲——実質説

(1) 判例の実質説

もう1つは、補強証拠は、検察官が主張する犯罪構成要件該当の具体的事実について、それが**架空のものでなく、現実に行われたものであることを一応証明するものであれば足りる**という考え方です。これが、判例のとる考え方です。

たとえば、**最判昭和24・4・7刑集3巻4号489頁**は、贓物故買（刑法256②の盗品等有償譲受）の事件〔刑事訴訟法応急措置法関係の事件〕について、弁護人がその上告趣旨で、「原判決では被告人が盗品であることを知っていたこと、すなわち贓物である情を知っていたことを認定するについて、被告人に対する司法警察官代理の尋問調書中の供述記載及び被告人に対する検事の聴取書中の供述記載のみを証拠としているから、これは憲法第38条第3項に違反し、自己に不利益な唯一の証拠が本人の自白である場合に有罪とされた」と主張したことに対し、「贓物故買罪の犯罪構成要件たる事実は、（一）取引の目的物が贓物であること、（二）贓物である情を知って取引すること、（三）有償取引によって取得することである。そして、各具体的の事件においては、被告人の自白と補強証拠と相待って、犯罪構成要件たる事実を総体的に認定することができれば、それで十分事足るのである。犯罪構成要件たる各事実毎に、被告人の自白の外にその裏付として常に補強証拠を要するというものではない。そもそも、被告人の自白の外に補強証拠を要するとされる主なる趣旨は、ただ被告人の主観的な自白だけによって、客観的には架空な、空中楼閣的な事実が犯罪としてでっち上げられる危険——例えば、客観的にはどこにも殺人がなかったのに被告人の自白だけで殺人犯が作られるたぐい——を防止するにあると考える。だから、自白以外の補強証拠によって、すでに犯罪の客観的事実が認められ得る場合においては、なかんずく犯意とか〔贓物性の〕知情とかいう犯罪の主観的部面については、自白が唯一の証拠であっても差支えないものと言い得るのである。それ故に、原判決の事実認定には、何等の違法もなく、論旨は採用することができない」と判示しました。

また、**最判昭和24・7・19刑集3巻8号1348頁**も、強盗、同未遂、窃盗、住居侵入被告事件〔刑事訴訟法応急措置法関係の事件〕について、「いわゆる自白の補強証拠というものは、被告人の自白した犯罪が架空のものではなく、現実に行われたものであることを証するものであれば足りるのであって、その犯罪が被告人によって行われたという犯罪と被告人との結びつきまでをも証するものであることを要するものではない。所論の強盗盗難被害届によれば、現実に強盗罪が行われたことが証せられるので

あるから、たといその犯人が被告人であることまでがこれによって判らなくても補強証拠として役立つのである。それゆえ、原判決は被告人の自白を唯一の証拠として有罪を認定したものではないから所論は理由がない」と判示しました。「強盗盗難被害届」だけで強盗罪の補強証拠としては十分だというわけです。

このように、補強証拠を要求する目的について、最高裁昭和24年4月7日判決のように、「被告人の主観的な自白だけによって、客観的には架空な、空中楼閣的な事実が犯罪としてでっち上げられる危険〔中略〕を防止するにある」と考えれば、犯罪構成要件に該当する具体的事実について、それを一部でも認定できるだけの補強証拠があれば足りることになるでしょう。一部でも認定できれば、でっち上げられた架空の犯罪事実だという誹りを受けなくてすむからです。このような考え方を**実質説**と呼びます。

> **展開支援ナビ**
>
> **補強証拠として十分だとした判例** ちなみに最高裁判例では、どのような証拠があれば、刑事訴訟法319条2項の補強証拠として十分とされたのでしょうか。
>
> **最判昭和24・4・30刑集3巻5号691頁**は、「犯罪構成事実の一部」を立証する証拠であれば十分だとしました。強盗傷人等被告事件において、「原判決は、被告人の自白のみによって所論判示事実を認定したものではなく、被告人の自白の外にH〔被害者〕に対する司法警察官の聴取書中原判示の供述記載〔すなわち、目黒駅から帰宅の途中、ある男から暴行を受け夢中で助けを求めたが、そのうちに男は逃げ去った。その結果、顔面前歯等に傷害を負った旨の記載〕を補強証拠としてこれを綜合して認定したものである。そして右聴取書の記載は、被告人がHに暴行を加え因って同人に傷害を与えたという事実を証するだけであって、原判示の犯罪事実即ち強盗傷人罪の全部を証するものではない。しかし自白を補強すべき証拠は必ずしも自白にかかる犯罪構成事実の全部に亘ってもれなくこれを裏付けするものであることを要しないのであって、自白にかかる事実の真実性を保障し得るものであれば足るのである。而して本件において前示聴取書の記載は本件犯罪構成事実の一部を証するものであっても、被告人の自白にかかる事実の真実性を十分に保障し得るものであるから、原判決は被告人の自白のみによって判示事実を認定したものということはできない」と判示したものです。
>
> ちなみに、共謀共同正犯の罪となるべき事実になる「共謀または謀議」（**最大判昭和34・8・10刑集13巻9号1419頁**は、汽車顛覆致死等被告事件〔松川事件〕において、「共謀共同正犯における共謀または謀議は罪となるべき事実であって、その認定は厳格な証明によらなければならない」とした）について、独立して補強証拠を必要とするでしょうか。この点で、**最判昭和23・10・30刑集2巻11号1427頁**は、強盗等被告事件（「日本国憲法の施行に伴う刑事訴訟法の応急的措置に関する法律」関係の事案）について、「第一審公判における被告人の自白によれば、〔中略〕被告人等が共謀して、強盗をした事実を認めることができる。かりにその際における被告人の所為が、所論のごとく、見張りを命ぜられて、終始家の外部にうろうろしておったに過ぎないとしても、被告人が、他の共犯者と本件犯行について共謀をした事実が認定せられる以上、強盗の実行々為をした他の共犯者と共に、共同正犯の罪責を免れないことは、当裁判所の判例の示すところによって明らかである。しかして、原判決は右〔共謀の〕事実を認定する証拠として、右被告人の自白の外、証人A〔被害者〕の予審における被害顛末の供述調書を挙げているのであって、同調書によれば、本件強盗の事実に照応する被害顛末を認定することができるのであるから、原審は、所論のように、被告人の自白を唯一の証拠として、右犯罪を認定したものではないのである。もっとも、右被害者の供述自体では〔共謀した〕被告人が本件強盗に参加した事実は認定できないけれども、自白を補強すべき証拠は、必ずしも自白にかかる犯罪組成事実の全部に亘って、もれなく、これを裏付けするものでなければならぬことはなく、自白にかかる事実の真実性を保障し得るものであれば足るのであるから、右予審におけるA〔被害者〕の供述によれば、当夜同人方に数人の犯人が押入って、強盗の被害を受けた顛末が認められ、被告人の自白が架空の事実に関するものでないことは、あきらかであるから、右供述は被告人の〔共謀したが、見張り役にとどまった旨の〕自白の補強証拠としては十分であるといわなければならない」と判示しました。
>
> 共謀共同正犯の強盗等被告事件について、被害の顛末を述べた被害者の供述があれば、「共謀または謀議」の事実を裏づける証拠ではないとしても、補強証拠としては十分だとしたものです。

しかし、そのような判例の実質説について、ただちには賛成できないものがあります。なぜなら、判

例の実質説が、もしも、どのような事案、どのような犯罪類型に関しても、たんに〈犯罪構成要件に該当する具体的事実のうちのどの一部分であっても、その真実性を裏付けるに足りる証拠が自白以外にあれば、刑事訴訟法319条2項の補強証拠としては十分だ〉、すなわち、〈架空の、空中楼閣的な犯罪事実ではないことが確認できれば、それで十分だ〉というだけのものであれば、補強証拠がないケースなどそもそも考え難いからです（とくに、結果犯について、そうである）。

そうなっては、憲法38条3項・刑事訴訟法319条2項による補強証拠の要求はほとんど無意味なものになります。言い換えれば、自白を過大に評価し、偏重することによって事実認定を効率化・簡素化しようとする刑事司法の内在的傾向に対し、歯止めをかけることもできません。実質説がそのようなものである限り、賛成できないのです。

> **展開支援ナビ**
>
> **「自白にかかる事実の真実性を保障し得る」** 上述した最判昭和24・4・30刑集3巻5号691頁は、「自白を補強すべき証拠は必ずしも自白にかかる犯罪構成事実の全部に亘ってもれなくこれを裏付けするものであることを要しないのであって、自白にかかる事実の真実性を保障し得るものであれば足るのである」としました。補強証拠について、(A)犯罪構成事実の一部を裏付けするものであれば足りるとしつつ、(B)自白にかかる事実の真実性を保障しうるものであることを要求したわけです。
>
> 後者(B)の要求の趣旨は、最判昭和24・7・19刑集3巻8号1348頁が判示したように、「自白の補強証拠というものは、被告人の自白した犯罪が架空のものではなく、現実に行われたものであることを証するものであれば足りる」というものでしょう。最判昭和28・12・22刑集7巻13号2599頁も、同趣旨を、「憲法38条3項において被告人本人の自白に補強証拠を必要としている趣旨は、被告人の主観的な犯罪自認の供述があっても、客観的に犯罪が全然実在せず、全く架空な場合があり得るのであるから、大体主として客観的事実の実在については補強証拠によって確実性を担保することを必要としたものと解せられるのである。だから、被告人の自白と補強証拠と相待って全体として犯罪構成要件たる事実を認定し得られる場合においては、必ずしも被告人の自白の各部分につき一々補強証拠を要するものとは考えられない」と判示しました。
>
> ただし、判例の中には、証明力の乏しい自白についても、憲法39条3項・刑事訴訟法319条2項の補強証拠が要求されると捉えるものが、なお少なくありません。たとえば、仙台高判昭和60・4・22判時1154号40頁は、「自白にかかる犯罪事実の真実性を保障する補強証拠の証明力の程度は、自白の種類、性質、態様、範囲、内容等によって決せられる自白の証明力の程度と相関的に決定されるものと解すべく、自白の証明力が高ければ高いほど補強証拠の証明力は比較的に低くても足りるが、自白の証明力が少なければ補強証拠の証明力はより大きなものが要求され、その自白が公判廷外の自白であって高度の信用性を有しない場合には、これを補強すべき証拠の証明力の程度はより大きなものが要求されるというべきである」と判示しました。
>
> しかし、そのような捉え方については、すでに指摘したように（1⑷参照）、憲法31条・刑事訴訟法318条などによる**補強的証拠の要求**と、憲法38条3項・刑事訴訟法319条2項の**自白の補強法則**を区別しないものだといわなければなりません。この点、あらためて注意を喚起しておきたいと思います。

(2) 注目すべき判例の動向

しかし、判例の実質説は、たんに、〈犯罪構成要件に該当する具体的事実のうち、どの一部分であっても、その真実性を裏付けるに足りる証拠が自白以外にあれば、刑事訴訟法319条2項の補強証拠としては十分である〉というものではないと思います。なぜなら、犯罪構成要件に該当する具体的事実のうち、**特定の事実**について、補強証拠が必要だとした判例もあるからです。これらの判例に注目しなければなりません。

たとえば、無免許運転の有罪認定には、運転行為だけでなく、無免許の事実についても補強証拠が必要だとされました。被告人が運転免許を受けないで大型貨物自動車を運転して走行中、自転車に乗って進行中のAを追い越そうとしたさい、同人の右側直近を走行した過失によって、自車をAに接触させて転倒させたうえ、轢過して死亡するにいたらしめたという事案です。**最判昭和42・12・21刑集21巻**

10号1476頁は、被告人側の上告を棄却したうえで、「傍論」として次のように判示します。

「原判決〔控訴審の**福岡高判昭和42・5・17刑集21巻10号1481頁**〕は、道路交通法64条、118条1項1号のいわゆる無免許運転の罪について『無免許という消極的身分の如きその主観的側面については、被告人の自白だけでこれを認定して差支えないと解するのが相当』であると判示し、被告人が免許を受けていなかった事実については、補強証拠を要しない旨の判断を示している。しかしながら、無免許運転の罪においては、運転行為のみならず、運転免許を受けていなかったという事実についても、被告人の自白のほかに、補強証拠の存在することを要するものといわなければならない。そうすると、原判決が、前記のように、無免許の点については、弁護人の自白のみで認定しても差支えないとしたのは、刑訴法319条2項の解釈をあやまったものといわざるを得ない。ただ、本件においては、第一審判決が証拠として掲げたSの司法巡査に対する供述調書に、同人が被告人と同じ職場の同僚として、被告人が運転免許を受けていなかった事実を知っていたと思われる趣旨の供述が記載されており、この供述は、被告人の公判廷における自白を補強するに足りるものと認められるから、原判決の前記違法も、結局、判決に影響を及ぼさないものというべきである」、と。

ただし、なぜ、運転行為のみならず無免許の事実まで補強証拠を必要とするのか、その実質的な理由は述べられていません。

展開支援ナビ

無免許の事実と補強証拠　この最高裁昭和42年判決を受け、**東京高判平成11・5・25東京高等裁判所（刑事）判決時報50巻1＝12号39頁**は、次のように判示しました。無免許運転の事実に補強証拠が必要であることを、「傍論」でなく、原判決を破棄する直接の「判決理由」にした高裁判例として重要です。

「原判決は、罪となるべき事実第1として、被告人が、公安委員会の運転免許を受けないで、平成8年2月26日午後2時40分ころ、東京都世田谷区代田〔中略〕付近の道路において、普通乗用自動車を運転したとの事実を認定判示し、その事実を認定するための証拠として、右無免許運転行為に及んだことを認める趣旨の被告人の原審公判廷における供述並びに検察官及び司法巡査に対する各供述調書のほか、被告人の右運転行為を現認した旨の捜査報告書を含む司法巡査ら作成の交通事件原票及び右自動車の車種や所有者に関する関東運輸局東京陸運支局長作成の捜査関係事項照会回答書を挙示している。しかしながら、原判決は、被告人が同日時点で運転免許を受けていなかったとの点については被告人の右自白を補強する証拠を掲げておらず、しかも、原審記録を調査しても、原判示第1の事実に関して取り調べられた証拠中に右自白を補強する証拠は存在しない。したがって、原判決は刑訴法319条2項に違反したものといわざるを得ない。そして、原審において取り調べられた証拠によっては右事実について被告人を有罪とすることはできないのであるから、原判決における右訴訟手続の法令違反が判決に影響を及ぼすことは明らかである」、と。

無免許運転罪に関しては、被告人の運転行為とともに、無免許という客観的事実についてまで補強証拠が必要であるとした最高裁昭和42年判決の結論は、それまでの実質説の範疇を超えたものといってよいでしょう（なお、最高裁昭和42年判決の控訴審判決である福岡高判昭和42年判決は、「無免許の消極的身分の如きその〔無免許運転罪の〕主観的側面」という言葉遣いをした。しかし、無免許を「消極的身分」と表現するのは妥当でない。なぜなら、「消極的身分」とは、〈犯罪の成立を妨げたり、刑を減軽する事由となる身分〉をいうからである。とまれ、行為者が運転免許を受けないという無資格の状態は「身分〔構成的身分、真正身分〕」の一種だとしても、それは、犯罪の主体に関係する事実であるため、犯罪の客観的側面に属する事実だというべきである。補強証拠の要否という点に関係して使用される「犯罪の主観的側面」の概念は、内心の状態とか心理的な事実を意味するものと捉えられねばならない）。

この最高裁昭和42年判決の趣旨について、**行為に犯罪的色彩を与える事実**、または、**行為を犯罪化するキーポイントの事実**に対しては必ず補強証拠を要求するものと理解されています（光藤『刑事訴訟法Ⅱ』195頁、法曹会編『最高裁判所判例解説刑事篇昭和42年度』357頁〔海老原震一〕、平野・松尾編『実例法学

全集　続刑事訴訟法』286頁〔松本時夫〕など)。「自動車を運転することは『無色透明な』行為であり、それに犯罪的色彩を与えるのが〔中略〕無免許という事実」であることが、補強証拠を必要とする実質的理由になったというわけです(光藤・同上)。すなわち、無免許運転罪の場合のように、犯罪構成要件に該当する事実について、自動車を運転するという**外形的な基本事実**と、その外形的事実に**規範的な意味づけを与える事実**、すなわち、運転免許を受けないという事実を区別し、後者の規範的意味づけを与える事実が、**行為を犯罪化するキーポイントの事実**であるときは、外形的な基本事実とともにそれぞれ、必ず補強証拠が要求されねばならないわけです。

展開支援ナビ

規範的意味づけを与える事実と補強証拠　規範的意味づけを与える事実が、行為を犯罪化するキーポイントの事実であるため、外形的な基本事実とともにそれぞれ、補強証拠が要求されるケースは少なくありません。

たとえば、**名古屋高判昭和43・9・5高刑集21巻4号338頁**は、自動車損害賠償保障法に定める保険契約が締結されていない車両を運行の用に供したとの事実(自動車損害賠償保障法同法87①)について、有罪を認定するには、右保険が締結されていなかった事実についても補強証拠が必要であるとしました。こう判示します。

「原判決は、判示三として、(被告人が)法定の除外事由がないのに拘らず、自動車損害賠償保障法に定める自動車損害賠償責任保険の契約が締結されていない前記車両〔中略〕であることを知りながら運行の用に供した旨、自動車損害賠償保障法5条、87条1号のいわゆる責任保険の契約の締結強制違反の罪に該当する事実を認定しているが、右の罪においては、自動車を運行の用に供した行為のみならず、その自動車について自動車損害賠償責任保険の契約が締結されていなかったという事実についても、被告人の自白のほかに、補強証拠の存在することを要するものと解するのが相当である。」「原判決の挙げている各証拠を仔細に調べても、右責任保険の契約が締結されていなかったという事実については、被告人の自白たる被告人の原審公判廷における供述並びに同人の司法警察員及び検察官に対する各供述調書が存在するのみであって、右被告人の自白を補強するに足りる証拠は見当らない。(その他、原裁判所が取り調べたすべての証拠を検討しても、右の点に関する補強証拠は存在しない。)」「結局、原判決には被告人の自白のみで、原判示三の自動車損害賠償保障法違反の事実を認定した違法があるものというべく、右の違法は、判決に影響を及ぼすことが明らかであるから、原判決は、この点において破棄を免れない」、と。

このほか、**仙台高判昭和43・3・26高刑集21巻2号186頁**も、「古物営業法第6条、第27条の規定による無許可営業の罪においては、被告人の営業行為自体についてのみならず、被告人が所定の**営業許可を受けていなかったという事実**についても、被告人の自白を補強するに足りる証拠の存在することが必要であるものと解すべきである」と判示しました。

---

(3)　**覚せい剤事犯における法定除外事由の不存在**

関連して、覚せい剤事犯における**法定除外事由の不存在**と補強証拠の問題に言及しておきましょう。

覚せい剤取締法違反被告事件において、被告人側の控訴趣意は「覚せい剤取締法違反罪における『法定の除外事由がない』という事実は、一種の身分と解され、これについても補強証拠を要することは無免許運転の罪の場合(最高裁昭和42年12月21日第一小法廷判決・刑集21巻10号1476頁)と同様であるから、原判決には刑訴法319条2項の解釈を誤り、自白を唯一の証拠として有罪の認定をした違法があり、この違法が判決に影響を及ぼすことは明らかである」と主張するものでした。

この主張に対し、**東京高判昭56・6・29判時1020号136頁**は、まず、「覚せい剤取締法違反罪が成立するためには、**法定の除外事由**〔厚生労働大臣が指定した覚せい剤製造業者や、都道府県知事が指定した覚せい剤施用機関または覚せい剤研究者がその業務のために覚せい剤を所持するとか、都道府県知事に指定された覚せい剤研究者が研究のため覚せい剤を使用するなど〕**の不存在についても証明を要する**ことは言うまでもないところであるが、本件においては、この点の証拠として一般的で、かつ、最

も的確な証明方法と思われる同法所定の所轄官公署に対する照会回答結果などの客観的資料の取調がなされていないこと」、および、「被告人は、自己が覚せい剤取締法所定の医師、研究者等の各種資格のいずれをも有するものでないことはもちろん、同法所定の除外事由のいずれにも該当しないことを承認し、かつ、これを当然の前提として自己の各犯行について供述している」ことを確認します。

そのうえで、「覚せい剤取締法は、その規定の形式に照らしても明らかなように、一般的禁止の形で各種の不作為義務を課し、その除外事由を極めて限定的に列挙しているのであるから、法定の除外事由の不存在は、同法違反罪の積極的犯罪構成要件要素ではなく、覚せい剤を自己使用し、所持し又はこれを譲り渡すという事実があれば直ちに同法違反罪を構成し、法定の除外事由があるということは、その犯罪の成立を阻却する事由であるにすぎないと解するのが相当である。一般にも、補強証拠の範囲は、必ずしも自白にかかる犯罪事実の全部にわたってもれなくこれを裏付けるものでなくても、自白にかかる事実の真実性を保障し得るものであれば足りるとされているのであって、本件のように犯罪の成立阻却事由にすぎない事実の存否について補強証拠を必要とすると解することのできないことは明らかである。道路交通法64条、118条1項1号のいわゆる無免許運転の罪については、運転行為のみならず、同法所定の運転免許を受けていなかったという点についても、被告人の自白のほかに補強証拠の存在を必要とする、とするのが最高裁の判例であることは所論のとおりであるけれども、右の〔無免許運転の〕罪は、一般的禁止の形で人に対しておよそ車両を運転してはいけないという義務を課すものではなく、車両の運転が無免許である場合だけを禁圧する趣旨であるから、同法所定の運転免許を受けていないことを犯罪構成要件要素としていると解すべきであり、法定の除外事由の存在が犯罪の成立を阻却する事由であるにすぎない覚せい剤取締法違反の罪の場合を同一に扱うことのできないのは当然である。所論引用の判例は、事案を異にし、本件に適切ではないから、これを根拠とする所論は採用できない」と判示しました。

そのような判示により、**運転免許を受けていない事実**に対し補強証拠を要求しながら、他方で、**覚せい剤取締法の定める除外事由が存在しない事実**に対しては補強証拠を要求しない判例の立場を正当化したわけです。すなわち、覚せい剤取締法違反事件については、(A)犯罪構成要件に該当する事実のうち、覚せい剤を所持するという**外形的な基本事実**と、その外形事実に**規範的意味づけを与える事実**、すなわち、法定の除外事由がないという事実を区別したうえで、(B)覚せい剤の所持、譲渡、使用という外形的事実じたいが、行為を犯罪化するキーポイントの事実になるため、この外形的事実について補強証拠があれば足り、それを超えて、法定の除外事由がない事実、つまり、犯罪成立阻却事由になる事実にまで補強証拠は要求されない、というわけでしょう。

(4) 行為を犯罪化するキーポイントの事実

ただし、行為を犯罪化するキーポイントの事実という言葉遣いについて、補足すべきことがあります。

常習的な賭博行為に対して刑を加重する常習賭博罪（刑法186①「常習として賭博をした者は、3年以下の懲役に処する」）に関しても、**名古屋高判昭和45・4・22高刑集23巻2号344頁**は、賭博行為だけでなく、常習賭博者であるという点について補強証拠が必要だと判示しました。なぜなら、賭博常習者であることを最も重要な要件としているからだとします。詳細は、こうです。

「刑法第186条第1項のいわゆる常習賭博罪は、当該被告人が単に賭銭賭博をしたことのみによって成立するものでなく、当該被告人が常習として賭銭賭博をしたこと、換言すれば、賭博行為を反覆累行する習癖を有する被告人が、その習癖の発現として、該賭博行為をしたことがその要件である。それ故、右の**常習賭博罪は、被告人が賭博行為を反覆累行する習癖を有するもの、すなわち賭博常習者であることを最も重要な要件としている**ものと解されるのである。したがって、右の常習賭博罪の犯罪事実を認定するにあたっては、被告人が単に賭博行為をしたという点のみならず、被告人が賭博常習者であるという点についても、被告人のいわゆる公判廷の自白のほかに補強証拠の存在することが必要であると解

するのが相当である」、と。

> **展開支援ナビ**
>
> **常習賭博罪の常習性**　なお、常習賭博罪の常習性とは、賭博行為者の「身分」だとされます。「身分」とは、行為者じしんの一身的な属性（特別の地位とか状態など）を意味します。しかし、「常習者として」ではなく「常習として」賭博をしたことが常習賭博罪成立の要件ですので、この常習性とは、厳密には行為者の属性ではなく、行為じたいの（主観的）属性と考えるべきでしょう（平野『刑法概説』252 頁）。
>
> いずれにしても、常習性は内心の状態とか心理的な事実ではないため、常習賭博罪の主観的側面に属するものではありません。その客観的側面に属する事実であり、したがって、補強証拠の要否が問題になる事実であるわけです。

常習賭博罪において、外形的な基本事実は「賭博をした」ことです。この賭博行為については、〈犯罪的色彩をもたず、社会的には無色透明な事実〉だとはいえません。単純な賭博行為であっても、それじたいがすでに犯罪行為だからです（刑法 185「賭博をした者は、50 万円以下の罰金又は科料に処する。ただし、一時の娯楽に供する物を賭けたにとどまるときは、この限りでない」）。

しかし、常習賭博罪という具体的な犯罪類型に関していう限り、規範的意味づけ〔刑の加重事由とする〕を与える事実は「常習性がある」ことだというべきですし、それが、行為〔常習的な賭博行為〕を犯罪化するキーポイントの事実になるものです。それだからこそ、名古屋高裁昭和 45 年判決も、賭博常習者である点について補強証拠が必要だとしたわけです（このほか、**東京高判平成 2・5・10 判タ 741 号 245 頁**、**東京高等裁判所〔刑事〕判決時報 41 巻 5 ＝ 8 号 49 頁**も、「窃盗等の防止及び処分に関する法律 3 条、2 条で定める常習累犯強窃盗罪は、常習として窃盗罪、強盗罪、準強盗罪又はその未遂罪を犯した者が、その行為の前 10 年内にこれらの罪又はこれらの罪と他の罪との併合罪について、3 回以上、懲役 6 月以上の刑の執行を受けたことを必要とし、右の**前科及び常習性は常習累犯強窃盗罪の重要な構成事実**となっているから、これを認定するにあたっては、刑訴法 319 条 2 項に従い、被告人の自白のほか補強証拠の存在を必要とするものと解するのが相当である」と判示した）。

ただし、行為〔常習的な賭博行為〕を犯罪化するキーポイントの事実という言葉遣いについては、賭博をしたという外形的な基本事実がすでに犯罪化されている点で、適切ではありません。行為〔常習的な賭博行為〕を**加重処罰**するキーポイントの事実、と表現するほうが紛れがなく、的確でしょう。それゆえ、行為を犯罪化するキーポイントの事実というときの行為の犯罪化とは、**行為の重罰化**も含む広い意味のものと捉えておきたいと思います。

(5)　実質説における判断基準の客観化

このように判例がとる実質説は、具体的な犯罪が成立するうえで「最も重要な要件」（**名古屋高判昭和 45・4・22 高刑集 23 巻 2 号 344 頁**）に該当する事実、すなわち、行為を犯罪化するキーポイントとなる事実について、補強証拠を要求する考え方だと解釈してよいと思います。そう解釈するならば、判例の実質説というのは、客観的基準をまったくもたない──それゆえ、無限定であり、恣意的になる危険をもつ──考え方ではないというべきです。むしろ、行為を犯罪化するキーポイントの事実をキーワードとして、補強証拠を必要とする範囲について、客観的な判断基準をたてる考え方だといえます。

そのため、補強証拠が必要な範囲を判断する形式的、客観的な基準を定立しようとする**罪体説**と共通する志向をもつともいえます。その意味で、**罪体説への傾斜**を見てとることも不可能ではありません。また、具体的な犯罪が成立するうえで「最も重要な要件」という表現は、罪体の「重要な部分」という表現と似かよってもいます。もちろん、名古屋高裁昭和 45 年判決などのいう、犯罪が成立するうえで「最も重要な要件」がなにを意味するのか、なお曖昧なものがあります。そのため、議論はなお尽くされる

必要があるでしょう。この点で、注目しておくべきことがあります。

　もともと実質説は、〈犯罪の客観的側面について、広く補強証拠が必要になる〉という結論を否定するものではありませんでした。たとえば、判例を批判しながらも、実質説をとられた平野龍一博士（平野『刑事訴訟法』235頁は、「補強証拠は、どの範囲に必要であるか。補強証拠を必要とする趣旨からすると、『自白にかかる事実の真実性を担保する』に足りるものであることが必要である」と述べ、実質説にたつことを明らかにした。なお。罪体説に対し、平野『刑事訴訟法』237頁は、「罪体の一部についてたまたま補強証拠がないため、無罪となってしまう弊害がある」と批判する）は、次のように論じられています。

　すなわち、「補強証拠の範囲については、自白の真実性を担保すれば足りると実質的に考える見解」をとったうえで、「個々の犯罪について何が実質的かを考えた方がよいと思われる」と述べられました（平野『刑事訴訟法』237頁）。そして、「この見解をとるときは、自白の類型的な差異（例えば、公判廷の自白であるか否か）によって、補強証拠の範囲も異なりうる」とされます。すなわち、平野博士は、「公判廷の自白の場合は、その〔補強証拠が必要とされる〕範囲は〔自白にかかる事実の真実性を保証するに足りる程度である限り〕小さくともよいが、公判廷外の自白については、罪体ないし犯罪の客観的部分の全部について必要とするとするのが妥当であろう」とされます（平野『刑事訴訟法概説』179頁。この立場から、判例も批判された。すなわち、平野『刑事訴訟法概説』179頁以下は、「窃盗について、被害者の『そういう物を持っていた』という証言で足りるとし（最決32・5・23、集11・1531）、また贓物故買についても、『その物を盗まれた』という被害者の証言で足りるとしている（最決29・5・4、集8・627）」けれども、「それらはいずれも公判廷の自白についての判例であって、公判廷外の自白についてもこの程度で足りるかは疑問である」、と）。

　この平野博士の考え方のうち、補強証拠が必要とされる範囲に関し、公判廷の自白と公判廷外の自白を区別することについては、賛成できませんでした（2(3)を参照）。なぜなら、そのような区別は刑事訴訟法319条2項の文言にそぐわないものですし、補強証拠を必要とする実質的根拠（自白がもつ手続上の問題点）は、公判廷の自白についても、公判廷外の自白についても、ひとしく認められるからです。

　しかし、事案ごとに類型的な差異を認め、補強証拠が必要な範囲を画していこうとする平野博士の考え方じたいは、〈判例が定立した基準に従いながら、しかし、判例の現状をはっきり変えていく〉という観点から、積極的に評価すべき考え方だと思うのです。ただし、「自白の類型的な差異」というのでなく、**自白にかかる犯罪事実の類型的差異**により、補強証拠が必要とされる範囲は異なるというべきでしょう。そう考えるならば、前述のような判例の動向、すなわち、無免許運転罪、覚せい剤取締法違反事件、常習賭博罪などの具体的な犯罪類型ごとに、その犯罪が成立するうえで「最も重要な要件」に該当する事実、言い換えれば、行為を犯罪化するキーポイントの事実がなにか、明らかにし、その事実について、必ず補強証拠を要求する**判例の動向ともリンク**することになるでしょう。

　さらに、そのような考え方は、犯罪事実の類型的な差異ないし具体的な特徴によっては、**犯罪の主観的側面**や、罪体の概念に包摂されない**被告人と犯罪事実との結びつき**についても、必ず補強証拠が必要になるという結論を導くものになるでしょう（たとえば、挙動犯である無免許運転罪や常習賭博罪などに関し、**被告人と犯罪行為との結びつき**を抜きにして、抽象的に、〈運転免許を受けないなにびとかが車両を運転した事実〉や、〈なにびとかが常習として賭博をした事実〉だけに補強証拠を要求することは考え難いのでないか）。このような観点からも、平野博士の見解は再評価されてよいと思うのです。

証拠法④（伝聞証拠）

18　伝聞証拠——定義、排除根拠、非伝聞

> **設問18**
> (1)伝聞証拠とはなにか。伝聞証拠を定義するとともに、伝聞証拠を排除する証拠法則について、その実質的、形式的な根拠を論じなさい。
> (2)伝聞証拠の範疇に入らない供述証拠の種類について、整理しなさい（ただし、現在の精神状態を表白する供述を除く。精神状態の供述については、設問19「精神状態の供述を報告する書面・証言」参照）。

1　伝聞証拠とはなにか

(1)　供述証拠の意義

　証拠は、供述証拠と非供述証拠に区分できます。なにが伝聞証拠なのか、その意義を理解するには、まず、非供述証拠と区別される**供述証拠の意義**を理解することが重要です。なぜなら、伝聞証拠とは、供述証拠のうちの特殊なものを意味するからです。

　①供述証拠と非供述証拠　供述証拠とは、裁判所によって事実認定の資料とされる供述を意味します。証明の対象となる出来事や状況（以下、特定の事実ともいう）について叙述する供述は、「事実は、こうだ」という主張的要素をもつものです。つまり、「事実は、こうだ」と主張し、出来事や状況について伝えることに、供述するひとの意図があります。逆に言えば、「事実は、こうだ」と伝える意図をもたない、たんなるひとのことばは供述の範疇に入りません。

　たとえば、犯人の殴打行為に対し、頭部を押さえ「痛い」と叫ぶ被害者のことばは、被害者が反射的ないし無意識に発したことばです。つまり、殴られて頭を抱える、うずくまる、顔をゆがめるなどの動作や表情と一体をなして、被害者が反射的、無意識に発したことばにすぎません。そのような「痛い」と叫ぶ被害者のことばは、「出来事や状況は、こうだ」と伝える意図をもつことばでないため、供述とは捉えられません。そのため、証拠とされることがあっても——すなわち、そのことばが裁判所の事実認定のための資料として使用されることがあっても——、供述証拠に分類されることはありません。そのようなことばは、反射的、無意識に反応した言動の一種として、**非供述証拠**の1場合と捉えられることになります（平野龍一『刑事訴訟法』206頁は、「『痛い』とか、『苦しい』ということばも、そのときの表情や、動作と一体をなしているときは、供述証拠ではなく非供述証拠だといってよい」と述べる）。このように、ひとのことばだから供述であるとか、必ず供述証拠になるとはいえません。ひとのことばも非供述証拠に区分される場合があるように、非供述証拠は多種多様であって、「供述証拠以外のすべての証拠」というほかないでしょう（松尾浩也『刑事訴訟法（下）新版補正第2版』29頁）。

　②供述に代わる行為　「犯人は誰だ」と問われた被害者がグループの中の特定の1人を**指**さした場合、あるいは、「犯人はあの人か」と問われて**頷**いた場合、この行為じたいは非供述証拠でしょうか。

　被害者が指さしたり、頷いたりする行為は、具体的な発問に対応した動作であり、その発問に関係して意味を付与されるものでした。「犯人はあの人だ」と供述したにひとしいのです。その意味で、「明らかに供述に代わる」行動でした（平野・前掲書206頁）。その点を捉えて、供述証拠だといえます。

　ただし、本来、ひとの行動は、証明の対象となる出来事や状況そのものです。言い換えれば、行動じたいは、「出来事や状況は、こうだ」という主張的要素をもつものではありません。そのため、一般には、

ひとの供述と同視できません（外出のさいに傘をさす行動は、降雨という状況を推認させる行動であり、「外は雨だ」と供述したにひとしいかもしれない。しかし、傘をさす行動じたいは主張的要素をもたない。つまり、行動の意図は「雨だ」と伝えることにない。そのため、供述と同視できない）。しかし、ひとの行動が「供述とほぼ完全に同視される場合」（松尾『刑事訴訟法（下）新版補正第2版』29頁以下）もあるでしょう。それが、「犯人は誰だ」と問われた被害者が特定の1人を指さすような場合でした。このような場合に限るのであれば、ひとの行動であっても、例外的に、供述証拠の1場合になるといってよいわけです。

展開支援ナビ

犯行再現ビデオテープ　供述に代わる行為があるかという問題は、机上の議論にすぎないものではありません。現実にも、たとえば、被告人じしんが犯行を身振り手振りの動作で再現した**犯行再現ビデオテープ**について、〈ビデオテープに収録された被告人の動作は供述と同視できるか〉というかたちで具体的に問題とされます。被告人の犯行再現行為を供述と捉えれば、伝聞証拠の排除法則（刑訴320①）ないしその例外則（刑訴321以下）の適用があるかどうか、問題となるわけです。

最高裁判所の判例には、**犯行再現写真**の証拠能力、すなわち、裁判所の事実認定の用に供することができる法的資格について、判示したものがあります。

最決平成17・9・27刑集59巻7号753頁は、第一審判決が有罪認定の証拠とした**実況見分調書**（警察署の通路において、長いすの上に被害者と犯人役の女性警察官が並んで座り、被害者が電車内で隣に座った犯人から痴漢の被害を受けた状況を再現し、これを別の警察官が見分し、写真撮影するなどして記録したもの。被害者と犯人役警察官の姿勢・動作などを順次撮影した写真12葉が説明文付きで添付され、うち写真8葉の説明文には、被害者の被害状況についての供述が録取されていた）、および、**写真撮影報告書**（警察署の取調室内において、並べて置いた2脚のパイプいすの一方に被告人が、他方に被害者役の男性警察官が座り、被告人が犯行状況を再現し、これを別の警察官が写真撮影するなどして、記録したもの。被告人と被害者役警察官の姿勢・動作などを順次撮影した写真10葉が説明文付きで添付され、うち写真6葉の説明文には、被告人の犯行状況についての供述が録取されていた）の証拠能力について、次のように判示しました。

「本件両書証は、捜査官が、被害者や被疑者の供述内容を明確にすることを主たる目的にして、これらの者に被害・犯行状況について再現させた結果を記録したものと認められ、立証趣旨が『被害再現状況』、『犯行再現状況』とされていても、実質においては、再現されたとおりの犯罪事実の存在が要証事実になるものと解される。このような内容の実況見分調書や写真撮影報告書等の証拠能力については、刑訴法326条の同意が得られない場合には、同法321条3項〔検証・実況見分〕所定の要件を満たす必要があることはもとより、再現者の供述の録取部分及び写真については、再現者が被告人以外の者である場合には同法321条1項2号ないし3号〔被告人以外の者の供述〕所定の、被告人である場合には同法322条1項〔被告人の供述〕所定の要件を満たす必要があるというべきである。もっとも、写真については、撮影、現像等の記録の過程が機械的操作によってなされることから前記各要件のうち再現者の署名押印は不要と解される」としたうえで、「本件両書証は、いずれも刑訴法321条3項所定の要件は満たしているものの、各再現者の供述録取部分については、いずれも再現者の署名押印を欠くため、その余の要件を検討するまでもなく証拠能力を有しない。また、本件写真撮影報告書中の写真〔被告人による犯行再現写真〕は、記録上被告人が任意に犯行再現を行ったと認められるから、証拠能力を有するが、本件実況見分調書中の写真〔被害者による被害再現写真〕は、署名押印を除く刑訴法321条1項3号所定の要件を満たしていないから、証拠能力を有しない」と述べ、結論として、「そうすると、第一審裁判所の訴訟手続には、上記の証拠能力を欠く部分を含む本件両書証の全体を証拠として採用し、これを有罪認定の証拠としたという点に違法があり、原裁判所の訴訟手続には、そのような証拠を事実誤認の控訴趣意についての判断資料にしたという点に違法があることになる」、と。

この最高裁平成17年決定は、被告人などの姿勢・動作を撮影した本件写真について、供述に代わる**姿勢・動作を記録した媒体**と捉え、伝聞証拠の排除法則（刑訴320①）ないしその例外則（刑訴321③、321①(3)、322①）の適用があることを認めた点で重要です。姿勢・動作を撮影したビデオテープ、すなわち、犯行再現ビデオについても、同様だというべきでしょう（なお、犯行を再現させ、画像や映像として記録する捜査方法に関しては、そもそも「自己が犯した犯罪を動作などを通じて再現させることは非人道的なことであり人格の尊厳を損なうものであって許されないのではないだろうか」という根本的疑問があることに留意しなければならない。小田中聰樹『ゼミナール刑事訴訟法（下）──演習編』170頁）。

③公判廷の証言と公判廷外の供述　　ひとの供述が証拠となる典型的なケースは、あるひとが刑事裁判の証人として召喚され、公判廷で尋問されて、「出来事や状況は、こうだ」と証言する場合です（証人尋問について、刑訴143以下を参照。証人尋問は、指定された公判期日に、公判廷において行われるのが原則となる。282①「公判期日における取調は、公判廷でこれを行う」）。

しかし、そのような公判廷証言が供述証拠のすべてではありません。公判廷の外で、たとえば、公訴が提起される前の捜査段階で、被告人（起訴前は被疑者と呼ぶ）や被告人以外の第三者がした供述も、裁判所の事実認定のために使用しなければならない場合があります。この場合、公判廷外の供述ですので、それが裁判所の事実認定の用に供されるには、なにかに媒介されて公判廷に現れるほかありません。その「なにか」とは、**公判廷外の供述を聞いた第三者が公判廷で証言する**か、あるいは、**公判廷外の供述がしたためられた書面を公判廷に提出する**ことです。そのような第三者の公判廷証言や書面も、もちろん供述証拠に分類されます。

(2) 伝聞証拠の正統的な定義

以上の知識を前提に、伝聞証拠を定義しましょう。

伝聞証拠とは、供述証拠のうちで、(A)公判廷外の供述を報告する、書面（公判期日において取調べのため提出された書面）または第三者の供述（公判期日における第三者の証言）であり、かつ、(B)その公判廷外の供述内容の真実性を立証するためのものと定義できます。これが、伝聞証拠の正統的な定義です。「公判廷外の供述内容の真実性を立証するため」とは、公判廷外の供述が内容とする出来事や状況──公判廷外の供述において「事実は、こうだ」と叙述された出来事や状況──の真実性を立証しようとすることを意味します。すなわち、公判廷外の供述が「事実は、こうだ」と叙述するその出来事や状況じたいが証明の対象、すなわち、伝聞証拠の**要証事実**となるわけです。

①公判廷外の原供述と伝聞証拠　　わが国では、この公判廷外の供述をとくに**原供述**と呼び、伝聞証拠とは区別します。つまり、伝聞証拠という専門用語は、わが国では、あくまで公判廷外の原供述を報告する書面や第三者の公判廷証言じたいを指すことばであり、公判廷外の原供述を伝聞証拠とは呼びません。

もちろん、公判廷外の原供述が公判廷に「現れる」ためには、書面や第三者の公判廷証言に必ず媒介される必要がありました。その意味で両者は一体です。この一体であることを前提にする限り、「公判廷外の供述が伝聞（hearsay）だ」と言っても間違いではありません（アメリカの証拠法では、そのような言い方が一般的である）。しかし、公判廷外の原供述と伝聞証拠を区別するわが国では、そのような言い方は不正確でミスリーディングだといわねばなりません。そのため、以下でも、「公判廷外の供述」と「伝聞証拠」を、言葉遣いが複雑になるとしても、厳密に区別して説明します。

展開支援ナビ

伝聞証拠のもう1つの定義　「伝聞証拠とは、裁判所の前での反対尋問を経ていない〔供述〕証拠をいう」と定義する考え方もあります（平野『刑事訴訟法』7頁。〔　〕内は引用者。平野『刑事訴訟法概説』161頁は、「伝聞証拠は、『反対尋問を経ていない供述証拠』ということができる」という。なお、平野龍一博士がいう「反対尋問を経ていない供述証拠」も、やはり書面や第三者の公判廷証言を指す。公判廷外の原供述を指すものではない。たとえば、平野・前掲書162頁は、書面や第三者の公判廷証言の両者を「伝聞証拠と呼ぶ」という）。伝聞証拠の「実質的定義」とも表現されます（田宮裕『刑事訴訟法〔新版〕』364頁。ちなみに、田宮・前掲書363頁は、伝聞証拠を「正確に定義するとすれば、公判廷外の供述を内容とする証拠で、供述内容の真実性を立証するためのもの、となろう」とされ、田宮・前掲書364頁は「これは320条1項の文言にそった形式的定義である」と表現された）。

　この定義には、長所もあります。なぜなら、本文の**2**（伝聞証拠を排除する実質的根拠）で述べるように、伝聞証拠排除法則が被告人の反対尋問権を保障する「当事者主義的な原理」にもとづくこと（平野『刑事訴訟法』7頁）を、その定義は、はっきりと示すことができるからです。しかし、短所もあります。

たとえば、公判廷において検察官の主尋問に答えて証言した証人が、のちに出頭を拒否したり、死亡したため、被告人側は反対尋問できなかったケースを想定して下さい（共犯者が、公判廷で検察官の質問には答えながら、被告人側の質問に対しては黙秘権〔憲法38①、刑訴291②〕や証言拒絶権〔146〕を行使して答えなかったケースでも、同様の問題が生じる）。このケースについて、その証人の公判廷証言である以上、本文で述べた伝聞証拠の正統的な定義では、伝聞証拠の範疇に入りません。しかし、平野博士の定義では、その証人の公判廷証言は「反対尋問を経ていない供述証拠」となるため伝聞証拠とされ、原則として排除されるべきものとなります。ただし、刑事訴訟法に、そのような証人の公判廷証言を排除せよという規定はありません。むしろ、公判廷証言である限り、320条1項の制約は及ばず、証拠能力を肯定しなければなりません（なお、被告人側が反対尋問や質問できなかった公判廷の証言・供述については、〈伝聞証拠の排除法則によって法的に規制する〉のでなく、〈被告人の証人審問権〔憲法37②前段〕の不当な侵奪にならない限りで許容される〉というべきものである。参照、光藤景皎『刑事訴訟法Ⅱ』205頁、松尾『刑事訴訟法（下）新版補正第2版』52頁）。「反対尋問を経ていない供述証拠」を伝聞証拠とする考え方は、この刑事訴訟法の取扱いを説明できません。なお、平野博士は、証人が反対尋問の前に死亡したケースについて、「〔伝聞証拠として原則的に排除したうえで、刑事訴訟法〕321条1項2号または3号を準用〔して例外的に許容〕すべきである」と解釈されます（平野『刑事訴訟法』224頁。〔　〕は引用者）。しかし、刑事訴訟法の規定から離れすぎる解釈になってしまいます。
　このような短所があるため、この演習では、「反対尋問を経ていない供述証拠」が伝聞証拠だという考え方に与しません。伝聞証拠の定義については、前述した正統的な考え方に従いたいと思います。

　②伝聞証拠の定義と要証事実との関係　　伝聞証拠の正統的な定義による限り、公判廷外の供述を報告する書面や第三者の公判廷証言が**公判廷外の供述内容の真実性を立証するためのものでないとき**は、伝聞証拠の範疇に入らず、**非伝聞の供述証拠**となります。
　このことが、〈供述証拠が伝聞証拠となるか否かは、その供述証拠が証明しようとする対象、すなわち、要証事実との関係によって決せられる〉と表現される場合もあります。
　ちなみに、**最判昭和38・10・17刑集17巻10号1795頁**は、「伝聞供述となるかどうかは、要証事実と当該〔原〕供述者の知覚との関係により決せられるものと解すべきである」と述べました。具体的には、(A)乙〔実行者である共謀共同正犯〕から「V〔被害者〕を射殺したのは自分である」と打ち明けられたというHの供述について、「乙がVを射殺したことを要証事実としているものと解せられ、この要証事実自体は供述者たるHにおいて直接知覚していないところであるから、伝聞供述であると言うべきであ〔る〕」と判示します。すなわち、公判廷外供述を報告する第三者の公判廷証言について、その要証事実が、公判廷外供述の内容、つまり、「発言内容に符合する事実」であるとき、その公判廷証言は伝聞証拠（伝聞供述）になるわけです（最高裁昭和38年判決の要旨では、「伝聞供述となるかどうかは、要証事実と当該〔原〕供述者の知覚との関係により決せられ〔中略〕、甲〔公判廷外の原供述者〕の発言内容に符合する事実を要証事実とする場合には、その発言を直接知覚したのみで、要証事実自体を直接知覚していない乙〔伝聞証人〕の供述は伝聞供述にあたる」とまとめられた）。この判示(A)は、原供述者が「みずから知覚した事実は、こうだ」と公判廷外で述べた、その供述内容の真実性（知覚した事実が真実かどうか）を立証するため、公判廷外の供述を報告する書面や第三者の公判廷証言を証拠として使用するとき、その書面や公判廷証言は伝聞証拠となることを述べたものといえます（この最高裁昭和38年判決などの趣旨を踏まえ、「伝聞証拠とは要証事実を直接知覚した者の供述（原供述）を内容とする供述証拠であり、かつその原供述内容によって要証事実を証明しようとするものである」とも定義された。安村和雄・杉山英巳「伝聞の意義」『証拠法大系Ⅲ』21頁）。
　他方で、最高裁昭和38年判決は、(B)被告人甲が「V〔被害者〕はもう殺してもいいやつだな」と発言したことを聞いたというTの供述について、「被告人甲が右のような内容の発言をしたこと自体を要証事実としているものと解せられるが、被告人甲が右のような内容の発言をしたことは、Tの自ら直接知覚したところであり、伝聞供述であるとは言え〔ない〕」と判示しました。この判示(B)は、そのような第三者の公判廷証言を、公判廷外供述の存在（事実はこうだと述べたかどうか）を立証するため、証拠として使用するとき、その公判廷証言は、伝聞証拠（伝聞供述）でなく、非伝聞の供述証拠となること

を述べたものといえます。

> **展開支援ナビ**
>
> **要証事実と立証趣旨の関係**　供述証拠が伝聞証拠となるか、非伝聞なのか、区別するうえで、要証事実のほか立証趣旨の概念も使われることがあります。それぞれの正確な意義を確認しましょう。
>
> 　**要証事実**とは、具体的証拠が立証しようとする直接の対象を意味します。具体的な出来事や状況など、特定の事実を叙述する供述証拠について、その要証事実は、２つの場合を区別しなければなりません。１つは、特定の事実を叙述する供述がなされたことじたいを立証する場合です。供述の存在が要証事実であり、その立証のため供述書や供述録取書面などを使用します。もう１つは、供述書や供述録取書などを、供述の存在だけでなく、供述が叙述する特定の事実じたいを立証するため使用する場合です。供述内容（供述が叙述する特定の事実）が要証事実であり、その供述内容の真実性（供述が叙述する特定の事実が真実であること）を立証しようとするわけです。
>
> 　これに対し、**立証趣旨**とは、刑事訴訟規則189条１項のいう「**証拠と証明すべき事実との関係**」を意味します（刑訴規189①「証拠調の請求は、証拠と証明すべき事実との関係を具体的に明示して、これをしなければならない」）。その「証明すべき事実」とは、主要要証事実である犯罪事実、すなわち、「罪となるべき事実」（刑訴335①）を意味します。そのため、具体的証拠が立証しようとする事実、つまり、要証事実が真実だとしたとき、罪となるべき事実の認定にどう寄与するのか明らかにすることが、立証趣旨を明示することなのです。
>
> 　これらを踏まえ、伝聞証拠か非伝聞か、その区別の基準を正確にいえばこうです。すなわち、(A)公判廷外の供述を報告する供述書や供述録取書などが伝聞証拠となるか否かは、公判廷外供述の内容（公判廷外供述が叙述する特定の事実）が要証事実であるかどうか、すなわち、供述内容の真実性を立証するため使用されるかどうかによって決まる、と。そして、(B)公判廷外の供述を報告する供述書や供述録取書などが、供述内容を要証事実とするかどうか（または、たんに供述の存在を要証事実とするか）は、それら書面などと主要要証事実たる「罪となるべき事実」との関係、すなわち、立証趣旨によって決まる、と。
>
> 　このように要証事実と立証趣旨は、伝聞証拠か非伝聞かを区別するうえで、異なった機能を果たす概念であることに注意してください。なお、実務上、要証事実の意味で「立証趣旨」の用語を使う場合が多いことにも注意してください。なぜなら、実務では、立証趣旨を明示するさい、兇器の所持やアリバイの存在（犯行日時に被告人が別の場所にいた事実）など、具体的証拠の要証事実だけを表示すれば足りるとされるからです（石井一正『刑事証拠法〔第５版〕』81頁は、「被害状況」、「アリバイの存在」など、「その証拠から請求者が立証しようとする主要な事実」、すなわち、要証事実を表示すれば、「通常、その証拠と証明すべき〔罪となるべき〕事実との関係はおのずと明らかになる」と説明する）。つまり、実務では、立証趣旨を明示するため要証事実だけが表示されるので、要証事実の意味で「立証趣旨」の用語が使われることも多いのです。この点、文脈で区別しなければならず、混乱しないようにしてください。
>
> **要証事実の解釈**　なお、証拠調べを請求するため「当事者が明示した立証趣旨は、その文言そのものに拘泥しないで、ある程度の幅をもって解釈することが許される」（石井『刑事証拠法〔第５版〕』82頁）とされます。正確には、立証趣旨を明示するため当事者が表示した要証事実について、裁判所が解釈し、〈適切な要証事実〉、〈正鵠を射た要証事実〉として捉えなおすことが許されます。たとえば、前述した**最決平成17・9・27刑集59巻7号753頁**は、迷惑行為等防止条例違反・器物損壊被告事件で、犯行再現写真などの証拠能力について、次のように判示しました。すなわち、「本件両書証〔犯行再現写真を内容とする実況見分調書と写真撮影報告書〕は、捜査官が、被害者や被疑者の供述内容を明らかにすることを主たる目的にして、これらの者に被害・犯行状況について再現させた結果を記録したものと認められ、立証趣旨〔として表示された要証事実〕が『被害再現状況』、『犯行再現状況』とされていても、実質においては、再現されたとおりの犯罪事実の存在が要証事実になるものと解される」、と。
>
> 　この最高裁平成17年決定は、供述に代わる姿勢・動作を記録した媒体である再現写真について、「再現状況」、すなわち、供述に代わる姿勢・動作の存在が立証上問題となるものでなく、「再現されたとおりの犯罪事実の存在」、すなわち、供述に代わる姿勢・動作が叙述する犯罪事実について、その真実性が問題になると判示したものでした。ちなみに、最高裁平成17年決定は、当事者が安易に〈立証上、公判廷外の供述の存在だけが問題だから、非伝聞だ〉として（この点、後述の**5**参照）、伝聞証拠排除法則の制約を潜脱しようとすることを戒めたものとしても、重要な意味をもつでしょう。
>
> 　実務上、「立証趣旨」の用語がたんに要証事実の意味で使用されることを踏まえたうえで、当事者が安易に「供

述の存在だけが立証上問題だ」として表示した要証事実について、裁判所により「供述内容の真実性が立証上問題になる」と捉えなおされる場合があることに十分留意してください。

それゆえ、最高裁昭和 38 年判決が伝聞証拠と非伝聞を区別する基準とした「要証事実と当該〔原〕供述者の知覚との関係」は、すでに述べた伝聞証拠の正統的な定義において、「公判廷外の供述内容の真実性を立証するためのもの」とする点で、すでに織り込みずみなのです。

この点を理解するとき、〈供述証拠が伝聞証拠となるか否かは、要証事実との関係によって決せられる〉と述べるだけでは十分でないことが分かります。なぜなら、伝聞証拠か非伝聞かを区別する**直接的根拠**は、書面や第三者の公判廷証言が報告する公判廷外の供述について、立証上、その供述内容の真実性が問題になるか（そのとき、書面や第三者の公判廷証言は伝聞証拠になる。公判廷外の供述が内容とする出来事や状況が要証事実になる）、ならないか（そのとき、書面や第三者の公判廷証言は非伝聞になる。立証上、公判廷外の供述内容の真実性が問題にならないとは、公判廷外の供述の存在だけが問題になることを意味する。すなわち、公判廷外の供述の存在が要証事実になる。詳細は、後述の 5 ⑵参照）であるからです。このことに言及しないまま、たんに要証事実との関係だけを強調するのは適切ではありません。正確にはこう言うべきです。公判廷外の供述を報告する書面や第三者の公判廷証言について、(A)要証事実が公判廷外の供述が内容とする出来事や状況であるときは、その公判廷外の供述内容の真実性が問題になるため、伝聞証拠となる、これに対し、(B)要証事実が公判廷外の供述の存在だけであるときは、その供述内容の真実性が問題にならないため、非伝聞になる、と。

展開支援ナビ

平野龍一博士の伝聞証拠の定義と要証事実との関係　伝聞証拠を「反対尋問を経ていない供述証拠」と定義された平野龍一博士は、「この定義には、若干の補充が必要である」ともされました（平野『訴因と証拠』220 頁）。その「若干の補充」とは、こうです。平野博士によれば、公判廷外において「言葉や文字」で「『そう言った』こと自体が証明されなければならない事実であって言ったことの内容の事実があるかないかが問題になっているのでないときは、その言葉や文字は供述証拠とはいえない」とされます（平野『刑事訴訟法概説』162 頁）。「供述証拠であるかどうかは、証明の主題によって異なる相対的なものである」ともされます（平野・同上）。すなわち、ある公判廷外の供述について、「証明の主題」つまり要証事実との関係で、その供述内容の真実性が問題になるときは供述証拠の範疇に入るけれども、その供述の存在じたいが要証事実であるときは、そもそも「供述証拠とはいえない」とされ、その公判廷外の供述を報告する書面や第三者の供述について「伝聞の問題はおこらない」というわけです（平野・同上）。

しかし、〈供述証拠かどうかは、要証事実によって異なる相対的な概念である〉、〈存在じたいが要証事実とされる公判廷外の供述は供述証拠ではなく、その公判廷外の供述を報告する書面や第三者の供述も伝聞証拠ではない〉という平野博士の考え方には疑問があります。なぜなら、供述証拠じたいの概念を相対的で曖昧なものにするからです。また、そもそも伝聞証拠を定義する目的は、供述証拠のうちで伝聞証拠に該当するものと該当しないものを篩い分けるためでした。この篩い分けの機能が、平野博士の考え方では——供述証拠そのものの定義による「補充」を必要とすることになってしまい——十分には果たされません。この点でも疑問があります。「反対尋問を経ない供述証拠」が伝聞証拠だという定義じたいの当否に立ち戻って、再考されるべきでしょう。

2　伝聞証拠を排除する実質的根拠

⑴　供述として証拠化される過程

伝聞証拠の範疇に入る供述証拠については、原則として、その証拠能力、すなわち、裁判所の事実認定の用に供する法的資格を否定しなければなりません。証拠能力を否定することを、「証拠から排除する」とも表現します。その実質的根拠は、こうです。

1(1)で述べたように、供述証拠とは、「事実は、こうだ」と主張して、出来事や状況について伝えることを意図したひとのことばでした。そのように**主張的要素をもつ証拠**については、現実にあった出来事や状況を客観的に報告しているかどうか、チェックをかけねばなりません。

そもそも供述は、ひとがある**出来事や状況を知覚して、記憶し、表現、叙述する**ことによって証拠化されるもの、すなわち、裁判所による事実認定の資料となるものです。

> **展開支援ナビ**
>
> **表現と叙述の過程** 供述として証拠化される各過程のうち、ひとの五官（目、耳、鼻、舌、皮膚という人間の五つの感覚器官）の作用（視覚、聴覚、嗅覚、味覚、触覚）による知覚について、その意味を説明する必要はないでしょう。知覚した結果を情報として脳に残す記憶についても、同様に、説明は不必要でしょう。
>
> これに対し、**表現**と**叙述**は似通った概念であり、説明を必要とします。その違いは、こうです。(A)表現（エクスプレッション）については、記憶に従って忠実に述べたかどうか、脚色や作り事がないかどうか、が問題とされます。叙述の誠実性（sincerity）、**真摯性**の問題と呼ばれます。(B)これに対し、叙述（ナレーション）については、適切なことばを用いているか、すなわち、曖昧さや紛れのない、一義的なことばで述べたかどうかが問題とされます。**叙述の適切**さの問題と呼ぶことができます。
>
> この表現も叙述も、広い意味でそれぞれが叙述の1態様だといえます。そのため、表現と叙述をことさら2つの過程に区別せず、両者を1つのものにまとめる――脚色などなく誠実に、かつ、一義的なことばで適切に叙述したかを問題とする――考え方も有力です（松尾『刑事訴訟法（下）新版補正第2版』30頁、田宮『刑事訴訟法〔新版〕』369頁など。これに対し、上口裕『刑事訴訟法〔第4版〕』430頁は「表現」でまとめる。ちなみに、刑訴規199の6は「証人の供述の証明力を争うために必要な事項の尋問は、証人の観察、記憶又は**表現**の正確性等証言の信用性に関する事項及び証人の利害関係、偏見、予断等証人の信用性に関する事項について行う。〔以下、省略〕」と定める）。

しかし、ある出来事や状況を知覚したひとが「わたしは、こう見た、こう聞いた」、「わたしは、こう憶えている」、「わたしの言い方は、こうだ」と述べたとしても、それだけでは本当に間違いや偽りが混入しておらず、客観的で正確な報告になっているか、確認はできません。そのひとの供述を証拠とするためには、**知覚・記憶・表現・叙述という証拠化の過程**に誤りがないか、すなわち、現実に見たり聞いたりできたか、見間違いや聞き間違いはなかったか、記憶違いや記憶の変容がないか、表現に偽り（脚色や作り事など）がないか、一義的で適切なことばを選んだか、などの点についてチェックできねばなりません。言い換えると、供述を証拠化させる方法としては、供述するひとの記憶をはっきりと喚起し、誠実な**言い方**や、適切な**言葉遣い**であることをチェックしながら、現実にあった出来事や状況を間違いなく述べさせることができる――、そういうやり方がベストだといえます。

(2) **公判廷における証人調べ**

そのベストのやり方が、公判廷における証人調べの手続です。

①**供述者の宣誓** 具体的には、供述すべきひとを証人として公判廷に召喚し、公判廷という公開の場で、「真実だけを述べ、偽りを述べない」ことを**宣誓**させたうえで、供述させます（刑訴154、刑訴規117ないし120。なお、刑法169「法律により宣誓した証人が虚偽の陳述をしたときは、3月以上10年以下の懲役に処する」）。

②**当事者の反対尋問** その供述があった直後に、当事者（その供述を不利益な証拠として使用される当事者）の**反対尋問**にさらし、供述内容が真実かどうか、チェックします（刑訴157③、304②。とくに、刑訴規199の4「①反対尋問は、主尋問に現われた事項及びこれに関連する事項並びに証人の供述の証明力を争うために必要な事項について行う。／②反対尋問は、特段の事情のない限り、主尋問終了後直ちに行わなければならない」、199の6「証人の供述の証明力を争うために必要な事項の尋問は、証人の観察、記憶又は表現の正確性等証言の信用性に関する事項及び証人の利害関係、偏見、予断等証人の信用性に関する事項について行う。ただし、みだりに証

人の名誉を害する事項に及んではならない」）。

③供述態度の観察　また、そのひとの供述態度を、事実認定に当たる裁判所が直接に観察し、供述内容の真実性（知覚や記憶に誤りがないか、誠実にかつ適切に叙述したか）や反対尋問の効果（真実性をチェックできたか）を判断します。

　これら3つの手続をすべて経ることにより、ひとの供述については、その内容とする出来事や状況の真実性が十分にチェックされることになるでしょう。これら3つの手続のうち、当事者の反対尋問がもっとも重要であることはいうまでもありません。なお、反対尋問まで行われるときは、供述者の宣誓や、裁判所による供述態度の観察も行われているのが通常です。その意味で、供述内容の真実性をチェックする方法は反対尋問に収斂されるといっても差し支えありません（ただし、「反対尋問に収斂される」とは、〈事実認定を行う裁判所の面前で、宣誓のうえ供述させ、反対尋問を行う〉という手続が三位一体的に保障される意味であることを忘れてはならない）。

(3) 真実性をチェックできない供述

　しかし、公判廷において供述内容の真実性を吟味する、この3つの手続の1つでも欠けるときは、供述が内容とする出来事や状況が真実なのか虚偽でないのか、十分にはチェックできないといわねばなりません。その典型例が伝聞供述や供述書、供述録取書です。

①伝聞供述　たとえば、犯行の目撃者〔E〕ではない第三者〔T〕が、傷害被告事件の公判廷で、「被告人〔甲〕が被害者〔V〕を殴った現場を見た、とEは言った」と証言する場合です。このTの公判廷証言を、**伝聞供述**と呼びます。

　「被告人〔甲〕が被害者〔V〕を殴った」というのは他人〔E〕が目撃した出来事であるため、公判廷のTを反対尋問にさらしても、その出来事（Eの公判廷外の供述が内容とした事実）が真実かどうか、Eじしんの知覚・記憶・表現・叙述のそれぞれの過程に誤りがないかどうか、チェックのしようがありません。もちろん、Tが報告するEじしんの供述は宣誓を経たものでもなく、また、Eの供述時の態度を裁判所が観察できたということもありません。

②供述書、供述録取書　また、犯行の目撃者〔E〕が自己の目撃した出来事や状況をみずから書面にした場合（この書面を**供述書**という。原供述者じしんが作成した書面である）も、あるいは、Eが口述する内容を第三者〔T〕に筆記させて書面にした場合（この書面を**供述録取書**という。録取の正確性を担保するため、Eじしんが署名または押印をしなければならない。たとえば、捜査機関が原供述者を取り調べて作成した供述調書などが供述録取書にあたる）も、同様です。これらの書面が公判廷に提出されても、記載されたEの公判廷外の供述について、Eじしんに宣誓させること、供述時にEを反対尋問にさらすこと、Eの供述態度を観察することはおよそ不可能だからです。

展開支援ナビ

二重伝聞の供述録取書　公判廷外の供述を第三者が筆記した書面、すなわち、供述録取書には特殊な問題があります。供述録取書については、(A)原供述者による知覚・記憶・表現・叙述の過程に誤りがないか、チェックしなければならないだけでなく、(B)その原供述を供述録取者が聴取し、記憶して、表現、叙述した過程じたいにも誤りがないか、チェックしなければなりません。しかし、書面であるため、いずれもチェックのしようがありませんでした。その意味で、供述録取書は**二重伝聞**と呼ばれます。

　ただし、原供述者じしんが供述録取書に署名または押印をし、録取の正確性を担保することによって、(B)の過程に誤りがある恐れは払拭されます（被疑者の供述録取書について、刑訴198③「被疑者の供述は、これを調書に録取することができる」、同④「前項の調書は、これを被疑者に閲覧させ、又は読み聞かせて、誤がないかどうかを問い、被疑者が増減変更の申立をしたときは、その供述を調書に記載しなければならない」、同⑤「被疑者が、調書に誤のないことを申し立てたときは、これに署名押印することを求めることができる。但し、これを拒絶した場合は、この限りでない」。この198③ないし⑤は、223②により、被疑者以外の参考人などの供述録取書にも準用される）。そのとき、供述録取書は供述

書の実質をもつものになるわけです。

　このように伝聞供述、供述書、供述録取書について、それらが報告する公判廷外の供述内容の真実性を十分にチェックできません。すなわち、十分にチェックするための3つの手続──供述者の宣誓、当事者の反対尋問、裁判所による供述態度の観察──を保障できません。その結果、そもそも信用性を欠くことになるため、公判廷外の供述が叙述する出来事や状況を立証するための資料として、それら伝聞供述、供述書、供述録取書を使用できないといわねばなりません。適正な事実認定を行うには、それらを排除しなければならない、すなわち、証拠能力を否定し、公判廷に証拠として提出させないようにしなければならないのです。このような供述証拠が、前述した**伝聞証拠の範疇**に入ってくるわけです。

3　伝聞証拠を排除する形式的根拠──刑事訴訟法320条1項

　刑事訴訟法は、その320条1項で「公判期日における供述に代えて書面を証拠とし、または公判期日外における他の者の供述を内容とする供述を証拠とすることはできない」と定めました（なお、刑訴320①は、「第321条乃至第328条に規定する場合を除いては」証拠とすることができないとも定める）。ことばを補えば、「公判期日における供述に代えて書面〔公判廷外の供述を記載した供述書や供述録取書など〕を証拠とし、または公判期日外における他の者〔原供述者〕の供述〔原供述〕を内容とする供述〔第三者の公判廷証言〕を証拠とすることはできない」と定めたといえます（なお、書面や第三者の公判廷証言が伝聞証拠の範疇に入るかどうかの手続的な篩い分けは、証拠調べに先立つ証拠決定〔刑訴規190①〕や、証拠調べ後の排除決定〔207〕によって行われる）。この320条1項については、「書面の内容や、他の者の供述内容の真実性を立証するためには」証拠とすることはできないという文言を補って読みこむべきものと解されます。そのように解することによって、320条1項は**伝聞証拠の原則的排除を宣言した規定**だといえるわけです。すなわち、伝聞証拠を排除する形式的根拠になる刑事訴訟法上の規定が、320条1項であるわけです。

> **展開支援ナビ**
>
> **公判調書の証拠能力**　ちなみに、刑事訴訟法320条1項のいう〈公判期日における供述に代わる書面〉には、文言上、公判期日における供述を録取した書面、すなわち、48条1項（「公判期日における訴訟手続については、公判調書を作成しなければならない」）の**公判調書**も含まれることになります（以下、同一事件であることを前提に述べる）。
>
> 　この公判期日における供述を録取した公判調書は、公判廷外の供述を報告するものでないため、伝聞証拠にはあたりません。また、公判廷における証人の証言については、宣誓や反対尋問がなされ、供述態度も裁判所が観察しているでしょう。その証言を録取した公判調書には、伝聞証拠として排除すべき実質的根拠がないわけです。
>
> 　しかし、そのような公判調書も、文言上、刑事訴訟法320条1項による排除の射程に入ってきます。そのため、321条2項前段が「被告人以外の者の公判準備若しくは公判期日における供述を録取した書面〔中略〕は、前項の規定にかかわらず、これを証拠とすることができる」と定め、無条件で証拠能力を肯定しました（公判調書の証拠能力について、設問21「刑事訴訟法321条2項から4項の伝聞例外」1(1)参照。なお、刑訴321②の公判調書には、別事件のものは入らない。別事件の公判調書は、他の裁判所の面前でした供述を録取したものでしかなく、証人尋問の立証趣旨も異なるため、321②のように無条件で許容すべきものではない。別事件の公判調書は321①(1)の射程に入り、供述不能や自己矛盾を条件として許容される。参照、**最決昭和29・11・11刑集8巻11号1834頁**）。この321条2項については、伝聞証拠排除法則の例外だけを定めた規定だというわけではなく、直接主義の例外を一部定めた規定だと理解すべきでしょう（参照、『条解刑事訴訟法〔第4版〕』838頁）。
>
> 　ちなみに、**直接主義**とは、供述者じしんを公判廷で取り調べる原則を意味し、公判廷の証言に代用させて、起訴前の供述書や供述調書、作成ずみの公判調書などの書面を取り調べることを禁止します（参照、ドイツ刑訴250〔直接主義〕「事実の立証がひとの知覚にもとづくときは、そのひとは公判期日において尋問されなければならない。その

尋問に代えて、供述書または前の尋問〔における供述〕を録取した調書を朗読〔して証拠と〕することはできない」）。

　もちろん、刑事訴訟法320条以下の規定が、伝聞証拠の排除法則とその合理的例外を定めたものであることは間違いありません。**最判平成7・6・20刑集49巻6号741頁**も、320条の「伝聞証拠禁止」の「例外を定めたもの」が321条1項2号前段の規定であると判示しました。ただし、320条以下の規定には、直接主義の原則とその合理的例外（上述した公判調書などがその例）を定めた部分も──わずかだが──あるわけです。

4　伝聞証拠排除法則とその憲法上の根拠

(1)　伝聞証拠排除法則と証人審問権の関係

　刑事訴訟法320条1項が定める伝聞証拠排除法則について、憲法37条2項前段（「刑事被告人は、すべての証人に対して審問する機会を十分に与へられ〔中略〕る権利を有する」）が、その憲法上の根拠になるという考え方が多数説です（平野『刑事訴訟法』203頁、光藤『刑事訴訟法Ⅱ』204頁など）。すなわち、憲法37条2項前段が保障する**被告人の証人審問権**について、現実に公判期日に喚問された証人（**形式的意義の証人**と呼ぶ）に対してだけでなく、公判廷外で不利益な内容を供述した者（証人となるべき者。**実質的意義の証人**と呼ぶ）に対しても、被告人は反対尋問権をもつ趣旨だと解釈するわけです。そのように解釈する限り、37条2項が伝聞証拠の排除法則に関する憲法上の根拠規定になるでしょう。

　しかし、最高裁判所はそのような考え方に与しません。昭和22年（1947年）の「日本国憲法の施行に伴う刑事訴訟法の応急的措置に関する法律」（以下、刑訴応急措置法という）が適用された恐喝等被告事件において、**最大判昭和24・5・18刑集3巻6号789頁**は、憲法37条2項前段の意義について、つぎのように述べます。

　A「憲法第37条第2項に、刑事被告人はすべての証人に対し審問の機会を充分に与えられると規定しているのは、裁判所の職権により、又は訴訟当事者の請求により喚問した証人につき、反対訊問の機会を充分に与えなければならないと言うのであって、被告人に反対訊問の機会を与えない証人其他の者（被告人を除く。）の〔公判廷外の〕供述を録取した書類は、絶対に証拠とすることは許されないと言う意味をふくむものではない」、と。

　そのうえで、こう続けます。

　B「従って、刑訴応急措置法第12条において、証人其他の者（被告人を除く。）の供述を録取した書類は、被告人の請求があるときは、その供述者を公判期日において訊問する機会を被告人に与えれば、これを証拠とすることができる旨を規定し、検事聴取書の如き書類は、右制限内において〔刑訴応急措置法12条但書が定めるように、公判期日に訊問する機会を与えることができないか、著しく困難な場合は、裁判所は、被告人の憲法上の権利を適当に考慮して〕、これを証拠とすることができるものとしても、憲法第37条第2項の趣旨に反するものではない。〔中略〕検事聴取書は、いわば、原告官たる検事が作成したものであるが、他の書類と同様一の訴訟資料として、公判において被告人に読聞けられるものであり、もし被告人に不審不満の点があれば、憲法上の権利として、公費でしかも強制手続によつて其供述者の喚問を請求し、充分反対訊問をなし、其内容を明らかにすることができるのであるから、裁判官の自由なる心証により、これを証拠となし得るものとするも、被告人の保護に缺くるところはない、唯無制限にこれを証拠となし得るものとすれば、憲法第37条第2項の趣旨に反する結果を生ずる恐れがあるから、刑訴応急措置法第12条により、被告人の権益確保につとめているのであって、右措置法の規定は憲法第37条第2項の旨を承けたものであり、たがいに杆格する〔すなわち、相容れない〕ものではなく、これを無効とすべき理由はない」、と。

　ちなみに、刑訴応急措置法12条は、その本文で、「証人その他の者（被告人を除く。）の供述を録取した書類又はこれに代わるべき書類は、被告人の請求があるときは、その供述者又は作成者を公判期日において尋問する機会を与えなければ、これを証拠とすることができない」と規定していました。この本

文について、最高裁昭和24年大法廷判決は、憲法37条2項前段の趣旨に反しないと解したわけです。なお、刑訴応急措置法12条には但書があり、「但し、その機会を与えることができず、又は著しく困難な場合には、裁判所は、これらの書類についての制限及び被告人の憲法上の権利を適当に考慮して、これを証拠とすることができる」と定めていました。この但書については、合憲かどうか、判断の対象になっていません。

とまれ、上述したAの判示部分について、〈憲法37条2項前段が被告人に保障する反対尋問の機会は、公判期日に喚問された形式的意義の証人に限定して認められる。従って、公判廷外の供述者、すなわち、実質的意義の証人には反対尋問権の保障が及ばない〉ことを述べた趣旨だと、一般に理解されました。そう理解される限り、伝聞証拠の排除法則は、憲法37条2項前段の保障の範囲に入ってきません。言い換えれば、伝聞証拠の排除法則に憲法上の根拠はないものとなります。

(2) 伝聞証拠排除法則の憲法的根拠

この最高裁昭和24年大法廷判決のAの判示部分は、その後、多くの判例により先例として引用されました（たとえば、検察官面前調書の証拠能力を例外的に肯定する刑訴321①(2)後段について、これを合憲とした**最判昭和30・11・29刑集9巻12号2524頁**など）。しかし、戦後まもない時期に、すなわち、**反対尋問権に収斂する手続的保障**の重要性がまだ十分には理解されていない時期に（たとえば、Bの判示部分において、検面調書の原供述者を被告人はあとで喚問請求して反対尋問できるから「保護に欠くるところはない」と述べた点などに、理解の不十分さが現れている）、かつ、応急措置として立法された規定（刑訴応急措置法12条の本文）の合憲性をとりいそぎ判断するなかで述べられたことですから（たとえば、Aの判示部分に具体的理由が付されていない点に、結論を急いだことが窺われる）、本来、このAの判示部分について、〈字義を拡張的に解釈したうえで、重要な先例として扱う〉ようなことはすべきではありません。こう考えたとき、Aの判示部分については、反対尋問の機会を公判期日に喚問された形式的意義の証人に限定して認めるとか、公判廷外の供述者については反対尋問権の保障が及ばないという判示をしていない点にこそ注目すべきでしょう。

むしろ、〔イ〕このAの判示部分は、公判廷で反対尋問が不可能な検察官面前調書について、刑訴応急措置法12条本文があえて許容した、その理由を説明したにすぎないものであり、〔ロ〕つづくBの判示部分では、〈許容された検察官面前調書に不審不満の点があるなら、被告人じしんが原供述者の証人喚問を請求して、充分に反対尋問をすればよい〉とあえて述べていることを考慮すれば、「結局すべての実質的証人に対する反対尋問を予定している」と解釈することもできるはずです（田宮『刑事訴訟法〔新版〕』366頁）。すなわち、「被告人側の〔証人〕審問権という限度で」、「伝聞法則〔が憲法上も保障されること〕を念頭においた」最高裁判例だと解釈できるものなのです（田宮・同上。〔　〕内は引用者）。そう解釈すれば、憲法37条2項前段（被告人の証人審問権）の保障の範囲に伝聞証拠排除法則が入ってくるということも可能です。最高裁昭和24年大法廷判決は先例として重要な意義を与えられた最高裁判例であるため、あえて紙幅をとって説明をしました。

展開支援ナビ

伝聞証拠排除法則と法律的関連性　伝聞証拠排除法則（刑訴320①）について、任意性に疑いがある自白を排除する証拠法則（刑訴319①）とともに、証拠能力の要件の1つである**法律的関連性**の内容と捉える考え方があります。たとえば、平野『刑事訴訟法』192頁は、「法律的関連性」の項目で、「証拠として必要最小限度の証明力〔すなわち、論理的関連性〕はあるが、他方、その証明力の評価を誤らせるおそれもあるものもある。その証明力を確かめるため、〔刑事訴訟〕法は明文で一定の要件を要求している場合がある。〔刑訴320①の〕反対尋問、〔刑訴319①の〕任意性などがこれである。しかし、このような明文がない場合でも、〔悪性格の証拠、類似事実の証拠、前科証拠など〕排除すべき場合がある〔中略〕。これらの場合は、法律的に見て関連性がない場合であ〔る〕」と述べました。平野『刑事訴訟法概説』155頁も、「常識的には一応ある程度の

証明力があるようにみえるが、その反面、誤った心証を形成させるおそれが強いため、法律がその証拠能力を制限している場合もある。これを法律的関連性と呼ぶことができよう」とし、平野・前掲書161頁は、「法がいわゆる法律的関連性がないとして証拠能力を否定しているもののうち、最も重要なのは伝聞証拠の排除である」と述べました。

しかし、伝聞証拠排除法則や自白排除法則は、反対尋問権に収斂する手続的保障や黙秘権の保障にも関係する証拠法則であり、たんに証明力判断を誤らせないための証拠法則ではありません。そのため、それらを法律的関連性の範疇に入れることには疑問があります（むしろ、関連性、証拠禁止と並び、証拠排除法則が証拠能力の基本的内容の1つになると考えるべきである。なお、証拠禁止とは、医療業務や法律業務の秘密保持とか、基本的権利の実効的保障、適正手続の現実的保障、将来における違法捜査抑止など、いま裁判所に係属し進行している刑事訴訟にとっては**外在的な理由**から証拠能力を否定するルールを意味する）。また、伝聞証拠排除法則や自白排除法則まで法律的関連性の内容に取り込むとき、翻って、法律的関連性の意義じたいが曖昧になってしまいます。以下、法律的関連性がもつ本来的意義について、説明しておきましょう。

法律的関連性がもつ意義　法律的関連性とは、論理的関連性とともに、証拠能力の要件である関連性の内容の1つです。すなわち、〔1〕要証事実の存否を推認させる必要最小限度の証明力はあり、それゆえ、論理的関連性が肯定される証拠であっても、〔2〕その証拠に付随する訴訟上の不都合のほうが大きいとき、法律的関連性がないとして、証拠能力を否定すべきものとされます。その訴訟上の不都合とは、当該証拠が〈被告人に対する予断、偏見、嫌悪、軽蔑心、報復感情などを裁判官に抱かせ、事実認定を歪めることになる〉とか、〈訴訟上の争点を混乱させ、主要要証事実から裁判官の目を逸らさせることになる〉場合などを意味します。つまり、法律的関連性とは、いま進行する刑事訴訟にとって、事実認定を歪めるとか争点を混乱させるという**訴訟内在的な理由**から証拠能力を否定するルールを意味するわけです。

法律的関連性は、証拠能力に関する不文の要件です（ただし、法律的関連性と結びつく規定として、刑訴296「証拠調のはじめに、検察官は、証拠により証明すべき事実を明らかにしなければならない。但し、証拠とすることができず、又は証拠としてその取調を請求する意思のない資料に基いて、裁判所に事件について偏見又は予断を生ぜしめる虞のある事項を述べることはできない」、295①「裁判長は、訴訟関係人のする尋問又は陳述が既にした尋問若しくは陳述と重複するとき、又は事件に関係のない事項にわたるときその他相当でないときは、訴訟関係人の本質的な権利を害しない限り、これを制限することができる。訴訟関係人の被告人に対する供述を求める行為についても同様である」）。

悪性格の証拠、前科証拠、類似事実証拠　この法律的関連性を否定されるべき証拠の典型例が、**悪性格の証拠**（bad character evidence）です。ちなみに、悪性格じたいの立証は、間接事実による証明の一種です。粗暴さ、非常識さ、激情傾向、虚言癖など被告人の悪性格を**間接事実**として、暴行罪、傷害罪、詐欺罪などに該当する犯罪事実を推認するわけです。この悪性格の間接事実を立証するため、たとえば、被告人の粗暴、非常識な行為などを具体的に記述した書面や、その行為を報告する証人を取り調べることになります。それが悪性格の証拠です。しかし、悪性格の立証には、間接事実の証明一般にない特殊な問題が附随します。すなわち、(A)悪性格の証拠について、犯罪事実の存否を推認させる〈証明力の程度〉は小さいのに、裁判官の感情などに働きかけ、被告人に対する予断、偏見、嫌悪などを抱かせ、事実認定を歪める〈類型的な危険〉は大きい、また、(B)善良な性格の反証を被告人側に許さざるをえないため、訴訟上の争点の混乱や審理の遅延などをまねく〈類型的な危険〉も大きいことです。この(A)・(B)の理由から悪性格の立証は禁止され、それゆえ、悪性格の証拠も証拠能力を否定されねばならないわけです。ちなみに、和歌山カレー毒物混入事件証拠決定の**和歌山地決平成13・10・10判タ1122号132頁**は、悪性格の立証であることを理由に証人の尋問事項を一部制限したさい、「悪性格の立証については、そのような悪性格が要証事実を合理的に推認させる証明力の程度に幅が大きいことや、偏見や憶測を生んで事実認定を誤らせる危険が内在する」と述べ、本件について具体的には、会社同僚に対する嫌がらせなどから窺える被告人の激高性や「非常識さ等が、本件殺人等事件を引き起こした内心の原因と有意的に結びつくかははなはだ疑問であり〔中略〕有意的な関連性が乏しい」、「悪性格の立証を許した場合には、不相当に反対尋問の範囲を広げ、弁護人にもこれに対する積極的な反証を許さざるを得なくなるなど、現在の審理状況からすれば訴訟経済上の大きな問題がある」と判示しました。

悪性格の証拠には、ほかに、**前科証拠**（前科とは、確定有罪判決を受けた事実を意味する。前科の存在は被告人の悪性格を示す間接事実とされる。前科を立証する前科調書〔犯歴事務規程13②〕や有罪が確定した判決書〔刑訴335①、刑訴規53〕などを前科証拠と呼ぶ）や、**類似事実証拠**（起訴された犯罪事実と同種の、しかし、まだ起訴されていないか、確定していない犯罪事実をとくに類似事実と呼ぶ）が挙げられます。前科証拠も類似事実の証拠も、悪性格の証拠の一種であるため、原則として、法律的関連性を否定されねばなりません。

ただし、判例では、前科証拠・類似事実証拠について、(A)前科が犯罪構成事実の一部であるとき、(B)犯罪の主観的要素を証明するとき、(C)犯罪事実と密接不可分であるとき、(D)犯行手口の類似性から被告人の犯人性を証明するとき、いずれも要証事実の存否を推認させる証明力の程度（証拠価値）が大きく、訴訟上の不都合（弊害）に勝っているとされ、例外的に、法律的関連性が肯定されることに注意して下さい（参照、**最大判昭和26・8・1刑集5巻9号1709頁、最決昭和41・11・21刑集20巻9号1035頁**など）。ただし、この点で、**最判平成24・9・7刑集66巻9号907頁**は、住居侵入、窃盗、現住建造物等放火被告事件において、前科証拠を犯人性の立証に用いるには、「前科に係る犯罪事実が顕著な特徴を有し、かつ、それが起訴に係る犯罪事実と相当程度類似することから、それ自体で両者の犯人が同一であることを合理的に推認させるようなものであって、初めて証拠として採用できる」と判示し、犯行手口などの〈たんなる類似性〉ではなく、〈顕著な特徴による相当程度の〔高い〕類似性〉が必要だとしました。すなわち、「**顕著な特徴**」をもつ前科・類似事実が起訴事実と「**相当程度類似**」しない限り、前科証拠・類似事実証拠を犯人性の立証に使用できないとして、前科証拠・類似事実証拠の法律的関連性を否定するわけです。具体的には、前科となる放火事件と本件放火事件の「類似点が持つ、本件放火の犯行が被告人によるものであると推認させる力は、さほど強いものとは考えられない「被告人は、本件放火に近接した時点に、その現場で窃盗に及び、十分な金品を得るに至らなかったという点において、前刑放火の際と類似した状況にあり、また、放火の態様にも類似性はあるが、本件前科証拠を本件放火の犯人が被告人であることの立証に用いることは、帰するところ、前刑放火の事実から被告人に対して放火を行う犯罪性向があるという人格的評価を加え、これをもとに被告人が本件放火に及んだという合理性に乏しい推論をすることに等しく、このような立証は許されないものというほかはない」と判示しました。前科証拠・類似事実証拠の証拠能力について、厳格な立場をとった重要な最高裁判例でした。
　このように法律的関連性は、証拠能力の要件の1つとして、伝聞証拠排除法則や自白排除法則と性質が異なる、独立した意義を担うことに留意しなければなりません。

5　非伝聞の供述証拠

(1)　非伝聞の供述証拠

　伝聞証拠の意義について、あらためて確認すれば、こうです。伝聞証拠とは、供述証拠のうちで、公判廷外の供述を報告する書面（公判期日において取調べのため提出された書面）または第三者の供述（公判期日における第三者の証言）であって、かつ、その公判廷外の供述内容の真実性を立証するためのものを意味します。
　しかし、公判廷外の供述を報告する書面や第三者の公判廷証言ではあっても、それらが報告する公判廷外の供述について、その**供述内容の真実性を問題にする必要はない場合**があります。その場合、それら書面や第三者の公判廷証言を伝聞証拠の範疇に入れる必要はありません。なぜでしょうか。
　すでに、伝聞証拠を定義しましたので、形式的に、〈その場合には、伝聞証拠の範疇に取り込むための第2の要素（公判廷外の供述内容の真実性を立証するためのもの）が欠けるためだ〉と説明できます。また、実質的にはこう説明できます。すなわち、公判廷外の供述が内容とする出来事や状況について、それが真実であるか虚偽であるかが問題にならない場合には、原供述者が出来事や状況を知覚、記憶、表現、叙述したその証拠化の各過程に誤りがないかどうかを、原供述者の宣誓、当事者の反対尋問、裁判所による供述態度の観察によってチェックをかける必要もない。そのため、そのような公判廷外の供述を報告する書面や第三者の公判廷証言についても、これをあえて排除する必要がない、つまり、あえて伝聞証拠の範疇に入れて証拠能力を否定する必要はない、と。
　この伝聞証拠の範疇に入れる必要のない供述証拠を**非伝聞の供述証拠**とか、たんに**非伝聞**と呼びます。

(2)　非伝聞の種類

　公判廷外の供述を報告する書面や第三者の公判廷証言が非伝聞となるのは、具体的にはどのような場合でしょうか。言い換えると、具体的にどのような場合であれば、公判廷外の供述内容の真実性を問題

にする必要がないのでしょうか。

①**公判廷外供述の存在じたいが要証事実とされる場合**　たとえば、書面や第三者の公判廷証言が報告する公判廷外の供述について、そのことばじたいが要証事実（証明の対象、証明の主題ともいう）となる場合がそうです。ことばじたい、すなわち、**公判廷外の供述の存在じたいが要証事実とされる場合**だともいえます。

公判廷外の供述の存在じたいが要証事実である場合は、公判廷外においてそのことばがたしかに発せられたことさえ立証されるのであれば、必要な証明は果たされたことになります。すなわち、発せられた公判廷外の供述内容——出来事や状況——が真実であろうと虚偽であろうと、そのことと関係なく、必要な証明は果たされます。そのため、〈存在じたいが要証事実となる公判廷外の供述〉を報告する書面や第三者の公判廷証言についても、これを伝聞証拠の範疇に入れる必要はありません。伝聞証拠の範疇に取り込むための第2の要素（公判廷外の供述内容の真実性を立証するためのもの）が欠けるため、非伝聞として扱うべきものになるわけです。

公判廷外における供述の存在じたいが要証事実とされる場合には、つぎのようなケースがあります。

(a)**公判廷外供述の存在じたいが主要要証事実になる場合**　たとえば、多数のひとを前にして「Xがひとを殺すのを、わたし〔Y〕はこの目で見た」とYが言ったとします。そして、証人Wは公判廷で、「Yがそう言ったこと〔Yの公判廷外の供述〕を、わたし〔W〕はたしかに聞いた」と証言します。

この〈Wの公判期日における証言〉は、Xを被告人とし、Yを目撃者とする殺人被告事件（刑法199）であれば、伝聞証拠の範疇に入ってきます（伝聞供述にあたる）。なぜなら、Wが報告する〈Yの公判廷外の供述〉、すなわち、〈Xの殺人行為を目撃したというYの供述〉については、その供述内容どおり真実なのかどうかが問題とされねばならないからです。もし真実であれば、Xを有罪とする決定的証拠になるでしょう。

しかし、Yを被告人とし、Xを被害者とする名誉毀損被告事件（刑法230①）であれば、Wの証言は伝聞証拠の範疇には入ってきません。なぜなら、この場合には、多数のひとを前に「Xがひとを殺した」とYが供述したことは、その供述内容が真実でなくとも、すなわち、虚偽であったとしても、Xに対する名誉毀損行為に該当するからです（刑法230①が、「公然と事実を摘示し、人の名誉を毀損した者は、その事実の有無にかかわらず、3年以下の懲役若しくは禁錮又は50万円以下の罰金に処する」と定めるため）。言い換えれば、公判廷外におけるYの供述について、その供述内容の真実性は問題となっていません。「Xがひとを殺した」という供述があったことじたいが、名誉毀損罪（刑法230①）の構成要件に該当する事実であって、**主要要証事実**になるからです。このような場合には、Yの公判廷外の供述を報告するWの公判廷証言について、それを伝聞証拠の範疇に入れる必要はないわけです（共謀共同正犯の「共謀を構成する供述」については、設問19「精神状態の供述を報告する書面・証言」3(2)〔ⅱ〕で詳述する）。

(b)**公判廷外の供述じたいが間接事実とされる場合**　もう1つは、公判廷外で述べられたことばじたいが、主要要証事実の存否を間接的に推認する根拠となる事実、すなわち、**間接事実**とされる場合です。この場合も、公判廷外における供述の存在じたいが要証事実となります。そのような公判廷外の供述を報告する書面や第三者の公判廷証言について、伝聞証拠の範疇に入れる必要はありません。なぜなら、やはり伝聞証拠の範疇に取り込むための第2の要素（公判廷外の供述内容の真実性を立証するためのもの）が欠けるからです。すなわち、非伝聞として扱われます。

公判廷外の供述じたいが間接事実とされる場合には、さまざまなケースが入ってきます。主要要証事実は、刑罰権の存否や範囲に関わる具体的な事実という明確な——それゆえ、閉ざされた——内容をもっていました。しかし、間接事実の概念には、そのような明確な内容がありません。さまざまな事実を内容とする——開かれた——概念です。そのため、(a)の場合と区別して説明しておきました。

公判廷外で述べられたことばじたいが間接事実とされる場合で重要なのが、その供述じたいが**供述者じしんの精神状態を間接的に推認させる根拠になる場合**です。たとえば、公判期日においてWが、「被

告人〔甲〕はわたし〔Ｗ〕の前で、俺は八代将軍徳川吉宗なのだ、と言った」と証言したとしましょう。この公判廷外における甲の供述（「俺は八代将軍徳川吉宗だ」）じたいは、直接的表現によって現在の精神状態を表白したものではありません。その供述をことばどおり受け取るかぎり、自己の状況（自分の地位・氏名）を述べた供述にすぎません。しかし、この供述については、甲の供述時の精神状態を間接的に推認させる根拠として使用できます。すなわち、「俺は八代将軍徳川吉宗だ」と言ったことじたいから、甲の精神状態（妄想の存在）を推認できます。

　この場合にも、やはり、公判廷外における甲の供述については、その内容の真実性が問題となりません。実際のところ、甲は八代将軍徳川吉宗の生まれ変わりではないかなど、問題にしようもないでしょう。しかし、甲の供述時の精神状態（妄想の存在）を推認するうえでは、そのような供述が甲によって発せられたことじたいが推認の根拠となる事実、すなわち、間接事実となります。

　この理由から、公判廷外における甲の供述を報告するＷの公判廷証言も、伝聞証拠の範疇に入ってきません。すなわち、伝聞証拠の範疇に取り込むための第２の要素（公判廷外の供述内容の真実性を立証するためのもの）が欠けるため、非伝聞となるわけです。

　②**同一人の不一致供述を弾劾証拠として使う場合**　このほか、公判廷外の供述を報告する書面や第三者の公判廷証言が、非伝聞になる場合として、公判廷外における同一のひとの不一致供述（自己矛盾供述とも呼ぶ）を弾劾証拠として使用する場合が挙げられます。たとえば、殺人被告事件の公判期日において証人Ｅが、「わたし〔Ｅ〕は現場から逃走する殺人犯人を見た。それは被告人〔甲〕ではなかった」と証言したとします。しかし、別の証人Ｗは、「Ｅはわたし〔Ｗ〕の前〔公判廷外〕で、目撃した殺人犯人は甲だと言った」と証言します。あるいは、「目撃した殺人犯人は甲だ」と記載されたＥじしんの供述書や供述録取書について、公判期日における取調べが請求されたとします。

　このＷの公判廷証言、あるいは、Ｅじしんの供述書や供述録取書を、主要要証事実である甲の殺人行為の存否を証明するための証拠（実質証拠と呼ぶ）として使用することは、原則として、できません。なぜなら、この場合は、Ｗの公判廷証言やＥじしんの書面が報告するＥの公判廷外の供述について、その供述内容（目撃した殺人犯人は甲だ）どおりに真実かどうかが問題となるからです。つまり、それら公判廷証言や書面には、伝聞証拠の範疇に組み込むための第１の要素（Ｅの公判廷外の供述を報告するもの）も、第２の要素（Ｅの公判廷外の供述内容の真実性を立証するためのもの）も備わっているため、伝聞証拠の範疇に入るといわねばなりません。

　しかし、「目撃した殺人犯人は甲ではない」という公判廷におけるＥの証言について、その実質証拠としての証明力を弱める（弾劾する、ともいう）という限られた目的のためにＷの公判廷証言やＥじしんの書面を使用する（弾劾証拠として使用する、という）場合であれば、どうでしょうか。そのような場合に限定するのであれば、「目撃した殺人犯人は甲だと、Ｅは言った」というＷの公判廷証言や同趣旨のＥじしんの書面を使用することも許されます。なぜなら、それらの公判廷証言や書面によって、〈Ｅは、かつて公判廷外では、公判廷証言と矛盾することを言っていたこと〉、すなわち、〈公判廷外におけるＥじしんの不一致供述の存在〉を証明することができれば、「Ｅの言うことは信用できない」、「Ｅは嘘つきだ」と推認できるからです。それにより、公判期日におけるＥの証言について、その証明力を弱め、減殺するという**弾劾の目的**が果たされることになります。

　この場合にも、やはり、「目撃した殺人犯人は甲だ」というＥの公判廷外供述について、その内容が真実かどうかをチェックする必要はありません。すなわち、弾劾証拠として使用する限り、矛盾することば（不一致供述）が発せられたことじたいが重要であるわけです。この意味で、公判廷外におけるＥじしんの不一致供述を報告するＷの公判廷証言やＥじしんの書面は、伝聞証拠の第２の要素（公判廷外の供述内容の真実性を立証するためのもの）を欠くため、伝聞証拠の範疇に入りません。非伝聞の一場合になるわけです。

　③**供述が行為の一部をなす場合**　以上の①(a)〔公判廷外供述の存在じたいが主要要証事実になる〕、

(b)〔公判廷外の供述じたいが間接事実とされる〕や②〔同一人の不一致供述を弾劾証拠として使う〕のほかにも、公判廷外の供述を報告する書面や第三者の公判廷証言が、非伝聞とされる場合があります。その1つが、公判廷外の「供述が行為の一部をなす場合」だとされます。ただし、この捉え方については、後述のように、より正確な言葉遣いが必要だというべきです（とりあえず、従来の言葉遣いによっておく）。

「行為の一部をなすことば」については、その公判廷外の「ことばが、非供述的なものとまではいえないが、行為と渾然一体の関係にあり、これに意味づけを与えるためのその一部とも評しうる場合」であるため（田宮『刑事訴訟法〔新版〕』371頁）、その公判廷外のことばを報告する書面や第三者の公判廷証言は、非伝聞になると説明されます。行為の一部をなすことばは、「行為のことば的部分（verbal part of act）」とも言い換えられました（田宮・前掲書371頁。この verbal part of act の用語を当てることについても、後述のように、問題がある）。

たとえば、お金を渡す行為のさいに、「はい、お年玉！」と述べるような場合です。「はい、お年玉！」と述べるのは、お金を渡す行為について、「贈与」という意味づけを与えることばになります。すなわち、〈行為に意味づけを与えるため、行為の一部だと評しうることば〉であるため、「『お年玉』ときいた人の証言を、伝聞という必要はなく、贈与行為についての目撃証言の一部と考えてよい」と説明されました（田宮・前掲書371頁）。

論者は、行為の一部ということばの性質を理由に、すなわち、①〔公判廷外供述の存在じたいが要証事実とされる〕および②〔同一人の不一致供述を弾劾証拠として使う〕の場合とは異なる特殊な理由から、非伝聞の一場合だと考えるわけでしょう。しかし、そうであれば、その考え方には賛成できません。非伝聞の一場合になる理由については、こう考えるべきです。すなわち、たんに〈行為の一部と評しうることば〉だからではなく、〈行為と同時に発せられた供述のうちには、法律行為の安定性や取引の安全などを考慮し、その供述内容が真実であるか虚偽であるかにかかわらず、行為に法的効力を付与する供述として扱うべきものがある〉からです。言い換えれば、行為に法的効力を付与する──つまり、法律行為として有効になる──ためには、行為と同時に一定の供述がなされたという形式的事実だけで十分な場合があるからです。

ちなみに、お年玉を渡す行為は、いわゆる現実贈与と呼ばれる法律行為です。現実贈与とは、贈与契約の成立と財物の引渡しとが同時に行われるタイプの贈与を意味します。この贈与行為〔財物の引渡し〕と同時になされた公判廷外の供述〔贈与の申込み〕については、その供述内容の真実性が問題になりません（民事法の表示主義の考え方を参照せよ。ちなみに、民法93本文は、「意思表示は、表意者がその真意ではないことを知ってしたときであっても、そのためにその効力を妨げられない」と定める）。すなわち、その供述内容が真実であるか虚偽であるかにかかわらず、公判廷外の供述は、**贈与の申込み**という法的意味をもち、行為に**贈与契約の履行**という法的効力を付与するものになるわけです（民法549「贈与は、当事者の一方が自己の財産を無償で相手方に与える意思を表示し、相手方が受諾をすることによって、その効力を生ずる」。贈与は、民法上、諾成・無償・片務契約の典型例だとされる。ちなみに、「諾成契約」とは、当事者間の「申込み」と「承諾」という合意だけによって成立する契約を意味する）。

そして、供述内容が真実であるか虚偽であるかにかかわらないというまさにその理由から、「これがお年玉だ」というような、贈与の申込みである公判廷外の供述を報告する書面や第三者の公判廷証言は、非伝聞となるのです。

したがって、非伝聞となる理由は、やはり、伝聞証拠の範疇に取り込むための第2の要素（公判廷外の供述内容の真実性を立証するためのもの）が欠けるためなのです。

ちなみに、そのように供述内容が真実であるか虚偽であるかにかかわらず、行為に法的効力を付与する〔公判廷外の〕供述を、アメリカでは verbal act とか verbal part of act と呼びます。両者を verbal act の用語でひと括りにすることが多いでしょう。なお、ことばが発せられたという形式的事実が行為に法的効力を付与することを、紛れもなく一義的に示すことばとして、verbal act の用語は不適切であり、

operative legal fact の用語を使うべきだという考え方もあります。

なお、この verbal act ないし operative legal fact の用語は、行為と同時に発せられた供述が行為に法的効力を付与する場合だけに使われるものではありません。供述が発せられたことじたいが法的効力を生じさせる場合にも、その用語が当てられます。たとえば、上記の①(a)〔公判廷外供述の存在じたいが主要要証事実になる〕で取り上げた名誉毀損の供述についても、その供述があったことじたいが名誉毀損罪の犯罪構成要件に該当し、刑罰権を発動する根拠になる事実と捉えられるため、アメリカでは verbal act ないし operative legal fact に分類されます。

それゆえ、上述の〈供述が行為の一部をなす場合〉という言葉遣いは、非伝聞の捉え方としては不適切だといわねばなりません。正確には、〈ことばが発せられたことじたいが、その供述や行為に法的効力を付与する場合〉というべきです。その場合にも、公判廷外の供述内容の真実性が問題にならないため、その公判廷外の供述を報告する書面や第三者の公判廷証言は伝聞証拠にはならないのです。すなわち、非伝聞となるわけです。

> **展開支援ナビ**
>
> **verbal act と res gestae** これに対し、本文 1(1)で紹介したように、頭部を押さえて「痛い！」と叫ぶような、動作や表情と一体をなして反射的に発せられたことばは、そもそも供述とはいえないため、非供述証拠の範疇に入るものでした。それゆえ、「伝聞証拠か、非伝聞か」という問題じたいも生じません。論者は、そのような「自然的発言」について、「ほとんど行為同然といえる場合」だとして、「言語的行為（verbal act）」と呼びます（田宮『刑事訴訟法〔新版〕』371 頁）。しかし、論者がいう、ほとんど行為同然の自然的発言について、アメリカ法ではかつて、一般に res gestae の用語が当てられていました。
>
> この点にかんがみても、verbal act の用語は、やはり、ことばが発せられたことじたいが、その供述や行為に法的効力を付与する場合に結びつけて用いるべきでしょう。

④**ことばが聞き手に与えた影響を立証する場合** もう 1 つだけ、公判廷外の供述を報告する書面や第三者の公判廷証言が、非伝聞とされる場合を挙げておきましょう。それは、書面や第三者の公判廷証言が報告する公判廷外の「ことばが聞き手に与えた影響を立証する場合」です（光藤『刑事訴訟法Ⅱ』208 頁）。

たとえば、警察本部通信指令室からの無線連絡によって、「傷害事件がX場所〔発生現場の所在地〕で発生した。現場で通報者に会い、事態の把握をせよ」というように、犯罪の発生現場に急行するように指令を受けた警察官Pが、指示された場所に急行する場合です。警察官Pは、無線連絡の指令を聞いただけで、指示された場所に急行します。この場合も、無線連絡の内容の真実性は問題になりません。つまり、「傷害事件が発生した」という無線連絡じたいは公判廷外の供述ですけれども、その供述内容が真実であるか虚偽であるかという問題と無関係に、その供述を聞いたという事実によって、無線連絡を受けた警察官Cがとった行動（犯行現場への急行）の理由を立証できます。そのため、無線連絡でなされた公判廷外の供述を報告する書面や第三者（警察官Pを含む）の公判廷証言は、伝聞証拠の範疇に入らず、非伝聞となるわけです。

また、「原供述者A〔自動車修理工〕のことば〔「あなたの車はブレーキの調子がよくない」〕を、その内容の真実性（ブレーキの調子が悪かったこと）の立証のために用いれば、それは伝聞証拠ですが、聞き手〔ドライバーB〕がそのことに気付いていたことを立証する場合には、伝聞証拠ではありません」と説明されます（光藤・前掲書207 頁。〔　〕は引用者）。すなわち、自動車修理工Bの供述が聞き手であるドライバーAに与えた心理的影響——ブレーキの不調をBから告げられたAが走行をつづけ、事故のリスクを認容したこと——については、Aに対してBのことばがたしかに発せられたことじたいによって立証できます。Bの供述が真実であるか虚偽であるかという問題と無関係に、そのような立証が可能であるわけです。そのように公判廷外の〔自動車修理工Bによる〕供述の真実性が問題にならないため、Bの公判廷外の供述を報告する書面や第三者（ドライバーAを含む）の公判廷証言も非伝聞となるわけで

した。

　このほか、被害者Ｖに対する被告人甲の傷害被告事件において、甲が妻Ｗから「Ｖに暴力で犯された」と聞かされたケースを想定してください。甲の犯行の動機ないし誘因を立証するため、このＷの公判廷外の供述（「Ｖに暴力で犯された」）を報告する書面や第三者の公判廷証言を証拠として使用する場合、それらは非伝聞となります。なぜなら、Ｗの供述が虚偽であったとしても、それと無関係に、供述を聞いた甲に与えた心理的影響——Ｗの供述を信じ、Ｖに対し激怒したこと——は立証されるからです。

　ここでも、書面や第三者の公判廷証言が非伝聞となる理由は、それらが報告する公判廷外の供述内容の真実性が問題にならないためであることがわかります。

　以上、紹介してきたように、非伝聞にはさまざまな例がありました。しかし、非伝聞となる理由は、基本的に同じであること、すなわち、書面や第三者の公判廷証言が報告する公判廷外の供述について、その供述内容の真実性が問題にならないためであることを理解してほしいと思います。

証拠法⑤（伝聞証拠）

19 精神状態の供述を報告する書面・証言

> **設問19**
> 　公判廷外における精神状態の供述を報告する書面または第三者の公判廷証言について、その証拠能力を論じなさい。
>
> **関連問題1**
> 　甲を被告人とする殺人被告事件において、被害者であるVの友人Fが証人として召喚され、公判期日において、「Vは事件の前日に自宅で、『被告人〔甲〕が怖くてたまらない』とわたし〔F〕に言いました」と証言する。
> 　このFの公判廷証言について、Vが甲に対し恐怖感情をもっていたことを立証するために使用する場合、その証拠能力を肯定できるか、論じなさい。
>
> **関連問題2**
> 　XをAに対する殺人罪で勾留中、同罪について「X方居宅」を捜索場所、「包丁、ナイフ、謀議メモ等本件に関連すると思料される物件・書類」を差押え目的物とする捜索・差押え許可状が発付された。この捜索・差押え許可状にもとづきX方居宅から押収されたメモには、Xじしんの筆跡で「2/11、包丁、軍手購入ずみ。2/15、『二条ビル』に集合。連絡は携帯電話」と書かれていた。なお、「二条ビル」は、2月15日に犯行現場となったA方居宅から約200メートル北方に位置していた。
> 　Xは、勾留延長の後、勾留期間満了日に殺人罪で起訴された。この殺人被告事件の公判前整理手続において、検察官から「兇器の購入事実、共謀の成立過程」を立証趣旨として、押収されたメモの取調請求が行われ、そのメモが弁護人に開示された。しかし、公判前整理期日において、Xの弁護人は不同意とする意見を述べた。
> 　押収されたメモの証拠能力について、論じなさい。

1　現在の精神状態を表白する供述

　供述者じしんの**現在の精神状態を表白する供述**（a statement of the declarant's then existing state of mind）とは、供述者じしんの内心に生じた気持ちや考えを、その気持ちや考えが生じたときに、その気持ちや考えのままにことばで表現し、叙述するものを意味します。たとえば、「いまは夫に対して愛情を感じない」という**感情を吐露する供述**や、「明日は友人と会うつもりだ」、「東京に移転する計画でいる」、「思い切ったことをして周囲を驚かせたい」という**意図、計画、動機などを述べる供述**が、供述者じしんの現在の精神状態を表白する供述にあたります。なお、ここでいう「現在」とは、「表白の時点」を意味することに留意してください（ちなみに、表白の時点の前後も、間近い限り、同じ精神状態であったことが推認される）。以下、たんに精神状態の供述と呼ぶとき、現在の精神状態を表白する供述を意味するものとします（精神状態の供述は、心理状態の供述とも呼ばれる）。

> **展開支援ナビ**
> **精神状態の供述の証明力**　供述者じしんが表白するとおりの精神状態であったことを立証したとき、その立証は主要要証事実、すなわち、犯罪事実（刑訴335①の「罪となるべき事実」）を推認するうえで、どのよう

に寄与するのでしょうか。精神状態の供述について、その証明力をどのように判断するのかという問題です。

たとえば、強姦致死被告事件で、被害者Ｖが「被告人〔甲〕は嫌いだ」と吐露した供述によって、Ｖのことばどおりの精神状態（甲に対する嫌悪感情）を立証します。このＶの精神状態を**間接事実**として、主要要証事実の存在、すなわち、「和姦ではなく強姦であった」ことを推認します（平野龍一『訴因と証拠』225頁。ちなみに、間接事実とは、主要要証事実を間接的に推認させる根拠となる事実を意味し、それじたいが証明対象になる）。Ｖじしんの精神状態（嫌悪感情）から、姦淫行為にＶは同意しなかったことが推認でき、甲の強姦行為が証明されるわけです（嫌悪感情が表白時から姦淫行為時まで続いたという推認が介在する）。Ｖの精神状態の供述は、間接事実（Ｖの精神状態）を推認させる根拠となる資料、すなわち、**間接証拠**になります。また、恐喝被告事件で、被害者Ｖが「被告人〔甲〕はなにをするかわからない、恐ろしいひとだ」と吐露した供述によって、Ｖの精神状態（甲に対する恐怖感情）を立証します。このＶの精神状態を間接事実として、主要要証事実の存在、すなわち、甲の恐喝行為によってＶが畏怖し、そのため財物を交付したことを推認します（参照、石丸俊彦ほか『刑事訴訟の実務（下）』84頁〔石丸俊彦・服部悟執筆部分〕）。

精神状態の供述から将来の行為を推認する　精神状態の供述の証明力判断に関し、さらに重要なケースがあります。たとえば、放火被告事件で、被告人〔甲〕が「明日、被害者〔Ｖ〕の家を燃やしてやる」と吐露した供述によって、甲の精神状態（放火の計画）を立証します。この表白時の甲の精神状態を間接事実として、主要要証事実の存在、すなわち、甲の放火行為じたいを推認しようとする場合です。甲の精神状態（放火の計画）によって、甲じしんの将来の行為（放火行為）を推認しようというわけです。

この場合、そもそも精神状態の供述が**論理的関連性**をもつかどうか、疑問だという考え方もあります（論理的関連性とは、証拠能力、すなわち、事実認定の用に供する法的資格を肯定するための基本的要件の１つであり、訴訟上重要な事実の存在について、その蓋然性を高めるか低めることになる証拠の属性を意味する。自然的関連性とも呼ぶ）。なぜなら、将来の行為の意図や計画を立証したからといって、意図や計画は変わったり阻止されたかもしれず、行為がなされた蓋然性を高めることにならないとも思われるからです。しかし、多数説は、「意図をもった者は、その意図をもたなかった者よりも、その意図を実行したということはよりありそうだから、〔論理的〕関連性がある」と説明します（光藤景皎『口述刑事訴訟法中〔補訂版〕』208頁。なお、光藤『刑事訴訟法Ⅱ』で、右説明は省略された）。

ただし、行為者の精神状態（将来の行為の意図や計画）を立証し、その精神状態を間接事実として、主要要証事実の行為じたいを推認しようとする場合、注意すべき点として、(A)表白された意図や計画は、特定の行為を特定の時期に行うという具体的なものでなければならないこと、(B)意図や計画を表白した供述だけで、将来の行為を十分に立証するとはいえないこと（なぜなら、意図や計画をもたせた原因になった出来事や状況がなにかは述べられていないため。行為時までにその意図や計画は捨てられたかもしれない。結局、精神状態の供述じたいの証明力は低く、主要要証事実となる行為の証明には、精神状態の供述以外の間接事実、すなわち、〈補強的な証拠〉がなければならないであろう。参照、上口裕『刑事訴訟法〔第４版〕』435頁）、(C)「第三者〔乙〕と一緒にやるつもりだ」という被告人〔甲〕の供述を、第三者〔乙〕の将来の行為を推認するために利用すべきではないこと（なぜなら、乙の精神状態〔犯行の計画〕を甲じしんが直接知覚、記憶したものでなく、乙の精神状態に対する不確かな推測にもとづき供述したものであり、その限りで、甲の供述には論理的関連性が存しないため）が挙げられました（光藤『口述刑事訴訟法中〔補訂版〕』209頁）。いずれも、重要な指摘だというべきです。

この精神状態の供述が公判廷外でなされたとき、伝聞証拠の排除法則に関わる問題が生じます。すなわち、精神状態を表白する公判廷外の供述が、書面や第三者の公判廷証言に媒介されて裁判所に対し報告される場合、それら書面や第三者の公判廷証言の証拠能力が問題にされねばなりません。

展開支援ナビ

精神状態の供述を報告する書面や第三者の公判廷証言の具体例　たとえば、【関連問題１】のように、殺人被告事件の被害者Ｖが自宅で、「被告人〔甲〕のことを思うと、怖くてたまらない」と言ったとしましょう。このことを聴いたＶの友人〔Ｆ〕が、甲の殺人被告事件の公判期日で、Ｖの供述について、証言します。この場合、公判廷外でＶが供述した内容（甲に対し恐怖感情をもつというＶじしんの精神状態）が真実であることを立証する証拠として、第三者であるＦの公判廷証言（**伝聞供述**と呼ぶ）を使用できるか、問題とされねばなりません。すなわち、公判廷外におけるＶの精神状態の供述については、その証明力を判断する前に（上述の【展開支援ナビ】「精神状態の供述の証明力」を参照）、そもそも、それを報告するＦの公判廷証言に対し証拠能力を肯定できるかど

うか、問題とされねばなりません。
　そのような〈精神状態を表白する原供述者〔Ｖ〕の公判廷外供述〉を報告するのが――第三者〔Ｆ〕の公判廷証言でなく――書面、すなわち、Ｖがみずから精神状態を書きとめた**供述書**や、精神状態を表白するＶの公判廷外供述を聴きとったＦじしんが書いた**供述録取書**であっても（その供述録取書には、Ｖの署名または押印があるものとする）、問題は同じです。それら書面を証拠として使用できるでしょうか。これが精神状態の供述の証拠能力の問題です。

　精神状態を表白する公判廷外供述を報告する書面や第三者の公判廷証言が、その公判廷外の供述内容の真実性を立証するため――つまり、原供述者が表白したとおりの精神状態であったことを立証するため――、裁判所によって使用される場合、伝聞証拠の正統的な定義による限り、それら書面や第三者の公判廷証言は伝聞証拠となるはずです。なぜなら、それら書面や第三者の公判廷証言には、伝聞証拠の第１の要素（公判廷外の供述を報告するもの）も、第２の要素（公判廷外の供述内容の真実性を立証するためのもの）も備わっているからです（詳細は、設問18「伝聞証拠について――定義、排除の憲法的根拠、非伝聞」1(2)参照）。そのため、それら書面や第三者の公判廷証言は、刑事訴訟法320条１項（「第321条乃至第328条に規定する場合を除いては、公判期日における供述に代えて書面を証拠とし、又は公判期日外における他の者の供述を内容とする供述を証拠とすることはできない」）の規定により、原則として、証拠能力を否定されねばならないはずです。
　ちなみに、精神状態の供述は、ある出来事や状況を知覚し、記憶するという２つの過程を含みません。なぜなら、内心に生じた感情や意図、計画、動機などを、それが内心に生じたときに、あるがままにことばで表現し、叙述するのが精神状態の供述だからです。ただし、そうであったとしても、精神状態の供述を、表白されたとおりの精神状態であったことを立証するため使用しようとする以上、やはり供述者じしんに対し、**叙述の誠実性**や**適切さ**をチェックすること、すなわち、精神状態をそのまま表白したか、脚色はないか、一義的で適切なことばを選んだかなどをチェックして、表白された精神状態が真実かどうかを確認する必要はあるはずです（このほか、石井一正『刑事実務証拠法〔第５版〕』115頁は、「〔精神状態の〕供述の真し性をテストするには原供述者に対し右のことばが発せられるまでのいきさつ（感情形成過程）を反対尋問しなければならない」とする）。なぜなら、「人は心にもないことを口走る場合もあり、その正確性を肯定しえてはじめて、真に内心の状態の確認が可能」となるからです（田宮『刑事訴訟法〔新版〕』373頁）。しかし、精神状態の供述が公判廷外においてなされ、その供述を記述した書面や聴きとった第三者の公判廷証言に媒介され、公判廷に報告されるとき、その〈精神状態の供述における**叙述の誠実性**や**適切さ**を反対尋問などでチェックし、供述内容の真実性を確認すること〉はできません。すなわち、「伝聞の危険は一部存するといわざるをえない」わけです（田宮・前掲書373頁）。そのため、精神状態の供述を報告する書面や第三者の公判廷証言は、原則的に、排除されねばならないというのが**伝聞説**でした。
　しかし、多数説はそうは考えません。むしろ、それら書面や第三者の公判廷証言を**非伝聞の供述証拠**であると考えます。すなわち、**非伝聞説**をとって、それら書面や第三者の公判廷証言にはそもそも刑事訴訟法320条１項の適用がないと解します。その実質的な理由づけが、問題にされねばなりません。

２　非伝聞説と伝聞説の対立

(1) 非伝聞説の理由づけ

　精神状態の供述を報告する書面や第三者の公判廷証言について、非伝聞説をとるべき実質的な理由は、こう説明されます。
　現在の精神状態を表白する供述は、知覚・記憶の２過程を欠く。それゆえ、その供述内容の真実性をチェックするには、表現・叙述の２過程だけ、すなわち、叙述の誠実性と適切さだけを取り上げ、誤りがないかどうかチェックすれば、それで足りることになる。言い換えれば、供述にいたる過程について、

誤りをチェックする必要性は小さい（鈴木茂嗣『続・刑事訴訟の基本構造・下巻』557頁は、「〔表現の〕真摯性及び叙述の点のみが問題になるという意味で、いわゆる伝聞危険の小さい供述である」という。〔 〕は引用者）。また、そもそも精神状態の供述は、供述者じしんの内心におのずから生じた気持ちや考えについて、その気持ちや考えが生じたときに、その気持ちや考えのままにことばで表現し、叙述するものであった。そのようなものである限り、その表現・叙述の過程には人為性が介入しない。いわば**自然発生的**なものであった。自然発生的なことばについては、一般に、叙述の誠実性と適切さも肯定される（光藤『口述刑事訴訟法中〔補訂版〕』207頁以下は、「供述時の精神状態の供述は、自然発生的になされる傾向があり、概して真摯性〔表現の誠実性〕がみとめられる」という。〔 〕は引用者）。このような精神状態の供述であれば、その誤りをチェックする方法も、必ずしも、公判廷の宣誓や反対尋問のような最良かつ厳格なものである必要はない。それゆえ、精神状態の供述を報告する書面や第三者の公判廷証言について、あえて伝聞証拠の範疇に入れなくてよい、と。

展開支援ナビ

精神状態の供述をめぐる立法政策　精神状態の供述について、たしかに、その表現・叙述の過程には人為性が介入しませんでした。そのような自然発生的なことばについては、叙述の誠実性と適切さもおのずから肯定されるといえます。そのため、精神状態の供述を報告する書面や第三者の公判廷証言について、伝聞証拠の範疇に入れたうえで、報告される公判廷外の供述が〈内心におのずから生じた精神状態を、それが生じたときに、あるがままにことばで表現し、叙述したもの〉であることが肯定されるならば、ただちに**伝聞例外**として証拠能力を肯定する――、そのように扱うことも、立法政策としては、許されそうです。（伝聞例外の概念について、後述の(2)の展開支援ナビ「伝聞例外の概念に関する基礎知識」参照）。

たとえば、アメリカの連邦証拠規則803条3号は、現在の精神状態を表白する供述であることじたいを、伝聞例外として許容する要件にします。すなわち、連邦証拠規則803条は、「供述者を証人として召喚することができる場合であっても、次〔の各号〕に掲げるものは、伝聞法則によってその証拠能力を否定されない」と定め、同条3号で「原供述者の現在の精神状態、感情、感覚もしくは身体的な状況（意図、計画、動機、構想〔design〕、内心の情動〔mental feeling〕、苦痛もしくは身体的な健康など）を表白する供述〔以下、省略〕」と定めます。なお、同条3号但書は、「ただし、記憶もしくは確信〔belief〕を表白する供述であって、記憶された事実もしくは確信した事実を立証するためのものは、除かれ〔証拠能力を否定され〕る」と定めます。

しかし、わが国の刑事訴訟法は、そのような立法政策をとりませんでした。すなわち、現在の精神状態を表白する供述であることじたいが、伝聞例外要件を充たすというような規定を設けませんでした。そのため、精神状態の供述を報告する書面や第三者の公判廷証言について、もしも伝聞例外として、その証拠能力を肯定しようとすれば、「第321条乃至第328条」（刑訴320①）に規定された伝聞例外要件のうちの、いずれかを充たさねばならないものとなります。しかし、この点で、看過できない不都合が生ずると考えられ（後述の2⑶参照）、結局、非伝聞説が多数説になるわけです。

非伝聞説は、そのように考え、現在の精神状態を表白する公判廷外供述が知覚・記憶の2過程を欠くことを主な理由として、その公判廷外供述を報告する書面や第三者の公判廷証言について、伝聞証拠の範疇に入れず、非伝聞の供述証拠として扱い、その証拠能力を肯定するわけです（これに対し、過去に生じた精神状態をのちに叙述した公判廷外の供述を報告する書面や第三者の公判廷証言は、典型的な伝聞証拠となる。なぜなら、書面などが報告する公判廷外の供述は、原供述者じしんが、みずからの過去の精神状態という出来事ないし状況を認識、記憶したうえで、のちに表現、叙述したものだからである。田宮裕『刑事訴訟法〔新版〕』372頁も、「過去の精神状態の表白であれば明らかに伝聞である」という）。

展開支援ナビ

非伝聞とする特別な理由　設問18「伝聞証拠について――定義、排除の憲法的根拠、非伝聞」5で述べたように、公判廷外供述を報告する書面や第三者の公判廷証言であっても、伝聞証拠の範疇に入らない場合がありました。具体的には、(A)公判廷外における供述の存否じたいが証明の対象とされるとき、(B)同じひとの公

判廷外の不一致供述を弾劾証拠として使用するとき、(C)公判廷外供述が行為の一部をなすとき、(D)公判廷外供述がその聞き手に与えた影響を立証しようとするときなどです。なぜなら、いずれの場合も公判廷外の供述内容の真実性が立証される必要はないからでした。つまり、非伝聞となる共通の理由、すなわち、**非伝聞の一般的理由**が認められるわけです。

しかし、精神状態の供述を非伝聞とする多数説は、知覚・記憶の2過程を欠くことが非伝聞とすべき主な理由だとします。その理由づけは、精神状態の供述を報告する書面または第三者の公判廷証言だけに当てはまります。その意味で、**非伝聞の特別な理由**が付け加えられたわけです。

さらに、「人の内心は他人がのぞきこめない以上、当人の発言が決定的な証拠の1つ」になる場合があります（田宮『刑事訴訟法〔新版〕』373頁）。しかも、供述者の精神状態を立証するためには、公判廷外においてみずからの内心に生じた精神状態を供述者じしんがリアルタイムで記述した供述書や、その内心に生じた精神状態をリアルタイムで表白する供述を聴きとった第三者の供述書や供述録取書、公判廷証言しかない場合も少なくありません（なお、石丸俊彦ほか『刑事訴訟の実務（下）』85頁〔石丸俊彦・服部悟執筆部分〕は、「心の状態を証明するための証拠はもともと適当なものが少ない上、時日を経過した公判での証言よりも当時の供述の方が原供述者の心の状態を推認するためのより良い資料であることも少なくない」という）。そのため、採証上の政策的理由からも、非伝聞として、緩やかに許容すべきだとされます。

展開支援ナビ

非伝聞説による叙述の誠実性と適切さのチェック　精神状態の供述は、内心に生じた精神状態をそのままにことばで伝えるものですから、表現・叙述の過程だけをもちました。ちなみに、表現の過程については、叙述の誠実性、真摯性が問題になります。一般的には、ある出来事や状況を伝える供述について、記憶に従って忠実に述べたかどうか、脚色や作り事、誇張などがないか、チェックされねばなりません。精神状態の供述については、内心に生じた気持ちや考えをそのままに、脚色などなくことばにしたか、チェックします。また、叙述の過程については、叙述の適切さが問題になります。適切なことばを用いたか、曖昧さや紛れのない一義的なことばで伝えたか、チェックされねばなりません（設問18「伝聞証拠——定義、排除根拠、非伝聞」2(1)の【展開支援ナビ】「表現と叙述の過程」参照）。

精神状態の供述における叙述の誠実性と適切さについても、非伝聞説がなんのチェックも求めないわけではありません。非伝聞説は、精神状態の供述において叙述の誠実性と適切さが肯定されるかどうかは、〈論理的関連性が肯定されるかどうか〉の問題だと考え、その点からチェックがなされるとします。

なお、証拠の関連性とは、証拠能力を肯定するための基本的要件の1つでした。ただし、刑事訴訟法に明文規定はなく、不文の要件となります。この証拠の関連性は、概念的に、**論理的関連性と法律的関連性**に区別されました。前者の論理的関連性とは、訴訟上重要な事実の存在について、その蓋然性を高めるか低めることになる証拠の属性を意味します。しかし、この論理的関連性が肯定される場合であっても、その証拠に付随する訴訟上の不都合のほうが大きいときは、証拠として許容できません。これを、「法律的関連性がない」といいます（訴訟上の不都合とは、その証拠が〈被告人に対する偏見、同情、憎悪、軽蔑心、報復感情などを裁判官に抱かせ、その判断を歪めることになる〉とか、〈訴訟上の争点を混乱させ、主要要証事実から裁判官の目を逸らさせることになる〉場合などを意味する。参照、光藤『刑事訴訟法Ⅱ』144頁。被告人の悪性格や、訴追の対象ではない非行や前科などを立証する証拠が、法律的関連性を否定される証拠の典型例である）。

精神状態の供述については、前者の論理的関連性の有無が問題になります。この点で、「一般に、『人為性の不介入』ということは、証拠の〔論理的〕関連性を判断するにあたってむしろ重要なメルクマール」だとされます〔鈴木「伝聞概念について」『続・刑事訴訟の基本構造・下巻』557頁。〔　〕内は引用者）。精神状態の供述についても、その表現・叙述の過程に人為性が介入していなければ、**叙述の誠実性と適切**さが肯定され、論理的関連性も肯定されます。結局、精神状態の供述について論理的関連性を肯定するには、〈表現、叙述の過程に人為性が介入していないこと〉、〈内心におのずから生じた精神状態を、それが生じたときに、あるがままにことばで表現、叙述したこと〉を確認しなければならず、かつ、それで足りるものとなります。言い換えれば非伝聞説は、精神状態の供述における叙述の誠実性と適切さは、論理的関連性のレベルでチェックできるから、敢えて伝聞説をとる必要はないというわけです。

ただし、精神状態の供述が論理的関連性をもつかどうかのチェックは、もっぱら裁判所の裁量的判断に委ねられることになります。すなわち、「必ずしも原供述者を証人として尋問し、反対尋問によりその信用性をテストする必要はない」（東京高判昭和58・1・27判時1097号146頁）わけです。精神状態の供述における叙述の誠実性と適切さについて、「供述態度・供述状況に関する第三者の証言など、本人に対する反対尋問以外の方法によっても検証可能である」（上口裕『刑事訴訟法〔第4版〕』436頁）と考えるわけです。
　これに対し、精神状態の供述を報告する書面や第三者の公判廷証言を伝聞証拠とする伝聞説は、精神状態の供述における叙述の誠実性や適切さについて、論理的関連性のレヴェルで裁判所の裁量的判断によりチェックすることに加え、本来、原供述者に対する反対尋問によってもチェックすべきだという考え方にたちます。そのため、非伝聞説か伝聞説かの対立は、この反対尋問によるチェックに独立した意義があると考えるか否かの対立でもあるわけです（光藤『刑事訴訟法Ⅱ』210頁では、非伝聞説について、精神状態の供述の「真摯性や叙述の正確性についての誤謬の危険については、供述からその内容の真実と関連のない事項（例えば精神異常）を推認する場合にも問題となりうるのであり、それは反対尋問が必要な供述証拠固有の問題ではなく、一般的な関連性の問題として検討すれば足りる」と考えるものと説明する。なお、光藤・前掲書211頁は、供述の「真摯性の検討という反対尋問の課題の重要性」を肯定する立場をとる）。

(2) 精神状態の供述と伝聞例外

　この非伝聞説が、なぜ多数説なのでしょうか。その理由は、非伝聞説と対立する伝聞説に看過できない不都合があるからだとされます。すでに述べたように（(2)(1)参照）、精神状態の供述を報告する書面や第三者の公判廷証言について、証拠として許容せざるをえない場合があるといえました。少なくとも、許容する可能性を認めておかねばならないとされます。言い換えれば、伝聞説にたったとしても、精神状態の供述を報告する書面や第三者の公判廷証言について、これらを**伝聞例外**として許容すべき場合を認めざるをえないと考えられたのです。

展開支援ナビ

伝聞例外の概念に関する基礎知識　伝聞例外の概念に関し、その詳細は次回の演習（設問20「刑事訴訟法321条1項の伝聞例外」）で取り上げます。そのため、今回の演習で必要な基礎知識として、次のことを知っておいて下さい。
　刑事訴訟法320条1項は、「第321条乃至第328条に規定する場合を除いては、公判期日における供述に代えて書面を証拠とし、又は公判期日外における他の者の供述を内容とする供述を証拠とすることはできない」と定めます。この320条1項については、「書面の内容や、他の者の供述内容の真実性を立証するためには」証拠とすることはできない、という要件を補って読むべきものと解されます。そのように解することによって、320条1項は伝聞証拠の原則的な排除を宣言した規定となります。つまり、伝聞証拠を排除する形式的根拠になる規定が、この320条1項であるわけです。
　刑事訴訟法320条1項は、「第321条乃至第328条に規定する場合を除いては」とも定めます。すなわち、伝聞証拠の範疇に入る供述証拠であっても、321条から328条までの規定が定める伝聞例外要件を充たすものであれば、例外的に「証拠とすることができる」わけです。これを伝聞例外と呼びます。
　刑事訴訟法321条から328条の規定が定める伝聞例外要件を俯瞰したとき、それらは、伝聞証拠を例外的に許容する合理的理由がある場合だといえます。すなわち、過去の出来事や状況を立証するためには、「出来事や状況はこうだ」と伝える〈ひとの供述〉を証拠とするほかない――その出来事や状況を立証する物的証拠などが他にない――ケースがどうしても出てくるでしょう。そのため、合理的理由がある限りで、伝聞証拠となる供述証拠であっても、その証拠能力を肯定しようというわけです。
　その合理的理由を根拠づける要素として、一般的には、(A)**必要性**（主要要証事実の認定にその証拠を使用しなければならないこと）と、(B)**信用性の情況的保障**（供述がなされた外部的情況にかんがみ、供述内容について高度の一般的信用性が認められること、すなわち、公判廷の反対尋問に代わるほどの信用性の情況的保障の存在）が挙げられます。とくに、後者の要素(B)が重要です。なぜなら、書面や第三者の公判廷証言が報告する公判廷外の供述について、

公判期日における反対尋問に代わるほどの信用性の情況的保障が肯定されるのであれば、それら書面や第三者の公判廷証言を排除すべき実質的根拠は存しないからです。
　伝聞例外要件を具体的に定めた321条以下の規定のうち、同条1項3号の定める要件がもっとも厳しいものといえます。同号は、「〔原〕供述者が死亡、精神若しくは身体の故障、所在不明又は国外にいるため公判準備又は公判期日において供述することができず、且つ、その供述が犯罪事実の存否の証明に欠くことができないものであるとき。ただし、その供述が特に信用すべき情況の下にされたものであるときに限る」と定めます。必要性にあたる伝聞例外要件として**供述不能**と、他の証拠によっては代えられない**不可欠性**の2つを要求し、さらに、反対尋問に代わる信用性の情況的保障にあたる伝聞例外要件として、公判廷の供述などとの比較ではない**絶対的**な**特信情況**も要求します。しかも、これら3つの要件がすべて充たされない限り、伝聞例外として許容しません。極めて厳格ですけれども、伝聞例外を認める場合の要件を過不足なく規定したものといえます。その点で、321条1項3号は、伝聞例外の基本規定といってよいでしょう。

　しかし、伝聞説にたちつつ、精神状態の供述を報告する書面や第三者の公判廷証言について、これを伝聞例外として許容しようとするとき、看過できない不都合が生じると批判されます。すなわち、その証拠能力を——伝聞例外として——肯定することが極めて困難か、およそ不可能になるケースが出てきてしまい、それでは不都合が大きいと批判されます。この批判の趣旨について、公判廷外における精神状態の供述が裁判所に報告されるケースのうち、実務上、もっとも多いとされる**第三者の公判廷証言に媒介されるケース**を例にあげて、説明しましょう。

展開支援ナビ

被告人じしんが表白した精神状態の供述　なお、第三者の公判廷証言によって報告される精神状態の供述が、「殺してやる」というような殺意を述べた被告人じしんの**供述**であれば、伝聞例外を肯定するうえで、それほど大きな不都合は生じません。なぜなら、刑事訴訟法324条1項（「被告人以外の者の公判準備又は公判期日における供述で被告人の供述をその内容とするものについては、第322条の規定を準用する」）が適用され、この規定にもとづき、322条1項（「被告人が作成した供述書又は被告人の供述を録取した書面で被告人の署名若しくは押印のあるものは、その供述が被告人に不利益な事実の承認を内容とするものであるとき、又は特に信用すべき情況の下にされたものであるときに限り、これを証拠とすることができる。但し、被告人に不利益な事実の承認を内容とする書面は、その承認が自白でない場合においても、第319条の規定に準じ、任意にされたものでない疑があると認めるときは、これを証拠とすることができない」）が準用されるからです。

　すなわち、被告人が発した精神状態の供述は、「被告人に不利益な事実の承認を内容とするものである」場合、「任意にされたものでない疑がある」と認められない限り、許容されるわけです。精神状態の供述は自然発生的なものであるため、一般に、任意性が肯定されるため、その証拠能力も容易に肯定されるわけです。

①**不都合が大きいケース・その1**　不都合が大きいとされるのは、第三者の公判廷証言が報告する公判廷外の供述が、被告人以外の者、たとえば被害者や共犯者などが発した精神状態の供述であるケースです。なぜなら、そのケースでは、刑事訴訟法324条2項（「被告人以外の者の公判準備又は公判期日における供述で被告人以外の者の供述をその内容とするものについては、第321条第1項第3号の規定を準用する」）が適用され、極めて厳格な要件を定めた321条1項3号（「前2号に掲げる書面以外の書面については、供述者が死亡、精神若しくは身体の故障、所在不明又は国外にいるため公判準備又は公判期日において供述することができず、且つ、その供述が犯罪事実の存否の証明に欠くことができないものであるとき。但し、その供述が特に信用すべき情況の下にされたものであるときに限る」）が準用されるからです。すなわち、原供述者である被害者や共犯者などが、死亡や心身の故障などの理由から公判期日では**供述不能**である場合に限って、しかも、さらに**証明不可欠性**や**絶対的特信情況**もある場合に限って、伝聞例外として許容されることになります。このような極めて厳格な伝聞例外要件が、実際に充たされるケースは稀でしょう。

②**不都合が大きいケース・その2**　さらに、被害者や共犯者などが公判期日においてみずからの過去の精神状態について証言したけれども、実は、その証言の内容と矛盾する供述——その過去の時点で

〈現在の精神状態を表白する供述〉であるもの——を公判廷外でしており、それを第三者が聴いていたという場合、その第三者の公判廷証言を例外的に許容することは不可能だといわねばなりません。なぜなら、そのようなケースについて、伝聞例外として許容する規定がないからです。すなわち、刑事訴訟法321条1項2号後段（「公判準備若しくは公判期日において前の供述と相反するか若しくは実質的に異つた供述をしたとき」）のような、公判廷の証言と公判廷外の供述の**自己矛盾**を理由として例外的に許容する規定がない——すなわち、同3号に用意されていない——からです。

　精神状態の供述を報告する書面や第三者の公判廷証言の証拠能力について、そのように厳格に解する必要があるのか、疑問とされました（鈴木「伝聞概念について」『続・刑事訴訟の基本構造・下巻』556頁は、「証人として喚問された原供述者Aが矛盾的供述をしたような場合にも、原供述を聞いたWの証言という最良の証拠を使用しえないことになる。これほどまで厳格に解する必要があるであろうか」という）。この疑問の存在が、伝聞説ではなく非伝聞説を多数説とさせた実質的な理由だといえます（光藤『刑事訴訟法Ⅱ』212頁は、その疑問の存在が「通説をして、非伝聞説に赴かせた最大の理由のように思われます」という）。

3　非伝聞説か伝聞説か——判例の立場

　精神状態の供述を報告する書面や第三者の公判廷証言の証拠能力について、判例の立場はどうでしょうか。

(1)　最高裁昭和30年判決の立場

　強姦致死等被告事件において、証人Wは第一審の公判期日において、「〔被害者の〕Vが『自分は米子の方で勤めているが厭になった』というので私はどうしてかと問うたところVは『〔被告人の〕甲につけられていけない』と云ひ何処から出て来るかと尋ねると『大きな松と小さい松との境目少し下の方に下った処米川土手のコンクリートの石段がありその石段より少し上の方草叢や木が生えた新開川の方から出て来た。それで自分はおそろしく飛んで帰った』と云っておりました」、「Vは私に『甲という人はどういう人か』と尋ねるので私は目の大きい歯は金歯の顔は長い大きい人だと云うとVは『あの人〔甲〕はすかんわ、いやらしいことばかりするんだ』といっておりました。〔それは〕昭和23年2、3月頃ではないかと思います」と証言しました（なお、強姦致死の犯行日時は昭和23年5月1日と推認された）。この公判廷証言の証拠能力が問題とされました。

　最判昭和30・12・9刑集9巻13号2699頁は、「第一審判決は、被告人は『かねてVと情を通じたいとの野心を持っていた』ことを本件犯行の動機として掲げ、その証拠として証人Wの証言を対応させていることは明らかである。そして原判決は、同証言は『Vが、同女〔V〕に対する被告人〔甲〕の野心にもとずく異常な言動に対し、嫌悪の感情を有する旨告白した事実に関するものであり、これを目して伝聞証拠であるとするのは当らない』と説示するけれども、同証言が右要証事実（犯行じたいの間接事実たる動機の認定）との関係において伝聞証拠であることは明らかである。従って右供述に証拠能力を認めるためには刑訴324条2項、321条1項3号に則り、その必要性並びに信用性の情況保障について調査するを要する」と判示しました（なお、最高裁昭和30年判決がいう「要証事実」は、「犯行じたいの間接事実たる動機の認定」と敷衍されたように、実質的には、「立証趣旨」の意味で使われた。要証事実と立証趣旨の概念を整理したものとして、設問18「伝聞証拠について——定義、排除の憲法的根拠、非伝聞」1(2)②の【展開支援ナビ】「要証事実と立証趣旨との関係」参照）。

　公判廷外において「あの人〔甲〕はすかんわ」と吐露した被害者〔V〕の供述を報告する第三者〔W〕の公判廷証言について、控訴審判決の広島高松江支判昭和29・7・26刑集9巻13号追録6頁は、〈Wの公判廷証言で報告される公判廷外の供述は、Vの精神状態（甲に対する嫌悪感情）を表白する供述だから、「非伝聞」だ〉という立場をとったかのようでした（「証人Wの証言は、Vが、同女に対する被告人の前叙の如き野心に基く異常なる言動に対し、嫌悪の感情を有する旨告白した事実に関するものであり、これを目して

伝聞証拠であるとするのは当らない」と判示する）。

　しかし、Vが甲に対して嫌悪感情をもった事実じたいは、それだけでは甲じしんの犯行の動機（Vと情を通じたいとの野心）を推認させる根拠になるものではありません（光藤『口述刑事訴訟法中〔補訂版〕』212頁は、「被告人の犯行動機を認定するのに、被害者の『あの人はすかんわ』という供述部分だけでは、関連性（最小限度の証明力）をもちません」という）。

　最高裁昭和30年判決も認めたように、第三者のWが公判廷で証言したことは、つきまといなどの「被告人の野心にもとずく異常な言動」に対してVが嫌悪感情を吐露したことでした。すなわち、甲に対してVが嫌悪感情をもつ原因になった**出来事**、具体的には、Vに嫌悪感情を抱かせた**甲の異常な言動**について、それをVから聴いた第三者〔W〕が、まさにそのことを公判廷で証言したものでした。この公判廷外におけるVの供述で叙述された甲の異常な言動が、「同女〔V〕に対する甲の野心にもとづく異常な言動」と評価されて、甲の犯行の動機（Vと情を通じたいとの野心）を推認させる根拠となったわけです。つまり、公判廷外におけるVの供述を報告するWの公判廷証言は、Vの供述内容である甲の異常な言動について、その真実性を立証するためのものですから、明らかに伝聞証拠の範疇に入るものであったわけです。

　それゆえ、Wの公判廷証言が伝聞証拠（伝聞供述）であると断じた最高裁昭和30年判決の判示も、当然であったということができます。言い換えれば、最高裁昭和30年判決は、精神状態の供述そのものを報告する書面や第三者の公判廷証言の証拠能力について、まだ、なにも述べていないものでした。

(2)　最高裁昭和38年判決の立場

　殺人、爆発物取締罰則違反等被告事件において、公判廷外で「被害者はもう殺していいやつだ」、「被害者に対する攻撃は拳銃をもってやる」、「被害者の行動を出勤退庁の時間とか乗物だとかを調査し、慎重に計画を立てチャンスをねらう」、「堂々と被害者を襲撃しようか」という、内心の敵意、襲撃の計画、意図などを表白した被告人じしんの供述について、**最判昭和38・10・17刑集17巻10号1795頁**は、それらの証拠能力を肯定します。ただし、最高裁昭和38年判決は、いままで述べた〈公判廷外の供述内容の真実性が問題になるけれども、知覚・記憶の2過程を欠いており、内心から発せられた供述だから、「非伝聞」だ〉という立場をとりませんでした。理論的には、異なった立場をとるのです。

　最高裁昭和38年判決が判示した、その内容はつぎのようでした。

　「伝聞供述となるかどうかは、要証事実と当該供述者の知覚との関係により決せられるものと解すべきである。**被告人甲**が、電産社宅で行われた幹部教育の席上『**白鳥はもう殺してもいいやつだな**』と言った旨の甲の検察官に対する供述調書における供述記載〔中略〕は、被告人甲が右のような内容の発言をしたこと自体を要証事実としているものと解せられるが、被告人甲が右のような内容の発言をしたことは、甲の自ら直接知覚したところであり、伝聞供述であるとは言えず、同証拠〔すなわち、検察官が作成した甲の供述調書〕は〔伝聞供述を報告する書面という「再伝聞証拠」ではないため〕刑訴321条1項2号〔だけ〕によって証拠能力がある旨の原判示は是認できる。次に、被告人甲がKの家の二階かMの下宿で、『白鳥課長に対する攻撃は拳銃をもってやるが、相手が警察官であるだけに慎重に計画をし、まず白鳥課長の行動を出勤退庁の時間とか乗物だとかを調査し慎重に計画を立てチャンスをねらう』と言った旨の証人乙の第一審第38回公判における供述〔中略〕、被告人甲が丙の寄寓先で『共産党を名乗って堂々と白鳥を襲撃しようか』と述べた旨の証人丙の第一審第40回公判における供述〔中略〕等は、いずれも被告人甲が右のような内容の発言をしたこと自体を要証事実としているものと解せられるが、被告人甲が右のような内容の発言をしたことは、各供述者〔乙、丙〕の自ら直接知覚したところであり伝聞供述に当らないとした原判示も是認できる。」

展開支援ナビ

再伝聞の証拠能力　最高裁昭和38年判決では、**再伝聞証拠**（以下、たんに**再伝聞**という）の問題にも言及していました。最高裁昭和38年判決を正確に理解するため、再伝聞の証拠能力について、説明しておきます。

伝聞証拠とは、(A)公判廷外の原供述を報告する書面または第三者の供述であり、かつ、(B)その公判廷外の原供述内容の真実性を立証するためのものを意味しました。この伝聞証拠のうち、公判廷外の原供述を報告する第三者の供述を、とくに**伝聞供述**と呼びます。再伝聞とは、この**伝聞供述を報告する伝聞証拠**（書面または第三者の公判廷証言）を意味します。

たとえば、公判廷外における被害者の供述〔第一次原供述〕について、その供述内容の真実性、すなわち、叙述された犯人の識別や犯行状況などについて、その真実性が立証されねばならないとします。しかし、被害者が死亡したため、被害者の公判廷外供述〔第一次原供述〕を聴いた友人が、その被害者の供述を別の第三者、たとえば、警察官に報告したとします。この友人の公判廷外供述〔第二次原供述〕は、もちろん**伝聞供述**となります。さらに、この友人も所在不明となったため、友人による公判廷外の伝聞供述〔第二次原供述〕を聴取した警察官がみずから公判廷に出頭し、証人として証言したとします。この警察官の公判廷証言が**再伝聞**になるわけです。また、警察官が被害者の友人から聴取した供述〔被害者の第一次原供述を報告する友人の第二次原供述〕を書面に録取し（その供述録取書には友人じしんの署名または押印がある）、この書面、すなわち、供述録取書が公判廷に提出される場合も同じです。この供述録取書は再伝聞となります（友人が警察官を介さず、みずからしたため供述書も再伝聞となる）。

それら再伝聞の供述証拠については、供述内容の正確性や誠実性などをチェックできない知覚・記憶・表現・叙述の過程が、2つ重なっています。すなわち、上述のケースでは、要証事実となる犯人の識別や犯行状況などについて、被害者が知覚して記憶し、表現・叙述した過程と、その被害者の犯人識別供述などを友人が聴取して記憶し、表現・叙述して再現した過程です（なお、警察官の公判廷証言については、友人の供述を再現する過程が正確かどうか、公判廷の主尋問や反対尋問によりチェックされる。警察官の供述録取書については、友人じしんが署名または押印することにより、録取の正確性が確認される。なお、供述録取書について、録取者じしんが公判廷外の原供述を聴取して記憶し、表現・叙述する過程も重ねられた点を捉え、**二重伝聞**とも呼ばれる。ただし、供述録取書に原供述者じしんが署名または押印し、録取の正確性を確認することにより、いわば「一重の伝聞」になる。再伝聞と二重伝聞は類似したことばであり、混同しがちだが、それぞれ特別な意味で用いられることに留意してほしい）。

この再伝聞の証拠能力について定めた規定は刑事訴訟法にありません。それが、再伝聞を伝聞例外として許容しない形式的根拠になります（刑訴320①）。また、正確性や誠実性などをチェックできない供述化の過程が、再伝聞には2つも重なっています。そのことが、再伝聞を伝聞例外として許容しない実質的根拠になるでしょう。なぜなら、そのような再伝聞の一般的信用性は著しく低いといわねばならず、そもそも論理的関連性を肯定できないからです。

再伝聞と判例の立場　しかし、判例は、再伝聞における供述化のそれぞれの過程について、法定の伝聞例外要件が備わっている限り、証拠能力を肯定します。たとえば、強盗殺人未遂等被告事件において、**最判昭和32・1・22刑集11巻1号103頁**は、〈被告人〔甲〕の公判廷外供述を内容とする共同被告人〔乙〕の公判廷外供述〉を聴きとった検察官が作成した供述録取書について、321条1項2号および324条にもとづき、その証拠能力を肯定できるとしました。その趣旨を最高裁昭和32年判決は、「原審が弁護人の論旨第6点に対する判断において説示する理由によって、刑訴321条1項2号及び同324条により右供述調書〔上述の供述録取書〕中の所論の部分についての証拠能力を認めたことは正当である」と判示します。その原審とは**東京高判昭和30・4・2高刑集8巻4号449頁**でした。この東京高裁昭和30年判決が「説示する理由」は、こうです。すなわち、「刑事訴訟法第324条は被告人以外の者の公判準備又は公判期日に於ける供述で、被告人又は被告人以外の者の供述を内容とするものの証拠能力について規定するが、検察官に対する供述調書中に現われている伝聞事項の証拠能力につき直接規定はない。しかし供述者本人が死亡とか行方不明その他刑事訴訟法第321条第1項各号所定の事由があるとき、その供述調書に証拠能力を認めたのは、公判準備又は公判期日に於ける供述にかえて書類を証拠とすることを許したものに外ならないから、刑事訴訟法第321条第1項第2号により証拠能力を認むべき供述書調中の伝聞に亘る供述は公判準備又は公判期日における供述と同等の証拠能力を有するものと解するのが相当である。換言すれば、検察官供述調書中の伝聞でない供述は刑事訴訟法第321条第1項第2号のみによってその証拠能力が決められるに反し、伝聞の部分については同条の外同法第324条が類推適用され、従って同条により更に同法第322条又は第321条第1項第3号が準用されて証拠能力の有無を判

断すべきであり、伝聞を内容とする供述はそうでない供述よりも証拠能力が一層厳重な制約を受けるわけであるが、検察官に対する供述調書中の伝聞に亘る供述なるが故に証拠能力が絶無とはいえない」、と。

　この東京高裁昭和30年判決の解釈を正当とした最高裁昭和32年判決は、検察官面前調書が報告する〈公判廷外の伝聞供述〉について、その検察官面前調書じたいが321条1項2号の要件を充たすとき、〈公判廷における伝聞供述〉に等しいものになるというわけです。すなわち、(A)検察官面前調書が321条1項2号の伝聞例外要件を充たすとき、録取された公判廷外の供述〔第二次原供述〕は、被告人や被告人以外の者による公判廷外の供述〔第一次原供述〕を報告する公判廷の証言と同等に扱うことができ、さらに、(B)その被告人や被告人以外の者による公判廷外の供述内容〔第一次原供述の内容〕の真実性が立証されねばならないとき、録取された公判廷外の供述〔第二次原供述〕は〈公判廷における伝聞供述〉に等しいものとなる以上、324条1項（322条の準用）、2項（321条1項3号の準用）の伝聞例外要件を充たすときは、証拠能力を肯定されてよいわけです。言い換えれば、それぞれの伝聞例外要件を充たす限り、再伝聞についても証拠能力が肯定されたわけです。ただし、本文で挙げた最高裁昭和38年判決は、検察官が作成した甲の供述調書について、伝聞供述を録取した書面でないとしたため、結局、再伝聞としての証拠能力の有無を問題にしませんでした。

①**精神状態を推認させる間接事実に該当することば**　最高裁昭和38年判決の立場については、〈公判廷外で述べられたことばじたいが、精神状態を間接的に推認する根拠となる事実、すなわち、間接事実として証明の対象になる場合〉だから、非伝聞とする趣旨だと解されました（たとえば、田宮『刑事訴訟法〔新版〕』372頁は、最高裁昭和38年判決の「判示については、右の発言〔「白鳥はもう殺してもいいやつだ」、「堂々と襲撃しよう」〕そのものを内心の状態を推認させる情況証拠〔すなわち、間接事実〕とした趣旨であろう」とされた。最高裁判所調査官室編『最高裁判所判例解説刑事篇昭和38年度』〔川添万夫〕158頁も、「被告人甲の『白鳥はもう殺してもいいやつだな』という発言について言えば、本件の場合、白鳥課長が殺してもいいような人間であることが要証事実とされているのではなく、右発言をしたこと自体が、同被告人の白鳥課長に対する内心の敵意を推測せしめる間接事実として、要証事実とされている」と解した）。

　たしかに、公判廷外で述べられたことばじたいを、供述者じしんの精神状態を推認させる間接事実として、要証事実、すなわち、証明の対象にする場合があります。たとえば、公判期日においてWが、「被告人〔甲〕はわたしの前で、俺は八代将軍徳川吉宗だ、と言った」と証言したとしましょう。この公判廷外における甲の供述（「俺は八代将軍徳川吉宗だ」）については、その内容の真実性が問題になりません。言い換えれば、甲のことばが客観的事実と違っていてもかまわないのです。なぜなら、供述時における甲の精神状態（妄想の存在）を推認するうえでは、そのようなことばが甲によって発せられたことじたいが**推認の根拠となる事実**、すなわち、**間接事実**になるからです。

　この場合の証明の対象は、**公判廷外における甲の供述の存否じたい**です。すなわち、甲の供述した内容が真実であることを立証しようとするものではありません。そのため、伝聞証拠の第2の要素（公判廷外の供述内容の真実性を立証するためのもの）を欠き、甲の公判廷外の供述を報告する書面や第三者の公判廷証言は、非伝聞の供述証拠とされるわけです（すなわち、非伝聞とする一般的理由が援用される）。

　しかし、最高裁昭和38年判決の事案は、「俺は八代将軍徳川吉宗だ」と述べたケースと異なります。なぜなら、「殺してもいいやつだ」、「慎重に計画を立てチャンスをねらう」、「襲撃しようか」など、公判廷外で述べられたことばじたいが、供述者じしんの精神状態——すなわち、内心の敵意や、襲撃の計画、意図——を**直接的に表白する**ケースだからです（金築誠志「伝聞の意義」『刑事訴訟法判例百選〔第5版〕』179頁は、「殺してもいいやつだ」という「発言は、内心の敵意をかなり直接的に述べている」という）。

　そもそも、ことばじたい、すなわち、**ことばが発せられたことじたい**を証明の対象にする場合というのは、そのことばじたいの真実性が問題にならない場合、すなわち、そのことばが伝える出来事や状況がまったくの虚偽であってもかまわない場合でした。しかし、最高裁昭和38年判決の事案において、「殺してもいいやつだ」、「慎重に計画を立てチャンスをねらう」などのことばが叙述する精神状態（内心の敵意、襲撃の計画、意図）がまったくの虚偽であるならば、殺人、爆発物取締罰則違反などの主要要証事

実の立証に影響を及ぼす蓋然性はないことになるでしょう。すなわち、「殺してもいいやつだ」などのことばは、主要要証事実の存在について、その蓋然性を高めることになる証拠の属性をもたないことになり、そもそも論理的関連性を失ってしまいます。言い換えれば、最高裁昭和38年判決の事案において、やはり、ことばどおりの精神状態であったという供述内容の真実性が問題になっているといわねばなりません。

そう考える限り、最高裁昭和38年判決の事案について、その**立証の構造**は、「殺してもいいやつだ」、「慎重に計画を立てチャンスをねらう」、「襲撃しようか」などと表白した被告人甲の公判廷外の供述によって、甲がそのことばどおりの精神状態（内心の敵意、襲撃の計画、意図）であったことを立証するものというべきです。この表白時の甲の精神状態じたいを間接事実として、殺人、爆発物取締罰則違反などの主要要証事実の存在、具体的には、襲撃する意思やその後の襲撃行為を推認し、また、共犯者間の意思連絡の存在、ないし、共同意思の下に一体となったことを推認するわけです（なお、**最大判昭和33・5・28刑集12巻8号1718頁**は、共謀共同正犯が成立する要件の1つとして、「特定の犯罪を行うため、共同意思の下に一体となっ〔た〕」ことを要求する）。

それゆえ、「殺してもいいやつだ」、「慎重に計画を立てチャンスをねらう」、「襲撃しようか」などの公判廷外の供述を報告する書面や第三者の公判廷証言について、最高裁昭和38年判決が、これを「非伝聞」だというのであれば、「発言をしたこと自体を要証事実としている」からだと説明すべきではありません。やはり、〈書面などで報告される公判廷外の供述が**精神状態の供述**だから、非伝聞だ〉、〈公判廷外の供述内容の真実性が問題になるけれども、**知覚・記憶の２過程を欠く精神状態の供述**だから、非伝聞だ〉と説明しなければならなかったはずです。その点で、最高裁昭和38年判決の判示には賛成できません。

②**罪となるべき事実に該当することば——共謀を構成する供述**　最高裁昭和38年判決の事案における被告人甲のことば、とくに、「白鳥課長に対する攻撃は拳銃をもってやるが、相手が警察官であるだけに慎重に計画をし、まず白鳥課長の行動を出勤退庁の時間とか乗物だとかを調査し慎重に計画を立てチャンスをねらう」と述べたことばに関し、それじたいが要証事実、すなわち、証明の対象となることについて、上述した①の立場とは**異なった理解**をする論者があります（ただし、非伝聞の一般的理由を援用する点では変わりがない）。その論者は、被告人の「白鳥課長に対する攻撃は拳銃をもってやる」、「慎重に計画を立てチャンスをねらう」などのことばは、共謀を構成する公判廷外の供述にあたり、そのことばじたいが共謀共同正犯の罪となるべき事実そのものとして証明の対象になるとします。共謀を構成する公判廷外の供述の存在じたいが主要要証事実になるため、その公判廷外の供述を報告する書面や第三者の公判廷証言も、非伝聞になると考えるわけです。たとえば、「被告人甲の行動調査指示等に関する発言は、いわば『**謀議**』そのものであり、実行共同正犯における実行行為の分担にも比すべきもので〔中略〕、右**発言をしたこと自体**が犯罪行為の内容として要証事実とされているものと解され、したがってこれをその面前で直接知覚した乙の供述も、伝聞のとがめを受けない」とされました（『最高裁判所判例解説刑事篇昭和38年度』〔川添〕159頁。ゴシック体は引用者）。

また、別の論者によって、「殺してもいいやつだ」、「襲撃しよう」などの「発言は、単に被告人の内心の状態を立証すべき証拠にとどまるものではなく、他面において、殺人の謀議の成立過程を立証すべき証拠でもあるということができる」、とくに、「被害者の行動を出勤退庁の時間とか乗物だとかを調査し、慎重に計画を立てチャンスをねらう」という被害者の「行動調査を指示した発言は、いわば**謀議**そのものであり、実行共同正犯における実行行為の分担にも比すべきもので、この**発言をしたこと自体**が犯罪の内容として要証事実とされている〔中略〕といってよい」、「共謀の成立過程で述べられた共謀者の発言が、右のような意味において、それ自体要証事実となることがあるのは、いわゆる共謀共同正犯における共謀に限らず、実行共同正犯における意思連絡についても同様であろう」、「共謀の成立過程で述べられた共謀者の発言には、通常、供述者の心の状態を立証すべき供述証拠になるという面と、その

発言自体が共謀を構成する事実として要証事実になっているという面があるものと考えられる。したがって、このような発言は、心の状態を述べる供述を伝聞と考えるかどうかにかかわりなく、後者の面において非伝聞の取扱いを受けてよいと思われる」とも述べられました（金築誠志「伝聞の意義」『刑事訴訟法判例百選〔第5版〕』179頁以下。ゴシック体は引用者）。

論者は、「殺してもいいやつだ」、「慎重に計画を立てチャンスをねらう」、「襲撃しようか」などの被告人甲のことばじたいが共謀そのものであり、犯罪を構成する事実に該当する、すなわち、そのことばが発せられたことじたいが罪となるべき具体的事実そのものになると考えるのでしょう。そう考えるため、論者は、「共謀の成立過程で述べられた共謀者の発言が非伝聞となるのは、その発言が共謀者相互間の意思連絡・謀議を構成する事実そのものである場合でなければならないと思われる。そうであってはじめて、その発言が、単なる証拠ではなく、証拠によって立証されるべき事実であるといえるからである」とされました（金築・前掲論文180頁以下。このほか、山室惠「伝聞証拠——裁判の立場から」三井誠ほか編『刑事手続・下』854頁も、同様な趣旨で、「共謀加担者全員の一個の意図、計画を表したもの」であることを要求する）。

しかし、そのような考え方には、疑問があります。なぜなら、第1に、「殺してもいいやつだ」などのことばじたいが、たんなる間接事実ではなく、罪となるべき事実そのものに該当することばだから非伝聞だという考え方をとるならば、結局、そのことばの真実性を問題にしないまま、さらに、そのことばから罪となるべき事実をどのように推認するのかも問題にしないまま、ただちに有罪の認定ができてしまうことになるからです。精神状態の供述について、証明力の判断をいっそう簡易化・効率化しようという狙いがあって主張された考え方だというべきかもしれません。

第2には、犯罪事実、たとえば、共謀共同正犯を成立させるのは、共謀者とされた被告人甲のことばじたいではなく、そのことばどおりの精神状態（内心の情動、計画、意図）であったことから推認される犯罪を行う意思であり、共犯者間の意思連絡の存在、ないし、共同意思の下に一体となったことであるはずだからです（田宮「伝聞証拠」月刊法学教室94号57頁は、「この場合、犯罪を構成するのは共謀における発言じたいではなく、それによって示される犯意ないし意思連絡という状態であるとも考えられるので、やはり内心の状態を推認する一場合だと考えるのが妥当ではあるまいか」という）。論者のように、殺人、爆発物取締罰則違反などの事件において、事前共謀の内容になることばを発したことじたいが——そのことばの内容の真実性を問題にしないで、そのまま——「犯罪の内容」になる、すなわち、刑罰を科す実体的根拠になると考えることには、やはり、無理があるといわねばなりません。

第3に、「共謀者の発言」じたいから、すなわち、そのことばだけをみて、「共謀者相互間の意思連絡・謀議を構成する事実そのもの」とか、「全員の一個の意図、計画を表したもの」（山室・前掲論文854頁）と判断することはできないはずだからです。そのような判断は、「共謀者の発言」について、他の証拠も加え、総合的な証拠評価の対象にすることによりはじめて可能になることでしょう。しかし、それでは、非伝聞かどうか、すなわち、証拠能力の存否について判断する過程に、証明力の判断（刑訴318「証拠の証明力は、裁判官の自由な判断に委ねる」）をもちこむことになります。その点で、論者には、理論的な混乱があるといわねばなりません。

展開支援ナビ

東京高裁昭和58年判決の立場　最高裁判例の立場には、なお分かりにくいものがありました。しかし、高裁判例には、非伝聞説にたったと解されるものがあります。

監禁、監禁致傷、恐喝等被告事件の**東京高判昭和58・1・27判時1097号146頁**は、「(25)確認点—しゃ罪といしゃ料」と記載した共謀者Cのメモについて、その証拠能力を問題とします。その記載は、昭和55年9月25日の三団体の会議において、「出席したAが、〔会議で確認された事項として〕謝罪と慰謝料を要求する旨の発言を聞き、これを〔同月27日に〕Cに伝え、Cが更に右メモに記載したもの」でした。東京高昭

和58年判決は、つぎのように判示します。

　事前共謀を認定する1つの根拠とされた「Cメモ〔共謀者Cが「(25)確認点―しゃ罪といしゃ料」と記載したメモ〕の立証趣旨〔厳密には、要証事実というべき〕については、戦術会議及び犯行準備に関する記載のあるメモの存在とされていたのであり、〔中略〕単にメモの存在とされていたわけではない。本件においては、所論のごとく、メモの存在のみを立証趣旨として取り調べても意味をなさないのであって、原審における訴訟手続を合理的に解釈するかぎり、検察官は、本件犯行の事前共謀を立証するものとして右のメモの証拠調請求をし、弁護人の異議がない旨の意見を経て、裁判所がこれを取り調べたものと解すべきである。」「人の意思、計画を記載したメモについては、その意思、計画を立証するためには、伝聞禁止の法則の適用はないと解することが可能である。それは、知覚、記憶、表現、叙述を前提とする供述証拠と異なり、知覚、記憶を欠落するのであるから、その作成が真摯になされたことが証明されれば、必ずしも原供述者を証人として尋問し、反対尋問によりその信用性をテストする必要はないと解されるからである。そしてこの点は個人の単独犯行についてはもとより、数人共謀の共犯事案についても、その共謀に関する犯行計画を記載したメモについては同様に考えることができる。〔中略〕数人共謀の共犯事案において、その共謀にかかる犯行計画を記載したメモは、それが真摯に作成されたと認められるかぎり、伝聞禁止の法則の適用されない場合として証拠能力を認める余地があるといえよう」、と。

　この判示の限り、東京高裁昭和58年判決は非伝聞説にたったといえます。ただし、東京高裁昭和58年判決はつづけて、こう判示します。

　「ただ、この場合〔すなわち、数人共謀の共犯事案〕においてはその犯行計画を記載したメモについては、それが最終的に共犯者全員の共謀の意思の合致するところとして確認されたものであることが前提とならなければならないのである。本件についてこれをみるに、Cメモに記載された右の点が共犯者数名の共謀の意思の合致するところとして確認されたか否か、確認されたと認定することができないわけではない。したがって、確認されたものとすれば、Cメモに記載された右の点に証拠能力を認めるべきは当然であろう」、と。

　この「最終的に共犯者全員の共謀の意思の合致するところとして確認されたものであることが前提とならなければならない」という判示部分は、〈罪となるべき事実そのものに該当することばだから、非伝聞だ〉という趣旨であれば、その考え方には疑問がありました。しかし、この判示部分の趣旨については、異なる理解もできます。

　すなわち、その判示部分について、〈9月25日における他の共謀者による精神状態〔犯行計画〕の供述をAが聴きとり、その供述内容をAが同月27日にCに伝え、Cがその供述内容をメモに記載した〉という東京高裁昭和58年判決の具体的な事案に即して、その趣旨を理解できます。すなわち、Cメモについて、その記載内容が「共犯者数名の共謀の意思の合致するところとして確認されたもの」かどうかという判断を介して、みずからも共謀者であるCじしんの精神状態を書きとめた「供述書」にあたるかどうかを判断した趣旨だと思うのです。その「現在」とは、「メモを作成した9月27日時点」を意味し、その「精神状態」とは、〈9月25日に確認された犯行計画を踏まえて、みずからも犯行に加わる意思、あるいは、共同意思の下に一体となる意思〉を内容とします。結局、東京高裁昭和58年判決の趣旨については、やはり、〈知覚・記憶の2過程を欠くのが精神状態の供述であり、誤りをチェックする必要性が小さいため、そのような精神状態の供述を報告する書面や第三者の公判廷証言は非伝聞とすることができる〉という考え方によったと理解されるわけです。

犯行計画メモと東京高裁平成20年判決

東京高判平成20・3・27東京高裁（刑事）判時59巻1号22頁は、爆発物取締罰則違反被告事件で、過激派団体の非公然アジトから押収された犯行（2件の爆発物使用）に関係する各種メモについて、非伝聞の供述証拠（一部は刑訴323条3号該当書面）として証拠能力を肯定しました。非伝聞とする理由が特殊であるため、紹介しておきます。

　東京高裁平成20年判決は、まず、刑事訴訟法320条1項の解釈について、「〔本件メモは〕非公然アジトに出入りしていた中核派構成員らによって本件両事件の準備や謀議が行われたことを示す痕跡であり、かけがえのない証拠価値を持つものであって、いわば動かしがたい客観的な原証拠というべきものである。〔中略〕本件各メモの記載内容は、『作成者の公判期日における供述に代えて』これを証拠とするという性質のものではないのであって、その真実性の立証に用いる（供述証拠として使用する）ことも、刑訴法320条1項によって禁じられるものではない、すなわち、本件各メモは、その記載内容を含めて、同項の制限を受けない非伝聞証拠である、と解するのが相当である」と判示しました。すなわち、「本件各メモについては、包括的に同法320条1項の制限を受けない非伝聞証拠であるとの〔中略〕解釈」をとったわけです。

　しかし、この東京高裁平成20年判決の解釈には疑問があります。なぜなら、犯行計画メモのような**証拠物**

たる書面について、「準備や謀議が行われたことを示す痕跡」、「かけがえのない証拠価値を持つもの」、「客観的な原証拠」などと述べ、〈証拠物としての特徴や性格〉を一方的に強調することによって、〈供述証拠としての意義〉を否定するものとなっているからです。〈証拠物かどうか〉は証拠調べの方式の選択にかかわり、〈供述証拠かどうか〉は伝聞証拠排除法則の適用にかかわり、それぞれ異なった意義と機能をもつ証拠の分類方法でした。それゆえ、証拠物たる書面が〈かけがえのない証拠価値をもつ客観的証拠〉であるからといって、その供述証拠としての性質が消滅したり、否定されるものではないはずです。すなわち、重要な証拠物たる書面であっても、供述証拠である以上、伝聞証拠排除法則の適用を免れてよい理由はないはずです。その意味で、東京高裁平成20年判決に対しては、伝聞証拠排除法則を形骸化するものとして批判されねばなりません。

なお、東京高裁平成20年判決は、犯行計画メモを非伝聞とするこれまでの考え方についても言及しており、あわせ紹介しておきます。すなわち、第1に、「本件各メモを、その作成者が、記載された内容の認識、意図、計画、決意を有していたことを認定するために用いる場合には、『知覚、記憶、表現、叙述』という通常の供述過程のうちの『知覚、記憶』の過程を欠く、いわゆる『心の状態を述べる供述』として、伝聞証拠には当たらない（非伝聞証拠である）と解するのが相当である。なぜならば、このような供述については、その真摯性が問題となるにすぎず、供述者（メモ作成者）が被告人以外の者である場合でも、反対尋問によるチェックが不可欠とはいえないからである」と述べ、第2に、「共謀者間の意思連絡に用いられたと認められるもの〔中略〕については、共謀者間でその記載内容のとおりの意思連絡がなされたことを証明するには、その記載の存在だけで十分であって、そのような証拠として、共謀者間の共謀の成立過程の認定にも当然に用い得るのである（この場合も非伝聞証拠である）」と述べました。

4 【関連問題】の論述ポイント

【関連問題1】の事案は、精神状態の供述の証拠能力が問題となる典型的な事例です。非伝聞説または伝聞説がどのような考え方によって、この第三者の公判廷証言に証拠能力を肯定しようとするのか、刑事訴訟法の具体的条項も挙げながら、論述してください。

以下では、【関連問題2】のみについて、具体的な説明をしておきます。押収されたメモは証拠物たる書面に該当する証拠ですが、供述証拠でもあるため、伝聞証拠として排除すべきかどうか、論述することになります。このとき、設問のメモは、包丁と軍手を購入した事実を記録する部分と、2月15日に二条ビルに集合し、連絡は携帯電話で取り合うという犯行計画を記録する部分に分かれることを見抜いて下さい。前者の部分について、記録された事実（犯行準備）の真実性が問題となるため、典型的な伝聞証拠に該当するものとなります。従って、その証拠能力を肯定するには、321条以下のいずれかの規定の伝聞例外要件を充たさねばなりません。これに対し、後者の部分については、公判廷外の精神状態（犯行計画）の供述を記録するメモとして、非伝聞とする考え方が多数説でした。この多数説によれば、伝聞証拠排除法則やその例外側を定める320条、321条以下の規定と無関係に、すなわち、関連性が認められる限り、その証拠能力を肯定できます。つまり、1つのメモの中に伝聞証拠の部分と非伝聞の部分（厳密には、非伝聞かどうか問題とすべき部分）があるわけです。それらをきちんと区別して、証拠能力の有無を論じることができねばなりません。

展開支援ナビ

供述書と署名・押印の要否 メモの記載内容のうち過去の事実を叙述した部分は、メモを作成した者（被告人や第三者）じしんの供述書という性格をもちます（メモ作成者が原供述者となる）。そのため、メモの作成者が**被告人の場合**には刑事訴訟法322条1項の要件（不利益な事実の承認、任意性など）を、そして、**第三者（共犯者）の場合**には321条1項3号の要件（供述不能、不可欠性、特信情況）を充たす限りで、証拠とすることができるものとなります。なお、メモが供述書である限り、供述者じしんの署名・押印を欠いても、証拠能力を認めるうえで障害にはなりません。ちなみに、「被告人以外の者が作成した供述書又はその者の供述を録取した書面で供述者の署名若しくは押印のあるもの」の証拠能力を定めた321条1項について、**最決昭和29・11・25刑集8巻11号1888頁**は、「刑訴321条の『被告人以外の者の作成した供述書』には、署名も押印も必要としない

と解するを相当とする」としました。また、「被告人が作成した供述書又は被告人の供述を録取した書面で被告人の署名若しくは押印のあるもの」の証拠能力を定める 322 条 1 項についても、**東京高判昭和 40・1・28 高刑集 18 巻 1 号 24 頁**は、「供述書については、右供述録取書面と異なり、供述者である被告人の自作である点に信用を措き、作成者（供述者）である当該被告人の署名や押印のない場合にも法定の要件を具備するときは、これを証拠とすることができる旨規定していることは同条の文理上明白であり、同条同項の『被告人が作成した供述書』には、その被告人の署名も押印もこれを必要としないと解するのを相当する」としました。

　犯行計画メモの証拠能力について、論述の構成としては、まず、(A)伝聞証拠を定義し、伝聞証拠排除法則の趣旨を簡潔に説明して下さい。ついで、多数説の立場から、(B)精神状態を表白する公判廷外の供述について、それを報告する書面や第三者証言が非伝聞とされる理由を説明して下さい。たとえば、精神状態の供述を報告する書面や第三者証言は、原供述者がそのことばどおりの精神状態であったことを立証するためのものであり、要証事実との関係では伝聞証拠に該当しそうではあるが、非伝聞とするのが多数説であること、なぜなら、ふと心に浮かんだ精神状態を供述するものであるため、一般の供述証拠と違い事実を知覚・記憶する過程がなく、表現・叙述の過程しかないため、非伝聞とされることを述べて下さい。また、判例も基本的に非伝聞説にたつことに言及して下さい。そして、(C)具体的な当てはめを行います。【関連問題 2】のメモの記載のうち、「包丁などの購入の事実を報告する供述書」にあたる部分は伝聞証拠であり、322 条 1 項の伝聞例外要件を充たすため、すなわち、(イ)不利益な事実の承認であり、かつ、(ロ)任意性に疑いがないため、証拠能力が肯定されることを述べます。さらに、署名・押印の形式的な伝聞例外要件は、供述書であるメモには要求されないことも付言できればよいでしょう。これに対し、メモのうち、「犯行計画を報告する供述書」にあたる部分は、精神状態の供述を報告する書面として非伝聞になるため、そのままで証拠能力が肯定されることを述べます（設問の【関連問題 2】では、関連性があることを前提にしてかまわない）。

　なお、精神状態の供述を報告する書面は伝聞証拠だという立場から、本件犯行計画メモの証拠能力を論述しても、もちろん差し支えありません。むしろ、弁護人の立場から伝聞証拠説にたったうえで、多数説である非伝聞説の問題点、たとえば、裁判所の証拠採否にあたって意見を述べる機会（刑訴規 190②）が当事者に保障されないというような問題点を指摘できてほしいと思います。このほか、犯行計画を述べたメモの部分は、共謀を構成する供述として、その供述の存在じたいが主要要証事実となるため、非伝聞だという議論も可能です。この点まで論述できれば、望ましいといえます。ただし、共謀を構成する供述だから非伝聞だというときは、共謀共同正犯すべての意思が一致したところをメモに記載したことが認められねばならない点に留意して下さい。

証拠法⑥（伝聞証拠）

20　刑事訴訟法321条1項の伝聞例外

設問20
刑事訴訟法321条1項各号が定める伝聞例外要件について、その内容を説明せよ。

関連問題
　被告人は、平成19年6月4日、麻薬及び向精神薬取締法違反被告事件で起訴された。その公訴事実において共犯者の1人として摘示されたAは、適法な在留資格をもたない外国人であり、退去強制令書が発付され、6月8日以降、茨城県牛久市所在の東日本入国管理センターに収容されていた。Aは旅券を所持しておらず、かつ、母国に送還されることを拒否していたため、同センター収容後も退去強制の処分には至らなかった。
　検察官は、7月中旬ころ、東日本入国管理センターに連絡をとり、Aの退去強制に関する事情を把握するとともに、退去強制手続に進展があればすぐに教えてほしい旨の申入れをした。その時点でAは、積極的に旅券を申請する状況になく、退去強制の時期は依然として不明であった。同時期に検察官は裁判所と協議し、その示唆にもとづき、ただちに弁護人に対し、「もしAについて証人尋問が必要であれば、速やかに証拠保全の手続を検討されたい」旨の連絡をした。これを受けて弁護人は被告人と協議したが、Aの供述をその時点で保全すべきか検討を要する点があったほか、Aにはただちに国外に出る意向がないと判断されたことなどから、証拠保全請求をしないものとした。
　第1回公判期日が8月16日に開かれ、検察官は、捜査段階で作成されたAの検察官面前調書の取調べを請求したが、弁護人から不同意の意見があったため、Aの証人尋問を請求した。この請求が認容され、訴訟関係者が全1日の日程を確保できる最も早い期日として一致した10月11日に、水戸地裁土浦支部において所在尋問を行う旨が決定された。検察官は、Aの水戸地裁土浦支部における所在尋問が決まった8月16日に、このことを東日本入国管理センターに連絡した。Aの証人尋問については、9月11日、受命裁判官2名をして行わせる旨の決定があり、9月12日、Aを証人とする召喚状が発送され、これが9月14日にAに送達された。しかし、その間に、Aに対する退去強制手続に進展があり、9月12日に旅券が発給され、9月13日には東日本入国管理センターから検察官に対し、Aが9月19日に退去強制として成田空港から中国に向けて出国する予定である旨の連絡がなされた。検察官は、10月11日に予定されているAの所在尋問との関係上、退去強制の延期の可否などを同センターに確認したが、旅券が発給されれば証人尋問の予定があっても退去させるほかはない旨の回答がなされた。Aは、予定どおり、9月19日に中国に向け出国した。
　裁判所は、Aが出国したことを受け、9月26日に所在尋問を取消し、その後、A証人について検察官の請求が撤回され、採用決定も取消しとなった。検察官は、Aの検察官面前調書を刑事訴訟法321条1項2号前段にもとづき取り調べるよう請求する。
　検察官面前調書の証拠能力を肯定できるか。

1　伝聞証拠排除の例外則

(1)　伝聞証拠と伝聞例外
　伝聞証拠とは、供述証拠のうちで、(A)公判廷外の供述を報告する書面（公判期日において取調べのため

352　証拠法⑥（伝聞証拠）

提出された書面)、または、第三者の供述(公判期日における第三者の証言)であり、かつ、(B)その公判廷外の供述内容の真実性を立証するためのものを意味します。刑事訴訟法320条1項は、この伝聞証拠の証拠能力を否定しました(刑訴321①「第321条乃至第328条に規定する場合を除いては、公判期日における供述に代えて書面を証拠とし、又は公判期日外における他の者の供述を内容とする供述を証拠とすることはできない」)。

ただし、刑事訴訟法320条1項じたいが「第321条乃至第328条に規定する場合を除いては」と定め、伝聞証拠にあたる供述証拠であっても、例外的に証拠能力が肯定される場合を認めます。この321条ないし328条が定める**伝聞証拠排除の例外則**を適用して許容される供述証拠を、**伝聞例外**と呼びます。

(2) 伝聞例外要件の2要素

刑事訴訟法321条以下が定める**伝聞例外の実体的要件**は、一般的に、**2つの要素**から構成されます。1つは、罪となるべき具体的事実などを認定するため、**証拠として使用する必要性**があることです。もう1つは、公判廷外供述がなされた外部的情況にかんがみ、公判廷外供述の内容について高度の信用性が肯定されること、すなわち、**公判廷の反対尋問に代わる信用性の情況的保障**があることです(光藤景皎『刑事訴訟法Ⅱ』215頁以下は、「原供述者に反対尋問しなくても情況的にみて信用性の高い証拠は、例外として許容してよいという考えにもとづく」と説明する)。321条以下の具体的な伝聞例外要件は、おおむねこの必要性と信用性の情況的保障という「2つの要素の強弱のかね合いによって定まる」とされ、そのため、「信用性の情況的保障にも程度があって、反対尋問に代わる程度のものもあれば、その程度に至らないものも〔る〕」とされます(光藤・前掲書215頁)。しかし、〈伝聞証拠を使用する必要性が強いため、信用性の情況的保障の程度を**切り下げる**〉ような例外側の定め方は、認められるべきではないでしょう。なぜなら、公判廷の反対尋問に代わる信用性の情況的保障は、伝聞証拠を例外的に許容するための本質的要素であり、その程度を切り下げてよいとは思われないからです。

展開支援ナビ

証拠としての書面の活用 　公訴を提起する準備として、司法警察職員や検察官など捜査機関は様々な書面を作成します。たとえば、被告人(捜査段階では、被疑者と呼ぶ)や被告人以外の者を取り調べ、聴取した供述内容を書面に録取します。刑事訴訟法はこの書面、すなわち、捜査機関の供述録取書を「**調書**」(刑訴198③など)、「**供述録取書**」(刑訴316の14⑵など)、「**供述を録取した書面**」(刑訴321①など)と呼び、実務上、**供述調書**とも呼びます。供述調書の作成手続は、刑事訴訟法198条3項ないし5項、223条2項が定めます(このほか、警察の内規である犯捜規178条1項は「被疑者供述調書」に記載すべき事項を詳細に定める)。具体的には、供述の録取、供述調書の閲覧または読み聞け、供述者の増減変更申立、捜査機関の署名・押印要求などの手続を経ます。この手続を経て作成された**供述調書**のうち、供述した被告人以外の者や被告人じしんがみずから**署名**または**押印**した**供述調書**は、321条1項や322条1項の要件を充たす限り、証拠として使用されるものとなります。

なお、そのように作成手続が法定された供述調書によらないで、関係者から事実関係を直接、または、電話で聴取した捜査機関が、その聴取した供述内容を上司に報告する**捜査報告書**や**電話聴取報告書**などを作成し、これを刑事訴訟法326条1項該当の**同意書面**として証拠とすることもあります。また、警察の内規(国家公安委員会規則2号)である犯罪捜査規範182条の2は、被疑者取調べの経過・状況に関する客観的資料とするため、「被疑者又は被告人を取調べ室又はこれに準ずる場所において取り調べたとき〔中略〕は、当該取調べを行った日(当該日の翌日の午前零時以降まで継続して取調べを行ったときは、当該翌日の午前零時から当該取調べが終了するまでの時間を含む。次項において同じ。)ごとに、速やかに**取調べ状況報告書**(別記様式第16号)を作成しなければならない」と定めます。この取調べ状況報告書も、同意書面として証拠とすることがあります。

それら被告人などから聴取した供述内容を録取ないし報告する書面のほかに、犯罪の現場やその他の場所、ひとの身体、物件について、捜査機関が任意処分としてみずから行った実況見分や、強制処分として行った検証の結果も、**実況見分調書**(犯罪捜査規範104②)や**検証調書**(犯捜規157)に記録され、証拠とされます(刑訴321③)。証拠物などを撮影して上司に提出する**写真撮影報告書**が捜査機関により作成され、これを証拠とすることもあります。このほか、被害者の死因などを特定する法医学鑑定や、被告人の責任能力を判断する精神鑑定などを捜査機関が専門家に嘱託し(刑訴223①、犯捜規187)、その鑑定受託者が作成する**鑑定書**(犯罪捜査規範

192）も重要な証拠となるでしょう（刑訴321④）。最近では、裁判員裁判での立証を念頭におき、複数の証拠の内容を要約・抽出した**統合捜査報告書**が作成され、証拠とすることもあります（最高検察庁「裁判員裁判における検察の基本方針」37頁）。

　これら様々な書面について、その証拠能力、すなわち、裁判所の事実認定の用に供する法的資格は原則として否定されねばなりません。なぜなら、刑事訴訟法320条1項が、「第321条乃至第328条に規定する場合を除いては、**公判期日における供述に代えて書面を証拠と〔中略〕することはできない**」と定めるからです。

　しかし、実務上、捜査機関の作成した供述調書、実況見分調書、鑑定受託者の鑑定書などの書面は、被告人に有罪を言い渡すうえで（刑訴335①「有罪の言渡をするには、罪となるべき事実、証拠の標目及び法令の適用を示さなければならない」）、重要な証拠として活用されている現実があります。とくに**供述調書**については、最高検察庁「裁判員裁判における検察の基本方針」26頁以下が、裁判員裁判の下でも、「自白事件においては、分かりやすく迅速な審理を実現するためにも、また、証人の負担への配慮の観点からも、簡にして要を得た参考人や被告人の供述調書が同意書証として取り調べられることが適切である場合が多いと考えられる」とし、また、「否認事件において」参考人に「真実を語らせることができない場合」や、被告人の公判廷供述が「真実から後退した内容となりがちである」ため、「今後とも、捜査段階での供述を適正かつ正確に調書化し、相反供述に係る事実等の立証に用いることが必要かつ重要であることに変わりはない」とします。しかし、供述調書を含め、捜査機関の作成した様々な書面が公判廷に証拠として提出され、公判廷の証言や供述よりも重用されるとき、裁判所による罪となるべき具体的事実の認定は、実質的に、それら書面の内容により決定されることになるでしょう。そのような刑事手続のあり方は「**調書裁判**」として批判されねばなりません。

2　伝聞例外の手続的要件――供述録取書における署名・押印

(1)　署名または押印の要求

　公判廷外の原供述者がみずから作成した被害届、上申書、捜査報告書、実況見分調書などの「**供述書**」は、伝聞例外として許容される手続的要件として、原供述者じしんの署名や押印を必要としません（刑訴321①本文や322①の文言じたいが、供述書に署名・押印を要求しない。また、**最決昭和29・11・25刑集8巻11号1888頁**も、「所論引用の判例は〔中略〕、被害届に署名又は押印がなければ、刑訴321条1項の書面として証拠能力を認めることができないとの判断までを含むものではない。そして、刑訴321条の『被告人以外の者の作成した供述書』には、署名も押印も必要としないと解するを相当とする」と判示した）。

　これに対し、たとえば、犯行の目撃者が口述する目撃内容を、第三者の警察官が逐語的に、または、要約して筆記した書面のような「**供述録取書**」については、供述者じしんの「署名若しくは押印」を必要とします（刑訴321①(3)、322②参照）。なぜなら、供述録取書が法廷に顕出されたとき、(A)公判廷外の原供述者じしんの〔ことばで伝えようとする出来事や状況の内容について〕知覚・記憶・表現・叙述の各過程に過誤がないかチェックできないだけでなく、(B)録取者じしんの〔録取者が報告する原供述者の公判廷外供述の存在について〕知覚・記憶・表現・叙述の各過程に過誤がないかもチェックできないからです。すなわち、「供述録取書は、供述者が直接法廷において供述し反対尋問にさらされることがないという意味で伝聞証拠であるとともに、供述を聴取した者がその内容を書面で法廷に報告するという意味でも伝聞証拠である」わけです（『条解刑事訴訟法〔第4版〕』849頁）。そのような供述録取書は、そのままでは**二重の伝聞証拠**になります。そのため、供述録取書に原供述者じしんが「署名若しくは押印」することにより、上記(B)の過程、すなわち、「第2の伝聞過程〔第三者による録取〕について、供述者じしんが録取内容の正確性を承認したことを意味し、それが供述録取書に対する反対尋問に代替しうる程度の信用性の保障〔ただし、録取の正確性に限った信用性の情況的保障〕になる」ものとされるわけです（『条解刑事訴訟法〔第4版〕』849頁。〔　〕は引用者）。

(2)　供述者による署名・押印の拒絶

　供述者が任意に供述しながら、署名・押印は拒絶するとき、その行為はどのような意味をもつでしょ

うか。

署名・押印は伝聞例外の手続的要件でした。そのため、署名・押印の拒絶とは、供述者が任意にした供述について、その証拠化じたいを拒絶することを意味します（なお、刑訴198④により録取内容の削除申立もできるため、供述の一部に限定して証拠化を拒絶することもできる）。すなわち、供述者は、〈署名または押印により、みずからの供述を録取した書面が伝聞例外の手続的要件を充たし、証拠として許容される可能性をもつ〉ことじたいを拒絶する趣旨で、署名・押印を拒絶すると捉えるべきでしょう。その意味で、供述者は、任意にした供述を証拠化するか否か、みずから決定できるというべきです。自己の供述の証拠化について、処分権をもつといってよいでしょう。このように考えるとき、署名・押印が拒絶された供述録取書には、刑事訴訟法321条1項を適用する余地はないというべきです（ちなみに、犯捜規181③は、「供述者が供述調書に署名又は押印を拒否したときは、警察官がその旨を記載して署名押印しておかなければならない」と定める）。

これに対し、判例は、署名・押印に、**供述者じしんによる証拠化**（ないし、証拠化の処分権行使）という意味を認めません。たとえば、**大阪高判平成17・6・28判タ1192号186頁**は、殺人、殺人未遂、詐欺被告事件（和歌山カレー毒物混入事件）で、「〔弁護人の〕所論は、刑訴法198条5項が被疑者に供述録取書への署名押印の拒否を認めていることや、同法322条1項本文の文言上、被告人の署名押印のない供述録取書はその録取の正確性が立証されても証拠能力が認められないことなどを根拠に、供述録取書に署名押印が要求される趣旨は、供述者に自らの供述が刑事裁判の証拠となることについて承諾するか否かの処分権を認めたものと解すべきであり、本件ビデオテープに証拠能力を認めた原審裁判所は、刑訴法322条の解釈を誤っている、と主張する。／しかし、〔中略〕刑訴法上、供述の証拠化について供述者に処分権を認めたと解すべき根拠はなく、供述録取書への署名押印の趣旨は専ら供述録取の正確性の担保にあると解すべきである」と判示しました。

以下では、さしあたり判例の立場にしたがい、署名・押印の意味は「供述録取の正確性の担保にある」として、説明をすすめます。

(3) 署名・押印を欠くことが許されるか

供述録取書に署名・押印を欠くことが許される例外的場合があるでしょうか。すなわち、録取内容について、供述者じしんの署名・押印により担保されるのと同程度に、その**正確性を担保する外部的情況**がある場合、署名・押印を欠いてもよいでしょうか。

この点で、(A)**他事件の公判調書**中の証人、被告人などの供述記載部分（刑訴321①(1)、322①）などは、録取の正確性が担保されているため、供述者の署名・押印を原則として必要としません。刑事訴訟規則45条も、「公判調書については、第38条第3項〔供述者に対する読み聞かせ〕、第4項〔供述者の増減変更申立〕及び第6項〔供述者の署名押印〕の規定による手続をすることを要しない」と定め、この点を確認しました。このほか、(B)書面による録取に代えて録音テープや写真により機械的に記録する**供述録音**（質問・供述など取調べ過程の録音）や**犯行再現写真**（供述に代わる犯行再現行為の撮影）なども、署名・押印以外の方法で、記録の正確性が担保されているといえます。なお、**最決平成17・9・27刑集59巻7号753頁**は、「〔犯行再現写真を内容とする〕実況見分調書や写真撮影報告書等の証拠能力については、〔1〕刑訴法326条の同意が得られない場合には、同法321条3項所定の要件を満たす必要があることはもとより、〔2〕再現者の供述の録取部分及び写真については、再現者が被告人以外の者である場合には同法321条1項2号ないし3号所定の、被告人である場合には同法322条1項所定の要件を満たす必要があるというべきである。〔3〕もっとも、写真については、撮影、現像等の記録の過程が機械的操作によってなされることから前記各要件のうち再現者の署名押印は不要と解される」と判示しました。

> **展開支援ナビ**
>
> **供述録取書の署名を第三者が代書できるか**　刑事訴訟規則61条1項は、「官吏その他の公務員以外の者が署名押印すべき場合に、署名することができないとき〔中略〕は、他人に代書させ、押印することができないときは指印しなければならない」と定め、同2項は「他人に代書させた場合には、代書した者が、その事由を記載して署名押印しなければならない」と定めます。この代書が必要とされる場合も、供述者じしんの署名・押印を欠く場合の1つだといえます。
>
> 　この点で、**最決平成18・12・8刑集60巻10号837頁**は、窃盗被告事件で、代書した者じしんが代書の理由を記載せず、検察官面前調書の末尾に録取者の検察官が「以上のとおり録取して読み聞かせたところ、誤りのないことを申し立てたが、体調不調であると述べ、署名ができない旨申し立てたことから、立会人である供述人〔A〕の次男のBをして代署させた」と記載した事案について、「本件検察官調書末尾の上記のような調書作成者〔検察官〕による記載を見れば、代署の理由が分かり、また、代署した者〔B〕は、そのような調書上の記載を見た上で、自己の署名押印をしたものと認められるから、本件検察官調書は、実質上、刑訴規則61条の代署方式を履践したのに等しいということができる。したがって、本件の代署をもって、刑訴法321条1項1号にいう供述者の『署名』があるのと同視することができるというべきである」と判示しました。
>
> 　なお、第三者の代署が許されるのは、供述者じしんが署名・押印を拒絶しない意思を表示したにもかかわらず、疾病、傷害、非識字などの理由から署名できない場合に限られるというべきです。

3　刑事訴訟法321条1項1号の例外則

(1)　裁判官面前調書の伝聞例外要件

　刑事訴訟法321条1項1号は、**被告人以外の者**の公判廷外供述を録取した**裁判官面前調書**について、これを例外的に許容します。規定はこうです。

刑事訴訟法321条1項　被告人以外の者が作成した供述書又はその者の供述を録取した書面で供述者の署名若しくは押印のあるものは、次に掲げる場合に限り、これを証拠とすることができる。

1号　裁判官の面前（第157条の4第1項に規定する方法〔ビデオリンク方式による証人尋問〕による場合を含む。）における供述を録取した書面については、(A)その供述者が死亡、精神若しくは身体の故障、所在不明若しくは国外にいるため公判準備若しくは公判期日において供述することができないとき、又は(B)供述者が公判準備若しくは公判期日において前の供述と異なった供述をしたとき。

　裁判官面前調書について、(A)の「**供述不能**」要件、または、(B)の「**不一致**」要件のいずれかを充たすとき、その証拠能力が肯定されます（供述録取書については、供述者じしんの署名または押印の形式的要件も充たさねばならない。以下、同じ）。321条1項1号の該当書面としては、226条ないし228条による**公訴提起前または第1回公判期日前の証人尋問調書**、179条の**証拠保全手続における証人（鑑定人を含む）尋問調書**などが挙げられます（なお、ビデオリンク方式による証人尋問調書は、供述者が喚問不能でない限り、刑訴321の2①の伝聞例外規定を適用する。しかし、供述者が死亡などにより喚問不能となったときは、刑訴321①(1)の伝聞例外規定を適用する）。

(2)　1号前段の「供述不能」要件

　刑事訴訟法321条1項1号前段の「精神若しくは身体の故障」（以下、たんに心身の故障という）とは、なにを意味するでしょうか（なお、1号前段の「供述不能」要件に関する説明は、2号前段や3号前段にもあてはまる。そのため、以下、2号前段や3号前段の事例とあわせて説明する）。

　①「**精神若しくは身体の故障**」　心身の故障とは、典型的には、精神的または身体的異常をもつ疾病や、身体的な外傷を意味します。(A)ただし、**一時的な疾病**は、刑事訴訟法321条1項1号前段がいう心身の故障にあたりません。なぜなら、「期日をあらためるなどの方法で（なお、法314条3項参照）供述者を喚問することができる」からです（石井一正『刑事実務証拠法〔第5版〕』158頁）。また、(B)疾病や外傷がない場合であっても、猥褻誘拐強姦致傷被告事件の被害者（18歳）が「後方を振向き被告人を認む

るや証人台の縁に顔を伏せ、**激しく動哭**して答えない」ため、「裁判所は公開を停止して供述し易いふん囲気を作り、検察官は証人の昂奮の静まるのを待って再三尋問したけれども遂に供述を得られなかった」事案において、**札幌高函館支判昭和26・7・30高刑集4巻7号936頁**は、心身の故障にあたると判示しました（刑訴321①(2)の検察官面前調書を許容した事案。この事案でも、一時的な慟哭・号泣は心身の故障に当たらないことが前提とされた）。(C)**臨床尋問**できるときも、心身の故障にあたりません（石井・前掲書158頁は、「公判準備においてすら供述することができない程度」の心身の故障でなければならないとする）。(D)訴訟の合理的進行を著しく阻害しない期間内に**回復する見込み**があるときも、心身の故障にあたりません。

　②「**所在不明若しくは国外にいる**」　刑事訴訟法321条1項1号前段の「所在不明若しくは国外にいる」とは、なにを意味するでしょうか。

　「**所在不明**」とは、所在発見のため相当な手段を尽くしてもなお証人の所在が判明しないことを意味します。所在不明の証人については、喚問（刑訴150①）や勾引（刑訴153）ができないため、伝聞例外の「供述不能」要件を充たすわけです（所在不明の挙証責任は、裁判官面前調書の取調べ請求者にある。所在不明の立証は、自由な証明でよい。**大阪高判昭和26・2・24高裁刑判特報23号34頁**は、「供述調書記載の同人〔証人Ａ〕の住所に宛て郵便により同人に対する召喚状の送達手続を採ったところ送達不能となったので、検察官においてＴ警察署長に対し同人の所在捜査を指揮し〔、〕復命を受けた同警察署名義の検察官宛〔『〕Ａなる者は同所及びその近隣に居住しない〔』〕旨の復命書を裁判所に提出する」ことにより、1号の「所在不明」要件が立証されるとした）。

　「**国外にいる**」とは、日本国の統治権が及ぶ領域の外にいることを意味します。国外にはわが国の司法権が及びません。そのため、国外にいる供述者を証人として勾引（刑訴153）することや、供述者がいる外国で適式な証人尋問（刑訴143以下）を行うことができないため、伝聞例外の「供述不能」要件を充たすわけです。

　この「所在不明」、「国外にいる」も一時的なものでは足りません（石井『刑事実務証拠法〔第5版〕』158、159頁）。この点、**東京高判昭和35・7・21高刑集13巻6号499頁**は、「帰国を待って改めて証人として喚問しても、そのため著しく訴訟手続の進行を阻害することはないと認められる場合」は、伝聞例外の「国外にいる」要件を充たさないとしました（このほか、松浦秀寿「外国旅行中の者の供述調書」『証拠法大系Ⅲ・第3編伝聞証拠』145頁は、「帰国するまでにどの程度の期間があれば本号〔刑事訴訟法321条1項2号〕の要件をみたすことになるかは一概にいえないが、事案の軽重、証人の重要性を考慮して供述者の帰国をまっていては憲法の保障する迅速な裁判といえない程度に訴訟が遅延するおそれのある場合であることを要すると解すべきであろう」という）。また、**東京高判昭和48・4・26高刑集26巻2号214頁**は、「供述者が国外にいるときはそれだけで〔「国外にいる」の〕条件を充たす意味でない」と判示し、その判決要旨では、「可能な手段を尽くしても公判準備若しくは公判期日に証人として出頭させることができないことを要する」とされました（ちなみに、刑事訴訟費用等に関する法律6条により、外国から帰国する旅費等の費用は証人に支給される）。

　このほか、供述者が虚偽の住所・氏名を捜査機関に告げたため、所在が判明しないときも、「所在不明」要件を充たすとされます。**東京高判昭和31・12・19高刑集9巻12号1328頁**は、「第321条第1項第3号に所謂『所在不明』とは該供述調書の証拠調をなす段階において当該供述人の所在が判明しない総べての場合を謂い、その判明しない理由の如何はこれを問わないのであって、本件の場合における如く供述者が当該供述書作成当時虚偽の住所氏名を告げたためにその者の所在が判明しない場合をも当然包含する」と判示し、司法警察職員作成の供述調書を許容しました。ただし、所在不明の理由を問わないとしたことについて、捜査機関による捜査の懈怠が所在不明の原因となったときも「所在不明」要件を充たすことになる点で、なお疑問があります。

　③**1号前段の要件を充たす他の供述不能事由**　刑事訴訟法321条1項1号前段が、「公判準備若しくは公判期日において供述することができない」場合として、「死亡、精神若しくは身体の故障、所在不明若しくは国外にいる」ことを挙げた趣旨について、公判廷に出頭できない**喚問不能の事由を限定列**

挙したものでなく、公判廷外供述を再現できない**供述不能の事由を例示列挙した**ものと解されています。すなわち、1号前段に挙げられていない供述不能事由も伝聞例外要件を充たすと解されました。

　㈷**証言拒絶権の行使**　たとえば、証人が**証言拒絶権を行使**したとき、供述不能にあたるとされます。**最大判昭和27・4・9刑集6巻4号584頁**は、団体等規正令違反犯人蔵匿被告事件（被告人の配偶者である証人Aが公判廷で証言拒絶権を行使したため、刑事訴訟法321条1項2号の「検察官面前調書」の証拠能力が肯定された事案）において、次のように判示しました（ちなみに、刑訴147は「何人も、左に掲げる者が刑事訴追を受け、又は有罪判決を受ける虞のある証言を拒むことができる」と定め、その1号で「自己の配偶者、三親等内の血族若しくは二親等内の姻族又は自己とこれらの親族関係があつた者」と定める。証言拒絶権については、このほか、146〔刑事訴追等を受ける虞のある者〕、149〔医師、弁護士、公証人など〕が定める）。

　「刑訴321条1項2号〔中略〕の規定にいわゆる『供述者が・・・供述することができないとき』としてその〔具体的な〕事由を掲記しているのは、もとよりその供述者を裁判所において証人として尋問することを妨ぐべき障碍事由を示したものに外ならないのであるから、これと同様又はそれ以上の事由の存する場合において同条所定の書面に証拠能力を認めることを妨ぐるものではない。されば本件におけるが如く、Aが第一審裁判所に証人として喚問されながらその証言を拒絶した場合にあっては、検察官の面前における同人の供述につき被告人に反対尋問の機会を与え得ないことは右規定にいわゆる供述者の死亡した場合と何等選ぶところはないのであるから、原審が所論のAの検察官に対する供述調書の記載を、事実認定の資料に供した第一審判決を是認したからといって、これを目して所論の如き〔刑事訴訟法321条1項2号を不当に拡張解釈したなどの〕違法があると即断することはできない」、と。

　しかし、証言拒絶権行使が供述不能にあたるとする判例の立場には、疑問があります。なぜなら、公判廷の証言拒絶権行使が、求められた証言と同一内容の公判廷外供述を記載した書面などを公判廷に顕出させる根拠となってしまっては、権利として証言拒絶を認めたことが無意味になるからです。公判廷の証言拒絶権行使は、供述の証拠化を拒絶する供述者じしんの**終局的な意思**の現れを意味します。それゆえ、証言拒絶権の行使は、公判廷の証言強制を許さないだけでなく、〈過去に、供述拒否権をいったん放棄した結果、調書化された公判廷外供述〉まで排除する効果をもつというべきでしょう。

　㈹**記憶喪失と供述不能**　**最決昭和29・7・29刑集8巻7号1217頁**は、麻薬取締官に対する供述調書を許容した事案において、「証人が、記憶喪失を理由として〔事実上〕証言を拒む場合が、刑訴321条1項3号の場合に該当することは、当裁判所の判例〔上記（ｲ）の最高裁昭和27年4月9日大法廷判決〕の趣旨とするところである」、と判示しました。ちなみに、控訴審判決の**東京高判昭和28・12・22刑集8巻7号1226頁**は、証人の「Aは原審公判廷において（当審においてもまた同様であるが）、右各供述調書の供述内容につき記憶の喪失を理由として〔事実上〕供述を拒否しているのであるから、右は、刑事訴訟法第321条第1項第3号に所謂供述者が死亡、精神若しくは身体の故障等のため公判準備又は公判期日において供述することができない場合に該当するものといわなければならない」と判示しました（証人について、その記憶が曖昧で断片的だというときは、公判廷において、記憶の回復が可能かどうか試みなければならない。刑訴規199の3③⑶は、「証人の記憶が明らかでない事項についてその記憶を喚起するため必要があるとき」は例外的に誘導尋問をすることができると定め、199の11①も、「訴訟関係人は、証人の記憶が明らかでない事項についてその記憶を喚起するため必要があるときは、裁判長の許可を受けて、書面（供述を録取した書面を除く。）又は物を示して尋問することができる」と定める）。

　なお、**最判昭和33・10・24刑集12巻14号3368頁**は、原供述者Aの供述を内容とするBの伝聞証言について、Bの伝聞証言時にAが「既に本件犯行当時の**記憶は全くこれを喪失している**」記憶喪失であると認められたため、「刑訴324条2項、321条1項3号の趣旨に則り」、その証拠能力が認められるとしました（控訴審判決の**東京高判昭和31・2・7刑集12巻14号3378頁**は、「精神若しくは身体の故障には、供述者が時日の経過その他の事由により当時の記憶を忘失してこれを供述することができない場合をも包含するものと解すべきところ、所論のAは原審第5回公判廷において証人として尋問を受けた際昭和25年2月頃の夜被告人

がC方に品物を預けに来たことについては全然記憶がなく、多分来たことはないと思う旨の供述をして〔中略〕いる」と判示した)。この最高裁昭和33年判決は、認知症などの精神的疾患による記憶喪失でなく、たんに「**時日の経過**」**による記憶喪失**であっても、供述不能にあたるとしたものです。しかし、たんなる時日の経過だけで「供述不能」要件を充たすと解すべきではないでしょう。なぜなら、記憶喪失は人為的に装うことが可能であるうえ、さらに、一般的な時日の経過による記憶喪失まで供述不能要件を充たすとしては、「供述不能」要件を形骸化する恐れがあるからです。

　(ハ)**証人の宣誓拒絶**　証人が宣誓を拒絶したときも、供述不能にあたるとされます。具体的には、宣誓が事実上拒絶された事案が問題とされます(刑事訴訟法上は、宣誓能力者である限り、宣誓を拒絶できない。行政罰の過料〔刑訴160①〕や刑事罰の罰金または拘留罰〔刑訴161〕による制裁がある)。

　仙台高判昭和32・6・19高刑集10巻6号508頁は、麻薬取締法違反被告事件で、「宣誓をさせるべき証人を宣誓をさせないで尋問した証言は、不適法な証言で証拠能力を有しないものであるから、宣誓すべき証人が事実上、宣誓を拒否した以上、同人が事件につき供述すると否とを問わず、その者を証人として尋問し適法な証言として再現することを妨ぐべき事由があるときに当るものというべきものというべきである〔ママ〕。されば本件における如く、米国人A、B、Cが本件の証人として宣誓の上、証言すべきであるのに〔中略〕事実上、宣誓を拒否した場合にあっては、刑事訴訟法第321条1項2号前段により、同人の検察官に対する供述調書を証拠とすることができる」と判示しました。

(3)　1号後段の「不一致」要件

　刑事訴訟法321条1項1号後段は、伝聞例外要件として、「供述者が公判準備若しくは公判期日において前の供述と異った供述をしたとき」を挙げます。すなわち、同一の事実関係について、公判準備または公判期日における供述が、供述者が前に裁判官の面前でした公判廷外供述と喰い違っていたり矛盾しているとき、後者の、**前の公判廷外供述を録取した裁判官面前調書**に証拠能力を肯定するわけです。

　ちなみに、同じひとの複数の供述が一致せず、矛盾するとき、いずれかが虚偽か、または、いずれも虚偽かもしれません。どちらにせよ、公判廷外の不一致供述や自己矛盾供述の一般的信用性は極めて低いものとなります。また、そもそも、公判廷証言があるのに、同じひとの公判廷外の不一致供述や自己矛盾供述まで重ねて許容する必要性も乏しいというべきです。それゆえ、公判廷外の自己矛盾供述などについて、実質証拠としては一切許容しない立法政策をとることも十分ありえます。しかし、わが国の刑事訴訟法は、公判廷証言と一致しないか、矛盾する公判廷外供述について、真実かもしれない可能性が少しでもある以上、「事案の真相を明らか」(刑訴1)にするため、これを実質証拠として許容し、真相の解明に万が一にも遺漏がないようにしたといえます。そのため、321条1項1号後段や、後述する4(4)の同項2号後段により、公判廷外の不一致供述や自己矛盾供述であることも、「必要性」にあたる伝聞例外要件を充たすものとされたわけです。

　ただし、刑事訴訟法321条1項1号後段は、たんに「前の供述と異なった」と定め、「どの程度異ったものでなければならないかについては、制限がない」(平野龍一『刑事訴訟法』213頁)ものになっています(ちなみに、刑訴321①(2)後段は、「公判準備若しくは公判期日において前の供述と相反するか若しくは実質的に異った供述をしたとき」と定める)。そのため、1号後段について、喰い違いの程度は小さくてよいと解され、「趣旨としては同一であっても、より明確であり、詳細である場合」も該当するとされます(平野・同上。また、『条解刑事訴訟法〔第4版〕』854頁以下も、「前の供述の方が詳細で証明力が異なるだけでもたりる」という)。1号後段は、実質的には、「自己矛盾」を要件にせず、たんなる「不一致」でよいというわけです。

> ### 展開支援ナビ
> #### 1号後段書面と反対尋問の機会の保障
> 　1号後段（不一致供述）により裁判官面前調書に証拠能力を肯定するためには、調書記載の公判廷外供述の内容について、当事者に反対尋問の機会を与えねばならないでしょうか。1号後段の場合、供述者じしんは公判廷に出頭して証言したことが前提になっています。そのため、公判廷において、前の公判廷外供述の経緯や内容の真実性について、**時機に遅れたもの**ではあれ反対尋問が可能です。
> 　この点、反対尋問の機会を与えるべきだという積極説が多数説でしょう。公判廷外で供述した証人が、現にいま公判廷に出頭しており、前の公判廷外供述の内容にわたって反対尋問を受ける機会があることが、1号後段の伝聞例外要件について、「信用性の情況的保障」の要素を肯定させるものになると考えるわけです（参照、光藤『刑事訴訟法Ⅱ』225頁）。

　検察官の主尋問に対する証人の証言内容が、裁判官面前調書に録取された公判廷外供述の内容と同一であるとき、321条1項1号後段の「前の供述と異なった」要件を充たさないのは当然です。ただし、被告人側の反対尋問が奏功し、証人が被告人に有利に証言内容を変えた場合は、どうでしょうか。この場合、反対尋問の証言内容と、上記裁判官面前調書に録取された公判廷外供述の内容は、たしかに「異なった」ものになります。しかし、裁判官面前調書の録取内容は、主尋問の証言内容とは異なりません。それなのに、**反対尋問の証言内容と異なっていること**だけを根拠に、1号後段の「前の供述と異なった」要件を充たすといえるでしょうか。

　この場合、「前の供述と異なった」要件を充たさないという考え方があります。なぜなら、(A)同じ証人について、同一内容の公判廷証言があるのに、公判廷外供述を録取した裁判官面前調書まで、重ねて実質証拠として許容する必要性はない、(B)被告人側の反対尋問が奏功した結果として、同一証人の公判廷外供述を録取した調書を許容するというのでは、直接主義・口頭主義の趣旨（「調書裁判」を排し、証人尋問を中心とした審理を実現する）に反する、また、(C)被告人側の反対尋問権の行使を無意味にする結果ともなるからです。それゆえ、裁判所はあくまで、検察官の主尋問および被告人側の反対尋問に対する証人の各証言内容のみ取り上げ、その信用性の優劣や証明力の程度を比較、判断して、罪となるべき具体的事実を認定すべきでしょう。すなわち、主尋問の証言と同一内容の公判廷外供述を録取した裁判官面前調書について、1号後段該当性を否定すべきだと思います。

　これに対し、実務上は、1号後段該当性が肯定されます。なぜなら、刑事訴訟法321条1項1号の「前の供述と異なった」要件を判断するさい、公判廷証言の内容を形式的・断片的に捉えるのでなく、実質的・全体的に捉えたうえで、裁判官面前調書に録取された公判廷外供述の内容と比較し、「前の供述と異なった」要件の有無を判断すべきだと考えるからです。すなわち、〈検察官の主尋問に対する証言〉と〈被告人側の反対尋問に対する証言〉を分断するのではなく、両者を一体として「公判準備若しくは公判期日における供述」と捉えるべきだとします。そのように捉えるとき、証人が被告人側の反対尋問において主尋問の証言内容を撤回した以上、証人の公判廷証言は実質的に（ないし、全体として）、裁判官面前調書に録取された公判廷外供述と「異なつた」ものになったと考えるわけです。その結果、主尋問の証言と同一内容の公判廷外供述を録取した裁判官面前調書であっても、1号後段該当性を肯定すべきものとなります。

(4) 裁判官面前調書の伝聞例外要件の問題点

　裁判官面前調書について、刑事訴訟法321条1項1号はその前段でも後段でも、「必要性」の伝聞例外要件のみ規定します。すなわち、「供述者が死亡、精神若しくは身体の故障、所在不明若しくは国外にいるため公判準備若しくは公判期日において供述することができない」と定める1号前段は、**原供述者が公判廷で供述できない**ため、公判廷外供述を報告する裁判官面前調書を許容する「必要性」を肯定

したものです。また、「供述者が公判準備若しくは公判期日において前の供述と異なった供述をした」と定める1号後段も、公判廷の証言と異なる公判廷外供述を報告する裁判官面前調書を許容する「必要性」を肯定したものです。すなわち、1号後段は、「事案の真相を明らか」（刑訴1）にするため、公判廷証言と内容の異なる公判廷外供述も許容する必要があるというわけです。

しかし、321条1項1号には、伝聞例外要件の本質的要素というべき「公判廷の反対尋問に代わる信用性の情況的保障」が明文化されていません。その点で、伝聞例外要件の規定の仕方として欠陥がないか、という疑問が生じます。

この疑問に対し、228条などによる公訴提起前または第1回公判期日前の証人尋問や、179条の証拠保全手続における証人尋問については、「宣誓がなされていることを前提とする」だけでなく、「証拠保全のときは、当事者は立会権がある〔中略〕。228条の〔第1回公判期日前の証人尋問の〕場合は、被告人に立会権はないが、裁判官が、被告人に代わって、被告人に利益な面についても十分に尋問しているものと考えられる。このように、宣誓と職権尋問というかなり強い信用性の情況的保障が存在するから、この供述を許容するのである」とされました（平野『刑事訴訟法』208頁。〔　〕は引用者。以下、同じ）。179条や228条などにもとづく裁判官の証人尋問については、**「宣誓と職権尋問」という信用性の情況的保障が内在する**と考えるわけです。それゆえ、実質的には裁判官面前調書についても、「公判廷の反対尋問に代わる信用性の情況的保障」が伝聞例外要件の要素になっていると解されます。

供述を録取する裁判官面前の手続について、公判廷の反対尋問に代わる信用性の情況的保障が内在すると捉える場合、その手続で作成された裁判官面前調書は、たしかに、321条1項1号書面に該当するといってよいでしょう。しかし、そのような信用性の情況的保障が内在するといえない場合があります。その場合は、裁判官面前調書の1号書面該当性じたいが問題になるといわねばなりません。

①**1号書面該当性が問題になる事例・1**　　たとえば、他事件の公判調書中の証人、鑑定人の供述記載部分、民事事件の口頭弁論調書（証人・鑑定人尋問調書）なども、1号書面に該当するでしょうか。この場合、他事件ではあっても、公平な第三者である裁判官の面前で供述するうえ、その供述も宣誓のうえなされています。それゆえ、問題はないようにも思えます。しかし、「他の事件だと、公判廷での証人尋問であっても、尋問の目標が異なるから、その公判調書ないし証人尋問調書を本号〔すなわち、321条1項1号〕の書面に含めてよいかは疑問がある」と指摘されます（平野『刑事訴訟法』208頁以下）。他事件の場合は、尋問の目標が異なるため、現に審理中の当該事件の当事者（被告人）が立ち会って尋問したものでない限り、裁判官の職権尋問だけでは効果がなく、「当事者の反対尋問に代わる信用性の情況的保障」はないと考えるものです（なお、平野・同上は、「立証趣旨がほぼ共通であるときは、〔1号該当書面に含めて〕さしつかえないであろう」とする）。

この点で、最高裁判例は、**他事件の証人尋問調書**について、立証趣旨の共通性を条件とはせず、無条件に1号書面に該当するとします。公職選挙法違反被告事件で、第一審判決・控訴審判決がともに、他事件における裁判官の証人尋問調書を許容したため、弁護人が、〈刑事訴訟法321条1項1号の裁判官面前調書とは、他事件でなく、当該事件で作成されたものに限られる〉と主張します。この事案について、**最決昭和29・11・11刑集8巻11号1834頁**は、「刑訴321条1項1号の『裁判官の面前における供述を録取した書面』とは、当該事件において作成されたものであると他の事件において作成されたものであるとを問わないものと解するを相当とする」と判示しました（なお、**当該事件の公判調書**にあたる裁判官面前調書については、刑訴321②にもとづき証拠能力が無条件に肯定される）。

②**1号書面該当性が問題になる事例・2**　　他事件の公判調書中の「被告人」の供述記載部分についても、無条件に1号書面に該当するでしょうか。ちなみに、被告人質問の手続では、被告人は黙秘権を保障され、かつ、宣誓なしに供述します（刑訴311①は「被告人は、終始沈黙し、又は個々の質問に対し、供述を拒むことができる」と定める。また、154は「証人には、この法律に特別の定のある場合を除いて、宣誓をさせなければならない」とだけ定め、被告人に宣誓を義務づけない）。そのような被告人質問の手続は、〈無条件に

供述を拒否でき、宣誓も欠くために、信用性の情況的保障を内在させない〉と考えるとき、他事件の公判調書中の「被告人」の供述記載部分については、そもそも1号書面該当性を否定すべきではないかという問題が生じます。

しかし、他事件の公判調書中の「被告人」の供述記載部分も、無条件で許容するのが判例の立場です。収賄被告事件で**最決昭和 57・12・17 刑集 36 巻 12 号 1022 頁**は、結論のみ述べて、「321 条 1 項 1 号の『裁判官の面前における供述を録取した書面』には、被告人以外の者に対する事件の公判調書中同人の被告人としての供述を録取した部分を含むと解するのが相当である」と判示しました。ちなみに、控訴審判決の**仙台高秋田支判昭和 56・8・25 刑集 36 巻 12 号 1028 頁**は、(A)刑事訴訟法 321 条 1 項 1 号の法文上、宣誓のうえなされた供述を録取した書面に限定されていない、(B)1 号該当書面が刑事訴訟法 321 条 1 項の 2 号該当書面よりも厳格な伝聞例外要件を要求されるの不合理である、(C)わが国では宣誓の効果があまり期待できない実情があることを理由としました。具体的には、(イ)321 条 1 項 1 号に該当しうる書面には「他事件の被告人の供述を録取した公判調書、他事件の被告人の勾留質問調書などのように宣誓をしないでなされた供述を録取した書面が多く存することが明らかであるのに、法文上同号に該当する書面は宣誓のうえなされた供述を録取した書面に限定されていない」、(ロ)321 条 1 項の 1 号前段と 2 号前段はいずれも、裁判官面前調書と検察官面前調書に対し、供述不能の「同一要件のもとに証拠能力を与えているが、もし、1 号の書面が宣誓のうえなされた供述を録取した書面に限られたとすると」、裁判官面前調書が〔宣誓がおよそなされない〕検察官面前調書よりも「証拠能力の点でより厳格な要件を要求されることになって明らかに不合理」である、(ハ)「我が国では宣誓のもつ効果はあまり期待できないのが実情であるから、裁判官の面前における供述の信用性の情況保障は、公正な裁判官の面前で供述がなされたことのみによって認めても不合理とはいえない」などの「諸事情を考慮すると、同条 1 項 1 号の書面は、宣誓のうえなされた供述を録取した書面に限らず、宣誓をしないでなされた供述を録取した書面をも含むものと解するのが相当」である、と判示しました。実務では、結局、321 条 1 項 1 号ないし 2 号の文言を**形式的根拠**とし、公正中立な裁判官の面前で供述がなされたことを**実質的根拠**として、他事件の公判調書中の「被告人」の供述記載部分にも証拠能力を肯定する考え方がとられたといえるでしょう。

4 刑事訴訟法 321 条 1 項 2 号の例外則

(1) 検察官面前調書の伝聞例外要件

刑事訴訟法 321 条 1 項 2 号は、被告人以外の者の公判廷外供述を録取した**検察官面前調書**について、これを例外的に許容します。規定はこうです。

刑事訴訟法 321 条 1 項　被告人以外の者が作成した供述書又はその者の供述を録取した書面で供述者の署名若しくは押印のあるものは、次に掲げる場合に限り、これを証拠とすることができる。

2 号　検察官の面前における供述を録取した書面については、(A)その供述者が死亡、精神若しくは身体の故障、所在不明若しくは国外にいるため公判準備若しくは公判期日において供述することができないとき、又は(B－1)公判準備若しくは公判期日において前の供述と相反するか若しくは実質的に異なった供述をしたとき。但し、(B－2)公判準備又は公判期日における供述よりも前の供述を信用すべき特別の情況の存するときに限る。

すなわち、321 条 1 項 2 号は、検察官面前調書について、(A)の「**供述不能**」要件を充たすとき、または、(B－1)の「**自己矛盾**」要件かつ(B－2)の「**相対的特信情況**」要件を充たすとき、例外的に証拠能力を肯定するわけです

2 号該当書面は、「被告人以外の者」を検察官じしんが取り調べ、その結果、その者から得た供述を録取した書面でした（なお、**最判昭和 31・6・19 刑集 10 巻 6 号 853 頁**は、「検察庁法 36 条により検察官の事務取扱を命ぜられた検察事務官は、検察官としての権能を有するものであるから、検察官事務取扱検察事務官の作成した供述調書は、結局検察官作成の供述調書にほかならない」と判示し、証拠の標目として、検察官事務取扱検察

事務官が作成した供述調書を検察官作成の供述調書と表示しても、違法ではないとした。このほか、『条解刑事訴訟法〔第4版〕』856頁は、当該事件の検察官面前調書である必要はなく、「全く別の事件のための取調により作成された〔検察官面前〕調書でもよい」とする）。

ちなみに、この「被告人以外の者」には共犯者や共同被告人も含まれます。たとえば、**最決昭和27・12・11刑集6巻11号1297頁**は、「相被告人〔強盗傷人住居侵入被告事件の共犯者である〕Aの検察官に対する供述調書は、被告に対する関係においては刑訴321条1項2号の書面と見るべ〔きである〕」と判示し、**最判昭和28・6・19刑集7巻6号1342頁**は、麻薬取締規則違反被告事件で、「〔共犯者でない〕共同被告人〔阿片アルカロイド塩酸塩注射液を販売した者〕の検察官に対する供述調書は被告人〔阿片アルカロイド塩酸塩注射液を所持した者〕の関係においては刑訴321条1項2号に該当し得る書面であって、被告人以外の者の供述を録取した書面にあたるものである」と判示しました。それゆえ、共同被告人の事件で、被告人Aと被告人Bの各検察官面前調書を検察官が取調べ請求したとき、被告人側が証拠とすることに同意（刑訴326①）しない限り、たとえば、被告人Aの検察官面前調書は、Aじしんの関係では322条1項該当書面に、他の被告人Bとの関係では321条1項2号該当書面となります。

> **展開支援ナビ**
>
> **手記、てん末書などを添付した検察官面前調書**　被告人以外の者の検察官面前調書に、供述者じしんが作成した手記、てん末書、上申書などが添付されている場合、その書面は検察官面前調書の一部になるでしょうか、あるいは、独立した書面として、供述者じしんが作成した供述書にあたるでしょうか（供述者じしんの供述書にあたるときは、321条1項3号該当書面となる）。
>
> 　この点で、**東京高判昭和25・11・30高裁刑判特報15号42頁**は、詐欺未遂被告事件において、「〔被告人以外の者である〕Aの昭和25年2月3日附書面は同人の検察官に対する第7回供述調書中同人の〔取調べ中の〕申立として、『是迄に私が述べた事の中真実と多少違った点がありますから書いてみます』と記載され、これに続いて、『此の時供述者手記を始め約3時間位後に手記を提出する』と記載されてあるのと、右書面が該供述調書の末尾に編綴せられて居る点に稽えれば、右書面は刑事訴訟法第321条第1項第3号の書面と解するよりは寧ろ同上**第2号に該当する書面**と解するのを相当とする」と判示しました。これに対し、**東京高判昭和55・5・15判時980号135頁**は、「Aの検察官に対する昭和54年2月9日付供述調書なるものは、『私がBことCに出版詐欺被害にかかったことがあります。その経過は別紙の顛末書及びその補充書のとおりです。その内容は骨子を記したもので事実です。Cが何と言おうと、私はこの書面の内容にあることは裁判所でも証言できます。』と記載されて、A及び検察官事務取扱副検事甲の署名押印があり、かつ、Aが作成した『Bによる詐欺容疑その他に関する事件の顛末』及び『C（あるいはD）に関する事件の補足説明書』と題する各書面を右調書の末尾に編綴して、契印し、これらを、右調書の内容としたものであることが認められ、一応、検察官面前録取書の形式を備えたものとなってはいるが、検察官が録取した部分には、右のとおり、本件被害の具体的内容の記載が全くなく、Aがあらかじめ作成準備したと思われる右の顛末書等をすべて引用したものとなっているのであるから、これは、刑訴法321条1項2号にいう検察官の面前における供述を録取した書面であるとはいい難く、同条1項3号に該当する書面であると解すべきである」と判示しました。
>
> 　東京高裁昭和25年判決では、検察官の取調べ中に供述者の申立によって作成された手記の証拠能力が、東京高裁昭和55年判決では、供述者が「あらかじめ作成準備」した顛末書などの証拠能力が問題とされたわけです。前者の手記は、その作成経過から、検察官が取調べの結果を録取した書面に準ずるか、または、取調べの結果を録取する書面に代わるものといえます。そのため、検察官面前調書と添付書面が「全体として法321条1項2号書面にあたる」と解されました（石井『刑事実務証拠法〔第5版〕』157頁）。これに対し、後者の顛末書などは、その作成経過にかんがみても、検察官の取調べから独立した書面であり、3号書面にあたるとされたわけです。

(2)　2号前段の「供述不能」要件

「供述者が死亡、精神若しくは身体の故障、所在不明若しくは国外にいるため公判準備若しくは公判

期日において供述することができない」と定める2号前段は、1号前段と同様に、「供述不能」要件だけで、公判廷外供述を報告する検察官面前調書を許容します（3(2)で述べた1号前段の「供述不能」要件に関する説明は、この2号前段にもあてはまる）。すなわち、321条1項2号前段でも、伝聞例外要件の本質的要素というべき「公判廷の反対尋問に代わる信用性の情況的保障」が明文化されていません。

　しかし、検察官面前調書について、321条1項1号の裁判官面前調書と違い、「宣誓と職権尋問」の信用性の情況的保障が内在するとはいえません。そのため、2号前段の伝聞例外要件には欠陥があるとし、「反対尋問に代わる信用性の情況的保障」を要件として解釈で付加すべきだとする考え方が有力です。たとえば、平野龍一『刑事訴訟法』209頁は、検察官面前の供述には「宣誓もなく、被告人の立会権もない。〔中略〕〔当事者の検察官に〕常に被告人に代ってその利益な点まで十分に問いただすことは期待できない。したがって、信用性の保証は強いとはいえない。〔中略〕信用すべき状況がある場合に限定して、証拠能力を認めるべきである」とします（〔　〕は引用者）。また、田宮裕『刑事訴訟法〔新版〕』381頁も、「検察官は、被告人と対立する当事者の一方であり、裁判官と同じ第三者的立場にあるわけではない。また、事情により裁判官に証人尋問を請求する途もひらかれており、証拠能力を認めるべき必要性も絶対的ではない。そこで、裁判官面前調書と同様に〔中略〕供述不能という理由だけで許容性を肯定するのは問題であり、〔中略〕信用性の要件を解釈上付加すべきであろう」とします。

　しかし、判例は、2号前段に「信用性の情況的保障」の伝聞例外要件を付加することをしません。たとえば、**東京高判昭和63・11・10判タ693号246頁**は、凶器準備集合、傷害致死等被告事件で、「事実上の証言拒否にあっても、その供述拒否の決意が堅く、翻意して尋問に応ずることはないものと判断される場合には、当該の供述拒否が立証者側の証人との通謀或は証人に対する教唆等により作為的に行われたことを疑わせる事情がない以上、〔証人の検察官面前調書に対し〕証拠能力を付与するに妨げないというべきである。これを本件についてみるに、〔中略〕検察官の取り調べ当時、Y〔証人〕はその所属していた党派組織からの報復を極度に恐れていたというので、これが〔宣誓などを拒否した〕1つの理由であろうと推測され、所論がいうような被告人に対する敵意によるものと窺われる状況はなく、また、検察官側が作為的に同人に宣誓等を拒否させたものとも認められない。また刑訴法321条1項2号前段の書面については、その供述を信用すべき特別の情況が在することがこれを証拠とするための積極的な要件とされていないことは条文上明らかである。したがって、証人の検察官の面前における供述情況及びその供述内容の真実性につき慎重な配慮を要することは当然として、〔中略〕Yの検面調書には信用性の情況的保障がないから証拠能力を付与しえないとの所論は採用できない」と判示しました。また、**大阪高判昭和61・4・18刑月18巻4号280頁**も、売春防止法違反被告事件で、「刑事訴訟法321条1項2号前段によると、検察官面前調書の供述者が、『国外にいるため公判準備若しくは公判期日において供述することができないとき』は、同条1項2号後段又は同条1項3号に規定するような『信用すべき特別の情況の存する』又は『特に信用すべき情況のもとにされた』ことの要件をまつまでもなく、同条1項1号の裁判官面前調書と同じく、直ちに証拠能力を取得すると解するのが相当であ〔る〕」と判示し、「『国外にいる』との要件につきこれを厳格に解し、国外にいる事情ごとに捜査官がことさら被告人の証人審問権を妨害ないし侵害する目的で供述者を国外に行かせたかどうか等を検討し、『国外にいる』ことがやむをえないと認められる場合に限りこの要件にあたると解すべきである」と判示しました。いずれも、2号前段の要件に「信用性の情況的保障」要件を付加しないことを明らかにしたわけです。

　ただし、一般論として、東京高裁昭和63年判決は、「供述拒否が立証者側の証人との通謀或は証人に対する教唆等により作為的に行われたことを疑わせる事情」があるとき、また、大阪高裁昭和61年判決は、「捜査官がことさら被告人の証人審問権を妨害ないし侵害する目的で供述者を国外に行かせた」とき、2号書面該当性を否定する趣旨を述べたことが注目されます。同様な高裁判例として、**東京高判昭和40・3・15高刑集18巻2号89頁**が挙げられます。外国政府の同意を得たうえ、現に同国に滞留し、

かつ、公判準備若しくは公判期日に出頭しないことが明らかな外国人Ａ〔被告人以外の者〕を同国において取り調べ、作成された検察官面前調書について、刑事訴訟法321条1項2号前段により証拠能力を肯定した事案でした。東京高裁昭和40年判決は、本件取調べの過程に、「少しも本人の自由を束縛したり、強制や拷問或いは脅迫に亘るようなことのなかったことが窺われ、また、Ａがその後も米国から退去せず、証人として原審公判に出頭することのできなかったことは〔中略〕明らかであるから、右調書は刑事訴訟法第321条第1項第2号の書面として、同規定により証拠能力があるものといわざるを得ない」と判示しました。供述者について、その「自由を束縛したり、強制や拷問或いは脅迫に亘るようなこと」があれば、2号前段該当性を否定することが示唆されました。また、**大阪高判昭和60・3・19判タ562号197頁**も、「捜査官が、被告人の証人審問権を妨害する目的で、出入国管理当局に意見を申入れ、あるいは供述者に不服申立権の不行使を働きかけるなどして、故意に供述者の退去強制の時期を早めさせた場合、あるいは事件の重大性、供述者の証拠方法としての重要性その他当該事件の証拠関係等に照らし、被告人の証人審問権保障のため公判準備ないし公判期日における出頭確保がとくに必要である供述者であって、出入国管理当局の裁量権の範囲内において容易に相当期間本邦内に滞留させうる者について、捜査官がその職責上要請される連絡や意見の申入れを出入国管理当局に対して行うことを怠った結果、退去強制によりその供述者を公判準備ないし公判期日に出頭させる機会を失わせた場合など、特別の事情の認められる場合には、同号前段所定の供述不能の要件をみたすものとは解しがたいけれども、本件〔の売春防止法違反被告事件〕について〔中略〕右のような特別の事情のないことは明らかであ〔る〕」と判示しました。捜査機関が「故意に供述者の退去強制の時期を早めさせた場合」などに、2号前段該当性を否定することが示唆されたわけです。このような高裁判例と軌を一にするのが、**最判平成7・6・20刑集49巻6号741頁**です。以下、その詳細を説明します。

(3) 公正さの欠如を理由とする検察官面前調書の排除

供述者の国外への退去強制を予測しながら、検察官が取調べを行い、作成した検察官面前調書について、供述者が国外へ強制退去させられたのちに、2号前段該当書面として証拠にできるでしょうか。

展開支援ナビ

入管法と刑事訴訟法　出入国管理及び難民認定法（以下、入管法という）39条1項により、退去強制事由（入管法24）に該当する疑いがある外国人は、「収容令書」により入国者収容所（入管センターとも略称）に収容されます（収容令書による収容期間は30日以内であり、やむを得ない事由があるときは、さらに30日を限度とする延長が認められる〔入管法41①〕。収容日数の平均は1、2週間程度とされる）。入国審査官の審査により退去強制事由が認められ、「退去強制令書」が発付されるにいたるとき（入管法47③、48⑧、49⑥、51）、入国警備官によって速やかに執行されねばなりません（入管法52①、③）。

この入管法や刑事訴訟法などにおいて、〈刑事手続の証人となる収容者に対し、刑事手続の進捗状況を考慮して、収容期間を延伸する制度〉はありません（入管法63③は、刑事手続の被告人となる外国人に対してのみ、刑事手続終了後に退去強制令書を執行すべきことを定める）。すなわち、(A)刑事手続と入管当局の行政手続は連動しておらず、(B)検察官も入国管理局に対し法律上、事実上の指揮権をもたないことを確認しておきたいと思います。

この問題について、上記の最高裁平成7年判決は、次のように判示しました。重要な判例であるため、長い引用となります。

「1　本件検察官面前調書は、検察官が、退去強制手続により大阪入国管理局に収容されていたタイ国女性13名（本件管理売春の事案で被告人らの下で就労していた者）を取り調べ、その供述を録取したもので、同女らはいずれもその後タイ国に強制送還されているところから、第一審において、刑訴法321条1項2号前段書面として証拠請求され、その証拠能力が肯定されて本件犯罪事実を認定する証拠とされたものである。／2　同法321条1項2号前段は、検察官面前調書について、その供述者が国外にいるため

公判準備又は公判期日に供述することができないときは、これを証拠とすることができると規定し、右規定に該当すれば、証拠能力を付与すべきものとしている。しかし、右規定が同法320条の伝聞証拠禁止の例外を定めたものであり、憲法37条2項が被告人に証人審問権を保障している趣旨にもかんがみると、検察官面前調書が作成され証拠請求されるに至った事情や、供述者が国外にいることになった事由のいかんによっては、その検察官面前調書を常に右規定により証拠能力があるものとして事実認定の証拠とすることができるとすることには疑問の余地がある。／3　本件の場合、供述者らが国外にいることになった事由は退去強制によるものであるところ、退去強制は、出入国の公正な管理という行政目的を達成するために、入国管理当局が出入国管理及び難民認定法に基づき一定の要件の下に外国人を強制的に国外に退去させる行政処分であるが、同じく国家機関である〔1〕検察官において当該外国人がいずれ国外に退去させられ公判準備又は公判期日に供述することができなくなることを認識しながら殊更そのような事態を利用しようとした場合はもちろん、〔2〕裁判官又は裁判所が当該外国人について証人尋問の決定をしているにもかかわらず強制送還が行われた場合など、当該外国人の**検察官面前調書を証拠請求することが手続的正義の観点から公正さを欠くと認められるときは、これを事実認定の証拠とすることが許容されないこともあり得る**といわなければならない。／4　これを本件についてみるに、検察官において供述者らが強制送還され将来公判準備又は公判期日に供述することができなくなるような事態を殊更利用しようとしたとは認められず、また、本件では、前記13名のタイ国女性と同時期に収容されていた同国女性1名（同じく被告人らの下で就労していた者）について、弁護人の証拠保全請求に基づき裁判官が証人尋問の決定をし、その尋問が行われているのであり、前記13名のタイ国女性のうち弁護人から証拠保全請求があった1名については、右請求時に既に強制送還されており、他の12名の女性については、証拠保全の請求がないまま強制送還されたというのであるから、本件検察官面前調書を証拠請求することが手続的正義の観点から公正さを欠くとは認められないのであって、これを事実認定の証拠とすることが許容されないものとはいえない。」

検察官面前調書の証拠能力について、「手続的正義の観点」から2号前段該当性が否定される場合を認めた、初めての最高裁判例として重要です（なお、「捜査官がことさら被告人の証人審問権を妨害ないし侵害する目的で供述者を国外に行かせた」ときに、2号前段該当性を否定する趣旨を述べた上記(2)の大阪高裁昭和61年判決より、最高裁平成7年判決のほうが、排除要件はゆるやかであることに留意されたい）。

この最高裁平成7年判決は、(A)検察官面前調書の作成、証拠請求の経過と、(B)供述者が国外にいる事由のいかんを考慮し、国外にいる供述者の検察官面前調書を証拠請求することが手続的正義の観点から公正さを欠くと認められるときに、「国外にいる」要件該当性を否定します。具体的には、(イ)検察官が、将来の退去強制による供述不能を認識しながら殊更そのような事態を利用しようとした場合や、(ロ)証人尋問決定後に強制送還が行われた場合に、「国外にいる」要件該当性を否定するわけです。

展開支援ナビ

最高裁平成7年判決の「証拠排除理論」　最高裁平成7年判決について、「違法収集証拠の排除法則とは別の、手続的な観点から証拠の使用を禁止するという新しい排除類型を認めた」とする考え方もあります（石井『刑事実務証拠法〔第5版〕』161頁）。

しかし、最高裁平成7年判決は、「検察官面前調書が作成され証拠請求されるに至った事情や、供述者が国外にいることになった事由のいかんによっては、その検察官面前調書を常に右規定〔供述不能要件を定めた321条1項2号前段〕により証拠能力があるものとして事実認定の証拠とすることができるとすることには疑問の余地がある」、「検察官面前調書を証拠請求することが手続的正義の観点から公正さを欠くと認められるときは、これを〔供述不能要件を定めた321条1項2号前段により〕事実認定の証拠とすることが許容されないこともあり得る」と判示したように、〈321条1項2号前段の伝聞例外要件を充たさないため、検察官面前調書を許容しない場合もありうる〉というものでしょう。

また、最高裁平成7年判決は、伝聞証拠排除の例外則の意義や憲法37条2項の証人審問権の保障を考慮し、

「検察官面前調書が作成され証拠請求されるに至った事情や、供述者が国外にいることになった事由のいかん」により検察官面前調書の証拠能力を否定すべき場合があると判示しました。すなわち、最高裁平成7年判決の趣旨を実質的に捉えても、「手続的正義の観点」から321条1項2号前段の伝聞例外要件を厳格化したものと解されます。

　それゆえ、最高裁平成7年判決については、〈新たな証拠禁止の一般的類型を認めた〉というより、〈2号前段の伝聞例外要件を厳格化した〉というべきでしょう。

　最高裁平成7年判決については、とくに、証人尋問決定後の強制送還という**外形的事実**があるとき、それだけで「公正さを欠く」と認め、**自動的ないし原則的**に検察官面前調書を排除する立場をとったと解しうる点が注目されました。しかし、その判示を批判し、**検察官の過失や懈怠**が強制送還の結果を惹起したことを要求する論者もあります。なぜなら、証人尋問決定後の強制送還について無過失の検察官に対しては、救済を認めるべきだと考えるからです。

　しかし、その考え方では、被告人側が検察官の過失を立証する責任を果たしたときに限り、例外的に検察官面前調書の証拠能力が否定されるものになってしまいます。それでは、証人尋問決定後の強制送還の外形的事実だけを挙げて公正さを欠くとした最高裁平成7年判決の趣旨、すなわち、証人尋問決定後の強制退去の場合は、原則として証拠能力を否定しようとする趣旨を損なってしまうでしょう（ただし、証人尋問決定後の強制送還を阻止する手立てをとった事実を検察官側が積極的に立証したときなどは、「公正さを欠く」という推定が破れ、検察官面前調書の証拠能力が肯定されてよい）。

展開支援ナビ

　弁護人の証拠保全請求の可否、有無　最高裁平成7年判決は、「弁護人の証拠保全請求に基づき裁判官が証人尋問の決定をし、その尋問が行われている」、「弁護人から証拠保全請求があった1名については、右請求時に既に強制送還され〔た〕」、「〔弁護人の〕証拠保全の請求がないまま強制送還された」ことを挙げ、「本件検察官面前調書を証拠請求することが手続的正義の観点から公正さを欠くとは認められない」と判示しました。そのように最高裁平成7年判決が、**弁護人の証拠保全請求との関わりを強調した趣旨はなんでしょうか**。弁護人が証拠保全請求できるのにその機会を利用しなかった以上、証人の退去強制により生ずる〈伝聞証拠の例外的許容や証人審問権の侵害〉の不利益も甘受しなければならないため、**検察官面前調書は許容される**という趣旨でしょうか。

　そうではなく、弁護人の証拠保全請求の可否・有無を、検察官面前調書の証拠請求が〈手続的正義の観点から公正かどうか〉を判断するさいの考慮要素の1つとした趣旨と解すれば足りるでしょう。

　「手続的正義の観点」から検察官面前調書の2号前段該当性を問題とした、その後の高裁判例として、**東京高判平成7・6・29高刑集48巻2号137頁**が挙げられます。この東京高裁平成7年判決は、「〔傷害被告事件で、証人Aが強制退去により出国することを知り得る状況にあったのに〕検察官は、Aに対する証人尋問の請求を全く行っていない〔中略〕。とはいえ、〔弁護人がAの右各供述調書中で不同意とした部分について、検察官が証人尋問請求をする〕実際上の必要性〔は乏しいこと〕に照らし、検察官が、右各供述調書の各不同意部分を証拠とするために、Aが出国し証人尋問ができなくなることを殊更に利用しようとしていたとは到底認められないのである。〔中略〕右各供述調書の各不同意部分の証拠能力に関し、供述者であるAが国外にいて供述不能の状態にあるとして、刑訴法321条1項2号前段又は同項3号を適用することについて、手続的正義の観点から公正さを欠くとしてこれを妨げるような特別の事情は一切存在〔しない〕」と判示しました（このほか、**大阪地判平成7・9・22判タ901号277頁**は、「検察官においてBが強制送還され将来公判準備又は公判期日に供述することができなくなるような事態を殊更利用しようとしたとは認められない」、「検察官がBの前記検察官面前調書を刑事訴訟法321条1項2号前段の書面として証拠請求したことが手続的正義の観点から公正さを欠くとも認められない」と判示した。また、**東京高判平成8・6・20判時1594号150頁**も、「検察官においてCが強制送還され将来公判準備又は公判期日に供述すること

ができなくなるような事態を殊更利用しようとした事情は認められない」、証人尋問決定当日の公判終了後に退去強制命令を知った「検察官は、直ちに証人尋問期日の変更を求め〔た〕」ことなどから、「Ｃの検察官面前調書４通の各不同意部分につき証拠請求をすることが手続的正義の観点から公正さを欠くとは認められない」と判示した）。これに対し、検察官面前調書の証拠能力を否定した地裁の裁判例として、**東京地判平成26・3・18判タ1401号373頁**があります。覚せい剤の密輸入事件（認定された罪名は、覚せい剤取締法違反、関税法違反）であり、「本件では、被告人〔Ａ〕および〔共犯者とされる〕Ｂの捜査を担当し被告人を起訴した甲察官と被告人の起訴後の公判を担当した乙検察官らは、Ｂの供述が被告人の有罪立証にとり重要な証拠であるとともに、Ｂが近日中に強制送還されて本件の公判期日において同人の証人尋問を行うことができなくなる高度の蓋然性があること〔中略〕を認識していたのであるから、起訴後直ちに、弁護人に対して、Ｂの供述調書を証拠請求する見込みや同人が釈放され、在留資格がないことから退去強制処分を受ける可能性があることを連絡し、弁護人に刑訴法179条に基づく証拠保全としてＢの証人尋問請求をする機会を与えるか、何らかの事情によりこれが困難な場合には、次善の方策として、検察官がＢについて刑訴法227条による第１回公判期日前の証人尋問を裁判所に請求するなど、同人の証人尋問の実現に向けて相応の尽力をすることが求められていた」、しかし、「検察官が、当時の状況を踏まえて、被告人又は弁護人にＢに対し直接尋問する機会を与えることについて、相応の尽力はおろか実施することが容易な最低限の配慮をしたことも認められないのであるから、Ｂの本件各供述調書を刑訴法321条１項２号前段により証拠採用することは、国家機関の側に手続的正義の観点から公正さを欠くところがあって、その程度が著しいと認められるし、将来における証人審問権に配慮した刑事裁判手続を確保するという観点からも、到底許容することができない」と判示しました（東京地裁平成26年判決がもしも、〈公正さを欠く程度が著しいこと〉や、〈将来における証人審問権保障を確保すること〉まで排除要件とする趣旨であれば、その点で疑問がある）。

　また、証人尋問後の強制送還の事例について、検察官面前調書の**自動的ないし原則的な排除を認めなかった高裁判例**があります。**東京高判平成20・10・16高刑集61巻４号１頁**は、麻薬及び向精神薬取締法違反被告事件で、「本件は、Ａ〔起訴状で共犯者の１人として明示された、適法な在留資格をもたない中国籍の外国人〕の関係では、確かに、裁判所が外国人について証人尋問の決定をしているにもかかわらず強制送還が行われた場合であるが、原審における裁判所及び検察官は、それぞれの立場から、各時点における状況を踏まえて、Ａの証人尋問の実現に向けて相応の尽力をしてきたことが認められる。〔中略〕他方、入国管理当局は、検察官の要請に基づき、Ａの退去強制手続の実情を伝えるとともに、その所在尋問についても、可能な限り協力するという態勢を整えていたことが認められる。〔中略〕刑事訴訟を担当した司法関係者及び強制送還を担当した入国管理当局の以上のような対応状況にかんがみると、本件は、Ａの退去強制によりその証人尋問が実施不能となったことについて、国家機関の側に手続的正義の観点から公正さを欠くところがあって、その程度が著しく、刑訴法321条１項２号ないし３号をそのまま適用することが公平な裁判の理念に反することとなる場合には、該当しないというべきである。したがって、これらの規定に基づき、Ａの前記各供述調書を証拠として採用した原審裁判所の決定は相当であ〔る〕」と判示しました。この東京高裁平成20年判決は、〈証人尋問決定後の強制送還〉の外形的事実だけで検察官面前調書を排除するのでなく、〈退去強制による証人尋問の不能〉にいたる経過で、国家機関の側に著しい公正さの欠如がない限り、伝聞例外要件を肯定しようとするものでした。

(4)　２号後段の「自己矛盾」要件

　刑事訴訟法321条１項２号後段は、公判廷外の自己矛盾供述を録取した検察官面前調書の証拠能力を肯定します。規定はこうです。

> **刑事訴訟法321条１項**　被告人以外の者が作成した供述書又はその者の供述を録取した書面で供述者の署名若しくは押印のあるものは、次に掲げる場合に限り、これを証拠とすることができる。

2号 検察官の面前における供述を録取した書面については、〔中略〕公判準備若しくは公判期日において前の供述と相反するか若しくは実質的に異った供述をしたとき。但し、公判準備又は公判期日における供述よりも前の供述を信用すべき特別の情況の存するときに限る。

公判廷証言と矛盾する〈前の公判廷外供述〉について、真実かもしれない可能性がある以上、「事案の真相を明らか」（刑訴1）にするため実質証拠として許容し、真相の解明に万が一にも遺漏がないようにする趣旨の規定が、321条1項2号後段でした。すなわち、検察官面前調書について、公判廷外の自己矛盾供述を内容とすることじたいが、「必要性」の伝聞例外要件を充たすものとされたわけです。

展開支援ナビ

当該被告事件の公判廷証言と矛盾する　2号後段該当性を判断するとき、供述者の公判廷証言、すなわち、公判準備若しくは公判期日における供述は、**当該被告事件における公判廷証言**でなければなりません。

すなわち、公判廷外供述を録取した検察官面前調書について、**他事件**の公判調書に録取された証人の公判廷証言と相反することを理由に、証拠能力を肯定することはできません。

この点、**東京高判昭和37・1・18高刑集15巻2号91頁**は、「第321条第1項第2号に謂う公判準備、若しくは公判期日における供述とは、当該被告人に対する被告事件の公判準備、若しくは公判期日における供述を指称するものと解するのが相当である。〔中略〕従つて、併合前の他の被告人の被告事件の公判期日における証人の供述を記載した公判調書の前示の事由により書証として取調べられた場合においても、右証人の供述が検察官の面前調書の記載と相反することを事由として、直ちに同人の検察官の面前調書を証拠とはなし得ないものといわねばならない」と判示しました。当該被告事件の公判期日などで、供述者をあらためて尋問し、公判廷証言を得なければならないとされたわけです。

なお、ビデオリンク方式（刑訴157の4①）による証人尋問とその供述、また、その状況を記録した記録媒体が内容とされた調書における証人の供述は、他事件におけるものであっても、「被告事件の公判期日においてされたもの」とみなされます（刑訴321の2③）。そのため、この調書を証拠としたときは、公判廷外の自己矛盾供述を録取した検察官面前調書を証拠として採用するさいも、当該事件の公判期日などで供述者をあらためて尋問する必要はありません。

---

①公判廷証言の後に作成された検察官面前調書　公判廷証言の後に作成された検察官面前調書は、「前の供述」にあたらないため、2号後段該当性もありません。

東京高判昭和31・12・15高刑集9巻11号1242頁は、検察官に対する「3通の供述調書は、いずれも前示のとおり、その各供述者が既に公判期日において証人として供述した後に作成されたものであって、同条第1項第2号所定のいずれの場合にも該当しないものであることが明らかであるから、同条による証拠能力を有しない」と判示しました。

展開支援ナビ

公判廷証言後に作成された検察官面前調書を許容する　しかし、公判廷証言後に作成された検察官面前調書であっても、刑事訴訟法326条1項の同意があれば、証拠能力を肯定されます（参照、**名古屋高判昭和29・10・28高裁刑裁特報1巻9号407頁**）。また、公判廷証言後に作成された検察官面前調書であっても、公判期日の供述の証明力を争う**弾劾証拠**としては、328条により、その証拠能力を肯定できます。この点、**最判昭和43・10・25刑集22巻11号961頁**は、「原審昭和39年8月28日公判準備期日における証人Aの尋問終了後に作成された同人の検察官調書を、右証人の証言の証明力を争う証拠として採証した原判決の説示は、必ずしも刑訴法328条に違反するものではない」と述べました。

ただし、**最決昭和58・6・30刑集37巻5号592頁**は、証人を**再尋問**し、この再尋問時の公判廷証言と検察官面前調書に録取された公判廷外供述が「相反するか若しくは実質的に異った」ものであれば、検察官面前調書を2号後段により証拠にできるとします。最高裁昭和58年決定は、業務上横領、詐欺被告事件において、「すでに公判期日において証人として尋問された者に対し、捜査機関が、その作成

する供述調書をのちの公判期日に提出することを予定して、同一事項につき取調を行うことは、現行刑訴法の趣旨とする公判中心主義の見地から好ましいことではなく、できるだけ避けるべきではあるが、右証人が、供述調書の作成されたのち、公判準備若しくは公判期日においてあらためて尋問を受け、供述調書の内容と相反するか実質的に異なった供述をした以上、同人が右供述調書の作成される以前に同一事項について証言をしたことがあるからといって、右供述調書が刑訴法321条1項2号にいう『前の供述』の要件を欠くことになるものではないと解するのが相当である（ただし、その作成の経過にかんがみ、同号所定のいわゆる特信情況について慎重な吟味が要請されることは、いうまでもない。）」と判示しました。

　この最高裁昭和58年決定に対し、検察官が「自己の申請した証人の供述を不当と思うのであれば、公判で再主尋問・再々主尋問を通して、自己側証人にその点を問い糺せばよいのであって〔、〕公判終了後公判廷外で同証人を検察官が取り調べるのは公判中心主義に反します。同証人への供述変更を迫る圧迫にもなりかねません。〔中略〕端的にこういう場合は『前の供述に当らない』とすべきであった」と批判されます（光藤『刑事訴訟法Ⅱ』226頁。〔　〕は引用者）。

　②「**相反するか若しくは実質的に異なつた**」　321条1項2号後段において、「必要性」の伝聞例外要件の実質をなす自己矛盾の程度は、「相反するか若しくは実質的に異なった供述」であることです。このうち、「相反する」とはなにを意味するでしょうか。検察官面前調書に録取された公判廷外供述と公判廷証言を比較して、〈その叙述されたことばを表面的にみただけで、立証すべき事項との関係で、明らかに異なった結論を導くものである〉ときに、「相反する」というべきです。これに対し、「実質的に異なった」とはなにを意味するでしょうか。その意味は、検察官面前調書に録取された公判廷外供述と公判廷証言を比較して、〈その叙述されたことばをみる限り、相反していないようにみえても、前後の供述などを照らしあわせると、異なった結論を導くものである〉ときに、「実質的に異なった」というべきでしょう。

　これに対し、判例は違う考え方をとります。**最決昭和32・9・30刑集11巻9号2403頁**は、放火詐欺被告事件において、「相被告人の供述調書は、公判廷における夫々の供述と大綱においては一致しているが、**供述調書の方が詳細**であって、全く実質的に異らないものとはいえないのであるから、同321条1項2号の要件をも満たしているということができる」と判示しました。また、**東京高判昭和27・7・4高裁刑判特報34号107頁**も、贓物故買被告事件で、「公判廷に於て〔検察官の〕尋問が粗雑ではあるが、一応要点に触れて供述を求めていると認められるに拘わらず、証人の証言がその表現に於て簡略でそのためその証言を求めた目的を達し得るやを疑わしめる余地を残すに反し検事に対する供述調書の方は精密であり、その表現自体からしても又前後の関連からしても信憑力に重大な影響を及ぼすような場合には、たとえ、同一事項に亘り同一又は類似の内容をもっているときと雖も、刑事訴訟法第321条第1項第2号にいわゆる公判期日において前の供述と実質的に異なった供述をしたときというのに該当するものと認めるのが相当である」と判示しました。

　しかし、これら判例の考え方には、実務上も、反対が強いといわねばなりません。なぜなら、公判廷証言と大綱において一致する公判廷外供述を録取した検察官面前調書が詳細、精密であれば、2号後段該当性を肯定し、許容できるというのでは、「証人尋問を簡単に打切り、その供述の不足を検面調書によって補充しようとする弊風を招くことにもなりかねない」（石井『刑事実務証拠法〔第5版〕』167頁以下）からです。この点に関し、**名古屋高判昭和30・7・12高裁刑裁特報2巻15号770頁**は、「形式的に簡単な供述を需（もと）めたのみで証人尋問を打切り、後を検察官の面前調書で補充したものであるとの譏（そしり）を免れない。〔中略〕これをたやすく認容看過せんか、必要証人の尋問を簡単に打切り、その供述の不足を検察官の面前調書によって補充せんとする弊風を馴致する虞なしとしない。即ち本件Ａの検察官に対する供述調書は、前示同条項〔刑事訴訟法321条1項2号〕の要件を具備せざるに拘らず採用した違法があると謂うべきである」と判示したことが重要でしょう。

　③**供述の一部が相反する場合**　公判廷外供述と公判廷証言の一部が相反する場合、2号後段該当性

を認めて証拠能力が肯定されるのは、検察官面前調書の**全部**でしょうか。それとも、**相反する部分の供述**だけが証拠能力を肯定されるでしょうか。

　証拠能力を肯定できる実質的根拠があるのは、本来は、相反部分だけです。しかし、〈矛盾する部分の範囲を限定することが難しい〉、〈範囲を限定して証拠としたとき、証明力判断も困難になる〉などの理由で、実務上は、検察官面前調書の全部について証拠能力を肯定する考え方〔無制限説〕が有力だとされます。ただし、検察官面前調書に録取された公判廷外の供述のうち、公判廷証言と矛盾する部分の供述に限り、証拠能力を肯定する考え方〔制限説〕にたつ判例も少なくありません。たとえば、**大阪高判平成10・12・9判タ1063号272頁**は、殺人・銃砲刀剣類所持等取締法違反被告事件で、「刑訴法321条1項2号後段により証拠能力が認められる範囲については、法文上は検察官の面前における供述を録取した書面とするのみであるが、相反する供述部分若しくは実質的に異なった供述部分（以下、相反部分という。）以外の検察官調書中の供述記載は公判準備若しくは公判期日における供述と重複した証拠であり、伝聞証拠にその例外として証拠能力を付与するための要件である必要性を欠くことになるから、同号後段より**証拠能力の認められるのは相反部分及びこれと密接不可分な部分に限**ると解するのが相当である」と判示しました。

(4)　2号後段但書の相対的特信情況

　公判廷証言より公判廷外の「前の〔自己矛盾〕供述を信用すべき特別の情況」の存在も、2号後段該当書面の証拠能力を肯定する要件となります。すなわち、公判廷証言および公判廷外供述がなされた**外部的な付随事情**を比較し、相対的に公判廷外供述のほうに「信用すべき特別の情況」があるかどうかを判断します。「**相対的特信情況**」**要件**を判断する、ともいいます。

　かつては、2号但書の「相対的特信情況」の文言について、伝聞例外要件を定めたものでなく、**証明力の判断**を求めたものと理解されました。すなわち、公判廷証言の証明力と公判廷外供述の内容の証明力を判断し、後者が大きいときに、2号後段但書の相対的特信情況を肯定するものと解されました。しかし、現在は、伝聞例外として**証拠能力を肯定する要件**であることは、実務上も否定されません（『条解刑事訴訟法〔第4版〕』858頁）。なぜなら、公判廷外供述について、それを録取した検察官面前調書の証拠能力が肯定されない限り、その供述内容じたいの証明力判断は許されないはずだからです。

　①**供述の内容じたいを考慮してよいか**　弁護人立会いがなく、録音・録画による可視化もない検察官の取調べについて、公判廷外供述時の外部的事情を推認する客観的資料は乏しい場合が少なくありません。そのため、学説の多数説は、外部的事情を推知させる資料として**公判廷外供述や公判廷証言の内容じたい**を考慮に入れることがあってよいとします。たとえば、「判例にしばしば見られる『理路整然』などの評語は、原供述が冷静になされたという『情況』を示すためならばよい」とされ（松尾浩也『刑事訴訟法（下）新版補正第2版』61頁）、また、「供述の内容から、〔公判廷外の〕原供述のときの事情（例えば、記憶の新鮮なこと、深く反省していること）や、〔公判廷〕証言時の事情（例えば、利害関係人からの働きかけ、公判における発言のはばかり）を推認することになろう」とされました（田宮『刑事訴訟法〔新版〕』382頁）。

　この点、判例の立場はどうでしょうか。**最判昭和30・1・11刑集9巻1号14頁**は、「刑訴321条1項2号は、伝聞証拠排斥に関する同320条の例外規定の1つであって、このような供述調書を証拠とする必要性とその証拠について反対尋問を経ないでも充分の信用性ある情況の存在をその理由とするものである。そして証人が検察官の面前調書と異った供述をしたことによりその必要性は充たされるし、また必ずしも外部的な特別の事情でなくても、その供述の内容自体によってそれが信用性ある情況の存在を推知せしめる事由となると解すべきものである」と判示しました。曖昧な点もありますが、公判廷外供述の内容じたいからも相対的特信情況の存在を推認してよいという趣旨でしょう。ただし、この最高裁昭和30年判決が、もしも公判廷外供述の内容じたいを考慮に入れ、〈理路整然とし前後矛盾がない〉とか、〈客観的事実とよく符合する〉などの理由だけで、相対的特信情況の要件が充たされるという趣

旨であれば、〈公判廷外供述の内容じたいの証明力判断をすることと区別できず、不当だ〉と批判されねばなりません（ちなみに、**名古屋高判昭和24・10・12高裁刑判特報2号36頁**は、2号後段但書の相対的特信情況の趣旨について、公判廷証言よりも検察官面前の公判廷外供述のほうが「理路整然としてゐる」、「客観的事情に合する」、「著しく信用が出来る」ことを意味すると解した。しかし、それは、公判廷外供述の内容じたいの証明力を判断することにほかならず、不当と批判されねばならない）。

　そのように、本来は、公判廷外供述の内容じたいを考慮に入れるべきでありません。ただし、「実務の流れは、これ〔すなわち、相対的特信情況の要件が求める事情〕を内容的には『供述のなされた際の外部的附随事情』と解し、その判断資料としては供述内容そのものも使用しうるとする方向にまとまりつつある」とされます（『条解刑事訴訟法〔第4版〕』858頁）。この流れを踏まえれば、公判廷証言の内容について、そのことばどおりでは、あまりにも不自然な内容などが含まれ、一般的信用性を欠くものになっているときに限り、例外的に、〈一般的信用性を欠く公判廷証言の内容と「相反するか若しくは実質的に異なった」内容の公判廷外供述について、公判廷証言との明らかな不一致を根拠に、その（公判廷外供述の）信用性を肯定させる外部的事情の存在を推認する〉ことは、許されてよいかもしれません（光藤『刑事訴訟法Ⅱ』228頁など参照。ただし、その場合でも、公判廷外供述の内容じたいの証明力に踏み込んだ判断はなされていないことに留意せよ）。

　②公判廷証言の信用性を減殺する外部的事情　2号後段但書の相対的特信情況について、公判廷証言がなされた外部的事情よりも、公判廷外供述がなされた外部的事情のほうに、より高い信用性の保障があれば足りるとされます。しかし、検察官の取調べについて、公判期日の証人調べ手続、すなわち、訴訟関係人が立ち会う法廷において証人が宣誓のうえ証言するという〈信用性の情況的保障となる外形的、客観的事情を十分にそなえた手続〉と比較したとき、**特別な信用性の情況をそなえているとはいえない**はずです。すなわち、2号後段但書の相対的特信情況については、事実上、**不存在の推定**を受けるのであって、この推定を覆すだけの立証を検察官がしなければならないと考えるべきです（小田中聰樹ほか編『刑事弁護コンメンタール1／刑事訴訟法』310頁〔川崎英明〕は、「そもそも、伝聞法則は反対尋問の保障された公判供述にしか証拠能力を認めていない。しかも、検面調書には裁判官面前調書のような（反対尋問の保障による）信用性の情況保障はないから、特信性はないという推定にたたなければならない」とする）。この推定を覆すためには、公判廷の証言について、それが虚偽を述べたと疑わせるに足りる特別な事情が、「公判前に偽証の働きかけがあった」などの具体的なかたちで立証されねばなりません（同上〔川崎英明〕。なお、「実務上検察官の面前における供述の際の情況が一般の場合と異なった特別な信用性の情況を備えていることは稀であり、むしろ公判準備もしくは公判期日における供述の際の情況に信用性が欠けているため、相対的に検察官の面前における供述の際の情況に信用性があるとされる場合が多い」とも指摘される。石井『刑事実務証拠法〔第5版〕』170頁）。

　公判廷証言がなされた外部的事情について、信用性の情況的保障が欠けるケースは以下のように整理されます（以下の整理は、石井・前掲書170頁以下を参照した）。

　(A)時間の経過によって、公判廷での供述者の記憶が低下、変化、喪失したとき。このときは、反射的に、検察官の面前で供述者は新鮮な記憶のままに供述したといえる場合にあたります。たとえば、**大阪高判昭和40・11・8下刑集7巻11号1947頁**は、検察官に対する「右供述調書は原審公判廷の証言より半年も前の比較的記憶の新しい時期のものである点において特信性も認められ〔る〕」と判示しました。これに対し、**東京地決昭和53・6・29判時893号3頁**は、「一般に、被告人以外の者の検察官面前調書はその者の公判廷供述よりも先に作成され、調書録取と公判廷供述との間に相当の日時の経過があるのが捜査、公判の過程における通常の姿であるから、単に日時の経過した事実のみを捉えて記憶の新鮮な時点における供述の方が特信性があるというのでは、法が証拠能力の要件として特信性を要求している趣旨が没却されるものといわなければならず、前の供述を信用すべき特別の情況を肯認するためには、より具体的な特段の事情の存することが必要であると解すべきである」と判示し「証人自身、当公判廷

において検察官の取調を受けた時点の記憶の方が鮮明であり、記憶に基づいて正確に供述するようにしたつもりである、調書の読み聞けを受け、しっかり聞いておったが記載内容に誤りがなかったので署名押印した旨供述していること」などの複数の「事情を綜合すれば、検察官面前調書中の供述を信用すべき特別の情況が存するものと認めるに十分である」と結論しました。

(B)供述者と被告人とのあいだの特別な個人的または社会的関係のために、供述者が公判廷では意識的に被告人に不利益な供述を回避したり、虚偽の内容を供述すると認められるとき。**最決昭和27・6・26刑集6巻6号824頁**は、控訴審の「原判決は所論各証人と被告人との間に親分乾分等の身分関係のあることが記録上明らかな点等から第一審判決が所論各証人の公判廷の被告人の面前における供述よりも検事に対する供述を信用すべき特別の事情が存在するものと認めて証拠としたことは正当であつて採証の法則に反するものではないとの趣旨に理解することができる。されば原判決の判断を目して刑訴321条1項2号に違反する違法があるとはいえない」と判示しました。また、**大阪高判昭和25・12・23高裁刑判特報15号106頁**は、検証現場での証人の「尋問は今や父が〔母を被害者とする〕殺人犯人として起訴せられた後においてその犯行現場で且つ父の面前でなされているのである。〔証人の〕子は〔被告人の〕父のためにかくすことは人情の自然である。」「〔副検事に対する〕供述調書こそ真実を語れるものであり」、2号後段但書の特信情況に該当すると判示しました。ただし、親分子分等の身分関係や親子の血縁関係という外部的事情を抽象的に挙げて、ただちに〈公判廷証言には、信用性の情況的保障が欠ける〉と判断すべきではありません。なぜなら、そのような判断の仕方は、「相対的特信情況」要件を実質的につねに肯定させ、それゆえ、形骸化するものになってしまうからです。繰り返しになりますが、公判廷証言が虚偽を述べたと疑わせるに足りる特別な事情が、「公判前に偽証の働きかけがあった」などの具体的なかたちで立証されねばなりません。

このほか、(C)供述者が、検察官面前の取調べの後に、被告人側から利益供与を約束されたり脅迫を受けたりしたために、やはり、供述者が公判廷では意識的に被告人に不利益な供述を回避したり、虚偽の内容を供述すると認められるとき、(D)検察官面前での供述のさいは、被告人側と通謀の余地がなかったが、その後通謀して口裏を合わせたと認められるとき、(E)供述者じしんについて、検察官の取調べ後に、事情の変更（敵対関係から友好関係に変わったなど）があって、供述者が公判廷では意識的に被告人に不利益な供述を回避したり、虚偽の内容を供述すると認められるときなどが、挙げられます。

③**2号後段但書の特信情況の存否判断**　刑事訴訟法321条1項2号後段の但書が定める「相対的特信情況」要件の存否について、**最判昭和26・11・15刑集5巻12号2393頁**は、「事実審裁判所の裁量〔的判断〕にまかされている」と述べました。ただし、この最高裁昭和26年判決は、特信情況を肯定するうえで、「先ず公判準備又は公判期日において刑事被告人に対し該書面〔検面調書〕の供述者を審問する機会を十分に与えたことを前提とする」とも述べており、注目されます。すなわち、「刑訴321条1項2号但書の規定は、検察官の面前における供述を録取した書面を証拠とするには、先ず公判準備又は公判期日において刑事被告人に対し該書面の供述者を審問する機会を充分に与えたことを前提とするものであり、現に本件においても第一審裁判所は所論検察官の作成した各供述調書の供述人N、同Kをその公判廷（被告人両名の出頭している）において訊問し、被告人両名にも同証人等をそれぞれ審問する機会を十分に与えていること、記録上明らかであるから、原判決の説示は何等憲法37条2項の法意に反するところがない」と判示しました。この判示の趣旨は、公判廷で証言した証人（原供述者）に対し、まず検察官として、検察官面前調書に録取された供述が信用性を肯定できる特別な情況下でなされたことを、公判廷において具体的事情を挙げて立証し、その検察官側の立証を受けて、被告人側に対し証人（原供述者）に対する反対尋問のさいに十分なチェックを行わせなければならないことを意味します。また、**被告人側の反対尋問が未了の証人**について、その検察官面前調書を2号後段の書面として許容してはならないことも意味します。この点、**仙台高判昭和42・9・11高刑集20巻4号546頁**は、「各証人について反対尋問権行使の機会が与えられた形跡が認められず、依然反対尋問権留保のまま公判期日が

続行されたにもかかわらず、原審は、右各証人に関し検察官から刑事訴訟法321条1項2号後段の書面として取調請求のなされた、当該証人の検察官に対する供述調書をその第26回公判廷において、主任弁護人の右の点に関する異議を棄却したうえ、あえて取調をなし、これらを原判示第三の（二）（1）（2）の事実認定の証拠に供したことが認められるのであって、原審としては、主任弁護人に対し、よろしく反対尋問権行使の機会を与えるため、**反対尋問留保中の当該証人の再召喚を求めるかどうかを確かめ、然る後検察官調書の採否を決定すべきであったのにこれをなさず**、受饗応者についての重要証拠を安易に採用し、事実認定の証拠に供したことは、判決に影響を及ぼすことの明らかな訴訟手続の法令違反があるといわなければならない」と判示しました。

5　刑事訴訟法321条1項3号の例外則

(1)　伝聞例外の基本規定——321条1項3号

　刑事訴訟法321条1項3号は、被告人以外の者の公判廷外供述を録取した「司法警察職員面前調書」、「弁護人の聴取書」などを例外的に許容します。規定はこうです。

> **刑事訴訟法321条1項**　被告人以外の者が作成した供述書又はその者の供述を録取した書面で供述者の署名若しくは押印のあるものは、次に掲げる場合に限り、これを証拠とすることができる。
> 3号　前2号に掲げる書面以外の書面については、(A)供述者が死亡、精神若しくは身体の故障、所在不明又は国外にいるため公判準備又は公判期日において供述することができず、且つ、(B)その供述が犯罪事実の存否の証明に欠くことができないものであるとき。(C)但し、その供述が特に信用すべき情況の下にされたものであるときに限る。

　それら(A)の「**供述不能**」要件、(B)の「**証明不可欠性**」要件、(C)の「**絶対的特信情況**」要件がすべて充たされて初めて、伝聞例外として、3号該当書面の証拠能力が肯定されます

　刑事訴訟法321条1項3号の伝聞例外要件は、そのように必要性の要素も信用性の情況的保障の要素も、とくに強いものとされました。しかも、上記(A)・(B)・(C)の3要件をすべて充たさねばなりませんでした。伝聞例外要件をもっとも厳格に、かつ、不足なく定めたものであり、その意味で、321条1項3号は**伝聞例外の基本規定**といえるでしょう（『大コンメンタール刑事訴訟法第5巻Ⅰ』241頁〔中山善房〕は、「伝聞証拠の証拠能力を認めるについての原則的規定」という）。

　この刑事訴訟法321条1項3号に該当する書面として、たとえば、取調べの結果作成した検察事務官や司法警察職員（警察官、麻薬取締官、郵政監察官など）の供述調書（刑訴233①）やその他の捜査報告書、参考人などの供述を録取した弁護人の聴取書、各種の届出書（上申書、始末書、被害届など）、私人が作成した書面（日記、メモ、領収書、契約書など）が挙げられます。

展開支援ナビ

外国で作成された書面と3号該当書面　このほか、**外国の裁判所の公判調書も3号該当書面になります**。**最決平成15・11・26刑集57巻10号1057頁**が、覚せい剤取締法違反、関税法違反被告事件（被告人がAや日本の複数の暴力団組織と共謀して、営利目的で覚醒剤を輸入した事案）で、「ソウル地方法院に起訴されたA〔韓国人〕の同法院の公判廷における供述を記載した本件公判調書の証拠能力について職権で判断する。／第一審判決及び原判決の認定並びに記録によれば、本件公判調書は、日本国外にいるため公判準備又は公判期日において供述することができないAの供述を録取したものであり、かつ、本件覚せい剤密輸入の謀議の内容等を証明するのに不可欠な証拠であるところ、同人の上記供述は、自らの意思で任意に供述できるよう手続的保障がされている大韓民国の法令にのっとり、同国の裁判官、検察官及び弁護人が在廷する公開の法廷において、質問に対し陳述を拒否することができる旨告げられた上でされたというものである。／このようにして作成された本件公判調書は、特に信用すべき情況の下にされた供述を録取したものであることが優に認められるから、刑訴法321条1項3号により本件公判調書の証拠能力を認めた原判決の判断は正当として是認することができる」と判示しました。

　また、**外国の捜査機関に対する供述調書も3号該当書面となります**。**最判平成23・10・20刑集65巻7号**

999頁は、強盗殺人、死体遺棄等被告事件（福岡一家殺害事件）において、「本件は、中華人民共和国（以下「中国」という。）から日本に留学してきた被告人が、(1) 中国人の共犯者らと共謀の上、来日直後の中国人留学生の居室に押し入り、中国人留学生２人から現金等を強取した住居侵入、強盗、〔中略〕(5) 中国人の共犯者らと共謀の上、被害者方に押し入り、同人方の一家全員を殺害して金品を強取するとともに、その死体を海中に投棄して犯跡を隠ぺいすることを企て、一家４人を殺害してこれを実行した住居侵入、強盗殺人、死体遺棄、〔中略〕の事案である。／前記(5)の事実については、中国の捜査官が同国において身柄を拘束されていた共犯者であるＡ及びＢを取り調べ、その供述を録取した両名の供述調書等が被告人の第一審公判において採用されているが、〔弁護人の〕所論は、上記供述調書等について、その取調べは供述の自由が保障された状態でなされたものではないなどとして、証拠能力ないし証拠としての許容性がないという。そこで検討するに、上記供述調書等は、国際捜査共助に基づいて作成されたものであり、前記(5)の犯罪事実の証明に欠くことができないものといえるところ、日本の捜査機関から中国の捜査機関に対し両名の取調べの方法等に関する要請があり、取調べに際しては、両名に対し黙秘権が実質的に告知され、また、取調べの間、両名に対して肉体的、精神的強制が加えられた形跡はないなどの原判決及びその是認する第一審判決の認定する本件の具体的事実関係を前提とすれば、上記供述調書等を刑訴法321条1項3号により採用した第一審の措置を是認した原判断に誤りはない」と判示しました。

さらに、**国際捜査共助の要請にもとづき外国で作成された供述書も３号該当書面となります**。**最決平成12・10・31刑集54巻8号735頁**は、麻薬及び向精神薬取締法違反、関税法違反、業務上横領被告事件で、「原判決の認定によれば、Ａ〔アメリカ在住の日本人〕の宣誓供述書は、日本国政府からアメリカ合衆国政府に対する捜査共助の要請に基づいて作成されたものであり、アメリカ合衆国に在住するＡが、黙秘権の告知を受け、同国の捜査官及び日本の検察官の質問に対して任意に供述し、公証人の面前において、偽証罪の制裁の下で、記載された供述内容が真実であることを言明する旨記載して署名したものである。このようにして作成された右供述書が刑訴法321条1項3号にいう特に信用すべき情況の下にされた供述に当たるとした原判断は、正当として是認することができる」と判示しました。

(2) ３号前段の「証明不可欠性」要件

刑事訴訟法321条1項3号前段は、警察官面前調書などについて、原供述者が「死亡、精神若しくは身体の故障、所在不明又は国外にいる」だけでなく、さらに、原供述者の公判廷外供述が「犯罪事実の存否の証明に欠くことができない」ときに限り、「**必要性**」**の伝聞例外要件**が充たされると定めます（これに対し、1号前段と2号前段では、供述不能事由の存在だけで「必要性」の伝聞例外要件が充たされる。なお、心身の故障など、「供述不能」要件の詳細については、裁判官面前調書に関する3(2)の説明を参照）。

後者の「**証明不可欠性**」要件は、3号該当書面を証拠とすることにより、罪となるべき具体的事実やその間接事実の認定に**著しい違い**が生じうるときに肯定されます。なお、認定に違いが生じうる事実は、「罪となるべき事実」（刑訴256①、335①）の特定に不可欠な事実である必要はありません。たとえば、「犯行の動機、態様、結果、共犯者の有無、加功の程度、被害者側の攻撃の有無、被告人の精神状態」などの事実について、事実認定に著しい違いを生む可能性があるとき、「証明不可欠性」要件を充たすものとされます（『条解刑事訴訟法〔第4版〕』861頁）。また、「犯行の誘因、犯行後の情況」などの情状事実に関わって、刑の量定に大きな差異を生む可能性があるときも、「証明不可欠性」要件を充たします（同上。公判廷外の供述内容について、証拠評価を加えず外形的にみて、事実認定に著しい違いが生ずる可能性があればよい。すなわち、公判廷外供述の証明力の程度は問わない）。

「証明不可欠性」要件を肯定するには、3号該当書面が罪となるべき事実やその間接事実を推認させる唯一の証拠である必要はありません（ただし、唯一の証拠であるとか他に証拠がないときは、「証明不可欠性」要件該当性が肯定されてよい）。実務上は、他に証拠がある場合であっても、「同種、同価値の他の適法な証拠はない」とき（石井『刑事実務証拠法〔第5版〕』174頁）、または、3号該当書面が事実認定に**重要な寄与**をなすときは（後掲の**東京地決昭和53・12・20刑月10巻11＝12号1514頁**）、「証明不可欠性」要件該当性が肯定されます。「同価値」、「重要な寄与」を重視する点で、実質的な判断となるものでしょう。

> **展開支援ナビ**
>
> **「証明不可欠性」要件と判例**　　かつて判例では、「証明不可欠性」要件について、緩やかな解釈がなされました。たとえば、東京高判昭和29・7・24高刑集7巻7号1105頁が、アメリカ人Aの合衆国軍師団刑事捜査官に対する口供書について、3号の「証明不可欠性」要件に関し、「その供述内容にして苟くも犯罪事実の存否に関連ある事実に属するかぎり、その供述が、これが事実の証明につき実質的に必要と認められる場合のことをいうものと解するを相当とするから、〔中略〕原審が被告人とAの共謀にかかる本件強盗の事実の存否に関連する事項として、被告人とAとの間及びその両人と被害者等との間の犯罪当時及びその前後における事の真相を直接明らかならしむる上において実質的に必要な証拠であると認めることの相当であった右口供書を証拠にしたからといって、何等非議さるべきいわれはな〔い〕」と判示しました。しかし、その「**実質的な必要**」は、ほとんどの請求証拠に肯定できるため、「証明不可欠性」の絞り込みが無意味になってしまうといわねばなりません。

　この点で、東京地決昭和53・12・20刑月10巻11＝12号1514頁（ロッキード事件嘱託証人尋問調書採用決定事件）は、「〔刑事訴訟法321条1項3号の〕不可欠性の意義について考えるに、ここで証明の対象たる『事実』には犯罪事実（の存否）の認定に必要な間接事実（犯罪に至る経緯に関するものも含む）を包含するものと解すべく（法は「犯罪事実の存否の証明に欠くことのできないもの」と規定するのであって、直接事実のみに限る趣旨とは解されない。）、『証明に欠くことができない』との点については、種々の事実の存否について攻撃防禦の争いがあり、事実認定、心証形成の過程が複雑にわたるような事案においては、問題となる書面の供述者のその事案において占める地位の重要性、その事案に関して有する体験・認識が固有の証明力を有するか等の観点から、**裁判所が最終的な事実判断に到達する過程においてその供述が実質的に重要な寄与をなすべきものと認められる場合**、これを『欠くことのできないもの』と評価すべきであって、他に同種事実の認定のための証拠が存することは直ちには右評価の障碍にならないものと解すべきである。／右は実体的真実の発見を任務とする裁判所の事実認定のあり方から必然的に要求されるものといわなければならない。〔中略〕／本件のように右共謀の点も含め公訴事実の存否をめぐって攻撃防禦の争いがあり、事実認定・心証形成の過程が複雑にわたる事案にあっては、かかる甲〔不起訴宣明を受けた共犯者。賄賂の金員を調達し、贈賄共謀者に指示して金員を交付させた〕の本件における地位の重要性、その供述の固有の証明力等に照らし、本件調書のうち右立証事項に関連を有する部分が本件事実認定に重要な寄与をなすべきものと認められ、不可欠性の要件を充足するものであることを十分肯認することができる」と判示しました。共犯者間の役割などについて、独自性がある共犯者の供述調書の「証明不可欠性」要件該当性を肯定したものです。

　また、東京地決昭和53・9・21刑月10巻9・10号1256頁（ロッキード事件嘱託証人尋問調書採用決定事件）は、「〔刑事訴訟法321条1項3号の〕不可欠性の要件は、字義どおりその**供述が訴因たる事実若しくはこれと密接に関連する事実の存否の立証に必要で、かつ他の適法な証拠では同一目的を達し得ないことを意味するものと解すべきである**。換言すれば、ここでいう不可欠とは、まさにその供述を欠くときはそれによって立証しようとした対象たる事実の存否の立証ができなくなることを意味するのであって、**不可欠性の要件を充たすか否かは、他の適法な証拠との関係で判断される**こととなる。すなわち、〔中略〕不可欠性の要件は、広義における証拠の必要性の観点と同じく、これを判断する時点までに採用された他の証拠との関連において捉えられるべきものであり、しかも、広義の必要性よりは一層厳格な高度必要性を指称するものと解すべきである。もっとも、かく解したからといって、その供述が犯罪事実の唯一の証拠であることは要しない。〔中略〕（二）ごく例外的な場合を除き、訴因たる事実もしくはこれと密接に関連する事実は一個の立証事項から成り立つことはなく、多数の立証事項の集積によってその全体像が構成されるのであるから、これを立証する証拠の不可欠性も、個々の立証事項ごとに考慮すべきであり、同一の事実に関する供述であっても、（イ）贈賄者と収賄者の如く、当該事実（金員の授受）に対する関与の仕方が異なる者の供述、（ロ）目撃の時刻、場所を異にする数名の目撃者の如く、

ある程度細分化された立証事項（細分化することが無意味な場合を除く。）からすれば、それぞれ異なる体験を報告するものと見られる供述、(ハ)全く相反する内容の供述等は、その一方が取調済みであっても、他方が不可欠性を失うことにはならず、(三)同一事実に関する重複した供述であっても、その一方が弾劾の結果証明力を失うに至れば、他方についてはなお不可欠性を肯認して妨げない」と判示しました。

(3) 3号但書の「絶対的特信情況」要件

3号該当書面は、2号該当書面と異なり、「絶対的特信情況」要件を充たさねばなりません。すなわち、公判廷外供述がなされたその外部的な附随事情にかんがみ、供述内容について高度の一般的信用性、すなわち、「公判廷の反対尋問に代わる信用性の情況的保障」が存しなければなりません。

この点、**東京地決昭和53・12・20刑月10巻11＝12号1514頁**は、「特信性ある場合とは、当該供述に虚偽性の介入する余地が乏しいと認められるような情況の存すること、すなわち、供述の信用性が情況的に保障されていることを要するものというべきところ、かかる要件の存否については、結局、各事案毎にその供述の形式、態様、供述のなされた事情等外部的諸情況のほか必要に応じ供述内容までを含め具体的に検討して判断すべきものと解するのが相当である」と述べました。すなわち、書面作成時の外部的事情それじたいについて、〈一般に、供述者が真実を述べるように要求ないし期待される状況にあたるかどうか〉を判断します。ちなみに、「真実を記載しなければ自分自身の事後の行動に支障を来す、相手方に真意を伝える必要がある、絶対に他人に知られない記載という意識で書いた」などの外部的事情があれば、「絶対的特信情況」要件が肯定されることが多いと指摘されます（『条解刑事訴訟法〔第4版〕』862頁）。

「絶対的特信情況」要件を肯定した事案として、**大阪高判昭和26・2・24高裁刑判特報23号34頁**では、「〔供述者は〕被告人の犯行を目撃したにすぎず本件とは何ら利害関係を有しないばかりでなく、進んで交番に赴き司法警察員に供述したものである事情に照らすとともにその供述の内容自体に徴するときは、その供述は同法条〔刑事訴訟法321条1項3号〕但書にいわゆる特に信用すべき情況の下にされたものであることを認めることができる」と判示しました（『条解刑事訴訟法〔第4版〕』862頁は、この大阪高裁昭和26年判決などを挙げて、実務上、3号該当書面を許容する必要性が極めて高い事案について、とくに信用性を欠く情況がない限り、3号の絶対的特信情況が肯定されると指摘する）。また、**東京地決昭和53・9・21刑月10巻9・10号1256頁**は、公判廷外供述の録取時の外部的状況、供述者の供述態度、供述内容（供述者じしんに不利益な事項を含むこと）、供述者と被告人との利害関係など、諸般の事情を総合して、3号の「絶対的特信情況」要件を肯定しました。すなわち、「【公判廷外供述の録取時の外部的状況】本件証言調書は、裁判所から証人尋問を主宰させるために執行官に選任された法曹有資格者であり、当事者と何らの利害関係を有せず、その経歴、資格等からして公平な第三者的立場において副執行官の尋問を規制できる立場にある（現にそうしていることが窺われる。）者の面前で、かつ、一般公開こそされなかったものの、証人の法律上の利益を代弁する専門家の立会する中で米国法による尋問手続に準拠して行なわれた尋問及び供述を一問一答形式で逐一録取したものである〔。〕〔中略〕／A〔米国内において法曹資格を有する裁判官〕は、各期日ごとに証人尋問手続の冒頭に証人らに対し、適法に宣誓ないし宣誓をした上での証言でありその効力が継続していることの確認をさせている。〔中略〕／本件証人尋問手続に際しては、コーチャン及びクラッターの各弁護人がそれぞれの尋問手続に終始立会し、各証人の利益を擁護すべく、自由な活動を認められ、異議の申立、証人に対する助言等の諸活動を行なっている。〔中略〕／【供述者の供述態度】本件証言調書において有資格の公証人兼公認速記者の手によって逐語的に録取された発問、応答の状況から窺うことができる証人らの供述態度は、全体として誠実であって、虚構を申し述べるような意図を疑わせない真摯性を示しているものと認められる。〔中略〕／【供述内容】およそ通常人ならば、敢えて虚構してまで自己に不利益な事実を供述することは、一般には考えられず、特段の事情のない限り、それは真実を語るものと解される〔。〕〔中略〕／【供述者と被告人との利害関係】証人両名

は、日本側関係者、ことに被告人甲、乙、丙はもとより、別件被告人として審理係属中である政府、全日空及び丸紅関係者との関係において、これらの者をとくに嫌忌し、自ら偽証罪に問われる危険を冒してまで、ことさらにこれらの者を陥れるための虚偽の供述をなすべき立場にないことは明白である。〔中略〕証人らには虚偽供述をなすべき何らの動機、必要が認められず、そのことは、証人らの証言の信頼性、真実性を窺わせるに足りるものである」と判示しました（【　】は引用者。このほか、外国の裁判所の公判調書や、外国の捜査機関に対する供述調書、国際捜査共助の要請にもとづき外国で作成された供述書についても、3号の「絶対的特信情況」要件が肯定された。5(1)の【展開支援ナビ】「外国で作成された書面と3号該当書面」を参照）。

　これに対し、「絶対的特信情況」要件を否定した事案として、**東京地判平成3・9・30判例時報1401号31頁**が挙げられます。麻薬取締法違反被告事件であり、「平成2年5月11日ころ、警視庁宛にスペイン語で書かれた**匿名の投書**（神奈川県藤沢郵便局の消印があるもの）が郵送されてきた。その内容は、『コロンビア船籍のシウダー・デ・パスト号が、コカインを50ないし100キログラム積んで、4月下旬にコロンビアを出航し、5月に日本に着く、このコカインは、この船の船員であるAに手渡されている。』というものであった。〔中略〕／本件の捜査の端緒となった前記投書については、被告人が犯人であることを裏付ける証拠として、検察官から刑事訴訟法321条1項3号に該当する書面として証拠調べ請求がなされたが、当裁判所は、平成3年1月16日付け決定書のとおり、同投書は捜査機関に対して匿名で犯罪事実を密告するものであり、(A)投書作成時の外部的情況が明らかでない上、(B)匿名投書の性質上、作成者がその文面について責任を負わず、作成者に対する反対尋問の機会も全くなく、そのため作成者の知覚等に誤謬が介在したり、意図的な虚言を交える可能性が他の供述書に比べて格段に高いこと等から、これが、同号但書にいう特に信用すべき情況の下で作成されたものとは到底認められないとの理由で、その証拠能力を否定し、右証拠調べ請求を却下したところである」と判示されました。

(4)　被害届、告訴状・告発状、捜査報告書などの3号書面該当性

　被害届は、被告人以外の者が作成した供述書として、3号書面該当性が肯定され、刑事訴訟法321条1項3号の伝聞例外要件を充たすときに限り、証拠能力が肯定されます（被害届とは、処罰を求める意思表示を伴わないたんなる被害事実の申告を意味する）。また、告訴状や告発状も、被告人以外の者が作成した供述にあたります。ただし、告訴状や告発状は、**被害事実の申告**にあたる部分のみ、3号書面該当性が肯定されます（告訴とは、犯罪の被害者による被害事実の申告と処罰を求める意思表示を意味し、告発とは、犯罪の被害者などではない第三者〔捜査機関、犯人じしんは除く〕による被害事実の申告と処罰の意思表示を意味する）。

　告訴状や告発状における**処罰を求める意思表示**の部分は、具体的事実を報告するものでなく、告訴人などの**たんなる意見**にすぎません。そのため、論理的関連性をもたず、証拠能力を否定されるわけです（なお、実質証拠として使用できない告訴状や告発状であっても、**訴訟条件**を立証するためだけであれば使用できる。なぜなら、訴訟条件の立証は**自由な証明**で足り、証拠能力の制約から解放されるからである）。

　この点で、**名古屋高判昭和25・2・15高裁刑判特報7号116頁**は、臨時物資需給調整法（建築等制限規則）違反被告事件で、「右知事の告発書は単に当該関係機関の右事件に関する意見判断を表示したに過ぎないものであって、採ってもって右事実〔被告人らに対する犯罪事実〕認定の証拠とするに適しないものと解すべ〔きである〕」と判示しました。

　また、**福岡高判昭和25・2・25高裁刑判特報6号53頁**は、貿易等臨時措置令、関税法違反被告事件で、「告発書は訴訟法上所謂報告文書であって、これを犯罪事実認定の証拠とすることは、たとえ当事者の同意があっても、許されないものと解すべきであろう。只本件のような事案は税関官吏の告発が訴訟条件となっているのであるから、原審に於て検察官はこの告発のなされたことを告発書によって立証したものであって、原審裁判官はこの事を表示する心算で判決に該告発書を引用したのかも知れないが、この訴訟条件充足の事実はこれを判決に証拠によって示す必要のないものであるから、結局右告発書をも判示犯罪事実認定の証拠としたものと解するの外はない。従って原判決は採証の法則に反した違法ある

こととな〔る〕」と判示しました。

　捜査報告書、逮捕手続書（犯捜規136①）、捜索差押え調書（犯捜規149①、151）、領置調書（犯捜規109①）なども、被告人以外の者が作成した供述書として、3号書面該当性が肯定され、刑事訴訟法326条1項にもとづく当事者の同意（刑訴326①「証拠とすることに同意」）がないときは、321条1項3号の伝聞例外要件を充たすときに限り、証拠能力が肯定されます（捜査報告書とは、司法警察職員などが捜査の過程で必要な調査を行い、その結果を上司あてに報告した供述書を意味する。捜査報告書は、捜査復命書、犯罪事実現認報告書、答申書などの名称で呼ばれることもある）。

　この321条1項3号の伝聞例外要件は厳格であるため、実務上、「検察官及び被告人が証拠とすることに同意」（刑訴326①）しない限り、証拠能力を肯定されることは稀だといわねばなりません。そのため、捜査報告書や逮捕手続書などについて、323条1号、3号により証拠能力を肯定する考え方もあります（刑訴323「前3条に掲げる書面以外の書面は、次に掲げるものに限り、これを証拠とすることができる。／1号　戸籍謄本、公正証書謄本その他公務員（外国の公務員を含む。）がその職務上証明することができる事実についてその公務員の作成した書面／2号　商業帳簿、航海日誌その他業務の通常の通常の過程において作成された書面／3号　前2号に掲げるものの外特に信用すべき情況の下に作成された書面」）。しかし、捜査報告書や逮捕手続書などについて、刑事訴訟法323条各号が前提とする〈類型的に信用性の情況的保障が著しく高度であること〉を認めることはできず、それゆえ、同条の要件の下で無条件に証拠能力を肯定することはできないというべきです。最決昭和24・4・25裁判集9号447頁も、「原裁判所が、弁護人の異議があったに拘らず証拠調をした所論の書面は、いずれも司法警察職員の作成した捜査報告書である。右書面は被告人以外の者が作成した供述書で、供述者の署名、押印はあるが、刑訴第321条〔ないし〕第324条所定の証拠とすることのできる要件は1つも具えていない。検察官は右書面は刑訴第323条第1項第1号の書面であると主張するが、同条の書面は、その成立並に内容において信用度が特に高い書面であるから、これを証拠とすることができるものとしたのであるから、本件警察職員の作成した捜査報告書の如きものは、右第323条所定の書面に該当しないことは明かである」と判示しました。

6　【関連問題】の論述ポイント

　設問の【関連問題】は、4⑶で挙げた東京高裁平成20年判決の事案を参考として、やはり4⑶で挙げた最高裁平成7年判決の理解と適用を問う事例問題でした。

　そのように検察官面前調書の証拠能力を論じさせる事例問題については、まず、伝聞証拠の排除法則について、総論的な叙述を行います。すなわち、伝聞証拠を定義し、刑事訴訟法320条1項が伝聞証拠排除法則の形式的根拠となることを述べます。そのうえで、【関連問題】の検察官面前調書が、録取した公判廷外供述の内容の真実性を立証するために使用される書面であるため、伝聞証拠に該当することを確認し、検察官面前調書を伝聞例外として許容する具体的要件について、321条1項2号が定めることを述べます。【関連問題】の検察官面前調書については、321条1項2号前段の「国外にいる」要件の存否が問題となります。

　最初に、検察官面前調書の作成・証拠請求の経過と、供述者が国外にいる事由のいかんを具体的事実を摘示しつつ、確認します。そのうえで、国外滞在の外形的事実があればただちに321条1項2号前段の「国外にいる」要件を肯定するのではなく、最高裁平成7年判決を援用しつつ、㈠検察官が将来の退去強制による供述不能を認識しながら、ことさらその事態を利用しようとした場合や、㈡証人尋問決定後に強制送還が行われた場合に当たるときは、手続的正義の観点から公正さを欠き、検察官面前調書の証拠能力が否定されうることを指摘します。そのうえで、【関連問題】の事案について、㈠㈡のそれぞれに該当しないか、具体的検討を行います。なお、【関連問題】の事案は、後者㈡の証人尋問決定後に強制送還がなされた事例であることは明らかですので、さらに、㈣証人尋問決定後の強制送還という外形的事実だけで原則的に検察官面前調書を排除するのか、㈡強制送還にいたる過程について、検察官に

懈怠などがあったときに限定して、例外的に検察官面前調書を排除するのか、または、(ハ)検察官など国家機関の側に著しい公正さの欠如があるときに狭く限定して、例外的に検察官面前調書を排除するか、どのような立場をとるのか、明らかにしておきます。

　【関連問題】の事案において、Aに対する証人尋問決定は8月16日に行われました。その召喚状をAに発送した翌日の9月13日になって、東日本入国管理センターから検察官に対し、Aが9月19日に退去強制により帰国する予定である旨の連絡がなされました。これらの事実関係にかんがみれば、検察官について、将来の退去強制による供述不能を認識しながらことさらその事態を利用しようとした主観的意図ないし客観的状況の存在はうかがえないでしょう。すなわち、(A)の場合には当たらないでしょう。これに対し、証人尋問決定後に強制送還がなされた事例であることは明らかですので、(B)の場合に関係して、検察官面前調書の証拠能力の有無がさらに検討されねばなりません。

　【関連問題】の事案で検察官は、捜査段階においてAの証人尋問をみずから請求せず、弁護人に対し証拠保全を促しています。みずから請求しなかった点で、検察官に懈怠があるということも可能でしょう。ただし、弁護人側に証拠保全の要否について十分な検討の機会を与えたと評価するときは、将来の強制送還により証人尋問決定を徒労に帰さない具体的手立てを検察官がとった事実を立証できた、すなわち、証人尋問後の強制送還による**公正さの欠如の推認**に対し、検察官が反証を尽くしたということも可能でしょう。そのときは、結論として、検察官面前調書の証拠請求が手続的正義の観点から公正さを欠くと認められないため、検察官面前調書の証拠能力を肯定できることになります。

証拠法⑦（伝聞証拠）

21　刑事訴訟法321条2項から4項の伝聞例外

設問21
　刑事訴訟法321条2項ないし4項の伝聞例外要件について、その内容を説明し、それぞれ具体的な事例を挙げよ。

関連問題
　A社の住吉店店舗（以下、本件店舗という）は、大阪市住吉区に位置する鉄骨造亜鉛メッキ鋼板葺3階建の倉庫・店舗であり、敷地北側が国道479号線に面している。本件店舗の1階は事務所、商品展示場、荷捌所など、2階は商品展示場、3階は商品倉庫として用いられていた。
　本件店舗の火災は、店舗近隣に住むBによって、平成24年7月17日午後10時09分ころ119番通報された。119番通報を受けて間もなく、本件店舗に消防職員や警察官が駆けつけ、消防職員らは、1階の南側出入口と3階の南側屋外階段出入口の錠を、エンジンカッターで破壊し、2階の南側屋外階段出入口については、ドアノブ付近の壁を万能斧で破壊して手を差し入れ、解錠するなどしたうえ、本件店舗に入って消火活動を行った。
　消火後に本件店舗内において、警察官甲が消防職員乙を立ちあわせて実況見分を実施し、その結果を記録した実況見分調書【証拠①】が甲により作成された。この実況見分調書【証拠①】には、「燃焼状況がとくに激しいのはここだ。ここで出火した」という乙の供述が記載され、本件店舗2階南側階段付近に陳列された整理たんす6か所、および、その北西側に陳列されたソファー部分の燃焼状況が詳細に記載されていた。
　その後の捜査結果により、本件火災は、多額の負債を抱えるA社の代表取締役であるXが、火災保険金を取得して同社の悪化した経営状況を打開しようと考え、本件店舗に放火してこれを焼損したうえ保険会社2社に火災保険金の支払を請求しようとして、みずから実行したものと思料された。Xは、非現住建造物等放火罪で逮捕されたため、火災保険金の騙取は未遂に終わった。Xは、平成24年11月25日、非現住建造物等放火、詐欺未遂の事実で起訴された。
　公判前整理手続において、検察官は、上記実況見分調書【証拠①】の証拠調べを請求する。これに対し、Xの弁護人は、火災原因の調査を専門とする民間の調査会社に、本件店舗の火災に関する燃焼実験を依頼した。依頼を受けた調査会社の社員Cが、たんすの燃焼実験を行い、検察官が主張するとおりの条件下で整理たんすに点火した場合、何分何秒後にどこまで燃焼したかという燃焼状況を客観的に記録した燃焼実験報告書【証拠②】を作成した。公判前整理手続でXの弁護人は、この燃焼実験報告書【証拠②】の証拠調べを請求する。なお、Cは工学博士（日本火災学会員）でもあり、上記調査会社において約20年にわたり火災原因の調査、判定に携わっていた。
　【証拠①】および【証拠②】の証拠能力について、論ぜよ。なお、いずれの証拠についても、その証拠調べ請求に対し、当事者は不同意としたものとする。

1 刑事訴訟法321条2項の書面——証人尋問調書、公判調書、裁判所の検証調書

(1) 証人尋問調書、公判調書

伝聞例外規定である刑事訴訟法321条2項は、「被告人以外の者の公判準備若しくは公判期日における供述を録取した書面又は裁判所若しくは裁判官の検証の結果を記載した書面は、前項の規定にかかわらず、これを証拠とすることができる」と定めます。このうち、被告人以外の者の**公判準備における供述を録取した書面**とは、当該被告事件における裁判所（受命裁判官、受託裁判官を含む。以下、同じ。刑訴163および171、178参照）の証人尋問調書を意味します（その「証人」は、鑑定人、通訳人、翻訳人を含むものとする。以下、同じ）。また、被告人以外の者の**公判期日における供述**を録取した書面とは、当該被告事件における公判調書中の証人の供述部分を意味します。

> **展開支援ナビ**
>
> **公判調書の記載事項** 公判調書にはさまざまな事項が記載されます。刑事訴訟規則44条1項が、「公判調書には、次に掲げる事項を記載しなければならない」と定め、具体的には、「1号 被告事件名及び被告人の氏名」、「2号 公判をした裁判所及び年月日」、「13号 法第291条第3項〔起訴状朗読後の陳述〕の機会にした被告人及び弁護人の被告事件についての陳述」、「14号 証拠調べの請求その他の申立て」、「15号 証拠と証明すべき事実との関係（証拠の標目自体によって明らかである場合を除く。）」、「16号 取調べを請求する証拠が法第328条の証拠であるときはその旨」、「19号 被告人に対する質問及びその供述」、「20号 出頭した証人、鑑定人、通訳人及び翻訳人の氏名」、「21号 証人に宣誓をさせなかつたこと及びその事由」、「23号 証人その他の者が宣誓、証言等を拒んだこと及びその事由」などを列挙し、同項22号が「証人、鑑定人、通訳人又は翻訳人の尋問及び供述」を挙げました。

公判調書に記載される事項は、公判期日における手続を記載した部分、および、証人尋問と証人の公判廷証言や被告人質問と被告人じしんの公判廷供述を録取した部分に大別されます。このうち、**証人の公判廷証言**を録取した部分が、上述した321条2項により実質証拠として使用されることになります。なお、判決すべき裁判所の面前における証人の公判廷証言が〈当然に証拠として許容される〉のに対し、証人の公判廷証言を録取した公判調書は〈当然に証拠として許容されるわけでない〉こと——すなわち、321条2項の要件を充たす限りで許容されること——に留意して下さい（以下、たんに公判調書というときは、証人の公判廷証言を録取した部分を指すものとする）。

証人の公判廷証言じたいが当然に証拠として許容されるのに、重ねて、なぜ公判調書を証拠として使用しなければならないのでしょうか。それは、(A)公判手続が更新されたとき、更新前の公判調書を、(B)上訴審で原審判決が破棄され、事件の差戻しまたは移送がなされたとき、破棄前の公判調書を、(C)簡易裁判所から地方裁判所へ事件が移送されたとき、移送前の公判調書などを、それぞれ証拠として使用しなければならないからです（刑訴315「開廷後裁判官がかわったときは、公判手続を更新しなければならない。但し、判決の宣告をする場合は、この限りでない」など参照）。

刑事訴訟法321条2項により、当該被告事件の証人尋問調書や公判調書については、無条件でその証拠能力が肯定されました。なぜなら、証人は宣誓を行うほか、検察官や被告人側が証人尋問にみずから立ち会い、反対尋問を行う機会も保障されるからです（**公判準備の証人尋問**でも、当事者の立会権・尋問権が保障される。ただし、公判期日と違い、当事者の立会は必要的でない。公判準備の証人尋問について、刑訴157①「検察官、被告人又は弁護人は、証人の尋問に立ち会うことができる」、同③「第1項に規定する者は、証人の尋問に立ち会ったときは、裁判長に告げて、その証人を尋問することができる」を参照。このほか、157の2ないし159、170、171、174、179など参照。**公判期日の証人尋問**については、282①「公判期日における取調は、公判廷でこれを行う」、304①「証人、鑑定人、通訳人又は翻訳人は、裁判長又は陪席の裁判官が、まず、これを尋問する」、

同②「検察官、被告人又は弁護人は、前項の尋問が終った後、裁判長に告げて、その証人、鑑定人、通訳人又は翻訳人を尋問することができる。この場合において、その証人、鑑定人、通訳人又は翻訳人の取調が、検察官、被告人又は弁護人の請求にかかるものであるときは、請求をした者が、先に尋問する」、同③「裁判所は、適当と認めるときは、検察官及び被告人又は弁護人の意見を聴き、前2項の尋問の順序を変更することができる」など参照）。

これに対し、当該事件の被告人などに立会や反対尋問の機会が保障されない**他事件**の証人尋問調書や公判調書は、321条2項でなく、321条1項1号の伝聞例外要件（供述不能または不一致供述）を充たす限りで証拠能力を肯定されねばなりません。

(2) 裁判所の検証調書

当該被告事件における**裁判所の検証調書**（刑訴128）や、**証拠保全手続の検証調書**（刑訴179①）などについても、321条2項により、無条件にその証拠能力が肯定されます。ちなみに、検証とは、〈場所、物、または、ひとの身体について、その存否・性質・形状・作用などを五官の作用によって認識し、記録する対物的強制処分〉を意味します。裁判所の検証調書のうち実務上もっとも多いのは、公判期日外で受命裁判官・受託裁判官（刑訴142、125）が行う検証により作成された検証調書でしょう。

裁判所の検証調書（以下、証拠保全手続の検証調書を含むものとする）は、「検証者の観察・知覚を報告する供述書であるが、検証は性質上公判廷ではできないため行なわれるもので証拠とする必要が大きいこと、こまかな観察を前提とするため書面の方がかえって正確性を期しうること、職務として行なわれるので正確性が担保されていること、裁判所・裁判官による場合は、当事者が立会権をもつこと（〔刑訴〕142・113）、などの理由で無条件に伝聞の例外とされる」と説明されました（田宮裕『注釈刑事訴訟法』371頁）。なお、裁判所の検証調書に添付された図面や写真などについても、検証調書と一体不可分のものとして、その証拠能力が肯定されます（刑訴規49「調書には、書面、写真その他裁判所又は裁判官が適当と認めるものを引用し、訴訟記録に添付して、これを調書の一部とすることができる」）。

展開支援ナビ

裁判所の検証調書の作成 裁判所の検証調書は、検証に立ち会った書記官が、検証の結果にもとづき作成します（刑訴規105「検証をするときは、裁判所書記官を立ち会わせなければならない」、37「訴訟に関する書類は、特別の定のある場合を除いては、裁判所書記官がこれを作らなければならない」、41①「検証又は差押状を発しないでする押収については、調書を作らなければならない」）。裁判官は、みずから認識した内容と検証調書の内容が同一であることを確認する趣旨で、検証調書に「認印」をします（刑訴規42①「第38条、第39条及び前条〔41条〕の調書には、裁判所書記官が取調又は処分をした年月日及び場所を記載して署名押印し、その取調又は処分をした者が認印しなければならない。但し、裁判所が取調又は処分をしたときは、認印は裁判長がしなければならない」）。

---

①**弁護人に立会の機会を与えなかった裁判所の検証調書** 弁護人に立会の機会を与えなかった裁判所の検証調書について、その証拠能力を肯定できるでしょうか。裁判所の検証について、弁護人は立会権を保障されます（刑訴142「第111条の2から第114条まで、第118条及び第125条の規定は、検証についてこれを準用する」、113①「検察官、被告人又は弁護人は、差押状、記録命令付差押状又は捜索状の執行に立ち会うことができる。ただし、身体の拘束を受けている被告人は、この限りでない」、同②「差押状、記録命令付差押状又は捜索状の執行をする者は、あらかじめ、執行の日時及び場所を前項の規定により立ち会うことができる者に通知しなければならない。ただし、これらの者があらかじめ裁判所に立ち会わない意思を明示した場合及び急速を要する場合は、この限りでない」）。この規定に違反し、弁護人に立会の機会を与えなかった裁判所の検証調書について、**最大判昭和24・5・18刑集3巻6号783頁**は、その証拠能力を否定しました。すなわち、強盗殺人同未遂被告事件で、「弁護人は被告人の利益を擁護する職責があるのであるから裁判所は弁護人に対して其職責を全うせしめる為め公判廷外の証拠調に付ても予め其施行の日時場所等を通知してこれに立会う機会を与えるのが相当である。殊に検証に付ては旧刑事訴訟法第178条、第158条第1項によ

り弁護人がこれに立会うことは其権利とされて居るのであるから裁判所は検証を為すに当ってはこれに立会う機会を弁護人に与えなければならない。大審院の判例では右の規定は訓示的のものであって弁護人を立会わせることは裁判所の義務ではないということになって居るけれどもこれは是認出来ない。検証は調書の記載のみでは必しも事態の真想を把握し難い複雑微妙な点があるので弁護人がこれに立会って実地に見聞すると否とは被告人の利益に重大な影響があるのみならず現場に付て被告人の主張をよく説明し裁判所の注意を喚起する必要ある場合も少くないのである。其故弁護人に立会の機会を与えることは裁判所の義務と解すべきである。前記規定を訓示的のものと解するが如きは被告人並弁護人の権利を重視する新憲法下において殊に許さるべきでない。本件においては前記の如く遠隔の地において実施される検証が其当日しかも所定時刻経過後に至って初めて弁護人に知らされたのであるから弁護人はこれに立会う機会を全く与えられなかったものというべく、**其立会なくして行われた検証の調書を証拠に採った原審の措置は違法である**といわなければならぬ。そして此違法は判決に影響を及ぼす可能性あること勿論であるから論旨は理由があるものというべく原判決は破毀を免れない」と判示しました。

②他事件の裁判所の検証調書　他事件における裁判所の検証調書は、刑事訴訟法321条2項により、その証拠能力を肯定されるでしょうか。ちなみに、他事件の公判調書は、321条2項でなく、321条1項1号により、許容されました。これに対し、他事件における裁判所の検証調書は、321条2項によって許容されると解され、従って、無条件に許容されるものとなります。この321条2項説が、実務および学説の多数説の考え方です。なぜなら、裁判所の検証調書については、「検証の主体が裁判所もしくは裁判官であって検証の結果に信用性があること、調書の作成の真正も担保されていること、検証自体の性質が技術的であって口頭で報告するよりも書面による報告のほうが正確であることなど」（石井一正『刑事実務証拠法〔第5版〕』180頁）を根拠に、その証拠能力が無条件に肯定されるのであり、その根拠じたいは他事件における裁判所の検証調書にもひとしく認められるからです。

ただし、他事件における裁判所の検証調書について、その証拠能力を肯定するには、321条2項でなく、同条3項（捜査機関の検証調書）を準用するほかないという考え方も有力です。平野龍一『刑事訴訟法』217頁は、当該被告事件における裁判所・裁判官の検証には被告人・弁護人が立会権（刑訴142、113）をもち、「立ち会って事実を指摘し説明することによって、裁判所または裁判官の観察を正確にすることができるから、この場合の立会は、実質的に反対尋問と同一の価値を持つ。〔中略〕このように、立会権が重要なのであるから、〔中略〕他事件の〔裁判所の〕検証調書は、被告人の立会権がないから、本項〔2項〕にいう検証調書には含まれないものと解すべきであろう」とされました。

2　刑事訴訟法321条3項の書面──捜査機関の検証調書、実況見分調書など

(1)　捜査機関の検証調書

捜査機関は、検証許可状（刑訴218①）により、または、逮捕の現場（刑訴220①(2)）で令状によらないで、検証を行うことができます。捜査機関がした検証の結果も、検証調書に記載されます（犯捜規157①「第104条第3項から第106条まで（実況見分、実況見分調書記載上の注意、被疑者の供述に基づく実況見分）の規定は、検証を行う場合について準用する。この場合において、これらの規定中『実況見分調書』とあるのは『検証調書又は身体検査調書』と読み替えるものとする」、104③「実況見分調書には、できる限り、図面及び写真を添付しなければならない」、同④「前3項の規定により、実況見分調書を作成するに当たっては、写真をはり付けた部分にその説明を付記するなど、分かりやすい実況見分調書となるよう工夫しなければならない。〔以下、省略〕」）。この捜査機関の検証調書について、321条3項は、「検察官、検察事務官又は司法警察職員の検証の結果を記載した書面は、その供述者が公判期日において証人として尋問を受け、その真正に作成されたものであることを供述したときは、第1項の規定にかかわらず、これを証拠とすることができる」と定めます。

捜査機関の検証調書は、その性質上、捜査機関じしんの知覚・記憶を報告する**供述書**となります。し

かし、刑事訴訟法321条1項2号ないし3号ではなく、321条3項の特別規定により、その証拠能力が肯定されるわけです。321条3項の特別規定をあえて設けた理由は、捜査機関による「観察も意識的であり、叙述もその直後に詳細になされるので、口頭で主尋問に答えさせるよりも、調書を提出させた方が正確で、理解し易いからであろう」（平野『刑事訴訟法』215頁）と説明されました。ただし、裁判所の検証と違い、捜査機関の検証には被疑者または弁護人の立会権が保障されません（刑訴222①は、第110、第111条の2、第112条、第114条、第118条、第129条、第131条及び第137条から第140条までの規定は、「検察官、検察事務官又は司法警察職員が第218条又は第220条の規定によってする検証についてこれを準用する」と定め、「被告人又は弁護人」の立会いを認めた113条の準用を認めない）。そのため、検証者じしんが証人として作成の真正を供述することを条件に、捜査機関の検証調書は許容されるわけです。すなわち、検証の実施者であり、かつ、検証調書の作成者でもある捜査機関が、宣誓のうえ、(イ)間違いなくじぶんが作成したこと【作成名義の真正】を供述し、かつ、(ロ)検証の結果を正確に記載したこと【記載の真正】を供述します。作成名義の真正とは、**作成手続の真正**を意味し、また、記載の真正とは、**作成内容の真正**を意味するといえます。

検証調書の作成者じしんが作成の真正を公判廷で証言するとき、たんに正確に記載した旨を形式的に証言すれば足りるのでなく、検証調書の内容じたいにわたって、実質的尋問、とくに被告人側の反対尋問を受けねばなりません。検証調書の内容にわたる尋問とは、たとえば、検証者の資格や能力、計測機器の精度、推測的表現の根拠などに及ぶ尋問を意味します（公判期日でなく、「公判準備」において作成者を証人として取り調べ、検証調書の作成の真正が供述されたときも、反対尋問の機会が保障され、かつ、その尋問調書は公判期日で取り調べられるため〔刑訴303〕、明文はなくとも、321条1項3号を準用してよい）。

> **展開支援ナビ**
>
> **作成の真正を欠く事例**　捜査機関の検証調書について、作成の真正を欠く場合があります。
>
> たとえば、**高松高判昭和31・12・27高裁刑裁特報3巻追録1306頁**は、「原審証人A、同B〔中略〕等の供述によれば、〔中略〕本件実況見分調書は後日A巡査部長がB巡査等の取ったメモに基き而も見分が〔B巡査等により〕11月11日と同月18日の2回に行われたのにもかかわらず11月11日の一度に〔A巡査部長により〕行われたもののように同日附を以って作成したもので、同巡査部長作成にかかる右実況見分調書は〔中略〕自ら実況見分した事実を記載したものではなく、他人が行った見分に基く他人のメモにより作成されたものであることが認められるのである。かような次第であるから本件実況見分調書は結局作成者により真正に作成されたものとしての供述があったことにもならず、〔中略〕実況見分調書として到底有効なものと解することはできないのである」と判示しました。また、**大阪高判昭和61・11・13判時1219号140頁**は、「実況見分調書の存在及び原審証人Cの供述によると、右実況見分調書は昭和56年6月1日作成とされているところ、所論指摘の現場においてプラスチック片を発見領置した旨の記載部分と添付の図面にその地点を図示する部分は、右同月11日になって、京都府警察本部から峰山警察署に派遣されていた捜査員の指示に従って右実況見分調書の作成者である司法警察員D及び同Cによって加筆されたものと認められ、〔中略〕してみると、所論指摘の〔加筆〕部分は、一旦真正に作成された実況見分調書に10日も後に他からの指示によって加筆されたことが明らかであるから、その内容の真偽を問うまでもなく、刑事訴訟法321条3項所定の真正に作成されたとの要件を充足しないもので、証拠能力を有しない」と判示しました。

(2) 捜査機関の実況見分調書

捜査機関は、任意処分としても、場所、物、ひとの身体を対象に、その性質・形状などを五官の作用で認識し、記録することができます。この任意処分を捜査機関の実況見分と呼び、捜査機関がした実況見分の結果は**実況見分調書**に記載されます（犯捜規104①「犯罪の現場その他の場所、身体又は物について事実発見のため必要があるときは、実況見分を行わなければならない」、同②「実況見分は、居住者、管理者その他関係者の立会を得て行い、その結果を実況見分調書に正確に記載しておかなければならない」、同③「実況見分調書には、

できる限り、図面及び写真を添付しなければならない」、同④「前3項の規定により、実況見分調書を作成するに当たっては、写真をはり付けた部分にその説明を付記するなど、分かりやすい実況見分調書となるよう工夫しなければならない」)。この捜査機関の実況見分調書は、刑事訴訟法321条以下のうち、どの規定の伝聞例外要件を充たすとき、証拠能力が肯定されるでしょうか。

業務上過失致死被告事件で、**最判昭和35・9・8刑集14巻11号1437頁**が、捜査機関の実況見分調書について、**321条3項を適用**し、その証拠能力を肯定しました。弁護人は、その上告趣意で、「刑事訴訟法第321条第3項は捜査機関の検証調書について規定したにとどまり、実況見分については何ら規定していないのみならず、検証は裁判官の令状によって行うという形式をとるものであることにより、観察、記述を意義的にし、正確にする機能をいとなむに反し、実況見分には必ずしもこの保証がない」と主張しました。この主張に対し、最高裁昭和35年判決は、「刑訴321条3項所定の書面には捜査機関が任意処分として行う検証の結果を記載したいわゆる実況見分調書も包含するものと解するを相当と〔する〕」と判示しました。ただし、最高裁昭和35年判決は、捜査機関の実況見分調書を321条3項の検証調書に含める理由について、説明をしません。もっとも、最高裁昭和35年判決は、実況見分を「任意処分として行う検証」と定義しており、〈任意処分の実況見分〉と〈強制処分の検証〉について、処分としての実質に違いはないことを示唆したともいえます。

そもそも、「捜査機関の検証調書について本項〔321条3項〕の特則が置かれているのは、検証者（供述者）にその観察した対象の状況を〔公判廷で〕供述させても事柄の性質上、特に微細な点については正確性を欠くことが多く、一方検証直後に作成された書面であればその点正確かつ詳細であることが期待できるし、また物の形状、位置関係などといういわばそれ自体としては中立的な対象に関することであって、検証者の主観的意図によって内容が歪められるおそれも少ないということによる」と説明されました（『条解刑事訴訟法〔第4版〕』864頁）。すなわち、検証調書について、〈観察を本質とする処分の客観性と中立性〉と、〈書面による記録化の正確性と詳細さ〉が、伝聞例外要件に不可欠の要素である「信用性の情況的保障」を肯定させるというわけです。その観察の客観性・中立性および書面の正確性・詳細さは、捜査機関の実況見分調書についても肯定されるため、321条3項を適用できると考えるわけです（ただし、観察の客観性や書面の正確性を根拠に刑訴321③の適用を肯定するとき、論理的には、私人や弁護人が作成した実況見分調書についても、321③項を適用、または、少なくとも準用できねばならない。この点、後述の【展開支援ナビ】「私人や弁護人の作成した実況見分書」参照）。検証が〈令状により行われるべき強制処分〉であることを重視しない考え方だといえます。

この考え方に対し、「検証は、裁判官の令状によって行うという形式をとるとものであることにより、観察・記述を意識的にし、正確にする機能をもいとなむに反し、実況見分には、必ずしもこの保証がない」と批判されました（平野龍一『刑事訴訟法』216頁）。

しかし、捜査機関の実況見分調書を321条3項該当書面として許容する考え方が、学説の多数説であり、最高裁判例もこの考え方に与しました。たとえば、**最判昭和36・5・26刑集15巻5号893頁**は、業務上過失致死傷被告事件で、「捜査機関が任意処分として行う検証の結果を記載したいわゆる実況見分調書も刑訴321条3項所定の書面に包含されるものと解するを相当とすることは昭和35年9月8日第1小法廷判決（刑集14巻11号1437頁）の判示するところである。従って、かかる実況見分調書は、たとえ被告人側においてこれを証拠とすることに同意しなくても、検証調書について刑訴321条3項に規定するところと同一の条件の下に、すなわち実況見分調書の作成者が公判期日において証人として尋問を受け、その真正に作成されたものであることを供述したときは、これを証拠とすることができる」と判示しました。

実況見分調書の作成者じしんが作成の真正を公判廷で証言しなければならないとは、検証調書の場合と同様（上記(1)参照）、実況見分調書の内容じたいにわたって、見分者じしんが実質的な尋問、とくに被告人側の反対尋問を受けねばならないことを意味します。実況見分調書の内容にわたる尋問とは、見分

者の資格や能力、計測機器の精度、推測的表現の根拠などに及ぶ尋問を意味しました。

(3) 実況見分と同様の実質をもつ捜査機関の処分

　捜査機関の実況見分調書について、書面の正確性・詳細さと観察の客観性・中立性を理由に3項該当書面とするとき、この実況見分と同様の実質をもつ捜査機関の処分を記録した書面も3項該当書面として許容されることになります。たとえば、(A)酒酔い鑑識カード中の化学判定欄などの記載部分、(B)警察犬による臭気選別結果報告書、(C)司法巡査が現場付近の距離関係などを記載して作成した現場見取図、(D)速度記録紙中の被疑車両の特定に関する記載部分のほか、(E)捜索差押調書中の差押え物件の存在した位置関係やその形状などに関する記載部分、(F)遺留物発見報告書中の対象物の状態に関する記載部分なども3号該当書面として、その証拠能力が肯定されます。以下、一部を取り上げておきます。

　①酒酔い鑑識カードの「化学判定」欄など　最決昭和47・6・2刑集26巻5号317頁は、業務上過失傷害、道路交通法違反被告事件で、「本件『鑑識カード』を見るに、まず、被疑者の氏名、年令欄に本件被告人の氏名、年令の記載があり、その下の『化学判定』欄は、赤羽警察署巡査Aが被疑者の呼気を通した飲酒検知管の着色度を観察して比色表と対照した検査結果を検知管の示度として記入したものであり、また、被疑者の外部的状態に関する記載のある欄は、同巡査が被疑者の言語、動作、酒臭、外貌、態度等の外部的状態に関する所定の項目につき観察した結果を所定の評語に印をつける方法によって記入したものであって、本件『鑑識カード』のうち以上の部分は、同巡査が、被疑者の酒酔いの程度を判断するための資料として、被疑者の状態につき右のような検査、観察により認識した結果を記載したものであるから、紙面下段の調査の日時の記載、同巡査の記名押印と相まって、刑訴法321条3項にいう『検証の結果を記載した書面』にあたるものと解するのが相当である。つぎに、本件『鑑識カード』のうち『外観による判定』欄の記載も、同巡査が被疑者の外部的状態を観察した結果を記載したものであるから、右と同様に、検証の結果を記載したものと認められる〔中略〕。しかし、本件『鑑識カード』のうち被疑者との問答の記載のある欄は、同巡査が所定の項目につき質問をしてこれに対する被疑者の応答を簡単に記載したものであり、必ずしも検証の結果を記載したものということはできず、また、紙面最下段の『事故事件の場合』の題下の『飲酒日時』および『飲酒動機』の両欄の記載は、以上の調査の際に同巡査が聴取した事項の報告であって、検証の結果の記載ではなく、以上の部分は、いずれも同巡査作成の捜査報告書たる性質のものとして、刑訴法321条1項3号の書面にあたるものと解するのが相当である」と判示しました。

　②警察犬による臭気選別結果報告書　また、最決昭和62・3・3刑集41巻2号60頁も、強姦致傷、道路交通法違反被告事件で、「警察犬による本件各臭気選別の結果を有罪認定の用に供した原判決の当否について検討するに、〔中略〕記録によると、右の各臭気選別は、右選別につき専門的な知識と経験を有する指導手が、臭気選別能力が優れ、選別時において体調等も良好でその能力がよく保持されている警察犬を使用して実施したものであるとともに、臭気の採取、保管の過程や臭気選別の方法に不適切な点のないことが認められるから、本件各臭気選別の結果を有罪認定の用に供しうるとした原判断は正当である（右の各臭気選別の経過及び結果を記載した本件各報告書は、右選別に立ち会った司法警察員らが臭気選別の経過と結果を正確に記載したものであることが、右司法警察員らの証言によって明らかであるから、刑訴法321条3項により証拠能力が付与されるものと解するのが相当である。）」と判示しました。すなわち、臭気選別結果報告書について、〈司法警察職員が見分した、警察犬による物品選別の経過や結果を記載した書面〉として、刑事訴訟法321条3項を適用し、証拠能力を肯定したわけです（これに対し、広島高判昭和56・7・10判タ450号157頁は、「警察犬による臭気選別の経過及び結果をその指導手が記載した書面は、その記載内容の性質、すなわち、司法警察職員としての立場で、単に警察犬の物品選出状況を目撃して、これを記載する、というに止まらず、つねに、訓練士としての専門的立場から、選別実験を準備し、警察犬の体調や選別態度等を判断したうえ、その結果についての一定の評価をも加えて記載しているものであることにかんがみる限り、いわば、鑑定受託者た

る指導手が犬（の嗅覚力）を道具として行った鑑定の報告書と考えられるから、刑事訴訟法321条4項の鑑定書に準じ、同条項に則って証拠能力を付与されるものと解するのが相当である」と述べた）。

③**現場見取図**　このほか、**東京高判昭和44・6・25高刑集22巻3号392頁**は、道路交通法違反被告事件で、「原判決は取締警察官作成にかかる現場付近の距離関係等を記載した現場見取図を刑事訴訟法第321条第3項の書面として証拠に引用し、有罪の認定をした。〔中略〕現場見取図は、通常、実況見分調書に添付されその一部をなすものであるが、それ自体としても実況見分調書に準ずるもので、その作成者が公判期日において真正に作成されたものであることを供述したときは、独立してこれを証拠とすることができると解すべきである〔中略〕。しかして本件現場見取図の作成者である司法巡査甲は原審公判廷で証人として同図面が真正に作成された旨供述しているので、同図面はこれを証拠に採用することができる」と判示しました。

④**速度記録紙中の被疑車両の特定に関する記載部分**　**東京高判昭和49・10・24刑月6巻10号1012頁**も、道路交通法違反被告事件で、「所論は、原判決がＲＳ－7型レーダースピードメーター速度測定カード添付の『速度記録紙』中被疑車両特定に関する車両No.ＸＸＸＸ、特徴クラウン、6月20日11時45分と記載した部分を証拠としたことは、証拠能力のない書面を証拠としたもので、違法である、という。／然し、所論の速度記録紙中被疑車両の特定に関する記載部分は、本件被疑車両の捜査に従事し、レーダースピードメーターの記録係をしていた巡査甲が視覚により認識したところを記載したもので、刑訴法321条3項の書面に当る書面として、同項所定の要件を充足すれば証拠能力を与えられるものと解すべきところ、右速度記録紙については、原審はその第二回公判期日において、その作成者たる甲を証人として取り調べ、その作成の経過について尋問し、真正に作成されたものである旨の供述を得たうえ、これを証拠として採用したものであることが認められるのである。そして同書面の真正の立証については、右甲の証言を以って必要にして足りるものというべく、原審が右速度記録紙中所論の記載部分を証拠としたことに何らの瑕疵は存しない」と判示しました（なお、〈速度記録紙中被疑車両の特定に関する記載部分〉について、「一般の犯罪を現認した警察官が犯人の人相、服装等を記載したメモと同じと考えられ、したがってこれは本条〔刑事訴訟法321条〕1項3号によるべきと考えられる」ともされた。『条解刑事訴訟法〔第4版〕』866頁）。

展開支援ナビ

捜査機関類似の公的機関が作成した実況見分書　税務機関や消防機関など、〈捜査機関に類似する職権・職務をもつ公的機関が作成した書面〉のうち、実況見分調書と同様の実質をもつ書面についても、刑事訴訟法321条3項該当書面として、その証拠能力を肯定できるでしょうか。

　税務職員が作成した**臨検てん末書**（国税犯則取締法10、同法施行規則8）について、刑事訴訟法321条3項を**適用**し、その証拠能力を肯定する考え方があります。なぜなら、「収税官吏は国税に関する犯則事件について調査する機関であるが、この調査は捜査に類似しており、かつ、臨検とは作用においてまさに検証のことなのである」からだと説明されました（石井『刑事実務証拠法〔第5版〕』183頁。参照、国税犯則取締法10「収税官吏質問、検査、領置、臨検、捜索又ハ差押ヲ為シタルトキハ其ノ顛末ヲ記載シ立会人又ハ質問ヲ受ケタル者ニ示シ共ニ署名捺印スヘシ立会人又ハ質問ヲ受ケタル者署名捺印セス又ハ署名捺印スルコト能ハサルトキハ其ノ旨ヲ附記スヘシ」、同法施行規則8「収税官吏質問、検査、領置、臨検、捜索又ハ差押ヲ為シタルトキ調製スル顛末書ニハ質問、検査、領置、臨検、捜索又ハ差押ノ事実、場所及時並答弁ノ要領ヲ記載スヘシ」）。

　また、「消防吏員が作成した火災現場の実況見分のてん末を記載した書面（実況見分書）も同様に考えられる」とされました（石井・同上）。ただし、**東京高判昭和57・11・9東京高裁（刑事）判決時報33巻10〜12号67頁**は、建造物等失火被告事件で、消防司令補が作成した**火災に関する現場見分調書**について、刑事訴訟法321条3項書面に準ずる書面と捉え、その作成者が、公判期日において証人として尋問を受け成立の真正を供述したときは、323条3号にもとづき、その証拠能力を肯定できるとしました。すなわち、「刑訴法321条3項は、特に作成の主体を『検察官、検察事務官又は司法警察職員』と限定したうえ、その検証の結果を記載した書面について、所定の要件のもとで証拠能力を肯定しているのであるから、消防司令補が作成した現場見分調書に

ついて、その実質が右の書面と異ならないという理由のみで右規定を準用又は類推適用し、その証拠能力を肯定するのは、〔中略〕規定の明文を無視した拡大解釈の嫌いがあり、妥当ではない。しかしながら、〔中略〕等しく検証の結果を記載した書面にあたる消防司令補作成の現場見分調書を〔中略〕、同法323条により証拠能力を肯定することができるか否かを更に検討する必要があるところ。同条3号には『特に信用すべき情況の下に作成された書面』に対しては証拠能力を認める旨の概括的条項が存するので、右調書〔消防司令補作成の現場見分調書〕が同号の書面にあたると認められるときは、もとよりその証拠能力を肯定するのが正当であ〔る。〕〔中略〕〔検察官等の検証の結果を記載した〕書面と消防司令補の作成した現場見分調書とを対比すると、共に検証の結果を記載した書面であって、性質にはほとんど差異がなく、その記載も検証者の現在の記憶に基づく供述よりも正確なのが通例であり、事柄の性質上供述のみでこれを再現することが困難であること、及び共に作成者を証人尋問して検証に際しての認識等の正確性、真摯性について吟味することが可能であることにおいて共通しており、ただ作成者を異にしているにとどまっている。そして、この作成者の相違も、消防司令補その他の消防職員が、消防法上、消防長又は消防署長の補助職員として、火災原因の調査と証拠の収集を行う職権と職務とを有する公務員であり（消防法31条以下参照）、火災現場において行う検証の結果を信用しうる資質上、制度上の保証を備えていることを考えると、これを重大視するにはあたらないのである。そうしてみると、消防司令補が作成した現場見分調書は、その性質上**刑訴法321条3項の書面に準ずるもの**と解するのが相当であり、したがって、その供述者が公判期日において証人として尋問を受け、その真正に作成されたものであることを供述したときは、〔「特に信用すべき情況の下に作成された書面」に該当すると認められ〕刑訴法323条3号の規定により、これを証拠とすることができるものと解すべきである」と判示しました。消防機関が作成した火災現場見分調書について、実質的に321条3項の準用を認めた高裁判例といえるでしょう。

私人や弁護人が作成した実況見分書　私人や弁護人が作成した実況見分書について、刑事訴訟法321条3項の適用ないし準用が認められるでしょうか。「捜査官以外の者であっても、その職務や業務などから類型的にその観察ないし書面の記載に客観性および正確性の期待できる者の作成した〔実況見分調書と〕同様の性格の書面にも本項〔刑事訴訟法321条3項〕を類推適用することは許される」という考え方があります（『条解刑事訴訟法〔第4版〕』864頁。松尾浩也『刑事訴訟法（下）新版補正第2版』90頁も、「捜査機関の実況見分に準ずるだけの客観性・業務性が認められるときは、321条3項の準用を考慮する余地があろう」、「例えば、測量士、建築士、消防吏員など、特定の仕事を業とする者が、その業務の一環として実況見分をし、報告書を作成したとき」とする）。「これらの説に立てば、弁護士作成の実況見分を内容とする報告書をはじめ、私人でも業務等から正確性を期待できる者が作成した前同様の書面についても、本項〔321条3項〕の準用・類推適用を肯定することになる」でしょう（藤永幸治ほか編『大コンメンタール刑事訴訟法第5巻Ⅰ』277頁〔中山善房〕）。

しかし、**最決平成20・8・27刑集62巻7号2702頁**は、「同項〔刑訴321③〕所定の書面の作成主体は『検察官、検察事務官又は司法警察職員』とされているのであり、かかる規定の文言及びその趣旨に照らすならば、本件報告書抄本のような私人作成の書面に同項を準用することはできないと解するのが相当である」と判示し、〈捜査機関の実況見分に準ずる客観性、業務性が認められる書面〉であっても、私人が作成した書面に刑事訴訟法321条3項を準用できないと断じました（ただし、私人を証人として尋問し、その見分した内容を供述させて、その公判廷証言じたいを証拠とすることはできる。この証人尋問のさい、証人じしんが作成した実況見分書を示してよい。刑訴規199の10①「訴訟関係人は、書面又は物に関しその成立、同一性その他これに準ずる事項について証人を尋問する場合において必要があるときは、その書面又は物を示すことができる」、199の11①「訴訟関係人は、証人の記憶〔中略〕を喚起するため必要があるときは、裁判長の許可を受けて、書面（供述を録取した書面を除く。）又は物を示して尋問することができる」、199の12①「訴訟関係人は、証人の供述を明確にするため必要があるときは、裁判長の許可を受けて、図面、写真、模型、装置等を利用して尋問することができる」）。なお、私人や弁護人の作成した実況見分書などについて、321条3項の準用を認めないのであれば、翻って、捜査機関作成の実況見分調書について、321条3項を適用できる実質的根拠は、たんに〈書面の正確性や観察の客観性が検証調書と共通する〉からというより、〈専門的訓練を受け専門的技能をもつ捜査機関が、観察の客観性や記録の正確性に関する統一的準則を遵守して行う点で、検証調書と共通する〉ことを重視したというべきものとなるでしょう（なお、最高裁平成20年決定が、私人の委嘱にもとづく鑑定書に321条4項の準用を肯定した点について、詳細は3(4)(b)で後述する）。

(4) 立会人の指示説明部分の証拠能力

捜査機関の検証や実況見分のさい、**立会人の指示説明**を求めることが許されます（刑事訴訟法に明文規

定はない。犯捜規105①「実況見分調書は、客観的に記載するように努め、被疑者、被害者その他の関係者に対し説明を求めた場合においても、その指示説明の範囲をこえて記載することのないように注意しなければならない」)。裁判所の検証についても、同様です。

　この指示説明のうち、検証・実況見分の対象を確定する必要からなされる立会人の指示説明を、とくに**現場指示**と呼びます。この立会人の現場指示は、検証・実況見分と一体のものであり、検証・実況見分の結果そのもの（すなわち、検証者・見分者じしんの体験した事実）として、検証調書・実況見分調書に記載されます。

　立会人による現場指示の具体例は、たとえば、傷害被疑事件の検証・実況見分において、立会人〔被害者〕が「ここで、前方にフォークリフトがバックして出てきたのを認めたので、急ブレーキを踏んだ」、「フォークリフトの運転手〔被告人〕は、現場見取図の甲地点にあったスコップを持ち出し、私を殴るさいに使った」、「ここで、フォークリフトの運転手〔被告人〕に殴られ、怪我をする被害に遭った」などと説明し、その供述を検証調書・実況見分調書に記載するような場合です。この場合、2点に留意して下さい。1点は、立会人による現場指示の供述は、罪となるべき具体的事実やその間接事実を内容とするものであることです。なぜなら、そうでなければ、検証・実況見分の結果について、事件との論理的関連性を肯定できないからです。もう1点は、立会人による現場指示の供述は、あくまで、検証・実況見分の対象を確定する供述として限定的に使用されるのであり、〈その内容じたいの真実性が問題となる供述〉としては使用されないことです。

　この後者の留意点について、**最判昭和36・5・26刑集15巻5号893頁**が参照されてよいでしょう。業務上過失致死傷被告事件であり、控訴を申し立てた被告人側が〈実況見分調書に、被告人やAの署名捺印のない供述が記載されているのは違法だ〉と主張した事案です。控訴審判決の**東京高判昭和35・12・13刑集15巻5号901頁**は、「被告人及びA〔目撃者〕は、司法警察員甲が右実況見分を行う際これに立会って必要な現場の指示、説明をなし、その結果が右調書に記載されていることが明瞭である。このように実況見分に立会した者が、実況見分の目的のため必要な現場の指示、説明をなす場合、その供述部分は実況見分と一体として証拠となるものであるから、右供述部分に限って供述者の署名押印を要しないのである」と判示しました。ちなみに、本件の実況見分調書には、「目撃者Aが説明したところによれば、甲地点において加害車輌が横すべりして被害者に接近していた。加害車輌が前記の情況にあったとき被害者は乙地点を歩行していた〔中略〕。以上の地点を確認し距離を測定した」と記載されていました。最高裁昭和36年判決は、この記載部分を含め、本件実況見分調書を刑事訴訟法321条3項により伝聞例外として許容します。次のように、判示しました。

　「捜査機関は任意処分として検証（実況見分）を行うに当り必要があると認めるときは、被疑者、被害者その他の者を立ち会わせ、これらの立会人をして実況見分の目的物その他必要な状態を任意に指示、説明させることができ、そうしてその指示、説明を該実況見分調書に記載することができるが、右の如く立会人の指示、説明を求めるのは、要するに、実況見分の1つの手段であるに過ぎず、被疑者及び被疑者以外の者を取り調べ、その供述を求めるのとは性質を異にし、従って、右立会人の指示、説明を実況見分調書に記載するのは結局実況見分の結果を記載するに外ならず、被疑者及び被疑者以外の者の供述としてこれを録取するのとは異なるのである。従って、立会人の指示説明として被疑者又は被疑者以外の者の供述を聴きこれを記載した実況見分調書には右供述をした立会人の署名押印を必要としないものと解すべく〔中略〕、これと同旨に出た原判示（控訴趣意第一点についての判断後段）は正当である。〔中略〕／実況見分調書が刑訴321条3項所定の書面に包含されるものと解される以上は、同調書は単にその作成者が公判期日において証人として尋問を受け、その真正に作成されたものであることを供述しさえすれば、それだけでもって、同条1項の規定にかかわらず、これを証拠とすることができるのであり、従って、たとえ立会人として被疑者又は被疑者以外の者の指示説明を聴き、その供述を記載した実況見分調書を一体として、即ち右供述部分をも含めて証拠に引用する場合においても、右は該指示説明に基

く見分の結果を記載した実況見分調書を刑訴321条3項所定の書面として採証するに外ならず、立会人たる被疑者又は被疑者以外の者の供述記載自体を採証するわけではないから、更〔あらた〕めてこれらの立会人を証人として公判期日に喚問し、被告人に尋問の機会を与えることを必要としないと解すべきである」、と。

最高裁昭和36年判決が、現場供述の録取について、「被疑者及び被疑者以外の者の供述としてこれを録取するのとは異なる」、「立会人たる被疑者又は被疑者以外の者の供述記載自体を採証するわけではない」と判示したのは、立会人の現場指示により特定された実況見分現場に関し、〈実況見分調書に記録された甲地点・乙地点の客観的状況〉じたいが、かつ、それだけが証拠になるという趣旨です。すなわち、この実況見分調書は、「甲地点で加害車輛が横すべりして自分〔被害者〕に接近してきた。加害車輛がその情況にあったとき、自分〔被害者〕は乙地点を歩行していた」という被害者じしんの公判廷証言など、他の証拠と総合評価されることによって初めて、罪となるべき具体的事実を推認させるものになるわけです。

この最高裁昭和36年判決と同趣旨を敷衍した最高裁判例として、**最決昭和41・2・17裁判集刑事158号271頁**が挙げられます。業務上過失致死事件であり、「本件において、原判決が所論実況見分調書を証拠として引用したのは、同調書に記載された捜査機関の実況見分の結果を証拠資料としたものであることは、原判文上明らかであるから、原判決が同調書に記載された関係人の供述自体を右供述内容に副う事実認定資料としていることを前提とする所論違憲の主張は、その前提を欠き、適法の上告理由に当らない」と判示しました。また、**最決昭和48・6・5裁判集刑事189号253頁**も、業務上過失傷害、道路交通法違反事件で、「一審判決が所論実況見分調書を証拠として引用したのは、同調書に記載された実況見分の結果を証拠とする趣旨であることが明らかであるから、一審判決が同調書に記載された被疑者（本件被告人）の指示説明をその内容にそう事実認定の証拠として用いたことを前提とする所論は、その前提を欠〔く〕」と判示しました。

つまり、立会人の現場指示は、〈検証・実況見分の対象を確定する必要からなされる供述〉である限りで、〈検証・実況見分の結果そのもの〉であり、そのような供述の存在じたいが〈検証者・見分者の体験した事実〉にあたるわけです。その意味で、最高裁昭和36年判決が「右立会人の指示、説明を実況見分調書に記載するのは結局実況見分の結果を記載するに外なら〔ない〕」と述べたわけでした。それゆえ、検証調書・実況見分調書の「現場指示」記載部分は、検証調書・実況見分調書そのものの一部として、321条3項により証拠能力が肯定されることになります。

しかし、現場指示に必要な限度を超える立会人の供述は、検証・実況見分と一体のものになりません。この立会人の供述を、とくに**現場供述**と呼びます。現場指示に必要な限度を超える立会人の現場供述について、これを検証調書・実況見分調書に記載するのは、〈検証・実況見分の現場で、立会人を取り調べて、その供述を録取するのと異ならない〉といわねばなりません。それゆえ、検証調書・実況見分調書の「現場供述」記載部分は、321条3項により証拠能力を肯定できません。この「現場供述」記載部分については、供述内容の真実性を立証するための証拠として使用するほかなく、そのため、敢えて証拠能力を肯定しようとすれば、(A)証拠とすることについて当事者の同意（刑訴326①）があるか、または、(B−1)立会人が被告人以外の第三者であれば、321条1項2号もしくは3号の伝聞例外要件を充たす、または、(B−2)立会人が被告人じしんであれば、322条1項の伝聞例外要件を充たすことが必要となります。しかし、検証調書・実況見分調書に録取される立会人の供述には、そもそも立会人の署名・押印はなされません。その点で、すでに、「現場供述」記載部分が321条1項2号・3号や322条1項の伝聞例外要件を充たすことはないわけです。

(5) 現場指示を現場供述として使用する

立会人による現場指示の供述について、敢えてその供述内容の真実性を立証する証拠として使用する

場合、たとえば、「この場所で被告人に殴られた」という被害者の「現場指示」記載部分について、それじたいは検証・実況見分の対象の指示に必要な供述だとしても、それを〈その供述内容の真実性を立証するための証拠〉、すなわち、〈被告人の行為と被害の状況を認定する供述証拠〉として使用しようとするときは、現場供述として使用するものとなります。**現場指示の現場供述的用法**ともいえます。そのような立会人の供述は、もはや、検証・実況見分と一体のものでなくなります。そのように、現場指示の範疇に入る立会人の供述はすべて、現場供述として使用される可能性をもつことを、正しく理解してほしいと思います。

　この点で、**最決平成17・9・27刑集59巻7号753頁**が参照されるべきでしょう。大阪府迷惑防止条例違反、器物損壊被告事件で最高裁平成17年決定は、「本件両書証〔実況見分調書と写真撮影報告書〕は、捜査官が、被害者や被疑者の供述内容を明確にすることを主たる目的にして、これらの者に被害・犯行状況について再現させた結果を記録したものと認められ、立証趣旨が『被害再現状況』、『犯行再現状況』とされていても、実質においては、再現されたとおりの犯罪事実の存在が要証事実になるものと解される。このような内容の実況見分調書や写真撮影報告書等の証拠能力については、刑訴法326条の同意が得られない場合には、同法321条3項所定の要件を満たす必要があることはもとより、再現者の供述の録取部分及び写真については〔上記の要証事実との関係で、現場供述にあたるため〕、再現者が被告人以外の者である場合には同法321条1項2号ないし3号所定の、被告人である場合には同法322条1項所定の要件を満たす必要があるというべきである。もっとも、写真については、撮影、現像等の記録の過程が機械的操作によってなされることから前記各要件のうち再現者の署名押印は不要と解される」と判示しました。

3　刑事訴訟法321条4項の書面——鑑定書、医師の診断書など

(1) 鑑定の意義

　刑事訴訟法321条4項は、「鑑定の経過及び結果を記載した書面で鑑定人の作成したものについても、前項と同様である」と定めます。

　鑑定の意義について、**最判昭和28・2・19刑集7巻2号305頁**は、鑑定とは「裁判所が裁判上必要な実験則等に関する知識経験の不足を補給する目的でその指示する事項につき第三者をして新たに調査をなさしめて法則そのもの又はこれを適用して得た具体的事実判断等を報告せしめるものである」と判示しました。すなわち、鑑定とは、特別の学識・経験によって知り得た「法則そのもの又はこれを適用して得た具体的事実判断等を〔鑑定人に〕報告せしめるもの」を意味します。なお、**鑑定人**とは、特別な、または、専門的な学識・経験をもつ専門家を指します（刑訴165「裁判所は、学識経験のある者に鑑定を命ずることができる」、刑訴規129①「鑑定の経過及び結果は、鑑定人に鑑定書により又は口頭でこれを報告させなければならない」）。この鑑定人は、鑑定に先立って宣誓、すなわち、良心にしたがい真実を述べることを誓約しなければなりません（刑訴166「鑑定人には、宣誓をさせなければならない」）。その宣誓により、鑑定の真実性や正確性が担保されるわけです（刑法171「法律により宣誓した鑑定人、通訳人又は翻訳人が虚偽の鑑定、通訳又は翻訳をしたときは、前2条の例による」、169「法律により宣誓した証人が虚偽の陳述をしたときは、3月以上10年以下の懲役に処する」、170「前条の罪を犯した者が、その証言をした事件について、その裁判が確定する前又は懲戒処分が行われる前に自白したときは、その刑を減軽し、又は免除することができる」）。

　裁判所はこの鑑定人をみずから選定し、鑑定事項もみずから決定します。すなわち、鑑定人の選定について、裁判所は当事者の申出に拘束されません。また、鑑定事項についても、立証趣旨などにもとづき裁判所が決定します。たとえば、「外傷の有無。もしあれば、その部位、種類、程度および個数、ならびに加害兇器及び加害方法」などとされます。ちなみに、実務上、裁判所が命ずることの多い精神鑑定であれば、鑑定事項は、「本件行為時の被告人の精神状態」、「被告人の本件犯行時における精神障害の有無及び程度並びにそれが犯行に与えた影響の有無及び程度」、「1　少年が本件非行に及んだ精神医

学的背景、2　少年の本件非行時及び現在の精神状態、3　その他少年の処遇上参考になる事項」などとされます。

　裁判所の選定した鑑定人を、検察官や被告人側は忌避できません（民事訴訟では、当事者に忌避権がある。民訴213「鑑定人は、受訴裁判所、受命裁判官又は受託裁判官が指定する」、214①「鑑定人について誠実に鑑定をすることを妨げるべき事情があるときは、当事者は、その鑑定人が鑑定事項について陳述をする前に、これを忌避することができる。鑑定人が陳述をした場合であっても、その後に、忌避の原因が生じ、又は当事者がその原因があることを知ったときは、同様とする」）。

　裁判所の命じた**鑑定人が作成した鑑定書**について、刑事訴訟法321条4項により、その証拠能力が肯定されました。この鑑定書は鑑定人じしんが作成した**供述書**です。しかし、321条1項3号でなく、同条4項の特別規定が適用されるわけです。鑑定人は、捜査機関のような法執行機関ではなく、裁判所の命によって公正に活動すべき専門家です。その点にかんがみ刑事訴訟法は、鑑定人の作成した鑑定書について、捜査機関の検証調書と同じ要件の下で、その証拠能力を肯定するわけです。具体的には、公判期日において**鑑定人じしんが証人として作成の真正を供述する**ことを条件に、その鑑定書は証拠能力を肯定されます。裁判所は、鑑定人をあらためて証人として尋問することを決定し、鑑定書の作成の真正について証言させる手続をとることになります（刑訴143「裁判所は、この法律に特別の定のある場合を除いては、何人でも証人としてこれを尋問することができる」）。すなわち、鑑定人じしんが、宣誓のうえ、(A)間違いなくじぶんが作成したこと【作成名義の真正】を供述し、かつ、(B)検証の結果を正確に記載したこと【記載の真正】を供述します。そのような鑑定人が作成の真正を公判廷で証言するとき、たんに正確に記載した旨を形式的に証言すれば足りるのでなく、鑑定書の内容じたいにわたって実質的な尋問、とくに被告人側の反対尋問を受けねばならないことになります。

(2)　他事件の鑑定人が作成した鑑定書の証拠能力

　民事事件などの他事件において裁判所の命じた鑑定人が作成した鑑定書についても、刑事訴訟法321条4項を**適用**して、証拠能力が肯定されます。たとえば、**最決昭和37・4・10裁判集141号729頁**は、商標法違反事件で、「他の民事事件における鑑定人の作成した鑑定書も刑訴321条4項にいう鑑定の経過及び結果を記載した書面に含まれるとした原判決の解釈は正当である」と判示しました。

(3)　鑑定受託者の作成した鑑定書の証拠能力

　鑑定は、捜査機関の嘱託により、捜査段階でも行われます（刑訴223①「検察官、検察事務官又は司法警察職員は、犯罪の捜査をするについて必要があるときは、被疑者以外の者の出頭を求め、これを取り調べ、又はこれに鑑定、通訳若しくは翻訳を嘱託することができる」）。この捜査機関から嘱託を受けて鑑定するひとを、とくに**鑑定受託者**と呼びます。この鑑定受託者も、捜査機関の請求によって発付された令状にもとづき、「鑑定に必要な〔対物的強制〕処分」を行うことができます（刑訴225①「第223条第1項の規定による鑑定の嘱託を受けた者は、裁判官の許可を受けて、第168条第1項に規定する処分〔鑑定に必要な（対物的強制）処分〕をすることができる」、同②「前項の許可の請求は、検察官、検察事務官又は司法警察員からこれをしなければならない」、同③「裁判官は、前項の請求を相当と認めるときは、許可状〔鑑定処分許可状〕を発しなければならない」、同④「第168条第2項乃至第4項及び第6項の規定は、前項の許可状についてこれを準用する」）。

　ちなみに、平成25年の司法統計年報では、捜査機関の請求により起訴前に15,206通の鑑定処分許可状が発付され、裁判所の職権により起訴後に3通の同令状が発付されました。鑑定処分許可状は、圧倒的に起訴前の捜査段階で発付されるものが多いわけです。なお、鑑定受託者には、警察庁の科学警察研究所や各都道府県警察の科学捜査研究所・鑑識課の技術吏員、大学の法医学者などがなります。

　この鑑定受託者の作成した鑑定書についても、321条4項により証拠能力が肯定されるでしょうか。**最判昭和28・10・15刑集7巻10号1934頁**は、覚せい剤取締法違反被告事件で、とくに理由を付

さないまま、「捜査機関の嘱託に基く鑑定書（刑訴223条）には、裁判所が命じた鑑定人の作成した書面に関する刑訴321条4項を準用すべきものである」と判示しました。しかし、この最高裁昭和28年判決の立場には疑問も出されました。疑問点その1は、中立の裁判所でなく、一方当事者の捜査機関に選定された鑑定受託者は当事者的性格をもつのでないか、という点です。すなわち、裁判所の選定した鑑定人にひとしい中立性を鑑定受託者はもたないのでないか、という疑問です。疑問点その2は、鑑定人と違い、宣誓しない鑑定受託者の鑑定について、その真実性や正確性が担保されるか、という点です。そのように鑑定人と鑑定受託者を同一視できるのか疑問とされ、最高裁昭和28年判決についても疑問とされたわけです。

　そのため、鑑定受託者の作成した鑑定書については、321条1項3号を適用し、供述不能、証明不可欠性、絶対的特信情況の伝聞例外要件をすべて充たす限りで、その証拠能力を肯定すべきだという立場も学説では有力です。ただし、学説の多数説は、最高裁昭和28年判決に賛成します。たとえば、鑑定嘱託者の作成した鑑定書について、専門家としての適格性、鑑定事項の当否、書面による報告の正確性、観察・判断じたいの中立性などを考慮し、その性質上、「実質的に鑑定人の鑑定書と同視できるものであれば、〔321条4項の〕準用を肯定してよい」とされます（松尾『刑事訴訟法（下）新版補正第2版』95頁。なお、上口裕『刑事訴訟法〔第4版〕』457頁も、「通説は、鑑定受託者による鑑定も、刑事手続の利用を予想し客観的になされると期待しうるし、被告人側は証拠保全として鑑定請求できるが（179条）、捜査機関にはその余地がない、として準用を肯定する」という）。

　なお、この〈実質的に鑑定人の鑑定書と同視できるもの〉として、実務上は、鑑定嘱託者の作成した鑑定書のほかに**現場指紋等対照結果通知書**なども挙げられます。札幌高判平成10・5・12判時1652号145頁は、建造物侵入被告事件で、北海道警察本部刑事部の鑑識課長作成名義の現場指紋等対照結果通知書について、その性格・内容等から、刑事訴訟法323条1号該当書面でなく、321条4項の鑑定書に準じた書面とみるべきであると判示しました。すなわち、「本件の場合のように、事件捜査の過程で、事件現場で採用された指紋を専門的知識・経験を有する者が分析・対照し、これにより容疑者を特定する手法が用いられた場合、右指紋の分析・対照の経過・内容・結果等が記載された文書は、その性格・内容等からして、刑訴法323条1号該当の書面ではなく、同法321条4項の鑑定書に準じた書面とみるべきであ〔る〕」と判示しました。

(4) 私人の委嘱にもとづき作成された鑑定書

　私人の委嘱にもとづいて作成された鑑定書も、その性質上、実質的に鑑定人の鑑定書と同視できるものである限り、321条4項を**準用**して、証拠能力が肯定されます。

　(a)**医師の作成した診断書**　　たとえば、**医師の診断書**です。医師の診断書とは、患者の病状、怪我や障害の状況、治療に要した入院・手術などの手段を証明するため、診察した医師じしんが作成・交付する書面を意味します（医師法19条2項は、「診察若しくは検案をし、又は出産に立ち会つた医師は、診断書若しくは検案書又は出生証明書若しくは死産証書の交付の求があつた場合には、正当の事由がなければ、これを拒んではならない」と定める）。**最判昭和32・7・25刑集11巻7号2025頁**は、強姦致傷被告事件で、「弁護人甲の上告趣意〔中略〕第3点は、単なる訴訟法違反（なおこの点に関する原判決の判示は正当である。）〔中略〕の主張であつて、刑訴405条の上告理由に当らない」と判示しました。ちなみに、最高裁昭和32年判決が「正当」とした原判決の**福岡高判昭和31・10・30刑集11巻7号2032頁**は、「医師の作成した診断書には正規の鑑定人の作成した書面に関する刑訴法第321条第4項が準用されるから診断書の作成者が公判期日（審理更新前の公判期日でも差支ない）において証人として尋問を受けその真正に作成されたものであることを供述したときは証拠能力をもつようになる」と判示していました（ちなみに、弁護人は上告趣意の第3点で、「刑事訴訟法の各条項は、被告人の不利益に準用されるものではないから、原判決が、同法第321条第4項を被告人に不利益に準用して、診断書に証拠能力を与え、これを断罪の資に供しても違法ではないと判

断したのは、明らかに法令の解釈を、又適用を誤つたものといわなければならない」と主張していた）。

ただし、学説の有力説は、医師の診断書に321条4項を準用することに批判的だといわねばなりません。たとえば、医師の作成する診断書について、松尾浩也『刑事訴訟法（下）新版補正第2版』95頁は、「診断の結論（病名、病状、要加療期間等）を簡単に記載しただけの書面で、『鑑定の経過』に相当する部分は含まれておらず、作成の実態も比較的手軽に記載し交付されることの多いものであるから、〔4項の〕準用が妥当かは疑問である」としました。

(b) **民間調査機関の作成した燃焼実験報告書**　最決平成20・8・27刑集62巻7号2702頁は、非現住建造物等放火、詐欺未遂被告事件で、次のように判示しました。すなわち、「本件の第一審公判において、本件非現住建造物等放火罪に係る火災の原因に関する『燃焼実験報告書』と題する書面の抄本（第一審甲100号証。以下「本件報告書抄本」という。）が、その作成者の証人尋問の後に、同法321条3項により採用されたところ、上記作成者は、私人であることが明らかである。原判決は、本件報告書抄本が、火災原因の調査を多数行ってきた会社において、福岡県消防学校の依頼を受けて燃焼実験を行い、これに基づく考察の結果を報告したものであり、実際に実験を担当した上記作成者は、消防士として15年間の勤務経験があり、通算約20年にわたって火災原因の調査、判定に携わってきた者であることから、本件報告書抄本は、捜査機関の実況見分に準ずるだけの客観性、業務性が認められ、同項を準用して証拠能力を認めるのが相当である旨判示した。／しかしながら、同項所定の書面の作成主体は『検察官、検察事務官又は司法警察職員』とされているのであり、かかる規定の文言及びその趣旨に照らすならば、本件報告書抄本のような私人作成の書面に同項〔321条3項〕を準用することはできないと解するのが相当である。原判断には、この点において法令の解釈適用に誤りがあるといわざるを得ないが、上記証人尋問の結果によれば、上記作成者は、火災原因の調査、判定に関して特別の学識経験を有するものであり、本件報告書抄本は、同人が、かかる学識経験に基づいて燃焼実験を行い、その考察結果を報告したものであって、かつ、その作成の真正についても立証されていると認められるから、結局、本件報告書抄本は、同法321条4項の書面に準ずるものとして同項により証拠能力を有するというべきであり、前記法令違反は、判決に影響を及ぼすものではない」、と。

ちなみに、私人の委嘱にもとづき作成された鑑定書について、321条4項を準用することに反対の下級審裁判例もありました。たとえば、**東京地判昭和53・6・29判時893号8頁**は、護岸工事に必要な6脚ブロックの重量及び個数などを算出した「本件検討書は〔中略〕、単なる同証人の経験した事実の報告文書ではなく、同証人の専門的知識経験に基づく『鑑定の経過及び結果を記載した書面』の性格を有するものと言うことができる。しかし、鑑定書の性格を有する書面のすべてが法第321条第4項所定の書面に該当する訳ではなく、同項に適合する書面であるためには、さらに、それが裁判所によって鑑定を命ぜられ（法第165条）、宣誓をした（法第166条）『鑑定人の作成したもの』であることが必要である。解釈上その準用を認むべき余地があるものとしても、その許される範囲は、せいぜい捜査機関によって鑑定を嘱託された（法第223条第1項）『鑑定受託者の作成したもの』〔中略〕の限度に止めるべきであり、本件検討書の如く、私人の委嘱に基づくものにまで拡張すべきではない。これと異なる見解に立脚する解釈（たとえば、**最高裁判所昭和32年7月25日第1小法廷判決、集11巻7号2025頁**）には、当裁判所としては、にわかに左袒するを得ない。蓋し、私人による鑑定委嘱の目的は多様であって鑑定人の人選にも客観性が保たれるとは言えず、裁判所の命じた鑑定人又は捜査機関の嘱託による鑑定受託者のする鑑定と比敵するに足りる公正さの担保がない〔中略〕からである」と判示していました（ただし、東京地裁昭和53年判決が、捜査機関の嘱託したケースだけを特別扱いするのは疑問である。なぜなら、〈宣誓の欠如〉、〈人選の当事者性〉の問題は、捜査機関の嘱託したケースでも変わらないからである）。これに対し、最高裁平成20年決定は、私人の委嘱にもとづく鑑定書について、その性質上、〈実質的に鑑定人の鑑定書と同視できるもの〉である限り、321条4項を準用できることを、あらためて確認したわけです。

このほか、実務および学説の多数説は、**弁護人の委嘱にもとづき作成された鑑定書**についても、321

条4項を準用し、証拠能力を肯定します。ただし、松尾『刑事訴訟法（下）新版補正第2版』95頁は、弁護人には「証拠保全の途が開かれているので、なるべくその方法によるべきだろう（179条）」と指摘し、田宮裕『刑事訴訟法〔新版〕』384頁も、「私人（例えば弁護人）の嘱託による〔鑑定受託者の作成した鑑定書の〕場合については、179条〔証拠保全手続〕の利用を勧奨できるので、〔321条4項の〕準用を認める必要はない」としたことに留意すべきでしょう（〔　〕は引用者。なお、刑訴179①「被告人、被疑者又は弁護人は、あらかじめ証拠を保全しておかなければその証拠を使用することが困難な事情があるときは、第1回の公判期日前に限り、裁判官に押収、捜索、検証、証人の尋問又は鑑定の処分を請求することができる」）。

4　【関連問題】の論述ポイント

　設問の【関連問題】のうち、【証拠①】の事例は、捜査機関が作成した**実況見分調書の証拠能力**に関して論じさせる典型例です。論述としては、まず、伝聞証拠とその排除法則について、その意義や根拠など、総論的な叙述を行い、ついで、伝聞証拠となる実況見分調書について、刑事訴訟法321条3項が伝聞例外として許容する根拠規定となることを説明します。この説明にさいし、**形式的理由**として、**最判昭和35・9・8刑集14巻11号1437頁**が、321条3項を適用し、実況見分調書の証拠能力を肯定したことに言及できればよいでしょう（2(2)参照）。**実質的理由**としては、検証調書と同様に実況見分調書についても、書面による記録化の正確性と詳細さ、および、観察を本質とする処分の中立性と客観性が肯定され、それゆえ、伝聞例外要件に不可欠な要素である「信用性の情況的保障」が肯定される点を挙げることになります。また、実況見分調書の作成者じしんが作成の真正を公判廷で証言しなければならず、検証調書の場合と同様、実況見分調書の内容じたいにわたって、見分者じしんが実質的な尋問、とくに被告人側の反対尋問を受けねばならないことを指摘します。

　【証拠①】に関しては、さらに、**立会人の供述記載部分の証拠能力**じたいが論じられねばなりません。実況見分調書に記載された立会人の供述記載部分については、実況見分調書と一体的に321条3項により許容される**現場指示**と、それ以外の**現場供述**を区別したうえで、【関連問題】における立会人乙による「燃焼状況がとくに激しいのはここだ。ここで出火した」の供述部分がすべて現場指示に当たることを述べます。「現場指示」記載部分については、実況見分調書と一体のものとして321条3項が適用され、その証拠能力が肯定されます。これに対し、たとえば、「ここで出火した」という供述記載部分について、現場指示としては不必要であり、「現場供述」記載部分に当たると解するときは、供述内容の事実を立証するための証拠として使用するほかないため、321条1項3号の伝聞例外要件を充たす限りで許容されると述べることになります（ただし、実況見分調書の供述記載部分には、そもそも立会人の署名・押印がなく、その点で伝聞例外の形式的要件を充たさない）。

　【証拠②】に関しては、まず、私人である**民間企業が作成した燃焼実験報告書**について、321条4項書面に準ずる書面として許容した最高裁判例があることを指摘できねばなりません。**最決平成20・8・27刑集62巻7号2702頁**であり、この最高裁平成20年決定は、私人が作成した実況見分調書同様の燃焼実験報告書について、作成者が捜査機関ではない以上、321条3項を適用はもちろん準用もできないことを認めたうえで、なお、鑑定人の鑑定書と同一視できる実質をもった書面であると捉え、321条4項を準用し、その証拠能力を肯定できると判示しました。この最高裁平成20年決定を踏まえた検討ができねばなりません。

　ちなみに、捜査機関から嘱託を受けて鑑定する**鑑定受託者が作成した鑑定書**も、**最判昭和28・10・15刑集7巻10号1934頁**により、321条4項を——適用でなく——準用して、証拠能力が肯定されました。すでに3(3)で述べたように、最高裁昭和28年判決でその理由はとくに述べられていません。学説などでは、専門家としての適格性、鑑定事項の当否、書面による報告の正確性、観察・判断じたいの中立性などを考慮し、実質的に鑑定人の鑑定書と同一視できるものには、321条4項を準用できると説明されました。この考え方が、最高裁平成20年決定によって、民間企業が作成した燃焼実験報告書に

ついても及ぼされ、鑑定人の鑑定書と同一視できる実質をもつことが肯定されたといえるでしょう。【証拠②】に関しては、以上を的確に論述することが求められます。

証拠法⑧（伝聞証拠）

22 刑事訴訟法328条の弾劾証拠

設問 22
刑事訴訟法328条によって許容される弾劾証拠の種類について、論じなさい。

1 弾劾証拠の証拠能力

(1) 弾劾証拠の意義

刑事訴訟における**主要要証事実**は、「**罪となるべき事実**」（刑訴256③、335①）です（主要要証事実は**主要事実**ともいう。たんに**犯罪事実**と呼ぶことも多い。罪となるべき事実の意義について、2(2)の囲み「補助事実と厳格な証明の対象」参照）。この罪となるべき事実の存否を証明する証拠を、とくに**実質証拠**と呼び、また、実質証拠の証明力を減殺する証拠を、とくに**弾劾証拠**と呼びます。

> **展開支援ナビ**
>
> **証明力を減殺する** 証拠の証明力とは、〈証明を必要とする事実、すなわち、要証事実をどの程度推認させるか〉という**狭義の証明力**と、要証事実との関係を一応離れ、その〈証拠をそれじたいとして、どの程度信頼できるか〉という**一般的信用性**の2つの意味をもちます（狭義の証明力は**証拠価値**とも呼ばれ、一般的信用性はたんに**信用性**、あるいは、**信用力**、**信憑力**とも呼ばれる）。従って、証拠の証明力を減殺するとは、要証事実を推認させないとか、そもそも信頼できないとして、証拠がもつ狭義の証明力や一般的信用性を減殺することを意味します。

刑事訴訟法は、**公判期日**などでなされた**供述**の証明力を減殺する弾劾証拠について、特別な規定を設けました。それが刑事訴訟法328条です。328条は、「第321条乃至第324条の規定により証拠とすることができない書面又は供述であっても、公判準備又は公判期日における被告人、証人その他の者の**供述の証明力を争う**ためには、これを証拠とすることができる」と定めます。すなわち、321条ないし324条の伝聞例外要件を充たさないため、本来、実質証拠としても弾劾証拠としても使用できない書面や供述について、〈公判期日などでなされた被告人や証人などの供述の証明力を減殺するため〉であれば、かつ、〈その限りで〉、証拠能力を肯定しようというわけです。つまり、**弾劾証拠としての証拠能力だけを限定的に肯定する規定**が328条でした（刑訴328の「証明力を争う」とは、証明力を増強する場合を意味しない。すなわち、328は増強証拠を許容しない。これに対し、かつて**東京高判昭和31・4・4高刑集9巻3号249頁**は、「〔328〕条にいう証明力を争うとは、同条により提出し得る供述はいわゆる自己矛盾の供述に限らないから証明力を減殺するためにする場合のみならず、これを増強する場合であつても妨げないものと解しなければならない」と判示した。しかし、後述する3(1)の最高裁平成18年決定が、328は自己矛盾供述に限定して許容する趣旨だと解した。そのため、328は増強証拠を許容しないものとなった）。この328条の弾劾証拠の範疇に、具体的には、どのような証拠が入ってくるのでしょうか。

> **展開支援ナビ**
>
> **伝聞証拠排除法則と328条** 刑事訴訟法320条1項は、「第321条乃至第328条に規定する場合を除いては、公判期日における供述に代えて書面を証拠とし、又は公判期日外における他の者の供述を内容とする

供述を証拠とすることはできない」と定めます。この規定により、〈公判廷外の供述を報告する書面または第三者の公判廷証言であって、その公判廷外の供述内容の真実性を立証しようとするもの〉、すなわち、**伝聞証拠の証拠能力**が否定されました。しかし、320条1項は、同時に、「第321条乃至第328条に規定する場合を除いて」とも定めます。

この「第321条乃至第328条」は、320条1項により「証拠とすることはできない」書面や供述であっても、一定の要件を充たす限り、例外的に、これを「証拠とすることができる」と定める規定です（刑訴325だけは、供述の任意性について調査を求める規定であり、「証拠とすることができる」という文言を含まない）。「証拠とすることができる」とは、一般的には、2つの意味をもち、(A)**実質証拠**として使用できること、および、(B)実質証拠の証明力を減殺する**弾劾証拠**として使用できることを意味します。

ただし、刑事訴訟法328条の規定だけは特殊でした。なぜなら、328条は、「第321条乃至第324条の規定により証拠とすることができない書面又は供述であっても」、すなわち、321条ないし324条が定める伝聞例外要件を充たさない書面や供述であっても、「公判準備又は公判期日における被告人、証人その他の者の供述の証明力を争うため」であれば、「これを証拠とすることができる」と定め、弾劾証拠としての証拠能力だけを限定的に肯定するものであるからです。

2　弾劾証拠の意義と範囲

(1) 証明力を減殺する補助事実

刑事訴訟法328条が定める弾劾証拠の具体的内容を検討する前に、証拠法の基本概念である**補助事実**の意味について、説明を加えておきましょう。

裁判所は、罪となるべき事実の存否を証明する実質証拠について、その**証明力の有無や程度**を判断します（刑訴318）。この実質証拠の証明力に影響を及ぼす事実を、とくに**補助事実**と呼びます（光藤景皎『刑事訴訟法Ⅱ』108頁は、補助事実を「実質証拠の信憑性に強弱に影響を及ぼす事実」と定義する。この補助事実を証明する証拠を**補助証拠**と呼び、弾劾証拠とは、実質証拠の証明力を減殺する補助証拠を意味するわけである。なお、実質証拠の証明力を増強する補助証拠を**増強証拠**と呼び、いったん減殺された証明力を回復させる補助証拠を**回復証拠**と呼ぶ）。

たとえば、公判期日または公判準備における被告人、証人などの供述が実質証拠として使用される場合を考えてください。それら供述証拠の証明力を減殺するため立証される補助事実には、3つのものがあります。

①自己矛盾の供述　1つは、公判期日などで供述した被告人や証人などが、それ以前に、矛盾する内容の供述をしていた事実です。

〈同じひとが、以前に公判廷外で、公判期日などの供述と矛盾することを述べた事実〉、すなわち、〈公判廷外における供述者じしんの矛盾供述の存在〉を立証できれば、供述が変遷し、矛盾する点を捉えて、「そのひとの言うことは信用できない」、「そのひとは嘘をついている」と裁判所に評価・推認させることができるでしょう。それにより、公判期日などの供述について、その証明力を減殺する**弾劾の目的**が果たされます。つまり、公判廷外で**自己矛盾供述をした事実**じたいが、**補助事実**の1つとなります。公判廷外における自己矛盾供述の存在は、供述内容に関わって供述者じしんの一般的信用性を減殺する補助事実であるわけです。ちなみに、この補助事実の立証は、公判廷外の自己矛盾供述を記載・録取した書面を公判廷に提出したり、その自己矛盾供述を聴いた第三者に公判廷で証言させることにより行います。その書面や第三者の公判廷証言が**弾劾証拠**となるわけです。

展開支援ナビ

自己矛盾の意義　自己矛盾の意義については、検察官面前調書（以下、検面調書という）を伝聞例外として許容する刑事訴訟法321条1項2号の文言、すなわち、「前の供述と相反するか若しくは実質的に異った供述」の趣旨が参考になります。

「相反する」、「実質的に異なる」の趣旨について、要証事実との関係で、検面調書記載の供述が公判廷（公判期日または公判準備）の証言と**異なった**結論を導くことだと解されます。すなわち、検面調書記載の公判廷外供述と公判廷の証言を比較し、(A)その叙述された言葉をみただけで──つまり、実質的な判断はせず、供述された言葉を形式的・表面的にみただけで──矛盾している場合が「相反する」に当たり、(B)叙述上は明らかに矛盾しているといえない場合であっても、供述された言葉の趣旨を解釈したり、他の証拠などと関係させて、実質的に判断したときは、罪となるべき事実の認定について、異なる結論にいたらせるものである場合が、「実質的に異なる」に当たるといえます（詳細は、設問 20「刑事訴訟法 321 条 1 項の伝聞例外」4(4)②参照）。

　刑事訴訟法 328 条の弾劾証拠の内容となる自己矛盾供述については、公判期日などの供述の証明力を減殺するものでなければならないため、「異なった結論を導く」ものでなければならないわけです。言い換えれば、書面に記載された公判廷外供述の内容がたんに詳細なだけでは、「証明力を争う」ことはできず、328 条の弾劾証拠としては許容されません。また、書面に記載された公判廷外供述が事実をたんに否定するだけの、抽象的なものであるときも、「証明力を争う」ことはできず、328 条の弾劾証拠としては許容されないでしょう。

　②**第三者の矛盾供述**　証明力を減殺するもう 1 つの方法が、公判期日などにおける被告人や証人などの供述と矛盾する内容の供述を**第三者**がした事実を立証することです。

　たとえば、被告人が公判期日に「犯行があった日時に自分は、事件の現場にいなかった。別の場所で働いていた」と供述したとします。被告人はアリバイ、すなわち、現場不在の「間接事実」を供述したわけです。この被告人の供述の証明力を減殺するため、検察官は、「被告人がいたという日時に、その場所では、被告人を見なかった」、「被告人が働いていたという日時・場所について、被告人は勤務から外れていた」と述べる第三者の矛盾供述を公判廷に提出します。具体的には、第三者の矛盾供述を録取した警察官の「参考人供述調書」（犯捜規 177 ①）などを提出します。その参考人供述調書などにより、第三者の矛盾供述が存在するという補助事実を立証し、弾劾の目的を果たそうというわけです。公判期日などにおける供述内容じたいの一般的信用性を減殺する補助事実だといえるでしょう。

　③**純粋の補助事実**　証明力を減殺する方法には、供述者じしんの自己矛盾供述や第三者の矛盾供述を提出するほかに、もう 1 つ、すなわち、3 つ目のやり方があります。それは、供述内容から離れて供述者じしんの一般的信用性を減殺することです。

　具体的には、供述者じしんの「性格、能力、利害関係、偏見など」を報告する書面や公判廷証言によって、供述者の「信用性一般を批判する方法」をとります（松尾浩也『刑事訴訟法（下）新版補正第 2 版』75 頁）。この供述者じしんの性格、能力、利害関係、偏見などは、とくに「**純粋の補助事実**」とも呼ばれます（藤永幸治ほか編『大コンメンタール刑事訴訟法・第 5 巻Ⅰ』395 頁）。たとえば、公判期日において証人が、10 メートル以上離れて目撃した犯人、すなわち、被告人の顔を詳細に描写したとしましょう。この供述の証明力を減殺するため弁護人側は、「証人は、目撃時に眼鏡など矯正器具を付けていなかった。しかし、供述者の裸眼視力では、遠見の能力が極端に落ちる」ことを立証します。この裸眼による遠見の能力などが、**純粋の補助事実**の一例です。証人の裸眼視力を測定した鑑定書などが、具体的な弾劾証拠になります。

(2) 弾劾証拠の範囲──限定説と非限定説

　刑事訴訟法 328 条をめぐる基本的な論点の 1 つが、328 条により許容される弾劾証拠の範囲をめぐるものです。(A) 328 条が許容する弾劾証拠の範囲は、供述者〔甲〕じしんの以前の自己矛盾供述を報告する書面や第三者の公判廷証言に限定されるべきだという考え方を、**限定説**と呼びます。

　これに対し、(B) 328 条が許容する弾劾証拠の範囲には、供述者じしんの自己矛盾供述を報告する書面や第三者の公判廷証言だけでなく、上記 (1) ②の、公判準備や公判期日において供述した者〔甲〕でない第三者〔乙〕の矛盾供述を報告する書面や第三者〔乙の矛盾供述を聴いた丙〕の公判廷証言のほか、さらに、供述者じしん〔甲〕の性格、能力、利害関係、偏見などを報告する書面や第三者〔丁〕の公判廷証言も含まれるという考え方があります。この考え方を、**非限定説**と呼びます。便宜上、まず、非限

定説から説明しましょう。

①非限定説とその問題点　　刑事訴訟法328条じたいは、その文言上、許容する弾劾証拠の種類や内容について、これを具体的に列挙したり、限定することをしていません。そのため、328条の文言を形式的に解する限り、非限定説を導きやすいでしょう。328条の文言じたいが、非限定説の形式的根拠になるわけです。くわえて、非限定説の実質的根拠は、こうです。〈328条が許容する弾劾証拠は、主要要証事実である「罪となるべき事実」の存否の認定には用いられない。たんに被告人や証人などの供述がもつ証明力に影響を及ぼす事実、すなわち、補助事実を認定するためだけに用いられる。それゆえ、その種類や範囲をとくに限定する必要はない〉、と。

そのように説明する非限定説は、上記(1)①②③の、3つのタイプの補助事実を立証する証拠であれば、すべて328条の弾劾証拠として許容できるというわけです。

展開支援ナビ

補助事実と厳格な証明の対象　　非限定説は、補強的な議論として、〈補助事実の証明は、「**厳格な証明**」でなく、証拠能力などの制約がない「**自由な証明**」でかまわない。それゆえ、純粋の補助事実のほか、自己矛盾の供述はもちろん第三者の矛盾供述の存在という補助事実についても、それらを立証する証拠はすべて——たとえ実質証拠として使用できなくとも——、弾劾証拠として許容してかまわない〉とします。

ちなみに、厳格な証明とは、証拠能力をもち、適式な証拠調べを経た証拠による証明を意味します。この厳格な証明を必要とする最も重要な事実が、主要要証事実である「**罪となるべき事実**」（刑訴256③、335①）であることはいうまでもありません。罪となるべき事実には、犯罪構成要件に該当する具体的事実のほか、**処罰条件たる事実**（たとえば、刑法192②の事前収賄罪における「公務員又は仲裁人」となった事実）、**法律上の刑の加重事由**（刑法56等により累犯加重の事由となる前科）、**法律上の刑の減軽・免除事由**（心神耗弱〔刑法39②〕、中止未遂〔刑法43但〕、過剰防衛〔刑法36②〕、障害未遂〔刑法43〕など）も含まれ、いずれも厳格な証明を必要とする事実になります。それらは、**刑罰権の存否および範囲を基礎づける事実**として括ることができます。

このほか、罪となるべき事実の存否を推認させる**間接事実**についても、やはり、厳格な証明が必要とされます。そのため、犯行の動機なども、それがたんなる情状事実ではなく、**犯罪事実の存在を推認させる間接事実**として扱われるときは、厳格な証明の対象になります。

これに対し、**訴訟法的事実**については一般に、厳格な証明の対象になりません。たとえば、**最決昭和58・12・19刑集37巻10号1753頁**は、「原審が刑訴法323条3号に該当する書面として取り調べた北海道電報電話局長作成にかかるT警察署長宛昭和57年5月11日付回答書は、弁護人申請にかかる送付嘱託の対象物（M局0393番の加入電話へ架電された電話についての逆探知資料）は存在しないという事実を立証趣旨とするものであつて、原審が右逆探知資料の送付嘱託を行うことの当否又は右逆探知に関する証人申請の採否等を判断するための資料にすぎないところ、右のような訴訟法的事実については、いわゆる自由な証明で足りるから、右回答書が刑訴法323条3号の書面に該当すると否とにかかわらず、これを取り調べた原審の措置に違法はないというべきである」と判示しました。この訴訟法的事実とは、「**訴訟手続に関する事実**」とも呼ばれ、**一定の手続上の効果を求めるため主張する事実**を意味します。たとえば、被告人が死亡した事実（刑訴339①(4)）、親告罪について告訴があった事実（刑訴338(4)）のほか、裁判官忌避の理由となる事実、証拠能力を基礎づける根拠となる事実などを指します。

実質証拠の証明力に影響を及ぼす補助事実も、この訴訟法的事実の1つでした。そのため、非限定説は、〈訴訟法的事実である補助事実の立証は、証拠能力の制約がない自由な証明でかまわない。だから、純粋の補助事実のほか、自己矛盾の供述はもちろん、第三者の矛盾供述の存在という補助事実についても、それらを立証する証拠はすべて弾劾証拠として許容される〉とします。

しかし、実質証拠の証明力に影響を及ぼす補助事実について、一般的な訴訟法的事実と異なり、厳格な証明の対象になると考えるのが多数説です。なぜなら、〈補助事実は、有罪・無罪の実体的事実の存否に関わる事実であるため、厳格な証明の対象に含めるべきだ〉とされるからです。すなわち、〈犯罪事実を認めるかどうかは、実質証拠の証明力いかんにかかっているのだから、適正な事実認定のためには、その実質証拠の証明力に影響を及ぼす補助事実の立証についても、厳格な証明が必要になる〉、つまり、〈有罪・無罪の実体的事実の存否に直接、関わってくる事実だから、例外的に、厳格な証明の対象とすべきだ〉と考えるわけです。実務上も、

そのように運用され、後述の3⑴の最判平成18・11・7刑集60巻9号561頁でも、その運用が確認されました。この点でも、非限定説の議論には与することができません。

しかし、上記⑴①②③の補助事実のうち⑴②の事実、すなわち、**第三者の矛盾供述を報告する書面**などまで、弾劾証拠として許容することについては、強い懸念が拭えません。すなわち、伝聞証拠を原則として排除する証拠法則（刑訴320①）を形骸化しないかという懸念が拭えないのです。その意味は、こうです。

　㈤**心証形成に不当な影響**　第三者〔乙〕の矛盾供述を報告する書面や第三者〔丙〕の公判廷証言が、実質証拠の証明力を減殺する弾劾証拠としての働きをもつには、〈書面などが報告する第三者〔乙〕の矛盾供述の内容のほうが、被告人や証人など〔甲〕の公判廷の供述よりも「より真実らしい」、「証明力が強い」〉ことが前提にされねばならないはずです。なぜなら、第三者〔乙〕の矛盾供述のほうが真実だとされてこそ、公判期日などの被告人や証人など〔甲〕の供述の証明力を減殺できるはずだからです。

　しかし、そうであれば、第三者〔乙〕の矛盾供述を報告する書面などについて、「弾劾証拠として使うだけであって、実質証拠としては使わない」と言ったとしても、その書面などで報告された〈第三者〔乙〕の矛盾供述〉の内容の真実性に踏み込んで裁判所はその証明力を判断するわけですので、どうしても、裁判所の実体形成、すなわち、〈罪となるべき事実の存否に関する心証形成〉に対し現実的な影響を与えることになってしまいます。つまり、〈実質証拠としての働きまで不当にもってしまう〉恐れが拭えないのです。

　㈥**伝聞証拠の排除を形骸化**　また、〈第三者〔乙〕の矛盾供述を援用して弾劾する〉というのは、〈公判廷外における第三者〔乙〕の矛盾供述について、その供述内容の真実性を問題にする〉ことですから、それは、〈第三者〔乙〕の矛盾供述を報告する書面などを、伝聞証拠として使用する〉ことにほかなりません（そう解する限り、328条の立法趣旨についても、伝聞証拠排除法則の「例外」を定めた規定と解することになる）。

　そして、刑事訴訟法328条の無限定な文言にかんがみ、その第三者〔乙〕は誰であってもかまわないことになるでしょう。そうすると、結局、328条にもとづき弾劾証拠として提出できる伝聞証拠の範囲には、歯止めないし限定がまったくかかりません。その結果、参考人の供述調書、警察官の捜査復命書、共犯者の自白調書、逮捕手続書など、およそ事件に関連のある書面が、被告人や証人など〔甲〕の公判廷における供述と異なる第三者〔乙〕の供述を報告するものであればすべて、弾劾を名目にして公判期日などに提出できることになります。しかも、それら書面で記述された第三者〔乙〕の供述内容の真実性に踏み込んで、裁判所による判断の対象にされるわけです。しかし、「これでは憲法37条2項の証人審問権は骨抜きになる」といわねばなりません（光藤『刑事訴訟法Ⅱ』250頁）。

　この㈤と㈥の理由から、第三者〔乙〕の矛盾供述を報告する書面や第三者〔丙〕の公判廷証言まで、328条の弾劾証拠として許容する非限定説は、**伝聞証拠排除法則を潜脱ないし形骸化**するものとして批判されねばなりません。

　②**限定説**　これに対し、限定説をとる場合はどうでしょうか。

　刑事訴訟法328条の弾劾証拠を、供述者じしんによる公判廷外の自己矛盾供述を報告する書面などに限定するのであれば、公判廷外でなされた供述内容の真実性は問題とはなりません。なぜなら、同一人が公判期日などの供述と矛盾する供述を公判廷外で行った事実があれば、その事実だけによって供述者じしんの一般的信用性が減殺され、公判期日などの供述の証明力も減殺されることになるからです。

　したがって、自己矛盾供述を報告するものに限って328条の弾劾証拠として使用する限り、〈公判廷外の供述であって、その供述内容の真実性を立証するためのもの〉という伝聞証拠の範疇に入ってきません。すなわち、公判廷外の自己矛盾供述を報告する書面なども、弾劾証拠として使用される限り、そもそも伝聞証拠には当たらないわけです。そのため、伝聞排除法則の適用が及ばないため、許容されて

よいというべきものになります。ちなみに、このような扱いを——伝聞例外と区別し——**伝聞適用外**と呼びます。

> **展開支援ナビ**
>
> **限定説と回復証拠**　公判廷証言が、公判廷外の自己矛盾供述を報告する書面などで弾劾されたのち、公判廷証言前に一致供述があることを明らかにして、公判廷証言の証明力を「回復」することが許されるでしょうか。刑事訴訟法 328 条により回復証拠も許容できるか、という問題です。
>
> 　公判廷証言前の一致供述の存在を書面などで示すことにより（すなわち、一致供述の内容の真実性を問題としないで）、公判廷証言の証明力を回復する効果が生ずるにすぎず、限定説の立場でも、回復証拠は許容されてよいと考えられています（光藤景皎『刑事訴訟法Ⅱ』253 頁など）。

　ただし、この限定説にも難点があります。限定説によれば、弾劾証拠として使用される自己矛盾供述は伝聞証拠の範疇に入らないものでした。すなわち、伝聞証拠排除法則を定めた刑事訴訟法 320 条とは無関係な——その規定の射程外にある——ものというべきことになります。なぜなら、自己矛盾という供述の性質それじたいから当然に弾劾証拠として使用できるものとなるからです。言い換えれば、328 条はなくてもかまわない規定になるのです。しかし、それでは、刑事訴訟法があえて 328 条を置いた趣旨を無視するか、軽んじないかという疑問が出てきます。

(3)　限定説の通説化

　刑事訴訟法 320 条が定める伝聞証拠排除法則について、その原則的帰結——すなわち、事実認定の適正化を果たすため、十分な反対尋問にさらされない公判廷外の供述については、できるだけ広くこれを排除すること——を貫こうとする考え方が多数説でしょう。そのため、この原則的帰結に従い、328 条についても——伝聞例外の規定とせず——、自己矛盾供述だけを弾劾証拠として許容する**伝聞適用外の規定**と理解する考え方、すなわち、限定説が学説の多数説です。また、「実務上も、実質的にその第三者の供述を、内容どおりの事実を認定する証拠として用いるのと同じ結果の生ずることが明らかな場合には、これを同条〔刑事訴訟法 328 条〕の証拠としても採用しないという方向にあると思われる」（松尾浩也編『刑事訴訟法Ⅱ』273 頁）とされました。実務上も、限定説が有力であるわけです。

　たしかに、かつては非限定説をとる高裁判例がありました。たとえば、**東京高判昭 26・7・27 高刑集 4 巻 13 号 1715 頁**は、殺人被告事件において「未だ証人として喚問されない A の司法警察員に対する供述調書」を検察官が刑事訴訟法 328 条の弾劾証拠として証拠調べ請求した事案で、「刑事訴訟法 328 条〔中略〕の法文解釈よりすれば一般的には刑事訴訟法第 321 条乃至第 324 条の規定により証拠とすることができない書面又は供述であっても公判準備又は公判期日における被告人、証人その他の者の供述の証明力を争うためには総て無制限に証拠とすることができる趣旨と解すべきであって所論の如く同条に所謂公判準備又は公判期日における『被告人、証人その他の者』は『法廷外においてその供述をしたその被告人、証人その他の者』の意味に解すべきではない。されば原審裁判所が前記の如く公判廷において未だ証人として喚問されない A の司法警察員に対する供述調書を刑事訴訟法第 328 条に基き証拠調を許容したのは毫も支障な〔い〕」と判示しました。

　このほか、**東京高判昭和 31・4・4 高刑集 9 巻 3 号 249 頁**も、被告人が共謀の事実を否認したため、共謀者とされた証人 A の公判廷供述を「増強」する目的で検察官が 328 条の弾劾証拠として A の「司法警察員および検察官に対する各供述調書謄本」の証拠調べを請求した事案で、328 条の「法意は、公判準備又は公判期日における被告人、証人その他の者の供述の証明力を争うためには、その者の右公判準備又は公判期日外でした右供述に矛盾する供述（供述書面を含む。以下同じ）は、勿論、広く一般に何人の供述であっても同法第 321 条乃至第 324 条の規定により証拠とすることができない供述であっても総

て無制限に証拠とすることができるものと解するのが相当である。〔中略〕従って、又同条にいう証明力を争うとは、同条により提出し得る供述はいわゆる自己矛盾の供述に限らないから証明力を減殺するためにする場合のみならず、これを増強する場合であっても妨げないものと解しなければならない」と判示し、非限定説をとりました。

しかし、限定説をとる高裁判例も少なくなく、たとえば、**仙台高判昭和31・5・8高裁刑裁特報3巻10号524頁**は、公職選挙法違反事件で、被告人の否認供述を弾劾するため検察官が複数の第三者の「検察官に対する各供述調書」を328条により証拠調べ請求した事案において、328条の「規定により公判準備又は公判期日における被告人、証人その他の者の供述の証明力を争うために用いることのできる証拠は、現に証明力を争おうとする供述をした者の従前の供述を記載した書面又は供述（以下供述と称する）に限るものと解する。即ち、同条は、公判準備又は公判期日においてある供述をした者が、さきに同一事項に関し異った供述をしたということを明らかにすることを許容したに過ぎない」と判示しました。その後の高裁判例では、この限定説が定着していきます。たとえば、**東京高判平成5・8・24判タ844号302頁**は、窃盗被告事件で、「原判決は、Aほか第三者の検察官、司法警察員、司法巡査らに対する供述調書8通（謄本を含む）、『被害品の弁済について』と題する書面、実況見分調書、電話聴取書、現行犯人逮捕手続書（2通）等の書面を被告人の〔犯行を否認する〕公判供述の弾劾証拠として刑訴法328条により採用しているが、同条により許容される証拠は、現に証明力を争おうとする供述をした者の供述を記載した書面または供述に限られると解すべきであるから、原審の前記措置は不適法である」と判示しました。このほか、**東京高判平成8・4・11高刑集49巻1号174頁**では、被告人の自白調書の任意性を争うため弁護人が、副検事作成の逮捕状請求書の各写しや司法警察員作成の「道路交通法被疑者の所在確認」と題する書面写しを328条の弾劾証拠として取調べ請求し、それらが取り調べられた事案で、「刑訴法328条により許容される証拠は、現に証明力を争おうとする供述をした者の当該供述とは矛盾する供述又はこれを記載した書面に限られると解すべき〔である〕」と判示し、限定説にたつことを明らかにしました。

ちなみに、弾劾証拠の意義と範囲が問題とされた判例、とくに、非限定説をとったかつての高裁判例では、被告人の公判廷における否認供述や自白の任意性を争う供述などを弾劾する目的で、検察官側が第三者の矛盾供述を証拠請求するケースが多かったといえます。また、限定説をとった上記の東京高裁平成5年判決の事案も、被告人の公判供述を弾劾するため検察官から第三者の矛盾供述の証拠調べが請求されたケースでした。つまり、刑事訴訟法328条による弾劾証拠の提出事例の多くは、〈検察官側証人の公判証言を――取調べ権限をもたないなど証拠収集能力に制約がある――被告人側が弾劾するため、やむなく他人の矛盾供述の取調べを請求してきた〉というものでは、実は、ありません。むしろ、証拠収集の広い権限を与えられ、かつ、起訴状記載の「罪となるべき事実」について実質的挙証責任を負う検察官側が、被告人側の否認供述や、自白の任意性を争う供述に対抗し、みずからの立証（本証）を補完するため、弾劾証拠を広い範囲で、すなわち、第三者の矛盾供述も含めて提出しようとしたものであったわけです。

このような検察実務の状況にかんがみれば、非限定説によった場合、伝聞証拠排除法則を潜脱する結果になってしまう恐れは、けっして杞憂ではありません。むしろその懸念は現実的なものといわねばなりません。だからこそ、限定説が多数説になったわけです。

3 限定説をとる最高裁判例

(1) 最高裁判例の立場

このような状況下で、**最判平成18・11・7刑集60巻9号561頁**は、はっきり限定説に与しました。事案はこうです。

第一審において、証人Aが証言した後、弁護人は、消防司令補K作成に係る「聞込み状況書」を証

請求します。検察官の不同意意見を受けて、弁護人は、刑事訴訟法328条にもとづき弾劾証拠としての採用を求めました。しかし、第一審裁判所は、提示命令によりその内容を確認したのち、同条の書面には当たらないとして請求を却下します。ちなみに、右「聞込み状況書」には、消防司令補Kが〔証人〕Aから火災発見時の状況について聞き取ったとされる内容が記載されており、その内容にはAの公判廷証言の内容とは異なる点が含まれていました。また、この「聞込み状況書」は、Aに対して記載内容を読み聞かせ、署名・押印を求める形式になってはいませんでした（消防の実務上も、そのような手続は取られていない）。

最高裁平成18年判決は、次のように判示します。

「刑訴法328条は、公判準備又は公判期日における被告人、証人その他の者の供述が、別の機会にしたその者の供述と矛盾する場合に、矛盾する供述をしたこと自体の立証を許すことにより、公判準備又は公判期日におけるその者の供述の信用性の減殺を図ることを許容する趣旨のものであり、別の機会に矛盾する供述をしたという事実の立証については、刑訴法が定める厳格な証明を要する趣旨であると解するのが相当である。／そうすると、刑訴法328条により許容される証拠は、信用性を争う供述をした者のそれと矛盾する内容の供述が、同人の供述書、供述を録取した書面（刑訴法が定める要件を満たすものに限る。）、同人の供述を聞いたとする者の公判期日の供述又はこれらと同視し得る証拠の中に現れている部分に限られるというべきである。／本件書証〔聞取り状況書〕は、前記Aの供述を録取した書面であるが、同書面には同人の署名押印がないから上記の供述を録取した書面に当たらず、これと同視し得る事情もないから、刑訴法328条が許容する証拠には当たらないというべきであり、原判決の結論は正当として是認することができる」、と。

この最高裁平成18年判決は、328条を解釈して、(A)弁護人側が提出する弾劾証拠も含めて、すなわち、**弾劾証拠一般**について、自己矛盾供述に限定したこと、かつ、(B)自己矛盾供述の存在という補助事実の立証について、**厳格な証明**を必要とすることを明らかにした点で、注目すべきものでした。

展開支援ナビ

自己矛盾の事実と厳格な証明 最高裁平成18年判決が「別の機会に矛盾する供述をしたという事実の立証については、刑訴法が定める厳格な証明を要する」と判示したのは、自己矛盾供述の存在という補助事実についても厳格な証明を要求したことを意味しました。

ただし、弾劾証拠として許容される自己矛盾供述については、供述の存在だけが立証されれば足り、供述内容の真実性は問題になりません。そのため、**公判廷外の自己矛盾供述を記録した書面**を弾劾証拠として使用する場合も、伝聞証拠として使用するわけではないため、刑事訴訟法321条以下の伝聞例外規定の要件を充たす必要はありません。公判廷外の原供述の存在を確認できるような形態の書面であればよいのです。たとえば、供述書であれば、原供述者がみずからしたためたことを確認できれば足り、供述録取書であれば、原供述者じしんが署名または押印することにより、自己矛盾供述の存在をみずから確認してあればよいのです。また、公判廷外の原供述を聞いたとする第三者の公判廷証言であれば、その第三者に対し公判廷で主尋問、反対尋問を行い、原供述の存在が確認できればよいわけです。

最高裁平成18年判決は、供述録取書についてとくに、「刑訴法が定める要件を満たすものに限る」と判示しました。ちなみに、321条1項や322条1項などの伝聞例外規定は、供述録取書について、録取された公判廷外供述の存在を確認するための要件として、**原供述者じしんの署名・押印**を求めました（大阪高判平成17・6・28判タ1192号186頁は、「供述録取書への署名押印の趣旨は専ら供述録取の正確性の担保にあると解すべきである」と判示した。これに対し、供述録取書への署名・押印に、原供述者による〈証拠化の承認〉、〈証拠化の処分権行使〉の意味を認める考え方もある）。最高裁平成18年判決も、その点を捉えて、「刑訴法が定める要件を満たすものに限る」と述べたわけです。この点、『条解刑事訴訟法〔第4版〕』913頁も、補助事実の認定に厳格な証明を必要とする立場から、「321条などの規定の定める形式的な要件〔供述録取書における原供述者の署名・押印〕を欠くためこれ〔321条ないし324条の伝聞例外規定〕を適用できないときには、本条〔328条〕の証拠としても許容できない」、すなわち、「署名押印を欠くため321条以下で証拠能力を取得しえない供述書や供述録取書には本条〔328

条〕の適用がない」と結論しました（〔　〕と傍点は引用者）。

　ただし、署名・押印という形式に拘泥する必要はなく、最高裁平成18年判決も、署名・押印と「同視し得る事情」があればよいと判示します。たとえば、原供述の録取時における外部的状況から、自己矛盾供述の存在について、その確実性が実質的に担保されていれば、署名・押印は不必要な場合もあるというわけです。ちなみに、その趣旨からは、自己矛盾供述の存在を立証する供述録取書について、これを「証拠物たる書面」として捉え、証拠能力の不文の要件である論理的関連性を肯定する実質的要件として、原供述者じしんの署名・押印が要求されるというべきであったと思います。

　なお、最高裁平成18年判決がいう「刑訴法が定める要件を満たす」供述録取書について、東京高判平成20・12・4東京高裁（刑事）判時59巻1～12号127頁は、司法警察職員が作成した「現行犯人逮捕手続書」について、逮捕者である私人の署名・指印があるだけでは、当該私人の公判廷証言に対する328条の弾劾証拠として許容できないとしました。すなわち、『「刑訴法が定める要件を満たす供述録取書面」というためには、供述者の署名・押印が形式上なされていれば足るというものではなく、その署名・押印が刑訴法198条4項・5項に規定された〔録取の正確性を担保する閲覧、読み聞かせや、増減・変更の申立などの〕手続若しくはこれと同視し得る手続が履践された上で、又は上記手続が履践されなくとも供述者が少なくとも供述録取書面の記載内容を実質的に認識・承認した上でなされることが必要であると解される。／〔中略〕原審弁9〔司法警察職員作成の現行犯人逮捕手続書〕の作成に当たって、そのような〔198条4、5項所定の〕手続やこれに同視し得る手続がとられたとか、甲がその内容を実質的に認識、承認した上で署名指印をしたとかと認めるに足りる証拠は存しない。／そうすると、原審弁9は、『刑訴法が定める要件を満たす供述録取書面』には該当しないというべきであるから、所論が指摘するその余の点について検討するまでもなく、弁護人が刑訴法328条に基づいてした原審弁9の証拠請求を却下し、これに対する弁護人の異議も棄却した原審の判断はいずれも正当であると認められる」と判示しました。この東京高判平成20年決定の趣旨については、〈原供述者の署名・押印を形式的に要求する〉趣旨でなく、〈原供述の存在を確実だと認めさせる実質的根拠（たとえば、刑訴198④、⑤の手続を遵守したことなど）が要求される〉趣旨だといえます。

(2) 最高裁平成18年判決の意義

　ただし、上述したように、限定説の**現実的な目的**は、伝聞証拠排除法則を潜脱するような検察実務を規制・制限するという点にありました。これに対し最高裁平成18年判決は、刑事訴訟法328条が許容する弾劾証拠の範囲を自己矛盾供述に限定した点で評価されるとしても、(A)で、弁護人側が提出する弾劾証拠についても自己矛盾供述に限定したことにより、上述の現実的な目的は考慮しないことを明らかにしました。また、(B)では、自己矛盾供述の存在という補助事実について、それが有罪・無罪の実体的事実の認定を左右する重要な訴訟法的事実となる場合がある以上、「厳格な証明」の対象にすべきこと、さらに、その自己矛盾供述を提出するのが被告人側であり、無罪方向の立証のためであったとしても、やはり厳格な証明の対象にすべきこと、とくに、証拠能力を要求すべきことを判示したといえます。

　たしかに、無罪方向の立証のため「被告人の提出する証拠にも証拠能力が必要だとすると、被告人に有利な証拠の提出がはばまれ、その無罪を立証できなくなるおそれ」が生じます（平野『刑事訴訟法』183頁）。「したがって厳格な証明を必要としない（とくに証拠能力は必要でない）という見解にも一理はある」でしょう（平野・同上）。しかし、たとえば、刑事訴訟法322条1項は、被告人に有利な被告人じしんの公判廷外供述を報告する書面について、「特に信用すべき情況の下にされたものであるときに限り、これを証拠とすることができる」と定めます。そのように、「被告人の提出する証拠にも証拠能力を要求している」以上、「被告人といえども、証拠能力のない証拠によって、合理的でない疑を生ぜしめることは許されない」と考えられました（平野・前掲書184頁）。最高裁平成18年判決も、このような考え方にたったといえるでしょう。

　最高裁平成18年判決が判示した(A)と(B)の点は、いずれも、理論的には正しいものをもちます。しかし、そうだとしても、**被告人側の提出する弾劾証拠**についても自己矛盾供述に限定した最高裁平成18年判決の判示が、刑事司法の現実にかんがみ、本当に妥当であったかどうかは、やはり、問題にされるべきだと思うのです。

裁判と上訴①

23　間接事実による有罪認定と証明の水準

> **設問 23**
> 間接事実にもとづく有罪の証明について、そのあり方を論じなさい。

1　有罪の証明水準と最高裁昭和 48 年判決

(1)　刑事裁判における事実認定

公訴を提起する検察官は、起訴状を裁判所に提出し（刑訴 256 ①）、特定の「罪となるべき事実」（刑訴 256 ③）について、被告人が「犯人」であると主張します（犯人ということばを使用する規定として、たとえば、刑訴 198 ②が「司法警察職員は、犯罪があると思料するときは、犯人及び証拠を捜査するものとする」、刑訴 248 が「犯人の性格、年齢及び境遇、犯罪の軽重及び情状並びに犯罪後の情況により訴追を必要としないときは、公訴を提起しないことができる」と定める）。

裁判官は、検察官側と被告人側の双方から公判廷に提出された証拠にもとづき、被告人が検察官の主張する「犯人」かどうか、すなわち、被告人について「罪となるべき事実」（刑訴 335 ①）が認められるかどうかを判断します（刑訴 317「事実の認定は、証拠による」）。

> **展開支援ナビ**
>
> **証拠裁判主義**　刑事訴訟法 317 条は、「事実の認定は、証拠による」と定めます。刑事訴訟においてその存否が問題となる事実は証拠にもとづき認定されねばならない、という近代刑事裁判の普遍的原則を確認した規定が 317 条です（なお、旧刑訴 336 も、「事実の認定は証拠に依る」と定めた）。その原則を**証拠裁判主義**と呼びます（証拠裁判の原則ともいう）。
>
> ちなみに、証拠とは、過去の犯罪事実が残した痕跡であると定義されました（平野龍一『刑事訴訟法』190 頁は、「裁判所は、過去の事実である犯罪事実を、自ら直接に実験することはできない。そこで、犯罪事実が残した痕跡から、犯罪事実を推認する外はない。この推認の根拠となる資料を証拠という」と述べる）。たしかに、被害者の遺体や犯行現場に遺留された兇器など、証拠のもっとも典型的なものがこの定義によってカバーされます。しかし、被告人の自白どおりの犯行は不可能であることを証明する実験結果などのように、「犯罪事実が残した痕跡」に該当しないものも証拠になります。それゆえ、証拠とは、**事実の存否を推認する根拠となる資料**であると広く定義すべきでしょう。
>
> **刑事訴訟法 317 条の実質的意義**　「事実の認定は、証拠による」と定める 317 条はいくつかの**実質的意義**をもちます。
>
> **(1)消極的な意義**　1 つの意義は、民事訴訟法との違いを示したことです。私人間の民事紛争を裁くための民事訴訟法は、その 247 条で「裁判所は、判決をするに当たり、口頭弁論の全趣旨及び証拠調べの結果をしん酌して、自由な心証により、事実についての主張を真実と認めるべきか否かを判断する」と定めます。しかし、そのように口頭弁論の全趣旨から事実を認定することを、刑事訴訟法 317 条は許しません。ちなみに、口頭弁論の全趣旨を斟酌するとは、具体的には、公判廷における当事者の訴訟行為じたいも評価の対象にして事実を認定することを意味します。たとえば、公判廷において当事者が主張する内容とか、攻撃・防禦を行う方法・態様・態度なども斟酌して、事実を認定するわけです。それらは、刑事訴訟法 317 条が定める「証拠」（民訴 247 の「証拠調べの結果」に該当するもの）ではないため、刑事裁判では事実認定の資料とされてはなりません。これが、刑事訴訟法 317 条がもつ実質的意義の 1 つです。ただし、口頭弁論の全趣旨を斟酌してはならないと

いう消極的な意義となります。

(2) 積極的な意義　しかし、刑事訴訟法317条はもっと**積極的な意義**、すなわち、**実定法上の意義**をもつとされます。

　刑事訴訟法は、証拠の**証拠能力**、すなわち、**裁判所の事実認定の用に供することができる法的資格**について、それを否定ないし肯定する要件を定めます（刑訴319ないし328）。また、**証拠調べ**についても、一定の方式を定めます（刑訴297ないし311。とくに、304ないし307の2）。これらの規定との関連で、317条がもつ実定法上の意義とは、(A)証拠能力があり、かつ、(B)適式な証拠調べを経た証拠によって事実は認定されねばならないことであると解されました。そのような証拠能力をもち、適式な証拠調べを経た証拠による証明を、**厳格な証明**と呼びます。

　この厳格な証明を必要とする事実について、訴訟上確認すべきすべての事実が該当するというのは広範にすぎ、妥当でありません（たとえば、被告人に有利な情状事実は、証拠能力のない証拠を用いて認定されてよい）。手続上も、それでは煩瑣にすぎるでしょう。そのため、厳格な証明を必要とする事実、すなわち、317条の「事実」は、限定されねばなりません。これが、317条がもつ**実定法上の第2の意味**だとされます。では、どのように限定されるのでしょうか。

　罪となるべき事実（刑訴335）が厳格な証明を必要とする事実であることはいうまでもありません。罪となるべき事実とは、主要要証事実（たんに主要事実ともいう）とも呼ばれ、なにより、**犯罪構成要件に該当する具体的事実**を意味します。また、**違法性を基礎づける事実や責任を基礎づける事実**も、犯罪の成立に必要な事実（平野『刑事訴訟法』183頁は「犯罪の成立要素」という）であり、やはり、罪となるべき事実となります。このほか、「犯罪の動機・方法・結果・影響」も、「罪となるべき事実の属性」として厳格な証明を必要とします（田宮裕『刑事訴訟法〔新版〕』291頁）。さらに、**処罰条件である事実**（たとえば、刑法192②の事前収賄罪における「公務員又は仲裁人」となった事実）も、罪となるべき事実に含まれます。

　法律上の刑の加重事由（刑法56により累犯加重の事由となる前科など）、**法律上の刑の減軽・免除事由**（心神耗弱〔刑法39②〕、中止未遂〔刑法43但〕、過剰防衛〔刑法36②〕、障害未遂〔刑法43〕など）となる事実について、多数説は、罪となるべき事実ではないが、判決に付すべき理由（刑訴44①）となるため、厳格な証明を必要とするとします（ちなみに、最大決昭和33・2・26刑集12巻2号316頁は、累犯加重の事由となる前科の事実について、「『罪となるべき事実』ではないが〔中略〕、実質において犯罪構成事実に準ずるもの」とした）。しかし、刑罰権を行使する根拠となる以上、刑の加重・減免事由となる事実も罪となるべき事実に含まれるというべきです（平野・前掲書227頁）。結局、罪となるべき事実とは、**刑罰権の存否および範囲を基礎づける事実**を意味するものとなります。

　この厳格な証明を必要とする刑事訴訟法317条の「事実」の中に、**訴訟法上の事実のうち訴訟条件に関する事実や証拠能力を基礎づける事実を含める**主張や、**刑の量定の基礎となる事実である情状を含める**主張もあります。ただし、いずれも少数説にとどまります。

　その証拠、すなわち、罪となるべき事実を認定する根拠となる具体的資料には、事実を認定するうえで裁判官じしんが推理・推論を加えねばならないものと、そうでないものがあります。

　後者の、推理・推論を必要としないものを**直接証拠**と呼びます。直接証拠の典型例は、被告人じしんの自白や、犯行を目撃した第三者の供述です。被告人が自白する事実や犯行の目撃者が叙述する事実を、推理・推論を加えるまでもなく、そのまま認定するだけで、「罪となるべき事実」（刑訴335①）の認定になります。すなわち、罪となるべき事実を認定する直接的根拠となるため、直接証拠と呼ぶわけです。

　これに対し、推理・推論を加えることにより、はじめて罪となるべき事実を推認する根拠となるものもあります。これを、**間接事実**と呼びます。犯行現場に遺留された被告人じしんの血痕や指紋、動機の存在、犯行機会の存在、被告人の逃走などが**間接事実の具体例**です。裁判官は、それら間接事実にもとづき、推理・推論を加えて、罪となるべき事実の存否を認定します。この間接事実は、厳密にいえば、**証拠の一種**ではありません。なぜなら、間接事実じたいが、証拠により認定されるべき**証明の対象**であるからです。この間接事実を証明する証拠を、**間接証拠**と呼びます。刑事訴訟法335条1項の「証拠の標目」には、間接事実ではなく、この間接証拠を挙げることになります。ちなみに、間接証拠を**情況証拠**と呼ぶ場合もあります（なお、間接事実じたいを指して「情況証拠」という場合もある。しかし、情況証拠の

用語本来の使い方ではない)。たとえば、**最判昭和 48・12・13 判時 725 号 104 頁**は、「情況証拠による間接事実から推論して、犯罪事実を認定する」と判示し、最近でも、**最判平成 22・4・27 刑集 64 巻 3 号 233 頁**が、「情況証拠によって認められる間接事実」と判示しました。

被告人が「犯人」かどうか認定すべき裁判官は、公判廷に提出されたそれら直接証拠や間接証拠について、その証明力を自由に判断できます（刑訴 318「証拠の証明力は、裁判官の自由な判断に委ねる」）。

展開支援ナビ

自由心証主義　刑事訴訟法 318 条は、「**証拠の証明力は、裁判官の自由な判断に委ねる**」と定めます（証拠の証明力という文言は、刑訴 318 のほか、308「裁判所は、検察官及び被告人又は弁護人に対し、証拠の証明力を争うために必要とする適当な機会を与えなければならない」などで使われる）。この証拠の証明力は、具体的には、証明を必要とする具体的事実（要証事実という）をどの程度認定ないし推認させるかという**狭義の証明力**（証拠価値、推認力ともいう）と、要証事実との関係を一応離れ、その証拠をそれじたいとしてどの程度信頼できるかという**一般的信用性**（信用性、信用力、信憑力ともいう）の2つの意味をもちます。

318 条により、裁判官は、証拠がもつ狭義の証明力と一般的信用性の程度について、自由に判断できるわけです。これを**自由心証主義**と呼びます。

(1) 法律上の制約からの自由　自由心証主義がいう「自由」とは、2つの意味をもちます。その1つの意味が、証拠の証明力判断について、法律上の制約を受けないことです。

かつては事実を認定するうえで、必要な証拠の種類（証拠方法と呼ぶ）やその証明力があらかじめ法律に規定され、一定の証拠の存在が有罪認定の法的要件とされました。これを**法定証拠主義**と呼びます。この法定証拠主義は、裁判官の証拠評価をあらかじめ形式的・抽象的に法定することじたいに、法秩序を具現するものとして、積極的意味を付与する考え方でした。

わが国においても、明治6年（1873年）の改定律例 318 条（同条は、改定律例のうち「断獄律」の一部として定められた。「断獄」とは刑事裁判所の審理を意味する）が、「凡 (およそ) 罪ヲ断スルハ。口供結案〔自白調書〕ニ依ル。若シ甘結セスシテ〔終局に至らないで〕。死亡スル者ハ。証左アリト雖モ。其ノ罪ヲ論セス」と定めていました。ちなみに、同年の断獄則例は、自白しない者に対し「拷訊（ごうじん）」、すなわち拷問を許しました（断獄則例 14 則ないし 17 則は、棒状の「訊杖（じんじょう）」を用いて打撃したり、真実を供述しない者を三角柱を並べた「算板（そろばん）」に座らせて石板を抱かせるような「拷訊」を許した）。この拷問まで許した断獄則例といわば連係して、改定律例は、被告人の自白を有罪認定の要件とする法定証拠主義を採用したわけです。

しかし、自白を強要する拷問の制度——そして、拷問の制度化という不合理を許してしまう法定証拠主義——に対し、強い批判が加えられました。そのため、明治9年（1876年）の改定律例第 318 条改正により「**凡罪ヲ断スルハ証ニ依ル若シ未タ断結セスシテ死亡スル者ハ其罪ヲ論セス**」と改められます（「拷訊」の制度じたいは明治 12 年〔1879 年〕に廃止された）。

この改定律例の改正によってわが国の刑事手続は、自白に拘泥する法定証拠主義の制約から解放され、自由心証主義をはじめて採用したのでした。

(2) 非合理な証拠評価からの自由　自由心証主義の「自由」がもつ、もう1つの意味は、**裁判官の非合理な証拠評価から自由**であることです。自由心証主義が、法定証拠主義の不合理を克服する証拠評価のルールとして成立した経緯にかんがみれば、それ——裁判官の非合理な証拠評価から自由であること——は、自由心証主義に内在する要請だといわばなりません。

自由心証主義のこの第2の意味から、いくつかの帰結が導かれます。

(A)まず、裁判官の証明力判断は、**論理上および経験上の一般法則**（論理則、経験則という）に従って行われねばなりません。ちなみに、強制わいせつ被告事件において**最判平成 21・4・14 刑集 63 巻 4 号 331 頁**は、「当審〔上告審〕における事実誤認の主張に関する審査は、当審が法律審であることを原則としていることにかんがみ、原判決の認定が論理則、経験則等に照らして不合理といえるかどうかの観点から行うべきである」と述べたうえで、「Ｖ〔被害者〕が、成城学園前駅でいったん下車しながら、車両を替えることなく、再び被告人のそばに乗車しているのは不自然であること」などを勘案し、「Ｖが受けたという痴漢被害に関する供述の信用性にはなお疑いをいれる余地がある。そうすると、その後にＶが受けたという公訴事実記載の痴漢被害に関する供述の信用性についても疑いをいれる余地があることは否定し難いのであって、Ｖの供述の信用性を全面的に肯定した第一審判決及び原判決の判断は、必要とされる慎重さを欠くものというべきであり、これを是認

することができない。被告人が公訴事実記載の犯行を行ったと断定するについては、なお合理的な疑いが残るというべきである」と判示し、無罪を自判しました。

(B)つぎに、具体的な証拠が要証事実を現実にどの程度証明するのか・推認させるのか、すなわち、その証拠がもつ**狭義の証明力の射程距離**について、客観的に捉えられねばなりません。言い換えれば、証拠がもつ狭義の証明力の射程距離が及ばないところを、裁判官が客観的・事実的な基礎をもたない、その意味で主観的・恣意的な推理・推論だけで埋め合わせることは、不合理な証明力判断として排斥されねばなりません。

(C)そして、裁判官の証明力判断は、印象・直観——他人には説明のしようがなく、その意味で非合理な要素をもつもの——に依存するものであってはならず、**反省的・理性的**に行われねばなりません（ただし、上記(B)・(C)について、自由心証主義の意義内容に含めてよいか、議論がある）。この点で、判決理由における証拠説明のあり方について、中川孝博『合理的疑いを超えた証明——刑事裁判における証明基準の機能』306頁により具体的に述べられたことが、示唆に富みます（なお、中川・前掲書297頁は、裁判官の証明力判断過程について、「あとづけ可能」であることを要求する）。すなわち、有罪判決について、少なくとも「①証拠評価を尽くしたことを示さなければならない。被告人に有利な事情、不利な事情を分析的に、かつ総合的に検討しつくしたことを示さなければならない。注意則にしたがって十分に検討したことを示す必要がある。／②どのような事情から疑いが生じたのか、あるいは、どのような事情によって疑いが解消されたのかを示さなければならない」とされました（中川・同上）。

(2) 最高裁昭和48年判決の「高度の蓋然性」

ただし、被告人に対し有罪判決を言い渡すためには、罪となるべき事実について、高度な証明水準を超えねばなりません。

展開支援ナビ

異常に高い有罪率　「被告事件について犯罪の証明があったときは」（刑訴333①）、刑の免除（刑訴334）を言い渡す場合を除き、判決で刑の言渡しをしなければなりません。これを、**有罪判決**と呼びます（刑訴335①）。「犯罪の証明があったとき」とは、検察官が主張する罪となるべき事実について、合理的な疑いを超える証明があったことを意味します。

わが国の有罪率は、極めて高いものになっています。平成25年（2013年）の有罪判決総数（通常第一審。以下、同じ）は51,177件、無罪判決は110件でした。有罪・無罪判決を母数とした有罪率は、99.8%になります。極めて高いというより、異常に高いというべきでしょう。なぜなら、公訴の提起後に裁判所が主宰する手続こそが、適正な事実認定を行うことができる本来の場であり、その手続において裁判所は、公訴を提起した検察官の主張の当否を厳格に、かつ、批判的に検討しなければならないはずなのに、有罪率の99.8%という数字は、裁判所による無罪方向の篩い分けが現実にはほとんど機能していないことを示すからです。それは、公訴が提起された市民を効率的に有罪とするシステムができあがっていることを意味し、他方、不当な有罪判決を阻止する方向に働く人権保障機能が十分に働いていないことを懸念させるものです。

有罪判決の内容　有罪の判決書（刑訴規53①）には、**主文**（「被告人を懲役3年に処する」など）と**理由**が記載されます。理由として、具体的には、罪となるべき事実、証拠の標目、法令の適用などが記載されます。証拠の標目を掲げることについて、「証拠に基づかない事実認定がなされる危険を未然に防止し、自由心証主義の合理性を確保することを狙いとするものである。副次的には、関係者に判決内容を納得させ、不服申立てをするかどうかの手掛りを与えることや、上訴審が判決を審査するための便宜をも狙いとしているといえよう」（松尾浩也編『刑事訴訟法II』364頁）とされました。ただし、証拠の標目に証拠の内容や事実との関連まで示すこと——すなわち、心証形成の根拠だけでなく、心証形成の過程じたいも示すこと——は必要とされません。

大正13年（1924年）施行の旧刑事訴訟法によれば、かつて有罪判決書には、罪となるべき事実を証拠によって推認した理由じたい、すなわち、心証形成の過程じたいも明示しなければなりませんでした（旧刑訴360①「有罪ノ言渡ヲ為スニハ罪ト為ルヘキ事実及証拠ニ依リ之ヲ認メタル理由ヲ説明シ法令ノ適用ヲ示スヘシ」）。しかし、昭和24年（1949年）施行の現行刑事訴訟法では、「自由心証主義（318）のもとで心証形成過程を説明することにはかなり困難な面のあることや、裁判官の負担軽減などの見地から、証拠の標目を掲げるだけでたりる」とされました（『条解刑事訴訟法（第4版）』934頁）。ただし、現行刑事訴訟法制定のさい、「証拠に関する記載の簡素

は当事者主義化の当然の帰結と考えられた」とも指摘されます（松尾浩也『刑事訴訟法（下）新版補正第2版』149頁）。なぜなら、現行刑事訴訟法は、「当事者の訴訟追行──各種の主張・立証や意見陳述──を刑事訴訟の中心に据え」、「当事者追行主義」を採用して（松尾『刑事訴訟法（上）新版』14頁）、「当事者主義化」をすすめた結果、裁判官の心証形成過程もおのずから当事者において察知できることになったからです。そのため、証拠の標目を列挙しておけば足りるというわけです（松尾編『刑事訴訟法Ⅱ』364頁）。なお、この後者の点にかんがみ、「直接証拠が乏しいため間接証拠から複雑な推論過程を経て要証事実を認定した場合や、被告人側で積極的に証拠を提出したり検察側の証拠の証明力を争ったりした場合は、推論過程の説明や証拠価値の判断をある程度示すなど、事案の性質に応じた処理が必要であろう」と指摘されます（松尾『刑事訴訟法（下）新版補正第2版』149頁）。正鵠を射た指摘でしょう。

標目に列挙すべき証拠の範囲については、罪となるべき事実を認定する根拠となった証拠をカヴァーしておけば足りるとされます。すなわち、罪となるべき事実の存否を推認するうえで意味があった積極・消極証拠をすべて掲げる必要はなく、有罪認定のため必要かつ十分な証拠を標目に掲げれば足りるとされます。

法律上犯罪の成立を妨げる理由（構成要件該当性阻却事由〔名誉毀損罪における事実の証明に関する主張など〕、違法性阻却事由〔正当業務行為、正当防衛、緊急避難など〕、責任阻却事由〔心神喪失、刑事未成年など〕）、または、刑の加重減免の理由となる事実（累犯、中止未遂、心神耗弱、親族相盗など）が主張されたときは、これに対する判断も示さねばなりません（刑訴335②）。それらの事実については、当事者の主張がない限り、判決書に記載しなくてもかまわないでしょう。しかし、当事者の主張がある限り、当事者主義構造の刑事訴訟では、その主張に対する判断を判決書に明示すべきものとなります。

法令の適用も有罪の判決書に示さねばなりません。被告人の行為がどの犯罪を構成するのか、処断刑をどう決定したのか、その判断の根拠となった法条を示し、説明しなければならないわけです（刑訴335①）。

刑事訴訟法は、刑の量定理由を判決書に記載することは必要としません。ただし、死刑や無期刑など重い刑罰を科すときや、殺人罪などの重大犯罪について刑の執行猶予を言い渡すときなどには、実務上、「量刑の理由」「被告人の情状」などの項を設け判示する例も少なくありません。なお、判決書に量刑理由を記載しない場合でも、実務上、判決宣告後の訓戒（刑訴規221）のさいに口頭で刑の量定理由を説明するケースが少なくありません。

刑事訴訟において有罪判決を言い渡す要件となる証明水準は、一般に、英米法の言葉遣いを用いて「合理的疑いを超える証明（proof beyond a reasonable doubt）」と表現されたり、あるいは、ドイツ法の言葉遣いにより「確実性に接着した蓋然性（die an Sicherheit grenzende Wahrscheinlichkeit）」と表現されます。

展開支援ナビ

無罪の推定　無罪の推定について、説明しておきましょう。検察官が主張する「罪となるべき事実」について、その存在が合理的疑いを超えて証明されない限り、被告人は無罪とされねばなりません。これを**無罪の推定**と呼びます。昭和23年（1948年）の世界人権宣言11条は、罪に問われたすべてのひと（英文"Everyone charged with a penal offence"、独文"Jeder, der wegen einer strafbaren Handlung beschuldigt wird"）に対し、「自己の弁護に必要なすべての保障を与えられた公開の裁判において法律に従って有罪の立証があるまでは、無罪と推定される権利」を保障すると明言します（なお、「犯罪の訴追を受けた者」に限る外務省の仮訳文は妥当でない）。

起訴された被告人も「無罪と推定される権利」をもつため、たとえば、検察官による本証の結果、**合理的疑いを超える有罪の証明**がない場合は、それだけで──すなわち、被告人側がなんの反証をしなくとも──被告人に対し無罪判決が言い渡されねばなりません。無罪判決を獲得する条件として、被告人がなんらかの反証活動を義務づけられることはないわけです。わが国の刑事訴訟法も、「被告事件について犯罪の証明がないときは、判決で無罪の言渡をしなければならない」（刑訴336）と定めました。

この無罪の推定は、証明のルールとしていえば、罪となるべき事実や違法性、責任を基礎づける事実、処罰条件である事実などについて、**客観的挙証責任**または**実質的挙証責任**（要証事実の存否が不明であるとき、不利益な判断を受ける当事者の法的地位のこと）を検察官側が負担すべきことを意味します。

しかし、無罪の推定は、証明水準や挙証責任を示すことに尽きない意義内容をもちます。すなわち、犯罪の疑いをかけられた被疑者・被告人も、不可侵の尊厳を担うべき個人として市民社会の構成員であるという、深いところから来る信頼と尊重が刑事訴訟における無罪の推定を要求するのです。その意味で、無罪の推定はた

んなる証明のルールにとどまるものではありません。無罪の推定は、刑事手続のすべての場面において——刑事罰や刑事制裁を先取りするような、あるいは、応訴を強制された市民が甘受すべき必要最小限の負担を超えたところの——**不合理な権利侵害や利益剥奪を許さない法原則ないし政策原理**としても機能するのです。たとえば、国連被拘禁者処遇最低基準規則84条2項は、「有罪が確定されていない被拘禁者は、無罪と推定され、かつ、それにふさわしく処遇されなければならない」と定めます。

わが国の最高裁判所は、この有罪の証明水準について、現住建造物等放火被告事件の**最判昭和48・12・13判時725号104頁**において、「**高度の蓋然性**」と表現し、また、具体的な事案処理に関し、「被告人を本件放火の犯人と断定することについては合理的な疑いが残る」と述べ、無罪を自判しました。

最高裁昭和48年判決の具体的事案は、被告人と犯人の同一性について、自白などの直接証拠がなく、間接事実からこれを推理・推論するほかないケースでした（最高裁昭和48年判決は、「本件火災が被告人の放火によるものであるとの点については、直接証拠の存しない本件にあっては、結局、情況証拠による判断にまつほかはない」と述べた）。ちなみに、控訴審の**東京高判昭和40・11・20**（公刊集未搭載）は、①家屋を焼燬した被告人方の内部の者の犯行であり、②犯行の嫌疑は被告人にしか認められず、③被告人には犯行の動機となりうるものもあるなど、複数の間接事実に依拠して有罪を言い渡しました。しかし、最高裁昭和48年判決は、外部侵入者の犯行の可能性を否定し難いとしたうえで、原判決の依拠した間接事実にはなお疑問の余地があると説示し、原判決を破棄して、みずから被告人に無罪を言い渡したのです。

最高裁昭和48年判決は、その判示の中で、刑事裁判における有罪の証明水準である「高度の蓋然性」の意味について、つぎのように敷衍します。

「『疑わしきは被告人の利益に』という原則は、刑事裁判における鉄則であることはいうまでもないが、事実認定の困難な問題の解決について、決断力を欠き安易な懐疑に逃避するようなことがあれば、それは、この原則の濫用であるといわなければならない。そして、このことは、情況証拠によって要証事実を推断する場合でも、なんら異なるところがない。けだし、情況証拠によって要証事実を推断する場合に、いささか疑惑が残るとして犯罪の証明がないとするならば、情況証拠による犯罪事実の認定は、およそ、不可能といわなければならないからである。ところで、裁判上の事実認定は、自然科学の世界におけるそれとは異なり、相対的な歴史的真実を探究する作業なのであるから、刑事裁判において『犯罪の証明がある』ということは『高度の蓋然性』が認められる場合をいうものと解される。しかし、『蓋然性』は、反対事実の存在の可能性を否定するものではないのであるから、思考上の単なる蓋然性に安住するならば、思わぬ誤判におちいる危険のあることに戒心しなければならない。したがって、右にいう『高度の蓋然性』とは、反対事実の存在の可能性を許さないほどの確実性を志向したうえでの『犯罪の証明は十分』であるという確信的な判断に基づくものでなければならない。この理は、本件の場合のように、もっぱら情況証拠による間接事実から推論して、犯罪事実を認定する場合においては、より一層強調されなければならない」、と。

展開支援ナビ

疑わしきは被告人の利益に ここで、「疑わしきは被告人の利益に（in dubio pro reo）」の原則について、説明しておきましょう。被告人が「犯人」だという検察官の主張について、その真偽（検察官の主張に理由があるかどうか）が不明である場合、被告人は、裁判官の事実認定が自己に有利に行われること、すなわち、無罪判決を受け、市民としての尊厳が回復されることを要求する法的地位と権利をもちます。このことを、証拠法上は、「疑わしきは被告人の利益に」と表現します。その趣旨は、こうです。

検察官は被告人に対し公訴を提起し、応訴を強制するためには、応訴を強制できる理由を明らかにしなければなりません。すなわち、犯罪構成要件に該当する具体的事実を主張し、その事実を証明する具体的証拠を公判廷に提出しなければなりません（**本証**と呼ぶ）。検察官が主張する事実に疑問を呈するため、被告人側も証拠を提出します（**反証**と呼ぶ）。しかし、検察官、被告人側がそれぞれ立証活動を尽くした後に、検察官の主張に

ついて真偽不明というべき場合があります。かつて、ヨーロッパでは、真偽不明の場合、「有罪の嫌疑がなお濃厚である」という理由から刑罰を科すものとしたり（その刑罰を**嫌疑刑**と呼ぶ）、暫定的に手続を中止し有罪の新証拠の発見を待つものとすることが行われました（**仮釈放**と呼ぶ）。しかし、前者の嫌疑刑に対しては、疑いがあるというだけで刑罰を科すものであり、不合理といわざるをえません。後者の仮釈放に対しても、被告人の法的地位を不安定にし、応訴を強制された市民に過剰で不当な犠牲を強いるものと批判されねばなりません。このような不合理・不当を許さないため、真偽不明の場合、すなわち、検察官の主張に「理由がある」という認定も「理由がない」という認定もいずれもできない場合、裁判所は検察官に不利益な事実認定を行うべきものとされました。すなわち、検察官の主張に理由がないという判断を裁判所は下さねばならないとされました。

　検察官から見た場合、自己の主張に理由があるかないか不明のときは、不利益な認定を受けねばならない「不利益」ないし「責任」を負うことになります。それは、被告人に応訴を強制したことに対する反射ないし見返りとして、検察官が負担すべき立証上の不利益ないし責任（1(2)の【展開支援ナビ】「無罪の推定」で述べた客観的挙証責任ないし実質的挙証責任に当たるもの）であるといえます。応訴を強制される被告人の側から見た場合、検察官の立証が不十分でその主張に理由があるかないか不明のときは、自己の利益に事実認定が行われ、無罪判決が下されて、自己の尊厳の回復を要求する法的地位と権利をもつことになります。このことを「疑わしきは被告人の利益に」というわけです。無罪判決を下すべきだとするため、「**疑わしきは罰せず**」とも表現されます。

2　最高裁昭和48年判決の判示がもつ意義

(1)　刑事裁判における有罪の証明水準

　この最高裁昭和48年判決の判示の意義については、次の3点で、その重要性が確認されねばならないでしょう。

　第1に、かつて**最判昭和23・8・5刑集2巻9号1123頁**は、窃盗被告事件において、「元來訴訟上の證明は、自然科學者の用ひるような實驗に基くいわゆる論理的證明ではなくして、いわゆる歴史的證明である。論理的證明は『眞實』そのものを目標とするに反し、歴史的證明は『眞實の高度な蓋然性』をもって満足する。言いかえれば通常人なら誰でも疑を差挾まない程度に眞實らしいとの確信を得ることで證明ができたとするものである。だから論理的證明に對しては當時の科學の水準においては反證というものを容れる餘地は存在し得ないが、歴史的證明である訴訟上の證明に對しては通常反證の餘地が残されている」と判示しました。ただし、この判示は、窃盗被告事件で「臟物」、すなわち、盗品を所持する事実による〈領得の意思の推断〉を覆すには、新事実による被告人側の反証を必要とするという脈絡で述べられたことでした。つまり、訴訟上の証明というものの一般的水準について、「高度の蓋然性」と表現したことに留意しなければなりません。

　このことを確認するかたちで、民事裁判の証明水準について、**最判昭和50・10・24民集29巻9号1417頁**は同様の表現をしました。すなわち、医療過誤を理由とする損害賠償請求上告事件において、「訴訟上の因果関係の立証は、一点の疑義も許されない自然科学的証明ではなく、経験則に照らして全証拠を総合検討し、特定の事実が特定の結果発生を招来した関係を是認しうる高度の蓋然性を証明することであり、その判定は、通常人が疑を差し挟まない程度に真実性の確信を持ちうるものであることを必要とし、かつ、それで足りるものである」と説示しました。

　それゆえ、刑事裁判において有罪の証明水準がもつべき特別な意義・内容については、上述した最高裁昭和48年判決がはじめて判示したというべきです。すなわち、刑事判決における有罪認定に関して、「『高度の蓋然性』とは、反対事実の存在の可能性を許さないほどの確実性を志向したうえでの『犯罪の証明は十分』であるという確信的な判断に基づくものでなければならない」と判示した部分がそれです。この判示内容の重要性が確認されねばなりません。「反対事実の存在の可能性を許さないほどの確実性」とは、**絶対的な確実性**を意味します。また、その意味で、**客観的な確実性**と言い換えてもよいでしょう。これに対し、「『犯罪の証明は十分』であるという確信的な判断に基づく」「高度の蓋然性」とは、「高度」

という程度が内容になるため、**相対的な確実性**を意味します。その意味で、**主観的な確実性**と言い換えることもできます。この相対的・主観的な確実性のうち、高度なものが最高裁昭和 48 年判決のいう「高度の蓋然性」に当たります。その意味で、「高度の蓋然性」とは、高度な確実性、高度に確実であること、と言い換えても誤りではありません（言葉遣いにこだわるのは、有罪の証明水準について、「高度に確実」と表現した**最判昭和 45・7・31 刑集 24 巻 8 号 597 頁**があるため。その詳細は、後述の 3(2)参照）。

(2) 有罪の心証形成のあるべきプロセス

　第 2 に、この最高裁昭和 48 年判決は、たんに有罪の証明水準を明らかにしただけではありません。さらに、心証形成のあるべきプロセスを明らかにした点でも、重要です。すなわち、最高裁昭和 48 年判決は、刑事裁判において、主要要証事実である「罪となるべき事実」（刑訴 335①）の存在について、「反対事実の存在の可能性を許さないほどの確実性を志向」することを要求しました。すなわち、証拠評価にさいし、無罪方向の反対事実の可能性すべてを払拭できるかどうか——絶対的な確実性の存否——という課題をたてて、これを必ず検討しなければならないとしました。

　この、いわば**理想**——「罪となるべき事実」存在の絶対的な確実性、すなわち、無罪方向の反対事実の可能性すべてを払拭する証明水準——を志向することがあってはじめて、**現実**——「罪となるべき事実」の存在の「高度の蓋然性」（上述のように、高度の確実性といってもよい）、すなわち、無罪方向の反対事実の抽象的可能性が残る証明水準——に甘んじることも許されるというのが最高裁昭和 48 年判決の判示の趣旨でした。

展開支援ナビ

「合理的疑いを超える証明」と「反対事実の抽象的可能性」　爆発物取締罰則違反、殺人未遂被告事件で**最決平成 19・10・16 刑集 61 巻 7 号 677 頁**は、有罪の証明水準について、「合理的な疑いを差し挟む余地のない程度の立証」と表現しました。最高裁平成 19 年決定は、その表現をさらに敷衍し、「合理的な疑いを差し挟む余地がないというのは、反対事実が存在する疑いを全く残さない場合をいうものではなく、抽象的な可能性としては反対事実が存在するとの疑いをいれる余地があっても、健全な社会常識に照らして、その疑いに合理性がないと一般的に判断される場合には、有罪認定を可能とする趣旨である」と判示しました。最高裁昭和 48 年判決の趣旨と同義だといえるでしょう。ただし、「健全な社会常識」、「一般的に判断」という判示はなお多義的であることに注意しなければなりません。

　「高度の蓋然性」について、「反対事実の存在の可能性を許さないほどの確実性を志向したうえでの『犯罪の証明は十分』であるという確信的な判断に基づくものでなければならない」と判示し、心証形成のあるべきプロセスを明らかにした最高裁昭和 48 年判決は、「この理は、本件の場合のように、もっぱら情況証拠による間接事実から推論して、犯罪事実を認定する場合においては、より一層強調されなければならない」と判示しました。すなわち、直接証拠がなく、間接事実しか存在しないケースでは、〈有罪の仮説とだけ整合し、無罪方向の仮説とはおよそ相容れないような間接事実の存在が確認されるか〉、さらには、〈証明された間接事実について、そのすべてが、有罪の仮説とだけ整合し、無罪方向の仮説とはおよそ相容れないものであると確認されるか〉という検討を行ったうえで、罪となるべき事実の存否について判断がなされねばなりません（なお、有罪の仮説も無罪方向の仮説も、いずれも合理的に成立する仮説でなければならないことはいうまでもない）。

　最高裁昭和 48 年判決は、心証形成のあるべきプロセスを明らかにしたうえで、間接事実により罪となるべき事実を推断する場合、とくに、その厳格な遵守を求めたわけです。冤罪を絶対に許さないためにも、この判示の重要性が繰り返し確認されるべきでしょう。

> **展開支援ナビ**
>
> **冤罪**　具体的な犯罪事実について、理由のない非難を受け、不当に犯人として扱われることを冤罪と呼びます。「無実の罪」とか「濡れ衣」とも呼ばれます。
>
> 　刑事訴訟法は、事実認定について、一見、相反する2つのスタンスをとります。すなわち、誤った有罪判決に対する**絶対的不寛容**と、誤りを恐れない大胆な無罪判決に対する**相対的寛容**を共存させるのです。しかし、そこには、刑罰権ないし刑事手続による被疑者・被告人の権利侵害を可能な限り回避しようという一貫した考え方があります。その意味で、両者の矛盾はいわば高い次元で止揚されています。
>
> 　このように刑事訴訟においては、誤った有罪判決はこれを絶対に許さないという**冤罪に対する絶対的不寛容**が1つの基本的理念になっています。この理念は、たとえば、冤罪者の救済を目的とし、有罪方向の誤判だけを片面的に正すわが国の再審制度（刑訴435以下）に具体化されました。
>
> 　この冤罪に対する絶対的不寛容は、いわゆる実体的真実主義の現れではありません。ちなみに、実体的真実主義とは、実体的真実の発見を至上命題ないし絶対的課題とする考え方を意味し、実体的真実の発見を阻害するような手続的保障に対しては消極的立場をとります。そのため、実体的真実を追求するため、被疑者・被告人の法的地位や権利を侵害することがあってもやむをえないと考えます。しかし、この実体的真実主義の立場に現代の刑事訴訟法はたちません。冤罪を負わせることについても、〈実体的真実に反するから、許さない〉のでなく、〈市民の基本的権利を侵害する国家の重大な違法行為となるため、これを絶対に許さない〉というのが、現代の刑事訴訟法の立場であるわけです。

(3) 心証形成のあるべきプロセスと合理的疑い

　第3に、最高裁昭和48年判決は、あるべき心証形成のプロセス——間接事実にもとづくときは、あるべき推断の過程——を経ない有罪認定について、合理的疑いが残ると結論しました。この点も、とくに重要なこととして強調されねばなりません。この点を理解するため、最高裁昭和48年判決による具体的な事案処理、すなわち、上告審として行った事後審査の具体的内容を確認しておきます。

　原判決の東京高裁昭和40年判決は、現住建造物等放火事件の〈犯人は内部の者である〉とする有力な根拠として、本件火災発生当時、被告人方の戸締りが全部なされていたことを挙げました。しかし、この点について最高裁昭和48年判決は、本件家屋についてひとが出入り可能な窓は3個所（店舗西側の雨戸部分、店舗西側の心張棒による戸締り部分、勝手場北側のガラス一本引戸部分）であったが、そのうち「勝手場北側のガラス一本引戸は、開閉するとがたがた音がし、家人の寝室に近いこともあって、同所から侵入することは容易でないとはいえ、全くその可能性がないわけではな」いこと、「西側のガラス戸の戸締用の心張棒は強固なものではなく〔中略〕、外部から戸を開けようとして力を入れると外れ落ちる可能性があることを考慮にいれるときは、この出入口から外部のものが絶対に侵入できないと断定することはできない」ことなどを述べ、結論的には、「本件火災が外部からの侵入者による放火ではないと断定することには、なお疑問が残るといわざるをえない」と判示しました。

　また、「本件出火場所は、南側店舗から入って物置1つを通り抜けた最も奥の西北隅の物置内であって」、この「出火場所は、外部の者が放火したことを装うためには、はなはだ不適当な場所なのであって、本件火災が、起訴状に記載されているような動機〔他の出火事件の疑いを自己から逸らすため自宅に放火する〕からの被告人の放火によるものとすれば、なぜ被告人がことさらに自ら疑いを招くような場所を選んだのか、その意図を理解することが困難であろう」と判示しました。さらに、本件火災について、「これを被告人の犯行と考えるとしても、内部の者でなければ容易に集めることが困難な放火材料を用いることは、直ちに本件火災は内部の者の放火によるものであるとの疑いを招くであろうことは誰しも考えつくところであるから〔中略〕、被告人が自ら疑いを招くような方法を採ったといわざるをえないこととなり、にわかに首肯しがたいところがある」などと判示しました。

　そして、「以上要するに、原判決は本件家屋の戸締りのほか、放火の場所、材料、方法等の間接事実

から本件火災を内部の者の放火によるものと断定したのであるが、右間接事実については反対解釈の可能性もあるばかりでなく、ことに、後に詳述するように、被告人を犯人と推断するについては、なお、幾多の疑問が残されており、原判決の指摘する本件発生後警察当局において近隣の変質者、前科者、怨恨関係者等放火犯人と疑われる多数の者を取り調べたが、いずれもアリバイ等があって放火犯人と疑うに足りる者のなかったという事実を考慮にいれても、右の疑問を払拭することはできない」と判示します。

　最高裁昭和48年判決は、つづけて、被告人を犯人と推断するについてなお残る「幾多の疑問」として、原判決の東京高裁昭和40年判決が「放火の動機」を推認させる事実とした〈出火直前の火災保険加入〉や〈被告人らの放火だという風評に対する思い悩み・思い詰め〉に関し、〈頻発する火災に備え火災保険に加入することは不合理とはいえない〉、〈火災保険金額が小額であることなどから、被告人が自宅家屋を焼失してもかまわないと考えたとするのは、なお疑問の余地がある〉、また、〈被告人らの放火だという風評が弟の婚姻を破談させる懸念は解消しており、出火当夜の被告人には格別興奮した様子もなかったため、自宅に放火してまで放火犯人の風評を他に転じようと思い詰めていたとみるのは、なお疑問が残る〉と判示しました。このほか、最高裁昭和48年判決は、原判決が「被告人を犯人と疑うべき事情」として挙げた本件火災前後の被告人の言動（本件火災の前日に御召しの着物一揃いを弟方に預けた、出火当夜の就寝のさいの着衣が放火後の避難に備えたものと推論できた、出火を予期した言動があったなど）についても、〔1〕御召しの着物を預けた事実から〈焼失に備えて搬出したと推認するのは不合理である〉、その事実は〈本件犯行と被告人との結びつきを肯定するに足りる有力な証拠とすることはできない〉、〔2〕〈就寝時の服装も、寒い季節であったうえに、近隣に火事騒ぎが続いていたために直ちに避難するため数日前から毎夜の服装であったという被告人の弁解は不合理とはいえない〉、〔3〕ごく短時間の出来事の中で発せられた被告人の片言隻句（「物置の方が燃えている。見てみろ」）から出火を予期していた事実を推認することはできないと判示しました。このほか、原判決が証拠物として掲げた「マッチ等入りダンボール箱内の蝋紙1包み」についても、本件放火と被告人とを結びつける根拠とするには、なお相当の疑いがあるとしました。

　このように、最高裁昭和48年判決は、(A)原判決によって有罪方向の積極的間接事実とされたもののうち、重要なもの（内部犯行を推断する根拠とした「本件家屋の戸締りのほか、放火の場所、材料、方法」など）については、「反対解釈の可能性」、すなわち、反対事実（無罪方向の仮説）と整合する可能性があることを重視します。さらに、そのような可能性があることに加え、(B)有罪方向の他の積極的間接事実じたいについても、主要要証事実の推認力（主要要証事実をどの程度推認させるのかという意味の「狭義の証明力」を指す）が薄弱であるか疑問であったり（「お召しの着物を預けた」ことなど）、また、無罪方向の消極的間接事実（「小額の火災保険にしか加入しなかった」ことなど）も存することを、被告人を犯人と推断するうえでの「疑問」として挙げたわけです。

　そのうえで最高裁昭和48年判決は、次のように結論しました。

　本件の証拠関係に即してみるならば、「本件放火の態様が起訴状にいう犯行の動機にそぐわないものがあるうえに、原判決が挙示するもろもろの間接事実は〔中略〕、これを総合しても被告人の犯罪事実を認定するには、なお、相当程度の疑問の余地が残されているのである。換言すれば、被告人が争わない前記間接事実をそのままうけいれるとしても、証明力が薄いかまたは十分でない情況証拠を量的に積み重ねるだけであって、それによってその証明力が質的に増大するものではないのであるから、起訴にかかる犯罪事実と被告人との結びつきは、いまだ十分であるとすることはできず、被告人を本件放火の犯人と断定する推断の過程には合理性を欠くものがあるといわなければならない」、と。

　この結論は、最高裁昭和48年判決じしんによって、「被告人を本件放火の犯人と断定することについては合理的な疑いが残る」とも言い換えられています。すなわち、裁判所が「情況証拠を量的に積み重ねるだけ」にとどまり、「〔絶対的な〕確実性を志向」すること——すなわち、無罪方向の反対事実の可能性を払拭しようとすること——が怠られる場合、被告人を「犯人と断定する推断の過程」、すなわち、

心証形成のプロセスは「合理性を欠く」ものとなり、そのような心証形成の結果については「合理的疑いが残る」といわねばならないと判示されました。

具体的な事案処理として、最高裁昭和48年判決は、原判決を破棄したうえで、「今後あらたな証拠が現われることはほとんど望みえない状況にある」、「本件においては、犯行と関連性があると認められる間接事実の存在については争う余地が少なく、核心は、情況証拠に対する評価とこれに基づく推論の過程にあることを考えあわせると、本件は当審において自判することによって決着をつけることが相当であると考えられる」と述べ、「本件は、『疑わしきは被告人の利益に』の原則に従い、公訴事実につき犯罪の証明が十分でないとして、被告人に対し無罪の言渡をすべきものである」として、無罪を自判したわけです。

このように最高裁昭和48年判決は、間接事実にもとづく有罪認定の当否が問題となった具体的事案において、合理的疑いの実質的内容として、心証形成のプロセス（推断の過程）に合理性が欠けることを挙げ、しかも、その点を捉えて合理的疑いを認め、無罪を自判したものであったわけです。最高裁昭和48年判決のもつ理論的、実践的な意味の大きさが、あらたて確認されねばなりません。

3　間接事実にもとづく有罪の証明

(1)　間接事実にもとづく有罪証明のあり方

被告人の自白や目撃者の証言のような**直接証拠**に重きをおいた事実認定のあり方と、推理・推論の助けをかりねばならない**間接事実**に重きをおいた事実認定のあり方とでは、類型的違いがあるというべきです。たとえば、自白や目撃証言などの直接証拠にもとづく事実認定については、証明力のうちの**一般的信用性**について、その評価を適正なものとすることが重要な課題となるでしょう。具体的には、誘導や強制などがなかったか、すなわち、任意性に疑いがないかどうか、また、知覚・記憶・叙述などが正確になされる客観的、主体的な条件があったかどうか、検討を尽くさねばなりません。

これに対し、間接事実にもとづく事実認定については、推理・推論に媒介されねばならないため、一般的信用性の評価の適正化とともに、要証事実を**推断する過程**じたいも**適正**なものとすることが重要な課題とされねばなりません。すなわち、間接事実がもつ狭義の証明力（要証事実を推認させる力と言い換えることができるため、以下、**間接事実の推認力**ともいう）を判断する過程じたいについて、その適正化が図られねばなりません。

いうまでもありませんが、刑事訴訟において「罪となるべき事実」（刑訴256③、335①）は、証拠にもとづき（刑訴317、318）、合理的な疑いを超えて証明される必要がありました。その依拠する証拠が間接事実である場合、罪となるべき事実を認定するには、推理・推論を加えることがどうしても必要となります。この推理・推論じたいは、間接証拠にもとづき証明された間接事実を根拠にして行われる、別個の、独立した作業です。しかし、推理・推論が心証形成の独立した作業であることから、証拠的基礎から逸脱した推理・推論となる危険、また、そもそも対応する証拠的基礎がない推理・推論となる危険がつねに内在するといわねばなりません。その危険を回避し、誤判を防止するため、間接事実にもとづく**推理・推論に媒介された心証形成のプロセス（推断の過程）**じたいについても、その適正化のためのルールが独立して定立されねばならないわけです。

まさに、このことを最高裁昭和48年判決が、(A)刑事裁判における「『高度の蓋然性』とは、反対事実の存在の可能性を許さないほどの確実性を志向したうえでの『犯罪の証明は十分』であるという確信的な判断に基づくものでなければならない」と判示し、このルールは「もっぱら情況証拠による間接事実から推論して、犯罪事実を認定する場合においては、より一層強調されなければならない」と一般的に述べ、かつ、(B)本件において「被告人が争わない前記間接事実をそのままうけいれるとしても、証明力が薄いかまたは十分でない情況証拠を量的に積み重ねるだけであって、それによってその証明力が質的に増大するものではないのであるから、起訴にかかる犯罪事実と被告人との結びつきは、いまだ十分で

あるとすることはできず、被告人を本件放火の犯人と断定する推断の過程には合理性を欠くものがある」と具体的に判示したことで、明らかにしたといえます。

(2) 第一次間接事実の証明水準

さらに、間接事実にもとづく推理・推論は、それじたいが独立した心証形成作業であることから、証拠的基礎から逸脱した推理・推論となる危険、また、そもそも対応する証拠的基礎がない推理・推論となる危険がつねに内在するといわねばなりません。この危険を回避し、誤判を防止するためには、もう1つ、間接事実にもとづく心証形成のプロセス（推断の過程）を適正化するルールが定立されねばなりません。すなわち、間接事実にもとづく有罪証明については、他の間接事実を介在させず被告人の犯行を推認させる**第一次間接事実**（たとえば、被告人に犯行の動機がある、現場の遺留物が被告人の所有物である、被告人が犯行の準備行為をした、犯跡の隠蔽工作をしたなど、犯行と被告人の結びつき——以下、被告人の犯人性ともいう——を直截に推認させる事実）の存在を要求すべきであり、かつ、少なくともそのような第一次間接事実について、それじたいが「合理的疑いを超える証明」の対象とされねばなりません（豊崎七絵「間接事実の証明・レベルと推認の規制」『村井敏邦先生古稀記念論文集・人権の刑事法学』701頁以下参照）。

すなわち、**間接事実の存在**とそれにもとづく**推理・推論**が、罪となるべき事実を認定する決定的根拠となるケースにあっては、証拠的基礎から逸脱したり、証拠的基礎がない推理・推論となる危険を回避しつつ、〈罪となるべき事実が合理的疑いを超えて証明された〉というためには、被告人の犯人性を直截に推認させる第一次間接事実が存在しなければならず、しかも、その第一次間接事実の存在じたいが高度に確実でなければならないというのです。なぜなら、第一次間接事実にもとづかない——そのため、罪となるべき事実との結びつきが直接的ではなく、曖昧さを増す第二次、第三次間接事実にもとづいた——推理・推論は、どうしても不確実なものになるからです。また、第一次間接事実の存在が高度に確実でないときにも、そのような第一次間接事実にもとづいた推理・推論は、やはり、不確実なものになるといわねばならないからです。結局、推理・推論をどのように重ね、また、駆使したとしても、その推理・推論じたいが曖昧な根拠にもとづいた不確実なものである限り、〈推理・推論を重ね、駆使した結果として、罪となるべき事実の存在が高度に確実となった〉とか、〈合理的疑いを超えて証明された〉と結論することはできません。それは、誤った有罪判決を絶対に許さないという刑事訴訟法の基本理念にかんがみ、到底、受け入れることができない結論であるわけです（誤った有罪判決に対する刑事訴訟法の絶対的不寛容について、2(2)の【展開支援ナビ】「冤罪」を参照）。

この点に関し、仁保事件（窃盗、強盗殺人被告事件。第一審死刑判決に対する被告人側控訴を棄却した控訴審判決について、最高裁が破棄した事案）の**最判昭和45・7・31刑集24巻8号597頁**を挙げておきましょう。自白とともに、複数の間接事実が有罪認定の決定的根拠となると検察側によって主張されたケースでした。最高裁昭和45年判決は、控訴審判決によって「自白の内容がそれらと符号するが故にその信用性真実性に疑いがないとし、また、犯行を否定する被告人の弁解を排斥」するために認定、挙示された「多くの間接事実、補助事実」のうち、「本件事案解明の鍵をなすもの」として、もっとも重要な6つの間接事実を挙げたうえで、次のように判示します。すなわち、「これらの〔間接〕事実を積極に認定しようとするならば、その証明は、高度に確実で、合理的な疑いを容れない程度に達していなければならないと解すべきである。けだし、これらの事実は、〔中略〕被告人と犯行との結びつき、換言すれば被告人の罪責の有無について、直接に、少なくとも極めて密接に関連するからである」と判示しました。

ちなみに、その6つの間接事実とは、①事件発生の前後、被告人が当時の居住場所にいなかったこと、②事件発生の数日前に犯行現場付近で知人に姿を見せたこと、③犯行前後数日間徘徊した経路として供述した内容には、現に被告人がそのように行動したのでなければ知り得ない状況が含まれていること、④被害品の国防色上着を被告人が所持していたこと、⑤犯行現場に遺留された藁縄の出所が被告人の供述にもとづいて判明したこと、⑥犯行時期に被告人が着用していた地下足袋の裏底模様が現場遺留

の足跡と一致または類似することでした。このうち、「本件の具体的事情のもとにおいては」、①から⑤までの**間接事実**について、「その存在が確実であると認められるならば、それだけで被告人の前記弁解をくつがえし、その自白とあいまって、本件犯行と被告人との結びつきを肯認するに足り〔る〕」、とされました。また、⑥の間接事実についても、「確実であるならば、被告人の弁解に対する反証として、さらには有罪認定のための資料として、相当の比重をもつ」と判示されました。逆に、①または⑥の間接事実が「確定的に否定された場合には、被告人の嫌疑が消滅するか、または著しく減殺されることもありうる」と判示されたのです。そのような意味で、「これらの事実の存否は、本件事案解明の鍵をなすものであるといわなければならない」とされ、それらの事実は、それじたいとして合理的疑いを超える証明の対象にされねばならないと判示されたのでした（なお、最高裁昭和45年判決は、①から⑥までの事実は、「おのおの独立した事実であるから、必ずしも相互補完の関係には立たず、そのひとつひとつが確実でないかぎり、これを総合しても、有罪の判断の資料となしえないことはいうまでもない」と述べ、6つの間接事実の1つ1つが、それぞれ合理的疑いを超えて証明されることを要求した）。

　この仁保事件の最高裁昭和45年判決は、個々の間接事実について、(A)主要要証事実との関係で、被告人の犯人性を直截に推認させる第一次間接事実かどうかという**形式的基準**だけでなく、(B)その存否が「本件事案解明の鍵をなす」かどうかという**実質的基準**によっても、それが合理的疑いを超える証明の対象になるかどうか、すなわち、合理的疑いを超える証明の要否を決めたものであり、その意味で、合理的疑いを超える証明が必要な間接事実の範囲を広げたといえます。ちなみに、仁保事件では被告人の自白があったため、その自白との関係で個々の間接事実の重要性が実質的に決められ、その結果、合理的疑いを超える証明を必要とする間接事実の範囲も広げられたのでした。

(3) 複数の間接事実の総合評価

　間接事実による事実認定については、ほとんどのケースで、複数の間接事実が**総合評価の対象**とされます。

　この複数の間接事実を総合評価するという意味は、こうです。主要要証事実である罪となるべき事実に対する推認力に強弱がある複数の間接事実について、その1つ1つの間接事実がそれだけでは有罪証明に必要な水準に到達はさせないとしても、それらを組み合わせて総合評価したときは、合理的疑いを超える証明の水準に到達する場合がある——、そのようなケースを肯定するという意味です。

　ただし、上述した最高裁昭和48年判決（1(2)参照）が、「本件放火の態様が起訴状にいう犯行の動機にそぐわないものがあるうえに、原判決が挙示するもろもろの間接事実は〔中略〕、これを総合しても被告人の犯罪事実を認定するには、なお、相当程度の疑問の余地が残されているのである。換言すれば、被告人が争わない前記間接事実をそのままうけいれるとしても、証明力が薄いかまたは十分でない情況証拠を量的に積み重ねるだけであって、それによってその証明力が質的に増大するものではないのであるから、起訴にかかる犯罪事実と被告人との結びつきは、いまだ十分であるとすることはできず、被告人を本件放火の犯人と断定する推断の過程には合理性を欠くものがあるといわなければならない」と判示し、「被告人を本件放火の犯人と断定することについては合理的な疑いが残る」と判示しました。この判示によって、1つ1つは証明力が不十分な複数の間接事実をたんに積み上げるだけでは、たとえ総合評価の対象にしようとも、合理的疑いを超える有罪の証明には到達しえないことが確認されたわけです。それゆえ、複数の間接事実を総合評価の対象にするときは、1つ1つの間接事実について、犯行と被告人を直截に結びつける第一次間接事実かどうか、他の解釈（証拠評価）を許さず一義的に要証事実を推認させる間接事実かどうかなど、**個々の間接事実の重要性や推認力**が厳密に検討されねばならないでしょう。

　そのため、複数の間接事実を総合評価する場合には、おのおのの間接事実の重要性や推認力を基準にして、その関連を論理的に整理してみること、すなわち、いわゆるチャート・メソッドにより間接事実

の連関を一覧できるように図式化することが、それら推断の過程を適正化するうえでも重要な方法となります（チャート・メソッドについて、足立勝義『英米刑事訴訟法における情況証拠』司法研究報告書第5輯4号50頁、石塚章夫「情況証拠による主要事実の認定——放火事件を素材として」小野慶二判事退官記念論文集『刑事裁判の現代的展開』113頁など参照）。このようなチャート・メソッドによる分析の目的は、主要要証事実である罪となるべき事実を推認するうえで重要な「鍵」ないし「核」をなす積極的間接事実があるか、罪となるべき事実を推認するうえで——具体的な証拠的基礎がないにもかかわらず——たんなる推理・推論による埋め合わせをしていないか、罪となるべき事実を推認させるうえで重要な障害となる消極的間接事実がないかなどの諸点を、検討ないし確認することにあります。

4 最高裁平成22年判決における有罪の証明水準

(1) 最高裁平成22年判決の判示

最判平成22・4・27刑集64巻3号233頁は、有罪の証明水準に関し、さらに踏み込んだ重要な判示を行いました。殺人、現住建造物等放火被告事件の本件は「大阪母子殺害事件」とも呼ばれます。起訴状に記載された公訴事実の概要は、次のようでした。

被告人は、(1)平成14年4月14日午後3時30分ころから同日午後9時40分ころまでの間に、大阪市平野区のマンション306号室のA方において、Aの妻Bの頸部をナイロン製ひもで締めつけ、頸部圧迫によりBを窒息させて殺害し、(2)同日時・同場所で、A・B夫婦の長男であった当時1歳のCを、浴室の浴槽内の水中に溺没させるなどして殺害し、(3)放火するため、同日午後9時40分ころ、306号室のA方6畳間において新聞紙や衣類などにライターで火をつけ、同室の壁面、天井などに燃え移らせてマンションの一部を焼損した——というものでした（被告人はAの養父であり、保証人であった。ただし、事件発生の約半年前に被告人とAの養親・養子関係は解消されていた）。

この公訴事実に対し被告人は、〈事件当日もそれ以前も、犯行現場となったマンションの敷地内に立ち入ったことはない〉として、無罪を主張します。

第一審の**大阪地判平成17・8・3判例時報1934号147頁**は、本件では、自白や目撃証言のような「被告人の犯人性に関する直接証拠が存しない」と述べます。しかし、大阪地裁平成17年判決は、本件では、被告人の犯人性を推認させるいくつかの間接事実が、証拠上、認定できるとしました。そして、それらの間接事実が相互に関連しあって、その一般的信用性を補強しあい、狭義の証明力、すなわち推認力を高めていると判断し、そのような証拠評価の結果として、「被告人が本件各犯行を犯したことについて合理的な疑いをいれない程度に証明がなされている」と断じます。結論として、大阪地裁平成17年判決は、公訴事実とほぼ同じ事実を認定したうえで、被告人に対し有罪判決を言い渡し、無期懲役刑を宣告したのでした。

展開支援ナビ

大阪地裁平成17年判決の事実認定　大阪地裁平成17年判決の具体的な事実認定は、こうでした。

被害者が居住する「マンションN西側階段1階から2階に至る踊り場の灰皿内から採取された」たばこ（ラークスーパーライト）の「吸い殻に付着した唾液」と「被告人の血液」の「DNA型が一致した」ことから、たばこの「吸い殻は、被告人のものであると認定することができる」、すなわち、「被告人が、マンションNに立入り、その際に西側階段踊り場の灰皿内にラークスーパーライトの吸い殻1本を投棄したことを認定することができる」とします。また、その「立入りの時期」については、「〔1〕被告人が、本件事件当日に使用していたものと同種で同色のホンダストリームが、マンションNから約100メートルという付近の場所に、当日午後3時40分ころないし午後88時ころという長時間にわたって駐車されていたこと〔中略〕、〔2〕犯行当日、被告人とよく似た人物がマンションN付近の甲〔バッティングセンター〕で目撃されたことを総合勘案すると、被告人は、本件犯行当日に本件現場であるマンションNの敷地内に立ち入ったことが認められ、この事実は本件における被告人の犯人性を強く推認させる一つの事情であるということができる」とします。このほか、被

告人が犯行当日の「行動の概要について合理的な説明をすることができないことに特段の理由はなく、そうとすると、このことは被告人が犯人であるとの推認を強める方向に働く１つの事情である」とし、「被告人にＢを殺害する動機があったとまでいうことはできないにしても、同女との間のやり取りや同女のささいな言動など、何らかの事情をきっかけとして、Ｂに対して怒りを爆発させてもおかしくはない状況があったということができ、このことも単独ではその推認力には限界はあるものの、被告人の犯人性に関する積極方向の間接事実として指摘することができる」とします。

「まとめ」として、大阪地裁平成17年判決は、次のように判示しました。

「被告人が本件各犯行に及んでもおかしくない背景事情があったことを認めることができるのであるが、そのような事情を有していた被告人が、事件当日、犯行現場に赴いたことは、被告人の犯人性を強く推認させる」こと、「さらに、被告人が当日の夕方、妻Ｄ〔Ａの実母〕を迎えに行く約束をしていたにもかかわらず、特段の事情がないのにその約束を違え、Ｂ及びＣが死亡した可能性が高い時刻ころに自らの携帯電話の電源を切っていたこと（しかも、それは他者からの連絡を絶つ目的であった可能性が高い。）、Ｄに迎えに行けないことを同女にメールで伝えた後、出火時刻の約20分後に至るまでの間同女に連絡を取っていないことなど、犯行当日の被告人とＤの連絡状況については著しく不自然であると目される点があるが、これらについては被告人が犯人であると考えれば、合理的な説明が可能であり、得心し得る」と述べ、「このほかに、事件当日の行動について、特段の事情がないのに、被告人において合理的な説明ができていない点があること、本件各犯行は被害者と近しい関係にある者が敢行した可能性が認められることなどの各事実も被告人の犯人性を推認させる」とし、「結局、被告人が本件各犯行を犯したことについて合理的な疑いをいれない程度に証明がなされている」と結論したのでした。

控訴審の**大阪高判平成18・12・15判例時報2080号157頁**も、「ＤＮＡ鑑定の結果、ホンダストリームの目撃状況に加えて被告人がＡに対して有していた感情等といった事実関係に照らせば、被告人が本件各犯行の犯人であると強く推認される」とし、加えて、「被告人自身が当日の行動について具体的かつ合理的な説明をしておらず、第三者の犯行の可能性が乏しく、そのほか被告人の犯人性を疑わせるに足る事情も見当たらないのであって、上記の推認を覆すに足りる事情も存しない」ため、結論として、「被告人が本件各犯行の犯人であると認められるのであり、一審判決には事実誤認は存しない」と判示します。ただし、具体的な事案処理としては、無期懲役刑を不当とした検察官側の主張に理由があると認め、自判して死刑を宣告しました。

この控訴審の死刑判決に対し、被告人側が上告を申し立てます。上告審の最高裁平成22年判決は、まず、有罪の証明水準について、次のように判示しました。

「刑事裁判における有罪の認定に当たっては、合理的な疑いを差し挟む余地のない程度の立証が必要であるところ、情況証拠によって事実認定をすべき場合であっても、直接証拠によって事実認定をする場合と比べて立証の程度に差があるわけではないが〔中略〕、直接証拠がないのであるから、情況証拠によって認められる間接事実中に、被告人が犯人でないとしたならば合理的に説明することができない（あるいは、少なくとも説明が極めて困難である）事実関係が含まれていることを要するものというべきである」、と。

この判示につづけて最高裁平成22年判決は、本件における複数の間接事実から「罪となるべき事実」を推認した第一審判決と控訴審判決の判断には不合理があり（「本件吸い殻が携帯灰皿を経由して捨てられたものであるとの可能性を否定した原審〔控訴審判決〕の判断は、不合理である」、「被告人が本件事件当日に本件マンションに赴いたという事実は、これを認定することができない」）、また、その推断の過程においても反対事実が存在する可能性を十分には検討していない（「本件吸い殻が被告人によって本件事件当日に捨てられたものであるかどうかは、被告人の犯人性が推認できるかどうかについての最も重要な事実であり、ＤＮＡ型の一致からの推認について、前記被告人の主張のように具体的に疑問〔すなわち、反対事実の存在可能性〕が提起されているのに、第一審及び原審において、審理が尽くされているとはいい難い」）と判示します。

そのうえで、最高裁平成22年判決は、「仮に、被告人が本件事件当日に本件マンションに赴いた事実

が認められたとしても、認定されている他の間接事実を加えることによって、被告人が犯人でないとしたならば合理的に説明できない（あるいは、少なくとも説明が極めて困難である）事実関係が存在するとまでいえるかどうかにも疑問がある」と判示したのでした（その理由の詳細について、次の【展開支援ナビ】を参照）。

最高裁平成22年判決は、結論として、「本件灰皿内に存在した本件吸い殻が携帯灰皿を経由してBによって捨てられたものであるとの可能性を否定して、被告人が本件事件当日に本件吸い殻を本件灰皿に捨てたとの事実を認定した上で、これを被告人の犯人性推認の中心的事実とし、他の間接事実も加えれば被告人が本件犯行の犯人であることが認定できるとした第一審判決及び同判決に審理不尽も事実誤認もないとしてこれを是認した原判決は、本件吸い殻に関して存在する疑問点を解明せず、かつ、間接事実に関して十分な審理を尽くさずに判断したものといわざるを得ず、その結果事実を誤認した疑いがあり、これが判決に影響を及ぼすことは明らかであって、第一審判決及び原判決を破棄しなければ著しく正義に反するものと認められる」と判示します。本件は、「第一審である大阪地方裁判所に差し戻す」こととされました（最高裁平成22年判決が扱った「大阪母子殺害事件」は、平成24年〔2012年〕3月15日、差戻審の大阪地方裁判所において無罪判決が言い渡された。検察官控訴）。

展開支援ナビ

　最高裁平成22年判決による具体的な事案処理　最高裁平成22年判決が、本件の間接事実中に、「被告人が犯人でないとしたならば合理的に説明することができない（あるいは、少なくとも説明が極めて困難である）事実関係」が存在するか疑問だとした部分のみ、以下で紹介します。

　「**仮に、被告人が本件事件当日に本件マンションに赴いた事実が認められたとしても、認定されている他の間接事実を加えることによって、被告人が犯人でないとしたならば合理的に説明できない（あるいは、少なくとも説明が極めて困難である）事実関係が存在するとまでいえるかどうかにも疑問がある。**すなわち、第一審判決は、被告人が犯人であることを推認させる間接事実として、上記の吸い殻に関する事実のほか、前記2⑵ないし⑷の事実〔①被告人には、Bとの間のやり取りや同女のささいな言動などをきっかけとして、Bに対して怒りを爆発させてもおかしくない状況があったこと、②被告人はBに対し恋慕の情を抱いており、性交渉を迫る、抱きつく、キスをするなどの行為に及んだこと、③Bは被告人との接触を避けてきたこと、④被告人は、BおよびCが死亡した可能性が高い時刻ころに、みずからの携帯電話の電源を切っていたこと、⑤被告人は本件事件当日の自身の行動について、特段の事情がないのに、合理的説明をできていないこと、⑥本件犯行は被害者と近しい関係にある者が敢行した可能性が認められることなど〕を掲げているが、例えば、Bを殺害する動機については、Bに対して怒りを爆発させてもおかしくない状況があったというにすぎないものであり、これは殺人の犯行動機として積極的に用いることのできるようなものではない。また、被告人が本件事件当日に携帯電話の電源を切っていたことも、他方で本件殺害行為が突発的な犯行であるとされていることに照らせば、それがなぜ被告人の犯行を推認することのできる事情となるのか十分納得できる説明がされているとはいい難い。その他の点を含め、**第一審判決が掲げる間接事実のみで被告人を有罪と認定することは、著しく困難である**といわざるを得ない。／そもそも、このような第一審判決及び原判決がなされたのは、第一審が限られた間接事実のみによって被告人の有罪を認定することが可能と判断し、原審もこれを是認したことによると考えられるのであり、前記の『被告人が犯人でないとしたならば合理的に説明することができない（あるいは、少なくとも説明が極めて困難である）事実関係』が存在するか否かという観点からの審理が尽くされたとはいい難い。本件事案の重大性からすれば、そのような観点に立った上で、第一審が有罪認定に用いなかったものを含め、他の間接事実についても更に検察官の立証を許し、これらを総合的に検討することが必要である」、と。

　最高裁平成22年判決については、「仮に、被告人が本件事件当日に本件マンションに赴いた事実が認められたとしても」と述べ、犯行現場にいた事実だけでは、有罪の証明水準にいたらないことを確認し、また、その間接事実のうえに他の間接事実、すなわち、被告人じしんが犯行当日の行動を合理的に説明できないことや、被害者と近しい関係にある者による犯行の可能性があることなどを重ねても、なお有罪の証明水準にいたらないことを確認した点が重要でしょう。また、犯行の動機という主観的な事実を安易に推認し、有罪認定に寄与させようとすることに対し、最高裁平成22年判決が警鐘を鳴らした点も重要だといえます。

最高裁平成22年判決がいう〈被告人が犯人でないとしたならば、合理的に説明することができない、

あるいは、少なくとも説明が極めて困難である事実関係〉とは——二重否定を含み分かりにくい判示ですけれども——、複数の間接事実を総合評価して推認される事実関係のうち、〈被告人だけが犯人であると一義的に、あるいは、極めて強く推認させる事実関係〉を意味するものでしょう。その意味で、罪となるべき事実を立証するうえで決定的推認力をもつ事実関係と言い換えることもできます。

たとえば、あのひとが配偶者でないとしたならば、居住をともにし、一緒に子どもを養育しているうえ、冠婚葬祭にも配偶者として振る舞っている事実関係を合理的に説明することができないし、少なくとも説明が極めて困難であるといえるでしょう（なお、「配偶者からの暴力の防止及び被害者の保護に関する法律」1条3項は、同法律にいう配偶者には、「事実上婚姻関係と同様の事情にある者」も含むと定める）。端的に言えば、そのような事実関係は、そのひとだけが配偶者であると一義的に、あるいは、極めて強く推認させる事実関係であり、その意味で、婚姻関係を立証するうえで決定的な推認力をもつ事実関係であると言い換えることができます。

最高裁平成22年判決は、複数の間接事実中に、そのような〈被告人だけが犯人であると一義的に、あるいは、極めて強く推認させる事実関係〉の存在を確認することができない限り、罪となるべき事実を合理的疑いを超えて認定することもできない趣旨を明らかにしたわけです。間接事実にもとづく有罪認定について、実質的に、新たな要件を加えたものといえるでしょう（ちなみに、堀籠幸男裁判官の反対意見は、「被告人が犯人でないとしたならば合理的に説明することができない事実関係」の意義を「間接事実から被告人が犯人であることを認定するための要件とし、被告人を有罪とするにはこれを満たさなければならないと判示するもの」と捉える。しかし、そのうえで、職業裁判官による事実認定の手法ないし準則を裁判員にも遵守させるものとして、不相当だと批判した）。

ただし、最高裁平成22年判決は、〈被告人だけが犯人であると一義的に、あるいは、極めて強く推認させる事実関係〉というような端的な言葉遣いをしませんでした。それは、なぜでしょうか。ちなみに、第一審の有罪判決は、「被告人が犯人であると考えれば、合理的な説明が可能」である複数の間接事実を挙げて、これを被告人の犯人性を推認する重要な根拠としていました。最高裁平成22年判決が上述のような二重否定の言葉遣いをあえて用いたのは、まさに、この第一審判決のような有罪認定のあり方じたいを否定するためであったと思います。なぜなら、最高裁平成22年判決が判示した〈間接事実による有罪の認定にさいしては、被告人が犯人でないとしたならば、合理的に説明できない、あるいは、少なくとも説明が極めて困難である事実関係が、間接事実中に、必ず含まれていなければならない〉というのは、言い換えれば、〈被告人が犯人であると仮定したならば、合理的に説明できる複数の間接事実が存在する〉というだけでは、なお有罪の証明には不十分であることを意味するものとなるからです。最高裁平成22年判決の判示は、**有罪認定のあるべき方法**をそれじたいとして叙述しただけでなく、第一審および控訴審の判決がとった有罪認定のあり方についても、これを批判し、否定するものであったわけです。

展開支援ナビ

最高裁平成22年決定の意義　最高裁平成22年決定は2つの意義をもちます。1つは、複数の間接事実中に、〈被告人だけが犯人であると一義的に、あるいは、極めて強く推認させる事実関係〉の存在を確認できない限り、罪となるべき事実を合理的疑いを超えて認定することもできない趣旨を明らかにしたことです。もう1つは、〈被告人が犯人であると仮定したならば、合理的に説明することができる複数の間接事実が存在する〉というだけでは、なお有罪の証明には不十分である趣旨を明らかにしたことです。

最高裁平成22年決定が、後者の意義をもつ点については、共通の理解があるといえます。たとえば、光藤『刑事訴訟法Ⅱ』117頁は、「証拠が状況証拠しかない場合に、反対仮説（ここでは無罪）を吟味・消去することなしに、同じ方向に向かっていると思う（思い込んだ）複数の間接証拠を総合評価して、有罪心証をとる手法に警告を発したもの」と述べました。

ただし、最高裁平成22年決定については、前者の積極的意義、すなわち、間接事実による有罪の認定には、

〈被告人だけが犯人であると一義的に、あるいは、極めて強く推認させる事実関係〉の存在を積極的に要求したことがもつ意義も、やはり強調されるべきです（ちなみに、最高裁平成22年決定の意義について、間接事実の総合評価による犯人性の認定の正しさを検証するため、「犯行の機会をもつ者は被告人以外にありえないか否か」という消去法的事実認定もあわせ行うべきことを求めた趣旨だと捉える論者もいる。白取祐司「刑事裁判例批評166」刑事法ジャーナル26号99頁など。しかし、最高裁平成22年決定は、それにとどまらない積極的内容、すなわち、間接事実による有罪認定について、積極的要件を追加した趣旨と理解すべきであろう。消去法的事実認定について、村岡啓一「情況証拠と事実認定」刑法雑誌39巻2号106頁以下を参照）。

なお、1(2)で述べた最高裁昭和48年判決は、〈有罪の仮説とだけ整合し、無罪方向の仮説とはおよそ相容れないような間接事実の存在が確認されるのか〉という検討を行ったうえで罪となるべき事実の成否について判断しなければならない趣旨を述べていました。そのような間接事実は、〈被告人が犯人であるという有罪の仮説とだけ整合し、被告人以外の第三者が犯人であるという無罪方向の仮説とは相容れないような間接事実〉ですので、実質的には、〈被告人だけが犯人であることまで一義的に推認させる積極的間接事実〉に当たるものです。最高裁昭和48年判決は、そのような間接事実の存否を検討することを求めました。これに対し、最高裁平成22年判決は、複数の間接事実を総合評価した結果として、〈被告人だけが犯人であることまで一義的に、あるいは、極めて強く推認させる事実関係〉の存在を確認することを求めるものでした。

すなわち、間接事実により罪となるべき事実を認定するため、最高裁昭和48年判決は、〈被告人だけが犯人であることを一義的に推認させる積極的間接事実〉の存否を検討することを求め、さらに、最高裁平成22年判決は、複数の間接事実を総合評価して、〈被告人だけが犯人であることまで一義的に、あるいは、極めて強く推認させる事実関係〉の存在を確認することを求め、かつ、そのような検討と確認が有罪を認定するうえで不可欠の条件になることを明らかにしました。そのような検討と確認を怠ったとき、合理的疑いを超える有罪の証明は果たされないわけです。最高裁昭和48年判決とともに、この最高裁平成22年判決は、間接事実により事実を認定しなければならない事案について、今後、大きな役割を果たすことになるでしょう。

(2) 最高裁平成22年判決後の動き──福岡高裁平成23年判決

この点で、**福岡高判平成23・11・2**（公刊集未搭載）が注目されます。この福岡高裁平成23年判決は、現住建造物等放火事件において、第一審判決中の有罪部分を破棄し、無罪をみずから言い渡しました。その判示中で、最高裁平成22年判決を先例として挙げます。福岡高裁平成23年判決の判示は、次のようでした。

まず、現住建造物等放火事件について、「本件では犯行の目撃者等の直接証拠はなく、被告人が捜査段階から犯行に関して黙秘していることもあって被告人の自白もない」ことを確認します。間接事実しかない事案でした。この間接事実からの推認過程について、第1に、次のように判示します。

「本件放火発生から約12分後に、放火現場から約300メートル離れた地点で被告人が自動車を運転していたことは、被告人が本件放火の犯人である可能性を示す事実であるものの、犯行の機会が被告人にしかないということまで認められるものではない。放火状況をみても、被害者宅は、一般住宅が密集した新興住宅地の南西角地に位置し、西側及び南側は市道に面しており、本件放火は、被害者宅の西側の市道から約5メートル入ったところにある勝手口とそこから約7メートル奥（東側）に入ったところにある駐輪場所付近に灯油を撒くという方法でなされたものであるところ、門扉等がないことから各放火地点には誰でも自由に出入りができ、放火方法にも特殊性はないことから、放火現場の状況等から犯人像を絞り込むことも犯行の機会が被告人にしかなかったと認定することも困難といえる。また、被告人宅や被告人使用車両からも被告人と本件放火とを結びつけるに足りる証拠は見つかっていない」、と。

福岡高裁平成23年判決は、そのように述べ、〈被告人だけが犯人であることを一義的に推認させる積

極的間接事実〉が存在しないことを確認します。そのうえで、〔1〕被告人が被害者宅付近の駐車場を無灯火の自動車で走行したこと、〔2〕被害者に対し執拗な無言電話や嫌がらせメール、中傷ビラの張り付けといった迷惑行為・名誉毀損行為に及んでいたことなどの間接事実も挙げたうえで、さらに、次のように判示します。

「一審判決が有罪認定の基礎とした間接事実は、いずれも被告人が犯人であるとすれば、それと矛盾しない事実であり、被告人が犯人であることについて濃厚な嫌疑があることは否定することはできないものの、その間接事実はいずれも単独では被告人の犯人性を断定することができるまでの証明力がないことから、これらの間接事実を総合し、その相乗効果により被告人が犯人であると認定するためには、さらに慎重な検討が求められるといえる」と述べます。そのうえで、最高裁平成22年判決を援用し、「認定された間接事実中に被告人が犯人でないとしたならば合理的に説明することができない（あるいは、少なくとも説明が極めて困難である）事実関係が含まれているかどうか」を検討します。

具体的な検討は、こうです。まず、検討の具体的課題を明示します。すなわち、「本件においては、仮に被告人が犯人でないとすれば、被害者やその家族に対して迷惑行為や中傷行為を行っていた被告人が、介護を要する祖母を家に置いたまま、放火以外の何らかの理由で早朝、自動車で被害者宅付近に出向き、放火発生直後の時間帯に無灯火で被害者宅付近のコンビニエンスストア駐車場を横切るという行動をとり、何らかの理由で被害者宅の周辺の家には放火されず、被害者宅だけが放火されたという事実関係が想定され、これらが合理的に説明できない、あるいはそれが著しく困難といえるかどうかを検討することとなる」とします。

その検討結果は、こうでした。「被告人の行動については、上記のとおり、被告人が、中傷ビラの張り付けを含む何らかの中傷行為をするため、又はその下見のために被害者宅付近に出向いて上記のような行動をとったと説明することが可能であり、そのような説明が不合理であるとはいえない（なお、1審判決は、被告人の現場近くでの不審な行動について検討する中で、午前4時52分の通行は、被告人が消火作業を認識し、火災発生を知った上で逃げた事実であると認定しているが、上記のとおり、無灯火での駐車場横切りには複数の理由が考えられる上、自分に後ろめたいことがあり、放火犯人と思われるのを避けるために逃げたという説明も可能であって、この点も不合理とはいえない）。また、放火の発生についても、上記のとおり、放火は格別の動機なく無差別的に行われることもあることから、被害者宅だけが放火されたことが合理的に説明できない、あるいは著しく困難とはいえない」としました。結論として、「本件では、間接事実中に被告人が犯人でないとしたならば合理的に説明することができない（少なくとも説明が極めて困難である）事実関係は含まれていない」と述べ、「上記間接事実から被告人が本件放火の犯人であると推認することには論理則、経験則等に照らして合理的な疑いが残るといえる」として、無罪を自判したのでした。

福岡高裁平成23年判決は、まず、〈被告人だけが犯人であることを推認させる積極的間接事実〉が存在しないことを確認します。それは、最高裁昭和48年判決が求めた検討を行った結果でした。ついで、福岡高裁平成23年判決は、最高裁平成22年判決を援用して、本件で認定される複数の間接事実中に、〈被告人が犯人でないとしたならば、合理的に説明することができない、あるいは、少なくとも説明が極めて困難である事実関係〉が含まれるかどうかを確認する作業に進みます。その検討の結果、この点でも、そのような事実関係の存在を確認することはできないと判示したわけです。

この福岡高裁平成23年判決は、間接事実によって罪となるべき事実を推認するうえで、最高裁昭和48年判決と最高裁平成22年判決がそれぞれ必要であるとした**検討と確認の作業**を的確に行ったものであり、その意味で、1つのモデルとなる高裁判例だといえます。今後も、下級審を含め、最高裁平成22年判決以後の判例の展開について注目したいと思います。

展開支援ナビ

間接事実による認定――鹿児島地裁平成22年判決 このほか、鹿児島地判平成22・12・10（公刊

集未搭載)も、その結論部分だけ紹介しておきましょう。事案は、被告人が金品強取の目的で被害者方に侵入し、殺意をもって、金属製スコップで被害者らの頭部や顔面等を殴打し、殺害したとされた住居侵入、強盗殺人被告事件でした。鹿児島地裁平成22年判決は次のように判示して、被告人に無罪を言い渡します（検察側控訴）。

「情況証拠によって認定できる間接事実のうち、被告人と犯人とを結び付ける方向に働くものとしては、被告人が、〔1〕過去に本件網戸に触ったことがあること、〔2〕過去に本件窓ガラスの外側に触ったことがあること、〔3〕過去に被害者方に立入り、本件整理だんすやパンフレット類に触ったことがあること、〔4〕被害者方に行ったことがない旨事実に反する供述をしていることにとどまるところ、〔1〕ないし〔3〕の事実は、いずれも単独ではもとより、それらを総合しても被告人が犯人であるとの推認には遠く及ばない。むしろ、本件の情況証拠の中には、被告人の犯人性を否定する事情が多々認められる〔中略〕。そして、このように客観的な事実関係によって犯人性が強く疑われない以上、たとえ被告人が重要な事実について事実に反する虚偽の供述をしているとしても、虚偽の供述をする理由についてはいろいろ考えられるから、そのことをもって犯人性が強く推認されるとは到底いえない。結局、本件においては、情況証拠によって認められる間接事実の中に、被告人が犯人でなければ合理的に説明することができない（あるいは、少なくとも説明が極めて困難である）事実関係が含まれていないというほかない」、と。

裁判と上訴②

24　控訴審における攻防対象論

> **設問24**
> 控訴審における攻防対象について、説明しなさい。
>
> **関連問題**
> 　第一審裁判所は、本位的訴因（甲組の組長である被告人Ｘが、組員Ｙと共謀し、組事務所２階で賭博場を開場した）の賭博開帳図利の共謀共同正犯を認めず、理由中で無罪としたうえで、予備的訴因（Ｘは、組事務所２階をＹが賭博場として利用することを容認し、Ｙの賭博開帳図利を幇助した）の賭博開帳図利の幇助犯の成立を認め、有罪を言い渡した。この第一審判決に対し、検察官は控訴を申し立てず、被告人側のみが理由不備、訴訟手続の法令違反などを主張して控訴を申し立てる。
> 　控訴裁判所は、「組長である被告人が、配下のＹと共謀して、本件賭博開張図利を組ぐるみで敢行したもので、Ｙとの共同正犯を認定するのが相当である」と判示し、第一審判決を破棄して、職権調査により本位的訴因の内容であるＸじしんの賭博開帳図利を認定し、有罪を言い渡した。
> 　この控訴裁判所による有罪の自判が適法かどうか、論じなさい。

1　刑事訴訟における控訴の意義

(1)　控訴の基礎知識

　控訴は上訴の一種です。**上訴**とは、確定していない裁判に対し、当事者である被告人または検察官が上級裁判所に不服を申し立てる訴訟行為を意味します。上訴のうちとくに**控訴**とは、地方裁判所または簡易裁判所が第一審として下した判決に対し、**高等裁判所に不服を申し立てる当事者の訴訟行為**を意味します（刑訴351①「検察官又は被告人は、上訴をすることができる」、355「原審における代理人又は弁護人は、被告人のため上訴をすることができる」、372「控訴は、地方裁判所又は簡易裁判所がした第一審の判決に対してこれをすることができる」、裁判所法16(1)「高等裁判所は、左の事項について裁判権を有する。／１号　地方裁判所の第一審判決、家庭裁判所の判決及び簡易裁判所の刑事に関する判決に対する控訴」）。

　控訴を申し立てる理由は、刑事訴訟法377条から383条に規定され、**法令違反**（刑訴377、378、379は訴訟手続の法令違反、380は実体法の解釈・適用の誤り）、**事実誤認**（刑訴382。刑罰権の存否および範囲を基礎づける事実の誤認）、**刑の量定不当**（刑訴381）に大きく区分できます（なお、刑訴383は再審事由なども控訴理由になると定める）。

　控訴の申立が当事者からなされると、**事件の係属**は第一審から控訴審に移り、控訴裁判所が裁判を下して、事件を処理しなければなりません。これを、**移審の効力**が生ずると表現します。控訴申立により、控訴裁判所の判断次第で、第一審判決の内容が変わる可能性もあります。そのため、控訴申立があれば、第一審判決の確定も阻止されねばなりません。このことを、控訴申立により**執行力停止の効力**が生ずると表現します（刑訴471「裁判は、この法律に特別の定のある場合を除いては、確定した後これを執行する」）。

　控訴を申し立てる当事者（以下、**控訴申立人**ともいう）は、第一審判決について不当だと主張する理由を具体的に記載した**「控訴趣意書」**を作成し、控訴裁判所のもとに差し出さねばなりません（刑訴376①「控訴申立人は、裁判所の規則〔刑訴規236〕で定める期間内に控訴趣意書を控訴裁判所に差し出さなければならない」）。被告人側が控訴する場合、被告人がみずから控訴趣意書を作成し、差し出すこともできます。しかし、控

訴趣意書は控訴審における審判の基礎となる重要な書面であるため、ほとんどの場合、専門法曹の弁護人が被告人を代理して控訴趣意書を作成し、控訴裁判所に差し出します（ただし、弁護人は、被告人の明示の意思に反する控訴趣意書を差し出すことはできない。参照、**東京高判昭和60・6・20高刑集38巻2号99頁**。なお、控訴審の弁護人でない原審弁護人であっても、みずから控訴を申し立てたときに限り、控訴趣意書を差し出すことができる。参照、**最判昭和29・12・24刑集8巻13号3226頁、最決昭和36・7・18刑集15巻7号1103頁**）。控訴趣意書の謄本は相手方当事者に送達され（刑訴規242「控訴裁判所は、控訴趣意書を受け取つたときは、速やかにその謄本を相手方に送達しなければならない」）、相手方当事者は**答弁書**を控訴裁判所に差し出します（刑訴規243。243⑤「控訴裁判所は、答弁書を受け取つたときは、速やかにその謄本を控訴申立人に送達しなければならない」）。

控訴審の審理では、まず、控訴申立人側が控訴趣意書にもとづき控訴理由について陳述し、つぎに、相手方当事者がそれに対し口頭で答弁します（刑訴389「公判期日には、検察官及び弁護人は、控訴趣意書に基いて弁論をしなければならない」）。この**当事者の弁論**が、控訴審の審理の「出発点」（『条解刑事訴訟法〔第4版〕』1049頁）となります。

控訴裁判所は、当事者が弁論で明示的に撤回した控訴理由を除き、控訴趣意書で主張された控訴理由が第一審判決にあるかどうかを調査し、判断する義務を負います（刑訴392①「控訴裁判所は、控訴趣意書に包含された事項は、これを調査しなければならない」）。この控訴理由の調査（それに伴う第一審判決の調査を含む）のさい、控訴申立人が主張しない控訴理由（職権調査できない刑訴382の2の控訴理由を除く）に該当する過誤、すなわち、〈訴訟手続の法令違反、事実誤認、刑の量定不当などの過誤〉が第一審判決にあると思料する場合、控訴裁判所はみずからの職権でその有無を調査できます（刑訴392②「控訴裁判所は、控訴趣意書に包含されない事項であつても、第377条乃至第382条及び第383条に規定する事由に関しては、職権で調査をすることができる」）。この**職権調査**は、控訴裁判所の義務ではありません。ただし、控訴した共同被告人のうちのある者だけが主張する控訴理由については、それが他の共同被告人にも共通して破棄事由になりうるとき、すべての共同被告人に関係させて職権調査を行わねばなりません（刑訴401「被告人の利益のため原判決を破棄する場合において、破棄の理由が控訴をした共同被告人に共通であるときは、その共同被告人のためにも原判決を破棄しなければならない」）。このように控訴裁判所の職権調査は、おもに被告人側が不利益を受けないため、**後見的観点**から行われるべきものといえるでしょう（上口裕ほか『刑事訴訟法〔第4版〕』271頁〔後藤昭〕。また、千葉裕「控訴審における当事者主義と職権主義」『鴨良弼先生古稀祝賀論集・刑事裁判の理論』358頁は、「控訴を申立てた当事者（特に被告人）が本来主張すべきであるのに主張していない原判決の瑕疵を後見的にとり上げてやるのが〔控訴裁判所の〕職権調査の本来のあり方である」とした）。

控訴趣意書で主張された控訴理由の有無を調査するため、控訴裁判所は、「第一審の訴訟記録、控訴趣意書、疎明資料、答弁書等および原審から送付された証拠〔の旧資料〕を閲覧検討」することになります（『条解刑事訴訟法〔第4版〕』1053頁）。この**旧資料**の閲覧・検討のほか、さらに「必要があるとき」に限って、控訴審における事実の取調べ、すなわち、証拠調べや被告人質問などの方法により**新資料**を得て、実体法上・訴訟法上の事実の存否を確認することが行われます（刑訴393①「控訴裁判所は、前条の調査をするについて必要があるときは、検察官、被告人若しくは弁護人の請求により又は職権で事実の取調をすることができる〔以下、省略〕」。なお、393条1項の事実の取調は、新資料の取調べだけでなく、旧資料の新たな取調べを含む）。当事者である被告人側や検察官は、この**事実の取調べ**を請求する権利をもちます（刑訴393①）。ただし、当事者の請求、控訴裁判所の職権のいずれによる場合でも、事実の取調べの必要性について、もっぱら控訴裁判所が裁量的に判断すべきものとされます。そのため、控訴裁判所が事実の取調べを不必要と考えるとき、当事者の請求は却下されねばなりません。なお、やむを得ない事由により第一審の弁論終結前に取調べを請求できなかった証拠にもとづき証明できる事実（刑訴382の2①）や、第一審の弁論終結後・判決前に生じた事実（刑訴382の2②）であり、かつ、事実誤認の有無（刑訴382）や刑の量定の当否（刑訴381）を判断するうえで不可欠な事実については、控訴裁判所は例外的に、必ずこれを取り調べ、その存否を確認しなければなりません（刑訴393①但書「但し、第382条の2の疎明があつ

たものについては、刑の量定の不当又は判決に影響を及ぼすべき事実の誤認を証明するために欠くことのできない場合に限り、これを取り調べなければならない」）。

　なお、被告人だけ（刑訴351①）が控訴した事件や、法定代理人や保佐人（刑訴353）、原審の弁護人など（刑訴355）が被告人のため控訴した事件について、控訴裁判所が第一審判決を破棄し、有罪をみずから言い渡す場合、第一審判決より重い刑を言い渡すことはできません（刑訴402「被告人が控訴をし、又は被告人のため控訴をした事件については、原判決の刑より重い刑を言い渡すことはできない」）。刑の量定について、**不利益変更禁止**の原則が採用されたわけです。

(2)　覆審と事後審の概念

　現行刑事訴訟法における「控訴審の構造」（平野龍一『刑事訴訟法』303頁）、「控訴審の基本的型ないし方式」（光藤景皎『口述刑事訴訟法下』17頁）、「控訴審のあり方」（松尾浩也『刑事訴訟法（下）新版補正第2版』213頁）は、**事後審**の概念で説明されます（平野・前掲書303頁は、たんに事後審と呼ぶのでなく、「事後審査審」、または、略して「審査審」と呼ぶべきだとする）。

　ちなみに、大正11年に制定された旧刑事訴訟法では、当事者の控訴申立を契機に、控訴裁判所は実体審理をはじめからやり直しました。そのような控訴審のあり方を**覆審**と表現します（覆審の根拠規定は、旧刑訴401①「控訴裁判所ハ前条及ヒ第四百二条ノ場合ヲ除クノ外被告事件ニ付更ニ判決ヲ為スヘシ」、旧刑訴407「第二編〔第一審〕中公判ニ関スル規定ハ別段ノ規定アル場合ヲ除クノ外控訴ノ審判ニ付之ヲ準用ス」など。ちなみに、旧刑事訴訟法に控訴理由の規定はなかった。控訴する当事者は控訴申立書のみ差し出し、控訴趣意書の提出は要求されなかった。参照、旧刑訴396）。旧刑事訴訟法の職権主義構造のもとで、第一審裁判所は、当事者の主張に拘束されず、実体的事実をみずから職権で調査する権限と義務をもちました。そのような第一審裁判所の事実認定は、当事者による容喙も批判も許さない権威的で超越的な性格を与えられます。そのような権威的・超越的性格を与えられた事実認定は、本来、事後的な審査の対象になりません。しかし、第一審裁判所の事実認定を不服とする当事者に対し、控訴の申立を許す立法政策をとり、あえて第一審判決の事実誤認を正そうというのであれば、第一審裁判所と比べ**多数**の裁判官により、また、能力・経験などでも**優れた**裁判官により構成される控訴裁判所が、実体審理をはじめからやり直し、実体的事実についてみずから心証を形成するほかない、すなわち、控訴審を覆審とするほかないとされたわけです。

　これに対し、当事者主義を基本構造とする現行刑事訴訟法の下では、控訴趣意書に述べられた当事者の主張にもとづき、その主張の当否ないし第一審判決の当否について、控訴裁判所が事後的に審査すべきものとされます。そのような控訴審のあり方を、**事後審**と表現します。現行刑事訴訟法において、控訴審の構造は**覆審**から**事後審**に変わったと捉えられました。

　覆審と事後審については、その審判対象と資料に違いがあります。(A)**覆審の場合**には、犯罪事実そのもの、すなわち、刑罰権の存否および範囲を起訴づける**実体的事実の存否**それじたいが控訴審の審判対象であり、控訴裁判所は、第一審判決後に得られた**新たな資料**も加えて、この実体的事実の存否・内容についてみずから心証を形成することになります。控訴審で実体的事実の認定をはじめからやり直すわけです。これに対し、(B)**事後審の場合**には、第一審判決の違法性・不当性を指摘する**当事者の主張の当否**が、控訴審の基本的な審判対象となります。また、当事者の主張を超え、控訴裁判所があえて職権調査に踏み込むときにも、**第一審判決の当否**それじたいが控訴審の審判対象となります。そのさいの資料も、原則として、第一審判決が扱ったものと**同じ資料**（旧資料）に限られます。実体的事実の認定をはじめからやり直すことはしません。

展開支援ナビ

　続審の概念　事後審と覆審のほかに、**続審**の概念も使われます。続審とは、第一審判決直前の状態に戻り、第一審の実体審理の内容を控訴裁判所が**引き継いで**実体審理を続け、新たな証拠調べの結果を加味し、事

> 件について判決する控訴審の構造を意味します。たとえば、現行民事訴訟法が、控訴審の構造を続審としました。すなわち、当事者の控訴申立があるとき、第一審で終結した訴訟は再開され、口頭弁論が継続する状態になるとされました。そのため、第一審と控訴審の訴訟手続は同一の方式によりますし（民訴297「前編〔第一審の訴訟手続〕第1章〔訴え〕から第7章〔大規模訴訟に関する特則〕までの規定は、特別の定めがある場合を除き、控訴審の訴訟手続について準用する。ただし、第269条の規定〔大規模訴訟に係る事件における合議体の構成〕は、この限りでない」）、第一審の口頭弁論の結果も控訴審で陳述されねばなりません（民訴296②「当事者は、第一審における口頭弁論の結果を陳述しなければならない」）。第一審の訴訟行為は、控訴審でも効力をもちます（民訴298①「第一審においてした訴訟行為は、控訴審においてもその効力を有する」）。口頭弁論が継続する状態になるため、当事者は新たな主張・立証を行い、攻撃・防禦を尽くすことになります（民訴156「攻撃又は防御の方法は、訴訟の進行状況に応じ適切な時期に提出しなければならない」）。控訴を認容するとき、控訴裁判所判決は、第一審判決を取り消し、自判することになります（民訴304「第一審判決の取消し及び変更は、不服申立ての限度においてのみ、これをすることができる」など参照）。
> 　このような続審は、覆審のバリエーションといってよいでしょう。そのため、以下の本文では、覆審と事後審の概念だけを取り上げて説明します。

　ただし、もともと事後審の概念は、旧刑事訴訟法のような職権主義的構造のもとで、〈事実誤認を理由とする上訴〔具体的には控訴〕の手続が覆審による〉のに対し、〈法令違反を理由とする上訴〔具体的には上告〕の手続は事後審による〉というように使われた概念でした。すなわち、法令を正しく解釈・適用したか、主宰した訴訟手続に法令違反がないかなど、第一審裁判所の法令違反を正すことは、第一審判決に対する上訴裁判所の事後的な審査によっても可能だとされたわけです。

　これに対し、現行刑事訴訟法は、法令違反を理由とする上訴申立について、まず、**控訴審**で処理すべきものとしました。すなわち、控訴審の主たる課題は、第一審判決における法令違反（刑訴377ないし380など）を正すことに求められました。そのため、控訴審についても、事後審が基本構造とされたわけです。しかし、同時に、現行刑事訴訟法は、事実誤認（刑訴382）や刑の量定不当（刑訴381）の控訴理由も肯定します。すなわち、第一審判決の法令違反を正そうという事後審の基本構造の下で、事実誤認や刑の量定不当を理由とする控訴申立も処理しようとするわけです。そのため、事実誤認や刑の量定不当を正す場合にも、第一審判決が使用した旧資料にもとづく事後審査を原則とし（事後審の考え方から、原則となる）、第一審に現れなかった新資料の取調べは、必要があるとき、例外として許す（事後審の考え方から、例外と位置づけられる）こととされました（刑訴382の2は、新資料の取調べについて、「やむを得ない事由」の疎明を求める。なお、**最決昭和59・9・20刑集38巻9号2810頁**は、道路交通法違反被告事件で、量刑不当を理由に検察官が控訴し、刑訴382の2①の「やむを得ない事由」の疎明がないまま、新資料として被告人の前科調書、交通事件原票謄本などが控訴審で取り調べられた事案について、393①の「本文は、第一審判決以前に存在した事実に関する限り、第一審で取調ないし取調請求されていない新たな証拠につき、右『やむを得ない事由』の疎明がないなど同項但書の要件を欠く場合であっても、控訴裁判所が第一審判決の当否を判断するにつき必要と認めるときは裁量によってその取調をすることができる旨定めていると解すべきである」と判示した）。

　しかし、旧刑事訴訟法と違い、当事者主義を基本構造とする現行刑事訴訟法の下では、控訴審の構造についても、事後審の概念だけで説明するのでなく、その当事者主義的なあり方こそが問われるべきでしょう。

2　控訴審の当事者主義的あり方

(1)　控訴審の構造と当事者主義

　控訴審の当事者主義的あり方とは、なんなのでしょうか。

　そもそも刑事訴訟の当事者主義的構造とは、被告人の主体的防禦権を保障する手続のあり方だといえます。すなわち、職権主義のように、司法機関たる裁判官による実体的真実発見の活動を補助する限りで、言い換えれば、その司法機関の活動に従属して、被告人の防禦活動が許されるものであってはなり

ません。刑事訴訟の当事者主義的構造とは、被告人が訴訟主体にふさわしい法的地位と防禦権を保障されて活動することそれじたいに、独立の意義ないし価値を認める訴訟構造を意味します。

そうであれば、このような刑事訴訟の当事者主義的構造にふさわしい上訴制度の内容もおのずと明らかになります。それは、つぎのように整理できるでしょう。

(A)まず、第一審裁判所の心証形成ないし事実認定は、当事者の攻撃・防禦を基礎にしてなされるものでなければなりません。なぜなら、そうであってこそ、裁判所の心証形成ないし事実認定は権威的・超越的な性格をもたず、被告人など当事者による客観的・合理的な検討の対象にできるからであり、それゆえ、当事者の不服申立、すなわち、上訴申立も本来的に許容されるものとなるからです。

(B)当事者主義的上訴の目的は、〈原審の裁判を被告人に検討ないし批判させることにより、その主体的防禦を尽くさせる〉という意味で、誤った原審の裁判から被告人を救済することにこそ求められねばなりません。

(C)原審の裁判の瑕疵ないし過誤を被告人が主張して、原審の裁判の破棄ないし利益変更を請求するのが上訴の申立であり、上訴審裁判所の基本課題は、その主張に理由があるかどうかを判断することにあります。主張に理由がなければ被告人の上訴申立はしりぞけられ、理由があれば被告人の（原審裁判の破棄ないし利益変更の）請求が認容されます。被告人の主張に理由がある場合、必要があれば（たとえば、被告人が新証拠を援用した場合）、事件を原審の裁判所に差し戻し、原審で事実審理を新たにやり直させることも可能です。いずれにせよ、上訴審の審判対象は、基本的には、上訴を申し立てた被告人の不服申立理由（その主張の当否）だといえます。

(D)これに対し、被告人と違い検察官は「公益のために上訴する」（平野・前掲書300頁）、あるいは、「検察官は公益の代表者として誤った裁判の是正を求める立場にあり、その目的に従って上訴の申立をする」（平場安治ほか『注解刑事訴訟法下巻〔全訂新版〕』5頁〔中武靖夫〕）ものとなります。このような検察官上訴は政策的理由から特別に許容されるものでしかなく、その点で、検察官の不利益上訴は「重要かつ明白な誤りがあった場合にかぎり例外的にのみ承認されるべきもの」（井戸田侃『刑事手続構造論の展開』245頁）になります。

(2) 最高裁新島ミサイル事件決定

控訴審の当事者主義的あり方について、最高裁判所の表現をみておきましょう。それは新島ミサイル事件における**最大決昭和46・3・24刑集25巻2号293頁**の以下のような判示です。

「現行刑訴法においては、いわゆる**当事者主義**が**基本原則**とされ、職権主義はその補充的、後見的なものとされているのである。当事者主義の現われとして、現行法は訴因制度をとり、検察官が公訴を提起するには、公訴事実を記載した起訴状を裁判所に提出しなければならず、公訴事実は訴因を明示してこれを記載しなければならないこととし、この訴因につき、当事者の攻撃防禦をなさしめるものとしている。裁判所は、右の訴因が実体にそぐわないとみられる場合であっても、原則としては訴因変更を促がし或いはこれを命ずべき義務を負うものではなく〔中略〕、反面、検察官が訴因変更を請求した場合には、従来の訴因について有罪の言渡をなし得る場合であっても、その訴因変更を許さなければならず〔中略〕、また、訴因変更を要する場合にこれを変更しないで訴因と異なる事実を認定し有罪とすることはできないのである。このように、**審判の対象設定を原則として当事者の手に委ね、被告人に対する不意打を防止し、当事者の公正な訴訟活動を期待した第一審の訴訟構造**のうえに立って、刑訴法はさらに控訴審の性格を原則として**事後審**たるべきものとしている。すなわち、〔1〕控訴審は、第一審と同じ立場で事件そのものを審理するのではなく、前記のような**当事者の訴訟活動を基礎として形成された第一審判決**を対象とし、これに**事後的な審査**を加えるべきものなのである。そして、〔2〕その〔控訴審の〕**事後審査も当事者の申し立てた控訴趣意を中心としてこれをなすのが建前**であつて、職権調査はあくまで補充的なものとして理解されなければならない。けだし、前記の第一審における当事者主義と職権主

義との関係は、控訴審においても同様に考えられるべきだからである。」

　このように最高裁昭和 46 年大法廷決定（以下、最高裁新島ミサイル事件決定という）は、控訴審においても当事者主義が基本原則となること、職権主義が機能するのは当事者の訴訟活動に対して補充的・後見的なものでしかないことを確認します。そのうえで、控訴審は、第一審と同じ立場で事件そのものを審理するのでなく、当事者の訴訟活動を基礎として形成された第一審判決を対象とし、これに事後審的な審査を加えるべきものであること、その事後審査は当事者の申し立てた控訴趣旨を中心としてこれをなすのが原則であり、控訴裁判所の職権調査はあくまで補充的なものでしかないことを述べたわけです。

> **展開支援ナビ**
>
> **裁判員制度と控訴審の事後審概念の強調**　平成 16 年（2004 年）に「裁判員の参加する刑事裁判に関する法律」が成立し、平成 21 年（2009 年）から裁判員制度が実施されました。この裁判員制度に関連し、最高裁判例は、控訴審で事後審概念があてはまることをあらためて強調します。
> 　たとえば、覚せい剤取締法違反、関税法違反被告事件（覚せい剤の密輸入）で、被告人の故意を認めず無罪とした第一審判決（千葉地判平成 22・6・22 刑集 66 巻 4 号 549 頁）に事実誤認があるとした原判決（東京高判平成 23・3・30 刑集 66 巻 4 号 559 頁）に対し、**最決平成 24・2・13 刑集 66 巻 4 号 482 頁**は、〈第一審判決の事実認定が論理則、経験則等に照らし不合理であることを十分に示したものとはいえないため、刑事訴訟法 382 条の解釈適用を誤った違法がある〉として、原判決の東京高裁平成 23 年判決を破棄します。その理由中で、最高裁平成 24 年決定は、「刑訴法は控訴審の性格を原則として事後審としており、控訴審は、第 1 審と同じ立場で事件そのものを審理するのではなく、当事者の訴訟活動を基礎として形成された第一審判決を対象とし、これに事後的な審査を加えるべきものである。第一審において、直接主義・口頭主義の原則が採られ、争点に関する証人を直接調べ、その際の証言態度等も踏まえて供述の信用性が判断され、それらを総合して事実認定が行われることが予定されていることに鑑みると、控訴審における事実誤認の審査は、第一審判決が行った証拠の信用性評価や証拠の総合判断が論理則、経験則等に照らして不合理といえるかという観点から行うべきものであって、刑訴法 382 条の事実誤認とは、第一審判決の事実認定が論理則、経験則等に照らして不合理であることをいうものと解するのが相当である。したがって、控訴審が第一審判決に事実誤認があるというためには、第一審判決の事実認定が論理則、経験則等に照らして不合理であることを具体的に示すことが必要であるというべきである。このことは、裁判員制度の導入を契機として、第一審において直接主義・口頭主義が徹底された状況においては、より強く妥当する」と判示しました。
> 　なお、最高裁平成 24 年決定には、刑事控訴審のあり方に言及した白木勇裁判官の補足意見が付され、次のように述べられました。
> 　「これまで、刑事控訴審の審査の実務は、控訴審が事後審であることを意識しながらも、記録に基づき、事実認定について、あるいは量刑についても、まず自らの心証を形成し、それと第一審判決の認定、量刑を比較し、そこに差異があれば自らの心証に従って第一審判決の認定、量刑を変更する場合が多かったように思われる。これは本来の事後審査とはかなり異なったものであるが、控訴審に対して第一審判決の見直しを求める当事者の意向にも合致するところがあって、定着してきたといえよう。／この手法は、控訴審が自ら形成した心証を重視するものであり、いきおいピン・ポイントの事実認定、量刑審査を優先する方向になりやすい。もっとも、このような手法を採りつつ、自らの心証とは異なる第一審判決の認定、量刑であっても、ある程度の差異は許容範囲内のものとして是認する柔軟な運用もなかったわけではないが、それが大勢であったとはいい難いように思われる。原審は、その判文に鑑みると、上記のような手法に従って本件の審査を行ったようにも解される。〔中略〕しかし、裁判員制度の施行後は、そのような判断手法は改める必要がある。例えば、裁判員の加わった裁判体が行う量刑について、許容範囲の幅を認めない判断を求めることはそもそも無理を強いることになるであろう。事実認定についても同様であり、裁判員の様々な視点や感覚を反映させた判断となることが予定されている。そこで、裁判員裁判においては、ある程度の幅を持った認定、量刑が許容されるべきことになるのであり、そのことの了解なしには裁判員制度は成り立たないのではなかろうか。裁判員制度の下では、控訴審は、裁判員の加わった第 1 審の判断をできる限り尊重すべきであるといわれるのは、このような理由からでもあると思われる」、と。

　ただし、事後審の概念を援用して、単純に、第一審判決の事実認定を尊重するという結論に至ってはならないでしょう。控訴審における当事者、とくに被告人の主体的防禦活動の内容や範囲を広げるためにこそ、事後

審の意義や控訴審の構造論の内容が問われるのだという観点を見失ってはならないと思うのです。その意味で、控訴審の当事者主義的あり方の意義内容が、あらためて明らかにされねばならないでしょう。

3 最高裁新島ミサイル事件決定の攻防対象論

(1) 攻防対象論の採用

　この最高裁新島ミサイル事件決定は、控訴審における当事者主義的あり方をたんに観念的なかたちで叙述したものではありません。控訴審の当事者主義的あり方から、具体的で重要な帰結を導き出します。すなわち、控訴裁判所による職権調査の範囲について、重要な制限を導き出します。

　最高裁新島ミサイル事件決定について、あらためて詳しく説明しておきます。具体的な事実関係は次のようでした。

---

　(1) 東京都の南、約 140 キロの海上に位置する新島にミサイル試射場を建設する計画がもちあがります。この計画に反対する左翼活動家と賛成する右翼活動家が新島に来て対立する状況の下で、右翼活動家が反対派の学生に傷害を負わせます。そのため、犯人を追求・糾弾する目的で、左翼活動家たち約 100 名が右翼活動家の宿泊先に押しかけ、住居内に立ち入ったうえ、棍棒や丸太を振りかざして「殺してしまえ」、「火をつけろ」と怒号しながら、ガラス戸を乱打し、また、投石などしたために、窓ガラスなどを壊し、右翼活動たちに傷害を負わせてしまいます。これが新島ミサイル事件でした。

　(2) この事件で、8 名が起訴されます。起訴事実は、共謀による〔1〕住居侵入と、〔2〕暴力行為等処罰に関する法律違反〔多衆の威力を示し、共同してした①脅迫、②暴行、③器物損壊〕、そして、〔3〕傷害でした。

　第一審判決は、このうち〔1〕住居侵入と、暴力行為処罰法違反の一部である〔2-①〕脅迫の部分について、被告人らを有罪とします。しかし、暴力行為等処罰法違反の他の部分である〔2-②〕暴行と〔2-③〕器物損壊、および、〔3〕傷害については、犯罪の証明がないと判断しました。そのうえで、暴力行為等処罰法違反の〔2-②〕暴行、〔2-③〕器物損壊の点は、有罪とした同法違反の〔2-①〕脅迫と**包括一罪**の関係にあること、また、右暴力行為等処罰法違反の〔2-②〕暴行、〔2-③〕器物損壊と〔2〕傷害は、有罪である〔1〕住居侵入と刑法 54 条 1 項後段の手段、結果の関係にあること、すなわち、**牽連犯**の関係にあることから、これらの点については、主文においてとくに無罪の言渡しはしないと述べました。

　(3) この第一審判決に対し、被告人側だけが控訴をし、有罪とされた各事実〔1、2-①〕について、無罪を主張します。

　しかし、控訴審判決は、「被告人らの無罪を主張する本件各控訴はその理由がないから、刑事訴訟法 396 条によりこれを棄却する」と結論しました。それとともに、刑事訴訟法「392 条 2 項による職権調査の結果、原判決には判決に影響を及ぼすことの明らかな事実誤認があるため、397 条 1 項、382 条により原判決を破棄し、400 条但書により自判する」として、起訴事実のすべて〔1、2、3〕について被告人らを有罪とします。そして、控訴審には刑の量定の不利益変更禁止の原則（刑訴 402）が働くため、被告人らに対し第一審判決と同じ刑〔懲役 3 月・執行猶予 2 年〕を言い渡しました。

　(4) 上告審では、この控訴裁判所の職権調査のあり方が妥当かどうかが争われます。

　すなわち、そして、最高裁新島ミサイル事件決定は、控訴裁判所の職権調査について、その限度を超え違法であるとするのです。その理由づけのうち、控訴審の手続の当事者主義的構成を援用した部分は

すでに紹介しました。それにつづく、具体的な事件処理に関する判示部分を確認しておきましょう。こうでした。

「これを本件についてみるに、本件公訴事実中第一審判決において有罪とされた部分と無罪とされた部分とは牽連犯ないし包括一罪を構成するものであるにしても、その各部分は、それぞれ一個の犯罪構成要件を充足し得るものであり、訴因としても独立し得たものなのである。そして、右のうち無罪とされた部分については、被告人から不服を申し立てる利益がなく、検察官からの控訴申立もないのであるから、**当事者間においては攻防の対象からはずされたものとみることができる。**このような部分について、それが理論上は控訴審に移審係属しているからといって、事後審たる控訴審が職権により調査を加え有罪の自判をすることは、被告人控訴だけの場合刑訴法402条により第一審判決の刑より重い刑を言い渡されないことが被告人に保障されているとはいっても、被告人に対し不意打を与えることであるから、前記のような現行刑事訴訟の基本構造、ことに現行控訴審の性格にかんがみるときは、職権の発動として許される限度をこえたものであって、違法なものといわなければならない。」

最高裁新島ミサイル事件決定は、公訴事実のうち〈一個の犯罪構成要件を充足し得る部分であり、訴因としても独立し得た部分、かつ、無罪とされた部分〉について、被告人側に不服申立の利益がなく、検察官の控訴申立もない以上、「当事者間においては攻防の対象からはずされたものとみることができる」ため、控訴裁判所が職権調査を加え、有罪を自判することは、当事者主義の基本構造に反し、とくに控訴審の事後審的性格にも反して、許されないと判示したわけです。言い換えれば、控訴裁判所の職権調査の範囲は、**当事者の「攻防対象」**の範囲に限定されることになりました。

> **展開支援ナビ**
>
> **無罪部分に移審の効力が及ぶか** 最高裁新島ミサイル事件決定は、「第一審判決がその理由中において無罪の判断を示した点は、牽連犯ないし包括一罪として起訴された事実の一部なのであるから、右第一審判決に対する控訴提起の効力は、それが被告人からだけの控訴であっても、公訴事実の全部に及び、右の無罪部分を含めたそのすべてが控訴審に移審係属すると解すべきである」と判示し、攻防対象からはずされた無罪部分についても移審の効力が及ぶことを認めました。すなわち、いわゆる「(実体的事実の)一部確定」の理論に与しないことを明らかにしました。
>
> これに対し、無罪部分について、移審の効力が及ばないとする論者もあります。たとえば、攻防対象論について、鈴木茂嗣『続・刑事訴訟の基本構造・下巻』626頁は、「控訴審〔の裁判所〕の権限論」でなく、「むしろ検察官の訴追行為に視点をおく考え方」(鈴木・前掲書625頁)をとるべきだとします。なぜなら、たんなる控訴裁判所の権限論であれば、差戻審で「検察官が改めて無罪部分を問題とする余地が出てくる」からです (鈴木・前掲書626頁)。これを「理論的に封じるため」、検察官は無罪部分の「訴追意思を客観的に放棄した」と扱うべきだとされました (鈴木・前掲書626頁)。そのうえで、「検察官は、そもそも公訴事実同一の範囲で訴因を撤回しあるいは訴因を縮小する権限をもっている。検察官が原審の無罪判断に服し、あえて控訴を申立てなかったときは、むしろその限度で訴因の撤回ないし縮小変更があったと解するのが相当ではないか」(鈴木・前掲書624頁)、つまり、「検察官は控訴にあたり、黙示的に訴因の縮小ないし撤回を行っているのである。そうだとすれば、控訴審に移審するのは、形式的にも実質的にもこの縮減された公訴犯罪事実のみであると解するのが相当である」と解されました (鈴木・前掲書627頁)。

(2) 攻防対象論の展開

最高裁新島ミサイル事件決定の攻防対象論は、その後も、複数の最高裁判例で適用されました。たとえば、**最判昭和47・3・9刑集26巻2号102頁**は、控訴審判決 (大阪高判昭和42・1・28下刑集9巻1号14頁) について、(A)無免許等輸出罪 (関税法111①) と虚偽申告罪 (関税法113の2) に関し、併合罪の関係にあるのに、観念的競合として公訴事実の同一性 (刑訴312①) を肯定した点、(B)虚偽申告罪ないし無承認輸出罪 (外国為替及び外国貿易管理法48) が成立する余地があり、検察官に訴因変更を促す義

務が裁判所にはあるとした点で、法令の解釈を誤った違法があるとし、これを破棄します。そのうえで、第一審判決（神戸地判昭和36・5・23刑集26巻2号118頁）が法令の解釈を誤って無罪とした一部の貨物に関し（第一審判決は、税関の輸出免許ないし許可は申告書記載の品目でなく、税関に呈示された貨物じたいになされると解釈し、申告書と異なる品目であっても偽装なしに税関に呈示された一部の貨物について、無免許等輸出罪は成立しないと結論し、無罪を言い渡した。この解釈は、**最大判昭和45・10・21刑集24巻11号1480頁**により否定される）、こう判示しました。

「右無免許または無許可輸出罪の訴因については、第一審判決において無罪とされ、検察官が控訴したが、原判決においても同じく犯罪は成立しないとされたので、原判決に対しては同被告人からこの点について不服を申し立てる利益がなく、検察官からの上告申立もなかったのであり、ただ原判決が前示のように右各事実は無承認輸出罪を構成する余地があるとして第一審判決を破棄し差戻したことを違法として同被告人だけから上告申立のあった現段階においては、現行刑訴法の基本的構造にかんがみ、もはや無免許または無許可輸出罪の成否の点は当事者間において攻防の対象からはずされたものとみるのが相当であり、〔上告裁判所の〕当審が職権により調査を加え、これを有罪とすべきものとして破棄差し戻し、もしくはみずから有罪の裁判をすることは許されないものといわなければならない〔中略〕。してみれば、当審としては、前記各訴因につき同被告人を無罪とした第一審判決を維持するほかない」、と。

上告審においても攻防対象論が適用されることを認め、また、法令解釈を誤ったため言い渡された無罪部分（有罪部分と観念的競合の関係にあるもの）についても攻防対象からはずされることを認めた点で、重要な最高裁判例でした。

また、**最決昭和57・4・22裁判集刑事227号75頁**は、背任被告事件において、「第一審及び原審における甲の供述その他関係各証拠を勘案」するとき、「被告人両名の右所為は、乙や甲らと共謀し、かつ、その共謀に基づいて本件背任罪の犯行を遂行したというに足りないものというべきであり、右乙のために、同人の〔背任罪の〕犯行を容易ならしめるべくこれを幇助したにとどまるものと認めるのが相当である」と判示し、「原判決〔**東京高判昭和53・10・20**（公刊判例集未搭載）〕及び第一審判決〔**東京地判昭和49・2・4**（公刊判例集未搭載）〕を破棄し」たうえ、「第一審判決が摘示する被告人両名に関する罪となるべき事実〔背任の共謀共同正犯〕のうち〔包括一罪の関係にある犯罪事実の一部にあたる〕本件事実以外の部分は既に原判決の理由中において無罪とされ、これに対して検察官から上告の申立がなく当事者間において攻防の対象からはずされたものとみるべきであるから、〔中略〕この部分については原判決の無罪の結論に従うものとし、原判決が肯認した第一審判決の有罪部分についてのみ次のとおり判決する」とし、幇助犯の成立を認めて、有罪を自判しました。

最高裁新島ミサイル事件決定と同様に、包括一罪として起訴された犯罪事実のうち、控訴審の東京高裁昭和53年判決が理由中で無罪とした部分（訴因としても独立しえた部分。なお、第一審判決は共謀共同正犯の成立を認め、有罪を言い渡していた）について、検察官の上告申立もない以上、当事者の攻防対象からはずされたと判示したわけです。

このほか、**最決昭和63・2・29刑集43巻2号314頁**（熊本水俣病事件）は、「原判決〔**福岡高判昭和57・9・6高刑集35巻2号85頁**〕が甲及び乙を被害者とする各業務上過失致死罪について公訴時効の完成を否定した点は、その結論において正当であり、他方、右2名以外の5名を被害者とする各業務上過失致死傷罪について公訴時効の完成を肯定した点は、法令の解釈適用を誤ったものであるが、その部分については、第一審判決の理由中において公訴時効完成による免訴の判断が示され、同判決に対しては検察官による控訴の申立がなかったものであって、右部分は、原審〔控訴審〕当時既に当事者間においては攻防の対象からはずされていたものとみることができる」と判示し、第一審裁判所が法令の解釈・適用を誤り、免訴を言い渡した部分についても、検察官の控訴申立がない以上、当事者の攻防対象からはずされ、控訴裁判所の職権調査の範囲外であることを確認しました。

4 最高裁判例の攻防対象論の展開

(1) 最高裁平成元年決定の攻防対象論

ただし、攻防対象論の拡張に歯止めをかけたというべき最高裁判例に注目しなければなりません。それが**最決平成元・5・1刑集43巻5号323頁**です。事案は、こうでした。第一次第一審判決（**千葉地判昭和56・4・24刑集43巻5号367頁**）は、起訴状記載の本位的訴因（横断歩道直前に停車した大型貨物自動車運転手の被告人が、信号機の表示に注意せず、かつ、安全確認不十分のまま発進した過失により、横断歩道を信号に従い自転車で右から左に横断中の被害者〔7歳の男児〕に衝突し、自車左後輪で被害者右腕を轢過し、傷害を負わせた）について、「それを認めるに足る証拠がない」と判断したうえで、予備的訴因（自車の周辺の自転車などの有無など安全確認不十分のまま、漫然発進した過失により、自車左方にいた被害者の自転車に衝突転倒させ、右腕を轢過し、傷害を負わせた）の事実を認定し（罪となるべき事実の摘示では、自車の周辺、とくに、自車左側の安全に十全を尽くすべき被告人の注意義務を認め、また、被害者が自車左側を自転車で並進中である事実などを認定した）、有罪を言い渡しました（罰金20万円）。この有罪判決に対し被告人側のみが控訴を申し立てます。この被告人控訴の結果、第一次控訴裁判所（**東京高判昭和56・9・8刑集43巻5号374頁**）は、「自車前方や右側方の安全確認をしなければならない被告人が自車左側路肩部分に新たに進入してくる自転車等のあることを予測するのは極めて困難であり、そのように期待することも相当でない」ことなどを述べ、「被告人に過失があったとするには、原審で取調べた証拠による限りなお合理的な疑いが残る」と判示して、事件を第一審に差し戻しました。この差戻を受け、第二次第一審裁判所（**千葉地判昭和58・1・11刑集43巻5号383頁**）は、第一次第一審判決が認定できないとして排斥した本位的訴因について、その事実をみずから認定し有罪判決を下します（罰金20万円）。その理由中で、攻防対象論に関し、次のように述べられました。

「旧審判決は、本位的訴因を排斥し、予備的訴因につき有罪と認め、この判決に対し、被告人側だけが控訴を申し立てたのであるが、もとより前記本位的訴因と予備的訴因は単純な一罪について訴因として両立し得ない関係にあるものであるから、本位的訴因を排斥した点につき検察官が控訴申立てをしなかったとしても、その部分が以後当事者の攻防の対象から外れるものということはできず、最高裁判所昭和46年3月24日大法廷決定及び同昭和47年3月9日第一小法廷判決の趣旨は本件に及ばないものというべきで、控訴審判決により旧審判決は全部破棄されたものであるから、当審としては、旧審判決前の状態において、本位的訴因及び予備的訴因をいずれも審判の対象とすることができるものと解すべきで〔中略〕、検察官も当審第1回公判において、本位的訴因及び予備的訴因を維持する旨陳述しているので、本位的訴因を審判の対象としても、被告人に対し不意打ちを与えることにはならないというべきである」、と。

第二次控訴裁判所（**東京高判昭和60・1・21高刑集38巻1号1頁**）も、この第二次第一審裁判所の判断に与し、被告人の控訴を棄却します。そのさい、攻防対象の「理論が適用される範囲は、有罪とされた部分と無罪とされた部分とが可分な場合、すなわち、右各部分がそれぞれ1個の犯罪構成要件を充足し得、訴因としても独立し得る場合であって、具体的に右要件を充たし得るのは、右各部分が実体法上の数罪である科刑上一罪（観念的競合又は牽連犯）を構成する場合及び包括一罪のうち実体法上の数罪に準じて考えられるような実質を有する特殊な関係を構成する場合に限られることとなり、また、右各判例の趣旨が妥当する範囲としては、たとえば、広義における包括一罪のうち、科刑上一罪の一種であるかつての連続犯に相当すると認められるような場合が考えられるということになろう」と述べる一方で、本件の「第一次第一審において無罪とされた本位的訴因及び有罪とされた予備的訴因は、いずれも業務上過失傷害罪という単純一罪であって、それぞれの訴因について見ればその全体が犯罪構成要件を1回充足し、訴因として独立していると言えるのみであって、その内部に、1個の犯罪構成要件を充足し得、訴因として独立し得るような数個の部分を含むものではない」ため、攻防対象論を適用すべき範囲に入

らないと判示しました。

被告人側が申し立てた上告を棄却し、**最高裁平成元年決定**は以下のように判示します。

「本件の場合、本位的訴因の犯罪事実も予備的訴因の犯罪事実も同一の被害者に対する同一の交通事故に係るものであり、過失の態様についての**証拠関係上**本位的訴因と予備的訴因とが構成されたと認められるから、予備的訴因に沿う事実を認定した第一審判決に対し被告人のみが控訴したからといって、検察官が**本位的訴因の訴訟追行を断念**して、本位的訴因が当事者間の攻撃防禦の対象から外れたとみる余地はない。したがって、第二次第一審裁判所が本位的訴因について審理、判決した点に違法はな〔い〕」、と。

上述したように、第二次控訴審の東京高裁昭和60年判決は、攻防対象論を適用すべき範囲について、複数の行為が実体法上の数罪か、または、それに準ずる関係にあり、それぞれ独立の行為として可分性をもつような場合に限られると述べました。この東京高裁昭和60年判決の考え方が、それまでの多数説であったかもしれません（朝岡「刑事控訴審の研究〔第3回〕・職権調査の範囲と義務——いわゆる攻防対象論を含む」判タ348号46頁、藤永幸治ほか『新版註釈刑事訴訟法・第6巻』254頁〔小林充〕、岩瀬徹「いわゆる攻防対象論について」『小林充先生・佐藤文哉先生古稀祝賀刑事裁判論集下巻』386頁など）。しかし、最高裁平成元年決定は、そのような罪数論（ないし、無罪部分の行為の独立性・可分性）を基準にせず、**検察官による訴訟追行の「断念」**があるかどうかが攻防対象の範囲を決定すると述べます。すなわち、本件では「同一の被害者に対する同一の交通事故に係るものであり、過失の態様についての証拠関係上本位的訴因と予備的訴因とが構成されたと認められる」ことを理由に、「検察官が本位的訴因の訴訟追行を断念して、本位的訴因が当事者間の攻撃防禦の対象から外れたとみる余地はない」と結論しました。

最高裁平成元年決定が「**証拠関係**」と述べた点に注目すべきでしょう。本件は、第一次第一審判決がいうように、「本件事故の認定については、右証人A〔被害者〕の証言〔横断歩道を横断中に被告人車に衝突転倒した〕と〔矛盾する〕同B〔目撃者〕の証言〔横断歩道を横断後に左折して歩行中、発進した被告人車の左側を自動車で走行する男児とすれ違った後、振り返ったら、男児が被告人車に轢かれ、倒れていた〕のいずれを採用するかによって被告人の過失の有無及びその程度が左右される」事案でした。第一次第一審判決はBの供述を採用し、第二次第一審判決はAの供述を採用したわけです。つまり、本位的訴因と予備的訴因がそれぞれ基礎にする「証拠関係」は同じであり、同一の「証拠関係」の評価を争って、被告人側が（予備的訴因の犯罪事実について、事故当日の客観的状況にかんがみ、自車左側後方から進行する被害者の自転車を認めることは不可能であり、無過失であると主張し）控訴を申し立てた事案でした。たしかに、検察官は控訴しませんでした。なぜなら、検察官は、予備的訴因として起訴状に記載したみずからの主張が認められた以上、本来、控訴すべきでないからです。しかし、被告人が、過失の態様に関する「証拠関係」の評価を争って控訴を申し立てたため、最高裁平成元年決定は、同一の「証拠関係」にもとづく本位的訴因についても、控訴審でその成否を争うことが対立当事者である検察官には許されると考えたものでしょう。その意味で、検察官じしんが控訴しなかったことは、客観的にみて、本位的訴因の訴訟追行を断念したことを徴表するものとされなかったわけです。結局、最高裁平成元年決定は、検察官が主張を構成するうえで基礎とした**証拠関係を基準**に、攻防対象論の適用範囲を決めたといってよいと思うのです。

展開支援ナビ

訴訟追行の放棄と攻防対象の範囲　この最高裁平成元年決定の結論に対し、批判的な立場も表明されました。たとえば、「具体的事案についてこの〔攻防対象論の〕法理の適用の可否を考えるときには、原審で無罪とされた部分〔中略〕について検察官は訴訟追行を放棄したと見做し得るかどうかを問うべきである」とされ（後藤昭「本位的・予備的訴因のある場合の攻防対象論の適用と破棄判決の拘束力」昭和60年度重要判例解説〔ジュリ862号〕190頁。ただし、第二次控訴審判決に対する評釈として述べられたもの。〔　〕は引用者）、第一次第一審判決

に控訴を申し立てなかった「検察官は有罪判決の可能性を予備的訴因1つに『賭けた』のであり、本位的訴因については訴訟追行を放棄したと見做されても已むを得なかったのではなかろうか」とされました（後藤・前掲評釈191頁）。検察官が「訴訟追行を放棄した」とみなす理由として、「両立し得ない訴因の一方（予備的訴因）を否定するためには、必ずしも他方（本位的訴因）の成否を判断する必要のないことは明らかである。そして、〔本件で〕予備的訴因の過失を認めない〔第一次控訴裁判所の〕心証が確定的なものでありさえすれば、改めて本位的訴因について審判させるために事件を差し戻す〔中略〕ことなく、〔第一次控訴裁判所は〕無罪の自判をすることもできたと考えられる。なぜなら、本位的訴因を排斥した原審〔第一次第一審〕の判断に対しては、誰も不服を申し立てていなかったのだから。〔それゆえ、〕最初の〔第一次第一審〕判決に対して控訴をしなかった検察官には、予備的訴因の成否が判断される過程でも、またその成立が否定された後の段階でも、本位的訴因についての判断を受ける機会は、もともと保障されていなかった」と述べられました（後藤・前掲評釈191頁。〔 〕は引用者）。攻防対象論を適用しつつ――ただし、〈控訴審で本位的訴因の訴訟追行を検察官は断念しない〉とする最高裁平成元年決定の考え方に与さず――、第一次第一審判決が無罪とした本位的訴因について、検察官は訴訟追行を放棄したと捉え、当事者の攻防対象からはずされたと考えるわけです。

　なお、この「訴訟追行を放棄した」と捉える考え方に対し、藤永幸治ほか『新版註釈刑事訴訟法〔第6巻〕』254頁〔小林充〕は、たとえば、第一審裁判所が窃盗を認定せず、択一関係にある横領で有罪認定をした場合、検察官が控訴しなかったとしても、「検察官としては、当該事件につき処罰を求める意思は依然表明しているのであり、ただ、横領で有罪となるのならばあえて窃盗で処罰を求めなくともよいとの意向で上訴をしなかっただけで、横領が成立しない場合にまで窃盗による処罰を断念する意思であるとは解されない」と反論しました。また、鈴木『続・刑事訴訟の基本構造・下巻』629頁も、最高裁平成元年決定を例に挙げ、「事実認定上相互に非両立関係にある業務上過失致死傷の本位的・予備的訴因に関する」事案で、本位的訴因を否定した第一審判決に対し検察官が控訴しないとしても、控訴審で予備的訴因が「否定されるなら、通常、〔検察官は、非両立関係にある〕本位的訴因について訴訟追行を望む」ために、「被告人側から控訴があった以上検察官の黙示的〔な本位的〕訴因〔の〕撤回があったとは解しえず、予備的訴因のみならず本位的訴因も控訴審に移審し、両者についての訴追状態がそのまま継続すると解するのが相当と思われる」としました（〔 〕は引用者）。

　ただし、この最高裁平成元年決定の結論については、そもそも、相当性を欠く検察官の訴訟追行を破棄後の差戻審で許容する結果になるため、賛成できません。最高裁平成元年決定の事案において、被告人側は第一審において本位的訴因の主張を斥けさせ、控訴審においても予備的訴因の主張に対し、合理的疑いを提出しました。それにもかかわらず、破棄後の差戻審において検察官に本位的訴因を維持させ、あらためて訴訟追行を許すことは、被告人側を不当に疲弊させるものであり、被告人の権利擁護・被告人の救済を目的とする控訴制度の基本的趣旨をないがしろにするといわねばなりません。結局、最高裁平成元年決定の事案については、攻防対象論の適用如何ないし検察官による訴訟追行の「断念」如何にかかわらず、破棄後の差戻審において、本位的訴因を維持する検察官の訴追追行が相当性を失い、違法になるものとして処理すべきであったと思います。すなわち、破棄後の差戻審においては、予備的訴因を維持する検察官の訴訟追行だけが許されるべきであったと思うのです。

(2) 最高裁平成25年決定の攻防対象論

　上述した東京高裁昭和60年判決は、「単純一罪」を構成する複数の訴因について、攻防対象論の適用はないと判示しました。しかし、最高裁平成元年決定は、そのような罪数論を基準に攻防対象論の適用範囲を決めませんでした。「証拠関係」の同一をメルクマールに、客観的にみて、検察官が訴訟追行を断念したか、当事者間の攻防対象からはずれたかを判断しました。この点をいっそう明らかにした最高裁判例として、**最決平成25・3・5刑集67巻3号267頁**を挙げることができます。事案は、設問の【関連問題】と同一です。あらためていえば、こうでした。

　第一審裁判所（**新潟地判平成23・9・9刑集67巻3号288頁**）は、本位的訴因（甲組の組長である被告人Xが、組員Yと共謀し、組事務所2階で賭博場を開場した）である賭博開帳図利の事実を認めず、予備的訴因（Xは、組事務所2階をYが賭博場として利用することを容認し、Yの賭博開帳図利を幇助した）の賭博開帳図利の

幇助犯の成立を認めました。この第一審判決に対し、被告人側のみが、理由不備、訴訟手続の法令違反などを主張して控訴を申し立てます。この被告人側の控訴申立に対し、控訴裁判所（**東京高判平成24・2・22刑集67巻3号310頁**）は、「組長である被告人が、配下のYと共謀して、本件賭博開張図利を〔中略〕組ぐるみで敢行したもので、Yとの共同正犯を認定するのが相当である」と判示し、第一審判決を破棄したうえ、職権で第一審の本位的訴因が内容としたXじしんの賭博開帳図利を認定し、有罪判決を言い渡しました。この控訴審判決に対し、被告人側が上告を申し立てます。最高裁平成25年決定は、次のように判示しました。

「本件のように、第一審判決の理由中で、本位的訴因とされた賭博開張図利の共同正犯は認定できないが、予備的訴因とされた賭博開張図利の幇助犯は認定できるという判断が示されたにもかかわらず、同判決に対して検察官が控訴の申立てをしなかった場合には、検察官は、その時点で本位的訴因である共同正犯の訴因につき訴訟追行を断念したとみるべきであって、本位的訴因は、原審当時既に当事者間においては攻防の対象から外されていたものと解するのが相当である〔中略〕。そうすると、原審としては、本位的訴因については、これを排斥した第一審裁判所の判断を前提とするほかなく、職権により本位的訴因について調査を加えて有罪の自判をしたことは、職権の発動として許される限度を超えたものであり、違法というほかない。したがって、原判決には法令違反があり、この違法が判決に影響を及ぼすことも明らかである」と判示しました（ただし、控訴審判決が第一審判決と同一の刑を宣告したことなどから、破棄はされなかった）。

この最高裁平成25年決定は、共同正犯の本位的訴因について、検察官は「訴訟追行を断念した」と認めました。この点が、上述した最高裁平成元年決定と結論を異にした理由でした。では、検察官が訴訟追行を「断念しない」、「断念した」という判断の違いをもたらしたものは、なんなのでしょうか。

検察官による主張の構成の仕方について、違いがあると捉える論者もあります。たとえば、最高裁平成元年決定では、「予備的訴因の成立を認めた第一審判決は、事故が被告人の過失により発生した旨の〔検察官の〕主張は肯定している以上、これに対して検察官が控訴しないとしても、被告人に過失があるとする主張自体を取り下げることを意味するものではない」のに対し、最高裁平成25年決定では、「予備的訴因の成立を認めた第一審判決に対して検察官が控訴しないとすると、予備的訴因に反映されていない、被告人の正犯性を基礎づける事情については主張が維持されないから、予備的訴因の成立を認めた限度で原判断を甘受した、つまり本位的訴因についての訴訟追行を断念した、とみることができる」と説明されました（池田公博「控訴審による職権調査の範囲」ジュリスト1466号199頁。〔　〕は引用者。このほか、豊崎七絵「攻防対象論が適用された事例」法セミ700号134頁は、最高裁平成25年決定の事案について、「本位的訴因と予備的訴因とが、最決平1の事案と異なり、排斥し合う関係ではなく包摂関係に準ずる関係であった」ことを強調する）。しかし、その説明には賛成できません。なぜなら、最高裁平成元年決定の場合にも、〈予備的訴因に反映されていない、本位的訴因に特別な事情がある〉、すなわち、〈被害者が横断歩道を信号に従い自転車で右から左に横断したとする主位的訴因の事実は、被害者が被告人車の左方にいたとする予備的訴因に反映されていない〉というべきだからです。

最高裁平成25年決定が最高裁平成元年決定と結論を異にした実質的な理由は、こう考えるべきでしょう。第一審の新潟地裁平成23年判決は、共同正犯が成立しない理由として、(A)「被告人自身においては、甲らが行う賭け麻雀において利得を得ていたとも、得ようとしていたとも認められ」ない、(B)「被告人個人において、主宰者として賭博場を開張したとはいえない」、(C)「被告人と実行行為者たるYとの間で、犯罪の実行計画等について十分な協議が遂げられたという事実を認めることはできない」、(D)「被告人個人において、賭博開張図利の図利目的は認められない」ことを挙げたうえで、「上記事実を総合して判断すれば、被告人において、賭博開張図利行為を自らの犯罪としてこれを遂行しようとの意思、即ち正犯意思を有していたとは認め難く、したがってまた、これを前提とした、Yと共同して賭博開帳図利行為を行おうとの意思も同行為に及ぶことの共謀も認められないというべきである」と結論しまし

た。他方、以上の証拠評価から、「結局において、被告人は、長年付き合いのあった知人である甲に賭け麻雀をするために本件組事務所の利用等をすることを許し、平成21年10月頃から、Yが世話役となっていることを知った後も、同所を賭け麻雀をする場として提供することを継続し、その利用等をY及び甲ら賭客に許していたにすぎず、Yが世話役となったことを知った後の本件当日においては、本件組事務所を賭博場として提供し、その利用等を容認する形で、正犯たるYの賭博開張図利行為を容易にした、すなわち幇助したにとどまるとみるのが相当である」と判示したわけです。

このように、最高裁平成25年決定の事案では、本位的訴因の共同正犯の成否に関し、予備的訴因の幇助と関連しない特別な間接事実(A)ないし(D)が挙げられ、第一審判決により、いずれもその存在が否定されました。そのような本件の証拠関係にかんがみ、最高裁平成25年決定は、第一審「判決に対して検察官が控訴の申立てをしなかった場合には、検察官は、その時点で本位的訴因である共同正犯の訴因につき訴訟追行を断念したとみるべきであって、本位的訴因は、原審当時既に当事者間においては攻防の対象から外されていたものと解するのが相当である」と結論したわけです。そのため、最高裁平成25年決定は、単純一罪の関係にある複数の訴因について、攻防対象論を適用することとなりました。

ひるがえって、最高裁平成元年決定は、具体的事案の証拠関係にもとづき攻防対象論を適用しなかった点で、「例外」的な事案処理をしたものと捉えるべきでしょう。これに対し、最高裁平成25年決定は、攻防対象論を適用しない「例外」的事由が、具体的事案の証拠関係にかんがみても認められないため、第一審裁判所により認定されなかった本位的訴因について、検察官が控訴しない以上、本位的訴因は当事者の攻防対象から外されるという「原則」的な事案処理をしたものといえます。いずれにせよ、今後も、最高裁判例における攻防対象論の展開には注目しておかねばなりません。

5　攻防対象論と事実認定の不利益変更禁止

(1)　攻防対象論にもとづく事実認定の不利益変更禁止

なお、最高裁新島ミサイル事件決定の攻防対象論が、当事者主義の基本構造、控訴審の事後審的性格にもとづき展開されたため、重要な波紋を引き起こすことになります。それは、最高裁新島ミサイル事件決定の攻防対象論の考え方を推し進めていくと、そもそも控訴裁判所による「事実認定の不利益変更」じたいも制限ないし禁止されるのではないか、という議論がなされたことでした。以下、議論の概要を紹介しておきます。

これまで控訴審では、被告人側だけが控訴をした場合、刑事訴訟法402条により、刑の量定の不利益変更、すなわち、より重い刑への変更だけが禁止され、控訴裁判所がその職権調査の結果として、第一審判決の事実認定を被告人に不利益に変更することじたいは許されるとされました。この点を確認した最高裁判例が、**最判昭和23・11・18刑集2巻12号1626頁**〔旧法事件〕です。第一審裁判所が単純賭博を認定したのに対し、控訴裁判所は常習賭博を認定しました。最高裁昭和23年判決は、次のように判示します。

「〔不利益変更を禁止した旧〕刑訴第403条に『原判決の刑より重き刑を言渡すことを得ず』と規定した趣旨は、判決主文の刑すなわち判決の結果を原判決の結果に比し被告人の不利益に変更することを禁ずるにある。それ故、判決主文において全体として被告人に不利益な結果を生ずべき言渡をしない限り、単に原判決と異り被告人の不利益となるべき犯罪事実の認定をしても同条に違反するということはできない。本件においては、第一審で単純な賭博と認定せられた事実が、控訴審では常習賭博と認定せられ、この点では事実認定が不利益に変更されてはいるが、判決の結果たる主文の刑は、弁護人も認めているとおり軽減せられていることは明白である。論旨は、それ故に理由がない」、と。

しかし、最高裁新島ミサイル事件決の攻防対象論を適用し、控訴審における事実認定の不利益変更をもたらすような控訴裁判所の職権発動についても、制限を加えるべきだという考え方が主張されるようになります。

> **展開支援ナビ**
>
> **小野慶二判事の考え方** たとえば、攻防対象論とは、「原判決の事実認定のうち当事者の攻防の対象からはずされた部分については、控訴裁判所がこれを被告人の不利益に変更し、又は不利益に変更すべきものとする裁判をすることができないということである」、なぜなら、「控訴審の審判においては被告人の利益保護、救済を重視すべきであり、〔控訴審における審判の〕当事者主義もその側面を強調して適用されるべきものと考えられるからである」(小野慶二「控訴審の審判における当事者主義」団藤重光博士古稀祝賀論文集4巻270頁)とされ、攻防対象論の「このような効力は、第一審判決の**事実認定の一種の拘束力**と把握するのが適切である」とされました (ゴシック体は引用者)。それゆえ、「被告人だけが控訴し、被告人が控訴趣意で甲罪についての事実誤認のみを主張しているときは、〔甲罪とともに1個の刑が科され、上訴について不可分の〕乙罪についての第一審の事実認定は攻防の対象からはずされた状態となる」ため、縮小認定された乙罪について控訴裁判所が起訴状の訴因どおりに認定しなおすことは許されず、また、「単純一罪についての有罪判決にも、事実認定の拘束力を認めることができるであろう。即ち、被告人だけが控訴し、被告人が原判決の量刑不当のみを主張しているときは、事実認定は攻防の対象からはずされているから、これをより重い罪に認定しなおすことは許されないと解する」(小野・前掲論文272頁。〔 〕は引用者)とされ、「新島ミサイル決定をつきつめて行くと、結局事実認定についても被告人のための不利益変更禁止を認めることに帰着する」(小野・前掲論文273頁)と述べられました。

　攻防対象論により、事実認定の不利益変更を禁止する考え方をとった高裁判例も出されました。それが、**大阪高判昭和58・12・22刑裁月報15巻11＝12号1210頁**です。法人税法違反被告事件で、第一審判決 (**大阪地判昭和57・9・28税務訴訟資料148号640頁**) は損益計算で誤った金額を算出し、損金である支出の額を多く計算したため、法人税法違反として、被告人に利益な総所得金額、逋脱〔ほだつ。脱税のこと〕税額を認定したという事案です。この第一審判決に対し、被告人のみが控訴しました。大阪高裁昭和58年判決は、こう判示します。

　第一審の原判決は「損金である支出の部の額を過分に計算し、法人税法違反としては被告人に利益な総所得金額、逋脱税額が認定されていることとなるところ、本件においては検察官の不服申立がなく、被告人控訴のみであり、検察官は当審において前記の誤りある算出額を争点に対する防禦方法としても主張していない。思うに、事実問題については当事者主義が機能し、検察官が請求した訴因の範囲内で当事者が立証の責務を負い第一審における当事者双方の攻防を通じて実体形成された結果が原判決に結実する建前であるから、〔1〕原判決に対して検察官から不服申立がなかったときは、検察官は訴追を原判示の認定事実の範囲にとどめ、それを超えて被告人に不利益な事実認定を求めることを放棄したものといえるし、〔2〕職権調査は、事実問題に関しては不服申立者殊に被告人に対し後見的なものであるべきであるから、〔3〕原判示認定の範囲を超えて被告人に不利益な方向での職権調査をし、原判決よりも被告人に不利益な事実について判断をしてそのことのゆえをもって事実誤認ありとして原判決を破棄することは許されないというべきである。本件において職権調査により原判示認定の各総所得金額、逋脱法人税額を超えて被告人に不利益な事実判断をして原判決を破棄することはできない」、と。

　大阪高裁昭和58年判決は、「原判示認定の範囲を超えて被告人に不利益な方向での職権調査」をすることは許されないと判示しました。すなわち、単純一罪の法人税法違反被告事件において、第一審判決中に事実誤認があるとしても、控訴裁判所が職権調査のうえ、「被告人に不利益な事実判断をして」第一審判決を破棄することはできないとしたわけです。大阪高裁昭和58年判決の判示は、実質的に、攻防対象論にもとづき事実認定の不利益変更を禁止したものといえるでしょう。

(2) 東京高裁平成15年判決と事実認定の不利益変更

　これに対し、攻防対象論にもとづく事実認定の不利益変更禁止に消極的な立場をとった**東京高判平成15・10・16高刑集56巻4号1頁**も、挙げておきましょう。傷害被告事件において第一審判決 (**前橋地**

高崎支判平成15・6・4判タ1150号313頁）は、起訴状記載の公訴事実中の暴行および傷害の結果の各一部を除外して縮小認定し（起訴状記載の公訴事実に対し、数回の殴打行為を1回のみと認定したほか、首を絞めた行為や右目周辺の皮下出血など一部の傷害を除外して認定した）、有罪を言い渡します。被告人のみが控訴を申し立てますが、控訴裁判所は、職権調査により起訴状記載の事実をすべて認定しました。攻防対象論に関する判示は、次のようです。

「本件は、被告人のみが控訴しているのに、控訴裁判所である当裁判所が、職権調査により、原判決が認定した犯罪事実よりも被告人に不利益な態様の犯罪事実が認定できるとして、原判決を破棄することができるか、という問題があるので、この点についての見解を示しておく。／第1に、本件においては、単純一罪である傷害につき、原判決が公訴事実の一部を除外して縮小認定したのに対し、当裁判所は公訴事実と同旨の事実を認定できるものとするものである。第2に、本件の事実関係の下においては、暴行の態様と傷害の結果はまさしく不可分であって、原判決が認定した暴行のみでは原判決が認定した傷害の結果の多くを説明できないのみならず（この点は、弁護人が控訴趣意で指摘するとおりである。）、公訴事実のとおりの暴行を認定すれば原判決が認定から除外した傷害の事実も当然に認定できることになるのである。第3に、原判決による、傷害の結果についての縮小認定は、傷病名や要加療日数の事実摘示の表現にも反映しない程度のものであり、しかも、原判決のように縮小認定すれば、要加療日数を正確に認定することが困難になるのである。換言すれば、原判決が除外した傷害を加えて初めて、原判示の加療日数が正確なものといえるのである。第4に、検察官としては、本件は兄妹間の重大とまではいえない傷害事件であるところ、原判決も、事実摘示としては、公訴事実とほぼ同様の傷害を認定し、これを被告人の暴行によるものと認めて、被告人を罰金12万円（求刑同20万円）に処したのであるから、その犯罪事実の認定や量刑に若干の不満を覚えたとしても、この判決がそのまま確定するのであれば構わないと判断して、控訴の申立てには及ばなかったものと思われるところ、そのような判断は本件事案にかんがみ首肯し得るものである。第5に、当審において、検察官は、公訴事実のとおりの事実を認めるのが相当であるとして、職権調査を促しており、当裁判所の上記のような判断も被告人にとって不意打ちにはならない。このような諸点にかんがみると、本件のような場合には、職権調査の結果、上記のような理由により原判決を破棄することは許されると解するのが相当である。」

東京高裁平成15年判決は、「本件のような場合には」攻防対象論が事実認定の不利益変更を**禁止しない**理由として、(A)単純一罪の傷害について、第一審判決が縮小認定した事案であること、(B)本件では暴行の態様と傷害の結果が不可分であり、認定された暴行のみでは傷害の多くを説明できないことなど、5点を挙げました。しかし、第一審判決の縮小認定は、当事者の攻撃・防禦活動の結果であり、とくに、殴打行為を1回とした縮小認定は被告人の防禦活動の成果というべきものでした。そのような縮小認定を検察官が不服とせず、控訴しない以上、罪となるべき事実のうち認定されなかった部分は、やはり当事者の攻防対象からはずされたというべきでしょう。しかし、東京高裁平成15年判決は、〈証拠関係上、暴行の態様と傷害の結果が不可分である〉ことなど具体的事案の特殊性から、例外的に、〈認定されなかった部分も攻防対象から**はずされない**〉としたものと解されます（「証拠関係」に明示的に言及した最高裁平成元年決定について、5⑴を参照）。その意味で、東京高裁平成15年判決は、攻防対象論にもとづき事実認定の不利益変更が**原則的**に**禁止される**ことじたいを否定していないと思うのです。

6 【関連問題】の論述ポイント

設問の【関連問題】については、まず、攻防対象論をめぐる判例の動向・理論の動向を総論的に叙述し、つぎに、各論的に設例の具体的事実への当てはめをすることになります。

【関連問題】の場合、一般論として、当事者の控訴申立により事件が全体として控訴審に移審するため、第一審裁判所が理由中で無罪とした本位的訴因についても、控訴審に係属することを、まず確認します。そのうえで、最高裁昭和46年大法廷決定、すなわち、最高裁新島ミサイル事件決定を援用し、第一審

判決が無罪とした本位的訴因について、検察官が検察官が明示的に控訴しなかった以上、また、被告人側には控訴の利益がない以上、当事者の攻撃・防禦の対象からはずされることを述べます。控訴審における攻防対象論について、その内容を敷衍するわけです。

ただし、最高裁新島ミサイル事件決定の事案において、有罪部分と無罪部分は「牽連犯ないし包括一罪」を構成し、「その各部分は〔中略〕、訴因としても独立し得たもの」であること、すなわち、行為として両立する関係にあったこと、そして、それゆえに無罪部分が当事者の攻防対象からはずされたことを確認します。これに対し、有罪部分と無罪部分が行為として両立しない関係、すなわち、単純一罪の関係にある事案では、(A)最高裁平成元年決定が、当該事案の特別な「証拠関係」を援用し、例外的に、無罪部分の本位的訴因について、検察官は訴訟追行を断念せず、当事者の攻防対象からも**はずされない**としたこと、さらに、(B)最高裁平成25年決定は、特別な「証拠関係」という例外事由がない以上、予備的訴因と単純一罪の関係にある無罪部分の本位的訴因について、検察官は訴訟追行を断念し、当事者の攻防対象から**はずされる**と判示したことも確認します。

控訴審における攻防対象論の適用は、このように、本位的訴因と予備的訴因における主張の内容や、証拠関係の内容などによって、いくつかのパターンに分かれるものとなっています。【関連問題】についても、この点を踏まえ論述することになるでしょう。たとえば、【関連問題】の事案では、(第一審判決が理由中で無罪とした)本位的訴因の共謀共同正犯の行為と、(第一審判決が有罪とした)予備的訴因の幇助の行為は、非両立であり、単純一罪の関係にあることを指摘します。しかし、そのような事案でも、正犯行為や共謀について有罪とするには幇助の行為から区別される**特別な事実**が認定されねばならないとき、検察官が控訴しないことは、正犯行為や共謀の**特別な事実**を認定せず無罪とした第一審判決の判断を争わないことを意味する、すなわち、共謀共同正犯の無罪部分について、検察官は訴訟追行を断念したものになる、と論じることができます。【関連問題】の事案で、共謀共同正犯の無罪部分について、当事者の攻撃防御の対象からはずされたと論じるとき、控訴裁判所はその無罪部分に職権調査を及ぼすことも、また、無罪部分をあらためて有罪認定に変えることも許されないと結論することになります。

参考文献

1　教科書・概説書・注釈書

小田中聰樹『ゼミナール刑事訴訟法（上）――争点編』（有斐閣、1987年）
小田中聰樹ほか編『刑事弁護コンメンタール1／刑事訴訟法』（現代人文社、1998年）
兼子仁『行政法学』（岩波書店、1997年）
上口裕『刑事訴訟法〔第4版〕』（成文堂、2015年）
岸盛一『刑事訴訟法要義』（広文堂、1961年）
塩野宏『行政法Ⅰ〔第6版〕行政法総論』（有斐閣、2015年）
白取祐司『刑事訴訟法〔第7版〕』（日本評論社、2012年）
鈴木茂嗣『刑事訴訟法〔改訂版〕』（青林書院、1990年）
高田卓爾『刑事訴訟法〔2訂版〕』（青林書院、1984年）
高田卓爾編『基本法コンメンタール／刑事訴訟法〔第3版〕』（日本評論社、1993年）
田上穣治『警察法〔新版〕』（有斐閣、1983年）
田宮裕編『刑事訴訟法Ⅰ・捜査・公訴の現代的展開』（有斐閣、1975年）
田宮裕『註釈刑事訴訟法』（有斐閣、1980年）
田宮裕『刑事訴訟法〔新版〕』（有斐閣、1996年）
団藤重光『條解刑事訴訟法上』（弘文堂、1950年）
団藤重光『新刑事訴訟法綱要〔7訂版〕』（創文社、1967年）
平野龍一『刑事訴訟法』（有斐閣、1958年）
平野龍一『刑事訴訟法概説』（東京大学出版会、1968年）
平場安治『改訂刑事訴訟法講義』（有斐閣、1955年）
平場安治ほか『注解刑事訴訟法中巻〔全訂新版〕』（青林書院新社、1982年）
平場安治ほか『注解刑事訴訟法上巻〔全訂新版〕』（青林書院、1987年）
藤永幸治ほか編『大コンメンタール刑事訴訟法〔初版〕第5巻Ⅰ』（青林書院、1999年）
松尾浩也編『刑事訴訟法Ⅱ・公判から裁判の執行まで』（有斐閣、1992年）
松尾浩也『刑事訴訟法（上）新版』（弘文堂、1999年）
松尾浩也『刑事訴訟法（下）新版補正第2版』（弘文堂、1999年）
松尾浩也監修・松本時夫他編『条解刑事訴訟法〔第4版〕』（弘文堂、2009年）
三井誠『刑事手続法(1)〔新版〕』（有斐閣、1997年）
三井誠『刑事手続法Ⅱ』（有斐閣、2003年）
光藤景皎『口述刑事訴訟法中〔補訂版〕』（成文堂、2005年）
光藤景皎『刑事訴訟法Ⅰ』（成文堂、2007年）
光藤景皎『刑事訴訟法Ⅱ』（成文堂、2013年）
宮本英脩『刑事訴訟法大綱』（松華堂、1936年）
村井敏邦『刑事訴訟法』（日本評論社、1996年）
村井敏邦編著『現代刑事訴訟法〔第2版〕』（三省堂、1998年）

2　研究書（論文集、講座、特殊研究）

浅田和茂ほか編『人権の刑事法学・村井敏邦先生古稀祝賀記念論文集』（日本評論社、2011年）
石井一正『刑事証拠法〔第5版〕』（判例タイムズ社、2011年）
石毛平蔵『令状請求の実務』（東京法令出版、1978年）
石松竹雄編『小野慶二判事退官記念論文集・刑事裁判の現代的展開』（勁草書房、1988年）
石丸俊彦ほか『刑事訴訟の実務（下）』（新日本法規出版、2011年）

井戸田侃『刑事手続構造論の展開』（有斐閣、1982 年）

井戸田侃『刑事訴訟理論と実務の交錯』（有斐閣、2004 年）

井戸田侃ほか編『誤判の防止と救済・竹沢哲夫先生古稀祝賀記念論文集』（現代人文社、1998 年）

井上正仁『捜査手段としての通信・会話の傍受』（有斐閣、1997 年）

井上正仁『強制捜査と任意捜査〔初版〕』（有斐閣、2006 年）

井上正仁『強制捜査と任意捜査〔新版〕』（有斐閣、2014 年）

小田中聰樹『ゼミナール刑事訴訟法（下）演習編』（有斐閣、1987 年）

小田中聰樹『現代司法と刑事訴訟の改革課題』（日本評論社、1995 年）

河上和雄編『刑事裁判実務大系 11・犯罪捜査』（青林書院、1991 年）

川出敏裕『別件逮捕・勾留の研究』（東京大学出版会、1998 年）

熊谷弘ほか編『捜査法大系Ⅲ・捜索・押収』（日本評論社、1972 年）

熊谷弘ほか編『証拠法大系Ⅲ・伝聞証拠』（日本評論社、1970 年）

憲法的刑事手続研究会編『憲法的刑事手続』（日本評論社、1997 年）

小林充先生佐藤文哉先生古稀祝賀刑事裁判論集刊行会『小林充先生佐藤文哉先生古稀祝賀刑事裁判論集〔下巻〕』（判例タイムズ社、2006 年）

小早川義則『毒樹の果実論』（成文堂、2010 年）

佐伯千仭『刑事裁判と人権』（法律文化社、1970 年）

佐伯千仭編『続・生きている刑事訴訟法』（日本評論社、1970 年）

佐伯千仭編『刑事訴訟法の考え方』（有斐閣、1980 年）

鈴木茂嗣『刑事訴訟法の基本問題』（成文堂、1988 年）

鈴木茂嗣『続・刑事訴訟の基本構造・下巻』（成文堂、1997 年）

竹澤哲夫ほか編『刑事弁護の技術（上）』（第一法規出版、1994 年）

高田昭正『被疑者の自己決定と弁護』（現代人文社、2003 年）

田宮裕『捜査の構造』（有斐閣、1971 年）

田宮裕『日本の刑事訴追』（有斐閣、1998 年）

中武靖夫『中武靖夫刑事法論集』（非売品、2000 年）

中川孝博『合理的疑いを超えた証明——刑事裁判における証明基準の機能』（現代人文社、2003 年）

新関雅夫ほか『新版令状基本問題』（一粒社、1986 年）

新関雅夫ほか『増補令状基本問題下』（一粒社、1996 年）

日本刑法学会編『刑事訴訟法講座〔1〕訴訟の主体・捜査』（有斐閣、1963 年）

平野龍一『刑事訴訟法の基礎理論』（日本評論社、1964 年）

平野龍一『捜査と人権（刑事法研究第 3 巻）』（有斐閣、1981 年）

平野龍一『訴因と証拠（刑事法研究第 4 巻）』（有斐閣、1981 年）

平野龍一・松尾浩也編『実例法学全集／刑事訴訟法（新版）』（青林書院新社、1977 年）

平野龍一・松尾浩也編『新実例刑事訴訟法〔Ⅱ〕公訴の提起及び公判』（青林書院、1998 年）

平野龍一・松尾浩也編『新実例刑事訴訟法〔Ⅰ〕捜査』（青林書院、1998 年）

平場安治ほか編『団藤重光博士古稀祝賀論文集・第 4 巻』（有斐閣、1985 年）

平場安治ほか『注解刑事訴訟法下巻・全訂新版』（青林書院新社、1983 年）

藤永幸治ほか『註釈刑事訴訟法〈新版〉第 6 巻』（立花書房、1998 年）

松尾浩也編『刑事訴訟法の争点〔初版〕』（有斐閣、1979 年）

松岡正章『量刑手続法序説』（成文堂、1975 年）

三井誠ほか編『刑事手続 上〔初版〕』（筑摩書房、1988 年）

村井敏邦ほか編著『現代令状実務 25 講』（日本評論社、1993 年）

渡辺修『被疑者取調べの法的規制』（三省堂、1992 年）

事項索引

※（　）は関連事項

【あ】

医師の診断書（伝聞例外）・・・・・・・・・・・・・・・・・394
一罪・一逮捕一勾留の原則・・・・・・・・・・・・・・・・50
一般探索的令状の禁止（捜索、差押え）・・・・129
違法収集証拠・・・・・・・・・・・・・・・・・・・・・・・・・・・・・・251
違法収集証拠物の排除根拠・・・・・・・・・・・・・・・252
違法逮捕にもとづく勾留請求の可否・・・・・・・・49
違法排除説（自白の証拠能力）・・・・・・・・・・・288
違法の承継論（違法収集証拠）・・・・・・・・・・・260
疑わしきは被告人の利益に・・・・・・・・・・・・・・・412
嚥下物を発見する処分と令状の種類・・・・・・178
冤罪・・・415
押収（差押え）・・・・・・・・・・・・・・・・・・・・・・・・・・・・133
おとり捜査・・・・・・・・・・・・・・・・・・・・・・・・・・・・・・・・・・19

【か】

害される個人の法益と保護されるべき公共の利益との権衡・・15
回復証拠（弾劾証拠）・・・・・・・・・・・・・・・・・・・・・399
各別の令状の要求・・・・・・・・・・・・・・・・・・・・・・・・・129
過失の態様の変更（訴因変更）・・・・・・・・・・・231
鑑定書（伝聞例外）・・・・・・・・・・・・・・・・・・・・・・・393
間接強制・・・・・・・・・・・・・・・・・・・・・・・・・・・・・・・・・・・・・・9
間接事実（間接証拠、直接証拠）・・・・・・・・・408
間接証拠（間接事実、直接証拠）・・・・・・・・・408
起訴状の補正（訴因の明示）・・・・・・・・・・・・・199
糾問的捜査観と被疑者取調べ・・・・・・・・・・・・・・99
供述証拠（伝聞証拠）・・・・・・・・・・・・・・・・・・・・318
供述内容の真実性をチェックする（伝聞証拠）・・・302
供述の自由を侵害する（自白排除、人権擁護説）・・・283
供述不能（伝聞例外、必要性）・・・・・・・341、356、363
供述録取書を作成する権限と方法・・・・・・・・・92
強制採尿・・・・・・・・・・・・・・・・・・・・・・・・・・・・・・・・・・・181
　強制採尿令状請求のための滞留強制・・・・186
　採尿場所への強制連行・・・・・・・・・・・・・・・・・185
強制処分（直接強制、間接強制、権利侵害説）・・・9
　強制処分の具体的種類・・・・・・・・・・・・・・・・・・・・9
虚偽排除説（自白の証拠能力）・・・・・・・・・・・282
虚偽排除・人権擁護の競合説（自白、任意性説）・・・284
虚偽排除・人権擁護・違法排除の競合説（自白）・・・289
共犯者である参考人の取調べ・・・・・・・・・・・・・・98
緊急処分説（逮捕現場の無令状捜索・差押え）・・・159
緊急逮捕・・・・・・・・・・・・・・・・・・・・・・・・・・・・・・・・・・・・44
具体的防禦説（訴因変更の要否）・・・・・・・・・224
警察犬の臭気選別結果報告書（伝聞例外）・・・387
警察比例の原則・・・・・・・・・・・・・・・・・・・・・・・・・・・・22

警察留置場の拘禁（代用監獄）・・・・・・・・・・・・59
刑事施設・・・・・・・・・・・・・・・・・・・・・・・・・・・・・・・・・・・・59
厳格な証明（自由な証明）・・・・・・・・・・・・・・・408
現行犯逮捕・・・・・・・・・・・・・・・・・・・・・・・・・・・・・・・・・40
　現行犯逮捕の必要性・・・・・・・・・・・・・・・・・・・・・41
　被害者に代わる第三者の現行犯逮捕・・・・・42
検察官の冒頭陳述（訴因の明示）・・・・・・・・・205
検証・・130
検証許可状による電話傍受・・・・・・・・・・・・・・・130
現場供述（現場指示、実況見分調書）・・・・391
現場指示（現場供述、実況見分調書）・・・・390
権利侵害説（強制処分）・・・・・・・・・・・・・・・・・・・10
行為単位説（逮捕・勾留の効力）・・・・・・・・・・54
控訴・・427
公訴事実対象説・・・・・・・・・・・・・・・・・・・・・・・・・・・192
公訴事実の単一性・・・・・・・・・・・・・・・・・・・・・・・・236
公訴事実の同一性（狭義）・・・・・・・・・・・・・・・238
公判廷外の供述内容の真実性（伝聞証拠）・・・335
公判廷の自白と補強証拠の要求・・・・・・・・・・304
公判前整理手続（証拠開示）・・・・・・・・・・・・・215
攻防対象（控訴）・・・・・・・・・・・・・・・・・・・・・・・・・434
　訴訟追行の放棄と攻防対象の範囲（控訴）・・・437
拷問、脅迫、強制の意義（自白）・・・・・・・・・281
合理説（逮捕現場の無令状捜索・差押え）・・・161
勾留・・・47
　勾留と令状の保障・・・・・・・・・・・・・・・・・・・・・・・37

【さ】

最終行為説（訴因の明示）・・・・・・・・・・・・・・・211
「罪証隠滅の現実的可能性の程度」の判断・・・48
罪数論と訴因変更の可否・・・・・・・・・・・・・・・・・237
罪体説（自白の補強法則））・・・・・・・・・・・・・306
再逮捕・再勾留禁止の原則・・・・・・・・・・・・・・・・50
最低一行為説（訴因の明示）・・・・・・・・・・・・・211
再伝聞・・・・・・・・・・・・・・・・・・・・・・・・・・・・・・・・・・・・・345
酒酔い鑑識カード（伝聞例外）・・・・・・・・・・・387
差押え・・・・・・・・・・・・・・・・・・・・・・・・・・・・・・・・・・・・・132
　差押え物に対する処分・・・・・・・・・・・・・・・・・133
　差押え目的物の明示・・・・・・・・・・・・・・・・・・・153
参考人に対する供述強制・・・・・・・・・・・・・・・・・・97
事件単位の原則（逮捕・勾留の効力）・・・・・51
事後審（控訴）・・・・・・・・・・・・・・・・・・・・・・・・・・・429
自己に不利益な事項（黙秘権）・・・・・・・・・・・・81
自己負罪拒否特権（黙秘権）・・・・・・・・・・・・・・81
自己矛盾の供述（伝聞例外、必要性、弾劾証拠）・・368、399
自然的関連性（論理的関連性、証拠能力）・・・190

実況見分調書（伝聞例外）……………………385
実質説（自白の補強法則）……………………310
実質的権利・利益侵害説（強制処分）…………11
実体審理と実体判決………………………………189
実体喪失説（別件逮捕・勾留）…………………69
自白……………………………………………………279
自白の証拠能力……………………………………281
　　虚偽排除説………………………………………282
　　人権擁護説………………………………………283
　　違法排除説………………………………………288
自白にもとづき収集された第二次証拠…………293
自白の証明力の乏しさを補強する証拠…………303
自白の補強法則……………………………………304
　　犯罪の主観的側面と補強証拠………………306
ＧＰＳ端末を使用した尾行………………………8
写真フィルムの現像（差押え）…………………133
自由心証主義………………………………………409
自由接見・秘密接見の保障………………………109
自由な証明…………………………………………401
重要利益侵害説（強制処分）……………………11
主観的・個人的事情の考慮（自白の証拠能力）…287
宿泊を伴う取調べ（任意処分）…………………17
縮小認定……………………………………………214
　　縮小認定の理論と判例………………………223
　　「縮小された事実」の解釈…………………224
主要要証事実（罪となるべき事実）……………322
準現行犯逮捕の要件………………………………43
証拠…………………………………………………407
　　証拠の証明力…………………………251、280
証拠能力………………………………………251、281
証拠開示（公判前整理手続）……………………215
証拠禁止……………………………………………252
証拠裁判主義………………………………………407
承諾捜索の適法性…………………………………168
上訴（控訴）………………………………………427
証人尋問調書（伝聞例外）………………………382
所持品検査の適法性（違法収集証拠）…………256
職権主義構造…………………………………80、430
署名・押印の拒絶（伝聞証拠）…………………354
身体検査……………………………………………175
捜査機関による身体検査…………………………176
体腔内部の身体検査と令状の併用………………176
身体侵襲の有無（身体に対する対物的強制処分）…177
身体捜索の具体的方法……………………………174
身体に対する対物的強制処分……………………173
身体の自由…………………………………………57
人権擁護説（自白の証拠能力）…………………283
審判対象（訴因、訴訟対象）……………………189
信用性の情況的保障（伝聞例外）………………353
精神状態の供述（伝聞証拠、非伝聞）…………336
接見交通権…………………………………………108
　　秘密接見の保障………………………………108
接見指定……………………………………………113

接見指定理由の合憲限定解釈……………………120
接見内容の聴取……………………………………116
訴因（公訴事実、訴訟対象）……………………193
訴因の明示…………………………………………198
訴因の基本的部分の共通（訴因変更の可否）…239
訴因変更……………………………………………218
訴因変更の要否……………………………………220
訴因変更の可否……………………………………235
訴因共通説（訴因変更の可否）…………………239
増強証拠（弾劾証拠）……………………………399
捜査…………………………………………………3
　　将来犯罪の捜査………………………………4
　　被疑者死亡事件の捜査………………………4
捜査機関の意図と後行行為（違法収集証拠）…274
捜索…………………………………………………134
　　物の捜索とひとの捜索………………………134
捜索・差押え現場の写真撮影……………………149
捜索・差押えの相当性……………………………27
捜索・差押え許可状と鑑定処分許可状の併用…178
捜索・差押え許可状と身体検査令状の併用……177
捜索すべき場所の明示……………………………149
捜査比例の原則……………………………………23
捜査目的を秘匿した採尿…………………………173
争点顕在化の措置を怠った不意打ち認定………219
相当性の原則（比例原則）………………………24
相当説（合理説、逮捕現場の無令状捜索・差押え）
　　…………………………………………………161
捜査関係メモの開示………………………………215
続審（控訴）………………………………………429
訴訟対象（訴因、公訴事実）……………………189
訴訟法的事実………………………………………401

【た】

第二次証拠（毒樹の果実）………………………269
逮捕（通常逮捕、現行犯逮捕、緊急逮捕）……36
逮捕現場の無令状捜索・差押え…………………157
　　引致後の無令状捜索・差押え………………163
　　第三者の居宅における無令状捜索・差押え…162
　　逮捕すべき被疑者の所在捜索………………158
　　逮捕着手前の無令状捜索・差押え…………163
逮捕行為（狭義）、引致、留置…………………39
逮捕・勾留一回性の原則…………………………50
逮捕・勾留の効力…………………………………51
逮捕前置主義………………………………………48
逮捕に「必要な処分」と兇器・逃走用具の「捜索・差押え」……………………………………160
　　逮捕に「必要な処分」と相当説……………160
逮捕の手続的要件…………………………………39
代用監獄……………………………………………59
弾劾証拠（自己矛盾の供述）…………398、399
抽象的防禦説（訴因変更の要否）………………221
　　抽象的防禦説と縮小認定の理論……………223
直接強制……………………………………………9

直接証拠（間接事実、間接証拠）……………… 408
通常逮捕……………………………………………38
通信傍受法の概要…………………………… 132
罪となるべき事実（犯罪事実、主要要証事実）…… 408
　　罪となるべき事実とその表示例………… 305
提出命令……………………………………… 134
適式な証拠調べ……………………………… 413
電磁的記録媒体の差押え…………………… 143
伝聞証拠……………………………………… 320
　　伝聞証拠排除の憲法的根拠……………… 327
　　伝聞証拠排除の実質的根拠……………… 323
伝聞例外（伝聞証拠）………………… 341、353
同一目的・直接利用の意義（違法の承継論）…… 261
毒樹の果実（違法収集証拠）……………… 269
　　毒樹の果実排除論とナードン判決……… 270
　　毒樹の果実排除の例外側………………… 272
取調べ可視化………………………………… 106
取調べ受忍義務………………………………… 98
　　受忍義務否定説による除外規定の解釈… 102
　　取調べという形の拘束………………… 101
取調べ等の確実な予定（接見指定）……… 119

【な】

二重逮捕・二重勾留（事件単位の原則）………… 52
二重伝聞……………………………………… 325
二段構えの防禦説（訴因変更の要否）…… 225
任意処分の具体的種類……………………………6
任意捜査優先の原則（任意捜査の原則）………… 8
任意捜査の絶対的限界……………………………14
任意性説（自白、虚偽排除と人権擁護の競合説）… 284

【は】

場所に対する捜索・差押え許可状の効力……… 140、141
犯罪事実（主要要証事実、罪となるべき事実）…… 279
被疑者国選弁護制度…………………………59
被疑者取調べ…………………………………91
　　徹夜の取調べ………………………………17
　　宿泊を伴う取調べ…………………………17
　　被疑者取調べの手続………………………91
　　被疑事実の告知……………………………92
　　被疑者取調べ適正化の施策……………… 105
被告人質問の機能…………………………… 302
必要性（伝聞例外）………………………… 353
必要性の原則（比例原則）…………………23
必要な処分（捜索、差押え）………… 133、148
ビデオ撮影（任意処分）……………………19
非伝聞………………………………………… 330
人単位説（逮捕・勾留の効力）……………52
表現・叙述の過程（供述証拠）…………… 324
不意打ち認定と控訴理由…………………… 219
覆審…………………………………………… 429
物理的限定説（接見指定）………………… 117
別件基準説（別件逮捕・勾留）……………68

別件逮捕・勾留………………………………60
　　別件逮捕・勾留中に獲得された自白の排除…… 65、79
弁解聴取と取調べ……………………………93
弁護人の権利………………………………… 110
　　弁護人の包括的代理権…………………… 110
　　弁護人の独立代理権……………………… 110
　　弁護人の固有権…………………………… 111
弁護人以外の第三者の接見………………… 108
弁護人親書の開披…………………………… 115
弁護人の立会（被疑者取調べ）……………88
法的義務のみ課す処分（強制処分）………10
法律上の供述義務と事実上の供述義務（自白）…… 283
法律的関連性（証拠能力）………………… 329
補助事実……………………………… 399、340
本件基準説（別件逮捕・勾留）……………65

【ま】

密接に関連する証拠の排除（違法収集証拠）……… 266
ミランダ判決（黙秘権）……………………87
無罪の推定…………………………………… 411
無承諾のビデオ撮影…………………………19
面会接見……………………………………… 115
黙秘権…………………………………………81
　　黙秘権保障の法的効果……………………83
　　黙秘権の告知と憲法38条…………………94
　　黙秘権の政策的正当化に与しない………87

【や】

約束による自白（自白の証拠能力）……… 296
　　権限をもつ機関による約束……………… 299
有形力の行使（任意処分）…………………12
有罪の自認と有罪の陳述…………………… 279
要証事実（立証趣旨、伝聞証拠）………… 321
余罪捜査と接見指定………………………… 122
余罪取調べの可否（別件逮捕・勾留）……72

【ら】

立証趣旨（要証事実、伝聞証拠）………… 322
リモートアクセスの強制処分……………… 145
留置施設（刑事施設、警察留置場）………59
領置（押収、差押え）……………………… 134
令状における被疑事実の記載………………37
令状による捜索・差押え…………………… 136
　　1通の捜索・差押え許可状…………… 135
　　附属建造物や自動車の捜索…………… 151
　　ホテル内客室の捜索…………………… 150
論理的関連性（自然的関連性、証拠能力）………… 190

◎執筆者プロフィール

高田昭正（たかだ・あきまさ）

立命館大学法科大学院教授。1950 年、大阪市生まれ。1973 年、大阪市立大学法学部卒業。岡山大学、大阪市立大学をへて、2012 年より、現職。季刊刑事弁護編集委員（1995 年～ 2004 年）。

主な著作に、『刑事訴訟の構造と救済』（成文堂、1994 年）、『現代刑事訴訟法〔第 2 版〕』（共著、三省堂、1998 年）、『被疑者の自己決定と弁護』（現代人文社、2003 年）、『新版 刑事弁護』（共著、現代人文社、2009 年）などがある。

基礎から学ぶ刑事訴訟法演習
（きそからまなぶけいじそしょうほうえんしゅう）

2015 年 10 月 8 日　第 1 版第 1 刷発行

著　者　高田昭正
発行人　成澤壽信
発行所　株式会社現代人文社
　　　　〒 160-0004　東京都新宿区四谷 2-10 八ッ橋ビル 7 階
　　　　振替　00130-3-52366
　　　　電話　03-5379-0307（代表）
　　　　FAX　03-5379-5388
　　　　E-Mail　henshu@genjin.jp（代表）／ hanbai@genjin.jp（販売）
　　　　Web　http://www.genjin.jp
発売所　株式会社大学図書
印刷所　株式会社ミツワ
ブックデザイン　加藤英一郎

検印省略　PRINTED IN JAPAN　ISBN978-4-87798-618-6　C3032
© 2015　Takada Akimasa

本書の一部あるいは全部を無断で複写・転載・転訳載などをすること、または磁気媒体等に入力することは、法律で認められた場合を除き、著作者および出版者の権利の侵害となりますので、これらの行為をする場合には、あらかじめ小社また編集者宛に承諾を求めてください。